Fundamentos de investimentos

B667f   Bodie, Zvi.
        Fundamentos de investimentos / Zvi Bodie, Alex Kane, Alan J.
   Marcus ; tradução: Beth Honorato ; revisão técnica: Samy Dana. –
   9. ed. – Porto Alegre : AMGH, 2014.
        xix, 764 p. em várias paginações : il. ; 28 cm.

        Capítulos 3, 4, 9, 18 a 22 estão disponíveis online.
        ISBN 978-85-8055-377-2

        1. Administração financeira. 2. Investimentos. I. Kane, Alex.
   II. Marcus, Alan J. III. Título.

                                                        CDU 658.15

Catalogação na publicação: Ana Paula M. Magnus – CRB 10/2052

Zvi
BODIE
Boston University

Alex
KANE
University of
California, San Diego

Alan J.
MARCUS
Boston College

Fundamentos de investimentos

9ª Edição

Tradução
Beth Honorato

Revisão técnica
Samy Dana

Ph.D em Business Administration e Doutor em Administração de Empresas
Professor da FGV-SP

Mc Graw Hill Education

bookman

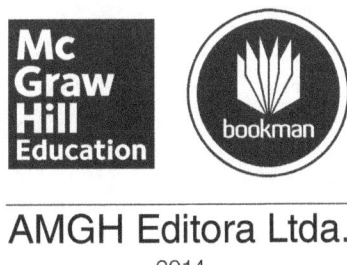

AMGH Editora Ltda.
2014

Obra originalmente publicada sob o título
Essentials of investments, 9th Edition
ISBN 0078034698/9780078034695

Original edition copyright (c) 2011, The McGraw-Hill Global Education Holdings, LLC, New York, New York 10020.
All rights reserved.

Gerente editorial: *Arysinha Jacques Affonso*

Colaboraram nesta edição:
Editora: *Viviane R. Nepomuceno*
Capa: *Mauricio Pamplona*
Projeto gráfico e editoração: *Know-how Editorial*

Reservados todos os direitos de publicação, em língua portuguesa, à
AMGH Editora Ltda., uma parceria entre GRUPO A EDUCAÇÃO S. A. e McGRAW-HILL EDUCATION.
Av. Jerônimo de Ornelas, 670
90040 340 – Porto Alegre – RS
Fone: (51) 3027 7000 Fax: (51) 3027 7070

É proibida a duplicação ou reprodução deste volume, no todo ou em parte, sob quaisquer formas ou por quaisquer meios (eletrônico, mecânico, gravação, fotocópia, distribuição na Web e outros), sem permissão expressa da Editora.

Unidade São Paulo
Av. Embaixador Macedo Soares, 10.735 – Pavilhão 5 – Cond. Espace Center
Vila Anastácio – 05095-035 – São Paulo – SP
Fone: (11) 3665-1100 Fax: (11) 3667-1333

SAC 0800 703-3444 – www.grupoa.com.br

IMPRESSO NO BRASIL
PRINTED IN BRAZIL
Impresso sob demanda na Meta Brasil a pedido de Grupo A Educação.

Os autores

Zvi Bodie
Boston University

Zvi Bodie é professor de finanças e economia na Boston University School of Management. É Ph.D. pelo Massachusetts Institute of Technology (MIT) e integrou o corpo docente do Departamento de Finanças da Harvard Business School e da Sloan School of Management do MIT. Bodie é autor de vários artigos sobre fundos de pensão e estratégias de investimento nos principais periódicos dessa área. Entre seus livros, destacam-se *Foundations of Pension Finance, Pensions in the U.S. Economy, Issues in Pension Economics* e *Financial Aspects of the U.S. Pension System*. Bodie é membro do Conselho de Pesquisas de Pensões da Wharton School, na University of Pennsylvania. Seu último livro é *Worry-Free Investing: A Safe Approach to Achieving Your Lifetime Financial Goals*.

Alex Kane
Universidade da Califórnia, San Diego

Alex Kane é professor de finanças e economia na Graduate School of International Relations and Pacific Studies da University of California, San Diego. É Ph.D. pela Stern School of Business da New York University, professor convidado na Faculty of Economics da University of Tokyo, na Graduate School of Business de Harvard e na Kennedy School of Government da Universidade de Harvard e pesquisador associado do Escritório Nacional de Pesquisa Econômica. Autor de vários artigos publicados em periódicos de finanças e administração, as pesquisas de Kane concentram-se em finanças corporativas, gestão de carteiras e mercados de capitais.

Alan J. Marcus
Boston College

Alan Marcus, professor da cátedra de finanças Mario J. Gabelli na Carroll School of Management da Boston College, obteve seu Ph.D. no MIT, é professor convidado na Sloan School of Management do MIT, assim como no Athens Laboratory of Business Administration, e foi pesquisador do Escritório Nacional de Pesquisa Econômica, onde participou dos Grupos de Economia de Pensões e de Mercados Financeiros e Economia Monetária. Marcus também passou dois anos na Federal Home Loan Mortgage Corporation (Freddie Mac), onde ajudou a desenvolver modelos de determinação de preços hipotecários e de risco de crédito, e tem inúmeras publicações nas áreas de mercados de capitais e teoria de carteiras. Atualmente integra o Conselho Consultivo da Fundação de Pesquisa do Instituto CFA.

A nossas esposas e a nossas oito maravilhosas filhas.

Sumário resumido

Parte UM
Fundamentos de investimentos 1

1. Investimentos: histórico e temas 2
2. Classes de ativos e instrumentos financeiros .. 26
3. Mercados de títulos 55
   Disponível no *site* <www.grupoa.com.br>
4. Fundos mútuos e outras empresas de investimento 86
   Disponível no *site* <www.grupoa.com.br>

Parte DOIS
Teoria de carteiras 111

5. Risco e retorno: passado e prólogo 112
6. Diversificação eficiente 148
7. Precificação de ativos financeiros e teoria de precificação por arbitragem 193
8. Hipótese de mercado eficiente 233
9. Finanças comportamentais e análise técnica... 265
   Disponível no *site* <www.grupoa.com.br>

Parte TRÊS
Títulos de dívida 291

10. Preço e rendimento das obrigações 292
11. Gestão de carteiras de obrigações 338

Parte QUATRO
Análise de títulos 371

12. Análises macroeconômica e setorial 372

13. Avaliação patrimonial 404
14. Análise de demonstrações financeiras 445

Parte CINCO
Mercados de derivativos 483

15. Mercados de opções 484
16. Avaliação de opções 520
17. Mercados de futuros e gestão de riscos 558

Parte SEIS
Gestão ativa de investimentos 593

18. Avaliação de desempenho de carteiras 594
    Disponível no *site* <www.grupoa.com.br>
19. Globalização e investimentos internacionais... 627
    Disponível no *site* <www.grupoa.com.br>
20. Fundos de *hedge* (fundos de proteção) 662
    Disponível no *site* <www.grupoa.com.br>
21. Impostos, inflação e estratégias de investimento 685
    Disponível no *site* <www.grupoa.com.br>
22. Investidores e o processo de investimento 712
    Disponível no *site* <www.grupoa.com.br>

Referências 731

Referências para as questões CFA 737

Índice 739

Sumário

Parte UM
Fundamentos de investimentos 1

1 Investimentos: histórico e temas 2
1.1 Ativos reais *versus* ativos financeiros 3
1.2 Ativos financeiros 4
1.3 Mercados financeiros e a economia 6
    A função informativa dos mercados financeiros 6
    Momento de consumo 6
    Alocação de risco 6
    Separação entre propriedade e controle 7
    Governança corporativa e ética corporativa 8
1.4 Processo de investimento 9
1.5 Os mercados são competitivos 10
    Trade-off risco-retorno 10
    Mercados eficientes 11
1.6 Os participantes 11
    Intermediários financeiros 12
    Bancos de investimento 14
    Capital de risco e private equity 15
1.7 A crise financeira de 2008 15
    Antecedentes da crise 15
    Mudanças no financiamento habitacional 17
    Derivativos hipotecários 18
    Swaps de risco de não cumprimento 19
    Ascensão do risco sistêmico 19
    O inevitável acontece 20
    Lei Dodd-Frank de Reforma 21
1.8 A estrutura deste livro 22

2 Classes de ativos e instrumentos financeiros .. 26
2.1 Mercado monetário 26
    Letras do Tesouro 27
    Certificados de depósito 28
    Commercial paper 28
    Aceites bancários 29
    Eurodólar 29
    Acordos de recompra e reversão 29
    Opções de compra de corretores 29
    Fundos federais 29
    Mercado Libor 30
    Rendimentos em instrumentos do mercado monetário 30
2.2 Mercado de obrigações 31
    Notas e obrigações do Tesouro 31
    Obrigações do Tesouro protegidas contra a inflação 32
    Dívida de agência federal 32
    Obrigações internacionais 33
    Obrigações municipais 33
    Obrigações corporativas 36
    Hipotecas e títulos garantidos por hipotecas 36
2.3 Títulos de participação acionária 38
    Ações ordinárias como participação acionária .. 38
    Características das ações ordinárias 38
    Listagens do mercado acionário 39
    Ações preferenciais 40
    Recibos de depósito 40
2.4 Índices de mercado de ações e de obrigações 40
    Índices de mercado de ações 40
    Índice Dow Jones 41
    Índices Standard & Poor's 43
    Outros índices de valor de mercado dos Estados Unidos 44
    Índices igualmente ponderados 44
    Índices de bolsas de valores internacionais e estrangeiras 45
    Indicadores do mercado de obrigações 45
2.5 Mercados de derivativos 46
    Opções 46
    Contratos de futuros 47

3 Mercados de títulos 55
Disponível no *site* <www.grupoa.com.br>
3.1 Como as empresas emitem títulos 55
    Empresas de capital fechado 56
    Empresas de capital aberto 56
    Registro de prateleira 57
    Ofertas públicas iniciais 57
3.2 Como os títulos são negociados 58
    Tipos de mercado 59
    Tipos de ordem 60
    Mecanismos de negociação 62
3.3 Ascensão da negociação eletrônica 63
3.4 Mercados dos Estados Unidos 65
    Nasdaq 66
    Bolsa de Valores de Nova York 66
    Redes de comunicação eletrônica 66
3.5 Novas estratégias de negociação 67
    Negociação algorítmica 67
    Negociação de alta frequência 67
    Dark pools 69
    Negociação de obrigações 69
3.6 Globalização dos mercados acionários 69

3.7	Custos de negociação	70	5.5	Alocação de ativos em carteiras de risco e isentas de risco ... 134
3.8	Comprando na margem	71		*Ativo isento de risco* ... 135
3.9	Vendas a descoberto	74		*Risco e retorno esperados de carteira* ... 135
3.10	Regulamentação dos mercados de títulos	76		*Linha de alocação de capital* ... 136
	Autorregulamentação	76		*Aversão ao risco e alocação de capital* ... 137
	Lei Sarbanes-Oxley	77	5.6	Estratégias passivas e a linha de mercado de capitais ... 138
	Negociação com informações privilegiadas	79		*Evidências históricas sobre a linha de mercados de capitais* ... 139

4 Fundos mútuos e outras empresas de investimento ... 86
Disponível no site <www.grupoa.com.br>

4.1	Empresas de investimento	86
4.2	Tipos de empresa de investimento	87
	Fundos de investimentos em cotas	87
	Empresas de investimento gerenciadas	88
	Outras organizações de investimento	89
4.3	Fundos mútuos	90
	Políticas de investimento	90
	Como os fundos são vendidos	92
4.4	Custos de investimento em fundos mútuos	93
	Estrutura de taxas	93
	Taxas e retornos dos fundos mútuos	95
4.5	Tributação sobre os rendimentos dos fundos mútuos	96
4.6	Fundos negociados em bolsa	97
4.7	Desempenho do investimento em fundo mútuo: introdução	100
4.8	Informações sobre fundos mútuos	103

Parte DOIS
Teoria de carteiras ... 111

5	**Risco e retorno: passado e prólogo**	112
5.1	Taxas de retorno	112
	Medindo retornos de investimento ao longo de vários períodos	113
	Convenções para anualização das taxas de retorno	115
5.2	Risco e prêmios de risco	116
	Análise de cenário e distribuição de probabilidades	116
	Distribuição normal	118
	Normalidade ao longo do tempo	120
	Desvio da normalidade e valor em risco	121
	Utilização da série de tempo de retorno	122
	Prêmios de risco e aversão ao risco	123
	Índice de Sharpe (recompensa/volatilidade)	126
5.3	Registro histórico	127
	Carteiras de ações e obrigações de risco mundiais e americanas	127
5.4	Inflação e taxas reais de retorno	131
	Taxa nominal de juros equilibrada	132
	História das taxas de juros, da inflação e das taxas reais de juros dos Estados Unidos	132

	Custos e benefícios do investimento passivo	139
6	**Diversificação eficiente**	148
6.1	Diversificação e risco de carteira	148
6.2	Alocação de ativos com dois ativos de risco	150
	Covariância e correlação	150
	Utilização de dados históricos	154
	As três regras das carteiras com dois ativos de risco	156
	Trade-off entre risco e retorno em carteiras com dois ativos de risco	157
	Critério de média-variância	157
6.3	Carteira de risco ótima com um ativo isento de risco	161
6.4	Diversificação eficiente com vários ativos de risco	164
	Fronteira eficiente dos ativos de risco	164
	Escolha da carteira de risco otimizada	166
	A carteira completa preferida e a propriedade de separação	167
	Construção de uma carteira de risco otimizada: um exemplo	167
6.5	Mercado acionário de índice único	170
	Representação estatísticas e gráfica do modelo de índice único	171
	Diversificação em um mercado de títulos de índice único	175
	Utilização da análise de títulos com o modelo de índice	175
6.6	Risco dos investimentos de longo prazo	178
	Risco e retorno em investimentos de longo prazo alternativos	178
	Por que essa confusão interminável?	180
7	**Precificação de ativos financeiros e teoria de precificação por arbitragem**	193
7.1	Modelo de precificação de ativos de capital	194
	O modelo: pressuposições e implicações	194
	Por que todos os investidores manteriam a carteira de mercado	195
	A estratégia passiva é eficiente	196
	Prêmio de risco da carteira de mercado	197
	Retornos esperados sobre títulos individuais	197
	A linha de mercado de títulos	199

	Aplicações do CAPM	200
7.2	O CAPM e os modelos de índice	201
	Modelo de índice, retornos realizados e equação média-beta	202
	Cálculo do modelo de índice	203
	Previsão de betas	209
7.3	O CAPM e o mundo real	210
7.4	Modelos multifatoriais e o CAPM	212
	Modelo de três fatores de Fama-French	214
	Modelos multifatoriais e a validade do CAPM	217
7.5	Teoria de precificação por arbitragem	217
	Carteiras bem diversificadas e a teoria de precificação por arbitragem	217
	APT e CAPM	220
	Generalização multifatorial da APT e do CAPM ..	221
8	Hipótese de mercado eficiente	233
8.1	Caminhos aleatórios e a hipótese de mercado eficiente	233
	Concorrência como fonte de eficiência	235
	Versões da hipótese de mercado eficiente ...	236
8.2	Implicações da EMH	238
	Análise técnica	238
	Análise fundamentalista	239
	Gestão de carteira ativa versus passiva	240
	O papel da gestão de carteiras em um mercado eficiente	241
	Alocação de recursos	242
8.3	Os mercados são eficientes?	242
	As questões	242
	Testes de forma fraca: padrões nos retornos das ações	244
	Previsores de retornos amplos de mercado ..	245
	Testes semifortes: anomalias de mercado ...	246
	Testes de forma forte: informações privilegiadas ..	250
	Interpretando as anomalias	251
8.4	Desempenho dos fundos mútuos e dos analistas ...	253
	Analistas do mercado acionário	253
	Gestores de fundos mútuos	254
	Afinal, os mercados são eficientes?	257
9	Finanças comportamentais e análise técnica	265
	Disponível no *site* <www.grupoa.com.br>	
9.1	Crítica comportamental	266
	Processamento de informações	266
	Vieses comportamentais	268
	Limites à arbitragem	270
	Limites à arbitragem e a lei de preço único ...	271
	Bolhas e economia comportamental	274
	Avaliação da crítica comportamental	274
9.2	Análise técnica e finanças comportamentais	275
	Tendências e correções	276
	Indicadores de entusiasmo	280
	Atenção	281

Parte TRÊS

Títulos de dívida 291

10	Preço e rendimento das obrigações	292
10.1	Características das obrigações	293
	Obrigações e notas do Tesouro	293
	Obrigações corporativas	295
	Ações preferenciais	296
	Outros emissores domésticos	297
	Obrigações internacionais	297
	Inovação no mercado de obrigações	297
10.2	Determinação de preço das obrigações	299
	Determinação de preço das obrigações entre datas de cupom	302
	Determinação de preço das obrigações com Excel ...	303
10.3	Rendimento das obrigações	304
	Rendimento até o vencimento	304
	Rendimento até o resgate	307
	Retorno composto realizado versus rendimento até o vencimento	308
10.4	Preço das obrigações ao longo do tempo	310
	Rendimento até o vencimento versus retorno do período de manutenção do investimento ...	311
	Obrigações de cupom zero e STRIPS do Tesouro	312
	Retornos pós-impostos	313
10.5	Risco de inadimplência e determinação de preço das obrigações	314
	Obrigações de alto risco	314
	Determinantes de segurança das obrigações	316
	Escritura de emissão da obrigação	316
	Rendimento até o vencimento e risco de inadimplência	318
	Swaps de risco de não cumprimento	320
10.6	Curva de rendimento	322
	Teoria das expectativas	323
	Teoria da preferência por liquidez	325
	Uma síntese	326
11	Gestão de carteiras de obrigações	338
11.1	Risco da taxa de juros	339
	Suscetibilidade à taxa de juros	339
	Duração	341
	O que determina a duração?	345
11.2	Gestão passiva de obrigações	347
	Imunização	347
	Equiparação de fluxo de caixa e dedicação ..	352
11.3	Convexidade	354
	Por que os investidores gostam de convexidade? ...	356
11.4	Gestão ativa de obrigações	356
	Fontes de possíveis lucros	356
	Análise-horizonte	358
	Exemplo de estratégia de investimento de renda fixa	359

Parte QUATRO
Análise de títulos 371

12 Análises macroeconômica e setorial 372
- 12.1 Economia global 373
- 12.2 Macroeconomia interna 374
  - *Produto interno bruto* 375
  - *Emprego* 376
  - *Inflação* 376
  - *Taxas de juros* 376
  - *Déficit orçamentário* 376
  - *Sentimento* 376
- 12.3 Taxa de juros 377
- 12.4 Choques de demanda e oferta 378
- 12.5 Políticas do governo federal 379
  - *Política fiscal* 379
  - *Política monetária* 379
  - *Políticas de oferta* 381
- 12.6 Ciclos econômicos 381
  - *O ciclo econômico* 382
  - *Indicadores econômicos* 383
  - *Outros indicadores* 386
- 12.7 Análise setorial 386
  - *Definindo um setor* 388
  - *Sensibilidade ao ciclo econômico* 389
  - *Rotatividade setorial* 390
  - *Ciclo de vida dos setores* 391
  - *Estrutura e desempenho setorial* 394

13 Avaliação patrimonial 404
- 13.1 Avaliação por comparáveis 405
  - *Limitações do valor contábil* 405
- 13.2 Valor intrínseco *versus* preço de mercado 406
- 13.3 Modelos de desconto de dividendo 408
  - *DDM de crescimento constante* 409
  - *Preço das ações e oportunidades de investimento* 411
  - *Ciclos de vida e modelos de crescimento de vários estágios* 415
  - *Modelos de crescimento de vários estágios* 418
- 13.4 Índice de preço/lucro 419
  - *Índice de preço/lucro e oportunidades de crescimento* 419
  - *Índice de P/E e risco das ações* 423
  - *Armadilhas na análise de P/E* 424
  - *Associando a análise de P/E e o DDM* 427
  - *Outros índices de avaliação comparativa* 427
- 13.5 Abordagens de avaliação de fluxo de caixa livre 427
  - *Comparação dos modelos de avaliação* 431
  - *O problema dos modelos de DCF* 431
- 13.6 Mercado de ações agregado 432

14 Análise de demonstrações financeiras 445
- 14.1 Principais demonstrações financeiras 445
  - *Demonstração de resultados* 445
  - *Balanço patrimonial* 447
  - *Demonstração de fluxos de caixa* 448
- 14.2 Medição do desempenho da empresa 449
- 14.3 Medidas de lucratividade 450
  - *Retornos sobre os ativos* 450
  - *Retorno sobre o capital* 450
  - *Retorno sobre o patrimônio* 451
  - *Alavancagem financeira e ROE* 451
  - *Valor econômico adicionado* 453
- 14.4 Análise por índice 454
  - *Decomposição do ROE* 454
  - *Rotatividade e utilização de ativos* 457
  - *Índices de liquidez* 459
  - *Índices de preço de mercado* 459
  - *Escolhendo um padrão de referência* 462
- 14.5 Exemplo de análise de demonstração financeira 463
- 14.6 Problemas de comparabilidade 464
  - *Avaliação de estoque* 465
  - *Depreciação* 465
  - *Inflação e despesa de juros* 466
  - *Contabilidade de valor justo* 467
  - *Qualidade dos lucros e das práticas contábeis* 467
  - *Convenções contábeis internacionais* 469
- 14.7 Investimento em valor: técnica de Graham 470

Parte CINCO
Mercados de derivativos 483

15 Mercados de opções 484
- 15.1 Contrato de opção 484
  - *Negociação de opções* 486
  - *Opções americanas e europeias* 488
  - *Option Clearing Corporation* 488
  - *Outras opções listadas* 488
- 15.2 Valor das opções no vencimento 489
  - *Opções de compra* 489
  - *Opções de venda* 491
  - *Opções versus investimento em ações* 492
  - *Estratégias de opção* 495
- 15.3 Títulos semelhantes com opção 503
  - *Obrigações resgatáveis* 503
  - *Títulos conversíveis* 504
  - *Warrants* 506
  - *Empréstimos com garantia* 506
  - *Ações alavancadas e dívida de risco* 507
- 15.4 Opções exóticas 508
  - *Opções asiáticas* 508
  - *Opções com conversão em moeda* 509
  - *Opções digitais* 509

16 Avaliação de opções 520
- 16.1 Avaliação de opções: introdução 520

	Valores intrínsecos e temporais	520
	Determinantes do valor das opções	522
16.2	Determinação de preço de opções binomiais	523
	Determinação de preço de opções em dois estados	523
	Generalização da abordagem de dois estados	526
	Tornando o modelo de avaliação prático	527
16.3	Avaliação de opções de Black-Scholes	530
	Fórmula de Black-Scholes	530
	Relação de paridade entre opção de venda e opção de compra	537
	Avaliação de opções de venda	540
16.4	Utilização da fórmula de Black-Scholes	540
	Razão de hedge e a fórmula de Black-Scholes	540
	Seguro de carteira	542
	Determinação de preço de opções e a crise de 2008-2009	545
16.5	Evidências empíricas	547
17	**Mercados de futuros e gestão de riscos**	**558**
17.1	Contrato de futuros	559
	Princípios básicos dos contratos de futuros	559
	Contratos existentes	562
17.2	Dinâmica de negociação	564
	Câmara de Compensação e os contratos não exercidos	564
	Marcação a mercado e conta de margem	565
	Entrega em dinheiro versus entrega do ativo real	567
	Regulamentações	568
	Tributação	568
17.3	Estratégias em mercados de futuros	568
	Hedging e especulação	568
	Risco de base e hedging	571
17.4	Preços de futuros	571
	Paridade entre mercado à vista e futuro	571
	Spreads	575
17.5	Futuros financeiros	576
	Futuros indexados por ações	576
	Criando posições sintéticas de ações	576
	Arbitragem de índice	578
	Futuros de câmbio exterior	578
	Futuros de taxa de juros	580
17.6	*Swaps*	581
	Swaps e reestruturação de balanço	582
	Distribuidores de swaps	583

Parte SEIS
Gestão ativa de investimentos

18	Avaliação de desempenho de carteiras	594
	Disponível no *site* <www.grupoa.com.br>	
18.1	Retornos ajustados ao risco	594
	Clientes de investimento, prestadores de serviços e objetivos da avaliação de desempenho	594
	Grupos de comparação	595
	Estatísticas básicas de avaliação de desempenho	596
	Avaliação de desempenho de carteiras diversificadas utilizando o índice de Sharpe e a M-Square	597
	Avaliação de desempenho de fundos de fundos utilizando a medida Treynor	599
	Avaliação de desempenho de uma carteira adicionada ao padrão de referência utilizando o índice de informação	600
	A relação de alfa com as medidas de desempenho	600
	Captação de Alfa e Transporte de Alfa	602
	Avaliação de desempenho com um modelo de múltiplos índices	603
18.2	Análise de estilo	605
18.3	Classificação de ajuste de risco da Morningstar	607
18.4	Ajustes de risco com composição de carteira variável	608
	Manipulação de desempenho	609
18.5	Procedimentos de atribuição de desempenho	610
	Decisões sobre alocação de ativos	612
	Decisões sobre escolha de setor e título	612
	Somar as contribuições dos componentes	614
18.6	*Timing* do mercado	615
	Valorização do timing do mercado como uma opção	616
	A importância da previsão imperfeita	617
	Medida do desempenho do timing do mercado	618
19	Globalização e investimentos internacionais	627
	Disponível no *site* <www.grupoa.com.br>	
19.1	Mercados globais de ações	627
	Países desenvolvidos	627
	Mercados emergentes	629
	Capitalização de mercado e PIB	629
	Viés doméstico	631
19.2	Fatores de risco em investimentos internacionais	631
	Risco da taxa de câmbio	631
	Proteção de risco de taxa de câmbio imperfeita	635
	Risco específico de país	636
19.3	Investimento internacional: risco, retorno e benefícios da diversificação	639
	Risco e retorno: estatísticas resumidas	640
	Os investimentos em mercados emergentes são mais arriscados?	642
	Os retornos médios são mais elevados em mercados emergentes	644
	O risco da taxa cambial é importante para carteiras internacionais?	646
	Benefícios da diversificação internacional	649
	Representação equivocada de benefícios da diversificação	650
	Benefícios realistas da diversificação internacional	650
	Os benefícios da diversificação internacional são preservadas em mercados em alta?	652

Gestão ativa e diversificação internacional............ 654

19.4 Investimento internacional e atribuição de desempenho... 654
    Construção de uma carteira de referência de ativos estrangeiros...................................... 654
    Atribuição de desempenho................................ 655

20 Fundos de *hedge* (fundos de proteção)........ 662
Disponível no *site* <www.grupoa.com.br>

20.1 Fundos de *hedge* versus fundos mútuos...................... 663
20.2 Estratégias dos fundos de *hedge*............................. 664
    Estratégias direcionais e não direcionais................ 664
    Arbitragem estatística... 665
20.3 Alfa portátil... 666
    Um exemplo de pure play *(empresa de capital aberto)*... 667
20.4 Análise de estilo de fundos de *hedge*..................... 669
20.5 Medida de desempenho dos fundos de *hedge*......... 670
    Liquidez e desempenho dos fundos de hedge......... 671
    Desempenho dos fundos de hedge *e viés de sobrevivência*... 673
    Desempenho dos fundos de hedge *e ponderações fatoriais variáveis*........................ 673
    Eventos extremos e desempenho dos fundos de hedge.. 676
20.6 Estrutura de taxas nos fundos de *hedge*................. 677

21 Impostos, inflação e estratégias de investimento.. 684
Disponível no *site* <www.grupoa.com.br>

21.1 Poupando a longo prazo.. 684
    Uma família hipotética....................................... 685
    Anuidade de aposentadoria................................ 685
21.2 Levando a inflação em consideração....................... 686
    Plano de poupança real...................................... 686
    Plano de poupança alternativo........................... 688
21.3 Levando os impostos em consideração................... 689
21.4 Economia dos abrigos tributários............................ 691
    Abrigo tributário de referência........................... 691
    Efeito da natureza progressiva do código tributário 691
21.5 Menu de abrigos tributários.................................... 694
    Planos de benefícios definidos............................. 694
    Planos de contribuição definida para os funcionários.. 695

    Contas de aposentadoria individuais.................... 695
    Contas de Roth como código tributário progressivo 696
    Investimentos de risco e ganhos de capital como abrigo tributário... 697
    Poupança com abrigo versus poupança sem abrigo.. 698
21.6 Previdência social... 700
    Série de fator de indexação.................................. 700
    Índice médio de rendimentos mensais (AIME)..... 701
    Quantia primária de seguro (PIA)....................... 701
21.7 Educação dos filhos e grandes compras.................. 703
21.8 Casa própria: a decisão entre aluguel e compra..... 704
21.9 Longevidade incerta e outras contingências........... 705
21.10 Casamento, heranças e transferências intergeracionais... 706

22 Investidores e o processo de investimento.... 710
Disponível no *site* <www.grupoa.com.br>

22.1 Processo de gestão de investimentos....................... 711
22.2 Investidores e objetivos.. 712
    Investidores individuais...................................... 712
    Investidores profissionais.................................... 713
    Empresas de seguro de vida................................. 716
    Seguradoras que não oferecem seguro de vida...... 716
    Bancos... 717
    Fundos de dotação... 717
22.3 Limitações do investidor... 718
    Liquidez... 718
    Horizonte de investimento.................................. 719
    Regulamentações... 719
    Fatores tributários... 719
    Necessidades exclusivas...................................... 719
22.4 Políticas de investimento.. 720
    Políticas hierárquicas para investidores institucionais... 721
    Políticas ativas versus passivas............................ 723
22.5 Monitoramento e revisão de carteiras de investimento... 724

Referências 731

Referências para as questões CFA.................... 737

Índice... 739

Comentário dos autores

O ano de 2012 coroou três décadas de mudanças rápidas e profundas no setor de investimentos e também uma crise financeira de magnitude histórica. A ampla expansão dos mercados financeiros nas últimas décadas deveu-se em parte às inovações na securitização e na melhoria de crédito, que deram origem a novas estratégias de negociação. Essas estratégias, por sua vez, foram viabilizadas por avanços na comunicação e na tecnologia da informação, bem como na teoria de investimentos.

Contudo, nas fissuras desses avanços, havia uma crise enraizada. Muitas das inovações ocorridas na concepção de títulos possibilitaram uma alta alavancagem e uma percepção exagerada da eficácia das estratégias de transferência de risco. Isso gerou uma complacência com o risco que, associada à flexibilização da regulamentação e menor transparência, mascarou a condição precária de vários participantes importantes nesse sistema.

Por necessidade, nosso livro tem evoluído de acordo com os mercados financeiros. Nesta edição, dedicamos uma atenção ainda maior às recentes mudanças na estrutura do mercado e na tecnologia de negociação. Ao mesmo tempo, entretanto, muitos *princípios* básicos do setor de investimentos permanecem importantes. Por isso, continuamos a estruturar este livro em torno do tema básico de que os mercados de títulos são bastante eficientes, o que significa que é possível encontrar algumas pechinchas óbvias nesses mercados. Com base no que conhecemos a respeito de títulos, em geral seus preços refletem adequadamente risco e retorno, mas as facilidades são poucas e dispersas em mercados tão competitivos quanto esses. Esse ponto de partida continua sendo uma abordagem extremamente eficiente para a avaliação de títulos. Embora o grau de eficiência do mercado seja sempre uma questão a ser debatida, esse primeiro princípio de avaliação, especificamente o de que, na falta de informações confidenciais, os preços são a melhor orientação para uma avaliação, permanece válido. Uma ênfase mais acentuada sobre a análise de risco é a lição que entrelaçamos no conteúdo deste livro.

Este livro também continua a enfatizar a *alocação de ativos* mais do que a maioria dos outros livros. Privilegiamos essa ênfase por dois motivos importantes. Primeiro, ela corresponde ao procedimento seguido pela maioria das pessoas ao criar uma carteira de investimentos. Normalmente, você começa com o dinheiro em uma conta bancária e somente depois pensa no quanto investirá em algo mais arriscado que ofereça um retorno mais alto. O passo lógico nesse momento é considerar outras classes de ativos de risco, como ações, obrigações ou imóveis. Essa é uma decisão sobre alocação de ativos. Segundo, com respeito à determinação do desempenho geral dos investimentos, na maior parte dos casos a escolha referente à alocação de ativos é bem mais importante do que as decisões relativas à escolha de títulos específicos. A alocação de ativos é o principal determinante do perfil de risco-retorno da carteira de investimentos e, portanto, merece atenção especial no estudo de uma política de investimentos.

Este livro também enfatiza a análise de investimentos, que nos permite apresentar as aplicações práticas da teoria de investimentos e repassar constatações de importância prática. Nesta edição, ampliamos ainda mais nosso conjunto de planilhas Excel para que você examine os conceitos mais de forma mais aprofundada. Essas planilhas, que estão disponíveis no *site* do Grupo A (<www.grupoa.com.br>), na página deste livro, oferecem uma primeira ideia das avançadas ferramentas analíticas que os investidores profissionais podem utilizar.

A fim de unir teoria e prática, também tentamos tornar nossa abordagem mais condizente com a do Instituto CFA, que oferece um programa de instrução e certificação de analista financeiro juramentado (*chartered financial analyst* – CFA). O currículo CFA resulta do consenso de um comitê de acadêmicos e profissionais renomados sobre a essência do conhecimento necessário ao profissional de investimentos. Continuamos incluindo questões de exames anteriores do CFA no final dos capítulos e acrescentamos nesta edição novas questões semelhantes que foram deduzidas dos cursos de preparação da Kaplan Schweser para CFA.

Este livro apresenta os temas que mais preocupam os investidores e oferece o conhecimento necessário para realizar uma avaliação fundamentada sobre os temas e debates atualmente cobertos pelos meios de comunicação de massa e pela imprensa especializada. Se você pretende se tornar um profissional de investimentos ou simplesmente um investidor individual esclarecido, verá que esse conhecimento é essencial.

Zvi Bodie
Alex Kane
Alan J. Marcus

Organização da Nona Edição

O objetivo da nona edição de *Fundamentos de investimentos* é ser um livro-texto sobre análise de investimentos para alunos de um primeiro curso na área. Os capítulos foram divididos em módulos para oferecer aos professores a possibilidade de omitir determinados capítulos ou reorganizá-los. Os destaques a seguir descrevem o que foi atualizado nesta edição.

Essa parte descreve a estrutura geral do processo de investimento de uma maneira não técnica. Examinamos quem são os participantes mais importantes nos mercados financeiros e oferecemos uma visão geral sobre os tipos de título e os mecanismos de negociação existentes. Esses capítulos possibilitam que os professores marquem projetos semestrais para análise de títulos logo no início do curso. Também integram essa parte os Capítulos 3 e 4, disponíveis no *site* <www.grupoa.com.br>.

Atualizado com novas seções fundamentais a respeito de securitização e sobre as origens da crise financeira e suas consequências.

Seções novas descrevem em detalhes a ascensão dos mercados eletrônicos, a negociação algorítmica de alta velocidade e as mudanças na estrutura do mercado.

Vasto conteúdo sobre inovações nos fundos negociados em bolsa.

Parte UM
Fundamentos de investimentos
1. Investimentos: histórico e temas
2. Classes de ativos e instrumentos financeiros
3. Mercados de títulos
4. Fundos mútuos e outras empresas de investimento

Essa parte contém a essência da teoria moderna de gestão de carteiras. No caso de cursos que enfatizam a análise de títulos, pode ser omitida sem qualquer prejuízo. Também integra essa parte o Capítulo 9, disponível no *site* <www.grupoa.com.br>.

Dados atualizados disponíveis na página do livro no *site* <www.grupoa.com.br>.

Acrescenta planilhas que podem ser utilizadas para calcular conjuntos de oportunidades de investimento e modelos de índice.

Maior conteúdo sobre os modelos alfa e multifatorial.

Atualizado com maior conteúdo a respeito de redes de especialistas, informações confidenciais e questões relacionadas a informações privilegiadas.

Contém uma ampla análise sobre finanças comportamentais e uma introdução sobre análise técnica.

Parte DOIS
Teoria de carteiras
5. Risco e retorno: passado e prólogo
6. Diversificação eficiente
7. Precificação de ativos financeiros e teoria de precificação por arbitragem
8. Hipótese de mercado eficiente
9. Finanças comportamentais e análise técnica

Parte TRÊS
Títulos de dívida
- 10 Preço e rendimento das obrigações
- 11 Gestão de carteiras de obrigações

- Essa é a primeira das três partes sobre avaliação de títulos.
- Novo conteúdo sobre *swaps* de inadimplência de crédito soberano.
- Contém planilhas sobre duração e duração e convexidade.

Parte QUATRO
Análise de títulos
- 12 Análises macroeconômica e setorial
- 13 Avaliação patrimonial
- 14 Análise de demonstrações financeiras

- Essa parte começa pelo ambiente macroeconômico mais amplo antes de passar para uma análise mais específica.
- Examina os acontecimentos políticos internacionais, como a crise do euro, e o seu efeito sobre o panorama econômico.
- Contém modelos de avaliação do fluxo de caixa livre do acionista e também uma avaliação das armadilhas dos modelos de fluxo de caixa descontado.
- Inclui motivos e justificativas totalmente novos para o uso de índices na análise de desempenho de uma empresa.

Parte CINCO
Mercados de derivativos
- 15 Mercados de opções
- 16 Avaliação de opções
- 17 Mercados de futuros e gestão de riscos

- Essa parte ressalta como esses mercados passaram a ser cruciais e inerentes ao universo financeiro e tornaram-se fontes importantes de inovação.
- Oferece uma meticulosa introdução sobre pagamento de opções, estratégias e títulos com opções embutidas.
- Grande quantidade de informações novas sobre métodos de avaliação neutra ao risco e sua implementação no modelo de precificação binomial de opções.

Parte SEIS
Gestão ativa de investimentos
- 18 Avaliação de desempenho de carteiras
- 19 Globalização e investimentos internacionais
- 20 Fundos de *hedge* (fundos de proteção)
- 21 Impostos, inflação e estratégias de investimento
- 22 Investidores e o processo de investimento

- Nos Capítulos 18 a 22, publicados em PDF, foram reunidos conteúdos sobre gestão ativa e é ideal para uma unidade de fechamento de semestre sobre a aplicação de teorias à gestão de carteiras real.
- Desenvolvimento totalmente revisto de métodos de avaliação de desempenho.
- Apresentação de evidências sobre a correlação internacional e os benefícios da diversificação.
- Avaliação atualizada do desempenho dos fundos de *hedge* e a exposição desses fundos aos "cisnes negros"
- Utiliza ampla análise sobre a interação dos impostos e da inflação nas estratégias financeiras de longo prazo.
- Baseado no modelo do currículo do Instituto CFA, esse capítulo também inclui orientações sobre "como se tornar um analista financeiro juramentado".

Aplicações Excel

Vários cursos exigem que os alunos utilizem planilhas eletrônicas e por isso o Excel foi mais uma vez incluído no livro. Ele é utilizado em exemplos e também no recurso "Aplicações Excel", que ensina os alunos a criar e manipular planilhas para resolver problemas específicos. Esse quadro inicia-se com um exemplo apresentado no capítulo, discute brevemente como a planilha pode ser importante para investigar o assunto, mostra uma planilha de exemplo e solicita que o aluno utilize os dados para responder perguntas. Além disso, o aluno é direcionado para a Internet, a fim de trabalhar com uma versão interativa da planilha (no site <www.grupoa.com.br> procure pela página do livro). As planilhas disponíveis estão indicadas por um ícone e, para reforçar a orientação educacional, elas contêm um recurso que documenta entradas e saídas de informações. As soluções desses exercícios estão no site do Grupo A na área destinada aos professores, que é protegido por senha, para que ele possa marcar os exercícios como dever de casa ou simplesmente para o aluno praticar.

As planilhas de aplicação Excel estão disponíveis para os seguintes capítulos:

Capítulo 7: Calculando o modelo de índice
Capítulo 11: Imunização; Convexidade
Capítulo 13: Comprando na margem; vendas a descoberto
Capítulo 15: Opções, ações e concessão de empréstimos; *Straddles* e *spreads*
Capítulo 17: Paridade entre preço à vista e de futuros
Capítulo 18: Medidas de desempenho; Atribuição de desempenho
Capítulo 19: Carteiras internacionais

Há também modelos de apresentação de planilhas nos seguintes capítulos:

Capítulo 5: Planilha 5.1
Capítulo 6: Planilhas 6.1-6.6
Capítulo 10: Planilhas 10.1 e 10.2
Capítulo 11: Planilhas 11.1 e 11.2
Capítulo 13: Planilhas 13.1 e 13.2
Capítulo 16: Planilha 16.1
Capítulo 21: Planilhas 21.1-21.10

APLICAÇÕES EXCEL — Compra na margem

O modelo de planilha Excel a seguir facilita a análise sobre os impactos de diferentes níveis de margem e a volatilidade dos preços das ações. Ele permite também que você compare o retorno sobre o investimento de uma negociação na margem com o de uma negociação que não empréstimos.

Acesse grupoa.com.br

	A	B	C	D	E	F	G	H
1								
2			Ação ou fórmula	Preço final	Retorno sobre o		Preço final	Retorno
3			para a Coluna B	da ação (US$)	investimento (%)		da ação (US$)	sem margem (%)
4	Investimento inicial em ações	US$ 10.000	Inserir dados		−42			−19
5	Valor tomado emprestado	US$ 10.000	(B4/B10) − B4	US$ 20	−122		20	−59
6	Preço inicial da ação	US$ 50	Inserir dados	25	−102		25	−49
7	Ações compradas	400	(B4/B10)/B6	30	−82		30	−39
8	Preço final da ação	US$ 40	Inserir dados	35	−62		35	−29
9	Dividendos em dinheiro	US$ 0,50	Inserir dados	40	−42		40	−19
10	Porcentagem de margem inicial	50%	Inserir dados	45	−22		45	−9
11	Porcentagem de margem de manutenção	30%	Inserir dados	50	−2		50	1
12				55	18		55	11
13	Taxa sobre empréstimo de margem	8%	Inserir dados	60	38		60	21
14	Período de manutenção	6	Inserir dados	65	58		65	31
15				70	78		70	41
16	Retorno sobre o investimento			75	98		75	51
17	Ganho de capital sobre as ações	−US$ 4.000	B7*(B8 − B6)	80	118		80	61
18	Dividendos	US$ 200	B7*B9					
19	Juros sobre empréstimo de margem	US$ 400	B5*(B14/12)*B13					
20	Lucro líquido	−US$4.200	B17+B18−B19				LEGENDA:	
21	Investimento inicial	US$ 10.000	B4				Inserir dados	
22	Retorno sobre o investimento	−42%	B20/B21				Valor calculado	

Questões Excel

1. Suponhamos que você compre 100 ações com preço de venda inicial de US$ 50, tomando 25% de empréstimo de seu corretor; ou seja, a margem inicial em sua compra é 25%. Você paga 8% de juros sobre os empréstimos de margem.
    a. Quanto você investe de seu próprio dinheiro? Quando você toma emprestado de seu corretor?
    b. Qual será sua taxa de retorno para os preços de ação a seguir no final de um período de manutenção de um ano? (i) US$ 40, (ii) US$ 50, (iii) US$ 60.
2. Responda novamente a primeira questão supondo uma margem inicial de 50%. Até que ponto a margem afeta o risco e o retorno de sua posição?

Suplementos

MATERIAL DE APOIO *ON-LINE* (EM INGLÊS)

www.grupoa.com.br

Encontre uma variedade de informações *on-line*! Na página deste livro, no *site* do Grupo A, os professores têm acesso a recursos pedagógicos como arquivos eletrônicos dos conteúdos de apoio. Os alunos podem acessar material de estudo ao material de estudo criado especificamente para este livro. Todas as planilhas Excel, indicadas por um ícone no corpo do texto, encontram-se nesse *site*. Há também *links* para os conteúdos de apoio a seguir.

PARA O PROFESSOR

Manual do Professor (em inglês)

Revisto por Catherine Teutsch, da University of Denver, essa ferramenta pedagógica oferece uma abordagem de aprendizagem integrada e revista para esta edição. Todos os capítulos contêm uma visão geral do capítulo, objetivos de aprendizagem e uma exposição que delineia e organiza o conteúdo em torno da apresentação em PowerPoint.

Banco de Testes (em inglês)

Preparado por Maryellen Epplin, da University of Central Oklahoma, o Banco de Testes contém mais de 1.200 questões e mais de 300 questões novas. As questões são classificadas por nível de dificuldade (fácil, médio e difícil) e associadas ao objetivo de aprendizagem, ao tema, à Association to Advance Collegiate Schools of Business e à taxonomia de Bloom, o que oferece maior flexibilidade para elaborar um exame.

Apresentação PowerPoint (em inglês)

As apresentações, desenvolvidas por Catherine Teutsch, contêm figuras e tabelas, pontos-chave e resumos em um conjunto visualmente estimulante.

Manual de Soluções (em inglês)

Fiona Chou, da University of California, San Diego, preparou soluções detalhadas para os problemas apresentados ao final dos capítulos.

PARA O ALUNO

Modelos Excel (em inglês)

Existem modelos para planilhas apresentadas no corpo do texto e igualmente para aquelas que se encontram nos quadros "Aplicações Excel". Alguns problemas de final de capítulo também foram idealizados como problemas Excel, oferecendo um modelo para que os alunos resolvam o problema e adquiram experiência na utilização de planilhas. Todos os modelos também podem ser acessados no *site* do Grupo A, na página do livro, como Conteúdo On-line, e estão indicados por um ícone.

DECLARAÇÃO DA AACSB

A McGraw-Hill Companies tem orgulho de ser membro da AACSB International. Compreendendo a importância e o valor da certificação da AACSB, este livro reconhece as diretrizes curriculares detalhadas nos padrões da AACSB para certificação em administração ao relacionar determinadas questões do Banco de Testes com o conhecimento geral e as diretrizes de habilitação presentes nesses padrões. As declarações contidas em *Fundamentos de Investimentos*, 9ª edição, funcionam apenas como um guia para os usuários deste livro. A AACSB deixa a adequação do escopo e da avaliação de conteúdo a cargo de cada escola e do corpo docente, de acordo com sua missão.

Agradecimentos

Recebemos ajuda de várias pessoas durante a elaboração deste livro. Um grupo criterioso de revisores apresentou suas opiniões sobre esta e outras edições da obra. Seus comentários e sugestões melhoraram consideravelmente a exposição do conteúdo. Esses revisores merecem agradecimento especial por suas contribuições.

Anna Agapova – Florida Atlantic University, Boca Raton
Sandro C. Andrade – University of Miami
Bala Arshanapalli – Indiana University Northwest
Rasha Ashraf – Georgia State University
Anand Bhattacharya – Arizona State University, Tempe
Randall S. Billingsley – Virginia Polytechnic Institute e State University
Howard Bohnen – St. Cloud State University
Paul Bolster – Northeastern University, Boston
Lyle Bowlin – University of Northern Iowa
Brian Boyer – Brigham Young University
Nicole Boyson – Northeastern University, Boston
Ben Branch – University of Massachussets, Amherst
Thor W. Bruce – University of Miami
Timothy Burch – University of Miama, Coral Gables
Alyce R. Campbell – University of Oregon
Mark Castelino – Rutgers University
Greg Chaudoin – Loyola University
Ji Chen – University of Colorado, Denver
Joseph Chen – University of California, Davis
Mustafa Chowdhury – Louisiana State University
Ron Christner – Loyola University, Nova Orleans
Shane Corwin – University of Notre Dame
Brent Dalrymple – University of Central Florida
Praveen Das – University of Louisiana, Lafayette
Diane Del Guercio – University of Oregon
David C. Distad – University of California, Berkeley
Gary R. Dokes – University of San Diego
James Dow – California State University, Northridge
Robert Dubil – University of Utah, Salt Lake City
John Earl – University of Richmond
Jeff Edwards – Portland Community College
Peter D. Ekman – Kansas State University
John Elder – Colorado State University
Richard Elliott – University of Utah, Salt Lake City
James Falter – Franklin University
Philip Fanara – Howard University
Joseph Farinella – University of North Carolina, Wilmington
Greg Feigel – University of Texas, Arlington
James F. Feller – Middle Tennessee State University

James Forjan – York College
Beverly Frickel – University of Nebraska, Kearney
Ken Froewiss – New York University
Phillip Ghazanfari – California State University, Pomona
Eric Girard – Siena College
Richard A. Grayson – University of Georgia
Richard D. Gritta – University of Portland
Deborah Gunthorpe – University of Tennessee
Weiyu Guo – University of Nebraska, Omaha
Pamela Hall – Western Washington University
Thomas Hamilton – St. Mary's University
Bing Han – University of Texas, Austin
Yvette Harman – Miami University de Ohio
Gay Hatfield – University of Mississippi
Larry C. Holland – Oklahoma State University
Harris Hordon – New Jersey City University
Stephen Huffman – University of Wisconsin, Oshkosh
Ron E. Hutchins – Eastern Michigan University
David Ikenberry – University of Illinois, Urbana-Champaign
A. Can (John) Inci – Florida State University
Victoria Javine – University of Southern Alabama
Nancy Jay – Mercer University
Richard Johnson – Colorado State University
Douglas Kahl – University of Akron
Richard J. Kish – Lehigh University
Tom Krueger – University of Wisconsin, La Crosse
Donald Kummer – University of Missouri, St. Louis
Merouane Lakehal-Ayat – St. John Fisher College
Reinhold P. Lamb – University of North Florida
Angeline Lavin – University of South Dakota
Hongbok Lee – Western Illinois University
Kartono Liano – Mississippi State University
Jim Locke – Northern Virginia Community College
John Loughlin – St. Louis University
David Louton – Bryant College
David Loy – Illinois State University
Christian Lundblad – Indiana University
Robert A. Lutz – University of Utah
Laurian Casson Lytle – University of Wisconsin, Whitewater
Leo Mahoney – Bryant College
Herman Manakyan – Salisbury State University
Steven V. Mann – University of South Carolina
Jeffrey A. Manzi – Ohio University
James Marchand – Westminster College
Robert J. Martel – Bentley College
Linda J. Martin – Arizona State University

Stanley A. Martin – University of Colorado, Boulder
Thomas Mertens – New York University
Edward Miller – University of New Orleans
Michael Milligan – California State University, Fullerton
Rosemary Minyard – Pfeiffer University
Walter Morales – Louisiana State University
Mbodja Mougoue – Wayne State University
Shabnam Mousavi – Georgia State University
Majed Muhtaseb – California State Polytechnic University
Deborah Murphy – University of Tennessee, Knoxville
Mike Murray – Winona State University
C. R. Narayanaswamy – Georgia Institute of Technology
Walt Nelson – Missouri State University
Karyn Neuhauser – SUNY, Plattsburgh
Mike Nugent – SUNY Stonybrook
Raj Padmaraj – Bowling Green University
Elisabeta Pana – Illinois Wesleyan University
John C. Park – Frostburg State University
Percy Poon – University of Nevada, Las Vegas
Robert B. Porter – University of Florida
Dev Prasad – University of Massachusetts, Lowell
Rose Prasad – Central Michigan University
Elias A. Raad – Ithaca College
Murli Rajan – University of Scranton
Kumoli Ramakrishnan – University of South Dakota
Rathin Rathinasamy – Ball State University
Craig Rennie – University of Arkansas
Cecilia Ricci – Montclair University
Craig Ruff – Georgia State University
Tom Sanders – University of Miami
Jeff Sandri – University of Colorado, Boulder
David Schirm – John Carroll University
Chi Sheh – University of Houston
Ravi Shukla – Syracuse University
Allen B. Snively Jr. – Indiana University
Andrew Spieler – Hofstra University
Kim Staking – Colorado State University
Edwin Stuart – Southeastern Oklahoma State University
George S. Swales – Southwest Missouri State University
Paul Swanson – University of Cincinnati
Bruce Swensen – Adelphi University
Glenn Tanner – University of Hawaii
John L. Teall – Pace University
Anne Macy Terry – West Texas A&M University

Donald J. Thompson – Georgia State University
Steven Thorley – Brigham Young University
James Tipton – Baylor University
Steven Todd – DePaul University
Michael Toyne – Northeastern State University, Oklahoma
William Trainor – Western Kentucky University
Andrey Ukhov – Indiana University, Bloomington
Cevdet Uruk – University of Memphis
Joseph Vu – DePaul University
Jessica Wachter – New York University
Joe Walker – University of Alabama, Birmingham
Richard Warr – North Carolina State University
William Welch – Florida International University
Russel Wermers – University of Maryland
Andrew L. Whitaker – North Central College
Howard Whitney – Franklin University
Alayna Williamson – University of Utah, Salt Lake City
Michael E. Williams – University of Texas, Austin
Michael Willoughby – University of California, San Diego
Tony Wingler – University of North Carolina
Annie Wong – Western Connecticut State University
David Wright – University of Wisconsin, Parkside
Richard H. Yanow – North Adams State College
Tarek Zaher – Indiana State University
Allan Zebedee – San Diego State University
Zhong-guo Zhou – California State University, Northridge
Thomas J. Zwirlein – University of Colorado, Colorado Springs

Por nos ter dado permissão para incluir várias questões de exame neste texto, agradecemos ao Instituto CFA.

Também gostaríamos de agradecer à equipe de desenvolvimento e produção da McGraw-Hill/Irwin: Michele Janicek, diretora executiva de marca; Noelle Bathurst, editora de desenvolvimento; Dana Pauley, gerente sênior de projetos; Melissa Caughlin, gerente sênior de marketing; Jennifer Jelinski, especialista em marketing; Michael McCormick, supervisor-chefe de produção; Laurie Entringer, *designer*; e Daryl Horrocks, diretor de projetos de mídia.

Por fim, mais uma vez, nossos maiores agradecimentos vão para Judy, Hava e Sheryl, pelo apoio inesgotável.

Zvi Bodie
Alex Kane
Alan J. Marcus

PARTE 1

Fundamentos de investimentos

Capítulos desta parte

1 Investimentos: histórico e temas
2 Classes de ativos e instrumentos financeiros

Disponíveis no *site* <www.grupoa.com.br>

3 Mercados de títulos
4 Fundos mútuos e outras empresas de investimento

Uma rápida passada de olhos pelo *The Wall Street Journal* revela uma quantidade desnorteante de títulos, mercados e instituições financeiras. Entretanto, embora possa parecer caótico, o ambiente financeiro não é nada disso: há uma lógica por trás do vasto rol de instrumentos financeiros e dos mercados nos quais eles são negociados.

Estes capítulos introdutórios oferecem uma visão geral do ambiente de investimentos. Faremos um *tour* pelos principais tipos de mercado nos quais os títulos são negociados, pelo processo de negociação e pelos principais participantes nessas áreas. Você verá que tanto os mercados quanto os títulos evoluíram para atender às necessidades complexas e variáveis de diferentes participantes do sistema financeiro.

Os mercados inovam e disputam os negócios dos investidores com tanto vigor quanto os concorrentes de outros setores. A concorrência entre o Sistema Eletrônico de Cotação da Associação Nacional de Intermediários de Valores (National Association of Securities Dealers Automatic Quotation System – Nasdaq), a Bolsa de Valores de Nova York (New York Stock Exchange – NYSE) e várias outras bolsas eletrônicas fora dos Estados Unidos é feroz e pública.

As práticas de negociação podem significar muito dinheiro para os investidores. O crescimento explosivo das negociações eletrônicas *on-line* já economizou vários milhões de dólares em custos de negociação para os investidores. Entretanto, alguns temem que essa grande rapidez nas negociações eletrônicas tenham posto em risco a estabilidade dos mercados de títulos. Contudo, todos concordam que esses avanços mudarão a fisionomia do setor de investimentos, e as empresas de Wall Street estão se esforçando para criar estratégias que respondam a essas transformações.

Estes capítulos lhe oferecerão uma excelente base para compreender os tipos básicos de título e mercados financeiros e como a negociação nesses mercados é conduzida.

CAPÍTULO 1

Investimentos:
histórico e temas

Objetivos de aprendizagem:

OA1.1 Definir o que é investimento.

OA1.2 Diferenciar entre ativos reais e ativos financeiros.

OA1.3 Explicar as funções econômicas dos mercados financeiros e como os diversos títulos estão relacionados com a governança corporativa.

OA1.4 Descrever as principais etapas da construção de uma carteira de investimentos.

OA1.5 Identificar os diferentes tipos de mercado financeiros e os principais participantes em cada um desses mercados.

OA1.6 Explicar as causas e consequências da crise financeira de 2008.

investimento
Comprometimento de recursos no presente com a expectativa de obter maiores recursos no futuro.

Investimento é o comprometimento de dinheiro ou de outros recursos no *presente* com a expectativa de colher benefícios *futuros*. Por exemplo, uma pessoa pode adquirir uma cota de ações prevendo que os futuros resultados monetários dessas ações justificarão tanto o tempo durante o qual seu dinheiro ficou retido quanto o risco do investimento. O tempo que você levará para estudar este livro (sem mencionar o custo) também é um investimento. Você está abrindo mão do lazer ou de rendimentos que poderia obter no trabalho com a expectativa de que sua carreira futura seja suficientemente aperfeiçoada para justificar esse comprometimento de tempo e esforço. Embora esses dois investimentos sejam diferentes em muitos aspectos, ambos têm uma característica central compartilhada por todos os investimentos: você sacrifica algo de valor agora com a expectativa de colher benefícios mais adiante.

Este livro pode ajudá-lo a se tornar um profissional de investimentos bem informado. Enfatizaremos os investimentos em títulos, como ações, obrigações ou opções e contratos futuros. Porém, muito do que abordaremos será útil na análise de qualquer tipo de investimento. Este livro fornecerá o histórico da organização de vários tipos de mercado de títulos, examinará a valorização e os princípios da gestão de riscos que são tão úteis em determinados mercados, como os de obrigações e ações, e apresentará os princípios da construção de carteiras.

Em linhas gerais, este capítulo abordará três temas que lhe darão uma visão útil para examinar o conteúdo que virá mais adiante. Primeiro, antes de entrarmos no assunto de "investimentos", consideraremos o papel dos ativos financeiros na economia. Discutiremos a relação entre os títulos e os ativos "reais" que de fato produzem bens e serviços para os consumidores e consideraremos por que os ativos financeiros são tão importantes para o funcionamento de uma economia desenvolvida. Após esse histórico, examinaremos primeiramente as decisões que os investidores enfrentam quando montam uma carteira de ativos. Essas decisões de investimento são tomadas em um ambiente em que em geral é possível obter retornos mais altos apenas ao preço de um risco maior e em que é raro encontrar ativos tão mal precificados a ponto de serem pechinchas óbvias. Esses temas – o *trade-off* risco-retorno e a precificação eficiente de ativos financeiros – são centrais para o processo de investimento; portanto vale a pena discutir brevemente suas implicações ao iniciarmos este livro. Essas implicações serão abordadas mais detalhadamente em outros capítulos.

Oferecemos uma visão geral sobre a organização dos mercados de títulos e os vários participantes envolvidos nesses mercados. Tudo isso deve lhe dar uma ideia de quem são os principais participantes, assim como do ambiente em que eles atuam. Para concluir, examinaremos a crise financeira que se iniciou em 2007 e chegou ao seu ponto máximo em 2008. Essa crise evidenciou acentuadamente as relações entre o sistema financeiro e a "verdadeira" face da economia. Analisamos as origens dessa crise e as lições que podem ser extraídas sobre risco sistêmico.

1.1. ATIVOS REAIS *VERSUS* ATIVOS FINANCEIROS

A riqueza material de uma sociedade é determinada, em última análise, pela capacidade produtiva de sua economia; isto é, os bens e serviços que seus membros podem gerar. Essa capacidade depende dos **ativos reais** da economia: os terrenos, os prédios, os equipamentos e os conhecimentos que podem ser utilizados para produzir bens e serviços.

ativos reais
Ativos utilizados para produzir bens e serviços.

Em contraposição aos ativos reais encontram-se os **ativos financeiros** – por exemplo, ações e obrigações. Esses títulos nada mais são que folhas de papel ou, o que é mais comum, dados de computador que não contribuem diretamente para a capacidade produtiva da economia. Na verdade, esses ativos são os meios pelos quais os indivíduos de economias bem desenvolvidas reivindicam seus direitos sobre ativos reais. Ativos financeiros são reivindicações pela renda gerada pelos ativos reais (ou exigibilidades sobre renda do governo). Se não pudermos ser proprietários de uma fábrica de automóveis (um ativo real), podemos comprar ações da Honda ou da Toyota (ativos financeiros) e, dessa forma, compartilhar da renda derivada da produção de automóveis.

ativos financeiros
Reivindicações sobre ativos reais ou a renda gerada por eles.

Enquanto os ativos reais geram renda líquida para a economia, os ativos financeiros simplesmente definem a alocação de renda ou riqueza entre os investidores. As pessoas podem escolher entre consumir sua riqueza hoje ou investir para o futuro. Se optarem por investir, poderão aplicar sua riqueza em ativos financeiros comprando diversos títulos. Quando os investidores compram esses títulos das empresas, usam o dinheiro levantado para pagar pelos ativos reais, como fábricas, equipamentos, tecnologia ou estoques. Portanto, o retorno dos investidores sobre os títulos provém essencialmente da renda gerada pelos ativos reais que foram financiados pela emissão desses títulos.

A distinção entre ativos reais e financeiros é aparente quando comparamos os balanços financeiros das famílias nos Estados Unidos, mostrados na Tabela 1.1, com a composição da riqueza nacional nos Estados Unidos, mostrada na Tabela 1.2. A riqueza das famílias abrange ativos financeiros como contas bancárias, ações corporativas ou obrigações. No entanto, esses títulos, que são ativos financeiros das famílias, são *passivos* dos emissores de títulos. Por exemplo, uma obrigação que você considera um ativo porque lhe oferece uma reivindicação sobre a renda de juros e a restituição do principal da Toyota é um passivo da Toyota, que é obrigada a lhe fazer essa restituição. Seu ativo é um passivo da Toyota. Desse modo, quando agregamos todos os balanços, essas reivindicações se anulam, ficando apenas os ativos reais como riqueza líquida da economia. A riqueza nacional consiste em estruturas, equipamento, estoques de bens e terrenos.[1]

Enfatizaremos quase exclusivamente os ativos financeiros. Contudo, você não deve se esquecer de que o sucesso ou fracasso dos ativos financeiros que escolhemos comprar depende, em última análise, do desempenho dos ativos reais subjacentes.

---

[1] Você deve estar se perguntando por que os ativos reais das famílias apresentados na Tabela 1.1 somam US$ 23.085 bilhões, ao passo que os ativos reais na economia doméstica (Tabela1.2) são muito mais altos, US$ 43.417 bilhões. Um dos principais motivos é que os ativos reais das empresas – por exemplo, propriedades, fábricas e equipamentos – estão incluídos como ativos *financeiros* do setor familiar, particularmente por meio do valor do patrimônio corporativo e outros investimentos no mercado de ações. Outro motivo é que o os investimentos em patrimônio e em ações na Tabela 1.1 são medidos pelo valor de mercado, enquanto a fábrica e o equipamento na Tabela 1.2 são avaliados pelo custo de reposição.

TABELA 1.1 Balanço financeiro das famílias nos Estados Unidos, 2011

Ativos	Bilhões de US$	% Total	Passivos e valor líquido	Bilhões de US$	% Total
Ativos reais					
Imóveis	18.117	25,2	Hipotecas	10.215	14,2
Bens de consumo duráveis	4.665	6,5	Crédito ao consumidor	2.404	3,3
Outros	303	0,4	Empréstimos bancários e outros	384	0,5
Total de ativos reais	23.085	32,1	Título de crédito	316	0,4
			Outros	556	0,8
			Total de passivos	13.875	19,3
Ativos financeiros					
Depósitos	8.038	11,2			
Reservas de seguro de vida	1.298	1,8			
Reservas de pensão	13.419	18,7			
Patrimônio corporativo	8.792	12,2			
Participação em negócios não corporativos	6.585	9,2			
Ações de fundos mútuos	5.050	7			
Títulos de dívida	4.129	5,7			
Outros	1.536	2,1			
Total de ativos financeiros	48.847	67,9	Patrimônio líquido	58.058	80,7
Total	71.932	100		71.932	100

Nota: A soma nas colunas pode ser diferente do total em virtude de erros de arredondamento.
Fonte: *Flow of Funds Accounts of the United States,* Conselho de Governadores do Federal Reserve System, junho de 2011.

TABELA 1.2 Patrimônio líquido doméstico

Ativos	Bilhões de US$
Imóveis comerciais	14.248
Imóveis residenciais	18.117
Equipamento e *software*	4.413
Estoques	1.974
Bens de consumo duráveis	4.665
Total	43.417

Nota: A soma na coluna pode diferir do total em virtude de erro de arredondamento.
Fonte: *Flow of Funds Accounts of the United States,* Conselho de Governadores do Federal Reserve System, junho de 2011.

1.1 Revisão de CONCEITOS

Os ativos a seguir são reais ou financeiros?
a. Patentes.
b. Obrigações de contrato de *leasing*.
c. Fidelidade do cliente.
d. Um diploma de nível superior.
e. Uma nota de US$ 5.

1.2. ATIVOS FINANCEIROS

títulos de renda fixa ou títulos de dívida
Pagamento de um fluxo de caixa específico em determinado período.

Normalmente, distinguimos três tipos gerais de ativos financeiros: títulos de dívida, ações e derivativos. Os **títulos de renda fixa** ou **de dívida** prometem um fluxo fixo de renda ou um fluxo de renda determinado de acordo com uma fórmula específica. Por exemplo, normalmente uma obrigação corporativa prometeria ao obrigacionista o recebimento de uma quantia fixa de juros ao ano. As chamadas obrigações com taxa flutuante prometem pagamentos que dependem de taxas atuais de juros. Por exemplo, uma obrigação pode pagar uma taxa de juros fixada em dois pontos percentuais acima da taxa paga pelas letras do Tesouro dos Estados Unidos. A não ser que o tomador de empréstimo seja declarado falido, os pagamentos desses títulos são fixos ou determinados por uma fórmula. Por esse motivo, o desempenho do investimento dos títulos de dívida normalmente é o que menos está associado à condição financeira do emissor.

No entanto, os títulos de dívida são oferecidos em enorme variedade de vencimentos e provisões de pagamento. Em um extremo, o *mercado monetário* refere-se aos títulos de renda fixa que são de curto prazo, altamente negociáveis e, em geral, de risco muito baixo. Exemplos de títulos de mercados monetários são as letras do Tesouro dos Estados Unidos ou certificados de depósitos bancários (CDBs). Em contraposição, o *mercado de capitais* de renda fixa abrange títulos de longo prazo, como as obrigações do Tesouro, e obrigações emitidas por agências federais, governos estaduais, municípios e corporações. Essas obrigações variam entre muito seguras em termos de risco de inadimplência (por exemplo, títulos do Tesouro) a relativamente arriscadas (por exemplo, obrigações de alta rentabilidade ou de alto risco). Elas também são criadas com provisões extremamente diversas com relação a pagamentos oferecidos ao investidor e à proteção contra a falência do emissor. Daremos uma primeira olhada nesses títulos no Capítulo 2 e realizaremos uma análise mais detalhada do mercado de renda fixa na Parte Três.

Diferentemente dos títulos de dívida, em uma empresa as ações ordinárias, ou **participação acionária**, representam uma participação na propriedade da corporação. Não se promete nenhum tipo de pagamento aos *proprietários dessas ações*. Eles recebem qualquer dividendo que a empresa possa pagar e têm participação proporcional aos ativos reais da empresa. Se a empresa tiver sucesso, o valor do patrimônio aumentará; se não, diminuirá. Desse modo, o desempenho dos investimentos em ações está diretamente associado ao sucesso da empresa e a seus ativos reais. Por esse motivo, os investimentos em ações tendem a ser mais arriscados do que os investimentos em títulos de dívida. O mercado de ações e sua valorização são temas da Parte Quatro.

participação acionária
Participação na propriedade de uma corporação.

Por último, os **títulos derivativos**, como opções e contratos de futuros, oferecem retornos que são determinados pelo preço de *outros* ativos, como o preço de obrigações ou de ações. Por exemplo, uma opção de compra para uma ação da Intel pode se revelar sem valor se o preço da ação da Intel permanecer abaixo de um limite ou de um preço de "exercício" de, digamos, US$ 20 por ação, mas pode se tornar muito valioso se o preço da ação subir e ultrapassar esse nível.[2] Os títulos derivativos são assim denominados porque seu valor deriva do preço de outros ativos. Por exemplo, o valor da opção de compra dependerá do preço da ação da Intel. Outros títulos derivativos importantes são os contratos de futuros e de *swap*, que serão abordados na Parte Cinco.

títulos derivativos
Títulos que fornecem pagamentos que dependem do valor de outros ativos.

Os derivativos tornaram-se essenciais no ambiente de investimentos. Uma das funções dos derivativos, talvez a principal, é oferecer proteção contra riscos ou os transferir para outras partes. Isso é feito com sucesso todos os dias, e o uso desses títulos para gerenciar riscos é tão comum que o mercado de ativos derivativos avaliado em vários trilhões de dólares normalmente é considerado algo natural. Entretanto, os derivativos também podem ser usados para assumir posições altamente especulativas. De vez em quando, uma dessas posições explode, resultando na perda, muito difundida na mídia, de centenas de milhões de dólares. Embora essas perdas atraiam uma atenção considerável, elas não anulam o potencial de uso desses títulos como ferramentas de gestão de riscos. Os derivativos continuarão a ter um papel importante na construção de carteiras e no sistema financeiro. Retornaremos a esse tema mais adiante neste livro.

Normalmente, tanto os investidores quanto as corporações também encontram outros mercados financeiros. As empresas envolvidas com comércio internacional em geral transferem dinheiro de um lado para outro de dólar para outras moedas e vice-versa. Bem mais de 1 trilhão de dólares em moeda é negociado ao dia no mercado de câmbio internacional, principalmente por meio de uma rede que reúne os maiores bancos internacionais.

Os investidores podem também investir diretamente em alguns ativos reais. Por exemplo, dezenas de *commodities* são negociadas em bolsas como a Bolsa Mercantil de Nova York ou Câmara de Comércio de Chicago. Você pode comprar ou vender milho, trigo, gás natural, ouro, prata etc.

O mercado de *commodities* e o mercado de derivativos possibilitam que as empresas ajustem sua exposição a vários riscos de negócio. Por exemplo, uma empresa de construção pode fixar o preço do cobre por meio da compra de contratos de futuros de cobre e, desse modo, eliminar o risco de uma alta repentina no preço de suas matérias-primas. Sempre que existe incerteza, os investidores podem ter interesse em negociar, tanto para especular quanto para eliminar seus riscos, e pode surgir um mercado para atender a essa demanda.

---

[2] Opção de compra é o direito de comprar uma ação a determinado preço de exercício na data de vencimento da opção ou antes dessa data. Se o preço de mercado da ação da Intel permanecer abaixo de US$ 20, o direito de comprar por US$ 20 não terá valor algum. No entanto, se o preço da ação subir para mais de US$ 20 antes de a opção vencer, a opção pode ser exercida para que se obtenha a ação por apenas US$ 20.

1.3. MERCADOS FINANCEIROS E A ECONOMIA

Afirmamos antes que os ativos reais determinam a riqueza de uma economia, ao passo que os ativos financeiros representam apenas reivindicações sobre ativos reais. No entanto, os ativos financeiros e os mercados nos quais são negociados desempenham várias funções essenciais nas economias desenvolvidas. Os ativos financeiros nos permitem tirar o máximo proveito dos ativos reais da economia.

A função informativa dos mercados financeiros

O preço das ações é um reflexo da avaliação coletiva dos investidores sobre o desempenho atual de uma empresa e suas perspectivas futuras. Quando o mercado está mais otimista com relação a uma empresa, o preço de suas ações aumenta. Nesse preço mais alto, poucas ações devem ser emitidas para levantar os recursos necessários para financiar um provável projeto – por exemplo, uma iniciativa de pesquisa e desenvolvimento ou uma ampliação nas operações. Quando é emitida uma quantidade menor de ações, uma porcentagem menor de lucros é absorvida pelos novos acionistas. Com isso, os acionistas existentes ficam com um lucro maior, o que torna esse possível investimento mais atraente, e a empresa fica mais disposta a buscar essa oportunidade. Desse modo, o preço das ações desempenha um papel importante na alocação de capital nas economias de mercado, direcionando o capital para as empresas e aplicações que apresentam o mais alto potencial.

Os mercados de capitais normalmente canalizam recursos para o uso mais eficiente? Às vezes, eles parecem falhar desastrosamente. Empresas ou setores inteiros podem estar "em alta" durante um período (pense na bolha ponto-com que chegou ao ápice em 2000), atrair grande fluxo de capital de investidores e depois de apenas alguns anos fracassar.

Contudo, precisamos ter cuidado com nosso padrão de eficiência. Ninguém sabe com certeza quais empreendimentos de risco terão sucesso e quais fracassarão. Portanto, não é sensato supor que os mercados nunca cometerão enganos. O mercado de ações estimula a alocação de capital a essas empresas que *no momento* parecem ter as melhores perspectivas. Muitos profissionais inteligentes, bem treinados e bem pagos analisam as probabilidades das empresas que operam no mercado acionário. O preço das ações é um reflexo da avaliação coletiva desses profissionais.

Talvez você seja cético quanto a alocar recursos por meio de mercados. Se for, pare por um instante para refletir sobre as alternativas. Um planejador central cometeria menos enganos? Você preferiria que o Congresso tomasse essas decisões? Parafraseando um comentário de Winston Churchill sobre democracia, os mercados podem ser a pior alternativa para alocar capital, se não fossem todas as outras já experimentadas.

Momento de consumo

Em uma economia qualquer, algumas pessoas estão ganhando mais do que desejam gastar no momento. Outras, como os aposentados, estão gastando mais do que ganham no momento. Como você pode mudar seu poder aquisitivo entre períodos de alto ganho e períodos de baixo ganho ao longo da vida? Uma das alternativas é "guardar" sua riqueza em ativos financeiros. Nos períodos de alto ganho, você pode investir suas economias em ativos financeiros como ações e obrigações. Em períodos de baixo ganho, você pode vender esses ativos para ter recursos para as suas necessidades de consumo. Desse modo, você pode "mudar" seu padrão de consumo ao longo da vida, alocando-o para períodos mais satisfatórios. Portanto, os mercados financeiros permitem que os indivíduos separem as decisões sobre consumo atual das restrições que, de outra forma, seriam impostas pelos ganhos atuais.

Alocação de risco

Praticamente todos os ativos reais apresentam algum grau de risco. Quando a Toyota constrói uma fábrica de automóveis, por exemplo, não há como saber com certeza que fluxo de caixa essa fábrica produzirá. Os mercados financeiros e os diferentes instrumentos financeiros negociados nesses mercados possibilitam que os investidores com maior preferência por risco arquem com esse risco, enquanto outros, menos tolerantes, podem ficar mais nos bastidores. Por exemplo, se a Toyota levantasse os recursos financeiros para construir sua fábrica de automóveis vendendo ações e obrigações para o público, os investidores mais otimistas ou mais tolerantes ao risco poderiam comprar ações da Toyota, enquanto os mais conservadores poderiam comprar obrigações da Toyota. Como as obrigações prometem pagar um valor fixo, os acionistas assumem a maior parte dos riscos do negócio, mas possivelmente colhem recompensas mais altas. Portanto, os mercados de capitais permitem que o risco inerente a todos os investimentos seja assumido pelos investidores mais dispostos a tolerá-lo.

Essa alocação de risco também beneficia as empresas que precisam levantar capital para financiar seus investimentos. Quando os investidores são capazes de escolher os títulos com as características de risco-retorno mais adequadas às suas preferências, cada título pode ser vendido pelo melhor preço possível. Isso facilita o processo de formação do estoque de ativos reais da economia.

Separação entre propriedade e controle

Em muitas empresas, o proprietário é quem administra a empresa. Essa organização simples é perfeita para pequenos negócios e, na verdade, era o tipo mais comum de organização empresarial antes da Revolução Industrial. Hoje em dia, porém, com os mercados globais e a produção em grande escala, o tamanho e as necessidades de capital das empresas aumentaram vertiginosamente. Por exemplo, em 2010 a General Electric incluiu em seu balanço algo em torno de US$ 103 bilhões em propriedades, fábricas e equipamento, e o total de ativos foi superior a US$ 750 bilhões. Corporações desse porte simplesmente não conseguem se manter como uma empresas administrada pelo proprietário. Na verdade, a GE tem mais de 600 mil acionistas com uma participação na propriedade da empresa proporcional as ações que eles possuem.

Um grupo tão grande de indivíduos obviamente não consegue participar de maneira ativa da administração diária de uma empresa. Em vez disso, elege-se uma diretoria que, por sua vez, contrata e supervisiona a administração da empresa. Essa estrutura significa que os proprietários e os administradores da empresa são grupos distintos. Essa situação dá à empresa uma estabilidade que a empresa administrada pelo proprietário não tem. Por exemplo, se alguns investidores decidem que não desejam mais manter ações da empresa, eles podem vendê-las a outros investidores, sem provocar nenhum impacto em sua administração. Desse modo, os ativos financeiros e a capacidade de comprar e vender esses ativos nos mercados financeiros permitem que a propriedade e a administração sejam separadas tranquilamente.

Como os diversos proprietários da empresa, que variam desde os grandes fundos de pensão que possuem centenas de milhares de ações a pequenos investidores que possuem apenas uma ação, conseguem chegar a um acordo sobre os objetivos da empresa? Mais uma vez, o mercado financeiro oferece alguma orientação. Todos podem chegar ao consenso de que a administração da empresa deve seguir estratégias que realcem o valor de suas ações. Essas políticas tornarão todos os acionistas mais ricos e permitirão que todos sigam suas metas pessoais, sejam quais forem.

Os administradores de fato tentam maximizar o valor da empresa? É fácil perceber como eles podem se sentir tentados a se envolver em atividades que não defendem o que é melhor para os acionistas. Por exemplo, podem se envolver com a construção de um império ou evitar projetos arriscados para proteger o próprio cargo ou utilizar determinados luxos em demasia, como aviões da empresa, por julgar que o custo desses privilégios é pago principalmente pelos acionistas. Esses possíveis conflitos de interesse são chamados de **problemas de agência**, porque os administradores, que são contratados como agentes dos acionistas, podem defender interesses próprios em vez de os interesses dos acionistas.

problemas de agência
Conflitos de interesse entre administradores e investidores.

Vários mecanismos foram criados para diminuir possíveis problemas de agência. Primeiro, os planos de remuneração vinculam a renda dos administradores ao sucesso da empresa. Uma boa parte da remuneração total dos altos executivos normalmente consiste em opções de ações, o que significa que eles só serão bem-sucedidos se o preço das ações aumentar, beneficiando os acionistas. (É óbvio que constatamos recentemente que o uso exagerado de opções também pode criar um problema de agência. As opções podem incentivar os administradores a manipular informações para sustentar temporariamente o preço das ações e ter oportunidade de ganhar antes que o preço volte ao nível que reflete as perspectivas reais da empresa. Mais sobre esse assunto será abordado adiante.) Segundo, embora os conselhos de administração tenham sido retratados algumas vezes como defensores da alta administração, eles podem forçar (e nos últimos anos eles têm agido cada vez mais dessa forma) a demissão das equipes administrativas que estão tendo um desempenho abaixo do esperado. Terceiro, pessoas externas, como os analistas financeiros, e grandes investidores institucionais, como os fundos de pensão, monitoram de perto a empresa e tornam a vida dos indivíduos com fraco desempenho no mínimo desconfortável.

Por fim, os indivíduos com baixo desempenho correm o risco de tomada de controle. Se o conselho de administração for indulgente na monitoração da administração, em princípio os acionistas descontentes podem eleger um conselho diferente. Eles podem fazê-lo lançando uma *disputa por procuração* (*proxy contest*), por meio da qual procuram obter procurações suficientes (isto é, o direito de votar pelas ações de outros acionistas) para tomar o controle da empresa e eleger outro conselho. Entretanto, essa ameaça normalmente é mínima. Os acionistas que tentam lutar dessa forma precisam usar recursos financeiros próprios, ao passo que a administração pode se defender usando os cofres corporativos. A maioria das disputas por procuração malogra. A verdadeira ameaça de tomada de controle provém de outras empresas. Se uma empresa notar que o desempenho de outra está ruim, pode adquiri-la e substituir a respectiva equipe de administração. O preço das ações em geral sobe para refletir as perspectivas de melhor desempenho, e isso acaba incentivando as empresas a utilizar esse tipo de atividade de tomada de controle.

EXEMPLO 1.1
Disputa por procuração entre Carl Icahn e Yahoo!

> Em fevereiro de 2008, a Microsoft propôs-se a comprar o Yahoo! pagando aos atuais acionistas US$ 31 por ação, um valor consideravelmente acima do preço de fechamento de US$ 19,18 no dia anterior à oferta. A administração do Yahoo! recusou essa oferta e outra oferta ainda melhor de US$ 33 por ação; o diretor executivo do Yahoo!, Jerry Yang, esperava conseguir US$ 37 por ação, um preço que o Yahoo! não havia atingido no período de dois anos. Carl Icahn, um investidor bilionário, ficou indignado, defendendo que a administração estava protegendo sua posição à custa do valor para os acionistas. Icahn informou o Yahoo! de que havia pedido para "conduzir uma disputa por procuração com o objetivo de eliminar o conselho atual e criar um novo conselho que tentaria negociar uma fusão frutífera com a Microsoft".[3] Para isso, ele havia comprado em torno de 59 milhões em ações do Yahoo! e formado uma chapa com dez pessoas para concorrer com o conselho atual. A despeito desse desafio, a administração do Yahoo! manteve-se firme em sua recusa à oferta da Microsoft e, com o apoio do conselho, Yang procurou agir defensivamente em relação à Microsoft e a Icahn. Em julho, Icahn concordou em pôr fim à disputa por procuração em troca de três assentos no conselho para seus aliados. Contudo, a administração atual do Yahoo! continuou predominante no conselho de 11 pessoas. O preço das ações do Yahoo!, que havia subido para US$ 29 por ação durante as negociações com a Microsoft, caiu para aproximadamente US$ 21 por ação. Tendo em vista a dificuldade que esse famoso bilionário enfrentou para derrotar uma administração tão determinada, não é de surpreender que as disputas por procuração sejam raras. Tradicionalmente, dentre quatro disputas, três malogram.

Governança corporativa e ética corporativa

Dissemos que os mercados de títulos podem desempenhar um papel importante no sentido de facilitar a aplicação de recursos de capital da forma mais produtiva possível. Entretanto, os sinais do mercado ajudarão a alocar eficientemente o capital somente se os investidores agirem com base em informações pontuais. Afirmamos que os mercados precisam ser *transparentes* para que os investidores tomem decisões fundamentadas. Se as empresas conseguirem iludir o público a respeito de suas expectativas, muita coisa pode dar errado.

Apesar dos vários mecanismos existentes para alinhar os incentivos dos acionistas e administradores, os três anos entre 2000 e 2002 foram preenchidos por uma série aparentemente interminável de escândalos que, juntos, sinalizavam uma crise na governança e na ética corporativa. Por exemplo, a empresa de telecomunicações WorldCom superestimou seus lucros em pelo menos US$ 3,8 bilhões ao classificar inapropriadamente suas despesas como investimento. Quando a situação real veio à tona, isso resultou na maior falência da história dos Estados Unidos, ao menos até o momento em que o Lehman Brothers quebrou esse recorde em 2008. A maior falência subsequente nos Estados Unidos foi a da Enron, que utilizou suas "entidades com finalidades especiais" hoje notórias para tirar a dívida de seus livros contábeis e, de modo semelhante, apresentar um quadro enganoso de sua situação financeira. Infelizmente, essas

---

[3] Carta aberta de Carl Icahn ao conselho de administração do Yahoo!, 15 de maio de 2008, publicada em *press release* da ICAHN CAPITAL LP.

empresas tinham companhia de sobra. Outras, como a Rite Aid, HealthSouth, Global Crossing e Qwest Communications, também manipularam e divulgaram falsamente suas contas em valores da ordem de bilhões de dólares. E esses escândalos não se restringiram aos Estados Unidos. A Parmalat, empresa de laticínios de origem italiana, dizia ter uma conta bancária de US$ 4,8 bilhões que acabou se revelando inexistente. Esses episódios levam a crer que os problemas de agência e de incentivo estão longe de estar resolvidos.

Outros escândalos desse período incluíam sistematicamente relatórios de pesquisa enganosos e extremamente otimistas publicados por analistas do mercado de ações (a análise favorável desses analistas era negociada em troca da promessa de futuros negócios bancários de investimento e normalmente eles eram recompensados não por sua precisão, mas por seu papel em obter esses negócios para as respectivas empresas) e alocação de ofertas públicas iniciais (*initial public offerings* – IPO) a executivos corporativos em troca de favores pessoais ou da promessa de redirecionar negócios futuros ao executivo da IPO.

E quanto aos auditores que deveriam vigiar as empresas? Nesse caso também os incentivos eram distorcidos. Mudanças recentes na prática de negócios tornaram o braço consultivo dessas empresas mais lucrativo do que a função de auditoria. Por exemplo, a Arthur Andersen, empresa de auditoria da Enron (hoje extinta), ganhava mais dinheiro prestando serviços de consultoria à Enron do que fazendo a auditoria da empresa. Em vista dos incentivos para proteger seus lucros de consultoria, não deveria surpreender que essa e outras empresas de auditoria fossem excessivamente indulgentes em seu trabalho de auditoria.

Em 2002, em resposta à inundação de escândalos, o Congresso aprovou a Lei Sarbanes-Oxley para enrijecer as regras da governança corporativa. Por exemplo, essa lei exige que as sociedades anônimas tenham diretores independentes, isto é, mais diretores que não sejam administradores (ou afiliados a administradores). Além disso, ela exige que o diretor financeiro ateste pessoalmente as demonstrações contábeis da empresa, cria um novo conselho de supervisão para inspecionar a auditoria das empresas públicas e proíbe os auditores de oferecer vários outros serviços aos clientes.

Wall Street e seus reguladores aprenderam (admitidamente com atraso) que os mercados exigem confiança para que funcionem. Nas esteira desses escândalos, a importância da reputação e das estruturas diretas de incentivo ganhou força. Tal como afirmou um profundo conhecedor de Wall Street, "Esse é um setor que se baseia na confiança; esse é um de seus principais atributos. [...] [Wall Street] terá de investir para recuperá-la [...] sem essa confiança, não há nada mais".[4] Em última análise, a reputação de integridade de uma empresa é fundamental para elas construir relacionamentos duradouros com seus clientes e, portanto, é um de seus atributos mais valiosos. Aliás, o lema da Bolsa de Valores de Londres é "Minha palavra é um contrato". Com muita frequência as empresas se esquecem dessa lição, embora, no final das contas, investir em reputação na verdade seja uma excelente prática de negócio.

1.4. PROCESSO DE INVESTIMENTO

A *carteira* de um investidor nada mais é que um conjunto de ativos de investimento. Assim que a carteira é criada, é atualizada ou "rebalanceada" por meio da venda dos títulos existentes e da utilização dos rendimentos na compra de novos títulos, do investimento em fundos adicionais para aumentar o tamanho geral da carteira ou da venda de títulos para diminuir seu tamanho.

Os ativos de investimento podem ser categorizados em classes amplas de ativos, como ações, obrigações, imóveis, *commodities* etc. Os investidores tomam dois tipos de decisão ao construir suas carteiras. Na **alocação de ativos**, a decisão refere-se à escolha entre amplas classes de ativos, enquanto na **escolha de títulos** a decisão diz respeito aos títulos que devem ser mantidos *dentro* de uma classe de ativos.

alocação de ativos
Distribuição de uma carteira entre classes amplas de ativos.

escolha de títulos
Escolha de títulos específicos em cada classe de ativos.

A construção "descendente" de uma carteira começa com a alocação de ativos. Por exemplo, uma pessoa que atualmente mantém todo o seu dinheiro em uma conta bancária primeiro decidiria que proporção da carteira global deveria ser composta por ações, obrigações etc. Dessa forma, definem-se os aspectos amplos da carteira. Por exemplo, enquanto o retorno médio anual sobre as ações ordinárias das grandes empresas têm girado em torno de 12% ao ano desde 1926, o retorno médio sobre as letras do Tesouro americano tem sido inferior a 4%. Entretanto,

---

[4] *Business Week*, "How Corrupt Is Wall Street?" 13 de maio de 2002.

as ações são bem mais arriscadas, oferecendo retornos anuais (de acordo com o Índice Standard & Poor's 500) entre baixas de −46% e altas de 55%. Em contraposição, os retornos das letras do Tesouro são efetivamente isentos de risco: sabemos que taxa de juros obteremos ao comprá-las. Portanto, a decisão de alocar investimentos no mercado de ações ou no mercado monetário no qual as letras do Tesouro são negociadas terá grandes desdobramentos tanto para o risco quanto para o retorno de sua carteira. O investidor que utiliza a abordagem descendente primeiro toma essa e outras decisões fundamentais sobre alocação de ativos antes de decidir quais títulos específicos deve manter em cada classe de ativos.

análise de títulos
Análise do valor dos títulos.

A **análise de títulos** consiste na avaliação dos títulos específicos que podem ser incluídos na carteira. Por exemplo, um investidor poderia se perguntar se o preço mais atraente é o da Merck ou da Pfizer. A atratividade de investimento tanto das obrigações quanto das ações deve ser avaliada, mas a avaliação das ações é bem mais difícil porque seu desempenho normalmente é muito mais suscetível à situação da empresa emissora.

A estratégia "ascendente", por sua vez, contrapõe-se à gestão descendente de carteiras. Nesse processo, a carteira é construída primeiramente com os títulos que parecem ter o preço mais atraente, sem muita preocupação com a alocação de ativos resultante. Essa técnica pode gerar apostas involuntárias em um ou outro setor da economia. Por exemplo, pode ser que a carteira acabe tendo uma representação muito acentuada de empresas de determinado setor, de uma região de um país, ou então fique exposta a uma fonte específica de incerteza. Entretanto, na estratégia ascendente, a carteira é composta primordialmente de ativos que parecem oferecer as oportunidades de investimento mais atraentes.

1.5. OS MERCADOS SÃO COMPETITIVOS

Os mercados financeiros são extremamente competitivos. Milhares de analistas bem preparados invariavelmente esquadrinham os mercados de títulos à procura das melhores oportunidades de compra. Isso significa que devemos esperar encontrar, quando muito, pouquíssimas "pechinchas", isto é, títulos com o preço tão baixo que representam barganhas óbvias. Há várias implicações nessa proposição de que "nada é de graça". Vejamos duas delas.

Trade-off risco-retorno

Os investidores investem com a expectativa de obter retornos futuros, mas esses retornos raramente podem ser previstos com precisão. Quase sempre haverá algum risco associado aos investimentos. Os retornos reais ou realizados quase sempre serão diferentes do retorno previsto no início do período de investimento. Por exemplo, em 1931 (o pior ano civil para o mercado desde 1926), o mercado de ações perdeu 46% de seu valor. Em 1933 (o melhor ano), o mercado de ações ganhou 55%. Podemos ter certeza de que os investidores não previram esse desempenho tão extremo no início desses dois anos.

Naturalmente, se todos os outros fatores pudessem ser mantidos inalterados, os investidores prefeririam investimentos com o retorno esperado mais alto.[5] No entanto, a regra de que nada é de graça estabelece que todos os outros fatores não podem ser mantidos iguais. Se quisermos retornos esperados mais altos, teremos de pagar um preço no sentido de aceitar um risco de investimento mais alto. Se fosse possível obter um retorno esperado mais alto sem a necessidade de arcar com um risco extra, haveria uma corrida para comprar ativos de alto retorno e, consequentemente, os preços seriam empurrados para cima. As pessoas que estivessem pensando em investir no ativo que agora está com o preço mais alto considerariam esse investimento menos atraente: se você comprasse por um preço mais alto, a taxa de retorno esperada (isto é, o lucro por unidade dólar investido) seria mais baixa. O ativo seria considerado atraente e seu preço continuaria a subir até que o retorno esperado não fosse mais proporcional ao risco. A essa altura, os investidores poderiam prever um retorno "razoável" em relação ao risco do ativo, mas nada mais que isso. De modo semelhante, se os retornos não oferecessem risco, haveria uma corrida para vender os ativos de alto risco. Os preços cairiam (e a taxa de retorno esperada futura aumentaria) até que no devido tempo os ativos ficassem suficientemente atraentes para

---

[5] O retorno "esperado" não é o retorno que os investidores acreditam que necessariamente obterão nem mesmo o retorno mais provável. Na verdade, é o resultado da média de todos os resultados possíveis, reconhecendo que alguns resultados são mais prováveis do que outros. É o índice médio de retorno entre cenários econômicos possíveis.

serem incluídos na carteira do investidor. Concluímos então que deve haver um **trade-off risco-retorno** nos mercados de títulos, em que os ativos de maior risco são avaliados com preços que ofereçam retornos esperados mais altos do que os ativos de menor risco.

É claro que essa discussão deixa várias perguntas importantes sem resposta. Como devemos avaliar o risco de um ativo? Qual deve ser o *trade-off* quantitativo entre risco (apropriadamente avaliado) e retorno esperado? Poderíamos acreditar que o risco talvez esteja associado à volatilidade dos retornos de um ativo, mas essa suposição revela-se parcialmente correta. Quando misturamos ativos em uma carteira diversificada, precisamos levar em conta a interação entre os ativos e o efeito da diversificação sobre o risco da carteira como um todo. *Diversificação* significa que vários ativos são mantidos em uma carteira para que a exposição a qualquer ativo específico seja pequena. O efeito da diversificação sobre o risco da carteira, as implicações para a avaliação apropriada do risco e a relação entre risco-retorno são os temas da Parte Dois. Esses assuntos são objeto do que hoje se conhece como *teoria moderna de carteiras*. O desenvolvimento dessa teoria rendeu o Prêmio Nobel para seus dois pioneiros, Harry Markowitz e William Sharpe.

Mercados eficientes

Outra implicação da proposição de que nada é de graça é que raramente devemos esperar encontrar pechinchas no mercado de títulos. Todo o Capítulo 8 será dedicado à análise dessa teoria e das evidências relativas à hipótese de que os mercados financeiros processam de maneira rápida e eficiente todas as informações disponíveis sobre os títulos, isto é, de que o preço dos títulos normalmente reflete todas as informações das quais os investidores dispõem acerca do valor do título. De acordo com essa hipótese, à medida que novas informações a respeito de um título são disponibilizadas, o preço do título ajusta-se rapidamente para que, a qualquer momento, torne-se igual à estimativa consensual do mercado sobre seu valor. Se assim fosse, não haveria títulos nem abaixo do preço nem acima do preço.

Uma implicação interessante dessa "hipótese de mercado eficiente" refere-se à escolha entre estratégias de gestão de investimentos ativas e passivas. A **gestão passiva** requer que se mantenham carteiras extremamente diversificadas sem despender esforço ou outros recursos para tentar melhorar o desempenho do investimento por meio da análise de títulos. A **gestão ativa** é a tentativa de melhorar o desempenho identificando títulos com erro de apreçamento ou prevendo oportunidades de desempenho de classes amplas de ativos – por exemplo, aumentando o investimento quando determinada ação está em alta no mercado. Se os mercados forem eficientes e os preços refletirem todas as informações relevantes, talvez seja melhor adotar estratégias passivas em vez de despender recursos em uma tentativa inútil de ser mais esperto que seus concorrentes nos mercados financeiros.

Se a hipótese de mercado eficiente fosse levada ao extremo, não haveria sentido em fazer uma análise ativa de títulos; apenas os tolos investiriam recursos para analisá-los ativamente. Entretanto, se não houvesse uma análise constante, com o tempo os preços se distanciariam dos valores "corretos", cirando novos incentivos para que os especialistas se envolvessem. É por esse motivo que examinamos as contestações à hipótese de mercado eficiente no Capítulo 9 (disponível no *site* <www.grupoa.com.br>). Mesmo em ambientes tão competitivos quanto os mercados financeiros, podemos observar apenas uma quase-eficiência e pode haver oportunidades de lucro para investidores particularmente criteriosos e criativos. Isso motiva nossa discussão sobre a gestão ativa de carteiras na Parte Seis (disponível no *site* <www.grupoa.com.br>). Mais importante do que isso, nossas discussões sobre análise de títulos e construção de carteiras geralmente devem levar em conta a probabilidade dos mercados com quase-eficiência.

1.6. OS PARTICIPANTES

Olhando de relance, parece haver três participantes principais nos mercados financeiros:
1. Empresas demandantes líquidas de capital. Elas levantam capital no presente para pagar por investimentos em instalações e equipamentos. A renda gerada por esses ativos reais oferece retornos aos investidores que adquirem os títulos emitidos por essas empresas.
2. As famílias normalmente são fornecedoras de capital. Elas compram títulos emitidos por empresas que precisam levantar fundos.
3. Os governos podem ser tomadores ou concessores de empréstimo, dependendo da relação entre a receita fiscal e as despesas governamentais. Desde a Segunda Guerra Mundial, geral-

---

trade-off risco-retorno
Ativos com retornos esperados mais altos envolvem riscos maiores.

gestão passiva
Compra e manutenção de uma carteira diversificada em que não se tenta identificar títulos com erro de apreçamento.

gestão ativa
Tentativa de identificar títulos com erro de apreçamento ou de prever as tendências de um mercado amplo.

mente o governo americano tem apresentado déficits orçamentários, o que significa que sua arrecadação fiscal tem sido inferior aos seus gastos. Por esse motivo, o governo tem sido obrigado a tomar empréstimos para cobrir seu déficit orçamentário. A emissão de letras, notas e obrigações do Tesouro é a principal forma empregada pelo governo para tomar empréstimo do público. Em contraposição, no final da década de 1990, o governo experimentou um superávit orçamentário e conseguiu pagar parte de sua dívida pendente.

As sociedades anônimas e os governos não vendem todos nem mesmo a maior parte de seus títulos diretamente aos indivíduos. Por exemplo, em torno de 50% das ações são mantidas por grandes instituições financeiras, como fundos de pensão, fundos mútuos, seguradoras e bancos. Essas instituições encontram-se entre o emissor de títulos (a empresa) e o proprietário final (o investidor individual). Por esse motivo, são chamadas de *intermediários financeiros*. De modo semelhante, as sociedades anônimas não negociam diretamente seus títulos com o público. Em vez disso, contratam agentes, denominados bancos de investimento, para representá-las junto ao público investidor. Vejamos o papel desses intermediários.

Intermediários financeiros

As famílias desejam ter acesso a investimentos vantajosos para construir sua poupança, mas o pequeno porte (financeiro) da maioria das famílias dificulta o investimento direto. Um pequeno investidor que tenha interesse em emprestar dinheiro para empresas que necessitam de investimentos financeiros não anuncia no jornal local para encontrar um tomador de empréstimo disposto e desejável. Além disso, um concessor de empréstimo individual não conseguiria oferecer diversificação aos tomadores de empréstimo a fim de diminuir o risco. Concluindo, um emprestador individual não está aparelhado para avaliar e monitorar o risco de crédito dos tomadores.

intermediários financeiros
Instituições que fazem a "intermediação" entre tomadores e concessores de empréstimo aceitando fundos dos concessores e emprestando aos tomadores.

Por esses motivos, os **intermediários financeiros** surgiram para fazer a ponte entre os fornecedores de capital (investidores) e os demandantes de capital (principalmente as sociedades anônimas). Esses intermediários financeiros incluem bancos, empresas de investimento, seguradoras e cooperativas de crédito. Eles emitem títulos próprios para levantar fundos e comprar títulos de outras empresas de grande porte.

Por exemplo, um banco levanta fundos tomando emprestado (aceitando depósitos) e emprestando esse dinheiro a outros tomadores. A diferença (*spread*) entre as taxas de juros pagas aos depositantes e as taxas cobradas dos tomadores é a fonte de lucro do banco. Dessa maneira, os concessores e tomadores não precisam ter contato direto entre si. Em vez disso, ambos procuram um banco, que então atua como intermediário. O problema da união entre concessores e tomadores é resolvido quando cada um procura independentemente um mesmo intermediário.

Os intermediários financeiros distinguem-se de outras empresas porque seus ativos e passivos são predominantemente financeiros. A Tabela 1.3 apresenta o balanço patrimonial agregado dos bancos comerciais, um dos maiores setores de intermediários financeiros. Observe que esse balanço inclui apenas valores muito pequenos de ativos reais. Compare a Tabela 1.3 com o balanço patrimonial agregado do setor corporativo não financeiro na Tabela 1.4, na qual os ativos reais compõem aproximadamente metade de todos os ativos. Essa diferença se evidencia porque os intermediários simplesmente transferem fundos de um setor para outro. Na verdade, a principal função social desses intermediários é canalizar as poupanças familiares para o setor empresarial.

Outros exemplos de intermediários financeiros são as empresas de investimento, seguradoras e cooperativas de crédito. Todas essas empresas oferecem vantagens semelhantes enquanto intermediárias. Primeiro, agrupando os recursos de vários pequenos investidores, elas conseguem emprestar um valor considerável aos grandes tomadores de empréstimo. Segundo, emprestando a vários tomadores, elas obtêm uma diversificação significativa e por isso podem conceder empréstimos que individualmente poderiam ser muito arriscados. Terceiro, os intermediários ganham experiência por meio do volume de negócios que realizam e podem usar economias de escala e escopo para avaliar e monitorar os riscos.

empresas de investimento
Empresas que gerenciam fundos para os investidores. Uma empresa de investimento pode gerenciar vários fundos mútuos.

As **empresas de investimento**, que agrupam e administram o dinheiro de inúmeros investidores, também surgem de economias de escala. Nesse caso, o problema é que as carteiras familiares não costumam ser suficientemente grandes para serem distribuídas entre uma variedade significativa de títulos. É muito caro comprar uma ou duas ações de várias empresas diferentes em termos de taxa de corretagem e custos de pesquisa. A vantagem dos fundos mútuos é a negociação em grande escala e a gestão de carteiras, embora os investidores participantes recebam uma cota rateada do total de fundos de acordo com o tamanho de seu investimento. Esse

TABELA 1.3 Balanço patrimonial dos bancos comerciais, 2011

Ativos	Bilhões de US$	% Total	Passivos e patrimônio líquido	Bilhões de US$	% Total
Ativos reais			Passivos		
Equipamentos e propriedades	110,4	0,9	Depósitos	8.674,6	71,4
Outros imóveis	46,6	0,4	Dívida e outros fundos emprestados	1.291,8	10,6
Total de ativos reais	157	1,3	Fundos federais e acordos de recompra	499,1	4,1
			Outros	308,4	2,5
			Total de passivos	10.773,9	88,6
Ativos financeiros					
Dinheiro	1.066,3	8,8			
Títulos de investimento	2.406,1	19,8			
Empréstimos e *leasings*	6.279,1	51,6			
Outros ativos financeiros	1.153,9	9,5			
Total de ativos financeiros	10.905,4	89,7			
Outros ativos					
Ativos intangíveis	373,9	3,1			
Outros	721	5,9			
Total de outros ativos	1.094,9	9	Patrimônio líquido	1.383,4	11,4
Total	12.157,3	100		12.157,3	100

Nota: A soma nas colunas pode ser diferente do total em virtude de erros de arredondamento.
Fonte: Corporação Federal de Seguro de Depósito, <www.fdic.gov>, julho de 2011.

TABELA 1.4 Balanço patrimonial de empresas não financeiras dos Estados Unidos, 2011

Ativos	Bilhões de US$	% Total	Passivos e patrimônio líquido	Bilhões de US$	%Total
Ativos reais			Passivos		
Equipamentos e *software*	4.109	14,6	Obrigações e hipotecas	5.321	18,9
Imóveis	7.676	27,2	Empréstimos bancários	538	1,9
Estoques	1.876	6,7	Outros empréstimos	1.227	4,4
Total de ativos reais	13.661	48,5	Dívida comercial	1.863	6,6
			Outros	4.559	16,2
Ativos financeiros			Total de passivos	13.509	47,9
Depósitos e dinheiro	1.009	3,6			
Títulos negociáveis	899	3,2			
Crédito comercial e ao consumidor	2.388	8,5			
Outros	10.239	36,3			
Total de ativos financeiros	14.535	51,5			
Total	28.196	100	Patrimônio líquido	14.687	52,1
				28.196	100

Nota: A soma nas colunas pode ser diferente em virtude de erros de arredondamento.
Fonte: *Flow of Funds Accounts of the United States*, Conselho de Governadores do Federal Reserve System, junho de 2011.

sistema oferece aos pequenos investidores vantagens pelas quais estão dispostos a pagar por meio de uma taxa administrativa para a operadora do fundo mútuo.

As empresas de investimento também podem criar carteiras especificamente para grandes investidores com metas particulares. Em contraposição, os fundos mútuos são vendidos no mercado de varejo e sua filosofia de investimento é diferenciada principalmente por estratégias que tendem a atrair um grande de número de clientes.

Assim como os fundos mútuos, os *fundos de hedge* (fundos de retorno absoluto) também agrupam e investem o dinheiro de vários clientes. Contudo, são abertos apenas para investidores institucionais, como fundos de pensão, fundos de dotação ou pessoas ricas. Eles tendem mais a adotar estratégias complexas e de maior risco. Normalmente, retêm uma porcentagem dos lucros da negociação como parte de sua remuneração, ao passo que os fundos mútuos cobram uma porcentagem fixa sobre os ativos sob sua administração.

As economias de escala também explicam a proliferação dos serviços analíticos disponíveis aos investidores. Boletins informativos, bancos de dados e serviços de pesquisa de empresas de corretagem estão todos envolvidos com pesquisas que podem ser vendidas a uma grande base de clientes. Esse esquema surge naturalmente. É evidente que os investidores desejam informações. Contudo, para administrar carteiras pequenas, eles não acham econômico coletar tudo

Na frente de batalha do MERCADO

O FIM DO SETOR AUTÔNOMO DE BANCOS DE INVESTIMENTO

Até 1999, a Lei Glass-Steagall proibia os bancos de aceitar depósitos e subscrever títulos. Em outras palavras, forçava a separação do setor de investimento e do setor de bancos comerciais. Porém, quando a Glass-Steagall foi revogada, muitos bancos comerciais de grande porte começaram a se transformar em "bancos universais" capazes de oferecer uma completa variedade de serviços bancários comerciais e de investimento. Em alguns casos, os bancos comerciais criavam suas próprias divisões bancárias, mas normalmente eles se ampliavam por meio de fusões. Por exemplo, o Chase Manhattan adquiriu o J. P. Morgan para formar o JPMorgan Chase. De modo semelhante, o Citigroup adquiriu o Salomon Smith Barney para oferecer administração de patrimônio, corretagem, serviços bancários de investimento e serviços de gestão de ativos. A maior parte da Europa nunca havia forçado a separação entre serviços bancários comerciais e de investimento. Por isso, os grandes bancos europeus, como Credit Suisse, Deutsche Bank, HSBC e UBS, sempre haviam sido bancos universais. Entretanto, até 2008, o setor bancário de investimentos autônomos nos Estados Unidos manteve-se amplo e aparentemente vigoroso, com nomes célebres como Goldman Sachs, Morgan Stanley, Merrill Lynch e Lehman Brothers.

Entretanto, a estrutura desse setor sofreu um abalo em 2008, quando vários bancos de investimento foram acossados por enormes perdas em suas posses de títulos garantidos por hipotecas. Em março, à beira da insolvência, o Bear Stearns passou por fusão e transformou-se no JPMorgan Chase. Em 14 de setembro, o Merrill Lynch, que também estava sofrendo acentuadas perdas relacionadas às hipotecas, negociou um contrato para ser adquirido pelo Bank of America. No dia seguinte, o Lehman Brothers abriu a maior falência da história dos Estados Unidos, por não conseguir encontrar um adquirente capaz e disposto a resgatá-lo de suas perdas substanciais. Na semana seguinte, os dois únicos grandes bancos de investimento remanescentes, o Goldman Sachs e Morgan Stanley, decidiram se converter em *holdings* bancárias tradicionais. Ao fazê-lo, eles se submeteram à supervisão de reguladores bancários nacionais como o Federal Reserve e às regras de adequação de capital bem mais rígidas que regulamentam os bancos comerciais.[6] Essas empresas concluíram que a maior estabilidade que teriam enquanto bancos comerciais, particularmente a capacidade de financiar suas próprias operações por meio de depósitos bancários e ter acesso a empréstimos de emergência do Federal Reserve, justificava essa conversão. Essas fusões e conversões marcaram o verdadeiro fim do setor autônomo de bancos de investimento— mas não dos serviços de *investment banking*. Agora, esses serviços serão oferecidos pelos grandes bancos universais.

---

isso pessoalmente. Disso surge uma oportunidade de lucro: uma empresa pode realizar esse serviço para vários clientes e cobrar por isso.

Bancos de investimento

Assim como as economias de escala e a especialização criam oportunidades de lucro para os intermediários financeiros, essas economias criam nichos para empresas que realizam serviços especializados para outras empresas. Elas levantam grande parte de seu capital com a venda de títulos – por exemplo, ações e obrigações – ao público. Contudo, como essas empresas não realizam essa atividade com frequência, os **bancos de investimento** que se especializam nessas atividades podem oferecer serviços por um custo inferior ao requerido para manter uma divisão interna de emissão de títulos.

bancos de investimento
Especialistas na venda de títulos novos ao público, normalmente como subscritores da emissão.

mercado primário
Mercado em que se oferecem novas emissões de títulos ao público.

mercado secundário
Títulos emitidos anteriormente são negociados entre investidores.

Os bancos de investimento prestam consultoria à empresa emissora sobre os preços que ela pode cobrar pelos títulos emitidos, as taxas de juros apropriadas etc. No fundo, o banco de investimento administra a comercialização dos títulos no **mercado primário**, no qual novas emissões de títulos são oferecidas ao público. Nessa função, os bancos são chamados de *subscritores*. Posteriormente, os investidores podem negociar entre si os títulos já emitidos no assim chamado **mercado secundário**.

Ao longo da maior parte do século passado, os bancos de investimento e os bancos comerciais dos Estados Unidos mantiveram-se separados por lei. Embora essas regulamentações tenham sido efetivamente eliminadas em 1999, até 2008 o setor conhecido como "Wall Street" ainda abrangia grandes bancos de investimento como o Goldman Sachs, Merrill Lynch ou Lehman Brothers. Porém, o modelo autônomo teve um fim abrupto em setembro de 2008, quando todos os grandes bancos de investimento remanescentes nos Estados Unidos foram incorporados em bancos comerciais, declararam falência ou se reorganizaram como bancos comerciais. O quadro "Na frente de batalha do mercado" apresenta uma breve introdução a esses acontecimentos.

---

[6] Por exemplo, em 2008 o índice de alavancagem usual (total de ativos dividido pelo capital bancário) nos bancos comerciais era aproximadamente 10 para 1. Em contraposição, nos bancos de investimento, essa alavancagem chegou a 30 por 1. Esse índice aumentou os lucros em épocas favoráveis, mas ofereceu uma proteção inadequada contra prejuízos e fez os bancos ficarem sujeitos à falência quando suas carteiras de investimentos foram abaladas por grandes prejuízos.

Capital de risco e *private equity*

Embora as grandes empresas possam levantar fundos diretamente nos mercados de ações e obrigações com a ajuda dos bancos de investimento, as empresas menores e mais jovens que ainda não emitiram títulos ao público não têm essa opção. As empresas *start-up* na verdade dependem de empréstimos bancários e de investidores que estejam dispostos a investir nelas em troca de uma participação no capital da empresa. O investimento de capital nessas empresas jovens é chamado de **capital de risco (CR)**. As fontes de capital de risco abrangem fundos exclusivos de capital risco, indivíduos ricos conhecidos como *investidores-anjo* e instituições como os fundos de pensão.

Os fundos de capital de risco são em sua maioria estabelecidos como *limited partnerships* ou sociedades comanditárias. Uma administradora se institui com dinheiro próprio e levanta capital adicional junto a sócios limitados como os fundos de pensão. Esse capital pode então ser investido em uma série de empresas *start-up*. Normalmente, a administradora participa do conselho da *start-up*, ajuda a recrutar diretores seniores e oferece consultoria empresarial. Ela cobra uma taxa do fundo de capital de risco para supervisionar os investimentos. Após um período – digamos, de dez anos –, o fundo é liquidado e os retornos são distribuídos entre os investidores.

Os investidores de capital de risco normalmente têm papel ativo na administração de uma *start-up*. Outros investidores ativos podem se encarregar de um tipo de administração prática semelhante, mas na verdade eles dirigem sua atenção para empresas que estão enfrentando dificuldades ou que talvez possam ser adquiridas, "melhoradas" e vendidas com lucro. Conjuntamente, esses investimentos em empresas que não negociam em bolsas de valores são conhecidos como investimentos em ***private equity*** (**participações privadas**).

capital de risco (CR)
Dinheiro investido para financiar uma empresa nova.

private equity **(participações privadas)**
Investimentos em empresas que não são negociadas na bolsa de valores.

1.7. A CRISE FINANCEIRA DE 2008

Este capítulo esboçou os contornos gerais do sistema financeiro, bem como alguns vínculos entre a face financeira da economia e a face "real", na qual se produzem bens e serviços. A crise financeira de 2008 mostrou de uma maneira árdua os elos íntimos entre esses dois setores. Apresentamos nesta seção um resumo conciso sobre essa crise, com o objetivo de extrair algumas lições a respeito do papel do sistema financeiro e igualmente das causas e consequência do que se tornou conhecido como *risco sistêmico*. Algumas dessas questões são complexas. Nós as examinamos brevemente aqui, mas voltaremos a abordá-las mais a fundo em um momento posterior, assim que tivermos um contexto de análise mais amplo.

Antecedentes da crise

No início de 2007, a maioria dos observadores imaginava inconcebível que em dois anos o sistema financeiro mundial enfrentaria sua pior crise desde a Grande Depressão. Na época, a economia parecia estar indo de vento em popa. A última ameaça macroeconômica significativa havia sido a explosão da bolha de alta tecnologia do período de 2000 a 2002. Porém, o Federal Reserve reagiu a uma recessão emergente diminuindo agressivamente as taxas de juros. A Figura 1.1 mostra que as taxas das letras do Tesouro caíram de forma drástica entre 2001 e 2004, e a Libor, que é a taxa de juros aplicada nos empréstimos entre os maiores bancos de centro financeiro, caiu simultaneamente.[7] Essas ações pareciam ter tido êxito, e a recessão foi efêmera e branda.

Na metade da década, a economia uma vez mais parecia saudável. Embora o mercado de ações tenha apresentado uma queda considerável entre 2001 e 2002, a Figura 1.2 mostra que ele tomou a direção inversa de uma maneira igualmente drástica no início de 2003, recuperando em poucos anos todos as suas perdas posteriores ao colapso tecnológico. De igual importância, o setor bancário parecia saudável. O *spread* entre a Libor (taxa pela qual os bancos tomam empréstimo entre si) e a taxa das letras do Tesouro (pela qual o governo dos Estados Unidos toma empréstimo), uma medida comum de risco de crédito no setor bancário (com frequência chamada de *spread TED*[8]), era de 0,25% apenas no início de 2007 (consulte da linha inferior na

---

[7] *Libor* refere-se a "London Interbank Offered Rate" (taxa média de juros interbancários de Londres), uma taxa cobrada em empréstimos denominados em dólar em um mercado de empréstimo interbancário fora dos Estados Unidos (concentrado predominantemente em Londres). Normalmente, essa taxa é cotada para empréstimos de três meses.

[8] *TED* refere-se a "eurodólar do Tesouro". Nesse *spread*, a taxa de eurodólar na verdade é a Libor.

FIGURA 1.1
Libor de curto prazo e taxas das letras do Tesouro e *spread* TED.

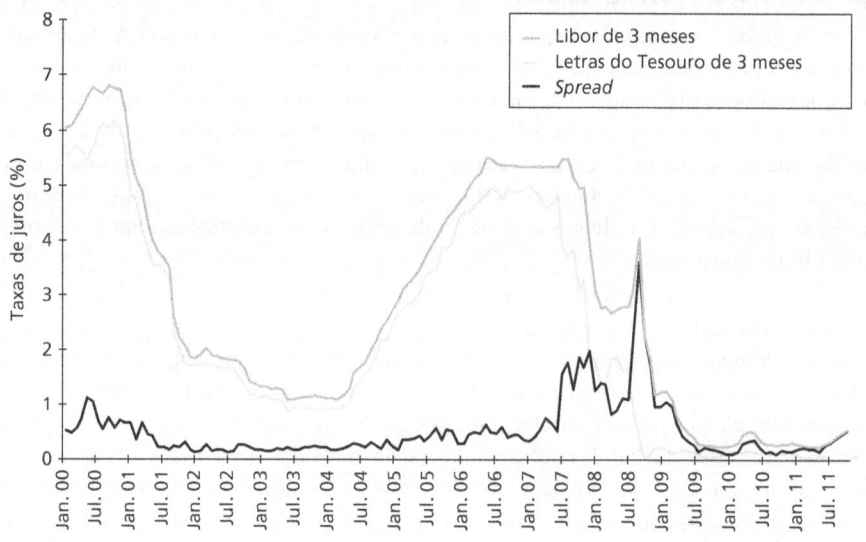

FIGURA 1.2
Retornos cumulativos sobre um investimento de US$ 1 no Índice S&P 500.

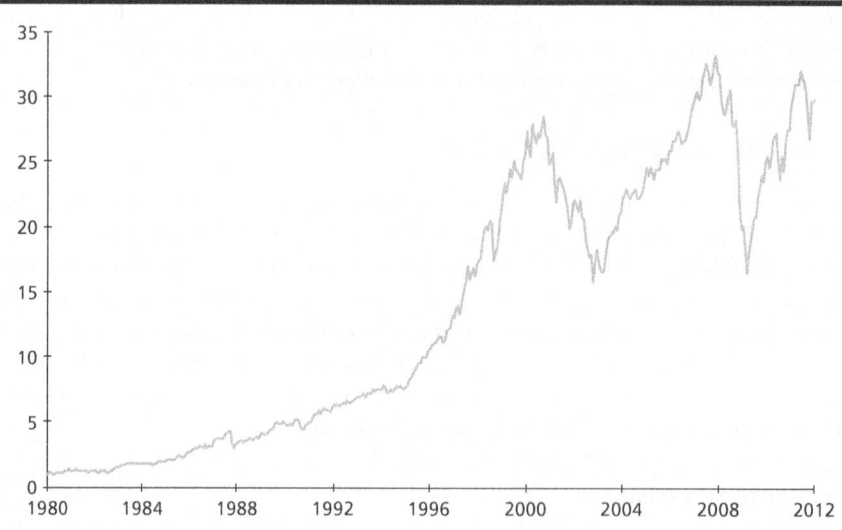

Figura 1.1), sugerindo que os temores de inadimplência ou de risco de "contraparte" no setor bancário eram mínimos.

A associação entre taxas de juros muito reduzidas e uma economia aparentemente estável fomentou um *boom* histórico no mercado habitacional. A Figura 1.3 mostra que os preços habitacionais nos Estados unidos começaram a subir visivelmente no final da década de 1990 e aceleraram de modo drástico após 2001 assim que as taxas de juros caíram verticalmente. Nos dez anos subsequentes a 1997, os preços médios nos Estados Unidos praticamente triplicaram.

Contudo, a confiança no poder da política macroeconômica para diminuir o risco, a impressionante recuperação da economia desde a implosão da alta tecnologia e particularmente o *boom* nos preços habitacionais após a agressiva redução das taxas de juros talvez tenham semeado as sementes da derrocada que se evidenciou em 2008. Por um lado, a política do Federal Reserve de reduzir as taxas de juros havia feito os rendimentos de uma ampla variedade de investimentos ficarem baixos e os investidores estavam ávidos por alternativas que oferecessem rendimentos mais altos. Por outro, a baixa volatilidade e a complacência crescente para com o risco estimularam uma maior tolerância ao risco na busca por investimentos de maior rendimento. Em nenhum lugar isso era mais evidente do que no mercado crescente das hipotecas securitizadas. Os mercados financeiros habitacional e hipotecário dos Estados Unidos estavam no centro de uma tempestade iminente.

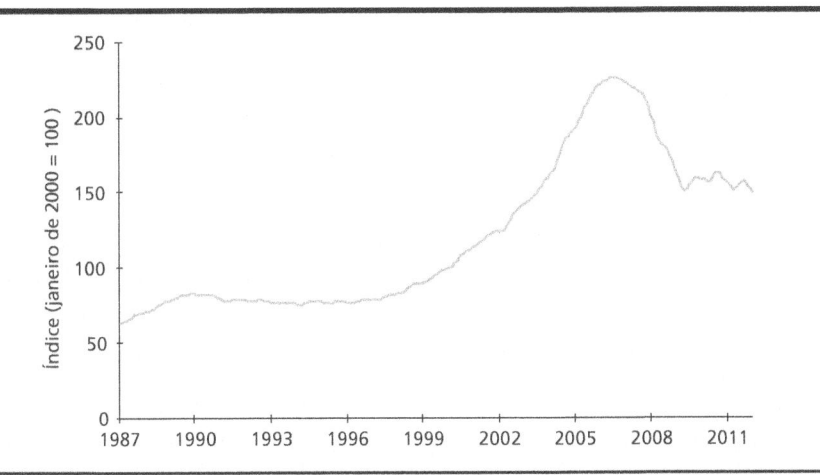

FIGURA 1.3
Índice de Case-Shiller de preços habitacionais nos Estados Unidos.

Mudanças no financiamento habitacional

Antes de 1970, a maioria dos empréstimos hipotecários costumava vir de um concessor local, como um banco de poupança regional ou uma cooperativa de crédito. A pessoa tomava um empréstimo para comprar uma casa e o pagava durante um longo período, normalmente de 30 anos. Uma instituição de poupança típica costumava ter como ativo principal uma carteira composta por esses empréstimos habitacionais de longo prazo e as contas de seus depositantes eram seu passivo principal. Esse cenário começou a mudar na década de 1970, quando a Associação Hipotecária Federal (Fannie Mae ou Federal National Mortgage Association – FNMA) e a Corporação Federal de Hipotecas Residenciais (Freddie Mac ou Federal Home Loan Mortgage Corporation – FHLMC) passaram a comprar grande quantidade de empréstimos habitacionais dos originadores e a agrupá-los em *pools* que podiam ser negociados como qualquer outro ativo financeiro. Esses *pools*, que eram essencialmente reivindicações sobre as hipotecas subjacentes, logo foram apelidados de "títulos garantidos por hipotecas", e esse processo foi então chamado de **securitização**. A Fannie e a Freddie transformaram-se rapidamente em gigantes do mercado hipotecário, comprando ao todo mais da metade de todas as hipotecas procedentes do setor privado.

A Figura 1.4 mostra como os fluxos de caixa passavam do tomador original para o investidor final em um título garantido por hipoteca. O originador do empréstimo – por exemplo, uma instituição de poupança e empréstimo – fazia um empréstimo de US$ 100 mil para a compra de uma casa. O proprietário teria de pagar o principal e os juros (P&J) sobre o empréstimo ao longo de mais de 30 anos. Contudo, o originador vendia a hipoteca para a Freddie Mac ou Fannie Mae e recuperava o custo do empréstimo. O originador podia continuar pagando o serviço do empréstimo (isto é, receber pagamentos mensais do proprietário) por uma pequena taxa de serviço, mas os pagamentos líquidos do empréstimo após a dedução dessa taxa eram repassados para a agência. A Freddie ou Fannie, por sua vez, agrupavam esses empréstimos em títulos garantidos por hipotecas e os vendiam aos investidores – por exemplo, fundos de pensão ou fundos mútuos. A agência (Fannie ou Freddie) normalmente garantia o risco de crédito ou inadimplência dos empréstimos incluídos em cada *pool*, pelo qual retinha uma taxa de garantia antes de repassar o restante do fluxo de caixa para o investidor final. Como os fluxos de caixa das hipotecas eram passados do proprietário para o emprestador, para a Fannie ou Freddie e finalmente para o investidor, os títulos garantidos por hipotecas eram também chamados de títulos com lastro em hipoteca (*pass through*).

securitização
Agrupamento de empréstimos em títulos padronizados e garantidos por esses empréstimos, os quais podem ser negociados como qualquer outro título.

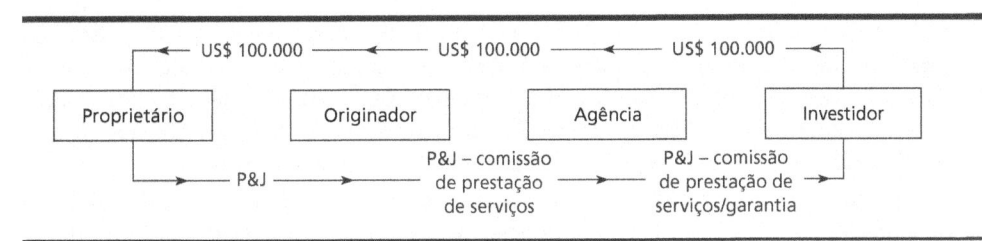

FIGURA 1.4
Fluxos de caixa de um título com lastro em hipoteca (*pass-through*).

Até a última década, a vasta maioria das hipotecas que haviam sido securitizadas em *pass--throughs* foi mantida ou garantida pela Freddie Mac ou Fannie Mae. Eram hipotecas conformes que apresentavam baixo risco, o que significava que os empréstimos que a agência poderia securitizar não deveriam ser muito altos e os proprietários tinham de obedecer aos critérios de subscrição que comprovavam sua capacidade de saldar o empréstimo. Por exemplo, a relação entre a quantia do empréstimo e o valor da casa não poderia ser superior a 80%.

Embora os empréstimos conformes fossem agrupados quase que totalmente pela Freddie Mac e Fannie Mae, assim que o modelo de securitização consolidou-se, ele abriu oportunidade para um novo produto: a securitização por parte de empresas privadas de empréstimos *subprime* não conformes, com maior risco de inadimplência. Uma importante diferença entre os *pass--throughs* de instituições governamentais e os assim chamados *pass-throughs* de marca privada era que o investidor do *pool* privado arcava com o risco de inadimplência dos proprietários. Portanto, os corretores hipotecários originadores tinham pouco incentivo para realizar uma investigação prévia sobre os empréstimos *porque os empréstimos podiam ser vendidos a um investidor*. É óbvio que esses investidores não tinham contato direto com os tomadores e não podiam realizar uma subscrição detalhada com relação à qualidade do empréstimo. Em vez disso, eles se fiavam nas pontuações de crédito dos tomadores, que substituíram gradualmente a subscrição convencional.

Logo surgiu uma forte tendência à concessão de empréstimos com pouca documentação e depois sem nenhuma documentação, o que implicava uma confirmação deficiente da capacidade do tomador de arcar com um empréstimo. Outras normas de concessão de empréstimos *subprime* também degeneraram rapidamente. Por exemplo, a alavancagem permitida para empréstimos hipotecários (com base na razão entre o valor do empréstimo e o valor da garantia) aumentou significativamente. Por volta de 2006, a maioria dos tomadores de empréstimo *subprime* adquiria sua casa tomando emprestado o valor de compra *integral*! Quando os preços habitacionais começaram a despencar, esses empréstimos de alta alavancagem "submergiram" rapidamente – isto é, as casas passaram a valer menos do que o saldo do empréstimo – e os proprietários decidiram "desistir" ou abandonar suas casas – e os respectivos empréstimos.

As hipotecas com taxa ajustável (*adjustable rate mortgages* – ARMs) também ganharam popularidade, tornando-se rapidamente a norma no mercado de *subprime*. Esses empréstimos ofereciam aos tomadores taxas de juros iniciais baixas ou promocionais (*teaser*), mas com o tempo elas eram redefinidas de acordo com os rendimentos de juros atuais do mercado – por exemplo, taxa de letras do Tesouro mais 3%. Embora muitos desses tomadores tivessem "alcançado o limite máximo" de sua capacidade de empréstimo pela taxa *teaser*, assim que a taxa de empréstimo era redefinida, os pagamentos mensais disparavam, particularmente se as taxas de juros do mercado tivessem aumentado.

Apesar desses riscos óbvios, a elevação constante dos preços habitacionais ao longo da última década parece ter iludido e levado vários investidores à complacência, com uma convicção predominante de que aumentar continuamente os preços habitacionais salvaria os empréstimos ruins. Porém, a partir de 2004, a capacidade de refinanciamento para salvar um empréstimo diminuiu. Primeiro, as taxas de juros mais altas faziam os proprietários que haviam assumido hipotecas com taxas ajustáveis se sentirem pressionados a pagar. Segundo, tal como a Figura 1.3 mostra, os preços habitacionais atingiram um pico em 2006. Desse modo, a capacidade dos proprietários para refinanciar um empréstimo utilizando o capital acumulado na casa diminuiu. As taxas de inadimplência do crédito habitacional começaram a aumentar repentinamente me 2007, assim como as perdas nos títulos garantidos por hipotecas. A crise estava prestes a engatar a marcha alta.

Derivativos hipotecários

Poderíamos perguntar: quem estava disposto a comprar todas essas arriscadas hipotecas *subprime*? A securitização, a reestruturação e a melhoria de crédito respondem grande parte dessa pergunta. Novas ferramentas de transferência possibilitaram que os bancos de investimento transformassem com muito custo os empréstimos de alto risco em títulos de classificação AAAs. As obrigações de dívida garantidas (*collateralized debt obligations* – CDOs) foram algumas das mais importantes e com o tempo mais prejudiciais dessas inovações.

As CDOs foram criadas para concentrar o risco de crédito (isto é, de inadimplência) de um conjunto de empréstimos em determinada classe de investidores, deixando os demais investidores do *pool* relativamente protegidos contra esse risco. A ideia era priorizar as reivindicações de liquidação de empréstimo dividindo o *pool* em porções seniores *versus* juniores denominadas *tranches* (fatias). As fatias seniores tinham prioridade na reivindicação de liquidação no *pool* como um todo. As fatias juniores seriam pagas somente depois que as seniores tivessem recebido seu quinhão. Por exemplo, se um *pool* fosse dividido em duas fatias, com 70% do *pool* alocado à fatia sênior e 30% alocado à júnior, os investidores seniores seriam reembolsados integralmente desde que 70% ou mais dos empréstimos no *pool* fossem honrados, isto é, desde que a taxa de inadimplência no *pool* permanecesse abaixo de 30%. Mesmo nos *pools* compostos de empréstimos *subprime* arriscados, as taxas de inadimplência acima de 30% pareciam muito improváveis e, portanto, as fatias seniores normalmente recebiam a classificação mais alta (isto é, AAA) das principais agências de classificação de crédito, a Moody's, Standard & Poor's e Fitch. Portanto, grande quantidade de títulos classificados como AAA eram obtidos com esforço dos *pools* de hipotecas de baixa classificação. (Examinaremos as CDOs mais detalhadamente no Capítulo 10.)

Obviamente, hoje sabemos que essas classificações estavam incorretas. A estrutura sênior-subordinada das CDOs oferecia uma proteção bem menor às fatias seniores do que os investidores previam. Quando os preços habitacionais em todo o país começaram a cair simultaneamente, a inadimplência em todas as regiões aumentou e a esperança de obter benefícios da diversificação geográfica de empréstimos nunca se materializou.

Por que as agências de classificação subestimaram tanto o risco de crédito nesses títulos *subprime*? Primeiro, as probabilidades de inadimplência haviam sido estimadas com base em dados históricos de um período não representativo, caracterizado por um *boom* habitacional e uma economia excepcionalmente próspera. Além disso, os analistas de classificação haviam extrapolado a experiência histórica de inadimplência para um novo tipo de *pool* de tomadores de empréstimo –um *pool* sem pagamentos de entrada, de empréstimos de pagamentos explosivos e de empréstimos com pouca ou nenhuma documentação (com frequência chamados de *empréstimos de mentirosos*). A experiência de inadimplência do passado era em grande medida irrelevante, em vista dessas profundas mudanças no mercado. Adicionalmente, havia um otimismo exagerado com relação à capacidade de minimização de risco da diversificação inter-regional.

Finalmente, havia problemas de agência. As agências de classificação eram pagas para oferecer classificações com base nos emissores dos títulos – e não nos adquirentes. Elas eram pressionadas pelos emissores, que podiam sair à procura do tratamento mais favorável, a oferecer classificações generosas.

Revisão de CONCEITOS 1.2

Quando a Freddie Mac e a Fannie Mae formaram *pools* de títulos garantidos por hipotecas conformes, garantiam os empréstimos de hipotecas subjacentes contra inadimplência dos proprietários. Em contraposição, não havia nenhuma garantia para as hipotecas agrupadas em títulos garantidos por hipotecas *subprime*, caso em que os investidores tinham de arcar com o risco de crédito. Esses dois esquemas eram necessariamente a melhor forma de gerenciar e alocar o risco de inadimplência?

Swaps de risco de não cumprimento

O mercado de *swaps de risco de não cumprimento* também cresceu explosivamente nesse período, paralelamente ao mercado de CDOs. Basicamente, um *swap de risco de não cumprimento* (*credit default swap* – CDS) é um contrato de seguro contra a inadimplência de um ou mais tomadores de empréstimo. (Falaremos mais detalhadamente sobre isso no Capítulo 10.) O adquirente do *swap* paga um prêmio anual (tal como um prêmio de seguro) em troca da proteção contra risco de crédito. Os *swaps de risco de não cumprimento* tornaram-se um método alternativo para melhorar o crédito, aparentemente permitindo que os investidores comprem empréstimos *subprime* e garantam sua segurança. Porém, na prática, alguns emissores de *swaps* aumentaram sua exposição ao risco de crédito para um grau insuportável, sem capital suficiente para endossar essas obrigações. Por exemplo, a grande seguradora AIG vendeu sozinha mais de US$ 400 bilhões em contratos de CDS de hipotecas *subprime*.

Ascensão do risco sistêmico

Por volta de 2007, o sistema financeiro demonstrou várias características preocupantes. Muitos bancos de grande porte e instituições financeiras relacionadas haviam adotado um esquema aparentemente lucrativo: tomar empréstimos de curto prazo por taxas de juros baixas para financiar a posse de títulos de longo prazo, de rendimento mais alto e ilíquidos[9] e tratar a taxa de juros diferencial entre seus ativos e passivos como lucro econômico. Porém, esse modelo de negócio era incerto: ao se apoiar primordialmente em empréstimos de curto prazo em seu financiamento, essas empresas precisavam refinanciar constantemente suas posições (isto é, tomar emprestados fundos adicionais à medida que os empréstimos venciam) ou então enfrentar a necessidade de vender rapidamente suas carteiras de ativos com menor liquidez, o que seria difícil em tempos de pressão financeira. Além disso, essas instituições eram altamente alavancadas e tinham pouco capital de proteção contra perdas. Particularmente os grandes bancos de investimento de Wall Street tinham uma alavancagem acentuadamente maior, e isso contribuía para uma vulnerabilidade subestimada a exigências de restituição – em especial se o valor de suas carteiras de ativos se tornasse objeto de questionamento. Mesmo as pequenas perdas nas carteiras podiam tornar seu patrimônio líquido negativo, ponto em que ninguém estaria disposto a lhes conceder empréstimos.

Outra fonte de fragilidade era a ampla confiança dos investidores na proteção de crédito por meio de produtos como as CDOs. Muitos dos ativos subjacentes a esses *pools* eram ilíquidos, de difícil valorização e extremamente dependentes de previsões sobre o desempenho futuro de outros empréstimos. Em um período de retração muito difundido, em que houvesse depreciação nas classificações, esses ativos se revelariam difíceis de vender.

A substituição constante das negociações formais em bolsa de valores por mercados de "balcão" informais criou outros problemas. Nas transações realizadas em bolsa de valores, como nos mercados de futuros e opções, os participantes devem oferecer uma garantia denominada *margem* para comprovar sua capacidade de honrar suas obrigações. Os preços são calculados todos os dias e os lucros ou prejuízos são acrescentados continuamente ou subtraídos da conta de margem de cada negociador. Se uma conta de margem atinge o mínimo após uma série de perdas, o investidor pode ser obrigado a oferecer uma garantia maior ou liquidar a dívida antes de uma possível insolvência. As posições e, portanto, a exposição a perdas, são transparentes para os outros negociadores. Em contraposição, os mercados de balcão em que se negociam contratos de CDS na verdade são contratos privados entre duas partes em que há menor transparência pública das posições e menor oportunidade de reconhecer lucros ou prejuízos cumulativos ao longo do tempo ou a exposição de crédito resultante de cada parceiro de negócio.

risco sistêmico
Risco de colapso no sistema financeiro, particularmente em virtude de efeitos de transbordamento de um mercado para outros.

Esse novo modelo financeiro estava até a borda de **risco sistêmico**, isto é, um possível colapso do sistema financeiro quando os problemas de um mercado transbordam e abalam outros. Quando os concessores de empréstimo – por exemplo, os bancos – têm pouco capital e temem perdas maiores, eles podem escolher racionalmente guardar seu capital em vez de emprestá-lo a clientes como as pequenas empresas, agravando, desse modo, os problemas de financiamento para seus tomadores habituais.

O inevitável acontece

No outono de 2007, os preços habitacionais estavam em declínio (Figura 1.3), a inadimplência hipotecária e o mercado de ações iniciou uma queda livre (Figura 1.2). Muitos bancos de investimento, que tinham grandes investimentos em hipoteca, também começaram a bambolear.

A crise chegou ao auge em setembro de 2008. No dia 7 de setembro, as gigantes hipotecárias federais Fannie Mae e Freddie Mac, que haviam adquirido grandes posições em títulos garantidos por hipotecas, sofreram intervenção. (Falaremos mais sobre as dificuldades dessas agências no Capítulo 2.) O colapso desses dois sustentáculos dos setores financeiros habitacional e hipotecário dos Estados Unidos deixou os mercados financeiros em pânico. Na segunda semana de setembro, não havia dúvida de que o Lehman Brothers e Merrill Lynch estavam à beira da falência. Em 14 de setembro, o Merrill Lynch foi vendido para o Bank of America. No dia seguinte, o Lehman Brothers, ao qual foi negado tratamento equivalente, pediu proteção contra falência. Dois dias depois, aos 17 de setembro, o governo emprestou relutantemente US$ 85 bilhões ao AIG, ponderando que sua falência seria altamente desestabilizadora para o setor bancário, que

---

[9] *Liquidez* refere-se à rapidez e facilidade com que os investidores conseguem obter o valor pecuniário de um investimento. Os ativos ilíquidos – por exemplo, imóveis – podem ser difíceis de vender rapidamente e uma venda rápida pode exigir um desconto considerável no preço pelo qual o ativo poderia ser vendido em uma situação em que não se tenha pressa.

mantinha uma quantia gigantesca de suas garantias de crédito (isto é, contratos de CDS). No dia seguinte, o Tesouro revelou sua primeira proposta de desembolsar US$ 700 bilhões para comprar títulos "tóxicos" garantidos por hipotecas.

Um efeito colateral particularmente devastador da falência do Lehman se fez notar sobre o "mercado monetário" de empréstimo de curto prazo. O Lehman havia tomado emprestada uma quantia considerável de fundos com a emissão de dívidas não garantidas de curtíssimo prazo denominadas *commercial papers*. Entre os principais clientes no mercado de *commercial paper* estavam os fundos mútuos do mercado monetário, que investem em dívidas de curto prazo de alta qualidade de tomadores comerciais. Quando o Lehman vacilou, espalhou-se o temor de que os grandes investimentos em *commercial papers* desses fundos sofreriam perdas, levando os clientes de fundos do mercado monetário de todo o país a correr para sacá-los. Os fundos, por sua vez, abandonaram rapidamente os *commercial papers* para adquirir letras mais líquidas e seguras do Tesouro, basicamente fechando as portas dos mercados de financiamento de curto prazo.

O congelamento dos mercados de crédito era o fim de qualquer possibilidade diminuta de que a crise financeira poderia ficar restrita a Wall Street. As empresas maiores que haviam se apoiado no mercado de *commercial paper* agora não conseguiam levantar fundos de curto prazo. De modo semelhante, os bancos estavam tendo dificuldade para levantar fundos. (Reveja a Figura 1.1, na qual verá que o *spread* TED, uma medida do temor de insolvência bancária, disparou em 2008.) Com a indisposição ou incapacidade dos bancos para conceder crédito a seus clientes, milhares de pequenas empresas que dependiam de linhas de crédito bancárias também ficaram impossibilitadas de financiar suas atividades de negócio normais. As empresas exauridas de capital foram forçadas a diminuir suas atividades abruptamente. O índice de desemprego aumentou rapidamente e a economia encontrava-se em sua pior recessão após várias décadas. A confusão nos mercados financeiros havia transbordado para a economia real, e a *main street* (cidadãos comuns) juntou-se a Wall Street em um contenda de prolongada penúria.

Lei Dodd-Frank de Reforma

A crise engendrou várias necessidades de reforma de Wall Street, que, com o tempo, resultaram na aprovação em 2010 da Lei Dodd-Frank de Reforma de Wall Street e de Proteção ao Consumidor, que propôs diversos mecanismos para diminuir o risco sistêmico.

Essa lei prevê regras mais rígidas para capital bancário, liquidez e práticas de gestão de riscos, especialmente quando os bancos crescem e a probabilidade de falência torna-se mais ameaçadora para outras instituições. Com mais capital para respaldar os bancos, a possibilidade de uma insolvência desencadear outra poderia ser contida. Além disso, quando os bancos têm mais capital, eles têm menos incentivo para aumentar o risco, visto que nesse caso os possíveis prejuízos serão arcados por eles, e não pela Corporação Federal de Seguro de Depósito (*Federal Deposit Insurance Corporation* – FDIC).

A Lei Dodd-Frank também exige maior transparência, particularmente nos mercados de derivativos. Por exemplo, uma das propostas é padronizar os contratos de CDS para que assim sejam negociados em bolsas centralizadas em que os preços podem ser determinados em um mercado profundo e os lucros ou prejuízos podem ser ajustados diariamente. As exigências de margem, impostas também diariamente, poderiam evitar que os participantes do mercado de CDS adquiram posições maiores do que aquelas com as quais eles podem arcar e a negociação em bolsa facilitaria a análise de exposição das empresas a prejuízos nesses mercados.

Além disso, essa lei tenta restringir as atividades arriscadas com as quais os bancos podem se envolver. A assim chamada Regra Volcker, em homenagem a Paul Volcker, *chairman* do Federal Reserve, restringe a possibilidade de um banco negociar por conta própria e de possuir ou investir em um *fundo de hedge* ou em um fundo de *private equity*.

Adicionalmente, essa lei enfoca as deficiências do sistema de regulamentação que ficaram evidentes em 2008. Os Estados Unidos têm vários reguladores financeiros com responsabilidades sobrepostas e algumas instituições foram acusadas de "compararem agências reguladoras", com o objetivo de serem supervisionadas pela agência mais leniente. A Lei Dodd-Frank procura unificar e evidenciar linhas de autoridade reguladora e de responsabilidade em uma única ou em um número menor de agências governamentais.

Essa lei aborda também questões de incentivo. Entre elas, encontram-se propostas para fazer a remuneração dos funcionários refletir o desempenho em um prazo mais longo. A lei exige que as empresas públicas estabeleçam "provisões de recuperação" para tomar de volta a remuneração executiva se ela tiver sido fundamentada em demonstrações financeiras imprecisas. O objetivo é desestimular o risco excessivo assumido por instituições financeiras em que é possível fazer grandes apostas com a postura de que um resultado positivo gerará uma grande bonificação e um resultado ruim será arcado pela empresa ou, pior, pelo contribuinte.

Os incentivos das agências de classificação de obrigações também são uma questão delicada. Poucos estão contentes com um sistema em que as agências de classificação são pagas pelas empresas que elas classificam. Essa lei cria um Escritório de Classificação de Crédito dentro da Comissão de Valores Mobiliários (*Securities and Exchange Commis*sion – SEC) para supervisionar as agências de classificação de crédito.

Ainda é muito cedo para saber qual dessas reformas ou se alguma delas "pegará". A implementação da Lei Dodd-Frank ainda está sujeita a muitas interpretações por parte dos reguladores e continua sendo criticada por alguns membros do Congresso. Contudo, a crise certamente evidenciou o papel essencial do sistema financeiro para o funcionamento da economia real.

1.8. A ESTRUTURA DESTE LIVRO

Este livro tem seis partes relativamente independentes que podem ser estudadas em uma variedade de sequências. A Parte Um é uma introdução aos mercados e aos instrumentos financeiros e à negociação de títulos. Além disso, descreve o setor de fundos mútuos. Os Capítulos 15 e 16, integrantes dessa parte, estão disponíveis no *site* <www.grupoa.com.br>.

A Parte Dois, uma apresentação razoavelmente detalhada sobre a "teoria moderna de carteiras", aborda o efeito da diversificação sobre o risco de carteira, a diversificação eficiente de carteiras de investidores, a escolha de carteiras que apresentam um equilíbrio interessante entre risco e retorno e o *trade-off* entre risco e retorno esperado. Além disso, aborda a hipótese de mercado eficiente, bem como as críticas comportamentais das teorias baseadas na racionalidade do investidor. O Capítulo 17, também dessa parte, está disponível em <www.grupoa.com.br>.

As Partes Três, Quatro e Cinco cobrem a análise e a avaliação de títulos. A Parte Três é dedicada aos mercados de dívida, e a Parte Quatro aos mercados de ações. A Parte Cinco cobre ativos derivativos, como opções e contratos de futuros.

A Parte Seis (disponível em <www.grupoa.com.br>) é uma introdução à gestão ativa de investimentos, mostrando como os diferentes objetivos e restrições dos investidores podem gerar uma variedade de políticas de investimento. Essa parte discute o papel da gestão ativa em mercados quase eficientes, considera como se deve avaliar o desempenho dos gestores que adotam estratégias ativas e examina de perto os *fundos de hedge* (fundos de retorno absoluto). Além disso, mostra que os princípios de construção de carteiras podem ser estendidos para o ambiente internacional.

RESUMO

- Os ativos reais criam riqueza. Os ativos financeiros equivalem ao direito a partes dessa riqueza ou a toda essa riqueza. Eles determinam como a propriedade dos ativos reais é distribuída entre os investidores.

- Os ativos financeiros podem ser categorizados em renda fixa (dívida), ações ou instrumentos derivativos. As técnicas descendentes de construção de carteira partem da decisão relativa à alocação de ativos – alocação de fundos entre classes amplas de ativos – e então prosseguem para decisões relativas à escolha de títulos mais específicos.

- A concorrência nos mercados financeiros é responsável pelo *trade-off* risco-retorno, em que os títulos que oferecem taxas de retorno mais altas também apresentam riscos mais altos aos investidores. Entretanto, a existência de risco significa que os retornos reais podem ser consideravelmente diferentes dos retornos esperados no início do período de investimento. A concorrência entre analistas de títulos também dá lugar a mercados financeiros quase eficientes em termos de informação, o que significa que os preços refletem todas as informações disponíveis com relação ao valor do título. As estratégias passivas de investimento podem fazer sentido nos mercados quase eficientes.

- Os intermediários financeiros criam *pools* para fundos de investidores e os investem. Existe demanda para seus serviços porque os pequenos investidores não conseguem coletar informações, diversificar e monitorar suas carteiras de forma eficiente. Em contraposição, o intermediário financeiro é um grande investidor que conseguem aproveitar as economias de escala.

- Os serviços bancários de investimento dão eficiência ao levantamento de fundos corporativos. Os bancos de investimento ganham experiência na precificação e negociação de novas emissões para investidores. Por volta do final de 2008, todos os grandes bancos de investimento autônomo dos Estados Unidos foram incorporados em bancos comerciais ou foram reestruturados em *holdings* bancárias. Na Europa, onde serviços bancários universais nunca haviam sido proibidos, os grandes bancos durante muito tempo mantiveram divisões de serviços bancários comerciais e de investimento.
- A crise financeira de 2008 mostrou a importância do risco sistêmico, que pode ser restringido pela transparência que permite que negociadores e investidores avaliem o risco de contraparte, por exigências de capital para evitar que os participantes da negociação sejam prejudicados por possíveis perdas, pelo ajuste frequente de lucros ou prejuízos para evitar que os prejuízos se acumulem além da capacidade da instituição de arcar com eles, por incentivos para desestimular uma exposição excessiva ao risco e pela análise precisa e imparcial por parte dos encarregados da avaliação de risco dos títulos.

CONJUNTO DE PROBLEMAS

Cadastre-se no *site* do Grupo A e procure pela página deste livro para consultar os Suplementos do capítulo.

Básicos

1. Quais são as diferenças entre ações e títulos de renda fixa? (OA 1.5)
2. Qual a diferença entre ativo primário e ativo derivativo? (OA 1.1)
3. Qual a diferença entre alocação de ativos e escolha de títulos? (OA 1.4)
4. Em que consistem os problemas de agência? Cite algumas abordagens para solucioná-los. (OA 1.3)
5. Quais são as diferenças entre ativos reais e financeiros? (OA 1.2)
6. Em que sentido os serviços bancários de investimento diferem dos comerciais? (OA 1.5)

Intermediários

7. Para cada transação, identifique os ativos reais e/ou financeiros que trocam de mãos. Algum ativo financeiro é criado ou eliminado na transação? (OA 1.2)
   a. A Toyota toma um empréstimo bancário para financiar a construção de uma nova fábrica.
   b. A Toyota liquida seu empréstimo.
   c. A Toyota usa US$ 10 milhões em dinheiro para comprar um estoque complementar de peças sobressalentes.
8. Suponhamos que, em uma onda de pessimismo, os preços habitacionais caiam 10% em toda a economia. (OA 1.2)
   a. O estoque de ativos reais da economia mudou?
   b. As pessoas estão menos ricas?
   c. Você consegue conciliar suas respostas à pergunta (*a*) e (*b*)?
9. A Lanni Products é uma *start-up* de desenvolvimento de *software*. No momento a empresa possui equipamentos de computador no valor de US$ 30 mil e tem US$ 20 mil em dinheiro, que é uma contribuição de seus proprietários. Para uma das transações a seguir, identifique os ativos reais e/ou financeiros que trocam de mãos. Algum ativo financeiro é criado ou eliminado na transação? (OA 1.2)
   a. A Lanni toma um empréstimo bancário, recebendo US$ 50 mil em dinheiro, e assina uma nota prometendo saldar o empréstimo em três anos.
   b. A Lanni usa o dinheiro do banco e mais US$ 20 mil de seus próprios fundos para financiar o desenvolvimento de um novo *software* de planejamento financeiro.
   c. A Lanni vende o *software* à Microsoft, que o comercializará no mercado utilizando o nome Microsoft. A Lanni aceita como pagamento 5 mil ações da Microsoft.
   d. A Lanni vende as ações por US$ 25 cada e usa a receita para liquidar o empréstimo bancário.
10. Reconsidere a Lanni Products no problema anterior. (OA 1.2)
    a. Prepare seu balanço patrimonial depois que a empresa toma o empréstimo bancário. Qual é a relação entre ativos reais e ativos totais?

b. Prepare o balanço patrimonial depois que a Lanni desembolsa US$ 70 mil para desenvolver seu *software*. Qual é a relação entre ativos reais e ativos totais?

c. Prepare o balanço patrimonial depois que a Lanni aceita o pagamento em ações da Microsoft. Qual é a relação entre ativos reais e ativos totais?

11. Que reformas no sistema financeiro poderiam diminuir sua exposição a um risco sistêmico? (OA 1.6)

12. Examine o balanço patrimonial dos bancos comerciais na Tabela 1.3. Qual é a relação entre ativos reais e ativos totais? Qual é a relação para empresas não financeiras (Tabela 1.4)? Por que se deve prever essa diferença? (OA 1.2)

13. Por que os ativos financeiros apresentam-se como um componente da riqueza familiar, mas não da riqueza nacional? Por que os ativos financeiros continuam sendo importantes para o bem-estar material de uma economia? (OA 1.2)

14. Discuta as vantagens e desvantagens das seguintes formas de remuneração executiva no sentido de diminuir os problemas de agência, isto é, possíveis conflitos de interesse entre diretores e acionistas (OA 1.3)

   a. Um salário fixo.
   b. Ações da empresa.
   c. Um salário vinculado aos lucros da empresa.

15. Observamos que a supervisão por parte de grandes investidores ou credores institucionais é um mecanismo para diminuir os problemas de agência. Por que os investidores individuais na empresa não têm o mesmo incentivo para ficar de olho na administração? (OA 1.3)

16. As empresas de Wall Street costumavam remunerar seus corretores com uma porcentagem dos lucros de negociação que eles geravam. Em que sentido essa prática afetou a disposição dos corretores para assumir riscos? Que problema de agência essa prática gerava? (OA 1.3)

17. Por que você presumiria que a securitização ocorre apenas em mercados de capitais altamente desenvolvidos? (OA 1.6)

18. Que relação você suporia existir entre a securitização e o papel dos intermediários financeiros na economia? Por exemplo, o que acontece com a função dos bancos locais de fornecer capital para empréstimos hipotecários quando os mercados nacionais de títulos garantidos por hipotecas tornam-se altamente desenvolvidos? (OA 1.6)

19. Dê ume exemplo de três intermediários financeiros e explique como eles atuam como ponte entre pequenos investidores e grandes mercados de capitais ou sociedades anônimas. (OA 1.5)

20. As empresas levantam capital junto aos investidores emitindo ações no mercado primário. Isso significa que os diretores financeiros corporativos podem ignorar a negociação de ações emitidas previamente no mercado secundário? (OA 1.4)

21. Desde 1926, a taxa média de retorno sobre investimentos em ações de alta capitalização ultrapassou em 7% a taxa de retorno sobre investimentos em letras do Tesouro. Em vista disso, por que as pessoas investem em letras do Tesouro? (OA 1.1)

22. Você vê um anúncio de um livro que afirma que lhe ensina a ganhar US$ 1 milhão sem risco e sem entrada. Você compraria esse livro? (OA 1.1)

WEB *master*

1. Entre em <finance.yahoo.com> e insira o símbolo de cotação (*ticker*) "RRD" na caixa *get quotes* (obter cotações) para obter informações sobre R. R. Donnelley & Sons.

   a. Clique em *profile* (perfil). Qual é a principal linha de negócios da Donnelly?
   b. Vá agora para *key statistics* (principais estatísticas). Quantas ações da empresa foram emitidas? Qual é o valor de mercado total da empresa? Qual foi o seu lucro no ano fiscal mais recente?
   c. Examine a seção *major holders* (principais detentores) das ações da empresa. Que porcentagem do total de ações o pessoal interno possui?
   d. Vá agora para *analyst opinion* (opinião de analistas). Qual é o preço-alvo médio (isto é, o preço previsto para as ações da Donnelly) dos analistas que cobrem essa empresa? O quanto ele é comparável ao preço pelo qual a ações são negociadas atualmente?

e. Examine a seção *balance sheet* (balanço patrimonial) da empresa. Qual foi seu total de ativos no final do ano fiscal mais recente?
2. Visite o *site* Comissão de Valores Mobiliários (SEC), <www.sec.gov>. Qual é a missão da SEC? Quais informações e conselhos a SEC oferece aos investidores iniciantes?
3. Agora visite o *site* da Associação Nacional de Intermediários de Valores (Nasd), <www.finra.org>. Qual é sua missão? Que informações e conselhos ela oferece aos iniciantes?
4. Agora visite o *site* da Organização Nacional de Comissão de Valores Mobiliários (Iosco), <www.iosco.org>. Qual é sua missão? Que informações e conselhos ela oferece aos iniciantes?

Soluções para as Revisões de **CONCEITOS**

1.1 a. Reais.
     b. Financeiros.
     c. Reais.
     d. Reais.
     e. Financeiros.
1.2 A questão central é o incentivo para monitorar a qualidade dos empréstimos no momento em que eles são criados e ao longo do tempo. A Freddie e Fannie sem dúvida tinham incentivos para monitorar a qualidade dos empréstimos conformes que elas garantiam e suas relações constantes com os originadores de hipoteca davam a elas oportunidade para avaliar os históricos ao longo de períodos extensos. No mercado de hipotecas *subprime*, os investidores finais em títulos (ou em CDOs garantidas por esses títulos), que estavam arcando com o risco de crédito, não deveriam ter se disposto a investir em empréstimos com uma probabilidade desproporcional de inadimplência. Se eles tivessem percebido apropriadamente sua exposição ao risco de inadimplência, os preços (correspondentemente baixos) que eles estariam dispostos a pagar por esses títulos teriam imposto disciplina aos originadores e às empresas de administração hipotecária. O fato de eles estarem dispostos a manter essas grandes posições em títulos arriscados indica que eles não avaliaram a magnitude dessa exposição. Talvez eles tenham sido iludidos por projeções exageradamente otimistas dos preços habitacionais ou por avaliações tendenciosas das agências de divulgação de crédito. Ainda que em princípio esses dois esquemas para riscos de inadimplência pudessem ter imposto disciplina aos originadores de hipoteca, na prática as vantagens informativas da Freddie e Fannie provavelmente os tornaram os melhores "recipientes" do risco de inadimplência. A lição é que a informação e a transparência são algumas das condições prévias para o bom funcionamento dos mercados.

CAPÍTULO 2
Classes de ativos e instrumentos financeiros

Objetivos de aprendizagem:

OA2.1 Diferenciar os principais ativos que são negociados nos mercados monetários e de capitais.

OA2.2 Descrever a estrutura dos índices do mercado de ações.

OA2.3 Calcular o lucro ou prejuízo nos investimentos em opções e contratos de futuros.

Você aprendeu no Capítulo 1 que o processo de construção de uma carteira de investimentos normalmente se inicia com a decisão sobre o montante a ser alocado a uma classe ampla de ativos, como títulos do mercado monetário seguro ou contas bancárias, obrigações de prazo mais longo, ações ou mesmo classes de ativos como imóveis ou metais preciosos. Esse processo é chamado de *alocação de ativos*. Em cada classe, o investidor escolhe ativos específicos em um menu mais detalhado. Isso é chamado de *escolha de títulos*.

Cada classe ampla de ativos contém vários tipos específicos de título e as variações podem ser imensas. Nosso objetivo neste capítulo é apresentar a você as características fundamentais dessas classes amplas de ativos. Para isso, organizamos um *tour* pelos instrumentos financeiros de acordo com a classe de ativos.

Os mercados financeiros normalmente são segmentados em mercados monetários e mercados de capitais. Os instrumentos dos mercados monetários incluem títulos de dívida de curto prazo, negociáveis, líquidos e de baixo risco. Algumas vezes, esses instrumentos são chamados de *equivalentes de caixa* ou, resumidamente, de caixa. Em contraposição, os mercados de capitais incluem títulos de mais longo prazo e mais arriscados. Os títulos do mercado de capitais são mais diversificados do que os do mercado monetário. Por esse motivo, subdividimos o mercado de capitais em três segmentos: mercados de dívida de mais longo prazo, mercados de ações e mercados de derivativos em que se negociam opções e futuros.

Descrevemos primeiramente os instrumentos dos mercados monetários. Em seguida, abordamos os títulos de dívida e de ações. Explicamos a estrutura dos vários índices do mercado de ações neste capítulo porque as carteiras de referência do mercado desempenham um papel importante na construção e na avaliação de carteiras. Por último, examinamos os mercados de títulos derivativos de contratos de opções e futuros. Um resumo dos mercados, instrumentos e índices discutidos neste capítulo é apresentado na Tabela 2.1.

2.1. MERCADO MONETÁRIO

mercados monetários
Incluem instrumentos de dívida de curto prazo, de alta liquidez e de risco relativamente baixo.

O **mercado monetário** é um subsetor do mercado de dívida que compreende títulos de dívida de curtíssimo prazo com alta liquidez. Vários desses títulos são negociados por um valor muito alto e, por isso, estão fora do alcance de investidores individuais. Entretanto, os fundos mútuos do mercado monetário são bastante acessíveis aos pequenos investidores. Esses fundos mútuos agrupam os recursos de vários investidores e adquirem em seu nome grande variedade de títulos do mercado monetário.

Letras do Tesouro

As **letras do Tesouro** dos Estados Unidos (chamadas de *T-bills* ou resumidamente de *bills*) são os instrumentos mais negociáveis do mercado monetário e a forma mais simples de empréstimo. O governo levanta dinheiro vendendo essas letras ao público. Os investidores compram as letras com um desconto sobre o valor nominal no vencimento. No vencimento, o detentor recebe do governo um pagamento equivalente ao valor nominal da letra. A diferença entre o preço de compra e o valor no vencimento constitui o lucro do investidor.

As letras do Tesouro são emitidas com vencimentos iniciais de 4, 13, 26 ou 52 semanas. As pessoas podem comprá-las diretamente do Tesouro ou no mercado secundário por meio de um distribuidor de títulos do governo. Essas letras têm alta liquidez, isto é, podem ser facilmente convertidas em dinheiro e vendidas a um baixo custo de negociação e pequeno risco de preço. Diferentemente da maioria dos outros instrumentos do mercado monetário, que são vendidos por um valor mínimo de US$ 100 mil, as letras do Tesouro são vendidas por um valor mínimo de apenas US$ 100, embora o valor de US$ 10 mil seja bem mais comum. Embora o rendimento dessas letras seja tributável pelo governo federal, elas são isentas de impostos estaduais e municipais, outra característica que as distingue de outros instrumentos do mercado monetário.

A Figura 2.1 apresenta uma listagem parcial do *Wall Street Journal Online* das letras do Tesouro [procure a guia *Markets* (Mercados) e em seguida a guia *Market Data* (Dados do Mercado)]. Em vez de fornecer o preço de cada letra, as publicações financeiras divulgam os rendimentos com base nesse preço. Você verá rendimentos correspondentes aos preços de oferta e aos preços pedidos. O *preço de venda* é aquele que você teria de pagar para comprar uma letra do Tesouro de um distribuidor de títulos. O *preço de compra* é um preço ligeiramente inferior que você receberia se quisesse vender uma letra a um distribuidor. A *diferença entre preço de compra e preço de venda* (*spread*) é a fonte de lucro do distribuidor.

Os dois primeiros rendimentos na Figura 2.1 são divulgadas por meio do *método de desconto bancário*. Isso significa que o desconto da letra sobre seu valor no vencimento, ou valor nominal, é "anualizado" com base em um ano de 360 dias e em seguida divulgado como porcentagem do valor nominal. Por exemplo, para a letra em destaque na Figura 2.1, com vencimento em 8 de março de 2012, contam-se 245 dias até o vencimento e o rendimento na coluna denominada

letras do Tesouro
Títulos de curto prazo do governo emitidos com desconto sobre o valor de face que retornam a quantia nominal no vencimento.

Letras do Tesouro

VENCIMENTO	DIAS ATÉ O VENCIMENTO	OFERTA DE COMPRA	OFERTA DE VENDA	VARIAÇÃO	RENDIMENTO SOBRE VENDA
1º SET. 2011	56	0,045	0,015	0,030	0,005
6 OUT. 2011	91	0,025	0,015	0,005	0,015
3 NOV. 2011	119	0,040	0,020	0,015	0,020
5 JAN. 2012	182	0,070	0,060	0,070	0,061
8 MAR. 2012	245	0,085	0,070	0,005	0,071
28 JUN. 2012	357	0,185	0,180	0,015	0,183

FIGURA 2.1
Listagem de letras do Tesouro.

Fonte: *The Wall Street Journal Online*, 7 de julho de 2011. Reimpressa com permissão do *The Wall Street Journal*, Copyright © 2011 Dow Jones & Company, Inc. Todos os direitos reservados mundialmente.

TABELA 2.1 Mercados e índices financeiros

Mercado monetário
- Letras do Tesouro
- Certificados de depósito
- *Commercial paper*
- Aceites bancários
- Eurodólar
- Acordos de recompra e reversão
- Fundos federais
- Opções de compra de corretores

Índices
- Índices Dow Jones
- Índices Standard & Poor's
- Indicadores do mercado de obrigações
- Índices internacionais

Mercado de obrigações
- Notas e obrigações do Tesouro
- Dívida de agência federal
- Obrigações municipais
- Obrigações corporativas
- Títulos garantidos por hipotecas

Mercados de ações
- Ações ordinárias
- Ações preferenciais

Mercados de derivativos
- Opções
- Futuros e contratos a termo
- *Swaps*

"Oferta de Venda" é de 0,07%. Isso significa que um distribuidor estava disposto a vender a letra com um desconto sobre o valor nominal de 0,07% × (245/360) = 0,0476%. Portanto, uma letra com valor nominal de US$ 10 mil poderia ser comprada por US$ 10.000 × (1 − 0,000476) = US$ 9.995,236. De modo semelhante, com base no rendimento de oferta de compra de 0,085%, um distribuidor estaria disposto a comprar a letra por US$ 10.000 × (1 − 0,00085 × 245/360) = US$ 9.994,215. Observe que os preços e os rendimentos estão inversamente relacionados. Por isso, o maior *rendimento* de oferta na Figura 2.1 significa um *preço* de compra menor.

O método de desconto bancário para o cálculo de rendimentos tem longa tradição, mas é falho ao menos por dois motivos. Primeiro, ele supõe que o ano tem apenas 360 dias. Segundo, ele calcula o rendimento como uma porcentagem do valor nominal, e não como o preço que o investidor pagou para adquirir a letra.[1] Um investidor que comprar a letra pelo preço de venda e a mantiver até o vencimento verá seu investimento crescer ao longo de 245 dias por um múltiplo de US$ 10 mil/US$ 9.995,236 = 1,000477 e um ganho de 0,0477%. A anualização desse ganho utilizando 365 dias apresentaria um rendimento de 0,0477% × 365/245 = 0,071%, que é o valor divulgado na última coluna, denominada "Rendimento sobre Venda". Esse último valor é chamado de *rendimento equivalente à obrigação* do Tesouro.

Certificados de depósito

certificado de depósito
Depósito bancário a prazo.

Certificado de depósito (CD) é um depósito bancário a prazo. Os depósitos a prazo não são imediatamente mobilizáveis. O banco paga juros e o principal para o depositante somente no final do período estabelecido no CD. Entretanto, os CDs emitidos em valores superiores a US$ 100 mil normalmente são negociáveis; isto é, eles podem ser vendidos para outro investidor se o detentor precisar sacar o certificado antes da data de vencimento. Os CDs de curto prazo são facilmente negociáveis, embora o mercado seja escasso para vencimentos de três meses ou mais. Como os CDs são considerados depósitos bancários pela Corporação Federal de Seguro de Depósito (Deposit Insurance Corporation – FDIC), são emitidos até o valor máximo de US$ 250 mil na eventualidade de insolvência bancária.

Commercial paper

Uma sociedade anônima típica é um tomador de empréstimo líquido de fundo de longo prazo (para investimentos de capital) e de fundos de curto prazo (para capital de giro). As grandes empresas de renome com frequência emitem notas de dívida de curto prazo sem garantia diretamente ao público, em vez de pedir empréstimos aos bancos. Essas notas são chamadas de **commercial paper** (CP). Às vezes, o CP é garantido por uma linha de crédito bancária, que oferece ao tomador acesso a um valor em dinheiro que pode ser usado se for necessário liquidar o título no vencimento.

commercial paper
Dívida de curto prazo sem garantia emitida por grandes corporações.

Os vencimentos dos CPs podem chegar a 270 dias; os vencimentos mais longos exigem registro na Comissão de Valores Mobiliários e, portanto, quase nunca são emitidos. O CP mais comum é emitido com vencimentos inferiores a um ou dois meses, com valores nominais de múltiplos de US$ 100 mil. Portanto, os pequenos investidores podem investir em *commercial paper* apenas indiretamente, por meio de fundos mútuos do mercado monetário.

O CP é considerado um ativo relativamente seguro, visto que a situação de uma empresa presumivelmente pode ser monitorada e prevista por um período de no mínimo um mês. O CP é negociado em mercados secundários e, por isso, tem alta liquidez. A maioria das emissões é classificada por pelo menos uma agência, como a Standard & Poor's. O rendimento sobre um CP depende do prazo de vencimento e da classificação de crédito.

Embora tradicionalmente a maioria dos CPs tenha sido emitida por empresas não financeiras, nos últimos anos houve um aumento acentuado do assim chamado *commercial paper garantido por ativos*, emitidos por empresas financeiras como os bancos. Em geral esse CP de curto prazo era usado para levantar fundos para a instituição investir em outros ativos, mais notadamente em hipotecas *subprime*. Esses ativos, por sua vez, eram usados como garantia para o CP – por isso, o nome "garantido por ativos". Essa prática gerou várias dificuldades a partir de ju-

---

[1] Ambos os "erros" foram impostos pela simplicidade de cálculo em uma época anterior aos computadores. É mais fácil calcular descontos percentuais utilizando um número redondo, como o valor nominal, do que um preço de compra. Também é mais fácil anualizar utilizando um ano de 360 dias, visto que o número 360 é um múltiplo par de vários números.

nho de 2007, quando começou a haver inadimplência nessas hipotecas *subprime*. Os bancos não conseguiam emitir novos CPs para refinanciar suas posições quando o título antigo vencia.

Aceites bancários

Um **aceite bancário** inicia-se com uma ordem de um cliente a um banco para que seja paga uma quantia em uma data futura, normalmente de seis meses. Nesse estágio, o aceite seria como um cheque pré-datado. Quando o banco endossa a ordem de pagamento como "aceitável", ele assume a responsabilidade pelo pagamento final ao detentor do aceite. Nesse momento, o aceite pode ser negociado em mercados secundários de uma maneira muito semelhante a qualquer outro direito sobre o banco. Os aceites bancários são considerados ativos extremamente seguros, visto que eles permitem que os investidores substituam sua posição de crédito pela do banco. Eles são amplamente usados no comércio exterior, em que o parceiro comercial não conhece a capacidade creditícia de um negociante. Os aceites são vendidos com desconto sobre o valor nominal da ordem de pagamento, assim como as letras do Tesouro são vendidas com desconto sobre o valor de face.

aceite bancário
Ordem de um cliente a um banco para que seja paga uma quantia em uma data futura.

Eurodólar

Os depósitos em **eurodólar** são denominados em dólar em bancos estrangeiros ou em filiais estrangeiras de bancos americanos. Com localização fora dos Estados Unidos, esses bancos escapam da regulamentação do Conselho do Federal Reserve. Apesar do nome "euro", essas contas não precisam estar em bancos europeus, embora a prática de aceitação de depósitos denominados em dólar fora dos Estados Unidos tenha começado na Europa.

eurodólar
Depósito denominado em dólar em bancos estrangeiros ou filiais estrangeiras de bancos americanos.

Os depósitos em eurodólar são em sua maioria de alto valor e costumam ser depósitos a prazo com vencimento em menos de seis meses. O certificado de depósito em eurodólar é uma variação do depósito a prazo em eurodólar. Um CD em eurodólar é semelhante a um CD de um banco doméstico. A diferença é que ele constitui um passivo de uma filial bancária não americana, normalmente uma filial em Londres. A vantagem dos CDs em eurodólar em relação aos depósitos a prazo em eurodólar é que o detentor pode vender o ativo para obter o valor em dinheiro antes do vencimento. Entretanto, são considerados menos líquidos e mais arriscados do que os CDs domésticos e, portanto, oferecem rendimentos mais altos. As empresas também emitem obrigações em eurodólar fora dos Estados Unidos, embora elas não sejam um investimento do mercado monetário em virtude de seu longo prazo de vencimento.

Acordos de recompra e reversão

Os distribuidores de títulos do governo utilizam **acordos de recompra**, também denominados *repos* ou RPs, como forma de empréstimo de curto prazo, normalmente *overnight*. O distribuidor vende títulos a um investidor pelo prazo de uma noite (*overnight*), concordando em comprá-los de volta no dia seguinte por um preço ligeiramente mais alto. O aumento no preço representa o juro *overnight*. Desse modo, o distribuidor toma um empréstimo de um dia do investidor. Os títulos servem de garantia para o empréstimo.

acordos de recompra (*repos*)
Vendas de curto prazo de títulos do governo com um acordo de recompra dos títulos por um preço mais alto.

Um *acordo de recompra a prazo* é, em essência, uma transação idêntica, com a exceção de que o prazo do empréstimo implícito pode ser de 30 dias ou mais. Esses acordos são considerados bastante seguros em termos de risco de crédito porque os empréstimos são garantidos pelos títulos. Um *acordo de recompra reversa* é uma imagem invertida de um acordo de recompra. Nesse caso, o distribuidor encontra um investidor que detém títulos do governo e os compra com a condição de revendê-los em uma data futura por um preço mais alto especificado.

Opções de compra de corretores

As pessoas que compram ações na margem tomam emprestada parte dos fundos para pagar pelas ações de seu corretor. O corretor, por sua vez, pode tomar emprestados os fundos de um banco, concordando em pagar o banco imediatamente (sobreaviso), se o banco assim solicitar. A taxa paga sobre esses empréstimos em geral é um ponto percentual mais alta do que a taxa sobre as letras do Tesouro de curto prazo.

Fundos federais

Do mesmo modo que a maioria de nós mantém depósitos nos bancos, os bancos conservam depósitos próprios no Federal Reserve Bank ou Fed (Banco Central americano). Todo membro

fundos federais
Fundos em contas de bancos comerciais no Federal Reserve Bank.

do Federal Reserve System deve manter um saldo mínimo em uma conta de reserva no Fed. O saldo exigido depende do total de depósitos dos clientes do banco. Os fundos na conta de reserva do banco são chamados de **fundos federais** ou *fundos do Fed*. Algumas vezes, alguns bancos têm mais fundos do que o montante exigido pelo Fed. Outros bancos, principalmente os grandes bancos de Nova York e de outros centros financeiros, tendem a ter deficiência de fundos federais. No mercado de fundos federais, os bancos com excesso de fundos emprestam àqueles com deficiência de fundos. Esses empréstimos, que normalmente são transações *overnight*, são providenciados por uma taxa de juros denominada *taxa dos fundos federais*.

Embora o mercado de fundos federais tenha surgido primordialmente para possibilitar que os bancos transfiram saldos para atender a exigências de reserva, hoje esse mercado evoluiu a ponto de vários grandes bancos usarem os fundos federais de maneira direta como um componente de todas as suas fontes de financiamento. Por isso, a taxa dos fundos federais é simplesmente a taxa de juros sobre empréstimos de curtíssimo prazo entre instituições financeiras. Ainda que a maioria dos investidores não possa participar desse mercado, a taxa dos fundos federais atrai grande interesse como um dos principais barômetros da política monetária.

Mercado Libor

Libor
Taxa de empréstimo entre os bancos no mercado de Londres.

A **London Interbank Offered Rate (Libor)** é a taxa pela qual os grandes bancos em Londres estão dispostos a emprestar dinheiro entre si. Essa taxa tornou-se a principal taxa de juros de curto prazo cotada no mercado monetário europeu e serve de taxa de referência para uma série de transações. Por exemplo, uma empresa de grande porte pode tomar empréstimos por uma taxa equivalente à Libor, acrescida de dois pontos percentuais. Assim como a taxa dos fundos federais, a Libor é uma estatística amplamente acompanhada pelos investidores.

As taxas de juros Libor podem estar vinculadas a outras moedas além do dólar americano. Por exemplo, as taxas Libor são amplamente cotadas para transações denominadas em libras esterlinas, ienes, euros etc. Existe também uma taxa semelhante, denominada Euribor (European Interbank Offered Rate) pela qual os bancos na zona do euro estão dispostos a emprestar euros entre si.

Rendimentos em instrumentos do mercado monetário

Embora a maioria dos títulos do mercado monetário seja de baixo risco, não são completamente isentos de risco. Os títulos do mercado monetário prometem rendimentos mais altos do que os rendimentos oferecidos pelas letras do Tesouro livres de inadimplência por causa, ao menos em parte, de seu maior risco relativo. Os investidores que exigem maior liquidez também aceitarão rendimentos mais baixos sobre os títulos – por exemplo, as letras do Tesouro – que podem ser vendidos mais rapidamente e mais barato em dinheiro. A Figura 2.2 mostra que os CDs bancários, por exemplo, pagaram sistematicamente um prêmio de risco sobre as letras do Tesouro. Além disso, tal como a Figura 2.2 demonstra, esse prêmio aumenta com crises econômicas como os choques de preços de energia associados com distúrbios da Organização dos Países Exportadores de Petróleo (Organization of Petroleum Exporting Countries – Opec), a falência

FIGURA 2.2
Spread entre taxas de CD de três meses e letras do Tesouro.

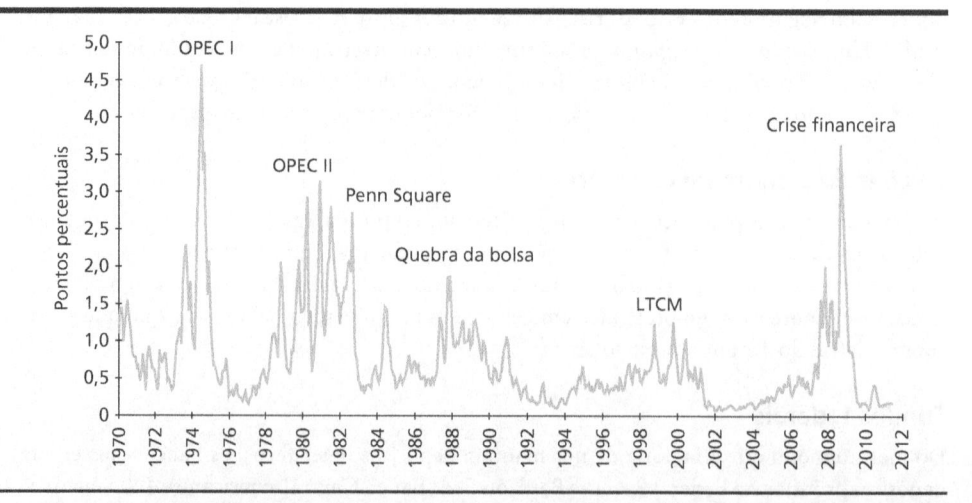

Na frente de batalha do MERCADO

FUNDOS DO MERCADO MONETÁRIO E A CRISE FINANCEIRA DE 2008

Os fundos do mercado monetário são fundos mútuos que investem nos instrumentos de dívida de curto prazo existentes nesse mercado. Em 2008, esses fundos tinham um total de investimentos de US$ 3,4 trilhões. Requer-se que eles mantenham apenas instrumentos de dívida de curto prazo da mais alta qualidade: maturidade média de seus títulos deve ser inferior a três meses. Seus maiores investimentos tendem a ser em *commercial paper*, mas eles também mantêm uma porcentagem considerável de certificados de depósito, acordos de recompra e títulos do Tesouro em suas carteiras. Em virtude desse perfil de investimento extremamente conservador, em geral os fundos do mercado monetário enfrentam um risco de preço bastante baixo. Os investidores, por sua vez, normalmente adquirem privilégios de emissão de cheques com seus fundos e com frequência os utilizam como um substituto próximo a uma conta bancária. Isso é viável porque esses fundos quase sempre mantêm o valor das ações em US$ 1 e todo o lucro do investimento é passado para seus investidores como taxa de juros.

Até 2008, apenas um fundo havia, como se costuma dizer, "quebrado o dólar" (*broken the buck*), isto é, havia sofrido perdas grandes o suficiente para forçar o valor por ação a cair para um valor abaixo de US$ 1. Mas quando o Lehman Brothers entrou com pedido de proteção contra falência em 15 de setembro de 2008, vários fundos que haviam investido pesadamente em seus *commercial papers* sofreram grandes prejuízos. No dia seguinte, o Reserve Primary Fund, o mais antigo fundo do mercado monetário, "quebrou o dólar" quando seu valor por ação caiu para apenas US$ 0,97.

A constatação de que os fundos do mercado monetário estavam em risco na crise de crédito gerou uma onda de resgates entre os investidores semelhante a uma corrida a um banco. Apenas três dias após a falência do Lehman, o Putnam Prime Money Market Fund anunciou que estava fechando as porta em virtude da grande quantidade de resgates. Temendo outros escoamentos, o Tesouro dos Estados Unidos anunciou que disponibilizaria seguros federais para os fundos do mercado monetário dispostos a pagar uma taxa de seguro. Esse programa seria, portanto, semelhante ao seguro bancário da FDIC. Com o seguro federal em vigor, os escoamentos foram mitigados.

Entretanto, a confusão nos fundos do mercado monetário de Wall Street já havia transbordado para "Main Street" (cidadãos comuns). Temendo o resgate entre os investidores, os fundos do mercado monetário ficaram com receio de se comprometer com fundos até mesmo por curtos períodos e a demanda por *commercial paper* efetivamente secou. As empresas que semanas antes estavam aptas a tomar empréstimos por uma taxa de juros de 2% agora tinham de pagar até 8%, e o mercado de *commercial papers* como um todo estava à beira da paralisia. Empresas de todos os setores da economia haviam se tornado dependentes desses mercados como principal fonte de financiamento de curto prazo para bancar despesas diversas, de salários a estoques. Outro desmoronamento no mercado monetário teria provocado um efeito paralisante imediato na economia em geral. No prazo de alguns dias, o governo federal divulgou seu primeiro plano de desembolsar US$ 700 bilhões para estabilizar os mercados de crédito.

---

do Penn Square Bank, a quebra da bolsa em 1987, o colapso da Long Term Capital Management em 1998 e a crise financeira resultante do desmoronamento do mercado de hipotecas *subprime* principiado em 2007. Se você examinar novamente a Figura 1.1, no Capítulo 1, verá que o *spread* TED, diferença entre a Libor e a taxa das letras do Tesouro, também atingiu o pico durante a crise financeira.

Os fundos do mercado monetário são fundos mútuos que investem em instrumentos do mercado monetário e que se tornaram fontes importantes de financiamento para esse setor. O quadro "Na Frente de Batalha do Mercado" discute os efeitos adversos da crise financeira de 2008 sobre esses fundos.

2.2. MERCADO DE OBRIGAÇÕES

O mercado de obrigações é composto de instrumentos de empréstimo ou dívida de prazo mais longo do que aqueles que são negociados no mercado monetário. Esse mercado abrange notas e obrigações do Tesouro, obrigações corporativas, obrigações municipais, títulos garantidos por hipotecas e dívida de agência federal.

Algumas vezes, diz-se que esses instrumentos englobam o *mercado de capitais de renda fixa* porque a maioria deles promete um fluxo fixo de renda ou um fluxo de renda determinado de acordo com uma fórmula específica. Na prática, essas fórmulas podem gerar um fluxo de renda que está longe de ser fixo. Portanto, provavelmente o termo "renda fixa" não é tão adequado. É mais simples e mais direto chamar esses títulos de instrumentos ou obrigações de dívida.

Notas e obrigações do Tesouro

Grande parte dos empréstimos tomados pelo governo dos Estados Unidos provém da venda de **notas** e **obrigações do Tesouro**. As notas do Tesouro são emitidas com vencimentos originais de até 10 anos, enquanto suas obrigações são emitidas com vencimentos de 10 a 30 anos. Tanto as obrigações quanto as notas podem ser emitidas em incrementos de US$ 100, mas uma quantidade bem maior normalmente é negociada com valores nominais de US$ 1.000. Ambas

notas ou obrigações do Tesouro
Obrigações de dívida do governo federal com vencimentos originais de um ano ou mais.

FIGURA 2.3
Listagem de emissões do Tesouro.

Fonte: Compilada de dados do *The Wall Street Journal Online*, 6 de julho de 2011. Reimpressa com permissão do *The Wall Street Journal*, Copyright © 2011 Dow Jones & Company, Inc. Todos os direitos reservados mundialmente.

VENCIMENTO	CUPOM	OFERTA	PEDIDO	VARIAÇÃO	RENDIMENTO ATÉ O VENCIMENTO
15 NOV. 2011	1,750	100,5859	100,6016	−0,008	0,051
15 NOV. 2013	4,250	108,4375	108,4844	−0,234	0,613
15 NOV. 2015	4,500	112,9375	113,0000	−0,438	1,410
15 FEV. 2018	3,500	107,2969	107,3594	−0,547	2, 294
15 FEV. 2020	8,500	143,6875	143,7344	−0,547	2,756
15 AGO. 2025	6,875	134,4844	134,5166	−0,531	3,710
15 MAIO 2030	6,250	129,1406	129,1719	−0,484	4,026
15 NOV. 2040	4,250	97,9531	98,0000	−0,313	4,371

pagam juros semestrais denominados *pagamentos de cupom*, assim chamados porque, antes do advento dos computadores, os investidores costumavam literalmente prender um cupom à obrigação e apresentá-los para receber o pagamento dos juros.

A Figura 2.3 é um excerto de uma listagem das emissões do Tesouro. A obrigação realçada vence em novembro de 2015. O rendimento do cupom ou dos juros pagos pela obrigação corresponde a 4,5% do valor nominal, o que significa que, para um valor nominal de US$ 1.000, serão obtidos US$ 45 em pagamentos de juros anuais em dois parcelas semestrais de U$ 22,50 cada.

O preço de compra da obrigação realçada é 112,9375. (Essa é a versão decimal de 11260/64. A *variação mínima de preço* ou o *spread* entre os preços no mercado de obrigações do Tesouro é 1/64 de um ponto.) O preço de venda é 113. Embora as obrigações normalmente sejam negociadas com valor nominal de US$ 1.000, os preços são cotados como porcentagem do valor nominal. Portanto, o preço de venda de 103 deve ser interpretado como 103% do valor nominal ou US$ 1.030 para a obrigação com valor nominal de US$ 1.000. De modo semelhante, a obrigação poderia ser vendida para um a um distribuidor por US$ 1.129,375. A variação de 2,4375 significa que o preço de fechamento desse dia caiu 0,4375% do valor nominal (equivalentemente, 7/16 de um ponto) em relação ao fechamento do dia anterior. Concluindo, o rendimento até o vencimento do preço de venda é de 1,41%.

O *rendimento até o vencimento* divulgado na última coluna é uma medida da taxa de retorno anualizada para um investidor que compra a obrigação e a retém até o vencimento. Esse rendimento leva em conta tanto o rendimento do cupom quanto a diferença entre o preço de compra da obrigação e seu valor final de US$ 1.000 até o vencimento. No Capítulo 10, analisamos em detalhes o vencimento até o vencimento.

2.1 *Revisão de* **CONCEITOS**

Qual é o preço de compra, o preço de venda e o rendimento até o vencimento da obrigação do Tesouro de 3,5%, de fevereiro de 2018, mostrada na Figura 2.3? Qual foi o preço de venda no dia anterior?

Obrigações do Tesouro protegidas contra a inflação

O melhor lugar para começar a construir uma carteira de investimentos é na extremidade menos arriscada do espectro. No mundo inteiro, governos de vários países, incluindo o dos Estados Unidos, emitiram obrigações que estão vinculadas a um índice de custo de vida com o objetivo de oferecer a seus cidadãos uma maneira eficaz de proteger-se contra o risco de inflação.

Nos Estados Unidos, as obrigações do Tesouro protegidas contra a inflação são chamadas de TIPS (*Treasury inflation protected securities* – títulos do Tesouro protegidos contra a inflação). Nessas obrigações, o principal é ajustado proporcionalmente ao aumento no índice de preço ao consumidor. Desse modo, elas oferecem um fluxo constante de rendimento em dólares reais (ajustados à inflação) e as taxas reais de juros obtidas sobre esses títulos não têm risco quando mantidos até o vencimento. Falaremos mais detalhadamente os TIPS no Capítulo 10.

Dívida de agência federal

Algumas agências emitem títulos próprios para financiar suas atividades. Normalmente, essas agências são formadas em decorrência de políticas públicas a fim de canalizar o crédito para um setor específico da economia que o Congresso acredita que não esteja recebendo crédito adequado por meio das fontes privadas habituais.

As principais agências de hipoteca são o Banco Federal de Hipotecas Residenciais (Federal Home Loan Bank – FHLB), a Associação Hipotecária Federal (Fannie Mae ou Federal National Mortgage Association – FNMA), a Associação Nacional Hipotecária do Governo (Ginnie Mae ou Government National Mortgage Association – GNMA) e a Corporação Federal de Hipotecas Residenciais (Freddie Mac ou Federal Home Loan Mortgage Corporation – FHLMC).

Embora as dívidas das agências federais nunca tenham sido garantidas explicitamente pelo governo federal, há muito tempo se presume que o governo ajudaria uma agência à beira de inadimplência. Essa confiança foi confirmada quando a Fannie Mae e Freddie de fato enfrentaram graves adversidades em setembro de 2008. Quando ambas estavam à beira de insolvência, o governo interferiu e as colocou sob intervenção, determinando que a Agência Federal de Financiamento Hipotecário passaria a administrá-las, mas de fato concordou em honrar as obrigações. (Consulte o Capítulo 1 para obter mais informações sobre o colapso das agências Fannie e Freddie.)

Obrigações internacionais

Muitas empresas tomam empréstimos no exterior e vários investidores compram obrigações de emissores estrangeiros. Além dos mercados de capitais nacionais, existe um próspero mercado de capitais internacional, centrado principalmente em Londres.

Euro-obrigação é uma obrigação com denominação em uma moeda diferente daquela do país em que é emitida. Por exemplo, uma obrigação denominada em dólar e vendida na Grã-Bretanha seria chamada de *obrigação em eurodólar*. De modo semelhante, os investidores podem chamar as obrigações denominadas em iene e vendidas fora do Japão de obrigações em euroiene. Como a moeda europeia é chamada de *euro*, o termo *euro-obrigação* pode ser confuso. É melhor chamá-las simplesmente de obrigações internacionais.

Ao contrário das obrigações emitidas em moeda estrangeira, muitas empresas emitem obrigações em outros países, porém na moeda do investidor. Por exemplo, uma obrigação ianque é uma obrigação denominada em dólar vendida nos Estados Unidos por um emissor não americano. De maneira semelhante, as obrigações samurai são denominadas em iene e vendidas no Japão por emissores não japoneses.

Obrigações municipais

As **obrigações estaduais e municipais** (*munis*) são emitidas por governos estaduais e municipais. Elas são semelhantes às obrigações corporativas e do Tesouro, mas o rendimento dos juros estão isentos de imposto de renda federal. Normalmente, o rendimento dos juros também estão isentos de tributação estadual e municipal no estado emissor. Entretanto, deve-se pagar taxas de ganho de capital nos municípios quando as obrigações vencem ou são vendidas por um preço de compra superior ao do investidor.

obrigações estaduais e municipais
Obrigações emitidas por governos estaduais e municipais que são isentas de impostos.

Existem basicamente dois tipos de obrigação municipal. As *obrigações de dívida geral* são garantidas por "prestígio e solvência" (isto é, poder tributário) do emissor, ao passo que as *obrigações de receita* são emitidas para financiar determinados projetos e são garantidas pelas receitas desse projeto ou pela agência que executa o projeto. Os emissores habituais de obrigações de receita são aeroportos, hospitais e administradoras de pedágio ou portos. Essas obrigações são mais arriscadas em termos de inadimplência do que as obrigações de dívida geral.

A *obrigação para desenvolvimento industrial* é uma obrigação de receita emitida para financiar empreendimentos comerciais, como a construção de uma fábrica que pode ser operada por uma empresa privada. Em vigor, esse dispositivo oferece à empresa acesso à capacidade do município de tomar empréstimos isentos de taxas de imposto, e o governo federal restringe o valor de emissão desse tipo de obrigação.[2] A Figura 2.4 delineia os valores em circulação das obrigações de receita industrial e também as obrigações municipais de dívida geral.

---

[2] Entretanto, uma advertência. Embora os juros sobre obrigações para desenvolvimento industrial normalmente sejam isentos de impostos federais, eles podem estar sujeitos a um imposto mínimo alternativo se as essas obrigações forem usadas para financiar projetos de empresas com fins lucrativos.

FIGURA 2.4
Dívida em circulação isenta de impostos.

Fonte: *Flow of Funds Accounts of the U.S.*, Conselho de Governadores do Federal Reserve System, junho de 2011.

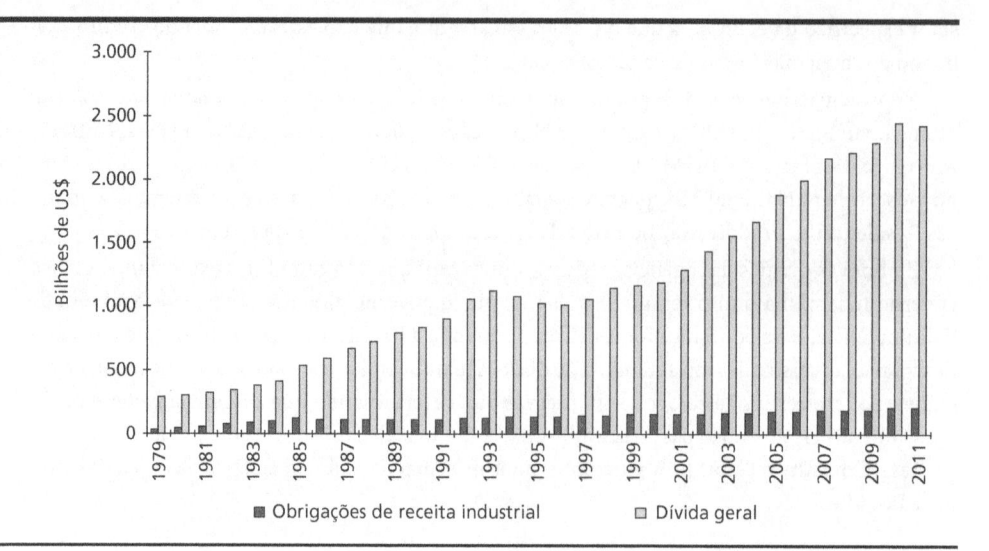

Assim como as obrigações do Tesouro, o vencimento das obrigações municipais varia amplamente. Boa parte da dívida é emitida em *notas de antecipação de impostos* de curto prazo que levantam fundos para pagar despesas antes da arrecadação real de impostos. Outras dívidas municipais podem ser de longo prazo e usadas para financiar grandes investimentos de capital. Os vencimentos giram em torno de 30 anos.

A principal característica das obrigações municipais é a isenção de impostos. Como os investidores não pagam impostos federais nem estaduais, eles se predispõem a aceitar rendimentos mais baixos nesses títulos.

Um investidor que esteja escolhendo entre obrigações tributáveis e isentas de impostos precisa comparar os retornos após os impostos de ambas. Uma comparação exata exige o cálculo das taxas de retorno após a tributação com o reconhecimento explícito dos impostos sobre a renda e os ganhos de capital realizados. Na prática, existe uma regra empírica mais simples. Se *t* denotar a taxa marginal de imposto federal mais municipal do investidor e *r* denotar a taxa de retorno total antes dos impostos disponível sobre obrigações tributáveis, então $r(1-t)$ será a taxa após os impostos disponível sobre esses títulos.[3] Se esse valor ultrapassar a taxa sobre obrigações municipais, será melhor o investidor manter obrigações tributáveis. Do contrário, as obrigações municipais isentas oferecerão retornos maiores após os impostos.

Uma alternativa para comparar obrigações é determinar a taxa de juros sobre obrigações tributáveis que seria necessária para oferecer um retorno após os impostos igual ao dos municipais. Para obter esse valor, estabelecemos rendimentos após os impostos iguais e encontramos o *rendimento tributável equivalente* da obrigação isenta de impostos. Essa é a taxa que uma obrigação tributável precisaria oferecer para corresponder ao rendimento após os impostos sobre a obrigação municipal isenta de impostos.

$$r(1-t) = r_m \tag{2.1}$$

ou

$$r = \frac{r_m}{1-t} \tag{2.2}$$

Portanto, o rendimento tributável equivalente é simplesmente a taxa isenta de impostos dividida por $1 - t$. A Tabela 2.2 apresenta rendimentos tributáveis equivalentes para vários rendimentos e taxas de impostos municipais.

---

[3] Uma aproximação da alíquota de imposto federal mais municipal é simplesmente a soma das duas taxas. Por exemplo, se sua alíquota de imposto federal for de 28% e sua taxa estadual for de 5%, sua alíquota de imposto somada seria de aproximadamente 33%. Uma abordagem mais precisa reconheceria que os impostos estaduais são dedutíveis em nível federal. Devemos impostos federais apenas sobre a renda líquida de impostos estaduais. Portanto, para cada dólar de renda, nossos rendimentos após os impostos seriam de $(1 - t_{federal}) \times (1 - t_{estadual})$. Em nosso exemplo, nossos rendimentos após os impostos para cada dólar ganho seriam de $(1 - 0,28) \times (1 - 0,05) = 0,684$, o que significa uma alíquota de imposto combinada de $1 - 0,684 = 0,316$ ou 31,6%.

TABELA 2.2 Rendimentos tributáveis equivalentes para vários rendimentos isentos de impostos

Taxa marginal de imposto	Rendimentos isentos de impostos				
	1%	2%	3%	4%	5%
20	1,25	2,50	3,75	5	6,25
30	1,43	2,86	4,29	5,71	7,14
40	1,67	3,33	5	6,67	8,33
50	2	4	6	8	10

Essa tabela aparece com frequência em publicações sobre negociação de fundos mútuos de obrigações isentos de impostos porque ela demonstra aos investidores que estão na faixa de alíquota mais alta que as obrigações municipais oferecem rendimentos tributáveis equivalentes muito atraentes. Toda entrada é calculada com a Equação 2.2. Se o rendimento tributável equivalente ultrapassar os rendimentos reais oferecidos sobre obrigações tributáveis, depois do pagamento dos impostos o investidor se sairá melhor mantendo obrigações municipais após os impostos. A taxa de juros tributável equivalente aumenta de acordo com a faixa de imposto em que o investidor se encontra; quanto mais alta a faixa, mais importante o atributo de isenção de impostos das obrigações municipais. Portanto, os indivíduos com alíquota alta tendem a manter obrigações municipais.

Além disso, podemos utilizar a Equação 2.1 ou 2.2 para identificar a faixa de alíquota em que os investidores ficam em uma posição neutra em relação a obrigações tributáveis e isentas. A alíquota de corte é obtida com a Equação 2.1 para a faixa de imposto em que os rendimentos após impostos são iguais. Desse modo, encontramos

$$t = 1 - \frac{r_m}{r} \qquad (2.3)$$

Portanto, a relação de rendimento r_m/r é um determinante fundamental da atratividade das obrigações municipais. Quanto maior a relação de rendimento, menor será a alíquota de corte e mais os indivíduos preferirão manter dívidas municipais. A Figura 2.5 representa graficamente a relação de rendimentos desde 1955.[4]

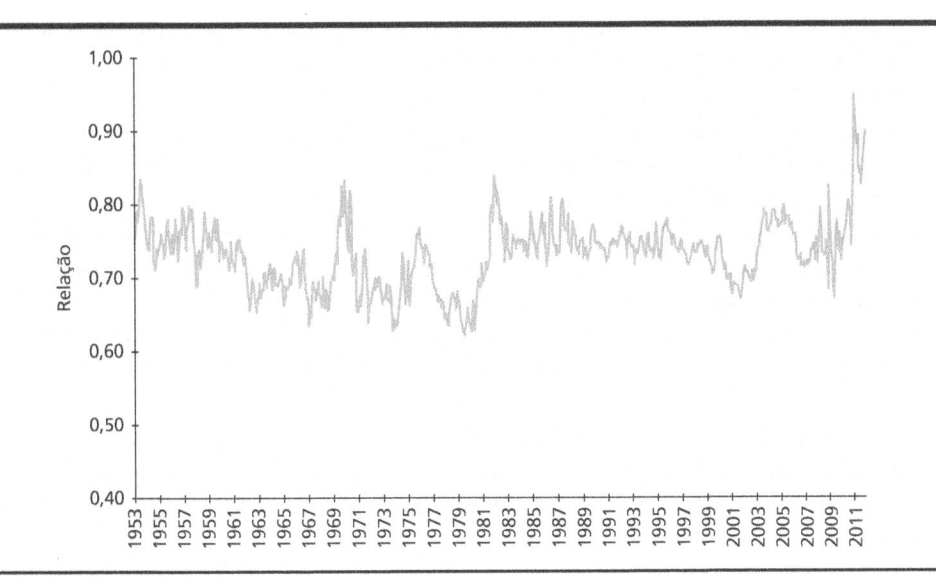

FIGURA 2.5
Relação de rendimentos sobre obrigações isentas e tributáveis.

Fonte: <www.federalreserve.gov/releases/h15/data.htm>.

---

[4] A Figura 2.5 delineia a relação entre os rendimentos das dívidas municipais e a média de rendimentos sobre dívidas corporativas de classificação Aaa e Baa em um período de 20 anos. O risco de inadimplência dessas obrigações corporativas e municipais pode ser comparável, mas certamente flutuará um pouco com o passar do tempo. Por exemplo, o aumento repentino e acentuado na relação de 2011 provavelmente é um reflexo da maior preocupação na época com a condição financeira precária de vários estados e municípios.

EXEMPLO 2.1
Rendimentos tributáveis *versus* isentos de impostos

A Figura 2.5 mostra que na maior parte dos últimos 30 anos a relação entre rendimentos tributáveis e isentos flutuou em torno de 0,75. O que isso diz sobre a alíquota de corte acima da qual as obrigações isentas oferecem maiores rendimentos após os impostos? A Equação 2.3 mostra que um investidor cuja alíquota somada (federal mais local) excede 1− 0,75 = 0,25 ou 25% deduzirá maior rendimento após os impostos das obrigações municipais. Observe, entretanto, que é difícil controlar precisamente as diferenças de risco dessas obrigações. Portanto, a alíquota de corte deve ser considerada aproximada.

2.2 Revisão de **CONCEITOS**

Suponhamos que sua alíquota de imposto fosse 28%. Você preferiria obter um retorno tributável de 6% ou um rendimento isento de 4%? Qual seria o rendimento tributável equivalente do rendimento tributável isento de 4%?

Obrigações corporativas

obrigações corporativas
Dívida de longo prazo emitida por corporações privadas que normalmente pagam cupons semestrais e devolvem o valor nominal da obrigação no vencimento.

As **obrigações corporativas** são o meio pelo as empresas privadas tomam dinheiro emprestado do público. Essas obrigações estão estruturadas de forma muito semelhante às emissões do Tesouro porque normalmente elas pagam cupons semestrais ao longo de sua existência e devolvem o valor nominal ao obrigacionista no vencimento. A diferença mais marcante em relação às obrigações do Tesouro refere-se ao risco.

O risco de inadimplência é um fator real a ser considerado na compra de obrigações corporativas. Abordamos detalhadamente essa questão no Capítulo 10. Por enquanto, distinguimos apenas as obrigações asseguradas, que têm uma garantia específica para o caso de falência de uma empresa, as obrigações não asseguradas, chamadas de *debêntures*, que também não têm nenhuma garantia, e as debêntures subordinadas, que têm menos direito de prioridade sobre os ativos da empresa no caso de falência.

Algumas vezes as obrigações corporativas vêm com opções anexadas. As *obrigações resgatáveis* oferecem às empresas a opção de readquirir a obrigação do portador por um preço de resgate estipulado. As *obrigações conversíveis* oferecem ao obrigacionista a opção converter cada obrigação em um número estipulado de ações. Essas opções são analisadas mais detalhadamente na Parte Três.

Hipotecas e títulos garantidos por hipotecas

Em vista do aumento repentino na quantidade de títulos garantidos por hipotecas, praticamente qualquer pessoa pode investir em uma carteira de empréstimos hipotecários, e esses títulos tornaram-se um componente importante do mercado de renda fixa.

Tal como descrito no Capítulo 1, um *título garantido por hipoteca* é um direito de propriedade em um *pool* de hipotecas ou uma obrigação assegurada por esse *pool*. Tradicionalmente, a maioria dos títulos com lastro em hipoteca englobava *hipotecas conformes*, o que significa que os empréstimos tinham de obedecer a determinados parâmetros de subscrição (normas para a capacidade creditícia do tomador) para que pudessem ser comprados pela Fannie Mae ou Freddie Mac. Entretanto, nos anos que precederam a crise financeira, uma grande quantidade de *hipotecas subprime*, isto, empréstimos mais arriscados criados para tomadores financeiramente mais fracos, era agrupada e vendida por emissores de "marca privada". A Figura 2.6 mostra o crescimento explosivo desses títulos, pelo menos até 2007.

Em uma iniciativa para tornar a moradia mais acessível a famílias de baixa renda, os empreendimentos patrocinados pelo governo foram estimulados a comprar títulos de hipoteca *subprime*. Esses empréstimos revelaram-se desastrosos, com um prejuízo de trilhões de dólares distribuídos entre bancos, fundos de *hedge* (fundos de retorno absoluto) e outros investidores, bem como a Freddie e Fannie, que perderam bilhões de dólares nas hipotecas *subprime* que haviam comprado. Você pode ver na Figura 2.6 que, a partir de 2007, o mercado de *pass-through* hipotecário de marca privada começou a encolher rapidamente.

Apesar desses problemas, poucos acreditam que a securitização em si cessará, embora seja certo que as práticas nesse mercado serão bem mais conservadoras do que em anos anteriores, particularmente com respeito às normas de crédito que devem ser respeitadas pelo tomador de empréstimo final. Aliás, a securitização tem se tornado um componente básico cada vez mais comum de vários mercados de crédito. Por exemplo, hoje é comum os empréstimos de automóveis, estudantis, hipotecários e de cartão de crédito e mesmo as dívidas de empresas privadas serem agrupados em títulos *pass-through* que podem ser negociados no mercado de capitais. A Figura 2.7 documenta o rápido crescimento dos títulos garantidos por ativos não hipotecários. Esse mercado ampliou-se cinco vezes mais na década que termina em 2007. Após a crise financeira, ele contrai de maneira considerável porque os riscos percebidos nos empréstimos de cartão de crédito e hipotecários dispararam, mas o mercado de garantido por ativos ainda é substancial.

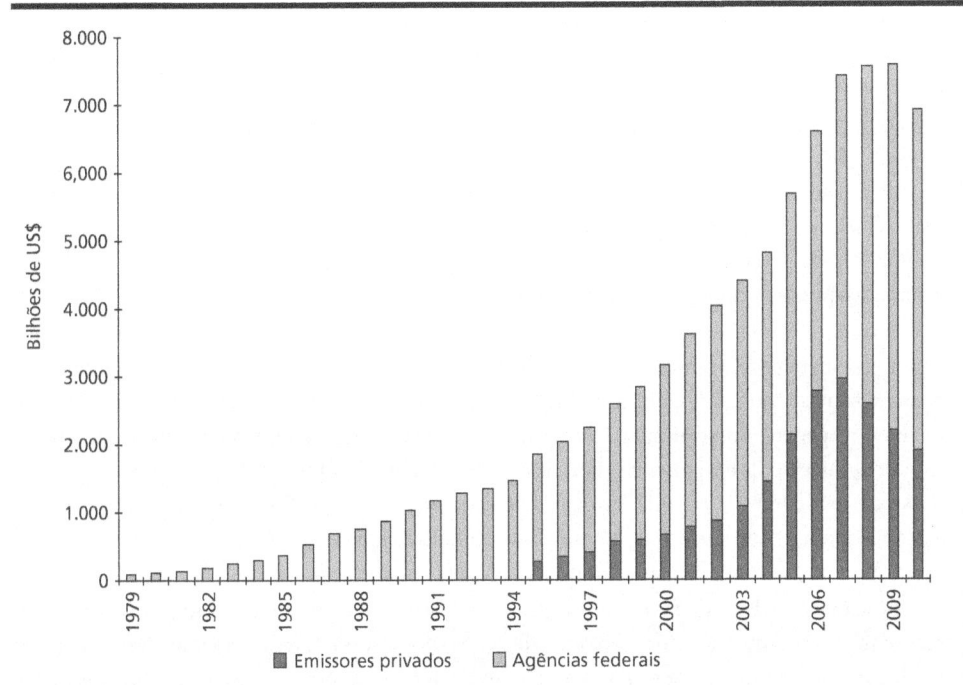

FIGURA 2.6
Títulos garantidos por hipotecas em circulação.

Fonte: *Flow of Funds Accounts of the U.S.*, Conselho de Governadores do Federal Reserve System, junho de 2011.

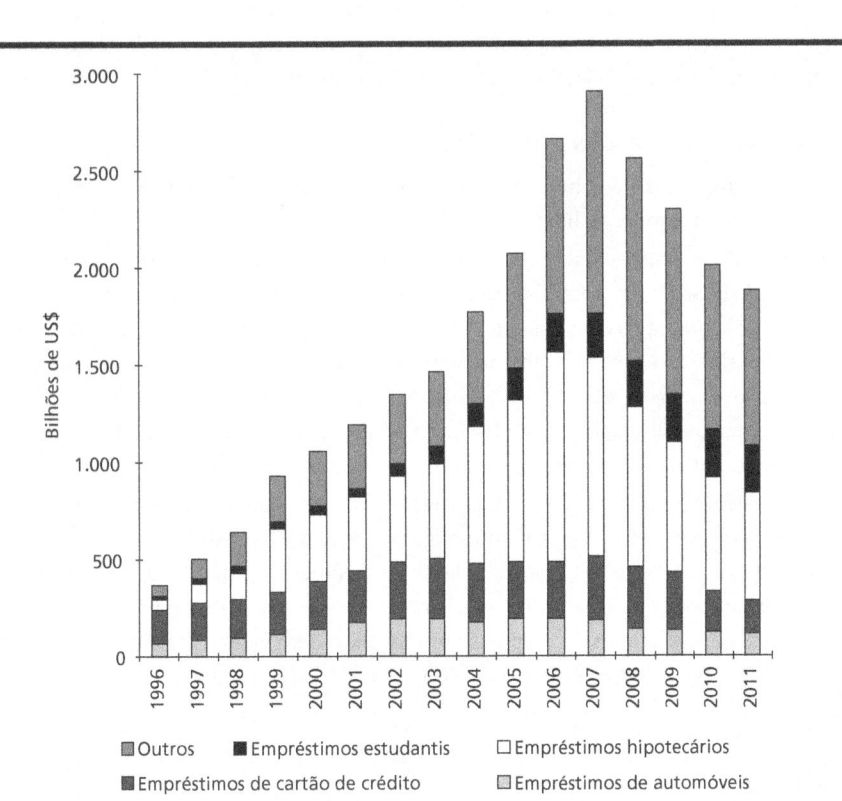

FIGURA 2.7
Títulos garantidos por ativos em circulação.

Fonte: Associação do Setor de Títulos e Mercados Financeiros Securities, <www.sifma.org>.

2.3. TÍTULOS DE PARTICIPAÇÃO ACIONÁRIA

Ações ordinárias como participação acionária

ações ordinárias
Ações de participação em uma empresa de capital aberto. Os acionistas têm direito a voto e podem receber dividendos.

As **ações ordinárias**, também conhecidas como títulos de participação acionária ou ações, representam a participação no capital de uma sociedade anônima. Cada ação dá aos detentores o direito de um voto em qualquer assunto de governança corporativa colocado em votação na assembleia anual da empresa e a uma cota nos benefícios financeiros de participação acionária (por exemplo, direito a quaisquer dividendos que a empresa decidir distribuir).[5]

Uma sociedade anônima é controlada por um conselho de administração eleito pelos acionistas. Esse conselho, que se reúne apenas algumas vezes ao ano, escolhe os diretores que administrarão a empresa diariamente. Esses diretores têm autoridade para tomar a maioria das decisões empresariais sem a aprovação do conselho. A função do conselho é supervisionar a administração e assegurar que ela aja em prol dos interesses dos acionistas.

Os membros do conselho são eleitos na assembleia anual. Os acionistas que não participam da assembleia anual podem votar por procuração, autorizando um terceiro a votar em seu nome. Em geral a administração solicita a procuração dos acionistas e habitualmente obtém a vasta maioria desses votos por procuração. Desse modo, normalmente a administração tem muita liberdade para gerenciar a empresa como achar mais adequado, sem a supervisão diária dos acionistas que de fato são proprietários da empresa.

Ressaltamos no Capítulo 1 que essa separação entre propriedade e controle pode dar origem a "problemas de agência", em que os diretores procuram metas que se desviam do que é melhor para os acionistas. Contudo, vários mecanismos foram criados para diminuir esses problemas de agência. Entre eles, estão os esquemas de remuneração que vinculam o sucesso do diretor ao sucesso da empresa; a supervisão pelo conselho de administração e também por pessoas externas, como analistas de títulos, credores ou grandes investidores institucionais; a ameaça de disputa por procurações, em que os acionistas descontentes tentam substituir a equipe de administração atual; ou a ameaça de tomada de controle de outra empresa.

As ações ordinárias da maioria das grandes empresas podem ser compradas ou vendidas livremente em um ou mais dos mercados de ações. A empresa cujas ações não são negociadas publicamente é chamada de *empresa de capital fechado*. A empresa cujas ações são negociadas publicamente é chamada de *empresa de capital aberto*. Na maior parte das empresas de capital fechado, os proprietários também podem assumir uma função ativa na administração. Geralmente, as tomadas de controle não constituem um problema.

Características das ações ordinárias

As duas características mais importantes das ações ordinárias enquanto investimento são o direito residual e a responsabilidade limitada.

Direito residual significa que, entre todos os demais, os acionistas são os últimos a ter direito aos ativos e à renda da empresa. Em uma liquidação dos ativos da empresa, os acionistas têm direito ao que sobrar após o pagamento de todos os outros reclamantes, como autoridades fiscais, funcionários, fornecedores, obrigacionistas e outros credores. Em uma empresa em funcionamento, os acionistas têm direito a parte do lucro operacional restante, após o pagamento de juros e imposto de renda. A administração pode pagar esse residual como dividendos em dinheiro aos acionistas ou reinvestir na empresa para aumentar o valor das ações.

Responsabilidade limitada significa que o máximo que os acionistas podem perder no caso de falência da empresa é seu investimento original. Os acionistas não são como os proprietários de empresas não constituídas em sociedade, cujos credores podem reivindicar direitos aos ativos pessoais do proprietário – como casas, carros e móveis. No caso de falência da empresa, na pior das hipóteses os acionistas corporativos têm ações sem valor. Eles não são pessoalmente responsáveis pelas dívidas da empresa. Sua responsabilidade é limitada.

---

[5] Algumas vezes, uma empresa emite duas classes de ações ordinárias, uma com direito a voto e outra sem esse direito. Em virtude dessa restrição de direito, as ações sem direito a voto são vendidas por preço inferior, refletindo a importância do controle.

Revisão de CONCEITOS 2.3

a. Se você comprar 100 ações ordinárias da IBM, a que você tem direito?
b. Qual o valor máximo de dinheiro que você pode ganhar durante o ano seguinte?
c. Se você pagar US$ 95 por ação, qual o valor máximo de dinheiro que você pode perder ao longo do ano?

Listagens do mercado acionário

A Figura 2.8 apresenta dados de negociação importantes para uma pequena amostra de ações negociadas na Bolsa de Valores de Nova York (New York Stock Exchange – NYSE). A NYSE é um dos vários mercados nos quais os investidores podem comprar ou vender ações. Examinaremos as questões relativas à negociação nesses mercados no Capítulo 3 (disponível no *site* <www.grupoa.com.br>).

Para interpretar a Figura 2.8, considere a listagem da General Electric, a última ação listada. Essa tabela apresenta o símbolo de cotação ou *ticker* (GE), o preço de fechamento da ação (19,30) e a respectiva variação (10,25) em relação ao dia anterior. Mais de 44 milhões de ações da GE são negociadas nesse dia. Essa tabela também apresenta o preço mais alto e mais baixo pelos quais as ações da GE foram negociadas nas últimas 52 semanas. O valor de 0,60 na coluna de dividendos significa que o pagamento de dividendos do último trimestre foi de US$ 0,15 por ação, o que é coerente com os pagamentos de dividendos anuais de US$ 0,15 × 4 = US$ 0,60. Isso corresponde a um rendimento de dividendos (isto é, dividendos anuais por dólar pago por ação) de 0,60/19,30 = 0,0311 ou 3,11%.

O rendimento de dividendos é apenas parte do retorno sobre o investimento em ações. São ignorados prováveis *ganhos de capital* (isto é, aumentos de preço) ou perdas. Em empresas com baixo volume de dividendos, presumivelmente as ações oferecem ganhos de capital. Do contrário, os investidores não estariam dispostos a mantê-las em sua carteira. Se você examinar a Figura 2.8, verá que os rendimentos de dividendos variam amplamente entre as empresas.

O índice de P/E, ou relação entre preço e lucro, é a razão entre o preço atual das ações e os lucros do ano anterior. Esse índice informa quanto os compradores de ações devem pagar por dólar de lucro que a empresa gera para cada ação. No caso da GE, o índice de P/E é de 15,32. Além disso, o índice de P/E varia muito entre as empresas. Nos casos em que o rendimento de dividendos e o índice de P/E não são divulgados na Figura 2.8, as empresas não têm dividendos ou têm lucro zero ou negativo. Examinaremos mais a fundo os índice de P/E na Parte Quatro. Concluindo, observamos que o preço das ações da GE aumentaram 5,52% desde o início do ano.

FIGURA 2.8 Listagem de ações negociadas na Bolsa de Valores de Nova York.

NOME	SÍMBOLO	FECHAMENTO	VARIAÇÃO	VOLUME	MAIS ALTO 52 SEMANAS	MAIS BAIXO 52 SEMANAS	DIVIDENDOS	P/E	RENDIMENTO	VAR. % YTD*
Gannett	GCI	14,60	0,22	2.485.119	18,93	11,65	0,16	6,55	1,10	–3,25
Gap	GPS	19,28	0,95	13.621.775	23,73	16,62	0,45	10,54	2,33	–12,92
Gardner Denver	GDI	87,15	–0,66	450.263	88,70	44,24	0,20	22,99	0,23	26,63
Gartner	IT	41,40	0,11	230.999	43,39	22,89	...	39,06	...	24,70
GATX	GMT	38,85	0,36	203.912	42,84	25,40	1,16	22,33	2,99	10,12
Gaylord Entertainment	GET	31,90	0,89	806.280	38,22	22,45	...	....dd	...	–11,24
GenCorp	GY	6,38	0,05	298.903	7,09	4,30	...	24,54	...	23,40
Genco Shipping & Trading	GNK	7,49	0,10	409.701	18,08	6,28	...	2,18	...	–47,99
Generac Holdings	GNRC	19,55	0,04	65.811	21,10	11,70	...	7,29	...	20,90
General Cable	BGC	43,41	0,61	418.968	49,32	21,68	...	20,19	...	23,71
General Dynamics	GD	75,60	0,97	2.236.585	78,27	55,46	1,88	10,92	2,49	6,54
General Electric	GE	19,30	0,25	44.235.766	21,65	13,96	0,60	15,32	3,11	5,52

Nota: dd significa que não é possível calcular o P/E porque os lucros nos últimos 12 meses foram negativos.
* Variação percentual acumulada do ano.

Fonte: Compilada de dados do *The Wall Street Journal Online*, 8 de julho de 2011. Reimpressa com permissão do *The Wall Street Journal*, Copyright © 2011 Dow Jones & Company, Inc. Todos os direitos reservados mundialmente.

Ações preferenciais

ações preferenciais
Ações sem direito a voto em uma sociedade anônima que normalmente pagam um fluxo fixo de dividendos.

As **ações preferenciais** têm características semelhantes às das ações ordinárias e dos títulos de dívida. Assim como uma obrigação, elas prometem pagar ao portador um fluxo fixo de renda ao ano. Nesse sentido, as ações preferenciais são similares a uma obrigação com vencimento ilimitado, isto é, uma perpetuidade, e também a uma obrigação que não oferece ao portador poder de voto com relação à administração da empresa.

Entretanto, as ações preferenciais são um investimento de capital. A empresa tem liberdade para efetuar ou não pagamentos de dividendos aos acionistas preferenciais: ela não tem obrigação contratual de pagar esses dividendos. Na verdade, os dividendos preferenciais normalmente são *cumulativos*, isto é, os dividendos não pagos acumulam-se e devem ser pagos na íntegra antes que qualquer dividendo seja pago aos portadores de ações ordinárias. Em contraposição, a empresa tem a obrigação contratual de efetuar pagamentos de juros oportunos sobre a dívida. O não pagamento desses juros instaura processo de falência corporativa.

As ações preferenciais também diferem das obrigações com relação à abordagem tributária da empresa. Como os pagamentos das ações preferenciais são tratados como dividendos, e não como juros sobre a dívida, eles não são despesas dedutíveis de impostos para a empresa. Essa desvantagem é contrabalançada em grande parte pelo fato de as empresas poderem excluir 70% dos dividendos recebidos de empresas domésticas no cálculo de sua renda tributável. Portanto, as ações preferenciais são investimentos de renda fixa desejáveis para algumas empresas.

Embora as ações preferenciais fiquem atrás das obrigações com relação à prioridade de direito aos ativos da empresa em caso de falência corporativa, com frequência elas são vendidas a rendimentos inferiores aos das obrigações corporativas. Presumivelmente, isso reflete a importância da exclusão dos dividendos, porque maior risco das ações preferenciais tenderia a gerar rendimentos mais altos do que os oferecidos pelas obrigações. Os investidores individuais, que não podem utilizar a exclusão fiscal de 70%, em geral consideram os rendimentos das ações preferenciais não atraentes quando comparados com os de outros ativos disponíveis.

As empresas emitem ações preferenciais em variações semelhantes às das obrigações corporativas. As ações preferenciais podem ser resgatadas pela empresa emissora, caso em que elas são chamadas de *resgatáveis*. Elas podem também ser convertidas em ações ordinárias por uma taxa de conversão especificada. Uma inovação relativamente recente são as ações preferenciais de taxa ajustável, as quais, do mesmo modo que as obrigações de taxa ajustável, vinculam a taxa de dividendos às taxas atuais de juros do mercado.

Recibos de depósito

Os recibos de depósito americanos (*American depository receipts* – ADRs) são certificados negociados nos mercados dos Estados Unidos que representam a propriedade de ações de uma empresa estrangeira. Cada ADR pode corresponder à posse de uma porcentagem de uma ação estrangeira, a uma ação ou a várias ações da empresa estrangeira. Esses recibos foram criados para tornar o cumprimento de exigências de registro de títulos dos Estados Unidos mais fácil para as empresas estrangeiras. Eles são a forma mais comum para os investidores americanos investirem e negociarem ações de empresas estrangeiras.

2.4. ÍNDICES DE MERCADO DE AÇÕES E DE OBRIGAÇÕES

Índices de mercado de ações

O desempenho diário do índice industrial Dow Jones (*Dow Jones Industrial Average* – DJIA) é um dos principais destaques do noticiário noturno. Embora esse índice seja a medida de desempenho mais conhecida do mercado acionário, é apenas um dos vários indicadores existentes. Outros índices com base mais ampla são calculados e publicados diariamente. Além disso, existem inúmeros índices de desempenho do mercado de obrigações.

O papel cada vez maior do comércio e dos investimentos internacionais transformou os índices dos mercados financeiros estrangeiros parte do noticiário geral. Por isso, os índices de bolsas de valores do exterior, como o índice Nikkei de Tóquio ou o índice *Financial Times* de Londres tornaram-se nomes muito conhecidos.

Índices Dow Jones

O índice industrial Dow Jones (DJIA) de 30 grandes empresas *"blue chip"* (que possuem títulos ou ações de primeira linha) é calculado desde 1896. É provável que sua longa história explique sua proeminência junto ao público. (Esse índice cobria apenas 20 ações até 1928.)

Originalmente, o DJIA era calculado como o preço médio das ações incluídas no índice. Desse modo, se houvesse 30 ações no índice, os preços correspondentes dessas 30 ações seriam somados e o total seria dividido por 30. A mudança percentual no DJIA seria então a variação percentual no preço médio das 30 ações.

Esse procedimento significa que a variação percentual no DJIA mede o retorno (excluindo quaisquer dividendos pagos) sobre uma carteira que investe uma ação em cada uma das 30 ações no índice. O valor dessa carteira (com uma ação de cada empresa no índice) é a soma dos 30 preços. Como a variação percentual na *média* dos 30 preços é igual à variação percentual na *soma* dos 30 preços, o índice e a carteira têm a mesma variação percentual todos os dias.

O índice Dow Jones mede o retorno (excluindo os dividendos) sobre uma carteira que contém uma ação de cada empresa. Portanto, a quantia investida em cada empresa nessa carteira é proporcional ao preço da ação da empresa. Por isso, o índice Dow Jones é chamado de **média ponderada pelo preço**.

média ponderada pelo preço
Média obtida da soma dos preços das ações e da divisão dessa soma por um "divisor".

TABELA 2.3 Dados para compor índices de preço de ações

Empresa	Preço inicial (US$)	Preço final (US$)	Ações (milhões)	Valor inicial das ações em circulação (milhões de US$)	Valor final das ações em circulação (milhões de US$)
ABC	25	30	20	500	600
XYZ	100	90	1	100	90
Total				600	690

EXEMPLO 2.2
Média ponderada pelo preço

Considere os dados da Tabela 2.3 de uma versão hipotética de duas empresas do Índice Dow Jones. Comparemos as variações no valor da carteira que contém uma ação de cada empresa e o índice ponderado pelo preço. O preço da ABC inicialmente é US$ 25 por ação e depois sobe para US$ 30. O preço da XYZ inicialmente é US$ 100, mas cai para US$ 90.

Carteira: Valor inicial = US$ 25 + US$ 100 = US$ 125
            Valor final = US$ 30 + US$ 90 = US$ 120
            Variação percentual no valor da = – 5/125 = – 0,04 = – 4%
Índice: Valor inicial do índice = (25 + 100)/2 = 62,5
            Valor final do índice = (30 + 90)/2 = 60
            Variação percentual no índice = – 2,5/62,5 = – 0,04 = – 4%

A carteira e o índice têm uma queda de valor idêntica de 4%.

Observe que as médias ponderadas pelo preço atribuem às ações de preço mais alto um peso maior na determinação de desempenho desse índice. Por exemplo, embora o preço da ABC tenha aumentado 20% e o da XYZ tenha caído apenas 10%, o valor do índice caiu. Isso se explica porque o aumento de 20% na ABC representou um ganho no preço do dólar (US$ 5 por ação) inferior ao da queda de 10% na XYZ (US$ 10 por ação). A "carteira Dow" investiu quatro vezes mais na XYZ do que na ABC porque o preço da XYZ é quatro vezes maior do que o da ABC. Portanto, a XYZ domina a média. Concluímos que uma ação de preço alto pode dominar a média ponderada pelo preço.

Você pode estar se perguntando por que (em meados de 2012) o DJIA encontrava-se em um nível de aproximadamente 13 mil se ele deveria ser o preço médio das 30 ações no índice. O DJIA não equivale mais ao preço médio das 30 ações porque o procedimento para encontrar a média é ajustado sempre que uma empresa divide ou paga dividendos de ações superiores a 10% ou quando uma empresa no grupo de 30 indústrias é substituída por outra. Nessas duas circunstâncias, o divisor utilizado para calcular o "preço médio" é ajustado para que o índice não seja afetado por isso.

EXEMPLO 2.3
Divisões e médias ponderadas pelo preço

Suponhamos que a empresa XYZ do Exemplo 2.2 fizesse uma divisão de suas ações na razão de dois para um de modo que o preço caísse para US$ 50. Não seria desejável que a média caísse, já que isso indicaria incorretamente uma queda no nível geral de preços do mercado. Após uma divisão, o divisor deve ser reduzido para um valor que não afete a média. A Tabela 2.4 mostra essa questão. O preço inicial das ações da XYZ, que era US$ 100 na Tabela 2.3, cairá para US$ 50 se as ações forem divididas no início do período. Observe que o número de ações em circulação dobra, sem afetar o valor de mercado do total de ações.

Encontramos o novo divisor da seguinte forma: o valor do índice antes da divisão das ações era de 125/2 = 62,5. Devemos encontrar um novo divisor, d, que mantenha o índice inalterado depois as ações da XYZ forem divididas e seu preço cair para US$ 50. Portanto, encontramos d na seguinte equação:

$$\frac{\text{Preço da ABC} + \text{Preço da XYZ}}{d} = \frac{25 + 50}{d} = 62,5$$

Isso significa que o divisor deve ter uma queda de seu valor original de 2 para o novo valor de 1,20.

Como a divisão altera o preço das ações da XYZ, ela também muda os pesos relativos das duas ações na média ponderada pelo preço. Desse modo, o retorno do índice é afetado pela divisão.

No final do período, as ações da ABC serão vendidas por US$ 30 cada e da XYZ por US$ 45, o que representa o mesmo retorno negativo de 10% que foi presumido na Tabela 2.3. O novo valor da média ponderada pelo preço é (30 + 45)/1,20 = 62,5. O índice fica inalterado. Por isso, a taxa de retorno é zero, superior ao retorno de –4% que teria resultado se a divisão não tivesse ocorrido. O peso relativo das ações da XYZ, que apresentam o menor desempenho, é diminuído por uma divisão porque seu preço é mais baixo; portanto, o desempenho da média é superior. Esse exemplo mostra que o esquema de ponderação implícito da média ponderada pelo preço é um tanto arbitrário, pois é determinado pelos preços, e não pelos valores de mercado (preço por ação vezes número de ações) das ações da média em circulação.

TABELA 2.4 Dados para compor índices de preço de ações após uma divisão

Empresa	Preço inicial (US$)	Preço final (US$)	Ações (milhões)	Valor inicial das ações em circulação (milhões de US$)	Valor final das ações em circulação (milhões de US$)
ABC	25	30	20	500	600
XYZ	50	45	2	100	90
Total				600	690

Da mesma forma que o divisor é atualizado na divisão das ações, se uma empresa for eliminada da média e outra com um preço diferente for acrescentada, o divisor terá de ser atualizado para que a média não seja alterada pela substituição. Em meados de 2012, o divisor o índice industrial Dow Jones havia caído para um valor de aproximadamente 0,132.

Como as médias Dow Jones baseiam-se em um pequeno número de empresas, deve-se tomar cuidado para assegurar que elas sejam representativas do mercado mais amplo. Por esse motivo, a composição da média é alterada de vez em quando para refletir mudanças na economia. A Tabela 2.5 apresenta a composição dos índices industriais Dow Jones em 1928, bem como sua composição em 2012. Além disso, essa tabela mostra evidências de mudança na economia dos Estados Unidos no último século. Muitas das "melhores empresas *blue chip*" em 1928 não existem mais, e os setores que formavam a espinha dorsal da economia em 1928 abriram caminho para alguns que não podiam ser imaginados na época.

2.4 Revisão de CONCEITOS

Suponhamos que o preço final da XYZ na Tabela 2.3 aumente para US$ 110 e o da ABC caia para US$ 20. Encontre a variação percentual na média ponderada pelo preço nas ações dessas duas empresas. Compara o resultado com o retorno percentual de uma carteira que contém uma ação de cada empresa.

A Dow Jones & Company calcula também um índice de 20 empresas no setor de transporte aéreo, rodoviário e ferroviário; um índice de serviços de utilidade pública que engloba 15 em-

TABELA 2.5 Empresas incluídas no índice industrial Dow Jones: 1928 e 2011

Empresas industriais Dow em 1928	Empresas Dow atuais	Símbolo de cotação	Setor	Ano acrescentado ao índice
Wright Aeronautical	3M	MMM	Setores diversificados	1976
Allied Chemical	Alcoa	AA	Alumínio	1959
North American	American Express	AXP	Finanças de consumo	1982
Victor Talking Machine	AT&T	T	Telecomunicações	1999
International Nickel	Bank of America	BAC	Bancário	2008
International Harvester	Boeing	BA	Aeroespacial e defesa	1987
Westinghouse	Caterpillar	CAT	Construção	1991
Texas Gulf Sulphur	Chevron	CVX	Petróleo e gás	2008
General Electric	Cisco Systems	CSCO	Equipamentos de computador	2009
American Tobacco	Coca-Cola	KO	Bebidas	1987
Texas Corp	DuPont	DD	Químico	1935
Standard Oil (NJ)	ExxonMobil	XOM	Petróleo e gás	1928
Sears Roebuck	General Electric	GE	Setores diversificados	1907
General Motors	Hewlett-Packard	HPQ	Computadores	1997
Chrysler	Home Depot	HD	Lojas de materiais de construção e decoração	1999
Atlantic Refining	Intel	INTC	Semicondutores	1999
Paramount Publix	IBM	IBM	Serviços de computação	1979
Bethlehem Steel	Johnson & Johnson	JNJ	Farmacêutico	1997
General Railway Signal	JPMorgan Chase	JPM	Bancário	1991
Mack Trucks	Kraft Foods	KFT	Processamento de alimentos	2008
Union Carbide	McDonald's	MCD	Restaurantes	1985
American Smelting	Merck	MRK	Farmacêutico	1979
American Can	Microsoft	MSFT	*Software*	1999
Postum Inc.	Pfizer	PFE	Farmacêutico	2004
Nash Motors	Procter & Gamble	PG	Produtos domésticos	1932
American Sugar	Travelers	TRV	Seguro	2009
Goodrich	United Technologies	UTX	Aeroespacial	1939
Radio Corp	Verizon	VZ	Telecomunicações	2004
Woolworth	Wal-Mart	WMT	Varejo	1997
U.S. Steel	Walt Disney	DIS	Teledifusão e entretenimento	1991

presas de fornecimento de eletricidade e gás natural; e um índice composto que abrange as 65 empresas somadas dos três índices anteriores. Todos são médias ponderadas pelo preço e, portanto, elevam o peso do desempenho das ações de alto preço.

Índices Standard & Poor's

O índice composto Standard & Poor's 500 (S&P 500) representa um avanço em relação aos índices Dow Jones por dois motivos. Primeiro, é um índice que tem uma base mais ampla de 500 empresas. Segundo, é um **índice ponderado pelo valor de mercado**. No caso das empresas XYZ e ABC no Exemplo 2.2, o S&P 500 atribuiria à ABC um peso cinco vezes superior ao da XYZ porque o valor de mercado de suas ações em circulação é cinco vezes maior, US$ 500 milhões *versus* US$ 100 milhões.

O S&P 500 é obtido por meio do cálculo do valor total de mercado das 500 empresas do índice e do valor total de mercado dessas empresas no dia anterior à negociação.[6] O aumento percentual no valor total de mercado de um dia para outro representa o aumento no índice. A taxa de retorno do índice equivale à taxa de retorno que um investidor com uma carteira contendo todas as 500 empresas do índice obteria proporcionalmente ao seu valor de mercado. A exceção é que o índice não reflete os dividendos em dinheiro pagos por essas empresas.

índice ponderado pelo valor de mercado
O retorno do índice equivale à média ponderada dos retornos de cada título componente, com pesos proporcionais ao valor de mercado das ações em circulação.

---

[6] Na verdade, hoje a maioria dos índices utiliza uma versão modificada de pesos de valor de mercado. Em vez de considerar o valor total de mercado, eles utilizam o valor de mercado de "flutuação livre", isto é, o valor das ações que são negociadas livremente entre os investidores. Por exemplo, esse procedimento não leva em conta as ações mantidas por famílias fundadoras ou governos, que, em vigor, não estão à venda para os investidores. A diferença é mais importante no Japão e na Europa, onde uma porcentagem maior de ações é mantida nesse tipo de carteira não negociável.

EXEMPLO 2.4
Índices ponderados pelo valor

> Para mostrar como os índices ponderados pelo valor são calculados, examine novamente a Tabela 2.3. O valor final das ações em circulação em nossa população de duas empresas é US$ 690 milhões. O valor inicial era US$ 600 milhões. Portanto, se o nível inicial de um índice ponderado pelo valor de mercado das empresas ABC e XYZ fosse igualado em um valor inicial escolhido arbitrariamente – por exemplo, 100 –, o valor do índice no fim do ano seria 100 × (690/600) = 115.
>
> O aumento no índice refletiria o retorno de 15% obtido em uma carteira composta de ações dessas duas empresas mantidas proporcionalmente aos valores de mercado das ações em circulação.
>
> Diferentemente do índice ponderado pelo preço, o índice ponderado pelo valor atribui um peso maior à ABC. Enquanto o índice ponderado pelo preço caiu, por ser dominado pelo preço mais alto da XYZ, o índice ponderado pelo valor subiu porque atribuiu um peso maior à ABC, empresa com o valor total de mercado mais alto.
>
> Observe também, nas Tabelas 2.3 e 2.4, que os índices ponderados pelo valor não são afetados pela divisão de ações. O valor total de mercado de ações em circulação da XYZ aumenta de US$ 100 milhões para US$ 110 independentemente da divisão de ações, tornando essa divisão irrelevante para o desempenho do índice.

Uma característica atraente tanto do índice ponderado pelo valor de mercado quanto pelo índice ponderado pelo preço é que eles refletem os retornos de estratégias objetivas de carteira. Se fôssemos comprar cada ação no índice, proporcionalmente ao valor de mercado das ações em circulação, o índice ponderado pelo valor localizaria perfeitamente ganhos de capital na carteira subjacente. De modo semelhante, o índice ponderado pelo preço localizaria retornos em uma carteira com a mesma quantidade de ações de cada empresa.

Hoje, os investidores conseguem comprar facilmente índices de mercado para suas carteiras. Uma alternativa é comprar ações em fundos mútuos que contêm ações proporcionais à sua representação no S&P 500 e também em outros índices de ações. Esses *fundos de índice* geram um retorno equivalente ao do índice específico e, portanto, oferecem uma estratégia passiva de investimento de baixo custo para aqueles que investem em ações. Outra opção é comprar um *fundo negociado em bolsa* (*exchange-traded fund* – ETF), que é uma carteira de ações que podem ser compradas ou vendidas como unidade, do mesmo modo que uma única ação seria. Os ETFs englobam desde carteiras que acompanham índices de mercado globais extremamente abrangentes até índices industriais limitados. Examinaremos detalhadamente os fundos mútuos e os ETFs no Capítulo 4 (disponível no *site* <www.grupoa.com.br>).

O Standard & Poor's também publica um índice industrial de 400 empresas, um índice de transporte de 20 empresas, um índice de serviços de utilidade pública de 40 empresas e um índice financeiro de 40 empresas.

2.5 *Revisão de* **CONCEITOS**

Reconsidere as empresas XYZ e ABC da "Revisão de conceitos 2.4". Calcule a variação percentual no índice ponderado pelo valor de mercado. Compara o resultado com a taxa de retorno de uma carteira que contém US$ 500 em ações da ABC para cada US$ 100 em ações da XYZ (isto é, uma carteira indexada).

Outros índices de valor de mercado dos Estados Unidos

A Bolsa de Valores de Nova York publica um índice composto, ponderado pelo valor de mercado de todas as empresas listadas nessa bolsa, além de subíndices para ações de empresas industriais, de serviços de utilidade pública, de transporte e financeiras. Esses índices têm uma base ainda mais ampla do que o S&P 500. A Associação Nacional de Intermediários de Valores (*National Association of Securities Dealers* – Nasd) publica um índice que abrange mais de três mil empresas negociadas no mercado Nasdaq.

O maior índice de ações dos Estados Unidos calculado até o momento é o índice de valor de mercado Wilshire cinco mil que inclui basicamente todas as empresas ativamente negociadas no país. Apesar do nome, esse índice na verdade inclui mais de cinco mil empresas. o desempenho de vários desses índices aparece diariamente no *The Wall Street Journal*.

Índices igualmente ponderados

O desempenho do mercado algumas vezes é medido por uma média igualmente ponderada de retornos de cada empresa compreendida por um índice. Essa técnica de nivelamento pela média, por atribuir um peso igual a cada retorno, corresponde a uma estratégia de carteira que atribui valores em dólar iguais a cada empresa. Ela é diferente da técnica de ponderação pelo preço, que exige quantidades iguais de ações de cada empresa, e da técnica de ponderação pelo valor de mercado, que exige investimentos proporcionais ao valor das ações em circulação.

Ao contrário dos índices ponderados pelo preço ou pelo valor de mercado, os **índices igualmente ponderados** não correspondem a estratégias de carteira de comprar e manter. Suponhamos que você comece com investimentos em dólar iguais nas duas empresas da Tabela 2.3, ABC e XYZ. Como a ABC experimenta um aumento de valor de 20% ao longo do ano, ao passo que a XYZ apresenta uma queda de 10%, sua carteira não está mais ponderada equitativamente, pois agora há um investimento maior na ABC. Para reequilibrar a carteira com pesos iguais, você precisaria vender algumas ações da ABC e/ou comprar mais ações da XYZ. Esse reequilíbrio seria necessário para alinhar o retorno de sua carteira com o retorno do índice igualmente ponderado.

índice igualmente ponderado
Índice calculado com base em uma média simples de retornos.

Índices de bolsas de valores internacionais e estrangeiras

O desenvolvimento em mercados financeiros mundiais compreende a composição de índices para esses mercados. Entre eles, estão o Nikkei (Japão), FTSE (Reino Unido – pronuncia-se "*footsie*"), DAX (Alemanha), Hang Seng (Hong Kong) e TSX (Toronto). Um dos líderes da composição de índices internacionais é o Morgan Stanley Capital International (MSCI), que calcula mais de 50 índices de país e vários índices regionais. A Tabela 2.6 apresenta vários dos índices calculados pelo MSCI.

Indicadores do mercado de obrigações

Assim como os índices de mercado oferecem orientações sobre o desempenho do mercado de ações em geral, vários indicadores do mercado de obrigações medem o desempenho de diversas categorias de obrigações. Os três grupos de índices mais conhecidos são os do Merrill Lynch, Barclays (antes Lehman Brothers) e Salomon Smith Barney (hoje parte do Citigroup). A Tabela 2.7 relaciona os componentes do mercado de obrigações em 2011.

TABELA 2.6 Índices de ações do MSCI

Índices regionais		Países	
Mercados desenvolvidos	Mercados emergentes	Mercados desenvolvidos	Mercados emergentes
EAFE (Europa, Australásia e Extremo Oriente)	Mercados emergentes (MEs)	Alemanha	África do Sul
EASEA (EAFE, excluindo Japão)	ME Ásia	Austrália	Brasil
Europa	ME Extremo Oriente	Áustria	Chile
UME	ME América Latina	Bélgica	China
Extremo Oriente	ME Europa Oriental	Canadá	Colômbia
Kokusai (mundo, excluindo Japão)	ME Europa	Cingapura	Coreia
Países nórdicos	ME Europa e Oriente Médio	Dinamarca	Egito
América do Norte		Espanha	Filipinas
Pacífico		EUA	Hungria
Mundo		Finlândia	Índia
Países do G7		França	Indonésia
Mundo, excluindo os EUA		Grécia	Malásia
		Holanda	México
		Hong Kong	Peru
		Irlanda	Polônia
		Israel	República Tcheca
		Itália	Rússia
		Japão	Tailândia
		Noruega	Taiwan
		Nova Zelândia	Turquia
		Portugal	
		Reino Unido	
		Suécia	
		Suíça	

Fonte: MSCI, <www.msci.com>. Reimpressa com permissão.

TABELA 2.7 Mercado de obrigações dos Estados Unidos

Setor	Tamanho (bilhões de US$)	% do mercado
Tesouro	9.434,6	29,5
Agência federal e empreendimentos patrocinados pelo governo	6.437,3	20,1
Corporativo	4.653,9	14,6
Isento de impostos*	2.636,7	8,3
Garantido por hipotecas	6.908	21,6
Garantido por outros ativos	1.877,9	5,9
Total	31.948,4	100

* Inclui dívidas isentas de impostos para finalidades privadas.
Fonte: *Flow of Funds Accounts of the United States: Flows and Outstandings*, Conselho de Governadores do Federal Reserve System, junho de 2011.

O principal problema desses índices é que as taxas reais de retorno sobre várias obrigações são difíceis de calcular porque as obrigações são negociadas com pouca frequência, e isso, por sua vez, dificulta a obtenção de preços confiáveis e atualizados. Na prática, alguns preços devem ser estimados com base em modelos de avaliação de obrigações. Os assim chamados preços matriciais podem ser diferentes dos valores de mercado.

2.5. MERCADOS DE DERIVATIVOS

Um avanço significativo nos mercados financeiros nos últimos anos foi o crescimento dos mercados de futuros e de opções. Esses mercados oferecem retornos que dependem do valor de outros ativos – por exemplo, preços de *commodities*, preços de obrigações e ações ou valores de índices de mercado. Por esse motivo, algumas vezes esses instrumentos são chamados de **ativos derivativos**. Seu valor é deduzido do valor de outros ativos. Examinamos detalhadamente os ativos derivativos na Parte Cinco.

ativo derivativo
Título cujo retorno depende do preço de outro ativo.

Opções

opção de compra
Direito de comprar um ativo por um preço de exercício determinado em uma data de vencimento específica ou antes dessa data.

A **opção de compra** concede ao portador o direito de comprar um ativo por um preço específico, denominado *preço de exercício* ou *strike price*, em uma data de vencimento determinada ou antes dessa data. Um opção de compra da Apple para outubro, com preço de exercício de US$ 355, por exemplo, habilita o portador a comprar ações da Apple pelo preço de US$ 355 em qualquer momento antes e inclusive na data de vencimento em outubro. Cada contrato de opção destina-se à compra de 100 ações e as cotações são feitas por ação. O portador da opção de compra não é obrigado a exercer a opção; só fará sentido exercê-la se o valor de mercado do ativo que pode ser comprado ultrapassar o preço de exercício.

Quando o preço de mercado supera o preço de exercício, o portador da opção pode comprar o ativo pelo preço de exercício e obter um lucro igual à diferença entre o preço da ação e o preço de exercício. Do contrário, a opção não será exercida. Se ela não for exercida antes da data de vencimento, vencerá e não terá mais valor. Portanto, as opções de compra oferecem lucros mais altos quando os preços das ações aumentam e, desse modo, representam veículos de investimento para mercados em alta.

opção de venda
Direito de vender um ativo por um preço de exercício determinado em uma data de vencimento específica ou antes dessa data.

Em contraposição, uma **opção de venda** concede ao portador o direito de vender um ativo por um preço de exercício específico na data de vencimento determinada ou antes dessa data. Uma opção de venda da Apple para outubro, com preço de exercício de US$ 355, habilita o portador a vender ações da Apple ao lançador da opção de venda, pelo preço de US$ 355, em qualquer momento antes da data de vencimento em outubro, mesmo se o preço de mercado da Apple for inferior a US$ 355. Embora os lucros das opções de compra aumentem quando o valor do ativo aumenta, os lucros das opções de venda aumentam quando o valor dos ativos cai. A opção de venda será exercida somente se o portador conseguir passar adiante um ativo com valor inferior ao preço de exercício pelo preço de exercício.

A Figura 2.9 apresenta uma amostra de cotações de opções da Apple, extraída da edição *on-line* do *The Wall Street Journal*. O preço das ações da Apple nessa data era US$ 357,20. As duas

FIGURA 2.9
Opções de ações da Apple.

Fonte: Extraída do *The Wall Street Journal Online*, 8 de julho de 2011. Reimpressa com permissão do *The Wall Street Journal*, Copyright © 2011 Dow Jones & Company, Inc. Todos os direitos reservados mundialmente.

Preços no fechamento de 7 de julho de 2011

Apple (AAPL)							Preço da ação subjacente: 357,20
		Compra			Venda		
Vencimento	Exercício	Último	Volume	Contratos em aberto	Último	Volume	Contratos em aberto
Jul.	350	9	32.874	46.311	1,73	15.148	9.711
Ago.	350	16,50	5.883	24.232	8,95	4.457	6.421
Out.	350	24,90	751	8.526	16,70	138	1.732
Jan.	350	33,95	859	30.028	25,35	316	8.067
Jul.	355	5,60	43.911	40.395	0,90	18.762	1.061
Ago.	355	13,70	4.624	8.952	11,10	2.859	3.146
Out.	355	21,98	760	2.146	18,85	176	938
Jan.	355	31,27	383	2.842	27,45	175	1.279
Jul.	360	3,15	43.485	50.184	3,50	3.811	114
Ago.	360	11,15	8.692	43.183	13,55	1.864	1.176
Out.	360	19,41	693	4.669	21,34	134	868
Jan.	360	28,50	1.018	14.117	29,98	305	1.564

primeiras colunas mostram o mês de vencimento e o preço de exercício (ou *strike*) de cada opção. Incluímos listagens para opções de venda e de compra com preços de exercício que variam de US$ 350 a US$ 360 por ação, com datas de vencimento em julho, agosto e outubro de 2011 e janeiro de 2012.

As colunas seguintes fornecem os preços de fechamento, o volume de negociação e os contratos em aberto (*open interest*) de cada opção. Por exemplo, 43.911 contratos negociados na opção de compra com vencimento em julho de 2011 e preço de exercício de US$ 355. A última negociação foi a US$ 5,60, o que significa que uma opção para comprar uma ação da Apple pelo preço de exercício de US$ 355 foi vendida por US$ 5,60. Portanto, cada *contrato* de opção (com 100 ações) custa US$ 560.

Observe que os preços das opções de compra diminuem à medida que o preço de exercício aumenta. Por exemplo, a opção de com vencimento em julho de 2011 e preço de exercício de US$ 360 custa apenas US$ 3,15. Isso faz sentido, visto que o direito de comprar uma ação por um preço de exercício mais alto é menos vantajoso. Em contraposição, os preços de opção de venda aumentam com o preço de exercício. O direito de vender uma ação da Apple em julho, pelo preço de US$ 355, custa US$ 0,90, enquanto o direito de vender por US$ 360 custa US$ 3,50.

Os preços das opções também aumentam com o prazo até o vencimento. Obviamente, seria preferível ter o direito de comprar uma opção da Apple por US$ 355 em qualquer momento até outubro de 2011 a ter o direito de comprá-la em qualquer momento até julho de 2011. Como seria de esperar, isso se evidencia em um preço mais alto para as opções com vencimentos mais distantes. Por exemplo, a opção de compra com preço de exercício de US$ 355 e vencimento em outubro de 2011 é vendida por US$ 21,98, em comparação à opção de compra de apenas US$ 5,60 de julho de 2011.

Revisão de CONCEITOS 2.6

Qual seria o lucro ou ganho por ação para um investidor que tivesse a opção de compra da Apple com vencimento em julho de 2011 por um preço de exercício de US$ 355, se o preço da ação na data de vencimento da opção fosse US$ 365? E no caso de um comprador da opção de venda com o mesmo preço de exercício e vencimento?

Contratos de futuros

Um **contrato de futuros** requer a entrega de um ativo (ou, em alguns casos, de seu valor em dinheiro) em uma data específica de entrega ou vencimento, por um preço previamente combinado, denominado *preço de futuros*, a ser pago no vencimento do contrato. A posição comprada

contrato de futuros
Determina que os envolvidos devem comprar ou vender um ativo por um preço previamente acordado em uma data predeterminada.

FIGURA 2.10 Preços de futuros de milho na Câmara de Comércio de Chicago, 8 de julho de 2011.

Fonte: Dados extraídos do *The Wall Street Journal Online*, 8 de julho de 2011. Reimpressa com permissão do *The Wall Street Journal*, Copyright © 2011 Dow Jones & Company, Inc. Todos os direitos reservados mundialmente.

Mês	Último	Variação	Aberto	Alto	Baixo	Volume	Contratos em aberto
Jul. 2011	672'2	22'2	652'4	672'0	652'4	2.575	6.043
Set. 2011	642'2	17'2	626'0	646'4	626'0	51.128	380.602
Dez. 2011	637'0	21'4	615'6	638'0	615'6	130.702	487.465
Mar. 2012	649'2	20'6	628'6	650'2	628'6	13.351	112.108
Maio 2012	656'2	19'4	637'4	657'0	637'0	3.632	24.787
Jul. 2012	662'4	18'4	644'6	664'0	644'4	5.692	70.374
Set. 2012	644'0	18'0	628'4	643'0	627'4	696	6.079
Dez. 2012	614'0	12'2	600'0	615'0	600'0	3.506	71.122

ou longa (*long*) é mantida pelo investidor que se compromete a comprar a *commodity* na data de entrega. O investidor que mantém a posição vendida ou curta (*short*) compromete-se em entregar a *commodity* no vencimento do contrato.

A Figura 2.10 mostra a listagem de contratos de futuros de milho na Câmara de Comércio de Chicago para 8 de julho de 2011. Cada contrato exige a entrega de 127 toneladas (5 mil *bushels*) de milho. Cada linha detalha os preços dos contratos que vencem em datas variadas. A primeira linha refere-se ao prazo mais curto (*front contracts*), com vencimento em julho de 2011. O preço mais recente era US$ 6,7225 por *bushel*. (Os números após os apóstrofos indicam um oitavo de centavo.) Esse preço teve um acréscimo de US$ 0,2225 em relação ao preço de fechamento do dia anterior. As colunas seguintes mostram o preço de abertura do contrato naquele dia e também o preço alto e baixo ao longo da duração de cada contrato. O volume é o número de contratos negociados naquele dia; a última coluna indica o número de contratos em aberto (*open interest*).

O investidor com posição comprada lucra com o aumento de preço. Suponhamos que, no vencimento, o milho fosse vendido por US$ 6,9225 por *bushel*. O investidor com posição comprada que entrou no contrato pelo preço de futuros de US$ 6,7225 em 8 de julho pagaria o preço previamente combinado de US$ 6,7225 por *bushel* de milho, que, no vencimento do contrato, valeria US$ 6,9225.

Como cada contrato exige a entrega de 127 toneladas (5 mil *bushels*), o lucro da posição comprada, sem levar em conta as taxas de corretagem, seria igual a 5.000 × (US$ 6,9225 – US$ 6,7225) = US$ 1.000. Em contraposição, a posição vendida deve entregar 127 toneladas (5 mil *bushels*) pelo preço de futuros combinado previamente. A perda da posição vendida é igual ao ganho da posição comprada.

O *direito* de comprar um ativo por um preço previamente combinado *versus* a *obrigação* de comprá-lo é o que distingue uma opção de compra da posição comprada em um contrato de futuros. Um contrato de futuros *obriga* a posição comprada a comprar o ativo pelo preço de futuros; a opção de compra simplesmente *transfere o direito* de compra do ativo pelo preço de exercício. A compra será efetuada somente se houver lucro.

Obviamente, a posição do portador de uma opção de compra será mais vantajosa do que a do portador de uma posição comprada em um contrato de futuros quando o preço de futuros for igual ao preço de exercício da opção. Evidentemente, essa vantagem tem um preço. As opções de compra devem ser compradas; os investimentos em futuros são estabelecidos sem custo. O preço de compra de uma opção é chamado de *prêmio*. Ele representa a compensação que o comprador da opção de compra deve pagar pela possibilidade de exercer a opção somente quando for lucrativo fazê-lo. De modo semelhante, a diferença entre uma opção de venda e uma posição vendida em um contrato de futuros é o direito, e não a obrigação, de vender um ativo por um preço previamente combinado.

RESUMO

- Os títulos do mercado monetário são obrigações de dívida de curtíssimo prazo. Normalmente eles têm alta liquidez e um risco de crédito relativamente baixo. Os vencimentos de curto prazo e o baixo risco de crédito asseguram perdas e ganhos mínimos de capital. Com frequência esses títulos não negociados em valores nominais altos, mas podem ser comprados indiretamente por meio de fundos do mercado monetário.

- Grande parte dos empréstimos tomados pelo governo dos Estados Unidos provém de obrigações e notas do Tesouro. São obrigações pagas por meio de cupons que geralmente são emitidas com valor nominal ou um valor semelhante. As obrigações do Tesouro têm uma estrutura semelhante à das obrigações corporativas que pagam cupons.

- As obrigações municipais distinguem-se em grande parte pelo fato de serem isentas de impostos. Os pagamentos de juros (mas não de ganhos de capital) sobre esses títulos são isentos de imposto de renda.

- Os títulos hipotecários *pass-through* são *pools* de hipotecas vendidas em pacote. Os detentores de *pass-through* recebem todos os pagamentos de juros e do principal efetuados pelo tomador. A empresa que originalmente emitiu a hipoteca apenas como prestadora de serviços, "passando adiante" os pagamentos aos compradores da hipoteca. Os pagamentos de juros e do principal de títulos *pass-through* de agências do governo são garantidos, mas os pagamentos dos *pools* de hipotecas de marca privada não são assegurados.

- As ações ordinárias representam uma ação de participação na propriedade de uma sociedade anônima. Cada ação dá aos detentores o direito de um voto em qualquer assunto de governança corporativa e de uma cota rateada dos dividendos pagos aos acionistas. Os proprietários de ações ou do capital são os requerentes residuais sobre os lucros obtidos pela empresa.

- Normalmente, as ações preferenciais pagam um fluxo fixo de dividendos ao longo da existência da empresa: é uma perpetuidade. Entretanto, o não pagamento pela empresa dos dividendos devidos sobre as ações preferenciais não instaura um processo de falência corporativa. Na verdade, os dividendos não pagos simplesmente se acumulam. Uma inovação relativamente recente em ações preferenciais são as emissões conversíveis e de taxa ajustável.

- Muitos índices do mercado de ações medem o desempenho do mercado geral. Os índices Dow Jones, que são os indicadores mais antigos e mais conhecidos, são ponderados pelo preço. Hoje, vários índices abrangentes, ponderados pelo valor de mercado, são calculados diariamente, como o índice composto de ações Standard & Poor's 500, os índices da NYSE, o Nasdaq, o Wilshire 5 mil e diversos índices internacionais, como o Nikkei, FTSE e DAX.

- Opção de compra é o direito de comprar um ativo por determinado preço de exercício na data de vencimento ou antes dessa data. Opção de venda é o direito de vender um ativo por um preço de exercício. O valor das opções de compra aumenta e o das opções de venda diminui à medida que o preço do ativo subjacente aumenta.

- Contrato de futuros é a obrigação de comprar ou vender um ativo por determinado preço de futuros em uma data de vencimento específica. A posição comprada (longa), que se compromete a comprar, ganha se o valor do ativo aumentar, enquanto a posição vendida (curta), que se compromete a entregar o ativo, perde.

FÓRMULAS BÁSICAS

Rendimento tributável equivalente: $\dfrac{r_{muni}}{1 - \text{alíquota de imposto}}$, onde r_{muni} é a taxa sobre dívidas municipais isentas de impostos.

Alíquota de corte (quando há indiferença em relação a obrigações tributáveis e isentas de impostos): $1 - \dfrac{r_{muni}}{r_{tributável}}$

CONJUNTO DE PROBLEMAS

🖱 Acesse o *site* do Grupo A e consulte os Suplementos deste capítulo

Básicos

1. Quais são as principais diferenças entre ações ordinárias, ações preferenciais e obrigações corporativas? (OA 2.1)
2. Por que a maioria dos profissionais considera o índice Wilshire 5 mil de desempenho do mercado acionário em geral melhor do que o índice industrial Dow Jones? (OA 2.2)
3. Quais características dos títulos do mercado monetário os distinguem de outros títulos de renda fixa? (OA 2.1)
4. Quais são os principais componentes do mercado monetário? (OA 2.1)
5. Descreva outras formas que um investidor pode utilizar para adicionar posições em capital internacional em sua carteira. (OA 2.1)
6. Por que os investidores com alíquota de imposto alta são mais inclinados a investir em obrigações municipais do que os investidores com alíquota baixa? (OA 2.1)
7. O que se entende por Libor? E fundos federais? (OA 2.1)
8. Em que sentido uma obrigação de receita municipal difere de uma obrigação de dívida geral? Em qual delas você esperaria obter um menor rendimento até o vencimento? (OA 2.1)
9. Por que as sociedades anônimas são mais aptas a manter ações preferenciais do que outros possíveis investidores? (OA 2.1)
10. O que se quer entende por responsabilidade limitada? (OA 2.1)
11. Qual das alternativas a seguir descreve **corretamente** um acordo de recompra? (OA 2.1)
    a. Venda de um título com o compromisso de readquiri-lo em uma data futura especificada e por um preço estipulado.
    b. Venda de um título com o compromisso de readquiri-lo em uma data futura não especificada e por um preço estipulado.
    c. Compra de um título com o compromisso de comprar mais desse mesmo título em uma data futura especificada.

Intermediários

12. Por que os títulos do mercado monetário às vezes são chamados de "equivalentes de caixa"? (OA 2.1)
13. Uma obrigação municipal tem uma taxa de cupom de 6¾% e é negociado pelo valor nominal. Qual seria o rendimento tributável equivalente dessa obrigação para um contribuinte com uma alíquota de imposto de 35%? (OA 2.1)
14. Suponhamos que no momento uma obrigação municipal de curto prazo estivesse oferecendo um rendimento de 4%, enquanto obrigações tributáveis comparáveis estivessem pagando 5%. Qual das duas lhe ofereceria o rendimento mais alto após os impostos se sua alíquota fosse: (OA 2.1)
    a. Zero
    b. 10%
    c. 20%
    d. 30%
15. A alíquota composta de imposto de renda federal e estadual de um investidor é 30%. Se uma obrigação corporativa oferecesse 9% de rendimento, o que uma obrigação municipal deveria oferecer a esse investidor para que ele preferisse a municipal e não a corporativa? (OA 2.1)
16. Encontre o rendimento tributável equivalente da obrigação municipal do Problema 14 para alíquotas de imposto zero, 10%, 20% e 30%. (OA 2.1)
17. Volte à Figura 2.3 e procure a obrigação do Tesouro com vencimento em novembro de 2040. (OA 2.1)
    a. Quanto você teria de pagar para comprar uma dessas obrigações?

b. Qual é a taxa de cupom?
   c. Qual é o rendimento atual (isto é, rendimento do cupom expresso como porcentagem do preço da obrigação)?
18. Volte à Figura 2.8 e examine a listagem da General Dynamics. (OA 2.1)
   a. Qual foi o preço de fechamento da empresa no *dia anterior*?
   b. Quantas ações você poderia comprar por US$ 5 mil?
   c. Qual seria seu rendimento anual de dividendos com essas ações?
   d. Qual deve ser o lucro por ação da General Dynamics?
19. Considere as três ações na tabela a seguir. P_t representa o preço no tempo t e Q_t representa ações em circulação no tempo t. A empresa C faz uma divisão das ações na proporção de dois para um no último período. (OA 2.2)

	P_0	Q_0	P_1	Q_1	P_2	Q_2
A	90	100	95	100	95	100
B	50	200	45	200	45	200
C	100	200	110	200	55	400

   a. Calcule a taxa de retorno em um índice ponderado pelo preço das três empresas para o primeiro período ($t = 0$ a $t = 1$).
   b. O que deve ocorrer com o divisor do índice ponderado pelo preço no ano 2?
   c. Calcule a taxa de retorno do índice ponderado pelo preço para o segundo período ($t = 1$ a $t = 2$).
20. Utilizando os dados do problema anterior, calcule as taxas de retorno do primeiro período nos seguintes índices das três empresas: (OA 2.2)
   a. Índice ponderado pelo valor de mercado
   b. Índice igualmente ponderado
21. Que problemas um fundo mútuo enfrentaria se tentasse criar um fundo de índice vinculado a um índice igualmente ponderado de um amplo mercado de ações? (OA 2.2)
22. O que ocorreria com o divisor do índice industrial Dow Jones se a FedEx, com um preço atual de aproximadamente US$ 95 por ação, substituísse a AT&T (com um valor atual ao redor de US$ 31 por ação)? (OA 2.2)
23. Uma letra do Tesouro com valor nominal de US$ 10 mil e 87 dias até o vencimento está sendo vendida com um rendimento de compra descontado de 3,4%. Qual é o preço da letra? Qual é o rendimento equivalente da obrigação correspondente? (OA 2.1)
24. Qual desses títulos provavelmente será vendido por um preço mais alto? (OA 2.3)
   a. Uma obrigação do Tesouro de dez anos com uma taxa de cupom de 9% ou uma obrigação do Tesouro de dez anos com uma taxa de cupom de 10%.
   b. Uma opção de compra com vencimento em três meses e preço de exercício de US$ 40 ou uma opção de compra de três meses da mesma ação com preço de exercício de US$ 35.
   c. Uma opção de venda de uma ação que está sendo vendida por US$ 50 ou uma opção de venda de outra ação que está sendo vendida por US$ 60. (Todas as outras características relevantes das ações e opções são admitidas como idênticas.)
25. Examine as listagens de futuros de milho na Figura 2.10. (OA 2.3)
   a. Suponhamos que você comprasse um contrato para entrega em dezembro de 2011. Se esse contrato fechasse em dezembro por um preço de US$ 6,43 por *bushel*, qual seria seu ganho ou perda? (Cada contrato exige a entrega de 5 mil *bushels*.)
   b. Quantos contratos com vencimento em dezembro de 2011 estão em aberto?
26. Volte à Figura 2.9 e examine as opções da Apple. Suponhamos que você comprasse uma opção de compra com vencimento em agosto e preço de exercício de US$ 355. (OA 2.3)

a. Se o preço da ação em agosto fosse US$ 367, você exerceria sua opção de compra? Quais seriam o lucro e a taxa de retorno em sua posição?

b. E se você tivesse comprado a opção de compra de agosto pelo preço de exercício de US$ 360?

c. E se você tivesse compra a opção de venda pelo preço de exercício de US$ 355?

27. Qual posição de opção está associada com: (OA 2.3)

a. O direito de comprar um ativo por um preço estipulado?

b. O direito de vender um ativo por um preço estipulado?

c. A obrigação de comprar um ativo por um preço estipulado?

d. A obrigação de vender um ativo por um preço estipulado?

28. Por que as opções de compra com preços de exercício mais altos do que o preço da ação subjacente são vendidas por preços favoráveis? (OA 2.3)

29. Tanto uma opção de compra quanto uma de venda são negociadas na empresa XYZ; ambas têm um preço de exercício de US$ 50 e vencimento em seis meses. Qual será o lucro para um investidor que comprar a opção de compra por US$ 4 nas seguintes situações de preço de ação com vencimento em seis meses? (a) US$ 40; (b) US$ 45; (c) US$ 50; (d) US$ 55; (e) US$ 60. Qual será o lucro em cada situação para um investidor que comprar a opção de venda por US$ 6? (OA 2.3)

30. O que aconteceria com o *spread* entre os rendimentos em *commercial paper* e letras do Tesouro se a economia entrasse em profunda recessão? (OA 2.1)

31. Examine as ações listadas na Figura 2.8. Para quantas dessas ações o preço alto de 52 semanas é pelo menos 50% superior ao preço baixo de 52 semanas? O que você conclui sobre a volatilidade dos preços em ações individuais? (OA 2.1)

32. Encontre o retorno após os impostos para uma empresa que compra uma ação preferencial por US$ 40, vende-a no fim do ano por US$ 40 e recebe dividendos de US$ 4 no fim do ano. A alíquota de imposto de renda dessa empresa é 30%. (OA 2.1)

Difíceis

33. Explique a diferença entre uma opção de venda e uma posição vendida em um contrato de futuros. (OA 2.3)

34. Explique a diferença entre uma opção de compra e uma posição comprada em um contrato de futuros. (OA 2.3)

Questões CFA

1. Por que o rendimento das ações preferenciais geralmente é inferior ao rendimento de obrigações da mesma qualidade? (OA 2.1)

a. Liquidez

b. Risco

c. Tributação

d. Proteção contra resgate

WEB master

1. Entre no <finance.yahoo.com> e insira o símbolo de cotação (*ticker*) DIS (de Walt Disney Co.) na caixa *Get Quotes* (Obter Cotações). Em seguida, clique em *SEC Filings* (Arquivos da SEC) e procure o *link* para o relatório anual mais recente da Disney (o relatório 10-K). As tabelas financeiras estão disponíveis no *link Summary* (Resumo) e o relatório anual completo da Disney pode ser obtido no *link EDGAR*. Localize os balanços patrimoniais consolidados (Consolidated Balance Sheets) da empresa e responda as seguintes perguntas:

a. Quanto a Disney tem autorização para emitir em ações preferenciais? Quanto foi emitido?
b. Quanto a Disney tem autorização para emitir em ações ordinárias? Quantas ações estão em circulação no momento?
c. Procure o termo "Financing Activities" (Atividades Financeiras). Qual o total de empréstimo listado para a Disney? Que porção desse empréstimo são notas de médio prazo?
d. Quais outros tipos de dívida a Disney tem em aberto?

2. Nem todos os índices do mercado de ações são criados igualmente. Diferente métodos são empregados para calcular vários índices e diferentes índices produzirão diferentes avaliações sobre o "desempenho do mercado". Utilizando uma das fontes de dados a seguir, obtenha o preço da ação de cinco empresas distintas no primeiro e no último dia de negociação do mês anterior.

<www.nasdaq.com> – Obtenha uma cotação; em seguida, em Quotes & Research (Cotações e Pesquisa), escolha *Charts* (Gráficos) e especifique um mês. Quando o gráfico for exibido, clique em um dado para mostrar os dados subjacentes.

<www.bloomberg.com> – Obtenha uma cotação; em seguida, obtenha o gráfuci; depois, utilize a linha móvel para ver o preço de fechamento do dia e de um mês atrás.

<finance.yahoo.com> – Obtenha uma cotação; em seguida, clique em *Historical Prices* (Preços Históricos) e especifique um intervalo de data.

a. Calcule o retorno mensal de um índice ponderado pelo preço das cinco empresas escolhidas.
b. Calcule o retorno mensal de um índice ponderado pelo valor dessas cinco empresas.
c. Compare os dois retornos e explique as diferenças. Explique como você interpretaria cada medida.

Soluções para as *Revisões de* **CONCEITOS**

2.1 O preço de compra é 107,297% do valor nominal ou US$ 1.072,97 e o preço de venda é US$ 1.073,59. O preço de venda corresponde a um rendimento de 2,294%. Ele teve uma queda de 0,547 em relação ao nível do dia anterior. Por esse motivo, ele deve ter sido de 107,906.

2.2 Um retorno tributável de 6% é equivalente a um retorno após os impostos de 6(1 = 0,28) = 4,32%. Portanto, sua posição seria melhor na obrigação tributável. O rendimento tributável equivalente da obrigação isenta de impostos é 4/(1 − 0,28) = 5,55%. Desse modo, a obrigação tributável teria de pagar um rendimento de 5,55% para oferecer o mesmo retorno após os impostos de uma obrigação isenta com retorno de 4%.

2.3 a. Você tem direito a uma cota rateada dos pagamentos de dividendos da IBM e a votar em qualquer assembleia de acionistas da IBM.
b. Sua possibilidade de ganho é ilimitada porque o preço das ações da IBM não tem limite máximo.
c. Você desembolsou US$ 95 × 100 = US$ 9.500. Em virtude da responsabilidade limitada, isso é o máximo que você pode perder.

2.4 O índice ponderado pelo preço aumenta de 62,50[= (100 + 25)/2] para 65[= (110 + 20)/2], um ganho de 4%. O investimento em uma ação de cada empresa exige um desembolso de US$ 125 que aumentaria para US$ 130, por um retorno de 4% (= 5/125), que é igual ao retorno do índice ponderado pelo preço.

2.5 O retorno do índice ponderado pelo valor de mercado é obtido com o cálculo do aumento de valor da carteira de ações. A carteira das duas empresas principia com um valor inicial de US$ 100 milhões + US$ 500 milhões = US$ 600 milhões e cai para um valor de US$ 110 milhões + US$ 400 milhões = US$ 510 milhões, uma perda de 90/600 = 0,15 ou 15%. O retorno da carteira indexada é uma média ponderada de retornos de cada empresa, com pesos de 1/6 na XYZ e 5/6 na ABC (pesos proporcionais a investimentos relativos). Como o retorno na XYZ é de 10%, enquanto na ABC é de 220%, o retorno da carteira indexada é is (1/6) 10 + (5/6)(– 20) = – 15%, igual ao retorno do índice ponderado pelo valor de mercado.

2.6 O retorno da opção de compra é US$ 365 – US$ 355 = US$ 10. O custo da opção de compra é US$ 9. O lucro é US$ 10 – US$ 9 = US$ 1 por ação. A opção de venda renderá zero – vencerá sem valor porque o preço da ação ultrapassa o preço de exercício. A perda equivale ao custo da opção de venda, US$ 1,75.

Os Capítulos 3 e 4 encontram-se disponíveis para consulta e download no *site* do Grupo A. Por favor, faça seu cadastro e procure pelo Conteúdo online, na página deste livro.

PARTE 2

Teoria de carteiras

Capítulos desta parte

5 Risco e retorno: passado e prólogo
6 Diversificação eficiente
7 Precificação de ativos financeiros e teoria de precificação por arbitragem
8 Hipótese de mercado eficiente

Disponível no *site* <www.grupoa.com.br>

9 Finanças comportamentais e análise técnica

Os últimos 90 anos testemunharam a Grande Depressão, sete outras recessões com graus de severidade variados e uma profunda recessão que se iniciou em 2007. Contudo, mesmo com esses declínios, o dólar investido em uma ampla carteira de ações ao longo desse período teve uma valorização 120 vezes superior à do dólar investido (e reinvestido) em ativos seguros. Diante disso, por que alguém desejaria investir em um ativo seguro? Porque os investidores são avessos ao risco, e o risco é tão importante para eles quanto o valor esperado dos retornos. O Capítulo 5, o primeiro dos quatro que compõem a Parte Dois, apresenta os instrumentos necessários para interpretar a história das taxas de retorno e as lições oferecidas pela história sobre como os investidores poderiam construir carteiras utilizando ativos seguros e de risco.

A decisão sobre a proporção que um investidor deseja pôr em risco deve ser fortalecida pela decisão sobre como construir uma carteira eficiente de ativos de risco. O Capítulo 6 expõe a teoria moderna de carteiras (TMC), que está associada à construção de uma carteira de risco. Seu objetivo é obter uma diversificação eficiente entre classes de ativos, como obrigações e ações, e títulos específicos dentro dessas classes de ativos.

Essa análise levanta rapidamente outras questões. Por exemplo, como se deve avaliar o risco de determinado ativo mantido em uma carteira diversificada? Você pode se surpreender com a resposta. Uma vez que tenhamos uma medida de risco aceitável, qual deve ser precisamente a relação entre risco e retorno? E qual é a taxa de retorno minimamente aceitável para que um investimento seja considerado atraente? Essas perguntas são também analisadas nesta parte do livro. O Capítulo 7 apresenta o modelo de precificação de ativos financeiros (*capital asset pricing model* – CAPM) e a teoria de precificação por arbitragem (*arbitrage pricing theory* – APT), bem como modelos de índices e multi-índice, que são a base da economia financeira aplicada. Esses modelos associam o risco com o retorno que os investidores podem sensatamente esperar em diversos títulos.

Em seguida, chegamos a um dos temas mais controversos na gestão de investimentos, a questão sobre se os gestores de carteira – amadores ou profissionais – são competentes para superar estratégias de investimento básicas como "comprar um fundo de índice de mercado". As evidências apresentadas no Capítulo 8 o farão pelo menos hesitar antes de adotar estratégias ativas. Você começará a avaliar até que ponto os gestores ativos devem ser competentes para superar as estratégias passivas. Por último, o Capítulo 9 (disponível no *site* <www.grupoa.com.br>), sobre finanças comportamentais, aborda ensinamentos da psicologia que foram propostos para explicar o comportamento irracional dos investidores que gera as anomalias observadas nos padrões de retorno dos ativos.

CAPÍTULO 5

Risco e retorno: passado e prólogo

Objetivos de aprendizagem:

OA5.1 Calcular diferentes medidas de retorno sobre investimentos de vários anos.

OA5.2 Utilizar dados sobre o desempenho passado de ações e obrigações ou a análise de cenário para caracterizar os componentes de risco e retorno desses investimentos.

OA5.3 Determinar o retorno e o risco esperado das carteiras que são construídas com ativos de risco e investimentos isentos de risco em letras do Tesouro.

OA5.4 Utilizar o índice de Sharpe para avaliar o desempenho de investimento de uma carteira e oferecer orientações sobre alocação de capital.

O que constitui uma carteira de investimentos satisfatória? Até o início da década de 1970, uma resposta razoável teria sido uma conta de poupança protegida pelo governo federal (um ativo isento de risco) somada a uma carteira de risco de ações americanas. Hoje, os investidores têm acesso a um amplo conjunto de ativos e podem facilmente possuir carteiras que incluam ações e obrigações estrangeiras, imóveis, metais preciosos e objetos de coleção. Estratégias bem mais complexas incluem futuros, opções e outros derivativos para proteger as carteiras contra riscos específicos.

Evidentemente, cada título deve ser avaliado com base em suas contribuições para o retorno esperado e risco da carteira como um todo. Primeiramente, examinamos diferentes convenções para avaliar e divulgar as taxas de retorno. Em seguida, analisamos o desempenho histórico de várias carteiras de investimentos amplamente diversificadas. Nesse processo, utilizamos como referência uma carteira isenta de risco de letras do Tesouro para avaliar o desempenho histórico de carteiras de ações e obrigações diversificadas.

Em seguida, consideramos os dilemas que surgem quando os investidores adotam a forma mais simples de controle de risco, a alocação de capital: escolher a porcentagem da carteira a ser investida em títulos praticamente isentos de risco *versus* de risco. Mostramos como se avalia o desempenho que se pode esperar de várias alocações entre um ativo isento de risco e um carteira de risco e consideramos uma combinação que seria mais adequada a diferentes investidores. Com essas informações, podemos avaliar a estratégia passiva que servirá de referência para as estratégias ativas consideradas no Capítulo 6.

5.1. TAXAS DE RETORNO

Uma importante medida do sucesso dos investidores é a taxa de crescimento de seus fundos durante o período de investimento. O **retorno do período de manutenção do investimento** (*holding period return* – HPR) total das ações depende do aumento (ou da diminuição) do preço por ação ao longo do período de investimento, bem como de qualquer rendimento de dividendos que a ação tenha oferecido. A taxa de retorno é definida como o valor em dinheiro ganho no decorrer do período de investimento (valorização de preço e dividendos) por valor monetário investido:

retorno do período de manutenção do investimento
Taxa de retorno ao longo de determinado período de investimento.

$$\text{HPR} = \frac{\text{Preço final} - \text{Preço inicial} + \text{Dividendos em dinheiro}}{\text{Preço inicial}} \quad (5.1)$$

Essa definição de HPR presume que os dividendos são pagos no final do período de manutenção do investimento. Quando os dividendos são recebidos antes, essa definição ignora a renda de reinvestimentos entre o recebimento de dividendos e o fim do período de manutenção do investimento. O retorno percentual dos dividendos, dividendos em dinheiro/preço inicial, é chamado de *rendimento de dividendos*. Portanto, o rendimento de dividendos mais o rendimento de ganhos de capital é igual ao HPR.

Essa definição de retorno de manutenção do investimento é fácil de ser alterada para outros tipos de investimento. Por exemplo, o HPR sobre uma obrigação seria calculado com a mesma fórmula, mas os respectivos juros ou pagamentos de cupom assumiriam o lugar dos pagamentos de dividendos de uma ação.

> **EXEMPLO 5.1**
> Retorno do período de manutenção do investimento
>
> Suponhamos que você quisesse investir parte de seu dinheiro, que no momento está totalmente investido em uma conta bancária, em um fundo indexado no mercado de ações. Atualmente o preço de uma ação nesse fundo é US$ 100, e seu horizonte de tempo é um ano. Como você espera que os dividendos em dinheiro durante o ano sejam US$ 4, o rendimento esperado de dividendos será 4%.
> O HPR dependerá do preço daqui a um ano. Suponhamos que sua melhor previsão seja US$ 110 por ação. Nesse caso, o *ganho de capital* será US$ 10. Portanto, o rendimento de ganhos de capital será US$ 10/US$ 100 = 0,10 ou 10%. A taxa total do período de manutenção do investimento é igual à soma do rendimento de dividendos e do rendimento de ganhos de capital, 4% + 10% = 14%.
>
> $$\text{HPR} = \frac{\text{US\$ } 110 - \text{US\$ } 100 + \text{US\$ } 4}{\text{US\$ } 100} = 0,14 \text{ ou } 14\%$$

Medindo retornos de investimento ao longo de vários períodos

O retorno do período de manutenção do investimento é uma medida simples e inequívoca do retono sobre o investimento durante um único período. Porém, com frequência você desejará calcular os retornos médios durante períodos mais longos. Por exemplo, você poderia querer avaliar o desempenho de um fundo mútuo durante os cinco anos precedentes. Nesse caso, a mensuração do retorno é mais ambígua.

Tome como exemplo um fundo gerenciado que se inicia com US$ 1 milhão. Esse fundo recebe recursos adicionais de acionistas novos e antigos e pedidos de resgate de acionistas antigos, de modo que a entrada líquida pode ser positiva ou negativa. Os resultados trimestrais do fundo são apresentados na Tabela 5.1 (os números negativos estão entre parêntesis).

Os números indicam que, quando a empresa se sai bem (isto é, obtém um alto HPR), atrai novos fundos; do contrário, pode sofrer uma saída líquida. Por exemplo, o retorno de 10% no primeiro trimestre por si só aumentou os ativos sob gestão em 0,10 × US$ 1 milhão = US$ 100.000; além disso, estimulou novos investimentos de US$ 100.000, elevando os ativos sob gestão para US$ 1,2 milhão no final do trimestre. Um HPR ainda melhor no segundo trimestre gerou uma entrada líquida maior, e o segundo trimestre terminou com US$ 2 milhões sob gestão. Entretanto, no terceiro trimestre o HPR foi negativo e as entradas líquidas foram negativas.

TABELA 5.1 Fluxos de caixa trimestrais e taxas de retorno de um fundo mútuo

	1º trimestre	2º trimestre	3º trimestre	4º trimestre
Ativos sob gestão no início do trimestre (em milhões de US$)	1	1,2	2	0,8
Retorno do período de manutenção do investimento (%)	10	25	(20)	20
Ativos totais antes de entradas líquidas	1,1	1,5	1,6	0,96
Entradas líquidas (em milhões de US$)*	0,1	0,5	(0,8)	0,6
Ativos sob gestão no final do trimestre (em milhões de US$)	1,2	2	0,8	1,56

* Novos investimentos, menos resgates e distribuições, supondo que todos eles ocorram no final de cada trimestre.

De que forma caracterizaríamos o desempenho do fundo ao longo do ano, tendo em vista que ele experimentou entradas e saídas líquidas? Há várias medidas possíveis de desempenho e todas elas têm vantagens e desvantagens. São elas: *média aritmética, média geométrica* e *retorno ponderado pelo dólar*. Como essas medidas podem variar consideravelmente, é importante compreender suas diferenças.

média aritmética
Soma dos retornos em cada período dividida pelo número de períodos.

Média aritmética A **média aritmética** dos retornos trimestrais é simplesmente a soma dos retornos trimestrais dividida pelo número de trimestres. No exemplo anterior: (10 + 25 − 20 + 20)/4 = 8,75%. Visto que essa estatística ignora composições, ela não representa a taxa trimestral única do ano. Contudo, se não houver outras informações além da amostra histórica, a média aritmética será a melhor previsão de desempenho para o trimestre seguinte.

média geométrica
Retorno isolado por período que oferece o mesmo desempenho cumulativo que a sequência de retornos reais.

Média geométrica A **média geométrica** dos retornos trimestrais é igual ao retorno único por período que ofereceria o mesmo desempenho cumulativo que a sequência de retornos reais. Calculamos a média geométrica computando a composição dos retornos reais de período a período e depois encontrando a taxa por período que renderá o mesmo valor final. Em nosso exemplo, o retorno médio geométrico trimestral, r_G, é definido por:

$$(1 + 0{,}10) \times (1 + 0{,}25) \times (1 - 0{,}20) \times (1 + 0{,}20) = (1 + r_G)^4$$

O lado esquerdo dessa equação é o valor composto de final de ano de um investimento de US$ 1 que obtém os quatro retornos trimestrais. O lado esquerdo é o valor composto de um investimento de US$ 1 que obtém r_G *a cada* trimestre. Encontramos então r_G:

$$r_G = [(1 + 0{,}10) \times (1 + 0{,}25) \times (1 - 0{,}20) \times (1 + 0{,}20)]^{1/4} - 1 = 0{,}0719 \text{ ou } 7{,}19\% \quad \textbf{(5.2)}$$

O retorno geométrico também é chamado de *retorno médio ponderado no tempo* porque ignora a variação de trimestre para trimestre nos fundos sob gestão. Na verdade, um investidor obterá um retorno cumulativo maior quando houver altos retornos em períodos em que quantias maiores tiverem sido investidas e baixos retornos quando houver menos dinheiro em risco. Na Tabela 5.1, os retornos mais altos (25 e 20%) foram obtidos nos segundo e quarto trimestre, quando o fundo gerenciava US$ 1.200.000 e US$ 800.000, respectivamente. Os retornos mais baixos (−20% e 10%) ocorreram quando o fundo gerenciava US$ 2.000.000 e US$ 1.000.000, respectivamente. Nesse caso, foram obtidos retornos melhores quando havia *menos* dinheiro sob gestão – uma combinação desfavorável.

Os dados publicados sobre retornos passados obtidos pelos fundos mútuos na verdade *devem* ser retornos ponderados pelo tempo. A lógica por trás dessa prática é que, como o gestor do fundo tem pleno controle sobre a quantia de ativos sob gestão, não devemos ponderar os retornos em um período mais do que aqueles em outros períodos quando avaliarmos o desempenho passado "habitual".

Retorno ponderado pelo dólar Para explicar as quantias variáveis sob gestão, tratamos os fluxos de caixa do mesmo modo que trataríamos um problema de orçamento de capital nas finanças corporativas e calculamos a taxa interna de retorno (*internal rate of return* – IRR) do gestor de carteira. O valor inicial de US$ 1 milhão e as entradas de caixa líquidas são tratadas como fluxos de caixa associados com um "projeto" de investimento. O "valor de liquidação" de final do ano da carteira é o fluxo de caixa final do projeto. Em nosso exemplo, os fluxos de caixa líquidos do investidor são os seguintes:

	Trimestre				
	0	1	2	3	4
Fluxo de caixa líquido (milhões de US$)	−1	−0,1	−0,5	0,8	−0,6 + 1,56 = 0,96

A entrada do tempo 0 reflete a contribuição inicial de US$ 1 milhão. As entradas negativas dos tempos 1 e 2 são entradas líquidas adicionais nesses trimestres, enquanto o valor positivo do terceiro trimestre representa uma retirada de fundos. Finalmente, a entrada do tempo 4 representa a soma da entrada de caixa final (negativa) mais o valor da carteira no final do quatro trimestre. O último é o valor pelo qual a carteira poderia ter sido liquidada no final do ano.

retorno médio ponderado pelo dólar
Taxa interna de retorno de um investimento.

O **retorno médio ponderado pelo dólar** é a taxa interna de retorno do projeto, que é 3,38%. A IRR é a taxa de juros que estabelece que o valor presente dos fluxos de caixa obtidos na carteira (incluindo o valor de US$ 1,56 milhão pelo qual a carteira pode ser liquidada no final do ano) é igual ao custo inicial de construção da carteira. Desse modo, ela é a taxa de juros que satisfaz a seguinte equação:

$$0 = -1,0 + \frac{-0,1}{1+\text{IRR}} + \frac{-0,5}{(1+\text{IRR})^2} + \frac{0,8}{(1+\text{IRR})^3} + \frac{0,96}{(1+\text{IRR})^4} \quad (5.3)$$

Nesse exemplo, o retorno ponderado pelo dólar é inferior ao retorno de 7,19% ponderado no tempo porque, como ressaltamos, os retornos da carteira foram superiores quando havia menos dinheiro sob gestão. Nesse caso, a diferença entre o retorno médio ponderado pelo dólar e o ponderado no tempo é bastante grande.

Revisão de CONCEITOS 5.1

Um fundo começa com US$ 10 milhões e divulga os seguintes resultados de três meses (o valor negativo está entre parênteses):

	Mês		
	1	2	3
Entradas líquidas (fim do mês, milhões de US$)	3	5	0
HPR (%)	2	8	(4)

Calcule os retornos médios aritmético, ponderado no tempo e ponderado pelo dólar.

Convenções para anualização das taxas de retorno

Vimos que existem várias formas de calcular as taxas médias de retorno. Existe também alguma variação no modo como o fundo mútuo do nosso exemplo poderia anualizar seus retornos trimestrais.

Os retornos sobre os ativos com fluxos de caixa regulares, como hipotecas (com pagamentos mensais) e obrigações (com cupons semianuais), normalmente são cotados como taxas percentuais anuais ou (*annual percentage rate* – APR), que anualizam as taxas por período utilizando um método de juros simples e ignoram os juros compostos:

$$\text{APR} = \text{Taxa por período} \times \text{Períodos por ano}$$

Entretanto, como a APR ignora composição, ela não é igual à taxa pela qual os fundos investidos de fato aumentam, que é chamada de *taxa efetiva anual* (*annual effective rate* – AFR). Quando existem *n* períodos compostos no ano, primeiro recuperamos a taxa por período como APR/*n* e em seguida compomos essa taxa pelo número de períodos em um ano. (Por exemplo, *n* = 12 para hipotecas com pagamentos mensais e *n* = 2 para obrigações com pagamentos semianuais.)

$$1 + \text{AER} = (1 + \text{Taxa por período})^n = \left(1 + \frac{\text{APR}}{n}\right)^n \quad (5.4)$$

Como você pode obter a APR a cada período, após um ano (quando *n* períodos tiverem passado), seu retorno cumulativo será $(1 + \text{APR}/n)^n$. Observe que é necessário conhecer o período de manutenção do investimento quando se tem uma APR a fim de convertê-la em uma taxa efetiva.

Reorganizando a Equação 5.4, também podemos encontrar a APR com base na AER:

$$\text{APR} = [(1 + \text{AER})^{1/n} - 1] \times n$$

A APR diverge consideravelmente da APR à medida que *n* torna-se maior (que acumulamos fluxos de caixa com maior frequência). No máximo, podemos visualizar a acumulação ou composição contínua quando *n* torna-se extremamente grande na Equação 5.4. Com a composição contínua, a relação entre a APR e a AER torna-se:

$$1 + \text{AER} = e^{\text{APR}}$$

ou, de forma equivalente,

$$\text{APR} = \ln(1 + \text{AER})$$

Mais comumente, a AER de qualquer investimento pode ser convertida em uma taxa composta continuamente equivalente r_{cc}, utilizando a relação:

$$r_{cc} = \ln(1 + AER) \tag{5.5}$$

Voltaremos à composição contínua ainda neste capítulo.

EXEMPLO 5.2
Anualizando os retornos das letras do Tesouro

> Suponhamos que você compre uma letra do Tesouro com valor nominal de US$ 10.000, com vencimento em um mês por US$ 9.900. Na data de vencimento da letra, você recebe o valor nominal. Como não há nenhum outro pagamento de juros, o retorno do período de manutenção do investimento relativo a esse investimento de um mês é:
>
> $$HPR = \frac{\text{Renda em dinheiro + Mudança de preço}}{\text{Preço inicial}} = \frac{US\$\ 100}{US\$\ 9.900} = 0{,}0101 \text{ ou } 1{,}01\%$$
>
> Portanto, a APR sobre esse investimento é 1,01% × 12 = 12,12%. A taxa efetiva anual é mais alta:
>
> $$1 + AER = (1{,}0101)^{12} = 1{,}1282$$
>
> Isso significa que a AER = 0,1282 = 12,82%.

Atenção: a terminologia pode ser flexível. Ocasionalmente, o *rendimento percentual anual* (*annual percentage yield* – APY) e até a *APR* podem ser utilizados em lugar de taxa efetiva anual e isso pode provocar confusão. Para evitar erros, você deve estar atento ao contexto.

As dificuldades na interpretação das taxas de retorno ao longo do tempo não terminam aqui. Há ainda duas questões complexas: a incerteza em torno do investimento e o efeito da inflação.

5.2. RISCO E PRÊMIOS DE RISCO

Qualquer investimento envolve algum grau de incerteza sobre os retornos futuros do período de manutenção do investimento e, em vários casos, essa incerteza é considerável. As fontes de risco de investimento variam desde flutuações macroeconômicas e mudanças constantes no destino de diversos setores a acontecimentos inesperados específicos aos ativos. A análise sobre essas várias fontes de risco é apresentada na Parte Quatro, "Análise de Títulos".

análise de cenário
Processo em que se cria uma lista de possíveis cenários econômicos com a especificação da probabilidade de cada um, bem como do HPR que será obtido em cada caso.

distribuição de probabilidades
Lista dos resultados possíveis com as probabilidades correspondentes.

Análise de cenário e distribuição de probabilidades

Quando tentamos quantificar o risco, começamos com a pergunta: Quais HPRs são possíveis e qual é sua probabilidade? Uma boa maneira de abordar essa questão é criar uma lista de possíveis resultados econômicos ou *cenários* e especificar a plausibilidade (probabilidade) de cada cenário e o HPR que o ativo obterá nesse cenário. Por isso, essa abordagem é chamada de **análise de cenário**. A lista de HPRs possíveis e das probabilidades correspondentes é chamada de **distribuição de probabilidades** dos HPRs. Considere um investimento em uma ampla carteira de ações, digamos um fundo de índice, que chamaremos de "mercado de ações". Uma análise de cenário bastante simples do mercado de ações (supondo apenas quatro cenários possíveis) é mostrada na Planilha 5.1.

eXcel
Acesse grupoa.com.br

PLANILHA 5.1 Análise de cenário do mercado de ações

	A	B	C	D	E	F
1				Coluna B × Coluna C	Desvio do retorno médio	Coluna B × desvio ao quadrado
2	Cenário	Probabilidade	HPR (%)			
3	1. Recessão severa	0,05	−37	−1,85	−47	110,45
4	2. Recessão moderada	0,25	−11	−2,75	−21	110,25
5	3. Crescimento normal	0,40	14	5,60	4	6,40
6	4. *Boom*	0,30	30	9	20	120
7	Soma das colunas:	Retorno esperado =		10	Variância =	347,10
8		Raiz quadrada da variância = Desvio padrão (%) =				18,63

Com a distribuição de probabilidades, podemos obter medidas para a recompensa e o risco do investimento. A recompensa do investimento é seu **retorno esperado**, que você pode imaginar como o HPR médio que obteria se fosse investir várias vezes no ativo. O retorno esperado também é chamado de *média de distribuição* de HPRs e com frequência de *retorno médio*.

Para calcular o retorno esperado com base nos dados fornecidos, chamamos os cenários de *s* designamos o HPR em cada cenário de $r(s)$, com probabilidade $p(s)$. Portanto, o retorno esperado, representado por $E(r)$, é a média ponderada de retornos em todos os cenários possíveis, $s = 1, ..., S$, com pesos iguais à probabilidade daquele cenário específico.

$$E(r) = \sum_{s=1}^{S} p(s)r(s) \qquad (5.6)$$

retorno esperado
Valor médio da distribuição do HPR.

Cada entrada na coluna D da Planilha 5.1 corresponde a um dos produtos do somatório na Equação 5.6. O valor na célula D7, que é a soma desses produtos, é, portanto, o retorno esperado. Desse modo, $E(r) = 10\%$.

Como existe risco no investimento, o retorno real pode ser (bem) mais do que 10% ou inferior a esse valor. Se houver um "*boom*", o retorno será melhor, 30%. Porém, em uma recessão severa, o retorno será desalentador, –37%. Como podemos quantificar essa incerteza?

O retorno "surpresa" em cada cenário é a diferença entre o retorno real e o retorno esperado. Por exemplo, em um *boom* (cenário 4), a surpresa é $r(4) - E(r) = 30\% - 10\% = 20\%$. Em uma recessão severa (cenário 1), a surpresa é $r(1) - E(r) = -37\% - 10\% = -47\%$.

A incerteza em torno do investimento depende da magnitude e da probabilidade de possíveis surpresas. Para resumir o risco com um único número, definimos a **variância** como o valor esperado do desvio ao quadrado em relação à média (valor ao quadrado esperado da "surpresa" nos cenários).

$$\text{Var}(r) \equiv \sigma^2 = \sum_{s=1}^{S} p(s)[r(s) - E(r)]^2 \qquad (5.7)$$

variância
Valor esperado do desvio ao quadrado em relação à média.

Elevamos os desvios ao quadrado porque, do contrário, os desvios negativos anulariam os desvios positivos e o desvio esperado em relação ao retorno médio seria necessariamente zero. Os desvios ao quadrado são obrigatoriamente positivos. A elevação ao quadrado (uma transformação não linear) aumenta em demasia os desvios grandes (positivos ou negativos) e subestima os desvios pequenos.

Outro resultado dos desvios elevados ao quadrado é que a variância tem uma dimensão de porcentagem ao quadrado. Para dar à medida de risco a mesma dimensão do retorno esperado (%), utilizamos o **desvio padrão**, definido como raiz quadrada da variância:

$$SD(r) \equiv \sigma = \sqrt{\text{Var}(r)} \qquad (5.8)$$

desvio padrão
Raiz quadrada da variância.

Aplicando a Equação 5.6 aos dados da Planilha 5.1, constatamos que a taxa de retorno esperada sobre o fundo de índice de ações é:

$$E(r) = 0{,}05 \times (-37) + 0{,}25 \times (-11) + 0{,}40 \times 14 + 0{,}30 \times 30 = 10\%$$

Utilizamos a Equação 5.7 para encontrar a variância. Primeiro, consideramos a diferença entre o retorno do período de manutenção do investimento em cada cenário e o retorno médio. Em seguida, elevamos essa diferença ao quadrado e por fim a multiplicamos pela probabilidade de cada cenário. A soma dos desvios ao quadrado ponderados pela probabilidade é a variância.

$$\sigma^2 = 0{,}05(-37-10)^2 + 0{,}25(-11-10)^2 + 0{,}40(14-10)^2 + 0{,}30(30-10)^2 = 347{,}10$$

Portanto, o desvio padrão é:

$$\sigma = \sqrt{347{,}10} = 18{,}63\%$$

A coluna F da Planilha 5.1 reproduz esses cálculos. Cada entrada nessa coluna representa o desvio ao quadrado em relação à média multiplicado pela probabilidade desse cenário. A soma dos desvios ao quadrado ponderados pela probabilidade que aparece na célula F7 é a variância e a raiz quadrada desse valor é o desvio padrão (na célula F8).

EXEMPLO 5.3
Retorno esperado e desvio padrão

Distribuição normal

A distribuição normal é fundamental para a teoria e a prática de investimentos. Sua conhecida curva em forma de sino é simétrica, com valores idênticos para todas as três medidas padrão dos resultados "usuais": a média (o valor esperado analisado anteriormente), a mediana (o valor acima e abaixo do qual ficarão 50% das observações) e a moda (o valor mais provável).

A Figura 5.1 mostra uma distribuição normal com uma média de 10% e desvio padrão (*standard deviation* – SD) de 20%. Observe que as probabilidades são mais altas para resultados próximos da média e significativamente mais baixas para resultados longe da média. Porém, o que queremos dizer com um resultado "longe" da média? Um retorno de 15% abaixo da média dificilmente seria digno de nota se a volatilidade usual fosse alta – por exemplo, se o desvio padrão dos retornos fosse 20% –, mas esse mesmo resultado seria muito incomum se o desvio padrão fosse apenas 5%. Por esse motivo, com frequência é favorável pensar nos desvios em relação à média em termos do número de desvios padrão que eles representam. Se o desvio padrão fosse 20%, a surpresa negativa de 15% seria apenas três quartos de um desvio padrão, o que talvez seja lastimável, não incomum. Contudo, se o desvio fosse de apenas 5%, um desvio de 15% seria um "evento três sigma", o que é muito raro.

Podemos transformar qualquer retorno distribuído normalmente, r_i, em um "grau de desvio padrão", primeiro subtraindo o retorno médio (para obter a distância em relação à média ou retorno "surpresa") e depois dividindo pelo desvio padrão (o que nos permite medir a distância em relação à média em unidades de desvios padrão).

$$sr_i = \frac{r_i - E(r_i)}{\sigma_i} \quad (5.9A)$$

Esse retorno padronizado, que indicamos como sr_i (*standardized return*), é distribuído normalmente com uma média de zero e um desvio padrão de 1. Dizemos, portanto, que sr_i é uma variável "normal padrão".

Em contraposição, podemos recuperar o retorno original começando com um retorno normal padrão, sr_i, multiplicando pelo desvio padrão e adicionando novamente o retorno médio:

$$r_i = E(r_i) + sr_i \times \sigma_i \quad (5.9B)$$

Na verdade, foi assim que desenhamos a Figura 5.1. Comece com um retorno normal padrão (média = 0 e desvio padrão = 1); em seguida, multiplique pelo desvio padrão de 20%; por fim, reajuste a média em relação a zero adicionando 10%. Com isso obtemos a variável normal com média de 10% e desvio padrão de 20%.

A Figura 5.1 mostra que, quando os retornos são distribuídos normalmente, em torno de dois terços (mais precisamente, 68,26%) das observações enquadram-se em um desvio padrão em relação à média, isto é, a probabilidade de que qualquer observação em uma amostra de retornos não seja superior a um desvio padrão em relação à média é de 68,26%. Os desvios padrão

FIGURA 5.1
Distribuição normal com retorno médio de 10% e desvio padrão de 20%.

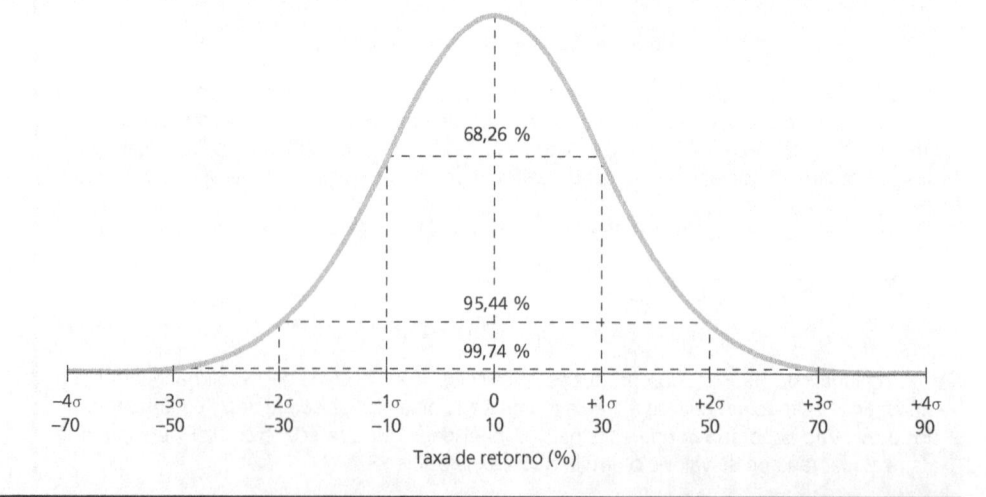

em relação à média superiores a dois desvios padrão são ainda mais raros: supõe-se que 95,44% das observações se enquadrem nesse intervalo. Por fim, em mil observações, supõe-se que apenas 2,6 tenham desvio de três ou mais desvios padrão em relação à média.

Duas propriedades especiais da distribuição normal são responsáveis por simplificações fundamentais na gestão de investimentos quando os retornos são distribuídos normalmente:

1. O retorno sobre uma carteira composta de um ou mais ativos cujos retornos são distribuídos normalmente também será distribuído normalmente.
2. A distribuição normal é descrita completamente por sua média e seu desvio padrão. Nenhuma outra estatística é necessária para conhecer o comportamento dos retornos distribuídos normalmente.

Por sua vez, é possível deduzir dessas duas propriedades a seguinte conclusão abrangente:

3. O desvio padrão é a medida de risco apropriada para uma carteira de ativos com retornos distribuídos normalmente. Nesse caso, nenhuma outra estatística pode melhorar a avaliação de risco indicada pelo desvio padrão de uma carteira.

Suponhamos que você esteja preocupado com grandes perdas de investimento nos piores cenários de sua carteira. Você poderia perguntar: "Quanto eu perderia em um resultado razoavelmente extremo se, por exemplo, meu retorno estivesse no quinto percentil da distribuição?". Você espera que sua experiência de investimento será pior do que esse valor apenas em 5% do tempo e melhor do que esse valor em 95% do tempo. No jargão de investimentos, esse corte é chamado de **valor em risco** (indicado por **VaR**, de *value at risk*, para distingui-lo de Var, notação comum para variância). Um investidor avesso ao risco poderia desejar restringir o VaR da carteira, isto é, limitar a perda correspondente a uma probabilidade de 5%.

valor em risco (VaR)
Medida de risco de perda. É a pior perda que será sofrida com determinada probabilidade, normalmente de 5%.

Para retornos distribuídos normalmente, o VaR pode ser deduzido da média e do desvio padrão da distribuição. Calculamos o VaR utilizando a função para a distribuição normal padrão do Excel =INV.NORMP(0,05). Essa função calcula o quinto percentil de uma distribuição normal com uma média de zero e uma variância de 1, que vem a ser –1,64485. Em outras palavras, o valor de 1,64485 desvio padrão abaixo da média corresponderia a um VaR de 5%, isto é, ao quinto percentil da distribuição.

$$\text{VaR} = E(r) + (-1,64485)\sigma \quad (5.10)$$

Podemos obter esse valor diretamente com a função para a distribuição normal com média e desvio padrão específicos do Excel =INV.NORM(0,05, $E(r)$, σ).

Quando diante de uma amostra de retornos reais que não podem ser distribuídos normalmente, devemos estimar o VaR diretamente. O VaR de 5% é a taxa de retorno do quinto percentil. Para uma amostra de 100 retornos, esse processo é direto: se as taxas estiverem ordenadas da superior para a inferior, conte a quinta observação de baixo para cima.

O cálculo do VaR de 5% para amostras em que 5% das observações não geram um inteiro exige interpolação. Suponhamos que haja 72 observações mensais, de modo que 5% da amostra equivale a 3,6 observações. Aproximamos o VaR avançando 0,6 da distância da terceira para a quarta taxa, de baixo para cima. Suponhamos que essas taxas sejam –42% e –37%. O valor interpolado do VaR, portanto, é –42 + 0,6 (42 – 37) = –39%.

Na prática, algumas vezes os analistas comparam o VaR da amostra histórica com o VaR indicado por uma distribuição normal com a mesma média e desvio padrão das taxas da amostra. A diferença entre os VaRs indica o desvio das taxas observadas em relação à normalidade.

Revisão de **CONCEITOS 5.2**

a. O valor atual de uma carteira de ações é US$ 23 milhões. Um analista financeira resume a incerteza sobre o retorno do período de manutenção do investimento do ano seguinte utilizando a análise de cenário apresentada na planilha a seguir. Quais são os retornos anuais do período de manutenção do investimento da carteira em cada cenário? Calcule o retorno esperado do período de manutenção do investimento, o desvio padrão dos retornos e o VaR de 5%. Qual o VaR de uma carteira com retornos distribuídos normalmente com a mesma média e desvio padrão dessa ação? Essa planilha está disponível no Material On-line (visite <www.grupoa.com.br> e escolha o *link* referente ao conteúdo do Capítulo 5).

eXcel
Acesse grupoa.com.br

	A	B	C	D	E
1	Situação econômica	Cenário, c	Probabilidade, p	Preço de final de ano (milhões US$)	Dividendos anuais (milhões US$)
2	Alto crescimento	1	0,30	35	4,40
3	Crescimento normal	2	0,45	27	4
4	Sem crescimento	3	0,20	15	4
5	Recessão	4	0,05	8	2

b. Suponhamos que as três piores taxas de retorno em uma amostra de 36 observações mensais são 17%, 25% e 2%. Estime o VaR de 5%.

Normalidade ao longo do tempo

O fato de as carteiras de ativos distribuídos normalmente também serem dispostas normalmente simplifica de maneira significativa a análise de risco porque o desvio padrão, um número fácil de calcular, é a medida de risco apropriada para carteiras distribuídas normalmente.

Contudo, mesmo se os retornos forem normais para determinado período, ainda assim serão normais para outros períodos de manutenção de investimento? Suponhamos que as taxas mensais sejam distribuídas normalmente com uma média de 1%. A taxa de retorno anual esperada será, portanto, $1,01^{12} - 1$. Essa taxa anual, que é uma função não linear do retorno mensal, também poderá ser distribuída normalmente? Infelizmente, a resposta é não. De modo semelhante, por que as taxas mensais seriam distribuídas normalmente quando a taxa mensal é $(1 + \text{taxa diária})^{30} - 1$? Aliás, elas não são. Desse modo, será que de fato gostamos das simplificações oferecidas pela distribuição normal?

Apesar dessas possíveis complicações, quando os retornos ao longo de períodos muito curtos (por exemplo, uma hora ou mesmo um dia) forem distribuídos normalmente, os HPRs de até um mês serão *quase* normais e poderemos tratá-los como se eles fossem normais. Por exemplo, os HPRs anuais, de prazo mais longo, na verdade se desviarão mais significativamente da normalidade. Porém, mesmo nesse caso, se tivermos expressado esses HPRs como taxas compostas continuamente, sua distribuição permanecerá normal. A implicação prática disso é: utilize taxas compostas continuamente em todos os casos em que a normalidade tiver uma função fundamental, como na estimativa do VaR de retornos reais.

Para ver por que as taxas de prazo relativamente curto continuam quase normais, considere esses cálculos: suponhamos que as taxas sejam distribuídas normalmente ao longo de um período infinitamente curto. Em períodos mais longos do que esse, a rigor a composição as desvia da normalidade. Mas esses desvios serão muito pequenos. Suponhamos que anualmente a taxa de retorno composta continuamente tenha uma média de 0,12 (isto é, 12%; devemos trabalhar com decimais quando utilizarmos taxas compostas continuamente). De maneira equivalente, a taxa efetiva anual tem um valor esperado de $E(r) = e^{0,12} - 1 = 0,1275$. Portanto, a diferença entre a taxa efetiva anual e a taxa composta continuamente é significativa, 0,75% ou 75 pontos-base. Entretanto, mensalmente, o retorno esperado do período de manutenção do investimento composto continuamente é 1%, o que significa uma taxa efetiva mensal de $e^{0,01} - 1 = 0,01005$. Aqui, a diferença entre a taxa efetiva anual e a composta continuamente é insignificante, apenas metade de um ponto-base. Com relação a períodos mais curtos, a diferença será ainda menor. Portanto, quando as taxas compostas de maneira contínua forem exatamente normais, as taxas de um período de no máximo um mês terão valores tão semelhantes aos das compostas de forma contínua, que poderemos considerá-las como se fossem efetivamente normais.

Outro aspecto importante das taxas (normais) compostas continuamente ao longo do tempo é: assim como a taxa total composta continuamente e o prêmio de risco aumentam proporcionalmente à extensão do período de investimento, a variância (*não* o desvio padrão) do retorno composto continuamente e do prêmio de risco também aumenta. Por isso, para um ativo com desvio padrão anual composto continuamente de 0,20 (20%), a variância será 0,04 e a variância trimestral será 0,01, o que significa um desvio padrão trimestral de 0,10 ou 10%. (Observe que o desvio padrão mensal é 5,77%.) Como a variância aumenta proporcionalmente ao tempo, o desvio padrão aumenta proporcionalmente à raiz quadrada do tempo.

Desvio da normalidade e valor em risco

A análise de cenário apresentada na Planilha 5.1 oferece uma percepção sobre a questão da normalidade na prática. Embora uma análise de quatro cenários seja bastante simplista, esse exemplo simples pode evidenciar como uma análise prática pode tomar forma.[1]

Como esses retornos especificados na análise de cenário da Planilha 5.1 podem ser avaliados em relação à distribuição normal? (Tal como indicado anteriormente, primeiro converteremos as taxas efetivas especificadas em cada cenário em taxas compostas continuamente equivalentes utilizando a Equação 5.5.) É óbvio que seria ingênuo acreditar que essa análise simples inclui todas as taxas possíveis. Contudo, embora não possamos indicar explicitamente as probabilidades de outras taxas, exceto aquelas apresentadas na tabela, podemos ter uma boa ideia de todo o espectro de resultados possíveis examinando a distribuição das taxas de cenário presumidas, bem como sua média e desvio padrão.

A Figura 5.2 mostra os pontos conhecidos da distribuição cumulativa da análise de cenário próximo dos pontos correspondentes de uma "distribuição normal semelhante" (uma distribuição normal com a mesma média e desvio padrão). Abaixo do gráfico, vemos uma tabela das distribuições reais. A média na célula D34 é calculada com a fórmula =SOMARPRODUTO

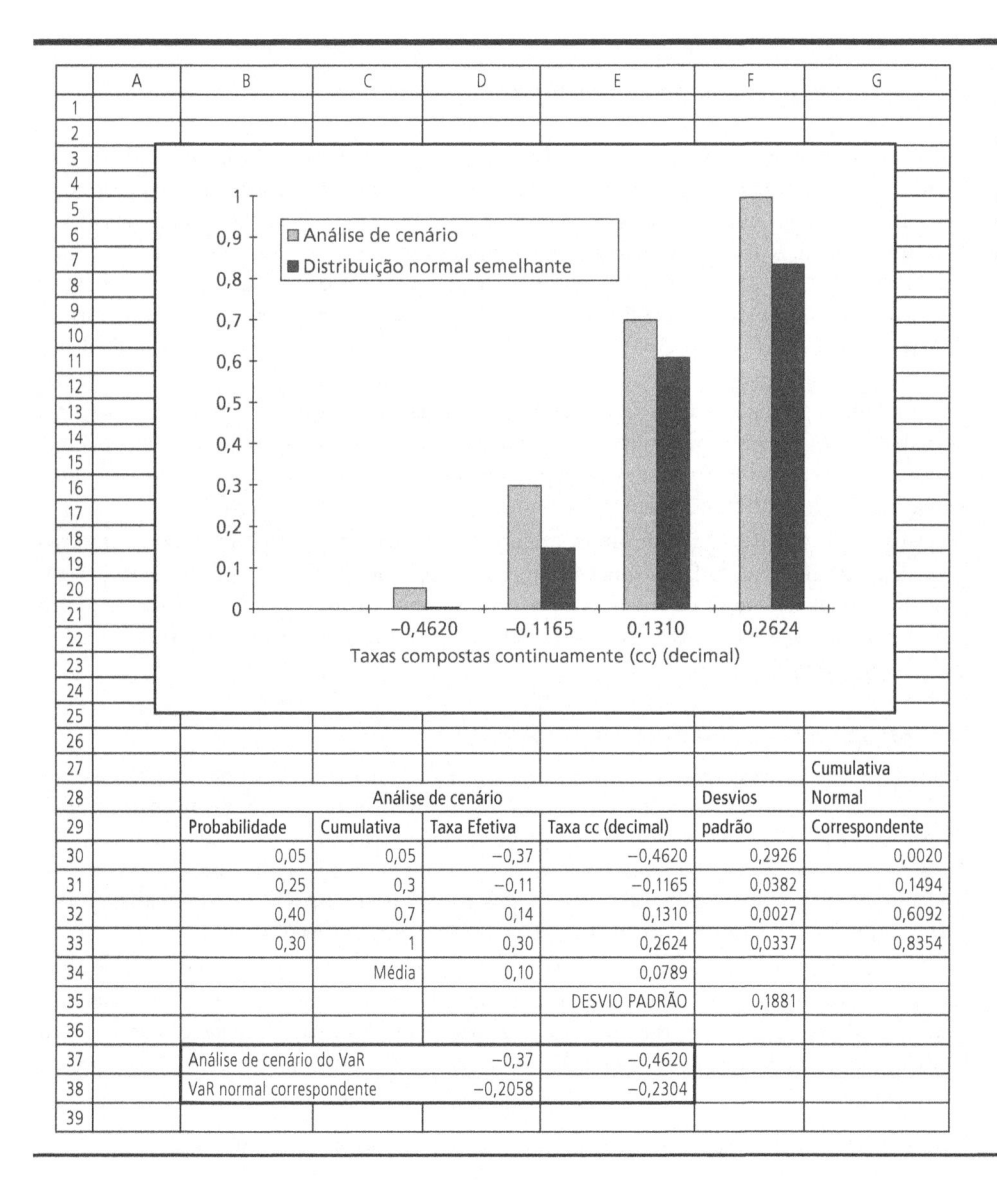

FIGURA 5.2
Comparando uma análise de cenário (da Planilha 5.1) com uma distribuição normal que tem a mesma média e desvio padrão.

	A	B	C	D	E	F	G
27							Cumulativa
28			Análise de cenário			Desvios	Normal
29		Probabilidade	Cumulativa	Taxa Efetiva	Taxa cc (decimal)	padrão	Correspondente
30		0,05	0,05	−0,37	−0,4620	0,2926	0,0020
31		0,25	0,3	−0,11	−0,1165	0,0382	0,1494
32		0,40	0,7	0,14	0,1310	0,0027	0,6092
33		0,30	1	0,30	0,2624	0,0337	0,8354
34			Média	0,10	0,0789		
35				DESVIO PADRÃO	0,1881		
36							
37		Análise de cenário do VaR		−0,37	−0,4620		
38		VaR normal correspondente		−0,2058	−0,2304		

---

[1] Você poderia perguntar: O fato de a probabilidade do pior cenário ser 0,05 na Planilha 5.1 é um mero acaso em vista de nosso interesse pelo VaR de 5%? A resposta é não. Dada a preocupação do investidor com o VaR, é razoável (na verdade, necessário) exigir que na análise de cenário os analistas expressem explicitamente sua opinião sobre a taxa de retorno correspondente à probabilidade do VaR de interesse – nesse caso, 0,05.

($B$30:$B$33, D30:D33), em que as células de probabilidade B30:B33 são fixadas que possam ser copiadas para a direita.[2] De modo semelhante, o desvio padrão na célula F35 é calculado com =SOMARPRODUTO(B30:B33, F30:F33)^0,5. O VaR de 5% da distribuição normal na célula E38 é calculado com =INV.NORM(0,05, E34, F35).

Os VaRs aparecem nas células D37 e D38. O VaR da análise de cenário, –37%, é bem pior do que o VaR deduzido da distribuição normal correspondente, –20,58%. Isso indica imediatamente que a análise de cenário envolve uma probabilidade maior de perdas extremas do que seria condizente com uma distribuição normal. Entretanto, a distribuição normal leva em conta a possibilidade de retornos extremamente grandes, superiores ao retorno máximo de 30% previsto na análise de cenário. Concluímos que a análise de cenário tem uma distribuição assimétrica para a esquerda, em comparação com a normal, uma cauda esquerda mais longa (perdas maiores) e cauda direita mais curta (ganhos menores). Isso compensa o atributo negativo com uma probabilidade maior de ganhos positivos, mas não extremamente grandes (14% e 30%).

Esse exemplo mostra quando e por que o VaR é uma estatística importante. Quando os retornos são normais, conhecer apenas a média e o desvio padrão nos permite descrever totalmente toda a distribuição. Nesse caso, não precisamos estimar o VaR de maneira explícita – podemos calculá-lo exatamente das propriedades da distribuição normal. Porém, quando os retornos não são normais, o VaR transmite outras informações importantes, além da média e do desvio padrão. Ele nos oferece uma percepção maior da forma da distribuição – por exemplo, a assimetria ou o risco de resultados negativos extremos.[3]

Como o risco é amplamente motivado pela probabilidade de retornos negativos extremos, duas outras estatísticas são utilizadas para indicar se a distribuição de probabilidades de uma carteira desvia-se de modo significativo da normalidade com respeito a valores possivelmente extremos. A primeira é a **curtose**, que compara a frequência de valores extremos com a da distribuição normal. A curtose da distribuição normal é zero. Portanto, os valores positivos indicam uma frequência de valores extremos mais alta do que a do padrão de referência. Um valor negativo indica que os valores extremos são menos frequentes do que na distribuição normal. Algumas vezes a curtose é chamada de "risco de cauda grossa", visto que os gráficos de distribuição de probabilidades com maior probabilidade de eventos extremos serão mais altos do que na distribuição normal em ambos os extremos ou "caudas" da distribuição; em outras palavras, as distribuições exibem "caudas grossas". De maneira semelhante, o risco a eventos extremos muitas vezes é chamado de *risco de cauda*, porque são resultados presentes em pontos extremos ou na "cauda" da distribuição de probabilidades.

A segunda estatística é a **assimetria**, que assume o valor zero se a distribuição for simétrica como a distribuição normal. A assimetria negativa indica que os valores negativos extremos são mais frequentes do que os positivos extremos. Os valores não zero da curtose e da assimetria indicam que se deve dar atenção especial ao VaR, além de utilizar o desvio padrão como medida de risco de carteira.

curtose
Medida de achatamento ou espessura das caudas de uma distribuição de probabilidades em relação ao de uma distribuição normal que indica a probabilidade de resultados extremos.

assimetria
Medida da simetria com relação à média de uma distribuição de probabilidades.

Utilização da série temporal de retorno

A análise de cenário postula uma distribuição de probabilidades de retornos futuros. Mas de onde vêm as probabilidades e taxas de retorno? Elas provêm em grande parte da observação de uma amostra de retornos históricos. Suponhamos que observemos uma série temporal de dez anos de retornos mensais em uma carteira diversificada de ações. Podemos interpretar cada uma das 120 observações com um "cenário" possível oferecido pelo histórico. Avaliando esse histórico, podemos desenvolver uma análise de cenário de retornos futuros.

Primeiramente, fazemos uma estimativa do retorno esperado, do desvio padrão e do VaR da amostra histórica. Presumimos que cada um dos 120 retornos representa um desenho independente da distribuição de probabilidades histórica. Por isso, a cada retorno é atribuída uma probabilidade idêntica de 1/120 = 0,0083. Quando você utiliza uma probabilidade fixa na

---

[2] A função SOMARPRODUTO do Excel multiplica cada termo na primeira coluna especificada (nesse caso, as probabilidades na coluna B) pelos termos correspondentes na segunda coluna especificada (nesse caso, os retornos na coluna D) e, em seguida, soma esses produtos. Isso nos fornece a taxa de retorno esperada em cada um dos cenários.

[3] A crise financeira de 2008-2009 demonstrou que os retornos das carteiras bancárias estão longe de uma distribuição normal, correndo o risco de apresentar retornos improváveis, mas catastróficos, durante quedas de mercado extremas. O Acordo Internacional da Basileia, sobre regulamentação bancária, exige que os bancos monitorem o VaR da carteira para controlar melhor os riscos.

Equação 5.6, obtém a média simples de observações, com frequência empregada para prever o retorno médio.

Como mencionamos anteriormente, o mesmo princípio é aplicado ao VaR. Classificamos os retornos do superior ao inferior. As seis observações inferiores compreendem os 5% inferiores da distribuição. A sexta observação de baixo para cima encontra-se justamente no quinto percentil e, portanto, seria o VaR de 5% da amostra histórica.

A estimativa de variância na Equação 5.7 exige uma pequena correção. Lembre-se de que a variância é o valor esperado dos desvios ao quadrado em relação ao retorno médio. Mas a verdadeira média não é observável; nós a *prevemos* utilizando a média da amostra. Se calcularmos a variância como a média de desvios ao quadrado em relação à média da amostra, a subestimaremos levemente porque esse procedimento ignora o fato de que a média envolve necessariamente algum erro de estimativa. A correção necessária na realidade é simples: com uma amostra de n observações, dividimos a soma dos desvios ao quadrado em relação à média da amostra por $n-1$, e não por n. Portanto, as estimativas de variância e desvio padrão de uma série temporal de retornos, r_t, são:

$$\text{Var}(r_t) = \frac{1}{n-1}\sum(r_t - \overline{r_t})^2 \quad \text{SD}(r_t) = \sqrt{\text{Var}(r_t)} \quad \overline{r_t} = \frac{1}{n}\sum r_t \quad (5.11)$$

EXEMPLO 5.4
Médias históricas e desvios padrão

Para mostrar como os retornos médios e os desvios padrão são calculados com base em dados históricos, calculemos essas estatísticas de retorno sobre a carteira S&P 500 utilizando os dados relativos a um período de cinco anos apresentados na tabela a seguir. O retorno médio ao longo desse período é 16,7%, que é obtido com a divisão da soma da coluna (1), abaixo, pelo número de observações. Na coluna (2), consideramos o desvio do retorno de cada ano em relação ao retorno médio de 16,7%. Na coluna (3), calculamos o desvio ao quadrado. Com base na Equação 5.11, a variância é a soma dos cinco desvios ao quadrado, divida por (5 − 1). O desvio padrão é a raiz quadrada da variância. Se inserir a coluna de taxas em uma planilha, as funções MÉDIA e DESVIO PADRÃO lhe fornecerão diretamente as estatísticas.

Ano	(1) Taxa de retorno (%)	(2) Desvio em relação ao retorno médio (%)	(3) Desvio ao quadrado
1	16,9	0,2	0
2	31,3	14,6	213,2
3	23,2	−19,9	396
4	30,7	14	196
5	7,7	−9	81,0
Total	83,4		886,2

$$\text{Taxa média de retorno} = 83,4/5 = 16,7$$

$$\text{Variância} = \frac{1}{5-1} \times 886,2 = 221,6$$

$$\text{Desvio padrão} = \sqrt{221,6} = 14,9\%$$

Prêmios de risco e aversão ao risco

Quanto você investiria, se é que investiria, no fundo de ações indexado descrito na Planilha 5.1? Primeiro você deve perguntar que previsão de recompensa é oferecida para compensar o risco associado com o investimento em ações.

Calculamos a "recompensa" como a diferença entre o HPR esperado sobre o fundo indexado e a **taxa isenta de risco**, a taxa que você pode obter sobre letras do Tesouro. Chamamos essa diferença de **prêmio de risco**. Se a taxa isenta de risco no exemplo for 4% ao ano e o retorno esperado do fundo indexado for 10%, o prêmio de risco sobre as ações será 6% ao ano.

A taxa de retorno sobre letras do Tesouro também varia ao longo do tempo. Entretanto, conhecemos a taxa de retorno sobre as letras do Tesouro *no início* do período de manutenção do investimento, embora só possamos saber que retorno obteremos em ativos de risco no final do período de manutenção do investimento. Portanto, para examinar o prêmio de risco sobre ativos de risco, compilamos uma série de **retornos em excesso**, isto é, retornos em excesso da

taxa isenta de risco
Taxa de retorno que pode ser obtida com certeza.

prêmio de risco
Retorno esperado que supera o de títulos isentos de risco.

retorno em excesso
Taxa de retorno que supera a taxa isenta de risco.

taxa de letras do Tesouro em cada período. Uma previsão razoável de prêmio de risco de um ativo é a média de seus retornos em excesso históricos.

aversão ao risco
Relutância em aceitar riscos.

O grau de disposição dos investidores para alocar recursos em ações depende da **aversão ao risco**. Parece óbvio que os investidores são avessos ao risco no sentido de que, sem um prêmio de risco positivo, eles não se disporiam a investir em ações. Portanto, em teoria, sempre deve haver um prêmio de risco positivo em todos os ativos de risco para induzir os investidores avessos ao risco a assimilar a oferta existente desses ativos.

O prêmio de risco positivo distingue uma especulação de uma aposta. Os investidores que assumem riscos para obter um prêmio de risco estão especulando. *Apesar* do risco, a especulação é empreendida porque existe um equilíbrio favorável entre risco e retorno. Em contraposição, a aposta é uma suposição de risco que não tem outro propósito senão o prazer pelo risco em si. Os apostadores assumem riscos mesmo que não haja nenhum prêmio de risco.[4]

Para analisar a estratégia de carteira ótima para um investidor, precisamos quantificar seu grau de aversão ao risco. Para isso, examinamos quanto ele está disposto a contrabalançar risco e retorno esperado. Um padrão de referência óbvio é o ativo isento de risco, que não tem volatilidade nem prêmio de risco: ele oferece determinada taxa de retorno, r_f. Os investidores avessos ao risco não manterão ativos de risco se não houver a perspectiva de obter algum prêmio acima da taxa isenta de risco. O grau de aversão ao risco de um investidor pode ser identificado comparando o prêmio de risco sobre toda a sua carteira (a carteira completa, C), $E(r_C) - r_f$, e a variância do retorno da carteira, σ_C^2. Observe que o prêmio de risco e o nível de risco que pode ser atribuído a ativos *específicos* da carteira total não são uma preocupação para o investidor nesse caso. Tudo o que conta é o resultado final: prêmio de risco da *carteira versus* risco da *carteira*.

Um procedimento natural é avaliar a aversão ao risco com base no prêmio de risco necessário para compensar um investidor pelo investimento de toda a sua riqueza em uma carteira, digamos Q, com uma variância, σ_Q^2. Esse método baseia-se no princípio de *preferência revelada*: deduzimos as preferências das escolhas que os indivíduos estão dispostos a fazer. Avaliaremos a aversão ao risco com base no prêmio de risco oferecido pela carteira completa por unidade de variância. Esse índice avalia a recompensa que um investidor aparentemente exigiu (por unidade de variância) para ser persuadido a manter essa carteira. Por exemplo, se observássemos que a riqueza total de um investidor é mantida em uma carteira com prêmio de risco anual de 0,10 (10%) e variância de 0,0256 (desvio padrão = 16%), deduziríamos o grau de aversão ao risco desse investidor como:

$$A = \frac{E(r_Q) - r_f}{\sigma_Q^2} = \frac{0,10}{0,0256} = 3,91 \tag{5.12}$$

preço de risco
Índice de prêmio de risco de carteira/variância.

Chamamos o índice entre prêmio de risco e variância de uma carteira de **preço de risco**.[5] Ainda nesta seção, invertemos essa questão e indagamos como um investidor com determinado grau de aversão ao risco, digamos A = 3,91, deve alocar sua riqueza entre ativos de risco e isentos de risco.

Para termos uma ideia do nível de aversão ao risco exibido pelos investidores nos mercados de capitais dos Estados Unidos, podemos examinar uma carteira representativa mantida por esses investidores. Suponhamos que todo empréstimo de curto prazo contraído compense o empréstimo concedido; isto é, a média entre empréstimo contraído/concedido é zero. Nesse caso, o investidor médio mantém uma carteira completa representada por um índice do mercado de ações,[6] que chamaremos de M. Um representante comum do índice de mercado é o S&P 500. Utilizando uma série de longo prazo de retornos históricos no S&P 500 para avaliar as expectativas dos investidores sobre o retorno médio e a variância, podemos reformular a Equa-

---

[4] Às vezes, uma aposta pode *parecer* uma especulação para os participantes. Se dois investidores tiverem previsões diferentes sobre o futuro, eles podem ter pontos de vista opostos sobre um título e ambos podem ter a expectativa de ganhar um prêmio de risco positivo. Nesses casos, apenas um lado pode de fato estar correto.

[5] Observe que, quando utilizamos a variância, em vez de o desvio padrão, o preço de risco de uma carteira não depende do período de manutenção do investimento. O motivo é que a variância é proporcional do período de manutenção do investimento. Como o retorno e o prêmio de da carteira também são proporcionais ao período de manutenção do investimento, a carteira paga o mesmo preço de risco em qualquer período de manutenção do investimento.

[6] Na prática, um índice amplo de mercado como o S&P 500 com frequência é considerado representativo de todo o mercado.

ção 5.12 com esses dados sobre o mercado de ações para obter uma estimativa da média de aversão ao risco:

$$\bar{A} = \frac{\text{Média}\,(r_M) - r_f}{\text{Amostra}\,\sigma_M^2} \approx \frac{0{,}08}{0{,}04} = 2 \quad (5.13)$$

O preço de risco da carteira do índice de mercado, que reflete a aversão ao risco do investidor médio, algumas vezes é chamado de *preço de risco de mercado*. De acordo com o pensamento convencional, as estimativas plausíveis do valor de A encontram-se no intervalo de 1,5 – 4. (Examine a média de retornos em excesso e o desvio padrão das carteiras de ações apresentadas na Tabela 5.2 e, com base no respectivo histórico, calcule a aversão ao risco indicada dos investidores que investiram toda a sua riqueza nessas carteiras.)

TABELA 5.2 Estatísticas de taxa de retorno de carteiras diversificadas de 1926-2010 e três subperíodos (%)

	Carteira mundial		Mercado dos EUA		
	Retorno das ações em dólares americanos	Retorno das obrigações em dólares americanos	Ações de baixa capitalização	Ações de alta capitalização	Obrigações de longo prazo do Tesouro
Retorno total – média geométrica					
1926-2010	9,21	5,42	11,80	9,62	5,12
1926-1955	8,31	2,54	11,32	9,66	3,46
1956-1985	10,28	5,94	13,81	9,52	4,64
1986-2010	9	8,34	9,99	9,71	7,74
Retorno real total – média geométrica					
1926-2010	6,03	2,35	8,54	6,43	2,06
1926-1955	6,86	1,16	9,82	8,18	2,07
1956-1985	5,23	1,09	8,60	4,51	−0,15
1986-2010	5,99	5,36	6,96	6,68	4,77
Estatísticas de retorno em excesso					
Média aritmética					
1926-2010	7,22	2,09	13,91	8	1,76
1926-1955	9,30	1,75	20,02	11,67	2,43
1956-1985	5,55	0,38	12,18	5,01	−0,87
1986-2010	6,74	4,54	8,66	7,19	4,11
Desvio padrão					
1926-2010	18,98	8,50	37,56	20,70	7,93
1926-1955	21,50	8,10	49,25	25,40	4,12
1956-1985	16,33	8,42	32,31	17,58	8,29
1986-2010	19,27	8,81	25,82	17,83	10,07
Mínimo (menor retorno em excesso)					
1926-2010	−41,97	−18,50	−55,34	−46,65	−13,43
1926-1955	−41,03	−13,86	−55,34	−46,65	−6,40
1956-1985	−32,49	−18,50	−45,26	−34,41	−13,09
1986-2010	−41,97	−11,15	−41,47	−38,44	−13,43
Máximo (maior retorno em excesso)					
1926-2010	70,51	28,96	152,88	54,26	26,07
1926-1955	70,51	28,96	152,88	54,26	10,94
1956-1985	35,25	26,40	99,94	42,25	24,96
1986-2010	36,64	24,40	73,73	32,11	26,07
Desvio em relação à distribuição normal*					
Curtose					
1926-2010	1,49	1,01	0,65	1,05	0,24
1926-1955	1,88	3,05	0,03	0,97	−0,24
1956-1985	0,25	1,52	−0,08	0,04	0,99
1986-2010	1,85	−0,31	0,53	1,93	−0,45
Assimetria					
1926-2010	−0,83	0,44	−0,40	−0,86	0,16
1926-1955	−0,67	0,64	−0,49	−1,01	−0,20
1956-1985	−0,61	0,44	−0,31	−0,52	0,79
1986-2010	−1,36	0,26	−0,45	−1,30	−0,26

	Carteira mundial		Mercado dos EUA		
	Retorno das ações em dólares americanos	Retorno das obrigações em dólares americanos	Ações de baixa capitalização	Ações de alta capitalização	Obrigações de longo prazo do Tesouro
Estatísticas de desempenho					
Índice de Sharpe					
1926-2010	0,38	0,25	0,37	0,39	0,22
1926-1955	0,43	0,22	0,41	0,46	0,59
1956-1985	0,34	0,05	0,38	0,28	−0,11
1986-2010	0,35	0,51	0,34	0,40	0,41
VaR*					
1926-2010	−27,41	−10,81	−65,13	−36,86	−11,69
1926-1955	−40,04	−14,55	−78,60	−53,43	−5,48
1956-1985	−29,08	−13,53	−49,53	−30,51	−12,46
1986-2010	−46,35	−10,25	−49,16	−42,28	−13,85
Diferença entre VaR real e VaR de uma distribuição normal com média e desvio padrão iguais					
1926-2010	−2,62	0,34	−18,22	−9,40	−0,99
1926-1955	−13,58	−3,32	−16,51	−20,34	−1,22
1956-1985	−8,19	−1,15	−10,38	−6,89	1,16
1986-2010	−18,66	−1,03	−15,33	−18,26	−1,83

* Aplicado a retornos em excesso compostos continuamente (cc) (= retorno total cc − taxas cc de letras do Tesouro).
Fonte: Dados sobre inflação: BLS; letras do Tesouro e ações de baixa capitalização dos EUA: Fama e French, <http://mba.tuck.dartmouth.edu/pages/faculty/ken.french/data_library.html>; ações de alta capitalização dos EUA: S&P500; obrigações de longo prazo do governo dos EUA: retorno de 1926-2003 de obrigações de 20 anos do Tesouro dos EUA e de 2004-2008 do índice de longo prazo do Tesouro, do Lehman Brothers; Carteira Mundial de Ações de Alta Capitalização: Datastream; Carteira Mundial de Obrigações do Tesouro: 1926-2003 (Dimson, Elroy e Marsh) e 2004-2008 (Datastream).

eXcel
Acesse grupoa.com.br

Índice de Sharpe (recompensa/volatilidade)

A aversão ao risco indica que os investidores aceitarão uma recompensa menor (avaliada com base no prêmio de risco de sua carteira) em troca de uma redução adequada no desvio padrão. Uma estatística utilizada com frequência para classificar as carteiras com relação ao *trade-off* risco-retorno é o **índice de Sharpe (ou de recompensa/volatilidade)**, definido como:

índice de Sharpe (ou de recompensa/volatilidade)
Índice de prêmio de risco/desvio padrão da carteira.

$$S = \frac{\text{Prêmio de risco da carteira}}{\text{Desvio padrão do retorno em excesso da carteira}} = \frac{E(r_p) - r_f}{\sigma_p} \quad (5.14)$$

Um ativo isento de risco teria um prêmio de risco de zero e um desvio padrão de zero. Portanto, o índice de recompensa/volatilidade de uma carteira de risco quantifica a recompensa gradativa (o aumento do prêmio de risco) para cada aumento de 1% no desvio padrão da carteira. Por exemplo, o índice de Sharpe de uma carteira com um prêmio de risco anual de 8% e desvio padrão de 20% é 8/20 = 0,4. Um índice de Sharpe mais alto indica uma recompensa melhor por unidade de volatilidade. Em outras palavras, uma carteira mais eficiente. A análise de carteira com relação à média e ao desvio padrão (ou variância) dos retornos em excesso é chamada de **análise de média-variância**.

análise de média-variância
Classificação das carteiras com base no respectivo índice de Sharpe.

Atenção: no Capítulo 6, veremos que, embora o desvio padrão e o VaR dos retornos sejam medidas de risco úteis para carteiras diversificadas, eles não são adequados para refletir sobre o risco de títulos específicos. Portanto, o índice de Sharpe é uma estatística válida apenas para classificar carteiras; ele *não* é válido para ativos específicos. Desse modo, por enquanto examinaremos o índice histórico de recompensa/volatilidade de carteiras amplamente diversificadas que refletem o desempenho de algumas classes de ativos importantes.

5.3 Revisão de CONCEITOS

a. Um analista respeitado prevê que o retorno da carteira do índice S&P 500 ao longo do ano seguinte será 10%. A taxa de uma letra do Tesouro de um ano é 5%. Uma análise dos retornos recentes do índice S&P 500 indica que o desvio padrão dos retornos será 18%. O que essa informação sugere sobre o grau de aversão ao risco do investidor médio, supondo que a carteira média seja semelhante à do S&P 500?

b. Qual o índice de Sharpe da carteira em (a)?

5.3. REGISTRO HISTÓRICO

Carteiras de ações e obrigações de risco mundiais e americanas

Iniciamos nossa análise sobre risco com uma extensa amostra de retornos históricos (85 anos) para cinco classes de ativos de risco, que incluem três carteiras de ações bem diversificadas – ações mundiais de alta capitalização, ações de alta capitalização dos Estados Unidos e ações de baixa capitalização dos Estados Unidos –, bem como duas carteiras de obrigações de longo prazo – obrigações mundiais e do Tesouro americano. As 85 observações anuais de cada uma das cinco séries temporais de retornos estendem-se pelo período de 1926 a 2010.

Até 1969, a "Carteira Mundial" de ações era composta por uma amostra diversificada de ações de alta capitalização de 16 países desenvolvidos, que eram avaliadas proporcionalmente ao tamanho relativo do produto interno bruto. Desde 1970, essa carteira foi diversificada entre 24 países desenvolvidos (quase 6 mil ações) com pesos determinados pela capitalização relativa de cada mercado. As "Ações de Alta Capitalização" referem-se à carteira ponderada pelo valor de mercado da Standard & Poor's, que engloba 500 ações ordinárias dos Estados Unidos, escolhidas entre as ações de mais alta capitalização do mercado. As "Ações de Pequena Capitalização dos Estados Unidos" representam 20% das menores ações entre todas aquelas que são negociadas na NYSE, Nasdaq e Amex (hoje, aproximadamente mil ações).

A Carteira Mundial de obrigações era composta pelo mesmo conjunto de países da Carteira Mundial de ações, utilizando obrigações de longo prazo de cada país. Até 1996, as "Obrigações de Longo Prazo do Tesouro" eram representadas pelas obrigações do governo dos Estados Unidos com vencimento de pelo menos 20 anos e uma taxa de cupom aproximadamente igual à atual.[7] Desde 1996, essa série de obrigações tem sido avaliada pelo índice Barclays (antes Lehman Brothers) de obrigações de longo prazo do Tesouro.

Examine primeiro a Figura 5.3, que mostra histogramas do total de retornos (compostos continuamente) das cinco carteiras de risco e das letras do Tesouro. Observe a hierarquia de risco: as ações de baixa capitalização são as mais arriscadas, seguidas pelas ações de alta capitalização e pelas obrigações de longo prazo. Ao mesmo tempo, o retorno médio mais alto oferecido por ativos mais arriscados é evidente e coerente com a aversão ao risco do investidor. Os retornos das letras do Tesouro são de longe os menos voláteis. Na verdade, apesar da variabilidade desses retornos, as letras são de fato isentas de risco, visto que você sabe que retorno obterá no início do período de manutenção do investimento. A pequena dispersão nesses retornos reflete a variação nas taxas de juros ao longo do tempo.

A Figura 5.4 apresenta outra visão da hierarquia de risco. Nesse caso, representamos graficamente os retornos de ano a ano sobre ações de alta capitalização dos Estados Unidos, obrigações de longo prazo do Tesouro e letras do Tesouro. O risco é refletido por oscilações mais amplas nos retornos de ano a ano.

A Tabela 5.2 apresenta estatísticas do histórico de retorno de cinco carteiras ao longo do período completo de 85 anos, 1926-2010, bem como de três subperíodos.[8] O primeiro subperíodo, de 30 anos (1926-1955), engloba a Grande Depressão (1929-1939), a Segunda Guerra Mundial, o *boom* pós-guerra e uma recessão subsequente. O segundo subperíodo (1956-1985) abrange quatro recessões (1957-1958, 1960-1961, 1973-1975 e 1980-1982) e um período de "estagflação" (crescimento deficiente associado com alta inflação – 1974-1980). Finalmente, o subperíodo mais recente, de 25 anos (1986-2010), engloba duas recessões (1990-1991 e 2001-2003), que incluem a assim chamada bolha de alta tecnologia da década de 1990 e uma recessão severa que se iniciou em dezembro de 2007 e, segundo estimativas, terminou na segunda metade de 2009. Comparemos os retornos de ativos financeiros nesses três subperíodos.

Começamos com as médias geométricas dos retornos totais no painel superior da tabela. Essa é a taxa equivalente de retorno anual constante que um investidor teria obtido ao longo do período. Para calcular essas taxas, devemos levar em conta o poder do método de composição. Pense em um investidor que talvez tenha escolhido entre investir em ações de alta capitalização dos Estados Unidos ou em obrigações de longo prazo do Tesouro no final de 1985. As médias geométricas de 1986-2010 nos indicam que no decorrer no período mais recente, de 25 anos, a carteira

---

[7] A importância da taxa de cupom na comparação de retornos será analisada na Parte Três.

[8] Os retornos anuais estão disponíveis no Material On-line. Visite <www.grupoa.com.br> e escolha o *link* referente ao conteúdo do Capítulo 5.

FIGURA 5.3 Distribuição de frequência de taxas de retorno anuais compostas continuamente, 1926-2010.
Fonte: Preparada com base nos dados utilizados na Tabela 5.2.

Carteira Mundial de Ações (MSCI World)
Retorno médio = 10,81
Desvio padrão = 18,06

Letras do Tesouro
Retorno médio = 3,56
Desvio padrão = 2,95

Ações de Alta Capitalização dos EUA (S&P 500)
Retorno médio = 9,19
Desvio padrão = 19,96

Obrigações de Longo Prazo do Tesouro dos EUA
Retorno médio = 4,99
Desvio padrão = 7,58

Ações de Baixa Capitalização dos EUA (Menor Quintil de Capitalização)
Retorno médio = 11,15
Desvio padrão = 32,72

Carteira Mundial de Obrigações (Barclays World Treasuries)
Retorno médio = 5,28
Desvio padrão = 7,92

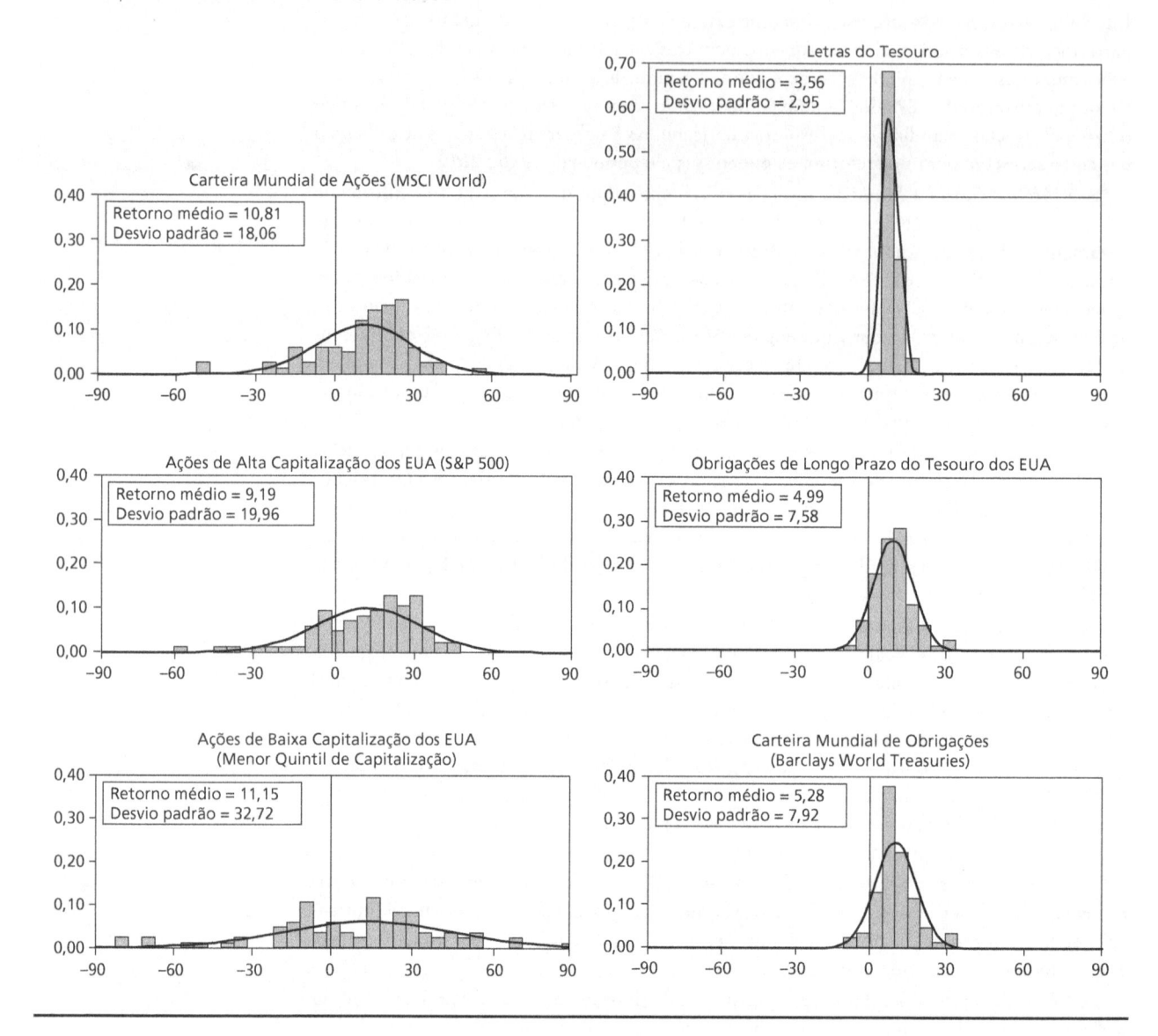

FIGURA 5.4 Taxas de retorno sobre ações, obrigações e letras, 1926-2010.
Fonte: Preparada com base nos dados utilizados na Tabela 5.2.

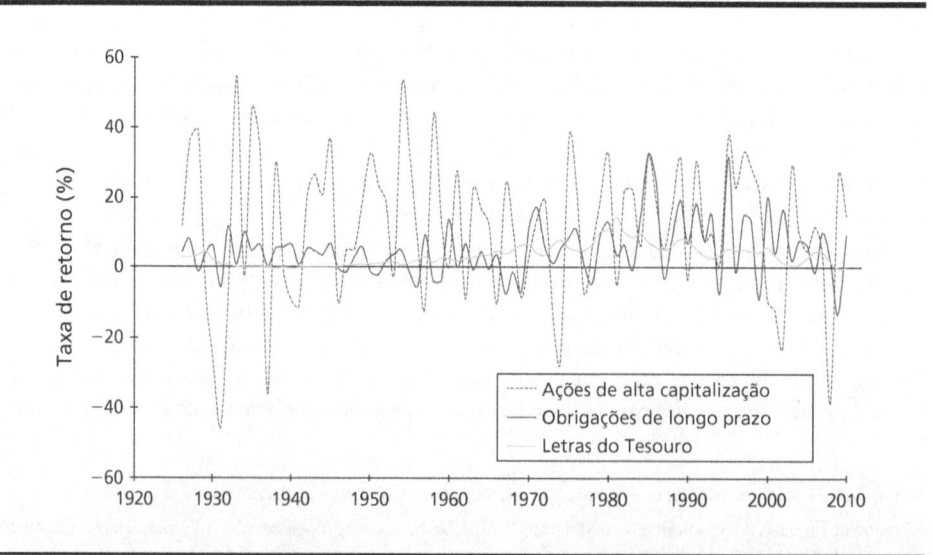

de ações teria transformado US$ 1 em US$ $1 \times 1,0971^{25}$ = US$ 10,13, enquanto o mesmo investimento na carteira de obrigações do Tesouro teria gerado US$ $1 \times 1,0774^{25}$ = US$ 6,45. Veremos posteriormente que as letras do Tesouro teriam gerado apenas US$ 2,74. Portanto, embora as diferenças nos retornos médios da Tabela 5.2 possam parecer modesto à primeira vista, eles indicam grandes diferenças nos resultados de longo prazo. Evidentemente, o motivo de todos os investidores não investirem tudo em ações é o risco maior que essa estratégia apresentaria.

A média geométrica sempre é inferior à média aritmética. Para uma distribuição normal, a diferença é exatamente metade da variância do retorno (os retornos são calculados como decimais, e não como porcentagens). Apresentamos aqui as médias aritméticas (na Figura 5.3) e as médias geométricas (na Tabela 5.2) das três carteiras de ações ao longo do período (1926-2010), as diferenças entre as duas médias, bem como a metade da variância calculada com base nos respectivos desvios padrão.

	Retorno médio da carteira (%)		
	Ações Mundiais	Ações de baixa capitalização dos EUA	Ações de alta capitalização dos EUA
Média aritmética	10,89	17,57	11,67
Média geométrica	9,21	11,80	9,62
Diferença	1,68	5,78	2,04
Metade da variância histórica	1,75	6,84	2,09

Você pode ver que as diferenças entre as médias geométricas e aritméticas são consequentes e geralmente se aproximam da metade da variância dos retornos, levando a crer que essas distribuições podem ser aproximadamente normais, mas existe uma discrepância maior nas ações de baixa capitalização. Portanto, o VaR ainda assim oferecerá informações importantes sobre o risco que excede o desvio padrão, pelo menos para essa classe de ativos.

Sugerimos que a média geométrica é a medida correta para uma perspectiva histórica. Contudo, os investidores estão preocupados com suas taxas *reais* de retorno (ajustadas à inflação), e não com os lucros no papel indicados pelo retorno nominal (na moeda do país). As médias geométricas reais indicam que o custo real do capital próprio para as grandes empresas foi de aproximadamente 6%. Observe na Tabela 5.2 que a taxa real média em ações de baixa capitalização apresentou uma diminuição constante, aproximando-se gradualmente da taxa das ações de alta capitalização. Um dos motivos é que o tamanho médio das pequenas empresas de capital aberto aumentou significativamente. Embora elas ainda sejam bem menores do que as empresas maiores, aparentemente seu tamanho atingiu o nível em que existe um pequeno prêmio remanescente de pequena empresa. Os retornos superiores à média histórica oferecidos recentemente por obrigações de longo prazo devem-se em grande parte aos ganhos de capital obtidos quando as taxas de juros despencaram nas recessões do final da década de 2010.

Na seção anterior, analisamos a importância do risco e dos prêmios de risco. Vejamos agora o painel de retornos em excesso da Tabela 5.2. Observe primeiramente que os retornos em excesso não precisam ser ajustados à inflação porque são retornos que estão acima da taxa nominal isenta de risco. Segundo, as carteiras de obrigações, ainda que uma classe de ativos importante, na verdade não são candidatas a ser um veículo de investimento único para um investidor porque não são suficientemente diversificadas. Terceiro, as grandes diferenças nos retornos médios ao longo dos períodos históricos são um reflexo da enorme volatilidade dos retornos anuais. Pode-se perguntar se as diferenças entre os subperíodos são estatisticamente significativas. Lembrando que o desvio padrão do retorno médio é o desvio padrão anual dividido pela raiz quadrada do número de observações, nenhuma das diferenças entre essas médias de subperíodo e a média de 1926-2010 é superior a 1 desvio padrão para ações e 1,8 desvio padrão para obrigações. Desse modo, as diferenças nos resultados desses subperíodos podem muito bem refletir nada além do que um ruído estatístico.

Os retornos históricos mínimos e máximos também refletem a grande variabilidade nos retornos anuais. Observe as grandes perdas anuais do pior cenário (em torno de 50%) e os ganhos ainda maiores do melhor cenário (50-150%) nas carteiras de ações, bem como os retornos em excesso mais moderados nas carteiras de obrigações. Curiosamente, as carteiras de ações de pequena e alta capitalização dos Estados Unidos apresentaram retornos máximos e mínimos específicos durante a Grande Depressão; aliás, esse período também está associado com os desvios padrão mais altos da história nos retornos sobre as carteiras de ações.

EXEMPLO 5.5
Prêmio de risco e crescimento da riqueza

A possível importância do prêmio de risco pode mostrada com um exemplo simples. Considere dois investidores com US$ 1 milhão em 31 de dezembro de 2000. Um investe na carteira de ações de baixa capitalização e o outro em letras do Tesouro. Suponhamos que ambos reinvistam toda a renda de sua carteira e liquide seus investimentos dez anos depois, em 31 de dezembro de 2010. Podemos encontrar as taxas anuais de retorno desses período na planilha de retornos disponível no Material On-line. (Visite <www.grupoa.com.br>. Procure o *link* referente ao conteúdo do Capítulo 5.) Calculamos um "índice de riqueza" para cada investimento compondo-se a riqueza no final de cada ano com o retorno obtido no ano seguinte. Por exemplo, calculamos o valor do índice de riqueza de ações de baixa capitalização de 2003 multiplicando o valor de 2002 (1,1404) pelo resultado da soma de 1 mais o retorno obtido em 2003 (medido em decimais), isto é, por 1 + 0,7475, para obter 1,9928.

Ano	Ações de baixa capitalização		Letras do Tesouro	
	Retorno (%)	Índice de riqueza	Retorno (%)	Índice de riqueza
2000		1		1
2001	29,25	1,2925	3,86	1,0386
2002	–11,77	1,1404	1,63	1,0555
2003	74,75	1,9928	1,02	1,0663
2004	14,36	2,2790	1,19	1,0790
2005	3,26	2,3533	2,98	1,1111
2006	17,69	2,7696	4,81	1,1646
2007	–8,26	2,5408	4,67	1,2190
2008	–39,83	1,5288	1,64	1,2390
2009	36,33	2,0842	0,05	1,2396
2010	29,71	2,7034	0,08	1,2406

O valor final de cada carteira em 31 de dezembro de 2010 é igual ao valor inicial (US$ 1 milhão) multiplicado pelo índice de riqueza no final do período:

Data	Ações de Baixa Capitalização	Letras do Tesouro
31 de dezembro de 2000	US$ 1.000.000	US$ 1.000.000
31 de dezembro de 2010	US$ 2.703.420	US$ 1.240.572

A diferença no retorno total é expressiva. Mesmo com o retorno devastador em 2008, o valor da carteira de ações de baixa capitalização após dez anos é 118% superior ao de uma carteira de letras do Tesouro.

Podemos calcular também o retorno de média geométrica de cada carteira ao longo desse período. Para as letras do Tesouro, a média geométrica no decorrer de um período de dez anos é calculada de:

$$(1 + r_G)^{10} = 1,2406$$
$$1 + r_G = 1,2406^{1/10} = 1,0218$$
$$r_G = 2,18\%$$

De modo semelhante, a média geométrica da carteira de ações de baixa capitalização é 10,46%. A diferença na média geométrica reflete a diferença na riqueza cumulativa oferecida pela carteira de ações de baixa capitalização ao longo desse período.

Essas carteiras são distribuídas normalmente? A seção seguinte da Tabela 5.2 mostra a curtose e a assimetria das distribuições. Tal como discutido antes, para testar a normalidade é necessário utilizar taxas compostas continuamente. Por isso, utilizamos a Equação 5.5 para calcular as taxas de retorno compostas continuamente. Calculamos ln(1 + taxa anual) para cada ativo e prevemos os retornos em excesso subtraindo a taxa de retorno composta continuamente das letras do Tesouro. Como essas medidas provêm de expoentes mais altos de desvio em relação à média (o desvio ao cubo da assimetria e a quarta potência do desvio da curtose), elas são muito sensíveis a eventos raros, mas extremos; portanto, podemos contar com essas medidas apenas em amostras muito grandes nas quais seja possível realizar observações suficientes que exibam um número "representativo" desses eventos. Você pode ver que essas medidas também variam de maneira considerável entre os subperíodos. Esse quadro é bastante claro com respeito às carteiras de ações. Há excesso de curtose positiva e assimetria negativa. Isso indica ganhos extremos e sobretudo perdas extremas significativamente mais prováveis do que a distribuição normal poderia prever. Devemos concluir que é normal o VaR (e medidas de risco semelhantes) aumentar o desvio padrão.

A última seção da Tabela 5.2 apresenta estatísticas de desempenho (índices de Sharpe e VaR). Os índices de Sharpe das carteiras de ações estão no intervalo de 0,37 a 0,39 no histórico geral e no intervalo de 0,34-0,46 em todos os subperíodos. Podemos prever que, anualmente, o equilíbrio entre risco e retorno nas ações é um prêmio de risco de cerca de 0,4% para cada incremento de 1% no desvio padrão. Na verdade, do mesmo modo que no retorno em excesso médio, as diferenças entre os subperíodos não é significativa. O mesmo pode ser dito sobre as três carteiras de ações: nenhuma mostrou um desempenho significativamente superior. As obrigações podem superar o desempenho das ações em períodos de declínio nas taxas de juros, como podemos ver nos índices de Sharpe do subperíodo mais recente. Contudo, como já mencionado, as carteiras de obrigações não são suficientemente diversificadas para permitir que se utilize o índice de Sharpe como uma medida de desempenho. (Tal como analisaremos em capítulos posteriores, o desvio padrão faz sentido como medida de risco para a carteira geral de um investidor, mas não para um componente relativamente reduzido.)

O painel de VaR na Tabela 5.2 mostra claramente, para as ações e quase da mesma para as obrigações, que as perdas possíveis são maiores do que as indicadas por distribuições normais semelhantes. Para ressaltar essa observação, o último painel da tabela mostra a diferença entre o VaR de 5% real e o VaR de distribuições normais semelhantes; a evidência é bastante nítida e coerente com as estatísticas de curtose e assimetria.

Concluindo, investir internacionalmente não é mais considerado incomum, e a Tabela 5.2 também oferece algumas informações sobre os resultados históricos de investimentos internacionais. Parece que, para os investidores passivos que se concentram em fundos de índice, a diversificação internacional não oferece uma vantagem notável sobre os investimentos feitos apenas nos Estados Unidos. Entretanto, os investimentos internacionais de fato apresentam grande potencial para investidores ativos. Detalhamos essas observações no Capítulo 19 (disponível no *site* <www.grupoa.com.br>), dedicado ao investimento internacional.

Revisão de CONCEITOS 5.4

Calcule o retorno em excesso médio das ações de uma empresa de grande porte (em relação à taxa das letras do Tesouro) e o desvio padrão dos anos de 1926-1934. Você precisará obter os dados da planilha disponível no Material On-line, no *site* <www.grupoa.com.br>. Procure o *link* referente ao conteúdo do Capítulo 5.

5.4. INFLAÇÃO E TAXAS REAIS DE RETORNO

Uma taxa de retorno anual de 10% significa que no final do ano seu investimento valia 10% mais do que no início do ano. Entretanto, isso não significa necessariamente que você poderia ter comprado 10% mais em bens e serviços com esse dinheiro, porque é possível que no decorrer do ano os preços dos produtos também tenham aumentado. Se os preços tiverem mudado, o aumento em seu poder aquisitivo não corresponderá ao aumento em sua riqueza monetária.

A qualquer hora, os preços de alguns produtos podem subir, enquanto os de outros podem cair; a tendência *geral* dos preços é avaliada com base em mudanças no índice de preços ao consumidor ou IPC. O IPC mede quanto custa comprar um conjunto de produtos representativos, a "cesta básica" de uma típica família urbano de quatro pessoas. A **taxa de inflação** é medida como a variação do IPC.

Suponhamos que a taxa de inflação (a mudança percentual no IPC, indicada por i) do último ano tenha sido $i = 6\%$. Em virtude disso, o poder aquisitivo do dinheiro diminuiu 6%. Portanto, parte dos rendimentos de seu investimento foi contrabalançada pela diminuição do poder aquisitivo do dinheiro que você recebeu no final do ano. Com uma taxa de juros de 10%, por exemplo, depois de descontar a redução de 6% no poder aquisitivo de seu dinheiro, você obteve um aumento líquido de cerca de 4% em seu poder aquisitivo. Por esse motivo, precisamos fazer a distinção entre **taxa nominal de juros** – a taxa de crescimento de seu dinheiro – e **taxa real de juros** – a taxa de crescimento de seu poder aquisitivo. Se chamarmos a taxa nominal de R, a taxa real de r e a taxa de inflação de i, concluiremos que

taxa de inflação
Taxa de acordo a qual os preços estão subindo, medida como a taxa de aumento do índice de preços ao consumidor (IPC).

taxa nominal de juros
Taxa de juros em termos de valores monetários nominais (não ajustados ao poder aquisitivo).

taxa real de juros
Excedente da taxa de juros sobre a taxa de inflação. Taxa de crescimento do poder aquisitivo deduzida de um investimento.

$$r \approx R - i \tag{5.15}$$

Ou seja, a taxa real de juros é a taxa nominal reduzida pela perda de poder aquisitivo resultante da inflação.

Na verdade, a relação exata entre a taxas real e a taxa nominal de juros é dada por:

$$1 + r = \frac{1+R}{1+i} \tag{5.16}$$

Isto é, o fator de crescimento de seu poder aquisitivo, $1 + r$, é igual ao fator de crescimento de seu dinheiro, $1 + R$, dividido pelo novo nível de preço, que é $1 + i$ vezes seu valor no período anterior. A relação exata pode ser reajustada como:

$$r = \frac{R-i}{1+i} \tag{5.17}$$

Isso mostra que a regra de aproximação superestima a taxa real pelo fator $1 + i$.[9]

EXEMPLO 5.6
Taxas reais versus nominais

> Se a taxa de juros sobre um certificado de depósito de um ano for 8% e você esperar uma inflação de 5% no ano seguinte, utilizando a aproximação dada na Equação 5.15, você prevê que a taxa real será $r = 8\% - 5\% = 3\%$. Utilizando a fórmula exata dada na Equação 5.17, a taxa real é $r = \frac{0{,}08 - 0{,}05}{1 + 0{,}05} = 0{,}0286$ ou 2,86%. Portanto, a regra de aproximação superestima a taxa real em apenas 0,14 pontos percentuais. A regra de aproximação da Equação 5.16 é mais precisa para taxas de inflação pequenas e perfeita para taxas compostas continuamente.

Taxa nominal de juros de equilíbrio

Vimos que a taxa real de retorno é aproximadamente a taxa nominal menos a taxa de inflação. Como os investidores devem se preocupar com os retornos reais – o aumento do poder aquisitivo –, exigirão taxas nominais mais altas sobre seus investimentos. Essa taxa de retorno mais alta é necessária para manter o retorno real esperado à medida que a inflação sobe.

Irving Fisher (1930) defendeu que a taxa nominal deveria aumentar páreo a páreo com o aumento da taxa de inflação esperada. Utilizando $E(i)$ para representar a expectativa atual de inflação no decorrer do período seguinte, a assim chamada equação de Fisher é expressa como:

$$R = r + E(i) \tag{5.18}$$

Suponhamos que a taxa real de juros seja 2% e a taxa de inflação seja 4%, tal que a taxa nominal de juros seja de aproximadamente 6%. Se a taxa de inflação esperada subir para 5%, a taxa nominal de juros deve aumentar para cerca de 7%. O aumento na taxa nominal contrabalança o aumento na inflação esperada, oferecendo aos investidores um crescimento inalterado em seu poder aquisitivo com uma taxa de 2%.

5.5 Revisão de CONCEITOS

a. Suponhamos que a taxa real de juros seja 3% ao ano e a taxa de inflação esperada seja 8%. Qual será a taxa nominal de juros?
b. Suponhamos que a taxa de inflação esperada aumente para 10%, mas a taxa real se mantenha inalterada. O que ocorrerá com a taxa nominal de juros?

Histórico das taxas de juros, da inflação e das taxas reais de juros dos Estados Unidos

A Figura 5.5 representa graficamente as taxas nominais de juros, as taxas de inflação e as taxas reais de juros dos Estados Unidos entre 1926 e 2010. Desde meados da década de 1950, as taxas

---

[9] Observe que, para as taxas compostas continuamente, a Equação 5.16 é perfeitamente precisa. Como $\ln(x/y) = \ln(x) - \ln(y)$, a taxa real de retorno composta continuamente, r_{cc}, pode ser deduzida das taxas anuais como:

$$r_{cc} = \ln(1+r) = \ln\left(\frac{1+R}{1+i}\right) = \ln(1+R) - \ln(1+i) = R_{cc} - i_{cc}$$

nominais aumentaram quase que páreo a páreo com a inflação, de uma maneira amplamente coerente com a equação de Fisher. Entretanto, as décadas de 1930 e 1940 mostram que níveis bastante voláteis de inflação inesperada podem destruir as taxas *reais* de retorno.

A Tabela 5.3 quantifica o que vemos na Figura 5.5. Um padrão interessante que se evidencia é o aumento gradativo da taxa de juros real média nos três subperíodos relatados na tabela. Talvez isso seja um reflexo do encolhimento da taxa de poupança nacional (e, portanto, da

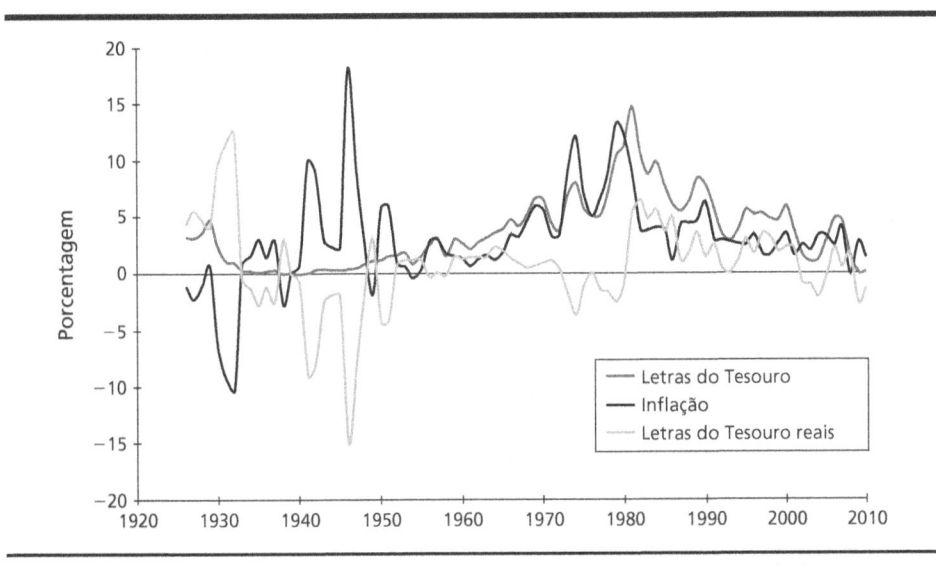

FIGURA 5.5
Taxas de juros, inflação e taxas reais de juros, 1926-2010.

Fonte: Letras do Tesouro: Prof. Kenneth French, <http://mba.tuck.dartmouth.edu/pages/faculty/ken.french/data_library.html>; Inflação: Escritório de Estatísticas do Trabalho, <www.bls.gov>; taxa real: cálculos dos autores.

TABELA 5.3 Estatísticas de taxas anuais de retorno de letras do Tesouro dos EUA, inflação e taxas reais de juros, 1926 a 2010 e três subperíodos (%)

	Mercado dos EUA		
	Letras do Tesouro	Inflação	Letras do Tesouro reais
Média aritmética			
1926-2010	5,66	5,08	0,68
1926-1955	1,10	1,51	−0,11
1956-1985	5,84	4,85	0,98
1986-2010	4,14	2,84	1,26
Desvio padrão			
1926-2010	5,09	4,17	5,89
1926-1955	1,22	5,55	5,84
1956-1985	5,19	5,50	2,59
1986-2010	2,25	1,51	1,87
Correlações	Letras do Tesouro + inflação		Letras reais + inflação
1926-2010	0,41		−0,46
1926-1955	−0,50		−0,59
1956-1985	0,72		−0,55
1986-2010	0,55		0,55
Mínima (taxa mais baixa)			
1926-2010	−0,04	−10,27	−15,04
1926-1955	−0,04	−10,27	−15,04
1956-1985	1,55	0,67	−5,65
1986-2010	0,05	−0,04	−2,64
Máxima (taxa mais alta)			
1926-2010	14,72	18,15	12,50
1926-1955	4,74	18,15	12,50
1956-1985	14,72	15,26	6,45
1986-2010	8,58	6,26	4,91

* Houve duas taxas de juros ligeiramente diferentes na década de 1950, antes da introdução das letras do Tesouro. Nessa época, o Tesouro garantia obrigações de curto prazo. Em épocas de incerteza, uma alta demanda por essas obrigações poderia resultar em uma taxa negativa.
Fonte: Letras do Tesouro: taxa isenta de risco (Fama e French); Dados sobre inflação: Escritório de Estatísticas do Trabalho (inflation-cpiu-dec2dec).

menor disponibilidade de fundos para os tomadores de empréstimo) ao longo desse período. Outra observação notável na Tabela 5.3 é a expressiva diminuição na variabilidade da taxa de inflação e da taxa real de juros. Isso se evidencia no declínio dos desvios padrão e igualmente na atenuação constante dos valores mínimos e máximos. Essa redução da variabilidade também está relacionada com os padrões presentes na correlação que observamos. De acordo com a equação de Fisher, um aumento na inflação esperada traduz-se diretamente em um aumento nas taxas nominais de juros; portanto a correlação entre as taxas nominais e as taxas de inflação deve ser positiva e alta. Em contraposição, a correlação entre as taxas reais e a inflação deve ser zero, porque a inflação esperada é totalmente incluída nas taxas nominais de juros e não afeta a taxa real de retorno esperada. A tabela indica que durante o período inicial, 1926 a 1955, as taxas de mercado não respeitaram essa lógica, talvez em virtude da variabilidade extraordinariamente alta e quase certamente imprevista nas taxas de inflação. Entretanto, desde 1955, a taxa nominal das letras do Tesouro e a taxa de inflação seguiram-se bem mais de perto (tal como demonstra claramente a Figura 5.5) e as correlações mostram maior coerência com a lógica de Fisher.

As obrigações indexadas pela inflação, denominadas títulos do Tesouro protegidos contra a inflação (*Treasury inflation-protected securities* – TIPS), foram criadas nos Estados Unidos em 1997. São obrigações com vencimento original de 5 a 30 anos em que os cupons e o principal aumentam segundo a taxa de inflação. (Analisamos mais detalhadamente essas obrigações no Capítulo 10.) A diferença entre as taxas nominais sobre obrigações convencionais do Tesouro e as taxas sobre TIPS com vencimento idêntico oferece uma medida da inflação esperada (com frequência denominada *inflação implícita*) ao longo desse vencimento.

5.5. ALOCAÇÃO DE ATIVOS EM CARTEIRAS DE RISCO E ISENTAS DE RISCO

A história nos mostra que as obrigações de longo prazo apresentaram maior risco do que os investimentos em letras do Tesouro e que os investimentos em ações foram ainda mais arriscados. Entretanto, os investimentos mais arriscados ofereceram retornos médios mais altos. Obviamente, os investidores não fazem escolhas do tipo tudo ou nada nessas classes de ativos. Eles podem e de fato constroem suas carteiras utilizando títulos de todas as classes de ativos.

Uma estratégia simples para controlar o risco de carteira é especificar a porcentagem da carteira investida em classes amplas de ativos, como ações, obrigações e ativos seguros – por exemplo, letras do Tesouro. Esse aspecto da gestão de carteiras é chamado de **alocação de ativos** e desempenha uma função importante na determinação do desempenho das carteiras. Tome como exemplo esta afirmação de John Bogle, proferida quando ele era *chairman* do Vanguard Group of Investment Companies:

> A decisão de investimento mais importante é a alocação de ativos: Quanto você deve ter em ações? Quando você deve ter em obrigações? Quanto você deve ter em reservas de caixa? [...] Surpreendentemente, essa decisão respondeu por 94% das diferenças nos retornos totais obtidos por fundos de pensão gerenciados por instituições. [...] Não há motivo para acreditar que essa mesma relação não se aplique também aos investidores individuais.[10]

alocação de ativos
Escolha de carteira entre amplas classes de investimentos.

A forma mais básica de alocação de ativos visualiza a carteira dicotomizada entre ativos de risco e isentos de risco. A porção da carteira que é investida em ativos de risco é denominada **alocação de capital** e está diretamente relacionada com a aversão ao risco do investidor.

alocação de capital
Escolha entre ativos de risco e isentos de risco.

Para enfocarmos a decisão sobre a alocação de capital, pensamos em um investidor que aloca fundos em letras do Tesouro e em uma carteira de ativos de risco. Podemos imaginar a carteira de risco, P, como um fundo mútuo ou fundo negociado em bolsa (*exchange-traded fund* – ETF) que contém um conjunto de ativos de risco em proporções fixas e desejadas. Desse modo, quando colocamos e tiramos riquezas de P, não mudamos a proporção relativa de diversos títulos dentro da carteira de risco. Adiamos a questão sobre a melhor forma de construir a carteira de risco para o Capítulo 6. Chamamos a carteira geral composta de ativos isentos de risco e da carteira de risco, P, de **carteira completa**, que inclui toda a riqueza do investidor.

carteira completa
Carteira que inclui ativos de risco e isentos de risco.

---

[10] John C. Bogle, *Bogle on Mutual Funds* (Burr Ridge, IL: Irwin Professional Publishing, 1994), p. 235.

Ativo isento de risco

O poder de tributar e controlar a oferta de dinheiro permite que o governo, e apenas o governo, emita obrigações (do Tesouro) livres de inadimplência. Por si só, a garantia de não inadimplência não é suficiente para eliminar o risco das obrigações em termos reais, visto que a inflação afeta o poder aquisitivo do dinheiro proveniente das obrigações. O único ativo isento de risco seria uma obrigação governamental indexada por preço, como os TIPS. Mesmo assim, uma obrigação perfeitamente indexada e isenta de risco só oferece uma taxa real garantida para um investidor se seu vencimento for idêntico ao período de manutenção do investimento desejado. Não obstante essas qualificações, é comum considerar as letras do Tesouro como *o* ativo isento de risco. Qualquer incerteza quanto a uma inflação no decorrer de algumas semanas ou mesmo meses é desprezível em comparação com a incerteza sobre os retornos do mercado de ações.[11]

Na prática, a maioria dos investidores lida com uma variedade maior de instrumentos do mercado monetário como ativos efetivamente isentos de risco. Todos os instrumentos do mercado monetário são praticamente imunes ao risco da taxa de juros (flutuações inesperadas no preço de uma obrigação decorrentes de mudanças nas taxas de juros do mercado) em virtude de seu curto prazo de vencimento, e todos são razoavelmente seguros em termos de inadimplência ou risco de crédito.

Os fundos mútuos do mercado monetário mantêm, na maioria dos casos, três tipos de título: letras do Tesouro, certificados de depósito (CDs) bancários e *commercial papers*. Esses instrumentos diferem levemente em relação ao risco de inadimplência. Os rendimentos até o vencimento sobre os CDs e *commercial papers*, para vencimentos idênticos, sempre são um pouco mais altos do que os das letras do Tesouro. Um histórico do *spread* desse rendimento para CDs de 90 dias é mostrado na Figura 2.2, no Capítulo 2.

Com o passar do tempo, os fundos do mercado monetário mudaram a proporção relativa desses títulos na carteira. Porém, de modo geral, o risco desses investimentos *blue chip* de curto prazo, como CDs e *commercial papers*, é ínfimo em comparação com o da maioria dos outros ativos, como obrigações corporativas de longo prazo, ações ordinárias ou imóveis. Por esse motivo, consideramos os fundos do mercado monetário, bem como as letras do Tesouro, o ativo isento de risco de mais fácil acesso para a maioria dos investidores.

Risco e retorno esperados da carteira

Podemos examinar as combinações de risco e retorno resultantes de diversas alocações de capital em ativos de risco e isentos de risco na carteira completa. Identificar as combinações de risco e retorno disponíveis é a parte "técnica" da alocação de capital. Esse procedimento lida apenas com as oportunidades disponíveis para os investidores. Na seção seguinte, abordamos outra parte da questão, a "preferência pessoal", que é a escolha individual da combinação preferida entre risco e retorno, tendo em vista o grau de aversão ao risco da pessoa.

Uma vez que presumimos que a composição da carteira de risco, *P*, já está determinada, a única preocupação nesse ponto é com a proporção do orçamento de investimento (y) a ser alocada a essa carteira. A proporção remanescente ($1 - y$) será investida no ativo isento de risco, que tem uma taxa de retorno indicada por r_f.

Chamamos a taxa de retorno de risco *real* de r_p, a taxa de retorno *esperada* sobre P de $E(r_p)$ e seu desvio padrão de σ_p. No exemplo numérico, $E(r_p) = 15\%$, $\sigma_p = 22\%$ e $r_f = 7\%$. Portanto, o prêmio de risco no ativo de risco é $E(r_p) - r_f = 8\%$.

---

[11] Tendo em vista a crise do euro, bem como o rebaixamento de crédito nos Estados Unidos no verão de 2011, evidentemente é necessário avaliar se (ou quando) a dívida governamental pode ser considerada isenta de risco. Os governos que emitem dívida em sua própria moeda em princípio sempre podem saldar a dívida, se necessário imprimindo mais dinheiro nessa moeda. Entretanto, essa estratégia pode provocar uma inflação desenfreada. Portanto, o retorno real sobre essa dívida dificilmente seria isento de risco. Além disso, o custo de uma possível hiperinflação pode ser tão alto, que é possível concluir justificadamente que a inadimplência é o menor dos males. Os governos que emitem dívida em moedas que eles não podem controlar (*e.g.*, dívida grega denominada em euros) não conseguem recorrer à impressão de moeda mesmo em situações de extrema pressão. Desse modo, nessa circunstância a inadimplência é certamente possível. Desde a crise do euro, os analistas passaram a se concentrar consideravelmente em medidas sobre a saúde fiscal governamental, como o índice de endividamento/PIB. Tal como também ocorre com a dívida corporativa, as emissões de dívida de longo e médio prazo normalmente são mais arriscadas porque, em vista do maior espaço de tempo envolvido, as condições de crédito podem piorar antes que o empréstimo seja liquidado.

Comecemos com dois casos extremos. Se você investir todos os seus fundos no ativo de risco, isto é, se você escolher $y = 1$, o retorno esperado sobre sua carteira completa será de 15% e o desvio padrão de 22%. Essa combinação de risco e retorno é representada como ponto P na Figura 5.6. No outro extremo, você poderia investir todos os seus fundos no ativo isento de risco, isto é, escolher $y = 0$. Nesse caso, você obteria um retorno sem risco de 7%. (Essa opção é representada como ponto F na Figura 5.6.)

Vejamos agora opções mais moderadas. Por exemplo, se você alocar proporções iguais de sua *carteira completa*, C, a ativos de risco e isentos de risco, isto é, se escolher $y = 0,5$, o retorno esperado sobre a carteira completa será a média de $E(r_P)$ e r_f. Portanto, $E(r_C) = 0,5 \times 7\% + 0,5 \times 15\% = 11\%$. Desse modo, o prêmio de risco da carteira completa é $11\% - 7\% = 4\%$, que é metade do prêmio de risco de P. O desvio padrão da carteira também é metade do de P, isto é, 11%. Quando você reduz a porcentagem da carteira completa alocada ao ativo de risco pela metade, você diminui o risco e o prêmio de risco pela metade.

Generalizando, o prêmio de risco da carteira completa, C, será igual ao prêmio de risco do ativo de risco vezes a porcentagem da carteira investida no ativo de risco.

$$E(r_C) - r_f = y\,[E(r_P) - r_f] \tag{5.19}$$

O desvio padrão da carteira completa será igual ao desvio padrão do ativo de risco vezes a porcentagem da carteira investida no ativo de risco.

$$\sigma_C = y\sigma_P \tag{5.20}$$

Em suma, tanto o prêmio de risco quanto o desvio padrão da carteira completa aumentam proporcionalmente ao investimento na carteira de risco. Portanto, os pontos que indicam o risco e o retorno da carteira completa para diversas alocações de capital de y estão todos representados na linha reta que une F e P, como demonstrado na Figura 5.6, com uma intercepto de r_f e uma inclinação (elevação/distância) iguais ao conhecido índice de Sharpe de P:

$$S = \frac{E(r_P) - r_f}{\sigma_P} = \frac{15 - 7}{22} = 0,36 \tag{5.21}$$

5.6 Revisão de CONCEITOS

Qual o retorno esperado, o prêmio de risco, o desvio padrão e o índice de prêmio de risco/desvio padrão de uma carteira completa com $y = 0,75$?

Linha de alocação de capital

linha de alocação de capital (CAL)
Representação gráfica das combinações de risco e retorno disponíveis por meio da variação na alocação de carteira entre um ativo isento de risco e uma carteira de risco.

A linha traçada na Figura 5.6 retrata as combinações disponíveis de risco e retorno por meio da diversificação da alocação de capital, isto é, da escolha de diferentes valores de y. Por esse motivo, é chamada de **linha de alocação de capital** (*capital allocation line* – CAL). A inclinação, S, dessa linha é igual ao aumento do retorno esperado que um investidor pode obter por unidade de desvio padrão adicional ou retorno extra por risco extra. O motivo por que ela é também chamada de *índice de recompensa/volatilidade* ou índice de Sharpe, em homenagem a William Sharpe, que foi o primeiro a propor sua utilização, é portanto óbvio.

FIGURA 5.6
Conjunto de oportunidades de investimento com um ativo de risco e um ativo isento de risco.

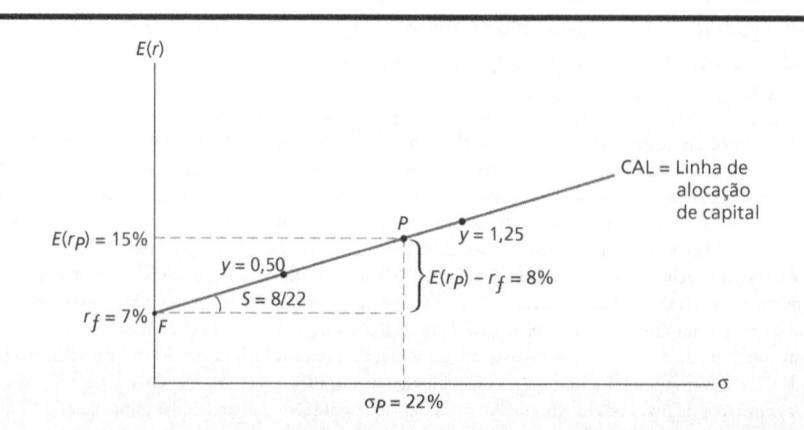

Observe que o índice de Sharpe é o mesmo para a carteira de risco P e a carteira completa que associa P e o ativo isento de risco em proporções idênticas.

	Retorno esperado	Prêmio de risco	Desvio padrão	Índice de recompensa/volatilidade
Carteira P:	15%	8%	22%	$\frac{8}{22} = 0{,}36$
Carteira C:	11%	4%	11%	$\frac{4}{11} = 0{,}36$

Na verdade, o índice de recompensa/volatilidade é o mesmo para todas as carteiras completas que são indicadas na linha de alocação de capital. Embora as combinações de risco e retorno difiram de acordo com a opção de y do investidor, o *índice* de recompensa/risco é constante.

E quanto aos pontos na CAL à direita da carteira P no conjunto de oportunidades de investimento? Você pode construir carteiras completas à direita do ponto P tomando empréstimos, isto é, escolhendo y > 1. Isso significa que você toma emprestada uma proporção de y – 1 e investe tanto os fundos que tomou emprestados quanto o que possui de riqueza na carteira de risco P. Se você conseguir um empréstimo pela taxa isenta de risco, $r_f = 7\%$, sua taxa de retorno será $r_C = -(y-1)r_f + y\,r_P = r_f + y(r_P - r_f)$. Essa carteira completa tem um prêmio de risco de $y[E(r_P) - r_f]$ e um desvio padrão $= y\,\sigma_P$. Observe que seu índice de Sharpe é igual ao de qualquer outra carteira na mesma CAL.

> **EXEMPLO 5.7**
> **Carteiras completas alavancadas**
>
> Suponhamos que o orçamento de investimento seja de US$ 300.000 e um investidor tome um empréstimo adicional de US$ 120.000, investindo US$ 420.000 no ativo de risco. Essa é uma posição alavancada no ativo de risco, que é financiado em parte pelo empréstimo. Nesse caso,
>
> $$y = \frac{420.000}{300.000} = 1{,}4$$
>
> e 1 – y = 1 – 1,4 = –0,4, o que reflete uma posição vendida no ativo isento de risco ou uma posição de empréstimo. Em vez de conceder um empréstimo por uma taxa de juros de 7%, o investidor toma um empréstimo a 7%. A taxa de retorno da carteira é:
>
> $$E(r_C) = 7 + (1{,}4 \times 8) = 18{,}2$$
>
> Uma alternativa para encontrar a taxa de retorno da carteira é a seguinte: você espera ganhar US$ 63.000 (15% de US$ 420.000) e pagar US$ 8.400 (7% de US$ 120.000) em juros sobre o empréstimo. Por meio de uma subtração simples, obtemho o lucro esperado de US$ 54.600, que corresponde a 18,2% de seu orçamento de investimento de US$ 300.000. Portanto, $E(r_C) = 18{,}2\%$.
>
> Sua carteira ainda exibe o mesmo índice de recompensa/volatilidade:
>
> $$\sigma_C = 1{,}4 \times 22 = 30{,}8$$
>
> $$S = \frac{E(r_C) - r_f}{\sigma_C} = \frac{11{,}2}{30{,}8} = 0{,}36$$
>
> Como você deve ter imaginado, a carteira alavancada tem um retorno esperado mais alto e também um desvio padrão maior do que uma posição não alavancada no ativo de risco.

Aversão ao risco e alocação de capital

Geramos a CAL, o gráfico de todas as possíveis combinações de risco e retorno disponíveis alocando a carteira completa entre uma carteira de risco e um ativo isento de risco. Diante dessa CAL, o investidor então terá de escolher uma combinação ideal nesse conjunto de opções possíveis. Essa escolha carrega um dilema entre risco e retorno. Os investidores individuais com diferentes níveis de aversão ao risco, diante de uma linha de alocação de capital idêntica, escolherão diferentes posições no ativo de risco. Especificamente os investidores mais avessos ao risco escolherão manter *menos* do ativo de risco e *mais* do ativo isento de risco.

Como podemos identificar a melhor alocação entre a carteira de risco e o ativo isento de risco? Lembre-se de que o grau de aversão ao risco (A) de determinado investidor mede o preço de risco que ele exige da carteira completa na qual toda a sua riqueza está investida. A recompensa pelo risco exigida pelo investidor deve ser comparada com o preço de risco oferecido pela carteira de risco, P. Podemos identificar a alocação de capital preferida do investidor, y, dividindo preço de risco da carteira de risco pela aversão ao risco do investidor, o preço de risco *exigido*:

$$y = \frac{\text{Índice de prêmio de risco/variância disponível}}{\text{Índice de prêmio de risco/variância exigida}} = \frac{[E(r_P) - r_f] / \sigma_P^2}{A} = \frac{[E(r_P) - r_f]}{A\sigma_P^2} \quad (5.22)$$

Observe que, quando o preço de risco da carteira de risco disponível corresponder exatamente ao grau de aversão ao risco do investidor, toda a sua riqueza será investida nessa carteira ($y = 1$).

O que o investidor da Equação 5.12 (com $A = 3{,}91$) faria diante da carteira de índice de mercado da Equação 5.13 (com preço de risco = 2)? A Equação 5.22 indica que esse investidor investiria $y = 2/3{,}91 = 0{,}51$ (51%) na carteira de índice de mercado e uma proporção de $1 - y = 0{,}49$ no ativo isento de risco.

Graficamente, os investidores mais avessos ao risco escolherão carteiras adjacentes ao ponto F na linha de alocação de capital da Figura 5.6. Os investidores mais tolerantes ao risco escolherão pontos mais próximos de P, com maior retorno esperado e risco mais alto. Os investidores com o mais alto nível de tolerância ao risco escolherão carteiras à direita do ponto P. Essas carteiras alavancadas oferecem retornos esperados mais altos, mas riscos bem maiores.

A escolha de alocação de ativos do investidor dependerá também do equilíbrio entre risco e retorno. Quando o índice de recompensa/volatilidade aumenta, os investidores podem resolver assumir posições mais arriscadas. Suponhamos que um investidor reavalie a distribuição de probabilidades da carteira de risco e então perceba um retorno esperado mais alto sem um aumento concomitante no desvio padrão. Isso corresponde a um aumento no índice de recompensa/volatilidade ou, equivalentemente, a um aumento na inclinação da CAL. Por esse motivo, esse investidor escolherá um y mais alto, isto é, uma posição maior na carteira de risco.

Uma das funções de um consultor financeiro profissional é apresentar alternativas de oportunidade de investimento aos clientes, obter uma avaliação da tolerância ao risco do cliente e ajudá-lo a identificar a carteira completa apropriada.[12]

5.6. ESTRATÉGIAS PASSIVAS E A LINHA DO MERCADO DE CAPITAIS

estratégia passiva
Política de investimento que evita a análise de títulos.

A **estratégia passiva** baseia-se na premissa de que a determinação de preço dos títulos é justa e evita os custos exigidos por análise de títulos. À primeira vista, essa estratégia pode parecer ingênua. Entretanto, veremos no Capítulo 8 que a concorrência acirrada entre gestores financeiros profissionais pode de fato forçar a elevação do preço dos títulos para um nível em que uma análise mais abrangente provavelmente não revelará oportunidades de lucro significativas. As estratégias de investimento passivas podem fazer sentido para muitos investidores.

Para evitar os custos de obtenção de informações sobre qualquer ação específica ou um grupo de ações, podemos adotar uma abordagem de diversificação "neutra", isto é, escolher uma carteira diversificada de ações ordinárias que espelhe o setor corporativo da economia de modo geral. Isso gera uma carteira ponderada pelo valor, que, por exemplo, investe uma proporção em ações da GE que é equivalente ao índice entre o valor de mercado da GE e o valor de mercado de todas as ações listadas.

linha do mercado de capitais
Linha de alocação de capital que utiliza a carteira de índice de mercado como ativo de risco.

Esse tipo de estratégia é chamado de *indexação*. O investidor escolhe uma carteira que tenha todas as ações de um índice amplo de mercado como o S&P 500. A taxa de retorno sobre a carteira espelha o retorno sobre o índice. A indexação tornou-se uma estratégia popular entre os investidores passivos. Chamamos a linha de alocação de capital oferecida por letras de um mês do Tesouro e um índice amplo de ações ordinárias de **linha do mercado de capitais** (*capital market line* – CML). Ou seja, uma estratégia passiva que utiliza um índice amplo do mercado de ações como carteira de risco gera um conjunto de oportunidades de investimento que é representado pela CML.

---

[12] "Tolerância ao risco" é basicamente o lado oposto da "aversão ao risco". Ambos os termos descreve razoavelmente as postura em relação aos riscos. Geralmente, consideramos mais fácil falar sobre aversão ao risco, mas os profissionais do ramo com frequência empregam o termo tolerância ao risco.

Evidências históricas sobre a linha do mercado de capitais

A Tabela 5.4 é uma pequena montagem baseada na Tabela 5.3, que se concentra nos dados do S&P 500, uma opção popular para um índice amplo do mercado de ações. Como já vimos, o grande desvio padrão da respectiva taxa de retorno significa que não podemos rejeitar a hipótese de que o período completo de 85 anos é caracterizado pelo mesmo índice de Sharpe. Utilizando esse histórico como orientação, os investidores podem prever sensatamente um prêmio de risco de cerca de 8% associado a um desvio padrão de aproximadamente 20%, o que resulta em um índice de Sharpe de 0,4.

Vimos também que, para manter uma carteira completa com essas características de risco e retorno, o investidor "médio" (com $y = 1$) precisaria ter um coeficiente de aversão ao risco de $0,08/0,20^2 = 2$. Contudo, o investidor médio precisaria de certa coragem. Como os VaRs na Tabela 5.4 indicam, o índice de mercado apresentou 5% de probabilidade de haver uma perda de 36,86% ou pior no espaço de um ano; obviamente, isso não é nem um pouco agradável. O risco substancial, associado com as diferenças de aversão ao risco de cada um, pode explicar as grandes diferenças observadas nas posições de carteira de um investidor para outro.

Para finalizar, observe a instabilidade dos retornos em excesso no S&P 500 ao longo dos subperíodos de 30 anos na Tabela 5.4. A grande variabilidade nos retornos em excesso traz à tona a pergunta sobre se a média histórica de 8% de fato é uma estimativa razoável de prêmio de risco em relação ao futuro. Ela também leva a crer que diferentes investidores podem chegar a conclusões distintas sobre os futuros retornos em excesso, outro motivo de variação nas alocações de capital.

Na realidade, recentemente tem havido um debate considerável entre os economistas financeiros sobre o "verdadeiro" prêmio de risco de capital, em que aponta o consenso de que a média histórica pode ser uma estimativa irrealistamente alta sobre o prêmio de risco futuro. Esse argumento baseia-se em vários fatores: a utilização de períodos mais longos para examinar os rendimentos sobre o capital; cálculo dos retornos em excesso em uma ampla variedade de países, e não apenas nos Estados Unidos (Dimson, Marsh e Staunton, 2001); levantamentos diretos junto aos executivos financeiros sobre suas expectativas de retorno no mercado de ações (Graham e Harvey, 2001); e conclusões com base em dados do mercado de ações sobre as expectativas dos investidores (Jagannathan, McGrattan e Scherbina, 2000; Fama e French, 2002). O quadro logo a seguir analisa algumas dessas evidências.

Custos e benefícios do investimento passivo

O fato de a decisão de um indivíduo sobre alocação de capital ser difícil não significa que sua implementação precisa ser complexa. A estratégia passiva é simples e barata de implementar: escolha um amplo fundo de índice ou ETF e divida suas economias entre ele e um fundo do mercado monetário. Para justificar o tempo e esforço que você despenderá ou a contratação de um profissional para perseguir uma estratégia ativa, é necessário ter alguma evidência de que esses procedimentos tendem a ser lucrativos. Como veremos em outra parte deste livro, ganhar é bem mais difícil do que você poderia imaginar!

Para escolher uma estratégia ativa, o investidor deve estar convicto de que os benefícios superar os custos e o custo pode ser bastante alto. Como ponto de referência, os índices de despesas anuais dos fundos de índice giram em torno de 20 e 50 pontos-base para ações dos Estados Unidos e internacionais, respectivamente. O custo de utilização de um fundo do mercado monetário é ainda menor e as letras do Tesouro podem ser compradas sem custo.

Para ter uma ideia bastante breve sobre o custo das estratégias ativas, o índice anual de despesas de um fundo mútuo de ações ativo gira em torno de 1% dos ativos investidos e os fundos

TABELA 5.4 Estatísticas de retorno em excesso para o S&P 500

	Retorno em excesso (%)			
	Média	Desvio padrão	Índice de Sharpe	VaR de 5%
1926-2010	8	20,70	0,39	−36,86
1926-1955	11,67	25,40	0,46	−53,43
1956-1985	5,01	17,58	0,28	−30,51
1986-2010	7,19	17,83	0,40	−42,28

Na frente de batalha do MERCADO

TRIUNFO DOS OTIMISTAS

De modo geral, as últimas oito décadas foram muito favoráveis para os investidores em participação acionária dos Estados Unidos. Mesmo se levarmos em conta os retornos deploráveis de 2008, os investimentos em ações superaram o desempenho dos investimentos em letras garantidas do Tesouro em mais de 7% ao ano. A taxa real de retorno ficou entre uma média de mais de 6%, o que significa o dobro esperado do valor real da carteira de investimentos a cada 12 anos!

Essa experiência é representativa? Um livro escrito por três professores da Escola de Negócios de Londres – Elroy Dimson, Paul Marsh e Mike Staunton – amplia as evidências presentes nos Estados Unidos para outros países e para período mais longos. A conclusão desses autores se evidencia no título desse livro, *Triumph of the Optimists** (Triunfo dos Otimistas): em todos os países contemplados por esse estudo (que inclui mercados na América do Norte, Europa, Ásia e África), comprovou-se que os otimistas dos investimentos – aqueles que apostam na economia investindo em participação acionária, e não em títulos de dívida ou letras – estavam corretos. Durante um longo período, as ações superaram as obrigações em todos os lugares.

Contudo, o prêmio de risco das ações provavelmente não é tão grande quanto as evidências pós-1926 da Tabela 5.3 parecem indicar. Primeiro, os resultados dos primeiros 25 anos do último século (que incluíram a Primeira Guerra Mundial) foram menos favoráveis para as ações. Segundo, os retornos dos Estados Unidos foram melhores do que os da maioria dos outros países e, desse modo, um valor mais representativo para o prêmio de risco histórico pode ser inferior ao experimentado pelos Estados Unidos. Finalmente, a amostra que é afável à análise histórica tem um problema de autosseleção. Somente os mercados que sobreviveram para serem estudados podem ser incluídos na análise. Isso exclui países como Rússia ou China, cujos mercados ficaram bloqueados durante o governo comunista e cujos resultados com certeza diminuiriam o desempenho histórico médio dos investimentos em ações. No entanto, existem sólidas evidências de um prêmio de risco que mostra sua força em todos os lugares examinados pelos autores.

*Elroy Dimson, Paul Marsh e Mike Staunton, *Triumph of the Optimists: 101 Years of Global Investment Returns* (Princeton, NJ: Princeton University Press, 2002).

---

mútuos que investem em ativos mais incomuns, como imóveis ou metais preciosos, podem ser mais caros ainda. Um fundo de *hedge* terá um custo de 1 a 2% sobre os ativos investidos, mais 10% ou mais sobre qualquer retorno acima da taxa isenta de risco. Se você for rico e estiver procurando uma gestão de carteira mais exclusiva, os custos serão ainda mais altos.

Em virtude do poder da composição, 1% a mais de custos anuais pode ter grandes consequências sobre o valor futuro de sua carteira. Com uma taxa isenta de risco de 2% e um prêmio de risco de 8%, você poderia esperar que sua riqueza crescesse segundo um fator de $1,10^{30} = 17,45$ ao longo de um horizonte de investimento de 30 anos. Se as taxas fossem de 1%, seu retorno líquido teria uma redução de 9% e sua riqueza cresceria segundo um fator de apenas $1,09^{30} = 13,26$ ao longo desse mesmo horizonte. Essa taxa de gestão aparentemente pequena diminui aproximadamente um quarto de sua riqueza final.

Os possíveis benefícios das estratégias ativas são analisados detalhadamente no Capítulo 8. As notícias geralmente não são tão boas para os investidores ativos. Entretanto, os fatores que mantêm o setor de gestão ativa em movimento são (1) a grande possibilidade de enriquecimento com investimentos bem-sucedidos – o mesmo poder de composição funciona a seu favor se você conseguir acrescentar ainda que alguns pontos-base ao retorno total –, (2) a dificuldade de avaliar o desempenho (discutida no Capítulo 18, disponível no *site* <www.grupoa.com.br>) e (3) investidores desinformados que estão dispostos a pagar por uma gestão financeira profissional. Não há dúvida de que alguns gestores financeiros conseguem superar as estratégias passivas. O problema é saber (1) como identificá-los e (2) se suas taxas superam seu potencial. Seja qual for a escolha que se fizer, uma coisa é certa: a CML que utiliza o índice de mercado passivo não é uma escolha obviamente inferior.

RESUMO

- Os investidores enfrentam um *trade-off* entre risco e retorno esperado. Dados históricos confirmam nossa intuição de que os ativos com baixo grau de risco devem oferecer, em média, retornos mais baixos do que os aqueles com um risco mais alto.

- A transferência de fundo de uma carteira de risco para um ativo isento de risco é a alternativa mais simples para diminuir o risco. Outro método é a diversificação da carteira de risco. Abordamos a diversificação em capítulos posteriores.

- As letras do Tesouro dos Estados Unidos oferecem um ativo totalmente isento de risco apenas em termos nominais. Entretanto, o desvio padrão das taxas reais sobre letras de curto prazo do Tesouro é pequeno quando comparado ao de ativos como obrigações de longo prazo e ações ordinárias. Portanto, para a finalidade de nossa análise, consideramos as letras do Tesouro um ativo isento de risco. Além das letras do Tesouro, os fundos do mercado monetário mantêm obrigações de curto prazo seguras, como *commercial papers* e certificados de depósito, que envolvem algum risco de inadimplência, mas relativamente pequeno se comparado com o da maioria dos outros ativos de risco. Por conveniência, com frequência nos referimos aos fundos do mercado monetário como ativos isentos de risco.

- Uma carteira de investimentos de risco (chamada aqui de ativo de risco) pode ser caracterizada por seu índice de recompensa/volatilidade. Esse índice corresponde à inclinação da linha de alocação de capital (CAL), que une o ativo isento de risco ao ativo de risco. Todas as combinações entre o ativo de risco e isento de risco encontram-se nessa linha. Os investidores preferem uma CAL de inclinação mais acentuada porque isso significa retornos esperados mais altos para qualquer nível de risco.

- A opção preferida de um investidor entre as carteiras da linha de alocação de capital dependerá da aversão ao risco. Os investidores avessos ao risco terão um peso bem maior de letras do Tesouro em sua carteira completa. Os tolerantes ao risco manterão porcentagens maiores de ativos de risco em sua carteira completa.

- A linha do mercado de capitais é a linha de alocação de capital resultante da utilização de uma estratégia passiva de investimento que considera uma carteira de índice de mercado, como o Standard & Poor's 500, o ativo de risco. As estratégias passivas são alternativas de baixo custo para obter carteiras bem diversificadas que reproduzam o desempenho do mercado de ações em geral.

FÓRMULAS BÁSICAS

Média aritmética de n retornos: $(r_1 + r_2 + ... + r_n)/n$

Média geométrica de n retornos: $[(1 + r_1)(1 + r_2)...(1 + r_n)]^{1/n} - 1$

Taxa de retorno composta continuamente, r_{cc}: $\ln(1 + \text{Taxa efetiva anual})$

Retorno esperado: $\Sigma\,[\text{prob(Cenário)} \times \text{Retorno no cenário}]$

Variância: $\Sigma\,[\text{prob(Cenário)} \times (\text{Desvio da média no cenário})^2]$

Desvio padrão: $\sqrt{\text{Variância}}$

Índice de Sharpe: $\dfrac{\text{Prêmio de risco da carteira}}{\text{Desvio padrão do retorno em excesso}} = \dfrac{E(r_P) - r_f}{\sigma_P}$

Taxa real de retorno: $\dfrac{1 + \text{Retorno nominal}}{1 + \text{Taxa de inflação}} - 1$

Taxa real de retorno (composta continuamente): $r_{nominal} - \text{Taxa de inflação}$

Alocação de capital otimizada ao ativo de risco, y: $\dfrac{E(r_P) - r_f}{A\sigma_P^2}$

CONJUNTO DE PROBLEMAS

Básicos

1. Suponhamos que você tenha previsto que o valor em risco do quinto percentil de uma carteira equivale a –30%. Agora você deseja avaliar o VaR do primeiro percentil da carteira (o valor abaixo do qual se encontra 1% dos retornos). O VaR de 1% será superior ou inferior a –30%? (OA 5.2)

2. Para avaliar o índice de Sharpe de uma carteira com base em um histórico de retornos de ativos, utilizamos a diferença entre a taxa média de retorno (aritmética) simples e a taxa de letras do Tesouro. Por que não utilizar a média geométrica? (OA 5.4)

3. Na estimativa do índice de Sharpe, faria sentido utilizar o retorno real em excesso médio que leva em conta a inflação? (OA 5.4)

4. Você acabou de se decidir sobre sua alocação de capital para o ano seguinte, quando então percebe que subestimou em 4% tanto o retorno esperado quanto o desvio padrão de sua carteira de risco. Você aumentaria, diminuiria ou manteria inalterada a alocação a letras isentas de risco do Tesouro? (OA 5.4)

Cadastre-se no *site* do Grupo A e procure pela página deste livro para consultar os Suplementos do capítulo.

Intermediários

5. Suponhamos que suas expectativas com relação ao mercado de ações sejam as seguintes:

Situação da economia	Probabilidade	HPR
Boom	0,3	44%
Crescimento normal	0,4	14
Recessão	0,3	−16

Utilize as Equações 5.6-5.8 para calcular a média e o desvio padrão do HPR sobre ações. (OA 5.4)

6. O preço unitário das ações da Business Adventures aumenta para US$ 40. É provável que o pagamento de dividendos e o preço do final do ano dependam da situação da economia no final do ano, tal como se mostra a seguir: (OA 5.2)

	Dividendos (US$)	Preço das ações (US$)
Boom	2	50
Economia normal	1	43
Recessão	0,50	34

   a. Calcule o retorno esperado do período de manutenção do investimento e o desvio padrão do retorno do período de manutenção do investimento. Todos os três cenários são igualmente prováveis.
   b. Calcule o retorno esperado e o desvio padrão de uma carteira composta de 50% de ações da Business Adventures e 50% de letras do Tesouro. O retorno sobre as letras é 4%.

7. O preço das ações e o histórico de dividendos da XYZ são mostrados a seguir:

Ano	Preço do início do ano	Dividendos pagos no final do ano
2010	US$ 100	US$ 4
2011	US$ 110	US$ 4
2012	US$ 90	US$ 4
2013	US$ 95	US$ 4

Um investidor compra três ações da XYZ no início de 2010, compra mais duas ações no início de 2011, vende uma ação no início de 2012 e vende todas as quatro restantes no início de 2013. (OA 5.1)

   a. Quais são as taxas de retorno de média aritmética e geométrica ponderadas pelo tempo para o investidor?
   b. Qual a taxa de retorno ponderada pelo dólar? (*Dica:* Prepare cuidadosamente um gráfico de fluxos de caixa para as *quatro* datas correspondentes às viradas de ano de 1º de janeiro de 2010 e 1º de janeiro de 2013. Se sua calculadora não puder calcular a taxa interna de retorno, você terá de utilizar uma planilha ou tentativa e erro.)

8. a. Suponhamos que você preveja que o desvio padrão do retorno de mercado será 20% no ano seguinte. Se a avaliação de aversão ao risco na Equação 5.13 for $A = 4$, que estimativa seria razoável para o prêmio de risco esperado de mercado?
   b. Que valor de A é coerente com um prêmio de risco de 9%?
   c. O que acontecerá com o prêmio de risco se os investidores tornarem-se muito tolerantes ao risco? (OA 5.4)

9. Utilizando prêmios de risco históricos como base, qual é sua estimativa do HPR anual esperado sobre a carteira de ações S&P 500 se a taxa de juros atual isenta de risco for 5%? (OA 5.3)

10. Qual foi a taxa média de retorno *real* histórica sobre ações, obrigações do Tesouro e letras do Tesouro? (OA 5.2)

11. Considere uma carteira de risco. O fluxo de caixa do final de ano deduzido da carteira será US$ 50.000 ou US$ 150.000, com probabilidades iguais de 0,5. O investimento alternativo sem risco em letras do Tesouro paga 5%. (OA 5.3)

    a. Se você exigisse um prêmio de risco de 10%, quanto estaria disposto a pagar pela carteira?

b. Suponhamos que a carteira possa ser comprada pelo valor encontrado em (a). Qual será a taxa de retorno esperada sobre a carteira?
c. Suponhamos agora que você exigisse um prêmio de risco de 15%. Que preço você estaria disposto a pagar nessa situação?
d. Comparando suas respostas com (a) e (c), o que você conclui sobre a relação entre o prêmio de risco exigido sobre uma carteira e o preço pelo qual carteira será vendida?

Para os Problemas 12 a 16, suponha que você gerencie uma carteira de risco com uma taxa de retorno esperada de 17% e um desvio padrão de 27%. A taxa de letras do Tesouro é 7%.

12. Seu cliente resolve investir 70% de uma carteira em seu fundo e 30% em um fundo de letras do Tesouro do mercado monetário. (OA 5.3)
    a. Qual o retorno esperado e o desvio padrão da carteira de seu cliente?
    b. Suponha que sua carteira de risco inclua as seguintes porcentagens de investimento:

Ação A	27%
Ação B	33%
Ação C	40%

    Quais são as porcentagens de investimento da carteira geral de seu cliente, incluindo a posição em letras do Tesouro?
    c. Qual o índice de recompensa/volatilidade (S) de sua carteira de risco e da carteira geral de seu cliente?
    d. Trace a CAL de sua carteira em um diagrama de retorno esperado/desvio padrão. Qual a inclinação da CAL? Mostre a posição de seu cliente na CAL de seu fundo.

13. Suponhamos que o mesmo cliente do problema anterior decida investir em sua carteira de risco uma porcentagem (y) do total do orçamento de investimento do qual ele dispõe para que assim sua carteira geral tenham uma taxa de retorno esperada de 15%. (OA 5.3)
    a. Qual a porcentagem de y?
    b. Quais são as porcentagens de investimento de seu cliente nas três ações e no fundo de letras do Tesouro?
    c. Qual o desvio padrão da taxa de retorno da carteira de seu cliente?

14. Suponhamos que o mesmo cliente do problema anterior prefira investir em sua carteira uma porcentagem (y) que maximize o retorno esperado sobre a carteira geral desde que o desvio padrão dessa carteira não seja superior a 20%. (OA 5.3)
    a. Qual a porcentagem de investimento, y?
    b. Qual a taxa de retorno esperada sobre a carteira geral?

15. Você avalia que uma carteira passiva investida para reproduzir o índice de ações S&P 500 oferece uma taxa de retorno esperada de 13% com um desvio padrão de 25%. Trace a CML e a CAL de seu fundo em um diagrama de retorno esperado/desvio padrão. (OA 5.4)
    a. Qual a inclinação da CML?
    b. Descreva um breve parágrafo a vantagem de seu fundo sobre o fundo passivo.

16. Seu cliente (consulte o problema anterior) pondera sobre se deve transferir para a carteira passiva os 70% investidos em seu fundo. (OA 5.4)
    a. Explique ao seu cliente a desvantagem dessa mudança.
    b. Demonstre ao seu cliente que a taxa máxima que você poderia cobrar (como uma porcentagem do investimento em seu fundo deduzida no final do ano) ainda assim o deixaria pelo menos tão bem investindo em seu fundo quanto no fundo passivo. (*Dica*: A taxa diminuirá a inclinação da CAL de seu cliente ao diminuir o retorno líquido esperado da taxa.)

17. O que você acha que poderia ocorrer com o retorno esperado sobre as ações se os investidores percebessem um aumento na volatilidade das ações? (OA 5.4)

18. Você gerencia um fundo de ações que tem um prêmio de risco esperado de 10% e um desvio padrão de 14%. A taxa de retorno sobre as letras do Tesouro é 6%. Seu cliente resolve investir US$ 60.000 de sua carteira em seu fundo de ações e US$ 40.000 em fundo de letras do Tesouro do mercado monetário. Qual o retorno esperado e o desvio padrão do retorno na carteira de seu cliente? (OA 5.3)

19. Qual o índice de recompensa/volatilidade do *fundo de ações* no problema anterior? (OA 5.4)

Para os Problemas 20 a 22, baixe a planilha que contém os dados da Tabela 5.2, "Rates of return, 1926-2010" ("Taxas de retorno, 1926-2010"), em <www.grupoa.com.br>.

20. Calcule as mesmas médias e desvios padrão para ações de baixa capitalização que a Tabela 5.4 deste livro apresenta para ações de alta capitalização. (OA 5.2)

    a. As ações de baixa capitalização ofereceram um índice de recompensa/volatilidade melhor do que as de alta capitalização?

    b. As ações de baixa capitalização mostram um desvio padrão mais alto no primeiro subperíodo semelhante ao documentado para as ações de alta capitalização na Tabela 5.4?

21. Converta os retornos nominais sobre ações de alta e baixa capitalização em taxas reais. Reproduza a Tabela 5.4 utilizando taxas reais em vez de retornos em excesso. Compare os resultados com aqueles da Tabela 5.4. (OA 5.1)

22. Repita o problema anterior para ações de baixa capitalização e compare com os resultados para taxas nominais. (OA 5.1)

Difícil

23. Baixe os retornos anuais dos mercados associados NYSE/Nasdaq/Amex e também do S&P 500 no Material On-line, no *site* <www.grupoa.com.br>. Para ambos os índices, calcule: (OA 5.2)

    a. Retorno médio.
    b. Desvio padrão do retorno.
    c. Inclinação do retorno.
    d. Curtose do retorno.
    e. O valor em risco de 5%.
    f. Com base em suas respostas nas partes (*b*)-(*e*), compare o risco dos dois índices.

Questões CFA

1. Uma carteira de ações que não paga dividendos obteve um retorno médio geométrico de 5% en 1º de janeiro de 2005 e 31 de dezembro de 2011. O retorno médio aritmético referente ao mesmo período foi 6%. Se o valor de mercado da carteira no início de 2005 era US$ 100.000, qual era o valor de mercado da carteira no final de 2011? (OA 5.1)

2. Qual ou quais das seguintes afirmações é/são *verdadeira(s)*? Desvio padrão: (OA 5.2)

    a. É a raiz quadrada da variância.
    b. É denominada nas mesmas unidades que os dados originais.
    c. Pode ser um número positivo ou negativo.

3. Qual das seguintes afirmações reflete a importância da decisão sobre alocação de ativos para o processo de investimento? A decisão sobre alocação de ativos: (OA 5.3)

    a. Ajuda o investidor a determinar metas de investimento realistas.
    b. Identifica os títulos específicos que serão incluídos em uma carteira.
    c. Determina a maioria dos retornos e volatilidade da carteira ao longo do tempo.
    d. Cria um padrão como base para determinar um horizonte de tempo apropriado.

Utilize os dados a seguir para responder as Questões CFA 4-6.

Investimento	Retorno esperado, $E(r)$	Desvio padrão, σ
1	0,12	0,30
2	0,15	0,50
3	0,21	0,16
4	0,24	0,21

A "satisfação" do investidor com a carteira aumenta com o retorno esperado e diminui com a variância, de acordo com a fórmula de "utilidade": $U = E(r) - 1/2A\sigma^2$, onde $A = 4$.

4. Com base na fórmula para a satisfação do investidor ou de "utilidade", que investimento você escolheria se fosse avesso ao risco, com $A = 4$? (OA 5.4)
5. Com base na fórmula anterior, que investimento você escolheria se fosse neutro em relação ao risco? (OA 5.4)
6. A variável (A) na fórmula de utilidade representa: (OA 5.4)
    a. Exigência de retorno do investidor.
    b. Aversão ao risco do investidor.
    c. Taxa de certeza equivalente da carteira.
    d. Preferência por uma unidade de retorno por quatro unidades de risco.

Utilize a análise de cenário a seguir, referente às ações X e Y, para responder as Questões CFA de 7 a 9.

	Mercado em baixa	Mercado normal	Mercado em alta
Probabilidade	0,2	0,5	0,3
Ação X	–20%	18%	50%
Ação Y	–15%	20%	10%

7. Quais os retornos esperados para as ações X e Y? (OA 5.2)
8. Quais os desvios padrão dos retornos sobre as ações X e Y? (OA 5.2)
9. Suponha que, de sua carteira de US$ 10.000, você invista US$ 9.000 na ação X e US$ 1.000 na ação Y. Qual será o retorno esperado de sua carteira? (OA 5.3)
10. As probabilidades referentes às três situações econômicas e as probabilidades referentes aos retornos sobre determinada ação em cada situação são mostradas na tabela a seguir.

Situação da economia	Probabilidade da situação econômica	Desempenho das ações	Probabilidade de desempenho das ações na situação econômica em questão
Boa	0,3	Bom	0,6
		Neutro	0,3
		Ruim	0,1
Neutra	0,5	Bom	0,4
		Neutro	0,3
		Ruim	0,3
Ruim	0,2	Bom	0,2
		Neutro	0,3
		Ruim	0,5

Qual a probabilidade de a economia ser neutra e de a ação ter um desempenho ruim? (OA 5.2)

11. Um analista avalia que uma ação apresenta as seguintes probabilidades de retorno, dependendo da situação da economia. Qual o retorno esperado da ação? (OA 5.2)

Situação da economia	Probabilidade	Retorno
Boa	0,1	15%
Normal	0,6	13
Ruim	0,3	7

WEB master

1. Utilize os dados do <finance.yahoo.com> para responder as questões a seguir.
    a. Escolha a guia Company (Empresa) e insira o símbolo de cotação "ADBE". Clique na guia *Profile* (Perfil) para obter uma visão geral da empresa.

b. Qual o último preço divulgado na seção *Summary* (Resumo)? Qual o preço pretendido em 12 meses? Calcule o retorno esperado do período de manutenção do investimento com base nesses preços.

c. Utilize a seção *Historical Prices* (Preços Históricos) para responder a pergunta: "Quanto eu teria hoje se tivesse investido US$ 10.000 na ADBE há cinco anos?". Utilizando essas informações, calcule o retorno do período de manutenção do investimento de cinco anos sobre as ações da Adobe.

2. Na guia *Historical Prices*, baixe os preços de ação ajustados aos dividendos da Adobe referentes aos últimos 24 meses em uma planilha Excel. Calcule a taxa de retorno mensal de cada mês, o retorno médio e o desvio padrão dos retornos ao longo desse período.

3. Calcular a taxa real de retorno é importante para avaliar o desempenho de um investimento. Para isso, você precisa conhecer o retorno nominal sobre seu investimento e a taxa de inflação durante o período correspondente. Para avaliar a taxa real de retorno esperada antes de fazer o investimento, você pode utilizar o rendimento prometido e a taxa de inflação esperada.

a. Visite <www.bankrate.com> e clique na guia *CDs and Investments* (CDs e Investimentos). Utilizando a caixa *Compare CDs & Investment Rates* (Comparar CDs e Taxas de Investimento), encontre a taxa média de CD de um ano de vários bancos do país (essas taxas serão nominais).

b. Utilize o *site* do Federal Reserve de St. Louis em <research.stlouisfed.org/fred2> como fonte de dados sobre a inflação esperada. Busque "MICH inflation" (Inflação de MICH), que lhe oferecerá a série de dados sobre expectativa de inflação da Universidade de Michigan (University of Michigan Inflation Expectation – MICH). Clique no *link View Data* (Visualizar Dados) e encontre o último ponto de dados disponível. Qual a taxa de inflação esperada para o ano seguinte?

c. Com base em suas respostas nas partes (*a*) e (*b*), calcule a taxa real de retorno esperada de um investimento de um ano em CD.

d. O que o resultado lhe diz sobre as taxa reais de juros? Elas são positivas ou negativas? E o que isso significa?

Soluções para as Revisões de CONCEITOS

5.1 a. A média aritmética é $(2 + 8 - 4)/3 = 2\%$ por mês.

b. A média (geométrica) ponderada pelo tempo é
$[(1 + 0{,}02) \times (1 + 0{,}08) \times (1 - 0{,}04)]^{1/3} - 1 = 0{,}0188 = 1{,}88\%$ por mês.

c. Calculamos a média ponderada pelo dólar (IRR) da sequência de fluxos de caixa (em milhões de US$):

	Mês		
	1	2	3
Ativos sob gestão no início do mês	10	13,2	19,256
Lucros do investimento durante o mês (HPR × ativos)	0,2	1,056	(0,77)
Entradas líquidas durante o mês	3	5	0
Ativos sob gestão no fim do mês	13,2	19,256	18,486

	Tempo			
	0	1	2	3
Fluxo de caixa líquido*	–10	–3	–5	+18,486

* Tempo 0 é hoje. Tempo 1 é o final do primeiro mês. Tempo 3 é o final do terceiro mês, quando o fluxo de caixa líquido é igual ao valor final (possível valor de liquidação) da carteira.

A IRR da sequência de fluxos de caixa líquidos é 1,17% por mês.

A média ponderada pelo dólar é inferior à média ponderada pelo tempo porque o retorno negativo foi obtido quando o fundo tinha a maior parte do dinheiro sob gestão.

5.2 a. Calculando o HPR de cada cenário, convertemos os dados de preço e dividendos em dados de taxa de retorno:

Cenário	Probabilidade	Valor final (milhões de US$)	Dividendos (milhões de US$)	HPR	HPR × probabilidade	Desvio: HPR-média	Probabilidade × desvio ao quadrado
1	0,30	35	4,40	0,713	0,214	0,406	0,049
2	0,45	27	4	0,348	0,157	0,040	0,001
3	0,20	15	4	−0,174	−0,035	−0,481	0,046
4	0,05	8	2	−0,565	−0,028	−0,873	0,038
Soma:					0,307		0,135

HPR esperado = 0,307 = 30,7%.

Variância = 0,135.

Desvio padrão = $\sqrt{0,135} = 0,367 = 36,7\%$

VaR de 5% = −56,5%.

Para a distribuição normal correspondente, o VaR seria 30,7% − 1,64485 × 36,7% = −29,67%.

b. Com 36 retornos, 5% da amostra seria 0,05 × 36 = 1,8 observação. O pior retorno é −17% e o segundo pior é −5%. Utilizando a interpolação, calculamos o retorno do quinto percentil como:

$$-17\% + 0,8[-5\% - (-17\%)] = -7,4\%$$

5.3 a. Se o investidor médio escolher a carteira S&P 500, o degrau implícito de aversão ao risco será dado pela Equação 5.13:

$$A = \frac{0,10 - 0,05}{0,18^2} = 1,54$$

b. $S = \dfrac{10 - 5}{18} = 0,28$

5.4 O retorno em excesso médio do período de 1926-1934 é 3,56% (abaixo da média histórica) e o desvio padrão (utilizando $n - 1$ graus de liberdade) é 32,55% (acima da média histórica). Esses resultados refletem a severa retração econômica da Grande Depressão e a volatilidade extraordinariamente alta nesse período.

5.5 a. Resolvendo:

$$1 + R = (1 + r)(1 + i) = (1,03)(1,08) = 1,1124$$
$$R = 11,24\%$$

b. Resolvendo:

$$1 + R = (1,03)(1,10) = 1,133$$
$$R = 13,3\%$$

5.6 $E(r) = 7 + 0,75 \times 8\% = 13\%$

$\sigma = 0,75 \times 22\% = 16,5\%$

Prêmio de risco = 13 − 7 = 6%

$$\frac{\text{Prêmio de risco}}{\text{Desvio padrão}} = \frac{13 - 7}{16,5} = 0,36$$

CAPÍTULO 6
Diversificação eficiente

Objetivos de aprendizagem:

OA6.1 Mostrar como a covariância e a correlação afetam o poder de diversificação para diminuir o risco de carteira.

OA6.2 Calcular a média, a variância e a covariância utilizando dados históricos ou análise de cenário.

OA6.3 Construir carteiras eficientes e utilizar o índice de Sharpe para avaliar a eficiência.

OA6.4 Calcular a composição da carteira de risco ótima.

OA6.5 Utilizar modelos de índice para analisar as características de risco e retorno de títulos e carteiras.

Neste capítulo, mostraremos como os investidores podem construir a melhor carteira de risco possível. O principal conceito é a diversificação eficiente.

O conceito de diversificação é milenar. O ditado "Não ponha todos os ovos em uma única cesta" obviamente é mais antigo do que a teoria econômica formal. Entretanto, um modelo rigoroso sobre como tirar o máximo proveito do poder da diversificação só foi criado em 1952, um feito pelo qual Harry Markowitz acabou ganhando o Prêmio Nobel de Economia. Este capítulo baseia-se largamente no trabalho de Markowitz, bem como em constatações posteriores fundamentadas nesse trabalho.

Começamos como uma visão panorâmica sobre como a diversificação diminui a variabilidade dos retornos das carteiras. Posteriormente, abordamos a construção de carteiras de risco ótimas, adotando uma abordagem descendente, que se inicia com a alocação de ativos em um pequeno conjunto de classes amplas de ativos, ações, obrigações e títulos do mercado monetário. Em seguida, mostramos como os princípios da alocação ótima de ativos podem ser generalizados facilmente com o objetivo de solucionar o problema da escolha de títulos entre vários ativos de risco. Analisamos o conjunto eficiente de carteiras de risco e mostramos como ele nos possibilita realizar a melhor alocação de capital possível. Por último, mostramos como os modelos de índice de retorno dos títulos podem simplificar a busca de carteiras eficientes e a interpretação das características de risco de ativos individuais.

A última seção examina a falácia comum de que os horizontes de investimento de longo prazo diminuem o impacto do risco dos ativos. Defendemos que a crença comum na "diversificação temporal" na verdade é uma ilusão, e não uma diversificação real.

6.1. DIVERSIFICAÇÃO E RISCO DE CARTEIRA

Suponhamos que você tenha em sua carteira de risco ações de uma única empresa – por exemplo, da Dell Computers. Quais são as fontes de risco que afetam essa "carteira"?

Podemos identificar duas grandes fontes de incerteza. A primeira é o risco relacionado com as condições econômicas gerais, como ciclos econômicos, inflação, taxas de juros, taxas de câmbio etc. Nenhum desses fatores macroeconômicos podem ser previstos com certeza e todos afetam as ações da Dell. Portanto, é necessário acrescentar a isso as influências específicas da empresa, como o sucesso da Dell em P&D, seu estilo e filosofia de administração etc. Os fatores específicos à empresa são aqueles que afetam a Dell sem afetar visivelmente outras empresas.

Pense agora em acrescentar outro título em sua carteira de risco. Se você investir metade de sua carteira de risco na ExxonMobil, mantendo a outra metade em ações da Dell, o que acontecerá com a carteira de risco? Como as influências específicas à empresa sobre as duas ações são diferentes (em termos estatísticos, as influências são independentes), essa estratégia pode diminuir o risco de carteira. Por exemplo, quando o preço do petróleo cai e prejudica a ExxonMobil, o preço dos computadores pode aumentar e contribuir para a Dell. Os dois efeitos são contrabalançados, e isso estabiliza o retorno da carteira.

Mas por que ficarmos apenas com dois grupos de ações? A diversificação em vários outros títulos continuaria diminuindo a exposição a fatores específicos à empresa e, portanto, a volatilidade da carteira poderia continuar diminuindo. Entretanto, em última análise, não há nenhuma maneira de evitar todos os riscos. Na medida em que praticamente todos os títulos são afetados por fatores macroeconômicos comuns (de risco), não podemos eliminar a exposição ao risco econômico geral, independentemente do número de ações que mantivermos.

A Figura 6.1 mostra esses conceitos. Quando todos os riscos são específicos à empresa, tal como na Figura 6.1A, a diversificação diminui o risco para níveis baixos. Quando as fontes de risco são independentes, e o investimento é distribuído entre diversos títulos, a exposição a qualquer fonte de risco específica é insignificante. Essa é uma aplicação da lei dos grandes números. A redução do risco para níveis muito baixos em virtude de fontes de risco independentes é chamada de *princípio do seguro*.

Contudo, quando uma fonte de risco comum afeta todas as empresas, mesmo uma ampla diversificação não consegue eliminar todo o risco. Na Figura 6.1B, o desvio padrão da carteira diminui à medida que o número de títulos aumenta, mas não é reduzido a zero. O risco remanescente após a diversificação é chamado de **risco de mercado**, que é atribuível a fontes de risco do mercado geral, ou **risco sistemático** ou **risco não diversificável**. O risco que *pode* ser eliminado pela diversificação é chamado de **risco exclusivo**, **risco específico à empresa**, **risco não sistemático** ou **risco diversificável**.

Essa análise é respaldada por estudos empíricos. A Figura 6.2 mostra o efeito da diversificação de carteira, utilizando dados sobre ações da NYSE, bem como os desvios padrão médios e carteiras igualmente ponderadas, construídas por meio da escolha aleatória de ações em função do número de ações na carteira. Em média, o risco de carteira diminui com a diversificação, mas o poder da diversificação de diminuir o risco é limitado por fontes de risco comuns. O quadro "Perigo: Carteira com Alto Nível de Ações do Empregador", evidencia os perigos possíveis quando se negligencia a diversificação.

Com base nessa discussão, vale a pena ressaltar que as condições macroeconômicas gerais dos Estados Unidos não mudam paralelamente às de outros países. A diversificação internacional pode diminuir ainda mais o risco de carteira, mas nesse caso também os fatores econômicos e políticos globais que afetam todos os países em graus variados restringirão a proporção pela qual o risco pode ser reduzido.

risco de mercado, risco sistemático, risco não diversificável
Fatores de risco comuns em toda a economia.

risco exclusivo, risco específico à empresa, risco não sistemático, risco diversificável
Risco que pode ser eliminado por meio de diversificação.

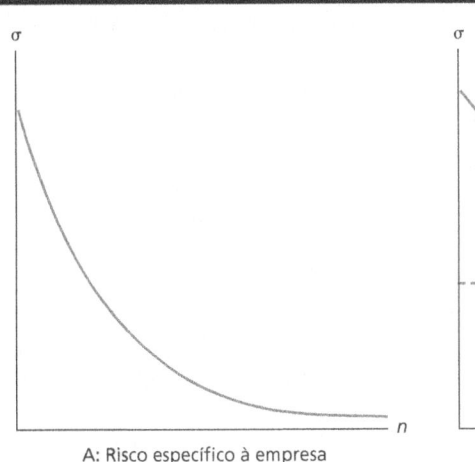

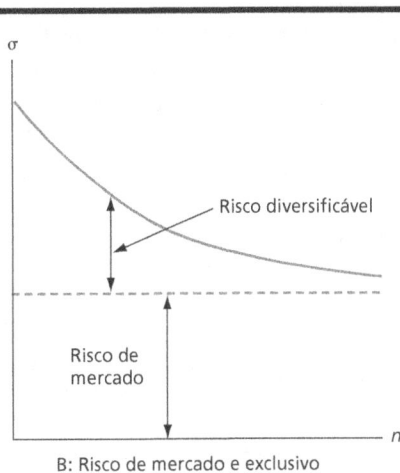

FIGURA 6.1
Risco de carteira em função do número de ações na carteira.

Na frente de batalha do MERCADO

PERIGO: CARTEIRAS COM ALTO NÍVEL DE AÇÕES DO EMPREGADOR

P: Tenho 48 anos de idade e em torno de 90% do meu plano de aposentadoria 401(k) está investido em ações da empresa em que trabalho e o restante em um fundo de ações internacionais. Gostaria de diversificar mais, mas não sei o que escolher. Alguma sugestão?

R: Diversificar mais? Isso é um eufemismo. Meu amigo, você precisa remodelar completamente sua carteira 401(k).

Obviamente, o problema gritante é a imensa concentração de sua carteira em ações de sua empresa. Geralmente recomendo que, desde que você tenha ações de seu empregador no plano 401(k), o restrinja a mais ou menos 10% do valor de sua conta.

O problema é que, assim que você ultrapassa um pequeno nível de investimento em ações da empresa em que trabalha – ou em ações de qualquer empresa no que tange a isso –, você aumenta consideravelmente o risco de sua carteira de duas formas.

Primeiro, você corre o risco de sua empresa simplesmente entrar em colapso da noite para o dia e dizimar o valor das ações (e com isso o equilíbrio de seu 401(k)). Entretanto, mesmo que isso não ocorra, existe outro risco: maior volatilidade. Normalmente, uma carteira com ações de uma única empresa é de duas a três vezes mais volátil do que uma carteira diversificada. E quando você carrega seu 401(k) com ações de uma única empresa, o valor de sua conta corre o risco de sofrer oscilações maiores.

Em resumo, o retorno provável que obtenha com o investimento em ações de sua empresa não compensa adequadamente o risco que você está assumindo.

Desse modo, voltando à questão de diversificar mais, basicamente você precisa reconstruir sua carteira do zero para que tenha não apenas uma ampla variedade de ações, mas também de obrigações. Com relação aos investimentos que você deve escolher na lista de seu 401(k), recomendaria o máximo possível de fundos de baixo custo e particularmente fundos de índice, quando houver.

Fonte: Walter Updegrave, "Danger: High Levels of Company Stock", <http://money.cnn.com<, 19 de janeiro de 2009. Copyright © 2009 Time Inc. Informações utilizadas com autorização.

FIGURA 6.2
O risco de carteira diminui à medida que a diversificação aumenta.

Fonte: Meir Statman, "How Many Stocks Make a Diversified Porfolio?", *Journal of Financial and Quantitative Analysis*, 22, setembro de 1987.

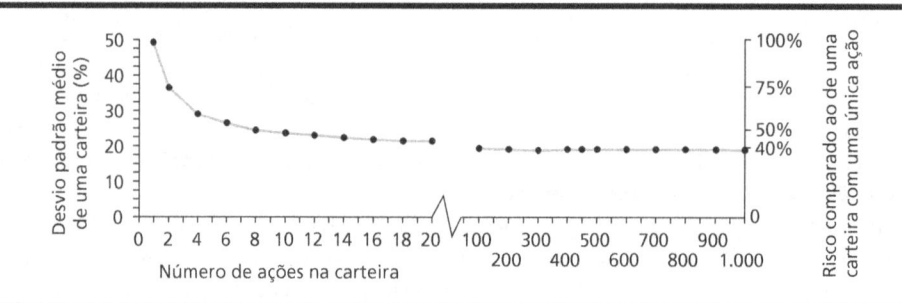

6.2. ALOCAÇÃO DE ATIVOS COM DOIS ATIVOS DE RISCO

No Capítulo 5, analisamos o processo de decisão sobre alocação de capital, que proporção da carteira deve ser alocada a títulos isentos de risco *versus* à carteira de risco. É óbvio que os investidores precisam escolher a composição exata da carteira de risco. Em um processo descendente, o primeiro passo seria a decisão com relação à alocação de ativos. Tal como enfatiza o quadro "Cuide Primeiro das Necessidades de Alocação de Ativos", a maioria dos profissionais de investimento reconhece que essa decisão deve preceder a escolha de ações específicas.

Analisamos primeiro a alocação de ativos entre dois ativos de risco, continuando a presumir que sejam um fundo de obrigações e um fundo de ações. Assim que compreendermos as características das carteiras com dois ativos de risco, reintroduziremos a opção do ativo isento de risco. Isso completará o problema da alocação de ativos entre as três principais classes de ativos: ações, obrigações e letras do Tesouro. A construção de carteiras eficientes com vários ativos de risco decorre diretamente desse exercício de alocação de ativos.

Covariância e correlação

Para construir de forma ótima uma carteira de ativos de risco, precisamos compreender como as incertezas dos retornos dos ativos interagem. Um determinante fundamental de risco de carteira é o grau segundo o qual os retornos variam concomitantemente ou em direção oposta. O risco da carteira depende da *covariância* entre os retornos sobre os ativos da carteira. Podemos ver o motivo por meio de uma análise de cenário simples.

A análise de cenário na Planilha 6.1 pressupõe quatro possíveis cenário para a economia: recessão severa, recessão moderada, crescimento normal e *boom*. O desempenho das ações

Na frente de batalha do **MERCADO**

CUIDE PRIMEIRO DAS NECESSIDADES DE ALOCAÇÃO DE ATIVOS

Se você deseja construir uma carteira de fundos mútuos de alto desempenho, primeiro você deve procurar os fundos de alto desempenho, certo?

Errado.

Inúmeros investidores começam a procurar entusiasmadamente fundos de primeira qualidade sem antes estabelecer uma estratégia geral para a carteira. O resultado? Esses investidores acabam ficando com uma miscelânea de fundos que não contribuem em nada para uma carteira apropriada.

Então o que você deve fazer? Diante de milhares de opções de fundos de ações, de obrigações e do mercado monetário, não seria possível analisar todos os fundos disponíveis. Em vez disso, para que esse confuso conjunto de títulos disponíveis faça sentido, você deve primeiro escolher a combinação básica de fundos de ações, obrigações e do mercado monetário que você deseja ter. Isso é o que os especialistas chamam de "alocação de ativos".

A alocação de ativos tem grande influência sobre o desempenho de sua carteira. Quanto mais você tiver em ações, mais alto será seu provável retorno de longo prazo.

Entretanto, com esse retorno possivelmente maior das ações ocorrem oscilações de curto prazo mais acentuadas no valor da carteira. Por esse motivo, é aconselhável incluir uma dose saudável de fundos de obrigações e do mercado monetário, particularmente se você for um investidor cauteloso ou precisar obter dinheiro de sua carteira em um futuro próximo.

Assim que você se decidir sobre a combinação de ativos a serem alocados, você deve escolher que tipo de ação, obrigação e fundo do mercado monetário deseja ter. Isso é especialmente importante com relação à proporção de ações de sua carteira. Uma alternativa para impedir as oscilações de preço em sua carteira de ações é distribuir seu dinheiro entre ações de alta capitalização, baixa capitalização e estrangeiras.

Você poderia diversificá-la ainda mais se, ao investir em ações de grandes e pequenas empresas dos Estados Unidos, tivesse ações de crescimento com vendas ou ganhos rápidos e crescentes e também ações de valor reduzido que são baratas em comparação com os ativos ou ganhos corporativos.

De modo semelhante, com relação às ações estrangeiras, você poderia aumentar ainda mais a diversificação investindo em mercados estrangeiros, como França, Alemanha e Japão e também em mercados emergentes, como Argentina, Brasil e Malásia.

Fonte: Texto resumido de Jonathan Clements, "It Pays for You to Take Care of Asset-Allocation Needs Before Latching onto Fads", *The Wall Street Journal*, 6 de abril de 1998. Reimpresso com permissão do *The Wall Street Journal*, © 1998 Dow Jones & Company, Inc. Todos os direitos reservados mundialmente.

---

acompanha e economia geral, retornando, respectivamente, –37%, –11%, 14% e 30% nos quatro cenários. Em contraposição, as obrigações têm melhor desempenho em um cenário de recessão moderada, retornando 15% (visto que as taxas de juros decrescentes geram ganhos de capital), e um cenário de crescimento normal, em que o retorno é de 8%. Elas sofrem com inadimplências na recessão severa, gerando um retorno negativo, –9%, e com a inflação no cenário de *boom*, no qual o retorno é de 25%. Observe que as obrigações superam o desempenho das ações na recessão moderada e na recessão severa. Nos cenários de crescimento normal e *boom*, as ações superam as obrigações.

O retorno esperado de cada fundo é igual à média ponderada pela probabilidade dos resultados dos quatro cenários. A última linha da Planilha 6.1 mostra que o retorno esperado do fundo de ações é 10% e que o do fundo de obrigações é 5%. A variância é a média ponderada pela probabilidade do desvio ao quadrado do retorno real em relação ao retorno esperado; o desvio padrão é a raiz quadrada da variância. Esses valores são calculados na Planilha 6.2.

E quanto às características de risco e retorno de uma carteira composta de fundos de ações e obrigações? O retorno da carteira é a média ponderada dos retornos de cada fundo com pesos iguais à proporção da carteira investida em cada fundo. Suponhamos que formemos uma carteira com 40% de investimento no fundo de ações e 60% no fundo de obrigações. Desse

---

PLANILHA 6.1 Expectativas do mercado de capitais em relação aos fundos de ações e obrigações

eXcel
Acesse grupoa.com.br

	A	B	C	D	E	F
1			Fundo de ações		Fundo de obrigações	
2	Cenário	Probabilidade	Taxa de retorno	Coluna B × Coluna C	Taxa de retorno	Coluna B × Coluna E
3	Recessão severa	0,05	–37	–1,9	–9	–0,45
4	Recessão moderada	0,25	–11	–2,8	15	3,8
5	Crescimento normal	0,40	14	5,6	8	3,2
6	Boom	0,30	30	9	–5	–1,5
7	Retorno esperado ou médio:			SOMA: 10		SOMA: 5

modo, o retorno da carteira em cada cenário será a média ponderada dos retornos dos dois fundos. Por exemplo:

Retorno de carteira em uma recessão moderada = 0,40 × (−11%) + 0,60 × 15% = 4,6%

Isso aparece na célula C6 da Planilha 6.3.

A Planilha 6.3 mostra a taxa de retorno da carteira em cada cenário. Observe que ambos os fundos sofrem em uma recessão severa e, por isso, a carteira também experimenta uma perda considerável de 20,2%. Essa é uma manifestação do risco sistemático que afeta um amplo espectro de títulos. Houve cinco quedas de mais de 25% no índice S&P 500 nos últimos 86 anos (1930, 1931, 1937, 1974 e 2008), cerca de uma queda a cada 17 anos. Para evitar perdas nessas consequências extremas seria necessário devotar grande proporção da carteira a investimentos isentos de risco (baixo retorno) ou a seguros de carteira (caros) (isso será analisado no Capítulo 6). Eventos extremos como a recessão severa são responsáveis pelo alto desvio padrão das ações, 18,63%, e mesmo das obrigações, 8,27%. Contudo, o desvio padrão geral da carteira diversificada, 6,65%, é consideravelmente menor do que o das ações e ainda menor do que o das obrigações.

O baixo risco da carteira deve-se à relação inversa entre o desempenho do fundo de ações e o do fundo de obrigações. Em uma recessão moderada, as ações têm um mau desempenho, mas isso é compensado pelo alto retorno positivo do fundo de obrigações. Em contraposição, no cenário de *boom*, o preço das obrigações cai, mas as ações se saem muito bem. Observe que, embora o retorno esperado da carteira seja apenas a média ponderada do retorno esperado dos dois ativos, *o desvio padrão da carteira na verdade é inferior ao retorno de ambos os fundos componentes.*

O risco da carteira diminui mais quando os retornos dos dois ativos se compensam de forma mais fiel. Portanto, uma pergunta natural que os investidores devem fazer é de que forma é

PLANILHA 6.2 Variância dos retornos

	A	B	C	D	E	F	G	H	I	J
1					Fundo de ações			Fundo de obrigações		
2				Desvio				Desvio		
3			Taxa	do		Coluna B	Taxa	do		Coluna B
4			de	retorno	Desvio ao	×	de	retorno	Desvio ao	×
5	Cenário	Probabilidade	retorno	esperado	quadrado	Coluna E	retorno	esperado	quadrado	Coluna I
6	Recessão severa	0,05	−37	−47	2.209	110,45	−9	−14	196	9,80
7	Recessão moderada	0,25	−11	−21	441	110,25	15	10	100	25
8	Crescimento normal	0,40	14	4	16	6,40	8	3	9	3,60
9	Boom	0,30	30	20	400	120	−5	−10	100	30
10					Variância = SOMA	347,10			Variância:	68,40
11			Desvio padrão = RAIZ QUADRADA (Variância)			18,63			Desvio Padrão:	8,27

PLANILHA 6.3 Desempenho de uma carteira investida em fundos de ações e obrigações

	A	B	C	D	E	F	G
1				Carteira investida 40% em fundo de ações e 60% em fundo de obrigações			
2			Taxa	Coluna B	Desvio da		Coluna B
3			de	×	taxa de retorno	Desvio ao	×
4	Cenário	Probabilidade	retorno	Coluna C	esperada	quadrado	Coluna F
5	Recessão severa	0,05	−20,2	−1,01	−27,2	739,84	36,99
6	Recessão moderada	0,25	4,6	1,15	−2,4	5,76	1,44
7	Crescimento normal	0,40	10,4	4,16	3,4	11,56	4,62
8	Boom	0,30	9	2,70	2	4	1,20
9			Retorno esperado:		7	Variância:	44,26
10						Desvio padrão	6,65

possível avaliar a tendência dos retornos de dois ativos para que eles variem concomitantemente ou em direção oposta. As estatísticas que fornecem essa medida são a covariância e o coeficiente correlação.

A covariância é calculada de maneira semelhante à variância. Em vez de a diferença do retorno de um ativo em relação ao seu valor esperado ser multiplicada por ela mesma (isto é, ser elevada ao quadrado), ela é multiplicada pelo desvio do retorno do *outro* ativo em relação ao *seu* valor esperado. O sinal e a magnitude desse produto dependem de os desvios em relação à média mudarem ou não em conjunto (isto é, forem ambos positivos ou negativos nos mesmos cenários) e serem pequenos ou grandes ao mesmo tempo.

Na Planilha 6.4, começamos com o desvio do retorno de cada fundo em relação ao seu valor esperado. Para cada cenário, multiplicamos o desvio do retorno do fundo de ações em relação à sua média pelo desvio do fundo de obrigações. O produto será positivo se os retornos de ambos os ativos ultrapassarem as respectivas médias ou se ambos ficarem aquém das respectivas médias. O produto será negativo se um ativo superar seu retorno médio e o outro ficar aquém. A Planilha 6.4 mostra que o retorno do fundo de ações em uma recessão moderada fica 21% aquém de seu valor esperado, enquanto o retorno do fundo de obrigações supera sua média em 10%. Portanto, o produto dos dois desvios é –21 × 10 = –210, tal como mostrado na coluna E. O produto dos desvios será negativo se um ativo tiver um bom desempenho e o outro um mau desempenho. Será positivo se ambos os ativos tiverem bom ou mau desempenho nos mesmos cenários.

A média dos produtos ponderada pela probabilidade é denominada *covariância* e mede a tendência *média* de os retornos dos ativos variarem concomitantemente, isto é, covariarem. A fórmula de covariância dos retornos do fundo de ações e de obrigações é dada na Equação 6.1. Cada cenário nessa equação é marcado ou "indicado" por *i*. Em geral, o *i* estende-se do cenário 1 a *S* (o número total de cenários; aqui, *S* = 4). A probabilidade de cada cenário é indicada por *p(i)*.

$$\text{Cov}(r_S, r_B) = \sum_{i=1}^{S} p(i)[r_S(i) - E(r_S)][r_B(i) - E(r_B)] \quad (6.1)$$

A covariância do fundo de ações e de obrigações é calculado na penúltima linha da Planilha 6.4 utilizando a Equação 6.1. O valor negativo da covariância indica que, em média, os dois ativos variam inversamente; quanto um tem bom desempenho, o outro tem mau desempenho.

Tal como a variância, a unidade de covariância é a porcentagem ao quadrado, e é por isso que é difícil interpretar sua magnitude. Por exemplo, a covariância de –74,8 na célula F7 indica que a relação inversa entre os retornos do fundo de ações e o fundo de obrigações é considerável? É difícil dizer. Uma estatística mais fácil de interpretar é o *coeficiente de correlação*, que é a covariância dividida pelo produto dos desvios padrão dos retornos de cada fundo. Indicamos o coeficiente de correlação pela letra grega *rho*, ρ.

$$\text{Coeficiente de correlação} = \rho_{SB} = \frac{\text{Cov}(r_S, r_B)}{\sigma_S \sigma_B} = \frac{-74,8}{18,63 \times 8,27} = -0,49 \quad (6.2)$$

A correlação é um número puro e pode variar de –1 a +1. Uma correlação de –1 indica que a variação do retorno de um ativo é perfeitamente inversa em relação à do outro. Se você

PLANILHA 6.4 Covariância entre os retornos dos fundos de ações e obrigações

Acesse grupoa.com.br

	A	B	C	D	E	F
1			Desvio em relação ao retorno médio		Covariância	
2	Cenário	Probabilidade	Fundo de ações	Fundos de obrigações	Produto do desvio	Coluna B × Coluna E
3	Recessão severa	0,05	–47	–14	658	32,9
4	Recessão moderada	0,25	–21	10	–210	–52,5
5	Crescimento normal	0,40	4	3	12	4,8
6	*Boom*	0,30	20	–10	–200	–60
7				Covariância =	SOMA:	–74,8
8	Coeficiente de correlação = Covariância/(Desvio Padrão(ações)*Desvio Padrão(obrigações)) =					–0,49

fosse fazer a regressão linear do retorno de um ativo sobre o de outro, o coeficiente de correlação seria negativo e o R quadrado da regressão seria 100%, indicando uma perfeita adequação. O R quadrado é o quadrado do coeficiente de correlação e indica a porcentagem da variância de um retorno explicada pelo outro retorno. Com uma correlação de –1, você poderia prever 100% da variabilidade do retorno de um ativo se conhecesse o retorno do outro ativo. Em contraposição, uma correlação de –1 indica uma correlação positiva perfeita e também um R quadrado de 100%. Uma correlação de zero indica que os retornos nos dois ativos não estão relacionados. O coeficiente de correlação de $\rho_{SB} = 0{,}49$ na Equação 6.2 confirma a tendência de variação inversa dos retornos do fundo de ações e do fundo de obrigações. Na verdade, uma fração de $(-0{,}49)^2 = 0{,}24$ da variância das ações pode ser explicada pelos retornos das obrigações.

A Equação 6.2 mostra que, sempre que a covariância for necessária em um cálculo, podemos substituí-la pela expressão a seguir utilizando o coeficiente de correlação:

$$\text{Cov}(r_S, r_B) = \rho_{SB}\sigma_S\sigma_B \qquad (6.3)$$

Agora, podemos inferir as características de risco e retorno das carteiras de ativos de risco.

6.1 *Revisão de* **CONCEITOS**

Suponhamos que as taxas de retorno da carteira de obrigações nos quatro cenários da Planilha 6.1 são –10% em uma recessão severa, 10% em uma recessão moderada, 7% em um período normal e 2% em um *boom*. Os retornos das ações nos quatro cenários são –37%, –11%, 14% e 30%. Qual a covariância e o coeficiente de correlação entre as taxas de retorno nas duas carteiras?

Utilização de dados históricos

Vimos que o risco e o retorno da carteira dependem da média e das variâncias dos títulos componentes, bem como da covariância entre seus retornos. Uma das maneiras de obter esses dados é utilizar uma análise de cenário, tal como nas Planilhas 6.1 a 6.4. Uma alternativa usual para gerá-los é utilizar dados históricos. A ideia é que a variabilidade e a covariabilidade mudam lentamente ao longo do tempo. Portanto, se fizermos uma estimativa dessas estatísticas com base em dados recentes, ela nos oferecerá previsões úteis para um futuro próximo – talvez o mês seguinte ou o trimestre seguinte.

Nesse método, utilizamos os retornos realizados para prever as variâncias e covariâncias. As médias não podem ser previstas de maneira tão precisa com base nos retornos passados. Analisamos os retornos médios em detalhe posteriormente. A estimativa de variância é o valor médio dos desvios ao quadrado em torno da média da amostra; a estimativa de covariância é o valor médio do produto vetorial dos desvios. Observe que, tal como na análise de cenário, o foco da análise de risco recai sobre os desvios dos retornos em relação ao valor médio. Em vez de utilizar retornos médios com base na análise de cenário, utilizamos os retornos médios do período da amostra. Podemos mostrar esse método com um exemplo simples.

EXEMPLO 6.1
Utilizando dados históricos para calcular médias, desvios padrão, covariâncias e correlações

Considere dez anos de retornos para os dois fundos mútuos apresentados na planilha a seguir. Embora essa quantidade de dados seja bem menor em comparação ao que os analistas utilizariam, a título de exemplo faremos de conta que eles são adequados para calcular os retornos médios e estatísticas de risco relevantes. Na prática, os analistas utilizariam dados de maior frequência (por exemplo, dados mensais ou até diários) para calcular os coeficientes de risco e também complementariam os dados históricos com uma análise fundamentalista para prever retornos futuros.

A planilha começa com os dados brutos de retorno nas colunas B e C. Utilizamos as funções convencionais do Excel para obter os retornos médios, o desvio padrão, a covariância e a correção (consulte as linhas 18-21). Também confirmamos (na célula F14) que a covariância é o valor médio do produto de cada desvio do ativo em relação ao retorno médio.

Os retornos médios e os desvios padrão dessa planilha são semelhantes aos apresentados em nossa análise de cenário anterior. Entretanto, a correlação entre os retornos das ações e das obrigações nesse exemplo é pequena, mas positiva, o que é mais coerente com a experiência histórica do que a correlação extremamente negativa de –0,49 indicada por nossa análise de cenário.

	A	B	C	D	E	F
1		Taxas de Retorno		Desvios em relação aos retornos médios		Produtos
2	Ano	Fundo de ações	Fundo de obrigações	Fundo de ações	Fundo de obrigações	dos desvios
3	2006	30,17	5,08	20,17	0,08	1,53
4	2007	32,97	7,52	22,97	2,52	57,78
5	2008	21,04	−8,82	11,04	−13,82	−152,56
6	2009	−8,10	5,27	−18,10	0,27	−4,82
7	2010	−12,89	12,20	−22,89	7,20	−164,75
8	2011	−28,53	−7,79	−36,53	−12,79	493
9	2012	22,49	6,38	12,49	1,38	17,18
10	2013	12,58	12,40	2,58	7,40	19,05
11	2014	14,81	17,29	4,81	12,29	59,05
12	2015	15,50	0,51	5,50	−4,49	−24,70
13						
14	Média	10	5	Covariância = Produto médio dos desvios:		30,08
15	Desvio padrão	19	8	Correlação = Covariância/(desvio padrão ações* desvio padrão obrigações):		0,20
16						
17	Fórmulas do Excel					
18	Média	=media(B3:B12)				
19	Desvio padrão	=desvpadp(B3:B12)				
20	Covariância	=covar(B3:B12, C3:C12)				
21	Correlação	=correl(B3:B12, C3:C12)				
22						
23						

Dois comentários sobre o Exemplo 6.1 são oportunos. Primeiro, com base em suas aulas de estatística e no Capítulo 5, é provável que você se lembre de que, quando a variância é calculada de uma amostra de n retornos observados, é comum dividir os desvios ao quadrado por $n - 1$, e não por n. Isso porque extraímos os desvios de um retorno médio estimado, e não do retorno esperado verdadeiro (mas desconhecido); diz-se que esse procedimento ajusta a "perda de grau de liberdade". No Excel, a função DESVPADP calcula o desvio padrão fazendo a divisão por n, enquanto a função DEVPAD utiliza $n - 1$. As funções de covariância e correlação do Excel utilizam n. No Exemplo 6.1, ignoramos esse pormenor e sempre fazemos a divisão por n. Seja como for, a correção da perda de grau de liberdade é insignificante quando existem muitas observações. Por exemplo, com 60 retornos (por exemplo, cinco anos de dados mensais), a diferença entre fazer a divisão por 60 ou 59 afetará a variância ou covariância segundo um fator de 1,017 apenas.

Segundo, reiteramos a advertência sobre a confiabilidade estatística das estimativas históricas. As estimativas de variância e covariância de dados passados geralmente são previsões confiáveis (pelo menos para curto prazo). Entretanto, as previsões sobre os retornos futuros esperados oferecidos pelas médias dos retornos passados normalmente apresentam muitas interferências (isto é, são imprecisas). Nesse exemplo, utilizamos médias passadas extraídas de pequenas amostras porque nosso objetivo é demonstrar a metodologia. Na prática, os investidores profissionais investem a maior parte de seus recursos em análises macroeconômicas e de títulos para melhorar suas estimativas dos retornos médios.

Revisão de CONCEITOS 6.2

As tabelas a seguir apresentam retornos sobre vários pares de ações em diversos períodos. Na parte A, mostramos um diagrama de dispersão dos retornos no primeiro par de ações. Desenhe (ou prepare no Excel) diagramas semelhantes para os casos cases B a E. Compare seus diagramas (A-E) com a seguinte lista de coeficientes de correlação escolhendo a correlação que melhor descreva a relação entre os retornos sobre as duas ações: $\rho = -1, 0, 0{,}2, 0{,}5, 1$.

A.	% Retorno	
	Ação 1	Ação 2
	5	1
	1	1
	4	3
	2	3
	3	5

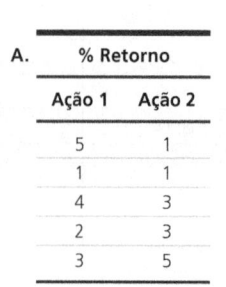

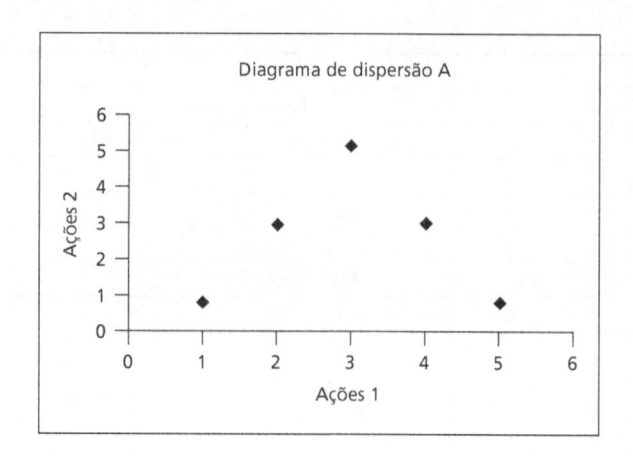

Diagrama de dispersão A

B.	% Retorno		C.	% Retorno		D.	% Retorno		E.	% Retorno	
	Ação 1	Ação 2		Ação 1	Ação 2		Ação 1	Ação 2		Ação 1	Ação 2
	1	1		1	5		5	5		5	4
	2	2		2	4		1	3		1	3
	3	3		3	3		4	3		4	1
	4	4		4	2		2	0		2	0
	5	5		5	1		3	5		3	5

As três regras das carteiras com dois ativos de risco

Suponhamos que uma proporção indicada por w_B seja investida no fundos de obrigações e o restante, $1 - w_B$, indicado por w_S, seja investido no fundo de ações. As propriedades da carteira são determinadas por três regras que controlam as combinações de variáveis aleatórias:

Regra 1: A taxa de retorno de uma carteira é a média ponderada de retornos dos títulos componentes e as proporções do investimento são dadas como pesos.

$$r_P = w_B r_B + w_S r_S \qquad (6.4)$$

Regra 2: A taxa de retorno esperada de uma carteira é média ponderada dos retornos esperados dos títulos componentes e as proporções da carteira são dadas como pesos.

$$E(r_P) = w_B E(r_B) + w_S E(r_S) \qquad (6.5)$$

As duas primeiras regras implicam que o retorno real da carteira e seu retorno médio são funções lineares dos retornos dos títulos componentes e dos pesos da carteira. Isso não se aplica à variância da carteira, tal como a terceira regra demonstra.

Regra 3: A variância da taxa de retorno em uma carteira com dois ativos de risco é:

$$\sigma_P^2 = (w_B \sigma_B)^2 + (w_S \sigma_S)^2 + 2(w_B \sigma_B)(w_S \sigma_B)\rho_{BS} \qquad (6.6)$$

onde ρ_{BS} é o coeficiente de correlação entre os retornos no fundo de ações e no fundo de obrigações. Observe que, utilizando a Equação 6.3, podemos substituir o último termo na Equação 6.6 por $2w_B w_S Cov(r_B, r_S)$.

A variância de uma carteira é a *soma* das contribuições das variâncias dos títulos componentes *mais* um termo que envolve o coeficiente de correlação (e, consequentemente, a covariância) entre os retornos dos títulos componentes. Com base na última seção, sabemos por que esse último termo surge. Quando a correlação entre os títulos componentes for pequena ou negativa, a tendência de os retornos dos dois ativos se compensarem será maior. Isso diminuirá o risco da carteira. Observe que, na Equação 6.6, a variância dessa carteira é menor quando o coeficiente de correlação é menor.

A fórmula que descreve a variância da carteira é mais complexa do que a que descreve o retorno da carteira. Entretanto, essa complexidade tem uma vantagem: uma enorme possibilidade de ganho por meio da diversificação.

Trade-off entre risco e retorno em carteiras com dois ativos de risco

Podemos avaliar os benefícios da diversificação utilizando as Regras 2 e 3 para comparar o risco e retorno esperado de uma carteira mais bem diversificada com uma referência menos diversificada. Suponhamos que um investidor estime os seguintes dados de entrada:

$$E(r_B) = 5\% \quad \sigma_B = 8\% \quad E(r_S) = 10\% \quad \sigma_S = 19\% \quad \rho_{BS} = 0{,}2$$

Atualmente, todos os recursos estão investidos no fundo de obrigações, mas o investidor pondera sobre uma carteira com 40% de investimento em ações e 60% em obrigações. Utilizando a Regra 2, o retorno esperado dessa carteira será:

$$E(r_P) = 0{,}4 \times 10\% + 0{,}6 \times 5\% = 7\%$$

o que representa um ganho de 2% em comparação a um investimento em apenas obrigações. Utilizando a Regra 3, o desvio padrão da carteira será:

$$\sigma = \sqrt{(0{,}4 \times 19)^2 + (0{,}6 \times 8)^2 + 2(0{,}4 \times 19) \times (0{,}6 \times 8) \times 0{,}2} = 9{,}76\%$$

Esse desvio é inferior à média ponderada dos desvios padrão dos componentes: $0{,}4 \times 19 + 0{,}6 \times 8 = 12{,}40\%$. A diferença de 2,64% indica os benefícios da diversificação, os quais não têm custo no sentido de que a diversificação nos possibilita obter toda a contribuição máxima do maior retorno esperado das ações e, ao mesmo tempo, manter o desvio padrão da carteira abaixo da média dos desvios padrão dos componentes.

EXEMPLO 6.2
Benefícios da diversificação

Suponhamos que investíssemos 85% em obrigações e apenas 15% em ações. Podemos construir uma carteira com um retorno esperado mais alto do que o das obrigações $(0{,}85 \times 5) + (0{,}15 \times 10) = 5{,}75\%$ e, ao mesmo tempo, um desvio padrão menor do que o das obrigações. Utilizando a Equação 6.6 novamente, descobrimos que a variância da carteira é

$$(0{,}85 \times 8)^2 + (0{,}15 \times 19)^2 + 2(0{,}85 \times 8)(0{,}15 \times 19) \times 0{,}2 = 62{,}1$$

e, de forma correspondente, que o desvio padrão é $\sqrt{62{,}1} = 7{,}88\%$, inferior ao desvio padrão tanto das obrigações quanto das ações. Adquirir um ativo mais volátil (ações) de fato diminui o risco de carteira! Esse é o poder da diversificação.

Podemos identificar as proporções de investimento que diminuirão ainda mais o risco da carteira. As proporções de minimização de risco são 90,7% em obrigações e 9,3% em ações.[1] Com essas proporções, o desvio padrão e o retorno esperado da carteira serão, respectivamente, 7,80% e 5,47%.

Essa carteira é preferível àquela considerada no Exemplo 6.2, com 15% no fundo de ações? Isso depende da preferência dos investidores, porque a carteira com a variância menor também oferece um retorno esperado menor.

O que o analista pode e deve fazer é mostrar aos investidores todo o **conjunto de oportunidades de investimento**, que representa todas as combinações possíveis de risco e retorno oferecidas pelas carteiras construídas com diferentes proporções dos ativos disponíveis. Identificamos o conjunto de oportunidades de investimento utilizando a Planilha 6.5. As colunas A e B especificam várias proporções diferentes de investimento no fundo de ações e no fundo de obrigações. As colunas seguintes apresentam o retorno esperado e o desvio padrão carteira correspondentes a cada alocação. Essas combinações de risco e retorno estão indicadas graficamente na Figura 6.3.

conjunto de oportunidades de investimento
Conjunto de combinações de risco e retorno disponíveis.

Critério de média-variância

Os investidores desejam as carteiras que se encontram "a noroeste" na Figura 6.3. Essas carteiras têm altos retornos esperados (ao "norte" da figura) e baixa volatilidade (a "oeste"). Essas

---

[1] A carteira de variância mínima minimiza a variância (e, portanto, o desvio padrão) dos retornos, independentemente do retorno esperado. A fórmula para o peso em obrigações é $w_B = \dfrac{\sigma_S^2 - \sigma_B \sigma_S \rho_{BS}}{\sigma_S^2 + \sigma_B^2 - 2\sigma_B \sigma_S \rho_{BS}}$, e o peso em estoques é $w_S = 1 - w_B$. Observe que, quando a correlação é zero, o peso de minimização da variância simplifica o índice de variância das ações/soma das variações entre ações e obrigações: $w_B = \dfrac{\sigma_S^2}{\sigma_S^2 + \sigma_B^2}$.

PLANILHA 6.5 Conjunto de oportunidades de investimento com fundos de ações e obrigações

	A	B	C	D	E
1			Dados de entrada		
2	$E(r_S)$	$E(r_B)$	σ_S	σ_B	ρ_{BS}
3	10	5	19	8	0,2
4	Pesos da carteira		Retorno esperado, $E(r_p)$		Desvio padrão
5	$w_S = 1 - w_B$	w_B	Coluna A*A3 + Coluna B*B3		(Equação 6.6)
6	−0,2	1,2	4		9,59
7	−0,1	1,1	4,5		8,62
8	0	1	5		8
9	0,0932	0,9068	5,5		7,804
10	0,1	0,9	5,5		7,81
11	0,2	0,8	6		8,07
12	0,3	0,7	6,5		8,75
13	0,4	0,6	7		9,77
14	0,5	0,5	7,5		11,02
15	0,6	0,4	8		12,44
16	0,7	0,3	8,5		13,98
17	0,8	0,2	9		15,60
18	0,9	0,1	9,5		17,28
19	1	0	10		19
20	1,1	−0,1	10,5		20,75
21	1,2	−0,2	11		22,53
22	Notas:				
23	1. Os pesos negativos indicam posições vendidas.				
24	2. Os pesos da carteira de variância mínima são calculados utilizando a fórmula da nota de rodapé 1.				

preferências significam que podemos comparar as utilizando um *critério de média-variância da seguinte maneira*: diz-se que a carteira *A* terá predominância sobre a carteira *B* se todos os investidores preferirem *A* à *B*. Isso ocorrerá se a carteira tiver um retorno médio mais alto e uma variância ou desvio padrão menor:

$$E(r_A) \geq E(r_B) \quad \text{e} \quad \sigma_A \leq \sigma_B$$

Graficamente, quando representamos o retorno esperado e o desvio padrão de cada carteira na Figura 6.3, a carteira *A* ficará a noroeste da *B*. Dada uma opção entre as carteiras *A* e *B*, *todos* os investidores escolheriam *A*. Por exemplo, o fundo de ações na Figura 6.3 prevalece sobre a carteira Z; o fundo de ações tem um retorno esperado mais alto e menor volatilidade.

Portanto, as carteiras que se encontram abaixo da carteira de variância mínima na figura podem ser rejeitadas de forma imediata por serem consideradas ineficientes. Qualquer carteira na parte descendente da curva (e isso inclui o fundo de obrigações) é "superada" pela carteira que se encontra imediatamente acima dela na parte ascendente da curva porque essa carteira tem um retorno esperado mais alto e o mesmo desvio padrão. A melhor opção entre as carteiras

FIGURA 6.3
O conjunto de oportunidades de investimento com fundos de ações e obrigações.

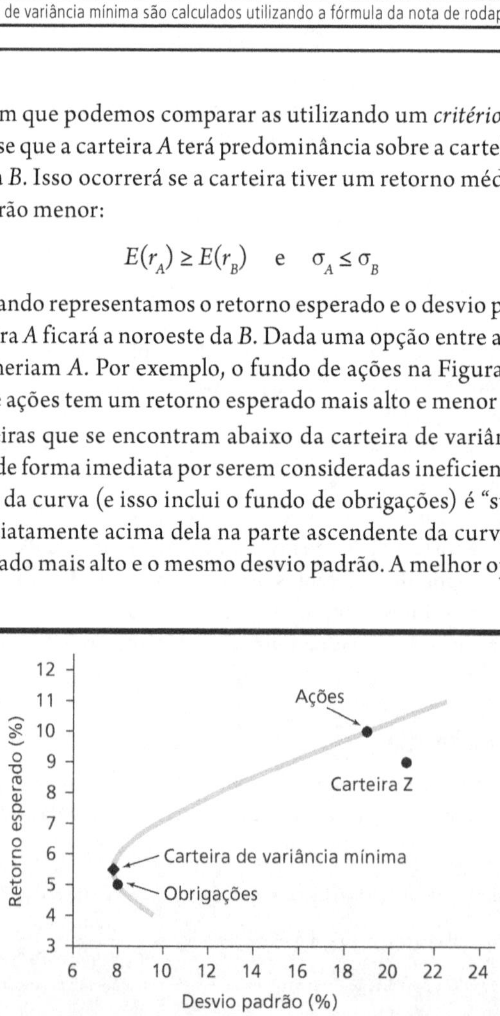

na parte ascendente da curva não é óbvia porque nessa área o retorno esperado mais alto está associado a um risco maior. Analisaremos a melhor opção quando introduzirmos o ativo isento de risco na decisão sobre a composição da carteira.

Até aqui, presumimos uma correlação de 0,2 entre os retornos das ações e das obrigações. Sabemos correlações baixas contribuem para a diversificação e que um coeficiente de correlação mais alto diminui o efeito da diversificação. Quais são as implicações de uma correlação positiva perfeita entre as obrigações e as ações?

Um coeficiente de correlação de 1 simplifica a Equação 6.6 para a variância da carteira. Se examiná-la novamente, verá que a substituição de $\rho_{BS} = 1$ nos permite "completar o quadrado" das quantidades $w_B \sigma_B$ e $w_S \sigma_S$ para obter:

$$\sigma_P^2 = w_B^2 \sigma_B^2 + w_S^2 \sigma_S^2 + 2 w_B \sigma_B w_S \sigma_S = (w_B \sigma_B + w_S \sigma_S)^2$$
$$\sigma_P = w_B \sigma_B + w_S \sigma_S$$

O desvio padrão da carteira é uma média ponderada dos desvios padrão dos títulos componentes apenas no caso especial de uma correlação positiva perfeita. Nessa circunstância, não se extrai nenhum ganho da diversificação. Tanto a média quanto o desvio padrão da carteira são médias ponderadas simples. A Figura 6.4 mostra o conjunto de oportunidades com uma correlação positiva perfeita – uma linha reta através dos títulos componentes. Nenhuma carteira pode ser descartada como ineficiente nesse caso e a escolha entre as carteiras depende apenas da aversão ao risco. No caso de uma correlação positiva perfeita, a diversificação não é eficiente.

A correlação positiva perfeita é o *único* caso em que a diversificação não oferece nenhum benefício. Sempre que $\rho < 1$, o desvio padrão da carteira será inferior à média ponderada dos desvios padrão dos títulos componentes. Portanto, *a diversificação oferecerá benefícios sempre que os retornos dos ativos não apresentarem uma correlação positiva perfeita*.

Nossa análise alcançou desde benefícios de diversificação muito atraentes ($\rho_{BS} < 0$) a nenhum benefício ($\rho_{BS} = 1$). Para ρ_{BS} nesse intervalo, os benefícios ficarão em algum ponto intermediário.

Um coeficiente de correlação realista entre as ações e obrigações, baseado em experiências históricas, na verdade gira em torno de 0,20. Os retornos esperados e os desvios padrão que presumimos até o momento também refletem a experiência histórica, e é por isso que incluímos um gráfico para $\rho_{BS} = 0,2$ na Figura 6.4. A Planilha 6.6 enumera alguns dos pontos nos vários conjuntos de oportunidades apresentados na Figura 6.4. Tal como essa figura mostra, $\rho_{BS} = 0,2$ é bem melhor para uma diversificação do que uma correlação positiva perfeita e bem pior do que uma correlação zero.

Uma correlação negativa entre um par de ativos também é possível. Quando a correlação for negativa, a diversificação oferecerá benefícios ainda maiores. Novamente, comecemos pelo extremo. Com uma correlação negativa perfeita, substituímos $\rho_{BS} = -1$ na Equação 6.6 e, para simplificá-la, completamos o quadrado:

$$\sigma_P^2 = (w_B \sigma_B - w_S \sigma_S)^2$$

e, portanto,

$$\sigma_P = \text{ABS}[w_B \sigma_B - w_S \sigma_S] \tag{6.7}$$

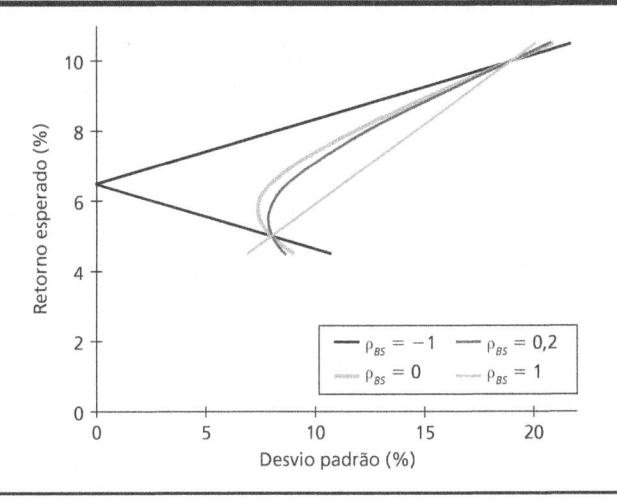

FIGURA 6.4
Conjuntos de oportunidades de investimento para obrigações e ações com vários coeficientes de correlação.

PLANILHA 6.6 Conjunto de oportunidades de investimento para ações e obrigações com vários coeficientes de correlação

	A	B	C	D	E	F	G
1		Dados de entrada					
2	$E(r_S)$	$E(r_B)$	σ_S	σ_B			
3	10	5	19	8			
4							
5	Pesos em ações	Retorno esperado da carteira	Desvio padrão da carteira[1] para a correlação dada, ρ				
6	w_S	$E(r_p) =$ Col. A*A3 + (1 – Col. A)*B3	–1	0	0,2	0,5	1
7	–0,1	4,5	10,70	9	8,62	8,02	6,90
8	0	5	8	8	8	8	8
9	0,1	5,5	5,30	7,45	7,81	8,31	9,10
10	0,2	6	2,60	7,44	8,07	8,93	10,20
11	0,3	6,5	0,10	7,99	8,75	9,79	11,30
12	0,4	7	2,8	8,99	9,77	10,83	12,40
13	0,6	8	8,20	11,84	12,44	13,29	14,60
14	0,8	9	13,60	15,28	15,60	16,06	16,80
15	1	10	19	19	19	19	19
16	1,1	10,5	21,70	20,92	20,75	20,51	20,10
17			Carteira de variância mínima[2, 3, 4, 5]				
18	w_S(mín.) = $(\sigma_B{}^2 – \sigma_B\sigma_S\rho)/(\sigma_S{}^2 + \sigma_B{}^2 – 2*\sigma_B\sigma_S\rho)$ =		0,2963	0,1506	0,0923	–0,0440	–0,7273
19		$E(r_p) = w_S$(mín.)*A3 + (1 – w_S(mín.))*B3 =	6,48	5,75	5,46	4,78	1,36
20		σ_p	0	7,37	7,80	7,97	0

eXcel
Acesse grupoa.com.br

Notas:
1. σ_p = RAIZ QUADRADA[(Col. A*C3)^2 + ((1 – Col. A)*D3)^2 + 2*Col. A*C3*(1 – Col. A)*D3*ρ]
2. O desvio padrão é calculado com base na Equação 6.6 utilizando os pesos da carteira de variância mínima:

σ_p = RAIZ QUADRADA[w_S(mín.)*C3)^2 + ((1 – w_S(mín.))*D3)^2 + 2*w_S(mín.)*C3*(1 – w_S(mín.))D3*ρ]

3. À medida que o coeficiente de correlação aumenta, a carteira de variância mínima exige uma posição menor em ações (até mesmo uma posição negativa para correlações maiores) e o desempenho dessa carteira torna-se menos atraente.
4. Observe que, com uma correlação 0,5 ou maior, a variância mínima é obtida com uma posição vendida em ações. O desvio padrão é inferior ao das obrigações, mas a média também é menor.
5. Com uma correlação positiva perfeita (coluna G), você pode levar o desvio padrão para zero assumindo uma posição vendida maior em ações. O retorno médio então passa a ser tão baixo quanto 1,36%.

O lado direito da Equação 6.7 indica o valor absoluto de $w_B\sigma_B – w_S\sigma_S$. A solução compreende um valor absoluto porque o desvio padrão não pode ser negativo.

Com uma correlação negativa perfeita, os benefícios da diversificação estendem-se ao limite. A Equação 6.7 revela as proporções que diminuirão o desvio padrão da carteira inteiramente para zero.[2] Com nossos dados, isso ocorrerá quando w_B = 70,37%. Além de apresentar um risco zero, o investimento de 29,63% em ações (em vez de investir todos os recursos em obrigações) aumentará o retorno esperado da carteira de 5% para 6,48%. É claro que dificilmente podemos esperar resultados tão atraentes na realidade.

6.3 Revisão de CONCEITOS

Suponhamos que por algum motivo você *tenha* de investir 50% de sua carteira em obrigações e 50% em ações. Utilize os dados de retorno médio e desvio padrão da Planilha 6.5 para responder as perguntas a seguir.

a. Se o desvio padrão de sua carteira for 10%, qual deverá ser o coeficiente de correlação entre os retornos das ações e das obrigações?
b. Qual a taxa de retorno esperada de sua carteira?
c. Suponha agora que a correlação entre os retornos das ações e das obrigações seja 0,22, e não o valor que você encontrou na parte (a), mas que você tem liberdade para escolher qualquer proporção de carteira que desejar. Em comparação à parte (a), você tenderá a ficar em uma situação melhor ou pior?

---

[2] A proporção de obrigações que fará o desvio padrão ser zero quando $\rho = –1$ é

$$w_B = \frac{\sigma_S}{\sigma_B + \sigma_S}$$

Compare essa fórmula com a fórmula da nota de rodapé 1 para proporções de minimização da variância quando $\rho = 0$.

6.3. CARTEIRA DE RISCO ÓTIMA COM UM ATIVO ISENTO DE RISCO

Agora, podemos ampliar o problema de alocação de ativos para incluir um ativo isento de risco. Continuaremos a utilizar os dados de entrada da Planilha 6.5. Suponhamos então que ainda estejamos limitados aos fundos de ações e obrigações de risco, mas possamos também investir em letras do Tesouro com rendimento de 3%. Quando acrescentamos o ativo isento de risco a uma carteira de risco de ações mais obrigações, o conjunto de oportunidades resultante é representado pela linha reta que chamamos de linha de alocação de capital (*capital allocation line* – CAL) no Capítulo 5. Neste momento consideramos várias CALs construídas com as letras isentas de risco e uma variedade de carteiras de risco possíveis, cada uma formada por uma combinação de fundos de ações e de obrigações em proporções alternativas.

Na Figura 6.5, começamos com o conjunto de oportunidades de ativos de risco formado apenas de fundos de obrigações e de ações. A carteira de risco com menor variância é denominada MÍN. (indicando a *carteira de variância mínima*). A $CAL_{MÍN.}$ o atravessa e mostra o equilíbrio entre risco e retorno com várias posições em letras do Tesouro e na carteira MÍN. Com base na figura, podemos ver imediatamente que poderíamos ter nos dado melhor (isto é, obtido um índice de Sharpe mais alto) utilizando a carteira A, e não a MÍN. como carteira de risco. A CAL_A tem predominância sobre a $CAL_{MÍN.}$, oferecendo um retorno esperado mais alto para qualquer nível de volatilidade. A Planilha 6.6 (consulte o painel inferior da coluna E) mostra que o retorno esperado da carteira MÍN. é 5,46% e seu desvio padrão (*standard deviation* – SD) é 7,80%. A carteira A (linha 10 na Planilha 6.6) oferece um retorno esperado de 6% com um desvio-padrão de 8,07%.

A inclinação na CAL é o índice de Sharpe da carteira de risco, isto é, o índice de retorno em excesso/desvio padrão:

$$S_P = \frac{E(r_P) - r_f}{\sigma_P} \tag{6.8}$$

Essa é a taxa de acordo com a qual o investidor pode aumentar o retorno esperado aceitando um desvio padrão de carteira mais alto. Com uma taxa de 3% para as letras do Tesouro, obtemos o índice de Sharpe das duas carteiras:

$$S_{MÍN.} = \frac{5{,}46 - 3}{7{,}80} = 0{,}32 \quad S_A = \frac{6 - 3}{8{,}07} = 0{,}37 \tag{6.9}$$

O índice mais alto da carteira A em comparação com a MÍN. indica o maior equilíbrio entre risco e retorno que ela oferece.

Mas por que pararmos na carteira A? Podemos continuar aumentando gradativamente a CAL até o momento em que ela atingir o ponto de tangência máximo com o conjunto de oportunidades de investimento. Isso deve gerar a CAL com maior índice possível de recompensa/volatilidade (Sharpe). Portanto, a tangência da carteira (O) na Figura 6.6 é a **carteira de risco ótima** para a combinação com letras do Tesouro, que pode ser definida como a carteira de risco resultante na CAL mais alto possível.

carteira de risco ótima
A melhor combinação de ativos de risco para ser misturada com ativos seguros e formar a carteira completa.

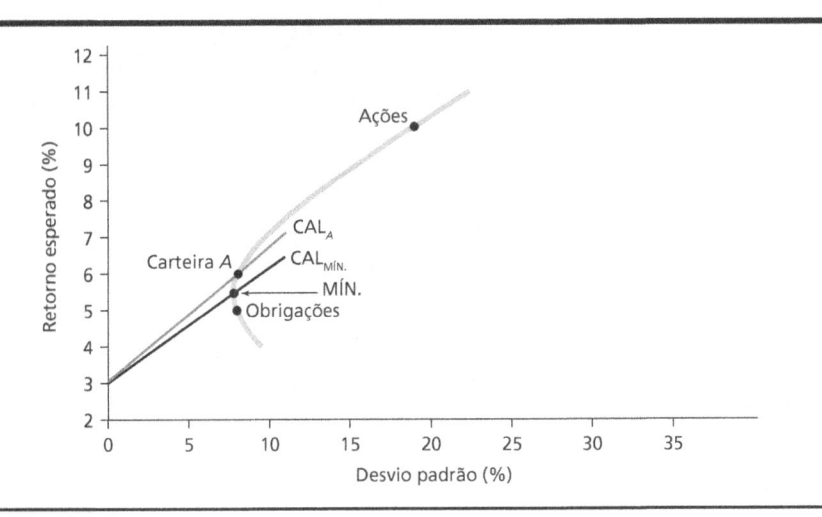

FIGURA 6.5
Conjunto de oportunidades de ações, obrigações e um ativo isento de risco com duas linhas de alocação de capital.

FIGURA 6.6 Linha otimizada de alocação de capital com obrigações, ações e letras do Tesouro.

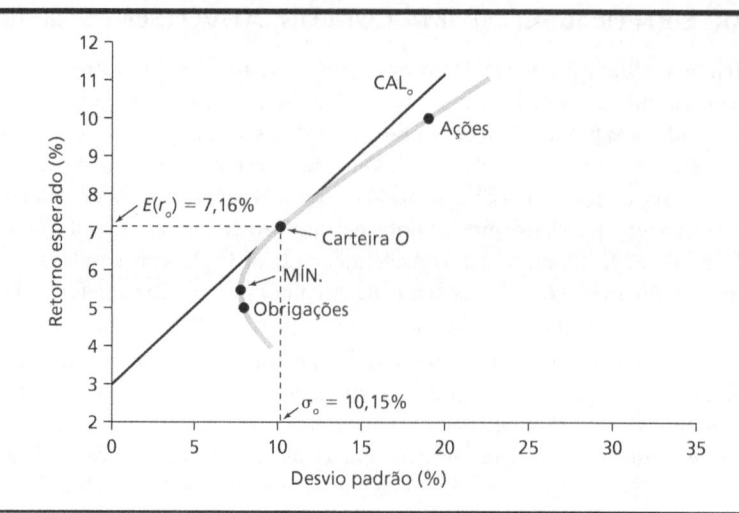

A Figura 6.6 mostra claramente o aumento no equilíbrio entre risco e retorno obtido com a CAL_O. Para qualquer desvio padrão de carteira, a CAL_O oferece um retorno esperado maior do que o obtido do conjunto de oportunidades construído com os fundos de obrigações e ações de risco.

Para encontra a composição da carteira de risco ótima, O, procuramos os pesos nos fundos de ações e obrigações que maximizam o índice de Sharpe da carteira. Com apenas dois ativos de risco, podemos encontrar os pesos da carteira ótima utilizando a seguinte fórmula:

$$w_B = \frac{[E(r_B) - r_f]\sigma_S^2 - [E(r_S) - r_f]\sigma_B\sigma_S\rho_{BS}}{[E(r_B) - r_f]\sigma_S^2 + [E(r_S) - r_f]\sigma_B^2 - [E(r_B) - r_f + E(r_S) - r_f]\sigma_B\sigma_S\rho_{BS}}$$

$$w_S = 1 - w_B \tag{6.10}$$

Utilizando os prêmios de risco (retorno em excesso esperado sobre a taxa isenta de risco) dos fundos de ações e obrigações, os respectivos desvios padrão e a correlação entre seus retornos na Equação 6.10, identificamos que os pesos da carteira ótima são $w_B(O) = 0{,}568$ e $w_S(O) = 0{,}432$. Utilizando esses pesos, as Equações 6.5, 6.6 e 6.8 indicam que $E(r_O) = 7{,}16\%$ e $\sigma_O = 10{,}15\%$. Portanto, o índice de Sharpe da carteira ótima (a inclinação de sua CAL) é:

$$S_O = \frac{E(r_O) - r_f}{\sigma_O} = \frac{7{,}16 - 3}{10{,}15} = 0{,}41$$

O índice de Sharpe é significativamente mais alto do que os oferecidos pelas carteiras de obrigações ou de ações em separado.

No Capítulo 5, vimos que a *carteira completa* preferida, formada pela carteira de risco e um ativo isento de risco, depende do grau de aversão ao risco do investidor. Os investidores mais avessos ao risco preferem carteiras de baixo risco, não obstante o menor retorno esperado, enquanto os investidores mais tolerantes ao risco escolhem as carteiras de maior risco e maior retorno. Contudo, ambos os investidores escolherão a carteira O como carteira de risco porque ela gera de maior retorno por unidade de risco, isto é, a linha de alocação de capital mais íngreme. Os investidores serão diferentes apenas na alocação de fundos de investimentos entre a carteira O e o ativo isento de risco.

A Figura 6.7 mostra uma escolha possível para a carteira completa preferida, C. O investidor aplica 55% de sua riqueza na carteira O e 45% em letras do Tesouro. A taxa de retorno e a volatilidade da carteira são:

$$E(r_C) = 3 + 0{,}55 \times (7{,}16 - 3) = 5{,}29\%$$
$$\sigma_C = 0{,}55 \times 10{,}15 = 5{,}58\%$$

Identificamos acima que a carteira de risco ótima O é formada pela combinação do fundo de obrigações com o fundo de ações, com pesos de 56,8% e 43,2%. Portanto, a alocação de ativos geral da *carteira completa* é a seguinte:

Peso no ativo isento de risco		45%
Peso no fundo de obrigações	0,568 × 55% =	31,24
Peso no fundo de ações	0,432 × 55% =	23,76
Total		100%

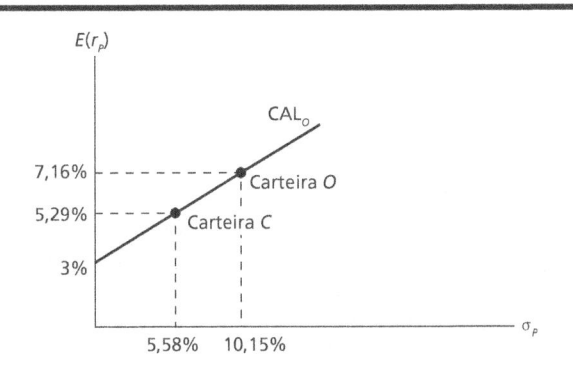

FIGURA 6.7
A carteira completa.

A Figura 6.8 retrata a alocação de ativos geral, que reflete considerações sobre diversificação eficiente (a construção da carteira de risco ótima, O) e aversão ao risco (a alocação de fundos entre o ativo isento de risco e a carteira de risco O para formar a carteira completa, C).

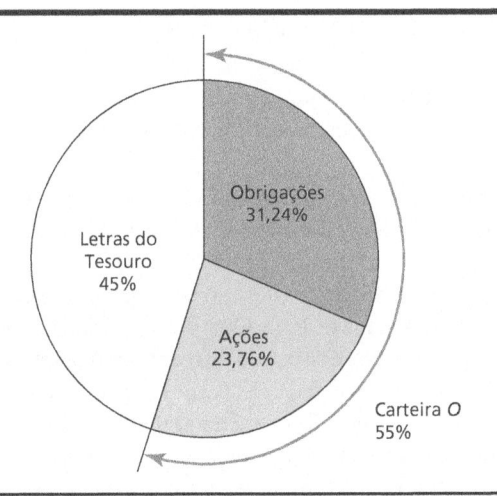

FIGURA 6.8
Composição da carteira completa: a solução para o problema de alocação de ativos.

Revisão de CONCEITOS 6.4

Um universo de títulos inclui uma ação de risco (X), um fundo de índice de ações (M) letras do Tesouro. Os dados correspondentes a esse universo são:

	Retorno esperado	Desvio padrão
X	15%	50%
M	10	20
Letras do Tesouro	5	0

O coeficiente de correlação entre X e M é –0,2.

a. Trace o conjunto de oportunidades dos títulos X e M.
b. Identifique a carteira de risco ótima (O), seu retorno esperado, desvio padrão e índice de Sharpe. Compare com o índice de Sharpe de X e M.
c. Identifique a inclinação da CAL gerada pelas letras do Tesouro e pela carteira O.
d. Suponhamos que um investidor coloque 2/9 (isto é, 22,22%) da carteira completa na carteira de risco O e o restante em letras do Tesouro. Calcule a composição da carteira completa, seu retorno esperado, o desvio padrão e o índice de Sharpe.

6.4. DIVERSIFICAÇÃO EFICIENTE COM VÁRIOS ATIVOS DE RISCO

Ampliamos a metodologia da carteira com dois ativos de risco para o caso de vários ativos de risco e um ativo isento de risco por meio de três passos. Primeiro, ampliamos o conjunto de oportunidades dos dois ativos de risco para vários ativos. Em seguida, determinamos a carteira de risco ótima que comporta a CAL mais íngreme, isto é, maximiza seu índice de Sharpe. Finalmente, escolhemos uma carteira completa na CAL_O com base no grau de aversão ao risco do investidor combinando o ativo isento de risco com a carteira de risco ótima.

Fronteira eficiente dos ativos de risco

Para se ter uma ideia do quanto uma quantidade maior de ativos de risco pode melhorar as oportunidades de investimento, examine a Figura 6.9. Os pontos A, B e C representam os retornos esperados e os desvios padrão de três ações. A curva que passa por A e B mostra as combinações de risco e retorno das carteiras formadas com essas duas ações. De modo semelhante, a curva que passa por B e C mostra carteiras formadas com essas duas ações. Observe agora o ponto E na curva AB e o ponto F na curva BC. Esses pontos representam duas carteiras escolhidas no conjunto de combinações AB e BC. Por sua vez, a curva que passa por E e F representa carteiras construídas das carteiras E e F. Como E e F são na verdade construídas de A, B e C, essa curva mostra algumas das carteiras formadas com essas *três* ações. Observe que a curva EF amplia o conjunto de oportunidades de investimento para noroeste, que é a direção desejada.

Agora, podemos continuar a extrair novos pontos (cada um representa uma carteira) dessas três curvas e realizar outras combinações para gerar novas carteiras, movendo o conjunto de oportunidades cada vez mais para a direção noroeste. Você pode ver que esse processo funcionaria ainda melhor com mais ações. Além disso, o limite ou "contorno" de todas as curvas desenvolvidas ficará bem distante das ações individuais na direção noroeste, tal como mostrado na Figura 6.10.

A técnica analítica para obter o conjunto eficiente de ativos de risco foi desenvolvida por Harry Markowitz em 1951 e acabou lhe valendo o Prêmio Nobel de Economia. Nós a delinearemos aqui.

Primeiro, determinamos o conjunto de oportunidades de risco e retorno. O objetivo é construir carteiras mais a noroeste com relação ao retorno esperado e desvio padrão do universo de títulos. Os dados de entrada são os retornos esperados e os desvios padrão de cada ativo na população, bem como o coeficiente de correlações entre cada par de ativos. Esses dados provêm da análise de títulos, que será examinada na Parte Quatro. O gráfico que conecta todas as carteiras mais voltadas para a direção noroeste é chamado de **fronteira eficiente** dos ativos de risco. Ele representa o conjunto de carteiras que oferece a taxa de retorno esperada mais alta possível para cada nível de desvio padrão da carteira. Essas carteiras podem ser consideradas eficientemente diversificadas. Uma fronteira desse tipo é mostrada na Figura 6.10.

A fronteira eficiente pode ser produzida de três formas. Esboçaremos cada uma de um modo que lhe permita participar e compreender a lógica e o mecanismo da fronteira eficiente: pegue lápis e papel para desenhar o gráfico à medida que acompanha nossa análise. Em cada método, desenhe primeiro o eixo horizontal do desvio padrão da carteira e o eixo vertical do prêmio de

fronteira eficiente
Gráfico que representa um conjunto de carteiras que maximiza o retorno esperado em cada nível de risco da carteira.

FIGURA 6.9
Carteiras construídas com três ações (A, B e C).

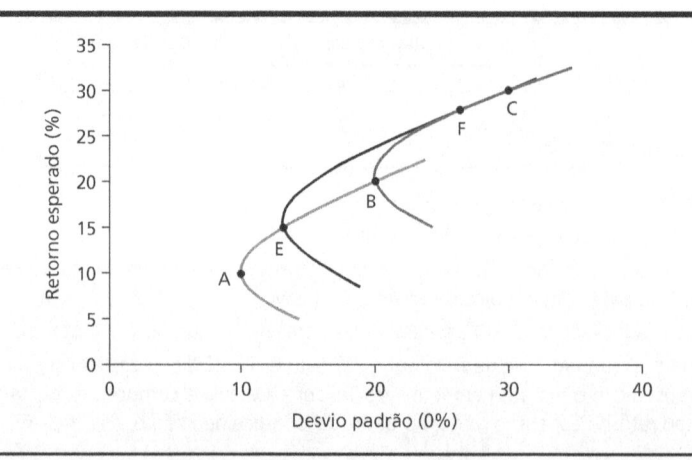

risco. Vamos nos concentrar no prêmio de risco (retornos em excesso esperados), R, e não no total de retornos, r, para que assim o ativo isento de risco fique na origem (com desvio padrão zero e prêmio de risco zero). Começamos com a carteira de variância mínima – indique-a como ponto G (em referência à variância mínima *global*). Imagine que as coordenadas de G sejam 0,10 (desvio padrão = 10%) e 0,03 (prêmio de risco = 3%); esse é o seu primeiro ponto na fronteira eficiente. Posteriormente, apresentaremos detalhes sobre como encontrar essas coordenadas.

Os três métodos para gerar a fronteira eficiente são: (1) maximizar o prêmio de risco para qualquer nível de desvio padrão; (2) minimizar o desvio padrão para qualquer nível de prêmio de risco; e (3) maximizar o índice de Sharpe para qualquer nível de desvio padrão (ou prêmio de risco).

Com relação ao primeiro método, maximizar o prêmio de risco para qualquer nível de desvio padrão, desenhe algumas linhas verticais à direita de G (não pode haver nenhuma carteira com desvio padrão inferior ao da G). Escolha a linha vertical traçada em desvio padrão = 12%; procuramos então a carteira com retorno esperado mais alto possível que seja coerente com um desvio padrão de 12%. Desse modo, instruímos o computador a maximizar o prêmio de riscos de acordo com duas restrições: (i) a soma dos pesos da carteira deve ser igual a 1(essa restrição é chamada de *viabilidade*, visto que qualquer carteira legítima deve ter uma soma de pesos igual a 1), e (ii) o desvio padrão da carteira deve corresponder ao valor da restrição, $\sigma = 0{,}12$. O *software* de otimização faz uma busca entre todas as carteiras com $\sigma = 0{,}12$ e encontra a mais viável na linha vertical desenhada em $\sigma = 0{,}12$; essa é a carteira com o prêmio de risco mais alto. Pressuponha que para essa carteira $R = 0{,}04$. Agora você tem seu segundo ponto na fronteira eficiente. Siga o mesmo procedimento para as outras linhas verticais à direita de 0,12. Quando você "unir os pontos", desenhará uma fronteira como a da Figura 6.10.

O segundo método é minimizar o desvio padrão para qualquer nível de prêmio de risco. Aqui, você precisa desenha algumas linhas horizontais acima de G (as carteiras que ficam abaixo de G são ineficientes porque oferecem um prêmio de risco *mais baixo* e uma variância *mais alta* do que a G). Trace a primeira linha horizontal em $R = 0{,}04$. Agora o computador deve minimizar o desvio padrão de acordo com a restrição usual de viabilidade. Porém, nesse método, substituímos a restrição no desvio padrão por uma restrição no prêmio de risco da carteira ($R = 0{,}04$). Agora o computador procura a carteira que está mais à esquerda na linha horizontal – essa é a carteira com o menor desvio padrão que é coerente com um prêmio de risco de 4%. Você já sabe que essa carteira deve estar em $\sigma = 0{,}12$, visto que o primeiro ponto na fronteira eficiente que você encontrou no primeiro método foi $(\sigma, R) = (0{,}12, 0{,}04)$. Repita esse procedimento utilizando outros prêmios de risco. Você encontrará outros pontos ao longo da fronteira eficiente. Novamente, una os pontos para obter a fronteira da Figura 6.10.

O terceiro método para formar a fronteira eficiente, maximizar o índice de Sharpe para qualquer desvio padrão ou prêmio de risco, é o mais fácil de visualizar: basta rever a Figura 6.5. Observe que toda carteira na fronteira eficiente apresenta o índice de Sharpe mais alto, a inclinação de um raio em relação à taxa isenta de risco, para qualquer escolha de desvio padrão ou retorno esperado. Primeiro, especificamos a restrição do desvio padrão, obtida por meio das

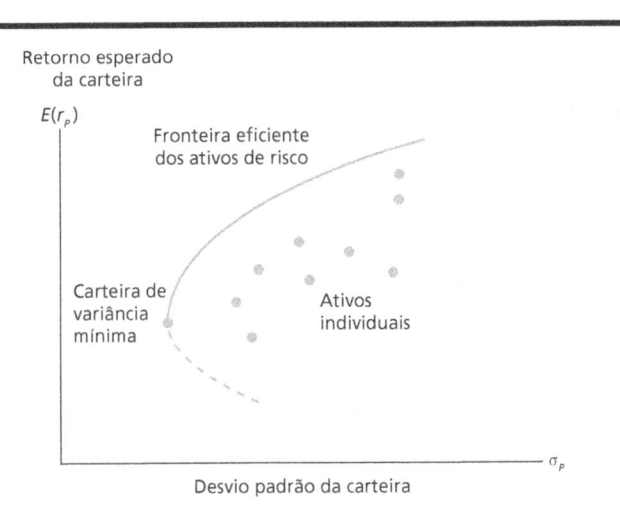

FIGURA 6.10
Fronteira eficiente de ativos de risco e ativos individuais.

linhas verticais à direita da carteira G. Para cada linha, desenhamos raios que partem da origem e prosseguem em inclinações cada vez maiores, e instruímos o computador para que encontre a carteira *viável* com a inclinação mais alta. Esse procedimento é similar a percorrer a linha vertical para encontrar o prêmio de risco mais alto. Devemos encontrar a mesma fronteira identificada nos dois primeiros métodos. De modo semelhante, poderíamos, em vez disso, especificar uma restrição de prêmio de risco e construir raios que partem da origem e prosseguem nas linhas horizontais. Instruímos o computador para que encontre a carteira *viável* com a maior inclinação na linha horizontal em questão. Isso é semelhante a seguir à esquerda nas linhas horizontais, no segundo método.

Iniciamos a fronteira eficiente na carteira de variância mínima, G, que é encontrada com um programa que minimiza o desvio padrão sujeito *apenas* à restrição viável. Essa carteira tem o menor desvio padrão para *qualquer* prêmio de risco, e esse é o motivo pelo qual ela é chamada de carteira de variância mínima "global". De acordo com o mesmo princípio, a carteira ótima, O, maximizará o índice de Sharpe globalmente, sujeito apenas à restrição de viabilidade. Qualquer ativo *individual* acaba ficando dentro da the fronteira eficiente, por que as carteiras com um único ativo são ineficientes – elas não são eficientemente diversificadas.

Entretanto, diversas restrições podem impedir determinado investidor de escolher carteiras na fronteira eficiente. Se uma instituição for proibida por lei de assumir posições a descoberto (em qualquer ativo, por exemplo, o gestor de carteira deve acrescentar restrições ao programa de otimização computadorizado que exclua posições negativas (a descoberto).

As restrições à venda a descoberto são apenas uma das restrições possíveis. Alguns clientes podem querer assegurar um nível mínimo de rendimento esperado de dividendos. Nesse caso, os dados de entrada devem incluir um conjunto de rendimentos esperados de dividendos. O programa de otimização é concebido para incluir uma restrição e garantir que o rendimento esperado de dividendos da *carteira* seja igual ou superior ao nível desejado. Outra restrição comum é vedar investimentos em empresas envolvidas em "atividades sociais indesejáveis". Essa restrição significa que os pesos das carteiras nessas empresas devem ser iguais a zero.

Em princípio, os gestores de carteira podem adaptar uma fronteira eficiente para atender a qualquer objetivo específico. É claro que satisfazer essas restrições tem um preço. Uma fronteira eficiente sujeita a outras restrições oferecerá um índice menor de recompensa/volatilidade (Sharpe). Os clientes devem estar cientes desse custo e podem querer pensar duas vezes sobre as restrições que não são obrigadas por lei.

Deduzir a fronteira eficiente e representá-la graficamente com qualquer número de ativos e qualquer conjunto de restrições é um processo bastante fácil. Para um número não muito grande de ativos, a fronteira eficiente pode ser calculada e representada graficamente até mesmo com um programa de a planilha.

O programa de planilha, disponível em <www.grupoa.com.br>, pode incorporar facilmente restrições contra vendas a descoberto impostas a alguns gestores de carteira. Para impor essa restrição, o programa simplesmente exige que todo peso na carteira ótima seja superior ou igual a zero. Uma maneira de ver se a restrição à venda a descoberto de fato importa é encontrar a carteira eficiente sem ela. Se um ou mais pesos na carteira ótima se revelarem negativos, saberemos que as restrições à venda a descoberto gerará uma fronteira eficiente diferente, com um equilíbrio entre risco e retorno menos atraente.

Escolha da carteira de risco ótima

O segundo passo do plano de otimização compreende o ativo isento de risco. Utilizando a taxa isenta de risco atual, procuramos a linha de alocação de capital com o maior índice de Sharpe (a inclinação mais íngreme), tal como nas Figuras 6.5 e 6.6.

A CAL formada com a carteira de risco ótima (O) será tangente à fronteira eficiente dos ativos de risco que acabamos de analisar. Essa CAL predomina sobre todas CALs possíveis. A carteira O, portanto, é a carteira de risco ótima. Como sabemos que um investidor escolherá um ponto na CAL que associe a *carteira de risco ótima* com letras do Tesouro, na verdade não há necessidade de oferecer acesso nem de deduzir a fronteira eficiente. Desse modo, por motivo de praticidade, em vez de encontrar os pontos em toda a fronteira eficiente, podemos prosseguir diretamente para determinar a carteira ótima. Isso exige a maximização do índice de Sharpe sujeito apenas à restrição de viabilidade. A carteira com índice de Sharpe máximo "global" é a carteira ótima O. O raio da origem até O e além é a CAL ótima.

A carteira completa preferida e o teorema da separação

Finalmente, no terceiro passo, o investidor escolhe a combinação aproximada entre a carteira de risco ótima (O) e as letras do Tesouro, exatamente como na Figura 6.7.

O gestor de carteira oferecerá a mesma carteira de risco (O) a todos os clientes, não importa qual seja seu grau de aversão ao risco. A aversão ao risco entra em jogo apenas quando os clientes escolhem seu ponto desejado na CAL. Os clientes mais avessos ao risco investirão mais no ativo isento de risco e menos na carteira de risco ótima O do que os clientes menos avessos ao risco, mas ambos utilizarão a carteira O como um ótimo veículo de investimento de risco.

Esse resultado é chamado de **teorema da separação**, criado por James Tobin (1958), que recebeu o Prêmio Nobel de Economia em 1983. Esse teorema significa que a escolha de carteira pode ser separada em duas atividades independentes. A primeira, determinar a carteira de risco ótima (O), é puramente técnica. Com base em determinado conjunto de dados de entrada, a melhor carteira de risco será a mesma independentemente da aversão ao risco. A segunda, construir a carteira completa de letras e a carteira O, é pessoal e depende do grau de aversão ao risco. Nesse, quem toma a decisão é o cliente.

A carteira de risco ótima para diferentes clientes pode variar em virtude de restrições às vendas a descoberto, rendimento de dividendos, fatores tributários ou outras preferência do cliente. Contudo, nossa análise indica que poucas carteiras podem ser suficientes para atender às exigências de uma série de investidores. Observamos a aqui o princípio teórico do setor de fundos mútuos. Se a carteira ótima for a mesma para todos os clientes, a gestão profissional será mais eficiente e menos onerosa. Uma empresa de gestão pode atender a inúmeros clientes com custos administrativos incrementais relativamente pequenos.

A técnica de otimização (computadorizada) é a parte mais fácil da construção de carteiras. Quando diferentes gestores utilizaram diferentes dados de entrada, eles desenvolvem diferentes fronteiras eficientes e oferecem diferentes carteiras "ótimas". Portanto, a verdadeira arena de concorrência entre os gestores de carteira é no nível de esclarecimento da análise de títulos que gera as estimativas. A regra de lixo entra, lixo sai (*garbage in–garbage out* – GIGO) aplica-se totalmente à escolha de carteiras. Se a qualidade da análise de títulos for ruim, uma carteira passiva como um fundo de índice de mercado oferecerá um retorno melhor do que uma carteira ativa com inclinação para títulos *aparentemente* favoráveis.

teorema da separação
Teorema que indica que a escolha da carteira pode ser separada em dois procedimentos independentes: (1) determinação da carteira de risco ótima, que é um problema puramente técnico, e (2) escolha pessoal da melhor combinação da carteira de risco e do ativo isento de risco.

Construção de uma carteira de risco ótima: um exemplo

Para mostrar como a carteira de risco ótima pode ser construída, suponhamos que um analista quisesse construir uma carteira global eficientemente diversificada utilizando os índices do mercado de ações de seis países. O painel superior da Tabela 6.1 mostra a lista de dados de entrada. Os valores dos desvios padrão e da matriz de correlação são calculados com base em dados históricos recentes, ao passo que as previsões de risco são geradas com a análise fundamentalista. Se examinarmos a tabela, veremos que a carteira de índice dos Estados Unidos tem o índice de Sharpe mais alto. A China e o Japão têm o menor, e a correlação da França e da Alemanha com os Estados Unidos é alta. Em vista desses dados, podemos ser levados a concluir que *talvez* os investidores dos Estados Unidos não se beneficiem muito da diversificação internacional durante esse período. Contudo, mesmo nesse período da amostra, veremos que a diversificação é benéfica.

O Painel B mostra a fronteira eficiente desenvolvida da seguinte forma: primeiro geramos a carteira de variância mínima global G minimizando o desvio padrão com apenas a restrição de viabilidade e, em seguida, encontramos a carteira O maximizando o índice de Sharpe, condicionado apenas a essa mesma restrição. Para completar a curva, escolhemos mais prêmios de risco; para cada um, maximizamos o índice de Sharpe, condicionado à restrição de viabilidade e também à restrição apropriada de prêmio de risco. Ao todo, temos 13 pontos para desenhar o gráfico da Figura 6.11, e um deles é a carteira global com índice de Sharpe máximo, O.

Os resultados são um tanto surpreendentes. Observe que o desvio padrão de 10,94% da carteira de variância mínima global é bem inferior ao do país com menor variância (o Reino Unido), que tem um desvio padrão de 14,93%. A G é formada com posições vendidas na Alemanha e na França, bem como com posições compradas no Reino Unido, cujo risco é relativamen-

TABELA 6.1 Fronteiras eficientes para diversificação internacional com e sem vendas a descoberto e CAL com vendas a descoberto

A. Lista de entrada

	Retornos em excesso			
	Média	Desvio padrão	Índice de Sharpe	LISTA DE ENTRADA
EUA	0,0600	0,1495	0,4013	Retornos em excesso esperados da análise fundamentalista.
REINO UNIDO	0,0530	0,1493	0,3551	Desvios padrão e matriz de correlação de estimativas econométricas.
FRANÇA	0,0680	0,2008	0,3386	
ALEMANHA	0,0800	0,2270	0,3525	
JAPÃO	0,0450	0,1878	0,2397	
CHINA	0,0730	0,3004	0,2430	

Matriz de correlação

	EUA	Reino Unido	França	Alemanha	Japão	China
EUA	1					
REINO UNIDO	0,83	1				
FRANÇA	0,83	0,92	1			
ALEMANHA	0,85	0,88	0,96			
JAPÃO	0,43	0,44	0,47	0,43	1	
CHINA	0,16	0,28	0,26	0,29	0,14	1

B. Fronteira eficiente – vendas a descoberto permitidas

Carteira:	(1)	(2)	(G)	(4)	(5)	(6)	(7)	O	(9)	(10)	(11)	(12)	(13)
Prêmio de risco	0,0325	0,0375	0,0410	0,0425	0,0450	0,0500	0,0550	0,058474	0,0600	0,0650	0,0700	0,0800	0,0850
Desvio padrão	0,1147	0,1103	0,1094	0,1095	0,1106	0,1154	0,1234	0,130601	0,1341	0,1469	0,1612	0,1933	0,2104
Inclinação (Sharpe)	0,2832	0,3400	0,3749	0,3880	0,4070	0,4334	0,4457	0,447733	0,4474	0,4425	0,4341	0,4140	0,4040
Pesos da carteira													
EUA	0,5948	0,6268	0,6476	0,6569	0,6724	0,7033	0,7342	0,755643	0,7651	0,7960	0,8269	0,8887	0,9196
REINO UNIDO	1,0667	0,8878	0,7681	0,7155	0,6279	0,4527	0,2775	0,155808	0,1023	−0,0728	−0,2480	−0,5984	−0,7736
FRANÇA	−0,1014	−0,1308	−0,1618	−0,1727	−0,1908	−0,2272	−0,2635	−0,2888	−0,2999	−0,3362	−0,3725	−0,4452	−0,4816
ALEMANHA	−0,8424	−0,6702	−0,5431	−0,4901	−0,4019	−0,2253	−0,0487	0,0740	0,1278	0,3044	0,4810	0,8341	1,0107
JAPÃO	0,2158	0,1985	0,1866	0,1815	0,1729	0,1558	0,1386	0,126709	0,1215	0,1043	0,0872	0,0529	0,0357
CHINA	0,0664	0,0879	0,1025	0,1089	0,1195	0,1407	0,1619	0,176649	0,1831	0,2043	0,2256	0,2680	0,2892

C. Linha de alocação de capital (CAL) com vendas a descoberto

Prêmio de risco	0,0000	0,0494	0,0490	0,0490	0,0495	0,0517	0,0553	0,0585	0,0600	0,0658	0,0722	0,0865	0,1343
Desvio padrão	0,0000	0,1103	0,1094	0,1095	0,1106	0,1154	0,1234	0,1306	0,1341	0,1469	0,1612	0,1933	0,3000

D. Fronteira eficiente – nenhuma venda a descoberto

Carteira	(1)	(2)	(3)	(4)	(5)	Var. Mín.	(7)	(8)	Ótima	(10)	(11)	(12)	(13)
Prêmio de risco	0,0450	0,0475	0,0490	0,0510	0,0535	0,0560	0,0573	0,0590	0,0607	0,0650	0,07	0,0750	0,0800
Desvio padrão	0,1878	0,1555	0,1435	0,1372	0,1330	0,131648	0,1321	0,1337	0,1367	0,1493	0,1675332	0,1893	0,2270
Inclinação (Sharpe)	0,2397	0,3055	0,3414	0,3718	0,4022	0,425089	0,4339	0,4411	0,4439	0,4353	0,4178277	0,3963	0,3525
Pesos da carteira													
EUA	0,0000	0,0000	0,0000	0,0671	0,2375	0,4052	0,4964	0,6122	0,7067	0,6367	0,4223	0,1680	0,0000
REINO UNIDO	0,0000	0,3125	0,5000	0,5465	0,3967	0,2491	0,1689	0,0670	0,0000	0,0000	0,0000	0,0000	0,0000
FRANÇA	0,0000	0,0000	0,0000	0,0000	0,0000	0,0000	0,0000	0,0000	0,0000	0,0000	0,0000	0,0000	0,0000
ALEMANHA	0,0000	0,0000	0,0000	0,0000	0,0000	0,0000	0,0000	0,0000	0,0000	0,1324	0,3558	0,5976	1,0000
JAPÃO	1,0000	0,6875	0,5000	0,3642	0,3029	0,2424	0,2096	0,1679	0,1114	0,0232	0,0000	0,0000	0,0000
CHINA	0,0000	0,0000	0,0000	0,0222	0,0630	0,1032	0,1251	0,1529	0,1819	0,2077	0,2219	0,2343	0,0000

te baixo. Além disso, o índice de Sharpe dessa carteira é superior ao de todos os países, com exceção dos Estados Unidos! Contudo, até mesmo essa carteira será preterida pela carteira com índice de Sharpe mais alto.

A carteira O obtém um índice de Sharpe de 0,4477, em comparação com o índice de 0,4013 dos Estados Unidos, uma melhoria significativa que pode ser confirmada na CAL mostrada no Painel C. Os pontos mostrados na CAL têm o mesmo desvio padrão daqueles mostrados nas carteiras que se encontram na fronteira eficiente. Desse modo, o prêmio de risco de cada um é igual ao desvio padrão vezes o índice de Sharpe da carteira O.[3] Observe que a carteira (9) na CAL tem o mesmo prêmio de risco dos Estados Unidos, 6%, mas um desvio padrão de 13,41%, ou seja, 1,5% inferior ao desvio padrão de 14,95% dos Estados Unidos. Tudo isso é obtido mesmo com um investimento de 76% da carteira nos Estados Unidos, embora isso exija uma grande posição vendida na França (–29,99%).

Muitos investidores institucionais são proibidos de vender a descoberto, e os indivíduos podem ser avessos a assumir grandes posições vendidas porque a possibilidade ilimitada de alta no preço das ações significa uma possibilidade ilimitada de perdas nas vendas a descoberto. O Painel D mostra a fronteira eficiente quando uma restrição adicional é aplicada a cada carteira, isto é, de que nenhum peso deve ser negativo.

Examine as duas fronteiras na Figura 6.11. A fronteira sem venda a descoberto é evidentemente inferior em ambos os extremos. Isso ocorre porque as carteiras com retorno muito baixo e com retorno muito alto normalmente envolvem vendas a descoberto. No extremo de baixo retorno/baixa volatilidade, as carteiras têm posições vendidas em ações com alta correlação e baixo prêmio de risco que diminuem a variância por um baixo custo para o retorno esperado. No outro extremo da fronteira (alto retorno esperado), encontramos posições vendidas em ações com baixo prêmio de risco em favor de posições compradas em ações com alto prêmio de risco. Ao mesmo tempo, a fronteira sem venda a descoberto está restrita a começar com o país com prêmio de risco mais baixo (Japão) e finalizar com o mais alto (Alemanha). Sem vendas a descoberto, não podemos obter prêmios de risco inferiores ou superiores àqueles que são oferecidos por essas carteiras. As carteiras com retorno intermediário em cada fronteira, incluindo a carteira ótima, O, são estão distantes. Portanto, mesmo com a restrição às vendas a descoberto, o índice de Sharpe (0,4439) continua superior ao da carteira dos Estados Unidos. A CAL sem venda a descoberto pode equiparar-se ao prêmio de risco de 6% dos Estados Unidos com um desvio padrão de apenas 13,52%, ainda assim 1,4% inferior ao desvio padrão dos Estados Unidos.

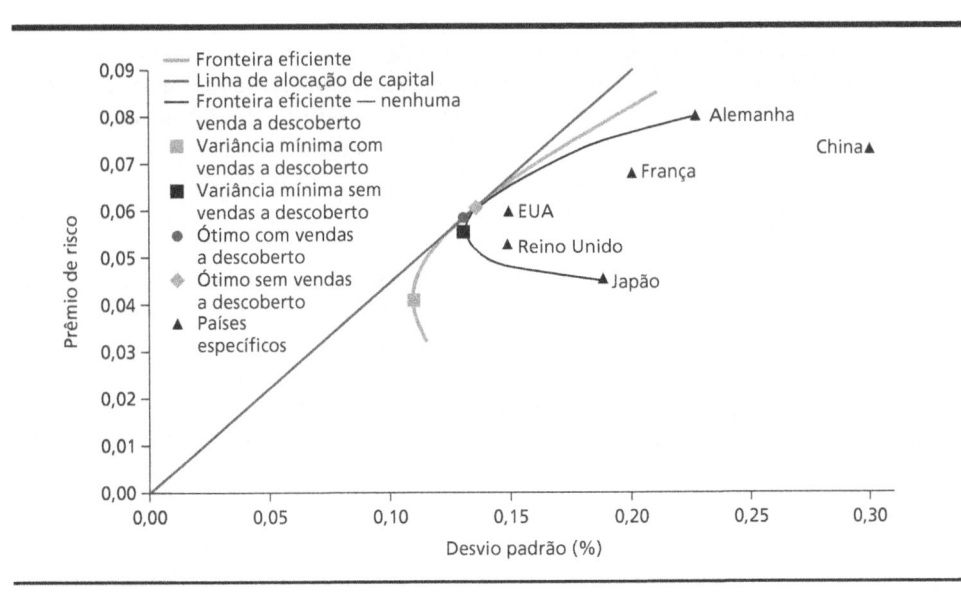

FIGURA 6.11
Fronteiras eficientes e CAL da Tabela 6.1.

---

[3] Visto que o índice de Sharpe é S = prêmio de risco/desvio padrão, podemos fazer um reajuste para mostrar que desvio padrão = prêmio de risco/S_O. A CAL tem a mesma inclinação em qualquer lugar, igual ao índice de Sharpe da carteira O que a mantém.

6.5 Revisão de CONCEITOS

Dois gestores de carteira trabalham para empresas de gestão de investimentos concorrentes. Ambas empregam analistas de títulos para preparar os dados de entrada para a construção da carteira ótima. Quando tudo está concluído, a fronteira eficiente obtida pelo gestor A prevalece sobre a do gestor B porque a carteira de risco ótima do gestor A situa-se a noroeste da carteira do gestor B. A fronteira eficiente mais atraente declarada pelo gestor A é uma evidência de que ele de fato emprega melhores analistas de títulos?

6.5. MERCADO ACIONÁRIO DE ÍNDICE ÚNICO

Começamos este capítulo com a distinção entre risco sistemático e risco específico à empresa. O risco sistemático é macroeconômico e afeta todos os títulos, ao passo que os fatores de risco específicos à empresa afetam somente uma empresa em particular ou, quando muito, um grupo de empresas. Os **modelos de índice** são modelos estatísticos concebidos para fazer a estimativa desses dois componentes de risco de determinado título ou carteira. O primeiro a utilizar o modelo de índice para explicar os benefícios da diversificação foi William F. Sharpe (1963), também ganhador do Prêmio Nobel. Apresentaremos seu trabalho principal (o modelo de precificação de ativos financeiros) no Capítulo 7.

modelo de índice
Modelo que relaciona os retornos das ações com retornos tanto em um índice amplo de mercado quanto em fatores específicos à empresa.

A popularidade dos modelos de índice deve-se à sua praticidade. Para construir a fronteira eficiente de um universo de 100 títulos, precisaríamos estimar 100 retornos esperados, 100 variâncias e 100 × 99/2 = 4.950 covariâncias. E um universo de 100 títulos na verdade é bastante pequeno. Um universo de 1.000 títulos exigiria estimativas de 1.000 × 999/2 = 499.500 covariâncias, bem como 1.000 retornos esperados e variâncias. Supor que um único fator comum é responsável por toda a covariabilidade dos retornos das ações e que todas as outras variabilidades devem-se a fatores específicos à empresa, simplifica significativamente a análise.

retorno em excesso
Taxa de retorno acima da taxa isenta de risco.

Utilizemos R_i para representar o **retorno em excesso** de um título, isto é, a taxa de retorno em excesso da taxa isenta de risco: $R_i = r_i - r_f$. Podemos então expressar a distinção entre fatores macroeconômicos e específicos à empresa decompondo esse retorno em excesso de determinado período de manutenção em três componentes:[4]

$$R_i = \beta_i R_M + e_i + \alpha_i \qquad (6.11)$$

Os dois primeiros termos do lado direito da Equação 6.11 refletem o impacto de duas fontes de incerteza. R_M é o retorno em excesso em um índice amplo de mercado (o S&P 500 normalmente é utilizado para essa finalidade). Portanto, a variação nesse termo reflete a influência de eventos da economia em geral ou macroeconômicos que costumam afetar todas as ações em maior ou menor grau. O **beta** do título, β_i, é a resposta usual do retorno em excesso dessa ação em particular a mudanças no retorno em excesso do índice de mercado. Desse modo, o beta mede a suscetibilidade comparativa de uma ação a notícias macroeconômicas. Um valor superior a 1 indicaria uma ação com maior suscetibilidade à economia do que uma ação média. Essas ações são conhecidas como *ações cíclicas*. Betas inferiores a 1 indicam uma suscetibilidade abaixo da média e, portanto, as ações são conhecidas como *ações defensivas*. Lembre-se de que o risco atribuível à exposição das ações a retornos de mercado incertos é chamado de risco de mercado ou *risco sistemático* porque ele está relacionado à incerteza que permeia todo o sistema econômico.

beta
Suscetibilidade dos retornos de um título ao fator de mercado.

risco específico à empresa ou residual
Componente da variância de retorno que é independente do fator de mercado.

O termo e_i na Equação 6.11 representa o impacto do **risco específico à empresa** ou **residual**. O valor esperado de e_i é zero, visto que a média do impacto dos eventos inesperados deve ser zero. Tanto o risco residual quanto risco sistemático contribuem para a volatilidade total dos retornos.

O termo α_i na Equação 6.11 não é uma medida de risco. Na verdade, α_i representa o retorno esperado sobre as ações *além* de qualquer retorno provocado por mudanças no índice de merca-

---
[4] A Equação 6.11 é surpreendentemente simples e poderia parecer exigir pressupostos bastante convincentes sobre o equilíbrio do mercado de títulos. Contudo, na verdade, se as taxas de retorno forem distribuídas normalmente, os retornos serão lineares em um ou mais índices. A teoria estatística nos indica que, quando as taxas de retorno sobre um grupo de títulos são distribuídas *normalmente em conjunto*, a taxa de retorno de cada ativo é linear em um índice idêntico, como na Equação 6.11. Quando as taxas de retorno exibem uma distribuição normal multivariada, podemos utilizar uma generalização multi-índice da Equação 6.11. Os profissionais da área empregam amplamente modelos de índice como o 6.11 porque é fácil de utilizar, como já evidenciamos, mas eles não fariam isso se não houvesse evidências empíricas para respaldá-los.

do. Esse termo é chamado de **alfa** do título. Um alfa positivo é atraente para os investidores e indica um título subvalorizado: entre os títulos com suscetibilidade idêntica (beta) ao índice de mercado, aqueles com valores de alfa superiores oferecerão retornos esperados mais altos. Em contraposição, as ações com alfa negativo são aparentemente supervalorizadas; para qualquer valor de beta, elas oferecem retornos esperados mais baixos.

Em suma, o modelo de índice divide a taxa de retorno realizada sobre o título nos componentes macro (sistemático) e micro (específico à empresa). A taxa de retorno em excesso de cada título é a soma dos três componentes:

alfa
Retorno esperado de uma ação superior àquele induzido pelo índice de mercado; é o retorno em excesso esperado quando o retorno em excesso do mercado é zero.

	Símbolo
1. Componente do retorno devido aos movimentos no mercado em geral (tal como representado pelo índice R_M); β_i é a sensibilidade do título ao mercado.	$\beta_i R_M$
2. Componente atribuível a eventos inesperados que são importantes apenas para esse título (específicos à empresa).	e_i
3. Retorno em excesso esperado das ações se o fator de mercado for neutro, isto é, se o retorno em excesso do índice de mercado for zero.	α_i

Como o componente específico à empresa do retorno das ações não está correlacionado com o retorno de mercado, podemos indicar a variância do retorno em excesso das ações como:[5]

$$\begin{aligned}
\text{Variância}(R_i) &= \text{Variância}(\alpha_i + \beta_i R_M + e_i) \\
&= \text{Variância}(\beta_i R_M) + \text{Variância}(e_i) \\
&= \beta_i^2 \sigma_M^2 + \sigma^2(e_i) \\
&= \text{Risco sistemático} + \text{Risco específico à empresa}
\end{aligned} \quad (6.12)$$

Portanto, a variância total da taxa de retorno de cada título é a soma de dois componentes:

1. A variância atribuível à incerteza de todo o mercado. Essa variância depende tanto da variância de R_M, σ^2_M, quanto do beta das ações em R_M.
2. A variância do retorno específico à empresa, e_i, que é independente do desempenho do mercado.

Esse modelo de índice único é conveniente. Ele relaciona os retornos do título com um índice de mercado que os investidores acompanham. Além disso, como veremos em breve, sua utilidade vai além da mera conveniência.

Representação estatística e gráfica do modelo de índice único

A Equação 6.11, $R_i = \alpha_i + \beta_i R_M + e_i$, pode ser interpretada como uma *equação de regressão* de R_i com uma única variável sobre o retorno em excesso do mercado, R_M. O retorno em excesso do título (R_i) é a variável dependente que deve ser explicada pela regressão. No lado direito da equação estão o intercepto α_i; o coeficiente beta (inclinação) da regressão, β_i, que multiplica a variável independente (explicativa) R_M; e o retorno residual (inexplicado), e_i. Representamos essa regressão na Figura 6.12, que mostra um diagrama de dispersão para o retorno em excesso da Dell em comparação ao retorno em excesso do índice de mercado.

O eixo horizontal do diagrama de dispersão mede a variável explicativa, aqui o retorno em excesso do mercado, R_M. O eixo vertical mede a variável dependente, aqui o retorno em excesso da Dell, R_D. Cada ponto no diagrama de dispersão representa um par de amostras dos retornos (R_M, R_D) observados durante determinado período de manutenção. O ponto T, por exemplo, descreve um período de manutenção com retorno em excesso de 17% para o índice de mercado e de 27% para a Dell.

A análise de regressão utiliza uma amostra de retornos históricos para estimar os coeficientes (alfa e beta) do modelo de índice. A análise identifica a linha de regressão, mostrada na Figura 6.12, que minimiza a soma dos desvios ao quadrado em torno dela. Por isso, dizemos que a linha de regressão "enquadra melhor" os dados no diagrama de dispersão. Essa linha é chamada de **linha característica do título** ou (*security characteristic line* – SCL).

O intercepto da regressão (α_D) é medido da origem até o intercepto da linha de regressão com o eixo vertical. Qualquer ponto no eixo vertical representa um retorno em excesso do mer-

linha característica do título
Gráfico do retorno em excesso *previsto* de um título com base no retorno em excesso do mercado.

---
[5] Observe que, como α_i é constante, ela não exerce nenhuma influência sobre a variância de R_i.

FIGURA 6.12
Diagrama de dispersão para a Dell.

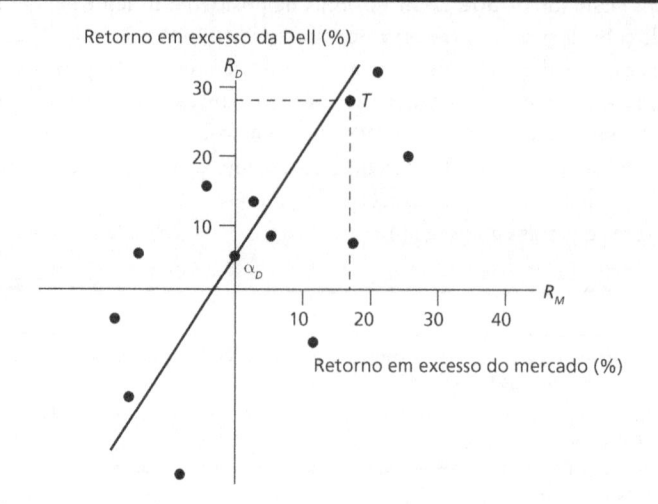

cado igual a zero. Por isso, o intercepto nos oferece o *retorno em excesso esperado* da Dell quando o retorno de mercado era "neutro", isto é, igual ao retorno das letras do Tesouro. O intercepto na Figura 6.12 é de 4,5%.

A inclinação da linha de regressão, o índice de elevação/distância, é chamado de *coeficiente de regressão* ou simplesmente de beta. Na Figura 6.12, o beta da Dell é 1,4. O beta de uma ação mede o risco sistemático, visto que ele prevê a reação do título a cada retorno extra de 1% no índice de mercado.

A linha de regressão não representa retornos *reais*; os pontos no diagrama de dispersão quase nunca se encontram exatamente na linha de regressão. Em vez disso, a linha representa as tendências médias; ela mostra a *expectativa* de R_D em vista do retorno em excesso do mercado, R_M. A representação algébrica da linha de regressão é:

$$E(R_D|R_M) = \alpha_D + \beta_D R_M \tag{6.13}$$

que é lida da seguinte forma: a expectativa de R_D *em vista* de um valor de R_M é igual ao intercepto mais o coeficiente de inclinação vezes o valor de R_M.

Como a linha de regressão representa expectativas e essas expectativas talvez não seja concretizadas (como mostra o diagrama de dispersão), os retornos *reais* também incluem um resíduo, e_i. Essa surpresa (no ponto *T*, por exemplo) é medida pela distância vertical entre o ponto do diagrama de dispersão e a linha de regressão. O retorno esperado da Dell, dado um retorno esperado de mercado de 17%, teria sido de 4,5% + 1,4 × 17% = 28,3%. O retorno real foi de apenas 27%. Portanto, o ponto *T* fica 1,3% abaixo da linha de regressão.

A Equação 6.12 mostra que, quanto mais alto o beta de um título, isto é, quanto maior a inclinação da regressão, maior o risco sistemático e a variância total. Como o mercado integra todos os títulos, a reação usual a uma mudança no mercado deve ser um para um. Um investimento "agressivo" terá um beta superior a 1; ou seja, o título tem um risco de mercado acima da média.[6] Em contraposição, os títulos com beta inferior a 1 são chamados de defensivos.

Um título pode ter um beta negativo. Sua linha de regressão terá então uma inclinação descendente, o que significa que, para eventos macro mais favoráveis (R_M maior), poderíamos esperar um retorno *mais baixo*, e vice-versa. Por sua vez, isso significa que, quando a macroeconomia está mal (R_M negativo) e pressupõe-se que os títulos com beta positivo terão retornos em excesso negativos, o título com beta negativo se destacará. O significado disso é que um título com beta negativo oferece proteção contra o risco sistemático.

---

[6] Observe que somente a média *ponderada* de betas (utilizando valores de mercado como peso) será 1, visto que o índice do mercado de ações é ponderado pelo valor. Sabemos, com base no Capítulo 5, que a distribuição de títulos pelo valor de mercado não é simétrica: existem relativamente poucas empresas de grande porte e muito mais empresas menores. Por isso, a média simples dos betas de títulos individuais, quando calculada em comparação com um índice ponderado pelo valor como o S&P 500, será superior a 1, que é empurrada para cima porque as ações das empresas de baixa capitalização tendem a ter betas superiores a 1.

A dispersão do diagrama de retornos reais sobre a linha de regressão é determinada pela variância residual $\sigma^2(e_D)$. A magnitude do risco específico à empresa varia entre os títulos. Uma forma de avaliar a importância relativa do risco sistemático é medir o índice de variância sistemática/variância total.

$$\rho^2 = \frac{\text{Variância sistemática (ou explicada)}}{\text{Variância total}}$$

$$= \frac{\beta_D^2 \sigma_M^2}{\sigma_D^2} = \frac{\beta_D^2 \sigma_M^2}{\beta_D^2 \sigma_M^2 + \sigma^2(e_D)} \quad (6.14)$$

onde ρ é o coeficiente de correlação entre R_D e R_M. Seu quadrado mede o índice de variância explicada/variância total, isto é, a proporção da variância total que pode ser atribuída a flutuações do mercado. Porém, se o beta for negativo, o coeficiente de correlação também será, uma indicação de que se espera que as variáveis explicativas e dependentes movam-se em direções opostas.

Em uma circunstância extrema, quando o coeficiente de correlação é 1 ou –1, o retorno do título é totalmente explicado pelo retorno de mercado e não há nenhum efeito específico à empresa. Todos os pontos do diagrama de dispersão ficarão exatamente na linha. Isso é chamado de *correlação perfeita* (tanto positiva quanto negativa); o retorno do título é perfeitamente previsível com base no retorno de mercado. Um coeficiente de correlação alto (em valor absoluto) significa que a variância sistemática predomina sobre a variância total; isto é, a variância específica à empresa é relativamente irrelevante. Quando o coeficiente de correlação é baixo (em termos de valor absoluto), o papel do fator de mercado é relativamente irrelevante para explicar a variância do ativo, e os fatores específicos à empresa predominam.

Revisão de CONCEITOS 6.6

Interprete os oito diagramas de dispersão da Figura 6.13 com relação ao risco sistemático, ao risco diversificável e ao intercepto.

O Exemplo 6.3 a seguir mostra como você pode utilizar uma planilha para estimar o modelo de índice único com base em dados históricos.

FIGURA 6.13 Vários diagramas de dispersão.

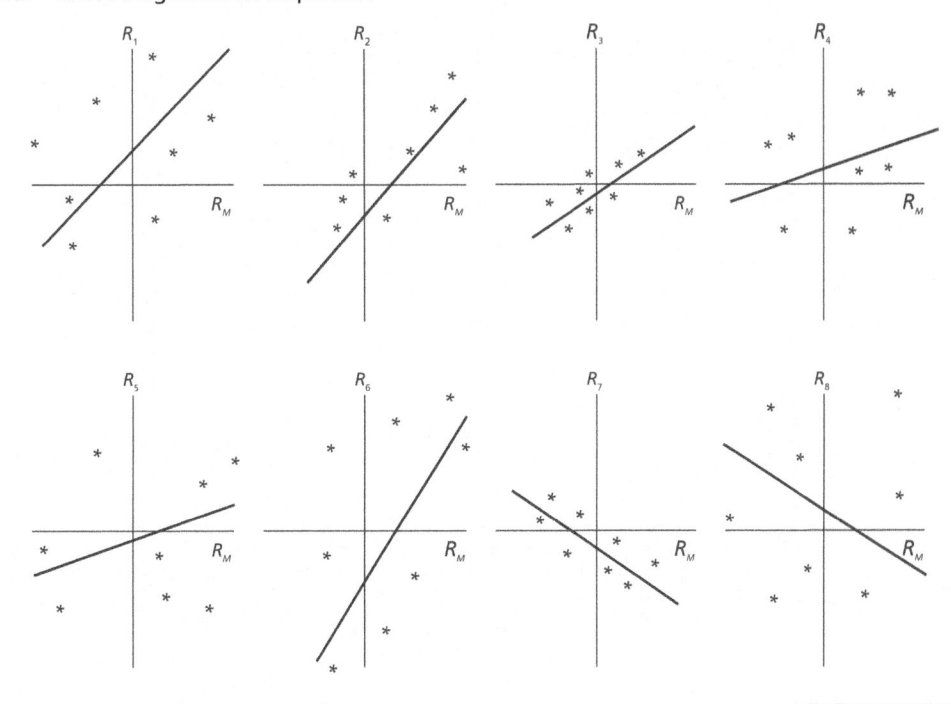

EXEMPLO 6.3
Estimativa do modelo de índice utilizando dados históricos

A forma direta de calcular a inclinação e o intercepto das linhas características da ABC e XYZ é por meio das variâncias e covariâncias. Aqui, utilizamos Análise de Dados do Excel para obter a matriz de covariância na planilha a seguir.

O coeficiente de inclinação de ABC é dado pela fórmula:

$$\beta_{ABC} = \frac{Cov(R_{ABC}, R_{Mercado})}{Var(R_{Mercado})} = \frac{773,31}{669,01} = 1,156$$

O intercepto de ABC é:

$$\alpha_{ABC} = \text{Média}(R_{ABC}) - \beta_{ABC} \times \text{Média}(R_{Mercado})$$
$$= 15,20 - 1,156 \times 9,40 = 4,33$$

Portanto, a linha característica do título de ABC é dada por:

$$R_{ABC} = 4,33 + 1,156 R_{Mercado}$$

Esse resultado pode ser obtido também com o comando "Regressão" de Análise de Dados do Excel, tal como mostramos na parte inferior da planilha. As pequenas diferenças entre o resultado da regressão direta e nossos cálculos anteriores devem-se a erros de arredondamento.

	A	B	C	D	E	F	G	H	I
2		Taxas de retorno anualizadas					Retornos em excesso		
3	Semana	ABC	XYZ	Índice de mercado	Livre de Risco		ABC	XYZ	Mercado
4	1	65,13	−22,55	64,40	5,23		59,90	−27,78	59,17
5	2	51,84	31,44	24	4,76		47,08	26,68	19,24
6	3	−30,82	−6,45	9,15	6,22		−37,04	−12,67	2,93
7	4	−15,13	−51,14	−35,57	3,78		−18,91	−54,92	−39,35
8	5	70,63	33,78	11,59	4,43		66,20	29,35	7,16
9	6	107,82	32,95	23,13	3,78		104,04	29,17	19,35
10	7	−25,16	70,19	8,54	3,87		−29,03	66,32	4,67
11	8	50,48	27,63	25,87	4,15		46,33	23,48	21,72
12	9	−36,41	−48,79	−13,15	3,99		−40,40	−52,78	−17,14
13	10	−42,20	52,63	20,21	4,01		−46,21	48,62	16,20
14	Média:						15,20	7,55	9,40
15									
16	MATRIZ DE COVARIÂNCIA								
17		ABC	XYZ	Mercado					
18	ABC	3.020,933							
19	XYZ	442,114	1.766,923						
20	Mercado	773,306	396,789	669,010					
21									
22	RESULTADO RESUMIDO DA REGRESSÃO DO EXCEL								
23									
24	Estatísticas de regressão								
25	R múltiplo	0,544							
26	R quadrado	0,296							
27	R quadrado ajustado	0,208							
28	Erro padrão	48,918							
29	Observações	10							
30									
31									
32		Coeficientes	Erro padrão	Estatística t	Valor P				
33	Intercepto	4,336	16,564	0,262	0,800				
34	Retorno do mercado	1,156	0,630	1,834	0,104				
35									

Nota: Esse é o resultado fornecido pela ferramenta Análise de Dados do Excel. Como um comentário técnico à parte, devemos ressaltar que a matriz de covariância gerada pelo Excel não se ajusta a graus de liberdade. Em outras palavras, ela divide o total de desvios ao quadrado em relação à média da amostra (para variância) ou produto vetorial total dos desvios em relação às médias da amostra (para covariância) pelo total de observações, não obstante o fato de as médias da amostra serem parâmetros estimados. Entretanto, esse procedimento não afeta os coeficientes de regressão, porque, na fórmula para beta, tanto o numerador (isto é, a covariância) quando o denominador (isto é, a variância) são afetados igualmente.

Diversificação em um mercado de títulos de índice único

Imagine uma carteira dividida igualmente em títulos cujos retornos acompanham o modelo de índice único da Equação 6.11. Quais as variâncias sistemáticas e não sistemáticas dessa carteira?

O beta da carteira é uma média simples dos betas dos títulos individuais; por isso, a variância sistemática é igual a $\beta_p^2 \sigma_M^2$. Esse é o nível de risco de mercado apresentado na Figura 6.1B. A variância do mercado (σ_M^2) e o beta da carteira determinam o risco de mercado correspondente.

O componente sistemático do retorno de cada título, $\beta_i R_M$, é determinado pelo fator de mercado e, portanto, está perfeitamente correlacionado com a parte sistemática do retorno de qualquer outro título. Por isso, não há nenhum efeito de diversificação sobre o risco sistemático, seja qual for o número de títulos envolvidos. Quanto ao *risco de mercado*, um único título tem o mesmo risco sistemático que uma carteira diversificada que tenha o mesmo beta. A quantidade de títulos não faz nenhuma diferença.

Isso é bem diferente com o risco específico à empresa. Tome como exemplo uma carteira de n títulos com pesos, w_i $\left(\text{onde} \sum_{i=1}^{n} w_i = 1\right)$, em títulos com risco não sistemático, $\sigma_{e_i}^2$. A porção não sistemática do retorno da carteira é:

$$e_p = \sum_{i=1}^{n} w_i e_i$$

Como os termos específicos à empresa, e_i, não estão correlacionados, a variância não sistemática da carteira é a soma ponderada das variâncias individuais específicas à empresa:[7]

$$\sigma_{e_p}^2 = \sum_{i=1}^{n} w_i^2 \sigma_{e_i}^2 \qquad (6.15)$$

Cada variância não sistemática é multiplicada pelo *quadrado* do peso da carteira. Nas carteiras diversificadas, os pesos ao quadrado são bastante pequenos. Por exemplo, se $w_i = 0,01$ (pense em uma carteira com 100 títulos), então $w_i^2 = 0,0001$. A soma na Equação 6.15 é bem inferior à variância média específica à empresa das ações na carteira. Concluímos que o impacto do risco não sistemático torna-se insignificante à medida que o número de títulos aumenta e a carteira torna-se cada vez mais diversificada. É por isso que o número de títulos é mais importante do que o tamanho de sua variância não sistemática.

Em suma, quando controlamos o risco sistemático da carteira manipulando o beta médio dos títulos componentes, o número de títulos não tem nenhuma consequência. Porém, com relação ao *risco não sistemático*, o número de títulos é mais importante do que a variância dos títulos específica à empresa. Uma diversificação suficiente pode praticamente eliminar o risco específico à empresa. Compreender essa distinção é essencial para compreender a função da diversificação.

Acabamos de ver que, ao construir carteiras altamente diversificadas, o risco específico à empresa torna-se *irrelevante*. Somente o risco sistemático permanece. Isso significa que, para os investidores diversificados, a medida relevante de risco de um título será o beta, β, desse título, visto que as empresas com β mais alto são mais suscetíveis ao risco de mercado. Como Equação 6.12 evidencia, o risco sistemático será determinado pela volatilidade do mercado, σ_M^2, e o β da empresa.

Revisão de CONCEITOS 6.7

a. Qual a linha característica da XYZ no Exemplo 6.3?
b. A ABC ou a XYZ tem um risco sistemático maior?
c. Que proporção da variância da XYZ refere-se ao risco específico à empresa?

Utilização da análise de títulos com o modelo de índice

Suponhamos que você seja o gestor de carteira encarregado de uma pequena instituição beneficente. Sem os recursos necessários para realizar uma análise de títulos, você escolheria uma

---

[7] Utilizamos o resultado das estatísticas para que, quando multiplicarmos uma variável aleatória (nesse caso, e_i) por uma constante (nesse caso, w_i), a variância seja multiplicada pelo *quadrado* da constante. A variância da soma na Equação 6.15 é igual à soma das variâncias porque, nesse caso, todas as covariâncias são zero.

carteira passiva com um ou mais fundos de índice e letras do Tesouro. Chamemos essa carteira de M. Você estima o respectivo desvio padrão como σ_M e obtém uma previsão do prêmio de risco como R_M. Agora você constata que tem recursos suficientes para realizar uma análise fundamentalista sobre as ações de uma ação de uma empresa, digamos o Google. Você prevê o prêmio de risco das ações do Google como R_G e estima o beta (β_G) e o desvio padrão residual, $\sigma(e_G)$, em comparação com uma carteira de referência M. Como você deve prosseguir?

Sem acesso a outros títulos, tudo o que você pode fazer é construir a carteira ótima (com o índice de Sharpe mais alto) com base em M e nas ações do Google utilizando a Equação 6.10. Constatamos então que o modelo de índice nos permite simplificar ainda mais a Equação 6.10.

Observe que sua previsão de R_G indica que o alfa da ações do Google é $\alpha_G = R_G - \beta_G R_M$. Utilizamos duas estatísticas fundamentais, $\alpha_G/\sigma^2(e_G)$ e R_M/σ^2_M, para encontrar a posição das ações do Google na carteira de risco ótima por meio de dois passos. No primeiro, calculamos:

$$w_G^0 = \frac{\alpha_G / \sigma^2(e_G)}{R_M / \sigma_M^2} \tag{6.16}$$

No segundo passo, ajustamos o valor da Equação 6.16 para o beta das ações do Google:

$$w_G^* = \frac{w_G^0}{1 + w_G^0(1 - \beta_G)} \qquad w_M^* = 1 - w_G^* \tag{6.17}$$

O índice de Sharpe dessa carteira supera o da carteira passiva M, S_M, de acordo com:

$$S_0^2 - S_M^2 = \left(\frac{\alpha_G}{\sigma(e_G)}\right)^2 \tag{6.18}$$

índice de informação
Índice de alfa/desvio padrão do resíduo.

Observamos que a melhoria em relação à referência passiva é determinada pela índice $\alpha_G/\sigma(e_G)$, o que é chamado de **índice de informação** (nesse caso, do Google). Essa aplicação do modelo de índice é denominada modelo de Treynor-Black, em homenagem a Fischer Black e Jack Treynor, que o propuseram em 1973.

A importância do modelo de Treynor-Black torna-se expressiva quando analisamos mais de uma ação. Para calcular a carteira ótima que compreende a carteira de referência e mais de duas ações, você precisa utilizar a metodologia de Markowitz apresentada na Seção 6.4. Contudo, com o modelo de Treynor-Black, essa tarefa é fácil. Você pode considerar as ações analisadas anteriormente como sua **carteira ativa**. Se, em vez de apenas as ações do Google, você analisar várias ações, uma carteira dessas ações comporia sua carteira ativa, que então seria combinada com o índice passivo. Você utiliza o alfa, beta e desvio padrão residual da carteira ativa nas Equações 6.16 a 6.18 para obter os pesos da carteira ótima, O, e seu índice de Sharpe. Desse modo, sua única incumbência é determinar a composição exata da carteira ativa, bem como seu alfa, beta e desvio padrão residual.

carteira ativa
Carteira formada por ações analisadas para formar uma ótima combinação.

Suponhamos que, além de analisar as ações do Google, você analise ações da Dell (D) e estime o alfa, o beta e a variância residual. Você prevê o índice do Google, $\alpha_G/\sigma^2(e_G)$, o índice correspondente da Dell e a soma desses índices para todas as ações na carteira ativa. Utilizando Google e Dell,

$$\sum_i \alpha_i / \sigma^2(e_i) = \alpha_G / \sigma^2(e_G) + \alpha_D / \sigma^2(e_D) \tag{6.19}$$

Treynor e Black demonstraram que o peso ótimo de cada título na carteira ativa deve ser:

$$w_G(\text{ativa}) = \frac{\alpha_G / \sigma^2(e_G)}{\sum_i \alpha_i / \sigma^2(e_i)} \qquad w_D(\text{ativa}) = \frac{\alpha_D / \sigma^2(e_D)}{\sum_i \alpha_i / \sigma^2(e_i)} \tag{6.20}$$

Observe que a carteira ativa envolve dois fatores que se compensam. Por um lado, uma ação com um valor alfa mais alto exige um peso alto para que se possa tirar proveito de seu atraente retorno esperado. Por outro, uma alta variância residual nos leva a moderar nossa posição em ações para evitar o risco específico à empresa.

O alfa e o beta da carteira ativa são médias ponderadas do alfa e do beta de cada ação e a variância residual é a soma ponderada da variância residual de cada ação, utilizando os pesos ao quadrado da carteira:

$$\alpha_A = w_{GA}\alpha_{GA} + w_{DA}\alpha_{DA} \quad \beta_A = w_{GA}\beta_{GA} + w_{DA}\beta_{DA}$$
$$\sigma^2(e_A) = w_{GA}^2 \sigma^2(e_G) + w_{DA}^2 \sigma^2(e_D) \tag{6.21}$$

Com base nesses parâmetros, agora podemos utilizar as Equações 6.16 a 6.18 para determinar o peso da carteira ativa na carteira ótima e o índice de Sharpe que ela obtém.

> **EXEMPLO 6.5**
> Modelo de Treynor-Black
>
> Suponhamos que sua carteira de referência seja o índice S&P 500. A lista de entrada no Painel A da Tabela 6.2 contém os dados referentes ao índice passivo e também às duas ações, Google e Dell. Os valores de alfa de ambas as ações são positivos. Por isso, você poderia supor que a carteira ótima pende para essas ações. Entretanto, essa inclinação será restringida para evitar uma exposição exagerada a um risco específico à empresa que de outra forma seria diversificável. O *trade-off* ótimo maximiza o índice de Sharpe. Utilizamos o modelo de Treynor-Black para fazer isso.
>
> Começamos pelo Painel B supondo que a *carteira ativa* contém apenas Google, que tem um índice de informação de 0,115. Essa "carteira" é então combinada com o índice passivo para formar a carteira de risco ótima, tal como nas Equações 6.16 a 6.18. Os cálculos na Tabela 6.2 mostram que a carteira ótima obtém um índice de Sharpe de 0,30, em comparação com 0,16 da referência passiva. Essa carteira ótima contém 43,64% de ações do Google e 56,36% da carteira de referência.
>
> No Painel C, acrescentamos a Dell à lista de ações analisadas ativamente. Os pesos ótimos de cada ação na carteira ativa são 55,53% em ações do Google e 44,47% em ações da Dell. Isso oferece à carteira ativa um índice de informação de 0,14, que melhora o índice de Sharpe da carteira ótima para 0,24. A carteira ótima investe 91,73% na carteira ativa e 8,27% no índice. Essa grande inclinação é aceitável porque o desvio padrão residual da carteira ativa (6,28%) é bem menor do que o desvio de ambas as ações. Finalmente, o peso da carteira ótima em ações do Google e da Dell é 50,94% e 40,79%, respectivamente. Observe que o peso em ações do Google agora é *maior* do que seu peso sem as ações Dell! Isso também decorre da diversificação na posição ativa, que permite uma maior inclinação para o grande alfa das ações do Google.

TABELA 6.2 Construção de carteiras ótimas utilizando o modelo de índice

Lista de entrada

		Carteira ativa	
	Carteira de referência (S&P 500)	Google	Dell
A. Dados de entrada			
Prêmio de risco	0,7	2,20	1,74
Desvio padrão	4,31	11,39	10,49
Índice de Sharpe	0,16	não aplicável	
Alfa		1,04	0,75
Beta		1,65	1,41
Desvio padrão residual		9,01	8,55
Índice de informação = alfa/desvio padrão residual		0,1154	0,0877
Variância alfa/residual		0,0128	0,0103

Construção da carteira

B. Carteira ótima com somente ações do Google na carteira ativa			
Dados de desempenho			
Índice de Sharpe = RAIZ QUADRADA (índice de Sharpe^2 + índice de informação Google^2)	0,20		
Composição da carteira ótima			
w^0 = (alfa/desvio padrão residual)/(prêmio de risco do índice / variância do índice)		0,3400	
$w^* = w^0/(1 + w^0(1 - \text{beta}))$	0,5636	0,4364	

C. Carteira ótima com ações do Google e da Dell na carteira ativa

			Carteira ativa (soma)
Composição da carteira ativa			
w^0 da ação (Equação 6.15)	0,3400	0,2723	0,6122
w^0/Soma w^0 das ações analisadas	0,5553	0,4447	1,0000
Desempenho da carteira ativa			
alfa = peso na carteira ativa × alfa das ações	0,58	0,33	0,91
beta = peso na carteira ativa × beta das ações	0,92	0,63	1,54
Variância residual = peso ao quadrado × variância residual das ações	25,03	14,46	39,49
Desvio padrão residual = RAIZ QUADRADA (variância residual da carteira ativa)			6,28
Índice de informação = alfa/desvio padrão residual da carteira ativa			0,14
Desempenho da carteira ótima			
Índice de Sharpe	0,24		

	Índice	Ativa
Composição da carteira ótima		
w^0		0,6122
w^*	0,0827	0,9173

	Google	Dell
Peso da carteira ativa × peso das ações na carteira ativa	0,5094	0,4079

eXcel
Acesse grupoa.com.br

6.6. RISCO DOS INVESTIMENTOS DE LONGO PRAZO

Até aqui, consideramos o investimento em carteira para determinado período. Não fizemos nenhuma suposição explícita sobre a duração desse período. Por isso, alguém poderia considerá-lo como sendo de qualquer extensão e, nesse caso, isso daria a entender que nossa análise se aplica também a investimentos de longo prazo. Contudo, os investidores com frequência são informados de que os investimentos de longo prazo em ações não são tão arriscados quanto as estatísticas apresentadas neste capítulo e no anterior poderiam levar a crer. Para compreender essa concepção errônea tão comum, devemos primeiro compreender quais são as estratégias alternativas de investimento de longo prazo.

Risco e retorno em investimentos de longo prazo alternativos

Ainda não tivemos muito a dizer sobre o horizonte de tempo do investidor. Do ponto de vista de risco e retorno,[8] faz diferença se o horizonte de um investidor é longo ou curto? Um mito comum é o de que os investidores de longo devem alocar uma proporção maior de sua riqueza em ações simplesmente porque, em certo sentido, as ações são menos arriscadas em horizontes de longo prazo. Essa crença de que as ações se tornam menos arriscadas em horizontes mais extensos está fundamentada na ideia de "diversificação temporal", de que distribuir os investimentos de risco ao longo de vários períodos oferece um benefício semelhante em termos de diminuição de risco a distribuir um orçamento de investimento entre vários ativos em determinado período (tema que analisamos no decorrer deste capítulo). Entretanto, essa crença é incorreta.

Podemos compreender o risco de longo prazo comparando investimentos de *risco* de um ano ("curto prazo") e dois anos ("prazo mais longo"). Imagine um conjunto de oportunidades de investimento idêntica nos dois anos. Ele inclui uma carteira de risco com um prêmio de risco anual distribuído normalmente e composto continuamente de R e variância de σ^2. Portanto, o índice de Sharpe de um ano é $S_1 = R/\sigma$ e o preço de risco de um ano é $P_1 = R/\sigma^2$. Os investidores

---
[8] Um investidor pode escolher um horizonte de investimento específico por inúmeros motivos, como uma determinada idade de aposentadoria. Outros fatores que não consideramos – por exemplo, a magnitude do capital humano de um indivíduo (o valor correspondente à capacidade de gerar receita no futuro) *versus* saúde financeira atual – também podem afetar o horizonte de investimento e as alocações de uma carteira.

podem alocar suas carteiras entre essa carteira de risco e um ativo isento de risco com prêmio de risco e variância zero.[9] Tal como constatamos na Tabela 3.2, podemos supor com segurança que os retornos da carteira de ações não estão correlacionados serialmente.

Obviamente, não é possível comparar de maneira apropriada um investimento de um ano com um de dois anos sem especificar o que o investidor de um ano fará no segundo ano. Para que essas comparações façam sentido, comparamos as estratégias de três empresas de investimento que anunciam três estratégias alternativas de investimento de dois anos. A Empresa 1 chama sua estratégia de *"Two-In"*: investir tudo na carteira de risco durante dois anos. A Empresa 2 recomenda sua estratégia *"One-In"*: investir totalmente no ativo isento de risco em um ano e investir totalmente na carteira de risco no outro ano. Finalmente, a Empresa 3 defende sua estratégia *"Half-in-Two"*: em ambos os anos, investir metade do orçamento de investimento no ativo isento de risco e a outra metade na carteira de risco. Precisamos decidir qual estratégia é a melhor.

Lembre-se de que a média e a variância dos retornos compostos continuamente e não correlacionados serialmente (ou retornos em excesso) aumentam de maneira proporcional à duração do período de manutenção. Mostramos as estatísticas de taxa de retorno para as três estratégias na Tabela 6.3. O prêmio de risco é zero para as letras e R para a carteira de risco. Desse modo, a primeira linha da tabela mostra a acumulação do prêmio de risco do investidor ao longo de dois anos utilizando cada estratégia. De modo semelhante, a segunda linha mostra a variância acumulada da riqueza do investidor.

Percebemos imediatamente que o risco *não* é menor para os investidores de prazo mais longo. Um investimento de dois anos em ações (a estratégia *Two-In*) tem duas vezes a variância da estratégia *One-In*. Essa observação já deveria ter resolvido o debate sobre se o risco total a longo prazo é menor – está claro que não é. Na verdade, ele aumenta proporcionalmente com o passar do tempo: o investimento de dois anos na carteira de risco dobrou a variância do investimento de um ano.

Embora o investimento *One-In* seja menos arriscado do que o da estratégia *Two-In*, uma estratégia de investimento ainda mais segura que oferece o mesmo prêmio de risco da *One-In* é a *Half-in-Two*, na qual metade da riqueza do investidor é investida em ações em *cada* um dos dois anos. Essa estratégia tem apenas metade da variância da *One-In* e apenas um quarto da variância da *Two-In*. Quando se deseja um risco menor do que o da *Two-In*, distribuir o risco uniformemente ao longo do tempo, em vez de agregar todo o risco em um período concentrado (como o faz a *One-In*), é a melhor estratégia. Isso é evidenciado pelo índice de Sharpe de cada estratégia (terceira linha da tabela): o índice de Sharpe da *Half-in-Two* ultrapassa o da *One-In* por um múltiplo de $\sqrt{2}$. Isso significa que a *Half-in-Two* de fato oferece um benefício significativo em termos de diversificação temporal? Dito de outra forma, a *Half-in-Two* permi-

TABELA 6.3 Prêmio de risco de dois anos, variância, índice de Sharpe e preço de risco para três estratégias

Estratégia	Two-In[1]	One-In[2]	Half-in-Two[3]
Prêmio de risco	$R + R = 2R$	$0 + R = R$	$2 * \frac{1}{2} R = R$
Variância	$\sigma^2 + \sigma^2 = 2\sigma^2$	$0 + \sigma^2 = \sigma^2$	$2 * \frac{1}{4} \sigma^2 = \sigma^2/2$
Índice de Sharpe[4]	$\frac{2R}{\sigma\sqrt{2}} = S_1\sqrt{2}$	$R/\sigma = S_1$	$\frac{R}{\sigma/\sqrt{2}} = S_1\sqrt{2}$
Preço de risco[5]	$R/\sigma^2 = P_1$	$R/\sigma^2 = P_1$	$\frac{R}{\sigma^2/2} = 2P_1$

[1] *Two-In*: Investir em toda a carteira de risco durante dois anos.
[2] *One-In*: Investir em toda a carteira de risco durante um ano e no ativo isento de risco no segundo ano.
[3] *Half-in-Two*: Investir metade do orçamento na carteira de risco durante dois anos.
[4] Índice de Sharpe = $\frac{\text{Prêmio de risco}}{\text{Desvio padrão}}$.
[5] Preço de risco = $\frac{\text{Prêmio de risco}}{\text{Variância}}$.

---

[9] A hierarquia de escolha de uma carteira que desenvolvemos para qualquer período de manutenção do investimento é a seguinte: construir uma carteira de risco com o índice de Sharpe mais alto possível e alocar todo o orçamento de investimento entre essa carteira e o ativo isento de risco. O peso ótimo na carteira de risco é $y = P/A$, onde P é o preço de risco e A a aversão ao risco do investidor.

te que os investidores aloquem com prudência maiores porções da carteira à carteira de risco? Surpreendentemente, a resposta é não. Até mesmo essa ideia mais restrita de diversificação temporal é errônea.

Vamos comparar as alocações ótimas de capital dos investidores em cada uma dessas estratégias. Entretanto, podemos recusar de imediato a *One-In* porque ela é claramente superada pela *Half-in-Two*, que tem um prêmio de risco igual e apenas metade da variância. Desse modo, precisamos comparar apenas a *Two-In* com a *Half-in-Two*. Afirmamos antes que um investidor com um grau de aversão ao risco A alocará uma fração de sua riqueza total à carteira de risco que é igual a $y = \dfrac{\text{Preço de risco}}{A}$. Na *Two-In*, essa fração é $\dfrac{R/\sigma^2}{A}$, enquanto na *Half-in-Two* é $\dfrac{2R/\sigma^2}{A}$. Portanto, a estratégia *Half-in-Two* obtém o dobro da alocação da *All-In*. Porém, lembre-se de que a *Half-in-Two* tem apenas metade do peso investido na carteira de risco. Esses efeitos na verdade neutralizam-se mutuamente: o risco e o retorno mais altos da *Two-In* são precisamente neutralizados pela menor alocação do investidor nessa estratégia. Portanto, a *Half-in-Two* que *parece* oferecer o benefício da diversificação temporal não induz de fato uma maior alocação geral à carteira de risco.

Faria diferença se estendêssemos o horizonte de dois anos para algum período maior? Com um horizonte de T anos, uma "estratégia de diversificação temporal" (agora devemos mudar nossa estratégia de "*Half in Two*" para "$1/T$ em T") põe em risco $1/T$ do orçamento a cada ano. O preço de risco da estratégia de diversificação temporal é TR/σ^2, em comparação a apenas R/σ^2 na *All-In*. Isso induzirá maiores investimentos na carteira de risco à medida que T aumentar? Outra vez, o ponto significativo é que a carteira diversificada temporalmente não tem um índice de Sharpe melhor do que o da carteira *All-In* totalmente investida: o índice de Sharpe de ambas as estratégias agora é $S_1\sqrt{T}$. Qualquer investidor utilizará a estratégia de diversificação temporal T vezes a fração que utilizaria a estratégia *All-In* de T anos; o resultado final é que, para todas as finalidades práticas, essas alternativas são equivalentes. Na escolha entre essas duas alternativas, na verdade o investidor está se movendo para cima ou para baixo na CAL. Não obstante o preço de risco mais alto, a alocação geral da carteira de risco não é superior para a carteira diversificada temporalmente.

Por que essa confusão interminável?

Não é nenhum segredo que a vasta maioria dos consultores financeiros acredita que as "ações são menos arriscadas quando mantidas por um longo prazo" e esse é o conselho que eles passam aos clientes. O raciocínio deles é o seguinte: O prêmio de risco aumenta proporcionalmente ao horizonte, T. O desvio padrão aumenta segundo um fator mais lento de apenas $\sqrt{T}$. O fato de o risco aumentar mais lentamente do que o prêmio de risco é evidenciado pelo índice de Sharpe, $S_1\sqrt{T}$, que aumenta com o horizonte de investimento.

Essa história parece convincente e na verdade não contém nenhum erro matemático. Contudo, é apenas metade da história. A diversificação temporal parece oferecer um melhor equilíbrio entre risco e retorno (um índice de Sharpe mais alto) quando comparamos a estratégia *All-In*, que investe tudo em um ano e nada posteriormente, com a "*One-In*". Porém, uma alternativa importante para a *All-In* é a $1/T$ em T. A estratégia de investimento de longo prazo $1/T$ em T situa-se na mesma "CAL temporal" da *All-In* porque utiliza a mesma carteira de risco em todo o horizonte. Quando essa estratégia estiver no cardápio, as alocações da carteira completa *não* mudarão em direção aos investimentos de risco à medida que o horizonte do investidor se estender.[10]

---

[10] Você pode observar que, com maior frequência, $1/n$ na estratégia T (investir uma proporção de $1/n$ da carteira na carteira de risco ao longo de T anos) nos oferecia os mesmos resultados. Você verá que o índice de Sharpe é $S_1\sqrt{T}$ e que o preço de risco é nP_1. Por isso, você investiria n vezes mais na estratégia de baixo risco e acabaria ficando com a mesma carteira completa obtida com a estratégia *All-In*.

RESUMO

- A taxa de retorno esperada de uma carteira é a média ponderada dos retornos esperados dos ativos que a compõem e as proporções de investimento são dadas como pesos.
- A variância de uma carteira é a soma de contribuições das variâncias dos títulos que a compõem *mais* os termos que envolvem a covariância entre os ativos.

- Mesmo que as correlações sejam positivas, o desvio padrão da carteira será menor do que a média ponderada dos desvios padrão dos componentes, desde que os ativos não tenham uma correlação positiva *perfeita*. Desse modo, a diversificação da carteira será fundamental desde que a correlação entre os ativos não seja perfeita.
- A contribuição de um ativo para a variância da carteira depende de sua correlação com os outros ativos na carteira, bem como de sua própria variância. Um ativo cuja correlação com a carteira é perfeitamente negativa pode ser utilizado para reduzir a variância da carteira a zero. Por isso, ele pode servir como uma proteção perfeita.
- A fronteira eficiente dos ativos de risco é a representação gráfica de um conjunto de carteiras que maximiza o retorno esperado de determinado nível de desvio padrão da carteira. Os investidores racionais escolherão a carteira que estiver na fronteira eficiente.
- O gestor de carteira identifica a fronteira eficiente determinando primeiramente as estimativas de retorno esperado e de desvio padrão e, em seguida, as respectivas correlações. Os dados de entrada são então inseridos em um programa de otimização que gera as proporções de investimento, os retornos esperados e os desvios padrão das carteiras na fronteira eficiente.
- Geralmente, os gestores de carteira identificam diferentes carteiras eficientes em virtude das diferenças existentes nos métodos e na qualidade da análise de títulos. Os gestores competem no âmbito da qualidade da análise de títulos relativamente às suas taxas de gestão.
- Se houver um ativo isento de risco e os dados de entrada forem idênticos, todos os investidores escolherão a mesma carteira na fronteira eficiente, aquela que estiver tangente à CAL. Todos os investidores com dados de entrada idênticos manterão a mesma carteira de risco. A única diferença será a proporção alocada por cada um à carteira ótima e ao ativo isento de risco. O resultado é caracterizado como o princípio de separação da escolha de carteira.
- O modelo de índice único expressa o retorno em excesso sobre um título como função do retorno em excesso do mercado: $R_i = \alpha_i + \beta_i R_M + e_i$. Essa equação pode ser interpretada também como uma regressão do retorno em excesso do título sobre o retorno em excesso do índice de mercado. A linha de regressão tem um intercepto α_i e uma inclinação β_i e é chamada de linha característica do título.
- Em um modelo de índice único, a variância da taxa de retorno de um título ou carteira pode ser decomposta em risco sistemático e risco específico à empresa. O componente sistemático da variância é igual a β^2 vezes a variância do retorno em excesso do mercado. O componente específico à empresa é a variância do termo residual na equação do modelo de índice.
- O beta de uma carteira é a média ponderada de betas dos títulos que a compõem. Um título com beta negativo diminui o beta da carteira, reduzindo, assim, sua exposição à volatilidade do mercado. O risco exclusivo de uma carteira aproxima-se de zero à medida que a carteira torna-se mais diversificada.

FÓRMULAS BÁSICAS

A taxa de retorno esperada em uma carteira: $E(r_P) = w_B E(r_B) + w_S E(r_S)$

A variância do retorno de uma carteira: $\sigma_P^2 = (w_B \sigma_B)^2 + (w_S \sigma_S)^2 + 2(w_B \sigma_B)(w_S \sigma_S)\rho_{BS}$

O índice de Sharpe de uma carteira: $S_P = \dfrac{E(r_P) - r_f}{\sigma_P}$

O índice de Sharpe que maximiza os pesos da carteira com dois ativos de risco (B e S) e um ativo isento de risco:

$$w_B = \frac{[E(r_B) - r_f]\sigma_S^2 - [E(r_S) - r_f]\sigma_B \sigma_S \rho_{BS}}{[E(r_B) - r_f]\sigma_S^2 + [E(r_S) - r_f]\sigma_B^2 - [E(r_B) - r_f + E(r_S) - r_f]\sigma_B \sigma_S \rho_{BS}}$$

$$w_S = 1 - w_B$$

A equação do modelo de índice: $R_i = \beta_i R_M + \alpha_i + e_i$

Decomposição da variância com base na equação do modelo de índice:

$$\text{Variância}(R_i) = \beta_i^2 \sigma_M^2 + \sigma^2(e_i)$$

A porcentagem de variância do título explicada pelo retorno do índice = o quadrado do coeficiente de correlação da regressão do título no mercado:

$$\rho = \frac{\text{Variância sistemática (ou explicada)}}{\text{Variância total}}$$

$$= \frac{\beta_D^2 \sigma_M^2}{\sigma_D^2} = \frac{\beta_D^2 \sigma_M^2}{\beta_D^2 \sigma_M^2 + \sigma^2(e_D)}$$

Posição ótima na carteira ativa, A:

$$w_A^* = \frac{w_A^0}{1 + w_A^0(1 - \beta_A)} \quad w_M^* = 1 - w_A^*$$

$$w_A^0 = \frac{\alpha_A / \sigma^2(e_A)}{R_M / \sigma_M^2}$$

Peso ótimo em um título, G, na carteira ativa = $\dfrac{\alpha_G / \sigma^2(e_G)}{\sum_i \alpha_i / \sigma^2(e_i)}$

CONJUNTO DE PROBLEMAS

🖱 Cadastre-se no *site* do Grupo A e procure pela página deste livro para consultar os Suplementos do capítulo.

Básicos

1. Ao formar uma carteira com dois ativos de risco, o que deve ser verdadeiro quanto ao coeficiente de correlação entre seus retornos para que se possa obter ganhos com a diversificação? Explique. (OA 6.1)

2. Ao acrescentar um ativo de risco em uma carteira com vários ativos de risco, que propriedade do ativo é mais importante, seu desvio padrão ou sua covariância com outros ativos? Explique. (OA 6.1)

3. O retorno esperado de uma é 12%, seu desvio padrão é 20% e a taxa isenta de risco é 4%. Qual das seguintes opções geraria o maior aumento no índice de Sharpe da carteira? (OA 6.3)
    a. Um aumento de 1% no retorno esperado.
    b. Uma diminuição de 1% na taxa isenta de risco.
    c. Uma diminuição de 1% em seu desvio padrão.

4. Um investidor pondera sobre várias alocações à carteira de risco ótima e a letras isentas de risco do Tesouro para construir sua carteira completa. Até que ponto o índice de Sharpe da carteira completa seria afetado por essa escolha? (OA 6.3)

Intermediários

5. O desvio padrão da carteira de índice de mercado é 20%. A Ações A têm um beta de 1,5 e um desvio padrão residual de 30%. (OA 6.5)
    a. O que geraria um aumento maior na variância da ação: um aumento de 0,15 em seu beta ou um aumento de 3% (de 30% a 33%) em seu desvio padrão residual?
    b. Um investidor que atualmente mantém uma carteira de índice de mercado decide reduzir a alocação da carteira ao índice de mercado a 90% e investir 10% em Ações A. Que mudanças em (*a*) terão maior impacto sobre o desvio padrão da carteira?

6. Suponhamos que os retornos do fundo de ações apresentado na Planilha 6.1 fossem −40%, −14%, 17% e 33% nos quatro cenários. (OA 6.2)
    a. Qual seria sua expectativa em relação ao retorno médio e à variância do fundo de ações? Eles seriam superiores, inferiores ou iguais aos valores calculados na Planilha 6.2? Por quê?
    b. Calcule os novos valores do retorno médio e da variância para esse fundo de ações utilizando um formato semelhante ao da Planilha 6.2. Confirme seu palpite quanto à parte (*a*).

c. Calcule o novo valor da covariância entre o fundo de ações e o de obrigações utilizando um formato semelhante ao da Planilha 6.4. Explique intuitivamente a mudança na covariância.

7. Utilize os dados de taxa de retorno referentes ao fundo de ações ao fundo de obrigações apresentados na Planilha 6.1, mas pressuponha agora que a probabilidade de cada cenário seja: recessão severa: 0,10; recessão moderada: 0,20; crescimento normal: 0,35; *boom*: 0,35. (OA 6.2)

   a. Qual seria sua expectativa em relação ao retorno médio e à variância do fundo de ações? Eles seriam superiores, inferiores ou iguais aos valores calculados na Planilha 6.2? Por quê?

   b. Calcule os novos valores do retorno médio e da variância para o fundo de ações utilizando um formado semelhante ao da Planilha 6.2. Confirme seu palpite quanto à parte (*a*).

   c. Calcule o novo valor da covariância entre o fundo de ações o de obrigações utilizando um formato semelhante ao da Planilha 6.4. Explique intuitivamente por que o valor absoluto da covariância mudou.

Os dados a seguir aplicam-se aos Problemas 8 a 12.

Um gestor de fundos de pensão está ponderando sobre três fundos mútuos. O primeiro é um fundo de ações, o segundo é um fundo de obrigações de longo prazo governamentais e corporativas e o terceiro é um fundo do mercado monetário de letras do Tesouro que oferece uma taxa de garantida de 5,5%. As distribuições de probabilidades dos fundos de risco são:

	Retorno esperado	Desvio padrão
Fundo de ações (S)	15%	32%
Fundo de obrigações (B)	9	23

A correlação entre os retornos dos fundos é 0,15.

8. Faça a tabulação e trace o conjunto de oportunidades de investimento dos dois fundos de risco. Utilize as proporções de investimento de 0% a 100% em incrementos de 20%. Que retorno esperado e desvio padrão seu gráfico mostra para a carteira de variância mínima? (OA 6.2)

9. Trace uma tangente desde a taxa isenta de risco até o conjunto de oportunidades. O que o seu gráfico mostra para o retorno esperado e desvio padrão da carteira de risco ótima? (OA 6.3)

10. Qual o índice de recompensa/volatilidade da melhor CAL possível? (OA 6.3)

11. Suponhamos agora que sua carteira deva oferecer um retorno esperado de 12% e ser eficiente, isto é, estar na melhor CAL possível. (OA 6.4)

    a. Qual o desvio padrão de sua carteira?

    b. Qual a proporção investida no fundo de letras do Tesouro e em cada um dos dois fundos de risco?

12. Se você fosse utilizar apenas os dois fundos de risco e continuasse exigindo um retorno esperado de 12%, quais seriam as proporções de investimento de sua carteira? Compare o desvio padrão dessa carteira com o da carteira ótima do problema anterior. O que você conclui? (OA 6.4)

13. As ações oferecem uma taxa de retorno esperada de 10% com um desvio padrão de 20% e o ouro oferece um retorno esperado de 5% com um desvio padrão de 25%. (OA 6.3)

    a. Com base na aparente inferioridade do ouro com respeito ao retorno médio e à volatilidade, alguém investiria em ouro? Se sim, demonstre graficamente por que alguém o faria.

    b. Como você responderia (*a*) se o coeficiente de correlação entre ouro e ações fosse 1? Desenhe um gráfico que mostre por que alguém investiria ou não investiria em ouro. Os retornos esperados, os desvios padrão e a correlação representam um equilíbrio para o mercado de títulos?

14. Suponhamos que várias ações sejam negociadas no mercado e que é possível tomar empréstimos pela taxa isenta de risco, r_f. As características de duas das ações são as seguintes:

Ação	Retorno esperado	Desvio padrão
A	8%	40%
B	13	60
Correlação = –1		

O equilíbrio de r_f poderia ser superior a 10%? (*Dica:* Uma determinada carteira de ações pode ser substituída por um ativo isento de risco?) (OA 6.3)

15. Você pode encontrar uma planilha contendo os retornos históricos apresentados na Tabela 5.2 no *site* <www.grupoa.com.br>. (Procure o *link* correspondente ao conteúdo do Capítulo 5.) Copie os dados referentes aos últimos 20 anos para uma nova planilha. Analise o equilíbrio entre risco e retorno que teria caracterizado as carteiras construídas com ações de alta capitalização e obrigações de longo prazo do Tesouro no decorrer dos últimos 20 anos. Qual foi a taxa média de retorno e qual foi o desvio padrão de cada ativo? Qual foi o coeficiente de correlação dos retornos anuais dessas carteiras? Qual teria sido o retorno médio e qual teria sido o desvio padrão das carteiras com diferentes pesos nos dois ativos? Por exemplo, considere que os pesos em ações comecem em zero e aumentem em incrementos de 0,10 até um peso máximo de 1. Qual foi o retorno e qual foi o desvio padrão da combinação de variância mínima das ações e obrigações? (OA 6.2)

16. Suponhamos que se conheçam os retornos esperados e os desvios padrão de todos os títulos, bem como a taxa isenta de risco para concessão e tomada de empréstimo. Os investidores chegarão à mesma carteira de risco ótima? Explique. (OA 6.4)

17. Seu assistente lhe apresenta o diagrama a seguir como fronteira eficiente do group de ações que você lhe pediu para analisar. Esse diagrama parece um pouco estranho, mas seu assistente assegura que ele conferiu duas vezes essa análise. Você confiaria nele? É possível obter esse diagrama? (OA 6.4)

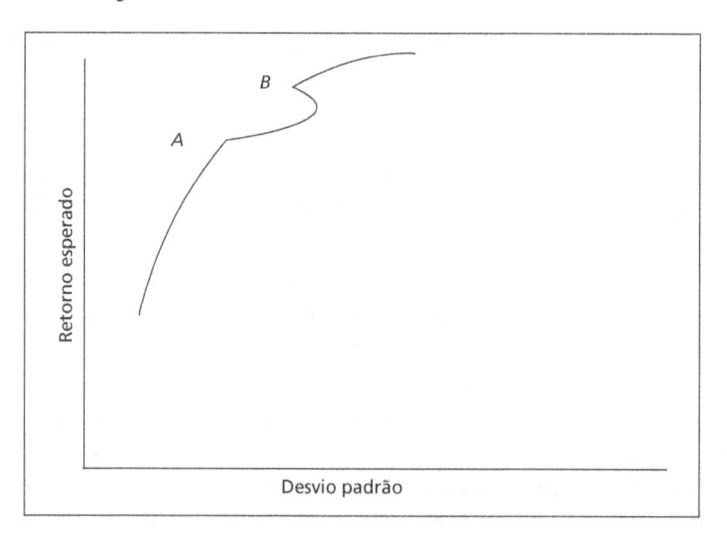

18. Qual a relação entre o desvio padrão da carteira e a média ponderada dos desvios padrão dos ativos que a compõem? (OA 6.1)

19. A probabilidade de um projeto dobrar seu investimento no espaço de um ano é 0,7 e a probabilidade de reduzi-lo à metade no espaço de um ano é 0,3. Qual o desvio padrão da taxa de retorno desse investimento? (OA 6.2)

20. Os investidores supõem que este ano a taxa de retorno do mercado será 10%. Atualmente, a taxa de retorno esperada sobre ações com beta de 1,2 é 12%. Supondo que o retorno do mercado venha a ser 8% este ano, como ficaria sua expectativa quanto à taxa de retorno sobre as ações? (OA 6.5)

21. A figura a seguir mostra as taxas de retorno mensais e o mercado de ações para duas ações. (OA 6.5)

a. Que ação é mais arriscada para um investidor que no momento mantém sua carteira em uma carteira diversificada de ações ordinárias?
b. Que ação é mais arriscada para um investidor não diversificado que aplica todos os seus fundos em apenas uma dessas ações?

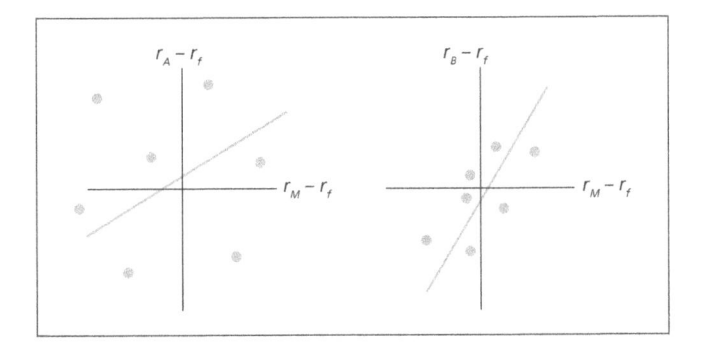

22. Visite <www.grupoa.com.br> e procure o *link* referente ao conteúdo do Capítulo 6, no qual você encontrará uma planilha que contém taxas de retorno mensais da GM, do S&P 500 e de letras do Tesouro referentes a um período recente de cinco anos. Monte uma planilha exatamente como a do Exemplo 6.3 e encontre o beta da GM. (OA 6.5)

23. Apresentamos a seguir as taxas de retorno da Generic Risk, Inc., para um período de seis meses. Qual o beta da Generic? (*Dica:* Encontre a resposta elaborando um diagrama de dispersão.) (OA 6.5)

Mês	Retorno de mercado	Retorno da Generic
1	0%	+2%
2	0	0
3	−1	0
4	−1	−2
5	+1	+4
6	+1	+2

Difícil

24. Acesse o Material On-line, no *site* <www.grupoa.com.br>, onde você encontrará dados sobre as taxas de retorno de 60 meses das ações do Google, a taxa de letras do Tesouro e o S&P 500, que utilizaremos como a carteira de índice de mercado. (OA 6.4)
    a. Utilize esses dados e a função de regressão do Excel para calcular o retorno em excesso das ações do Google para cada período, bem como o alfa, o beta e o desvio padrão residual, $\sigma(e)$.
    b. Qual foi o índice de Sharpe do S&P 500 referente a esse período?
    c. Qual foi o índice de informação do Google nesse período?
    d. Se uma pessoa cuja carteira de risco no momento está investida em uma carteira de índice como o S&P 500 desejasse assumir uma posição em ações do Google com base nas estimativas das partes (*a*)-(*c*), qual seria a porcentagem ótima da carteira de risco a ser investida em ações do Google? Utilize as Equações 6.16 e 6.17.
    e. Com base na Equação 6.18 e em sua resposta na parte (*d*), quanto o índice de Sharpe da carteira de risco ótima aumentaria tendo em vista a posição incremental em ações do Google?

Questões CFA

1. Uma carteira com três ativos tem as seguintes características:

Ativo	Retorno esperado	Desvio padrão	Peso
X	15%	22%	0,50
Y	10	8	0,40
Z	6	3	0,10

Qual o retorno esperado nessa carteira com três ativos? (OA 6.1)

2. A carteira atual de George Stephenson, de US$ 2 milhões, está investida da seguinte forma:

Resumo da carteira atual de Stephenson				
	Valor (US$)	Porcentagem do total	Retorno anual esperado (%)	Desvio padrão anual (%)
Obrigações de curto prazo	200.000	10	4,6	1,6
Ações domésticas de alta capitalização	600.000	30	12,4	19,5
Ações domésticas de baixa capitalização	1.200.000	60	16	29,9
Carteira total	2.000.000	100	13,8	23,1

Stephenson espera receber em breve mais US$ 2 milhões e pretende investir toda essa quantia em um fundo de índice que melhor complemente sua carteira atual. Stephanie Coppa, analista financeira juramentada (CFA), está avaliando os quatro fundos de índice mostrados na tabela a seguir com relação à possibilidade de construir uma carteira que atenderá a dois critérios relativos à carteira atual: (1) manter ou aumentar o retorno esperado e (2) manter ou diminuir a volatilidade.

Todos os fundos estão investidos em uma classe de ativos que não estão amplamente representados na carteira atual.

Características dos fundos de índice			
Fundo de índice	Retorno anual esperado (%)	Desvio padrão anual esperado (%)	Correlação dos retornos com a carteira atual
Fundo A	15	25	+0,80
Fundo B	11	22	+0,60
Fundo C	16	25	+0,90
Fundo D	14	22	+0,65

Indique qual fundo Stephanie Coppa deve recomendar a Stephenson. Justifique sua escolha descrevendo por que o fundo que você escolheu atende *melhor* os critérios de Stephenson. Não é necessário efetuar nenhum cálculo. (OA 6.4)

3. Abigail Grace já tinha uma carteira de US$ 900.000 totalmente diversificada. Posteriormente, ela herdou ações ordinárias da Empresa ABC no valor de US$ 100.000. Seu consultor financeiro lhe forneceu as seguintes estimativas: (OA 6.5)

Características de risco e retorno		
	Retornos mensais esperados	Desvio padrão dos retornos mensais
Carteira Original	0,67%	2,37%
Empresa ABC	1,25	2,95

O coeficiente de correlação dos retornos das ações da ABC com os retornos da carteira original é 0,40.

a. Essa herança muda a carteira geral de Grace e por isso ela está pensando sobre se deve manter as ações da ABC. Suponha que Grace manterá essas ações e calcule:
   i. O retorno esperado da nova carteira com ações da ABC.
   ii. A covariância dos retornos das ações da ABC com os retornos da carteira original.
   iii. O desvio padrão da nova carteira com ações da ABC.

b. Se Grace vender as ações da ABC, ela investirá o dinheiro em títulos governamentais isentos de risco que oferecem um rendimento mensal de 0,42%. Suponha que Grace venderá as ações da ABC e as substituirá por títulos do governo e calcule:
   i. O retorno esperado da nova carteira com títulos do governo.
   ii. A covariância dos retornos dos títulos do governo com os retornos da carteira original.
   iii. O desvio padrão da nova carteira com títulos governamentais.
c. Determine se o beta da nova carteira, que contém títulos do governo, será mais alto ou mais baixo do que o beta da carteira original.
d. Com base em suas conversas com o marido, Grace está pensando em vender as ações da ABC no valor de US$ 100.000 e adquirir US$ 100.000 em ações ordinárias da Empresa XYZ. As ações da XYZ têm o mesmo retorno esperado e desvio padrão das ações da ABC. O marido dela faz o seguinte comentário: "Não fará diferença se você mantiver todas as ações da ABC ou se as substituir por US$ 100.000 em ações da XYZ". Explique se o comentário do marido de Grace está correto ou incorreto. Justifique sua resposta.
e. Em uma conversa recente com seu consultor financeiro, Grace comentou: "Se pelo menos eu não perder dinheiro na minha carteira, já ficarei satisfeita". Em seguida, ela disse: "Estou mais preocupada em não perder dinheiro do que em obter um alto retorno". Descreva para Grace *uma* falha da utilização do desvio padrão dos retornos como medida de risco.

Os dados a seguir aplicam-se às Questões CFA 4 a 6:

A Hennessy & Associates gerencia uma carteira de ações de US$ 30 milhões para o Fundo de Pensão Wilstead multigestor. Jason Jones, vice-presidente financeiro do Wilstead, percebeu que a Hennessy na verdade havia obtido sistematicamente o melhor desempenho entre os seis gestores de ações do Wilstead. O desempenho da carteira da Hennessy havia sido nitidamente superior ao da carteira do índice S&P 500 em quatro dos últimos cinco anos. Em um ano menos favorável, a defasagem foi insignificante.

A Hennessy adota uma abordagem de gestão "de baixo para cima". A empresa tenta evitar em grande medida qualquer tentativa de utilizar a estratégia de *"market timing"*. Além disso, ela se concentra na escolha de ações individuais, e não na ponderação sobre setores favorecidos.

Não existe uma aparente semelhança de estilo entre os seis gestores de ações. Os cinco gestores além da Hennessy gerenciam carteiras que agregam US$ 250 milhões, constituídos por mais de 150 emissões individuais.

Jones está convencido de que a Hennessy tem capacidade para utilizar um conhecimento superior na escolha de ações, mas o alto grau de diversificação na carteira limita a obtenção de resultados favoráveis. Ao longo dos anos, geralmente a carteira manteve de 40 a 50 ações, com cerca de 2% a 3% do total dos fundos investido em cada emissão. O motivo pelo qual a Hennessy parecia ter se dado bem na maioria dos anos foi sua capacidade de identificar em todos os anos 10 ou 12 emissões que registraram ganhos particularmente altos.

Com base nessa visão geral, Jones delineou o seguinte plano para o comitê de pensão do Wilstead:

> Vamos pedir à Hennessy para limitar a carteira a não mais de 20 ações. A Hennessy dobrará os investimentos em ações que de fato favoráveis e eliminará as restantes. Com exceção dessa nova restrição, a Hennessy deve ter liberdade para gerenciar a carteira exatamente como antes.

Todos os membros do comitê de pensão geralmente apoiavam as propostas de Jones, porque todos concordavam que a Hennessy parecia demonstrar maior competência na escolha das ações. Contudo, essa proposta desviava-se consideravelmente da prática anterior e vários membros do comitê questionaram.

4. Responda o seguinte: (OA 6.1)
   a. O limite de 20 ações tenderá a aumentar ou a diminuir o risco da carteira? Explique.
   b. Existe alguma forma de a Hennessy diminuir o número de emissões de 40 para 20 sem afetar significativamente o risco? Explique.
5. Um dos membros do comitê estava particularmente entusiasmado com a proposta de Jones. Ele afirmou que o desempenho da Hennessy poderia se beneficiar ainda mais se o

número de emissões fosse reduzido para 10. Se a redução para 20 pudesse ser considerada vantajosa, explique por que a redução para 10 teria menor probabilidade de ser vantajosa. (Pressuponha que o Wilstead avaliará a carteira da Hennessy independentemente das outras carteiras no fundo.) (OA 6.1)

6. Outro membro do comitê propôs que, em vez de avaliar cada carteira gerenciada independentemente das outras, talvez fosse melhor considerar os efeitos de uma mudança na carteira da Hennessy sobre o fundo como um todo. Explique em que sentido esse ponto de vista mais amplo poderia afetar a decisão do comitê de restringir os investimentos na carteira da Hennessy a 10 ou 20 emissões. (OA 6.1)

7. Dudley Trudy, CFA, reuniu-se recentemente com um de seus clientes. Normalmente, Trudy investe em uma lista predominante de 30 ações de vários setores. Assim que a reunião terminou, o cliente afirmou: "Eu confio em sua capacidade para escolher as ações e acredito que você deva investir meu dinheiro em suas cinco melhores ideias. Por que investir em 30 empresas quando obviamente você tem opiniões mais firmes sobre algumas delas?". Trudy pretende dar uma resposta ao cliente baseando-se na teoria moderna de carteiras. (OA 6.1)
    a. Compare os conceitos de risco sistemático e risco específico à empresa e dê um exemplo de cada tipo de risco.
    b. Faça uma análise crítica da proposta do cliente. Examine até que ponto o risco sistemático e o risco específico à empresa mudam à medida que o número de títulos em uma carteira aumenta.

WEB *master*

1. Entre no *site* <finance.yahoo.com> e baixe os preços de fechamento mensais de um período de cinco anos da Eli Lilly (símbolo de cotação = LLY), da Alcoa (AA) e do índice S&P 500 (GSPC). Baixe os dados em um arquivo Excel e utilize os preços de fechamento ajustados, os quais se ajustam aos pagamentos de dividendos, para calcular a taxa de retorno mensal de cada série de preço. Utilize um gráfico de dispersão XY sem nenhuma linha de união entre os pontos para representar graficamente os retornos da Alcoa em relação ao S&P 500. Depois escolha um dos pontos de dados e clique com o botão direito para exibir um menu de atalho menu que lhe permite inserir uma linha de tendência. Essa é a linha característica da Alcoa e a inclinação é o beta da Alcoa. Repita esse processo para a Lilly. Que conclusões você pode extrair da linha característica de cada empresa?

2. Seguindo os procedimentos apresentados na questão anterior, encontre os retornos mensais de um período de cinco anos da Staples. Com base nos dados dos dois primeiros anos, qual o beta da Staples? Qual o beta dos dois últimos anos? Até que ponto a estimativa do beta é estável? Se você utilizar todos os cinco anos de dados, qual a proximidade de sua estimativa do beta em relação ao beta à estimativa divulgada na seção *Key Statistics* (Principais Estatísticas) do Yahoo?

3. Seguindo os procedimentos apresentados nas questões anteriores, encontre os retornos mensais de um período de cinco anos das seguintes empresas: Genzyme Corporation, Sony, Cardinal Health, Inc., Black & Decker Corporation e Kellogg Company. Copie os retornos dessas cinco empresas para uma única pasta de trabalho no Excel, alinhando apropriadamente os retornos de cada empresa. Utilize todo o conjunto de dados disponíveis. Em seguida, faça o seguinte:
    a. Utilizando as funções do Excel de média (MÉDIA) e desvio padrão da amostra (DESVPADPA), calcule a média e o desvio padrão dos retornos de cada empresa.
    b. Utilizando a função do Excel de correlação (CORREL), construa a matriz de correlação para as cinco ações com base em seus retornos mensais correspondentes ao período completo. Quais são os pares de coeficiente de correlação menores e maiores? (*Alternativa*: Você pode utilizar a ferramenta Análise de Dados do Excel para a matriz de correlação.)

4. Existem algumas ferramentas *on-line* gratuitas para calcular o peso ótimo dos ativos e traçar a fronteira dos ativos que você especificar. Um dos *sites* é <www.investorcraft.com/portfoliotools/efficientfrontier.aspx>.

    Entre nesse *site* e insira pelo menos oito ativos na caixa de seleção. Você pode fazer uma busca das empresas utilizando o nome ou o símbolo. Clique no botão *Next Step* (Próximo Passo) e escolha um dos intervalos de tempo oferecidos. Especifique uma taxa isenta de risco apropriada, um peso mínimo permitido de 0 e um peso máximo de 100. Clique em *Calculate* (Calcular) pra obter os resultados.

a. Quais são o retorno esperado e o desvio padrão da carteira com base nos pesos ajustados?

b. Até que ponto eles são comparáveis aos da carteira ótima e aos da carteira de variância mínima?

c. Das três carteiras exibidas, com qual delas um investidor poderia se sentir mais tranquilo?

Soluções para as Revisões de **CONCEITOS**

6.1 Os novos cálculos das Planilhas 6.1 e 6.4 mostram que agora a covariância é –5,80 e o coeficiente de correlação é –0,07.

	A	B	C	D	E	F
1			Fundo de Ações		Fundo de Obrigações	
2	Cenário	Probabilidade	Taxa de retorno	Coluna B × Coluna C	Taxa de retorno	Coluna B × Coluna E
3	Recessão severa	0,05	–37	–1,9	–10	–0,5
4	Recessão moderada	0,25	–11	–2,8	10	2,5
5	Crescimento normal	0,40	14	5,6	7	2,8
6	*Boom*	0,30	30	9	2	0,6
7	Retorno esperado ou médio:			SOMA:	10	SOMA:	5,4
8						
9			Desvio em relação ao retorno médio		Covariância	
10	Cenário	Probabilidade	Fundo de ações	Fundos de obrigações	Produto do desvio	Coluna B × Coluna E
11	Recessão severa	0,05	–47	–15,4	723,8	36,19
12	Recessão moderada	0,25	–21	4,6	–96,6	–24,15
13	Crescimento normal	0,40	4	1,6	6,4	2,56
14	*Boom*	0,30	20	–3,4	–68	–20,40
15		Desvio padrão =	18,63	4,65	Covariância =	–5,80
16		Coeficiente de correlação = Covariância/(Desvio padrão(ações)*Desvio padrão(obrigações)) =				–0,07

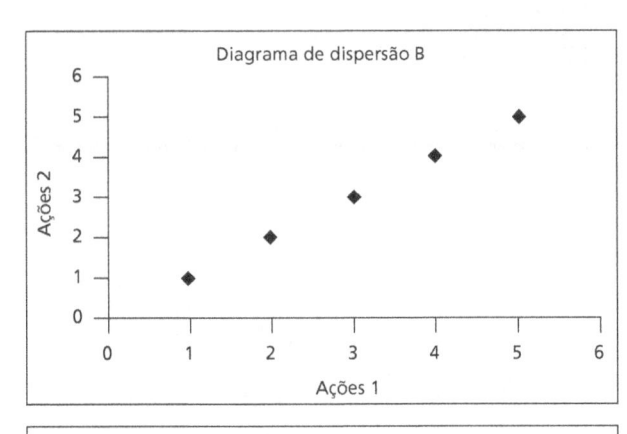

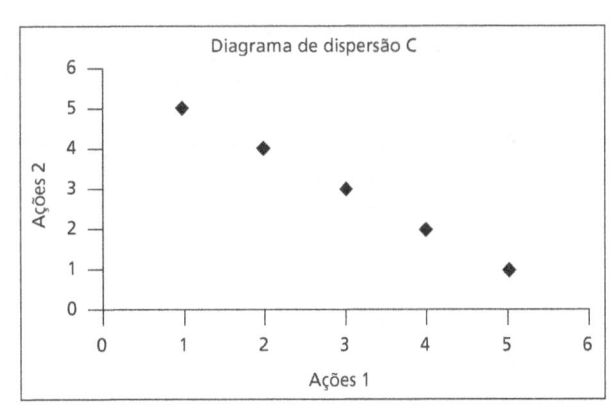

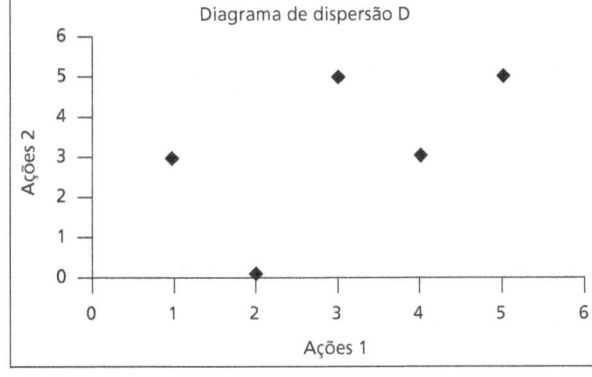

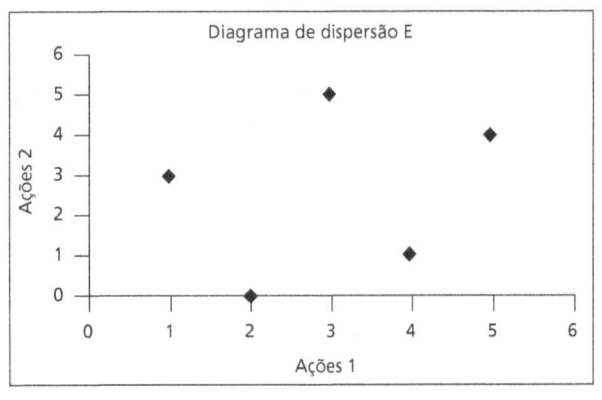

6.2 Os diagramas de dispersão dos pares B-E são mostrados a seguir. O diagrama de dispersão A (apresentado na "Revisão de Conceitos 6.2") mostra uma imagem espelhada exata entre o padrão de pontos 1,2,3 *versus* 3,4,5. Portanto, o coeficiente de correlação é zero. O diagrama de dispersão B mostra uma correlação positiva perfeita (1). De modo semelhante, o C mostra uma correlação negativa perfeita (–1). Compare agora os diagramas D e E. Ambos mostram uma correlação positiva geral, mas o D é mais estreito. Desse modo, D está associado com uma correlação de aproximadamente 0,5 (utilize uma planilha para mostrar que a correlação exata é 0,54) e E está associado com uma correlação de aproximadamente 0,2 (mostre que o coeficiente de correlação exato é 0,23).

6.3 a. Utilizando a Equação 6.6 com os dados $\sigma_B = 8$; $\sigma_S = 19$; $w_B = 0,5$; e $w_S = 1 - w_B = 0,5$, obtemos a equação:

$$\sigma_P^2 = 10^2 = (w_B\sigma_B)^2 + (w_S\sigma_S)^2 + 2(w_B\sigma_B)(w_S\sigma_B)\rho_{BS}$$
$$= (0,5 \times 8)^2 + (0,5 \times 19)^2 + 2(0,5 \times 8)(0,5 \times 19)\rho_{BS}$$

o que gera $\rho = 0,1728$.

b. Utilizando a Equação 6.5 e os dados adicionais $E(r_B) = 5\%$; $E(r_S) = 10\%$, obtemos:

$$E(r_P) = w_B E(r_B) + w_S E(r_S) = (0,5 \times 5) + (0,5 \times 10) = 7,5\%$$

c. Por um lado, devemos ficar mais satisfeitos com uma correlação de 0,17 do que com uma correlação de 0,22 porque a correlação menor significa maiores benefícios provenientes da diversificação e também que, para qualquer nível de retorno esperado, haverá um risco menor. Por outro, a restrição de que você deve manter 50% da carteira em obrigações representa um custo porque impede que você escolha o equilíbrio entre risco e retorno mais adequado às suas preferências. A menos que mesmo assim você escolhesse manter cerca de 50% da carteira em obrigações, você ficaria em melhor situação com a correlação levemente maior em virtude da possibilidade de escolher seus próprios pesos.

6.4 a. Implementando as Equações 6.5 e 6.6, geramos dados para o gráfico. Consulte a Planilha 6.7 e a Figura 6.14 nas páginas a seguir.

b. Implementando as fórmulas indicadas na Planilha 6.6, geramos a carteira de risco ótima (O) e a carteira de variância mínima.

c. A inclinação da CAL é igual ao prêmio de risco da carteira de risco ótima dividido por seu desvio padrão, $(11,28 - 5)/17,59 = 0,357$.

d. A média da carteira completa é $0,2222 \times 11,28 + 0,7778 \times 5 = 6,395\%$ e o desvio padrão é $0,2222 \times 17,58 = 3,91\%$. O índice de Sharpe = $(6,395 - 5)/3,91 = 0,357$.

A composição da carteira completa é:

$0,2222 \times 0,26 = 0,06$ (isto é, 6%) em X

$0,2222 \times 0,74 = 0,16$ (isto é, 16%) em M

e 78% em letras do Tesouro.

FIGURA 6.14 Para a "Revisão de Conceitos 6.4" – Representação gráfica do retorno médio *versus* desvio padrão utilizando dados da planilha.

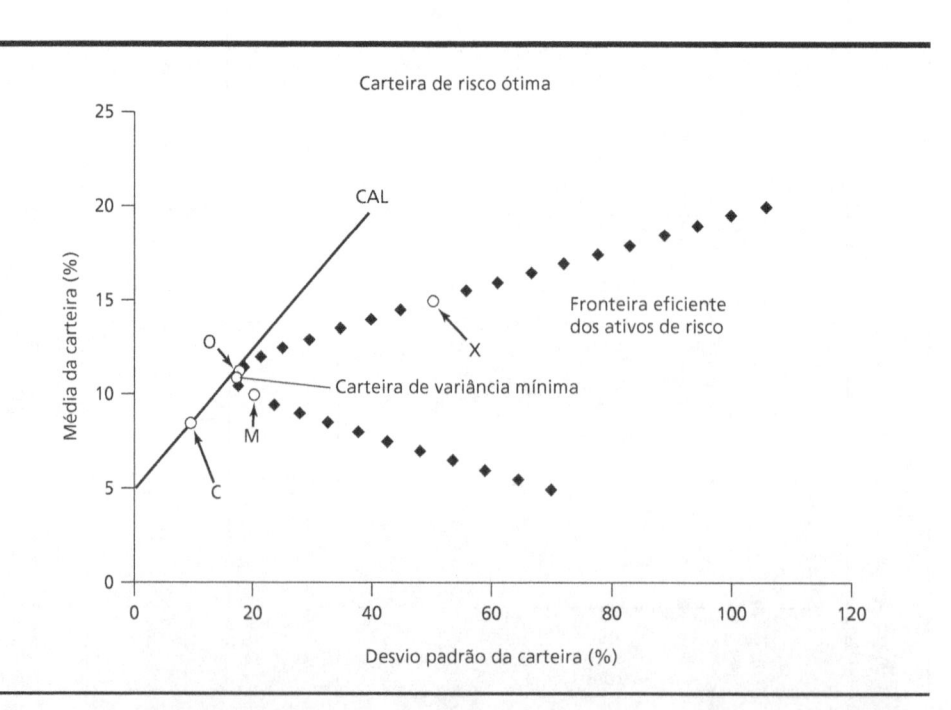

PLANILHA 6.7 Para a "Revisão de Conceitos 6.4" – média e desvio padrão de várias aplicações da carteira

	A	B	C	D	E	F	G
5		Dados	X	M	Letras do Tesouro		
6		Média (%)	15	10	5		
7		Desvio padrão (%)	50	20	0		
8		Coef. Cor. X e S		−0,20			
9		Conjunto de oportunidades da carteira					
10		Peso em X	Peso em S	Média Pref. (%)	Desvio padrão Pref. (%)		
11		−1,00	2,00	5,00	70,00		
12		−0,90	1,90	5,50	64,44		
13		−0,80	1,80	6,00	58,92		
14		−0,70	1,70	6,50	53,45	=B13*$C$6+C13*$D6	
15		−0,60	1,60	7,00	48,04		
16		−0,50	1,50	7,50	42,72		
17		−0,40	1,40	8,00	37,52		
18		−0,30	1,30	8,50	32,51		
19		−0,20	1,20	9,00	27,78	=(B15^2*$C$7^2	
20		−0,10	1,10	9,50	23,52	+C15^2*$D$7^2	
21		0,00	1,00	10,00	20,00	+2*B15*C15	
22		0,10	0,90	10,50	17,69	*$C$7*$D$7*$D$8)^0,5	
23		0,20	0,80	11,00	17,09		
24		0,30	0,70	11,50	18,36		
25		0,40	0,60	12,00	21,17		
26		0,50	0,50	12,50	25,00		
27		0,60	0,40	13,00	29,46		
28		0,70	0,30	13,50	34,31		
29		0,80	0,20	14,00	39,40		
30		0,90	0,10	14,50	44,64		
31		1,00	0,00	15,00	50,00		
32		1,10	−0,10	15,50	55,43		
33		1,20	−0,20	16,00	60,93		
34		1,30	−0,30	16,50	66,46		
35		1,40	−0,40	17,00	72,03		
36		1,50	−0,50	17,50	77,62		
37		1,60	−0,60	18,00	83,23		
38		1,70	−0,70	18,50	88,87		
39		1,80	−0,80	19,00	94,51		
40		1,90	−0,90	19,50	100,16		
41		2,00	−1,00	20,00	105,83		
42	Mín. Var. Pref.	0,18	0,82	10,91	17,06		
43	Ótima Pref.	0,26	0,74	11,28	17,59		
44							
45							
46		=((C6−E6)*D7^2−(D6−E6)*C7*D7*D8)/					
47		((C6−E6)*D7^2+(D6−E6)*C7^2−(C6−E6+D6−E6)*C7*D7*D8)					
48							
49							

6.5 As fronteiras eficientes deduzidas pelos gestores de carteira dependem das previsões das taxas de retorno em vários títulos e estimativas de risco, isto é, desvios padrão e coeficientes de correlação. As previsões em si não controlam os resultados. Portanto, preferir um gestor com uma previsão mais favorável (a fronteira a noroeste) é equivalente a recompensar os portadores de boas notícias e punir os portadores de más notícias. O que o investidor deseja é recompensar os portadores de notícias *exatas*. Os investidores devem monitorar regularmente as previsões dos gestores de carteira para desenvolver um histórico da precisão de suas previsões. As escolhas de carteira dos previsores mais precisos a longo prazo se destacarão no mercado.

6.6 *a.* Beta, o coeficiente de inclinação do título no fator: os títulos $R_1 - R_6$ têm beta positivo. Em média, esses títulos movem-se na mesma direção do mercado (R_M). O beta de R_1, R_2, R_6 é alto. Portanto, eles são mais "agressivos" porque contêm maior risco sistemático do que R_3, R_4, R_5, que são "defensivos". R_7 e R_8 têm beta negativo. Eles são ativos de proteção que contêm risco sistemático negativo.

b. Intercepto, o retorno esperado quando o mercado é neutro: as estimativas mostram que R_1, R_4, R_8 têm intercepto positivo, enquanto R_2, R_3, R_5, R_6, R_7 têm intercepto negativo. Desde que se acredite que esses interceptos persistirão, é preferível um valor positivo.

c. Variância residual, o risco não sistemático: R_2, R_3, R_7 têm uma variância residual relativamente baixa. Se a diversificação for suficiente, o risco residual com o tempo será eliminado e, por isso, a variância residual tem pouco significado em termos econômicos.

d. Variância total, a soma do risco e do risco não sistemático: R_3 tem um beta baixo e uma baixa variância residual. Portanto, sua variância total será baixa. R_1, R_6 têm um beta alto e alta variância residual. Por isso, a variância total será alta. Mas R_4 tem um beta baixo e alta variância residual, enquanto R_2 tem um beta alto e baixa variância residual. Em resumo, a variância total com frequência distorcerá o risco sistemático, que é a parte que interessa.

6.7. a. Para obter a linha característica da XYZ, damos continuidade à planilha do Exemplo 6.3 e realizamos a regressão do retorno em excesso da XYZ sobre o retorno em excesso do fundo de índice de mercado.

Resumo dos resultados	
Estatísticas de regressão	
R múltiplo	0,363
R quadrado	0,132
R quadrado ajustado	0,023
Erro padrão	41,839
Observações	10

	Coeficientes	Erro padrão	Estatística t	Valor-p	Inferior a 95%	Superior a 95%
Intercepto	3,930	14,98	0,262	0,800	−30,62	38,48
Mercado	0,582	0,528	1,103	0,302	−0,635	1,798

O resultado da regressão mostra que o coeficiente de inclinação da XYZ é 0,582 e o intercepto é 3,93%; por isso, a linha característica é $R_{XYZ} = 3{,}93 + 0{,}582 R_{Mercado}$.

b. O coeficiente beta da ABC é 1,156, superior ao da XYZ (0,582), o que significa que a ABC tem um risco sistemático maior.

c. A regressão da XYZ sobre o índice de mercado mostra um R quadrado de 0,132. Por isso, a proporção de variância inexplicada (risco não sistemático) é 0,868 ou 86,8%.

CAPÍTULO 7

Precificação de ativos financeiros e teoria de precificação por arbitragem

Objetivos de aprendizagem:

OA7.1 Utilizar as deduções da teoria do mercado de capitais para avaliar os prêmios de risco dos títulos.

OA7.2 Traçar e utilizar a linha do mercado de títulos.

OA7.3 Especificar e utilizar a linha do mercado de títulos multifatorial.

OA7.4 Aproveitar uma oportunidade de arbitragem com uma carteira que contém títulos com preço incorreto.

OA7.5 Utilizar a teoria de precificação por arbitragem financeira com mais de um fator para identificar títulos com preço incorreto.

O modelo de precificação de ativos financeiros, quase sempre chamado de CAPM (*capital asset pricing model*), é uma peça central da economia financeira moderna. Foi proposto pela primeira vez por William F. Sharpe, que recebeu o Prêmio Nobel de Economia em 1990.

O CAPM oferece uma previsão precisa da relação que devemos observar entre o risco de um ativo e seu retorno esperado. Essa relação atende a duas funções fundamentais.

Primeiro, oferece uma taxa de retorno de referência para a avaliação de possíveis investimentos. Por exemplo, um analista de títulos pode desejar saber se o retorno esperado de uma ação é superior ou inferior ao seu retorno "justo" tendo em vista seu nível de risco. Em segundo lugar, esse modelo nos ajuda a fazer uma suposição fundamentada sobre o retorno esperado dos ativos que ainda não foram negociados no mercado. Por exemplo, como determinamos o preço de uma oferta pública inicial de ações? Como um projeto novo e importante de investimentos afetará o retorno que os investidores exigem das ações de uma empresa? Embora o CAPM não suporte totalmente testes empíricos, ele é amplamente utilizado em virtude da percepção que oferece e porque sua precisão é adequada para várias aplicações importantes.

Assim que você compreende a ideia subjacente ao CAPM, fica claro que, para aprimorar esse modelo, é necessário generalizá-lo para que se permitam várias fontes de risco. Portanto, abordaremos os modelos multifatoriais de risco e retorno, mostrando como eles podem enriquecer as descrições da relação entre risco e retorno.

Por último, analisaremos uma derivação alternativa da relação entre risco e retorno, conhecida como teoria de precificação por arbitragem (*arbitrage pricing theory* – APT). Arbitragem é a exploração do erro de apreçamento dos títulos para obter lucros econômicos isentos de risco. O princípio mais básico da teoria do mercado de capitais é que os preços devem estar alinhados para eliminar oportunidades de lucro livres de risco. Se os preços reais permitissem essa arbitragem, as oportunidades resultantes para uma negociação lucrativa gerariam uma forte pressão sobre os preços dos títulos que persistiria até que o equilíbrio fosse restaurado e as oportunidades eliminadas. Veremos que esse princípio de não arbitragem gera uma relação entre risco e retorno semelhante à do CAPM. Tal como a versão generalizada do CAPM, a APT simples é facilmente ampliada para conciliar diversas fontes de risco sistemático.

7.1. MODELO DE PRECIFICAÇÃO DE ATIVOS FINANCEIROS

Historicamente, o CAPM foi desenvolvido antes do modelo de índice apresentado no Capítulo 6 (Equação 6.11). O modelo de índice foi amplamente adotado como uma descrição natural do mercado de ações logo após a criação do CAPM porque suas implicações correspondiam primorosamente com a ideia subjacente a esse modelo. Por isso, faz sentido utilizar o modelo de índice para compreender melhor os preceitos do CAPM.

O modelo de índice descreve a relação empírica entre o retorno em excesso sobre uma ação específica, R_i, e o da carteira de um índice amplo de mercado, R_M: $R_i = \beta_i R_M + \alpha_i + e_i$, onde alfa é o retorno esperado específico à empresa e e_i é o "ruído" de média zero ou o risco específico à empresa. Portanto, o retorno em excesso esperado sobre uma ação, em vista do (dependendo do) retorno em excesso do mercado, R_M, é $E(R_i|R_M) = \beta_i R_M + \alpha_i$.

O que isso significa para os gestores de carteira? Procurar ações com alfa positivo, não investir em ações com alfa negativo e, melhor ainda, vender a descoberto ações com alfa negativo se isso não for proibido. A demanda dos investidores por ações com alfa positivo aumentará o respectivo preço. À media que o preço de uma ação aumenta, se os outros fatores permanecerem iguais, o retorno esperado diminui, reduzindo e por fim eliminando o próprio alfa que gerou o excesso de demanda. Em contraposição, a queda na demanda por ações com alfa negativo diminuirá seu preço, empurrando o alfa novamente para zero. No final, essa pressão por compra ou venda na maioria das vezes fará o alfa dos títulos ser zero. Dito de outra forma, a não ser que e até que sua própria análise de uma ação lhe indique o contrário, você deve pressupor que o alfa é zero.

Quando o alfa é zero, não há nenhuma recompensa em arcar com o risco específico à empresa; a única forma de obter um retorno esperado mais alto do que a taxa das letras do Tesouro é arcar com o risco sistemático. Lembre-se do modelo de Treynor-Black, no qual a posição em qualquer carteira ativa é zero se o alfa for zero. Nesse caso, a melhor carteira é aquela que elimina completamente o risco não sistêmico, isto é, a carteira indexada que imita o mercado em geral. Essa é a conclusão do CAPM. Mas a ciência exige mais do que uma história como essa. Ela exige um modelo cuidadosamente preparado com pressupostos explícitos em que uma consequência como a que descrevemos será o único resultado possível. Então vamos lá.

O modelo: pressupostos e implicações

modelo de precificação de ativos financeiros (CAPM)
Modelo que relaciona a taxa de retorno exigida de um título e o respectivo risco, com base no cálculo do beta.

O **modelo de precificação de ativos financeiros (CAPM)** foi desenvolvido por Treynor, Sharpe, Lintner e Mossin no início da década de 1960 e posteriormente aprimorado. Esse modelo prevê a relação entre os retornos esperados de risco e equilíbrio sobre ativos de risco. Ele parte da formulação dos pressupostos necessários, embora irrealistas, que são indispensáveis para a validade do modelo. Pensar a respeito de um mundo supostamente irrealista possibilita um salto relativamente fácil para a solução. Feito isso, podemos tornar o ambiente mais realista, um passo de cada vez, e ver como a teoria deve ser alterada. Esse processo nos permite desenvolver um modelo razoavelmente realista.

As condições que conduzem ao CAPM atribuem o seguinte aos mercados de títulos e investidores concorrentes que utilizam o critério de média-variância para escolher entre carteiras eficientes idênticas:

1. Os mercados de títulos são perfeitamente competitivos e igualmente lucrativos para todos os investidores.

    1.A. Nenhum investidor é suficientemente rico, a ponto de suas ações, por si sós, afetarem os preços de mercado.

    1.B. Todas as informações relevantes para a análise de títulos são divulgadas ao público sem nenhum custo.

    1.C. Todos os títulos são de propriedade pública e negociados pelo público e os investidores podem negociar todos eles. Portanto, todos os ativos de risco encontram-se no universo de investimentos.

1.D. Não existe nenhum imposto sobre os retornos dos investimentos. Desse modo, todos os investidores obtêm retornos idênticos dos títulos.

1.E. Os investidores não se deparam com nenhum custo de transação que iniba sua negociação.

1.F. A concessão e a tomada de empréstimos por uma taxa isenta de risco comum são irrestritas.

2. Os investidores são semelhantes em todos os sentidos, exceto em relação à sua riqueza inicial e à aversão ao risco; por isso, todos eles escolhem uma carteira de investimentos da mesma maneira.

    2.A. Os investidores traçam planos para o mesmo horizonte de tempo (período único).

    2.B. Os investidores são otimizadores da média-variância.

    2.C. Os investidores são usuários eficientes de métodos analíticos e, de acordo com o pressuposto 1.B, têm acesso a todas as informações relevantes. Por isso, eles utilizam os mesmos dados e consideram conjuntos idênticos de oportunidades de carteira. Esse pressuposto é chamado com frequência de *expectativas homogêneas*.

Obviamente, esses pressupostos ignoram várias complexidades do mundo real. Contudo, geram percepções importantes sobre a natureza do equilíbrio nos mercados de títulos.

Com base nesses pressupostos, sintetizaremos agora o equilíbrio que prevalecerá nesse mundo hipotético de títulos e investidores. Explicaremos mais detalhadamente essas implicações nas seções subsequentes.

1. Todos os investidores optarão pela **carteira de mercado (*M*)**, que contém todos os ativos do universo de títulos. Para simplificar, vamos nos referir a todos os ativos como ações. A proporção de cada ação na carteira de mercado é igual ao valor de mercado da ação (preço por ação vezes a quantidade de ações em circulação) dividido pelo valor total de mercado de todas as ações.

carteira de mercado (*M*)
Carteira em que cada título é mantido proporcionalmente ao seu valor de mercado.

2. A carteira de mercado estará na fronteira eficiente. Além disso, será a carteira de risco ótima, o ponto tangencial da linha de alocação de capital (*capital allocation line* – CAL) à fronteira eficiente. Por esse motivo, a linha do mercado de capitais (*capital market line* – CML), a linha da taxa isenta de risco até a carteira de mercado *M*, é também a linha de alocação de capital mais possível de alcançar. Todos os investidores mantêm *M* como sua carteira de risco ótima, diferenciando-se apenas em relação à quantia investida nessa carteira em comparação com o investimento no ativo isento de risco.

3. O prêmio de risco na carteira de mercado é proporcional à variância dessa carteira e ao grau de aversão ao risco usual dos investidores. Matematicamente,

$$E(r_M) - r_f = \bar{A}\sigma_M^2 \quad (7.1)$$

onde σ_M é o desvio padrão do retorno sobre a carteira de mercado e $\bar{A}$ representa o grau de aversão ao risco do investidor médio.

4. O prêmio de risco sobre ativos individuais será proporcional ao prêmio de risco na carteira de mercado (*M*) e ao *coeficiente beta* do título da carteira de mercado. O beta mede até que ponto os retornos respondem à carteira de mercado. Oficialmente, o beta é o coeficiente de regressão (inclinação) do retorno do título sobre o retorno do mercado, representando as flutuações no mercado de títulos como um todo.

Por que todos os investidores manteriam a carteira de mercado?

Tendo em vista todos esses pressupostos, é fácil ver por que todos os investidores mantêm carteiras de risco idênticas. Se todos os investidores utilizarem a análise de média-variância (pressuposições 2.A e 2.B), aplicarem-na ao mesmo universo de títulos (pressupostos 1.C e 1.F) com um horizonte de tempo idêntico (pressuposto 2.A), utilizarem a mesma análise de títulos (pressuposto 2.C) e obtiverem retornos líquidos idênticos dos mesmos títulos (pressupostos 1.A, 1.D e 1.E), todos chegarão à mesma decisão sobre a carteira de risco ótima.

Se todos escolherem manter a mesma carteira de risco, as ações serão representadas na carteira de risco agregada na mesma proporção em que estão na carteira de risco (comum) de cada investidor. Se as ações do Google representarem 1% em cada carteira de risco comum, equivalerão a 1% da carteira de risco agregada. Na verdade, essa é a carteira de mercado, visto que o mercado nada mais é que o conjunto de todas as carteiras individuais. Como cada investidor

FIGURA 7.1 Fronteira eficiente e linha do mercado de capitais.

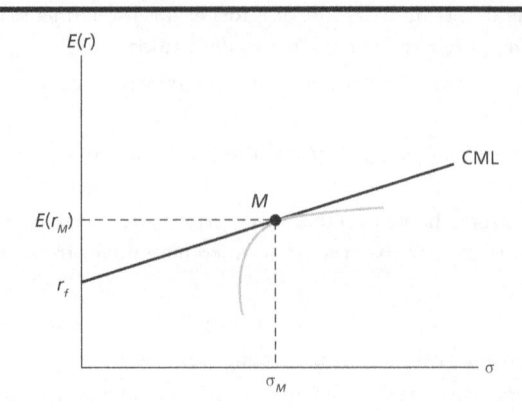

utiliza a carteira de mercado como a carteira de risco ótima, a CAL nesse caso é chamada de *linha do mercado de capitais* ou CML, como na Figura 7.1.

Suponhamos que a carteira ótima de nossos investidores não inclua as ações de alguma empresa, digamos, Southwest Airlines. Quando nenhum investidor está disposto a manter ações da Southwest, a demanda é zero e o preço das ações sofrerá uma queda livre. À medida que as ações da Southwest ficarem progressivamente mais baratas, começarão a parecer mais atraentes, enquanto outras parecerão (relativamente) menos atraentes. No final, as ações da Southwest terão um preço tal que será desejável incluí-las na carteira de ações ótima, e os investidores as comprarão.

Esse processo de ajuste de preços garante que todas as ações sejam incluídas na carteira ótima. A única questão é o preço. Em determinado nível de preço, os investidores estarão dispostos a comprar ações; em outro, não estarão. A moral da história é a seguinte: se todos os investidores mantiverem uma carteira de risco *idêntica*, essa carteira deverá ser a carteira de *mercado*.

A estratégia passiva é eficiente

O CAPM indica que uma estratégia passiva, utilizando a CML como CAL ótima, é uma excelente alternativa para uma estratégia ativa. As proporções da carteira de mercado resultam de ordens de "compra" e "venda" que cessam apenas quando não há mais possibilidade de lucro. E no mundo simples do CAPM todos os investidores utilizam recursos preciosos na análise de títulos. Um investidor passivo que "pega uma carona" simplesmente investindo na carteira de mercado, beneficia-se da eficiência dessa carteira. Na verdade, um investidor ativo que escolher qualquer outra carteira acabará ficando em uma CAL que é inferior à CML utilizada pelos investidores passivos.

teorema dos fundos mútuos
Estabelece que todos os investidores desejam a mesma carteira de ativos de risco e podem se satisfazer com um único fundo mútuo que compõe essa carteira.

Algumas vezes, chamamos esse efeito de **teorema dos fundos mútuos** porque ele indica que somente um fundo de ativos de risco – o fundo de índice de mercado – é suficiente para satisfazer as exigências de investimento de todos os investidores. O teorema dos fundos mútuos é outra encarnação do teorema da separação discutido no Capítulo 6. Supondo que todos os investidores decidam manter um fundo mútuo de índice de mercado, podemos dividir a escolha de carteira em dois componentes: (1) técnico, em que um fundo mútuo eficiente é criado por uma gestão profissional; e (2) pessoal, em que a aversão ao risco de um investidor determina a alocação da carteira completa entre o fundo mútuo e o ativo isento de risco. Nesse caso, todos os investidores concordam que o fundo mútuo que gostariam de manter encontra-se na carteira de mercado.

Embora os gestores de investimento do mundo real geralmente construam carteiras de risco que diferem da carteira de índice de mercado, atribuímos isso a diferenças em suas estimativas de risco e retorno esperado (violando o pressuposto 2.C). Entretanto, um investidor passivo pode considerar o índice de mercado uma primeira estimativa razoável de uma carteira de risco eficiente.

A inconsistência lógica do CAPM é a seguinte: se uma estratégia passiva não tem custo *e*, além disso, é eficiente, por que alguém adotaria uma estratégia ativa? Contudo, se ninguém realiza uma análise de títulos, o que é responsável pela eficiência da carteira de mercado?

Reconhecemos desde o início que o CAPM simplifica o mundo real em sua busca por uma solução manejável. Sua aplicabilidade ao mundo real depende de suas previsões serem suficientemente precisas. A utilização desse modelo é em parte um indício de que suas previsões são razoáveis. Discutiremos essa questão na Seção 7.3 e mais detalhadamente no Capítulo 8.

Revisão de CONCEITOS 7.1

Se apenas alguns investidores realizassem uma análise de títulos e todos os outros mantivessem a carteira de mercado (M), ainda assim a CML seria a CAL eficiente para os investidores que não realizam uma análise de títulos? Explique.

Prêmio de risco da carteira de mercado

No Capítulo 5, mostramos como os investidores individuais decidem quanto devem investir na carteira de risco quando podem incluir um ativo isento de risco no orçamento de investimento. Voltando agora para a decisão sobre quanto investir na carteira de mercado M e quanto no ativo isento de risco, o que podemos deduzir sobre o prêmio de risco de equilíbrio da carteira M?

Afirmamos anteriormente que o prêmio de risco de equilíbrio da carteira de mercado, $E(r_M) - r_f$, será proporcional ao grau de aversão ao risco do investidor médio e ao risco da carteira de mercado, σ_M^2. Agora poderemos explicar esse resultado.

Quando investidores adquirem ações, a demanda empurra os preços para cima, diminuindo dessa forma as taxas de retorno esperadas e os prêmios de risco. Porém, quando os prêmios de risco caem, os investidores transferem parte de seus recursos na carteira de mercado de risco para o ativo isento de risco. Em equilíbrio, o prêmio de risco na carteira de mercado deve alto o suficiente para induzir os investidores a assimilar a oferta disponível de ações. Se o prêmio de risco for muito alto, haverá um excesso de demanda por títulos e os preços subirão; se muito baixo demais, os investidores não manterão ações suficientes para absorver a oferta e, nesse caso, os preços cairão. Portanto, o prêmio de risco de *equilíbrio* da carteira de mercado é proporcional tanto ao risco de mercado, medido pela variância de seus retornos, quanto ao grau de aversão ao risco do investidor médio, indicado por $\bar{A}$ na Equação 7.1.

EXEMPLO 7.1
Risco de mercado, prêmio de risco e aversão ao risco

Suponhamos que a taxa isenta de risco seja 5%, o investidor médio tenha um coeficiente de aversão ao risco de $\bar{A} = 2$, e o desvio padrão da carteira de mercado seja 20%. Portanto, com base na Equação 7.1, estimamos o valor de equilíbrio do prêmio de risco[1] do mercado como $2 \times 0,20^2 = 0,08$. Portanto, a taxa de retorno esperada no mercado deve ser

$$E(r_M) = r_f + \text{Prêmio de risco de equilíbrio}$$
$$= 0,05 + 0,08 = 0,13 = 13\%$$

Se os investidores fossem mais avessos ao risco, seria necessário um prêmio de risco maior para induzi-los a manter as ações. Por exemplo, se o grau médio de aversão ao risco fosse 3, o prêmio de risco do mercado seria $3 \times 0,20^2 = 0,12$ ou 12% e a taxa de retorno esperada seria 17%.

Revisão de CONCEITOS 7.2

Os dados históricos referentes ao Índice S&P 500 mostram um retorno em excesso médio de cerca de 7,5% sobre letras do Tesouro, com um desvio padrão de aproximadamente 20%. Na medida em que essas médias são semelhantes às expectativas do investidor relativas ao período da amostra, qual deve ter sido o coeficiente de aversão ao risco do investidor médio? Se o coeficiente de aversão ao risco fosse 3,5, que prêmio de risco teria sido coerente com o desvio padrão histórico do mercado?

Retornos esperados sobre títulos individuais

O CAPM baseia-se na percepção de que o prêmio de risco apropriado sobre um ativo será determinado por sua contribuição para o risco das carteiras gerais dos investidores. O risco da carteira é o que importa para os investidores, o qual determina os prêmios de risco que eles exigem.

Sabemos que o risco não sistemático pode ser reduzido a um nível arbitrariamente baixo por meio da diversificação (Capítulo 6); portanto, os investidores não exigem um prêmio de risco como compensação para arcar com o risco não sistemático. Eles precisam ser compensa-

---

[1] Para utilizar a Equação 7.1, devemos expressar os retornos em forma decimal, e não como porcentagem.

dos apenas por arcar com o risco sistemático, que não pode ser diversificado. Sabemos também que a contribuição de um único título para o risco de uma grande carteira diversificada depende apenas do risco sistemático do título medido pelo respectivo beta, como vimos na Seção 6.5. Portanto, não é de surpreender que o prêmio de risco de um ativo seja proporcional ao seu beta; um título com o dobro do risco sistemático de outro deve pagar o dobro do prêmio de risco. Desse modo, o índice de prêmio de risco/beta deve ser o mesmo para qualquer par de títulos ou carteiras.

Se equipararmos o índice de prêmio de risco/risco sistemático da carteira de mercado, cujo beta é 1, com o índice correspondente das ações de determinada empresa – por exemplo, a Dell –, identificaremos que

$$\frac{E(r_M) - r_f}{1} = \frac{E(r_D) - r_f}{\beta_D}$$

relação entre retorno esperado (retorno médio)-beta
Dedução do CAPM de que os prêmios de risco dos títulos (retornos em excesso esperados) serão proporcionais ao beta.

Redispondo os resultados na **relação entre retorno esperado-beta**:

$$E(r_D) = r_f + \beta_D[E(r_M) - r_f] \qquad (7.2)$$

Isso significa que o prêmio de risco de um ativo é igual à medida de risco sistemático do ativo (seu beta) vezes o prêmio de risco da carteira de mercado (referência). Essa relação entre retorno esperado (ou retorno médio)-beta é a expressão mais familiar do CAPM.

A relação entre retorno esperado-beta do CAPM é um enunciado econômico convincente. Por exemplo, ela indica que um título com alta variância, mas um beta relativamente baixo de 0,5 terá um terço do prêmio de risco de um título de baixa variância e beta de 1,5. A Equação 7.2 quantifica a conclusão a que chegamos no Capítulo 6: somente o risco sistemático é importante para os investidores que podem diversificar, e esse risco é medido pelo beta.

EXEMPLO 7.2
Retornos esperados e prêmios de risco

> Suponhamos que o prêmio de risco da carteira de mercado seja 9% e estimamos o beta das ações da Dell como $\beta_D = 1,3$. O prêmio de risco previsto para as ações é, portanto, 1,3 vezes o prêmio de risco do mercado ou $1,3 \times 9\% = 11,7\%$. A taxa de retorno esperada sobre as ações da Dell é a taxa isenta de risco mais o prêmio de risco. Por exemplo, se a taxa das letras do Tesouro fosse 5%, a taxa de retorno esperada seria $5\% + 11,7\% = 16,7\%$ ou, utilizando diretamente a Equação 7.2,
>
> $$E(r_D) = r_f + \beta_D[\text{Prêmio de risco do mercado}]$$
> $$= 5\% + 1,3 \times 9\% = 16,7\%$$
>
> Se a estimativa do beta das ações da Dell fosse apenas 1,2, o prêmio de risco exigido para suas ações cairia para 10,8%. De forma semelhante, se o prêmio de risco do mercado fosse apenas 8% e $\beta_D = 1,3$, o prêmio de risco das ações da Dell seria apenas 10,4%.

O fato de muitos investidores manterem carteiras ativas diferentes da carteira de mercado invalida necessariamente o CAPM. Lembre-se que as carteiras razoavelmente diversificadas dispersam quase todo o risco específico à empresa e estão sujeitas somente ao risco sistemático. Mesmo que não se mantenha a carteira de mercado exata, uma carteira bem diversificada estará tão correlacionada com o mercado que o beta de uma ação em relação ao mercado ainda assim será uma medida de risco útil.

Na verdade, vários pesquisadores demonstraram que as versões modificadas do CAPM se manterão não obstante as diferenças entre os indivíduos que podem levá-los a manter carteiras diferentes. Um estudo de Brennan (1970) examina o impacto das diferenças nas alíquotas de imposto pessoais dos investidores sobre o equilíbrio do mercado. Outro estudo, de Mayers (1972), observa o impacto dos ativos não negociados, como capital humano (capacidade de gerar receita). Ambos descobriram que, embora a carteira de mercado já não seja a carteira de risco ótima de cada investidor, uma versão modificada da relação entre retorno esperado-beta ainda é válida.

Se a relação entre retorno esperado-beta é válida para qualquer ativo individual, também deve valer para qualquer combinação de ativos. O beta de uma carteira é basicamente a média ponderada dos betas das ações na carteira, utilizando como pesos as proporções da carteira. Portanto, o beta também prevê o prêmio de risco da carteira de acordo com a Equação 7.2.

> **EXEMPLO 7.3**
> Beta e prêmio de risco da carteira
>
> Considere seguinte carteira:
>
> | Ativo | Beta | Prêmio de risco | Peso da carteira |
> |---|---|---|---|
> | Microsoft | 1,2 | 9% | 0,5 |
> | American Electric Power | 0,8 | 6 | 0,3 |
> | Gold | 0 | 0 | 0,2 |
> | Carteira | 0,84 | ? | 1 |
>
> Se o prêmio de risco do mercado for 7,5%, de acordo com o CAPM o prêmio de risco de cada ação será seu beta vezes 7,5% e o prêmio de risco da carteira será 0,84 × 7,5% = 6,3%. Esse resultado é idêntico ao obtido quando se utiliza a média ponderada dos prêmios de risco das ações individuais. (Confirme você mesmo.)

Atenção: Muitas vezes ouvimos que uma empresa bem gerenciada oferecerá uma alta taxa de retorno. Isso é verdadeiro quando se refere ao retorno contábil da *empresa* sobre investimentos, fábrica e equipamentos. Entretanto, o CAPM prevê retornos sobre os investimentos nos *títulos* da empresa que negocia em mercados de capitais.

Digamos que todos saibam que uma empresa é bem administrada. Desse modo, o preço de suas ações deve subir e os retornos para os acionistas que compram por um preço alto não serão extremos. O *preço* dos títulos é um reflexo das informações públicas sobre as perspectivas da empresa, mas somente o risco da empresa (medido pelo beta) deve afetar os *retornos esperados*. Em um mercado racional, os investidores obterão retornos esperados altos apenas se tiverem dispostos a arcar com o risco sistemático.

> **Revisão de CONCEITOS 7.3**
>
> Suponhamos que a previsão do prêmio de risco da carteira de mercado seja 8%, com um desvio padrão de 22%. Qual o prêmio de risco de uma carteira com 25% de investimento na GE, com beta de 1,15, e 75% na Dell, com beta de 1,25?

A linha do mercado de títulos

A relação entre retorno esperado-beta é uma equação de recompensa-risco. O beta de um título é a medida apropriada de seu risco porque é proporcional à variância que o título oferece à carteira de risco ótima.[2]

Com retornos aproximadamente normais, medimos o risco de uma carteira com base em seu desvio padrão. Como o beta de uma ação mede a contribuição dessa ação para o desvio padrão da carteira de mercado, espera-se que o prêmio de risco seja uma função do beta. O CAPM confirma essa ideia, postulando adicionalmente que o prêmio de risco do título é diretamente proporcional tanto ao beta quanto ao prêmio de risco da carteira de mercado; ou seja, o prêmio de risco é igual a $\beta[E(r_M)-r_f]$.

A relação entre média-beta é chamada de **linha do mercado de títulos** (*secutiry market line* – **SML**) na Figura 7.2. Sua inclinação é o prêmio de risco da carteira de mercado. No ponto em que $\beta = 1$ (o beta da carteira de mercado), podemos avaliar o retorno esperado sobre a carteira de mercado no eixo vertical.

linha do mercado de títulos (SML)
Representação gráfica da relação entre retorno esperado-beta do CAPM.

É favorável comparar a SML com a linha do mercado de capitais. A CML representa graficamente os prêmios de risco de carteiras completas eficientes (compostas pela carteira de mercado e pelo ativo isento de risco) como função do desvio padrão da carteira. Isso é adequado porque o desvio padrão é uma medida válida de risco para carteiras que são candidatas à carteira completa de um investidor.

Em contraposição, a SML representa os prêmios de risco dos *ativos individuais* como função do risco do ativo. A medida de risco relevante para um ativo individual (que é mantido como parte de uma carteira bem diversificada) não é o desvio padrão do ativo, mas o beta do ativo. A SML é válida tanto para ativos quanto para carteiras.

---

[2] A contribuição de um título para a variância da carteira é igual à variância da carteira quando o título é incluído, menos a variância quando o título é excluído, e o peso de todos os outros títulos aumenta proporcionalmente para que o total seja igual a 1.

FIGURA 7.2
A linha do mercado de títulos e uma ação com alfa positivo.

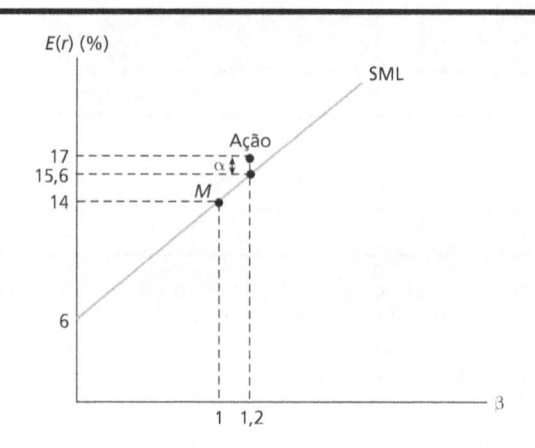

alfa
Taxa anormal de retorno de um título que ultrapassa o que seria previsto por um modelo de equilíbrio como o CAPM.

Ela oferece uma referência para a avaliação do desempenho do investimento, bem como a taxa de retorno necessária para compensar os investidores pelo risco desse investimento e também pelo valor do dinheiro no tempo.

Como a SML é a representação gráfica da relação média-beta, os ativos com "preço justo" encontram-se exatamente nessa linha. Os retornos esperados desses ativos são proporcionais ao respectivo risco. Sempre que o CAPM se aplicar, todos os títulos devem estar em equilíbrio na SML. As ações subvalorizadas ficam acima da SML: em vista do beta, o retorno esperado é superior ao indicado pelo CAPM. As ações com preço acima do normal ficam abaixo da SML. A diferença entre as taxas de retorno justas e reais esperadas sobre uma ação indicada por **alfa**, α. O retorno esperado de um título com preço incorreto é dado por $E(r_s) = \alpha_s + r_f + \beta_s[E(r_M) - r_f]$.

EXEMPLO 7.4
Alfa de um título

Suponhamos que se espere que o retorno no mercado seja 14%, uma ação tenha um beta de 1,2 e a taxa das letras do Tesouro seja de 6%. A SML estimaria um retorno esperado sobre a ação de

$$E(r) = r_f + \beta[E(r_M) - r_f]$$
$$= 6 + 1,2(14 - 6) = 15,6\%$$

Se acreditarmos que, em vez disso, a ação oferecerá um retorno de 17%, seu alfa implícito seria 1,4%, como mostra a Figura 7.2. Se, em vez disso, o retorno esperado fosse apenas de 15%, o alfa da ação seria negativo, –0,6%.

Aplicações do CAPM

Uma das áreas em que o CAPM pode ser utilizado é no setor de gestão de investimentos. Suponhamos que a SML seja tomada como referência para avaliar o retorno esperado *justo* de um ativo de risco. Desse modo, um analista calcula o retorno que ele de fato espera. Observe que, nesse caso, nos afastamos do mundo simples do CAPM visto que os investidores aplicam sua própria análise para gerar uma "lista de dados" particular". Se uma ação for considerada uma boa compra ou com preço inferior ao normal, ela oferecerá um alfa positivo, ou seja, um retorno esperado superior ao retorno justo estipulado pela SML.

O CAPM também é útil em decisões sobre orçamento de capital. Quando uma empresa está avaliando a possibilidade de um novo projeto, a SML oferece o retorno necessário exigido do projeto. Essa é a taxa interna de retorno (*internal rate of return* – IRR) de corte ou "de retorno mínimo" do projeto.

EXEMPLO 7.5
O CAPM e orçamento de capital

Suponhamos que a Silverado Springs Inc. esteja pensando na possibilidade de uma nova fábrica de engarrafamento de água mineral. O plano de negócios prevê uma taxa interna de retorno de 14% sobre o investimento. As pesquisas demonstram que o beta de projetos semelhantes é 1,3. Portanto, se a taxa isenta de risco for 4% e o prêmio de risco do mercado for 8%, a taxa de retorno mínimo do projeto deverá ser 4 + 1,3 × 8 = 14,4%. Como a IRR é menor do que a taxa de desconto ajustada ao risco ou taxa de retorno mínimo, o projeto tem um valor presente líquido negativo e deve ser rejeitado.

O CAPM também é aplicado na fixação das taxas de serviços de utilidade pública regulamentados. Nesse caso, a questão é a taxa de retorno que um serviço de utilidade pública regulamentado pode obter sobre seu investimento em fábricas e equipamentos.

> **EXEMPLO 7.6**
> CAPM e regulamentação
>
> Suponhamos que o patrimônio dos acionistas investido em um serviço de utilidade pública seja US$ 100 milhões e que o beta do patrimônio seja 0,6. Se a taxa das letras do Tesouro for 6% e o prêmio de risco do mercado for 8%, então um lucro anual razoável será 6 + (0,6 × 8) = 10,8% de US$ 100 milhões ou US$ 10,8 milhões. Como as agências regulatórias aceitam o CAPM, elas permitirão que a empresa de serviços de utilidade pública estabeleça um preço em um nível em que se espera que esses lucros sejam gerados.

> **Revisão de CONCEITOS 7.4**
>
> a. As ações da empresa XYZ têm um retorno esperado de 12% e $\beta = 1$. Espera-se que as ações da empresa ABC tenham um retorno de 13% com um beta de 1,5. O retorno esperado do mercado é 11% e $r_f = 5\%$. De acordo com o CAPM, qual seria a melhor compra? Qual o alfa de cada ação? Represente graficamente a SML e as duas ações. Mostre o alfa de cada ação no gráfico.
> b. A taxa isenta de risco é 8% e o retorno esperado sobre a carteira de mercado é 16%. Uma empresa está pensando em um projeto com um beta estimado de 1,3. Qual a taxa de retorno exigida sobre o projeto? Se a IRR do projeto for 19%, qual será o alfa do projeto?

7.2. O CAPM E OS MODELOS DE ÍNDICE

O CAPM tem duas limitações: depende da carteira de mercado teórica, que inclui *todos* os títulos (como imóveis, ações estrangeiras etc.), e aplica-se a retornos *esperados*, e não a retornos reais. Para implementar o CAPM, vamos lançá-lo como um *modelo de índice* e utilizar os retornos realizados, e não os esperados.

O modelo de índice substitui a carteira teórica que abrange todos os títulos por um índice de mercado como S&P 500. Uma vantagem importante dos modelos de índice é que a composição e a taxa de retorno do índice são inequívocas e amplamente divulgadas e, desse modo, oferecem uma referência evidente para avaliação de desempenho.

Diferentemente de um modelo de índice, o CAPM gira em torno da "carteira de mercado" ilusória. Contudo, como muitos ativos não são negociados, os investidores não teriam acesso completo à carteira de mercado mesmo que pudessem identificá-la precisamente. Desse modo, a teoria subjacente ao CAPM apoia-se em um fundamento de mundo real instável. Entretanto, tal como na ciência, uma teoria é legítima quando prevê efeitos do mundo real com suficiente precisão. Mais especificamente, a confiança na carteira de mercado não deveria nos intimidar se as previsões do CAPM forem suficientemente precisas no momento em que a carteira de índice for substituída pela de mercado.

Podemos começar com uma previsão central do CAPM: a carteira de mercado é eficiente em termos de variância média. Um modelo de índice pode ser utilizado para testar essa hipótese verificando se o índice escolhido como representativo do mercado geral é uma carteira eficiente em termos de variância média.

Para testar a eficiência da média-variância de uma carteira de índice, devemos mostrar que o índice de Sharpe dessa carteira não é superado pelo de nenhuma outra carteira. Examinaremos essa questão no Capítulo 8.

O CAPM prevê relações entre retornos *esperados*. Entretanto, só podemos observar os retornos do período de manutenção do investimento (históricos) realizados, os quais, em um período de manutenção do investimento específico, raramente, quando muito, correspondem às expectativas iniciais. Por exemplo, o S&P 500 apresentou um retorno de –39% em 2008. Isso poderia ter sido previsto se os investidores tivessem investido em letras do Tesouro isentas de risco? Na verdade, essa lógica indica que qualquer retorno do índice de ações inferior ao das letras do Tesouro deve envolver um desvio negativo em relação às expectativas. Como as expectativas devem ser concretizadas em média, isso significa que usualmente os retornos em excesso positivos superam as expectativas.

Na frente de batalha do MERCADO

APOSTA NO ALFA

Nunca foi tão fácil pagar menos para investir. Não menos que 136 fundos negociados em bolsa (exchange-traded funds – ETFs) foram criados no primeiro semestre de 2006, mais do que em todo o ano de 2005.

Para quem acredita em mercados eficientes, isso representa um triunfo. Os ETFs são títulos cotados que acompanham determinado índice, por uma taxa que normalmente equivale a apenas uma fração de um ponto percentual. Eles permitem que os investidores montem uma carteira de baixo custo que abrange uma variedade de ativos, como ações internacionais, obrigações governamentais e corporativas e commodities.

Contudo, da mesma maneira que os ativos dos ETFs e dos fundos mútuos que acompanham índices estão crescendo, outra parte desse setor parece estar florescendo ainda mais rápido. A empresa de atuários Watson Wyatt estima que o "investimento em ativos alternativos" (que incluem desde fundos de hedge e private equity a imóveis) cresceu em torno de 20% em 2005, atingindo um valor de US$ 1,26 trilhão. Os investidores que escolhem essa direção pagam taxas bem mais altas com a expectativa de obter melhor desempenho. Os fundos de fundos de hedge, um dos ativos de mais rápido crescimento, estão entre os que cobram algumas das taxas mais altas.

Por que as pessoas estão pagando o máximo exigido? Em parte porque os investidores aprenderam a distinguir retorno de mercado, apelidado de beta, de desempenho superior dos gestores, conhecido como alfa. "Por que você não compraria beta e alfa separadamente?", pergunta Arno Kitts, da Henderson Global Investors, empresa de gestão de fundos. "Beta é uma commodity e alfa tem a ver com habilidade."

Os clientes se convenceram de que nenhuma outra empresa pode oferecer um bom desempenho em todas as classes de ativos. Isso deu origem a um modelo "central e satélite", em que parte da carteira é investida em fundos que acompanham índices e o resto fica a cargo de especialistas. Mas esse procedimento cria seus próprios problemas. As relações com um único gestor equilibrado são simples. É bem mais difícil pesquisar e monitorar o desempenho dos especialistas. Isso incentivou os intermediários – gestores de gestores (no tradicional setor institucional) e fundos de fundos (na área de fundos de *hedge*), que normalmente são ainda mais caros.

O fato de suas taxas perdurarem talvez indique que os investidores podem identificar com antecedência gestores de fundos com desempenho superior. Entretanto, pesquisas indicam que isso é extremamente difícil. E mesmo quando é possível identificar um talento, grande parte desse desempenho extra pode ser drenada por taxas mais altas. "Uma quantidade desproporcional dos benefícios de alfa vai para o gestor, e não para o cliente", afirma o gestor de ativos Alan Brown, da Schroders.

De qualquer forma, os investidores provavelmente continuarão buscando o alfa, ainda que existam alternativas mais baratas de ETFs e fundos de acompanhamento. Craig Baker, da Watson Wyatt, afirma que, embora retornos superiores ao do mercado não estejam ao alcance de todos, os clientes que os identificarem terão a vantagem "de terem chegado primeiro". Na medida em que essa crença existe, os gestores podem cobrar taxas altas.

Fonte: *The Economist*, 14 de setembro de 2006. Copyright © The Economist Newspaper Limited, Londres. Informações utilizadas com permissão por intermédio do Centro de Autorização de Direitos Autorais.

Modelo de índice, retornos realizados e equação média-beta

Para passar de um modelo baseado em expectativas para uma estrutura de retornos realizados, partimos da equação de regressão de índice único sobre os retornos em excesso realizados, a Equação 4.11:

$$r_{it} - r_{ft} = \alpha_i + \beta i(r_{Mt} - r_{ft}) + e_{it} \qquad (7.3)$$

onde r_{it} é o retorno do período de manutenção do investimento (*holding-period return* – HPR) sobre o ativo i no período t e ai e bi são a intercepto e a inclinação da linha característica do título que associa o retorno em excesso realizado de i com o retorno em excesso realizado do índice. Indicamos o retorno do índice como rM para enfatizar que a carteira de índice representa o mercado. O termo e_{it} mede os efeitos específicos à empresa durante o período de manutenção do período de investimento t; é o desvio nesse período do HPR realizado do título i em relação à linha de regressão, a previsão do retorno baseada no HPR real do índice. Estabelecemos a relação em termos de retornos em *excesso* (superior a r_{ft}), de acordo com a lógica de prêmio de risco do CAPM.

Para comparar o modelo de índice com as previsões do CAPM sobre os retornos esperados dos ativos, utilizamos as expectativas na Equação 7.3. Lembre-se de que a expectativa de e_{it} é zero. Desse modo, em termos de expectativa, a Equação 7.3 passa a ser

$$E(r_{it}) - r_{ft} = \alpha_i + \beta_i[E(r_{Mt}) - r_{ft}] \qquad (7.4)$$

A comparação entre a Equação 7.4 e a Equação 7.2 revela que o CAPM prevê $\alpha_i = 0$. Desse modo, convertemos a previsão do CAPM quanto a expectativas não observadas de retornos dos títulos relativos a uma carteira de mercado não observada em uma previsão sobre o intercepto em uma regressão de variáveis observáveis: retornos em excesso realizados de um título em relação aos de um índice observado.

Entretanto, operacionalizar o CAPM na forma de um modelo de índice apresenta uma desvantagem. Se os interceptos das regressões dos retornos sobre um índice forem substancialmente diferentes de zero, não será possível dizer se isso ocorreu porque você escolheu um índice ruim para substituir o do mercado ou porque a teoria não é útil.

Na realidade, alguns exemplos de valores significativos de alfa estáveis e positivos foram identificados, os quais serão discutidos no Capítulo 8. Entre eles, encontram-se (1) ações de baixa *versus* alta capitalização; (2) ações de empresas que anunciaram recentemente ganhos positivos inesperados; (3) ações com alto índice valor contábil/valor de mercado; e (4) ações "*momentum*" que experimentaram aumentos recentes de preço. Porém, em geral, é praticamente impossível prever alfas futuros com base em valores do passado. Por esse motivo, os modelos de índice são amplamente usados para operacionalizar a teoria de precificação de ativos financeiros (consulte o quadro "Aposta no Alfa").

Cálculo do modelo de índice

Para mostrar de que forma o modelo de índice é calculado, utilizaremos dados reais e aplicaremos o modelo às ações do Google (G) de uma forma semelhante à empregada pelos especialistas. Reescreveremos a Equação 7.3 para as ações do Google, indicando seu retorno em excesso como $R_G = r_G - r_f$ e os meses com o subscrito t.

$$R_{Gt} = \alpha_G + \beta_G R_{Mt} + e_{Gt}$$

A variável dependente nessa equação de regressão é o retorno em excesso do Google em cada mês, explicado pelo retorno em excesso no índice de mercado relativo àquele mês, R_{Mt}. Os coeficientes de regressão são o intercepto α_G e a inclinação β_G.

O alfa do Google é a média dos fatores específicos à empresa durante o período da amostra; a surpresa da média zero em cada mês é capturada pelo último termo na equação, e_{Gt}. Esse resíduo é a diferença entre o retorno em excesso real do Google e o retorno em excesso que seria previsto com base na linha de regressão:

Resíduo = Retorno real – Retorno previsto para o Google com base no retorno de mercado

$$e_{Gt} = R_{Gt} - (\alpha_G + \beta_G R_{Mt})$$

Estamos interessados em estimar o intercepto α_G e o beta do Google com base no coeficiente de inclinação, β_G. Prevemos o risco específico à empresa do Google por meio do *desvio padrão residual*, que é simplesmente o desvio padrão de e_{Gt}.

Conduzimos a análise em três passos: coleta e processamento de dados relevantes; inserção dos dados em um programa estatístico (aqui, utilizamos o Excel) para estimar a equação de regressão (Equação 7.3); e utilização dos resultados para responder as seguintes perguntas sobre as ações do Google: (*a*) O que constatamos sobre o comportamento dos retornos do Google, (*b*) que taxa de retorno exigida é apropriada para investimentos com o mesmo risco das ações do Google e (*c*) como poderíamos avaliar o desempenho de um gestor de carteira que investiu consideravelmente em ações do Google durante esse período?

Coleta e processamento dos dados Começamos com a série mensal de preços das ações do Google e o índice S&P 500, ajustados para divisões de ações e dividendos ao longo do período de janeiro de 2006-dezembro de 2010.[3] Com base nessas séries, calculamos os retornos do período de manutenção do investimento do Google e do índice de mercado.

Para o mesmo período, compilamos as taxas de retorno mensais de letras do Tesouro de um mês.[4] Com essas três séries de retornos, geramos o retorno em excesso mensal das ações do Google e do índice de mercado. Alguns dados estatísticos desses retornos encontram-se na Tabela 7.1. Observe que a variação mensal do retorno das letras do Tesouro registrado na Tabela 7.1 não reflete o risco, já que os investidores sabiam qual era o retorno sobre as letras no início de cada mês.

O período de janeiro de 2006 a dezembro de 2010 abrange o último estágio de recuperação da recessão moderada de 2001, a recessão severa que oficialmente se iniciou em dezembro de

---

[3] Esses retornos podem ser obtidos no <finance.yahoo.com>. Precisamos utilizar a série de preços ajustados aos dividendos e às divisões para obter os retornos do período de manutenção do investimento (HPRs). A série de preços não ajustados nos ofereceria informações apenas sobre ganhos de capital, e não sobre os retornos totais.

[4] Baixamos essas taxas no *site* do professor Kenneth French: <mba.tuck.dartmouth.edu/pages/faculty/ken.french/data_library.html>.

TABELA 7.1 Estatísticas de retornos mensais: letras do Tesouro, S&P 500 e Google, janeiro de 2006-dezembro de 2010

Estatísticas (%)	Letras do Tesouro	S&P 500	Google
Taxa média de retorno	0,184	0,239	1,125
Retorno em excesso médio	–	0,054	0,941
Desvio padrão*	0,177	5,11	10,40
Média geométrica	0,180	0,107	0,600
Retorno cumulativo total em 5 anos	11,65	6,60	43,17
Ganhos de jan. 2006-out. 2007	9,04	27,45	70,42
Ganhos nov. 2007-maio 2009	2,29	–38,87	–40,99
Ganhos jun. 2009-dez. 2010	0,10	36,83	42,36

*A taxa das letras do Tesouro é conhecida com antecedência. Por isso, o desvio padrão não reflete o risco.

2007, bem como o primeiro estágio de recuperação que se iniciou em junho de 2009. A Tabela 7.1 mostra que o efeito da crise financeira foi tão drástico que o retorno médio geométrico mensal do índice de mercado, 0,107%, foi inferior ao das letras do Tesouro, 0,180%. Ressaltamos no Capítulo 5 que as médias aritméticas superam as médias geométricas e que a diferença entre elas aumenta com a volatilidade do retorno.[5] Nesse período, o desvio padrão (*standard deviation* – SD) do índice de mercado, 5,11%, foi tão alto que, não obstante a média geométrica inferior do mercado, sua média aritmética mensal, 0,239%, foi superior à das letras do Tesouro, 0,185%, gerando um retorno em excesso médio positivo de 0,054% por mês.

O Google tem um retorno cumulativo de 43,17% em cinco anos, bem melhor do que o das letras do Tesouro (11,65%) ou do S&P 500 (6,60%). Seu desvio padrão mensal de 10,40%, em torno do dobro do desvio do mercado, traz à tona a questão sobre o quanto essa volatilidade é sistemática.

Os retornos do Google nos subperíodos desses cinco anos mostram uma ilusão comum. Observe na Tabela 7.1 que o aumento pré-recessão das ações do Google, entre janeiro de 2006 e outubro de 2007, foi 70,42%. O declínio na crise financeira subsequente (novembro de 2007-maio de 2009) e a recuperação (junho de 2009-dezembro de 2010) tiverem magnitudes semelhantes de –40,99% e 42,36%, respectivamente, e talvez você conclua que na verdade elas se neutralizaram reciprocamente. Contudo, o retorno total de cinco anos foi de 43,17% apenas, em torno de 27% inferior ao ganho de 70,42% no período pré-recessão. Para onde foram os 27%? Foi diluído pela crise: o declínio e o aumento subsequente tiveram um impacto total sobre o retorno cumulativo de (1 – 0,4099) × (1 + 0,4236) = 0,8401, gerando uma perda de cerca de 16%. Aplicando essa perda no valor das ações anterior à recessão, obtemos 0,8401 × (1 + 0,7042) = 1,43, exatamente igual ao retorno cumulativo de cinco anos.

Por que a perda de 40,99% e o ganho de 42,36% (aproximado) cancelaram-se reciprocamente? Em geral, um ganho alto após uma perda significativa tem um impacto atenuado sobre o retorno cumulativo porque funciona como uma base de investimentos reduzida, enquanto uma perda significativa após um grande ganho tem maior impacto porque funciona como uma base de investimentos ampliada. Quanto maiores as flutuações, maior o impacto sobre o valor final do investimento, e é por isso que o *spread* entre a média geométrica (que reflete o retorno cumulativo) e a média aritmética aumenta com a volatilidade das ações.

O Painel A da Figura 7.3 mostra o retorno mensal sobre os títulos durante o período da amostra. A volatilidade significativamente maior das ações do Google é evidente e o gráfico indica que seu beta é superior a 1: Quando o mercado muda, as ações do Google tendem a mudar na mesma direção, mas segundo valores mais altos.

O Painel B da Figura 7.3 mostra a evolução dos retornos cumulativos, evidenciando os retornos positivos do índice nos primeiros anos da amostra, o acentuado declínio durante a recessão e a recuperação parcial significativa das perdas no final do período da amostra. Embora as ações do Google superem as letras do Tesouro, estas superam o índice de mercado ao longo do período, ressaltando as realizações bem abaixo do esperado no mercado de capitais.

---

[5] Quando os retornos são distribuídos normalmente, a relação entre o retorno médio aritmético, r_A, e o retorno médio geométrico, r_G (em decimais, e não em porcentagem), é a média aritmética = mais metade da variância dos retornos. Essa relação mantém-se semelhante quando a distribuição normal dos retornos não é precisa.

FIGURA 7.3 Retornos das letras do Tesouro, do índice S&P 500 e das ações do Google. **Painel A:** retornos mensais; **Painel B:** retornos cumulativos.

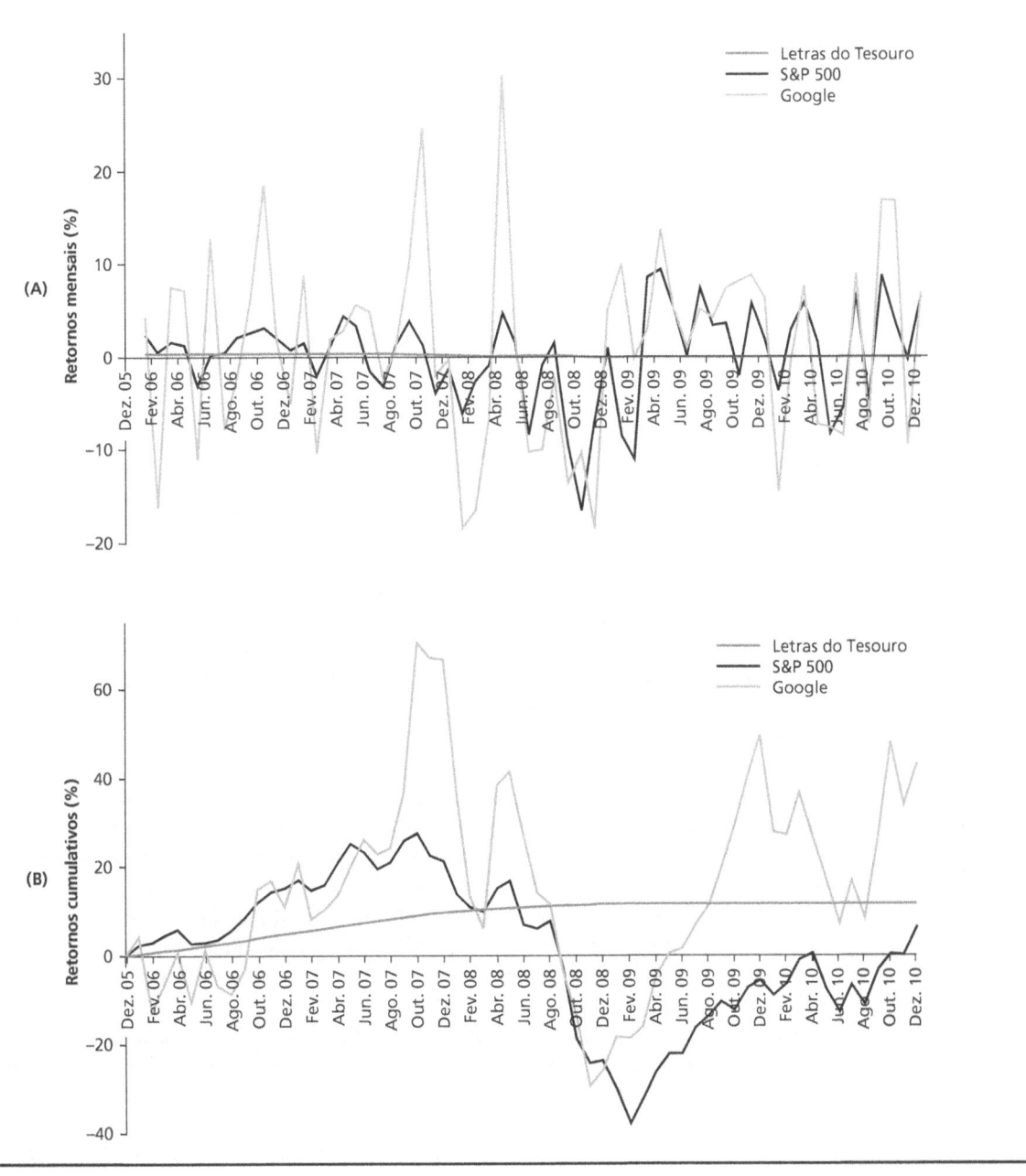

Resultados da estimativa Fizemos a regressão dos retornos em excesso do Google em relação aos do índice utilizando o comando Regressão do menu Análise de Dados do Excel.[6] O diagrama de dispersão na Figura 7.4 mostra os pontos de dados para cada mês, bem como a linha de regressão mais adequada aos dados. Como mencionado no Capítulo 6, ela é chamada de **linha característica do título** (*security characteristic line* – **SCL**), porque descreve as características relevantes da ação. A Figura 7.4 nos permite ver os resíduos, o desvio do retorno mensal do Google em relação à previsão da equação de regressão. Se combinados, a *média* desses resíduos é zero, mas em qualquer mês específico o resíduo pode ser positivo ou negativo.

Os resíduos de abril de 2008 (23,81%) e novembro de 2008 (–10,97%) são indicados de forma explícita. O ponto de abril de 2008 encontra-se acima da linha de regressão, indicando que, nesse mês, o retorno das ações do Google foi melhor do que o previsto em relação ao retor-

linha característica do título (SCL)
Representação gráfica do retorno em excesso esperado do título em relação à taxa isenta de risco como função do retorno em excesso no mercado.

---

[6] Os usuários do Mac podem baixar um *kit* gratuito da ferramenta de análise de dados denominado StatPlus, em <www.analystsoft.com>.

FIGURA 7.4
Diagrama de dispersão e linha característica do título do Google em comparação com o S&P 500, jan. de 2006-dez. de 2010.

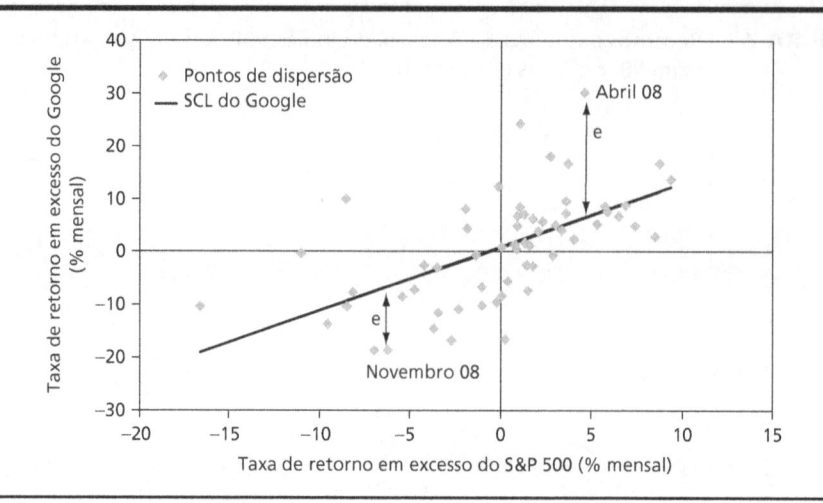

no de mercado. A distância entre o ponto e a linha de regressão é o retorno específico à empresa do Google, que é o resíduo de abril.

O desvio padrão dos resíduos indica a precisão das previsões feitas com base na linha de regressão. Se o risco específico à empresa for muito significativo, o diagrama de dispersão de pontos em torno da linha será mais amplo (um alto desvio padrão residual), indicando que o retorno de mercado não possibilitará uma previsão precisa do retorno do Google.

A Tabela 7.2 apresenta o resultado da regressão do Excel. A primeira linha mostra que o coeficiente de correlação entre os retornos em excesso do Google e o índice foi 0,59. Entretanto, a característica mais importante é o R quadrado ajustado (0,3497). Ele é o quadrado do coeficiente de correlação, ajustado para baixo para o número de coeficientes ou "graus de liberdade" utilizados na estimativa da linha de regressão.[7] O R quadrado ajustado indica que 34,97% da variância dos retornos em excesso do Google é explicada pela variação nos retornos em excesso do índice e, por isso, o restante da variância, ou 65,03%, é específica à empresa ou inexplicada pelas mudanças no mercado. A contribuição predominante dos fatores específicos à empresa para a variação nos retornos do Google é típica de ações individuais, o que nos lembra de que a diversificação pode diminuir significativamente o risco.

O desvio padrão dos resíduos é chamado no resultado (abaixo do R quadrado ajustado) de "erro padrão" da regressão (8,46%). Em cerca de dois terços dos meses, o componente específico à empresa do retorno em excesso do Google ficou entre ±8,46%. Essa ampla diferença é uma evidência ainda maior da considerável volatilidade específica ao Google.

O painel do meio da Tabela 7.2, intitulado ANOVA (de análise de variância), analisa as fontes de variabilidade nos retornos do Google, e essas duas fontes são uma variação nos retornos de mercado e uma variação decorrente de fatores específicos à empresa. Geralmente essas estatísticas não são essenciais para a nossa análise. No entanto, você pode utilizar a soma total de quadrados, denominada SS, para encontrar a variância do Google nesse período. Divida o total SS ou 6.381,15 pelos graus de liberdade, df, ou 59, e verá que a variância dos retornos em excesso foi 108,16, o que significa um desvio padrão de 10,40%, tal como indicado na Tabela 7.1.

Por último, o painel inferior da tabela mostra a estimativa da intercepto e da inclinação da regressão (alfa = 0,88% e beta = 1,20). O alfa positivo significa que, avaliadas com base nos retornos *realizados*, as ações do Google ficaram acima da linha do mercado de títulos (SML) nesse período. Contudo, a coluna seguinte mostra uma imprecisão significativa nessa estimativa obtida com base em seu erro padrão, 1,09, que é consideravelmente maior do que a própria estimativa. A estatística t (o índice da estimativa de alfa/erro padrão) é de 0,801 apenas, e isso

---

[7] A relação entre o R quadrado ajustado (R_A^2) e não ajustado (R^2) com n observações e k variáveis independentes (mais intercepto) é $1 - R_A^2 = (1 - R^2)\dfrac{n-1}{n-k-1}$, e por isso um k maior resultará em um maior ajuste para baixo de R_A^2.

Embora R^2 não possa diminuir quando você acrescenta uma variável independente adicional a uma regressão, R_A^2 na verdade pode diminuir, indicando que o poder explicativo da variável acrescentada não é suficiente para compensar o grau de liberdade complementar que ela utiliza. O modelo mais "parcimonioso" (sem a variável acrescentada) seria considerado estatisticamente superior.

TABELA 7.2 Linha característica do título do Google (S&P 500 utilizado como índice de mercado), janeiro de 2006-dezembro de 2010

Regressão linear	
Estatísticas da regressão	(Esta tabela foi produzida pelo *patch* StatPlus do Excel para Mac, que não tem a ferramenta de Análise de Dados do Excel para Windows.)
R (correlação)	0,5914
R quadrado	0,3497
R quadrado ajustado	0,3385
Erro padrão da regressão	8,4585
Número total de observações	60

Equação de regressão: Google (retorno em excesso) = 0,8751 + 1,2031 * S&P 500 (retorno em excesso)

ANOVA

	df	SS	MS	F	Nível p
Regressão	1	2.231,50	2.231,50	31,19	0,0000
Residual	58	4.149,65	71,55		
Total	59	6.381,15			

	Coeficientes	Desvio padrão	Estatísticas-t	Valor-p	LCL	UCL
Intercepto	0,8751	1,0920	0,8013	0,4262	−1,7375	3,4877
S&P 500	1,2031	0,2154	5,5848	0,0000	0,6877	1,7185
Estatísticas-t (2%)	2,3924					

LCL: *lower confidence interval* – intervalo de confiança inferior (95%)
UCL: *upper confidence interval* – intervalo de confiança superior (95%)

indica uma baixa significância estatística. Isso se reflete em um valor-p alto na coluna seguinte, 0,426, que indica a probabilidade de uma estimativa de alfa tão alta ter sido gerada puramente ao acaso, mesmo que o alfa verdadeiro fosse zero. As duas últimas colunas apresentam os limites superior e inferior do intervalo de confiança de 95% em torno da estimativa do coeficiente. Esse intervalo de confiança nos diz que, com uma probabilidade de 0,95, o alfa verdadeiro encontra-se no amplo intervalo de −1,74 a 3,49. Portanto, não podemos concluir, com base nessa amostra específica, com qualquer grau de confiança, que o alfa verdadeiro do Google não era zero, o que teria sido a previsão do CAPM.

A segunda linha no painel apresenta a estimativa de beta do Google, que é 1,20. O erro padrão dessa estimativa é 0,215, o que resulta em uma estatística t de 5,58 e um valor p de quase zero na hipótese de que o beta verdadeiro é de fato zero. Em outras palavras, a probabilidade de observar uma estimativa dessa grandeza, se o beta verdadeiro fosse realmente zero, é quase nula. Outra questão importante é se o beta do Google é significativamente diferente do beta médio de 1 das ações. Essa hipótese pode ser testada calculando a estatística t:

$$t = \frac{\text{Valor estimado} - \text{Valor da hipótese}}{\text{Erro padrão da estimativa}} = \frac{1,2031 - 1}{0,2154} = 0,94$$

Esse valor é consideravelmente inferior ao limite convencional de significância estatística; não podemos afirmar com confiança que o beta do Google difere de 1. O intervalo de confiança de 95% para o beta varia de 0,69 a 1,72.

O que aprendemos com essa regressão? A análise de regressão revela muita coisa sobre o Google, mas devemos moderar nossas conclusões reconhecendo que, tendo em vista a enorme volatilidade dos retornos do mercado de ações, é difícil tirar conclusões estatísticas definitivas sobre os parâmetros do modelo de índice, pelo menos no que se refere a ações individuais. Dado o alto nível de ruído nessas variáveis, podemos esperar estimativas pouco confiáveis. Essa é a realidade dos mercados de capitais.

Não obstante essas qualificações, podemos afirmar com segurança que as ações do Google são cíclicas, isto é, seus retornos variam igualmente ou mais em relação ao mercado geral, visto que seu beta é superior ao valor médio de 1, embora não significativamente mais alto. Portanto, esperaríamos que, em média, o retorno em excesso do Google reagisse páreo a páreo ao índice de mercado. Sem informações adicionais, se tivéssemos de prever a volatilidade de uma carteira que inclui ações do Google, utilizaríamos a estimativa beta de 1,20 para calcular a contribuição do Google para a variância da carteira.

Além disso, se tivéssemos de aconselhar a administração do Google sobre a taxa de desconto apropriada para um projeto semelhante em risco às suas ações,[8] devemos utilizar essa estimativa de beta com a taxa isenta de risco prevalecente e nossa previsão do retorno em excesso esperado sobre o índice de mercado. Suponhamos que a taxa atual das letras do Tesouro seja 2,75% e nossa previsão sobre o retorno em excesso do mercado seja 5,5%. Taxa de retorno exigida sobre as ações do Google seria apropriada para um investimento com o mesmo risco de seu patrimônio.

Taxa exigida = Taxa isenta de risco + β × Retorno em excesso esperado do índice
$= r_f + \beta(r_M - r_f) = 2,75 + 1,20 \times 5,5 = 9,35\%$

Em vista da imprecisão tanto do prêmio de risco do mercado quanto da estimativa do beta do Google, tentaríamos utilizar mais informações nessas estimativas. Por exemplo, calcularíamos o beta de outras empresas do mesmo setor, que deve ser semelhante ao do Google, para tornar nossa estimativa sobre o risco sistemático do Google mais precisa.

Finalmente, suponhamos que nos pedissem para determinar se, em vista do alfa positivo do Google, um gestor de carteira estaria correto em preencher uma carteira gerenciada com ações do Google durante o período de 2006 a 2010.

Para responder essa pergunta, tentemos identificar a posição ótima no Google que teria sido determinada pelo modelo de Treynor-Black apresentado no Capítulo 6. Suponhamos que o gestor tivesse uma estimativa precisa do alfa e do beta do Google, bem como de seu desvio padrão residual e de sua correlação com o índice (com base nas Tabelas 7.1 e 7.2). Ainda precisamos de informações sobre a previsão do gestor com relação ao índice, visto que sabemos que ele *não* correspondeu ao retorno real. Suponhamos que o gestor presumisse um prêmio de risco de 0,6%/mês para o índice de mercado (semelhante ao da média histórica) e estimasse corretamente um desvio padrão de 5,11%/mês para o índice. Desse modo, a lista de dados de entrada do gestor teria incluído:

Título	Prêmio de risco (%)	Desvio padrão (%)	Correlação
Índice	0,7	5,11	
Google	0,875+ 1,203 × 0,6 = 1,60	10,40	0,59

Utilizando a Equação 4.10, calculamos a carteira otimizada (P):

$w_M = 0,3911 \quad w_G = 0,6089 \quad E(R_P) = 1,21\% \quad \sigma_P = 7,69\%$

Portanto, parece que o gestor estaria bastante correto em pender expressivamente para as ações do Google durante esse período. Isso reflete seu alto alfa positivo ao longo período da amostra.

Também podemos avaliar a melhoria no desempenho da carteira. Utilizando a Equação 4.8, com base nos retornos esperados, o índice de Sharpe do índice e as carteiras otimizadas são

$S_M = 0,12 \quad S_P = 0,16$

Desse modo, a posição no Google aumentou consideravelmente o índice de Sharpe.

Esse exercício não seria completo sem o passo seguinte, no qual observamos o desempenho da carteira "ótima" proposta. Afinal, normalmente os analistas utilizam os dados disponíveis para construir carteiras para um período futuro. Utilizamos *ótima* entre aspas porque todos os profissionais da área sabem que os valores de alfa passados não predizem os valores futuros. Por isso, uma carteira formada somente ou mesmo principalmente com a extrapolação do alfa passado nunca seria considerada ótima. Entretanto, se tratarmos esse alfa como se ele tivesse sido

---

[8] Atenção: lembre-se de que, como regra geral, o beta do patrimônio é superior ao beta do ativo, porque a alavancagem aumenta a exposição do patrimônio ao risco empresarial. Taxa de retorno exigida sobre as *ações* do Google seria apropriada para um investimento com o mesmo risco de seu *patrimônio*. Nesse caso, o Google não tem praticamente nenhuma dívida. Portanto, essa questão pode ser irrelevante, mas em geral esse não é o caso.

obtido de uma análise de títulos, poderemos retratar o que poderia ocorrer na atividade de gestão de carteiras.

Neste exato momento em que escrevemos, temos dez meses adicionais de retornos (janeiro de 2011-outubro de 2011) relativos ao S&P 500, às ações do Google e às letras do Tesouro. Testamos a carteira proposta com relação a três períodos futuros após a coleta de dados e o período de análise: o trimestre seguinte, o período semestral seguinte e os dez meses seguintes. Para cada um desses períodos, comparamos o desempenho da carteira proposta com a carteira de índice passivo e as letras do Tesouro. Os resultados são os seguintes:

	Retornos cumulativos (%) de três carteiras com estratégias alternativas		
Carteira	Google-S&P 500 Proposta	Passiva: Índice S&P 500	Letras do Tesouro
T1 2011	1,36	5,42	0,01
Primeiro semestre de 2011	–7,35	5,01	0,01
Janeiro-outubro de 2011	0,41	–0,35	0,01

Observamos que 2011 inicia-se como um bom ano para o mercado, com um retorno em excesso cumulativo de seis meses de 5,01%. Até esse momento, a carteira proposta saiu-se muito mal. Contudo, os quatro meses seguintes trazem uma completa mudança de sorte: o mercado se saiu muito mal, arrastando seu retorno cumulativo para o território negativo, enquanto o Google se sobressaiu e levou a carteira "ótima" proposta para o território positivo. É evidente que a avaliação de desempenho está repleta de prováveis erros de estimativa. Mesmo uma carteira absurda pode ter êxito quando a volatilidade é muito alta. Esse fato básico da vida dos investimentos torna a avaliação de desempenho das carteiras arriscada, tal como examinamos no Capítulo 18 (disponível no *site* <www.grupoa.com.br>).

Previsão de betas

Um modelo de índice único talvez não seja totalmente coerente com o CAPM, que pode não ser um previsor suficientemente preciso para os prêmios de risco. Contudo, o conceito de risco sistemático *versus* diversificável é útil. O risco sistemático é calculado aproximadamente bem pelo beta da equação de regressão e o risco não sistemático, pela variância residual da regressão.

Como regra empírica, parece que os betas apresentam uma propriedade estatística chamada de *reversão à média*. Isso indica que os títulos com um β alto (isto é, $\beta > 1$) tendem a exibir um beta inferior no futuro, enquanto os títulos com um β baixo (isto é, $\beta < 1$) exibem um beta superior em períodos futuros. Os pesquisadores que desejam previsões de betas futuros frequentemente ajustam as estimativas de beta deduzidas de dados históricos para explicar a regressão em direção a 1. Por isso, é necessário verificar se as estimativas são "betas já ajustados".

Uma alternativa simples para explicar a reversão à média é prever o beta como média ponderada da estimativa da amostra com o valor 1.

> **EXEMPLO 7.7**
> **Previsão do beta**
>
> Suponhamos que os dados passados gerem uma estimativa de beta de 0,65. Um esquema de ponderação comum é 2/3 na estimativa da amostra e 1/3 no valor 1. Desse modo, a previsão ajustada do beta será
>
> Beta ajustado = 2/3 × 0,65 + 1/3 × 1 = 0,77
>
> A previsão final do beta na verdade é mais próxima de 1 do que a estimativa da amostra.

Uma técnica mais sofisticada basearia o peso do beta da amostra em sua qualidade estatística. Uma estimativa mais precisa do beta obterá um peso mais alto.

Contudo, obter uma estimativa estatística precisa do beta com base em dados passados sobre ações individuais é uma tarefa descomunal, já que a volatilidade das taxas de retorno é muito grande. Mais especificamente, existe muito "ruído" nos dados em virtude dos eventos específicos à empresa. O problema é menos grave com carteiras diversificadas porque a diversificação reduz a variância específica à empresa.

Poderíamos supor que é possível obter estimativas mais precisas do beta utilizando uma longa série temporal de retornos. Infelizmente, essa solução não se aplica porque os betas mudam com o passar do tempo[9] e os dados antigos podem oferecer uma orientação enganosa sobre os betas atuais.

Dois métodos podem ajudar a melhorar as previsões do beta. O primeiro é a utilização de uma técnica conhecida pelo nome de modelos ARCH. Os modelos ARCH preveem melhor a variância e covariância utilizando dados históricos de alta frequência (diários) para identificar mudanças na variância e covariância. O segundo método requer um passo adicional no qual as estimativas de beta que utilizam regressões de série temporal como base são ampliadas por outras informações a respeito da empresa – por exemplo, os índices de P/E.

7.3. O CAPM E O MUNDO REAL

Até certo ponto, a teoria de carteiras e o CAPM já são ferramentas aceitas pela comunidade profissional. Muitos profissionais da área de investimentos têm consciência da diferença entre risco específico à empresa e risco sistemático e sentem-se tranquilos em utilizar o beta para medir o risco sistemático. Entretanto, as nuanças do CAPM não estão de forma alguma bem estabelecidas na comunidade. Por exemplo, a remuneração dos gestores de carteira não se baseia em um desempenho ajustado ao risco apropriado (consulte o Capítulo 18, disponível no *site* <www.grupoa.com.br>). O que podemos concluir com isso?

Novas formas de pensar a respeito do mundo (ou seja, novos modelos ou teorias) substituem as antigas quando os modelos antigos tornam-se intoleravelmente inconsistentes com os dados ou quando o novo modelo é comprovadamente mais coerente com os dados disponíveis. Quando Copérnico derrubou a antiga crença de que a Terra é fixa no centro do universo e que as estrelas orbitam em torno dela em movimentos circulares, passaram-se muitos anos até que os navegadores substituíssem as antigas tabelas astronômicas por tabelas superiores baseadas em sua teoria. As antigas ferramentas enquadravam-se nos dados com suficiente precisão. Até certo ponto, a lentidão com que a teoria moderna de carteiras permeou a prática diária na área de gestão de capital também está relacionada com sua precisão para se adequar aos dados e explicar a variação das taxas de retorno entre os ativos. Examinemos algumas das evidências a esse respeito.

O CAPM foi publicado originalmente por Sharpe no *Journal of Finance* (periódico da Associação Americana de Finanças) em 1964 e tomou o mundo financeiro de assalto. Os testes iniciais realizados por Black, Jensen e Scholes (1972) e Fama e MacBeth (1973) respaldavam o CAPM apenas em parte: Os retornos médios eram superiores para carteiras com beta mais alto, mas a recompensa para o risco do beta de forma alguma podia ser prevista por uma versão simples do CAPM.

Embora esse tipo de evidência contra o CAPM tenha se mantido predominantemente nas torres de marfim do mundo acadêmico, o artigo "A Critique of Capital Asset Pricing Tests" ("Uma Crítica aos Testes de Precificação de ativos financeiros"), de Roll (1977), também abalou o mundo dos profissionais da área. Roll defendeu que, na medida em que a carteira de mercado real jamais pode ser observada, o CAPM é *necessariamente* impossível de ser testado.

A publicidade obtida pela agora clássica "crítica de Roll" deu lugar a artigos populares, como o "Is Beta Dead?" ("O Beta Está Morto?"),[10] que efetivamente retardou a difusão da teoria de carteiras no mundo financeiro. Embora Roll esteja absolutamente correto em termos teóricos, alguns testes indicam que o erro introduzido em virtude da utilização de um índice amplo de mercado, em lugar da carteira de mercado real e inobservada, talvez não seja o maior problema relacionado aos testes do CAPM.

Fama e French (1992) publicaram um estudo que desferiu um golpe ainda mais forte no CAPM. Eles afirmaram que, contrariamente ao CAPM, determinadas características da empresa, como tamanho e índice de mercado/valor contábil, eram bem mais úteis do que o beta para prever retornos futuros.

Fama e French e vários outros publicaram muitos estudos complementares sobre esse assunto. Examinaremos algumas dessas publicações ainda neste capítulo e o quadro logo a seguir

---

[9] ARCH significa *"autoregressive conditional heteroskedasticity"* (heterocedasticidade condicional autorregressiva). (Esse modelo foi desenvolvido por Robert F. Engle, que recebeu o Prêmio Nobel de Economia em 2003.) Essa é uma forma rebuscada de dizer que a volatilidade (e a covariância) das ações muda com o tempo de uma maneira que pode ser prevista pelo menos parcialmente com base em dados passados.

[10] A. Wallace, "Is Beta Dead?", *Institutional Investor*, 14, julho de 1980, pp. 22-30.

Na frente de batalha do MERCADO

FAZENDO UM BALANÇO

Desde que a bolha do mercado de ações no fim da década de 1990 estourou, os investidores tiveram tempo considerável para pensar sobre onde aplicar seu dinheiro. Economistas e analistas também têm revisitado ideias antigas. Nenhuma tem sido mais estimada por eles do que o modelo de precificação de ativos financeiros (CAPM), uma fórmula que associa as mudanças de preço de uma única ação com as mudanças do mercado como um todo. A principal estatística nesse caso é o "beta".

Entretanto, muitos investidores e gestores têm abandonado o beta. Embora útil para calcular a correlação geral com o mercado, ele nos diz muito pouco sobre o desempenho do preço das ações em termos absolutos. Na verdade, o obituário do CAPM já estava sendo escrito há mais de uma década quando um artigo de Eugene Fama e Kenneth French mostrou que as ações das pequenas empresas e as "ações de valor" (ações com índices de preço/lucro baixos ou altos índices de valor de mercado/valor contábil) apresentam um desempenho bem melhor com o passar do tempo do que os betas poderiam prever.

Outro artigo, de John Campbell e Tuomo Vuolteenaho, da Universidade de Harvard, tenta ressuscitar o beta dividindo-o em dois.* Os autores partem de princípios básicos. Basicamente, o valor de uma empresa depende de dois fatores: dos lucros esperados e da taxa de juros utilizada para descontar esses lucros. Desse modo, as mudanças no preço das ações originam-se de mudanças em um desses fatores.

Com base nessa observação, esses autores propõem dois tipos de beta: um para analisar a reação das ações a mudanças no lucro e outro para detectar os efeitos das mudanças sobre a taxa de juros. A possibilidade de considerar diferentes betas de fluxo de caixa *versus* taxas de juros ajuda a explicar melhor o desempenho de empresas pequenas e valorizadas. As ações dessas empresas são mais suscetíveis do que a média a notícias sobre lucratividade em parte porque elas oferecem a perspectiva de crescimento futuro. As ações que apresentam alto índice de preço/lucro variam mais com a taxa de desconto. Em todos os casos, os retornos acima da média compensam os riscos acima da média.

O PODER SEDUTOR DAS AÇÕES

O beta é uma ferramenta utilizada para comparar as ações entre si. No entanto, recentemente os investidores têm se preocupado com as ações enquanto uma classe de ativos. A crise levou os investidores a querer saber o que foi feito do famoso prêmio das ações, o valor com base no qual eles podem esperar que os retornos sobre as ações superem os das obrigações do governo.

A história nos diz que os acionistas têm muitos motivos para ficarem otimistas. Nos últimos 100 anos, os investidores americanos desfrutaram de um prêmio, em relação a obrigações do Tesouro, de cerca de sete pontos percentuais. Efeitos semelhantes têm sido observados em outros países. Alguns estudos chegaram a conclusões menos otimistas, indicando um prêmio de quatro ou cinco pontos. Porém, mesmo esse prêmio parece generoso.

Muitas respostas têm surgido para explicar esse prêmio. Uma delas é que os trabalhadores não conseguem se proteger contra vários riscos, como a perda de emprego, o que tende a acontecer simultaneamente às quebras do mercado acionário. Isso significa que a compra de ações aumentaria a volatilidade de sua renda e, portanto, os investidores exigem um prêmio para serem persuadidos a adquiri-las. Outra é que as ações, especialmente nas pequenas empresas, são bem mais líquidas do que as dívidas do governo. Além disso, às vezes há quem defenda que em tempos difíceis – crises econômicas, guerras ou após euforias ilusórias – as ações têm um desempenho bem pior do que o das obrigações e, portanto, os investidores exigem retornos mais altos para compensá-los pelo risco de uma catástrofe.

É verdade, durante longos períodos, as ações se saíram melhor do que as obrigações. Mas o "prêmio" das ações é imprevisível. Procurar um prêmio consistente e divino é uma missão infrutífera.

*John Campbell e Tuomo Vuolteenaho, "Bad Beta, Good Beta", *American Economic Review*, 94, dezembro de 2004, pp. 1.249-1.275.

Fonte: Copyright © 2003 The Economist Newspaper Group, Inc. Reimpresso com permissão. A reprodução desse material é proibida. <www.economist.com>.

---

analisa as controvérsias sobre a relação risco-retorno que foram reforçadas na sequência da crise financeira de 2008. Com base nesses estudos, aparentemente está claro que o beta não revela toda a história a respeito dos riscos. Ao que parece, existem fatores de risco que afetam os retornos dos títulos que estão além da medida unidimensional do beta de suscetibilidade ao mercado. Na seção seguinte, apresentamos uma teoria de prêmio de risco que considera explicitamente vários fatores de risco.

A liquidez, um tipo diferente de fator de risco, foi ignorada durante muito tempo. Apesar de ter sido analisada pela primeira vez por Amihud e Mendelson já em 1986, ela ainda precisa de uma medida adequada e ser incorporada na gestão de carteiras. A avaliação da liquidez e do prêmio proporcional à falta de liquidez faz parte de uma área mais ampla da economia financeira, isto é, da estrutura do mercado. Hoje sabemos que os mecanismos de negociação nas bolsas de valores podem afetar a liquidez dos ativos negociados nessas bolsas e, portanto, influenciar de forma significativa seu valor de mercado.

Não obstante todos esses problemas, o beta não está morto. Outras pesquisas mostram que, quando utilizamos um substituto para a carteira de mercado mais abrangente do que o S&P 500 (especificamente um índice que inclua capital humano) e levamos em conta o fato de que o beta muda com o tempo, o desempenho do beta para explicar os retornos dos títulos aumenta consideravelmente (Jagannathan e Wang, 1996). Sabemos que o CAPM não é um modelo perfeito e que no fundo será amplamente aprimorado. Contudo, a lógica desse modelo é convincente e todos os modelos mais sofisticados de precificação de títulos dependem da distinção fundamental entre risco sistemático e risco diversificável. Portanto, o CAPM oferece uma estrutura útil para pensar com rigor sobre a relação entre risco e retorno dos títulos. Essa situação é bem parecida com a de Copérnico quando lhe foi mostrada a versão prévia à publicação de seu livro um pouco antes de ele morrer.

7.4. MODELOS MULTIFATORIAIS E O CAPM

O modelo de índice nos permite decompor a variância das ações em risco sistemático e em riscos específicos à empresa que podem ser diversificados em grandes carteiras. Como vimos, no modelo de índice o retorno sobre a carteira de mercado apresentou um resumo do impacto agregado dos fatores macro. Porém, na realidade, o risco sistemático não se deve a uma única fonte, mas se origina da incerteza de muitos fatores da economia em geral, como riscos relacionados aos ciclos econômicos, risco da taxa de juros ou de inflação, risco do preço da energia etc. É evidente que uma representação mais explícita do risco sistemático, que possibilite que as ações exibam diferentes suscetibilidades a suas várias facetas, constituiria um aprimoramento útil do modelo de fator único. Podemos supor que os modelos que levam em conta diversos fatores sistemáticos – **modelos multifatoriais** – podem oferecer caracterizações mais adequadas sobre os retornos dos títulos.

modelos multifatoriais
Modelos de retorno que postulam que os retornos dos títulos respondem a diversos fatores sistemáticos.

Utilizemos um modelo de dois fatores para exemplificar. Suponhamos que as duas fontes macroeconômicas mais importantes de risco sejam a condição do ciclo econômico refletida nos retornos de um índice amplo de mercado como o S&P 500 e mudanças imprevistas nas taxas de juros captadas pelos retornos sobre a carteira de obrigações do Tesouro. O retorno sobre qualquer ação responderá tanto a fontes de risco macro quanto a influências específicas à própria empresa. Portanto, podemos ampliar o modelo de índice único, na Equação 7.3, descrevendo a taxa de retorno em excesso das ações i em algum período t da seguinte forma:

$$R_{it} = \alpha_i + \beta_{iM} R_{Mt} + \beta_{iTB} R_{TBt} + e_{it} \quad (7.5)$$

onde β_{iTB} é a suscetibilidade do retorno em excesso das ações ao da carteira de obrigações do Tesouro e R_{TBt} é o retorno em excesso da carteira de obrigações do Tesouro no mês t.

Como a linha do mercado de títulos do CAPM é generalizada quando reconhecemos a presença de várias fontes de risco sistemático? Não surpreendentemente, um modelo de índice multifatorial dá origem a uma linha do mercado de títulos multifatorial em que o prêmio de risco é determinado pela exposição a *cada* risco sistemático e por um prêmio de risco associado com cada um desses fatores. Esse CAPM multifatorial foi apresentado originalmente por Merton (1973).

Em uma economia de dois fatores tal como na Equação 7.5, a taxa de retorno esperada sobre um título seria a soma de três termos:

1. A taxa de retorno isenta de risco.
2. A suscetibilidade do índice de mercado (isto é, o beta do mercado, β_{iM}) vezes o prêmio de risco do índice, $[E(r_M) - r_f]$.
3. A suscetibilidade ao risco da taxa de juros (isto é, o beta das obrigações do Tesouro, β_{iTB}) vezes o prêmio de risco da carteira de obrigações do Tesouro, $[E(r_{TB}) - r_f]$.

Essa afirmação é expressa matematicamente como uma linha do mercado de títulos de dois fatores para o título i:

$$E(r_i) = r_f + \beta_{iM}[E(r_M) - r_f] + \beta_{iTB}[E(r_{TB}) - r_f] \quad (7.6)$$

A Equação 7.6 é uma ampliação da linha do mercado de títulos simples. Assim que generalizamos a SML de índice único para várias fontes de risco, cada uma com seu prêmio de risco, as constatações são semelhantes.

EXEMPLO 7.8
SML de dois fatores

O beta de mercado e o beta de obrigações do Tesouro da Northeast Airlines são, respectivamente, 1,2 e 0,7. Suponhamos que o prêmio de risco do índice de mercado seja 6% e que o da carteira de obrigações do Tesouro seja 3%. Desse modo, o prêmio de risco geral sobre ações da Northeast é a soma dos prêmios de risco exigidos como compensação para cada fonte de risco sistemático.

O prêmio de risco atribuível ao risco de mercado é a exposição das ações a esse risco, 1,2, multiplicado pelo prêmio de risco correspondente, 6%, ou 1,2 × 6% = 7,2%. De modo semelhante, o prêmio de risco atribuível ao risco da taxa de juros é 0,7 × 3% = 2,1%. O prêmio de risco total é 7,2 + 2,1 = 9,3%. Portanto, se a taxa isenta de risco for 4%, o retorno esperado sobre a carteira deverá ser

4%	Taxa isenta de risco
+ 7,2	+ Prêmio de risco por exposição ao risco de mercado
+ 2,1	+ Prêmio de risco por exposição ao risco da taxa de juros
13,3%	Retorno esperado total

Mais resumidamente,

$$E(r) = 4\% + 1,2 \times 6\% + 0,7 \times 3\% = 13,3\%$$

Revisão de CONCEITOS 7.5

Suponhamos que os prêmios de risco no Exemplo 7.8 fossem $E(r_M) - r_f = 4\%$ e $E(r_{TB}) - r_f = 2\%$. Qual seria a taxa de retorno esperada de equilíbrio para a Northeast Airlines?

O modelo multifatorial sem dúvida nos oferece uma forma mais aprimorada de pensar sobre exposições ao risco e compensação para essas exposições do que o modelo de índice único ou o CAPM. Contudo, quais são os outros fatores sistemáticos relevantes?

Três metodologias foram implementadas para identificar fatores sistemáticos nos retornos dos títulos, com base em teoria, análise de regressão ou outras ferramentas estatísticas. O método fundamentado em teoria especifica prováveis fatores de risco extramercado com base em seu possível impacto sobre o consumo ao longo da vida e heranças. Em linhas gerais, essas variáveis enquadram-se em dois grupos: (1) o preço dos itens que compõem uma parte considerável da cesta de consumo ao longo da vida de vários consumidores, como saúde ou habitação, e (2) variáveis que afetam as futuras oportunidades de investimento, como as taxas de juros ou o preço dos insumos para os principais setores fabris e de serviços. Os investidores devem responder a essas fontes de risco em relação ao seu consumo futuro e às suas futuras oportunidades de investimento exibindo um excesso de demanda por títulos que possam oferecer proteção contra esses riscos. Essa demanda empurrará os preços para cima e diminuirá as taxas de retorno esperadas. Portanto, a correlação com essas fontes de risco pode induzir seu próprio prêmio de risco. As variáveis que são suficientemente importantes para afetar o preço dos títulos por meio de um prêmio de risco nesses modelos são chamadas de *fatores de risco precificados*. Portanto, a teoria prevê um modelo multi-índice em que as carteiras que acompanham cada fator de risco precificado ampliam o índice de mercado em uma versão multifatorial da SML.

Alguns fatores podem ajudar a explicar os retornos, mas mesmo assim podem não conter um prêmio de risco. Por exemplo, os títulos de empresas de um mesmo setor podem estar extremamente correlacionados. Se fôssemos aplicar uma regressão dos retornos de um desses títulos sobre os retornos do índice de mercado e de uma carteira composta pelos outros títulos do setor, esperaríamos encontrar um coeficiente significativo na carteira do setor. Porém, se esse setor representa uma pequena parte do mercado em geral, o risco do setor pode ser eliminado pela diversificação. Portanto, embora o coeficiente de um setor meça a suscetibilidade ao fator do setor, ele não representa necessariamente a exposição ao risco sistemático e não resultará em um prêmio de risco. Dizemos que esses fatores não são precificados, ou seja, não têm um prêmio de risco.

O conteúdo empírico de um modelo desse tipo depende da demanda agregada real por essas carteiras. Até o momento, esses modelos não produziram uma equação multi-índice nitidamente superior, o que indica que os investidores não estão dispostos a pagar prêmios significativos para se proteger contra esses fatores de risco extramercado.

O método que se baseia em regressão procura variáveis econômicas, ou carteiras que acompanham essas variáveis, que possam melhorar significativamente o poder explicativo da equação de índice único. Até o momento, um desses métodos, o modelo de fatores de Fama-French, tem obtido maior êxito e será analisado em seguida.

O método que se baseia em estatísticas implementa procedimentos de análise de princípio e fatorial para identificar fatores sistemáticos com base apenas no retorno histórico de um universo de títulos. Esse método identifica um conjunto de carteiras que explicam bem os retornos *dentro de determinada amostra*. Contudo, na prática, a composição dessas carteiras parece mudar rapidamente com o passar do tempo e tende a ter um desempenho ruim quando aplicada a dados fora da amostra. Por esse motivo, ele foi amplamente abandonado.

Modelo de três fatores de Fama-French

Fama e French (1996) propuseram um modelo de três fatores que se tornou uma ferramenta convencional para estudos empíricos sobre os retornos dos ativos. Eles contribuíram para as carteiras de índice de mercado formadas com base no porte e no índice de valor contábil/valor de mercado da empresa para explicar os retornos médios. Esses fatores adicionais são motivados pelas observações de que os retornos médios das ações de empresas de pequeno porte e das ações de empresas com alto índice de valor contábil do patrimônio/valor de mercado do patrimônio têm sido historicamente mais altos do que o previsto pela linha do mercado de títulos do CAPM. Essa observação indica que o porte e o índice de valor contábil/valor de mercado (B/M, de *book-to-market ratio*) podem ser *substitutos* para exposições a fontes de risco sistemático não capturadas pelo beta do CAPM e, portanto, resultar em prêmios de risco. Por exemplo, Fama e French ressaltam que as empresas com alto índice de valor contábil/valor de mercado tendem a enfrentar maiores dificuldades financeiras e que as ações de empresas de pequeno porte são mais suscetíveis a mudanças nas condições econômicas. Desse modo, essas variáveis podem detectar a suscetibilidade a fatores de risco macroeconômicos.

Embora o grupo de alto valor contábil/valor de mercado inclua várias empresas com dificuldades financeiras, o que diminui o valor de mercado relativo ao valor contábil, geralmente ele abrange empresas relativamente maduras. As empresas maduras extraem uma parcela maior de seu valor de mercado dos ativos já existentes, e não de oportunidades de crescimento. Esse grupo com frequência é chamado de *ações de valor*. Em contraposição, as empresas com baixo índice de B/M são consideradas *empresas de crescimento* cujo valor de mercado é deduzido de fluxos de caixa futuros antecipados, e não de ativos já existentes. Evidências importantes (que analisaremos no Capítulo 8) indicam que as ações de valor são negociadas por preços inferiores aos das ações de crescimento (ou, equivalentemente, que ofereceram uma taxa média de retorno mais alta); o diferencial é conhecido como *prêmio de valor*.

Embora um prêmio de valor possa ser uma compensação apropriada ao risco para uma empresa cujo alto índice de B/M indique possíveis dificuldades financeiras, poderia parecer paradoxal para empresas cujo alto índice de B/M indique amadurecimento e, portanto, fluxos de caixa futuros mais previsíveis. Isso significa que, se os demais fatores permanecerem iguais, a taxa exigida das ações de crescimento será inferior à de empresas de valor maduras. Isso é complexo. Uma explicação é que as empresas maduras com grande quantidade de capital instalado enfrentam custos de ajustamento mais altos para se adaptar a distúrbios nos mercados de produtos nos quais elas atuam.

Como podemos tornar o modelo de Fama-French (FF) operacional? Para exemplificar, seguiremos a mesma abordagem geral que aplicamos ao Google anteriormente, mas agora utilizaremos o modelo mais geral.

Coleta e processamento dos dados Para criar carteiras que acompanham os fatores de tamanho e B/M, podemos catalogar as empresas industriais pelo tamanho (capitalização de mercado ou "cap" de mercado) e pelo índice de B/M. O prêmio por tamanho é construído como a diferença de retorno entre empresas pequenas e grandes e é indicado por SMB (*small minus big* ou pequeno menos grande). De forma semelhante, o prêmio de B/M é calculado como a diferença de retorno entre empresas com um índice de B/M alto *versus* baixo e é indicado por HML (*high minus low* ou alto menos baixo).

A avaliação da diferença de retorno entre duas carteiras envolve uma interpretação econômica. O retorno SMB, por exemplo, é igual ao retorno de uma posição comprada em ações de baixa capitalização, financiadas com uma posição vendida em ações de alta capitalização. Observe que essa carteira não envolve nenhum investimento *líquido*.[11]

---

[11] Interpretar os retornos sobre as carteiras SMB e HML é um tanto quanto delicado porque ambas não têm nenhum investimento líquido e, portanto, não é possível calcular o lucro por unidade monetária investida. Por exemplo, na carteira SMB, para cada unidade monetária mantida em ações de baixa capitalização, existe uma posição vendida compensatória em ações de alta capitalização. Na verdade, o "retorno" dessa carteira é o lucro sobre a posição geral por unidade monetária investida nas empresas de baixa capitalização (ou, de forma equivalente, por unidade monetária a menos nas empresas de alta capitalização).

TABELA 7.3 Estatísticas referentes a taxas de retorno mensais (%), janeiro de 2006-dezembro de 2010

Título	Retorno em excesso*		Retorno total	
	Média	Desvio padrão	Média geométrica	Retorno cumulativo
Letras do Tesouro	0	0	0,18	11,65
Índice de mercado**	0,26	5,44	0,30	19,51
SMB	0,34	2,46	0,31	20,70
HML	0,01	2,97	−0,03	−2,06
Google	0,94	10,40	0,60	43,17

*Retorno total para SMB e HML.
**Inclui todas as ações de NYSE, Nasdaq e Amex.

As estatísticas resumidas dessas carteiras em nosso período de amostra são apresentadas na Tabela 7.3. Utilizamos um índice amplo de mercado, o retorno ponderado pelo valor de todas as ações negociadas nas bolsas de valores nacionais dos Estados Unidos (NYSE, Amex e Nasdaq), para calcular o retorno em excesso da carteira de mercado.

Os "retornos" das carteiras SMB e HML exigem interpretações cuidadosas. Tal como observado anteriormente, essas carteiras por si sós não representam carteiras de investimento, já que o investimento líquido é zero. Em vez disso, elas podem ser interpretadas como apostas paralelas sobre se um tipo de ação superará o outro (e.g., de alta capitalização *versus* de baixa capitalização para SMB).

Para aplicar a carteira de três fatores de FF ao Google, precisamos estimar o beta da ações do Google em cada fator. Para isso, generalizamos a Equação 7.3 de regressão do modelo de índice único e ajustamos uma regressão multivariada:[12]

$$r_G - rf = \alpha_G + \beta_M (r_M - r_f) + \beta_{HML} r_{HML} + \beta_{SMB} r_{SMB} + e_G \quad (7.7)$$

Considerando que os retornos sobre as carteiras por tamanho (SMB) e índice de valor contábil/valor de mercado (HML) representam o risco que não é completamente capturado pelo índice do mercado, os coeficientes beta nessas carteiras representam uma exposição a riscos sistemáticos que estão além do beta de mercado-índice.[13]

Resultados da estimativa Tanto o modelo de índice (que está utilizando alternativamente o índice S&P 500 e o índice amplo de mercado) quando o modelo de três fatores de FF estão resumidos na Tabela 7.4. O índice amplo de mercado inclui mais de 4 mil ações, ao passo que o S&P 500 apenas 500 das maiores ações dos Estados Unidos, lista na qual o Google encontrava-se em décimo quarto lugar em janeiro de 2012.[14]

Nessa amostra, o índice amplo de mercado acompanha melhor os retornos do Google do que o S&P 500 e o modelo de três fatores é uma especificação mais adequada do que o modelo de fator único. Isso se reflete nos três aspectos de uma especificação bem-sucedida: um R quadrado ajustado mais alto, um menor desvio padrão residual e um menor valor de alfa. Esse resultado revela-se usual, e isso faz um índice mais amplo de mercado ser a opção dos pesquisadores e com que o modelo de FF seja o atual modelo empírico de primeira linha de retorno dos títulos.[15]

---

[12] Esses dados estão disponíveis no *site* de Kenneth French: <mba.tuck.dartmouth.edu/pages/faculty/ken.french/data_library.html>.

[13] Quando resolvemos a Equação 7.7, subtraímos o retorno isento de risco da carteira de mercado, mas não dos retornos sobre as carteiras SMB ou HML. A taxa de retorno total sobre o índice de mercado representa compensações *tanto* para o valor do dinheiro no tempo (a taxa isenta de risco) *quanto* para o risco de investimento. Portanto, apenas o excesso de seu retorno acima da taxa isenta de risco representa um prêmio ou recompensa pelo risco assumido. Em contraposição, tal com mencionado na nota 11, as carteiras SMB ou HML são posições de investimento líquido zero. Por esse motivo, nenhuma compensação é exigida do valor no tempo, apenas do risco e, portanto, o "retorno" total pode ser interpretado como um prêmio de risco.

[14] Você pode perguntar: "Por que mudar para outro índice de mercado?". Na Tabela 7.2, estávamos preocupados com a prática usual do setor. Ao utilizar o modelo de FF, que é mais sofisticado, é importante empregar um índice mais representativo do que o S&P 500, particularmente um índice com uma representação mais ampla de empresas menores e mais jovens.

[15] O modelo FF com frequência é ampliado por um fator adicional, normalmente o *momentum*, que classifica as ações de acordo com aquelas que recentemente aumentaram ou diminuíram de preço. A liquidez também vem sendo cada vez mais utilizada como um fator adicional.

TABELA 7.4 Estatísticas de regressão para especificações alternativas:
1.A Índice único com o S&P 500 como substituto de mercado
1.B Índice único com um índice amplo de mercado (NYSE + Nasdaq + Amex)
2. Modelo de três fatores de Fama-French (amplo de mercado + SMB + HML)

	Retornos mensais de janeiro de 2006 a dezembro de 2010		
	Especificação do índice único		
Estimativa	S&P 500	Índice amplo de mercado	Especificação de três fatores de FF com um índice amplo de mercado
Coeficiente de correlação	0,59	0,61	0,70
R quadrado ajustado	0,34	0,36	0,47
Desvio padrão residual = erro padrão de regressão (%)	8,46	8,33	7,61
Alfa = Intercepto (%)	0,88 (1,09)	0,64 (1,08)	0,62 (0,99)
Beta do mercado	1,20 (0,21)	1,16 (0,20)	1,51 (0,21)
Beta de SMB (tamanho)	–	–	–0,20 (0,44)
Beta de HML (valor contábil/valor de mercado)	–	–	–1,33 (0,37)

Nota: Desvios padrão entre parênteses.

A estimativa do beta de mercado do Google é bem diferente no modelo de três fatores (1,51 *versus* 1,20 ou 1,16 em outros modelos de fator único). Além disso, esse valor de coeficiente indica uma alta ciclicidade e é significativamente superior a 1: 2,43 erros padrão acima de 1. O beta de SMB é negativo (–0,20), tal como seria de esperar de uma empresa tão grande quanto o Google, embora ele não seja significativamente diferente de zero (erro padrão = 0,44). Entretanto, o Google ainda exibe um beta de valor contábil/valor de mercado negativo e significativo (coeficiente = 1,33, erro padrão = 0,37), o que indica que suas ações continuam sendo de crescimento.

O que aprendemos com essa regressão? Embora o modelo de três fatores de FF ofereça uma caracterização mais aprimorada e precisa dos retornos dos ativos, sua aplicação exige duas outras previsões dos retornos futuros, isto é, as carteiras SMB e HML. Nesta seção, utilizamos até o momento uma taxa de 2,75% para as letras do Tesouro e de 5,5% para o prêmio de risco do mercado Se acrescentarmos a esses valores uma previsão de 2,5% para o prêmio da carteira SMB e 4% para a HML, a taxa exigida para um investimento com o mesmo risco do patrimônio do Google seria

$$E(r_G) = r_f + \beta_M[E(r_M) - r_f] + \beta_{SMB}E(r_{SMB}) + \beta_{HML}E(r_{HML})$$
$$2,75 + (1,51 \times 5,5) + (-0,20 \times 2,5) + (-1,33 \times 4) = 5,24\%$$

que é consideravelmente menor do que a taxa deduzida apenas dos fatores cíclicos (isto é, os modelos de beta único). Com base nesse exemplo, observe que, para obter as taxas de retorno esperadas, o modelo FF requer, além da previsão do retorno do índice de mercado, uma previsão dos retornos das carteiras SMB e HML, o que torna a aplicação desse modelo mais difícil. Essa questão pode ser crucial. Se essas previsões forem difíceis de determinar, o modelo de fator único talvez seja preferido ainda que não consiga explicar tão bem os retornos *passados*.[16]

Outro motivo pelo qual o modelo multi-índice é mais difícil de implementar é que atualmente seria difícil manter a carteira ótima prescrita. Até agora, não existe nenhum veículo (fundos de índice ou ETFs) para investir diretamente em SMB e HML.

Os investidores passivos teriam de investir em uma carteira adequada de ações de baixa capitalização e vender a descoberto uma carteira de ações de alta capitalização para substituir a SMB. De modo semelhante, eles teriam de comprar ações de valor e vender a descoberto ações de crescimento para substituir a HML. Essa não é uma tarefa fácil. Investir em carteiras SMB e HML seria um desafio até mesmo para os gestores profissionais. Não é de surpreender que, embora o modelo de FF (e as variantes desse modelo que contêm outros

---

[16] Esse resultado é razoavelmente comum: modelos teoricamente inferiores que utilizam um número menor de variáveis explicativas com frequência descrevem os resultados fora da amostra de uma maneira mais precisa do que os modelos que empregam variáveis explicativas. Isso se deve em parte à tendência de alguns pesquisadores de utilizar a "mineração de dados", isto é, buscar vigorosamente variáveis que ajudem a descrever uma amostra, mas que não têm nenhuma capacidade de resistência fora da amostra. Além disso, cada variável explicativa de um modelo deve ser calculada para fazer uma previsão e cada um desses cálculos acrescenta um nível de incerteza à previsão.

fatores adicionais) tenha substituído amplamente o CAPM de índice único com a finalidade de comparar o desempenho dos investimentos, o modelo de índice único ainda é predominante no setor de investimentos.

Modelos multifatoriais e a validade do CAPM

O CAPM de índice único é reprovado em testes empíricos porque sua representação empírica, o modelo de índice único, não explica adequadamente os retornos sobre inúmeros títulos. Em suma, muitos valores de alfa estatisticamente significativos (que deveriam ser zero) evidenciam-se nas regressões de índice único. Não obstante essa deficiência, ele é amplamente utilizado no setor.

Os modelos multifatoriais, como o FF, também podem ser testados pela prevalência de valores de alfa significativos. O modelo de três fatores apresenta uma melhoria substancial em relação ao modelo de índice único nesse aspecto. Mas a utilização dos modelos multi-índice tem um preço: esses modelos exigem previsões dos retornos dos fatores adicionais. Se as previsões desses fatores adicionais forem propensas a erros de previsão, esses modelos serão menos precisos do que o modelo de índice único teoricamente inferior. Contudo, os modelos multifatoriais têm um atrativo decisivo, visto que é evidente que o risco do mundo real é multifacetado.

Merton (1973) foi o primeiro a mostrar que o CAPM poderia ser ampliado para levar em conta várias fontes de risco sistemático. Seu modelo resulta em uma linha do mercado de títulos multifatorial como a da Equação 7.8, mas com fatores de risco relacionados com as fontes de risco extramercado contra as quais os investidores desejam se proteger. Sob esse ângulo, a interpretação razoavelmente correta de modelos de índice multivariados tais como o FF é que eles consistem uma aplicação do CAPM multifatorial, e não uma rejeição da lógica subjacente do modelo simples.

7.5. TEORIA DE PRECIFICAÇÃO POR ARBITRAGEM

Um dos motivos do ceticismo quanto à validade do CAPM é a natureza não realista das suposições necessárias para deduzi-lo. Os menos atraentes são os pressupostos 2.A-C, isto é, todos os investidores são idênticos em todos os sentidos, exceto em riqueza e aversão ao risco. Por isso, e também por suas constatações econômicas, a teoria de precificação por arbitragem (APT) é de suma importância. Para entender essa teoria, partiremos do conceito de *arbitragem*.

Arbitragem é o ato de explorar o erro de apreçamento de dois ou mais títulos para obter lucros isentos de risco. Recorrendo a um exemplo bastante simples, pense em um título que tem um preço diferente em dois mercados. Uma posição comprada no mercado mais barato, financiada por uma posição vendida no mercado mais caro, com certeza gerará lucro. Como os investidores adotam avidamente essa estratégia, os preços são forçados a voltar a se alinhar e as oportunidades de arbitragem desaparecem quase tão rapidamente quanto aparecem.

O primeiro a aplicar esse conceito aos retornos de equilíbrio dos títulos foi Ross (1976), que desenvolveu a **teoria de precificação por arbitragem** (*arbitrage pricing theory* – **APT**). A APT depende da observação de que os mercados de capitais que funcionam bem impedem as oportunidades de arbitragem. Uma violação das relações de precificação da APT gerará uma pressão extremamente forte para restaurá-las, mesmo que apenas alguns investidores tenham percebido seu desequilíbrio. O que Ross conseguiu foi a dedução das taxas de retorno de equilíbrio que prevaleceriam em um mercado em que os preços são alinhados para eliminar oportunidades de arbitragem. Desse modo, a APT evita os pressupostos mais objetáveis do CAPM.

arbitragem
Geração de lucros sem risco possibilitada por um erro de apreçamento relativo entre os títulos.

teoria da precificação por arbitragem (APT)
Teoria de relações entre risco e retorno deduzida de fatores de não arbitragem em grandes mercados de capitais.

Carteiras bem diversificadas e a teoria de precificação por arbitragem

Para mostrar como a APT funciona, começaremos com um mercado de índice único; a generalização para os mercados multifatoriais é fácil e direta. Portanto, a taxa de retorno em *excesso* de qualquer título, S, é $R_S = \alpha_S + \beta_S R_M + e_S$, utilizando uma referência observada M.

Suponhamos que se acredite que uma carteira, P, tenha um alfa positivo. Podemos utilizar a carteira de referência (com beta de 1) para afastar ou "eliminar" o risco sistemático de P e transformá-la em uma carteira de beta zero. Podemos ir ainda mais longe e transformar a carteira com alfa positivo e beta zero em uma posição de investimento líquido zero acrescentando uma posição apropriada no ativo isento de risco. No todo, associamos o alfa positivo P com a referência e as notas do Tesouro para criar uma carteira de beta zero sem custo, A, com alfa positivo. A Tabela 7.5 mostra como.

TABELA 7.5 Passos para transformar uma carteira bem diversificada em uma carteira de arbitragem

Peso da carteira*	No ativo	Contribuição do retorno em excesso
$w_P = 1$	Carteira P	$w_P(\alpha_P + \beta_P R_M + e_P) = \alpha_P + \beta_P R_M + e_P$
$w_M = -\beta_P$	Referência	$w_M R_M = -\beta_P R_M$
$w_f = \beta_P - 1$	Ativo isento de risco	$w_f \cdot 0 = 0$
$\Sigma w = 0$	Carteira A	$\alpha_P + e_P$

* Quando alfa é negativo, costuma-se inverter os sinais do peso de cada carteira para obter uma carteira A com alfa positivo e sem investimento líquido.

FIGURA 7.5 Linha característica do título (SCL).

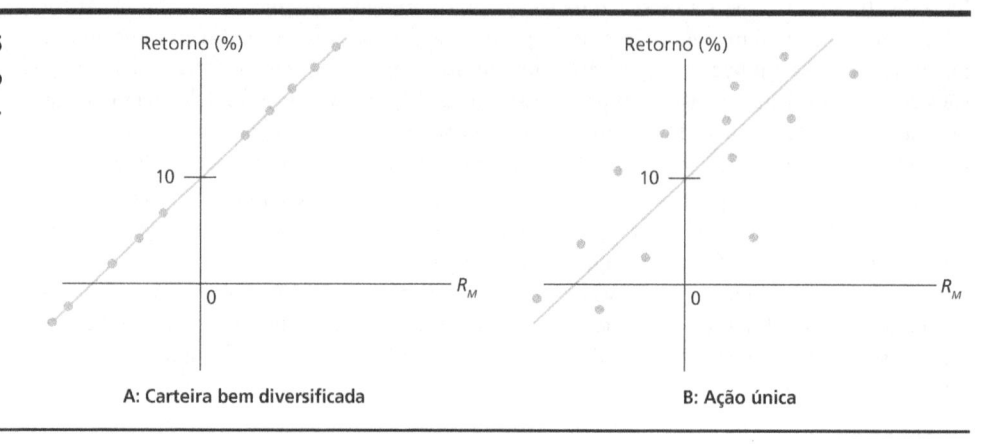

A: Carteira bem diversificada

B: Ação única

A Tabela 7.5 mostra que a carteira A com retorno em excesso $\alpha_P + e_P$ ainda é arriscada porque a variância residual, σ_e^2, é positiva. Isso mostra que uma carteira de investimento zero, beta zero e alfa positivo não é necessariamente uma oportunidade de arbitragem; a verdadeira arbitragem não envolve nenhum risco. Entretanto, se P fosse extremamente diversificada, seu risco residual seria pequeno. A carteira com risco residual insignificante é chamada de **carteira bem diversificada**. A diferença nos diagramas de dispersão de qualquer ativo em relação ao de uma carteira bem diversificada com o mesmo beta é mostrada na Figura 7.5.

carteira bem diversificada
Carteira suficientemente diversificada a ponto de o risco não sistemático ser insignificante.

carteira de arbitragem
Carteira isenta de risco com investimento líquido zero e retorno positivo.

A carteira A, quando construída com base em uma *carteira bem diversificada*, é uma **carteira de arbitragem**. Uma carteira de arbitragem é uma máquina de fazer dinheiro: pode gerar lucros isentos de risco com investimento líquido zero. Portanto, os investidores que conseguem construir uma carteira desse tipo, a ampliará o máximo que puder, financiando-a com o máximo de alavancagem e/ou o maior número de posições vendidas disponíveis.

EXEMPLO 7.9
Construindo uma carteira de arbitragem

Suponhamos que a referência, M, seja o índice amplo de mercado observado que abrange mais de 4 mil ações (NYSE + Nasdaq + Amex). Imaginemos que, em 31 de dezembro de 2005, um gestor de carteira tivesse as seguintes previsões de cinco anos com base em análises de títulos e macro:

1. A taxa isenta de risco cumulativa do giro da dívida de letras do Tesouro ao longo dos próximos cinco anos é estimada em 11,5%, uma taxa anual de 2,2%.
2. O retorno cumulativo na carteira de referência é estimado em 20%, uma taxa anual de 3,71%.
3. O S&P 500, que trataremos como carteira P, é composto por ações de alta capitalização e é considerado *supervalorizado*. A previsão do retorno cumulativo esperado é 12%, uma taxa anual de 2,29%.
4. O beta do S&P 500 em relação à referência é estimado em 0,95, o que nos leva ao seguinte cálculo do respectivo alfa: 2,29% = 2,2% + α + 0,95(3,71 − 2,2); α = −1,34% ao ano.

Como alfa é negativo, invertemos os pesos na Tabela 7.5 e fixamos $w_P = -1$, $w_M = 0,95$, $w_f = 0,05$. O alfa de A é portanto positivo: $\alpha_A = 1,34\%$.

O Exemplo 7.9 mostra como se constrói uma carteira de arbitragem utilizando uma carteira bem diversificada com preço incorreto. Mas esse exemplo nos leva a uma pergunta importante: Embora o S&P 500 seja extremamente diversificado, ele é suficientemente diversificado para transformar A em uma carteira de arbitragem isenta de risco? A Tabela 7.6 mostra o peso das dez maiores ações no S&P 500. Ainda que essas empresas representem apenas 2% das empresas no índice, elas respondem por aproximadamente 20% da capitalização de mercado e seus pesos no índice estão longe de ser insignificantes.

Em retrospectiva, podemos estimar o risco residual do S&P 500 com base em uma regressão de seus retornos mensais em relação à carteira de referência ao longo do período de previsão (1º de janeiro de 2006 a 31 de dezembro de 2010). O resultado essencial da regressão é exibido na Tabela 7.7. Observe que tanto alfa (−0,19% por mês ou −2,27% por ano) quanto beta (0,93) aproximam-se da previsão de 2005 de 2,33% e 0,95. Mais importante é o desvio padrão (anualizado) dos resíduos da regressão, chamado de *erro padrão da regressão*, que correspondeu a 2,07%. O desvio padrão residual é pequeno o suficiente para considerarmos o S&P 500 uma carteira "bem diversificada"?

Para responder a essa pergunta, reconhecemos que os investidores que consideram uma carteira de arbitragem de investimento zero devem, em todo caso, investir sua riqueza existente *em algum lugar*. Portanto, o risco da carteira alternativa dos investidores é relevante para a nossa discussão. Obviamente, o investimento de mais baixo risco seria rolar a dívida das letras do Tesouro? Uma medida do risco dessa estratégia é a incerteza de sua taxa de retorno real ao longo período de previsão.[17] A Tabela 7.8 indica que o desvio padrão anual da taxa real decorrente do giro da dívida das letras é de 0,5 a 1,5% por ano, dependendo do período da amostra.

TABELA 7.6 As dez ações de maior capitalização na carteira S&P 500 e o respectivo peso (31 de dezembro de 2009)

ExxonMobil	3,26	IBM	1,73
Microsoft	2,37	AT&T	1,67
Apple	1,91	JPMorgan Chase	1,65
Johnson & Johnson	1,79	GE	1,62
Procter & Gamble	1,78	Chevron	1,56
Total das dez maiores empresas			19,34

TABELA 7.7 Estatísticas de regressão da carteira S&P 500 sobre a carteira de referência, janeiro de 2006-dezembro de 2010

Regressão linear				
Estatísticas da regressão				
R	0,9933			
R quadrado	0,9866			
R quadrado ajustado	0,9864	**Anualizado**		
Erro padrão da regressão	0,5968	2,067		
Número total de observações	60			
S&P 500 = −0,1909 = 0,9337* Referência				
	Coeficientes	**Erro padrão**	**Estatísticas-*t***	**Nível-*p***
Intercepto	−0,1909	0,0771	−2,4752	0,0163
Referência	0,9337	0,0143	65,3434	0,0000

TABELA 7.8 Desvio padrão anual das taxas real, de inflação e nominal

Período	Taxa real	Taxa de inflação	Taxa nominal
1º/1/2006-31/12/2010	1,46	1,46	0,61
1º/1/1996-31/12/2000	0,57	0,54	0,17
1º /1/1986-12/31/1990	0,86	0,83	0,37

---

[17] Obviamente, os TIPS (títulos do Tesouro protegidos contra a inflação) de cinco anos levariam um risco de praticamente zero para a taxa real. Porém, estamos lidando aqui com gestores de carteira que reequilibram continuamente suas carteiras e precisam manter um nível considerável de liquidez. Com relação a períodos de manutenção muito curtos, os TIPS não seriam práticos para esses investidores.

Nossa pergunta então vem a ser: Qual seria o aumento marginal no risco se acrescentássemos uma carteira de arbitragem com desvio padrão de cerca de 2% por ano a uma carteira com desvio padrão de 0,5 a 1,5% por ano? Como as duas taxas não estão correlacionadas, a variância da carteira será a soma das variâncias. O desvio padrão dessa carteira completa menos o desvio padrão da carteira de letras do Tesouro é o risco *marginal* da carteira S&P 500 quando utilizada como uma carteira de arbitragem. A tabela a seguir mostra alguns exemplos de risco marginal da carteira de arbitragem, primeiro tratando as letras do Tesouro como a carteira inicial à qual a carteira de arbitragem é acrescentada (com três pressuposições para o desvio padrão de seu retorno real) e depois tratando a carteira de risco de referência como a posição inicial, com uma estimativa de desvio padrão = 20%.

Desvio padrão da taxa real na carteira Inicial	Desvio padrão da carteira Total	Risco marginal
0,5% (letras do Tesouro)	$(0{,}005^2 + 0{,}0207^2)^{1/2} = 2{,}13\%$	1,63%
1 (letras do Tesouro)	2,30	1,30
1,5 (letras do Tesouro)	2,56	1,06
20 (referência)	20,11	0,11

Na prática, não existe nenhum limiar amplamente admitido para o risco marginal aceitável de uma carteira de arbitragem. No entanto, o risco marginal nas três primeiras linhas da tabela, que é quase o mesmo do desvio padrão da taxa real sobre as letras, pode muito bem estar acima do limite apropriado. Além disso, o alfa de 2% por ano nesse exemplo nem mesmo é decisivamente significativo do ponto de vista estatístico. Com base nesse exercício, constatamos que não é fácil construir carteiras bem diversificadas e que as oportunidades de arbitragem financeira são provavelmente poucas e raras. Entretanto, quando a carteira de arbitragem é acrescentada à carteira de referência de risco, o aumento marginal no desvio padrão geral é mínimo.

Agora, estamos prontos para deduzir a APT. Nosso argumento provém do Exemplo 7.9. Os investidores, ainda que poucos, investirão grandes quantias em qualquer carteira de arbitragem que consigam identificar. Isso envolverá compras em larga escala de carteiras com alfa positivo ou vendas a descoberto em larga escala de carteiras com alfa negativo. Esses procedimentos mudarão os preços dos títulos componentes até que alfa desapareça. No final, quando os alfas de todas as carteiras bem diversificadas forem levados a zero, suas equações se tornam

$$r_P = r_f + \beta_P(r_M - r_f) + e_P \tag{7.8}$$

A utilização das expectativas da Equação 7.8 gera a familiar equação de média-beta do CAPM:

$$E(r_P) = r_f + \beta_P[E(r_M) - r_f] \tag{7.9}$$

Para carteiras como a S&P 500 que dispersam *a maior parte* do risco residual, ainda podemos esperar que as pressões de compra e venda empurrem o alfa para próximo de zero. Se os alfas das carteiras com risco residual muito pequeno forem próximos de zero, até mesmo as carteiras menos diversificadas tenderão a ter pequenos valores de alfa. Portanto, a APT indica uma hierarquia de certeza a respeito do alfa das carteiras com base no grau de diversificação.

APT e CAPM

Por que precisamos de tantos pressupostos restritivos para deduzir o CAPM quando a APT parece chegar a uma relação de retorno esperado-beta que parece ter um menor número de pressupostos e pressupostos menos objetáveis? A resposta é simples. A rigor, a APT aplica-se apenas a carteiras bem diversificadas. A ausência de arbitragem sem risco por si só não garante que, em equilíbrio, a relação de retorno esperado-beta se manterá para todos e quaisquer ativos.

Contudo, com um esforço adicional, podemos utilizar a APT para demonstrar que a relação deve se manter aproximadamente igual para ativos individuais. A essência da prova é que, se a de relação retorno esperado-beta fosse violada por muitos títulos individuais, seria quase impossível todas as carteiras bem diversificadas satisfazerem essa relação. Desse modo, a relação deve *quase* certamente ser verdadeira para títulos individuais.

Dizemos "quase" porque, de acordo com a APT, não há garantia de que todos os ativos individuais ficarão na SML. Se apenas alguns títulos violassem a SML, seu efeito nas carteiras bem diversificadas supostamente poderia ser compensado. Nesse sentido, é possível que a relação da

SML seja violada para títulos únicos. Contudo, se muitos títulos violarem a relação de retorno esperado-beta, ela não se manterá mais para carteiras bem diversificadas que contenham esses títulos e haverá oportunidades de arbitragem.

A APT cumpre várias das funções cumpridas pelo CAPM. Ela nos oferece uma referência de taxas de retorno justas que podem ser utilizadas em orçamento de capital, avaliação de títulos ou avaliação de desempenho de carteiras gerenciadas. Além disso, a APT ressalta a distinção fundamental entre risco não diversificável (risco sistemático ou de fator), que exige uma recompensa em forma de prêmio de risco, e risco diversificável, que não exige.

A conclusão é de que nenhuma dessas teorias prevalece sobre a outra. A APT é mais geral no sentido de nos ajudar a alcançar a relação de retorno esperado-beta sem exigir vários dos pressupostos não realistas do CAPM, especialmente a dependência na carteira de mercado. Isso melhora as perspectivas para testar a APT. Porém, o CAPM é mais geral no sentido de se aplicável, sem reserva, a todos os ativos. A boa notícia é que as teorias são unânimes com respeito à relação de retorno esperado-beta.

Vale a pena lembrar que, como os antigos testes da relação de retorno esperado-beta examinavam as taxas de retorno sobre carteiras altamente diversificadas, na verdade chegaram mais perto de testar a APT do que o CAPM. Portanto, parece que os interesses econométricos também favorecem a APT.

Generalização multifatorial da APT e do CAPM

Até o momento, examinamos a APT no mundo de um único fator. Na verdade, existem várias fontes de risco sistemático, como incerteza com relação ao ciclo econômico, às taxas de juros, ao preço da energia etc. Presumivelmente, a exposição a qualquer um desses fatores afetará o retorno esperado apropriado de uma ação. Podemos usar uma versão multifatorial da APT para conciliar essas várias fontes de risco.

Ampliando o modelo de fator único da Equação 7.8 para um modelo de dois fatores:

$$R_i = \alpha_i + \beta_{i1}R_{M1} + \beta_{i2}R_{M2} + e_i \qquad (7.10)$$

onde R_{M1} e R_{M2} são retornos em excesso de carteiras que representam dois fatores sistemáticos. O fator 1 poderia ser, por exemplo, mudanças não previstas na produção industrial, enquanto o fator 2 poderia representar mudanças não previstas nas taxas de juros de curto prazo. Devemos supor, mais uma vez, que existem muitos títulos à disposição com inúmeras combinações de beta. Isso significa que podemos formar **carteiras fatoriais** bem diversificadas com um beta de 1 em um fator e um beta zero em todos os demais. Portanto, uma carteira fatorial com um beta de 1 no primeiro fator terá uma taxa de retorno de R_{M1}; uma carteira fatorial com um beta de 1 no segundo fator terá uma taxa de retorno de R_{M2}; e assim por diante. As carteiras fatoriais podem servir como carteiras de referência para uma generalização multifatorial da relação da linha do mercado de títulos.

carteira fatorial
Carteira bem diversificada construída para ter um beta de 1 em um fator e beta zero em qualquer outro fator.

EXEMPLO 7.10
SML multifatorial

Suponhamos que as carteiras de dois fatores, aqui chamadas de 1 e 2, tenham os retornos esperados $E(r_1) = 10\%$ e $E(r_2) = 12\%$. Suponhamos ainda que a taxa isenta de risco seja 4%. Portanto, o prêmio de risco na primeira carteira fatorial é 6%, enquanto na segunda é 8%.

Agora, consideremos uma carteira arbitrária bem diversificada (P), com um beta no primeiro fator de $\beta_{P1} = 0{,}5$ e um beta no segundo fator de $\beta_{P2} = 0{,}75$. A APT multifatorial postula que o prêmio de risco da carteira deve ser igual à soma dos prêmios de risco exigidos como compensação para os investidores para cada fonte de risco sistemático. O prêmio de risco atribuível ao fator de risco 1 é a exposição da carteira ao fator 1, β_{P1}, vezes o prêmio de risco obtido na carteira do primeiro fator, $E(r_1) - r_f$. Portanto, a porção do prêmio de risco da carteira P que representa a compensação por sua exposição ao primeiro fator de risco é $\beta_{P1}[E(r_1) - r_f] = 0{,}5(10\% - 4\%) = 3\%$, enquanto o prêmio de risco atribuível ao fator de risco 2 é $\beta_{P2}[E(r_2) - r_f] = 0{,}75(12\% - 4\%) = 6\%$. Desse modo, o prêmio de risco total da carteira deve ser $3 + 6 = 9\%$ e o retorno total deve ser 13%.

4%	Taxa isenta de risco
+ 3%	Prêmio de risco por exposição ao fator 1
+ 6%	Prêmio de risco por exposição ao fator 2
13%	Retorno esperado total

APLICAÇÕES EXCEL: Calculando o modelo de índice

eXcel
Acesse grupoa.com.br

A planilha a seguir contém retornos mensais para uma pequena amostra de ações. Um livro de exercícios relacionado (também disponível em <www.grupoa.com.br>) contém planilhas que mostram retornos brutos, prêmios de risco e coeficientes beta para as ações do índice industrial Dow Jones. As linhas características dos títulos estão estimadas com cinco anos de retornos mensais.

	A	B	C	D	E	F
1		Taxa de retorno				
2	Mês	Ford	Honda	Toyota	S&P 500	Letras do Tesouro
3						
4	Dez. 08	–18,34	23,02	–2,95	–8,31	0,09
5	Nov. 08	–14,87	–25,44	3,71	0,97	0,02
6	Out. 08	22,83	–26,04	–17,07	–7,04	0,08
7	Set. 08	–57,88	–13,77	–11,32	–16,67	0,15
8	Ago. 08	16,59	–29,61	–4,23	–9,54	0,12
9	Jul. 08	–7,09	–4,92	4,11	1,40	0,15
10	Jun. 08	–0,21	–11,01	–8,46	–1,07	0,17

Questões Excel

1. Qual o beta da Ford, Toyota e Honda?
2. Com base na exposição de cada empresa à crise de 2008-2009, o valor da Ford comparado ao da Honda e Toyota faz sentido para você?

Suponhamos que a carteira P do Exemplo 7.10 de fato tenha um retorno em excesso esperado de 11% e, portanto, um alfa positivo de 2%. Podemos generalizar a metodologia da Tabela 7.5 para construir uma carteira de arbitragem para esse problema de dois fatores. A Tabela 7.9 mostra como. Como P é bem diversificada, e_p deve ser pequeno e o retorno em excesso da carteira de zero investimento e beta zero A é apenas $\alpha_p = 2\%$.

Aqui, também a ampla negociação por arbitradores eliminará completamente o alfa das carteiras bem diversificadas. Concluímos que, em geral, a hierarquia da APT de possíveis valores de alfa, que diminuem proporcionalmente à diversificação da carteira, aplica-se a qualquer mercado multifatorial. Na falta de informações confidenciais provenientes de análises de títulos e macro, os investidores e executivos corporativos devem utilizar a equação de SML multifatorial (com alfa zero) para determinar as taxas esperadas dos títulos e as taxas de retorno exigidas dos projetos da empresa.

7.6 Revisão de CONCEITOS

Utilizando as carteiras fatoriais do Exemplo 7.10, encontre a taxa de retorno justa de um título com $\beta_1 = 0,2$ e $\beta_2 = 1,4$.

TABELA 7.9 Construindo uma carteira de arbitragem com dois fatores sistêmicos

Peso da carteira	No ativo	Contribuição do retorno em excesso
1	Carteira P	$\alpha_p + \beta_{P1} R_1 + \beta_{P2} R_2 + e_p = 11\% + e_p$
$-\beta_{P1} = -0,5$	Carteira fatorial 1	$\beta_{P1} R_1 = -0,5 \times 6\% = -3\%$
$-\beta_{P2} = -0,75$	Carteira fatorial 2	$\beta_{P2} R_2 = -0,75 \times 8\% = -6\%$
$\beta_{P1} + \beta_{P1} - 1 = 0,25$	Ativo isento de risco	0
Total = 1	Carteira A	$\alpha_p + e_p = 2\% + e_p$

RESUMO

- No CAPM, os investidores são considerados planejadores racionais de período único que concordam com uma lista de dados comum resultante da análise de títulos e buscam carteiras ótimas de média-variância.
- O CAPM pressupõe mercados de títulos ideais no sentido de que (a) os mercados são amplos e os investidores são tomadores de preço, (b) não existem impostos nem custos de ne-

gociação, (c) todos os ativos de risco são negociados publicamente e (d) qualquer quantia pode ser tomada emprestada e emprestada por uma taxa fixa isenta de risco. Essas suposições significam que todos os investidores manterão carteiras de risco idênticas. O CAPM pressupõe que, em equilíbrio, a carteira de mercado é a única carteira de média-variância de tangência eficiente, o que indica que uma estratégia passiva é eficiente.

- A carteira de mercado é a carteira ponderada pelo valor. Cada título é mantido em uma proporção igual ao seu valor de mercado dividido pelo valor de mercado total de todos os títulos. O prêmio de risco da carteira de mercado é proporcional à sua variância, σ_M^2, e à aversão ao risco do investidor médio.
- O CAPM pressupõe que o prêmio de risco de qualquer ativo individual ou carteira é o produto do prêmio de risco da carteira de mercado e do beta do ativo. A linha do mercado de títulos mostra o retorno exigido pelos investidores como função do beta de seu investimento. O retorno esperado é a referência utilizada para avaliar o desempenho do investimento.
- Em um mercado de títulos de índice único, quando um índice é especificado, pode-se estimar um beta de título por meio de uma regressão do retorno em excesso do título sobre o retorno em excesso do índice. Essa linha de regressão é chamada de linha característica do título (SCL). O intercepto da SCL, chamado de alfa, representa o retorno em excesso médio sobre o título quando o retorno em excesso do índice é zero. O CAPM pressupõe que o alfa deve ser zero.
- O CAPM e a linha do mercado de títulos podem ser utilizados para estabelecer referências para avaliar o desempenho dos investimentos ou determinar taxas de desconto apropriadas para aplicações de orçamento de capital. Eles são também utilizados em procedimentos regulamentares com relação à taxa de retorno "justa" para setores regulamentados.
- O CAPM geralmente é implementado como um modelo de fator único em que todo risco sistemático é resumido pelo retorno em um índice amplo de mercado. Contudo, as generalizações multifatoriais do modelo básico podem ser especificadas para conciliar várias fontes de risco sistemático. Nessas extensões multifatoriais do CAPM, o prêmio de risco de qualquer título é determinado por sua suscetibilidade a cada fator de risco sistemático, assim como ao prêmio de risco associado com essa fonte de risco.
- Existem dois métodos gerais para identificar os fatores de risco sistemático além do mercado. Um deles se baseia em características e procura encontrar fatores que estão empiricamente associados com altos retornos médios e, portanto, podem substituir medidas relevantes de risco sistemático. O outro enfatiza fatores que são fontes de risco plausivelmente importantes para amplos segmentos de investidores e, desse modo, podem determinar os prêmios de risco.
- Uma oportunidade de arbitragem surge quando a disparidade entre dois ou mais preços de títulos permite que os investidores construam uma carteira de investimento que renderá um lucro certo. A existência de oportunidades de arbitragem e o volume resultante de negociações criarão uma pressão sobre o preço dos títulos que prevalecerá até o momento em que os preços atingirem níveis que impedem a arbitragem. Para que esse processo seja acionado, apenas alguns investidores precisam estar cientes das oportunidades de arbitragem, em virtude do grande volume de negociações nas quais eles se envolverão.
- Quando os preços dos títulos são determinados de tal forma que não exista nenhuma oportunidade de arbitragem, o mercado satisfaz a condição de não arbitragem. As relações de preço que satisfazem a condição de não arbitragem são importantes porque esperamos que se mantenham nos mercados do mundo real.
- As carteiras são chamadas de *bem diversificadas* quando incluem um grande número de títulos em proporções em que o risco residual ou diversificável da carteira é insignificante.
- Em um mercado de títulos de fator único, todas as carteiras bem diversificadas devem satisfazer a relação entre retorno esperado-beta a fim de satisfazer a condição de não arbitragem. Se todas as carteiras bem diversificadas satisfizerem a relação entre retorno esperado-beta, então todos, exceto um pequeno número de títulos, também deverão satisfazer essa relação.
- APT pressupõe a mesma relação entre retorno esperado-beta prevista pelo CAPM, embora não exija que todos os investidores sejam otimizadores de média-variância. O preço desse princípio geral é que a APT nem sempre garante essa relação para todos os títulos.
- Uma APT multifatorial generaliza o modelo de fator único para conciliar várias fontes de risco sistemático.

FÓRMULAS BÁSICAS

CAPM – o prêmio de risco da carteira de mercado é proporcional à aversão ao risco média e ao risco do mercado:

$$E(r_M) - r_f = \bar{A}\sigma_M^2$$

SML – retorno esperado como função do risco sistêmico:

$$E(r_i) = r_f + \beta_i[E(r_M) - r_f]$$

Modelo de índice nos retornos realizados:

$$r_{it} - r_{ft} = \alpha_i + \beta_i(r_{Mt} - r_{ft}) + e_{it}$$

Modelo de dois índices nos retornos em excesso realizados:

$$R_{it} = \alpha_i + \beta_{iM}R_{Mt} + \beta_{iTB}R_{TBt} + e_{it}$$

A SML de dois fatores (onde TB é o segundo fator):

$$E(r_i) = r_f + \beta_{iM}[E(r_M) - r_f] + \beta i_{TB}[E(r_{TB}) - r_f]$$

Modelo de três fatores de Fama-French nos retornos realizados:

$$r_i - r_f = \alpha_i + \beta_M(r_M - r_f) + \beta_{HML}r_{HML} + \beta_{SMB}r_{SMB} + e_i$$

As instruções para construir carteiras de arbitragem para mercados de fator único e de dois fatores são apresentadas nas Tabelas 7.5 e 7.9.

CONJUNTO DE PROBLEMAS

Cadastre-se no *site* do Grupo A e procure pela página deste livro para consultar os Suplementos do capítulo.

Básicos

1. Suponhamos que os investidores acreditem que o desvio padrão da carteira de índice de mercado tenha aumentado 50%. O que o CAPM deduz a respeito do efeito dessa mudança na taxa de retorno exigida sobre projetos de investimento do Google? (OA 7.1)

2. Considere a seguinte afirmação: "Se pudermos identificar uma carteira que supera a carteira do índice S&P 500, deveremos rejeitar o CAPM de índice único". Você concorda ou discorda? Explique. (OA 7.1)

3. As afirmações a seguir são verdadeiras ou falsas? Explique. (OA 7.5)
   a. As ações com beta zero oferecem uma taxa de retorno esperada de zero.
   b. O CAPM pressupõe que os investidores exigem um retorno mais alto para manter títulos extremamente voláteis.
   c. Você pode construir uma carteira de 0,75 investindo 0,75 do orçamento de investimento em letras do Tesouro e o restante na carteira de mercado.

4. Veja a seguir dados sobre duas empresas. A taxa das letras do Tesouro é 4% e o prêmio de risco de mercado é 6%.

Empresa	Loja de desconto de US$1	Tudo por US$ 5
Retorno previsto	12%	11%
Desvio padrão dos retornos	8%	10%
Beta	1,5	1

   Qual seria o retorno justo para cada empresa, de acordo com o modelo de precificação de ativos financeiros (CAPM)? (OA 7.1)

5. Indique se as empresas do problema anterior oferecem preços abaixo do normal, acima do normal ou adequados. (OA 7.2)

6. Qual será a taxa de retorno esperada para uma ação com beta de 1, se o retorno esperado no mercado for 15%? (OA 7.2)
   a. 15%.
   b. Mais de 15%.
   c. Não é possível determinar sem a taxa isenta de risco.

7. As ações da Kaskin, Inc., e da Quinn, Inc., têm beta de 1,2 e 0,6, respectivamente. Qual das seguintes afirmações é *mais* precisa? (OA 7.1)
   a. A taxa de retorno esperada das ações da Kaskin, Inc., será superior à da Quinn, Inc.
   b. O risco total das ações da Kaskin, Inc., é superior ao da Quinn, Inc.
   c. O risco sistemático das ações da Quinn, Inc., é maior do que o da Kaskin, Inc.
8. Qual das seguintes afirmações é *verdadeira*? Explique. (OA 7.1)
   a. É possível que a APT seja válida e o CAPM não seja.
   b. É possível que o CAPM seja válido e a APT não seja.

Intermediários

9. Qual deverá ser o beta de uma carteira com $E(r_p) = 20\%$, se $r_f = 5\%$ e $E(r_M) = 15\%$? (OA 7.2)
10. O preço de mercado de um título é US$ 40. Sua taxa de retorno espera é 3%. A taxa livre de risco é 7% e o prêmio de risco do mercado é 8%. Qual será o preço de mercado do título se seu beta dobrar (e todas as outras variáveis permanecerem iguais)? Suponhamos que se espera que a ação pague dividendos constantes perpetuamente. (OA 7.2)
11. Você é consultor em uma grande empresa fabril e está pensando na possibilidade de um projeto com os seguintes fluxos de caixa após os impostos (em milhões de dólares):

Anos a partir do atual	Fluxo de caixa após os impostos
0	−20
1-9	10
10	20

    O beta do projeto é 1,7. Supondo que $r_f = 9\%$ e $E(r_M) = 19\%$, qual será o valor presente líquido do projeto? Qual a estimativa mais alta possível de beta para o projeto antes de seu valor presente líquido se tornar negativo? (OA 7.2)
12. Considere a tabela a seguir, que apresenta o retorno esperado de um analista de títulos sobre duas ações, em relação a dois retornos de mercado específicos: (OA 7.2)

Retorno do mercado (%)	Ação agressiva (%)	Ação defensiva (%)
5	2	3,5
20	32	14

    a. Qual o beta das duas ações?
    b. Qual será a taxa de retorno esperada de cada ação se o retorno do mercado tiver chances iguais de ser 5% ou 20%?
    c. Se a taxa das letras do Tesouro for 8% e o retorno do mercado tiver chances iguais de ser 5% ou 20%, trace a SML referente a essa economia.
    d. Represente os dois títulos em um gráfico de SML. Qual o alfa de cada um?
    e. Que taxa de retorno mínimo deve ser utilizada pela gestão da empresa agressiva para um projeto que tenha as características de risco das ações da empresa defensiva?

Se o CAPM simples for válido, quais das situações nas Questões 13-19 a seguir são possíveis? Considere cada situação independentemente.

13.

Carteira	Retorno esperado (%)	Beta
A	20	1,4
B	25	1,2

(OA 7.1)

14.

Carteira	Retorno esperado (%)	Desvio padrão (%)
A	30	35
B	40	25

(OA 7.1)

15.

Carteira	Retorno esperado (%)	Desvio padrão (%)
Isenta de risco	10	0
Mercado	18	24
A	16	12

(OA 7.1)

16.

Carteira	Retorno esperado (%)	Desvio padrão (%)
Isenta de risco	10	0
Mercado	18	24
A	20	22

(OA 7.1)

17.

Carteira	Retorno esperado (%)	Beta
Isenta de risco	10	0
Mercado	18	1
A	16	1,5

(OA 7.1)

18.

Carteira	Retorno esperado (%)	Beta
Isenta de risco	10	0
Mercado	18	1
A	16	0,9

(OA 7.1)

19.

Carteira	Retorno esperado (%)	Desvio padrão (%)
Isenta de risco	10	0
Mercado	18	24
A	16	22

(OA 7.1)

20. Entre em <www.grupoa.com.br> e clique no *link* para o conteúdo do Capítulo 7, onde encontrará uma planilha com retornos mensais da GM, Ford e Toyota, do S&P 500 e das letras do Tesouro. (OA 7.1)

    a. Calcule o modelo de índice para cada empresa ao longo do período completo de cinco anos. Compare os betas de cada empresa.

    b. Agora, calcule o beta de cada empresa utilizando apenas os dois primeiros anos da amostra e, depois, apenas os dois últimos anos. Até que ponto as estimativas de beta obtidas desses subperíodos mais curtos são estáveis?

Nos Problemas 21 a 23 a seguir, suponha que a taxa isenta de risco seja 8% e a taxa de retorno esperada no mercado seja 18%.

21. Determinada ação está sendo vendida no momento por US$ 100. Ela pagará dividendos de US$ 9 por ação no final do ano. Seu beta é 1. A que preço os investidores esperam que a ação seja vendida no final do ano? (OA 7.2)

22. Estou comprando uma empresa com um fluxo de caixa perpétuo esperado de US$ 1.000, porém estou inseguro quanto ao risco. Se eu achar que o beta da empresa é zero, quando na verdade for 1, quanto oferecerei a *mais* pela empresa em relação ao que ela realmente vale? (OA 7.2)

23. Uma ação tem um retorno esperado de 6%. Qual é seu beta? (OA 7.2)

24. Dois consultores de investimentos estão comparando desempenho. Um obteve um retorno médio de 19% e o outro, um retorno de 16%. Porém, o beta do primeiro consultor foi 1,5, ao passo que o do outro foi 1. (OA 7.2)

    a. Você pode dizer qual dos consultores escolheu melhor as ações individuais (desconsiderando a questão das mudanças no mercado)?

    b. Se a taxa das letras do Tesouro fosse 6% e o retorno de mercado durante o período fosse 14%, qual dos consultores teria escolhido melhor as ações?

c. E se a taxa das letras do Tesouro fosse 3% e o retorno de mercado 15%?

25. Suponhamos que o rendimento dos títulos de curto prazo do governo (considerados isentos de risco) seja aproximadamente 4%. Suponhamos ainda que o retorno esperado exigido pelo mercado para uma carteira com beta de 1 seja 12%. De acordo com o modelo de precificação de ativos financeiros: (OA 7.2)

   a. Qual o retorno esperado sobre a carteira de mercado?
   b. Qual seria o retorno esperado sobre uma ação de beta zero?
   c. Suponhamos que você esteja pensando em comprar uma ação pelo preço de US$ 40. A previsão é de que a ação pagará dividendos de US$ 3 no ano seguinte, quando então poderá ser vendida por US$ 41. O risco da ação foi avaliado em $\beta = -0,5$. Essa ação está acima ou abaixo do preço?

26. Com base no rendimento atual dos dividendos e nos ganhos de capital esperados, as taxas de retorno esperadas das carteiras *A* e *B* são 11% e 14%, respectivamente. O beta de *A* é 0,8, enquanto o beta de *B* é 1,5. A taxa das letras do Tesouro atualmente é 6%, enquanto a taxa de retorno esperada do índice S&P 500 é 12%. O desvio padrão da carteira *A* é 10% ao ano, enquanto o desvio padrão de *B* é 31% e o do índice é 20%. (OA 7.2)

   a. Se atualmente você tivesse uma carteira de índice de mercado, você optaria por acrescentar qualquer uma dessas carteiras a seu investimento? Explique.
   b. Se, em vez disso, você pudesse investir *apenas* em letras e em uma dessas carteiras, qual escolheria?

27. Considere os dados a seguir para uma economia de fator único. Todas as carteiras são bem diversificadas.

Carteira	E(r) (%)	Beta
A	10	1
F	4	0

    Suponhamos que outra carteira *E* seja bem diversificada e tenha um beta de 2/3 e taxa de retorno espera de 9%. Existiria alguma oportunidade de arbitragem? Se a resposta for afirmativa, qual seria a estratégia de arbitragem? (OA 7.4)

28. Suponhamos que ambas as carteiras *A* e *B* sejam bem diversificadas, com $E(r_A) = 14\%$ e $E(r_B) = 14,8\%$. Se a economia tiver apenas um fator e $\beta_A = 1$ e $\beta_B = 1,1$, qual deverá ser a taxa isenta de risco? (OA 7.4)

29. Suponhamos que um índice de mercado represente o fator comum e todas as ações na economia tenham um beta de 1. Todos os retornos específicos à empresa têm um desvio padrão de 30%.

    Suponhamos que um analista estude 20 ações e descubra que metade tem alfa de 3% e a outra metade tem um alfa de –3%. Esse analista compra então US$ 1 milhão de uma carteira ponderada igualmente de ações com alfa positivo e vende a descoberto US$ 1 milhão de uma carteira ponderada igualmente de ações com alfa negativo. (OA 7.4)

    a. Qual o lucro esperado (em dólares) e qual o desvio padrão do lucro do analista?
    b. Em que sua resposta mudaria se o analista examinasse 50 ações em vez de 20? E 100 ações?

30. Para que a APT seja considerada uma teoria útil, o número de fatores sistemáticos na economia deve ser pequeno. Por quê? (OA 7.4)

31. A APT por si só não fornece informações sobre os fatores que se espera que possam determinar os prêmios de risco. Como os pesquisadores devem escolher quais fatores investigar? A produção industrial é um fator razoável para testar um prêmio de risco? Por que ou por que não? (OA 7.3)

32. Suponhamos que dois fatores sejam identificados com relação à economia dos Estados Unidos: a taxa de crescimento da produção industrial, PI, e a taxa de inflação, TI. Espera-se que a PI seja de 4% e a TI seja de 6%. Espera-se atualmente que uma ação com beta de 1 em PI e 0,4 em TI forneça uma taxa de retorno de 14%. Se a produção industrial na verdade crescer 5% e a taxa de inflação vier a ser de 7%, qual seria sua melhor estimativa de taxa de retorno sobre a ação? (OA 7.3)

33. Suponhamos que haja dois fatores econômicos independentes, M_1 e M_2. A taxa isenta de risco é 7% e todas as ações têm componentes específicos à empresa independentes, com um desvio padrão de 50%. As carteiras A e B são bem diversificadas.

Carteira	Beta em M_1	Beta em M_2	Retorno esperado (%)
A	1,8	2,1	40
B	2	–0,5	10

Qual a relação retorno esperado-beta nessa economia? (OA 7.5)

Difíceis

34. Como estagiária financeira na Pork Products, a função de Jennifer Wainright é propor novas ideias com relação aos custos de capital da empresa. Ela conclui que seria uma boa oportunidade testar o novo conteúdo sobre APT que ela aprendeu durante o último semestre. Desse modo, ela determina que os três fatores promissores seriam (i) o retorno sobre um índice amplo como o S&P 500; (ii) o nível de taxas de juros, representado pelo rendimento até vencimento sobre obrigações de dez anos do Tesouro; e (iii) o preço de suínos, que é particularmente importante para a empresa de Jennifer. Seu plano é encontrar o beta da Pork Products em relação a cada um desses fatores e estimar o prêmio de risco associado à exposição a cada fator. Comente a escolha de fatores de Jennifer. Quais são os mais promissores com relação ao provável impacto sobre o custo de capital da empresa? Você pode sugerir melhorias para as especificações de Jennifer? (OA 7.3)

35. Suponhamos que o mercado possa ser descrito pelas três fontes seguintes de risco sistemático. Cada fator na tabela a seguir tem um valor médio de zero (portanto, o valor dos fatores representa surpresas realizadas em relação a expectativas anteriores) e os prêmios de risco associados com cada fonte de risco sistemático são apresentados na última coluna.

Carteira fatorial	Prêmio de risco (%)
Produção industrial, PI	6
Taxas de juros, TJ	2
Risco de crédito, CRED	4

O retorno em excesso, R, sobre uma ação específica é descrito pela equação a seguir, que relaciona os retornos realizados com as surpresas nos três fatores sistemáticos:

$$R = 6\% + 1{,}0\,IP + 0{,}5\,INT + 0{,}75\,CRED + e$$

Encontre o retorno em excesso esperado equilibrado sobre essa ação utilizando a APT. Essa ação está acima ou abaixo do preço? (OA 7.3)

Questões CFA

1. Quais das afirmativas a seguir sobre a linha do mercado de títulos (SML) são *verdadeiras*? (OA 7.2)
    a. A SML oferece uma referência para avaliar o desempenho esperado do investimento.
    b. A SML leva todos os investidores a investir na mesma carteira de ativos de risco.
    c. A SML é uma representação gráfica da relação entre retorno esperado e beta.
    d. Os ativos avaliados de maneira adequada enquadram-se exatamente sobre a SML.

2. Karen Kay, gestora de carteiras da Collins Assets Management, está usando o modelo de precificação de ativos financeiros para fazer recomendações a seus clientes. Seu departamento de pesquisa gerou as informações mostradas na tabela abaixo: (OA 7.2)

	Retornos, desvios padrão e betas previstos		
	Retorno previsto (%)	Desvio padrão (%)	Beta
Ação X	14	36	0,8
Ação Y	17	25	1,5
Índice de mercado	14	15	1
Taxa isenta de risco	5		

a. Calcule o retorno esperado e o alfa de cada ação.
b. Identifique e justifique qual das ações seria mais adequada para um investidor que deseja:
    i. Acrescentar essa ação a uma carteira de ações bem diversificada.
    ii. Manter essa ação como uma carteira de ação única.

3. Joan McKay é o gestor de carteiras do departamento de fundos fiduciários de um banco. McKay se encontra com dois clientes, Kevin Murray e Lisa York, para rever seus objetivos de investimento. Ambos os clientes demonstram interesse em mudar seus objetivos. Mas atualmente ambos mantêm carteiras bem diversificadas de ativos de risco. (OA 7.1)
    a. Murray deseja aumentar o retorno esperado sobre sua carteira. Que medida McKay deve tomar para alcançar o objetivo de Murray? Justifique sua resposta no contexto da linha do mercado de capitais.
    b. York deseja reduzir a exposição ao risco de sua carteira, mas não quer se envolver em atividades de empréstimo para isso. Que medida McKay deve tomar para alcançar os objetivos de York. Justifique sua resposta no contexto da linha do mercado de títulos.

4. Jeffrey Bruner, CFA, utiliza o modelo de precificação de ativos financeiros (CAPM) para ajudá-lo a identificar títulos com preço incorreto. Um consultor sugere a Bruner que ele utilize a teoria de precificação por arbitragem (APT) em lugar do CAPM. AO comparar o CAPM e a APT, o consultor faz os seguintes argumentos:
    a. Tanto o CAPM quanto a APT exigem uma carteira de mercado eficiente de variância média.
    b. O CAPM pressupõe que um fator específico explica os retornos dos títulos, mas a APT não.

Indique se cada um dos argumentos do consultor está ou não correto. Indique, para cada argumento incorreto, por que ele está incorreto. (OA 7.5)

5. A linha do mercado de títulos retrata: (OA 7.2)
    a. O retorno esperado de um título como função de seu risco sistemático.
    b. A carteira de mercado como sendo a carteira ótima de títulos de risco.
    c. A relação entre o retorno de um título e o retorno sobre um índice.
    d. A carteira completa como uma combinação entre carteira de mercado e ativo isento de risco.

6. De acordo com o CAPM, a taxa de retorno esperada de uma carteira com beta de 1 e alfa 0 é: (OA 7.2)
    a. Entre r_M e r_f.
    b. A taxa isenta de risco, r_f.
    c. $\beta(r_M - r_f)$.
    d. O retorno esperado do mercado, r_M.

A tabela a seguir (para os Problemas CFA 7 e 8) mostra as medidas de risco e retorno de duas carteiras.

Carteira	Taxa de retorno anual média (%)	Desvio padrão (%)	Beta
R	11	10	0,5
S&P 500	14	12	1

7. Ao plotar a carteira R na tabela anterior em relação a SML, a carteira R fica: (OA 7.2)
    a. Na SML.
    b. Abaixo da SML.
    c. Acima da SML.
    d. Não há dados suficientes.

8. Ao plotar a carteira R em relação à linha do mercado de capitais, a carteira R fica: (OA 7.2)
    a. Na CML.
    b. Abaixo da SML.
    c. Acima da SML.
    d. Não há dados suficientes.

9. Explique brevemente se os investidores devem esperar um retorno superior por manter a carteira *A versus* carteira *B* sob a teoria de precificação de ativos financeiros (CAPM). Suponha que as duas carteiras são completamente diversificadas. (OA 7.2)

	Carteira A	Carteira B
Risco sistemático (beta)	1	1
Risco específico para cada título individual	Alto	Baixo

10. Suponhamos que tanto *X* quanto *Y* sejam carteiras bem diversificadas e que a taxa isenta de risco seja de 8%.

Carteira	Retorno esperado (%)	Beta
X	16	1
Y	12	0,25

Nessa situação, você poderia concluir que as carteiras *X* e *Y*: (OA 7.4)
   a. Estão em equilíbrio.
   b. Oferecem uma oportunidade de arbitragem.
   c. Estão abaixo do preço.
   d. Têm preço justo.

11. De acordo com a teoria de arbitragem: (OA 7.4)
   a. As ações com beta alto sempre estão acima do preço.
   b. As ações com beta baixo sempre estão acima do preço.
   c. As oportunidades de investimento com alfa positivo desaparecerão rapidamente.
   d. Os investidores racionais procurarão arbitragens de acordo com sua tolerância ao risco.

12. Uma carteira de investimento zero bem diversificada e com alfa positivo poderia surgir se: (OA 7.5)
   a. O retorno esperado da carteira fosse igual a zero.
   b. A linha do mercado de capitais fosse tangente ao conjunto de oportunidades.
   c. A lei de preço único não fosse violada.
   d. Existisse uma oportunidade de arbitragem isenta de risco.

13. Um investidor assume a maior posição possível quando uma relação de preço de equilíbrio é violada. Isso é um exemplo de: (OA 7.4)
   a. Argumento de predominância.
   b. Fronteira eficiente de média-variância.
   c. Atividade de arbitragem.
   d. Modelo de precificação de ativos financeiros.

14. Diferentemente do modelo de precificação de ativos financeiros, a teoria de precificação por arbitragem: (OA 7.4)
   a. Exige que os mercados estejam em equilíbrio.
   b. Utiliza prêmios de risco com base em microvariáveis.
   c. Especifica o número e identifica os fatores específicos que determinam os retornos esperados.
   d. Não exige os pressupostos restritivos concernentes à carteira de mercado.

WEB *master*

1. O beta de uma empresa pode ser estimado com base na inclinação da linha característica. O primeiro passo é plotar o retorno da ação da empresa (eixo *y*) em relação ao retorno sobre um índice amplo de mercado (eixo *x*). Em seguida, a linha de regressão é estimada para encontrar a inclinação.
   a. Entre em <finance.yahoo.com>, insira o símbolo da Alcoa e clique em *Get Quotes* (Obter Cotações). No menu à esquerda, clique em *Preços Históricos* (Preços Históricos) e, em seguida, insira as datas de início e fim que correspondem aos dois anos mais recentes. Escolha a opção *Daily* (Diariamente). Salve os dados em uma planilha.

b. Repita o processo para obter dados comparáveis para o índice S&P 500 (símbolo ^GSPC). Baixe os dados e copie-os na mesma planilha da Alcoa com os dados alinhados.

c. Ordene os dados dos mais antigos para os mais recentes. Calcule o retorno em excesso da ação e o retorno do índice para cada dia utilizando os preços de fechamento ajustados. (Você pode utilizar as taxas de quatro semanas das letras do Tesouro para calcular os retornos em excesso no *site* do Federal Reserve, em <www.federalreserve.gov/releases/h15/data.htm>.)

d. Prepare um diagrama de dispersão *xy* sem inserir nenhuma linha. Confirme se os retornos em excesso da empresa representam a variável *y* e os retornos em excesso do mercado representam a variável *x*.

e. Escolha um dos pontos de dados apontando para ele e clicando no botão esquerdo do *mouse*. Enquanto ponto estiver selecionado, clique com o botão direito para exibir um menu de atalho. Escolha *Add Trendline* (Acrescentar Linha de Tendência), escolha o tipo linear e clique na guia *Options* (Opções) e escolha *Display Equation on Chart* (Exibir Equação no Gráfico). Quando você clicar em OK, a linha de tendência e a equação aparecerão. A linha de tendência representa a equação de regressão. Qual o beta da Alcoa?

2. Na questão anterior, você utilizou 60 meses de dados para calcular o beta da Alcoa. Agora, calcule o alfa da Alcoa em dois períodos consecutivos. Estime a regressão do modelo de índice utilizar os 30 primeiros meses de dados. Agora repita o processo utilizando a segunda metade da amostra. Isso lhe oferecerá as estimativas de alfa (intercepto) e beta (inclinação) relativas a dois períodos consecutivos. Até que ponto os dois alfas se comparam com a taxa isenta de risco e entre si? Escolha 11 empresas diferentes e repita as regressões para encontrar o alfa correspondente ao primeiro período de dois anos e ao último período de dois anos.

3. Com os resultados da segunda questão, podemos investigar até que ponto o beta de um período prevê o beta de futuros períodos e se o alfa em um período prevê o alfa de futuros períodos. Faça a regressão do beta de cada empresa no segundo período (Y) em relação ao beta no primeiro período (X). (Se você tiver estimado regressões para 12 empresas na segunda questão, você terá 12 observações nessa regressão). Faça o mesmo para o alfa de cada empresa. Utilize os coeficientes que você encontrou para prever o beta das 12 empresas para o próximo período de dois anos.

4. Nossa expectativa é de que o beta do primeiro período preveja o beta do próximo, mas que o alfa do primeiro período não é capaz de prever o alfa do próximo. (Em outras palavras, o coeficiente de regressão no beta do primeiro período será estatisticamente significativo para explicar o beta do segundo período, mas o coeficiente em alfa não será.) Por que essa previsão faz sentido? Ela é respaldada por dados?

5. a. Quais das ações você classificaria como defensivas? Quais seriam classificadas como agressivas?

   b. Os coeficientes beta das empresas de beta baixo fazem sentido, tendo em vista os setores em que essas empresas atuam? Explique brevemente.

Soluções para as *Revisões de* **CONCEITOS**

7.1 A CML ainda representaria investimentos eficientes. Podemos caracterizar toda a população com dois investidores representativos. Um é o investidor "desinformado", que não faz análise de títulos e mantém a carteira de mercado, enquanto o outro aperfeiçoa ao máximo utilizando o algoritmo de Markowitz com dados da análise de títulos. O investidor desinformado não sabe qual dado o investidor informado utiliza para comprar carteiras. No entanto, o investidor desinformado sabe que, se o outro investidor for informado, as proporções da carteira de mercado serão ótimas. Portanto, afastar-se dessas proporções seria uma aposta desinformada, que, na média, reduziria a eficiência da diversificação sem apresentar nenhum aumento compensador nos retornos esperados.

7.2 Substituindo a média histórica e o desvio padrão na Equação 7.1, teremos um coeficiente de aversão ao risco de

$$\bar{A} = \frac{E(r_M) - r_f}{\sigma_M^2} = \frac{0{,}75}{0{,}20^2} = 1{,}88$$

Essa relação também nos diz que, para o desvio padrão histórico e um coeficiente de aversão ao risco de 3,5, o prêmio de risco seria

$$E(r_M) - r_f = \bar{A}\sigma_M^2 = 3,5 \times 0,20^2 = 0,14 = 14\%$$

7.3 $\beta_{Dell} = 1,25$, $\beta_{GE} = 1,15$. Portanto, em vista das proporções de investimento, o beta da carteira é

$$\beta_P = w_{Dell}\beta_{Dell} + w_{GE}\beta_{GE} = (0,75 \times 1,25) + (0,25 \times 1,15) = 1,225$$

e o prêmio de risco da carteira será

$$E(r_P) - r_f = \beta_P[E(r_M) - r_f] = 1,225 \times 8\% = 9,8\%$$

7.4 *a.* O alfa de uma ação é seu retorno em excesso esperado em relação ao exigido pelo CAPM.

$$\alpha = E(r) - \{r_f + \beta[E(r_M) - r_f]\}$$
$$\alpha_{XYZ} = 12 - [5 + 1(11 - 5)] = 1$$
$$\alpha_{ABC} = 13 - [5 + 1,5(11 - 5)] = -1\%$$

b. A taxa de retorno exigida específica ao projeto é determinada pelo beta do projeto acoplado ao prêmio de risco do mercado e à taxa isenta de risco. O CAPM nos diz que uma taxa de retorno esperada aceitável para o projeto é:

$$r_f + \beta[E(r_M) - r_f] = 8 + 1,3(16 - 8) = 18,4$$

que se torna a taxa de retorno mínimo do projeto. Se a IRR do projeto for 19%, então ele será desejável. Qualquer projeto (de beta semelhante) com uma IRR inferior a 18,4% deve ser rejeitado.

7.5 $E(r) = 4\% + 1,2 \times 4\% + 0,7 \times 2\% = 10,2\%$

7.6 Utilizando a Equação 7.11, o retorno esperado é

$$4 + (0,2 \times 6) + (1,4 \times 8) = 16,4\%$$

Hipótese de mercado eficiente

CAPÍTULO 8

Objetivos de aprendizagem:

OA8.1 Demonstrar por que as mudanças nos preços dos títulos devem ser essencialmente imprevisíveis em um mercado eficiente.

OA8.2 Citar evidências que respaldam e contradizem a hipótese de mercado eficiente.

OA8.3 Apresentar interpretações de várias "anomalias" do mercado de ações.

OA8.4 Formular estratégias de investimento que fazem sentido em mercados informacionalmente eficientes.

Uma das primeiras aplicações dos computadores na área de economia na década de 1950 foi na análise de séries temporais econômicas. Os teóricos do ciclo econômico acreditavam que traçar a evolução de diversas variáveis econômicas ao longo do tempo esclareceria e preveria o progresso da economia durante ciclos de crescimento e queda. Um candidato natural para essa análise era o comportamento dos preços do mercado acionário ao longo do tempo. Supondo que os preços das ações sejam um reflexo das perspectivas da empresa, padrões recorrentes de picos e vales no desempenho econômico deveriam se evidenciar nesses preços.

Entretanto, quando Maurice Kendall (1953) examinou essa proposição, constatou que ele poderia identificar padrões previsíveis nos preços das ações. Os preços pareciam evoluir aleatoriamente. Eles tinham a mesma probabilidade de subir e descer em qualquer dia, independentemente do desempenho passado. Os dados não ofereciam nenhum meio para prever as mudanças de preço.

A princípio, os resultados obtidos por Kendall incomodaram alguns economistas financeiros. Eles pareciam indicar que o mercado de ações é dominado por uma psicologia de mercado irregular ou um "espírito animal ou selvagem" – isto é, que ele não segue nenhuma regra lógica. Em suma, os resultados pareciam confirmar a irracionalidade do mercado. Contudo, após alguma reflexão, os economistas inverteram suas interpretações a respeito do estudo de Kendall.

Logo ficou claro que as mudanças aleatórias nos preços indicavam um mercado de bom funcionamento ou eficiente, e não um mercado irracional. Neste capítulo, examinaremos a lógica por trás do que parece ser uma conclusão surpreendente. Mostraremos como a concorrência entre os analistas resulta naturalmente em eficiência de mercado e examinaremos as implicações da hipótese de mercado eficiente para as políticas de investimento. Consideraremos também as evidências empíricas que dão respaldam e contradizem a ideia de eficiência de mercado.

8.1. PASSEIOS ALEATÓRIOS E A HIPÓTESE DE MERCADO EFICIENTE

Suponhamos que Kendall tivesse descoberto que as mudanças nos preços das ações podem ser previstas confiavelmente. Que mina de ouro isso teria sido. Se os investidores pudessem utilizar as equações de Kendall para prever os preços das ações, eles colheriam lucros infindáveis simplesmente comprando as ações que o modelo computadorizado indicasse que estavam para aumentar de preço e vendendo aquelas cujo preço estivesse para cair.

Um momento de reflexão deve bastar para convencê-lo de que essa situação não poderia persistir por muito tempo. Por exemplo, digamos que o modelo preveja, com grande confiança, que o preço das ações da empresa XYZ, hoje de US$ 100 cada, subirá acentuadamente em três dias para US$ 110. O que todos os investidores com acesso à previsão do modelo fariam no presente dia? Obviamente, eles gerariam uma grande onda de ordens de compra imediatas para tirar proveito desse iminente aumento no preço das ações. Entretanto, ninguém que tivesse ações da XYZ estaria disposto a vendê-las. O resultado final seria um salto *imediato* do preço para US$ 110. A previsão de um aumento futuro no preço provocaria, em vez disso, um aumento de preço imediato. Em outras palavras, o preço das ações refletiria imediatamente as "boas notícias" implícitas na previsão do modelo.

Esse exemplo simples mostra por que a tentativa de Kendall de encontrar padrões recorrentes nas mudanças de preço das ações era propensa a fracassar. A previsão de um desempenho *futuro* favorável provoca, ao contrário, um desempenho *atual* favorável, visto que todos os participantes do mercado tentam entrar em ação antes do salto de preço.

Em um sentido mais amplo poder-se-ia dizer que qualquer informação que possa ser utilizada para prever o desempenho das ações provavelmente já repercutiu nos preços das ações. Assim que surge qualquer informação indicando que uma ação está abaixo do preço e portanto oferece uma oportunidade de lucro, os investidores correm para comprar essa ação e imediatamente elevam sua oferta para um nível justo em que é possível esperar apenas taxas de retorno comuns. Essas "taxas comuns" são simplesmente taxas de retorno proporcionais ao risco das ações.

Porém, se as ofertas elevarem imediatamente os preços para um nível justo, dadas todas as informações disponíveis, é provável que eles aumentem ou diminuam apenas em resposta a novas informações. Por definição, as novas informações são obrigatoriamente imprevisíveis; afinal, se elas fossem previsíveis, a previsão faria parte da informação que se tem no presente. Portanto, os preços das ações que mudam em resposta a novas informações (imprevisíveis) também devem mudar imprevisivelmente.

passeio aleatório
Ideia de que as mudanças nos preços das ações são aleatórias e imprevisíveis.

Essa é a essência do argumento de que os preços das ações devem seguir um **passeio aleatório**, ou seja, que as mudanças nos preços devem ser aleatórias e imprevisíveis. Longe de ser uma prova de irracionalidade do mercado, os preços das ações seriam a consequência necessária da concorrência entre os investidores inteligentes que estão tentando descobrir informações relevantes sobre quais ações devem ser compradas ou vendidas antes que o restante do mercado tenha acesso a essas informações.

Não confunda aleatoriedade nas *mudanças* de preço com irracionalidade no *nível* dos preços. Se os preços forem determinados racionalmente, somente novas informações os farão mudar. Portanto, o passeio aleatório seria a consequência natural dos preços que sempre refletem todas as informações atuais. Aliás, se os movimentos dos preços das ações fossem previsíveis, isso seria uma evidência desfavorável de ineficiência desse mercado, pois a capacidade de prever os preços indicaria que todas as informações disponíveis ainda não repercutiram nos preços das ações. Desse modo, a ideia de que as ações já refletem todas as informações disponíveis é chamada de **hipótese de mercado eficiente** (*efficient market hypothesis* – EMH).[1]

hipótese de mercado eficiente
Hipótese de que os preços dos títulos refletem completamente as informações disponíveis sobre eles.

A Figura 8.1 mostra a reação dos preços das ações a novas informações em um mercado eficiente. O gráfico representa a resposta dos preços das ações de uma amostra de 194 empresas que foram alvo de tentativas de aquisição. Na maioria das aquisições, a empresa adquirente paga um preço consideravelmente superior ao preço de mercado atual. Portanto, a divulgação de uma tentativa de aquisição deveria fazer o preço da ação subir. A figura mostra que os preços das ações aumentam acentuadamente no dia em que a notícia se torna pública. Porém, não há nenhuma outra mudança nos preços *após* a data de divulgação, o que indica que os preços refletem a nova informação, incorporando a provável magnitude do prêmio da aquisição, até o final do dia de negociação.

Evidências ainda mais expressivas da rápida resposta a novas informações podem ser encontradas nos preços intradiários (*intraday*). Por exemplo, Patel e Wolfson (1984) mostram que a maior parte da resposta dos preços das ações à divulgação corporativa de dividendos ou

---

[1] A eficiência de mercado não deve ser confundida com a ideia de carteiras eficientes introduzida no Capítulo 6. Um *mercado* informacionalmente eficiente é um mercado em que as informações se disseminam e repercutem rapidamente nos preços. Uma *carteira* eficiente é aquela com o mais alto retorno esperado em relação a determinado nível de risco.

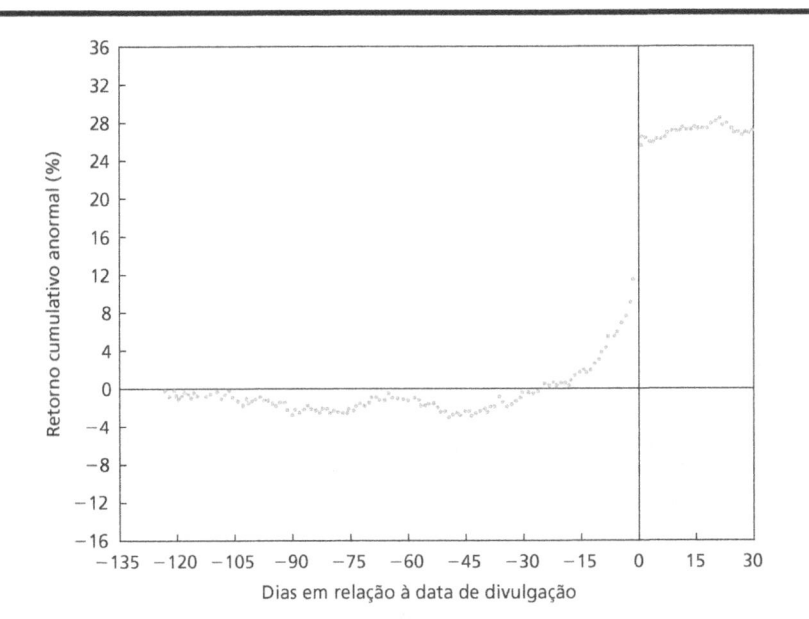

FIGURA 8.1
Retornos cumulativos anormais antes de uma tentativa de aquisição de controle: empresas-alvo.

Fonte: Arthur Keown e John Pinkerton, "Merger Announcements and Insider Trading Activity", *Journal of Finance*, 36, setembro de 1981, pp. 855-869. Informações utilizadas com permissão da John Wiley & Sons por intermédio do Centro de Autorização de Direitos Autorais. Atualizações com permissão de Jinghua Yan.

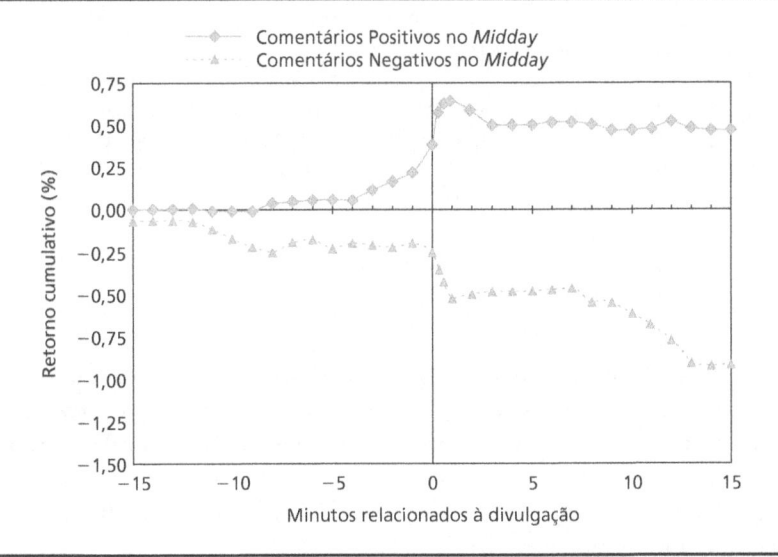

FIGURA 8.2
Reação do preço das ações a notícias do CNBC. Essa figura mostra a reação dos preços das ações a notícias ao vivo durante o programa *Midday Call* do CNBC. O gráfico mostra os retornos cumulativos que se iniciam 15 minutos antes das notícias sobre as ações.

Fonte: Reimpressa de J. A. Busse e T. C. Green, "Market Efficiency in Real Time", *Journal of Financial Economics*, 65, 2002, p. 422. Copyright 2002, com permissão da Elsevier Science.

ganhos ocorre 10 minutos após a divulgação. Um bom exemplo dessa rápida adaptação é oferecido em um estudo de Busse e Green (2002), que acompanham os preços das ações de minuto a minuto de empresas que aparecem nos programas *Morning* ou *Midday Call* do CNBC.[2] O minuto 0 na Figura 8.2 é o momento em que a ação é mencionada no programa do meio-dia. A linha superior é a mudança de preço média das ações que recebem comentários positivos, enquanto a linha inferior indica os retornos sobre as ações que recebem comentários negativos. Observe que a linha superior estabiliza-se 5 minutos após a divulgação, indicando que o mercado já digeriu totalmente as notícias. A linha inferior estabiliza-se em aproximadamente 12 minutos.

Concorrência como fonte de eficiência

Por que devemos supor que os preços das ações repercutirão "todas as informações disponíveis"? Afinal, se você está disposto a despender tempo e dinheiro coletando informações, parece cabível que poderia descobrir algo que tenha sido negligenciado pelo restante da co-

---

[2] Você pode encontrar uma versão intraday em filme dessa figura em <www.bus.emory.edu/cgreen/docs/cnbc/cnbc.html>.

munidade de investimentos. Quando o processo para descobrir e analisar informações é caro, espera-se que a análise de investimentos que exige esses gastos resulte em um maior retorno esperado.

Essa questão foi evidenciada por Grossman e Stiglitz (1980). Eles defendem que os investidores terão um incentivo para despender tempo e recursos para analisar e descobrir novas informações apenas se essa atividade for propensa a gerar retornos mais altos para os investimentos. Portanto, em uma situação de equilíbrio de mercado, a coleta eficiente de informações deve render frutos. Além disso, não seria surpresa constatar que o grau de eficiência difere entre vários mercados. Por exemplo, os mercados emergentes que são analisados menos intensamente do que os mercados dos Estados Unidos ou nos quais as exigências de divulgação contábil são menos rigorosas podem ser menos eficientes do que os mercados americanos. As ações de baixa capitalização que recebem uma cobertura relativamente pequena por parte dos analistas de Wall Street talvez sejam precificadas com menor eficiência do que as de alta capitalização. Portanto, embora não afirmemos que é absolutamente impossível encontrar novas informações, o que seria um exagero, faz sentido considerar e respeitar a concorrência.

EXEMPLO 8.1
Recompensas para o desempenho incremental

> Suponhamos que um fundo de gestão de investimentos esteja gerenciando atualmente uma carteira de US$ 5 bilhões. Digamos que o gestor do fundo conseguisse idealizar um programa de pesquisa para aumentar a taxa de retorno da carteira em um décimo de 1% por ano, um aumento aparentemente modesto. Esse programa aumentaria o retorno em dólares da carteira em US$ 5 bilhões × 0,001 ou US$ 5 milhões. Portanto, o fundo estaria disposto a gastar até US$ 5 milhões por ano em pesquisas para aumentar o retorno das ações apenas um décimo de 1% por ano. Em vista de recompensas tão grandes para aumentos tão pequenos no desempenho dos investimentos, não é de surpreender que os gestores de carteira profissionais estejam dispostos a gastar grandes somas com analistas de setor, apoio de computadores e iniciativas de pesquisa e, portanto, que as mudanças de preço sejam, de modo geral, difíceis de prever.
>
> Com tantos analistas bem respaldados e dispostos a gastar recursos consideráveis em pesquisa, os lucros fáceis serão raros no mercado. Além disso, as taxas de retorno incrementais das atividades de pesquisa podem ser tão baixas, que apenas os gestores das carteiras maiores acharão que vale a pena persegui-las.

Embora não seja totalmente verdadeiro que "todas" as informações relevantes serão descobertas, é praticamente certeza que existem muitos pesquisadores muito próximos de encontrar a maioria das pistas de oportunidade que parecem propensas a melhorar o desempenho de um investimento. A concorrência entre esses vários analistas agressivos, extremamente bem pagos e bem respaldados assegura que, em geral, os preços das ações reflitam as informações disponíveis com relação a seus próprios níveis.

Com frequência, diz-se que a *commodity* mais valiosa de Wall Street é a informação, cuja disputa é intensa. Algumas vezes, a busca por vantagem competitiva pode se transformar em uma busca por informações privilegiadas ilegais. Em 2011, Raj Rajaratnam, diretor do fundo de *hedge* Galleon Group, que uma vez chegou a gerenciar US$ 6,5 bilhões, foi condenado por uso de informações privilegiadas ao solicitar dicas de uma rede de *insiders* e investidores corporativos. O processo de Rajaratnam foi apenas um dos vários processos judiciais contra o uso de informações privilegiadas que passaram pelos tribunais em 2011. Embora as práticas do Galleon fossem graves, muitas vezes pode ser difícil traçar uma linha clara entre as fontes de informação legítimas e proibidas. Por exemplo, um amplo setor de empresas de *rede de especialistas* surgiu na última década para conectar os investidores (em troca de uma taxa) com especialistas do setor que podem oferecer perspectivas exclusivas sobre uma empresa. Tal como o quadro logo a seguir analisa, esse tipo de esquema pode facilmente transpor essa linha e tornar-se uso de informações privilegiadas.

Versões da hipótese de mercado eficiente

É comum fazer a distinção entre três versões da EMH: fraca, semiforte e forte da hipótese. Todas diferem de acordo com suas ideias em relação ao significado de "todas as informações disponíveis".

Na frente de batalha do **MERCADO**

CASAMENTEIROS DA ERA DA INFORMAÇÃO

A *commodity* mais valiosa de Wall Street é a informação, e os agentes bem informados podem cobrar um valor considerável para fornecê-la. Um setor conhecido como *provedores de rede de especialistas* surgiu para vender acesso a especialistas com visões exclusivas sobre uma variedade de empresas e setores aos investidores que precisam dessas informações para tomar decisões. Essas empresas foram apelidadas de "casamenteiros da era da informação". Os especialistas podem ser desde médicos que ajudam a prever o lançamento de medicamentos de grande sucesso a meteorologistas que preveem condições climáticas que podem afetar o preço das *commodities* e altos executivos que podem oferecer observações especializadas sobre empresas e setores.

Contudo, ao que se revelou, alguns desses especialistas propagaram informações privilegiadas consideradas ilegais. Em 2011, Winifred Jiau, consultor da Primary Global Research, foi acusado de vender informações sobre a Nvidia e Marvell Technologies ao fundo de *hedge* SAC Capital Advisors. Vários outros funcionários da Primary Global também foram acusados de uso de informações privilegiadas.

As empresas de especialistas devem fornecer apenas informações públicas, bem como as percepções e visões dos especialistas. Mas a tentação de contratar especialistas com informações privilegiadas e cobrar um valor generoso para oferecer acesso a eles é óbvia. A SEC demonstrou-se preocupada com o limite entre os serviços legítimos e ilegais e em 2011, após as batidas em busca de evidências dessa atividade ilícita, vários fundos de *hedge* fecharam as portas.

Em consequência desse maior escrutínio, iniciativas de conformidade por parte dos comparadores e vendedores de informações especializadas surgiram rapidamente. A maior empresa de rede de especialistas é o Gerson Lehrman Group, que congrega 300 mil especialistas. Atualmente, o Lehrman mantém registros atualizados e detalhados sobre o que e com quem seus especialistas conversam, bem como sobre os assuntos discutidos.[3] Esses registros podem ser passados para as autoridades no caso de uma investigação sobre uso de informações privilegiadas. E os fundos de *hedge*, por sua vez, simplesmente pararam de trabalhar com empresas de rede de especialistas ou então estabeleceram regras mais claras sobre quando seus funcionários podem conversar com consultores.

Entretanto, mesmo com essas salvaguardas, ainda há lugar para problemas. Por exemplo, um investidor pode entrar em contato com um especialista por meio de uma rede legítima e depois ambos podem estabelecer uma relação de consultoria por conta própria. A mediação legal passa a ser precursora da venda ilegal de dicas privilegiadas. Quando existe o desejo de trapacear, normalmente haverá um meio para isso.

A **EMH fraca** declara que os preços das ações já refletem todas as informações que podem ser deduzidas de uma análise dos dados de negociação do mercado, como histórico de preços passados, volume de negociações ou número de ações vendidas a descoberto. Essa versão da hipótese indica que a análise de tendências é inútil. Os dados passados sobre os preços das ações podem ser acessados publicamente e não custam praticamente nada. A forma fraca dessa hipótese defende que, se alguma vez esses dados tivessem transmitido sinais confiáveis sobre desempenho futuro, todos os investidores há muito tempo já teriam aprendido a explorar esses sinais. No final, os sinais perdem seu valor assim que se tornam amplamente conhecidos, porque um sinal de compra, por exemplo, provocaria um aumento imediato nos preços.

EMH fraca
Declaração de que os preços das ações já refletem todas as informações contidas no histórico das negociações passadas.

A **EMH semiforte** defende que todas as informações publicamente disponíveis com relação às perspectivas de uma empresa já devem estar refletidas no preço das ações. Essas informações incluem, além de preços passados, dados fundamentais sobre a linha de produtos da empresa, qualidade da administração, composição do balanço patrimonial, patentes existentes, previsões de rendimento e práticas contábeis. Repetindo, se qualquer investidor tivesse acesso a essas informações em fontes publicamente disponíveis, supostamente elas estariam refletidas nos preços das ações.

EMH semiforte
Declaração de que os preços das ações já refletem todas as informações publicamente disponíveis.

Por último, a **EMH forte** defende que os preços das ações refletem todas as informações relevantes à empresa, inclusive as informações disponibilizadas apenas àqueles para os que atuam dentro da empresa. Essa versão da hipótese é bastante radical. Poucos contestariam a afirmação de que os altos executivos corporativos têm acesso a informações pertinentes bem antes de sua divulgação pública para que possam tirar proveito dessa informação. Aliás, grande parte das atividades da Comissão de Valores Mobiliários (Securities and Exchange Commission – SEC) destina-se a impedir que os indivíduos com informações privilegiadas tirem proveito de sua situação privilegiada. A Regra 10b-5 da Lei de Valores Mobiliários de 1934 restringe as negociações feitas por altos executivos corporativos, diretores e proprietários majoritários, exigindo que eles divulguem suas negociações para a SEC. Esses *insiders* e qualquer pessoa que negocie informações fornecidas por *insiders* são considerados transgressores da lei.

EMH forte
Declaração de que os preços das ações já refletem todas as informações relevantes, inclusive informações privilegiadas.

No entanto, nem sempre é fácil definir o que é negociação com informações privilegiadas. Afinal, a atividade dos analistas do mercado acionário é descobrir informações que ainda não

---

[3] "Expert Networks Are the Matchmakers for the Information Age", *The Economist*, 16 de junho de 2011.

são amplamente conhecidas pelos participantes do mercado. Como pode ser visto no Capítulo 3 (disponível no *site* <www.grupoa.com.br>), a distinção entre informações confidenciais e privilegiadas algumas vezes é confusa.

Observe um fator que todas as versões da EMH têm em comum: todas postulam que os preços devem refletir as informações *disponíveis*. Não esperamos que os negociadores sejam sobre-humanos nem que os preços de mercado nunca se relevem incorretos. Sempre vamos querer mais informações sobre as perspectivas da empresa do que as que estão disponíveis. Às vezes, *a posteriori*, os preços de mercado podem se revelar exorbitantemente altos; outras vezes, absurdamente baixos. A EMH defende apenas que, no momento presente, utilizando as informações prevalecentes, não podemos ter certeza de que *a posteriori* os preços do dia se demonstrarão muito altos ou muito baixos. Entretanto, se os mercados forem racionais, podemos supor que estamos corretos em média.

8.1 *Revisão de* **CONCEITOS**

a. Suponhamos que você observe que os altos executivos de uma empresa estão obtendo retornos superiores sobre os investimentos em ações da própria empresa. Isso seria uma violação da forma fraca de eficiência de mercado? Seria uma violação da forma forte de eficiência de mercado?

b. Se a forma fraca da hipótese de mercado eficiente for válida, a forma forte também deve ser válida? Em contraposição, a forma forte de eficiência envolve a forma fraca de eficiência?

8.2. IMPLICAÇÕES DA EMH

Análise técnica

análise técnica
Pesquisa sobre padrões recorrentes e previsíveis nos preços das ações e sobre substitutos de pressão de compra ou venda no mercado.

A **análise técnica** é basicamente a busca de padrões recorrentes e previsíveis nos preços das ações. Embora os técnicos reconheçam a importância das informações referentes às perspectivas econômicas futuras da empresa, eles acreditam que essas informações não são necessárias para que uma estratégia de negociação seja bem-sucedida. Isso ocorre porque, independentemente do motivo fundamental para uma mudança no preço das ações, se esse preço reagir pelo menos lentamente, o analista poderá identificar uma tendência que pode ser explorada durante o período de ajuste. O segredo para uma boa análise técnica é a reação morosa dos preços das ações a fatores fundamentais de oferta e demanda. É óbvio que esse requisito é diametralmente oposto à ideia de mercado eficiente.

Os analistas técnicos às vezes são chamados de *analistas de bolsa de valores* porque eles estudam registros ou tabelas de preços anteriores das ações com a expectativa de encontrar padrões que eles possam explorar para obter lucro. A título de exemplo de análise técnica, considere a abordagem de *força relativa*. O analista compara o desempenho das ações de um período recente com o desempenho do mercado ou de outras ações no mesmo setor. Uma versão simples de força relativa utiliza o índice de preço da ação/indicador de mercado – por exemplo, o índice S&P 500. Se esse índice aumentar com o passar do tempo, diz-se que a ação demonstra força relativa porque o desempenho do preço é melhor do que o do mercado em geral. Presumivelmente, essa força pode continuar durante um período suficientemente longo para oferecer oportunidades de lucro.

nível de resistência
Nível de preço acima do qual supostamente é improvável que uma ação ou um índice de ações suba.

nível de suporte
Nível de preço abaixo do qual supostamente é improvável que uma ação ou um índice de ações caia.

Um dos componentes mais conhecidos da análise técnica é o conceito de **níveis de resistência** ou **níveis de suporte**. Esses valores são considerados níveis de preço acima dos quais é difícil os preços das ações subirem ou abaixo dos quais é improvável que eles caiam. Além disso, acredita-se que eles sejam determinados pela psicologia do mercado.

EXEMPLO 8.2
Níveis de resistência

> Considere as ações XYZ, que são negociadas durante vários meses pelo preço de US$ 72, que em seguida cai para US$ 65. Se o preço dessas ações com o tempo começar a subir, US$ 72 é considerado o nível de resistência (de acordo com essa teoria) porque os investidores que originalmente compraram por US$ 72 ficarão ansiosos por vender as ações tão logo consigam compensar seus investimentos. Portanto, no caso de preços próximos de US$ 72, haveria uma onda de pressão pela venda. Essa atividade transmite um tipo de "memória" para o mercado que possibilita que o histórico dos preços influencie as perspectivas atuais das ações.

A hipótese de mercado eficiente prevê que a análise técnica não tem valor. O histórico passado dos preços e do volume de negociações é disponibilizado publicamente e tem um custo mínimo. Desse modo, qualquer informação proveniente da análise de preços passados que algum dia tenha sido disponibilizada já repercutiu nos preços das ações. Visto que os investidores concorrem entre si para explorar o conhecimento que eles têm em comum sobre o histórico de preço das ações, eles necessariamente elevam o preço das ações para um nível em que a taxa de retorno esperada é exatamente proporcional ao risco. Nesses níveis, não é possível esperar retornos anormais.

Para ver como esse processo funciona, pense no que ocorreria se o mercado acreditasse que US$ 72 fosse realmente um nível de resistência para as ações XYZ no Exemplo 8.2. Ninguém estaria disposto a comprar a ação pelo preço de US$ 71,50, porque não haveria praticamente nenhuma margem para um aumento de preço, mas haveria margem para uma queda. Contudo, se alguém a comprasse por US$ 71,50, esse valor se tornaria o nível de resistência. Porém, em seguida, utilizando uma análise semelhante, ninguém a compraria por US$ 71 ou US$ 70, e assim por diante. A ideia de nível de resistência é uma charada lógica. Sua resolução básica ocorre pelo reconhecimento de que, para que a ação algum dia seja vendida por US$ 71,50, os investidores *devem* acreditar que o preço pode aumentar ou diminuir com a mesma facilidade. O fato de os investidores estarem dispostos a comprar (ou até a manter) a ação por US$ 71,50 é uma evidência de que eles acreditam que podem obter uma taxa de retorno justa por esse preço.

Revisão de
CONCEITOS 8.2

Se no mercado todos acreditam em níveis de resistência, por que essa crença não se torna uma profecia autorrealizável?

Uma questão interessante é se a regra técnica que parece funcionar continuará funcionando no futuro assim que se tornar amplamente reconhecida. Um analista inteligente pode ocasionalmente descobrir uma regra de negociação lucrativa, mas o teste real de mercado eficiente é se a regra em si se refletirá nos preços das ações assim que seu valor for descoberto. Assim que uma regra técnica (ou padrão de preço) útil é descoberta, ela deve ser invalidada quando a maioria dos negociadores tentar explorá-la. Nesse sentido, os padrões de preço devem ser *autodestrutivos*.

Desse modo, a dinâmica do mercado é uma busca contínua por regras de negociação lucrativas, seguida pela destruição das regras que foram utilizadas excessivamente, seguida por uma busca maior por regras ainda não reveladas. Voltamos ao racioncínio da análise técnica e também a alguns de seus métodos no capítulo subsequente.

Análise fundamentalista

A **análise fundamentalista** utiliza as perspectivas de ganhos e dividendos da empresa, as expectativas quanto a taxas de juros futuras e a avaliação de risco da empresa para determinar os preços apropriados das ações. Basicamente, ela representa uma tentativa de determinação do valor presente de desconto de todos os pagamentos que um acionista receberá de cada ação da empresa. Se esse valor ultrapassar o preço da ação, o analista fundamentalista recomendará a compra da ação.

Os analistas fundamentalistas normalmente partem de um estudo dos ganhos passados e de uma análise das demonstrações financeiras da empresa. Eles complementam essa análise com uma análise econômica mais detalhada e em geral incluem uma avaliação da qualidade da administração da empresa, da posição da empresa no setor e das perspectivas do setor como um todo. A esperança é obter uma percepção futura da empresa que ainda não é reconhecida pelo restante do mercado. Os Capítulos 12 a 14 apresentam uma discussão detalhada sobre os tipos de análise subjacentes à análise fundamentalista.

Uma vez mais, a hipótese de mercado eficiente prevê que *a maior parte* da análise fundamentalista também está fadada ao fracasso. Se o analista basear-se em informações sobre ganhos e setor disponíveis publicamente, sua avaliação a respeito das perspectivas da empresa não tenderá a ser significativamente mais precisa do que a dos analistas concorrentes. Existem muitas empresas bem informadas e bem financiadas que estão realizando esse tipo de pesquisa de mercado. Portanto, diante dessa concorrência, será difícil descobrir dados que já não estejam disponíveis para outros analistas. Apenas os analistas com uma percepção especial serão recompensados.

A análise fundamentalista é um processo muito mais complexo do que a mera identificação de empresas bem administradas e com boas perspectivas. A descoberta de boas empresas por si só não ajuda o analista, se o restante do mercado também souber que essas empresas são boas. Se a informação já for pública, o investidor será forçado a pagar um preço alto por essas empresas e não obterá uma taxa de retorno superior.

análise fundamentalista
Pesquisa sobre determinantes do valor das ações, como perspectivas de ganhos e dividendos, expectativas quanto às taxas de juros futuras e risco da empresa.

O truque não é identificar empresas boas, mas descobrir empresas que são *melhores* do que todos os demais estão estimando que elas sejam. Da mesma forma, as empresas mal administradas podem ser um excelente negócio se eles não forem tão ruins quanto os preços das ações levam a crer.

É por isso que a análise fundamentalista é tão difícil. Não basta fazer uma boa análise de uma empresa; você só conseguirá obter lucro se sua análise for melhor do que a de seu concorrente, pois o preço de mercado já refletirá todas as informações amplamente disponíveis.

Gestão de carteira ativa *versus* passiva

A esta altura já deve estar claro que as iniciativas ocasionais para escolher ações provavelmente não surtirão feito. A concorrência entre os investidores garante que qualquer técnica de avaliação de ações facilmente implementada seja utilizada de maneira ampla o suficiente para que as constatações resultantes repercutam nos preços das ações. Somente as análises sérias e as técnicas incomuns tenderão a criar a percepção *diferencial* necessária para gerar lucros de negociação.

Além disso, essas técnicas são economicamente viáveis apenas para os gestores de carteiras grandes. Se você tem apenas US$ 100 mil para investir, até mesmo uma melhoria de 1% ao ano no desempenho gera apenas US$ 1.000 por ano, o que dificilmente justifica esforços tão grandes. Entretanto, um gestor de US$1 bilhão colherá uma renda extra de US$ 10 milhões por ano com o mesmo incremento de 1%.

Se os pequenos investidores não estiverem em uma posição favorável para conduzir uma gestão ativa de carteiras, quais serão suas opções? O pequeno investidor provavelmente estará em melhor situação se investir em fundos mútuos. Agrupando recursos dessa maneira, os pequenos investidores podem obter ganhos de economia de escala.

Porém, há também decisões mais difíceis. Será que os investidores podem ter certeza de que mesmo os fundos mútuos grandes terão habilidade ou recursos para descobrir ações com preço incorreto? E mais: será que qualquer erro de apreçamento será suficientemente grande para compensar os custos vinculados à gestão ativa de carteiras?

Os proponentes da hipótese de mercado eficiente acreditam que a gestão ativa é em grande medida um desperdício de esforço e que provavelmente não justificará as despesas incorridas. Portanto, eles defendem uma **estratégia de investimento passiva** que não tenta de forma alguma superar o mercado. O objetivo de uma estratégia passiva é apenas estabelecer uma carteira de títulos bem diversificada sem tentar encontrar ações abaixo ou acima do preço. Normalmente, a gestão passiva é caracterizada pela estratégia de comprar e manter. Como a teoria de mercado eficiente indica que os preços das ações estão em níveis justos, em vista de todas as informações disponíveis, não faz sentido comprar e vender títulos com frequência, já que isso gera altas taxas de corretagem e não aumenta o desempenho esperado.

estratégia de investimento passiva
Compra de uma carteira bem diversificada sem tentar encontrar títulos com preço incorreto.

fundo de índice
Fundo mútuo que mantém ações proporcionalmente à sua representação em um índice de mercado como o S&P 500.

Uma estratégia comum de gestão passiva é criar um **fundo de índice**, que é criado para reproduzir o desempenho de um índice amplo de ações. Por exemplo, o Vanguard 500 Index Fund mantém ações diretamente proporcionais ao seu peso no índice de preço de ações Standard & Poor's 500. Portanto, o desempenho do Vanguard 500 Index Fund reproduz o desempenho do S&P 500. Os investidores desse fundo obtêm uma ampla diversificação com taxas de gestão relativamente baixas. As taxas podem ser mantidas em um nível mínimo porque o Vanguard não precisa pagar analistas para avaliar perspectivas e não incorre nos custos de negociação decorrentes da alta rotatividade da carteira. Aliás, embora o índice de despesas anuais de um fundo de ações gerenciado ativamente gire em torno de 1% dos ativos, o índice de despesas do Vanguard 500 Index Fund é de somente 0,17%. Hoje, o Vanguard 500 Index Fund encontra-se entre os maiores fundos mútuos de ações, com mais de US$ 100 bilhões de ativos em meados de 2011. No final de 2011, em torno de 15% dos ativos nos fundos mútuos de ações eram indexados.

Entretanto, a indexação não precisa se restringir ao S&P 500. Por exemplo, alguns dos fundos oferecidos pelo Vanguard Group acompanham o índice Wilshire 5.000, o índice Barclays de obrigações agregadas ao capital dos Estados Unidos, o índice MSCI de empresas americanas de baixa capitalização, o mercado de ações europeu e o mercado de ações da Orla do Pacífico. Vários outros complexos de fundos mútuos oferecem carteiras indexadas, mas o Vanguard predomina no mercado de varejo de produtos indexados.

Os fundos negociados em bolsa (*exchange-traded funds* – ETFs) são uma alternativa semelhante (e normalmente mais barata) aos fundos mútuos indexados. Como mencionado no Capítulo 4 (disponível no *site* <www.grupoa.com.br>), ações em carteiras diversificadas que podem ser compradas ou vendidas exatamente como as ações de uma única empresa. Existem ETFs que correspondem a índices amplos de mercado como o S&P 500 e o Wilshire 5.000 e a dezenas de índices de ações internacionais e do setor para os investidores que desejam manter um setor diversificado de um mercado sem empreender uma escolha ativa de títulos.

O que aconteceria com a eficiência de mercado se todos os investidores tentassem adotar uma estratégia passiva?

Revisão de **CONCEITOS** **8.3**

O papel da gestão de carteiras em um mercado eficiente

Se o mercado é eficiente, por que atirar dardos no *The Wall Street Journal* em vez de tentar escolher racionalmente uma carteira de ações? Essa é uma conclusão tentadora que se pode extrair da ideia de que os preços dos títulos são estabelecidos justamente, mas ela é exageradamente simples. A gestão racional de carteiras tem uma função, mesmo em mercados perfeitamente eficientes.

Você aprendeu que um princípio básico da escolha de carteira é a diversificação. Mesmo que todas as ações tenham um preço justo, cada uma continua apresentando um risco específico à empresa que pode ser eliminado por meio da diversificação. Portanto, a escolha racional de títulos, mesmo em um mercado eficiente, requer a escolha de uma carteira bem diversificada que ofereça o nível de risco sistemático que o investidor deseja.

A política de investimento racional também requer as considerações sobre impostos se reflitam na escolha de títulos. Os investidores cuja alíquota de imposto é alta geralmente não desejam os mesmos títulos que os investidores com baixa alíquota de imposto consideram favoráveis. Em qualquer nível óbvio, os investidores que pagam alíquota de imposto alta acham vantajoso comprar obrigações municipais isentas de impostos, não obstante seus rendimentos relativamente baixos antes dos impostos, ao passo que essas mesmas obrigações não são atraentes para os investidores cuja alíquota é baixa. Em um nível mais sutil, os investidores cuja alíquota é alta podem querer direcionar suas carteiras para ter ganhos de capital em vez de renda de juros, porque os ganhos de capital são menos tributados e a opção de protelar a realização de renda de ganhos de capital será mais valiosa quanto mais alta for a alíquota de imposto do investidor. Por esse motivo, os investidores podem preferir ações que rendam poucos dividendos, mas que ofereçam uma renda esperada maior de ganhos de capital. Os investidores também se sentirão mais atraídos por oportunidades de investimento em que os retornos são sensíveis a benefícios tributários, como os empreendimentos imobiliários.

Um terceiro argumento para a gestão racional de carteiras está relacionado ao perfil de risco específico do investidor. Por exemplo, um executivo da Toyota cujo bônus anual depende dos lucros da Toyota em geral não deve investir quantias adicionais em ações automobilísticas. Visto que sua remuneração já depende do bem-estar da Toyota, esse executivo já está superinvestindo na Toyota e não deve exacerbar a falta de diversificação. Essa lição foi aprendida a duras penas em setembro de 2008 pelos funcionários do Lehman Brothers que haviam investido notoriamente na empresa quando ela faliu. Aproximadamente 30% das ações da empresa pertenciam aos seus 24 mil funcionários e suas perdas nessas ações giraram em torno de US$ 10 bilhões.

Investidores de diferentes faixas etárias também podem exigir políticas de carteira diferentes com relação ao risco assumido. Por exemplo, os investidores mais velhos que estão vivendo essencialmente de suas economias podem evitar obrigações de longo prazo cujos valores de mercado flutuem sensivelmente com possíveis mudanças nas taxas de juros (assunto discutido na Parte Quatro). Como esses investidores estão vivendo de economias acumuladas, eles exigem a preservação do principal. Em contraposição, os investidores mais jovens podem estar mais inclinados a adotar obrigações de longo prazo indexadas pela inflação. O fluxo constante de renda real no decorrer de longos períodos que está vinculado a essas obrigações pode ser mais importante do que a preservação do principal para aqueles com longa expectativa de vida.

Concluindo, existe uma função para a gestão de carteiras mesmo em um mercado eficiente. As posições ótimas dos investidores variarão de acordo com fatores como idade, alíquota de imposto de renda, aversão ao risco e emprego. A função do gestor de carteira em um mercado eficiente é adaptar a carteira a essas necessidades, e não superar o mercado.

Alocação de recursos

Até agora nos concentramos nas implicações da hipótese de mercado eficiente sobre os investimentos. Os desvios de eficiência podem oferecer oportunidades para negociadores mais bem informados à custa dos menos informados.

No entanto, os desvios de eficiência informacional também geram um custo alto que deverá ser arcado por todos os cidadãos, isto é, a alocação ineficiente de recursos. Lembre-se de que, em uma economia capitalista, os investimentos em ativos *reais*, como fábricas, equipamentos e conhecimento, são influenciados, em grande parte, pelos preços dos ativos financeiros. Por exemplo, se o valor da capacidade das telecomunicações refletido nos preços do mercado acionário superar o custo de instalação dessa capacidade, os gestores podem concluir com justificavelmente que os investimentos em telecomunicações parecem ter um valor presente líquido positivo. Dessa maneira, os preços do mercado de capitais orientam a alocação de recursos reais.

Se os mercados fossem ineficientes e em geral os títulos fossem apreçados de maneira incorreta, os recursos seriam mal alocados sistematicamente. As empresas com títulos acima do valor conseguiriam obter capital por um custo extremamente baixo e aquelas com títulos abaixo do valor poderiam recusar oportunidades de investimento porque o custo para levantar capital seria muito alto. Portanto, os mercados de capitais ineficientes eliminariam um dos benefícios mais importantes de uma economia de mercado. Para exemplificar o que pode dar errado, considere a bolha das ponto-com no final da década de 1990, que enviou sinais convincentes, mas, como se constatou depois, exageradamente otimistas sobre as perspectivas das empresas de internet e de telecomunicações e acabou provocando excesso de investimento nesses setores.

Entretanto, antes de rejeitar os mercados como meio para orientar a alocação de recursos, é necessário ser sensato com relação ao que se pode esperar das previsões de mercado. Mais especificamente, não devemos confundir mercado eficiente, no qual todas as informações disponíveis repercutem nos preços, com mercado com previsão perfeita. Mesmo no caso de "todas as informações disponíveis", ainda assim elas estão longe de ser completas e algumas vezes as previsões de mercado racionais estarão incorretas; na verdade, algumas vezes elas se revelarão muito incorretas.

8.3. OS MERCADOS SÃO EFICIENTES?

As questões

Como era de esperar, a hipótese de mercado eficiente na verdade não gerou entusiasmo na comunidade de gestores de carteira profissionais. Ela sugere que boa parte das atividades dos gestores de carteira – a procura por títulos com preço incorreto – é, na melhor das hipóteses, um esforço inútil e, possivelmente, prejudicial aos clientes, pois custa dinheiro e gera carteiras mal diversificadas. Por esse motivo, a EMH nunca foi amplamente aceita em Wall Street e o debate sobre até que ponto a análise de títulos pode melhorar o desempenho de investimentos continua. Antes de examinar os testes empíricos dessa hipótese, queremos observar três fatores que juntos sugerem que esse debate provavelmente nunca será resolvido: a *questão de magnitude*; a *questão de viés de escolha*; e a *questão do evento de sorte*.

A questão de magnitude Já observamos que um gestor de investimento que esteja supervisionando uma carteira de US$ 5 bilhões e pode melhorar o desempenho em apenas um décimo 0,1% ao ano aumentará ganhos de investimento em 0,001 × US$ 5 bilhões = US$ 5 milhões anuais. Esse gerente certamente valeria o que ganha! Contudo, nós, observadores, podemos medir estatisticamente a contribuição desse gestor? Provavelmente não: a contribuição de 0,1% seria atolada pela volatilidade anual do mercado. Lembre-se, o desvio padrão anual do índice bem diversificado S&P 500 tem sido de cerca de 20% por ano. Diante dessas flutuações, um pequeno aumento no desempenho seria difícil de detectar.

Todos concordarão que os preços das ações estão muito próximos dos valores justos e que apenas os gestores de carteiras grandes podem obter um lucro de negociação suficiente para que a exploração de pequenos erros de apreçamento valham a pena. De acordo com essa visão, a atuação de gestores de investimento inteligentes é a força motriz da evolução constante dos preços de mercado para níveis justos. Em vez de fazer a pergunta qualitativa, "Os mercados são eficientes?", devemos fazer uma pergunta mais quantitativa: "Até que ponto os mercados são eficientes?".

A questão de viés de escolha Suponhamos que você descubra um esquema de investimento que poderia realmente render dinheiro. Você tem duas opções: publicar sua técnica no

Na frente de batalha do **MERCADO**

COMO GARANTIR O SUCESSO DE UM BOLETIM INFORMATIVO SOBRE O MERCADO

Suponhamos que você deseja fazer fortuna publicando um boletim informativo sobre o mercado. Você precisa convencer os possíveis assinantes de que você tem um talento pelo qual vale a pena pagar. Porém, e se você não tiver nenhum talento? A solução é simples: crie oito boletins.

No primeiro ano, faça quatro boletins preverem um mercado em alta e quatro um mercado em baixa. No segundo ano, faça com que metade do grupo de boletins originalmente otimistas continue prevendo um mercado em alta e a outra metade um mercado em baixa. Faça o mesmo para o grupo originalmente pessimista. Continue procedendo dessa forma para obter o padrão de previsões na tabela a seguir (A = previsão de um mercado em alta, B = previsão de um mercado em baixa).

Após três anos, não importa o que tenha acontecido com o mercado, um dos boletins terá tido um perfeito desempenho de previsão. Isso ocorre porque, após três anos, existem $2^3 = 8$ resultados para o mercado, e nós cobrimos todas as oito possibilidades com os oito boletins. Agora, simplesmente eliminamos os sete boletins que não foram bem-sucedidos e divulgamos o oitavo com base em seu histórico perfeito. Se quiséssemos criar um boletim com um histórico perfeito a longo de um período de quatro anos, precisaríamos de $2^4 = 16$ boletins. Um período de cinco anos exigiria 32 informativos, e assim por diante.

A posteriori, o único boletim que sempre acertou chamará atenção por ter apresentado uma previsão excepcional e os investidores ficarão ávidos por pagar um alto valor em troca de seus conselhos. Sua fortuna está feita, e você nem sequer pesquisou o mercado!

ATENÇÃO: Esse esquema é ilegal! Entretanto, o que importa é que, com centenas de boletins sobre o mercado, você encontrará um que, aparentemente, descobriu uma sucessão de previsões bem-sucedidas sem nenhum grau real de habilidade. *A posteriori*, o histórico de previsão de *determinada pessoa* pode levar a crer que existe uma excelente habilidade de previsão. Será sobre essa pessoa que leremos no *The Wall Street Journal*; as outras serão esquecidas.

Ano	Previsões do boletim							
	1	2	3	4	5	6	7	8
1	A	A	A	A	B	B	B	B
2	A	A	B	B	A	A	B	B
3	A	B	A	B	A	B	A	B

The Wall Street Journal para obter uma fama passageira ou manter sua técnicas secreta e utilizá-la para ganhar milhões de dólares. A maioria dos investidores escolheria a última opção, que nos apresenta uma charada. Somente os investidores que percebem que um esquema de investimento não pode gerar retornos anormais estariam dispostos a divulgar suas descobertas ao mundo todo. Por esse motivo, os oponentes da visão de mundo da hipótese de mercado eficiente sempre podem utilizar as evidências que mostram que várias técnicas não oferecem recompensas de investimento como prova de que as técnicas que funcionam simplesmente não estão sendo divulgadas ao público. Trata-se de uma problema de *viés de escolha*; os resultados que podemos observar foram previamente escolhidos em favor das tentativas fracassadas. Portanto, não podemos avaliar razoavelmente a verdadeira capacidade dos gestores de carteira para gerar estratégias de mercado bem-sucedidas.

A questão do evento de sorte Parece que quase todos os meses lemos um artigo sobre algum investidor ou uma empresa de investimento que teve um fantástico desempenho no passado recente. Sem dúvida, o histórico superior desses investidores contradiz a hipótese de mercado eficiente.

A conclusão, no entanto, está longe de ser óbvia. Fazendo uma analogia com o jogo de investimento, pense em uma competição para tirar o maior número de caras em 50 tentativas utilizando uma moeda não viciada. O resultado esperado para qualquer pessoa é, obviamente, 50% de caras e 50% de coroas. Porém, se 10 mil pessoas competissem nesse torneio, não seria surpreendente se pelo menos um ou dois participantes conseguissem mais de 75% de caras. Na verdade, a estatística básica nos diz que o número esperado de participantes que obterão 75% ou mais de caras seria dois. Contudo, seria ingênuo coroar essas pessoas como "campeões mundiais de cara". É óbvio que elas são simplesmente os participantes que por acaso tiveram sorte no dia do evento. (Consulte "Na frente de batalha do mercado".)

A analogia com o mercado eficiente é clara. Na hipótese de que qualquer ação tem um preço justo, em vista de todas as informações disponíveis, qualquer aposta em uma ação na verdade é como um jogo de cara ou coroa. Existe uma probabilidade idêntica de ganhar ou perder a aposta. No entanto, se vários investidores que estiverem utilizando diversos esquemas fizerem apostas satisfatórias, em termos estatísticos, *alguns* deles terão sorte e ganharão a grande maioria das apostas. Para cada grande ganhador pode haver muitos grandes perdedores, mas nunca ouvimos falar desses gestores. Porém, os ganhadores aparecem no *The Wall Street Journal* como os gurus mais recentes do mercado de ações; desse modo, eles podem fazer fortuna publicando boletins informativos sobre o mercado.

O que queremos dizer é que, *a posteriori*, haverá pelo menos um esquema de investimento bem-sucedido. Um cético chamará esse resultado de sorte; o investidor bem-sucedido o chamará de habilidade. O teste apropriado seria ver se os investidores de sucesso conseguem repetir seu desempenho em outro período, mas esse método raramente é adotado.

Com essas advertências em mente, abordaremos agora alguns dos testes empíricos da hipótese de mercado eficiente.

8.4 Revisão de CONCEITOS

O Value Trust, da Legg Mason, gerenciado por Bill Miller, superou o desempenho do S&P 500 em cada um dos anos do período de 15 anos encerrado em 2005. O desempenho de Miller é suficiente para dissuadi-lo da crença em mercados eficientes? Se não, *algum* histórico de desempenho seria suficiente para dissuadi-lo? Considere agora que, nos três anos seguintes, o fundo teve um desempenho consideravelmente inferior ao do S&P 500; no final de 2008, seu desempenho cumulativo em 18 anos foi quase idêntico ao do índice. Isso afetaria sua opinião?

Testes de forma fraca: padrões nos retornos das ações

Retornos em horizontes de curto prazo Os primeiros testes de mercado eficiente eram de forma fraca. Será que os especuladores encontram tendências nos preços passados que lhes possibilitam obter lucros anormais? Essencialmente, esse é um teste da eficácia da análise técnica.

Uma forma de discernir tendências nos preços das ações é medir a *correlação serial* dos retornos do mercado de ações. A correlação serial refere-se à tendência de os retornos das ações estarem relacionados com os retornos passados. A correlação serial positiva significa que os retornos positivos tendem a seguir retornos positivos (uma propriedade do tipo *momentum*). A correlação serial negativa significa que os retornos positivos tendem a ser seguidos por retornos negativos (uma propriedade de reversão ou de "correção"). Tanto Conrad e Kaul (1988) quanto Lo e MacKinlay (1988) examinaram retornos semanais das ações da NYSE e identificaram correlações seriais positivas durante curtos horizontes de tempo. Entretanto, os coeficientes de correlação dos retornos semanais tendem a ser relativamente pequenos, ao menos para ações de alta capitalização para as quais os dados de preço são os mais confiáveis em termos de atualização. Desse modo, embora esses estudos demonstrem fracas tendências de preço em períodos curtos,[4] as evidências não indicam claramente a existência de oportunidades de negociação.

Embora os índices amplos de mercado demonstrem apenas uma fraca correlação serial, parece haver um *momentum* mais forte no desempenho entre os setores do mercado que exibem os melhores e os piores retornos recentes. Em uma pesquisa sobre o comportamento dos preços das ações em um horizonte intermediário (utilizando períodos de manutenção do investimento de 3 a 12 meses), Jegadeesh e Titman (1993) identificaram um **efeito momentum**, no qual o desempenho recente ruim ou bom de determinadas ações continua com o passar do tempo. Eles concluem que, embora o desempenho de ações individuais seja extremamente imprevisível, as *carteiras* das ações com melhor desempenho no passado recente parecem ter um desempenho superior ao de outras ações com um nível de confiabilidade suficiente para oferecer oportunidades de lucro. Portanto, parece haver evidências de *momentum* no preço no horizonte de curto a médio prazo tanto no mercado agregado quanto entre segmentos (isto é, entre ações específicas).

efeito momentum
Tendências de as ações com mau e bom desempenho em um período continuarem com esse desempenho anormal em períodos subsequentes.

Retornos em horizontes de longo prazo Embora os retornos nos horizontes de curto a médio prazo indiquem um *momentum* nos preços do mercado acionário, estudos sobre retornos em horizontes de longo prazo (isto é, retornos ao longo de períodos de vários anos), realizados por Fama e French (1988) e Poterba e Summers (1988), indicam uma pronunciada correla-

---

[4] Contudo, existem evidências de que os preços dos títulos individuais (em contraposição aos índices amplos de mercado) são mais propensos a reversões do que a continuações em horizontes muito curtos. Consulte, por exemplo, B. Lehmann, "Fads, Martingales and Market Efficiency", *Quarterly Journal of Economics*, 105, fevereiro de 1990, pp. 1-28; e N. Jegadeesh, "Evidence of Predictable Behavior of Security Returns", *Journal of Finance*, 45, setembro de 1990), pp. 881-898. Entretanto, como observa Lehmann, provavelmente a melhor interpretação sobre isso seja aquela que atribui a causa a problemas de liquidez após grandes mudanças nos preços das ações à medida que os criadores de mercado ajustam suas posições nas ações.

ção serial *negativa* de longo prazo no desempenho do mercado agregado. Esse último resultado deu origem à "hipótese de modismos", que afirma que o mercado de ações pode reagir exageradamente a notícias relevantes. Esse reação exagerada gera uma correlação serial positiva (*momentum*) ao longo de horizontes de curto prazo. A correção subsequente dessa reação exagerada provoca um mau desempenho após um bom desempenho e vice-versa. As correções significam que uma série de retornos positivos com o tempo tenderá a ser acompanhada de retornos negativos, resultando em uma correlação serial negativa em horizontes mais longos. Esses episódios de aparente ultrapassagem de limite seguidos de correções fazem o mercado acionário parecer flutuar em torno de seu valor justo.

Esses resultados em horizontes de longo prazo são impressionantes, mas os estudos oferecem evidências pouco conclusivas a respeito dos mercados eficientes. Primeiramente, os resultados dos estudos não precisam ser interpretados como evidência de modismo do mercado de ações. Uma interpretação alternativa desses resultados defende que eles indicam apenas que o prêmio de risco do mercado varia com o passar do tempo. Por exemplo, quando o prêmio de risco e o retorno exigido no mercado subirem, os preços das ações cairão. Quando o mercado subir (em média) de acordo com essa taxa de retorno mais alta, os dados passarão a impressão de ter havido uma recuperação do preço das ações. A aparente ultrapassagem de limite e a correção são na verdade nada mais que uma reação racional dos preços de mercado a mudanças nas taxas de desconto.

Além dos estudos que indicam uma reação exagerada nos retornos do mercado acionário em geral em horizontes de longo prazo, vários outros mostram que, em longos horizontes, o desempenho extremo em determinados títulos também tende se reverter: as ações que tiveram o melhor desempenho no passado recente parecem ter um desempenho fraco inferior ao do restante do mercado nos períodos subsequentes, ao passo que as que tiveram o pior desempenho tender a oferecer um desempenho futuro acima da média. DeBondt e Thaler (1985) e Chopra, Lakonishok e Ritter (1992) identificaram uma forte tendência de as ações com desempenho ruim em um período experimentarem reversões consideráveis no período subsequente e de as ações com melhor desempenho em um período tenderem a ter um desempenho ruim no período subsequente.

Por exemplo, o estudo de DeBondt e Thaler revelou que, se fôssemos classificar o desempenho das ações em um período de cinco anos e depois as agrupar em carteiras baseadas no desempenho do investimento, a carteira "perdedora" do período de base (definido como as 35 ações com o pior desempenho de investimento) teria um desempenho 25% melhor em média (retorno cumulativo) do que a carteira "vencedora" (as 35 melhores ações) no período de três anos subsequente. Esse **efeito de reversão**, no qual os perdedores recuperam-se os vencedores retrocedem, indica que o mercado de ações reage exageradamente a notícias relevantes. Assim que essa reação exagerada é reconhecida, o desempenho extremo do investimento é revertido. Esse fenômeno poderia indicar que uma estratégia de investimento *contrária* – investir em perdedores recentes e evitar vencedores recentes – pode ser lucrativa. Além disso, esses retornos parecem suficientemente significativos para serem explorados de forma lucrativa.

efeito de reversão
Tendência de as ações com mau e bom desempenho em determinado período sofrerem reversões no período subsequente.

Desse modo, parece que pode haver um *momentum* de curto prazo, mas padrões de reversão de longo prazo no comportamento dos preços tanto no mercado em geral quanto em setores do mercado. Uma interpretação desses padrões é que a reação exagerada de curto prazo (que provoca um *momentum* nos preços) pode provocar reversões de longo prazo (quando o mercado reconhece e corrige seus erros passados).

Previsores de retornos amplos de mercado

Vários estudos documentaram a capacidade das variáveis facilmente observáveis de prever os retornos de mercado. Por exemplo, Fama e French (1988) mostraram que o retorno no mercado acionário agregado tende a ser mais alto quando o índice de dividendos/preço, o rendimento de dividendos, é alto. Campbell e Shiller (1988) descobriram que o rendimento dos lucros pode prever os retornos de mercado. Keim e Stambaugh (1986) demonstraram que os dados do mercado de obrigações, como o *spread* entre os rendimentos de obrigações corporativas de alta qualidade e baixa qualidade, também ajudam a prever retornos amplos de mercado.

Mais uma vez, a interpretação desses resultados é difícil. Por um lado, podem indicar que é possível prever os retornos das ações, violando a hipótese de mercado eficiente. Por outro, é mais provável que essas variáveis estejam substituindo a variação no prêmio de risco do mercado. Por exemplo, dado determinado nível de dividendos ou lucros, os preços das ações serão mais baixos e os rendimentos de dividendos e lucros mais altos quando o prêmio de risco (e, portanto, o retorno de mercado esperado) for mais alto. Portanto, um alto rendimento de dividendos ou lucros será associado com retornos de mercado mais altos. Isso não indica uma violação da eficiência de mercado. A previsibilidade dos retornos de mercado deve-se à previsibilidade no prêmio de risco e não aos retornos anormais ajustados ao risco.

Fama e French (1989) mostraram que o *spread* de rendimentos entre obrigações de alta e baixa qualidade tem maior poder de previsão para retornos de obrigações de baixa qualidade do que para retornos de obrigações de alta qualidade e maior poder de previsão para retornos de ações do que para retornos de obrigações, o que sugere que a previsibilidade dos retornos de fato é um prêmio de risco, e não evidência de ineficiência de mercado. De forma semelhante, o fato de o rendimento de dividendos das ações ajudar a prever os retornos de mercado das obrigações indica que o rendimento captura um prêmio de risco comum a ambos os mercados, e não um erro de apreçamento no mercado de ações.

Testes semifortes: anomalias de mercado

A análise fundamentalista utiliza um conjunto bem mais amplo de informações para criar carteiras do que a análise técnica. As pesquisas sobre a eficácia da análise fundamentalista questionam se as informações disponíveis ao público, além do histórico de negociações de um título, podem ser utilizadas para melhorar o desempenho dos investimentos e, portanto, servir como teste de eficiência de mercado de forma semiforte. Surpreendentemente, várias estatísticas de fácil acesso – por exemplo, o índice de preço/lucro (*price-earnings ratio* – P/E) de uma ação ou sua capitalização de mercado – parecem prever retornos anormais ajustados ao risco. Esses dados, que serão revistos nas páginas a seguir, são difíceis de ser conciliados com a hipótese de mercado eficiente e por esse motivo muitas vezes são chamados de **anomalias** de mercado eficiente.

anomalias
Padrões de retornos que parecem contradizer a hipótese de mercado eficiente.

Uma das dificuldades na interpretação desses testes é que geralmente é necessário fazer ajustes em relação ao risco da carteira antes de avaliar o sucesso de uma estratégia de investimento. Por exemplo, muitos testes utilizaram o modelo de precificação de ativos financeiros (*capital asset pricing model* – CAPM) para fazer ajustes em relação ao risco. Entretanto, sabemos que, mesmo que o beta seja um indicador relevante de risco das ações, o equilíbrio quantitativo avaliado empiricamente entre risco medido pelo beta e retorno esperado difere das previsões do CAPM. Se utilizarmos o CAPM para ajustar os retornos da carteira em relação ao risco, os ajustes inapropriados podem nos levar à conclusão de que estratégias de carteira diferentes podem gerar retornos superiores, quando na verdade isso indica simplesmente que o procedimento de ajuste ao risco não deu certo.

Dizendo isso de outra forma, os retornos ajustados ao risco são *testes conjuntos* da hipótese de mercado eficiente *e* do procedimento de ajuste ao risco. Se uma estratégia de carteira parece capaz de gerar retornos superiores, devemos então escolher entre rejeitar a EMH ou rejeitar a técnica de ajuste ao risco. Normalmente, a técnica de ajuste ao risco baseia-se em suposições mais questionáveis do que a EMH; se optarmos por rejeitar o procedimento, ficaremos sem nenhuma conclusão sobre a eficiência de mercado.

A descoberta de Basu (1977, 1983) de que as carteiras com ações com baixo índice de P/E têm retornos mais altos do que as carteiras com alto índice de P/E demonstra esse problema. O **efeito P/E** mantém-se mesmo que os retornos forem ajustados ao beta da carteira. Seria isso uma confirmação de que o mercado sistematicamente apreça mal as ações de acordo com o índice de P/E? Essa seria uma conclusão muito surpreendente e, para nós, inquietante, pois a análise de índices de P/E é um procedimento extremamente simples. Embora seja possível obter retornos superiores por meio de um trabalho árduo e de muita percepção, não parece provável que seguir uma técnica tão básica seja suficiente para gerar retornos anormais.

efeito P/E
Quando as carteiras de ações com baixo P/E exibem retornos médios ajustados ao risco mais altos do que as ações com P/E alto.

Outra interpretação desses resultados é que os retornos não estão ajustados apropriadamente ao risco. Se duas empresas tiverem os mesmos lucros esperados, a ação de maior risco será vendida por um preço mais baixo e um índice de P/E mais baixo. Em virtude desse risco maior, a ação com P/E baixo também terá retornos esperados mais altos. Portanto, a não ser que o beta do CAPM se ajuste completamente ao risco, o P/E servirá como indicador adicional útil do risco e será associado a retornos anormais se o CAPM for utilizado para estabelecer uma referência de desempenho.

Efeito da pequena empresa em janeiro O chamado efeito de tamanho ou **efeito da pequena empresa**, documentado pela primeira vez por Banz (1981), é mostrado na Figura 8.3. Essa figura mostra o desempenho histórico de carteiras formadas pela divisão das ações da NYSE em dez carteiras a cada ano de acordo com o tamanho da empresa (isto é, o valor total de ações em circulação). Os retornos anuais médios entre 1926 e 2010 são constantemente mais altos nas carteiras de empresas pequenas. A diferença no retorno anual médio entre a carteira 10 (com as maiores empresas) e a carteira 1 (com as menores empresas) é 8,8%. É evidente que as carteiras das empresas menores tendem a ser mais arriscadas. Contudo, mesmo quando os retornos são ajustados ao risco utilizando o CAPM, ainda assim existe um prêmio consistente para as carteiras de menor tamanho.

efeito da pequena empresa
Quando as ações de empresas pequenas apresentam retornos anormais principalmente no mês de janeiro.

Imagine-se obtendo um prêmio desse tamanho sobre uma carteira de um bilhão de dólares. Mesmo assim, é impressionante que a adoção de uma regra tão simples (até simplista) quanto "investir em ações de baixa capitalização" possa habilitar um investidor a obter retornos em excesso. Afinal, qualquer investidor pode avaliar o tamanho de uma empresa sem gastar quase nada para isso. Não se esperam recompensas tão grandes com um esforço tão mínimo.

Estudos posteriores (Keim, 1983; Reinganum, 1983; e Blume e Stambaugh, 1983) demonstraram que o efeito da pequena empresa ocorre quase que totalmente nas duas primeiras semanas de janeiro. Na verdade, o efeito de tamanho é o "efeito da pequena empresa" em janeiro.

Efeitos da empresa negligenciada e liquidez Arbel e Strebel (1983) ofereceram outra interpretação sobre o efeito da pequena empresa em janeiro. Como as pequenas empresas tendem a ser ignoradas por grandes negociadores institucionais, existem menos informações sobre elas. Em virtude dessa falta de informação, as pequenas empresas são investimentos de maior risco que exigem retornos mais altos. Afinal, as empresas de "marca" são monitoradas consideravelmente pelos investidores institucionais, o que promete informações de alta qualidade, e presumivelmente os investidores não compram ações "genéricas" sem a perspectiva de retornos mais altos.

Para evidenciar o **efeito da empresa negligenciada**, Arbel (1985) dividiu as empresas entre as muito pesquisadas, as moderadamente pesquisadas e os grupos negligenciados, com base no número de instituições que mantêm suas ações. O efeito de janeiro na verdade foi maior nas empresas negligenciadas. Um artigo de Merton (1987) mostra que é possível supor que as empresas negligenciadas obtenham retornos de equilíbrio mais altos como compensação pelo risco associado à pequena quantidade de informações. Nesse sentido, o prêmio da empresa negligenciada não é exatamente uma ineficiência de mercado, mas um tipo de prêmio de risco.

efeito da empresa negligenciada
Tendência de os investimentos em ações de empresas menos conhecidas gerarem retornos anormais.

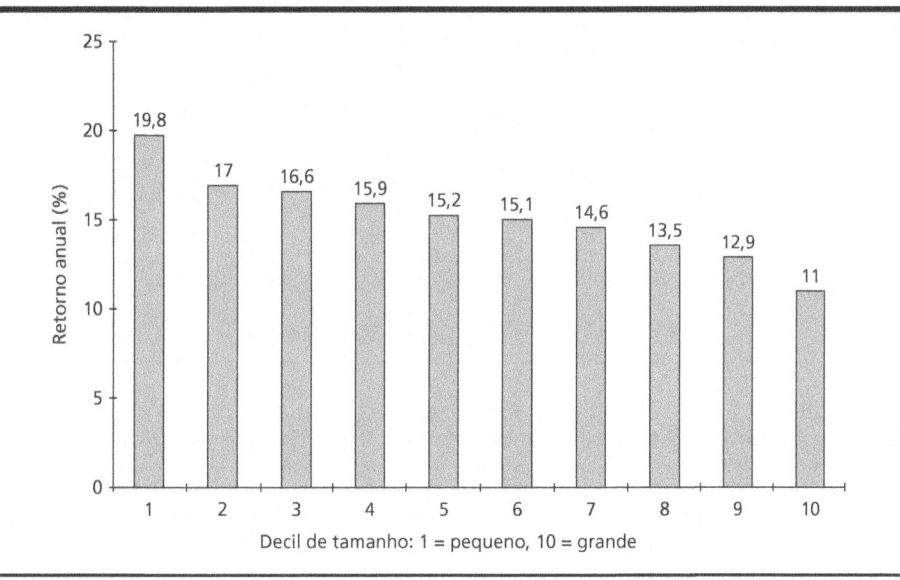

O trabalho de Amihud e Mendelson (1986, 1991) a respeito do efeito da liquidez sobre os retornos das ações pode estar relacionado tanto ao efeito da pequena empresa quanto ao efeito

FIGURA 8.3
Retorno anual médio de dez carteiras com base no tamanho, 1926 a 2010.

Fonte: Cálculos dos autores por meio de dados obtidos na biblioteca de dados do professor Kenneth French, <http://mba.tuck.dartmouth.edu/pages/faculty/ken.french/data_library.html>.

Valores por decil de tamanho (1 = pequeno, 10 = grande): 1: 19,8; 2: 17; 3: 16,6; 4: 15,9; 5: 15,2; 6: 15,1; 7: 14,6; 8: 13,5; 9: 12,9; 10: 11.

da empresa negligenciada. Os autores defendem que os investidores exigirão um prêmio de taxa de retorno para investir em ações menos líquidas que exigem custos de negociação mais altos. De acordo com sua hipótese, Amihud e Mendelson demonstraram que essas ações exibem uma forte tendência de apresentar taxas de retorno ajustadas ao risco irregularmente altas. Como as ações de baixa capitalização e menos analisadas em geral são menos líquidas, o efeito da liquidez pode ser uma explicação parcial de seus retornos anormais. Contudo, essa teoria não explica por que os retornos anormais das pequenas empresas devem se concentrar em janeiro. De qualquer forma, explorar esses efeitos pode ser mais difícil do que parece. O efeito dos custos de negociação sobre as ações de baixa capitalização pode destruir facilmente qualquer oportunidade de lucro aparentemente anormal.

Índices de valor contábil/valor de mercado   Fama e French (1992) demonstraram que um eficiente previsor dos retornos entre os títulos é o índice de valor contábil do patrimônio e de valor de mercado do patrimônio da empresa. Fama e French classificaram as empresas em dez grupos de acordo com o índice de valor contábil/valor de mercado e examinaram a taxa média de retorno de cada um dos dez grupos. A Figura 8.4 é uma versão atualizada dos resultados obtidos. O decil com o maior índice de valor contábil/valor de mercado teve um retorno anual médio de 17,3%, enquanto o decil com o índice mais baixo teve uma média de apenas 11%. A expressiva dependência dos retornos para com o índice de valor contábil/valor de mercado independe do beta, o que sugere que as empresas com alto índice de valor contábil/valor de mercado estão com o preço relativamente baixo ou que o índice de valor contábil/valor de mercado está substituindo um fator de risco que afeta os retornos de equilíbrio esperados.

Na verdade, Fama e French descobriram que, depois de controlar o efeito de tamanho e o **efeito do valor contábil/valor de mercado**, o beta parecia não ter nenhum poder para explicar os retornos médios dos títulos.[5] Essa descoberta é uma contestação importante ao conceito de mercados racionais, já que parece indicar que um fator que deveria afetar os retornos – o risco sistemático – aparentemente não tem importância, enquanto um fator que não deveria interessar – o índice de valor contábil/valor de mercado – parece capaz de prever retornos futuros. Voltaremos à interpretação dessa anomalia.

Oscilação de preço após divulgação de lucros   Um princípio fundamental dos mercados eficientes é que qualquer nova informação deve repercutir muito rapidamente nos preços das ações. Por exemplo, quando se publica uma boa notícia, o preço das ações deve subir imediatamente. Portanto, uma anomalia obscura é a reação aparentemente lenta dos preços das

efeito do valor contábil/valor de mercado
Tendência de os investimentos em ações de empresas com alto índice de valor contábil/valor de mercado gerarem retornos anormais.

FIGURA 8.4
Retorno anual médio como função do índice de valor contábil/valor de mercado, 1926 a 2010.

Fonte: *Site* do professor Kenneth French, <http://mba.tuck.dartmouth.edu/pages/faculty/ken.french/data_library.html>.

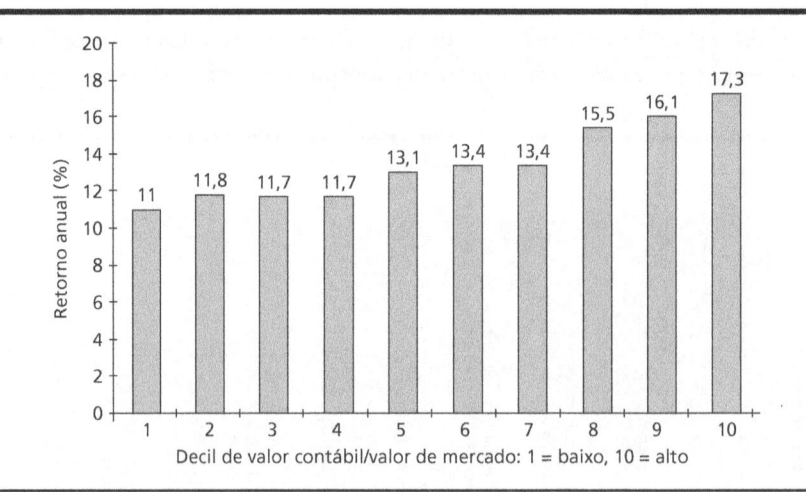

Decil	1	2	3	4	5	6	7	8	9	10
Retorno anual (%)	11	11,8	11,7	11,7	13,1	13,4	13,4	15,5	16,1	17,3

Decil de valor contábil/valor de mercado: 1 = baixo, 10 = alto

---

[5] Entretanto, um estudo de S. P. Kothari, Jay Shanken e Richard G. Sloan (1995) constatou que, quando os betas são estimados por meio de retornos anuais, e não de retornos mensais, os títulos com beta alto na realidade têm retornos médios mais altos. Além disso, os autores identificaram um efeito de valor contábil/valor de mercado atenuado em comparação com os resultados de Fama e French e, igualmente, inconsistente entre diferentes amostras de títulos. Eles concluem que o argumento empírico sobre a importância do índice de valor contábil/valor de mercado pode ser um tanto mais fraco do que o estudo de Fama e French sugere.

ações à divulgação de lucros das empresas, tal como revelado por Ball e Brown (1968). Os resultados alcançados por esses autores posteriormente foram confirmado e ampliados em vários outros artigos.[6]

O "conteúdo noticioso" da divulgação de lucros pode ser avaliado pela comparação da divulgação dos lucros reais com o valor previamente esperado pelos participantes do mercado. A diferença é a "surpresa de lucro". (As expectativas de lucro no mercado podem ser medidas aproximadamente tomando a média das previsões de lucro publicadas por analistas de Wall Street ou aplicando a análise de tendências em lucros passados.) Rendleman, Jones e Latané (1982) oferecem um estudo influente sobre a reação lenta dos preços a divulgações de lucro. Eles avaliam a surpresa de lucro para uma ampla amostra de empresas, classificam a magnitude da surpresa, dividem-nas em dez decis com base no tamanho da surpresa e calculam os retornos anormais de cada decil. O retorno anormal de cada carteira é o retorno ajustado ao retorno de mercado desse período e ao beta da carteira. Ele mede o retorno acima do que poderia ser esperado com base nas condições de mercado desse período. A Figura 8.5 representa os retornos anormais cumulativos por decil.

Os resultados são expressivos. A correlação entre a classificação por surpresa de lucro e retornos anormais em decis aparece conforme o previsto. Existe um grande retorno anormal (um grande salto no retorno anormal cumulativo) no dia da divulgação de lucros (tempo 0). O retorno anormal é positivo para empresas de surpresa positiva e negativo para empresas de surpresa negativa.

O resultado mais impressionante e interessante do estudo diz respeito às oscilações nos preços das ações *após* a data de divulgação. Os retornos anormais cumulativos das ações de surpresa positiva continuam a subir – em outras palavras, a exibir *momentum* – mesmo depois que a informação sobre lucro torna-se pública, enquanto as empresas de surpresa negativa continuam a sofrer retornos anormais negativos. O mercado parece ajustar-se à informação sobre lucro apenas gradualmente, e isso resulta em um prolongado período de retornos anormais.

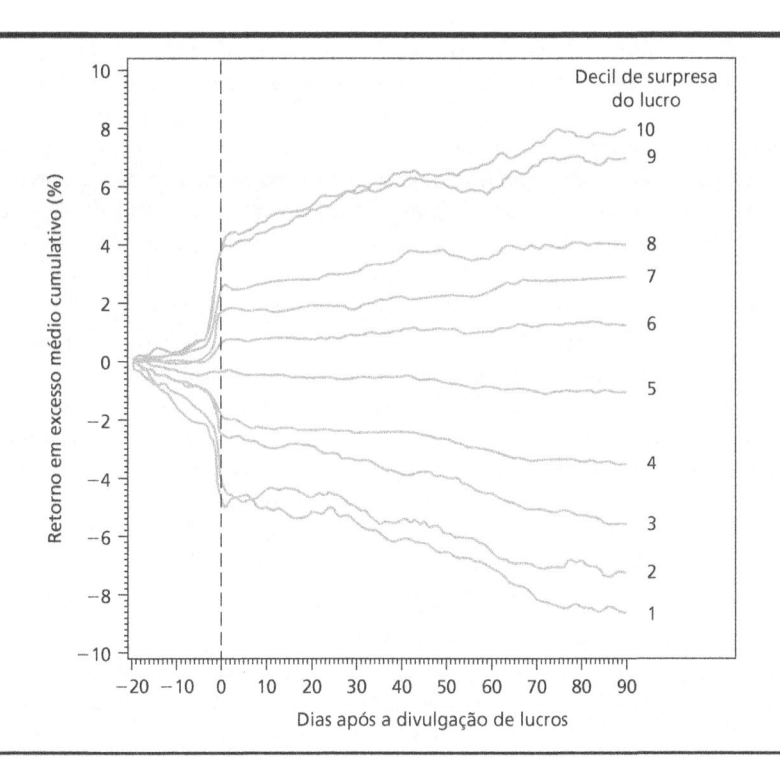

FIGURA 8.5
Retornos anormais cumulativos em resposta à divulgação de lucros.

Fonte: Dados reimpressos de R. J. Rendleman Jr., C. P. Jones e H. A. Latané, "Empirical Anomalies Based on Unexpected Earnings and the Importance of Risk Adjustments", *Journal of Financial Economics*, 10, 1982, pp. 269-287. Copyright 1982, com permissão da Elsevier Science.

---

[6] Existe um corpo volumoso de publicações sobre esse fenômeno, com frequência chamado de oscilação de preço após divulgação de lucros. Para examinar artigos mais recentes que procuram saber por que essa oscilação pode ser obervada, consulte V. Bernard e J. Thomas, "Evidence That Stock Prices Do Not Fully Reflect the Implications of Current Earnings for Future Earnings", *Journal of Accounting and Economics*, 13, 1990, pp. 305-340, ou R. H. Battalio e R. Mendenhall, "Earnings Expectation, Investor Trade Size, and Anomalous Returns around Earnings Announcements", *Journal of Financial Economics*, 77, 2005, pp. 289-319.

É evidente que alguém poderia obter lucros anormais simplesmente esperando a divulgação de lucros e comprando uma carteira de ações das empresas com surpresa de lucro positiva. Essas são precisamente as tendências que deveriam ser impossíveis em um mercado eficiente.

Bolhas e eficiência de mercado De vez em quando, parece (ao menos *a posteriori*) que os preços dos ativos perdem a noção de realidade. Por exemplo, na febre das tulipas na Holanda do século XVII, o preço dessas flores chegou a ser várias vezes superior à renda anual de um trabalhador qualificado. Esse episódio tornou-se símbolo de uma "bolha" especulativa em que os preços parecem divergir de qualquer semelhança com o valor intrínseco. Menos de um século depois, a bolha dos Mares do Sul, na Inglaterra, tornou-se quase tão famosa quanto. Nesse episódio, o preço das ações da South Sea Company subiram de £ 128 em janeiro de 1720 para £ 550 em maio, atingindo um pico de £ 1.000 em agosto – imediatamente antes de a bolha explodir e o preço das ações cair para £ 150 em setembro, provocando falências em toda a parte entre aqueles que haviam pedido empréstimo para comprar ações a crédito. Na verdade, a empresa era uma das principais concessoras de empréstimo aos investidores que estavam dispostos a comprar (e, portanto, elevavam o preço) de suas ações. Essa sequência pode parecer familiar para qualquer pessoa que enfrentou a alta e o colapso das ponto-com entre 1995-2002[7] ou, mais recentemente, o distúrbio financeiro de 2008, cujas origens são amplamente atribuídas a um colapso na bolha de preços da habitação (consulte o Capítulo 1).

É difícil defender o ponto de vista de que os preços dos títulos nessas circunstâncias representavam avaliações racionais e não tendenciosas do valor intrínseco. E, na realidade, alguns economistas, mais acentuadamente Hyman Minsky, insinuaram que as bolhas surgem de maneira natural. Durante períodos de estabilidade e preços ascendentes, os investidores extrapolam essa estabilidade para o futuro e ficam mais dispostos a assumir riscos. Os prêmios de risco encolhem, aumentando ainda mais os preços dos ativos, e as expectativas tornam-se bem mais otimistas, em um ciclo autossustentável. Porém, no final, os preços e os riscos assumidos tornam-se exagerados e a bolha explode. Paradoxalmente, o período inicial de estabilidade favorece o comportamento que acaba provocando instabilidade.

Porém, tome cuidado com a conclusão precipitada de que os preços dos ativos geralmente podem ser considerados arbitrários e as oportunidades óbvias de negociação são abundantes. Primeiro, na maioria das vezes, as bolhas só se tornam óbvias *depois* que explodem. No momento, com frequência existe um fundamento aparentemente justificável para a elevação dos preços. Por exemplo, no *boom* das ponto-com, vários observadores contemporâneos explicaram que os ganhos de preço das ações eram justificados pela perspectiva de uma economia nova e mais lucrativa, impulsionada pelos avanços tecnológicos. Até mesmo a irracionalidade da febre ou mania das tulipas talvez tenha sido engrandecida em sua versão mais recente.[8] Além disso, a avaliação de títulos é intrinsecamente difícil. Em vista da considerável imprecisão das estimativas do valor intrínseco, apostar alto em um erro de apreçamento percebido pode significar presunção.

Além do mais, mesmo quando suspeitamos que os preços estão de fato "incorretos", pode ser difícil tirar vantagem deles. Examinamos essas questões mais detalhadamente no Capítulo 9 (disponível no *site* <www.grupoa.com.br>). Por enquanto, podemos simplesmente ressaltar alguns impedimentos a apostas agressivas em um ativo: os custos da venda a descoberto de títulos acima do preço, bem como os possíveis problemas da obtenção de títulos para vender a descoberto, e a possibilidade de, mesmo que você esteja correto, o mercado discordar e os preços ainda assim poderem mudar acentuadamente contra você a curto prazo, destruindo sua carteira.

Testes de forma forte: informações privilegiadas

Não seria surpresa se as pessoas com acesso a informações privilegiadas extraíssem lucros mais altos da negociação de ações de sua empresa. Em outras palavras, não esperamos que os mercados sejam eficientes na forma forte: regulamentamos e limitamos os negócios baseados em informações privilegiadas. A possibilidade de as pessoas com acesso a informações privilegiadas

---

[7] O *boom* das ponto-com deu origem ao termo *exuberância irracional*. Nesse sentido, tome como exemplo uma empresa que, ao abrir seu capital no *boom* de investimento de 1720, simplesmente se descreveu como "uma empresa para realizar um empreendimento de grande vantagem, mas ninguém sabia o que era".

[8] Para examinar uma discussão interessante sobre essa possibilidade, consulte Peter Garber, *Famous First Bubbles: The Fundamentals of Early Manias* (Cambridge: MIT Press, 2000), e Anne Goldgar, *Tulipmania: Money, Honor, and Knowledge in the Dutch Golden Age* (Chicago: University of Chicago Press, 2007).

extraírem lucro de ações da própria empresa já foi documentada em estudos como o de Jaffe (1974), Seyhun (1986), Givoly e Palmon (1985), entre outros. O estudo de Jaffe foi um dos primeiros a mostrar a tendência de os preços das ações subirem depois que elas são intensamente compradas por pessoas com informações privilegiadas e baixarem depois que elas são intensamente vendidas por pessoas com informações privilegiadas.

Outros investidores podem se beneficiar se seguirem as negociações feitas por pessoas com informações privilegiadas? A Comissão de Valores Mobiliários (Securities and Exchange Comission – SEC) exige que todas as pessoas com informações privilegiadas registrem suas atividades de negociação e publica essas negociações no *Official Summary of Security Transactions and Holdings*. Desde 2002, essas pessoas são obrigadas a divulgar negociações importante à SEC no prazo de dois dias úteis. Depois que o *Official Summary* é publicado, as negociações tornam-se informações públicas. A essa altura, se os mercados forem eficientes e processarem completa e imediatamente as informações divulgadas no *Official Summary* de negociações, um investidor provavelmente não conseguirá mais lucrar se seguir o padrão dessas negociações. Existem vários *sites* na internet que contêm informações sobre negociação com informações privilegiadas.

O estudo de Seyhun, que acompanhou cuidadosamente as datas de divulgação pública do *Official Summary*, constatou que a tentativa de seguir as transações realizadas por pessoas com informações privilegiadas seria em vão. Embora haja alguma tendência de os preços das ações subirem mesmo depois que o *Official Summary* divulga compras realizadas por pessoas bem informadas, os retornos anormais não são significativos o suficiente para superar os custos de transação.

Interpretando as anomalias

Como devemos interpretar as crescentes publicações sobre anomalias? Será que isso significa que os mercados são excessivamente ineficientes e permitem que regras simplistas de negociação ofereçam grandes oportunidades de lucro? Ou existem outras interpretações mais sutis?

Prêmios de risco ou ineficiências? Os efeitos P/E, pequena empresa, valor contábil/valor de mercado, *momentum* e reversão a longo prazo atualmente estão entre os fenômenos mais complexos na área de finanças empíricas. Há várias interpretações para esses efeitos. Primeiramente, observe que alguns desses fenômenos podem estar relacionados. A característica que as empresas pequenas com baixo índice de valor contábil/valor de mercado e os "perdedores" recentes parecem ter em comum é um preço de ação que caiu consideravelmente nos últimos meses ou anos. Aliás, uma empresa pode se tornar pequena ou passar a ter um índice de valor contábil/valor de mercado baixo ao sofrer uma queda acentuada de preço. Portanto, estes grupos podem conter uma proporção relativamente alta de empresas em apuros que passaram por dificuldades recentes.

Fama e French (1993) defendem que esses efeitos podem ser explicados como uma manifestação dos prêmios de risco. Utilizando o modelo de três fatores, eles mostram que as ações com "beta" mais alto (também conhecido como carregamento de fator) nos fatores tamanho ou valor contábil/valor de mercado têm retornos médios mais altos; eles interpretam esses retornos como evidência de que existe um prêmio de risco associado ao fator. Esse modelo é mais adequado do que o CAPM de fator único para explicar os retornos dos títulos. Embora o tamanho ou os índices de valor contábil/valor de mercado por si sós não sejam obviamente fatores de risco, talvez eles possam agir como substitutos de determinantes de risco mais fundamentais. Fama e French acreditam que, dessa forma, esses padrões de retorno podem ser compatíveis com um mercado eficiente no qual os retornos esperados são coerentes com o risco. Nesse sentido, vale a pena observar que os retornos das "carteiras de acordo com o estilo de fundo" – por exemplo, o retorno de carteiras construídas com base no índice de valor contábil/valor de mercado (especificamente a carteira de valor contábil/valor de mercado HML de Fama-French) e no tamanho da empresa (o retorno da carteira SMB) – de fato parecem prever os ciclos econômicos em vários países. A Figura 8.6 mostra que os retornos dessas carteiras tendem a ser positivos nos anos anteriores a um rápido crescimento do PIB.

Uma interpretação oposta é dada por Lakonishok, Shleifer e Vishney (1995), que argumentam que esses fenômenos são uma evidência de mercado ineficiente – mais especificamente, de erros sistemáticos nas previsões dos analistas de mercado. Eles acreditam que os analistas extrapolam muito o desempenho passado em relação ao futuro e, por isso, elevam o preço das

FIGURA 8.6

Retorno da carteira de acordo com o estilo de fundo como previsor do crescimento do PIB. Diferença média no retorno da carteira em anos anteriores a um bom crescimento do PIB *versus* em anos anteriores a um crescimento ruim do PIB. O valor positivo significa que a carteira de se sai melhor nos anos anteriores a um bom desempenho macroeconômico. HML = *carteira high minus low* ou alto menos baixo, classificada com base no índice de valor contábil/valor de mercado. SMB = carteira *small minus big* ou pequeno menos grande, classificada pelo tamanho da empresa.

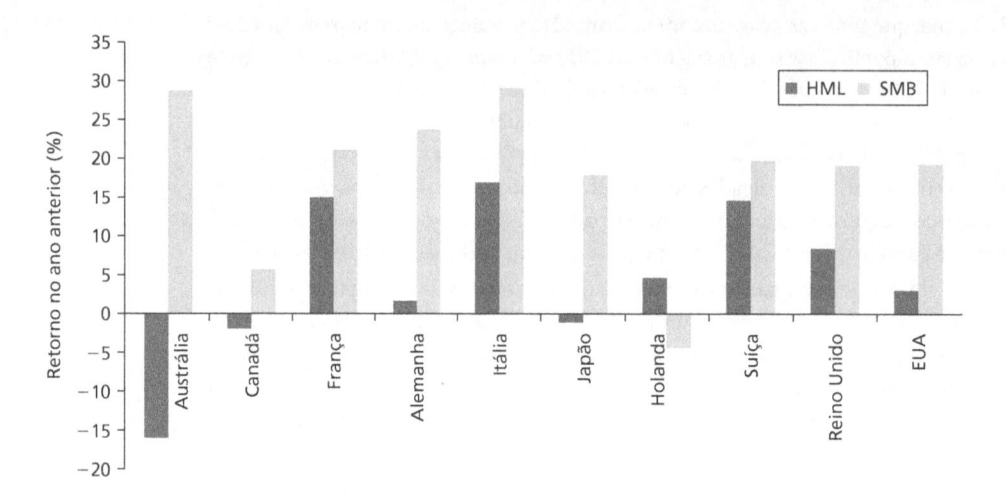

Fonte: Dados reimpressos de J. Liew e M. Vassalou, "Can Book-to-Market, Size, and Momentum Be Risk Factors That Predict Economic Growth?", *Journal of Financial Economics*, 57 (2000), pp. 221-245. Copyright 2000, com permissão da Elsevier Science.

empresas que tiveram um bom desempenho recente e abaixam o preço das empresas com um mau desempenho recente. Por fim, quando os participantes do mercado reconhecem seus erros, os preços invertem. Essa explicação é congruente com o efeito de reversão e, até certo ponto, com os efeitos índice de valor contábil/valor de mercado e pequena empresa porque as empresas que apresentam quedas de preço acentuadas tendem a ser pequenas ou a ter alto índice de valor contábil/valor de mercado.

Se Lakonishok, Shleifer e Vishney estiverem corretos, devemos constatar que os analistas enganam-se sistematicamente quando preveem os retornos das empresas recentemente "vencedoras" *versus* "perdedoras". Um estudo de La Porta (1996) condiz com esse padrão. Ele constata que as ações das empresas para as quais os analistas preveem taxas de crescimento de lucro baixas na verdade têm um desempenho melhor do que aquelas cujo crescimento esperado do lucro é alto. Os analistas parecem exageradamente pessimistas com relação a empresas com perspectivas de baixo crescimento e exageradamente otimistas com relação a empresas com perspectivas de alto crescimento. Quando essas duas expectativas muito extremistas são "corrigidas", as empresas com baixo crescimento esperado superam em desempenho as empresas com alto crescimento esperado.

Anomalias ou mineração de dados? Abordamos várias das assim chamadas anomalias citadas nas publicações da área, mas nossa lista poderia ser infindável. Há quem pergunte se essas anomalias são de fato enigmas inexplicados dos mercados financeiros ou se, ao contrário, são um artefato da mineração de dados. Afinal, se reexaminarmos o banco de dados computadorizado dos retornos passados várias vezes e observarmos os retornos das ações em dimensões suficientes, a probabilidade simples fará alguns critérios *parecerem* prever retornos.

Nesse sentido, vale destacar que algumas anomalias não têm demonstrado muita capacidade de resistência depois que são divulgadas nas publicações acadêmicas. Por exemplo, depois que o efeito da pequena empresa foi divulgado no início da década de 1980, desapareceu imediatamente e assim permaneceu durante grande parte da década. De forma semelhante, a estratégia de valor contábil/valor de mercado, que chamou grande atenção no início da década de 1990, não teve eficácia no restante da década.

De qualquer modo, mesmo reconhecendo o potencial da mineração de dados, parece haver um ponto em comum entre as várias anomalias que mencionamos e que respalda a ideia de que existe um enigma real a ser desvendado. As ações de valor – definidas por um baixo índice de P/E, um alto índice de valor contábil/valor de mercado ou por preços achatados em relação aos níveis históricos – parecem ter oferecido retornos médios mais altos do que as ações "glamorosas" ou de crescimento.

Uma forma de abordar o problema de mineração de dados é encontrar um conjunto de dados que ainda não foi pesquisado e verificar se a relação em questão se evidencia nos novos dados. Esses estudos já revelaram efeitos de tamanho, *momentum* e valor contábil/valor de mercado em outros mercados de títulos ao redor do mundo. Embora esses fenômenos possam ser uma manifestação de um prêmio de risco sistemático, a natureza exata desse risco ainda não é completamente compreendida.

8.4. DESEMPENHO DOS FUNDOS MÚTUOS E DOS ANALISTAS

Documentamos algumas das falhas aparentes na "armadura" dos proponentes do mercado eficiente. Para os investidores, a questão de eficiência de mercado resume-se a se os investidores habilidosos conseguem obter lucros de negociação anormais consistentes. O melhor teste é observar o desempenho dos profissionais do mercado para ver se eles conseguem oferecer um desempenho superior ao de um fundo indexado passivo que compra e mantêm ações. Examinaremos duas facetas do desempenho profissional: dos analistas do mercado que recomendam posições de investimento e dos gestores de fundos mútuos que de fato gerenciam carteiras.

Analistas do mercado acionário

Ao longo da história, os analistas do mercado acionário sempre trabalharam para empresas de corretagem, o que apresenta um problema imediato para a interpretação da importância de suas recomendações: Eles tendem a ser extremamente otimistas em sua avaliação sobre as perspectivas das empresas.[9] Por exemplo, Barber, Lehavy, McNichols e Trueman (2001) constataram que, em uma escala de 1 (compra forte) a 5 (venda forte), a recomendação média para 5.628 empresas cobertas em 1996 foi de 2,04. Por esse motivo, não é possível obter recomendações positivas (por exemplo, comprar) de forma acrítica. Na verdade, devemos observar o entusiasmo relativo das recomendações do analista comparativamente às recomendações com relação a outras empresas ou mudança nas recomendações consensuais.

Womack (1996) focalizou as mudanças nas recomendações dos analistas e constatou que as mudanças positivas estão associadas com um aumento de cerca de 5% no preço das ações e as mudanças negativas provocam quedas médias de preço de 11%. Pode-se perguntar se essas mudanças de preço refletem o reconhecimento do mercado de que as informações ou percepções dos analistas sobre as empresas são superiores ou, ao contrário, simplesmente decorrem de novas pressões de compra ou venda provocadas pelas próprias recomendações. Womack defende que o impacto do preço parece ser permanente e, portanto, consistente com a hipótese de que os analistas na verdade revelam novas informações. Jegadeesh, Kim, Krische e Lee (2004) também constatam que as mudanças nas recomendações consensuais estão associadas com o mudanças de preço, mas que o *nível* das recomendações consensuais é um previsor inconsistente do desempenho futuro das ações.

Barber, Lehavy, McNichols e Trueman (2001) concentram-se no nível das recomendações consensuais e mostram que as empresas com as recomendações mais favoráveis superam aquelas com recomendações menos favoráveis. Embora esses resultados pareçam impressionantes, os autores ressaltam que as estratégias de carteira baseadas em recomendações consensuais de analistas gerariam uma atividade de negociação extremamente intensa com custos associados que provavelmente destruiriam os possíveis lucros gerados pela estratégia.

Em suma, as publicações da área levam a crer que os analistas agregam algum valor, mas que ainda assim existe alguma ambiguidade. Os retornos superiores subsequentes às atualizações oferecidas pelos analistas devem-se à divulgação de novas informações ou a mudanças na demanda dos investidores em resposta à mudança de perspectiva? Além disso, esses resultados podem ser explorados pelos investidores que necessariamente arcam com custos de negociação?

---

[9] Esse problema pode ser menos grave no futuro; como ressaltado no Capítulo 3 (disponível no *site* <www.grupoa.com.br>), uma reforma recente para diminuir o conflito de interesses no caso de empresas de corretagem que vendem ações e também oferecem consultoria sobre investimentos é separar o atendimento dos analistas de outras atividades da empresa.

Gestores de fundos mútuos

Como mencionado no Capítulo 4 (disponível no *site* <www.grupoa.com.br>), as evidências ocasionais não respaldam a afirmação de que carteiras gerenciadas profissionalmente podem superar o mercado de maneira sistemática. A Figura 4.4 do capítulo demonstra que, entre 1972 e 2010, os retornos de uma carteira passiva indexada pelo Wilshire 5.000 normalmente teriam sido melhores do que os do fundo de ações médio. Entretanto, havia algumas evidências (admitidamente inconsistentes) de persistência no desempenho, o que significa que os melhores gestores em um período tendiam a ser os melhores gestores em períodos seguintes. Esse padrão poderia indicar que até certo ponto os melhores gestores conseguem ter melhor desempenho do que seus concorrentes e também seria inconsistente com a ideia de que os preços de mercado já refletem todas as informações relevantes.

As análises citadas no Capítulo 4 baseiam-se nos retornos totais; elas não ajustaram apropriadamente os retornos à exposição a fatores de risco sistemático. Nesta seção, examinaremos a questão de desempenho dos fundos mútuos prestando maior atenção à referência com base na qual o desempenho deve ser avaliado.

Como ponto de partida, podemos analisar os retornos ajustados ao risco (isto é, o alfa ou retorno em excesso do retorno exigido com base no beta e o retorno de mercado em cada período) de uma grande amostra de fundos mútuos. Porém, o índice de mercado talvez não seja uma referência adequada para avaliar os retornos dos fundos mútuos. Como os fundos mútuos tendem a manter uma quantidade considerável de ações de pequenas empresas, enquanto o S&P 500 compreende exclusivamente empresas de grande porte, de forma geral os fundos mútuos tenderão a superar o S&P quando as pequenas empresas tiverem um desempenho melhor do que as grandes e a ter um desempenho inferior quando as pequenas empresas se saírem mal. Desse modo, uma referência mais adequada para o desempenho dos fundos seria um índice que incorporasse o desempenho da bolsa de valores de empresas menores.

Podemos mostrar a importância da referência examinando os retornos das ações de baixa capitalização em diferentes subperíodos.[10] No período de 20 anos, entre 1945 e 1964, por exemplo, um índice de ações de baixa capitalização ficou abaixo do S&P 500 em 4% ao ano (isto é, o alfa do índice de ações de baixa capitalização depois de ajustado ao risco sistemático foi 24%). No período de 20 anos seguinte, entre 1965 e 1984, as ações de baixa capitalização tiveram um desempenho 10% superior ao do índice S&P 500. Portanto, se fôssemos examinar os retornos dos fundos mútuos no período anterior, eles tenderiam a parecer negativos, não necessariamente porque os gestores dos fundos não soubessem escolher ações, mas simplesmente porque os fundos mútuos de forma geral tenderam a manter mais ações de baixa capitalização do que as que estavam representadas no S&P 500. No período posterior, quando ajustados ao risco, os fundos pareceriam melhor do que o S&P 500 porque as ações de baixa capitalização tiveram um desempenho melhor. A "escolha do estilo", isto é, a exposição a ações de baixa capitalização (que é uma decisão relativa à alocação de ativos), seria predominante na avaliação de desempenho, ainda que tenha pouco a ver com a capacidade dos gestores de escolher ações.[11]

Hoje, a referência de desempenho convencional é o modelo de quatro fatores, que emprega os três fatores de Fama-French (o retorno do índice de mercado e os retornos das carteiras com base no tamanho e no índice de valor contábil/valor de mercado) e mais o fator de *momentum* (uma carteira construída com base no retorno das ações no ano anterior). Os alfas construídos por meio de um modelo de índice ampliado utilizando esses quatro fatores controlam uma variedade de escolhas de estilo de fundos mútuos que podem afetar os retornos médios – por exemplo, uma tendência ao crescimento *versus* valor ou a ações de baixa *versus* alta capitalização. A Figura 8.7 mostra a distribuição de frequência de alfas de quatro fatores para fundos de ações domésticas dos Estados Unidos[12] Os resultados mostram que a distribuição de alfa tem uma forma aproximada de sino e uma média levemente negativa. Em média, não parece que esses fundos superam suas referências ajustadas ao estilo.

---

[10] Esse exemplo e as estatísticas citadas baseiam-se em E. J. Elton, M. J. Gruber, S. Das e M. Hlavka, "Efficiency with Costly Information: A Reinterpretation of Evidence from Managed Portfolios", *Review of Financial Studies*, 6, 1993, pp. 1-22.

[11] Lembre-se de que a decisão de alocação de ativos geralmente está nas mãos do investidor individual. Os investidores alocam suas carteiras de investimento em fundos que se encontram nas classes de ativos que eles desejam manter e razoavelmente só podem esperar que os gestores das carteiras de fundo mútuo escolherão vantajosamente as ações que *se encontram* nessas classes de ativos.

[12] Somos gratos ao professor Richard Evans por esses dados.

FIGURA 8.7 Alfas de fundos mútuos calculados com o modelo de retorno esperado de quatro fatores, 1993-2007. (2,5% das melhores e das piores observações foram excluídas desta distribuição.)

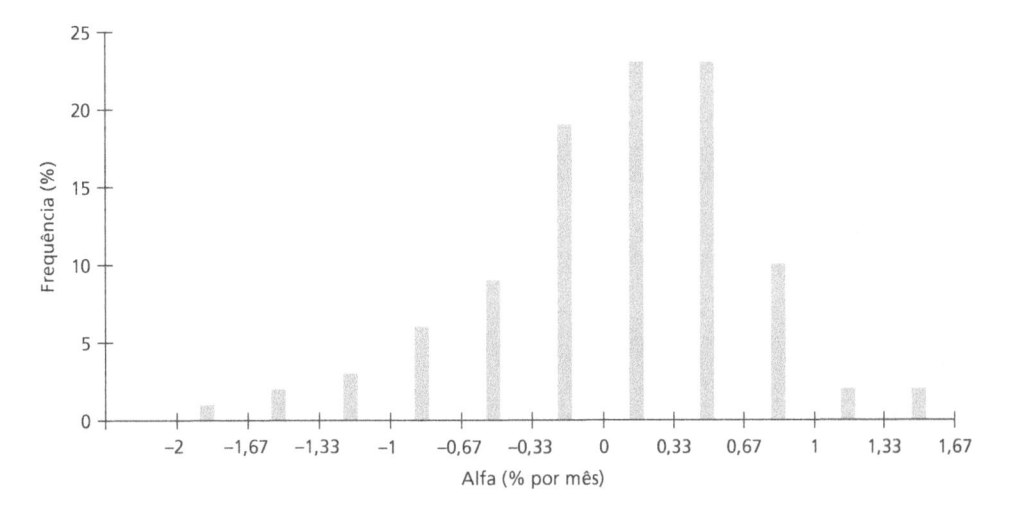

Fonte: Professor Richard Evans, Universidade de Virgínia, Escola de Negócios Darden. Dados utilizados com permissão.

De acordo com a Figura 8.7, Fama e French (2010) utilizaram o modelo de quatro fatores para avaliar o desempenho de fundos mútuos de ações e mostram que, embora eles possam exibir alfas positivos *antes* das taxas, depois que as taxas foram cobradas dos clientes os alfas ficaram negativos. De modo semelhante, Wermers (2000), que utilizou tanto carteiras de acordo com o estilo de fundo quanto as características das ações mantidas pelos fundos mútuos para controlar o desempenho, também identifica alfas brutos positivos, mas alfas líquidos negativos após o controle de taxas e risco.

Carhart (1997) reexaminou o problema de consistência no desempenho dos fundos mútuos para ver se os que apresentaram melhor desempenho em um período continuam com desempenho superior em períodos posteriores. Ele utilizou o modelo ampliado de quatro fatores já descrito e constata que, após o controle desses fatores, há apenas uma pequena persistência no desempenho relativo dos gestores. Além disso, ao que parece grande parte dessa persistência deve-se a despesas e custos de transação, e não a retornos brutos de investimento.

Mesmo considerando as despesas e a rotatividade, parte da persistência do desempenho parece ser devida a diferenças na estratégia de investimento. Entretanto, Carhart constata que as evidências de persistência estão concentradas nos dois extremos. A Figura 8.8, extraída de seu estudo, documenta a persistência de desempenho. Os fundos de ações são classificados em um entre dez grupos de acordo com o desempenho no ano de formação e o desempenho de cada grupo nos anos subsequentes é indicado. Fica claro que, com exceção do grupo dos dez melhores em desempenho e do grupo dos dez piores em desempenho, o desempenho de períodos futuros é praticamente independente dos retornos do ano inicial. Os resultados de Carhart indicam que pode haver um pequeno grupo de gestores excepcionais que conseguem, com alguma consistência, superar a estratégia passiva, embora para a maioria deles o mau ou bom desempenho em qualquer período seja, em grande medida, uma questão de sorte.

Bollen e Busse (2004) encontraram mais evidências de persistência de desempenho, pelo menos em horizontes de curto prazo. Eles classificaram o desempenho dos fundos mútuos utilizando o modelo de quatro fatores durante um trimestre de base, designam os fundos para um dos dez decis de acordo com o alfa do período de base e em seguida examinam o desempenho no trimestre subsequente. A Figura 8.9 mostra os respectivos resultados. A linha sólida é o alfa médio dos fundos em cada um dos decis do período de base (expresso trimestralmente). A inclinação dessa linha reflete a considerável dispersão do desempenho no período de classificação. A linha tracejada é o desempenho médio dos fundos em cada decil no trimestre seguinte. A pouca profundidade dessa linha indica que a maior parte do diferencial de desempenho original desaparece. No entanto, a linha continua com uma evidente inclinação para baixo. Por isso, parece que pelo menos em um horizonte de curto prazo como um trimestre existe alguma

FIGURA 8.8
Persistência de desempenho dos fundos mútuos. Desempenho ao longo do tempo de grupos de fundos mútuos classificados pelo desempenho do ano inicial.

Fonte: Mark M. Carhart, "On Persistence in Mutual Fund Performance", *Journal of Finance*, 52, março de 1997, pp. 57-82. Informações utilizadas com permissão da John Wiley & Sons por intermédio do Centro de Autorização de Direitos Autorais.

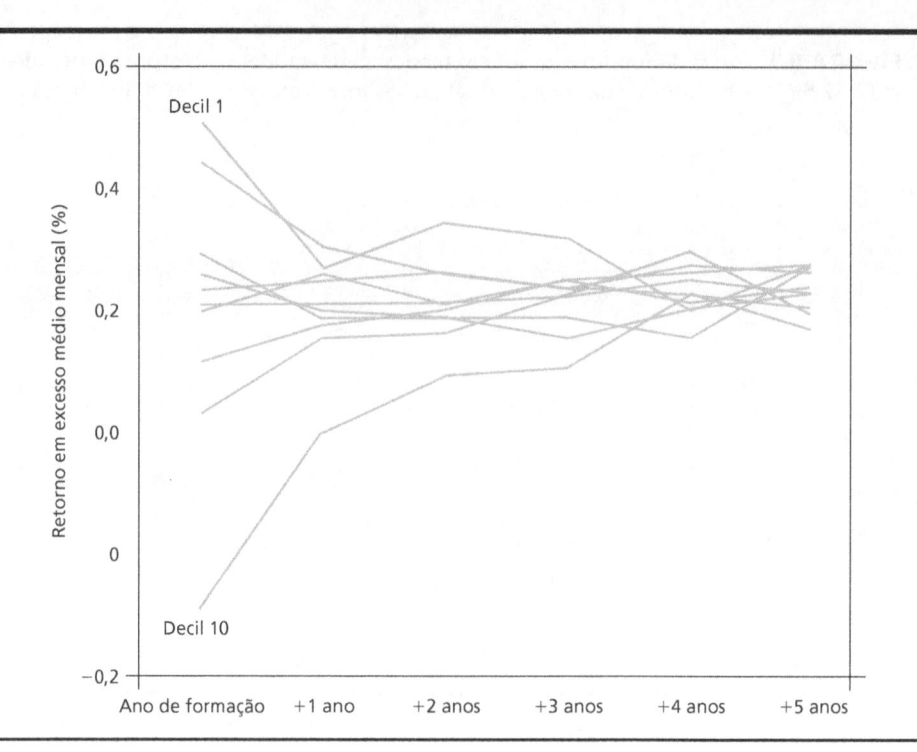

FIGURA 8.9
Desempenho ajustado ao risco no trimestre de classificação e no trimestre seguinte.

Fonte: Nicolas P. B. Bollen e Jeffrey A. Busse, "Short-Term Persistence in Mutual Fund Performance", *Review of Financial Studies*, 19, 2004, pp. 569-597, com permissão da Oxford University Press.

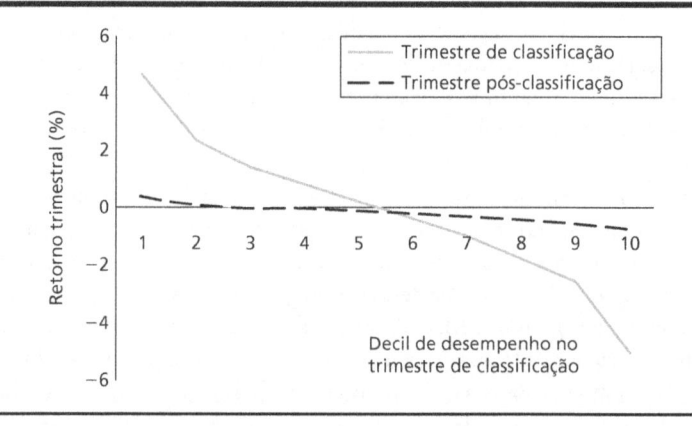

consistência no desempenho. Entretanto, a persistência provavelmente é uma fração muito pequena do diferencial do desempenho original para justificar uma busca intensa por desempenho por parte dos clientes dos fundos mútuos.

Esse padrão é de fato coerente com a previsão de um artigo influente de Berk e Green (2004). Eles defendem que os gestores de fundos mútuos qualificados, com desempenho anormal, atrairão novos fundos até que os custos adicionais e a complexidade de gerenciar esses fundos complementares façam o alfa chegar a zero. Desse modo, a habilidade não se evidenciará nos retornos superiores, mas na quantidade de fundos que estão sendo gerenciados. Portanto, mesmo se os gestores foram qualificados, os alfas terão vida curta, tal como se pode ver na Figura 8.9.

Diferentemente dos extensos estudos sobre gestores de fundos de ações, foram feitos alguns estudos sobre o desempenho dos gestores de fundos de obrigações. Blake, Elton e Gruber (1993) examinaram o desempenho de fundos mútuos de renda fixa. Eles constataram que, em média, os fundos de obrigações têm um desempenho inferior ao dos índices de renda fixa passivos, em um nível aproximadamente igual ao das despesas, e que não há nenhuma evidência de que o desempenho passado pode prever o desempenho futuro. Mais recentemente, Chen, Ferson e Peters (2010) constataram que, em média, os fundos mútuos de obrigações superam os índices de obrigações passivos em termos de retornos brutos, mas ficam abaixo quando as taxas cobradas dos investidores são subtraídas, um resultado semelhante àqueles encontrados para os fundos de ações.

Portanto, as evidências sobre desempenho ajustado ao risco dos gestores profissionais são mistas, na melhor das hipóteses. Podemos concluir que em geral o desempenho desses gestores é consistente com a eficiência de mercado. A quantidade segundo a qual os gestores profissionais superam ou são superados pelo mercado está dentro da margem de incerteza estatística. De qualquer forma, fica bastante claro que o desempenho superior em relação às estratégias passivas não é nem um pouco comum. Estudos demonstram que a maioria dos gestores não consegue ter um desempenho superior ao das estratégias passivas ou que, quando existe uma margem de superioridade, ela é pequena.

Entretanto, um pequeno número de astros do investimento – como Peter Lynch (anteriormente Fundo Fidelity Magellan), Warren Buffet (do Berkshire Hathaway), John Templeton (dos Fundos Templeton) e Mario Gabelli (do GAMCO) – colecionou recordes em sua carreira que demonstram um desempenho superior consistente e difícil de se conformar com mercados absolutamente eficientes. Em uma cuidadosa análise estatística sobre os "astros" dos fundos mútuos, Kosowski, Timmerman, Wermers e White (2006) concluem que a capacidade de uma pequena minoria de gestores de escolher ações é suficiente para cobrir seus custos e que seu desempenho superior tende a persistir com o passar do tempo. Contudo, o ganhador do Prêmio Nobel Paul Sammuelson (1989) ressalta que o histórico da vasta maioria dos gestores financeiros profissionais oferece evidências convincentes de que não existem estratégias fáceis para garantir o sucesso nos mercados de títulos.

Afinal, os mercados são eficientes?

Existe uma piada sobre dois economistas que estão caminhando pela rua. Eles veem uma nota de US$ 20 na calçada. Um deles se aproxima para pegar a nota, mas o outro diz: "Não se dê ao trabalho; se essa nota fosse verdadeira, alguém já a teria pegado".

A moral da história aqui é evidente. Uma crença exageradamente doutrinária em mercados eficientes pode imobilizar o investidor e fazer parecer que nenhum empreendimento de pesquisa pode ser justificado. Essa visão extrema provavelmente é infundada. Existem anomalias suficientes nas evidências empíricas que comprovam que a busca por títulos abaixo do preço evidentemente continua.

Entretanto, a maior parte das evidências indica que qualquer estratégia de investimento supostamente superior deve ser considerada com certo ceticismo. O mercado é *suficientemente* competitivo para que apenas as informações ou percepções distintivamente superiores gerem lucro; os frutos fáceis já foram colhidos. No final, é provável que a margem de superioridade que um gestor profissional pode acrescentar à sua atividade seja tão pequena que o estatístico não consiga detectá-la facilmente.

Concluímos que os mercados são muito eficientes, mas as recompensas para aqueles que são especialmente cuidadosos, inteligentes ou criativos talvez na verdade ainda estejam por vir.

RESUMO

- Pesquisas estatísticas demonstraram que, de uma maneira bastante precisa, os preços das ações parecem seguir um passeio aleatório sem nenhum padrão de previsão perceptível que os investidores possam explorar. Agora esses dados são utilizados como evidência de eficiência de mercado, ou seja, como evidência de que os preços do mercado refletem todas as informações disponíveis no momento. Apenas as novas informações mudarão os preços das ações, e essas informações são igualmente propensas a serem boas ou ruins.
- Os participantes do mercado distinguem três formas de hipótese de mercado eficiente. A forma fraca postula que todas as informações a serem extraídas de dados de negociação do passado já estão refletidas nos preços das ações. A forma semiforte postula que todas as informações disponíveis publicamente já estão refletidas nos preços. A forma forte, que geralmente é considerada extrema, postula que todas as informações, inclusive as privilegiadas, estão refletidas nos preços.
- A análise técnica concentra-se nos padrões de preço das ações e em substitutos de pressão de compra ou venda no mercado. A análise fundamentalista focaliza os determinantes do valor subjacente da empresa, como lucratividade atual e perspectivas de crescimento. Como esses dois tipos de análise baseiam-se em informações públicas, nenhuma delas deverá gerar lucros em excesso se os mercados estiverem funcionando eficientemente.

- Os proponentes da hipótese de mercado eficiente com frequência defendem estratégias passivas de investimento, e não ativas. A política dos investidores passivos é comprar e manter um índice amplo de mercado. Eles não investem recursos nem em pesquisa de mercado nem na compra e venda frequente de ações. As estratégias passivas podem ser adaptadas para atender às necessidades de um investidor individual.
- Os estudos empíricos sobre a análise técnica geralmente não respaldam a hipótese de que essa análise pode gerar lucros de negociação superiores. Uma exceção notável a essa conclusão é o aparente sucesso das estratégias que se baseiam no *momentum* em horizontes de médio prazo.
- Várias anomalias referentes à análise fundamentalista já foram descobertas. Elas incluem o efeito P/E, o efeito da pequena empresa em janeiro, o efeito da empresa negligenciada, a oscilação de preço após a divulgação de lucros e o efeito do valor contábil/valor de mercado. Se essas anomalias representam eficiência de mercado ou prêmios de risco mal compreendidos ainda é um tema para debate.
- De modo geral, o histórico de desempenho dos fundos gerenciados profissionalmente pouco respalda a alegação de que a maioria dos profissionais consegue superar o mercado consistentemente.

CONJUNTO DE PROBLEMAS

Cadastre-se no *site* do Grupo A e procure pela página deste livro para consultar os Suplementos do capítulo.

Básicos

1. Se os mercados forem eficientes, qual deve ser o coeficiente de correlação entre os retornos das ações referentes a dois períodos não sobrepostos? (OA 8.1)
2. "Se todos os títulos forem precificados justamente, todos devem oferecer taxas de retorno esperadas iguais." Comente. (OA 8.1)
3. Se os preços são igualmente propensos a aumentar e diminuir, por que em média os investidores obtêm retornos positivos do mercado? (OA 8.1)
4. Uma empresa bem-sucedida como a Microsoft durante anos gerou sistematicamente grandes lucros. Isso viola a EMH? (OA 8.2)
5. Em um coquetel, sua colega de trabalho diz que superou o mercado nos três últimos anos. Suponhamos que você acredite nele. Isso afeta sua convicção em mercados eficientes? (OA 8.2)
6. Quais das seguintes afirmações são *verdadeiras* se a hipótese de mercado eficiente for válida? (OA 8.1)
    a. Os eventos futuros podem ser previstos com perfeita precisão.
    b. Os preços refletem todas as informações disponíveis.
    c. Os preços dos títulos mudam sem nenhum motivo perceptível.
    d. Os preços não flutuam.
7. Em um mercado eficiente, a gestão profissional de carteiras pode oferecer todos os benefícios a seguir, *exceto* um. Indique qual. (OA 8.4)
    a. Diversificação de baixo custo.
    b. Um nível de risco especificado.
    c. Registro de informações de baixo custo.
    d. Maior equilíbrio entre risco e retorno.
8. Qual versão da hipótese de mercado eficiente (fraca, semiforte ou forte) enfatiza o conjunto mais abrangente de informações? (OA 8.1)
9. "Preços de ação muito variáveis indicam que o mercado não sabe como precificar as ações." Conteste. (OA 8.1)
10. Qual das seguintes fontes de ineficiência de mercado seria explorada mais facilmente? (OA 8.4)
    a. O preço das ações de uma empresa cai de repente porque uma instituição vendeu um grande bloco dessas ações.
    b. Uma ação está acima do preço porque os negociadores não podem realizar vendas a descoberto.
    c. As ações estão acima do preço porque os investidores estão otimistas com relação a uma maior produtividade na economia.

Intermediários

11. Qual das seguintes afirmações mais parece contradizer a proposição de que o mercado de ações é *fracamente* eficiente? Explique. (OA 8.3)
    a. Em média, mais de 25% dos fundos mútuos superam o mercado.
    b. As pessoas com acesso a informações privilegiadas obtêm lucros de negociação anormais.
    c. Em todos os meses de janeiro, o mercado de ações obtém retornos anormais.

12. Suponhamos que, depois de realizar uma análise sobre os preços históricos das ações, você chegue às observações a seguir. Qual parece *contradizer* a *forma fraca* da hipótese de mercado eficiente? Explique. (OA 8.3)
    a. A taxa média de retorno é significativamente superior a zero.
    b. A correlação entre o retorno durante determinada semana e o retorno durante a semana seguinte é zero.
    c. Alguém poderia ter obtido retornos superiores ao comprar ações após um aumento de preço de 10% e ao vendê-las após uma queda de 10%.
    d. Alguém poderia ter obtido ganhos de capital acima da média mantendo ações com baixos rendimentos de dividendos.

13. Qual das observações a seguir ofereceria evidência *contra* a *forma semiforte* da teoria de mercado eficiente? Explique. (OA 8.3)
    a. Os gestores de fundos mútuos em média não obtêm retornos superiores.
    b. Você não consegue obter lucros superiores comprando (ou vendendo) ações após a divulgação de um aumento anormal nos dividendos.
    c. As ações com baixo P/E tendem a ter retornos anormais positivos.
    d. Em qualquer ano, aproximadamente 50% dos fundos de pensão superam o desempenho do mercado.

14. A Steady Growth Industries nunca faltou com o pagamento de dividendos em seus 94 anos de existência. Isso torna essa empresa mais atraente para você como uma possível compra para a sua carteira de ações? (OA 8.4)

15. Suponhamos que você descubra que os preços das ações antes de um grande aumento de dividendos demonstram, em média, retornos anormais positivos consistentes. Isso viola a EMH? (OA 8.3)

16. "Se o ciclo econômico for previsível e a ação tiver um beta positivo, os retornos da ação também deverão ser previsíveis." Conteste. (OA 8.1)

17. Qual dos fenômenos a seguir seria compatível com ou uma violação da hipótese de mercado eficiente? Explique brevemente. (OA 8.3)
    a. Aproximadamente metade de todos os fundos gerenciados profissionalmente pode superar o S&P 500 em um ano normal.
    b. Os gestores financeiros que superam o mercado (proporcionalmente ao risco) em um ano são propensos a superá-lo no ano seguinte.
    c. Os preços das ações tendem a ser mais previsivelmente voláteis em janeiro do que em outros meses.
    d. Os preços das ações das empresas que divulgam aumento de lucro em janeiro tendem a superar o mercado em fevereiro.
    e. As ações que têm um bom desempenho em uma semana têm um mau desempenho na semana seguinte.

18. Por que os "efeitos" a seguir são considerados anomalias do mercado eficiente? Existem explicações racionais para esses efeitos? (OA 8.2)
    a. Efeito P/E
    b. Efeito do valor contábil/valor de mercado
    c. Efeito de *momentum*
    d. Efeito da pequena empresa

19. O método de média de custo do dólar significa comprar quantias iguais em dólar de uma ação a cada período – por exemplo, US$ 500 por mês. Essa estratégia baseia-se na ideia de que, quando o preço da ação é baixo, sua compra mensal fixa adquirirá mais ações e, quando o preço é alto, menos ações. Com o passar do tempo, aplicando a média, você acabará comprando mais ações quando o preço for mais barato e menos quando o preço for relati-

vamente alto. Portanto, intencionalmente, você mostrará um bom *timing* de mercado. Avalie essa estratégia. (OA 8.4)

20. Sabemos que o mercado deve responder positivamente a boas notícias e que os acontecimentos que trazem boas notícias, como o fim de uma recessão, podem ser previstos com pelo menos alguma precisão. Diante disso, por que não conseguimos prever que o mercado se aquecerá à medida que a economia se recuperar? (OA 8.1)

21. Você sabe que a empresa XYZ é muito mal administrada. Em uma escala de gestão de 1 (pior) a 10 (melhor), você lhe daria 3. A avaliação de consenso do mercado daria apenas 2 para a administração. Você deve comprar ou vender as ações? (OA 8.4)

22. A Good News, Inc., acabou de anunciar um aumento em seus lucros anuais, embora o preço de suas ações tenha caído. Existe alguma explicação racional para esse fenômeno? (OA 8.1)

23. As ações das pequenas empresas que são negociadas raramente tendem a mostrar alfas CAPM positivos. Isso viola a hipótese de mercado eficiente? (OA 8.3)

Difíceis

24. Examine a figura a seguir, que representa retornos anormais cumulativos tanto antes quanto depois das datas em que pessoas com acesso a informações privilegiadas compram e vendem ações da empresa em que trabalham. Qual seria sua interpretação dessa figura? O que devemos fazer com o padrão de retornos anormais cumulativos antes e depois da data do acontecimento? (OA 8.3)

25. Suponhamos que, à medida que a economia atravessa um ciclo econômico, os prêmios de risco também mudam. Por exemplo, em uma recessão, quando as pessoas estão preocupadas com o emprego, a tolerância ao risco pode ser menor e os prêmios de risco mais altos. Em uma economia em expansão, a tolerância ao risco pode ser maior e os prêmios de risco mais baixos. (OA 8.3)

    a. Um prêmio de risco previsivelmente oscilante como o descrito aqui seria uma violação à hipótese de mercado eficiente?

    b. Como um ciclo de prêmios de risco crescentes e decrescentes poderia criar a impressão de que os preços das ações "reagem exageradamente" primeiro caindo de forma intensa e depois parecendo recuperar?

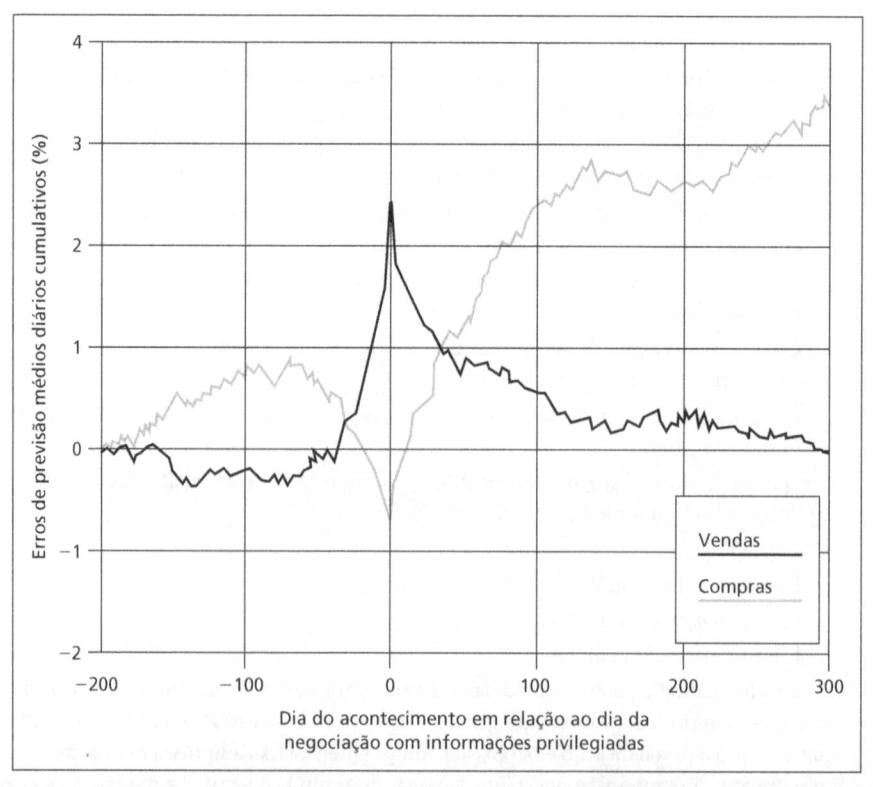

Fonte: Dados reimpressos de Nejat H. Seyhun, "Insiders, Profits, Costs of Trading and Market Efficiency", *Journal of Financial Economics*, 16, pp. 189-212. Copyright junho de 1986, com permissão da Elsevier.

Questões CFA

1. A forma semiforte da hipótese de mercado eficiente postula que os preços das ações: (OA 8.1)
   a. Refletem totalmente todas as informações históricas de preço.
   b. Refletem totalmente todas as informações disponíveis publicamente.
   c. Refletem totalmente todas as informações relevantes, incluindo as privilegiadas.
   d. Podem ser previstos.

2. Suponhamos que uma empresa anuncie um grande pagamento inesperado de dividendos em dinheiro para seus acionistas. Em um mercado eficiente *sem* vazamento de informações, poderíamos esperar: (OA 8.1)
   a. Uma mudança de preço anormal no momento da divulgação.
   b. Um aumento de preço anormal antes da divulgação.
   c. Uma queda de preço anormal após a divulgação.
   d. Nenhuma mudança de preço anormal antes ou depois da divulgação.

3. Qual das seguintes sentenças ofereceria evidência *contra* a *forma semiforte* da teoria de mercado eficiente? (OA 8.3)
   a. Cerca de 50% dos fundos de pensão superam o desempenho do mercado em qualquer ano.
   b. Você não consegue obter lucros anormais comprando ações após a divulgação de grandes lucros.
   c. A análise de tendências não é útil para prever os preços das ações.
   d. Um P/E baixo tende a ter retornos anormais positivos a longo prazo.

4. De acordo com a hipótese de mercado eficiente: (OA 8.3)
   a. As ações com beta alto sempre estão acima do preço.
   b. As ações com beta baixo sempre estão acima do preço.
   c. Os alfas positivos sobre as ações desaparecerão rapidamente.
   d. As ações com alfa negativo sempre geram baixos retornos para os arbitradores.

5. O "passeio aleatório" ocorre quando: (OA 8.1)
   a. As mudanças de preço das ações são aleatórias, mas previsíveis.
   b. Os preços reagem lentamente a informações novas e antigas.
   c. As mudanças de preço futuras não estão correlacionadas com mudanças de preço passadas.
   d. As informações históricas são úteis para prever os preços futuros.

6. Uma anomalia de mercado refere-se a: (OA 8.3)
   a. Um choque exógeno agudo mas não persistente no mercado.
   b. Um acontecimento em relação ao preço ou volume que é incoerente com as tendências históricas de preço ou volume.
   c. Uma estrutura de negociação ou precificação que interfere na compra e venda eficientes de títulos.
   d. Um comportamento de preço que difere do comportamento previsto pela hipótese de mercado eficiente.

7. Alguns acadêmicos defendem que os gestores profissionais são incapazes de superar o desempenho do mercado. Outros apresentam uma conclusão contrária. Compare e contraste as suposições sobre o mercado de ações que respaldam a (a) gestão passiva de carteiras e (b) gestão ativa de carteiras. (OA 8.2)

8. Você é gestor de carteira e está em uma reunião com um cliente. Durante a conversa que se segue à revisão formal de sua conta, seu cliente faz a seguinte pergunta: (OA 8.2)

   > Meu neto, que estuda finanças, me disse que uma das melhores formas de ganhar dinheiro na bolsa de valores é comprar ações de empresas de baixa capitalização no fim de dezembro e vendê-las um mês depois. O que ele quer dizer com isso?

   a. Identifique as anomalias de mercado aparentes que justificariam a estratégia proposta.
   b. Explique por que você acredita que uma estratégia desse tipo poderia ou não poderia funcionar no futuro.

9. a. Explique brevemente o conceito de hipótese de mercado eficiente (EMH) e cada uma de suas três formas – fraca, semiforte e forte – e discorra brevemente sobre até que ponto as evidências empíricas existentes respaldam cada uma das três formas da EMH. (OA 8.2)
    b. Discorra brevemente sobre as implicações da hipótese de mercado eficiente para as políticas de investimento no que tange à: (OA 8.4)
        i. Análise técnica em forma de tabela.
        ii. Análise fundamentalista.
    c. Explique brevemente os papéis ou as responsabilidades dos gestores de carteira em um ambiente de mercado eficiente. (OA 8.4)

10. Crescimento e valor podem ser definidos de diversas formas. *Crescimento* normalmente transmite a ideia de uma carteira que enfatiza ou inclui apenas empresas que se acredita que tenham taxas futuras acima da média de crescimento de lucro por ação. Baixo rendimento atual, altos índices de preço/valor contábil e altos índices de preço/lucro são as características usuais de carteiras desse tipo. *Valor* normalmente transmite a ideia de carteiras que enfatizam ou incluem apenas emissões que atualmente mostram baixos índices de preço/valor contábil, baixos índices de preço/lucro, níveis de rendimento de dividendos acima da média e preços de mercado considerados abaixo dos valores intrínsecos das emissões. (OA 8.3)
    a. Identifique e apresente os motivos pelos quais, no decorrer de períodos longos, o investimento em ações de valor poderia ter um desempenho superior ao do investimento em ações de crescimento.
    b. Explique porque o resultado proposto em (*a*) não deve ser possível em um mercado considerado extremamente eficiente por uma ampla maioria.

11. Sua cliente de investimentos lhe pede informações sobre os benefícios da gestão ativa de carteiras. Ela está particularmente interessada em saber se é dado supor que os gestores ativos exploram consistentemente as ineficiências nos mercados de capitais para gerar retornos acima da média sem assumir maiores riscos.

    A forma semiforte da hipótese de mercado eficiente postula que toda informação disponível publicamente é refletida rápida e corretamente nos preços dos títulos. Isso quer dizer que os investidores não devem esperar obter lucros acima da média de compras realizadas após a divulgação das informações ao público porque os preços dos títulos já refletem todos os efeitos dessas informações. (OA 8.2)
    a. Identifique e explique dois exemplos de evidência empírica que tendem a respaldar a dedução da EMH supracitada.
    b. Identifique e explique dois exemplos de evidência empírica que tendem a refutar a dedução da EMH supracitada.
    c. Discorra sobre motivos pelos quais um investidor poderia optar por não indexar mesmo se os mercados fossem, na verdade, eficientes na forma semiforte.

WEB *master*

1. Utilize os dados do <finance.yahoo.com> para responder as perguntas a seguir.
    a. Colete os dados a seguir para 25 empresas de sua preferência.
        i. Índice de valor contábil/valor de mercado.
        ii. Índice de preço/lucro.
        iii. Capitalização de mercado (tamanho).
        iv. Índice de preço/fluxo de caixa (isto é, capitalização de mercado/fluxo de caixa operacional).
        v. Outro critério de seu interesse.

       Você pode encontrar essas informações escolhendo uma empresa e clicando em *Key Statistics* (Principais Estatísticas). Classifique as empresas separadamente, com base em cada um dos critérios, e divida-as em cinco grupos, com base na classificação obtida em cada critério. Calcule a taxa média de retorno de cada grupo de empresas.

       Você confirma ou rejeita alguma das anomalias citadas neste capítulo? Você consegue identificar alguma nova anomalia? Nota: Para que seu teste seja válido, você deve formar suas carteiras com base nos critérios observados no *início* do período em que você forma os grupos de ações. Por quê?

b. Utilize o histórico de preços da guia *Historical Prices* (Preços Históricos) para calcular o beta de cada uma das empresas na parte (*a*). Utilize esse beta, a taxa das letras do Tesouro e o retorno do S&P 500 para calcular o retorno anormal ajustado ao risco de cada grupo de ações. Alguma anomalia descoberta na questão anterior persiste após o controle de risco?

c. Agora, forme os grupos de ações que utilizam dois critérios simultaneamente. Por exemplo, forme uma carteira de ações que sejam o menor quintil do índice de preço/lucro e o maior quintil do índice de valor contábil/valor de mercado. Escolher ações com base em mais de uma característica melhora sua capacidade para criar carteiras com retornos anormais? Repita a análise formando grupos que atendam aos três critérios simultaneamente. Isso gera qualquer melhoria complementar nos retornos anormais?

2. Vários *sites* divulgam informações sobre surpresas de lucro. Grande parte das informações fornecidas é do Zacks.com. Todos os dias as maiores surpresas positivas e negativas são divulgadas. Entre em <www.zacks.com/research/earnings/today_eps.php> e identifique as maiores surpresas de lucro positivas e as maiores negativas do dia. A tabela relacionará o horário e a data da divulgação.

a. Você percebe alguma diferença entre os horários do dia nos quais as divulgações positivas tendem a ser feitas em relação às divulgações negativas?

b. Identifique os *tickers* (símbolos de cotação) das três principais surpresas positivas. Assim que você identificar as surpresas principais, entre no <finance.yahoo.com>. Insira o *ticker* e obtenha as cotações desses títulos. Examine a tabela de cinco dias de cada uma das empresas. As informações são rapidamente incorporadas no preço? Há alguma evidência de conhecimento anterior ou previsão sobre a divulgação antes da negociação?

c. Escolha uma das ações listadas e clique no respectivo símbolo para seguir o *link* de mais informações. Clique no *link Interactive Java Charting* (Gráfico Interativo Java) que aparece abaixo do gráfico. Na caixa de diálogo *Graph Control* (Controle do Gráfico) escolha o período de cinco anos e marque a caixa "EPS Surprise" (Surpresa EPS). O gráfico resultante mostrará as surpresas de lucro positivas em barras verdes e as negativas em barras vermelhas. Você pode mover o cursor sobre várias partes do gráfico para examinar o que ocorreu com o preço e o volume de negociações das ações em torno de cada evento de surpresa. Você percebe algum padrão?

Soluções para as *Revisões de* **CONCEITOS**

8.1 a. Um alto executivo pode muito bem ter informações confidenciais sobre a empresa. A possibilidade de ele extrair lucro dessas informações não é novidade. Essa capacidade viola a eficiência de forma fraca: os lucros anormais não provêm de uma análise de preços históricos nem de dados de negociação. Se assim fosse, isso indicaria que existem informações valiosas que poderiam ser extraídas dessa análise. Mas essa habilidade viola, sim, a eficiência de forma forte. Aparentemente, existem algumas informações confidenciais que ainda não estão refletidas nos preços das ações.

b. Os conjuntos de informações que pertencem à forma fraca, semiforte e forte da EMH podem ser descritos pelo seguinte exemplo:

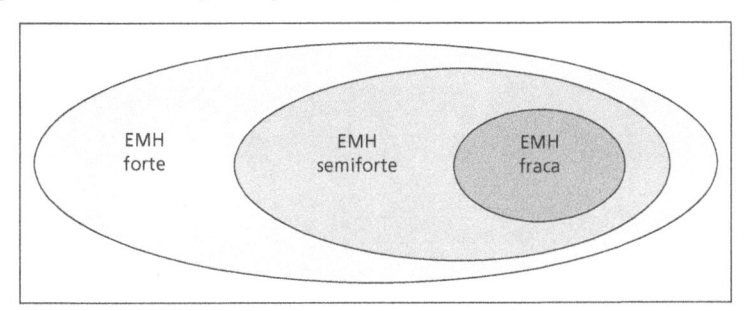

O conjunto de informações de forma fraca inclui apenas o histórico de preços e volumes. O conjunto da forma semiforte inclui o conjunto de forma fraca *mais* todas as outras informações disponíveis publicamente. O conjunto de forma forte, por sua vez, inclui o conjunto semiforte *mais* as informações privilegiadas. É ilegal utilizar essas informações adicionais (informações confidenciais de uma pessoa bem informada). A direção da implicação *válida* é

EMH forte → EMH semiforte → EMH fraca

A implicação de direção oposta *não* é válida. Por exemplo, os preços das ações podem refletir todos os dados históricos de preço (eficiência fraca), mas não podem refletir dados fundamentais pertinentes (ineficiência semiforte).

8.2 O que defendemos na questão anterior é que o próprio fato de observarmos preços de ação próximos dos níveis de resistência contraria a suposição de que o preço pode ser um nível de resistência. Se for observado que uma ação é vendida *por determinado preço*, os investidores devem acreditar que é possível obter uma taxa de retorno justa se a ação for comprada por esse preço. É logicamente impossível uma ação ter um nível de resistência *e* oferecer uma taxa de retorno justa por preços imediatamente abaixo do nível de resistência. Se reconhecermos que os preços são apropriados, devemos rejeitar qualquer pressuposição quanto aos níveis de resistência.

8.3 Se *todos* adotarem a estratégia passiva, mais cedo ou mais tarde os preços cairão para refletir novas informações. A essa altura, existem oportunidades de lucro para os investidores ativos que descobrem títulos com preço incorreto. Quando eles compram ou vendem esses ativos, os preços novamente são levados para os níveis justos.

8.4 A resposta depende de suas convicções anteriores sobre eficiência de mercado. O desempenho inicial de Miller foi inacreditavelmente alto. Entretanto, como existem tantos fundos, não é tanto de surpreender que *alguns* fundos pareçam consistentemente superiores após o fato. Uma pequena quantidade de gestores pode ter um desempenho anterior excepcional por acaso, mesmo em um mercado eficiente. Um teste mais adequado é oferecido em "estudos continuados". Aqueles que tiverem melhor desempenho em um período são mais propensos a repeti-lo em períodos posteriores? O desempenho de Miller nos três últimos anos não tem continuidade ou não atende ao critério de consistência.

O Capítulo 9 encontra-se disponíveis para consulta e download no *site* do Grupo A. Por favor, faça seu cadastro e procure pelo Conteúdo online, na página deste livro.

PARTE 3

Títulos de dívida

Capítulos desta parte:

10 Preço e rendimento das obrigações
11 Gestão de carteiras de obrigações

Os mercados de obrigações costumavam ser uma área tranquila para os investidores que, avessos ao risco, desejavam investimentos seguros com retornos modestos, mas estáveis. Porém, não são mais tão tranquilos. O mercado de renda fixa estava no centro da crise financeira de 2008 a 2009 e o rebaixamento da dívida do Tesouro dos Estados Unidos pelo Standard & Poor's em 2011 desencadeou em um único dia um enorme declínio no mercado acionário, superior a 6% quando os mercados abriram.

Esses mercados já não são mais isentos de risco. As taxas de juros nas duas últimas décadas tornaram-se mais voláteis do que se poderia ter imaginado em 1965. Volatilidade significa que os investidores têm grandes oportunidades de lucro, mas também de perdas, e já vimos exemplos drásticos de ambos em anos recentes.

O Long-Term Capital Management, na época o fundo de *hedge* mais bem-sucedido do mundo, chocou Wall Street quando foi abatido por reviravoltas financeiras em 1998 que incluíram prejuízos de mais de US$ 1 bilhão em suas posições de taxas de juros. Mas esses prejuízos parecem quase peculiares quando comparados com a devastação sofrida no colapso do mercado de 2008-2009. O início desse período foi sinalizado pela divulgação de prejuízos de US$ 1 bilhão em obrigações hipotecárias mantidas por dois fundos de *hedge* da Bear Stearns em 2007. No decorrer dos dois anos seguintes, centenas de bilhões foram perdidos pelos investidores em outras obrigações garantidas por hipotecas e por aqueles que vendiam seguro para esses títulos. Obviamente, em várias dessas circunstâncias havia negociadores no outro lado da transação que se saíram muito bem. As apostas de baixa do mercado que o gestor de fundos de *hedge* John Paulson fez em 2007 renderam aos seus fundos mais de US$ 15 bilhões.

Os capítulos da Parte Três oferecem uma introdução aos mercados de dívida e títulos. Mostraremos de que forma você pode avaliar esses títulos e por que seus valores mudam com as taxas de juros. Veremos quais características que determinam a suscetibilidade dos preços das obrigações às taxas de juros e como os investidores avaliam e gerenciam o risco da taxa de juros.

CAPÍTULO 10
Preço e rendimento das obrigações

Objetivos de aprendizagem:

OA10.1 Explicar os termos gerais de uma escritura de emissão de obrigações e como os preços das obrigações são cotados na imprensa financeira.

OA10.2 Calcular o preço de uma obrigação com base em seu rendimento até o vencimento e calcular seu rendimento até o vencimento com base em seu preço.

OA10.3 Calcular como os preços das obrigações mudarão com o passar do tempo de acordo com determinada projeção de taxa de juros.

OA10.4 Descrever as cláusulas de resgate antecipado, conversibilidade e fundos de amortização e analisar como elas afetam o preço e o rendimento até o vencimento das obrigações.

OA10.5 Identificar os determinantes de segurança e classificação das obrigações e como o risco de crédito se reflete nos rendimentos das obrigações e nos preços de *swaps* de risco de não cumprimento.

OA10.6 Calcular várias medidas de retorno das obrigações e demonstrar como essas medidas podem ser afetadas pelos impostos.

OA10.7 Analisar os fatores que provavelmente afetarão a forma da curva de rendimento a qualquer momento e atribuir taxas entre dois prazos futuros com base na curva de rendimento.

Nos capítulos anteriores sobre a relação entre risco e retorno, utilizamos um alto nível de abstração para analisarmos os títulos. Assumimos implicitamente que uma análise prévia detalhada de cada título já havia sido realizada e que suas características de risco e retorno haviam sido avaliadas.

Agora nos voltaremos para análises específicas de determinados mercados de títulos. Examinamos os princípios de avaliação, os determinantes de risco e retorno e as estratégias de carteira normalmente empregadas dentro e entre os vários mercados.

Analisamos primeiramente os títulos de dívida. Um título de dívida representa o direito a determinado fluxo de renda periódico. Esses títulos com frequência são chamados de *títulos de renda fixa* porque prometem um fluxo de renda fixo ou um fluxo de renda determinado de acordo com uma fórmula específica. A vantagem é que eles são relativamente fáceis de entender porque as respectivas fórmulas de pagamento são especificadas com antecedência. A incerteza quanto aos fluxos de caixa é mínima porque a capacidade creditícia do emissor do título é adequada. Isso torna esses títulos um ponto de partida conveniente para a nossa análise sobre o universo de possíveis veículos de investimento.

Uma obrigação é um título de dívida básico, e este capítulo inicia-se com uma revisão dos mercados de obrigações, como as obrigações do Tesouro, corporativas e internacionais. Em seguida, nos voltaremos para determinação de preço das obrigações, mostrando como eles são fixados de acordo com as taxas de juros do mercado e por que eles mudam com essas taxas. Com essas informações básicas, podemos comparar as várias medidas de retorno das obrigações, como rendimento até o vencimento, rendimento até o resgate antecipado, retorno do período de manutenção do investimento ou taxa de retorno composta realizada. Demonstraremos como os preços das obrigações evoluem com o tempo, analisamos determinadas regras tributárias que se aplicam aos títulos de dívida e mostramos como os retornos após os impostos são calculados. Em seguida, consideramos o impacto do risco de inadimplência ou de crédito sobre a determinação de preço das obrigações e examinamos os determinantes de risco de crédito e o prêmio de inadimplência que estão embutidos nos rendimentos das obrigações. Por último, nos voltaremos para a estrutura de prazo das taxas de juros, a relação entre rendimento até o vencimento e o prazo até o vencimento.

10.1. CARACTERÍSTICAS DAS OBRIGAÇÕES

Obrigação é um título emitido relativamente a um acordo de empréstimo. O tomador de empréstimo emite (isto é, vende) uma obrigação para o concessor de empréstimo por uma quantia em dinheiro; basicamente, a obrigação é uma nota promissória assinada pelo devedor. O acordo obriga o emissor a fazer pagamentos específicos ao obrigacionista em datas específicas. Uma obrigação de cupom típica obriga o emissor a realizar pagamentos semestrais de juros, denominados *pagamentos de cupom*, ao obrigacionista, ao longo do tempo de existência da obrigação. Eles são assim chamados porque, antes do advento do computador, a maioria das obrigações vinha com cupons que os investidores costumavam destacar e apresentar ao emissor da obrigação para reivindicar o pagamento de juros. Na data de vencimento de uma obrigação, o emissor quita a dívida pagando o **valor nominal** da obrigação (ou, de maneira equivalente, seu **valor de face**). A **taxa de cupom** da obrigação determina o pagamento de juros: O pagamento anual é igual à taxa de cupom vezes o valor nominal da obrigação. A taxa de cupom, a data de vencimento e o valor nominal da obrigação fazem parte da *escritura de emissão da obrigação* entre o emissor e o obrigacionista.

A título de exemplo, considere uma obrigação com valor nominal de US$ 1.000 e taxa de cupom de 8% que pode ser vendida a um comprador por US$ 1.000. O emissor então paga ao obrigacionista 8% sobre US$ 1.000 ou US$ 80 por ano ao longo da existência especificada da obrigação, digamos 30 anos. O pagamento de US$ 80 normalmente ocorre em duas parcelas semestrais de US$ 40. Ao final de 30 anos de existência da obrigação, o emissor também paga o valor nominal de US$ 1.000 ao obrigacionista.

Geralmente, as obrigações são emitidas com taxas de cupom suficientemente altas para induzir os investidores a pagar o valor nominal na compra da obrigação. Entretanto, algumas vezes são emitidas **obrigações de cupom zero**, isto é, que não fazem nenhum pagamento de cupom. Nesse caso, os investidores recebem o valor nominal na data de vencimento, mas não recebem nenhum pagamento de juros até então: A obrigação tem uma taxa de cupom zero. Essas obrigações são emitidas por preços consideravelmente abaixo do valor nominal e o retorno do investidor provém apenas da diferença entre o preço da emissão e o pagamento do valor nominal no vencimento. Voltaremos a falar dessas obrigações mais adiante.

Obrigações e notas do Tesouro

A Figura 10.1 mostra parte de uma listagem de emissões do Tesouro extraída do *The Wall Street Journal Online*. As notas do Tesouro são emitidas com vencimentos originais de 1 a 10 anos, enquanto as obrigações do Tesouro são emitidas com vencimentos entre 10 e 30 anos. Tanto as obrigações quanto as notas podem ser compradas diretamente do Tesouro com valores nominais de apenas US$ 100, mas os de US$ 1.000 são bem mais comuns. Ambas fazem pagamentos de cupom semestrais.

A emissão realçada na Figura 10.1 vence em agosto de 2023. Sua taxa de cupom é 6,25%. O valor nominal é US$ 1.000. Portanto, a obrigação paga juros de US$ 62,50 ao ano em dois pagamentos semestrais de US$ 31,25. Os pagamentos são realizados em fevereiro e agosto de cada ano. Embora as obrigações normalmente sejam vendidas pelo valor nominal de US$ 1.000, os preços de compra e de venda[1] são cotados como porcentagem do valor nominal. Desse modo, o preço de venda corresponde a 137,438% do valor nominal ou US$ 1.374,38.

obrigação
Um título que obriga o emissor a realizar pagamentos específicos ao detentor ao longo de um período.

valor de face, valor nominal
Pagamento ao obrigacionista na data de vencimento da obrigação.

taxa de cupom
Pagamento anual de juros de uma obrigação por unidade monetária do valor nominal.

obrigação de cupom zero
Obrigação sem pagamento de cupons vendida com desconto que oferece apenas um pagamento de valor nominal no vencimento.

---

[1] Lembre-se de que o preço de compra é o preço pelo qual você pode vender a obrigação a um distribuidor. O preço de venda, que é um pouco mais alto, é aquele pelo qual você pode comprar a obrigação de um distribuidor.

FIGURA 10.1
Preços e rendimentos das obrigações do Tesouro dos Estados Unidos em 15 de agosto de 2011.

Fonte: *The Wall Street Journal Online*, 16 de agosto de 2011. Informações reimpressas com permissão do *The Wall Street Journal*. Copyright © 2011 Dow Jones & Company, Inc. Todos os direitos reservados mundialmente.

COTAÇÕES DO TESOURO DOS ESTADOS UNIDOS

Os dados sobre as notas e obrigações do Tesouro são cotações de mercado de balcão representativas desde as 15h00, horário do Leste dos EUA.

VENCIMENTO	Cupom	PREÇO DE COMPRA	PREÇO DE VENDA	VARIAÇÃO	RENDIMENTO EXIGIDO
15 ago. 12	1,750	101,570	101,594	−0,016	0,151
15 ago. 14	4,250	111,547	111,594	−0,094	0,358
31 dez. 15	2,125	105,789	105,820	−0,164	0,769
15 ago. 17	4,750	120,219	120,266	−0,234	1,234
15 fev. 20	8,500	152,063	152,094	−0,344	1,847
15 ago. 23	6,250	137,406	137,438	−0,688	2,598
15 fev. 27	6,625	145,547	145,594	−0,719	2,941
15 fev. 31	5,375	130,266	130,297	−0,953	3,263
15 nov. 39	4,375	111,766	111,813	−0,813	3,697
15 maio 41	4,375	111,719	111,750	−0,938	3,718

A última coluna, intitulada "Rendimento Exigido", refere-se ao rendimento da obrigação até o vencimento com base no preço de venda. Com frequência, o rendimento até o vencimento é interpretado como uma medida da taxa média de retorno para um investidor que comprou a obrigação pelo preço de venda e a mantém até a data de vencimento. A seguir, teremos muito a dizer sobre esse "rendimento até o vencimento".

Juros acumulados e preços de obrigação cotados Os preços de obrigação que você vê cotados nas páginas das publicações financeiras não são realmente os preços que os investidores pagam pela obrigação. Isso se explica pelo fato de o preço cotado não incluir os juros que são acumulados entre as datas de pagamento de cupom.

Se uma obrigação for comprada entre as datas de pagamento de cupom, o comprador deverá pagar juros acumulados ao vendedor, que é uma proporção rateada do cupom semestral que está por vir. Por exemplo, se já tiverem passado 30 dias desde o último pagamento de cupom e houver 182 dias no período de cupom semestral, o vendedor terá direito a um pagamento de juros acumulados de 30/182 do cupom semestral. A venda, ou o *preço de faturamento* da obrigação, que é a quantia que o comprador de fato paga, seria igual ao preço declarado mais os juros acumulados.

Em geral, a fórmula da quantia de juros acumulados entre duas datas é

$$\text{Juros acumulados} = \frac{\text{Pagamento de cupom anual}}{2} \times \frac{\text{Dias desde o último pagamento de cupom}}{\text{Dias entre os pagamentos de cupom}}$$

EXEMPLO 10.1
Juros acumulados

Digamos que a taxa de cupom seja de 8%. Desse modo, o pagamento de cupom semestral será US$ 40. Como já se passaram 30 dias desde o último pagamento de cupom, os juros acumulados sobre a obrigação são US$ 40 × (30/182) = US$ 6,59. Se o preço cotado da obrigação for US$ 990, o preço de faturamento será US$ 990 + $6,59 = $996,59.

A prática de cotar preços de obrigação sem os juros acumulados explica por que o preço da obrigação que está para vencer é listado como US$ 1.000, e não como US$ 1.000 mais um pagamento de cupom. O comprador de uma obrigação com cupom de 8% um dia antes do respectivo vencimento receberia US$ 1.040 no dia seguinte e, portanto, estaria disposto a pagar o preço total de US$ 1.040 pela obrigação. Na verdade, o valor US$ 40 desse pagamento total refere-se aos juros acumulados no período de seis meses precedente. O preço da obrigação é cotado sem os juros acumulados nas páginas financeiras e, por isso, aparece como US$ 1.000.[2]

---

[2] Diferentemente das obrigações, as ações não são negociadas por preços sem acréscimo, com ajustes para "dividendos acumulados". Quem quer que possua uma ação "ex-dividendos" receberá todo o pagamento de dividendos, e o preço da ação refletirá o valor dos dividendos futuros. Portanto, o preço normalmente cai para um valor próximo ao dos dividendos na "data ex". Com relação às ações, não há necessidade de diferenciar entre os preços divulgados e os preços de faturamento.

FIGURA 10.2 Listagem de obrigações corporativas.

NOME DO EMISSOR	SÍMBOLO	CUPOM	VENCIMENTO	CLASSIFICAÇÃO MOODY'S/S&P/FITCH	ALTA	BAIXA	ÚLTIMA	VARIAÇÃO	RENDIMENTO %
JPMORGAN CHASE & CO	JPM.LHD	3,125%	Dez. 2011	Aaa/AA+/AAA	100,907	100,786	100,829	0,079	0,305
GOLDMAN SACHS GP	GS.AOK	5,250%	Jul. 2021	–/A/–	103,899	99,790	100,490	–0,225	5,186
CITIGROUP	C.AGT	5,375%	Ago. 2020	A3/A/A+	109,280	105,900	107,994	0,818	4,293
BP CAPITAL MARKETS PLC (DUPLICATE)	BP.JW	3,200%	Mar. 2016	A2/A/A	106,350	105,783	105,827	–0,451	1,864
BANK OF AMERICA CORP	BAC.XQ	4,875%	Set. 2012	A2/A/A+	102,917	99,000	101,625	–0,930	3,333
AT&T	T.MA	4,450%	Maio 2021	A2/A–/A	111,614	108,500	110,129	1,720	3,230

Fonte: *The Wall Street Journal Online*, 11 de agosto de 2011. Informações reimpressas com permissão do *The Wall Street Journal*. Copyright © 2011 Dow Jones & Company, Inc. Todos os direitos reservados mundialmente.

Obrigações corporativas

Tal como o governo, as empresas tomam dinheiro emprestado emitindo obrigações. A Figura 10.2 apresenta um exemplo de listagem de obrigações corporativas extraída do *The Wall Street Journal Online*, que divulga as obrigações corporativas mais negociadas. Embora algumas obrigações sejam negociadas eletronicamente na plataforma NYSE Bonds, a maioria é negociada no mercado de balcão, por uma rede de distribuidores interligados por um sistema de cotação computadorizado. Na prática, o mercado de obrigações pode ser bastante "esparso", no sentido de que há poucos investidores interessados em negociar uma obrigação específica em um momento específico.

A listagem de obrigações da Figura 10.2 inclui o cupom, o vencimento, o preço e o rendimento até o vencimento de cada obrigação. A coluna "Classificação" é a estimativa de segurança da obrigação oferecida pelas três principais agências de classificação de obrigações: Moody's, Standard & Poor's e Fitch. As obrigações com classificação A são mais seguras do que aquelas com classificação B ou inferior. Observe que, como regra geral, as obrigações mais seguras e, portanto, com a classificação mais alta prometem menores rendimentos até o vencimento. Voltaremos a esse assunto no final deste capítulo.

Cláusulas de resgate de obrigações corporativas Algumas obrigações corporativas são emitidas com cláusulas de resgate, possibilitando que o emissor recompre a obrigação por um *preço de resgate* específico antes da data de vencimento. Por exemplo, se uma empresa emitir uma obrigação com uma alta taxa de cupom quando as taxas de juros do mercado estiverem em alta, e as taxas de juros posteriormente caírem, essa empresa pode querer quitar a dívida com cupom alto e emitir novas obrigações com uma taxa de cupom mais baixa para reduzir os pagamentos de juros. As receitas da nova emissão são utilizadas para pagar a recompra das obrigações de cupom mais alto existentes pelo preço de resgate antecipado. Isso é chamado de *refinanciamento*. As **obrigações resgatáveis** normalmente têm um período de proteção contra resgate durante o qual as obrigações não podem ser resgatadas. Essas obrigações são chamadas de obrigações com resgate *diferido*.

A opção de resgatar uma obrigação é importante para a empresa, pois permite que recompre as obrigações e as refinancie com taxas de juros mais baixas quando as taxas do mercado caem. É evidente que o que é vantagem para empresa representa um encargo para o obrigacionista. Os detentores de obrigações resgatadas abrem mão de suas obrigações pelo preço de resgate, renunciando à possibilidade de obter uma taxa de juros atraente sobre seu investimento original. Para compensar os investidores por esse risco, as obrigações resgatáveis antecipadamente são emitidas com rendimentos até o vencimento e cupons mais altos do que os das obrigações não resgatáveis.

obrigações resgatáveis
Obrigações que podem ser recompradas pelo emissor por determinado preço de resgate durante o período de resgate.

Revisão de **CONCEITOS** **10.1**

Suponhamos que a Verizon emita duas obrigações com taxas de cupom e datas de vencimento idênticas. Entretanto, uma obrigação é resgatável e a outra não. Qual obrigação será vendida por um preço mais alto?

obrigações conversíveis
Obrigação com uma opção que permite que o obrigacionista troque a obrigação por um número específico de ações ordinárias da empresa.

Obrigações conversíveis As **obrigações conversíveis** oferecem aos obrigacionistas a opção de trocar cada obrigação por um número específico de ações ordinárias da empresa. O *índice de conversão* indica o número de ações pelas quais cada obrigação pode ser trocada. Suponhamos que uma obrigação conversível seja emitida pelo valor nominal de US$ 1.000 e possa ser convertida em 40 ações de uma empresa. O preço atual da ação é US$ 20 cada. Portanto, a opção de converter não é lucrativa nesse momento. Entretanto, se posteriormente o preço da ação subir para US$ 30, cada obrigação poderá ser convertida com lucro em US$ 1.200 em ações. O *valor de conversão de mercado* é o valor atual das ações pelas quais as obrigações podem ser trocadas. Com um preço de ação de US$ 20, por exemplo, o valor de conversão da obrigação é US$ 800. O *prêmio de conversão* é o excedente do preço da obrigação em relação ao seu valor de conversão. Se a obrigação estivesse sendo vendida atualmente por US$ 950, seu prêmio seria US$ 150.

Os obrigacionistas beneficiam-se com a valorização de preço das ações da empresa. Não é de se surpreender que essa vantagem tenha um preço: as obrigações conversíveis oferecem taxas de cupom mais baixas e rendimentos até o vencimento declarados ou prometidos também mais baixos do que os das obrigações não conversíveis. Entretanto, o retorno real sobre a obrigação conversível pode superar o rendimento até o vencimento declarado se a opção de conversão tornar-se lucrativa.

Analisaremos mais detalhadamente as obrigações conversíveis e resgatáveis no Capítulo 15.

obrigação com opção de venda
Obrigação que o detentor pode optar por vender pelo valor nominal em alguma data ou estender durante determinado número de anos.

Obrigações com opção de venda Enquanto uma obrigação resgatável oferece ao emissor a opção de estender ou quitar a obrigação na data de resgate, a **obrigação com opção de venda** oferece essa opção ao obrigacionista. Se a taxa de cupom da obrigação superar os rendimentos atuais do mercado, por exemplo, o obrigacionista optará por estender a duração da obrigação. Se a taxa de cupom da obrigação for muito baixa, o ideal é não estender; em vez disso, o obrigacionista reclama o principal, que pode ser investido pelos rendimentos atuais.

obrigações com taxa flutuante
Obrigações com taxas de cupom redefinidas periodicamente de acordo com uma taxa de mercado específica.

Obrigações com taxa flutuante As **obrigações com taxa flutuante** realizam pagamentos de juros vinculados a alguma medida das taxas de mercado atuais. Por exemplo, a taxa pode ser ajustada anualmente à taxa atual das letras do Tesouro mais 2%. Se a taxa de um ano das letras do Tesouro na data do ajuste fosse 4%, a taxa de cupom da obrigação no próximo ano seria 6%. Esse esquema significa que a obrigação sempre paga um valor aproximado ao das taxas de mercado atuais.

O principal risco da obrigação com taxa flutuante está relacionado às condições variáveis de crédito. O *spread* de rendimento é fixado sobre a vida do título, que pode ser de vários anos. Se a saúde financeira da empresa deteriorar, os investidores exigirão um prêmio de rendimento maior do que o oferecido pelo título. Nesse caso, o preço da obrigação cairá. Embora a taxa de cupom das obrigações com taxa flutuante se ajuste às mudanças no nível geral das taxas de juros do mercado, ela não se ajusta às mudanças na condição financeira da empresa.

Ações preferenciais

Embora, a rigor, as ações preferenciais sejam consideradas patrimônio, com frequência são incluídas no universo de renda fixa. Isso ocorre porque, como as obrigações, as ações preferenciais prometem pagar um fluxo de dividendos específico. Contudo, ao contrário das obrigações, a falta de pagamento dos dividendos prometidos não provoca falência corporativa. Em vez disso, os dividendos devidos simplesmente se acumulam e os acionistas ordinários podem não receber nenhum dividendo até que os acionistas preferenciais tenham sido pagos integralmente. Em caso de falência, a prioridade dos acionistas preferenciais de reivindicar os ativos da empresa é menor em comparação à dos obrigacionistas e maior em relação à dos acionistas ordinários.

As ações preferenciais normalmente pagam dividendos fixos. Portanto, na verdade, essas ações são uma perpetuidade e, por isso, oferecem fluxo de caixa indefinidamente. Entretanto, recentemente as ações preferenciais ajustáveis ou com taxa flutuante têm se tornado populares e, em alguns anos, responderam por cerca de metade das novas emissões. As ações preferenciais com taxa flutuante são bem parecidas com as obrigações com taxa flutuante. A taxa de dividendos está vinculada a uma medida das taxas de juros atuais do mercado e é ajustada regularmente.

Ao contrário dos pagamentos de juros sobre obrigações, os dividendos sobre as ações preferenciais não são considerados despesas dedutíveis de imposto da empresa. Isso diminui sua atratividade como fonte de capital para as empresas emissoras. Entretanto, existe uma vantagem fiscal compensadora nas ações preferenciais. Quando uma corporação compra uma ação preferencial de outra corporação, ela paga impostos sobre somente 30% dos dividendos recebidos. Por exemplo, se a alíquota de imposto da empresa for 35% e ela receber US$ 10.000 em pagamentos de dividendos preferenciais, pagará impostos sobre apenas US$ 3.000 dessa renda: o total de impostos devidos sobre a renda será $0,35 \times US\$ 3.000 = US\$ 1.050$. Portanto, a alíquota de imposto efetiva da empresa sobre os dividendos preferenciais será apenas $0,30 \times 35\% = 10,5\%$. Com essa regra fiscal, não é de surpreender que a maioria das ações preferenciais esteja nas mãos das corporações.

As ações preferenciais raramente oferecem aos detentores privilégios plenos de votação na empresa. Porém, se os dividendos preferenciais forem ignorados, os acionistas preferenciais terão algum poder de voto.

Outros emissores domésticos

Evidentemente, existem vários emissores de obrigações além do Tesouro e das empresas de capital fechado. Por exemplo, os governos estaduais e municipais emitem obrigações, cuja principal característica é que os pagamentos de juros são isentos de impostos. Examinamos as obrigações municipais, a importância da isenção de impostos e o rendimento tributável equivalente sobre essas obrigações no Capítulo 2.

As agências governamentais, como o Banco Federal de Hipotecas Residenciais (Federal Home Loan Bank – FHLB), as agências de crédito agrícola Farm Credit e as agências de repasse de hipotecas Ginnie Mae, Fannie Mae e Freddie Mac, também emitem um número considerável de obrigações. Essas agências foram igualmente analisadas no Capítulo 2.

Obrigações internacionais

As obrigações internacionais normalmente são divididas em duas categorias: *obrigações estrangeiras* e *euro-obrigações*. As obrigações estrangeiras são emitidas por um tomador de empréstimo um país diferente daquele em que a obrigação é vendida. A obrigação é emitida na moeda do país em que ela é negociada. Por exemplo, se uma empresa alemã vender uma obrigação emitida em dólar nos Estados Unidos, ela será considerada uma obrigação estrangeira. Essas obrigações recebem nomes pitorescos conforme o país em que são negociadas. Por exemplo, as ações estrangeiras vendidas nos Estados Unidos são chamadas de *obrigações ianques*. Tal como outras obrigações vendidas nos Estados Unidos, elas são registradas na Comissão de Valores Mobiliários (Securities and Exchange Commission – SEC). As obrigações emitidas em iene e vendidas no Japão por emissores não japoneses são chamadas *obrigações samurai*. As obrigações estrangeiras emitidas em libra esterlina e vendidas no Reino Unidos são chamadas de *obrigações buldogue*.

Diferentemente das obrigações estrangeiras, as euro-obrigações são emitidas em uma moeda, normalmente a do emissor, mas vendidas em outros mercados nacionais. Por exemplo, o mercado de eurodólar refere-se às obrigações emitidas em dólar vendidas fora dos Estados Unidos (e não apenas na Europa), apesar de Londres ser o maior mercado de obrigações em eurodólar. Como o mercado de eurodólar está fora da jurisdição dos Estados Unidos, essas obrigações não são regulamentadas por agências federais americanas. De forma semelhante, as obrigações em euroiene são emitidas em iene e vendidas fora do Japão. As obrigações euroesterlinas são euro-obrigações emitidas em libra esterlina e vendidas fora do Reino Unido, e assim por diante.

Inovação no mercado de obrigações

Os emissores sempre criam obrigações inovadoras e com características incomuns. Isso demonstra que a estrutura das obrigações pode ser muito flexível. Veja a seguir exemplos de algumas obrigações recentes. Eles provavelmente lhe darão uma ideia do potencial de variedade na estrutura das obrigações.

Obrigações flutuantes reversas São parecidas com as obrigações com taxa flutuante que descrevemos anteriormente, mas a taxa de cupom sobre essas obrigações *cai* quando o nível geral das taxas de cupom sobe. Os investidores desse tipo de obrigação sofrem em dobro quando as taxas sobem. À medida que a taxa de desconto sobe, não apenas o valor presente de cada unidade monetária do fluxo de caixa da obrigação cai, o nível desses fluxos de caixa também cai. (Obviamente, os investidores dessas obrigações beneficiam-se em dobro quando a taxa cai.)

Obrigações garantidas por ativos A Walt Disney emitiu obrigações com taxas de cupom atreladas ao desempenho financeiro de vários de seus filmes. De forma semelhante, foram emitidas "obrigações David Bowie" com pagamentos atrelados aos *royalties* de alguns dos álbuns desse artista. Esses são exemplos de títulos garantidos por ativos. A renda de um grupo específico de ativos é utilizada para garantir a dívida. Os títulos mais convencionais garantidos por ativos são os títulos garantidos por hipotecas ou por empréstimos de veículo ou de cartão de crédito, tal como analisamos no Capítulo 2.

Obrigações com pagamento em espécie (*pay-in-kind* – PIK)   Os emissores desse tipo de obrigação podem optar por pagar os juros em dinheiro ou utilizando outras obrigações. Se o emissor estiver com pouco dinheiro, provavelmente optará por pagá-los com novas obrigações, e não com dinheiro.

Obrigações catástrofe   A Oriental Land Co., que gerencia a Disneylândia Tóquio, emitiu obrigações com pagamento final que depende da ocorrência de terremoto próximo ao parque. A empresa suíça Winterthur uma vez emitiu uma obrigação cujos pagamentos serão cortados se uma tempestade de granizo na Suíça provocar um amplo reembolso de apólices da Winterthur. Essas obrigações são uma forma de transferir "o risco de catástrofe" das seguradoras para os mercados de capitais. Os investidores dessas obrigações recebem compensação em forma de taxas de cupom mais altas pelo fato de assumirem esse risco. Contudo, se houver uma catástrofe, os obrigacionistas perderão todo ou parte de seus investimentos. Pode-se definir um "desastre" com base nos prejuízos segurados ou em critérios como velocidade do vento em um furacão ou nível de um terremoto na escala Richter. A emissão de obrigações catástrofe cresceu subitamente em anos recentes porque os emissores procuraram alternativas para distribuir seus riscos em espectro mais amplo do mercado de capitais.

Obrigações indexadas   Esse tipo de obrigação realiza pagamentos que estão atrelados a um índice geral de preços ou ao preço de uma *commodity* específica. Por exemplo, o México emitiu obrigações com pagamentos que dependem do preço do petróleo. Algumas obrigações são indexadas de acordo com o nível geral de preços. O Tesouro dos Estados Unidos começou a emitir obrigações indexadas pela inflação em janeiro de 1997. Elas são chamadas de títulos do Tesouro protegidos contra a inflação (*Treasury inflation protected securities* – TIPS). Ao atrelar o valor nominal da obrigação ao nível geral de preços, os pagamentos de cupom sobre essas obrigações, e também o repagamento final do valor nominal, aumentaram de maneira diretamente proporcional ao índice de preço ao consumidor. Desse modo, a taxa de juros sobre essas obrigações é uma taxa real isenta de risco.

Para mostrar como os TIPS funcionam, considere uma obrigação recém-emitida com vencimento de três anos, valor nominal de US$ 1.000 e taxa de cupom de 4%. Para simplificar, vamos admitir que a obrigação faça pagamentos de cupom anuais. Suponha que a inflação será de 2%, 3% e 1% nos três anos seguintes. A Tabela 10.1 mostra como os fluxos de caixa da obrigação será calculado. O primeiro pagamento é feito no final do primeiro ano, em $t = 1$. Como a inflação durante o ano foi de 2%, o valor nominal da obrigação aumentou de US$ 1.000 para US$ 1.020. Como a taxa de cupom é de 4%, o pagamento de cupom é 4% desse valor ou US$ 40,80. Observe que o valor do principal aumenta de acordo com a taxa de inflação e, como os pagamentos de cupom equivalem a 4% do principal, eles também aumentam proporcionalmente ao nível geral de preços. Portanto, os fluxos de caixa pagos pela obrigação são fixados em termos *reais*. Quando a obrigação vence, o investidor recebe um pagamento de cupom final de US$ 42,44 mais o repagamento (indexado pelo nível de preços) do principal de US$ 1.061,11.[3]

A taxa de retorno *nominal* da obrigação no primeiro ano é

$$\text{Retorno nominal} = \frac{\text{Juros} + \text{Valorização do preço}}{\text{Preço inicial}} = \frac{40,80 + 20}{1.000} = 6,08\%$$

A taxa de retorno real é precisamente o rendimento real de 4% sobre a obrigação:

$$\text{Retorno real} = \frac{1 + \text{Retorno nominal}}{1 + \text{Inflação}} - 1 = \frac{1,0608}{1,02} = 0,04 \text{ ou } 4\%$$

De forma semelhante (consulte o Problema 19 no final deste capítulo), podemos demonstrar que a taxa de retorno em cada um dos três anos é 4%, desde que o rendimento real sobre a

---

[3] A propósito, a renda nominal total (isto é, o cupom mais o aumento do principal naquele ano) é tratada como renda tributável em cada ano.

TABELA 10.1 Pagamento do principal e de juros de um título do Tesouro protegido contra a inflação

Tempo	Inflação ao término do ano (%)	Valor nominal (US$)	Pagamento de cupom (US$)	+	Reembolso do principal (US$)	=	Pagamento total (US$)
0		1.000					
1	2	1.020	40,80		0		40,80
2	3	1.050,60	42,02		0		42,02
3	1	1.061,11	42,44		1.061,11		1.103,55

obrigação permaneça constante. Se os rendimentos reais de fato mudarem, haverá ganhos ou perdas de capital sobre a obrigação. Em meados de 2011, o rendimento real sobre as obrigações TIPS com vencimento em 10 anos foi de aproximadamente 0,8%.

10.2. DETERMINAÇÃO DE PREÇO DAS OBRIGAÇÕES

Como uma obrigação é um cupom e todos os repagamentos do principal ocorrem meses ou anos depois, o preço que um investidor estaria disposto a pagar ter direito sobre esses pagamentos depende do valor em dinheiro a ser recebido no futuro em comparação com o valor em dinheiro disponível no presente. Esse cálculo do "valor presente" depende, por sua vez, das taxas de juros do mercado. Como vimos no Capítulo 5, a taxa nominal de juros isenta de risco é igual à soma de (1) uma taxa real de retorno isenta de risco e (2) um prêmio acima da taxa real para compensar a inflação esperada. Além disso, como a maioria das obrigações não é isenta de risco, a taxa de desconto incluirá um prêmio adicional que reflete características específicas das obrigações, como risco de inadimplência, liquidez, atributos fiscais, risco de resgate antecipado e assim por diante.

Simplificaremos por ora supondo que existe uma taxa de juros apropriada para descontar fluxos de caixa de qualquer vencimento, mas podemos flexibilizar essa suposição facilmente. Na prática, pode haver muitas taxas de desconto distintas para fluxos de caixa que se acumulam em períodos diferentes. Entretanto, por enquanto ignoraremos essa distinção.

Para orçar um título, descontamos seus fluxos de caixa esperados utilizando as taxas de desconto apropriadas. Os fluxos de caixa de uma obrigação englobam os pagamentos de cupom até a data de vencimento mais o pagamento final do valor nominal. Portanto,

Valor da obrigação = Valor presente dos cupons + Valor presente do valor nominal

Se chamarmos a data de vencimento de T e a taxa de desconto de r, o valor da obrigação pode ser expresso como

$$\text{Valor da obrigação} = \sum_{t=1}^{T} \frac{\text{Cupom}}{(1+r)^t} + \frac{\text{Valor nominal}}{(1+r)^T} \qquad (10.1)$$

O sinal de somatório na Equação 10.1 nos orienta a adicionar o valor presente de cada pagamento de cupom; cada cupom é descontado com base no tempo que levará para que seja pago. O primeiro termo no lado direito da Equação 10.1 é o valor presente de uma anuidade. O segundo termo é o valor presente de uma única quantia, o pagamento final do valor nominal da obrigação.

Você deve se lembrar, com base em alguma aula introdutória de finanças, de que o valor presente de uma anuidade de US$ 1 que dura T períodos quando a taxa de juros é igual a r é $\frac{1}{r}\left[1 - \frac{1}{(1+r)^T}\right]$. Chamamos essa expressão de *fator de anuidade do* período T para uma taxa de juros r.[4] De modo semelhante, chamamos $\frac{1}{(1+r)^T}$ de *fator PV*, isto é, o valor presente (VP) de

---

[4] Apresentamos aqui uma rápida derivação da fórmula do valor presente de uma anuidade. Uma anuidade que dura T períodos pode ser vista como equivalente a uma perpetuidade cujo primeiro pagamento ocorre no final do período atual *menos* outra perpetuidade cujo primeiro pagamento só ocorre após o final do período $T+1$. A perpetuidade imediata após a dedução da perpetuidade atrasada oferece exatamente T pagamentos. Sabemos que o valor de US$ 1 por perpetuidade de período é US$ 1/r. Portanto, o valor presente da perpetuidade atrasada é US$1/$r$ descontados os períodos T adicionais, ou $\frac{1}{r} \times \frac{1}{(1+r)^T}$. O valor presente da anuidade é o valor presente da primeira perpetuidade menos o valor presente da perpetuidade atrasada, ou $\frac{1}{r}\left[1 - \frac{1}{(1+r)^T}\right]$.

um único pagamento de US$ 1 a ser recebido em T períodos. Portanto, podemos expressar o preço da obrigação como

$$\text{Preço} = \text{Cupom} \times \frac{1}{r}\left[1 - \frac{1}{(1+r)^T}\right] + \text{Valor nominal} \times \frac{1}{(1+r)^T} \qquad (10.2)$$

$$= \text{Cupom} \times \text{Fator anuidade}(r, T) + \text{Valor nominal} \times \text{Fator PV}(r, T)$$

EXEMPLO 10.2
Determinação de preço das obrigações

> Analisamos anteriormente uma obrigação com cupom de 8% e 30 anos de vencimento, com um valor nominal de US$ 1.000 e pagamentos de cupom semestrais de US$ 40 cada. Suponhamos que a taxa de juros anual seja 8% ou $r = 4\%$ por semestre. Portanto, o valor da obrigação pode ser expresso como:
>
> $$\text{Preço} = \sum_{t=1}^{60} \frac{\text{US\$ } 40}{(1{,}04)^t} + \frac{\text{US\$ } 1.000}{(1{,}04)^{60}}$$
>
> $$= \text{US\$ } 40 \times \text{Fator de anuidade}(4\%, 60) + \text{US\$ } 1.000 \times \text{Fator VP}(4\%, 60)$$
>
> É fácil confirmar que o valor presente dos 60 pagamentos semestrais de US$ 40 de cada cupom da obrigação equivale a US$ 904,94 e que o pagamento final de US$ 1.000 do valor nominal apresenta um valor presente de US$ 95,06, para um valor total de obrigação de US$ 1.000. Você pode calcular o valor diretamente utilizando a Equação 10.2, qualquer calculadora financeira (consulte o Exemplo 10.3), uma planilha (consulte a Planilha 10.1 a seguir) ou um conjunto de tabelas de valor presente.
>
> Nesse exemplo, a taxa de cupom é igual à taxa de juros do mercado e o preço da obrigação é igual ao valor nominal. Se a taxa de juros não fosse igual à taxa de cupom da obrigação, a obrigação não seria vendida pelo valor nominal. Por exemplo, se a taxa de juros fosse subir para 10% (5% por semestre), o preço da obrigação cairia US$ 189,29 – isto é, para US$ 810,71 –, da seguinte maneira:
>
> US$ 40 × Fator de anuidade(5%, 60) + US$ 1.000 × Fator VP(5%, 60)
> = US$ 757,17 + US$ 53,54 = US$ 810,71
>
> Com uma taxa de juros mais alta, o valor presente dos pagamentos a serem recebidos pelo detentor é menor. Portanto, o preço das obrigações cai à medida que a taxa de juros do mercado aumenta. Isso demonstra uma regra geral fundamental na avaliação de obrigações.[5]

As calculadoras financeiras criadas com as fórmulas de valor presente e valor futuro já programadas podemos simplificar consideravelmente os cálculos com os quais acabamos de nos confrontar no Exemplo 10.2. Uma calculadora financeira básica utiliza cinco teclas correspondentes aos dados de problemas de valor do dinheiro no tempo tais como a determinação de preço das obrigações:

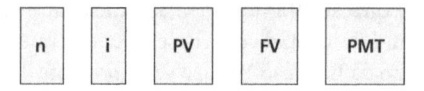

| n | i | PV | FV | PMT |

- n é o número de períodos. No caso de uma obrigação, n é igual ao número de períodos até o vencimento da obrigação. Se a obrigação fizer pagamentos semestrais, n será o número de períodos semestrais ou, de forma equivalente, o número de pagamentos de cupom semestrais. Por exemplo, se uma obrigação tivesse 10 anos até o vencimento, você inseriria 20 para n, visto que cada período de pagamento refere-se a um semestre.
- i é a taxa de juros por período, expressa como porcentagem (não como decimal, o que é exigido por programas de planilha). Por exemplo, se a taxa de juros fosse 6%, você digitaria 6, e não 0,06.
- *PV* é o valor presente (*present value*). Muitas calculadoras exigem que o valor presente seja inserido como número negativo, reconhecendo o fato de que a compra de uma obrigação é

---

[5] Veja uma armadilha que se deve evitar: você não deve confundir a taxa de *cupom* da obrigação, que determina os juros pagos ao obrigacionista, com a taxa de juros do mercado. Assim que uma obrigação é emitida, sua taxa de cupom é fixada. Quando a taxa de juros do *mercado* aumenta, os investidores descontam qualquer pagamento fixo utilizando uma taxa de desconto mais alta, o que significa que o valor presente e os preços das obrigações diminuem.

uma *saída* de caixa, enquanto o recebimento de pagamentos de cupom e do valor de face são *entradas* de caixa.
- *FV* é o valor futuro (*future value*) ou valor de face da obrigação. Em geral, o valor futuro é interpretado como um único pagamento futuro de um fluxo de caixa, o qual, para as obrigações, é o valor de face (isto é, nominal).
- *PMT* é a quantia de qualquer pagamento recorrente. Para obrigações com cupom, o PMT é o pagamento de cupom; para obrigações de cupom zero, o PMT será zero.

Para quaisquer desses quatro dados, a calculadora resolverá o quinto.

EXEMPLO 10.3
Determinando o preço de uma obrigação com uma calculadora financeira

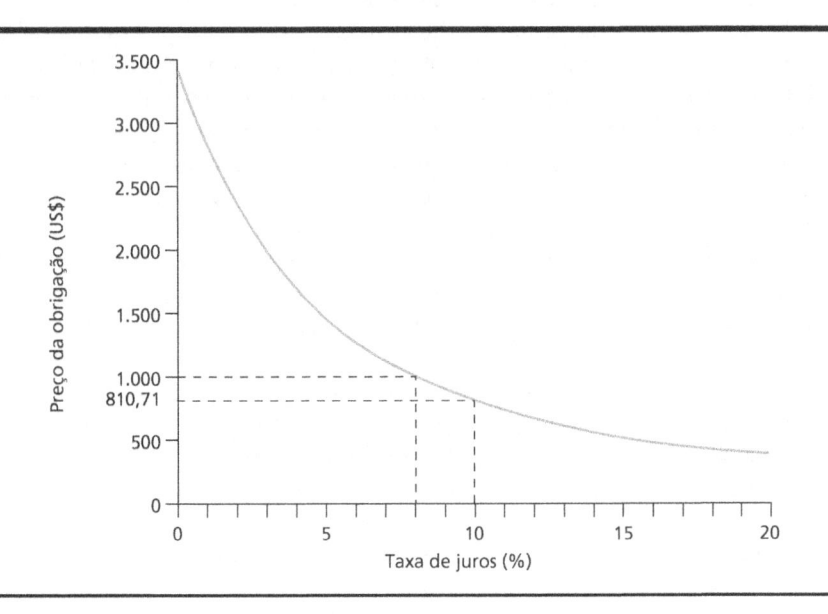

Podemos mostrar como se utiliza uma calculadora financeira com a obrigação do Exemplo 10.2. Para encontrar o respectivo preço, quando a taxa de juros anual do mercado é 8%, você insere os seguintes dados (em qualquer ordem):

n	60	Como a obrigação vence em 30 anos, ela faz 60 pagamentos semestrais.
i	4	A taxa de juros *semianual* é 4%.
FV	1.000	A obrigação oferecerá um fluxo de caixa único de US$ 1.000 quando vencer.
PMT	40	O pagamento de cupom semestral é US$ 40.

Na maioria das calculadoras, agora você pressiona a tecla "*compute*" (calcular), indicada como "*COMP*" ou "*CPT*"), e insere o valor presente para obter o preço da obrigação, isto é, o valor presente de hoje dos fluxos de caixa da obrigação. Se você fizer isso, deverá encontrar –904,94. O sinal negativo significa que, embora o investidor receba fluxos de caixa da obrigação, o preço pago para *comprá-la* é uma *saída* de caixa ou um fluxo de caixa negativo.

Se desejar encontrar o valor da obrigação com uma taxa de juros de 10% (a segunda parte do Exemplo 10.2), basta inserir 5% para a taxa de juros semianual (digite "5" e depois "*i*"). Quando calcular o valor presente, verá que ele é igual a –810,71.

A Figura 10.3 mostra o preço de uma obrigação de 30 anos com cupom de 8% para uma série de taxas de juros que inclui a de 8%, caso em que a obrigação é vendida pelo valor nominal, e a de 10%, em que a obrigação é vendida por US$ 810,71. A inclinação negativa mostra a relação inversa entre preços e rendimentos. Observe também nessa figura (e na Tabela 10.2) que a forma da curva indica que um aumento na taxa de juros provoca uma queda de preços menor do que o ganho de preço decorrente de uma queda de idêntica magnitude na taxa de juros. Essa propriedade dos preços das obrigações é chamada de *convexidade* por causa da forma convexa da curva de preço da obrigação. Essa curvatura reflete o fato de aumentos progressivos na taxa de juros provocarem reduções progressivamente menores no preço da obrigação.[6]

FIGURA 10.3
Relação inversa entre os preços e os rendimentos da obrigação: preço de uma obrigação de cupom de 8% pago semestralmente e vencimento em 30 anos.

---

[6] O impacto progressivamente menor dos aumentos nas taxas de juros decorre do fato de a obrigação valer menos com taxas mais altas. Portanto, um aumento adicional nas taxas operaria com uma base inicial menor, e isso resulta em uma redução de preços menor.

TABELA 10.2 Preços de obrigações a diferentes taxas de juros (obrigações com cupom de 8%, pago semestralmente)

Prazo até o vencimento	Preço da obrigação por determinada taxa de juros de mercado				
	2%	4%	6%	8%	10%
1 ano	US$ 1.059,11	US$ 1.038,83	US$ 1.019,13	US$ 1.000	US$ 981,41
10 anos	1.541,37	1.327,03	1.148,77	1.000	875,38
20 anos	1.985,04	1.547,11	1.231,15	1.000	828,41
30 anos	2.348,65	1.695,22	1.276,76	1.000	810,71

Portanto, a curva de preço fica mais achatada com taxas de juros mais altas. Examinaremos essa questão no Capítulo 11.

10.2 Revisão de CONCEITOS

Calcule o preço de uma obrigação considerando uma taxa de juros de mercado semestral de 3%. Compare os ganhos de capital referente a uma taxa de juros menor com as perdas incorridas quando a taxa aumenta para 5%.

As obrigações corporativas normalmente são emitidas pelo valor nominal. Isso significa que os subscritores da emissão da obrigação (as empresas que comercializam as obrigações junto ao público em nome da corporação emissora) devem escolher uma taxa de cupom que se aproxime o máximo possível dos rendimentos do mercado. Em uma primeira emissão de obrigações, os subscritores tentam vender as obrigações recém-emitidas diretamente aos seus clientes. Se a taxa de cupom for inadequada, os investidores não pagarão o valor nominal das obrigações.

Depois que as obrigações são emitidas, os obrigacionistas podem comprá-las ou vendê-las em mercados secundários. Nesses mercados, o preço da obrigação flutua inversamente à taxa de juros do mercado.

A relação inversa entre preço e rentabilidade é uma característica fundamental dos títulos de renda fixa. As flutuações na taxa de juros representam a principal fonte de risco no mercado de obrigações. Por isso, no Capítulo 11 dedicaremos especial atenção à avaliação da suscetibilidade dos preços das obrigações aos rendimentos do mercado. Contudo, por enquanto apenas ressaltamos um fator fundamental que determina essa suscetibilidade – o vencimento da obrigação.

Uma regra geral é que, se todos os outros fatores permanecerem iguais, quanto maior o prazo de vencimento da obrigação, maior será a suscetibilidade do respectivoo preço a flutuações na taxa de juros. Por exemplo, considere a Tabela 10.2, que apresenta o preço de uma obrigação com cupom de 8% e diferentes rendimentos de mercado e prazos de vencimento. Para qualquer desvio da taxa de juros de 8% (a taxa pela qual a obrigação é vendida pelo valor nominal), a mudança no preço da obrigação é maior para prazos de vencimento mais extensos.

Isso faz sentido para você? Se você comprar a obrigação pelo valor nominal com uma taxa de cupom de 8% e em seguida as taxas de mercado subirem, terá prejuízo: você empatou seu dinheiro para ganhar 8% quando outros investimentos oferecem retornos mais altos. Isso se reflete em uma perda de capital sobre a obrigação – uma queda em seu preço de mercado. Quanto mais extenso o período durante o qual seu dinheiro fica empatado, maior a perda e, correspondentemente, maior a queda do preço da obrigação. Na Tabela 10.2, a coluna de obrigações com vencimento em um ano mostra pouca suscetibilidade do preço – ou seja, com apenas um ano de lucro em jogo, as mudanças na taxa de juros não são tão ameaçadoras. Porém, para obrigações com vencimento em 30 anos, as mudanças na taxa de juros têm um impacto maior sobre os preços das obrigações. A força do desconto é maior para as obrigações de mais longo prazo.

É por isso que os títulos de curto prazo do Tesouro – por exemplo, as letras – são considerados os mais seguros. Eles estão livres não apenas do risco de inadimplência, mas também e em grande medida do risco de preço atribuível à volatilidade da taxa de juros.

Determinação de preço das obrigações entre datas de cupom

A Equação 10.2, referente ao preço das obrigações, supõe que o pagamento de cupom subsequente ocorre precisamente em um período de pagamento, isto é, em um ano para uma obrigação de pagamento anual ou em seis meses para uma obrigação de pagamento semestral. Contudo, provavelmente você desejará determinar o preço das obrigações em todos os 365 dias do ano, e não apenas em uma ou duas datas do ano em que é feito um pagamento de cupom!

Em princípio, o fato de uma obrigação estar entre datas de cupom não afeta o problema de determinação de preço. O procedimento é sempre o mesmo: calcule o valor presente de cada pagamento remanescente e some. No entanto, se você estiver entre datas de cupom, haverá períodos fracionários remanescentes antes de cada pagamento, e isso complica os cálculos aritméticos.

Felizmente, muitas calculadoras e a maioria dos programas de planilha como o Excel oferecem funções para a determinação de preço das obrigações. As planilhas permitem que você inclua a data do dia atual e a data de vencimento da obrigação e, portanto, podem calcular o preço das obrigações em qualquer data.

Como já mencionamos antes, os preços das obrigações normalmente são cotados sem os juros acumulados. Esses preços, que são divulgados pela imprensa financeira, são chamados de *preços sem acréscimo*. O *preço de faturamento* real que um comprador paga pela obrigação inclui os juros acumulados. Portanto,

Preço de faturamento = Preço sem acréscimo + Juros acumulados

Quando se faz o pagamento de cupom de uma obrigação, o preço sem acréscimo é igual ao preço de faturamento, já que, nesse momento, os juros acumulados voltam a zero. Entretanto, isso será a exceção, e não a regra.

As funções de determinação de preço do Excel oferecem o preço da obrigação sem acréscimo. Para achar o preço de faturamento, precisamos acrescentar os juros acumulados. O Excel também inclui funções que permitem calcular os dias desde o último pagamento de cupom e, portanto, os juros acumulados. A Planilha 10.1 mostra como essas funções são utilizadas e oferece exemplos com obrigações que acabaram de realizar um pagamento de cupom e por isso não têm juros acumulados e com uma obrigação que está entre as datas de pagamento de cupom.

Determinação de preço das obrigações no Excel

O Excel solicita que você insira tanto a data de compra da obrigação (chamada de *data de liquidação*) quanto a data de vencimento da obrigação.

A função de determinação de preço do Excel é

= PREÇO(data de liquidação, data de vencimento, taxa de cupom anual,
    rendimento até o vencimento, valor de resgate como porcentagem do valor nominal,
    número de pagamentos anuais de cupom)

Para a obrigação realçada na Figura 10.1, com cupom de 6,25% e vencimento em janeiro de 2012, inseriríamos os valores da Planilha 10.1. Opcionalmente, poderíamos apenas inserir a seguinte função no Excel:

PLANILHA 10.1 Determinação de preço de obrigações por meio de uma planilha

	A	B	C	D	E	F	G
1				obrigação com cupom de 4,375%, com vencimento em 15 de nov. de 2039		obrigação com cupom de 8%, vencimento em 30 anos	
2		obrigação com cupom de 6,25%, com vencimento em 15 de ago. de 2023		Fórmula na coluna B			
3							
4	Data de liquidação	15/8/2011	=DATA(15,8,2011)	15/8/2011		1º/1/2000	
5	Data de vencimento	15/8/2023	=DATA(15,8,2023)	15/11/2039		1º/1/2030	
6	Taxa de cupom anual	0,0625		0,04375		0,08	
7	Rendimento até o vencimento	0,02598		0,03697		0,1	
8	Valor de resgate (% do valor nominal)	100		100		100	
9	Pagamentos anuais de cupom	2		2		2	
10							
11							
12	Preço sem acréscimo (% do valor nominal)	137,444	=PREÇO(B4,B5,B6,B7,B8,B9)	111,819		81,071	
13	Dias desde o último cupom	0	=CUPDATANT(B4,B5,2,1)	92		0	
14	Dias no período do cupom	184	=CUPDIASINLIQ(B4,B5,2,1)	184		182	
15	Juros acumulados	0	=(B13/B14)*B6*100/2	1,094		0	
16	Preço de faturamento	137,444	=B12+B15	112,913		81,071	

eXcel

Acesse grupoa.com.br

= PREÇO(DATA(15,8,2011), DATA(15,8,2023), 0,0625, 0,02598, 100, 2)

A Função DATA no Excel, que utilizamos tanto para a data de liquidação quanto para a data de vencimento, usa o formato DATA (dia, mês, ano). A primeira data é 15 de agosto de 2011, quando a obrigação pode ser comprada, e a segunda é 15 de agosto de 2023, quando vence. Consulte a Planilha 10.1

Observe que a taxa de cupom e o rendimento até o vencimento são expressos em decimal, e não em porcentagem. Na maioria dos casos, o valor de resgate é 100 (isto é, 100% do valor nominal) e o preço resultante também é expresso como porcentagem do valor nominal. Entretanto, de vez em quando você pode se deparar com obrigações que são pagas com um prêmio ou com desconto no valor nominal. Um exemplo seriam as obrigações resgatáveis das quais falamos brevemente.

O valor da obrigação apresentado pela função de determinação de preço 137,444 (célula B12), que é quase igual ao preço divulgado no *The Wall Street Journal*. (O rendimento até o vencimento é divulgado com apenas três casas decimais, e isso gera erro de arredondamento.) Essa obrigação acabou de pagar um cupom. Em outras palavras, a data de liquidação é precisamente no início do período de cupom, de modo que nenhum ajuste aos juros acumulados é necessário.

Para mostrar o procedimento para obrigações entre pagamentos de cupom, apliquemos a planilha à obrigação de 4,375% de novembro de 2039, que também aparece na Figura 10.1. Utilizando as entradas na coluna D da planilha, verificamos na célula D12 que o preço (sem acréscimo) da obrigação é 111,819, o qual, exceto por um pequeno erro de arredondamento, corresponde ao preço divulgado no *The Wall Street Journal*.

E quanto ao preço de faturamento da obrigação? As colunas 12 a 16 fazem os ajustes necessários. A função descrita na célula C13 conta os dias desde o último cupom. Essa contagem de dias baseia-se na data de liquidação, na data de vencimento, no período de cupom (1 = anual; 2 = semestral) e na convenção para a contagem de dias (a opção 1 utiliza dias reais) da obrigação. A função descrita na célula C14 conta o total de dias em cada período de pagamento de cupom. Portanto, as entradas de juros acumulados na coluna 15 são os cupons semestrais multiplicados pela fração de um período de cupom já transcorrido desde o último pagamento. Por último, os preços de faturamento na coluna 16 são a soma do preço sem acréscimo (que corresponde ao preço divulgado no *The Wall Street Journal*) mais os juros acumulados.

A título de exemplo final, suponhamos que você deseja descobrir o preço da obrigação no Exemplo 10.2, que é uma obrigação com vencimento em 30 anos e taxa de cupom de 8% (paga semestralmente). A taxa de juros do mercado dada na última parte do exemplo é 10%. Entretanto, não lhe é apresentada nenhuma data específica de pagamento ou vencimento. Ainda assim você pode utilizar a função PREÇO para determinar o preço da obrigação. Basta escolher uma data de liquidação *arbitrária* (1º de janeiro de 2000 é conveniente) e deixar a data de vencimento em 30 anos. Os dados apropriados aparecem na coluna F da planilha, com o preço resultante, 81,071% do valor nominal, na célula F16.

10.3. RENDIMENTO DAS OBRIGAÇÕES

Já observamos que o rendimento atual de uma obrigação mede apenas a renda em dinheiro oferecida pela obrigação como porcentagem de seu preço e ignora qualquer ganho ou perda de capital possível. Gostaríamos de uma medida de taxa de retorno que incluísse tanto a renda atual quanto o aumento ou a queda de preço durante o tempo de vida da obrigação. O rendimento até o vencimento é a medida padrão da taxa de retorno total. No entanto, com ela está longe de ser perfeita, examinaremos algumas variações dessa medida.

Rendimento até o vencimento

rendimento até o vencimento (YTM)
Taxa de desconto que torna o valor presente dos pagamentos de uma obrigação igual ao seu preço.

Na prática, um investidor que esteja pensando em comprar uma obrigação não recebe uma cotação da taxa de retorno prometida. Em vez disso, ele deve utilizar o preço da obrigação, a data de vencimento e os pagamentos de cupom para determinar o retorno oferecido pela obrigação ao longo de sua existência. O **rendimento até o vencimento** (*yield to maturity* – **YTM**) é definido como a taxa de desconto que torna o valor presente dos pagamentos de uma obrigação igual ao seu preço. Com frequência essa taxa é vista como uma medida da taxa média de retorno que será obtida sobre uma obrigação se ela for comprada agora e mantida até o vencimento. Para determinarmos o rendimento até o vencimento, calculamos a taxa de juros em razão do preço da obrigação, na equação de determinação de preço.

Por exemplo, suponhamos que uma obrigação com cupom de 8% e vencimento em 30 anos seja vendida por US$ 1.276,76. Que taxa média de retorno seria obtida por um investidor que comprasse a obrigação por esse preço? Constatamos que a taxa de juros do valor presente dos 60 pagamentos semestrais restantes é igual ao preço da obrigação. Essa é a taxa consistente com o preço observado da obrigação. Portanto, solucionamos r na seguinte equação:

$$US\$\ 1.276{,}76 = \sum_{t=1}^{60} \frac{US\$\ 40}{(1+r)^t} + \frac{US\$\ 1.000}{(1+r)^{60}}$$

ou, de maneira equivalente,

$$1.276{,}76 = 40 \times \text{Fator anuidade}(r, 60) + 1.000 \times \text{Fator PV}(r, 60)$$

Essas equações têm apenas uma variável desconhecida, a taxa de juros, r. Você pode utilizar uma calculadora financeira ou uma planilha para confirmar se essa solução é $r = 0{,}03$ ou 3% por semestre.[7] Qual o rendimento até o vencimento da obrigação?

A imprensa financeira divulga os rendimentos anualizados e anualizam o rendimento semestral da obrigação utilizando técnicas de juros simples, e isso resulta em uma taxa percentual anual (*annual percentage rate* – APR). Os rendimentos anualizados por meio de juros simples também são chamados de *rendimentos equivalentes ao das obrigações*. Portanto, o rendimento semestral seria duplicado e divulgado no jornal como um rendimento de 6% equivalente ao de uma obrigação. Entretanto, o rendimento anual *efetivo* da obrigação inclui juros compostos. Se uma pessoa ganhar 3% de juros a cada seis meses, após um ano cada unidade monetária investida aumentará com os juros para US$1 $\times (1{,}03)^2 = 1{,}0609$, e a taxa de juros anual efetiva sobre a obrigação será de 6,09%.

O rendimento até o vencimento da obrigação é a taxa interna de retorno sobre um investimento na obrigação. O rendimento até o vencimento pode ser interpretado como a taxa de retorno composta durante a existência da obrigação segundo a suposição de que todos os cupons da obrigação podem ser reinvestidos por esse rendimento.[8] Portanto, o rendimento até o vencimento é amplamente aceito como um substituto do retorno médio.

O rendimento até o vencimento pode ser difícil de calcular sem uma calculadora financeira ou uma planilha, mas essas duas ferramentas são fáceis de utilizar. Mostramos como nos dois exemplos a seguir.

EXEMPLO 10.4
Identificando o rendimento até o vencimento com uma calculadora financeira

Considere o vencimento até o vencimento do problema que acabamos de solucionar. Em uma calculadora financeira, poderíamos inserir os seguintes dados (em qualquer ordem):

n	60	Como a obrigação vence em 30 anos, ela faz 60 pagamentos semestrais.
PMT	40	O pagamento de cupom semestral é US$ 40.
PV	(–)1.276,76	A obrigação pode ser comprada por US$ 1.276,76, valor que em algumas calculadoras deve ser inserido como um número negativo, visto que é uma saída de caixa.
FV	1.000	A obrigação oferecerá um fluxo de caixa único de US$ 1.000 quando vencer.

Com base nesses dados, agora você utiliza a calculadora para encontrar a taxa de juros na qual US$ 1.276,76 realmente será igual ao valor presente dos 60 pagamentos de US$ 40 mais o pagamento único de US$ 1.000 no vencimento. Em algumas calculadoras, você primeiro pressiona a tecla "*compute*" (calcular) (indicada como "*COMP*" ou "*CPT*") e depois digita *i* para obter o cálculo da taxa de juros. Se fizer isso, descobrirá que *i* = 3 ou 3% semestrais, como afirmamos. (Observe que, da mesma forma que os fluxos de caixa são pagos semestralmente, a taxa de juros calculada é uma taxa por período semestral.)

---

[7] Mesmo sem uma calculadora financeira ou uma planilha, você ainda assim poderia resolver a equação, mas teria de utilizar um método de tentativa e erro.

[8] Se a taxa de reinvestimento não for igual ao rendimento até o vencimento da obrigação, a taxa de retorno composta será diferente do rendimento até o vencimento. Isso é demonstrado mais adiante, nos Exemplos 10.7 e 10.8.

eXcel
Acesse grupoa.com.br

PLANILHA 10.2 Encontrando o rendimento até o vencimento por meio de uma planilha (obrigação com vencimento em 30 anos, taxa de cupom = 8%, preço = 127,676% do valor nominal)

	A	B	C	D
1		Cupons semestrais		Cupons anuais
2				
3	Data de liquidação	1º/1/2000		1º/1/2000
4	Data de vencimento	1º/1/2030		1º/1/2030
5	Taxa de cupom anual	0,08		0,08
6	Preço da obrigação (sem acréscimo)	127,676		127,676
7	Valor de resgate (% do valor nominal)	100		100
8	Pagamentos anuais de cupom	2		1
9				
10	Rendimento até o vencimento (decimal)	0,0600		0,0599

A fórmula inserida aqui é = LUCRO(B3,B4,B5,B6,B7,B8)

EXEMPLO 10.5
Encontrando o rendimento até o vencimento por meio do Excel

O Excel também oferece uma função para o rendimento até o vencimento. Ela é

=LUCRO(data de liquidação, data de vencimento, taxa de cupom anual, preço da obrigação, valor de resgate como porcentagem do valor nominal, número de pagamentos anuais de cupom)

O preço da obrigação utilizado na função deve ser o preço divulgado ou "sem acréscimo", isto é, sem os juros acumulados. Por exemplo, para encontrar o rendimento até o vencimento da obrigação no Exemplo 10.4, devemos utilizar a coluna E da Planilha 10.2. Se os cupons fossem pagos apenas anualmente, mudaríamos a entrada de pagamentos por ano para 1 (consulte a célula G9) e o rendimento cairia levemente para 5,99%.

---

rendimento atual
Cupom anual dividido pelo preço da obrigação.

O rendimento até o vencimento é diferente do **rendimento atual** de uma obrigação, que é o pagamento anual de cupom dividido pelo preço da obrigação. Por exemplo, para a obrigação de 8% e 30 anos que atualmente está sendo vendida por US$ 1.276,76, o rendimento atual seria US$ 80/US$1.276,76 = 0,0627 ou 6,27% por ano. Em contraposição, lembre-se de que o rendimento anual efetivo até o vencimento é 6,09%. Para essa obrigação, que está sendo vendida por um prêmio sobre o valor nominal (US$ 1.276, e não US$ 1.000), a taxa de cupom (8%) ultrapassa o rendimento atual (6,27%), que ultrapassa o rendimento até o vencimento (6,09%). A taxa de cupom ultrapassa o rendimento atual porque divide os pagamentos pelo valor nominal (US$ 1.000), e não pelo preço da obrigação (US$ 1,276). Por sua vez, o rendimento atual supera o rendimento até o vencimento porque o rendimento até o vencimento leva em conta a perda de capital embutida sobre a obrigação; a obrigação comprada hoje por US$ 1.276 finalmente cairá para $1.000 no vencimento.

obrigações com prêmio
Obrigações vendidas acima do valor nominal.

obrigações com desconto
Obrigações vendidas abaixo do valor nominal.

Esse exemplo evidencia uma regra geral: Com relação às **obrigações com prêmio** (obrigações vendidas acima do valor nominal), a taxa de cupom é maior que o rendimento atual, que, por sua vez, é superior ao rendimento até o vencimento. Quanto às **obrigações com desconto** (obrigações vendidas abaixo do valor nominal), essas relações são inversas (consulte "Revisão de conceitos 10.3").

É comum ouvir as pessoas referirem-se de maneira imprecisa ao rendimento de uma obrigação. Nesses casos, quase sempre estão falando do rendimento até o vencimento.

10.3 Revisão de **CONCEITOS**

Qual será a relação entre taxa de cupom, rendimento atual e rendimento até o vencimento para obrigações que estão sendo vendidas com desconto sobre o valor nominal? Exemplifique utilizando a obrigação de cupom de 8% (pagamento semestral) supondo que ela esteja sendo vendida com um rendimento até o vencimento de 10%.

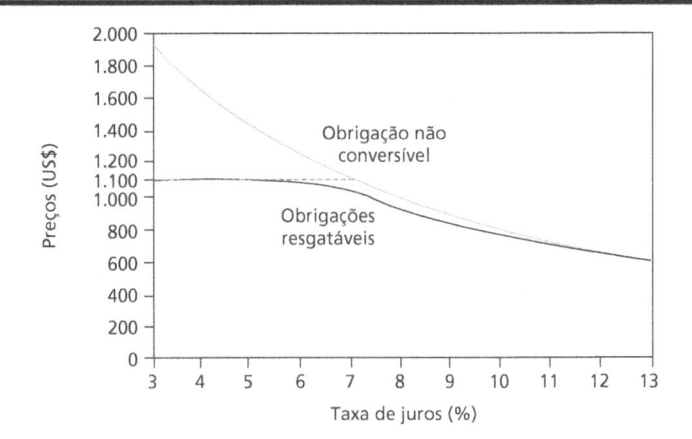

FIGURA 10.4
Preços de obrigações: dívida resgatável e não conversível. Cupom = 8%; vencimento = 30 anos; pagamentos semianuais.

Rendimento até o resgate

O rendimento até o vencimento é calculado com base na suposição de que a obrigação será mantida até o vencimento. Entretanto, o que acontecerá se a obrigação for resgatável e puder ser retirada antes da data de vencimento? Como devemos medir a taxa média de retorno de uma obrigação sujeita a uma cláusula de resgate?

A Figura 10.4 mostra o risco de resgate para o obrigacionista. A linha colorida é o valor de uma obrigação "não conversível" (isto é, não resgatável) com valor nominal de US$ 1.000, taxa de cupom de 8% e tempo de vencimento de 30 anos como função da taxa de juros do mercado. Se as taxas de juros caírem, o preço da obrigação, que é igual ao valor presente dos pagamentos prometidos, podem subir consideravelmente. Considere agora uma obrigação que tem a mesma taxa de cupom e data de vencimento, mas é resgatável a 110% do valor nominal ou US$ 1.100. Quando a taxa de juros cair, o valor presente dos pagamentos *programados* da obrigação subirá, mas a cláusula de resgate permite que o emissor recompre a obrigação pelo preço de resgate. Se o preço de resgate for inferior ao valor presente dos pagamentos programados, o emissor pode resgatar a obrigação à custa do obrigacionista.

A linha preta na Figura 10.4 corresponde ao valor da obrigação resgatável. Com altas taxas de juros de mercado, o risco de resgate é insignificante porque o valor presente dos pagamentos programados é consideravelmente inferior ao preço de resgate. Portanto, os valores das obrigações não conversíveis e resgatáveis convergem. No entanto, com taxas menores, os valores das obrigações começam a divergir, e a diferença reflete o valor da opção da empresa de reivindicar a obrigação resgatável pelo preço de resgate. Com taxas de mercado muito baixas, o valor presente dos pagamentos programados ultrapassa o preço de resgate e, desse modo, a obrigação é resgatada. Seu valor a essa altura é simplesmente o preço de resgate, US$ 1.100.

Essa análise sugere que os analistas do mercado de obrigações podem estar mais interessados no rendimento até o resgate de uma obrigação, e não em em seu rendimento até o vencimento, particularmente se ela for propensa a ser resgatada. O rendimento até o resgate é calculado da mesma forma que o rendimento até o vencimento, exceto que o prazo até o resgate substitui o prazo até o vencimento e o preço de resgate substitui o preço nominal. Esse cálculo às vezes é chamado de "rendimento até o primeiro resgate", visto supõe que o emissor resgatará o obrigação o mais breve possível.

EXEMPLO 10.6
Rendimento até o resgate

Suponhamos que a obrigação com cupom de 8% e 30 anos de vencimento seja vendida por US$ 1.150 e possa ser resgatada em 10 anos por um preço de resgate de US$ 1.100. Seu rendimento até o vencimento e seu rendimento até o resgate seriam calculados utilizando os seguintes dados:

	Rendimento até o resgate	Rendimento até o vencimento
Pagamento de cupom	US$ 40	US$ 40
Número de períodos semianuais	20 períodos	60 períodos
Pagamento final	US$ 1.100	US$ 1.000
Preço	US$ 1.150	US$ 1.150

> Portanto, o rendimento até o resgate é 6,64%. Para confirmar esse resultado em sua calculadora, utilize $n = 20$; PV = $(-)1.150$; FV = 1.100; PMT = 40; calcule i como 3,32% ou um rendimento equivalente ao das obrigações de 6,64%. Em contraposição, o rendimento até o vencimento é 6,82%. Par confirmar, insira $n = 60$; PV = $(-)1.150$; FV = 1.000; PMT = 40; calcule i como 3,41%, ou um rendimento equivalente ao das obrigações de 6,82%. No Excel, você pode calcular o rendimento até o resgate como =LUCRO(DATA(01,01,2000), DATA(01,01,2010), 0,08, 115, 110, 2). Observe que o valor de resgate é 110, ou seja, 110% do valor nominal.

Observamos que as obrigações mais resgatáveis são emitidas com um período inicial de proteção contra resgate. Além disso, uma forma implícita de proteção contra resgate funciona para obrigações vendidas com grandes descontos nos respectivos preços de resgate. Mesmo que as taxas de juros caiam um pouco, as obrigações com grandes descontos serão vendidas abaixo do preço de resgate e, portanto, não estarão sujeitas a resgate.

Entretanto, as obrigações que podem ser vendidas por um valor próximo ao preço de resgate ficarão especialmente propensas a serem resgatadas se as taxas caírem ainda mais. Se as taxas de juros caírem, uma obrigação com prêmio resgatável provavelmente fornecerá um retorno menor do que poderia ser obtido sobre uma obrigação com desconto cuja possível valorização de preço não é limitada pela probabilidade de resgate. Portanto, os investidores de obrigações com prêmio podem estar mais interessados no rendimento até o resgate da obrigação do que no rendimento até o vencimento porque talvez lhes pareça que a obrigação será retirada na data de resgate.

10.4 Revisão de CONCEITOS

Uma obrigação com cupom de 9%, vencimento em 20 anos e pagamentos de cupom semestrais é resgatável em cinco anos por um preço de resgate de US$ 1.050. Atualmente, essa obrigação está sendo vendida com um rendimento até o vencimento de 8% (rendimento equivalente ao das obrigações). Qual o rendimento até o resgate?

Retorno composto realizado *versus* rendimento até o vencimento

Já observamos que o rendimento até o vencimento será igual à taxa de retorno realizada ao longo da existência da obrigação se todos os cupons forem reinvestidos por uma taxa de juros igual ao rendimento até o vencimento da obrigação. Considere, por exemplo, uma obrigação de dois anos que está sendo vendida pelo valor nominal e pagando um cupom de 10% uma vez por ano. O rendimento até o vencimento é 10%. Se o pagamento de cupom de US$ 100 for reinvestido por uma taxa de juros de 10%, o investimento de US$ 1.000 na obrigação aumentará após dois anos para US$ 1.210, tal como mostrado na Figura 10.5, no Painel A. O cupom pago no primeiro ano é reinvestido e aumenta com os juros para o valor de US$ 110 no segundo ano, o

FIGURA 10.5 Crescimento dos fundos investidos. No Painel A, os pagamentos de juros são reinvestidos por 10%, o rendimento até o vencimento da obrigação. No Painel B, a taxa de reinvestimento é somente 8%.

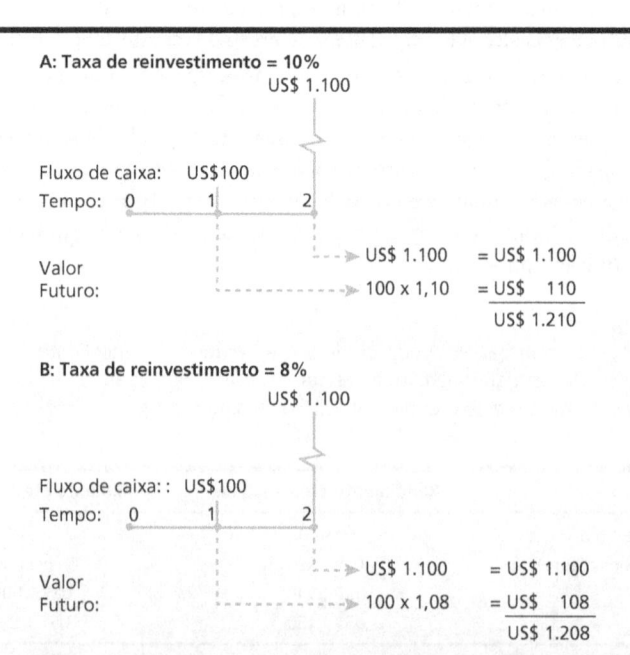

A: Taxa de reinvestimento = 10%

```
                              US$ 1.100
Fluxo de caixa:    US$ 100
Tempo:        0       1          2

Valor                         ----> US$ 1.100   = US$ 1.100
Futuro:                       ----> 100 × 1,10  = US$   110
                                                  US$ 1.210
```

B: Taxa de reinvestimento = 8%

```
                              US$ 1.100
Fluxo de caixa::   US$ 100
Tempo:        0       1          2

Valor                         ----> US$ 1.100   = US$ 1.100
Futuro:                       ----> 100 × 1,08  = US$   108
                                                  US$ 1.208
```

qual, junto com o pagamento de cupom do segundo ano e o pagamento do valor nominal no segundo ano, resulta em um valor total de US$ 1.210. Para sintetizar, o valor inicial do investimento é V_0 = US$ 1.000. O valor final em dois anos é V_2 = US$ 1.210. Portanto, a taxa de retorno composta é calculada da seguinte maneira.

$$V_0(1 + r)^2 = V_2$$
$$US\$\ 1.000(1 + r)^2 = US\$\ 1.210$$
$$r = 0{,}10 = 10\%$$

Com uma taxa de reinvestimento igual ao rendimento até o vencimento de 10%, o **retorno composto realizado** iguala-se ao rendimento até o vencimento.

Mas e se a taxa de reinvestimento não for de 10%? Se o cupom puder se reinvestido por uma taxa superior a 10%, os fundos aumentarão para mais de US$ 1.210 e o retorno composto realizado será superior a 10%. Se a taxa de reinvestimento for inferior a 10%, o mesmo ocorrerá com o retorno composto realizado. Consideremos o exemplo a seguir.

retorno composto realizado
Taxa de retorno composta sobre uma obrigação com todos os cupons reinvestidos até o vencimento.

EXEMPLO 10.7
Retorno composto realizado

Se a taxa de juros obtida sobre o primeiro cupom for inferior a 10%, o valor final do investimento será inferior a US$ 1.210 e o rendimento composto realizado será inferior a 10%. Suponhamos que a taxa de juros pela qual o cupom pode ser investido seja apenas 8%. Os cálculos a seguir são mostrados no Painel B da Figura 10.5.

Valor futuro do primeiro pagamento de cupom com ganhos de juros	US$ 100 × 1,08 = US$ 108
Pagamento em dinheiro no segundo ano (cupom final mais valor nominal)	1.100
Valor total do investimento com cupons reinvestidos	US$ 1.208

O retorno composto realizado é a taxa composta de crescimento dos fundos investidos, supondo que todos os pagamentos de cupom sejam reinvestidos. O investidor comprou a obrigação pelo valor nominal de US$ 1.000 e esse investimento aumentou para US$ 1.208.

$$US\$\ 1.000(1 + r)^2 = US\$\ 1.208$$
$$r = 0{,}0991 = 9{,}91\%$$

O Exemplo 10.7 realça o problema com o rendimento até vencimento convencional quando as taxas de reinvestimento podem mudar com o passar do tempo. Contudo, em uma economia incerta em relação à taxa de juros futura, as taxas pelas quais os cupons provisórios serão reinvestidos ainda não são conhecidas. Portanto, embora os retornos compostos realizados possam ser calculados *após* o término do período de investimento, eles não podem ser calculados com antecedência sem uma previsão das taxas de reinvestimento futuras. Isso diminui grande parte da atratividade da medida de retorno realizado.

Também podemos calcular o rendimento composto realizado durante períodos de manutenção do investimento superiores a um período. Esse procedimento é chamado de **análise-horizonte** e é semelhante ao do Exemplo 10.7. A previsão de retorno total dependerá de suas previsões *tanto* do rendimento até o vencimento da obrigação quando você vendê-la *quanto* da taxa pela qual você conseguirá reinvestir a renda do cupom. Entretanto, com um horizonte de investimento mais longo, os cupons reinvestidos serão um componente maior de seus lucros finais.

análise-horizonte
Análise dos retornos das obrigações ao longo de horizontes de vários anos, com base em previsões sobre o rendimento até o vencimento da obrigação e a taxa de reinvestimento dos cupons.

EXEMPLO 10.8
Análise-horizonte

Digamos que você compre uma obrigação de 30 anos com cupom de 7,5% (com pagamento anual) por US$ 980 (quando o rendimento até o vencimento é 7,67%) e pretenda mantê-la por 20 anos. Você prevê que o rendimento até o vencimento da obrigação será 8% quando ela for vendida e que a taxa de reinvestimento sobre os cupons será 6%. No final de seu horizonte de investimento, a obrigação ainda terá 10 anos remanescentes antes do vencimento. Desse modo, o preço de venda previsto (com um rendimento até o vencimento de 8%) será US$ 966,45. Os 20 pagamentos de cupom aumentarão para US$ 2.758,92 com os juros compostos. (Esse é o valor futuro de uma anuidade de US$ 75 de 20 anos, com uma taxa de juros de 6%.)

Com base nessas previsões, seu investimento de US$ 980 aumentará em 20 anos para US$ 966,45 + US$ 2.758,92 = US$ 3.725,37. Isso corresponde a um retorno composto anualizado de 6,90%.

$$US\$\ 980(1 + r)^{20} = US\$\ 3.725{,}37$$
$$r = 0{,}0690 = 6{,}90\%$$

risco da taxa de reinvestimento
Incerteza em torno do valor futuro cumulativo dos pagamentos de cupom de obrigação reinvestidos

Os Exemplos 10.7 e 10.8 demonstram que, à medida que as taxas de juros mudam, os investidores de obrigações na verdade ficam sujeitos a duas fontes de risco de compensação. Por um lado, quando as taxas aumentam, os preços das obrigações caem, o que diminui o valor da carteira. Por outro, a renda do cupom reinvestido aumentará mais rapidamente com essas taxas mais altas. O **risco da taxa de reinvestimento** compensará o impacto do risco de preço. No Capítulo 11, examinaremos mais detalhadamente esse *trade-off* e descobriremos que, adaptando com cuidado as carteiras de obrigações, os investidores podem equilibrar com precisão esses dois efeitos em relação a qualquer horizonte de investimento.

10.4. PREÇO DAS OBRIGAÇÕES AO LONGO DO TEMPO

Como observamos, uma obrigação será vendida pelo valor nominal quando sua taxa de cupom for igual à taxa de juros do mercado. Nessas circunstâncias, o investidor recebe uma compensação justa pelo valor do dinheiro no tempo, em forma de pagamentos de cupom recorrentes. Não há necessidade de ganhos de capital adicionais para oferecer uma compensação justa.

Quando a taxa de cupom é menor do que a taxa de juros do mercado, os pagamentos de cupom sozinhos não fornecerão aos investidores um retorno tão alto quanto eles poderiam obter em outras áreas do mercado. Para receber um retorno justo sobre esse investimento, os investidores também precisam de uma valorização de preço em suas obrigações. Portanto, as obrigações teriam de ser vendidas abaixo do valor nominal para oferecer um ganho de capital "embutido" sobre o investimento.

EXEMPLO 10.9
Retorno justo do período de manutenção do investimento

Para mostrar os ganhos ou perdas de capital embutidos, suponhamos que uma obrigação tenha sido emitida há vários anos, quando a taxa de juros era de 7%. Portanto, a taxa de cupom anual da obrigação foi definida como 7%. (Suponhamos, por uma questão de simplicidade, que a obrigação pague seu cupom anualmente.) Agora, com três anos de vida restantes, a taxa de juros da obrigação é 8% ao ano. O preço de mercado justo da obrigação é o valor presente dos cupons anuais restantes mais o pagamento do valor nominal. Esse valor presente é[9]

US$ 70 × Fator de anuidade(8%, 3) + US$ 1.000 × Fator PV(8%, 3) = US$ 974,23

o que é inferior ao valor nominal.

Em outro ano, depois que o cupom seguinte é pago e o vencimento remanescente cai para dois anos, a obrigação seria vendida por

US$ 70 × Fator de anuidade(8%, 2) + US$ 1.000 × Fator PV(8%, 2) = US$ 982,17

oferecendo portanto um ganho de capital ao longo do ano de US$ 7,94. Se um investidor tivesse comprado a obrigação por US$ 974,23, o retorno total durante o ano seria igual ao pagamento de cupom mais o ganho de capital, ou US$ 70 + US$ 7,94 = US$ 77,94. Isso representa uma taxa de retorno de US$ 77,94/US$ 974,23 ou 8%, exatamente a taxa de retorno atual disponível em qualquer outra parte do mercado.

10.5 Revisão de CONCEITOS

Qual será o preço da obrigação do Exemplo 10.9 em outro ano, quando faltar apenas um ano para o vencimento? Qual será a taxa de retorno para um investidor que comprar a obrigação por US$ 982,17 e a vender um ano depois?

Quando os preços das obrigações são estabelecidos de acordo com a fórmula do valor presente, qualquer desconto no valor nominal oferece um ganho de capital antecipado que aumentará uma taxa de cupom abaixo do mercado apenas o suficiente para oferecer uma taxa de retorno total justa. Em contraposição, se a taxa de cupom superar a taxa de juros do mercado, a renda de juros sozinha será superior à renda disponível em outra parte do mercado. Os investidores aumentarão o preço de compra dessas obrigações para um valor acima do nominal. À medida

---

[9] Utilizando uma calculadora, insira $n = 3$, $i = 8$, PMT = 70, FV = 1.000 e calcule o PV.

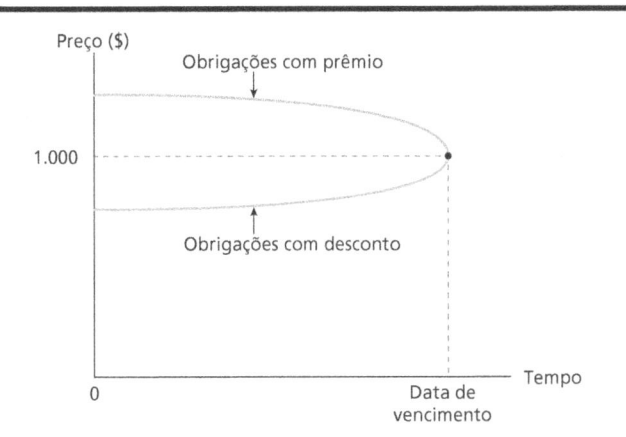

FIGURA 10.6 Trajetória de preços de obrigações com cupom no caso de taxas de juros de mercado constantes.

que as obrigações se aproximarem do vencimento, perderão valor porque haverá menos pagamentos de cupom acima do mercado. As perdas de capital resultantes compensarão os pagamentos de cupom altos e, desse modo, o obrigacionista novamente receberá apenas uma taxa de retorno justa.

O Problema 16 ao final deste capítulo pede para que você resolva um exemplo de obrigação com cupom alto. A Figura 10.6 delineia as trajetórias de preço das obrigações com cupom alto e baixo (líquido de juros acumulados) à medida que o vencimento se aproxima, pelo menos para o caso em que a taxa de juros de mercado é constante. A obrigação com cupom baixo tem ganho de capital, enquanto a obrigação com cupom alto tem perda de capital.[10]

Utilizamos esses exemplos para mostrar que cada obrigação oferece aos investidores a mesma taxa de retorno total. Apesar de os componentes de ganho de capital *versus* renda diferirem, o preço de cada obrigação é estabelecido para oferecer taxas competitivas, como seria de esperar em mercados de capitais que funcionam bem. Todos os retornos de título devem ser comparáveis em termos de ajuste ao risco após os impostos. Se não forem, os investidores tentarão vender os títulos de baixo retorno, diminuindo, assim, os preços até que o retorno total do preço, agora mais baixo, seja competitivo em relação a outros títulos. Os preços devem continuar se ajustando até que todos os títulos apresentem preços justos, no sentido de oferecerem retornos esperados comparáveis (ajustes apropriados ao risco e aos impostos).

Rendimento até o vencimento *versus* retorno do período de manutenção do investimento

No Exemplo 10.9, o retorno do período de manutenção do investimento e o rendimento até o vencimento foram iguais. O rendimento da obrigação começou e terminou o ano em 8% e o retorno do período de manutenção do investimento também foi igual a 8%. Esse resultado revela-se usual. Quando o rendimento até o vencimento não se alterar durante o período, a taxa de retorno da obrigação será igual a esse rendimento. Como já observamos, isso não deve surpreender: a obrigação deve oferecer uma taxa de retorno competitiva em relação às oferecidas por outros títulos.

No entanto, quando os rendimentos flutuam, isso também ocorre com a taxa de retorno de uma obrigação. Mudanças não previstas nas taxas do mercado gerarão mudanças não previstas nos retornos das obrigações e, *a posteriori*, o retorno do período de manutenção do investimento de uma obrigação pode se revelar melhor ou pior do que o rendimento pelo qual foi vendida inicialmente. Um aumento no rendimento até o vencimento da obrigação diminui seu preço, o que significa que o retorno do período de manutenção do investimento será inferior ao rendimento inicial. Em contraposição, um declínio no rendimento até o vencimento gera um retorno de período de manutenção do investimento superior ao rendimento inicial.

---

[10] Se as taxas de juros forem voláteis, a trajetória de preço será "turbulenta", oscilando em torno da trajetória de preço da Figura 10.6 e refletindo ganhos ou perdas de capital à medida que as taxas de juros caírem ou subirem. Entretanto, no final o preço deve alcançar o valor nominal na data de vencimento. Portanto, em média o preço da obrigação com prêmio cairá com o tempo, ao passo que o da obrigação com desconto subirá.

EXEMPLO 10.10
Rendimento até o vencimento versus retorno do período de manutenção do investimento

Considere uma obrigação de 30 anos que está pagando um cupom anual de US$ 80 e sendo vendida pelo valor nominal de US$ 1.000. O rendimento até o vencimento inicial da obrigação é 8%. Se ele permanecer em 8% durante o ano, o preço da obrigação permanecerá no valor nominal. Desse modo, o retorno do período de manutenção do investimento também será 8%. Porém, se o rendimento ficar abaixo de 8%, o preço da obrigação aumentará. Suponhamos que o rendimento caia e o preço aumente para US$ 1.050. Nesse caso, o retorno do período de manutenção do investimento será superior a 8%:

$$\text{Retorno do período de manutenção do investimento} = \frac{\text{US\$ }80 + (\text{US\$ }1.050 - \text{US\$ }1.000)}{\text{US\$ }1.000} = 0{,}13 \text{ ou } 13\%$$

10.6 Revisão de CONCEITOS

Demonstre que, se o rendimento até o vencimento aumentar, o retorno do período de manutenção do investimento será *inferior* ao rendimento inicial. Por exemplo, suponha que, no Exemplo 10.10, o rendimento até o vencimento da obrigação seja 8,5% no final do primeiro ano. Descubra o retorno do período de manutenção do investimento de um ano e compare-o com o rendimento até o vencimento inicial de 8% da obrigação.

Aqui, temos uma alternativa para pensar sobre a diferença entre o rendimento até o vencimento e o retorno de período de manutenção do investimento. O rendimento até o vencimento depende apenas do cupom, do preço *atual* e do valor nominal da obrigação no vencimento. Todos esses valores são observáveis hoje em dia. Portanto, o rendimento até o vencimento pode ser facilmente calculado. Ele pode ser interpretado como uma medida da taxa *média* de retorno se o investimento na obrigação for mantido até o respectivo vencimento. Em contraposição, o retorno do período de manutenção do investimento é a taxa de retorno sobre um período específico do investimento e depende do preço de mercado da obrigação no fim desse período de manutenção do investimento. Obviamente, esse preço *não* é conhecido no presente. Como os preços das obrigações durante o período de manutenção do investimento reagirão a mudanças não previstas nas taxas de juros, o retorno do período de manutenção do investimento só pode ser previsto, quando muito.

Obrigações de cupom zero e STRIPS do Tesouro

As obrigações com *desconto na emissão original* são menos comuns do que as obrigações com cupom emitidas pelo valor nominal. Essas obrigações são emitidas intencionalmente com taxas de cupom baixas que as levam a ser vendidas com um desconto sobre o valor nominal. Um exemplo extremo desse tipo de obrigação é a *obrigação de cupom zero*, que não tem nenhum cupom e oferece todo o seu retorno em forma de valorização de preço. Os zeros oferecem um único fluxo de caixa aos detentores, na data de vencimento da obrigação.

As letras do Tesouro dos Estados Unidos são exemplos de instrumentos de cupom zero de curto prazo. Se a letra tiver um valor de face de US$ 10.000, o Tesouro a emitirá ou venderá por algum valor inferior a US$ 10.000, concordando em pagar US$ 10.000 no vencimento. Todo o retorno do investidor ocorre em forma de valorização do preço pago.

As obrigações de cupom zero de prazo mais longo normalmente são criadas de notas e obrigações com cupom. O corretor que comprar uma obrigação do Tesouro com cupom poderá pedir ao Tesouro para dividir os fluxos de caixa em uma série de títulos independentes, em que cada título representa o direito a um dos pagamentos da obrigação original. Por exemplo, uma obrigação com cupom de 10 anos "perderia" seus 20 cupons semestrais e cada pagamento de cupom seria tratado como uma única obrigação de cupom zero. Portanto, os vencimentos dessas obrigações variariam de seis meses a dez anos. O pagamento final do principal seria tratado como outro título de cupom zero independente. Cada um dos pagamentos seria então tratado como um título independente e receberia um número CUSIP (Committee on Uniform Security Identification Procedures – Comitê de Procedimentos Uniformes de Identificação de Segurança) próprio, que é o identificador do título que possibilita a negociação eletrônica pelo sistema Fedwire. Os pagamentos ainda são considerados do Tesouro americano. O programa do Tesouro sob o qual o corte do cupom é executado é chamado de STRIPS (Separate Trading of Registered Interest and Principal of Securities – Negociação Separada do Principal e dos Juros de Valores Mobiliários) e os títulos de cupom zero são chamados de *strips do Tesouro*.

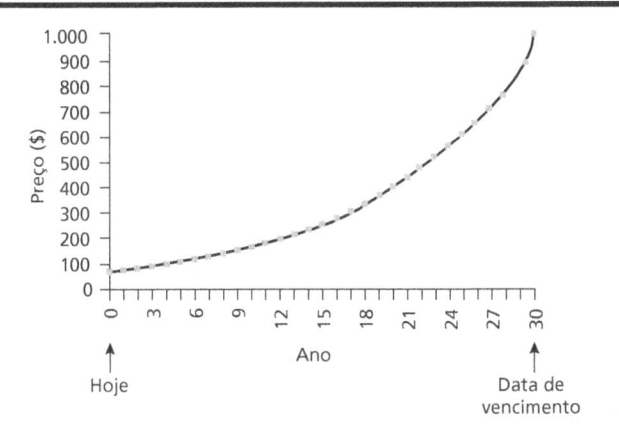

FIGURA 10.7
Preço de uma obrigação de 30 anos, cupom zero, com rendimento até o vencimento de 10%. Preço igual a $1.000/(1,10)^T$, onde T é o prazo até o vencimento.

O que ocorre com os preços dos zeros com o passar do tempo? Nas datas de vencimento, os zeros devem ser vendidos pelo valor nominal. Entretanto, antes do vencimento, devem ser vendidos com desconto no valor nominal por causa do valor do dinheiro no tempo. À medida que o tempo passa, o preço deve se aproximar do valor nominal. Na verdade, se a taxa de juros for constante, o preço de um zero aumentará exatamente de acordo com a taxa de juros.

Para ilustrar, considere um zero com 30 anos antes do vencimento e suponha que a taxa de juros do mercado seja 10% ao ano. O preço da obrigação hoje é US$ $1.000/(1,10)^{30}$ = US$ 57,31. No ano seguinte, com apenas 29 anos até o vencimento, se o rendimento até o vencimento ainda for 10%, o preço será US$ $1.000/(1,10)^{29}$ = US$ 63,04, um aumento de 10% em relação ao valor do ano anterior. Como o valor nominal da obrigação agora é descontado para um ano a menos, seu preço aumentou pelo fator de desconto de um ano.

A Figura 10.7 apresenta a trajetória de preço de uma obrigação de cupom zero de 30 anos para uma taxa de juros anual de mercado de 10%. O preço da obrigação sobe exponencialmente, e não linearmente, até seu vencimento.

Retornos pós-impostos

As autoridades fiscais reconhecem que a valorização "embutida" no preço das obrigações com desconto na emissão original (*original-issue discount* – OID), como as obrigações de cupom zero, representa um pagamento de juros implícito ao obrigacionista. Portanto, o Serviço da Receita Federal (Internal Revenue Service – IRS) calcula uma tabela de valorização de preço para atribuir renda tributável de juros a essa valorização embutida durante o ano fiscal, mesmo que o ativo não seja vendido ou não vença em um ano futuro. Os ganhos ou perdas adicionais que surgirem em virtude de mudanças nas taxas de juros do mercado são tratados como ganhos ou perdas de capital se a obrigação com OID for vendida durante o ano fiscal.

EXEMPLO 10.11
Obrigações com desconto na emissão original

Se a taxa de juros original fosse 10%, a obrigação de 30 anos de cupom zero seria emitida pelo preço de US$ $1.000/(1,10)^{30}$ = US$ 57,31. No ano seguinte, o IRS calcula qual seria o preço da obrigação se seu rendimento ainda fosse 10%. O preço da obrigação hoje é US$ $1.000/(1,10)^{29}$ = US$ 63,04. Portanto, o IRS atribui uma renda de juros de US$ 63,04 – US$ 57,31 = US$ 5,73. Essa quantia está sujeita a impostos. Observe que a renda de juros atribuída baseia-se em um "método de rendimento constante" que ignora mudanças nas taxas de juros de mercado.

Se as taxas de juros de fato caírem, digamos para 9,9%, o preço da obrigação será US$ $1.000/(1,099)^{29}$ = US$ 64,72. Se a obrigação for vendida, a diferença entre US$ 64,72 e US$ 63,04 será tratada como ganho de capital e tributada pela alíquota de imposto de ganhos de capital. Se a obrigação não for vendida, a diferença de preço será um ganho de capital não realizado e não gerará impostos naquele ano. Em todo caso, o investidor deve pagar impostos sobre US$ 5,73 de juros calculados pela alíquota de imposto de renda comum.

O procedimento mostrado no Exemplo 10.11 aplica-se também à tributação de outras obrigações com desconto na emissão original, mesmo se não forem de cupom zero. Considere como exemplo uma obrigação com vencimento em 30 anos, emitida com taxa de cupom de 4% e rendimento até o vencimento de 8%. Para simplificar, suponhamos que a obrigação pague cupons uma vez por ano. Com a taxa de cupom é baixa, a obrigação será emitida por um preço bem abaixo do valor nominal, especificamente pelo preço de US$ 549,69. (Confirme você mesmo.) Se o rendimento até o vencimento da obrigação ainda for 8%, em um ano seu preço subirá para US$ 553,66. (Confirme esse valor também.) Isso ofereceria um retorno de período de manutenção do investimento antes dos impostos de exatamente 8%:

$$\text{RPC} = \frac{\text{US\$ } 40 + (\text{US\$ } 553{,}66 - \text{US\$ } 549{,}69)}{\text{US\$ } 549{,}69} = 0{,}08$$

Entretanto, o aumento no preço da obrigação, com base em um rendimento constante, é tratado como renda de juros. Por isso, o investidor é obrigado a pagar impostos sobre a renda de juros imputada de US$ 553,66 – US$ 549,69 = US$ 3,97, bem como sobre a renda explícita do cupom de US$ 40. Se o rendimento da obrigação de fato mudar durante o ano, a diferença entre o preço da obrigação e o "valor do rendimento constante" de US$ 553,66 pode ser tratada como renda de ganhos de capital se a obrigação for vendida no final do ano.

10.7 Revisão de CONCEITOS

Suponhamos que o rendimento até o vencimento da obrigação com cupom de 4% e vencimento em 30 anos caia para 7% no final do primeiro ano e que o investidor venda a obrigação após o primeiro ano. Se a alíquota de imposto federal mais estadual do investidor sobre a renda de juros for 38% e a alíquota de imposto combinada sobre ganhos de capital for 20%, qual será a taxa de retorno após os impostos?

10.5. RISCO DE INADIMPLÊNCIA E DETERMINAÇÃO DE PREÇO DAS OBRIGAÇÕES

Embora geralmente as obrigações *prometam* um fluxo fixo de renda, esse fluxo não está livre de riscos, a não ser que o investidor consiga ter certeza de que o emissor não ficará inadimplente. Embora as obrigações do governo dos Estados Unidos possam ser consideradas isentas de risco de inadimplência, isso não vale para as obrigações corporativas. Se uma empresa entrar em falência, os obrigacionistas não receberão todos os pagamentos que lhes foram prometidos. Portanto, os pagamentos reais sobre essas obrigações são incertos, pois dependem, até certo ponto, da situação financeira final da empresa.

O risco de inadimplência nas obrigações é medido pela Moody's Investor Services, Standard & Poor's Corporation e Fitch Investor Service, que fornecem informações financeiras sobre as empresas, assim como o risco de crédito de emissões de obrigações corporativas e municipais importantes. As obrigações governamentais internacionais, que igualmente correm risco de inadimplência, em particular nos mercados emergentes, também são comumente classificadas de acordo com seu risco de inadimplência. Cada empresa de classificação atribui as notas de acordo com letras para indicar sua avaliação sobre a segurança da obrigação. A classificação mais alta é AAA ou Aaa. A Moody's altera cada categoria de classificação com um sufixo 1, 2 ou 3 (*e.g.*, Aaa1, Aaa2, Aaa3) para oferecer uma gradação mais detalhada das classificações. As outras agências utilizam a variação de + ou – .

Aquelas com classificação BBB ou superior (S&P, Fitch) ou Baa e superior (Moody's) são consideradas **obrigações com baixo risco de crédito**, enquanto as obrigações com nota inferior são classificadas como **obrigações de grau especulativo** ou **obrigações de alto risco**. Alguns investidores institucionais regulamentados, como as seguradoras, nem sempre foram autorizados a investir em obrigações de grau especulativo.

A Figura 10.8 oferece as definições de cada uma das classificações.

obrigação com baixo risco de crédito
Obrigação classificada pela Standard & Poor's como BBB e superior e pela Moody's como Baa e superior.

obrigações de grau especulativo ou de alto risco
Obrigação classificada como BB ou inferior pela Standard & Poor's ou Ba ou inferior pela Moody's ou um obrigação sem classificação.

Obrigações de alto risco

As obrigações de **alto risco**, também conhecidas como *obrigações de alto rendimento*, nada mais são que obrigações de grau especulativo (baixa classificação ou sem classificação). Antes de 1977, quase todas as obrigações de alto risco eram "anjos caídos", isto é, obrigações emitidas por empresas que originalmente tinham a classificação de investimento com baixo risco de crédito, mas desde então foram rebaixadas. Contudo, em 1977, as empresas começaram a emitir "obrigações de alto risco ou especulativas originalmente".

FIGURA 10.8
Definições de cada categoria de classificação das obrigações.

Fontes: De Stephen A. Ross, Randolph W. Westerfield e Jeffrey F. Jaffe, *Corporate Finance*, 9ª ed. © 2010, McGraw-Hill Publishing. Dados de várias edições do *Standard & Poor's Bond Guide* e do *Moody's Bond Guide*.

	Classificações das Obrigações			
	Altíssima qualidade	Alta qualidade	Especulativas	Muito Ruins
Standard & Poor's	AAA AA	A BBB	BB B	CCC D
Moody's	Aaa Aa	A Baa	Ba B	Caa C

Às vezes, tanto a Moody's quanto a Standard & Poor's utilizam ajustes para essas classificações. A S&P utiliza os sinais de adição e subtração: A+ é a classificação mais forte de A e A −, a mais fraca. A Moody's utiliza a designação de 1, 2 ou 3, em que 1 indica a mais forte.

Moody's	S&P	
Aaa	AAA	A dívida classificada como Aaa e AAA tem a classificação mais alta. A capacidade para pagar juros e principal é extremamente alta.
Aa	AA	A dívida classificada como Aa e AA tem sólida capacidade para pagar juros e reembolsar o principal. Junto com a classificação mais alta, esse grupo compõe a classe de obrigações de alta classificação.
A	A	A dívida classificada como A tem sólida capacidade para pagar juros e reembolsar o principal, embora seja até certo ponto suscetível aos efeitos adversos de mudanças nas circunstâncias e condições econômicas do que a dívida em categorias de classificação mais alta.
Baa	BBB	A capacidade da dívida classificada como Baa e BBB é considerada adequada para o pagamento de juros e reembolso do principal. Embora normalmente essa dívida exiba parâmetros de proteção adequados, as condições econômicas adversas ou circunstâncias instáveis são mais propensas a enfraquecer a capacidade de pagamento de juros e reembolso do principal nessa categoria do que em categorias de classificação mais alta. Essas obrigações têm classificação média.
Ba B Caa Ca	B CCC CC	As dívidas classificadas nessas categorias são consideradas, no cômputo geral, predominantemente especulativas em relação à capacidade de pagar juros e reembolsar o principal de acordo com os termos da obrigação. BB e Ba indicam o menor grau de especulação e CC e Ca o maior grau de especulação. Embora essa categoria de dívida provavelmente tenha algumas características de qualidade e proteção, essas características são suplantadas por grandes incertezas ou grande risco de exposição a condições adversas. Algumas emissões podem estar inadimplentes.
C	C	Essa classificação é reservada para obrigações de rendimento nas quais nenhum juro está sendo pago.
D	D	A dívida classificada como D está inadimplente e o pagamento de juros e/ou reembolso do principal estão em atraso.

O crédito dessa inovação é devido em grande parte a Drexel Burnham Lambert e especialmente a seu negociador Michael Milken. Drexel há muito já usufruía de um nicho de negociação de obrigações de alto risco e havia estabelecido uma rede de investidores em potencial nesse tipo de obrigação. As empresas que não haviam conseguido obter a classificação de baixo risco de crédito estavam contentes em ter Drexel (e outros bancos de investimento) para realizar suas obrigações diretamente com o público, já que isso abria uma nova fonte de financiamento. As emissões de alto risco eram uma alternativa de financiamento de menor custo do que os empréstimos bancários.

As obrigações de alto rendimento ganharam considerável notoriedade na década de 1980 quando foram utilizadas como veículo de financiamento em compras alavancadas e tentativas hostis de tomada de controle acionário. No entanto, logo depois, as dificuldades legais enfrentadas por Drexel e Michael Milken, relacionadas aos escândalos de Wall Street no final da década de 1980, decorrentes do uso de informações privilegiadas, macularam o mercado de obrigações de alto risco.

No auge das dificuldades de Drexel, o mercado de obrigações de alto rendimento quase secou, mas acabou se recuperando consideravelmente. Contudo, vale observar que a qualidade de crédito média da dívida de alto rendimento recém-emitida é superior à qualidade média nos anos florescentes da década de 1980.

Obviamente, em períodos de dificuldade econômica, as obrigações de alto risco são mais vulneráveis do que as obrigações com baixo risco de crédito. Durante a crise financeira de 2008-2009, os preços dessas obrigações caíram de forma sensível e seus rendimentos até o vencimento subiram de maneira igualmente sensível. A diferença entre os rendimentos das obrigações do Tesouro e as obrigações de classificação B aumentou de cerca de 3% no início de 2007 para um assustador 19% no começo de 2009.

Determinantes de segurança das obrigações

As agências de classificação de obrigações baseiam suas classificações de qualidade principalmente em uma análise do nível e da tendência de alguns dos índices financeiros do emissor. Os principais índices utilizados para avaliar a segurança são:

1. *Índices de cobertura.* Índices entre o lucro e os custos fixos da empresa. Por exemplo, o *índice de cobertura de juros* é o índice entre o lucro antes do pagamento de juros e impostos e as obrigações sobre juros. O *índice de cobertura de taxa fixa* abrange pagamentos de *leasing* e pagamentos de fundo de amortização com obrigações de juros para chegar ao índice entre lucro e todas as obrigações fixas em dinheiro. Índice de cobertura baixos ou decrescentes indicam possíveis dificuldades de fluxo de caixa.

2. *Índice de alavancagem.* Índice de dívida/patrimônio líquido. Um índice de alavancagem elevado demais indica excesso de endividamento e, por sua vez, possibilidade de a empresa não ser capaz de ganhar o suficiente para cumprir com suas responsabilidades em relação às obrigações.

3. *Índices de liquidez.* Os dois índices de liquidez mais comuns são o *índice corrente* (ativos circulantes/passivos circulantes) e o *índice de liquidez imediata* (ativos circulantes menos estoques/passivos circulantes). Esses índices medem a capacidade da empresa para pagar contas a vencer com seus ativos mais líquidos.

4. *Índices de lucratividade.* Medidas das taxas de retorno sobre os ativos ou o patrimônio. Os índices de lucratividade são indicadores do desempenho geral de uma empresa. O *retorno sobre os ativos* (lucros antes de juros e impostos divididos pelo total de ativos) ou o retorno sobre o patrimônio (lucro/patrimônio líquido) são as medidas mais populares nessa categoria. As empresas com retornos mais altos sobre os ativos devem ter melhores condições de levantar dinheiro nos mercados de títulos porque oferecem perspectivas de melhores retornos sobre os investimentos da empresa.

5. *Índice fluxo de caixa/dívida.* Esse é o índice de fluxo de caixa total em relação à dívida em circulação.

A Standard & Poor's calcula periodicamente os valores médios de determinados índices para empresas em várias categorias de classificação, os quais são apresentados na Tabela 10.3. Obviamente, os índices devem ser avaliados no contexto dos padrões do setor e os analistas diferem em relação aos pesos que eles atribuem em determinados índices. No entanto, a Tabela 10.3 demonstra a tendência de melhoria dos índices concomitantemente com a classificação da empresa. As taxas de inadimplência variam de forma considerável com a classificação da obrigação. Ao longo da história, apenas cerca de 1% das obrigações industriais que se classificaram originalmente como AA ou melhor na emissão ficaram inadimplentes após 15 anos. O índice é de aproximadamente 7,5% para as obrigações da categoria BBB e 40% para as da classe B. O risco de crédito varia sensivelmente entre as classificações.

Escritura de emissão da obrigação

escritura de emissão da obrigação
Documento que define a escritura de emissão entre o emissor da obrigação e o obrigacionista.

Além de especificar uma programação de pagamentos, a **escritura de emissão da obrigação**, entre o emissor e o obrigacionista, também especifica um conjunto de restrições que protegem os direitos dos obrigacionistas. Essas restrições incluem cláusulas relacionadas a garantias, fundos de amortização, políticas de dividendos e futuros empréstimos. A empresa emissora con-

TABELA 10.3 Índices financeiros e risco de inadimplência por categoria de classificação, dívida de longo prazo

	Medianas de três anos (2002 a 2004)						
	AAA	AA	A	BBB	BB	B	CCC
Múltiplo de cobertura de juros Ebit	23,8	19,5	8	4,7	2,5	1,2	0,4
Múltiplo de cobertura de juros Ebitda	25,5	24,6	10,2	6,5	3,5	1,9	0,9
Fundos de operações/dívida total (%)	203,3	79,9	48	35,9	22,4	11,5	5
Fluxo de caixa operacional livre/dívida total (%)	127,6	44,5	25	17,3	8,3	2,8	(002,1)
Múltiplo de dívida total/Ebitda	0,4	0,9	1,6	2,2	3,5	5,3	7,9
Retorno sobre o capital (%)	27,6	27	17,5	13,4	11,3	8,7	3,2
Dívida total/dívida total + patrimônio (%)	12,4	28,3	37,5	42,5	53,7	75,9	113,5

Nota: Ebitda significa lucros antes de juros, impostos, depreciação e amortização (*earnings before interest, taxes, depreciation, and amortization*).
Fonte: *Corporate Rating Criteria*, Standard & Poor's, 2006. Dados reproduzidos com a permissão da Standard & Poor's, uma divisão da The McGraw Hill Companies, Inc.

corda com esses acordos de proteção a fim de negociar suas obrigações com investidores preocupados com a segurança da emissão da obrigação.

Fundos de amortização   No final de sua vida, as obrigações exigem o pagamento do valor nominal, que constitui um enorme compromisso em dinheiro para o emissor. Para ajudar a garantir que esse compromisso não crie dificuldades de fluxo de caixa, a empresa pode concordar em estabelecer um **fundo de amortização** para distribuir o encargo do pagamento ao longo de vários anos. Esse fundo pode funcionar em uma de uma das duas formas a seguir:

1. Todo ano a empresa pode recomprar uma fração das obrigações em circulação no mercado aberto.
2. A empresa pode recomprar uma fração das obrigações em circulação por um preço de resgate especial associado à cláusula do fundo de amortização. A empresa tem a opção de comprar as obrigações pelo preço de mercado ou pelo preço do fundo de amortização, o que estiver mais baixo. Para alocar a carga de resgate do fundo de amortização de forma justa entre os obrigacionistas, as obrigações para resgate são escolhidas aleatoriamente com base no número de série.[11]

fundo de amortização
Uma escritura de emissão de obrigações que exige que o emissor recompre periodicamente parte das obrigações em circulação antes do vencimento.

O resgate do fundo de amortização difere da cláusula de resgate convencional de duas maneiras importantes. Primeiro, a empresa pode recomprar apenas uma pequena fração da emissão de obrigações pelo preço de resgate do fundo de amortização. Na melhor das hipóteses, algumas escrituras de emissão possibilitam que as empresas utilizem uma *opção de duplicação*, que permite a recompra do dobro do número exigido de obrigações pelo preço de resgate do fundo de amortização. Segundo, embora o preço das obrigações resgatáveis geralmente seja superior ao valor nominal, o fundo de amortização normalmente é definido de acordo com o valor nominal da obrigação.

Embora os fundos de amortização pretensamente protegerem os obrigacionistas, tornando o reembolso do principal mais provável, eles podem prejudicar o investidor. A empresa decidirá recomprar as obrigações com desconto (vendidas abaixo do valor nominal) pelo respectivo preço de mercado, exercendo ao mesmo tempo a opção de recomprar obrigações com prêmio (vendidas acima do valor nominal) pelo valor nominal. Portanto, se as taxas de juros caírem e os preços das obrigações subirem, a empresa se beneficiará da cláusula de fundo de amortização que lhe permite recomprar suas obrigações por preços abaixo do mercado. Nessas circunstâncias, o que é ganho para a empresa representa perda para o obrigacionista.

Uma emissão de obrigação que não exige um fundo de amortização é uma emissão de *obrigação em série* em que a empresa vende as obrigações com datas de vencimento escalonadas. À medida que as obrigações vencem sequencialmente, a carga do reembolso do principal para a empresa é distribuída ao longo do tempo do mesmo modo que ocorre com um fundo de amortização. As obrigações em série não incluem cláusulas de resgate. Diferentemente das obrigações de fundo de amortização, as obrigações em série não oferecem aos detentores de título o risco de uma obrigação específica ser resgatada para o fundo de amortização. Entretanto, a desvantagem das obrigações em série é que as obrigações de cada data de vencimento são diferentes, o que diminui a liquidez da emissão. Por isso, a negociação dessas obrigações é mais cara.

Subordinação de dívidas adicionais   Um dos fatores que determinam a segurança das obrigações é o total de dívida em circulação do emissor. Se você comprasse uma obrigação hoje, ficaria compreensivelmente ansioso se visse a empresa triplicar sua dívida em circulação no dia seguinte. Essa obrigação seria mais arriscada do que parecia ser quando você a comprou. Para evitar que as empresas prejudiquem os obrigacionistas dessa maneira, as **cláusulas de subordinação** restringem a quantia de seus empréstimos adicionais. Pode-se exigir que as dívidas adicionais sejam subordinadas prioritariamente à dívida existente; isto é, se houver falência, os detentores de dívida *subordinada* ou *júnior* não serão pagos enquanto a dívida sênior anterior não for paga completamente.

cláusulas de subordinação
Restrições sobre empréstimos adicionais que estipulam que os obrigacionistas seniores serão pagos primeiro em caso de falência.

Restrições de dividendos   Os acordos restringem também os dividendos que as empresas podem pagar. Essas limitações protegem os obrigacionistas porque forçam a empresa a reter ativos em vez de pagá-los aos acionistas. Uma restrição usual não permite o pagamento de divi-

---

[11] Embora seja incomum, a cláusula de fundo de amortização também pode exigir pagamentos periódicos a um fideicomissário, caso em que os pagamentos são investidos para que a soma acumulada possa ser usada para quitar toda a emissão no vencimento.

FIGURA 10.9
Obrigação resgatável emitida pela Mobil.

Fonte: *Moody's Industrial Manual*, Moody's Investor Services, 1997.

Mobil Corp. debenture 8s, due 2032:
Rating — Aa2
AUTH — $250,000,000.
OUTSTG — Dec. 31, 1993, $250,000,000.
DATED — Oct. 30, 1991.
INTEREST — F&A 12.
TRUSTEE — Chemical Bank.
DENOMINATION — Fully registered, $1,000 and integral multiples thereof. Transferable and exchangeable without service charge.
CALLABLE — As a whole or in part, at any time, on or after Aug. 12, 2002, at the option of Co. on at least 30 but not more than 60 days' notice to each Aug. 11 as follows:

2003	105.007	2004	104.756	2005	104.506
2006	104.256	2007	104.005	2008	103.755
2009	103.505	2010	103.254	2011	103.004
2012	102.754	2013	102.503	2014	102.253
2015	102.003	2016	101.752	2017	101.502
2018	101.252	2019	101.001	2020	100.751
2021	100.501	2022	100.250		

and thereafter at 100 plus accrued interest.
SECURITY — Not secured. Ranks equally with all other unsecured and unsubordinated indebtedness of Co. Co. nor any Affiliate will not incurr any indebtedness; provided that Co. will not create as security for any indebtedness for borrowed money, any mortgage, pledge, security interest or lien on any stock or indebtedness is directly owned by Co., without effectively providing that the debt securities shall be secured equally and ratably with such indebtedness, so long as such indebtedness shall be so secured.
INDENTURE MODIFICATION — Indenture may be modified, except as provided with, consent of 66 2/3% of debs. outstg.
RIGHTS ON DEFAULT — Trustee, or 25% of debs. outstg., may declare principal dua nad payable (30 days' grace for payment of interest).
LISTED — On New York Stock Exchange.
PURPOSE — Proceeds used for general corporate purposes.
OFFERED — ($250,000,000) at 99.51 plus accrued interest (proceeds to Co., 99.11) on Aug. 5, 1992 thru Merrill Lynch & Co., Donaldson, Lufkin & Jenerette Securities Corp., PaineWebber Inc., Prudential Securities Inc., Smith Barney, Harris Upham & Co. Inc. and associates.

---

dendos se os dividendos cumulativos pagos desde a abertura da empresa excederem os lucros cumulativos retidos mais os lucros da venda de ações.

garantia
Um ativo específico penhorado contra inadimplência de uma obrigação.

Garantia Algumas obrigações são emitidas com uma garantia específica como lastro. **Garantia** é um ativo específico que os obrigacionistas recebem se a empresa ficar inadimplente. Se a garantia for uma propriedade, a obrigação é chamada de *obrigação hipotecária*. Se a garantia for em forma de outros títulos mantidos pela empresa, a obrigação é chamada de *obrigação garantida por outros valores mobiliários*. No caso de equipamento, é conhecida como *obrigação com garantia em equipamento*. Essa última forma de garantia é mais utilizada por empresas ferroviárias, nas quais o equipamento é relativamente convencional e pode ser facilmente vendido para outra empresa no caso de inadimplência da primeira.

debênture
Uma obrigação não lastreada por uma garantia específica.

As obrigações garantidas normalmente são consideradas mais seguras do que as obrigações **debênture** em geral, que não são asseguradas, o que significa que elas não oferecem uma garantia específica; o risco de crédito de obrigações não asseguradas dependem da capacidade geral da empresa de gerar receita. Se a empresa ficar inadimplente, os detentores de debênture tornam-se credores gerais da empresa. Como são mais seguras, as obrigações com garantia normalmente oferecem rendimentos mais baixos do que as debêntures em geral.

A Figura 10.9 mostra as cláusulas de uma obrigação emitida pela Mobil conforme descrição no *Moody's Industrial Manual*. As cláusulas da obrigação são convencionais e coincidem com muitas das cláusulas da escritura de emissão que já mencionamos. A obrigação é registrada e listada na NYSE. Ela foi emitida em 1991, mas só podia ser resgatada a partir de 2002. Embora o preço de compra tenha se iniciado em 105,007% do valor nominal, ele cai gradualmente até atingir o valor nominal após 2020.

Rendimento até o vencimento e risco de inadimplência

Como as obrigações corporativas estão sujeitas ao risco de inadimplência, devemos fazer uma diferenciação entre o rendimento até o vencimento prometido e o rendimento esperado. O rendimento prometido ou declarado será realizado apenas se a empresa cumprir as exigências relativas à emissão da obrigação. Portanto, o rendimento declarado é o rendimento *máximo possível* até o vencimento da obrigação. O rendimento até o vencimento esperado deve levar em conta a possibilidade de inadimplência.

Por exemplo, no auge da crise financeira de outubro de 2008, quando a Ford Motor Company enfrentava adversidades, suas obrigações com cupom de 6,625%, com vencimento em 2028, foram classificadas como CCC e vendidas por aproximadamente 33% do valor nominal, gerando um rendimento até o vencimento de cerca de 20%. Os investidores de fato não acreditaram que a taxa de retorno esperada sobre essas obrigações fosse 20%. Eles reconheceram a possibilidade evidente de que os obrigacionistas não receberiam todos os pagamentos prometidos na escritura de emissão da obrigação e que o rendimento sobre os fluxos de caixa *esperados* era bem inferior ao rendimento baseado nos fluxos de caixa *prometidos*. Obviamente, tal como se revelou, a Ford resistiu à tempestade e os investidores que compraram suas obrigações obtiveram um ótimo lucro: as obrigações são vendidas hoje por cerca de 95% do valor nominal.

EXEMPLO 10.12
Rendimento esperado versus prometido

Suponhamos que uma empresa tenha emitido uma obrigação com cupom de 9% há 20 anos. Essa obrigação agora tem mais dez anos até o vencimento, mas a empresa está enfrentando dificuldades financeiras. Os investidores acreditam que a empresa conseguirá cumprir com o restante dos pagamentos de juros, mas que, na data do vencimento, ela será obrigada a entrar com falência e os obrigacionistas receberão apenas 70% do valor nominal. A obrigação está sendo vendida por US$ 750.

O rendimento até o vencimento (*yield to maturity* – YTM) seria então calculado utilizando os seguintes dados:

	YTM Esperado	YTM Declarado
Pagamento de cupom	US$ 45	US$ 45
Número de períodos semianuais	20 períodos	20 períodos
Pagamento final	US$ 700	US$ 1.000
Preço	US$ 750	US$ 750

O rendimento até o vencimento baseado nos pagamentos prometidos é de 13,7%. Entretanto, com base no pagamento esperado de US$ 700 no vencimento, o rendimento seria apenas 11,6%. O rendimento até o vencimento declarado é superior ao rendimento que os investidores realmente esperam obter.

O Exemplo 10.12 indica que, quando uma obrigação torna-se mais propensa ao risco de inadimplência, seu preço cai e, portanto, o respectivo rendimento até o vencimento prometido aumenta. Desse modo, o prêmio de inadimplência, a diferença entre o rendimento até o vencimento declarado e o rendimento de obrigações do Tesouro comparáveis em outros aspectos aumentará. Entretanto, o rendimento até o vencimento esperado, que em última análise está vinculado ao risco sistemático da obrigação, será bem menos afetado. Continuemos com o exemplo.

EXEMPLO 10.13
Risco de inadimplência e prêmio de inadimplência

Suponhamos que a condição da empresa no Exemplo 10.12 piore ainda mais e os investidores agora acreditem que a obrigação pagará apenas 55% do valor de face no vencimento. Agora, os investidores exigem um rendimento até o vencimento esperado de 12% (isto é, 6% semestralmente), o que é 0,4% superior do que no Exemplo 10.12. Mas o preço da obrigação cairá de US$ 750 para US$ 688 [*n* = 20; *i* = 6; FV = 550; PMT = US$ 45]. Por esse preço, o rendimento até o vencimento declarado, com base nos fluxos de caixa prometidos, é 15,2%. Embora o rendimento até o vencimento esperado tenha aumentado 0,4%, a queda de preço fez o rendimento até o vencimento prometido (e o prêmio de inadimplência) aumentar 1,5%.

Para compensar a possibilidade de inadimplência, as obrigações corporativas devem oferecer um **prêmio de inadimplência**. Esse prêmio é a diferença entre o rendimento prometido sobre uma obrigação corporativa e o rendimento de uma obrigação governamental idêntica em outros aspectos e isenta de risco em termos de inadimplência. Se a empresa permanecer solvente e de fato pagar ao investidor todos os fluxos de caixa prometidos, o investidor obterá um rendimento até o vencimento mais alto do que obteria da obrigação governamental. Entretanto, se a empresa abrir falência, a obrigação corporativa tenderá a oferecer um retorno inferior ao da obrigação governamental. A obrigação corporativa pode ter um desempenho melhor ou pior do que o da obrigação isenta de risco do Tesouro. Em outras palavras, ela é mais arriscada.

prêmio de inadimplência
Aumento oferecido a um rendimento prometido que compensa o investidor pelo risco de inadimplência.

FIGURA 10.10
Diferenças de rendimento entre obrigações corporativas e obrigações de dez anos do Tesouro.

Fonte: Federal Reserve Bank de St. Louis, <http://research.stlouisfed.org/fred2/categories/32348>.

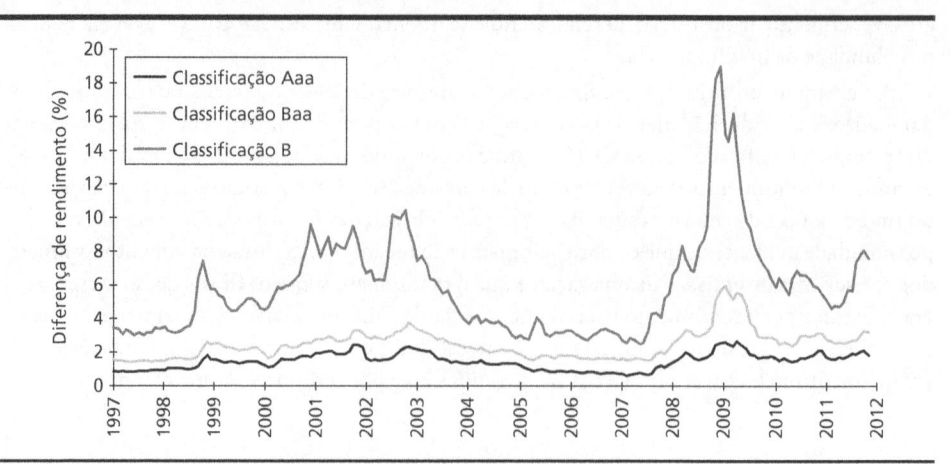

O padrão dos prêmios de inadimplência oferecidos para obrigações de risco algumas vezes é chamado de *estrutura de risco das taxas de juros*. Quanto maior o risco de inadimplência, mais alto o prêmio de inadimplência. A Figura 10.10 mostra as diferenças entre os rendimentos até o vencimento de obrigações de diferentes classes de risco, desde 1997. Você pode ver aqui uma clara evidência dos prêmios de risco de inadimplência sobre rendimentos prometidos. Observe, por exemplo, o inacreditável aumento nas diferenças de crédito durante a crise de 2008-2009.

Swaps de risco de não cumprimento

swap de risco de não cumprimento
Apólice de seguro que cobre o risco de inadimplência de uma obrigação ou empréstimo corporativo.

Um **swap de risco de não cumprimento** (*credit default swap* – CDS) é, em vigor, uma apólice de seguro contra o risco de inadimplência de uma obrigação ou empréstimo corporativo. Para exemplificar, o prêmio anual em julho de 2011 sobre um CDS girava em torno de 1,3%, o que significa que o comprador do CDS pagaria ao vendedor um prêmio anual de US$ 1.30 para cada US$ 100 do principal da obrigação. O vendedor recebe esses pagamentos anuais ao longo da duração do contrato, mas deve compensar o comprador por perda no valor da obrigação caso haja inadimplência.[12]

Da forma como foram originalmente visualizados, os *swaps* de risco de não cumprimento foram concebidos para permitir que os concessores de empréstimo comprem proteção contra prejuízos em empréstimos relativamente grandes. Os compradores naturais desses *swaps* costumavam ser então grandes obrigacionistas ou bancos que haviam feito empréstimos importantes e queriam aumentar a capacidade creditícia desses empréstimos. Mesmo se a empresa que está contraindo um empréstimo tivesse uma capacidade de crédito instável, a dívida "assegurada" seria tão segura quanto o emissor do CDS. Um investidor com uma obrigação de classificação BB poderia, em princípio, elevar a qualidade efetiva da dívida para AAA comprando um CDS sobre o emissor.

Essa ideia indica como os contratos de CDS devem ser precificados. Se uma obrigação de categoria BB oferecida com seguro por meio de um CDS for de fato equivalente a uma obrigação AAA, o preço justo do *swap* deverá ser aproximadamente a diferença de rendimento entre as obrigações AAA e BB.[13] A estrutura de risco das taxas de juros e os preços dos CDS devem estar firmemente alinhados.

A Figura 10.11, Painel A, mostra os preços médios de CDSs de cinco anos sobre os bancos dos Estados Unidos entre meados de 2007 e 2011. Observe o acentuado aumento nos preços em setembro de 2008, quando o Lehman Brothers entrou em falência e a crise financeira che-

---

[12] Na verdade, os *swaps* de risco de não cumprimento pagam um valor bem inferior ao de uma inadimplência real. A escritura de emissão descreve quais "eventos de crédito" específicos desencadearão um pagamento. Por exemplo, reestruturar (reescrever as cláusulas da dívida circulante de uma empresa como alternativa aos procedimentos formais de falência) pode ser definido como um evento de crédito desencadeador.

[13] Dizemos "aproximadamente" porque existem algumas diferenças entre obrigações com alta classificação e obrigações artificialmente melhoradas com *swaps* de risco de não cumprimento. Por exemplo, o prazo do *swap* talvez não coincida com o vencimento da obrigação. O tratamento tributário dos pagamentos de cupom *versus* pagamentos de *swaps* pode diferir, assim como a liquidez das obrigações. Concluindo, alguns CDSs podem exigir pagamentos únicos logo no início, bem como prêmios anuais.

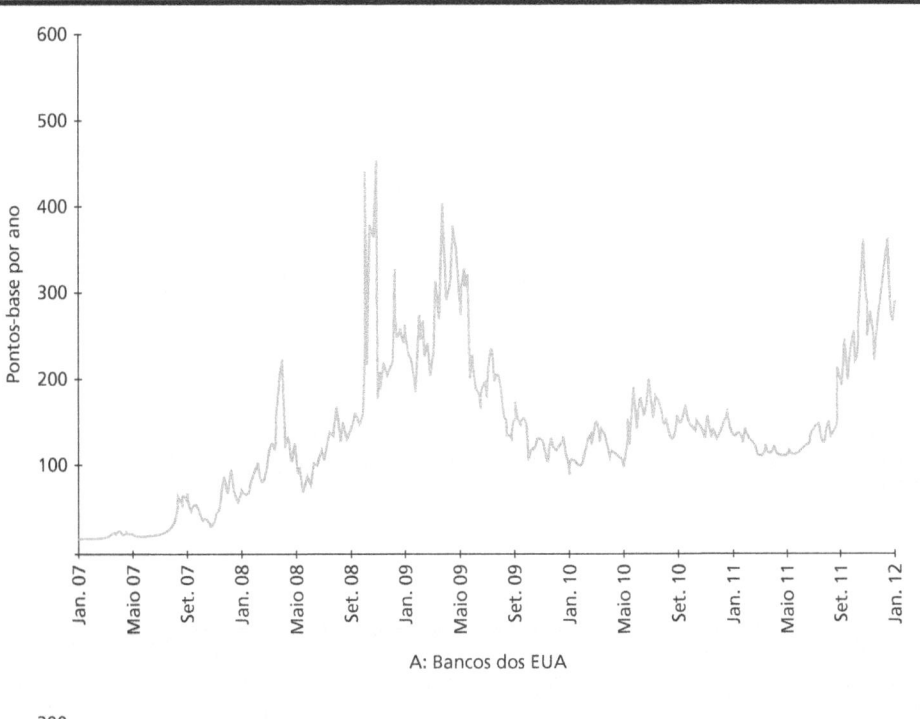

FIGURA 10.11
Preços de *swaps* de risco de não cumprimento.

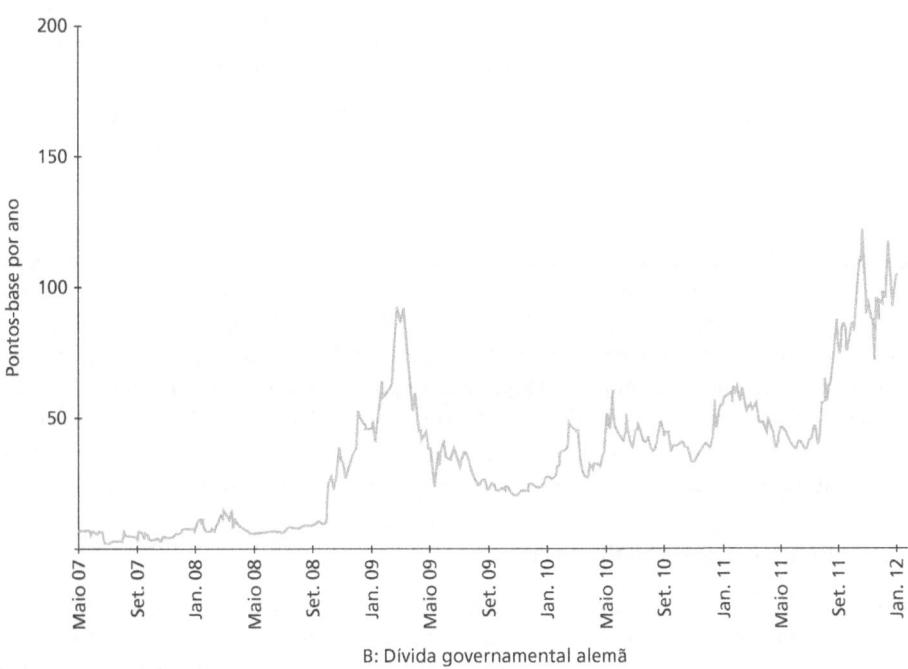

A: Bancos dos EUA

B: Dívida governamental alemã

gou ao auge. Os preços dos CDSs recuaram, mas depois aumentaram novamente em 2009, no nível mais profundo da recessão. À medida que o risco de crédito percebido aumentou, o preço de garantia da dívida também aumentou.

Também são negociados contratos de CDS sobre dívidas governamentais de uma série de países. O Painel B da Figura 10.11 mostra os preços de contrato de CDS de cinco anos sobre a dívida alemã. Mesmo sendo a Alemanha a economia mais sólida na zona do euro, os preços de CDS alemães refletem tensão financeira, primeiro na grande recessão de 2009 e novamente em 2011 quando as perspectivas de inadimplência (e de resgate financeiro por parte dos alemães) da Grécia e de outros países da zona do euro pioraram. Contudo, mesmo no final de 2011, os preços de CDS alemães equivaliam apenas a um terço dos preços dos bancos americanos.

Embora os CDSs tenham sido criados como uma forma de seguro de obrigação, só depois de muito tempo os investidores descobriram que eles podiam ser utilizados para fazer especulações sobre a saúde financeira de determinadas empresas. Como a Figura 10.11 evidencia, em

Na frente de batalha do **MERCADO**

SWAPS DE RISCO DE NÃO CUMPRIMENTO, RISCO SISTÊMICO E CRISE FINANCEIRA DE 2008 A 2009

A crise de crédito de de 2008-2009, quando a concessão de empréstimos entre bancos e outras instituições financeiras efetivamente entrou em convulsão, foi em grande medida uma crise de transparência. O maior problema foi a difundida falta de confiança na capacidade financeira das partes em uma negociação. Se uma instituição não conseguisse ter a confiança de que a outra se manteria solvente, ela compreensivelmente resistiria a lhe oferecer um empréstimo. Quando uma dúvida a respeito do risco de crédito dos clientes e dos parceiros comerciais atingiu níveis inéditos desde a Grande Depressão, o mercado de empréstimo secou.

Os *swaps* de risco de não cumprimento eram citados particularmente para fomentar dúvidas sobre a confiabilidade das partes. Ao que consta, por volta de agosto de 2008 US$ 63 trilhões de *swaps* desse tipo estavam em circulação. (Comparativamente, o produto interno bruto dos Estados Unidos em 2008 era de cerca de US$ 14 trilhões.) Quando o mercado de hipotecas *subprime* entrou em colapso e a economia entrou em profunda recessão, as possíveis dívidas desses contratos incharam, atingindo nível antes considerados inimagináveis, e a capacidade dos vendedores de CDS de honrar seus compromissos estava em xeque. Por exemplo, a gigante empresa de seguros AIG havia vendido sozinha mais de US$ 400 bilhões de contratos de CDS em hipotecas *subprime* e outros empréstimos e estava a dias da insolvência. Contudo, a insolvência da AIG teria desencadeado a insolvência de outras empresas que haviam confiado em sua promessa de proteção contra inadimplência nos empréstimos.

Isso, por sua vez, teria desencadeado outras inadimplências. No final, o governo sentiu-se compelido a resgatar a AIG para evitar uma reação em cadeia de insolvências.

O risco de contraparte e as exigências de divulgação complacentes efetivamente impossibilitavam que se distinguisse a exposição das empresas ao risco de crédito. Um dos problemas era que as posições de CDS não são obrigadas a ser relatadas nos balanços patrimoniais. E a possibilidade de uma inadimplência desencadear uma sequência de outras inadimplências significa que os concessores de empréstimo podem estar expostos à inadimplência de uma instituição com a qual eles nem mesmo negociam diretamente. Esses efeitos indiretos criam um *risco sistêmico*, no qual todo o sistema financeiro pode ficar paralisado. Quando os efeitos em cascata de uma dívida incobrável se ampliam em círculos cada vez mais amplos, pode parecer imprudente emprestar a qualquer pessoa.

Na esteira da crise de crédito, a Lei Dodd-Frank exigiu uma nova regulamentação e novas reformas. Entre as suas propostas, está a criação de uma câmara de compensação para derivativos de crédito como os contratos de CDS. Esse sistema procuraria favorecer a transparência das posições, permitir a liquidação de posições de compensação e exigir o reconhecimento diários de ganhos ou perdas nas posições por meio de uma conta de margem ou de garantia. Se as perdas aumentassem, as posições teriam de ser desemaranhadas antes que crescessem para níveis insustentáveis. Possibilitar que os negociadores avaliem com precisão o risco de contraparte e restringir esse risco por meio de contas de margem e do apoio complementar de uma câmara de compensação ajudaria muito a diminuir o risco sistêmico.

---

agosto de 2008, uma pessoa que desejasse apostar contra o setor financeiro teria comprado contratos de CDS sobre essas empresas e teria lucrado porque os preços dos CDSs aumentaram muito em setembro. Na verdade, como se sabe, o gestor de fundo de *hedge* John Paulson fez exatamente isso. Suas apostas de baixa em 2007 a 2008 nos bancos comerciais e de empresas de Wall Street, bem como em alguns títulos garantidos por hipotecas mais arriscados, obtiveram para seus fundos mais de US$ 15 bilhões e um retorno pessoal de mais de US$ 3,7 bilhões.

O quadro "*Swaps* de risco de não cumprimento, Risco sistêmico e Crise financeira de 2008 a 2009" fala sobre o papel desses *swaps* na crise financeira de 2008 a 2009.

10.6. CURVA DE RENDIMENTO

Volte novamente à Figura 10.1. Você verá que, embora os rendimentos até o vencimento sobre obrigações com várias datas de vencimento sejam razoavelmente semelhantes, existem diferenças entre eles. As obrigações com prazos mais curtos geralmente oferecem rendimentos até o vencimento mais baixos do que as de prazo mais longo. A relação gráfica entre o rendimento até o vencimento e o prazo até o vencimento é chamada de **curva de rendimento (*yield curve*)**. Essa relação também é chamada de **estrutura de prazo das taxas de juros** porque ela associa os rendimentos até o vencimento com o prazo (vencimento) de cada obrigação. A curva de rendimento é publicada regularmente e pode ser encontrada no *The Wall Street Journal* ou em *sites como o* Yahoo! Finance. Quatro conjuntos dessas curvas são reproduzidos na Figura 10.12. Essa figura mostra que é possível observar uma grande variedade de curvas de rendimento na prática. O Painel A é essencialmente uma curva de rendimento nivelada. O Painel B é uma curva ascendente e o C é uma curva de rendimento descendente ou "invertida". Por fim, a curva de rendimento no Painel D tem a forma de uma corcunda, primeiro subindo e depois descendo. As curvas de rendimentos ascendentes são as mais comumente observadas. Veremos brevemente o motivo.

curva de rendimento
Gráfico de rendimento até o vencimento como função do prazo até o vencimento.

estrutura de prazo das taxas de juros
Relação entre os rendimentos até o vencimento e os prazos até o vencimento entre as obrigações.

Por que obrigações com diferentes vencimentos devem oferecer diferentes rendimentos? As duas possibilidades mais plausíveis estão relacionadas com as expectativas quanto às taxas e prêmios de risco futuros. Consideraremos cada um desses argumentos separadamente.

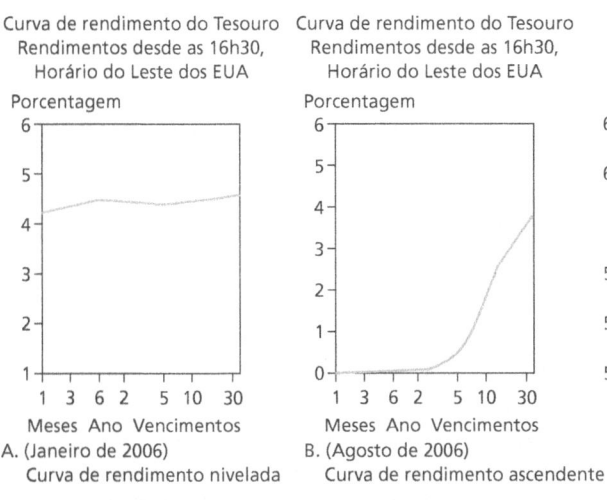

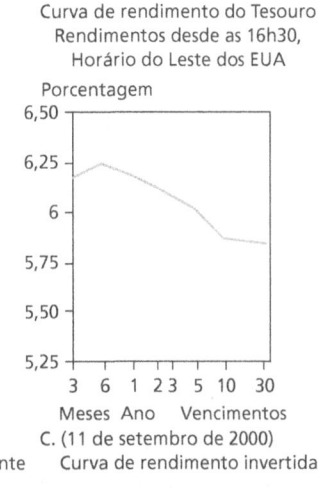

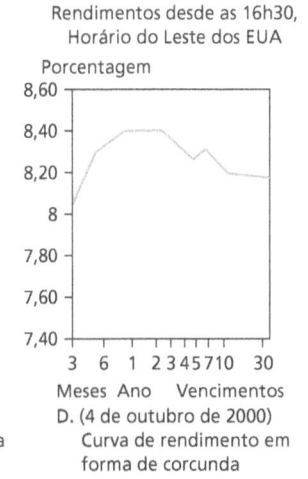

FIGURA 10.12 Curvas de rendimento do Tesouro.

Fonte: Várias edições do *The Wall Street Journal*. Dados reimpressos com permissão do *The Wall Street Journal*, Copyright © 1989, 2000, 2006, 2011 Dow Jones & Company, Inc. Todos os direitos reservados mundialmente.

A. (Janeiro de 2006) — Curva de rendimento nivelada
B. (Agosto de 2006) — Curva de rendimento ascendente
C. (11 de setembro de 2000) — Curva de rendimento invertida
D. (4 de outubro de 2000) — Curva de rendimento em forma de corcunda

Teoria das expectativas

Suponhamos que todos no mercado acreditem firmemente que, embora a taxa de juros atual de um ano seja 8%, a taxa de juros do ano seguinte sobre obrigações de um ano subirá para 10%. O que essa crença indicaria sobre o rendimento até o vencimento adequado de obrigações de dois anos emitidas hoje?

É fácil ver que um investidor que ao comprar a obrigação de um ano e no ano seguinte transferir os lucros para outra obrigação de um ano ganhará, em média, 9% ao ano. Esse valor é simplesmente a média dos 8% obtidos naquele ano e dos 10% esperados para o ano seguinte. Mais precisamente, o investimento crescerá segundo um fator de 1,08 no primeiro ano e 1,10 no segundo ano, formando um fator de crescimento total de dois anos de 1,08 × 1,10 = 1,188. Isso corresponde a uma taxa de crescimento anual de 8,995% (porque $1,08995^2 = 1,188$).

Para que os investimentos em obrigações de dois anos possam ser competitivos utilizando a estratégia de rolar as obrigações de um ano, as obrigações de dois anos também devem oferecer um retorno médio anual de 8,995% sobre o período de manutenção do investimento de dois anos. Isso é demonstrado na Figura 10.13. A taxa de curto prazo atual de 8% e o valor esperado da taxa de curto prazo do ano seguinte estão descritos acima da linha de tempo. A taxa de dois anos que oferece o mesmo retorno esperado total de dois anos está abaixo da linha de tempo. Portanto, nesse exemplo, a curva de rendimento terá inclinação ascendente; enquanto as obrigações de um ano oferecem rendimento até o vencimento de 8%, as obrigações de dois anos oferecem um rendimento de 8,995%.

Essa ideia é a essência da **hipótese das expectativas** da curva de rendimento, que defende que a inclinação da curva de rendimento é atribuível a expectativas de mudança nas taxas de curto prazo. Os rendimentos relativamente altos sobre as obrigações de longo prazo refletem expectativas de elevações futuras nas taxas, enquanto os rendimentos relativamente baixos so-

hipótese das expectativas
Teoria de que os rendimentos até o vencimento são determinados apenas pelas expectativas quanto às taxas de juros de curto prazo futuras.

FIGURA 10.13 Retornos de duas estratégias de investimento de dois anos.

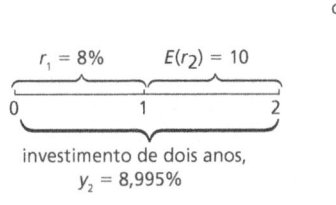

$r_1 = 8\%$ $E(r_2) = 10$

Retornos esperados cumulativos em dois anos

$1,08 \times 1,10 = 1,188$

investimento de dois anos, $y_2 = 8,995\%$

$1,08995^2 = 1,188$

bre as obrigações de longo prazo (uma curva de rendimento descendente ou invertida) refletem expectativas de queda nas taxas de curto prazo.

Uma das deduções da hipótese das expectativas é que os retornos esperados dos períodos de manutenção do investimento de obrigações de todos os vencimentos devem ser mais ou menos iguais. Mesmo que a curva de rendimento tenha inclinação ascendente (para que as obrigações de dois anos ofereçam rendimentos até o vencimento mais altos do que os de um ano), isso não significa necessariamente que os investidores esperam taxas de retorno mais elevadas sobre as obrigações de dois anos. Como vimos, um rendimento até o vencimento inicial mais alto sobre a obrigação de dois anos é essencial para compensar os investidores pelo fato de as taxas de juros no ano seguinte serem ainda mais altas. Durante o período de dois anos e, aliás, durante qualquer período de manutenção do investimento, essa teoria prevê que os retornos do período de manutenção do investimento serão igualados entre obrigações de todos os vencimentos.

EXEMPLO 10.14
Retorno do período de manutenção do investimento

> Suponhamos que compremos a obrigação de cupom zero de um ano com um rendimento até o vencimento atual de 8%. Se seu valor de face for US$ 1.000, seu preço será US$ 925,95, oferecendo uma taxa de retorno de 8% durante o ano seguinte. Suponhamos, em vez disso, que compremos a obrigação de cupom zero de dois anos, com rendimento de 8,995%. Hoje, seu preço é US$ 1.000/(1,08995)² = US$ 841,76. Após um ano, a obrigação de cupom zero terá um vencimento remanescente de apenas um ano; com base na previsão de que o rendimento de um ano para o ano seguinte será 10%, ela então será vendida por US$ 1.000/1,10 = US$ 909,09. Portanto, a taxa de retorno esperada ao longo do ano é (US$ 909,09 − US$ 841,76)/US$ 841,76 = 0,08 ou 8%, precisamente o mesmo retorno oferecido pela obrigação de um ano. Isso faz sentido: se os fatores de risco forem ignorados na determinação de preço das duas obrigações, elas deverão oferecer taxas de retorno esperadas iguais.

Na verdade, os defensores da hipótese das expectativas normalmente invertem essa análise para *inferir* a expectativa do mercado quanto a taxas de curto prazo futuras. Eles ressaltam que não observamos diretamente a expectativa quanto à taxa do ano seguinte, mas *podemos* observar os rendimentos sobre as obrigações de diferentes vencimentos. Suponhamos, como neste exemplo, que observemos que as obrigações de um ano oferecem rendimentos de 8% e as obrigações de dois anos oferecem rendimentos de 8,995%. Cada dólar investido na obrigação de cupom zero de dois anos aumentará após dois anos para US$ 1 × 1,08995² = US$ 1,188. Um dólar investido na obrigação de cupom zero de um ano aumentaria segundo um fator de 1,08 no primeiro ano e, se reinvestido ou transferido no segundo ano para outra obrigação de cupom zero de um ano, aumentaria de acordo com um fator adicional de $1 + r_2$. Os lucros finais seriam US$ $1 \times 1,08 \times (1 + r_2)$.

O lucro final da estratégia de transferência depende da taxa de juros que realmente se evidenciar no segundo ano. Entretanto, podemos encontrar a taxa de juros do segundo ano que torna os retornos esperados dessas duas estratégias iguais. Esse valor "equalizador" é chamado de **taxa entre dois prazos futuros** para o segundo ano, f_2, e é obtido da seguinte forma:

$$1,08995^2 = 1,08 \times (1 + f_2)$$

taxa entre dois prazos futuros
Taxa de juros de curto prazo inferida para um período futuro que torna o retorno total esperado de uma obrigação de longo prazo igual ao de obrigações de curto prazo que foram roladas.

o que significa que $f_2 = 0,10$ ou 10%. Observe que a taxa entre dois prazos futuros é igual à expectativa do mercado quanto à taxa de curto prazo do segundo ano. Por isso, podemos concluir que, quando o retorno esperado total de uma obrigação de longo prazo for igual ao de uma obrigação de curto prazo que foi rolada, a taxa entre dois prazos futuros será igual à taxa de juros de curto prazo esperada. É por isso que a teoria é chamada de hipótese das expectativas.

De modo geral, obtemos a taxa entre dois prazos futuros igualando o retorno sobre uma obrigação de cupom zero de n períodos com o de uma obrigação de cupom zero de $(n-1)$ períodos rolada para uma obrigação de um ano no ano n:

$$(1 + y_n)^n = (1 + y_{n-1})^{n-1}(1 + f_n) \tag{10.3}$$

Os retornos totais reais nas duas estratégias de n anos serão iguais se a taxa de juros de curto prazo no ano n for igual a f_n.

> **EXEMPLO 10.15**
> Taxas entre dois prazos futuros
>
> Suponhamos que as obrigações com vencimento em dois anos ofereçam rendimentos até o vencimento de 6% e as obrigações de três anos ofereçam rendimentos de 7%. Qual a taxa entre dois prazos futuros do terceiro ano? Poderíamos comparar essas duas estratégias da seguinte forma:
> 1. Comprar uma obrigação de três anos. O lucro total por dólar investido será
>
> $$US\$\ 1 \times (1{,}07)^3 = US\$\ 1{,}2250$$
>
> 2. Comprar uma obrigação de dois anos. Todos os lucros serão reinvestidos em uma obrigação de um ano no terceiro ano, o que oferecerá nesse ano de r_3. O lucro total por dólar investido será o resultado do crescimento de dois anos dos fundos investidos a 6% mais o crescimento do ano final à taxa de r_3:
>
> $$US\$\ 1 \times (1{,}06)^2 \times (1 + r_3) = US\$\ 1{,}1236 \times (1 + r_3)$$
>
> A taxa entre dois prazos futuros é a taxa no terceiro ano que transforma o retorno total sobre essas estratégias igual a:
>
> $$1{,}2250 = 1{,}1236 \times (1 + f_3)$$
>
> Concluímos que a taxa entre dois prazos futuros para o terceiro ano satisfaz $(1 + f_3) = 1{,}0902$, de modo que f_3 é 9,02%.

Embora a hipótese das expectativas nos ofereça uma ferramenta para deduzir expectativas quanto às futuras taxas de juros do mercado, com base na curva de rendimento, elas não nos diz nada sobre quais fatores subjacentes geraram essas expectativas. Em última análise, as taxas de juros refletem as expectativas dos investidores quanto à situação macroeconômica. Portanto, não surpreendentemente, as taxas entre dois prazos futuros e a curva de rendimento se revelaram úteis para as previsões econômicas. A inclinação da curva de rendimento é um dos componentes mais importantes do índice dos indicadores econômicos antecedentes utilizados para prever o rumo da atividade econômica. Particularmente as curvas de rendimento invertidas, que indicam taxas de juros decrescentes, revelam-se um dos melhores indicadores de recessão iminente.

Teoria da preferência por liquidez

A hipótese das expectativas parte do pressuposto de que as obrigações são precificadas para que os investimentos "compre e mantenha" referentes a obrigações de longo prazo ofereçam os mesmos retornos que seria obtido se uma série de obrigações de curto prazo fossem roladas. Contudo, os riscos das obrigações de longo e curto prazo não são iguais.

Já vimos que as obrigações de prazo mais longo estão sujeitas a um risco de taxa de juros maior do que as de curto prazo. Por esse motivo, os investidores de obrigações de longo prazo podem exigir um prêmio de risco para compensá-los por esse risco. Nesse caso, a curva de rendimento terá uma inclinação ascendente mesmo na ausência de qualquer expectativa de aumento futuro nas taxas. A origem da inclinação ascendente na curva de rendimento é a exigência dos investidores de retornos esperados mais elevados sobre os ativos que são percebidos como mais arriscados.

Esse ponto de vista é chamado de **teoria da preferência por liquidez** da estrutura de prazo. Esse nome deriva do fato de as obrigações de prazo menor têm maior "liquidez" do que as de prazo maior, no sentido de que oferecem maior certeza quanto ao preço e são negociadas em mercados mais ativos com *spreads* de preço de compra e venda inferiores. A preferência dos investidores por maior liquidez permite que fiquem mais propensos a manter essas obrigações de prazo menor, mesmo que elas não ofereçam retornos esperados tão altos quanto os das obrigações de prazo mais longo.

teoria da preferência por liquidez
Teoria de que os investidores exigem um prêmio de risco sobre as obrigações de longo prazo.

Podemos pensar em **prêmio de liquidez** como o resultado da compensação complementar que os investidores exigem para manter obrigações de prazo mais longo com risco de preço maior. O prêmio de liquidez é medido como o *spread* entre a taxa de juros entre dois prazos futuros e a taxa de curto prazo esperada:

$$f_n = E(r_n) + \text{Prêmio de liquidez} \qquad (10.4)$$

prêmio de liquidez
Retorno esperado complementar exigido pelos investidores para compensar o risco mais alto das obrigações de prazo mais longo.

Na ausência de um prêmio de liquidez, a taxa entre dois prazos futuros seria igual à expectativa de uma taxa de curto prazo futura. Contudo, geralmente esperamos que a taxa entre dois prazos futuros seja superior para compensar os investidores pela menor liquidez das obrigações de prazo mais longo.

Os defensores da teoria da preferência por liquidez também observam que os tomadores de empréstimo parecem preferir emitir obrigações de longo prazo. Isso lhes permite fixar uma taxa de juros sobre seus empréstimos para longos períodos, e por isso eles podem se dispor a pagar rendimentos mais altos sobre essas emissões. Em suma, os compradores de obrigações exigem taxas mais altas sobre obrigações de prazo mais longo e os emissores de obrigações estão dispostos a pagar taxas mais altas sobre essas obrigações. Por esse motivo, geralmente a inclinação da curva de rendimento é ascendente.

De acordo com a teoria da preferência por liquidez, as taxas de juros entre dois prazos futuros superarão as expectativas do mercado quanto às taxas de juros futuras. Mesmo que se espere que as taxas permaneçam inalteradas, a curva de rendimento será ascendente em decorrência do prêmio de liquidez. Essa inclinação ascendente seria atribuída erroneamente às expectativas de taxas ascendentes se utilizássemos a hipótese das expectativas pura para interpretar a curva de rendimento.

EXEMPLO 10.16
Prêmios de liquidez e curva de rendimento

> Suponhamos que a taxa de juros de curto prazo atual seja 8% e que os investidores esperam que ela permaneça em 8% no ano seguinte. Na ausência de um prêmio de liquidez, sem nenhuma expectativa de mudança nos rendimentos, o rendimento até o vencimento sobre obrigações de dois anos também seria de 8%, a curva de rendimento seria nivelada e a taxa entre dois prazos futuros seria de 8%. Porém, e se os investidores exigissem um prêmio de risco para investir em obrigações de dois anos, em vez de em obrigações de um ano? Se o prêmio de risco fosse 1%, a taxa entre dois prazos futuros seria 8% + 1% = 9% e o rendimento até o vencimento sobre a obrigação de dois anos seria determinado por
>
> $$(1 + y_2)^2 = 1{,}08 \times 1{,}09 = 1{,}1772$$
>
> o que significa que $y_2 = 0{,}085 = 8{,}5\%$. Aqui, a curva de rendimento é ascendente apenas em virtude do prêmio de liquidez embutido no preço da obrigação de prazo mais longo.

10.8 *Revisão de* **CONCEITOS**

Suponhamos que o valor esperado da taxa de juros para o terceiro ano fique em 8%, mas o prêmio de liquidez desse ano seja também 1%. Qual seria o rendimento até o vencimento sobre as obrigações de cupom zero de três anos? Que implicação isso tem na inclinação da curva de rendimento?

Uma síntese

É óbvio que não precisamos escolher entre expectativas e prêmios de risco. Ambos influenciam na curva de rendimento e devem ser considerados na interpretação da curva.

A Figura 10.14 mostra duas curvas de rendimento possíveis. Na Figura 10.14A, espera-se que as taxas aumentem com o tempo. Esse fato, associado com um prêmio de liquidez, faz a curva de rendimento ter uma acentuada inclinação ascendente. Na Figura 10.14B, espera-se que as taxas diminuam, o que por si só faria a inclinação da curva ser descendente. Entretanto, o prêmio de liquidez impõe uma inclinação um pouco ascendente. O efeito final desses dois fatores opostos é uma curva "em forma de corcunda".

Esses dois exemplos evidenciam que a combinação de expectativas e prêmios de liquidez variados pode gerar um amplo conjunto de perfis de curva de rendimento. Por exemplo, uma curva com inclinação ascendente não indica por si só expectativas de taxas de juros futuras mais altas, porque a inclinação pode ser provocada tanto pelas expectativas quanto pelos prêmios de risco. Uma curva com inclinação mais acentuada do que o normal indica expectativas de taxas mais altas, mas até mesmo essa dedução é arriscada.

A Figura 10.15 apresenta *spreads* entre letras do Tesouro de 90 dias e obrigações de 10 anos do Tesouro, desde 1970. Ela mostra que a curva de rendimento geralmente tem uma inclinação ascendente porque as obrigações de prazo mais longo costumam oferecer rendimentos até o vencimento mais altos, não obstante o fato de que não se poderia esperar que as taxas aumentassem durante todo o período. Essa tendência é o fundamento empírico da doutrina do prêmio de liquidez de que pelo menos parte da inclinação ascendente da curva de rendimento provavelmente se deve a um prêmio de risco.

Como a curva de rendimento normalmente tem uma inclinação ascendente em virtude dos prêmios de risco, uma curva de rendimento descendente é considerada uma forte indicação de

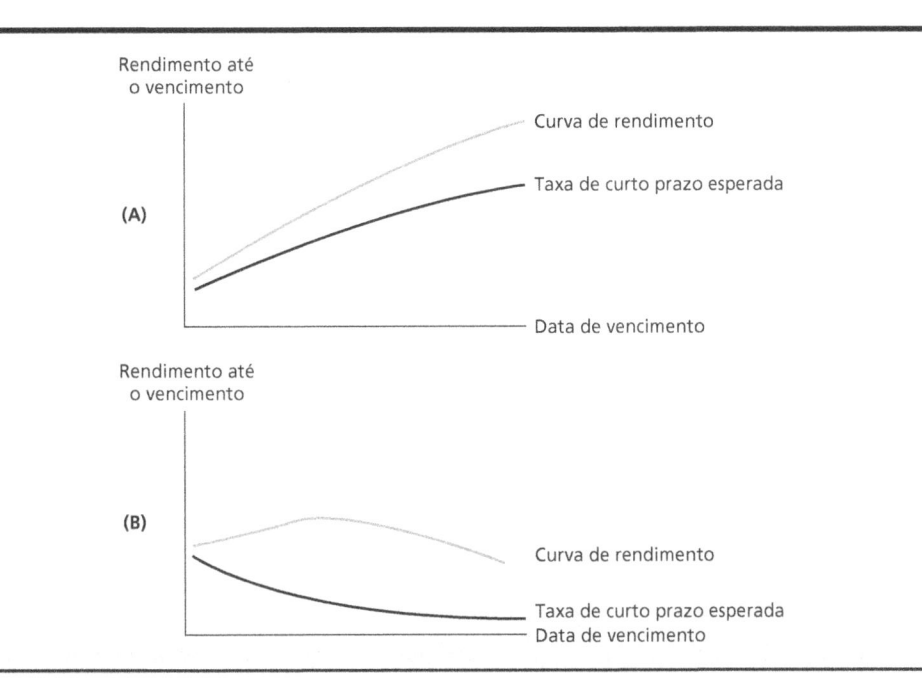

FIGURA 10.14
Curvas de rendimento ilustrativas.

FIGURA 10.15 Diferença de prazo: rendimentos de títulos de 10 anos *versus* 90 dias.

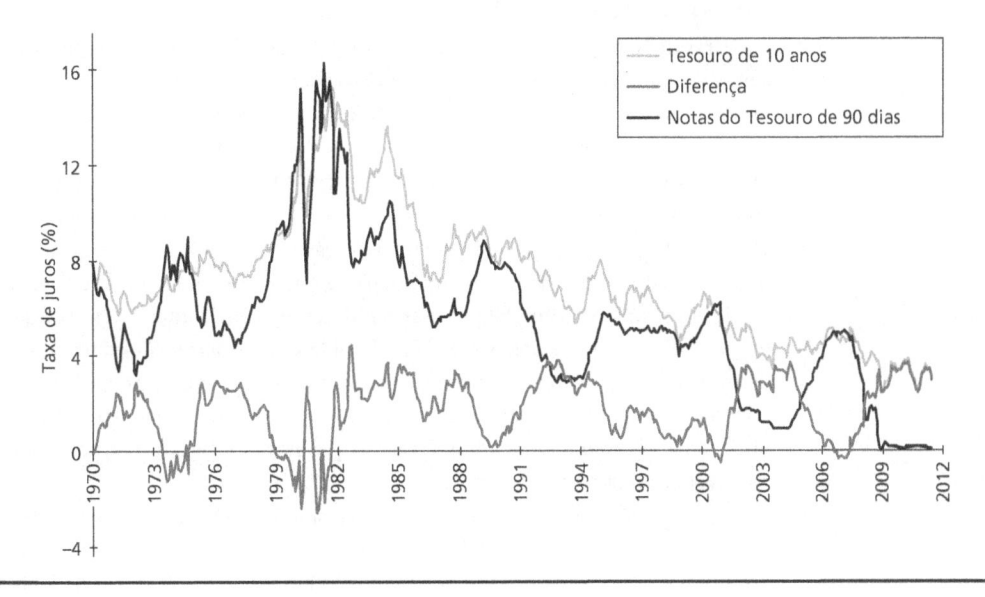

que os rendimentos são mais propensos a diminuir. Por sua vez, a previsão de declínio nas taxas de juros com frequência é interpretada como um sinal de recessão iminente. As taxas de curto prazo superam as de longo prazo em todas as sete recessões desde 1970. Por esse motivo, não é de surpreender que a inclinação da curva de rendimento seja um dos componentes fundamentais do índice dos indicadores econômicos antecedentes.

RESUMO

- Os títulos de dívida são diferenciados por sua promessa de pagar um fluxo de renda fixo ou específico aos detentores. A obrigação com cupom normalmente é um título de dívida típico.
- As notas e obrigações do Tesouro têm vencimentos originais de mais de um ano. Elas são emitidas pelo valor nominal ou algo semelhante e seus preços são cotados sem incluir juros acumulados.
- As obrigações resgatáveis devem oferecer maiores rendimentos prometidos até o vencimento para compensar os investidores pelo fato de que eles não realizarão todos os ga-

nhos de capital se a taxa de juros cair e as obrigações forem resgatadas pelo preço de resgate estipulado. Com frequência as obrigações são emitidas com um período de proteção contra resgate. Além disso, as obrigações com desconto que são vendidas por um preço significativamente inferior ao preço de resgate oferecem uma proteção implícita contra resgate.

- As obrigações com opção de venda oferecem ao obrigacionista, e não ao emissor, a opção de liquidar uma obrigação ou estender seu tempo de vida.

- As obrigações conversíveis podem ser trocadas, a critério do obrigacionista, por um número específico de ações. Os detentores de obrigações conversíveis "pagam" por essa opção ao aceitarem uma taxa de cupom mais baixa sobre o título.

- As obrigações com taxa flutuante pagam um prêmio fixo sobre uma taxa de juros de curto prazo referenciada. O risco é pequeno porque a taxa paga está atrelada às condições atuais do mercado.

- O rendimento até o vencimento é a única taxa de desconto que equipara o valor presente dos fluxos de caixa de um título com seu preço. Os preços e os rendimentos das obrigações estão inversamente relacionados. Para as obrigações com prêmio, a taxa de cupom é superior ao rendimento atual, que é superior ao rendimento até o vencimento. Essas desigualdades são inversas para as obrigações com desconto.

- Com frequência, o rendimento até o vencimento é interpretado como uma estimativa da taxa média de retorno para um investidor que compra uma obrigação e a mantém até o vencimento. No entanto, essa interpretação está sujeita a erro. Medidas relacionadas são o rendimento até o resgate, o rendimento composto realizado e o vencimento até o vencimento esperado (*versus* prometido).

- As letras do Tesouro são obrigações do governo dos Estados Unidos emitidas com cupom zero e vencimentos originais de um ano. Os *strips* do Tesouro são obrigações de cupom zero de prazo mais longo e livres de inadimplência. Os preços das obrigações de cupom zero aumentam exponencialmente com o tempo, oferecendo uma taxa de valorização igual à taxa de juros. O IRS trata a valorização de preço como renda de juros tributáveis imputados ao investidor.

- Quando obrigações estão sujeitas a uma provável inadimplência, o rendimento até o vencimento declarado é o rendimento máximo que pode ser realizado pelo obrigacionista. Entretanto, em caso de inadimplência, esse rendimento prometido não será realizado. Para compensar os investidores pelo risco de inadimplência, as obrigações devem oferecer prêmios de inadimplência, isto é, rendimentos prometidos superiores aos oferecidos por títulos do governo isentos de inadimplência. Se a empresa continuar financeiramente saudável, suas obrigações oferecerão retornos maiores do que os das obrigações do governo. Do contrário, os retornos podem ser inferiores.

- A segurança das obrigações com frequência é medida por meio da análise financeira de índice. As escrituras de emissão de obrigações são outra salvaguarda para proteger os direitos dos obrigacionistas. As escrituras de emissão comuns especificam exigências para fundos de amortização, oferecimento de caução para o empréstimo, restrições de dividendos e subordinação de dívidas futuras.

- Os *swaps* de risco de não cumprimento oferecem seguro contra a inadimplência de uma obrigação ou empréstimo. O comprador de *swap* paga um prêmio anual ao vendedor de *swap*, mas recebe um pagamento igual ao valor perdido se posteriormente houver inadimplência no empréstimo.

- A estrutura de prazo das taxas de juros é a relação entre rendimentos até o vencimento e prazos até o vencimento. A curva de rendimento é uma representação gráfica da estrutura de prazo. A taxa entre dois prazos futuros é a taxa de juros de equilíbrio que igualaria o retorno total em uma estratégia de revisão ao da obrigação de cupom zero de mais longo prazo.

- A hipótese das expectativas defende que as taxas de juros entre dois prazos futuros são previsões imparciais sobre as taxas de juros futuras. Entretanto, a teoria da preferência por liquidez defende que as obrigações de longo prazo terão um prêmio de risco conhecido como prêmio de liquidez. Um prêmio de risco de liquidez positivo pode fazer a curva de rendimento inclinar-se para cima se não for previsto nenhum aumento nas taxas a descoberto.

FÓRMULAS BÁSICAS

Preço de uma obrigação com cupom:

$$\text{Preço} = \text{Cupom} \times \frac{1}{r}\left[1 - \frac{1}{(1+r)^T}\right] + \text{Valor nominal} \times \frac{1}{(1+r)^T}$$

$$= \text{Cupom} \times \text{Fator anuidade}(r, T) + \text{Valor nominal} \times \text{Fator PV}(r, T)$$

Taxa de juros *entre dois prazos futuros*: $1 + f_n = \dfrac{(1 + y_n)^n}{(1 + y_{n-1})^{n-1}}$

Prêmio de liquidez: Taxa *entre dois prazos futuros* − Taxa de curto prazo esperada

CONJUNTO DE PROBLEMAS

Básicos

1. Defina os seguintes tipos de obrigação: (OA 10.1)
   a. Obrigações catástrofe.
   b. Euro-obrigações.
   c. Obrigações de cupom zero.
   d. Obrigações samurai.
   e. Obrigações de alto risco.
   f. Obrigações conversíveis.
   g. Obrigações em série.
   h. Obrigações com garantia em equipamento.
   i. Obrigações com desconto na emissão original.
   j. Obrigações indexadas.
2. Qual opção está incorporada em uma obrigação resgatável? Uma obrigação com opção de venda? (OA 10.1)
3. Qual seria o rendimento até o vencimento de uma obrigação resultante de: (OA 10.5)
   a. Um aumento no índice de cobertura de juros da empresa emissora?
   b. Um aumento no índice de dívida/patrimônio da empresa emissora?
   c. Um aumento no índice de liquidez imediata da empresa emissora?
4. Uma obrigação com cupom que paga juros semianuais é divulgada com um preço de venda de 117% do seu valor nominal de US$ 1.000. Se o último pagamento de juros tiver sido feito um mês atrás e a taxa de cupom for 6%, qual será o preço de faturamento da obrigação? (OA 10.1)
5. Uma obrigação de cupom zero com valor de face de US$ 1.000 e vencimento em cinco anos é vendida por US$ 746,22. Qual o rendimento até o vencimento? O que ocorrerá a esse rendimento até o vencimento se o preço cair imediatamente para US$ 730? (OA 10.2)
6. Por que o preço das obrigações cai quando a taxa de juros aumenta? O investidor não gosta de taxa de juros alta? (OA 10.2)
7. Duas obrigações têm prazos de vencimento e taxas de cupom idênticos. Uma é resgatável antecipadamente por 105, a outra por 110. Qual deveria ter o maior rendimento até o vencimento? Por quê? (OA 10.4)
8. Considere uma obrigação com cupom de 10% e rendimento até o vencimento = 8%. Se o rendimento até o vencimento permanecer constante, em um ano o preço da obrigação será maior, menor ou o mesmo? Por quê? (OA 10.2)
9. Uma obrigação com taxa de cupom anual de 4,8% é vendida por US$ 970. Qual o rendimento atual da obrigação? (OA 10.2)
10. Um investidor acredita que o risco de crédito de uma obrigação pode aumentar temporariamente. Quais das opções a seguir seria o método de maior liquidez para explorar isso? (OA 10.5)
    a. *Swap* de risco de não cumprimento.

b. Venda de uma *swap* de risco de não cumprimento.

c. Venda a descoberto da obrigação.

11. Qual das opções a seguir descreve *mais precisamente* o comportamento das *swaps* de risco de não cumprimento? (OA 10.5)

    a. Quando o risco de crédito aumenta, os prêmios de *swap* aumentam.

    b. Quando o risco de crédito aumenta, os prêmios de *swap* diminuem.

    c. Quando o risco de crédito aumenta, os prêmios de swap aumentam; porém, quando o risco da taxa de juros aumenta, os prêmios de *swap* diminuem.

Intermediários

12. Você compra uma obrigação de oito anos que oferece um rendimento atual de 6% e cupom de 6% (pago anualmente). Em um ano, os rendimentos prometidos até o vencimento aumentaram para 7%. Qual o retorno do período de manutenção do investimento? (OA 10.3)

13. O rendimento até o vencimento declarado e o rendimento até o vencimento composto realizado de uma obrigação de cupom zero isenta de inadimplência sempre serão iguais. Por quê? (OA 10.6)

14. Qual título tem a taxa de juros anual *efetiva* mais alta? (OA 10.6)

    a. Uma letra do Tesouro de três meses com valor de face de US$ 100.000 que atualmente é vendida por US$ 97.645.

    b. Uma obrigação de cupom que está sendo vendida pelo valor nominal e pagando um cupom semestral de 10%.

15. Obrigações do Tesouro que estão pagando uma taxa de cupom de 8% com pagamentos *semestrais* atualmente são vendidas pelo valor nominal. Que taxa de cupom elas teriam de pagar para serem vendidas pelo valor nominal se pagassem seus cupons *anualmente*? (OA 10.2)

16. Considere uma obrigação que paga semestralmente uma taxa de cupom de 10% ao ano quando a taxa de juros do mercado é de apenas 4% por semestre. A obrigação tem três anos até o vencimento. (OA 10.6)

    a. Descubra o preço da obrigação hoje e daqui a seis meses, depois que o próximo cupom for pago.

    b. Qual a taxa total de retorno da obrigação?

17. Uma obrigação com vencimento em 20 anos e valor nominal de US$ 1.000 faz pagamentos de cupom semestrais por uma taxa de cupom de 8%. Descubra o rendimento até o vencimento equivalente e anual efetivo da obrigação se o preço da obrigação for: (OA 10.2)

    a. US$ 950

    b. US$ 1.000

    c. US$ 1.050

18. Refaça o problema anterior utilizando os mesmos dados, mas agora suponha que a obrigação faça pagamentos de cupom anualmente. Por que os rendimentos que você calcula são inferiores nesse caso? (OA 10.2)

19. Volte à Tabela 10.1 e calcule as taxas de retorno real e nominal da obrigação TIPS no segundo e terceiro anos. (OA 10.6)

20. Complete a tabela a seguir para as obrigações de cupom zero, todos com valor nominal de US$ 1.000. (OA 10.2)

Preço (US$)	Vencimento (anos)	Rendimento até o vencimento (%)
400	20	?
500	20	?
500	10	?
?	10	10
?	10	8
400	?	8

21. Uma obrigação tem um valor nominal de US$ 1.000, prazo de vencimento de 10 anos e taxa de cupom de 8% e paga juros anualmente. Se o preço de mercado atual for US$ 800, qual será o rendimento de ganho de capital aproximado da obrigação no ano seguinte se o rendimento até o vencimento permanecer inalterado? (OA 10.3)

22. Uma obrigação com taxa de cupom de 7% faz pagamentos de cupom semestrais no dia 15 de janeiro e 15 de julho de cada ano. O *The Wall Street Journal* divulga que o preço de venda da obrigação no dia 30 de janeiro é 100:02. Qual o preço de faturamento da obrigação? O período de cupom é 182 dias. (OA 10.1)

23. Uma obrigação tem rendimento atual de 9% e rendimento até o vencimento de 10%. A obrigação está sendo vendida abaixo ou acima do valor nominal? Explique. (OA 10.2)

24. A taxa de cupom da obrigação da questão anterior é mais ou menos de 9%? (OA 10.2)

25. Considere uma obrigação com data de pagamento em 22 de fevereiro de 2012 e data de vencimento em 15 de março de 2020. A taxa de cupom é de 5,5%. Se o rendimento até o vencimento for 5,34% (rendimento equivalente ao de uma obrigação, composto semestralmente), qual será o preço de tabela da obrigação na data de liquidação? Quais são os juros acumulados sobre a obrigação? Qual o preço de faturamento da obrigação? (OA 10.1)

26. Agora, suponhamos que a obrigação da questão anterior esteja sendo vendida por 102. Qual o rendimento até o vencimento da obrigação? Qual seria o rendimento até o vencimento pelo preço de 102 se a obrigação pagasse seus cupons apenas uma vez ao ano? (OA 10.2)

27. Uma obrigação de 10 anos de uma empresa com dificuldades financeiras tem uma taxa de cupom de 14% e é vendida por US$ 900. Atualmente, a empresa está renegociando sua dívida e, ao que parece, os credores permitirão que ela reduza os pagamentos de cupom sobre a obrigação pela metade da quantia originalmente contratada. A empresa consegue arcar com esses pagamentos reduzidos. Quais são os rendimentos até o vencimento declarado e esperado das obrigações? A obrigação faz seus pagamentos de cupom anualmente. (OA 10.5)

28. Uma obrigação de dois anos com valor nominal de US$ 1.000 que faz pagamentos anuais de US$ 100 tem um preço de US$ 1.000. Qual o rendimento até o vencimento da obrigação? Qual será o rendimento até o vencimento composto realizado se a taxa de juros de um ano, no ano seguinte, vier a ser de (*a*) 8%, (*b*) 10%, (*c*) 12%? (OA 10.6)

29. Suponhamos que hoje seja 15 de abril. Uma obrigação com cupom de 10% pago semestralmente em 15 de janeiro e 15 de julho é listada no *The Wall Street Journal* como sendo vendida ao preço de venda de 101:04. Se você comprar essa obrigação de um corretor hoje, que preço pagará por ela? (OA 10.1)

30. Suponhamos que duas empresas emitam obrigações com as seguintes características. Ambas são emitidas pelo valor nominal.

	Obrigações da ABC	Obrigações da XYZ
Tamanho da emissão	US$ 1,2 bilhão	US$ 150 milhões
Vencimento	10 anos*	20 anos
Cupom	9%	10%
Garantia	Primeira hipoteca	Debênture geral
Resgatáveis	Não resgatáveis	Em 10 anos
Preço de resgate	Nenhum	110
Fundos de amortização	Nenhum	Início em 5 anos

*Obrigação com opção de venda, por decisão do obrigacionista, por mais dez anos.

Ignorando a qualidade de crédito, identifique quatro características dessas emissões que possam explicar a taxa de cupom menor da dívida da ABC. Explique. (OA 10.4)

31. Uma grande corporação emitiu notas de taxa fixa e de taxa flutuante há cinco. As condições são apresentadas na tabela a seguir. (OA 10.4)

	Notas com cupom de 9%	Nota com taxa flutuante
Tamanho da emissão	US$ 250 milhões	US$ 280 milhões
Vencimento	20 anos	15 anos
Preço atual (% do valor nominal)	93	98
Cupom atual	9%	8%
Ajustes de cupom	Cupom fixo	Todo ano
Regra de redefinição de cupom	–	Taxa de letras do Tesouro de um ano + 2%
Resgatáveis	10 anos após a emissão	10 anos após a emissão
Preço de resgate	106	102
Fundo de amortização	Nenhum	Nenhum
Rendimento até o vencimento	9,9%	–
Variação de preço desde a emissão	US$ 85–US$ 112	US$ 97–US$ 102

    a. Por que a variação de preço é maior para a obrigação de cupom de 9% do que para a nota de taxa flutuante?

    b. Quais fatores poderiam explicar por que a nota de taxa flutuante nem sempre é vendida pelo valor nominal?

    c. Por que o preço de resgate da nota de taxa flutuante não tem muita importância para os investidores?

    d. A probabilidade de resgate da nota de taxa fixa é alta ou baixa?

    e. Se a empresa fosse emitir uma nota de taxa fixa com vencimento em 15 anos, resgatável após cinco anos por 106, que taxa de cupom ela precisaria oferecer para emitir a obrigação pelo valor nominal?

    f. Por que uma entrada para o rendimento até o vencimento da nota de taxa flutuante não é apropriado?

32. Uma obrigação com cupom de 8%, vencimento em 30 anos e pagamentos de cupom semestrais é resgatável em cinco anos por um preço de resgate de US$ 1.100. Atualmente, essa obrigação está sendo vendida com um rendimento até o vencimento de 7% (3,5% por semestre). (OA 10.4)

    a. Qual o rendimento até o resgate?

    b. Qual será o rendimento até o resgate se o preço de resgate for apenas US$ 1.050?

    c. Qual será o rendimento até o resgate se o preço de resgate for de US$ 1.100, mas a obrigação puder ser resgatada em dois anos, e não em cinco?

33. Uma obrigação recém-emitida de cupom zero e 20 anos de vencimento tem um rendimento até o vencimento de 8% e valor de face de US$ 1.000. Descubra a renda de juros imputada no primeiro, segundo e terceiro ano de vida da obrigação. (OA 10.3)

34. Uma obrigação recém-emitida de vencimento em 10 anos e cupom de 4% faz pagamentos de cupom *anuais* e está sendo vendida ao público pelo preço de US$ 800. What será o rendimento tributável da obrigação para o investidor ao longo do ano seguinte? A obrigação não será vendida no final do ano. A obrigação é tratada como uma obrigações com desconto na emissão original. (OA 10.3)

35. A Master Corp. emite duas obrigações com vencimento em 20 anos. Ambas são resgatáveis por US$ 1.050. A primeira é emitida com um desconto significativo com taxa de cupom de 4% e preço de US$ 580 para um rendimento de 8,4%. Já a segunda, pelo valor nominal com taxa de cupom de 8,75%. (OA 10.2)

    a. Qual o rendimento até o vencimento da obrigação de valor nominal? Por que ele é mais alto do que o rendimento da obrigação com desconto?

    b. Se você estivesse esperando uma queda substancial nas taxas nos próximos dois anos, que obrigação manteria?

    c. Em que sentido a obrigação com desconto oferece "proteção de resgate implícita"?

36. Segundo a hipótese das expectativas, se a curva de rendimento for ascendente, o mercado deve esperar um aumento nas taxas de juros de curto prazo. Verdadeiro/falso/incerto? Por quê? (OA 10.7)

37. A curva de rendimento tem inclinação ascendente. Você pode concluir que os investidores esperam que as taxas de juros de curto prazo subam? Por que ou por que não? (OA 10.7)

38. Suponhamos que você tenha um horizonte de investimento de um ano e esteja tentando escolher entre três obrigações. Todas têm o mesmo grau de risco de inadimplência e vencimento em dez anos anos. A primeira é uma obrigação de cupom zero que paga US$ 1.000 no vencimento. A segunda tem taxa de cupom de 8% e paga um cupom de US$ 80 uma vez ao ano. A terceira tem uma taxa de cupom de 10% e paga um cupom de US$ 100 uma vez ao ano. (OA 10.3)
    a. Se as três obrigações no momento forem precificadas para render 8% até o vencimento, quais serão seus preços?
    b. Se você acreditar que seus rendimentos até o vencimento serão de 8% no início do ano que vem, quais serão seus preços? Qual será sua taxa de retorno sobre cada obrigação durante o período de manutenção do investimento de um ano?

39. Segundo a teoria da preferência por liquidez, quando existe a expectativa de que a inflação cairá dentro de alguns anos, as taxas de juros de longo prazo são mais altas do que as taxas de curto prazo. Verdadeiro/falso/incerto? Por quê? (OA 10.7)

40. A curva de rendimento atual das obrigações de cupom zero isentas de inadimplência é a seguinte:

Vencimento (anos)	YTM (%)
1	10
2	11
3	12

   a. Quais as taxas entre dois prazos futuros implícitas de um ano? (OA 10.7)
   b. Suponhamos que a hipótese das expectativas da estrutura de prazo esteja correta. Se as expectativas do mercado forem precisas, qual será a curva de rendimento pura (ou seja, os rendimentos até o vencimento sobre obrigações de um e dois anos de cupom zero) no ano seguinte? (OA 10.7)
   c. Se você comprar uma obrigação de cupom zero de dois anos agora, qual será a taxa de retorno esperada total ao longo do ano seguinte? E se você comprar uma obrigação de cupom zero de três anos? (*Dica:*Calcule os preços atuais e os preços futuros esperados.) Ignore os impostos. (OA 10.6)

41. O rendimento até o vencimento de obrigações de cupom zero de um ano é 8%. O rendimento até o vencimento de obrigações de cupom zero de dois anos é 9%. (OA 10.7)
    a. Qual a taxa de juros entre dois prazos futuros do segundo ano?
    b. Se você acredita na hipótese das expectativas, qual seu melhor palpite quanto ao valor esperado da taxa de juros de curto prazo do ano seguinte?
    c. Se você acredita na teoria da preferência por liquidez, seu melhor palpite quanto à taxa de juros de curto prazo para o ano seguinte será um valor superior ou inferior ao do item (*b*)?

42. A tabela a seguir contém taxas à vista e taxas entre dois prazos futuros referentes a três anos. Entretanto, as descrições estão misturadas. Você consegue identificar qual linha de taxas de juros representa as taxas à vista e qual representa as taxas entre dois prazos futuros? (OA 10.7)

	Ano:	1	2	3
Taxas à vista ou taxas entre dois prazos futuros?		10%	12%	14%
Taxas à vista ou taxas entre dois prazos futuros?		10%	14,0364%	18,1078%

43. Considere as seguintes obrigações de cupom zero e valor nominal de US$ 1.000:

Obrigação	Anos até o vencimento	Rendimento até o vencimento (%)
A	1	5
B	2	6
C	3	6,5
D	4	7

De acordo com a hipótese das expectativas, qual é a expectativa do mercado quanto à taxa de juros de um ano daqui a três anos? (OA 10.7)

44. Uma obrigação recém-emitida paga seus cupons uma vez por ano. Sua taxa de cupom é 5%, seu vencimento é em 20 anos e seu rendimento até o vencimento é 8%. (OA 10.6)
    a. Descubra o retorno do período de manutenção do investimento para um investimento de um ano se a obrigação estiver sendo vendida com um rendimento até o vencimento de 7% até o final do ano.
    b. Se você vender a obrigação após um ano quando seu rendimento for 7%, que impostos você ficará devendo se a alíquota de imposto sobre a renda de juros for 40% e a alíquota de imposto sobre a renda de ganhos de capital for 30%? A obrigação está sujeita a um tratamento tributário de desconto na emissão original.
    c. Qual o retorno do período de manutenção do investimento pós-impostos sobre a obrigação?
    d. Descubra o rendimento composto realizado *depois dos impostos* para um período de manutenção do investimento de dois anos, supondo que (i) você venda a obrigação após dois anos, (ii) o rendimento sobre a obrigação seja 7% no final do segundo ano e (iii) o cupom pode ser reinvestido por um ano por uma taxa de juros de 3%.
    e. Utilize as alíquotas de imposto da parte (*b*) para calcular o rendimento composto realizado de dois anos *após os impostos*. Lembre-se de levar em consideraçãoo as regras tributárias de desconto na emissão original.

Questões CFA

1. As questões de múltipla escolha a seguir baseiam-se em questões que apareceram em exames CFA anteriores.
    a. Uma obrigação com recurso de resgate: (OA 10.4)
        (1) É atraente porque o recebimento imediato do principal e do prêmio gera um alto retorno.
        (2) É mais propensa a ser resgatada quando as taxas de juros são altas porque a economia de juros será maior.
        (3) Geralmente terá um rendimento até o vencimento mais elevado do que uma obrigação não resgatável semelhante.
        (4) Nenhuma das alternativas acima.
    b. Em *qual* dos casos a seguir a obrigação é vendida com desconto? (OA 10.2)
        (1) A taxa de cupom é superior ao rendimento atual, que é superior ao rendimento até o vencimento.
        (2) A taxa de cupom, o rendimento atual e o rendimento até o vencimento são iguais.
        (3) A taxa de cupom é inferior ao rendimento atual, que é inferior ao rendimento até o vencimento.
        (4) A taxa de cupom é inferior ao rendimento atual, que é superior ao rendimento até o vencimento.
    c. Considere uma obrigação de cinco anos com cupom de 10% que está sendo vendida com um rendimento até vencimento de 8%. Se as taxas de juros permanecerem constantes, em um ano o preço dessa obrigação será: (OA 10.3)
        (1) Superior
        (2) Inferior
        (3) O mesmo
        (4) Nominal
    d. Qual das seguintes afirmações é *verdadeira*? (OA 10.7)
        (1) A hipótese das expectativas indica uma curva de rendimento achatada quando as taxas de curto prazo previstas futuras superam as taxas de curto prazo atuais.
        (2) A conclusão básica da hipótese das expectativas é que a taxa de longo prazo é igual à taxa de curto prazo prevista.

(3) A hipótese da liquidez indica que, se todos os outros elementos permanecerem iguais, os vencimentos mais longos terão rendimentos mais altos.

(4) A teoria da preferência por liquidez defende que uma curva de rendimento ascendente indica que o mercado prevê aumentos nas taxas de juros.

2. No dia 30 de maio de 1999, Janice Kerr estava pensando na possibilidade de comprar as obrigações corporativas AAA recém-emitidas, com vencimento em dez anos, mostradas na tabela a seguir: (OA 10.3)

Descrição	Cupom (%)	Preço	Resgatáveis	Preço de Resgate
Sentinal, vencimento em 30 de maio de 2019	6	100	Não resgatáveis	N/A
Colina, vencimento em 30 de maio de 2019	6,20	100	Resgatáveis atualmente	102

a. Suponhamos que as taxas de juros do mercado caiam 100 pontos-base (isto é, 1%). Compare o efeito que essa queda produz sobre o preço de cada obrigação.

b. Quando Kerr deveria escolher as obrigações Colina em vez de as obrigações Sentinal – quando se prevê que as taxas subirão ou quando se prevê que elas cairão?

c. Qual seria o efeito, se houver algum, de um aumento na *volatilidade* das taxas de juros sobre os preços de cada obrigação?

3. Uma obrigação conversível tem as seguintes características:

Cupom	5,25%
Vencimento	15 de junho de 2020
Preço de mercado da obrigação	US$ 77,50
Preço de mercado da ação ordinária subjacente	US$ 28
Dividendos anuais	US$ 1,20
Índice de conversão	20,83 ações

Calcule o prêmio de conversão dessa obrigação. (OA 10.4)

4. *a.* Explique o impacto sobre o rendimento oferecido de acrescentar um recurso de resgate a uma emissão de obrigação proposta.

b. Explique o impacto sobre o o tempo de vista esperado da obrigação de acrescentar um recurso de resgate a uma emissão de obrigação proposta.

c. Descreva uma vantagem e uma desvantagem de incluir obrigações resgatáveis em uma carteira. (OA 10.4)

5. As obrigações da Zello Corporation com valor nominal de US$ 1.000 são vendidas por US$ 960, vencem em cinco anos e têm uma taxa de cupom anual de 7% (pago semestralmente). (OA 10.6)

a. Calcule:

(1) Rendimento atual.

(2) Rendimento até o vencimento.

(3) Rendimento do horizonte (também chamado de retorno composto realizado) para um investidor com período de manutenção do investimento de três anos e taxa de reinvestimento de 6% durante o período. No final de três anos, as obrigações com cupom de 7% e dois anos restantes serão vendidas com rendimento de 7%.

b. Cite *uma* deficiência importante para *cada* uma das medidas de rendimento de renda fixa a seguir:

(1) Rendimento atual.

(2) Rendimento até o vencimento.

(3) Rendimento do horizonte (também chamado de retorno composto realizado).

WEB *master*

1. Visite o *site* da Standard & Poor's, em <www.standardandpoors.com>. Procure *Rating Services (Find a Rating)* – Serviços de Classificação (Encontrar uma Classificação) Encontre a classificação das obrigações de pelo menos dez empresas. Tente escolher uma amostra que

inclua um amplo espectro de classificações. Em seguida, entre em um *site* como o <money.msn.com> ou **finance.yahoo.com** e obtenha, para cada empresa, o maior número possível dos índices financeiros listados na Tabela 10.3. Que relação existe entre a classificação da obrigação e esses índices? Com base em sua amostra, você consegue indicar quais desses índices são os determinantes mais importantes na classificação de obrigações?

2. A Autoridade Regulatória do Setor Financeiro (Financial Industry Regulatory Authority – Finra) opera o sistema Trace (Trade Reporting and Compliance Engine), que divulga negociações no mercado secundário de balcão de títulos de renda fixa. Entre na página da Finra, em <www.finra.org>, e clique no *link Industry Professionals* (Profissionais do Setor). Procure (na parte superior direita) "TRACE Fact Book" e clique em no primeiro *link* que aparecer. Encontre as tabelas de dados detalhadas e localize a tabela com informações sobre emissões, exceto para as obrigações conversíveis (normalmente a Tabela 1). Para cada um dos últimos três anos, calcule o seguinte:

   a. A porcentagem de obrigações que foram negociadas publicamente e a porcentagem das que foram negociadas privadamente.
   b. A porcentagem de obrigações que eram investimento com baixo risco de crédito e a porcentagem que ofereciam alto rendimento.
   c. A porcentagem de obrigações que tinham taxas de cupom fixas e a porcentagem que tinham taxas flutuantes.
   d. Algum padrão se evidenciou ao longo do tempo?
   e. Repita os cálculos utilizando as informações sobre as emissões de obrigações conversíveis (normalmente a Tabela 2).

Soluções para as *Revisões de* **CONCEITOS**

10.1 A obrigação resgatável será vendida pelo preço *inferior*. Os investidores não ficarão motivados a pagar tanto se souberem que a empresa detém a opção valiosa de recuperar a obrigação pelo preço de resgate se as taxas de juros caírem.

10.2 Por uma taxa de juros semestral de 3%, a obrigação vale US$ 40 × Fator de anuidade(3%,60) + US$ 1.000 × For PV(3%, 60) = US$ 1.276,76, o que gera um ganho de capital de US$ 276,76. Esse valor supera a perda de capital de US$ 189,29 (US$ 1.000 − US$ 810,71) quando a taxa de juros aumenta para 5%.

10.3 O rendimento até o vencimento supera o rendimento atual, que supera a taxa de cupom. Tome como exemplo uma obrigação com cupom de 8% e rendimento até o vencimento de 10% ao ano (5% por semestre). Seu preço é US$ 810,71 e, portanto, seu rendimento atual é 80/810,77 = 0,0987 ou 9,87%, que é superior à taxa de cupom, mas inferior ao rendimento até o vencimento.

10.4 O preço atual da obrigação pode ser deduzido do rendimento até o vencimento. Utiliza a calculadora, defina $n = 40$ (períodos semestrais); PMT = US$ 45 por período; FV = US$ 1.000; $i = 4\%$ por período semestral. Calculate o valor presente como US$1.098,96. Agora, podemos calcular o rendimento até o resgate. O prazo de resgate é cinco anos ou dez períodos semestrais. O preço pelo qual a obrigação será resgatada é US$ 1.050. Para encontrar o rendimento até o resgate, definimos $n = 10$ (períodos semestrais); PMT = US$ 45 por período; FV = US$ 1.050; PV = US$ 1.098,96. Calcule o rendimento até o resgate semestral como 3,72%.

10.5 Preço = US$ 70 × Fator de anuidade(8%, 1) + US$ 1.000 × Fator PV(8%, 1) = US$ 990,74

$$\text{Taxa de retorno para o investidor} = \frac{\text{US\$ } 70 + (\text{US\$ } 990{,}74 - \text{US\$ } 982{,}17)}{\text{US\$ } 982{,}17} = 0{,}080 = 8\%$$

10.6 Até o final do ano, o vencimento restante será 29 anos. Se o rendimento até o vencimento permanecesse em 8%, a obrigação ainda assim seria vendida pelo valor nominal e o retorno do período de manutenção do investimento seria 8%. Por um rendimento mais alto, o preço e o retorno serão mais baixos. Suponhamos que o rendimento até o vencimento seja 8,5%. Com pagamentos anuais de US$ 80 e valor de face de US$ 1.000, o preço da obrigação é US$ 946,70 ($n = 29$; $i = 8,5\%$; PMT = US$ 80; FV = US$ 1.000). Quando a obrigação foi emitida no início do ano, ela foi vendida inicialmente por US$ 1.000. O retorno do período de manutenção do investimento é

$$\text{RPC} = \frac{80 + (946{,}70 - 1.000)}{1.000} = 0{,}0267 = 2{,}67\%$$

o que é inferior ao rendimento até o vencimento inicial de 8%.

10.7 Pelo rendimento mais baixo, o preço da obrigação será US$ 631,67 [$n = 29$, $i = 7\%$, FV = US$ 1.000, PMT = US$ 40]. Portanto, a renda total após os impostos é:

Cupom	US$ 40 × (1 – 0,38) =	US$ 24,80
Juros imputados	(US$ 553,66 – US$ 549,69) × (1 – 0,38) =	2,46
Ganhos de capital	(US$ 631,67 – US$ 553,66) × (1 – 0,20) =	62,41
Renda total após os impostos:		US$ 89,67

Taxa de retorno = 89,67/549,69 = 0,163 = 16,3%

10.8 O rendimento até o vencimento das obrigações de dois anos é 8,5%. A taxa entre dois prazos futuros do terceiro ano é $f_3 = 8\% + 1\% = 9\%$. Obtemos o rendimento até o vencimento sobre zeros de três anos de

$$(1 + y_3)^3 = (1 + y_2)^2 (1 + f_3) = 1{,}085^2 \times 1{,}09 = 1{,}2832$$

Portanto, $y_3 = 0{,}0867 = 8{,}67\%$. Observamos que o rendimento sobre as obrigações de um ano, dois anos e três anos é, respectivamente, 8%, 8,5% e 8,67%. A curva de rendimento é ascendente apenas em virtude do prêmio de liquidez.

CAPÍTULO 11
Gestão de carteiras de obrigações

> **Objetivos de aprendizagem:**
>
> **OA11.1** Analisar as características de uma obrigação que afetam a suscetibilidade de seu preço às taxas de juros.
>
> **OA11.2** Calcular a duração das obrigações e utilizá-la para avaliar a suscetibilidade à taxa de juros.
>
> **OA11.3** Mostrar como a convexidade afeta a reação dos preços das obrigações a mudanças na taxa de juros.
>
> **OA11.4** Formular estratégias de imunização de renda fixa para vários horizontes de investimento.
>
> **OA11.5** Analisar as opções a serem feitas em uma carteira de obrigações gerenciada ativamente.

Neste capítulo, abordaremos diversas estratégias que os gestores de carteira podem adotar, fazendo a distinção entre estratégias passivas e ativas. A *estratégia de investimento passiva* considera justa a fixação de preços de mercado dos títulos. Em vez de tentar superar o mercado explorando informações ou ideias de ponta, os gestores passivos tentam manter um equilíbrio apropriado entre risco e retorno, tendo em vista as oportunidades do mercado. Um caso especial de gestão passiva é a estratégia de imunização que procura isolar a carteira do risco da taxa de juros.

A *estratégia de investimento ativa* tenta obter retornos mais do que proporcionais ao risco assumido. No contexto de carteiras de obrigações, esse estilo de gestão pode tomar duas formas. Os gestores ativos utilizam previsões de taxa de juros para prever mudanças em todo o mercado de obrigações ou utilizam algum tipo de análise intramercado para identificar setores específicos do mercado (ou títulos específicos) relativamente mal precificados.

Como o risco da taxa de juros é fundamental para a formulação de estratégias tanto ativas quanto passivas, começaremos nossa discussão com uma análise da suscetibilidade dos preços das obrigações a flutuações nas taxas de juros. Essa suscetibilidade é medida pela duração da obrigação. Por isso, dedicaremos grande atenção ao que determina a duração de uma obrigação. Discutiremos várias estratégias passivas de investimento e mostraremos como as técnicas de equivalência de duração podem ser utilizadas para imunizar o retorno do período de manutenção do investimento de uma carteira contra o risco da taxa de juros. Depois de examinar um amplo espectro de aplicações da medida de duração, analisaremos os aprimoramentos no método de medição da suscetibilidade à taxa de juros, enfatizando o conceito de convexidade das obrigações. Como a duração é importante também para a formulação de estratégias ativas de investimento, investigaremos várias dessas estratégias. Concluímos este capítulo com uma discussão sobre as estratégias ativas de renda fixa. Elas abrangem políticas que se baseiam na previsão das taxas de juros e na análise intramercado que procura identificar setores ou títulos relativamente atraentes dentro no mercado de renda fixa.

11.1. RISCO DA TAXA DE JUROS

Você já sabe que existe uma relação inversa entre os preços e os rendimentos das obrigações e que as taxas de juros podem flutuar consideravelmente. À medida que as taxas de juros aumentam, os obrigacionistas experimentam perdas ou ganhos de capital. Esses ganhos ou perdas tornam os investimentos de renda fixa arriscados, mesmo que os pagamentos de cupom e do principal sejam garantidos, como no caso das obrigações do Tesouro.

Por que os preços das obrigações reagem a flutuações na taxa de juros? Em um mercado competitivo, todos os títulos devem oferecer aos investidores taxas justas de retorno esperado. Se uma obrigação for emitida com cupom de 8% quando houver rendimentos competitivos de 8%, ela será vendida pelo valor nominal. Contudo, se a taxa de mercado aumentar para 9%, quem comprará uma obrigação com cupom de 8% pelo valor nominal? O preço da obrigação deve cair até seu retorno esperado chegar ao nível competitivo de 9%. Em contraposição, se a taxa de mercado cair para 7%, o cupom de 8% sobre a obrigação será atraente em comparação aos rendimentos de investimentos alternativos. Os investidores que anseiam por esse retorno reagirão elevando o preço de compra até que a taxa de retorno total para os investidores que compram por esse preço mais alto se equipare à taxa de mercado.

Suscetibilidade à taxa de juros

Evidentemente, a suscetibilidade dos preços das obrigações a mudanças na taxa de juros é uma grande preocupação para os investidores. Para ter uma ideia dos fatores que determinam o risco da taxa de juros, consulte a Figura 11.1, que apresenta as mudanças percentuais nos preços correspondentes às mudanças no rendimento até o vencimento de quatro obrigações que diferem de acordo com a taxa de cupom, o rendimento até o vencimento inicial e o prazo até o vencimento. Todas as obrigações mostram que os preços das obrigações caem quando os rendimentos sobem e que a curva de preço é convexa, o que significa que as diminuições nos rendimentos têm maior impacto sobre o preço do que os aumentos de magnitude equivalente. Resumimos essas observações nas duas proposições a seguir:

1. *Os preços e os rendimentos das obrigações estão inversamente relacionados: À medida que os os rendimentos aumentam, os preços das obrigações caem; quando os rendimentos caem, os preços aumentam.*
2. *Um aumento no rendimento até o vencimento de uma obrigação provoca uma mudança menor nos preços do que a diminuição em um rendimento de magnitude equivalente.*

Compare agora a suscetibilidade à taxa de juros das obrigações A e B, que são idênticas, com exceção do vencimento. A Figura 11.1 mostra que a obrigação B, com vencimento mais longo do que o da obrigação A, exibe maior suscetibilidade a mudanças na taxa de juros. Isso evidencia outra propriedade geral:

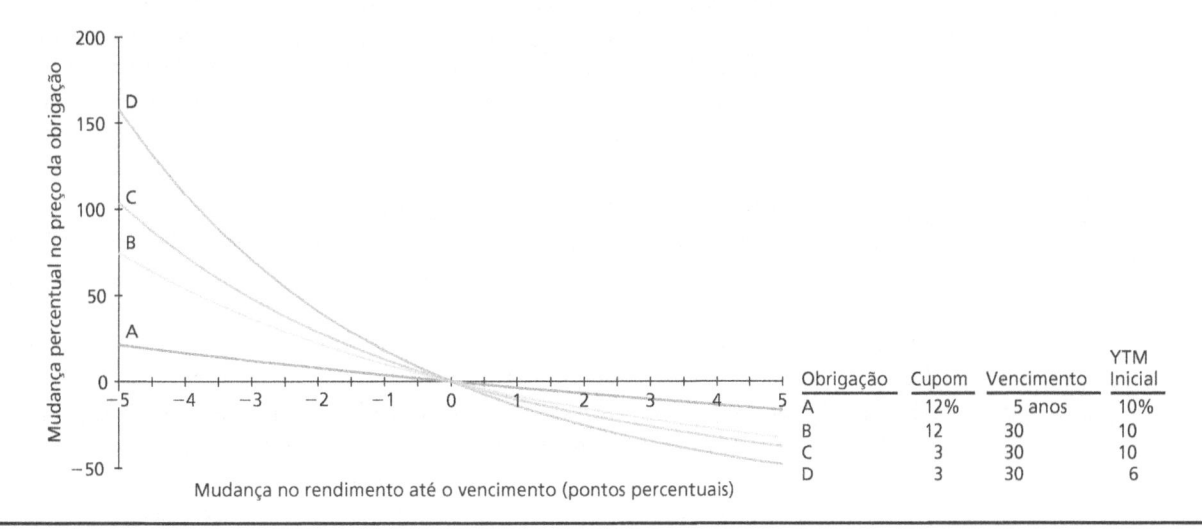

FIGURA 11.1 Mudança no preço da obrigação como função da mudança no rendimento até o vencimento.

Obrigação	Cupom	Vencimento	YTM Inicial
A	12%	5 anos	10%
B	12	30	10
C	3	30	10
D	3	30	6

3. *Os preços das obrigações de longo prazo tendem a ser mais suscetíveis a mudanças na taxa de juros do que os preços das obrigações de curto prazo.*

Isso não é uma surpresa. Se as taxas aumentarem, por exemplo, a obrigação terá um valor menor porque os respectivos fluxos de caixa são descontados por uma taxa agora maior. O impacto da taxa de desconto mais elevada será maior à medida que a taxa for aplicada aos fluxos de caixa mais distantes.

Observe que, embora a obrigação B tenha seis vezes o vencimento da obrigação A, sua suscetibilidade à taxa de juros é seis vezes menor. Apesar de parecer que a suscetibilidade à taxa de juros aumenta com o vencimento, essa proporção diminui à medida que o vencimento da obrigação aumenta. Portanto, nossa quarta propriedade é:

4. *A suscetibilidade dos preços das obrigações a mudanças nos rendimentos aumenta a uma taxa decrescente à medida que o vencimento aumenta. Em outras palavras, o risco da taxa de juros não é de forma alguma proporcional ao vencimento da obrigação.*

As obrigações B e C, parecidas em tudo menos na taxa de cupom, evidenciam outra questão. A obrigação de cupom menor exibe maior suscetibilidade a mudanças nas taxas de juros. Isso se revela uma propriedade geral dos preços das obrigações:

5. *O risco da taxa de juros está inversamente relacionado à taxa de cupom da obrigação. Os preços das obrigações de cupom baixo são menos suscetíveis a mudanças nas taxas de juros do que os preços das obrigações de cupom elevado.*

Por fim, as obrigações C e D são idênticas exceto pelo rendimento até o vencimento pelo qual as obrigações são vendidas atualmente. Entretanto, a obrigação C, cujo rendimento até o vencimento é maior, é menos suscetível a mudanças nos rendimentos. Isso evidencia nossa última propriedade:

6. *A suscetibilidade do preço de uma obrigação a uma mudança em seus rendimento está inversamente relacionada ao rendimento até o vencimento pelo qual a obrigação está sendo vendida atualmente.*

As cinco primeiras propriedades gerais foram descritas por Malkiel (1962) e algumas vezes são conhecidas como relações de Malkiel na determinação de preço das obrigações. A última propriedade foi demonstrada por Homer e Liebowitz (1972).

Essas seis propriedades confirmam que o vencimento é um determinante importante do risco da taxa de juros. Contudo, também mostram que o vencimento por si só não é suficiente para medir a suscetibilidade à taxa de juros. Por exemplo, as obrigações B e C na Figura 11.1 têm o mesmo vencimento, mas o preço da obrigação de cupom mais alto é menos suscetível a mudanças na taxa de juros. É evidente que não basta saber apenas qual é o vencimento de uma obrigação para quantificar o respectivo risco das taxa de juros.

Para ver por que determinadas características das obrigações, como a taxa de cupom ou o rendimento até o vencimento, afetam a suscetibilidade à taxa de juros, comecemos com um exemplo numérico simples.

A Tabela 11.1 mostra os preços das obrigações de cupom anual de 8% com diferentes rendimentos e prazos até o vencimento. (Para simplificar, supomos que os cupons são pagos uma vez por ano, e não semestralmente.) A obrigação de menor prazo perde menos de 1% de seu valor quando a taxa de juros aumenta de 8% para 9%. A obrigação de 10 anos tem uma queda de 6,4% e a de 20 anos, de mais de 9%.

Observemos agora um cálculo parecido utilizando uma obrigação de cupom zero, e não uma de cupom de 8%. Os resultados são mostrados na Tabela 11.2.

Para vencimentos de mais de um ano, o preço da obrigação de cupom zero tem uma queda proporcionalmente maior do que o a do preço da obrigação de cupom de 8%. A observação de que as obrigações de longo prazo são mais suscetíveis do que as de curto prazo a flutuações na taxa de juros indica que, de certa forma, um obrigação de cupom zero deve representar um investimento de mais longo prazo do que uma obrigação de cupom com idêntico prazo até o vencimento.

Na verdade, essa é uma percepção útil sobre o vencimento efetivo de uma obrigação que pode se tornar matematicamente precisa. Para começar, observe que o prazo até o vencimento das duas obrigações neste exemplo não é uma medida perfeita da natureza de longo ou curto prazo das obrigações. A obrigação de 8% faz vários pagamentos de cupom, a maioria antes de

TABELA 11.1 Preços das obrigações com cupom anual de 8%

Rendimento até o vencimento da obrigação	T = 1 ano	T = 10 anos	T = 20 anos
8%	1.000	1.000	1.000
9%	990,83	935,82	908,71
Mudança percentual no preço*	−0,92%	−6,42%	−9,13%

* É igual ao valor da obrigação com um rendimento até o vencimento de 9% menos o valor da obrigação pelo rendimento (original) de 8%, dividido pelo valor com um rendimento de 8%.

TABELA 11.2 Preços das obrigações de cupom zero

Rendimento até o vencimento da obrigação	T = 1 ano	T = 10 anos	T = 20 anos
8%	925,93	463,19	214,55
9%	917,43	422,41	178,43
Mudança percentual no preço*	−0,92%	−8,80%	−16,84%

* É igual ao valor da obrigação com um rendimento até o vencimento de 9% menos o valor da obrigação pelo rendimento (original) de 8%, dividido pelo valor com um rendimento de 8%.

sua data de vencimento. Pode-se considerar que cada pagamento tem seu próprio "vencimento". Nesse sentido, é sempre útil considerar uma obrigação com cupom como uma "carteira" de pagamentos de cupom. O vencimento *efetivo* da obrigação seria então medido como algum tipo de média dos vencimentos de *todos* os fluxos de caixa. Em contraposição, a obrigação de cupom zero faz um único pagamento no vencimento. Seu prazo até o vencimento é bem definido.

Uma obrigação com alta taxa de cupom tem uma fração maior de seu valor atrelada a cupons, e não a pagamentos de valor nominal. Desse modo, a carteira tem maior peso em pagamentos de vencimento de curto prazo realizados mais cedo, o que lhe dá um "vencimento efetivo" inferior. Esse fato explica a quinta regra de Malkiel, de que a suscetibilidade de preço diminui com a taxa de cupom.

Uma lógica semelhante explica nossa sexta regra, de que a suscetibilidade de preço diminui com o rendimento até o vencimento. Um rendimento maior reduz o valor presente de todos os pagamentos da obrigação, mas essa diminuição é ainda maior para pagamentos mais distantes. Portanto, com um rendimento maior, uma fração maior do valor da obrigação deve-se a seus pagamentos anteriores, que têm um vencimento efetivo inferior. Esse modo, a suscetibilidade geral do preço da obrigação a mudanças nos rendimentos é menor.

Duração

Para lidar com o conceito de "vencimento" de uma obrigação que faz muitos pagamentos, precisamos de uma medida do vencimento médio dos fluxos de caixa prometidos dessa obrigação. Seria também desejável utilizar essa medida de vencimento efetivo como orientação para a suscetibilidade de uma obrigação a mudanças na taxa de juros porque a suscetibilidade de preço tende a aumentar com o prazo até o vencimento.

Frederick Macaulay (1938) chamou o conceito de vencimento efetivo de *duração* da obrigação. A **duração de Macaulay** é igual à média ponderada dos prazos até cada pagamento de cupom ou do principal feito pela obrigação. O peso aplicado a cada prazo até o pagamento deve estar claramente relacionado com a "importância" desse pagamento para o valor da obrigação. Na verdade, o peso para cada prazo de pagamento é a proporção do valor total da obrigação responsável por esse pagamento, o valor presente do pagamento dividido pelo preço da obrigação.

Definimos o peso, w_t, associado com o fluxo de caixa (*cash flow* – CF) ocorrido no tempo t (indicado por CF_t) como:

$$w_t = \frac{CF_t/(1+y)^t}{\text{Preço da obrigação}}$$

duração de Macaulay
Medida do vencimento efetivo de uma obrigação, definida como a média ponderada dos prazos até cada pagamento, com pesos proporcionais ao valor presente do pagamento.

onde y é o rendimento até o vencimento da obrigação. O numerador do lado direito da equação é o valor presente do fluxo de caixa ocorrido no prazo time t, enquanto o denominador é o valor presente de todos os pagamentos provenientes da obrigação. Esses pesos somam 1 porque a soma dos fluxos de caixa descontados pelo rendimento até o vencimento é igual ao preço da obrigação.

Utilizando esses valores para calcular a média ponderada dos prazos até o recebimento de cada um dos pagamentos da obrigação, obtemos a fórmula de Macaulay para duração, indicada por D.

$$D = \sum_{t=1}^{T} t \times \omega_t \qquad (11.1)$$

Se indicarmos cada termo no sinal de somatório, podemos expressar a duração como:

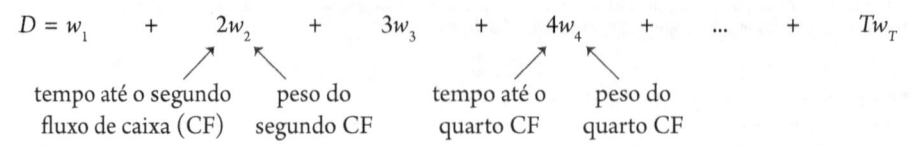

$$D = w_1 + 2w_2 + 3w_3 + 4w_4 + \ldots + Tw_T$$

tempo até o segundo fluxo de caixa (CF) peso do segundo CF tempo até o quarto CF peso do quarto CF

Um exemplo sobre como aplicar a Equação 11.1 é apresentado na Planilha 11.1, na qual deduzimos a duração das obrigações de cupom zero e cupom de 8%, todas com três anos até o vencimento. Supomos que o rendimento até o vencimento sobre cada obrigação seja 10%. O valor presente de cada pagamento é descontado em 10% para o número de anos mostrado na coluna B. O peso associado com cada prazo de pagamento (coluna E) é igual ao valor atual de pagamento (coluna D) dividido pelo preço da obrigação (a soma dos valores presentes na coluna D).

Os números na coluna F são os produtos do prazo até o pagamento e o peso de pagamento. Cada um desses produtos corresponde a um dos termos da Equação 11.1. De acordo com essa equação, podemos calcular a duração de cada obrigação acrescentando os números na coluna F.

A duração da obrigação de cupom zero é exatamente igual a seu prazo de vencimento – três anos. Isso faz sentido porque, com apenas um pagamento, o prazo médio até o pagamento deve ser o vencimento da obrigação. Entretanto, a obrigação com cupom de três anos tem uma duração menor de 2,7774 anos.

PLANILHA 11.1 Cálculo da duração de duas obrigações utilizando uma planilha Excel

	A	B	C	D	E	F
1	Taxa de juros	10%				
2						
3			Prazo até o		Desconto		Coluna B
4			pagamento		de 10% no		×
5			(anos)	Pagamento	pagamento	Peso*	Coluna (E)
6	A. Obrigação com cupom de 8%		1	80	72,727	0,0765	0,0765
7			2	80	66,116	0,0696	0,1392
8			3	1.080	811,420	0,8539	2,5617
9		Soma:			950,263	1,0000	2,7774
10							
11	B. Obrigação de cupom zero		1	0	0,000	0,0000	0,0000
12			2	0	0,000	0,0000	0,0000
13			3	1.000	751,315	1,0000	3,0000
14		Soma:			751,315	1,0000	3,0000
15							
16	*Peso = Valor presente de cada pagamento (coluna D) dividido pelo preço da obrigação.						

	A	B	C	D	E	F
1	Taxa de juros	0,1				
2						
3			Prazo até o		Desconto		Coluna B
4			pagamento		de 10% no		×
5			(anos)	Pagamento	pagamento	Peso*	Coluna (E)
6	A. Obrigação com cupom de 8%		1	80	=C6/(1+$B$1)^B6	=D6/D9	=E6*B6
7			2	80	=C7/(1+$B$1)^B7	=D7/D9	=E7*B7
8			3	1.080	=C8/(1+$B$1)^B8	=D8/D9	=E8*B8
9		Soma:			=SOMA(D6:D8)	=D9/D9	=SOMA(F6:F8)
10							
11	B. Obrigação de cupom zero		1	0	=C11/(1+$B$1)^B11	=D11/D14	=E11*B11
12			2	0	=C12/(1+$B$1)^B12	=D12/D14	=E12*B12
13			3	1.000	=C13/(1+$B$1)^B13	=D13/D14	=E13*B13
14		Soma:			=SOMA(D11:D113)	=D14/D14	=SOMA(F11:F13)

Enquanto o painel superior da Planilha 11.1 apresenta números para nosso exemplo específico, o inferior apresenta as fórmulas que realmente inserimos em cada célula. Os dados de entrada na planilha – especificando os fluxos de caixa que a obrigação pagará – encontram-se nas colunas B e C. Na coluna D, calculamos o valor presente de cada fluxo de caixa utilizando uma taxa de desconto de 10%; na coluna E, calculamos os pesos para a Equação 11.1; e, na coluna F, calculamos o produto do prazo até o pagamento e o peso do pagamento. Cada um desses termos corresponde a um termo da Equação 11.1. Portanto, a soma desses termos, mostrada nas células F9 e F14, é a duração de cada obrigação. Utilizando a planilha, você pode responder facilmente a várias perguntas "o que ocorrerá se", como a da "Revisão de Conceitos 11.1".

Revisão de CONCEITOS 11.1

Suponhamos que a taxa de juros diminua para 9%. O que ocorrerá com o preço e a duração de cada obrigação na Planilha 11.1?

A duração é um conceito fundamental na gestão de carteiras de obrigações pelo menos por três motivos. Primeiro, é uma medida resumida simples do vencimento médio efetivo da carteira. Segundo, é uma ferramenta essencial para a imunização de carteiras contra o risco da taxa de juros. Examinaremos essa aplicação na próxima seção. Terceiro, a duração é uma medida da suscetibilidade à taxa de juros de uma carteira de obrigações, que é o que investigamos aqui.

Já observamos que a suscetibilidade de preço a flutuações na taxa de juros geralmente aumenta com o vencimento. A duração nos permite quantificar essa relação. Ao que se revela, quando as taxas de juros mudam, a mudança percentual no preço de uma obrigação é proporcional à sua duração. Especificamente, a mudança proporcional no preço de uma obrigação pode estar relacionada à mudança em seu rendimento até o vencimento, y, de acordo com a regra

$$\frac{\Delta P}{P} = -D \times \left[\frac{\Delta(1+y)}{1+y}\right] \qquad (11.2)$$

A mudança proporcional de preço é igual à mudança proporcional (1 mais o rendimento da obrigação) vezes a duração da obrigação. Portanto, a volatilidade do preço da obrigação é proporcional à sua duração e a duração torna-se uma medida natural da exposição à taxa de juros.[1] Essa relação é central para a gestão do risco da taxa de juros.

Os profissionais da áreas normalmente utilizam a Equação 11.2 de uma forma um pouco diferente. Eles definem a **duração modificada** as $D^* = D/(1+y)$ e reescrevem a Equação 11.2 como

$$\frac{\Delta P}{P} = -D^* \Delta y \qquad (11.3)$$

duração modificada
Duração de Macaulay dividida por 1 + rendimento até o vencimento. Mede a suscetibilidade de uma obrigação à taxa de juros.

A mudança percentual no preço da obrigação é apenas o produto da duração modificada e da mudança no rendimento até o vencimento da obrigação. Como a mudança percentual no preço da obrigação é proporcional à duração modificada, esta última é uma medida natural da exposição da obrigação à volatilidade da taxa de juros.

EXEMPLO 11.1
Duração e risco da taxa de juros

Uma obrigação com vencimento em 30 anos tem taxa de cupom de 8% (pago anualmente) e rendimento até o vencimento de 9%. Seu preço é de US$ 897,26 e sua duração é de 11,37 anos. O que ocorrerá com o preço da obrigação se seu rendimento até o vencimento aumentar para 9,1%?

A Equação 11.3 nos diz que um aumento de 0,1% no rendimento até o vencimento da obrigação ($\Delta y = 0,001$ em termos decimais) provocará uma mudança de preço de

$$\Delta P = -(D^* \Delta y) \times P$$
$$= -\frac{11,37}{1,09} \times 0,001 \times \text{US\$ } 897,26 = -\text{US\$ } 9,36$$

---

[1] Na verdade, como veremos posteriormente, a Equação 11.3 é apenas aproximadamente válida para grandes mudanças no rendimento de uma obrigação. A aproximação torna-se exata quando consideramos mudanças menores, ou localizadas, nos rendimentos.

Para confirmar a relação entre duração e suscetibilidade do preço da obrigação a mudanças na taxa de juros, comparemos a suscetibilidade de preço da obrigação de três anos da Planilha 11.1, cuja duração é de 2,7774 anos, com a suscetibilidade da obrigação de cupom zero com vencimento e duração de 2,7774 anos. Ambas deverão ter a mesma exposição à taxa de juros se a duração for uma medida útil da suscetibilidade de preço.

A obrigação de três anos é vendida por US$ 950,263 pela taxa de juros inicial de 10%. Se o rendimento da obrigação aumentar em um ponto-base (1/100 de uma porcentagem) para 10,01%, seu preço cairá para US$ 950,0231, uma diminuição percentual de 0,0252%. A obrigação de cupom zero tem um vencimento de 2,7774 anos. Pela taxa de juros inicial de 10%, ela é vendida pelo preço de US$ $1.000/1,10^{2,7774}$ = US$ 767,425. Quando a taxa de juros aumenta, seu preço cai para US$ $1.000/1,1001^{2,7774}$ = US$ 767,2313, por uma perda de capital idêntica de 0,0252%. Podemos concluir que os ativos de duração equivalente são igualmente suscetíveis a mudanças na taxa de juros.

A propósito, este exemplo confirma a validade da Equação 11.2. A equação prevê que a mudança de preço proporcional das duas obrigações deve ter sido $-2{,}7774 \times 0{,}0001/1{,}10$ = 0,000252 ou 0,0252%, exatamente como descobrimos no cálculo direto.

11.2 Revisão de CONCEITOS

a. Na "Revisão de Conceitos 11.1", você calculou o preço e a duração de uma obrigação com cupom de 8% e vencimento em três anos, considerando uma taxa de juros de 9%. Agora, suponha que a taxa de juros aumente para 9,05%. Qual o novo valor da obrigação e a mudança percentual em seu preço?
b. Calcule a mudança percentual no preço da obrigação prevista pela fórmula de duração da Equação 11.2 ou 11.3. Compare esse valor com sua resposta em (a).

As equações da duração das obrigações com cupom são tediosas e planilhas como a 11.1 são difíceis de mudar para diferentes vencimentos e taxas de cupom. Felizmente, programas de planilha como o Excel já vêm com funções para duração. Além disso, essas funções ajustam-se facilmente a obrigações que estão entre datas de pagamento de cupons. A Planilha 11.2 mostra como o Excel é utilizado para calcular a duração. As planilhas utilizam algumas das mesmas convenções empregadas na determinação de preço da obrigações, assunto abordado no Capítulo 10.

Podemos utilizar a planilha para reconfirmar a duração do cupom de 8% examinado no Painel A da Planilha 11.1. A data de liquidação (isto é, a data de hoje) e a data de vencimento são inseridas nas células B2 e B3 da Planilha 11.2 utilizando a função de data do Excel, DATA (dia, mês, ano). Para essa obrigação com vencimento em três anos, não temos uma data específica de liquidação. Arbitrariamente, estabeleceremos essa data como sendo 1º de janeiro de 2000 e utilizaremos uma data de vencimento de exatamente três anos depois. A taxa de cupom e o rendimento até o vencimento são inseridos como decimais nas células B4 e B5 e os períodos de pagamento por ano são inseridos na célula B6. A duração de Macaulay e a modificada são exibidas nas células B9 e B10. A célula B9 mostra que a duração da obrigação, de fato, 2,7774 anos. A duração modificada da obrigação é 2,5749, que equivale a 2,7774/1,10.

PLANILHA 11.2 Utilizando funções do Excel para calcular a duração

eXcel
Acesse grupoa.com.br

	A	B	C
1	Dados de entrada		Fórmula na coluna B
2	Data de liquidação	1º/1/2000	=DATA(1º,1,2000)
3	Data de vencimento	1º/1/2003	=DATA(1º,1,2003)
4	Data de cupom	0,08	0,08
5	Rendimento até o vencimento	0,10	0,10
6	Cupons por ano	1	1
7			
8	Dados de saída		
9	Duração de Macaulay	2,7774	=DURAÇÃO(B2,B3,B4,B5,B6)
10	Duração modificada	2,5249	=DURAÇÃOM(B2,B3,B4,B5,B6)

> **Revisão de CONCEITOS 11.3**
>
> Considere uma obrigação com vencimento em oito anos, cupom de 9%, pagamentos anuais e rendimento até o vencimento de 10%. Utiliza a Planilha 11.2 para confirmar que a duração da obrigação é 5,97 anos. Qual seria sua duração se o cupom fosse pago semestralmente? Por que intuitivamente a duração parece cair?

O que determina a duração?

As relações de Malkiel na determinação de preço das obrigações, que expusemos na seção anterior, caracterizam os fatores determinantes da suscetibilidade à taxa de juros. A duração nos permite quantificar a suscetibilidade. Por exemplo, se desejarmos especular sobre as taxas de juros, a duração nos indicará que força terá nossa aposta. Em contraposição, se desejarmos permanecer "neutros" quanto às taxas e simplesmente nos equipararmos a suscetibilidade à taxa de juros de determinado índice de mercado de obrigações, a duração nos permitirá medir essa suscetibilidade e reproduzi-la em nossa própria carteira. Por esses motivos, é essencial entender os determinantes da duração e é conveniente ter fórmulas para calcular a duração de alguns títulos com os quais costumamos nos deparar. Portanto, nesta seção, apresentaremos várias "regras" que resumem a maioria das propriedades fundamentais da duração. Essas regras também estão mostradas na na Figura 11.2, que existe graficamente a duração de obrigações com várias taxas de cupom, rendimentos até o vencimento e prazos de vencimento.

Já estabelecemos que:

Regra 1: A duração de uma obrigação de cupom zero é igual ao seu prazo de vencimento.

Também já vimos que a obrigação com cupom de três anos tem uma duração inferior à de cupom zero de três anos porque, quando existem cupons já no início da vida de uma obrigação, eles diminuem o prazo médio ponderado da obrigação até a ocorrência dos pagamentos. Isso evidencia outra propriedade geral:

Regra 2: Com prazo e rendimento até o vencimento constantes, a duração de uma obrigação e a suscetibilidade à taxa de juros serão superiores quando a taxa de cupom for menor.

Essa propriedade corresponde à quinta relação Malkiel na determinação de preço das obrigações e explica o impacto dos cupons iniciais sobre a média de vencimento dos pagamentos de uma obrigação. Quanto mais baixos forem esses cupons, menor peso esses pagamentos iniciais terão no vencimento médio ponderado de todos os pagamentos da obrigação. Em outras palavras, uma fração menor do valor total da obrigação está amarrada aos pagamentos (iniciais) de cupom cujos valores são relativamente insensíveis aos rendimentos, e não ao reembolso (posterior e mais suscetível ao rendimento) do valor nominal. Compare as linhas de duração das obri-

FIGURA 11.2 Duração como função do vencimento.

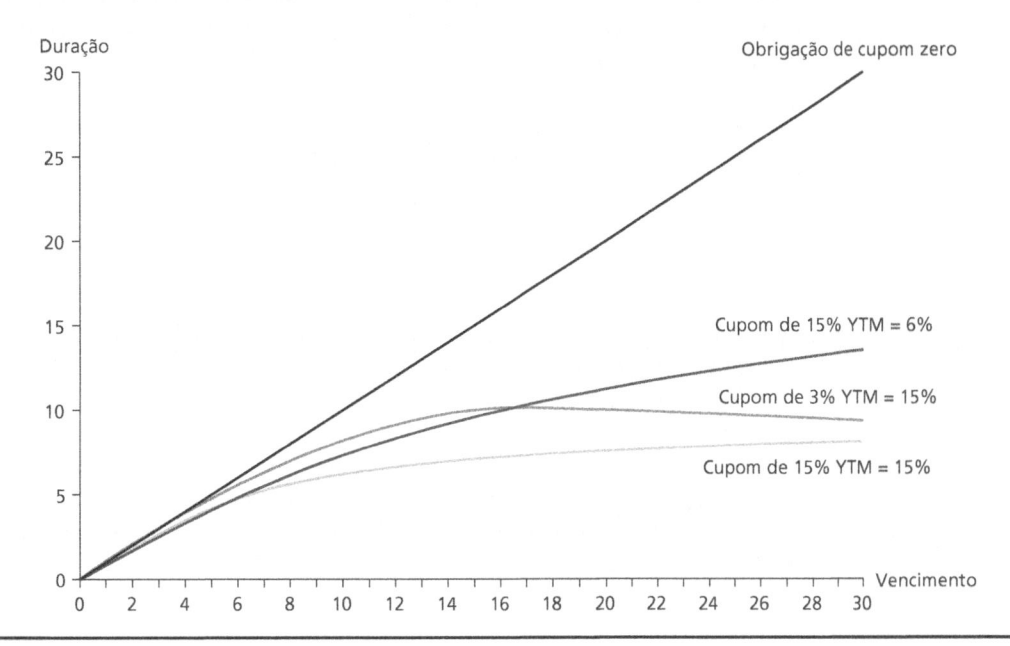

gações de cupom de 3% e de 15% na Figura 11.2, ambas com um rendimento idêntico de 15%. A linha de duração da obrigação de cupom de 15% está abaixo da linha correspondente da obrigação de cupom de 3%.

Regra 3: Com uma taxa de cupom constante, a duração e a suscetibilidade à taxa de juros de uma obrigação geralmente aumentam com o prazo até o vencimento. A duração sempre aumenta com o vencimento para obrigações que estão sendo vendidas pelo valor nominal ou com um prêmio sobre o valor nominal.

Essa propriedade de duração corresponde à terceira relação de Malkiel e é relativamente intuitiva. O que surpreende é que a duração nem sempre precisa aumentar com o prazo até o vencimento. Para algumas obrigações com grandes descontos, como a obrigação de cupom de 3% que está sendo vendida com rendimento de 15% na Figura 11.2, com o tempo a duração pode cair com aumentos no vencimento. Contudo, para praticamente todas as obrigações negociadas, pode-se afirmar com segurança que a duração aumenta com o vencimento.

Observe na Figura 11.2 que, para a obrigação de cupom zero, o vencimento e a duração são iguais. Porém, para todas as obrigações de cupom, a duração aumenta menos de um ano para cada ano de aumento no vencimento. A inclinação no gráfico de duração é inferior a 1 e a duração é sempre menor do que o vencimento para obrigações de cupom positivo.

Embora as obrigações de longo prazo geralmente sejam obrigações de longa duração, a duração é a melhor medida da natureza de longo prazo da obrigação porque também leva em conta os pagamentos de cupom. O vencimento é uma medida adequada apenas quando a obrigação não paga nenhum cupom; nesse caso, o vencimento e a duração são iguais.

Observe também na Figura 11.2 que a duração das duas obrigações de cupom de 15% é diferente quando são vendidas com diferentes rentabilidades até o vencimento. A obrigação de rendimento inferior tem maior duração. Isso faz sentido porque, quando o rendimento é menor, o valor presente dos pagamentos mais distantes é relativamente maior e, portanto, esses pagamentos respondem por uma porção maior do valor total da obrigação. Desse modo, no cálculo da média ponderada da duração, os pagamentos mais distantes recebem pesos maiores, resultando em uma medida de duração mais alta. Isso determina

Regra 4: Mantendo-se os outros fatores constantes, a duração e a suscetibilidade à taxa de juros de uma obrigação com cupom serão maiores quando seu rendimento até o vencimento for menor.

Como ressaltamos anteriormente, a intuição para essa regra é que, embora um rendimento maior diminua o valor presente de todos os pagamentos da obrigação, ele diminui o valor dos pagamentos mais distantes de uma maneira proporcionalmente maior. Dessa forma, com rendimentos mais elevados, uma fração maior do valor total da obrigação encontra-se nos pagamentos iniciais, o que, por sua vez, reduz o vencimento efetivo. A Regra 4, que é a sexta relação de determinação de preço das obrigações citada anteriormente, aplica-se a obrigações com cupom. Para as obrigações de cupom zero, a duração é igual ao vencimento, independentemente do rendimento até o vencimento.

Por último, apresentamos uma regra algébrica para a duração de uma perpetuidade. Essa regra é deduzida da e compatível com a fórmula de duração dada na Equação 11.1, mas é muito mais fácil de ser utilizada em obrigações de duração ilimitada.

Regra 5: A duração de uma perpetuidade constante é

$$\text{Duração da perpetuidade} = \frac{1+y}{y} \tag{11.4}$$

Por exemplo, com um rendimento de 15%, a duração da perpetuidade que paga infinitamente US$ 100 por ano é 1,15/0,15 = 7,67 anos, enquanto com um rendimento de 6% é 1,06/0,06 = 17,67 anos.

A Equação 11.4 evidencia que o vencimento e a duração podem diferir consideravelmente. O vencimento da perpetuidade é infinito, enquanto a duração do instrumento com rendimento de 15% é de apenas 7,67 anos. Os fluxos de caixa ponderados pelo valor presente na parte inicial da vida da perpetuidade predominam no cálculo de duração. Observe na Figura 11.2 que, à medida que os vencimentos tornam-se mais longos, as durações das duas obrigações com cupom com rendimento de 15% convergem para a duração da perpetuidade com o mesmo rendimento, 7,67 anos.

TABELA 11.3 Duração de obrigações de cupom anual (rendimento inicial da obrigação = 6%)

Anos até o vencimento	Taxas de Cupom (% por ano)			
	4	6	8	10
1	1,000	1,000	1,000	1,000
5	4,611	4,465	4,342	4,237
10	8,281	7,802	7,445	7,169
20	13,216	12,158	11,495	11,041
Infinito (perpetuidade)	17,667	17,667	17,667	17,667

> *Revisão de* **CONCEITOS** 11.4
>
> Demonstre que a duração de uma perpetuidade aumenta à medida que a taxa de juros diminui, de acordo com a Regra 4.

As durações podem variar muito entre as obrigações negociadas. A Tabela 11.3 apresenta a duração de várias obrigações. Todas pagam cupons anuais e rendem 6% ao ano. A duração diminui à medida que as taxas de cupom sobem e aumenta com o prazo até o vencimento. De acordo com a Tabela 11.3 e a Equação 11.2, se a taxa de juros aumentasse de 6% para 6,1%, o valor da obrigação de 20 anos com cupom de 6% diminuiria em torno de 1,15% (= –12,158 × 0,1%/1,06), enquanto o valor da obrigação de cinco anos com cupom de 8% diminuiria apenas 0,41% (= –4,342 × 0,1%/1,06). Ainda com base na Tabela 11.3, observe que a duração é independente da taxa de cupom apenas para perpetuidades.

11.2. GESTÃO PASSIVA DE OBRIGAÇÕES

Para os gestores passivos, os preços das obrigações são estabelecidos de forma relativamente justa, e por isso eles procuram controlar apenas o risco das carteiras de renda fixa. Geralmente, existem duas formas de encarar esse risco. Algumas instituições, como os bancos, preocupam-se em proteger o patrimônio líquido atual da carteira ou o valor líquido de mercado contra flutuações nas taxas de juros. As diretrizes de capital baseadas em risco, para bancos comerciais e instituições de poupança, exigem uma reserva de capital adicional como proteção contra possíveis perdas no valor de mercado, por exemplo, em virtude de flutuações na taxa de juros. A quantidade de capital necessária está diretamente relacionada às perdas que podem ocorrer. Outros investidores, como os fundos de pensão, podem ter uma meta de investimento a ser alcançada após determinado número de anos. Esses investidores estão mais preocupados em proteger os valores futuros de suas carteiras.

Entretanto, o que é comum a todos os investidores é o risco da taxa de juros. O patrimônio líquido da empresa e sua capacidade de cumprir com obrigações futuras variam com as taxas de juros. As técnicas de **imunização** e dedicação referem-se a estratégias utilizadas pelos investidores para proteger seu patrimônio líquido contra o risco da taxa de juros.

imunização
Estratégia para proteger o patrimônio líquido contra mudanças na taxa de juros.

Imunização

Em muitos bancos e instituições de poupança, existe uma incompatibilidade entre os vencimentos dos ativos e dos passivos. Por exemplo, os passivos bancários são principalmente depósitos devidos aos clientes; por natureza, esses passivos são de curto prazo e, por isso, têm pouca duração. Os ativos compreendem predominantemente empréstimos comerciais e ao consumidor ou hipotecas. Esses ativos têm duração mais longa e seus valores são correspondentemente mais suscetíveis do que os depósitos a flutuações nas taxas de juros. Quando as taxas de juros aumentam inesperadamente, os bancos podem sofrer sérias reduções em seu patrimônio líquido – seus ativos perdem mais valor do que seus passivos.

De forma semelhante, um fundo de pensão pode ter uma discrepância entre a suscetibilidade à taxa de juros dos ativos mantidos no fundo e o valor presente de seus passivos – a promessa de cumprir com os pagamentos aos aposentados. O quadro anterior mostra os perigos que os fundos de pensão enfrentam quando negligenciam a exposição à taxa de juros *tanto* dos ativos *quanto* dos passivos. Esse quadro ressalta que, quando as taxas de juros mudam, o valor presente dos passivos do fundo muda. Por exemplo, recentemente os fundos de pensão perderam ter-

Na frente de batalha do **MERCADO**

FUNDOS DE PENSÃO PERDEM TERRENO APESAR DOS AMPLOS GANHOS DE MERCADO

O mercado acionário teve um ano excepcional em 2003, quando o S&P 500 ofereceu uma taxa de retorno em excesso de 25%. Não surpreendentemente, esse desempenho evidenciou-se no balanço patrimonial dos fundo de pensão dos Estados Unidos: nesses fundos, houve um aumento de mais de US$ 100 bilhões nos ativos. Apesar dessas notícias aparentemente boas, na realidade, os fundos de pensão *perderam* terreno em 2003, e a discrepância entre ativos e passivos aumentou em aproximadamente US$ 45 milhões.

Como isso ocorreu? A culpa é da queda da taxa de juros durante o ano, que, em grande parte, era força por trás dos ganhos do mercado acionário. Quando as taxas caíram, o valor presente das dívidas de pensão para os aposentados aumentou ainda mais rapidamente do que o valor dos ativos que garantiam essas promessas. Acontece que o valor dos passivos de pensão é mais suscetível a mudanças nas taxas de juros do que o valor de ativos comuns mantidos nesses fundos. Portanto, apesar de as taxas em queda tenderem a impulsionar os retornos dos ativos, elas aumentam os passivos ainda mais. Em outras palavras, a duração dos investimentos de um fundo tende a ser mais curta do que a duração de suas dívidas. Essa discrepância na duração torna os fundos vulneráveis a quedas na taxa de juros.

Por que os fundos não equiparam melhor a duração dos ativos e a duração dos passivos? Um dos motivos é que os gestores de fundo costumam ser avaliados por seu desempenho em relação aos índices convencionais do mercado de obrigações. Esses índices tendem a apresentar durações bem menores do que os passivos do fundo de pensão. Desse modo, até certo ponto os gestores podem estar mirando a bola errada, aquela com uma suscetibilidade à taxa de juros não condizente.

reno não obstante o fato de terem excelentes retornos sobre o investimento. Quando as taxas de juros caíram, o valor de seus passivos aumentou bem mais rapidamente do que o valor de seus ativos. Conclusão: os fundos devem equiparar a exposição dos ativos e dos passivos à taxa de juros para que o valor dos ativos acompanhe o valor dos passivos independentemente de as taxas subirem ou caírem. Em outras palavras, o gestor financeiro pode querer *imunizar* o fundo contra a volatilidade da taxa de juros.

Os fundos de pensão não são os únicos nessa questão. Qualquer instituição com uma dívida fixa futura pode considerar a imunização uma política razoável de gestão de risco. As seguradoras, por exemplo, também adotam estratégias de imunização. Na verdade, a ideia de imunização foi introduzida por F. M. Redington (1952), estatístico de uma empresa de seguros de vida. A ideia é que a equiparação entre a duração dos ativos e a duração dos passivos permite que a carteira de ativos atenda às dívidas da empresa independentemente de flutuações nas taxas de juros.

Considere, por exemplo, uma seguradora que emite um contrato de investimento garantido ou GIC (*guaranteed investment contract*) de US$ 10.000. (Basicamente, os GICs são obrigações de cupom zero emitidas por uma seguradora para seus clientes. Eles são produtos populares para contas de poupança de aposentadoria individual.) Se o GIC tiver vencimento de cinco anos e uma taxa de juros garantida de 8%, a seguradora prometerá pagar US$ $10.000 \times (1,08)^5$ = US$ 14.693,28 em cinco anos.

Suponhamos que a seguradora decida financiar sua dívida com US$ 10.000 em obrigações com cupom *anual* de 8%, vendendo-a pelo valor nominal, com seis anos até o vencimento. Contanto que a taxa de juros do mercado fique em 8%, a empresa poderá cumprir plenamente com seu compromisso, pois o valor presente da dívida é exatamente igual ao valor das obrigações.

A Tabela 11.4A mostra que, se as taxas de juros permanecerem em 8%, os fundos acumulados da obrigação crescerão até o nível exato de US$ 14.693,28 da dívida. Ao longo do período de cinco anos, a renda de cupom de fim de ano de US$ 800 é reinvestida pela taxa de juros de mercado prevalecente de 8%. No fim do período, as obrigações poderão ser vendidas por US$ 10.000. Mesmo assim elas serão vendidas pelo valor nominal porque a taxa de cupom ainda é igual à taxa de juros do mercado. A renda total após cinco anos de cupons reinvestidos e da venda da obrigação será exatamente US$ 14.693,28.

Entretanto, se as taxas de juros mudarem, duas influências contrabalançantes afetarão a capacidade do fundo de crescer para o valor almejado de US$ 14.693,28. Se a taxa de juros aumentar, o fundo sofrerá um perda de capital, o que prejudicará sua capacidade de cumprir com seu compromisso. A obrigação valerá menos em cinco anos do que se a taxa de juros tivesse permanecido em 8%. Contudo, com uma taxa de juros mais alta, os cupons reinvestidos crescerão a uma taxa mais rápida, compensando a perda de capital. Em outras palavras, os investidores de renda fixa enfrentam dois tipos contrabalançantes de risco de taxa de juros: *risco de preço* e *risco da taxa de reinvestimento*. Aumentos nas taxas de juros provocam perdas de capital, mas, ao mesmo tempo, elevam a taxa pela qual a renda reinvestida crescerá. Se a duração da carteira for escolhida adequadamente, esses dois efeitos se anularão mutuamente. Quando a duração da

TABELA 11.4 Valor final de uma carteira de obrigações após cinco anos (com todos os lucros reinvestidos)

Número do pagamento	Anos restantes até a dívida	Valor acumulado de fundos investidos	
A. Taxas mantêm-se em 8%			
1	4	$800 \times (1,08)^4 =$	1.088,39
2	3	$800 \times (1,08)^3 =$	1.007,77
3	2	$800 \times (1,08)^2 =$	933,12
4	1	$800 \times (1,08)^1 =$	864
5	0	$800 \times (1,08)^0 =$	800
Venda da obrigação	0	$10.800/1,08 =$	10.000
			14.693,28
B. Taxas caem para 7%			
1	4	$800 \times (1,07)^4 =$	1.048,64
2	3	$800 \times (1,07)^3 =$	980,03
3	2	$800 \times (1,07)^2 =$	915,92
4	1	$800 \times (1,07)^1 =$	856
5	0	$800 \times (1,07)^0 =$	800
Venda da obrigação	0	$10.800/1,07 =$	10.093,46
			14.694,05
C. Taxas aumentam para 9%			
1	4	$800 \times (1,09)^4 =$	1.129,27
2	3	$800 \times (1,09)^3 =$	1.036,02
3	2	$800 \times (1,09)^2 =$	950,48
4	1	$800 \times (1,09)^1 =$	872
5	0	$800 \times (1,09)^0 =$	800
Venda da obrigação	0	$10.800/1,09 =$	9.908,26
			14.696,02

Nota: O preço de venda da carteira de obrigações é igual ao pagamento final da carteira (US$ 10.800), dividido por 1 + r, porque o prazo até o vencimento das obrigações será igual a um ano na época da venda.

carteira é definida tal como a data de horizonte do investidor, o valor acumulado do fundo de investimento na data de horizonte não será afetado por flutuações na taxa de juros. *Para um horizonte igual à duração da carteira, o risco de preço e o risco de reinvestimento contrabalançam-se precisamente.* A dívida é imunizada.

No nosso exemplo, a duração das obrigações com vencimento em seis anos utilizadas para financiar o GIC é de cinco anos. Você pode confirmar isso utilizando as Planilhas 11.1 ou 11.2. A duração do GIC (de cupom zero) também é de cinco anos. Como o plano plenamente financiado tem duração igual para seus ativos e passivos, a seguradora deve ser imunizada contra flutuações na taxa de juros. Para confirmar isso, verifiquemos se a obrigação pode gerar renda suficiente para pagar a dívida em cinco anos independentemente de flutuações na taxa de juros.

Na Tabela 11.4, Painéis B e C, considere dois possíveis cenários de taxa de juros: As taxas caem para 7% ou aumentam para 9%. Em ambos os casos, os pagamentos anuais de cupom são reinvestidos a uma nova taxa de juros, que se prevê que mudará antes do primeiro pagamento de cupom, e a obrigação é vendida no quinto ano para ajudar a satisfazer a dívida do GIC.

A Tabela 11.4B mostra que, se as taxas de juros caírem para 7%, o total de fundos aumentará para US$ 14.694,05, oferecendo um pequeno superávit de US$ 0,77. Se as taxas aumentarem para 9%, como na Tabela 11.4C, o fundo aumentará para US$ 14.696,02, oferecendo um pequeno superávit de US$ 2,74.

Devemos destacar vários pontos. Primeiro, a equivalência de duração equilibra a diferença entre o valor acumulado dos pagamentos de cupom (risco da taxa de reinvestimento) e o valor de venda da obrigação (risco de preço), ou seja, quando as taxas de juros caem, os cupons crescem menos do que no caso básico, mas o ganho com a venda da obrigação compensa essa situação. Quando as taxas de juros sobem, o valor de venda da obrigação cai, mas os cupons compensam essa perda porque são reinvestidos à taxa mais alta. A Figura 11.3 mostra esse caso. A curva sólida representa o valor acumulado das obrigações supondo que as taxas de juros permanecem em 8%. A curva pontilhada mostra esse valor supondo que as taxas de juros aumentaram. O impacto inicial é uma perda de capital, mas com o tempo essa perda é compensada pela taxa de crescimento agora mais rápida dos fundos reinvestidos. Na data de horizonte de cinco anos,

FIGURA 11.3
Crescimento dos fundos investidos.

Nota: A curva com linha sólida representa o crescimento do valor da carteira segundo a taxa de juros original. Se as taxas de juros aumentarem no tempo t^*, o valor da carteira cairá, mas aumentará logo após, segundo a taxa mais rápida representada pela curva tracejada. No tempo D (duração), as curvas se cruzam.

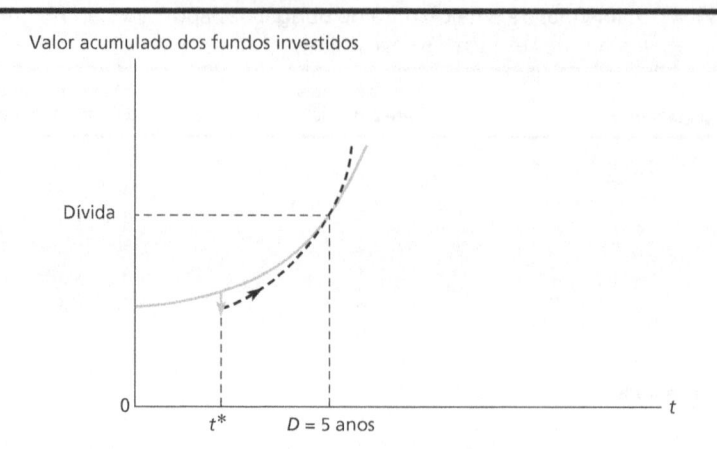

igual à duração da obrigação, os dois efeitos simplesmente se anulam, permitindo que a empresa cumpra com sua dívida com os lucros acumulados da obrigação.

Também podemos analisar a imunização em termos de valor presente, e não de valor futuro. A Tabela 11.5A mostra o balanço patrimonial inicial do GIC da seguradora. Tanto os ativos quanto a dívida têm valor de mercado de US$ 10.000, de modo que o plano está totalmente financiado. Os Painéis B e C mostram que, independentemente de a taxa de juros aumentar ou diminuir, o valor das obrigações que financiam o GIC e o valor presente da dívida da empresa mudam de uma maneira praticamente igual. Seja qual for a mudança na taxa de juros, o plano permanece completamente financiado e o superávit, de acordo com a Tabela 11.5 B e C, é igual a aproximadamente zero. A estratégia de equivalência de duração garantiu que os ativos e os passivos reagissem igualmente a flutuações na taxa de juros.

A Figura 11.4 é um gráfico dos valores presentes da obrigação e da dívida de pagamento único como função da taxa de juros. À taxa atual de 8%, os valores são iguais e a dívida é totalmente financiada pela obrigação. Além disso, as duas curvas de valor presente são tangentes em $y = 8\%$. À medida que as taxas de juros mudam, a mudança no valor do ativo e a mudança no valor da dívida são iguais. Desse modo, a dívida permanece completamente financiada. Entretanto, para mudanças maiores na taxa de juros, as curvas de valor presente divergem. Isso é um reflexo do fato de o fundo na verdade mostrar um pequeno superávit em taxas de juros de mercado diferentes de 8%.

Por que existe *algum* superávit no fundo? Afinal, afirmamos que uma combinação de ativos e passivos com duração equivalente tornaria o investidor indiferente a mudanças na taxa de juros. Na realidade, essa afirmação é válida somente para *pequenas* mudanças na taxa de juros, visto que, quando os rendimentos da obrigação mudam, a duração também muda. (Lembre-se da Regra 4 de duração.) Na verdade, embora a duração da obrigação nesse exemplo seja igual a cinco anos, por um rendimento até o vencimento de 8%, a duração aumenta para 5,02 anos quando seu rendimento cai para 7% e 4,97 em $y = 9\%$. Ou seja, a obrigação e a dívida não tive-

TABELA 11.5 Balanços a valor de mercado

A. Taxa de juros = 8%			
Ativos			Passivos
Obrigações	US$ 10.000	Dívida	US$ 10.000
B. Taxa de juros = 7%			
Ativos			Passivos
Obrigações	US$ 10.476,65	Dívida	US$ 10.476,11
C. Taxa de juros = 9%			
Ativos			Passivos
Obrigações	US$ 9.551,41	Dívida	US$ 9.549,62

Notas: Valor das obrigações = 800 × Fator de anuidade(r, 6) + 10.000 × Fator PV(r, 6).

Valor da obrigação = $\dfrac{14.693,28}{(1+r)^5}$ = 14.693,28 × Fator PV(r, 5).

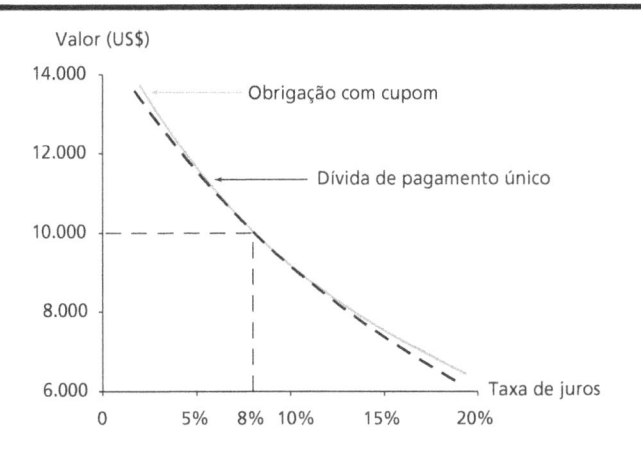

FIGURA 11.4
Imunização. A obrigação de cupom financia completamente a dívida por uma taxa de juros de 8%. Além disso, as curvas do valor presente são tangentes a 8%. Desse modo, a dívida permanecerá completamente financiada mesmo se as taxas tiverem uma pequena mudança.

ram sua duração equiparada *ao longo* da mudança na taxa de juros. Por isso, a posição foi completamente imunizada.

Esse exemplo mostra a necessidade do **rebalanceamento** das carteiras imunizadas. Como as taxas de juros e as durações dos ativos mudam constantemente, os gestores devem ajustar a carteira para realinhar sua duração com a duração da dívida. Além disso, mesmo que as taxas de juros não mudem, as durações dos ativos *mudarão* em virtude apenas da passagem de tempo. Lembre-se, com base na Figura 11.2, de que a duração geralmente diminui menos rapidamente do que o vencimento à medida que o tempo passa. Portanto, mesmo se uma dívida for imunizada logo no início, a duração dos ativos e a duração dos passivos diminuirão de acordo com taxas diferentes. Se a carteira não for rebalanceada, as durações ficarão incompatíveis e as metas de imunização não serão concretizadas. Portanto, a imunização é uma estratégia passiva somente no sentido de que ela não envolve tentativas de identificação de títulos subvalorizados. Os gestores de imunização atualizarão e monitorarão ativamente suas posições de investimento.

rebalanceamento
Realinhamento das proporções dos ativos em uma carteira conforme a necessidade.

EXEMPLO 11.2
Construindo uma carteira imunizada

Uma seguradora deve fazer um pagamento de US$ 19.487 em sete anos. A taxa de juros do mercado é de 10%, de modo que o valor presente da obrigação é US$ 10.000. O gestor de carteira da empresa deseja financiar a dívida utilizando obrigações de cupom zero e perpetuidades que pagam cupons anuais. (Concentramo-nos nas obrigações de cupom zero e nas perpetuidades para manter a álgebra simples.) Como esse gestor pode imunizar a dívida?

A imunização requer que a duração da carteira de ativos seja igual à duração da de passivos. Podemos proceder em quatro etapas:

Etapa 1. Calcule a duração do passivo. Nesse caso, a duração do passivo é simples de calcular. É uma dívida de pagamento único com duração de sete anos.

Etapa 2. Calcule a duração da carteira de ativos. A duração da carteira é a média ponderada da duração de cada ativo componente, com pesos proporcionais aos fundos aplicados em cada ativo. A duração da obrigação de cupom zero é simplesmente seu vencimento – três anos. A duração da perpetuidade é 1,10/0,10 = 11 anos. Portanto, se a fração da carteira investida em obrigações de cupom zero for chamada de w e a fração investida na perpetuidade for $(1 - w)$, a duração da carteira será

$$\text{Duração do ativo} = w \times 3 \text{ anos} + (1 - w) \times 11 \text{ anos}$$

Etapa 3. Descubra a combinação de ativos que estabelece a duração do ativo como igual à duração de sete anos dos passivos. Isso requer a resolução de w na seguinte equação

$$w \times 3 \text{ anos} + (1 - w) \times 11 \text{ anos} = 7 \text{ anos}$$

Isso significa que $w = 1/2$. O gestor deve investir metade da carteira em obrigações de cupom zero e metade na perpetuidade. Isso resultará em uma duração de ativos de sete anos.

Etapa 4. Financie completamente a dívida. Como a dívida tem um valor presente de US$ 10.000 e o fundo será investido igualmente em obrigações de cupom zero e na perpetuidade, o gestor deve comprar US$ 5.500 da obrigação de cupom zero e US$ 5.500 da perpetuidade. Observe que o *valor de face* da obrigação de cupom zero será US$ 5.000 × $(1,10)^3$ = US$ 6.655.

No entanto, mesmo que uma posição seja imunizada, o gestor da carteira não poderá se descuidar. Isso se deve à necessidade de rebalanceamento como resposta a mudanças nas taxas de juros. Além disso, mesmo que as taxas não mudem, o desenrolar do tempo também afetará a duração e exigirá rebalanceamento. Daremos sequência ao Exemplo 11.2 e veremos como o gestor de carteira pode manter uma posição imunizada.

EXEMPLO 11.3
Rebalanceamento

> Suponhamos que tenha passado um ano e a taxa de juros tenha permanecido em 10%. O gestor de carteira do Exemplo 11.2 precisa reexaminar sua posição. A posição ainda está completamente financiada? Ainda está imunizada? Se não estiver, que medidas devem ser tomadas?
>
> Primeiro, examine o financiamento. O valor presente da dívida terá aumentado para US$ 11.000, já que está um ano mais próximo do vencimento. Os fundos do gestor também aumentaram para US$ 11.000: as obrigações de cupom zero aumentaram de US$ 5.000 para US$ 5.500 com o passar do tempo, enquanto a perpetuidade pagou seus cupons anuais de US$ 500 e ainda continua valendo US$ 5.000. Portanto, a dívida continua completamente financiada.
>
> Contudo, os pesos da carteira devem ser mudados. Agora, a obrigação de cupom zero terá duração de dois anos, enquanto a duração da perpetuidade permanecerá em 11 anos. A dívida vencerá em seis anos. Os pesos devem satisfazer a equação
>
> $$w \times 2 + (1 - w) \times 11 = 6$$
>
> isso significa que $w = 5/9$. Para rebalancear a carteira e manter a equivalência de duração, o gestor deve agora investir um total de US$ 11.000 × 5/9 = US$ 6.111,11 na obrigação de cupom zero. Isso exige que todo o pagamento de cupom de US$ 500 seja investido na obrigação de cupom zero e US$ 111,11 adicionais da perpetuidade sejam vendidos e investidos na obrigação de cupom zero.

É claro que rebalancear a carteira exige custos de transação à medida que os ativos são comprados ou vendido. Por isso, o rebalanceamento constante não é viável. Na prática, os gestores chegam a um acordo entre o desejo de uma imunização perfeita, que exige um rebalanceamento constante, e a necessidade de controlar os custos de negociação, que exige rebalanceamentos menos frequentes.

11.5 *Revisão de* **CONCEITOS**

Examine novamente o Exemplo 11.3. Quais teriam sido os pesos de imunização no segundo ano se a taxa de juros tivesse caído para 8%?

Equiparação de fluxo de caixa e dedicação

Os problemas associados com a imunização parecem ter uma solução simples. Por que simplesmente não comprar uma obrigação de cupom zero com valor de face igual ao desembolso de caixa projetado? Isso é chamado de **equiparação de fluxo de caixa**, que imuniza automaticamente uma carteira contra o risco da taxa de juros porque existe uma compensação exata entre o fluxo de caixa da obrigação e da dívida.

equiparação de fluxos de caixa
Equiparação de fluxos de caixa de uma carteira de renda fixa com os de uma dívida.

estratégia de dedicação
Refere-se à equiparação de fluxos de caixa de vários períodos.

A equiparação de fluxos de caixa em vários períodos é chamada de **estratégia de dedicação**. Nesse caso, o gestor escolhe obrigações de cupom zero ou com cupom com fluxos de caixa totais equiparáveis aos de uma série de dívidas. A vantagem da dedicação é que é uma abordagem definitiva para eliminar o risco da taxa de juros. Quando os fluxos de caixa são equiparados, não há necessidade de rebalanceamento. A carteira dedicada fornece o dinheiro necessário para pagar os passivos da empresa independentemente da direção que as taxas de juros vierem a tomar.

Contudo, a equiparação de fluxo de caixa não é uma estratégia muito adotada, provavelmente em virtude das restrições que ela impõe à escolha de obrigações. As estratégias de imunização/dedicação são atraentes para empresas que não desejam apostar nas mudanças gerais das taxas de juros, mas possam querer utilizar a imunização por meio de obrigações que acreditam que estejam subvalorizadas. A equiparação de fluxo de caixa impõe tantas restrições à escolha de obrigações que pode ser impossível adotar a estratégia de dedicação utilizando apenas as obrigações "subvalorizadas". As empresas que procuram obrigações subvalorizadas trocam a dedicação exata e fácil pela possibilidade de alcançar retornos superiores em suas carteiras de obrigações.

APLICAÇÕES EXCEL

Imunização

O modelo de imunização do Excel permite que você faça uma análise de inúmeros exemplos de imunização de intervalos de tempo ou de períodos de manutenção do investimento. Esse modelo é construído por meio de fórmulas fornecidas pelo Excel para a duração das obrigações, e isso permite que você examine obrigações de qualquer vencimento sem ter de criar uma tabela de fluxos de caixa.

eXcel
Acesse grupoa.com.br

	A	B	C	D	E	F	G	H
1	Imunização do período de manutenção do investimento							
2								
3	YTM	0,0800	Preço de março	1.000				
4	Cupom R	0,0800						
5	Vencimento	6			Duração	#NOME?		
6	Valor nominal	1.000						
7	Manutenção P	5						
8	Duração	4,9927						
9								
10								
11	Se as taxas aumentarem em 200 pontos-base				Se as taxas aumentarem em 100 pontos-base			
12	Taxa	0,1000			Taxa	0,0900		
13	FV da CPS	488,41			FV da CPS	478,78		
14	VendasP	981,82			VendasP	990,83		
15	Total	1.470,23			Total	1.469,60		
16	IRR	0,0801			IRR	0,0800		
17								
18								
19								
20	Se as taxas diminuírem em 200 pontos-base				Se as taxas diminuírem em 100 pontos-base			
21	Taxa	0,0600			Taxa	0,0700		
22	FV da CPS	450,97			FV da CPS	460,06		
23	VendasP	1.018,87			VendasP	1.009,35		
24	Total	1.469,84			Total	1.469,40		
25	IRR	0,0801			IRR	0,0800		

Questões Excel

1. Quando a taxa aumentar em 100 pontos-base, qual será a mudança no preço de venda futuro da obrigação? O valor dos cupons reinvestidos?
2. E se as taxas aumentarem em 200 pontos-base?
3. Qual a relação entre risco de preço e risco da taxa de reinvestimento quando considerarmos mudanças maiores nos rendimentos das obrigações?

Algumas vezes, a equiparação de fluxo de caixa nem mesmo é possível. Para equiparar o fluxo de caixa de um fundo de pensão que é obrigado a pagar um fluxo perpétuo de renda aos aposentados atuais e futuros, esse fundo de pensão teria de comprar títulos de renda fixa com vencimentos que se estendessem a centenas de anos. Esse tipo de título não existe, o que torna a dedicação exata inviável. Porém, a imunização é fácil. Se a taxa de juros for 8%, por exemplo, a duração da dívida do fundo de pensa será 1,08/0,08 = 13,5 anos (consulte a Regra 5 na página 346). Portanto, o fundo pode imunizar sua dívida comprando obrigações de cupom zero com vencimento em 13,5 anos e um valor de mercado igual ao dos passivos da pensão.

Revisão de CONCEITOS 11.6

a. Suponhamos que esse fundo de pensão seja obrigado a pagar US$ 800.000 por ano em perpetuidade. Qual deve ser o vencimento e o valor de face da obrigação de cupom zero comprada para imunizar a dívida?
b. Suponhamos agora que a taxa de juros aumente imediatamente para 8,1%. Como o fundo deve se rebalanceado para permanecer imunizado contra futuros choques da taxa de juros? Ignore os custos de transação.

Revisão de CONCEITOS 11.7

Como um aumento nos custos de negociação afetaria a atratividade da dedicação versus imunização?

11.3. CONVEXIDADE

Evidentemente, a duração é uma ferramenta fundamental na gestão de carteiras de obrigações. No entanto, a regra de duração para o impacto das taxas de juros sobre os preços das obrigações é apenas uma aproximação. A Equação 11.3, que repetimos aqui, estabelece que a mudança percentual no valor de uma obrigação é aproximadamente igual ao produto da duração modificada vezes a mudança no rendimento da obrigação:

$$\frac{\Delta P}{P} = -D^* \Delta y$$

A equação postula que a mudança percentual de preço é diretamente proporcional à mudança no rendimento da obrigação. Entretanto, se isso fosse *exatamente* assim, um gráfico da mudança percentual no preço da obrigação como função da mudança no rendimento mostraria uma linha reta, com inclinação igual a $-D^*$. No entanto, sabemos, com base na Figura 11.1 e de forma mais geral nas cinco relações de Malkiel na determinação de preço das obrigações (especificamente a segunda relação), que a relação entre os preços e os rendimentos das obrigações *não* é linear. A regra de duração é uma boa aproximação para pequenas mudanças no rendimento das obrigações, mas é menos exata para mudanças maiores.

A Figura 11.5 mostra essa questão. Como a Figura 11.1, ela apresenta a mudança percentual no preço da obrigação em resposta à mudança em seu rendimento até o vencimento. A linha curva é a mudança percentual de preço para uma obrigação com vencimento em 30 anos e cupom de 8%, que está sendo vendida por com um rendimento até o vencimento inicial de 8%. A linha reta é a mudança percentual de preço prevista pela regra de duração: a duração modificada da obrigação em seu rendimento inicial é 11,26 anos. Desse modo, a linha reta é uma representação gráfica de $-D^* \Delta y = -11,26 \times \Delta y$. Observe que as duas linhas são tangentes no rendimento inicial. Portanto, para pequenas mudanças no rendimento até o vencimento da obrigação, a regra de duração é bastante precisa. Contudo, para mudanças maiores no rendimento, existe um "espaço" progressivamente maior entre as duas linhas, demonstrando que a regra de duração torna-se progressivamente menos precisa.

Observe na Figura 11.5 que a aproximação da duração (a linha reta) sempre atenua o valor da obrigação; ela subestima o aumento no preço da obrigação quando o rendimento cai e superestima a queda de preço quando o rendimento aumenta. Isso se deve à curvatura da relação real entre preço e rendimento. As curvas com formato igual ao da relação entre preço-rendimento são chamadas de convexas e a curvatura da curva de preço-rendimento é chamada de **convexidade** da obrigação.

convexidade
Curvatura da relação preço-rendimento de uma obrigação.

FIGURA 11.5
Convexidade do preço das obrigações. A mudança percentual no preço da obrigação é uma função convexa da mudança no rendimento até o vencimento.

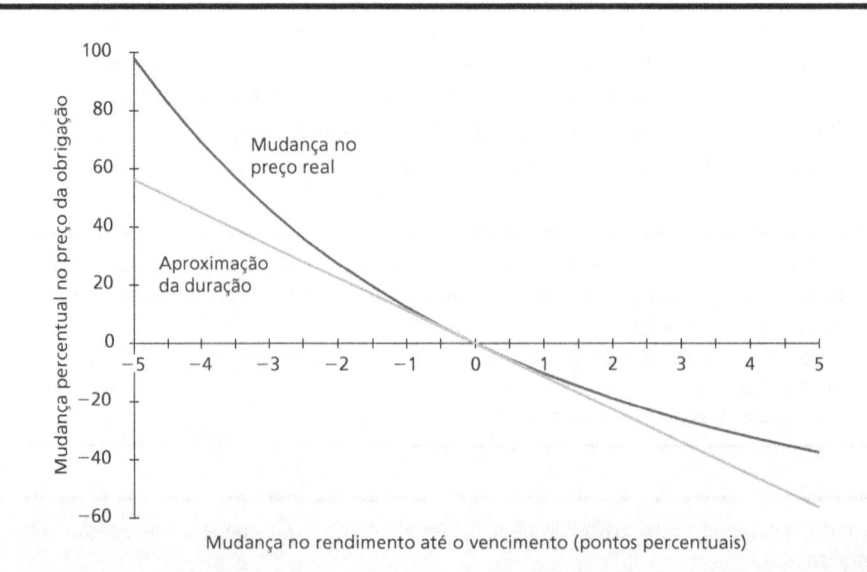

Podemos quantificar a convexidade como a taxa de mudança da inclinação da curva de preço-rendimento, expressa como uma fração do preço da obrigação.[2] Uma regra prática é considerar que as obrigações com maior convexidade exibem uma curvatura maior na relação de preço-rendimento. A convexidade das obrigações não resgatáveis, como na Figura 11.5, é positiva: a inclinação aumenta (isto é, torna-se menos negativa) em rendimentos mais altos.

A convexidade nos permite melhorar a aproximação da duração para mudanças de preço nas obrigações. Levando em conta a convexidade, a Equação 11.3 pode ser alterada da seguinte forma:[3]

$$\frac{\Delta P}{P} = -D^*\Delta y + \tfrac{1}{2} \times \text{Convexidade} \times (\Delta y)^2 \qquad (11.5)$$

O primeiro termo do lado direito é o mesmo que na regra de duração, Equação 11.3. O segundo termo é a modificação quando se considera a convexidade. Observe que, para uma obrigação com convexidade negativa, o segundo termo é positivo, independentemente de o rendimento subir ou cair. Essa percepção está de acordo com a observação que acabamos de fazer de que a regra de duração sempre subestima o novo valor de uma obrigação após uma mudança em seu rendimento. A Equação 11.5, que é mais precisa e leva em conta a convexidade, sempre prevê um preço de obrigação mais alto do que a Equação 11.3. É claro que, se a mudança no rendimento for pequeno, o termo de convexidade, que é multiplicado por $(\Delta y)^2$ na Equação 11.5, será extremamente pequeno e pouco contribuirá para a aproximação. Nesse caso, a aproximação linear dada pela regra de duração será suficientemente precisa. Desse modo, a convexidade é mais importante em termos práticos quando as mudanças possíveis nas taxas de juros forem grandes.

A convexidade é a justificativa para o fato de os exemplos de imunização que consideramos anteriormente terem apresentado pequenos erros nos rendimentos. Por exemplo, se você consultar novamente a Tabela 11.5 e a Figura 11.4, verá que a dívida de pagamento único financiada com uma obrigação com cupom de mesma duração foi bem imunizada contra pequenas mudanças no rendimento. Contudo, para grandes mudanças de rendimento, as duas curvas de determinação de preço divergiram um pouco, indicando que essas mudanças no rendimento podem gerar pequenos superávits. Isso se deve à maior convexidade da obrigação com cupom.

EXEMPLO 11.4
Convexidade

A obrigação apresentada na Figura 11.5 vence em 30 anos, tem cupom de 8% e é vendida com um rendimento até o vencimento inicial de 8%. Como a taxa de cupom é igual ao rendimento até o vencimento, a obrigação é vendida pelo valor nominal, ou US$ 1.000. A duração modificada da obrigação em seu rendimento inicial é 11,26 anos e sua convexidade é 212,4, que pode ser calculada utilizando a fórmula da nota de rodapé 2. (Você encontrará uma planilha para calcular a convexidade de uma obrigação de 30 anos no *site* deste livro, em <www.grupoa.com.br>. Consulte também o quadro "Aplicações Excel" subsequente.) Se o rendimento da obrigação aumentar de 8% para 10%, seu preço cairá para US$ 811,46, uma queda de 18,85%. A regra de duração, Equação 11.3, preveria uma queda de preço de

$$\frac{\Delta P}{P} = -D^*\Delta y = -11{,}26 \times 0{,}02 = -0{,}2252 = -22{,}52\%$$

o que é consideravelmente superior à queda real no preço da obrigação. A regra de duração com convexidade, Equação 11.5, é mais exata:

---

[2] Se você já teve aula de cálculo, reconhecerá que a Equação 11.3 para a duração modificada pode ser expressa como $dP/P = -D^*dy$. Portanto, $-D^* = 1/P \times dP/dy$ é a inclinação da curva de preço-rendimento expressa como uma fração do preço da obrigação. De modo semelhante, a convexidade de uma obrigação é igual à segunda derivada (a taxa de mudança da inclinação) da curva de preço-rendimento dividida pelo preço da obrigação: Convexidade = $1/P \times d^2P/dy^2$. A fórmula para a convexidade de uma obrigação com vencimento de n anos e pagamentos de cupom anuais é:

$$\text{Convexidade} = \frac{1}{P \times (1+y)^2} \sum_{t=1}^{n} \left[\frac{CF_t}{(1+y)^t}(t^2 + t) \right]$$

onde CF_t é o fluxo de caixa pago ao obrigacionista na data t; CF_t representa um pagamento de cupom antes do vencimento ou um cupom final mais o valor nominal na data de vencimento.

[3] Para utilizar a regra de convexidade, você deve expressar as taxas de juros como decimal, e não como porcentagem.

$$\frac{\Delta P}{P} = -D^*\Delta y + \tfrac{1}{2} \times \text{Convexidade} \times (\Delta y)^2$$

$$= -11{,}26 \times 0{,}02 + \tfrac{1}{2} \times 212{,}4 \times (0{,}02)^2 = -0{,}1827 = -18{,}27\%$$

o que é muito mais próximo da mudança exata no preço da obrigação. (Observe que, quando utilizamos a Equação 11.5, devemos expressar as taxas de juros como decimal, e não como porcentagem.) A mudança nas taxas de 8% para 10% é representada como $\Delta y = 0{,}02$.)

Se a mudança no rendimento fosse menor, digamos 0,1%, a convexidade não teria tanta importância. O preço da obrigação na verdade cairia para US$ 988,85, uma queda de 1,115%. Sem levar a convexidade em conta, preveríamos uma queda de preço de

$$\frac{\Delta P}{P} = -D^*\Delta y = -11{,}26 \times 0{,}001 = -0{,}01126 = -1{,}126\%$$

Levando em conta a convexidade, quase obtemos a resposta precisamente correta:

$$\frac{\Delta P}{P} = -11{,}26 \times 0{,}001 + \tfrac{1}{2} \times 212{,}4 \times (0{,}001)^2 = -0{,}01115 = -1{,}115\%$$

No entanto, a regra de duração é bastante precisa nesse caso, mesmo sem levar em conta a convexidade.

Por que os investidores gostam de convexidade?

Geralmente, a convexidade é considerada uma característica desejável. As obrigações com maior curvatura ganham mais em preço quando os rendimentos caem do que quando eles sobem. Por exemplo, na Figura 11.6, as obrigações A e B têm a mesma duração no rendimento inicial. As linhas relativas à mudança proporcional de preço como função da taxa de juros são tangentes, o que significa que a suscetibilidade a mudanças nos rendimentos nesse ponto é igual para ambas. Entretanto, a obrigação A é mais convexa do que a B. Ela apresenta maiores aumentos de preço e menores quedas de preço quando há uma grande flutuação nas taxas de juros. Se as taxas de juros forem voláteis, essa será uma assimetria desejável que aumentará o retorno esperado sobre a obrigação, visto que a obrigação A se beneficiará mais com as quedas e sofrerá menos com os aumentos nas taxas. É óbvio que, se a convexidade for desejável, ela terá um preço: os investidores terão de pagar mais e aceitar rendimentos mais baixos sobre as obrigações com maior convexidade.

11.4. GESTÃO ATIVA DE OBRIGAÇÕES

Fontes de possíveis lucros

Em linhas gerais, existem duas fontes de valor provável na gestão ativa de obrigações. A primeira é a previsão da taxa de juros, isto é, a previsão de mudanças em todo o espectro do mercado de renda fixa. Se houver previsão de queda na taxa de juros, os gestores aumentarão a duração da carteira; se houver probabilidade de aumento, diminuirão a duração. A segunda fonte de lu-

FIGURA 11.6
Convexidade de duas obrigações. A obrigação A tem maior convexidade do que a B.

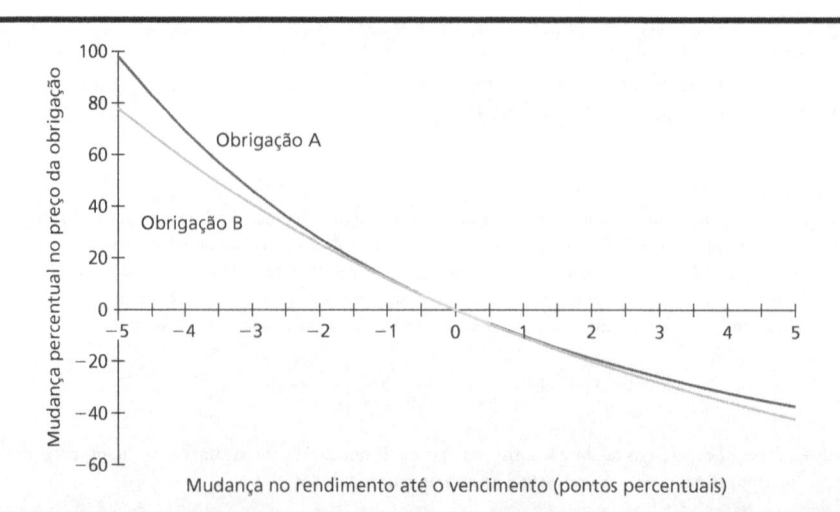

APLICAÇÕES EXCEL

Convexidade

A planilha de convexidade permite que você calcule a convexidade das obrigações. Você pode especificar o rendimento até o vencimento e o cupom e incluir vencimentos curtos definindo os fluxos de caixa posteriores como zero e o último fluxo de caixa igual ao principal mais o pagamento de cupom final.

eXcel
Acesse grupoa.com.br

	A	B	C	D	E	F	G	H
1				Capítulo 11				
2				Convexidade				
3								
4			Tempo (t)	Fluxo de caixa	PV(CF)	t + t^2	(t + t^2) × PV(CF)	
5								
6	Cupom	3	1	3	2,871	2	5,742	
7	YTM	0,045	2	3	2,747	6	16,483	
8	Vencimento	10	3	3	2,629	12	31,547	
9	Preço	US$ 88,13	4	3	2,516	20	50,314	
10			5	3	2,407	30	72,221	
11			6	3	2,304	42	96,755	
12			7	3	2,204	56	123,451	
13			8	3	2,110	72	151,888	
14			9	3	2,019	90	181,684	
15			10	103	66,325	110	7.295,701	
16								
17			Soma:		88,13092273		8.025,785	
18								
19					Convexidade:		83,392425	

Questões Excel

1. Calcule a convexidade de uma carteira de renda fixa *"bullet"* ("bala"), isto é, uma carteira com um único fluxo de caixa. Suponha que um único fluxo de caixa de US$ 1.000 seja pago no quinto ano.
2. Calcule a convexidade de uma carteira de renda fixa *"barbell"* ("haltere'), isto é, uma carteira com um fluxo de caixa idêntico ao longo do tempo. Suponhamos que o título pague fluxos de caixa de US$ 10 em cada um dos anos de 1-9, de modo que a duração seja próxima à *bullet* da primeira questão.
3. Que carteira tem maior convexidade, *barbell* ou *bullet*?

---

cro em potencial é a identificação de preços relativamente incorretos no mercado de renda fixa. Um analista poderia achar, por exemplo, que o prêmio de inadimplência de uma obrigação é desnecessariamente alto e que a obrigação está abaixo do preço.

Essas técnicas gerarão retornos anormais apenas se as informações e a percepção do analista forem superiores às do mercado. Não é possível tirar proveito do conhecimento de que as taxas estão prestes a cair se todos já souberem disso no mercado. Nesse caso, as taxas futuras mais baixas previstas serão embutidas nos preços das obrigações, no sentido de que as obrigações de longo prazo já estão sendo vendidas por preços mais altos que refletem a queda prevista nas futuras taxas de curto prazo. Se você não obtiver informações antes do mercado, será muito tarde para agir – os preços já terão reagido às notícias. Você já sabe disso com base em nossa discussão sobre eficiência de mercado.

Por enquanto, apenas enfatizaremos que uma informação valiosa é uma informação diferenciada. Vale a pena ressaltar que os previsores de taxas de juros têm um histórico notoriamente ruim.

Homer e Leibowitz (1972) desenvolveram uma taxonomia bastante difundida de estratégias de carteira de obrigações ativas. Eles caracterizam as atividades de rebalanceamento de carteiras como um dos quatro tipos de *swap* de obrigação. Nos dois primeiros *swaps*, o investidor normalmente acredita que a relação de rendimento entre as obrigações ou os setores está apenas temporariamente em desacordo. Até o momento em que essa anomalia é eliminada, os lucros podem ser realizados com a obrigação abaixo do preço durante um período de realinhamento chamado de *período de exercício*.

1. O **swap de substituição** é a troca de uma obrigação por uma quase idêntica. As obrigações substituídas devem ter características essencialmente idênticas em termos de cupom, vencimento, qualidade, resgate, cláusulas de fundo de amortização etc. Um *swap* de substitui-

swap de substituição
Troca de uma obrigação por outra com atributos semelhantes, mas com preço mais atraente.

ção seria motivado pelo ponto de vista de que momentaneamente o mercado avaliou mal o preço de duas obrigações, cuja discrepância representa uma oportunidade de lucro.

Um exemplo de *swap* de substituição seria a venda de uma obrigação da Toyota com vencimento em 20 anos e cupom de 8%, precificada para oferecer um rendimento até o vencimento de 8,05%, combinada com a compra de uma obrigação da Honda com cupom de 8% e o mesmo prazo até o vencimento que oferece o rendimento de 8,15%. Se as obrigações tiverem mais ou menos o mesmo risco de crédito, não há nenhum motivo aparente para que as obrigações da Honda ofereçam um rendimento mais alto. Portanto, o maior rendimento realmente disponível no mercado torna a obrigação da Honda relativamente atraente. É claro que a igualdade no risco de crédito é uma condição importante. Se a obrigação da Honda for de fato mais arriscada, seu rendimento maior não representa uma boa troca.

swap **entre mercados diferentes**
Mudança de um segmento do mercado de obrigações para outro.

2. O ***swap*** **entre mercados diferentes** é a troca de duas obrigações de diferentes setores do mercado de obrigações. Ele é adotado quando um investidor acredita que o *spread* de rendimento entre dois setores do mercado de obrigações está temporariamente desalinhado.

Por exemplo, se o *spread* entre obrigações de dez anos do Tesouro e obrigações corporativas de dez anos classificadas como Baa agora for 3% e o *spread* histórico tiver sido de apenas 2%, um investidor poderá pensar na possibilidade de vender suas obrigações do Tesouro e substituí-las pelas corporativas. Se o *spread* do rendimento diminuir com o tempo, as obrigações corporativas Baa superarão o desempenho das obrigações do Tesouro.

É evidente que o investidor deve avaliar com muito cuidado se existe um bom motivo para o *spread* estar aparentemente desalinhado. Por exemplo, o prêmio de inadimplência sobre obrigações corporativas pode ter aumentado porque o mercado prevê uma recessão severa. Nesse caso, um *spread* mais amplo não representaria uma precificação atraente para as obrigações corporativas em contraposição às do Tesouro, mas simplesmente um ajuste em relação ao maior risco de crédito percebido.

swap **de antecipação de taxa**
Troca feita em resposta a previsões de mudança na taxa de juros.

3. O ***swap*** **de antecipação de taxa** é uma troca de obrigações com vencimentos diferentes. Ele está atrelado à previsão das taxas de juros. Os investidores que acreditam que as taxas cairão, trocarão suas obrigações por outras de maior duração. Por exemplo, um investidor pode vender uma obrigação do Tesouro com vencimento em cinco anos e substituí-la por uma obrigação do Tesouro com vencimento em 25 anos. Quanto à ausência de risco de crédito, a nova obrigação é igual à antiga, mas tem uma duração maior.

swap **puro de obtenção de rendimentos**
Mudança para obrigações de rendimento mais alto, em geral com vencimentos mais longos.

4. O ***swap*** **puro de obtenção de rendimentos** é a troca de uma obrigação com duração mais curta por uma de duração mais longa. Ele é adotado não em resposta a um erro de apreçamento percebido, mas para aumentar o retorno mantendo obrigações de rendimento mais alto e vencimento mais longo. O investidor está disposto a arcar com o risco da taxa de juros que essa estratégia apresenta.

Podemos mostrar um exemplo de *swap* para obtenção de rendimentos utilizando as listagens de obrigações do Tesouro da Figura 10.1, no capítulo anterior. Com base nessa tabela você pode ver que as obrigações de mais longo prazo do Tesouro ofereciam um rendimento até o vencimento mais alto do que as de prazo mais curto. O investidor que troca uma obrigação de prazo menor por uma de prazo maior obterá uma taxa de retorno maior desde que a curva de rendimento não se desloque para cima durante o período de manutenção do investimento. É claro que, se isso acontecer, a obrigação de maior duração sofrerá uma perda de capital maior.

swap **tributário**
Swap entre duas obrigações parecidas para receber um benefício fiscal.

Podemos acrescentar à lista um quinto *swap*, chamado de **swap tributário**. Ele simplesmente se refere a um *swap* que explora alguma vantagem fiscal. Por exemplo, um investidor pode trocar uma obrigação que diminuiu de preço por outra semelhante se a realização de perdas de capital for uma vantagem para finalidades fiscais.

análise-horizonte
Previsão do retorno das obrigações com base principalmente em uma previsão da curva de rendimento no final do horizonte de investimento.

Análise-horizonte

Um dos métodos de previsão das taxas de juros, que abordamos no Capítulo 10, é chamado de **análise-horizonte**. O analista escolhe um período de investimento específico e prevê o rendimento das obrigações no final desse período. Com base na previsão do rendimento até o vencimento no final do período de investimento, o preço da obrigação pode ser calculado. A renda de cupom obtida durante o período é então acrescentada à perda ou ao ganho de capital previsto para obter uma previsão do retorno total sobre a obrigação ao longo do período de manutenção do investimento.

> **EXEMPLO 11.5**
> Análise-horizonte
>
> Uma obrigação com vencimento em 20 anos e taxa de cupom de 10% (pago anualmente) é vendida atualmente com um rendimento até o vencimento de 9%. Um gestor de carteira com um horizonte de dois anos precisa prever o retorno total sobre a obrigação ao longo dos dois anos seguintes. Em dois anos, a obrigação terá um vencimento de 18 anos. O analista prevê que, em dois anos, as obrigações de 18 anos serão vendidas com rendimento até o vencimento de 8% e que os pagamentos de cupom poderão ser reinvestidos em títulos de curto prazo ao longo dos dois anos seguintes por uma taxa de 7%.
>
> Para calcular o retorno de dois anos sobre a obrigação, o analista faria os seguintes cálculos:
> 1. Preço atual = US$ 100 × Fator de anuidade(9%, 20 anos) = US$ 1.000 × Fator PV(9%, 20 anos) = US$ 1.091,29
> 2. Preço previsto = US$ 100 × Fator de anuidade(8%, 18 anos) + US$ 1.000 × Fator PV(8%, 18 anos) = US$ 1.187,44
> 3. O valor futuro dos cupons reinvestidos será (US$ 100 × 1,07) + US$ 100 = US$ 207.
> 4. O retorno de dois anos é $\dfrac{US\$\ 207 + (US\$\ 1.187,44 - US\$\ 1.091,29)}{US\$\ 1.091,29} = 0,278$ ou 27,8%
>
> A taxa de retorno anualizada ao longo do período de dois anos seria então $(1,278)^{1/2} - 1 = 0,13$ ou 13%.

Revisão de CONCEITOS 11.8

Qual será a taxa de retorno no Exemplo 11.5 se o gestor previr que em dois anos o rendimento até o vencimento sobre as obrigações com vencimento em 18 anos será 10% e que a taxa de reinvestimento dos cupons será 8%?

Exemplo de estratégia de investimento de renda fixa

Para demonstrar uma estratégia razoável e ativa de carteira de renda fixa, discutiremos aqui as políticas da Sanford Bernstein & Co., de acordo com a explicação de seu gestor de investimento de renda fixa, Frances Trainer, em uma palestra. A empresa acredita que grandes apostas em mudanças gerais nas taxas de de juros em todo o mercado não são sensatas. Em vez disso, ela procurar explorar inúmeras circunstâncias em que existe a percepção de pequenos desalinhamentos *relativos* de preço *dentro* do setor de renda fixa. A empresa adota como padrão de risco o índice Barclays de obrigações agregadas, que abrange a grande maioria das obrigações com vencimentos de mais de um ano negociadas publicamente. Qualquer desvio dessa posição passiva ou neutra deve ser justificado por uma análise ativa. Para a Bernstein, uma duração de carteira neutra é igual à do índice.

Em relação a mudanças nas taxas de juros, a empresa está disposta a fazer apenas pequenas apostas. Francis Trainer afirma o seguinte em sua palestra:

> Se fixarmos a duração de nossas carteiras em um nível igual ao do índice e nunca permitirmos nenhuma variação, isso significa que ficaremos indefinidamente neutros em relação às taxas de juros. Entretanto, acreditamos que a utilização dessas previsões agrega valor e, por isso, incorporamos nossas previsões econômicas no processo de gestão de obrigações alterando a duração de nossas carteiras.

> Porém, para evitar que o desempenho de renda fixa seja dominado pela precisão de apenas um aspecto de nosso empreendimento de pesquisa, limitamos o grau em que estamos dispostos a alterar nossa exposição à taxa de juros. Na maioria das circunstâncias, não permitiremos que a duração de nossas carteiras seja diferente daquela do índice [Barclays] durante mais de um ano.

A empresa dedica boa parte de seus esforços à exploração de inúmeras ineficiências pequenas nos preços das obrigações decorrentes da falta de atenção de seus concorrentes. Seus analistas acompanham aproximadamente mil títulos a fim de "identificar títulos específicos atraentes ou não, assim como tendências na prosperidade ou modicidade de preços de indústrias e setores". Essas duas atividades seriam caracterizadas como *swaps* de substituição e *swaps* entre mercados diferentes no esquema de Homer-Leibowitz.

A Sanford Bernstein & Co. reconhece que as oportunidades de mercado surgirão, se for o caso, apenas em setores do mercado de obrigações em que a concorrência de outros analistas for mínima. Por esse motivo, ela tende a se concentrar em obrigações relativamente mais complicadas acreditando que os amplos empreendimentos de pesquisa oferecem à empresa uma vantagem comparativa nesse setor. Concluindo, a empresa não assume riscos desnecessários. Caso não pareça haver um número de obrigações aparentemente atraentes, os fundos são alocados em títulos do Tesouro, como um local de estacionamento "neutro", até que novas oportunidades sejam identificadas.

Para resumir as principais características desse tipo de estratégia, podemos fazer as seguintes observações:

1. Uma empresa como a Bernstein respeitam os preços de mercado. Ela acredita que geralmente apenas pequenos desajustes de preços podem ser detectados e se esforça para buscar retornos anormais significativos associando inúmeras oportunidades de lucro *pequenas*, e não se fiando no sucesso de uma única grande aposta.
2. Para ter valor, uma informação não pode já estar refletida nos preços do mercado. Uma grande equipe de pesquisa deve focalizar os nichos de mercado que parecem ter sido negligenciados pelos demais.
3. É extremamente difícil prever mudanças na taxa de juros, e as tentativas de cronometrar o mercado podem pôr a perder todos os lucros de uma análise intramercado.

RESUMO

- Mesmo as obrigações isentas de inadimplência, como as emissões do Tesouro, estão sujeitas ao risco da taxa de juros. As obrigações de prazo mais longo são mais suscetíveis a mudanças na taxa de juros do que as de curto prazo. Uma medida da vida média de uma obrigação é a duração de Macaulay, que é definida como a média ponderada dos prazos em que é feito cada pagamento do título, com pesos proporcionais ao valor presente do pagamento.
- A duração modificada é uma medida direta da suscetibilidade do preço de uma obrigação a mudanças em seu rendimento. A mudança proporcional no preço de uma obrigação é aproximadamente igual ao negativo da duração modificada vezes a mudança no rendimento da obrigação.
- As estratégias de imunização são características da gestão passiva de carteiras de obrigações. Esse tipo de estratégia tenta tornar o indivíduo ou empresa imune a flutuações nas taxas de juros. Pode-se imunizar o patrimônio líquido ou, em vez disso, o valor acumulado futuro de uma carteira de obrigações.
- A imunização de um plano totalmente financiado é obtida por meio da equiparação das durações dos ativos e dos passivos. Para manter uma posição imunizada à medida que o tempo passa e a taxa de juros muda, a carteira deve ser rebalanceada periodicamente.
- A convexidade refere-se à curvatura da relação entre preço e rendimento da obrigação. Quando se leva em conta a convexidade, é possível melhorar consideravelmente a precisão da aproximação da duração com respeito à reação dos preços das obrigações a mudanças nos rendimentos.
- Uma forma de imunização mais direta é a dedicação ou equiparação de fluxo de caixa. Se uma carteira tiver um fluxo de caixa perfeitamente equiparado com os passivos programados, o rebalanceamento será desnecessário.
- A gestão ativa de obrigações pode ser decomposta em técnicas de previsão de taxas de juros e análise de *spread* entre mercados. Uma taxonomia difundida classifica as estratégias ativas como *swaps* de substituição, *swaps* de *spread* entre mercados, *swaps* de antecipação de taxa e *swaps* puros de obtenção de rendimentos.

CONJUNTO DE PROBLEMAS

Cadastre-se no *site* do Grupo A e procure pela página deste livro para consultar os Suplementos do capítulo.

Básicos

1. Como uma perpetuidade, cujo vencimento é ilimitado, pode ter uma duração tão curta quanto 10 ou 20 anos? (OA 11.1)
2. Você prevê que as taxas de juros estão para cair. Qual obrigação lhe oferecerá o ganho de capital mais alto? (OA 11.1)
    a. Cupom baixo, vencimento a longo prazo
    b. Cupom alto, vencimento a curto prazo
    c. Cupom alto, vencimento a longo prazo
    d. Cupom zero, vencimento a longo prazo
3. O *spread* de rendimento histórico entre as obrigações AAA e as obrigações do Tesouro aumentou significativamente durante a crise de crédito de 2008. Se você acreditasse que o *spread* em breve voltaria a níveis históricos usuais, o que você teria feito? Isso seria um exemplo de que tipo de *swap* de obrigação? (OA 11.4)

4. Uma obrigação está sendo vendida atualmente por US$ 1.050, o que lhe permite oferecer um rendimento até o vencimento de 6%. Suponhamos que, se o rendimento aumentar em 25 pontos-base, o preço da obrigação cairá para US$ 1.025. Qual a duração dessa obrigação? (OA 11.2)

5. A duração de Macaulay é inferior à duração modificada, exceto para: (OA 11.2)
    a. Obrigações de cupom zero.
    b. Obrigações com prêmio.
    c. Obrigações vendidas pelo valor nominal.
    d. Nenhuma das alternativas acima.

6. Um aumento no preço de uma obrigação correspondente a um aumento em seu rendimento até o vencimento é maior ou menor do que o aumento de preço resultante de uma diminuição em um rendimento de magnitude equivalente? (OA 11.3)

7. As taxas de juros de curto prazo são mais voláteis do que as de longo prazo. Apesar disso, as taxas de retorno das obrigações de longo prazo são mais voláteis do que os retornos sobre títulos de curto prazo. De que forma essas duas observações empíricas podem ser conciliadas? (OA 11.1)

8. Descubra a duração de uma obrigação com cupom de 6% que faz pagamentos de cupom *anuais* se tiver três anos até o vencimento e um rendimento até o vencimento de 6%. Qual a duração se o rendimento até o vencimento for 10%? (OA 11.2)

9. Uma obrigação de nove anos tem rendimento de 10% e duração de 7,194 anos. Se esse rendimento mudar em 50 pontos-base, qual será a mudança percentual no preço da obrigação? (OA 11.2)

Intermediários

10. Um plano de pensão é obrigado a fazer desembolsos de US$ 1 milhão, US$ 2 milhões e US$ 1 milhão no final de cada um dos próximos três anos, respectivamente. Encontre a duração das dívidas do plano considerando uma taxa de juros de 10% ao ano. (OA 11.2)

11. Se o plano do problema anterior desejar financiar totalmente o fundo e imunizar sua posição, quanto de sua carteira ele deve alocar em obrigações de cupom zero de um ano e em perpetuidades, respectivamente, se esses forem os únicos ativos que estão financiando o plano? (OA 11.4)

12. Você possui um ativo de renda fixa com duração de cinco anos. Se o nível das taxa de juros, que atualmente é de 8%, cair em 10 pontos-base, quanto você espera que o preço dos ativos suba (em termos percentuais)? (OA 11.2)

13. Classifique a suscetibilidade à taxa de juros dos seguintes pares de obrigações. (OA 11.1)
    a. A obrigação A tem cupom de 8% e vencimento de 20 anos e é vendida pelo valor nominal.
       A obrigação B tem cupom de 8% e vencimento de 20 anos e é vendida abaixo do valor nominal.
    b. A obrigação A é uma obrigação não resgatável com cupom de 20 anos e taxa de cupom de 8% que é vendida pelo valor nominal.
       A obrigação B é uma obrigação resgatável de 20 anos e taxa de cupom de 9% que também é vendida pelo valor nominal.

14. As obrigações de longo prazo do Tesouro estão sendo vendidas atualmente com um rendimento até o vencimento de quase 8%. Você espera que as taxas de juros caiam. O restante do mercado acha que as taxas não mudarão no decorrer do ano seguinte. Em cada pergunta, escolha a obrigação que oferecerá o maior ganho de capital se você estiver correto. Explique brevemente sua resposta. (OA 11.2)
    a. (1) Uma obrigação com classificação Baa, taxa de cupom de 8% e prazo de vencimento de 20 anos.
       (2) Uma obrigação com classificação Aaa, taxa de cupom de 8% e prazo de vencimento de 20 anos.
    b. (1) Uma obrigação com classificação A, taxa de cupom de 4%, vencimento em 20 anos e resgatável em 105.
       (2) Uma obrigação com classificação A, taxa de cupom de 8%, vencimento em 20 anos e resgatável em 105.

c. (1) Uma obrigação não resgatável do Tesouro com cupom de 6%, vencimento em 20 anos e YTM = 8%.

(2) Uma obrigação não resgatável do Tesouro com cupom de 9%, vencimento em 20 anos e YTM = 8%.

15. Você pagará US$ 10.000 em despesas com educação no final de cada um dos próximos dois anos. As obrigações rendem atualmente 8%. (OA 11.2)

   a. Qual o valor presente e a duração de sua dívida?
   b. Que vencimento de uma obrigação de cupom zero imunizaria sua dívida?
   c. Suponhamos que você compre uma obrigação de cupom zero com valor e duração iguais {a sua dívida. Suponhamos agora que as taxas aumentem imediatamente para 9%. O que ocorrerá com sua posição líquida, ou seja, com a diferença entre o valor da obrigação e o de suas despesas com educação? E se as taxas caírem para 7%?

16. Os fundos de pensão pagam anuidades vitalícias aos beneficiários. Se uma empresa permanecer no mercado indefinidamente, a dívida de pensão se parecerá com uma perpetuidade. Suponhamos, portanto, que você esteja gerenciando um fundo de pensão que exige pagamentos perpétuos de US$ 2 milhões por ano aos beneficiários. O rendimento até o vencimento sobre todas as obrigações é 16%. (OA 11.4)

   a. Se a duração das obrigações com vencimento em cinco anos e taxa de cupom de 12% (pago anualmente) for quatro anos e a duração das obrigações com vencimento em 20 anos e taxa de cupom de 6% (pago anualmente) for 11 anos, quanto de cada uma dessas obrigações com cupom (em valor de mercado) você manterá para financiar completamente e imunizar sua dívida?
   b. Qual será o *valor nominal* de seus investimentos na obrigação com cupom de 20 anos?

17. Frank Meyers, CFA, é gestor de carteira de renda fixa de um importante fundo de pensão. Um membro do comitê de investimento, Fred Spice, está muito interessado em obter informações sobre gestão de carteiras de renda fixa. Spice procurou Meyers com várias perguntas. Especificamente, Spice gostaria de saber como os gestores de renda fixa posicionam as carteiras para explorar suas expectativas com relação às taxas de juros futuras.

   Meyers resolve apresentar a Spice as estratégias de negociação de renda fixa utilizando uma obrigação e uma nota de renda fixa. Ambas têm período de cupom semianual. Salvo indicação em contrário, todas as mudanças nas taxas de juros (curva de rendimento) são paralelas. As características desses títulos são mostradas na tabela a seguir. Meyers também analisa uma obrigação de nove anos (flutuante) que paga uma taxa flutuante semestralmente e no momento tem um rendimento de 5%.

Características de uma obrigação e de uma nota de renda fixa		
	Obrigação de renda fixa	Nota de renda fixa
Preço	107,18	100
Rendimento até o vencimento	5%	5%
Prazo até o vencimento	18	8
Duração modificada	6,9848	3,5851

Spice pede a Meyers que lhe explique como um gestor de renda fixa posicionaria sua carteira para explorar as expectativas de taxas de juros crescentes. Qual opção a seguir seria a estratégia mais apropriada? (OA 11.5)

   a. Diminuir a duração de sua carteira.
   b. Comprar obrigações de renda fixa.
   c. Estender a duração de sua carteira.

18. Spice pede a Meyers (veja o problema anterior) para quantificar as mudanças de preço decorrentes de mudanças na taxa de juros. Para ilustrar, Meyers calcula a mudança de valor da nota de renda fixa apresentada na tabela. Ele presume especificamente um aumento de 100 pontos-base no nível da taxa de juros. Utilizando as informações da referida tabela, qual a mudança prevista no preço da nota de renda fixa? (OA 11.2)

19. Você está gerenciando uma carteira de US$ 1 milhão. Você deseja uma duração de dez anos e pode escolher entre duas obrigações: uma de cupom zero com vencimento em cinco anos e uma perpetuidade, ambas com um rendimento atual de 5%. (OA 11.4)

   a. Quanto de cada obrigação você manterá em sua carteira?

b. Quanto essas frações mudarão no *ano seguinte* se a duração pretendida passar a ser nove anos?
20. Encontre a duração de uma obrigação com data de liquidação no dia 27 de maio de 2012 e data de vencimento em 15 de novembro de 2021. A taxa de cupom da obrigação é 7%, e ela paga cupons semestralmente. A obrigação está sendo vendida com um rendimento até o vencimento de 8%. Você pode utilizar a Planilha 11.2, disponível em <www.grupoa.com.br>. Procure o *link* para o conteúdo do Capítulo 11. (OA 11.2)
21. Qual será a duração da obrigação do problema anterior se os cupons forem pagos anualmente? Explique por que a duração muda nessa direção. (OA 11.2)
22. Você gerencia um fundo de pensão que pagará aos trabalhadores aposentados anuidades vitalícias. Você avalia que os pagamentos do fundo serão essencialmente semelhantes às perpetuidades constantes de US$ 1 milhão por ano. A taxa de juros é 10%. Você planeja financiar completamente a dívida utilizando obrigações de cupom zero com vencimento em 5 e em 20 anos. (OA 11.2)
   a. Quanto será necessário em *valor de mercado* de cada obrigação de cupom zero para financiar o plano, se você desejar uma posição imunizada?
   b. Qual deve ser o *valor nominal* das duas obrigações de cupom zero para financiar o plano?
23. Encontre a convexidade de uma obrigação com vencimento em sete anos e cupom de 6% que está sendo vendida com rendimento até o vencimento de 8%. A obrigação paga seus cupons anualmente. (*Dica:* Você pode utilizar a planilha do quadro "Aplicações Excel: Convexidade" deste capítulo, definindo os fluxos de caixa após o sétimo ano como zero. Essa planilha está disponível em <www.grupoa.com.br>. Procure o *link* para o conteúdo do Capítulo 11.) (OA 11.3)
24. a. Utilize uma planilha para calcular a duração das duas obrigações na Planilha 11.1, considerando que a taxa de juros aumentou para 12%. Por que a duração da obrigação com cupom cai e a da obrigação de cupom zero não se altera? (*Dica:* Analise o que ocorre com os pesos calculados na coluna E.)
   b. Utilize a mesma planilha para calcular a duração da obrigação com cupom, considerando um cupom de 12%, e não de 8%. Explique por que a duração é menor. (Novamente, primeiro examine a coluna E.) (OA 11.2)
25. a. A nota de rodapé 2 apresenta a fórmula de convexidade de uma obrigação. Crie uma planilha para calcular a convexidade da obrigação de cupom de 8% na Planilha 11.1, no rendimento até o vencimento inicial de 10%.
   b. Qual a convexidade da obrigação de cupom zero? (OA 11.3)
26. Uma obrigação com vencimento em 30, pagamentos anuais de cupom e uma taxa de cupom de 12%, tem duração de 11,54 anos e convexidade de 192,4. Atualmente ela é vendida com rendimento até o vencimento de 8%. Utilize uma calculadora financeira ou uma planilha para encontrar o preço da obrigação considerando que o rendimento até o vencimento cai para 7% ou sobe para 9%. Quais preços seriam previstos para a obrigação nesses novos rendimentos pela regra de duração e pela regra de duração com convexidade? Qual a porcentagem de erro referente a cada regra? O que você conclui a respeito da precisão das duas regras? (OA 11.3)
27. Atualmente, a estrutura de prazo é a seguinte: as obrigações de um ano rendem 7%, as de dois anos rendem 8%, as de três anos e com vencimento superior rendem 9%. Você está escolhendo entre obrigações com vencimento em um, dois e três anos que pagam cupons *anuais* de 8% uma vez ao ano. Qual obrigação você deve comprar, se acreditar piamente que no final do ano a curva de rendimento ficará estabilizada em 9%? (OA 11.5)
28. Uma obrigação com vencimento em 30 anos tem uma taxa de cupom de 7%, paga anualmente. Ela é vendida hoje por US$ 867,42. Uma obrigação com vencimento em 20 anos tem uma taxa de cupom de 6,5%, paga anualmente. Ela é vendida hoje por US$ 879,50. Um analista de mercado de obrigações prevê que em cinco anos as obrigações com vencimento em 25 anos serão vendidas com um rendimento até o vencimento de 8% e que obrigações com vencimento em 15 anos serão vendidas com um rendimento de 7,5%. Como a inclinação curva de rendimento é ascendente, o analista acredita que os cupons serão investidos em títulos de curto prazo por uma taxa de 6%. Qual obrigação oferece a maior taxa de retorno esperada ao longo do período de cinco anos? (OA 11.5)

Difícil

29. Uma obrigação de cupom zero e 12,75 anos de vencimento que está sendo vendida por um rendimento até o vencimento de 8% (rendimento anual efetivo) tem 150,3 de convexidade

e duração modificada de 11,81 anos. Uma obrigação de cupom de 6% e 30 anos de vencimento que faz pagamentos de cupom anuais também está sendo vendida com um rendimento até o vencimento de 8%, tem uma duração modificada quase idêntica – 11,79 anos –, mas uma convexidade consideravelmente maior de 231,2. (OA 11.3)

a. Suponhamos que o rendimento até o vencimento das duas obrigações aumente para 9%. Qual será a porcentagem real de perda de capital de cada obrigação? Que porcentagem de perda de capital seria prevista pela regra de duração com convexidade?
b. Repita a parte (a), mas desta vez suponha que o rendimento até o vencimento diminua para 7%.
c. Compare o desempenho das duas obrigações nos dois cenários, um envolvendo um aumento na taxa, o outro, uma queda. Com base no desempenho de investimento comparativo, explique a atratividade da convexidade.
d. Tendo em vista sua resposta em (c), você acha que seria possível duas obrigações com duração igual, mas convexidade diferente, serem precificadas inicialmente com o mesmo rendimento até o vencimento se os rendimentos sobre as duas obrigações sempre aumentassem ou diminuíssem em quantidades iguais, como neste exemplo? Alguém ficaria disposto a comprar a obrigação com menor convexidade sob essas circunstâncias?

Questões CFA

1. Classifique as obrigações a seguir na ordem de duração decrescente. (OA 11.2)

Obrigação	Cupom (%)	Prazo até o vencimento (anos)	Rendimento até o vencimento (%)
A	15	20	10
B	15	15	10
C	0	20	10
D	8	20	10
E	15	15	15

2. A Philip Morris emitiu obrigações que fazem pagamentos anuais com as seguintes características: (OA 11.2)

Cupom	Rendimento até o vencimento	Vencimento	Duração de Macaulay
8%	8%	15 anos	10 anos

a. Calcule a duração modificada utilizando as informações acima.
b. Explique por que a duração modificada é uma medida mais adequada do que o vencimento quando se calcula a suscetibilidade de uma obrigação a mudanças nas taxas de juros.
c. Identifique a direção da mudança na duração modificada se:
   i. O cupom da obrigação fosse de 4, e não de 8%.
   ii. O vencimento da obrigação fosse 7, e não 15 anos.

3. Como parte de sua análise da dívida emitida pela Monticello Corporation, você é solicitado a avaliar duas emissões específicas de obrigação mostradas na tabela a seguir. (OA 11.2)

INFORMAÇÕES SOBRE AS OBRIGAÇÕES DA MONTICELLO CORPORATION

	Obrigação A (resgatável)	Obrigação B (não resgatável)
Vencimento	2019	2019
Cupom	11,50%	7,25%
Preço atual	125,75	100
Rendimento até o vencimento	7,70%	7,25%
Duração modificada até o vencimento	6,20	6,80
Data de resgate	2013	–
Preço de resgate	105	–
Rendimento até o resgate	5,10%	–
Duração modificada até o resgate	3,10	–

a. Utilizando as informações sobre duração e rendimento na tabela, compare o comportamento do preço e do rendimento das duas obrigações em cada um dos dois cenários a seguir:

   i. Forte recuperação econômica e expectativas de inflação crescente.

   ii. Recessão econômica e expectativas de queda na inflação.

b. Utilizando as informações da tabela, calcule a mudança de preço prevista para a obrigação B se o rendimento até o vencimento dessa obrigação cair 75 pontos-base.

c. Descreva a desvantagem de analisar a obrigação A estritamente em relação ao resgate ou ao vencimento.

4. Uma das metas em comum entre os gestores de carteira de renda fixa é obter altos retornos incrementais sobre as obrigações corporativas em contraposição às obrigações do governo de duração comparável. A postura de alguns gestores de carteira de obrigações corporativas é encontrar e comprar as obrigações corporativas que oferecem os maiores *spreads* iniciais em relação a obrigações do governo de duração comparável. John Ames, gestor de renda fixa da HFS, acredita que é necessário utilizar um método mais rigoroso para maximizar os retornos incrementais.

   A tabela a seguir apresenta dados relacionados a um conjunto de relações de *spread* corporativo/do governo (em pontos-base, pb) presentes no mercado em uma data específica: (OA 11.5)

SPREAD E DURAÇÃO ATUAIS E ESPERADOS DE OBRIGAÇÕES CORPORATIVAS DE ALTA CLASSIFICAÇÃO (HORIZONTE DE UM ANO)

Classificação das obrigações	*Spread* inicial sobre obrigações do governo	*Spread* do horizonte esperado	Duração inicial	Duração esperada daqui a 1 ano
Aaa	31 pb	31 pb	4 anos	3,1 anos
Aa	40	50	4	3,1

a. Recomende a compra *ou* de obrigações Aaa *ou* de obrigações Aa para um horizonte de investimento de um ano tendo em vista a meta de maximizar os retornos incrementais.

b. Ames decide não depender apenas das relações de *spread* inicial. Seu sistema analítico considera uma série de outras variáveis importantes que podem afetar os retornos incrementais realizados, como cláusulas de resgate e possíveis mudanças nas taxas de juros. Descreva outras variáveis que Ames deve incluir em sua análise e explique como cada uma delas poderia levar os retornos incrementais realizados a diferir daqueles indicados pelas relações de *spread* inicial.

5. Noah Kramer, gestor de carteira de renda fixa estabelecido no país de Sevista, está considerando a compra de uma obrigação do governo desse país. Kramer decide avaliar duas estratégias para implementar seu investimento nas obrigações de Sevista. A Tabela 11.6 apresenta detalhes das duas estratégias e a Tabela 11.7 contém as suposições que se aplicam a ambas.

TABELA 11.6 Estratégias de investimento (as quantias correspondem ao valor de mercado investido)

Estratégia	Vencimento de 5 anos (duração modificada = 4,83 anos)	Vencimento de 15 anos (duração modificada = 14,35 anos)	Vencimento de 25 anos (duração modificada = 23,81 anos)
I	US$ 5 milhões	0	US$ 5 milhões
II	0	US$ 10 milhões	0

TABELA 11.7 Suposições das estratégias de investimento

Valor de mercado das obrigações	US$ 10 milhões
Vencimentos das obrigações	5 e 25 anos ou 15 anos
Taxas de cupom das obrigações	0%
Duração modificada pretendida	15 anos

Antes de escolher uma das duas estratégias de investimento em obrigações, Kramer quer analisar como o valor de mercado das obrigações mudará se ocorrer uma mudança instantânea na taxa de juros após seu investimento. Os detalhes sobre a mudança na taxa de juros são mostrados na Tabela 11.8. Com base na mudança instantânea na taxa de juros mostrada na Tabela 11.8, calcule a mudança percentual no valor de mercado das obrigações que ocorrerá com cada estratégia. (OA 11.2)

TABELA 11.8 Mudança instantânea na taxa de juros imediatamente após o investimento

Vencimento (anos)	Mudanças na taxa de juros
5	Queda de 75 pontos-base (pb)
15	Aumento de 25 pb
25	Aumento de 50 pb

6. *a.* Janet Meer é gestora de carteira de renda fixa. Ao perceber que a curva de rendimento atual está achatada, ela pensa na possibilidade de comprar uma obrigação corporativa recém-emitida, com opção livre, pelo valor nominal. Essa obrigação é descrita na Tabela 11.9. Calcule a duração da obrigação.

TABELA 11.9 Obrigação de 7% com opção livre, vencimento = 10 anos

	Mudança nos rendimentos	
	Aumento de 10 pontos-base	Queda de 10 pontos-base
Preço	99,29	100,71
Convexidade	35	

b. Meer também está pensando em comprar uma segunda obrigação corporativa recém-emitida, com opção livre, descrita na Tabela 11.10. Ela gostaria de avaliar a suscetibilidade de preço da segunda obrigação a uma mudança paralela decrescente instantânea de 200 pontos-base na curva de rendimento. Calcule a mudança de preço percentual total para a obrigação considerando uma mudança paralela decrescente instantânea de 200 pontos-base na curva de rendimento. (OA 11.2)

TABELA 11.10 Obrigação de 7,25% com opção livre, vencimento = 12 anos

Preço na emissão original	Valor nominal, com rendimento de 7,25%
Duração modificada (ao preço original)	7,90
Medida de convexidade	41,55
Ajuste de convexidade (mudança de rendimento de 200 pontos-base)	1,66

7. Sandra Kapple apresenta para Maria VanHusen uma descrição, reproduzida na tabela a seguir, sobre a carteira de obrigações mantida pelo plano de pensão Star Hospital. Todos os títulos da carteira de obrigações são títulos não resgatáveis dos Estados Unidos. (OA 11.2)

CARTEIRA DE OBRIGAÇÕES DO PLANO DE PENSÃO STAR HOSPITAL

| Valor nominal (US$) | Título do Tesouro | Valor de mercado (US$) | Preço atual (US$) | Preço se os rendimentos mudarem | | Duração efetiva |
				Aumento de 100 pontos-base	Queda de 100 pontos-base	
48.000.000	2,375% com vencimento em 2010	48.667.680	101,391	99,245	103,595	2,15
50.000.000	4,75% com vencimento em 2035	50.000.000	100,000	86,372	116,887	
98.000.000	Carteira de obrigações total	98.667.680	–	–	–	

a. Calcule a duração efetiva de cada um dos itens a seguir:
   i. Título do Tesouro de 4,75% com vencimento em 2035
   ii. Carteira de obrigações total

b. VanHusen comenta com Kapple, "Se você mudasse a estrutura de vencimento da carteira de obrigações para obter uma duração de 5,25, a suscetibilidade de preço dessa carteira seria idêntica à de um único título não resgatável do Tesouro com duração de 5,25". Nessa circunstância o comentário de VanHusen estaria correto?

8. Em determinadas situações, a capacidade de *imunizar* uma carteira de obrigações é bastante desejável para os gestores dessas carteiras. (OA 11.4)

   a. Examine os componentes do risco da taxa de juros – isto é, admitindo uma mudança na taxa de juros ao longo do tempo, explique os dois riscos enfrentados pelos obrigacionistas.

   b. Defina *imunização* e avalie por que um gestor de obrigações imunizaria sua carteira.

   c. Explique por que a estratégia de equivalência de duração é uma técnica superior à estratégia de equivalência de vencimento para a imunização do risco da taxa de juros.

9. Você é gestor de uma carteira de obrigações de um fundo de pensão. As políticas do fundo permitem a utilização de estratégias ativas na gestão da carteira de obrigações.

   Parece que o ciclo econômico está começando a amadurecer, espera-se que a inflação acelere e, na tentativa para conter a expansão econômica, a política do banco central está tendendo à contenção. Para cada uma das situações a seguir, indique qual das duas obrigações você preferirá. Justifique brevemente sua resposta em cada caso. (OA 11.5)

   a. Governo do Canadá (moeda canadense), 4% com vencimento em 2017, preço de 101,25 e rendimento de 3,50% até o vencimento.

   ou

   Governo do Canadá (moeda canadense), 4% com vencimento em 2027, preço de 95,75 e rendimento de 4,19% até o vencimento.

   b. Texas Power e Light Co., 5½% com vencimento em 2022, classificação AAA, preço de 85 e rendimento de 8,1% até o vencimento.

   ou

   Arizona Public Service Co., 5,45% com vencimento em 2022, classificação A2, preço de 80 e rendimento de 9,1% até o vencimento.

   c. Commonwealth Edison, 2¾% com vencimento em 2021, classificação Baa, preço de 81 e rendimento de 7,2% até o vencimento.

   ou

   Commonwealth Edison, 9⅜% com vencimento em 2021, classificação Baa, preço de 114 e rendimento de 7,2% até o vencimento.

   d. Shell Oil Co., debêntures de fundo de amortização de 6¾% com vencimento em 2026, classificação AAA (o fundo de amortização inicia-se em 2015 pelo valor nominal), preço de 89 e rendimento de 7,1% até o vencimento.

   ou

   Warner-Lambert, debêntures de fundo de amortização de 6⅞% com vencimento em 2026, classificação AAA (o fundo de amortização inicia-se em 2016 pelo valor nominal), preço de 95 e rendimento de 7% até o vencimento.

   e. Banco de Montreal (moeda canadense), certificados de depósito de 4% com vencimento em 2014, classificação AAA, preço de 100 e rendimento até o vencimento de 4%.

   ou

   Banco de Montreal (moeda canadense), notas com taxa flutuante, vencimento em 2018 e classificação AAA. Atualmente o cupom está fixado em 3,7%, preço de 100 (cupom ajustado semestralmente para 0,5% acima da taxa de letras de três meses do Tesouro do governo canadense).

10. a. Qual desses conjuntos de condições resultará em uma obrigação com a maior volatilidade de preço? (OA 11.1)

    (1) Cupom alto e vencimento de curto prazo.

    (2) Cupom alto e vencimento de longo prazo.

    (3) Cupom baixo e vencimento de curto prazo.

    (4) Cupom baixo e vencimento de longo prazo.

    b. Um investidor que espera taxas de juro decrescentes estaria propenso a comprar uma obrigação com cupom _____ e _____ prazo até o vencimento. (OA 11.1)

(1) Baixo, longo
(2) Alo, curto
(3) Alto, longo
(4) Zero, longo

c. Com uma obrigação de cupom zero: (OA 11.1)
(1) A duração é igual ao prazo médio ponderado até o vencimento.
(2) O prazo até o vencimento é igual à duração.
(3) O prazo médio ponderado até o vencimento é igual ao prazo até o vencimento.
(4) Todas as opções anteriores.

d. Em comparação com as obrigações que estão sendo vendidas pelo valor nominal, as obrigações com grandes descontos terão: (OA 11.1)
(1) Maior risco de reinvestimento.
(2) Maior volatilidade de preço.
(3) Menor proteção contra resgate antecipado.
(4) Nenhuma das alternativas anteriores.

11. Um membro do comitê de investimento de uma empresa está muito interessado em obter informações sobre gestão de carteiras de renda fixa. Ele gostaria de saber como os gerentes de renda fixa posicionam carteiras para explorar suas expectativas com relação a três fatores que influenciam as taxas de juros. Supondo que não exista nenhuma restrição de política de investimento, formule e descreva uma estratégia de gestão de carteira de renda fixa para cada um dos três fatores de taxa de juros a seguir que poderia ser utilizada para explorar as expectativas de um gestor de carteira em relação a esse fator. (*Nota:* São necessárias três estratégias, uma para cada um dos fatores listados.) (OA 11.5)

a. Mudanças no nível das taxas de juros.
b. Mudanças nos *spreads* de rendimento nos e entre setores.
c. Mudanças nos *spreads* de rendimento em relação a um instrumento específico.

12. Os *swaps* de obrigações a seguir podem ter sido feitos em anos recentes quando os investidores tentaram aumentar o retorno total de suas carteiras.

Com base nas informações apresentadas a seguir, identifique um ou mais motivos possíveis pelos quais os investidores poderiam ter cada *swap*. (OA 11.5)

Ação	Resgate	Preço	YTM (%)
a. Vender primeira hipoteca Baa1 da Electric Pwr. de $6^{3/8}$%, vencimento 2017	108,24	95	7,71
Comprar primeira hipoteca Baa1 da Electric Pwr. de $2^{3/8}$%, vencimento 2018	105,20	79	7,39
b. Vender notas Aaa da Phone Co. de $5^{1/2}$%, vencimento 2018	101,50	90	7,02
Comprar notas do Tesouro dos EUA de $6^{1/2}$%, vencimento 2018	Não resgatável	97,15	6,78
c. Vender obrigação de cupom zero Aa1 do Apex Bank, vencimento 2020	Não resgatável	45	7,51
Comprar notas Aa1 com taxa flutuante do Apex Bank, vencimento 2033	103,90	90	–
d. Vender primeira hipoteca A1 da Commonwealth Oil & Gas de 6%, vencimento 2023	105,75	72	8,09
Comprar obrigação do Tesouro dos EUA de $5^{1/2}$%, vencimento 2029	Não resgatável	80,60	7,40
e. Vender dívida conversível A1 da Z mart de 3%, vencimento 2023	103,90	62	6,92
Comprar dívida A2 da Lucky Ducks de $7^{3/4}$%, vencimento 2029	109,86	75	10,43

WEB *master*

1. Utilize os dados do <finance.yahoo.com> para responder as perguntas a seguir. Insira o símbolo de ação "S" para localizar informações sobre a Sprint Nextel Corp. Encontre o balanço patrimonial anual mais recente da empresa na seção *Financials* (Finanças).

a. Examine os ativos e os passivos da empresa. Que proporção dos ativos totais corresponde aos ativos atuais? Que proporção dos passivos totais corresponde aos passivos atuais? Parece existir uma boa equivalência entre a duração dos ativos e a duração dos passivos?

b. Examine *Annual Statement of Cash Flows* (Demonstração Anual de Fluxos de Caixa) da Sprint Nextel, que também se encontra na seção *Financials*. Verifique a seção *Financing Activities* (Atividades Financeiras) para ver se a empresa emitiu novas dívidas ou diminuiu suas dívidas em circulação. Quanto a empresa pagou de juros durante o período?

c. Repita esse exercício utilizando várias outras empresas de sua preferência. Tente escolher empresas de diferentes setores. Você percebe algum padrão que possa decorrer do meio setorial em que a empresa atua?

2. Muitas calculadoras de obrigações são oferecidas na internet. Você pode obter informações sobre uma emissão de obrigação específica e depois calcular a duração e convexidade clicando apenas em um botão.

   a. Escolha uma obrigação na lista de obrigações corporativas mais negociadas, em <www.investinginbonds.com>. Procure o *link Bond Markets and Prices* (Mercados e Preços de Obrigações); em seguida, escolha *Corporate Market At-a-Glance* (Visão de Relance do Mercado Corporativo) para abrir a lista das mais negociadas. Escolha uma obrigação com data de vencimento em alguns anos e clique em seu número CUSIP para obter mais informações.

   b. Escolha a data de negociação mais recente listada e clique no *linkRun Calculations* (Executar Cálculos). As características da obrigação são inseridas para você.

   c. Confirme a quantia de juros acumulados e a programação de fluxo de caixa listados.

   d. Confirme a duração da obrigação realizando os cálculos em uma planilha ou utilizando a função DURAÇÃO do Excel.

   e. Com base no preço atual da obrigação, qual seria a porcentagem de mudança no preço se o rendimento sofresse uma mudança de 0,5%?

   f. Repita os cálculos inserindo os preços hipotéticos de 90, 100 e 110; depois, responda as perguntas a seguir:

      i. Qual a duração e qual a convexidade da obrigação em cada um dos preços?

      ii. A preços mais altos, comparativamente a mais baixos, o preço da obrigação fica mais ou menos suscetível a taxas de juros? De que forma a convexidade muda à medida que o preço muda? A mudança na convexidade é simétrica? Isto é, quando o preço diminui US$ 10 (de 100 para 90) e aumenta US$ 10 (de 100 para 110), as mudanças na convexidade são iguais mas opostas em termos de sinal?

Soluções para as *Revisões de* **CONCEITOS**

11.1 Taxa de juros: 0,09

	(B) Prazo até o pagamento (anos)	(C) Pagamento	(D) Pagamento descontado em 9%	(E) Peso	Coluna (B) × Coluna (E)
A. Obrigação com cupom de 8%	1	80	73,394	0,0753	0,0753
	2	80	67,334	0,0691	0,1382
	3	1.080	833,958	0,8556	2,5668
Soma:			974,687	1,0000	2,7803
B. Obrigação de cupom zero	1	0	0,000	0,0000	0,0000
	2	0	0,000	0,0000	0,0000
	3	1.000	772,183	1,0000	3,0000
Soma:			772,183	1,0000	3,0000

A duração da obrigação de cupom de 8% aumenta para 2,7803 anos. O preço aumenta para US$ 974,687. A duração da obrigação de cupom zero permanece em três anos, apesar de seu preço também aumentar quando a taxa de juros cai.

11.2 a. Se a taxa de juros aumentar de 9% para 9,05%, o preço da obrigação cairá de US$ 974,687 para US$ 973,445. A mudança percentual no preço é –0,127%.

b. A fórmula de duração faria uma previsão de mudança no preço de

$$-\frac{2,7802}{1,09} \times 0,0005 = -0,00127 = -0,127\%$$

que é a mesma resposta que obtivemos do cálculo direto na parte (*a*).

11.3 Utilize o Excel para confirmar que a DURAÇÃO(DATA(1º,1,2000), DATA(1º,1,2008), 0,09, 0,10, 1) = 5,97 anos. Se você mudar o último argumento da função de duração de 1 para 2 (para permitir cupons semestrais), descobrirá que a DURAÇÃO(DATA(1º,1,2000), DATA(1º,1,2008), 0,09, 0,10, 2) = 5,80 anos. A duração é menor quando os cupons são pagos semestralmente, e não anualmente, porque em média os pagamentos são realizados mais cedo. Em vez de esperar até o fim do ano para receber o cupom anual, os investidores recebem metade do cupom na metade do ano.

11.4 A duração de uma perpetuidade constante é $(1 + y)/y$ ou $1 + 1/y$, que evidentemente cai à medida que y aumenta. Tabulando a duração como função de y, obtemos:

y	D
0,01 (isto é, 1%)	101 anos
0,02	51
0,05	21
0,10	11
0,20	6
0,25	5
0,40	3,5

11.5 A duração da perpetuidade agora seria $1,08/0,08 = 13,5$. Precisamos resolver w na seguinte equação

$$w \times 2 + (1 - w) \times 13,5 = 6$$

Portanto, $w = 0,6522$.

11.6 a. O valor presente da dívida do fundo é US$ 800.000/0,08 = US$ 10 milhões. A duração é de 13,5 anos. Portanto, o fundo deve investir US$ 10 milhões em obrigações de cupom zero com vencimento em 13,5 anos. O valor de face das obrigações de cupom zero será US$ $10.000.000 \times 1,08^{13,5}$ = US$ 28.263.159.

b. Quando a taxa de juros aumenta para 8,1%, o valor presente da dívida do fundo cai para 800.000/0,081 = US$ 9.876.543. O valor da obrigação de cupom zero cai de maneira semelhante, para US$ $28.263.159/1,081^{13,5}$ = US$ 9.875.835. A duração da dívida perpétua cai para $1,081/0,081 = 13,346$ anos. O fundo deve vender a obrigação de cupom zero que mantém no momento e comprar US$ 9.876.543 em obrigações de cupom zero com vencimento em 13,346 anos.

11.7 A dedicação seria mais atraente. A equiparação de fluxo de caixa elimina a necessidade de rebalanceamento e, portanto, poupa custos de transação.

11.8 Preço atual = US$ 1.091,29

Preço previsto = US$ 100 × Fator de anuidade(10%, 18 anos) + US$ 1.000 × Fator PV(10%, 18 anos) = US$ 1.000

O valor futuro dos cupons reinvestidos será (US$ 100 × 1,08) + US$ 100 = US$ 208

O retorno de dois anos é $\dfrac{US\$\ 208 + (US\$\ 1.000 - US\$\ 1.091,29)}{US\$\ 1.091,29} = 0,107$ ou 10,7%

A taxa de retorno anualizada ao longo do período de dois anos seria então $(1,107)^{1/2} - 1 = 0,052$ ou 5,2%.

PARTE 4

Análise de títulos

Capítulos desta parte:

12 Análises macroeconômica e setorial
13 Avaliação patrimonial
14 Análise de demonstrações financeiras

Diga a seus amigos ou parentes que você está estudando investimentos e eles lhe perguntarão: "Que ações devo comprar?". Essa pergunta está no cerne da análise de títulos. Como os analistas escolhem as ações e outros títulos que manterão em suas carteiras?

A análise de títulos exige um amplo conjunto de habilidades. É necessário ser um economista respeitável que tenha um bom conhecimento tanto de macro quanto de microeconomia – o primeiro para orientá-lo a respeito da direção geral do mercado e o segundo para ajudá-lo a avaliar a posição relativa de empresas ou setores específicos. É preciso ter uma boa percepção das tendências demográficas e sociais para identificar os setores que apresentam perspectivas favoráveis; analisar rapidamente os prós e os contras de determinados setores para escolher as empresas que terão sucesso em cada um deles; ter bons conhecimentos contábeis para analisar as demonstrações financeiras que as empresas fornecem ao público; e ter domínio em finanças corporativas, visto que, em essência, a análise de títulos é a capacidade de avaliar uma empresa. Em resumo, um bom analista de títulos será um generalista, que tem domínio sobre o mais amplo espectro de assuntos financeiros. É aí que reside a maior recompensa de saber "juntar as partes".

Os capítulos da Parte Quatro são uma introdução à análise de títulos. Faremos uma abordagem decrescente ("de cima para baixo") sobre esse assunto, começando com uma visão geral das questões internacionais, macroeconômicas e setoriais, e só então passaremos para a análise de empresas específicas. Esses temas são a essência da análise fundamentalista. Depois de ler esses capítulos, você terá uma boa ideia das várias técnicas utilizadas para analisar ações e o mercado acionário.

Capítulo 12
Análises macroeconômica e setorial

Objetivos de aprendizagem:

OA12.1 Prever o efeito das taxas de câmbio, bem como das políticas monetárias, fiscais e de oferta sobre a conjuntura econômica.

OA12.2 Utilizar indicadores antecedentes, indicadores coincidentes e indicadores defasados para descrever e prever a trajetória da economia pelo ciclo econômico.

OA12.3 Prever quais setores serão mais ou menos sensíveis a flutuações do ciclo econômico.

OA12.4 Analisar o efeito dos ciclos de vida setoriais e das estruturas competitivas sobre as perspectivas de lucro.

---

análise fundamentalista
Análise de determinantes de valor de uma empresa, como as perspectivas de lucros e dividendos.

Para determinar o preço apropriado da ação de uma empresa, o analista de títulos deve prever os dividendos e os lucros que poderão ser esperados da empresa. Esse é o cerne da **análise fundamentalista**, isto é, a análise de determinantes de valor como as perspectivas de lucro. Basicamente, o sucesso comercial de uma empresa determina os dividendos que poderá pagar aos acionistas e o preço que auferirá no mercado de ações. Entretanto, como as perspectivas da empresa estão amarradas às da economia em geral, as análises de avaliação devem considerar o ambiente de negócios em que a empresa opera. Para algumas empresas, as circunstâncias macroeconômicas e setoriais podem ter maior influência sobre os lucros do que o desempenho relativo individual dentro de seu setor. Em outras palavras, os investidores precisam ter em mente o quadro econômico geral.

Desse modo, ao analisar as perspectivas de uma empresa, com frequência faz sentido começar com o ambiente econômico mais amplo, examinando a situação da economia agregada e até mesmo da economia internacional. A partir daí, consideramos as implicações do ambiente externo para o setor em que a empresa atua. Por último, a posição da empresa dentro do setor é examinada.

Este capítulo analisa os aspectos amplos da análise fundamentalista – as análises macroeconômica e setorial. Os dois capítulos subsequentes cobrem a análise específica às empresas. Começaremos com uma discussão sobre os fatores internacionais relevantes para o desempenho de uma empresa e passaremos para uma visão geral da importância das principais variáveis geralmente utilizadas para resumir a situação da economia. Em seguida, analisamos as políticas macroeconômicas do governo e a determinação das taxas de juros. Concluímos a análise do ambiente macroeconômico com uma discussão sobre os ciclos econômicos. Posteriormente, passamos para uma análise setorial, abordando assuntos relacionados com a sensibilidade da empresa ao ciclo econômico, o ciclo de vida usual de um setor e as questões estratégicas que afetam o desempenho do setor.

12.1. ECONOMIA GLOBAL

Uma análise de cima para baixo das perspectivas de uma empresa deve começar com a economia global. A economia internacional pode afetar as perspectivas de exportação de uma empresa, a concorrência de preço que ela enfrenta em relação a concorrentes internacionais ou os lucros que ela obtém de investimentos realizados no exterior. A Tabela 12.1 mostra a importância da macroeconomia global para as perspectivas de uma empresa. Os efeitos da crise de dívida da zona do euro foram amplos em 2011 e os temores de uma recessão mundial enfraqueceram o mercado acionário de praticamente todos os países. Os retornos do mercado ao redor do mundo estenderam-se dos assustadoramente negativos aos escassamente positivos, refletindo o temido desaquecimento global.

Não obstante a importância óbvia dos fatores macroeconômicos globais, existe também uma variação considerável no desempenho econômicos dos países. De acordo com as expectativas, a economia grega continuaria em uma penosa retração, com previsão de queda de 7,5% no PIB em 2012. No outro extremo, o rápido crescimento da China continuaria, com uma previsão de expansão de 8,2% em 2012. Com base na tabela, você pode ver que a expectativa era de que as economias europeias enfrentariam maior tensão em 2012, com a continuidade da crise do euro e a previsão de taxas de crescimento em torno de zero. Previu-se que a Ásia teria um crescimento mais saudável e que de modo geral o grupo de países chamado de Bric (Brasil, Rússia, Índia e China), com frequência agrupados em virtude de seu rápido desenvolvimento recente, continuaria a ter esse desempenho.

Esses dados mostram que o ambiente econômico nacional pode ser um determinante fundamental do desempenho setorial. É bem mais difícil as empresas terem sucesso em uma economia em retração do que em uma economia em expansão. Essa observação evidencia o quanto uma análise macroeconômica ampla é um elemento fundamental do processo de investimento.

Além disso, o ambiente global apresenta riscos políticos de magnitude considerável. A crise do euro é um exemplo convincente da interação entre política e economia. As perspectivas de resgate financeiro para a Grécia, bem como de apoio a economias em dificuldade, mas bem mais amplas, como Itália ou Espanha, são predominantemente problemas políticos, porém com enormes consequências para a economia mundial. Os resgates financeiros do governo oferecidos aos grandes bancos durante a crise financeira de 2008 a 2009 foram, da mesma forma, o palco de batalhas políticas campais com imensas consequências econômicas. E, obviamente, a batalha política permanente contra os déficits orçamentários do governo são de tremenda importância para a economia. Nesse nível de análise, é evidente que a política e a economia estão intimamente entrelaçadas.

TABELA 12.1 Desempenho econômico

	Retorno do mercado acionário (%), 2011		Previsão de crescimento do PIB (%), 2012
	Na moeda local	Em dólares americanos	
Alemanha	−11,6	−14,9	0,1
Brasil	−22,9	−28,9	3,5
Canadá	−9,1	−10,9	2
China	−22,7	−19,1	8,2
Cingapura	−15	−15,5	4
Coreia do Sul	−9	−10,1	3,8
Estados Unidos	1,6	1,6	2
França	−16,1	−19,2	−0,3
Grã-Bretanha	−3,9	−4,2	0,2
Grécia	−53,2	−54,9	−7,5
Índia	−22,6	−34,6	7,8
Itália	−24	−26,9	−1,1
Japão	−16,3	−11,6	1,7
México	−3	−12,9	3,1
Rússia	−15,4	−19	3,7
Tailândia	0,3	−3,9	3,1

Fonte: *The Economist*, 7 de janeiro de 2012. © 2012 The Economist Newspaper Limited, Londres. Informações utilizadas com permissão por intermédio do Centro de Autorização de Direitos Autorais.

taxa de câmbio
Taxa por meio da qual uma moeda nacional pode ser convertida em uma moeda estrangeira.

Outras questões políticas menos impressionantes, mas mesmo assim extremamente importantes para o crescimento econômico e os retornos sobre os investimentos, incluem os problemas de protecionismo e as políticas comerciais, o fluxo livre de capital e a situação da força de trabalho de um país.

Um fator evidente que afeta a competitividade internacional dos setores de um país é a taxa de câmbio entre a moeda desse país e outras moedas. A **taxa de câmbio** é taxa por meio da qual uma moeda nacional pode ser convertida em uma moeda estrangeira. Por exemplo, no início de 2012, eram necessários em torno de 77 ienes (moeda japonesa cujo símbolo é ¥) para comprar um dólar americano. Diríamos que a taxa de câmbio é ¥ 77 por dólar ou, de forma equivalente, US$ 0,013 por iene.

Na medida em que as taxas de câmbio flutuam, o valor em dólar dos bens com preço em moeda estrangeira também flutua. Por exemplo, em 1980, a taxa de câmbio entre dólar e iene era aproximadamente US$ 0,0045 por iene. Como a taxa de câmbio em 2012 era US$ 0,13 por iene, um cidadão americano teria precisado de mais ou menos 2,88 vezes mais dólares em 2012 para comprar um produto que estivesse sendo vendido por ¥ 10.000 do que teria precisado em 1980. Se o produtor japonês mantivesse o mesmo preço em iene de seu produto, o preço expresso em dólares americanos praticamente triplicaria. Contudo, isso tornaria os produtos japoneses mais caros para os consumidores dos Estados Unidos e, consequentemente, haveria perda de vendas. Obviamente, a valorização do iene cria um problema para os produtores japoneses, como os fabricantes de automóveis, que precisam concorrer com os produtores americanos.

O quadro da página a seguir analisa a reação da Honda ao aumento expressivo no valor do iene. A empresa está transferindo boa parte de suas operações fabris para a América do Norte para aproveitar o custo de produção reduzido (avaliado em iene) nos Estados Unidos e no México. Além disso, ao levar parte da produção para a América do Norte, a Honda diversifica sua exposição a futuras flutuações na taxa de câmbio.

A Figura 12.1 mostra a mudança no poder aquisitivo do dólar americano em relação ao de várias moedas importantes no período na última década. O índice de poder aquisitivo é chamado de taxa de câmbio "real" ou ajustada à inflação. A mudança na taxa de câmbio real mede quão mais caro ou menos caro os produtos estrangeiros ficaram para os cidadãos americanos, levando em conta as flutuações da taxa de câmbio e diferenciais de inflação em diferentes países. Um valor positivo na Figura 12.1 significa que o dólar ganhou poder aquisitivo em relação a outra moeda; um número negativo indica uma depreciação do dólar. Portanto, a figura mostra que os produtos com preço em euro ou dólar canadense ficaram consideravelmente mais caros para os consumidores americanos nos últimos dez anos, mas que os produtos com preço em iene ficaram um pouco mais baratos. Em contraste, os produtos com preço em dólar americano ficaram mais caros para os consumidores japoneses, porém mais acessíveis para os consumidores canadenses.

12.2. MACROECONOMIA INTERNA

A macroeconomia é o ambiente em que todas as empresas atuam. A importância da macroeconomia para a determinação do desempenho de investimentos é mostrada na Figura 12.2, que compara o nível do índice de preço de ações S&P 500 com estimativas de lucros por ação das empresas S&P 500. O gráfico mostra que os preços de ações tendem a subir com os lucros. Em-

FIGURA 12.1
Mudança na taxa de câmbio real: dólar americano *versus* principais moedas, 1999-2003.

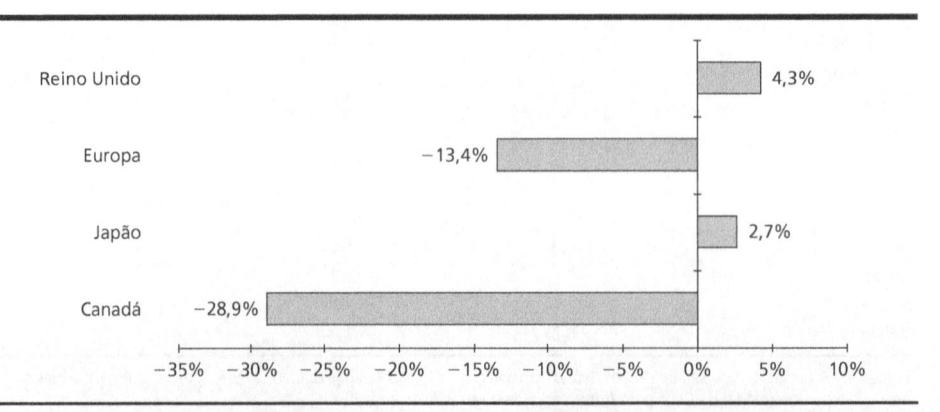

Reino Unido	4,3%
Europa	−13,4%
Japão	2,7%
Canadá	−28,9%

Na frente de batalha do **MERCADO**

HONDA ACELERA FORA DO JAPÃO

A Honda Motor Co. pretende deslocar uma importante parcela de sua produção para a América do Norte ao longo dos próximos dois anos, engordando sua capacidade de produção em 40% na região para combater a valorização do iene, responsável pelo encarecimento da exportação de carros japoneses ao redor do mundo.

A determinação em se fortalecer na América do Norte é motivada pela valorização do iene em relação ao dólar americano, uma mudança que está levando a Honda e outros fabricantes de automóveis japoneses a perder dinheiro em vários dos veículos que hoje o Japão exporta. O iene mais forte corrói o valor do lucro denominado em dólar e torna a exportação menos competitiva em termos de preço.

A Honda, que produziu 1,29 milhão de veículos na América do Norte em 2010, pretende construir uma nova fábrica em Celaya, México, e ampliar todas as setes montadoras existentes com o objetivo de fabricar em torno de 2 milhões de carros e caminhonetes por ano, afirmou Tetsuo Iwamura, presidente da American Honda, divisão norte-americana da empresa, em uma entrevista ao *The Wall Street Journal*.

Essa mudança estratégica está "diretamente relacionada com o iene", disse Iwamura. "É praticamente impossível obter lucro [com a exportação de veículos do Japão] a curto e médio prazo."

A mudança da Honda demonstra o amplo impacto do iene sobre os fabricantes de automóveis japoneses, cuja moeda se valorizou aproximadamente 40% nos últimos quatro anos. O iene estava sendo negociado a 77,89 em relação ao dólar de terça-feira, quando em 2007, o que não faz muito tempo, era negociado a 120 em relação ao dólar.

Com esse fortalecimento expressivo do iene, é particularmente difícil ganhar dinheiro com carros pequenos porque, nesse caso, as margens já são magras. Para ajudar a diminuir o número de carros Fit que a Honda exporta do Japão, recentemente a empresa começou a enviá-los da China para as concessionárias canadenses como medida provisória.

Fonte: Extraído de Mike Ramsey e Neal E. Boudette, "Honda Revs Up outside Japan", *The Wall Street Journal*, 21 de dezembro de 2011. Dados reimpressos com permissão do *The Wall Street Journal*, Copyright © 2011 Dow Jones & Company, Inc. Todos os direitos reservados mundialmente.

---

bora o índice exato entre o preço das ações e o lucro por ação varie com fatores como taxas de juros, risco, taxas de inflação e outras variáveis, o gráfico mostra que, de forma geral, ele tende a ficar entre 12 e 25. Com índices de preço/lucro "normais", nossa expectativa seria de que o índice S&P 500 se enquadrasse nesses limites. Embora a regra de multiplicador de lucros evidentemente não seja perfeita – observe o aumento expressivo no múltiplo P/E na década de 1990 –, também parece claro que o nível do mercado em geral e dos lucros agregados tomam a mesma direção. Desse modo, o primeiro passo na previsão do desempenho do mercado em geral é avaliar a situação da economia como um todo.

A capacidade de prever a macroeconomia pode se traduzir em um desempenho de investimento espetacular. Porém, não é o suficiente fazer uma boa previsão da macroeconomia. É necessário prevê-la *melhor* do que os concorrentes para obter lucros acima do normal. Nesta seção, examinamos algumas das estatísticas econômicas fundamentais utilizadas para descrever a conjuntura macroeconômica.

Produto interno bruto

O **produto interno bruto (PIB)** é a medida da produção total de produtos e serviços da economia. Quando o PIB está crescendo rapidamente, isso indica uma economia em expansão com amplas oportunidades para uma empresa aumentar suas vendas. Outra medida conhecida da

produto interno bruto (PIB)
Valor de mercado dos produtos e serviços produzidos ao longo de um período.

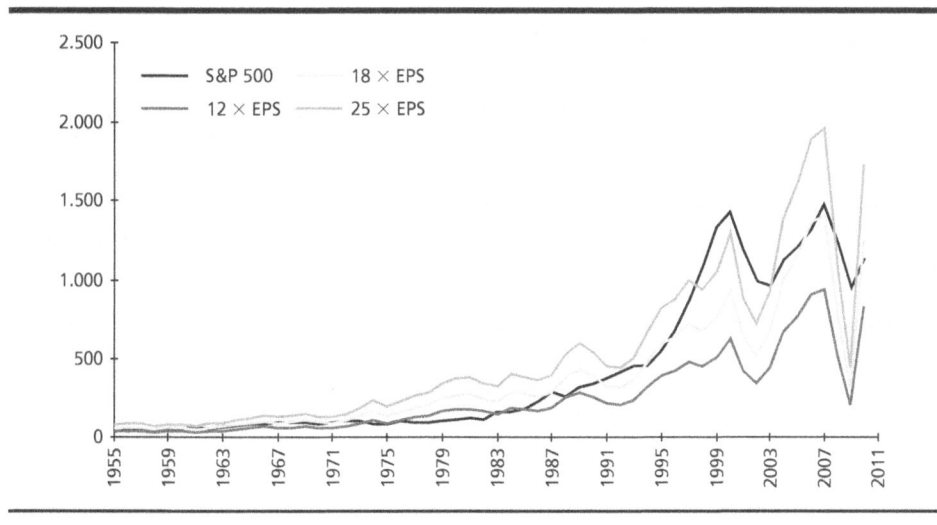

FIGURA 12.2
Índice S&P 500 *versus* lucro por ação.

Fonte: Cálculo dos autores utilizando dados do *The Economic Report of the President*.

produção da economia é a *produção industrial*. Essa estatística oferece uma medida da atividade econômica que se concentra mais diretamente no setor industrial da economia.

Emprego

taxa de desemprego
Índice do número de pessoas classificadas como desempregadas em relação à mão de obra total.

A **taxa de desemprego** é a porcentagem da força de trabalho total (isto é, aqueles que estão trabalhando ou procurando emprego ativamente) que ainda está à procura de trabalho. Essa taxa mede até que ponto a economia está operando em plena capacidade. Ela é uma estatística que está relacionada apenas com os trabalhadores, mas uma percepção mais abrangente da força da economia pode ser obtida da taxa de emprego de outros fatores de produção. Por exemplo, os analistas também consideram a *taxa de utilização de capacidade* da fábrica, que é o índice de produção real das fábricas em relação à produção possível.

Inflação

inflação
Índice segundo o qual o nível geral de preços dos produtos e serviços sobe.

Inflação é a taxa segundo a qual o nível geral de preços está subindo. As taxas altas com frequência estão associadas com economias "superaquecidas", isto é, em que a demanda por bens e serviços está superando a capacidade produtiva, o que gera uma pressão ascendente sobre os preços. A maioria dos governos precisa pisar em ovos com relação às suas políticas econômicas. Eles esperam estimular suficientemente sua economia para manter um quadro de quase pleno emprego, mas não a ponto de provocar pressões inflacionárias. O equilíbrio percebido entre inflação e desemprego está no cerne de vários debates sobre política macroeconômica. Há uma margem considerável para controvérsias a respeito dos custos relativos dessas políticas, bem como sobre a vulnerabilidade relativa da economia a essas pressões em qualquer momento específico.

Taxas de juros

As taxas de juros altas diminuem o valor presente dos fluxos de caixa futuros, reduzindo, desse modo, a atratividade das oportunidades de investimento. Por esse motivo, as taxas reais de juros são determinantes importantes das despesas de investimento das empresas. A demanda por moradia e bens de consumo duráveis caros, como automóveis, que normalmente são financiados, é também muito sensível às taxas de juros porque essas taxas afetam os pagamentos de juros. Na Seção 12.3, examinaremos os determinantes das taxas reais de juros.

Déficit orçamentário

déficit orçamentário
Valor dos gastos governamentais que excede as receitas governamentais.

O **déficit orçamentário** do governo federal é a diferença entre os gastos e as receitas do governo. Qualquer déficit orçamentário deve ser compensado por empréstimos governamentais. Grande parte dos empréstimos tomados pelo governo pode forçar a elevação das taxas de juros ao aumentar a demanda total por crédito na economia. Os economistas costumam acreditar que o excesso de empréstimos tomados pelo governo sufoca o empréstimo e os investimentos privados (fenômeno denominado *crowding out*) ao forçar a elevação da taxa de juros e "deter" o investimento empresarial.

Sentimento

O otimismo ou pessimismo dos consumidores e produtores em relação à economia são determinantes importantes do desempenho econômico. Se os consumidores sentirem confiança em seu nível econômico futuro, por exemplo, ficarão mais dispostos a gastar em itens de preço elevado. Do mesmo modo, as empresas aumentarão os níveis de produção e estoque se preverem maior demanda por seus produtos. Nesse sentido, as crenças influenciam o grau de consumo e investimento e afetam a demanda agregada por produtos e serviços.

12.1 Revisão de CONCEITOS

Considere uma economia na qual o setor predominante seja o de fabricação de automóveis para consumo interno e exportação. Suponhamos agora que o mercado de automóveis seja prejudicado por uma extensão do período de uso e substituição dos veículos pelos proprietários. Descreva os efeitos prováveis dessa mudança sobre (a) o PIB, (b) o desemprego, (c) o déficit orçamentário governamental e (d) as taxas de juros.

12.3. TAXA DE JUROS

O nível das taxas de juros talvez seja o fator macroeconômico mais importante a ser considerado em uma análise de investimento. As previsões das taxas de juros afetam diretamente as previsões de retorno no mercado de renda fixa. Se sua expectativa for de que as taxas aumentarão bem mais do que a maioria acredita, você evitará os títulos de renda fixa de prazo mais longo. Da mesma forma, os aumentos nas taxas de juros tendem a ser uma má notícia para o mercado acionário. Os aumentos não previstos taxas geralmente estão associados a quedas no mercado acionário. Portanto, uma técnica mais avançada para prever as taxas seria imensamente valiosa para determinar a melhor alocação de ativos para determinada carteira.

Infelizmente, a previsão das taxas de juros é uma das áreas notoriamente mais difíceis da macroeconomia aplicada. Contudo, compreendemos bem os elementos fundamentais que determinam o nível das taxas de juros:

1. A oferta de fundos dos poupadores, especialmente as famílias.
2. A demanda das empresas por fundos para serem usados no financiamento de investimentos físicos em fábrica, equipamento e estoque.
3. A oferta e/ou demanda líquida do governo por fundos, de acordo com alterações decorrentes das medidas tomadas pelo Banco Central.
4. A taxa de inflação prevista.

Apesar de existirem muitas taxas de juros diferentes na economia como um todo (tanto quanto existem vários tipos de título), essas taxas tendem a se movimentar em conjunto. Por isso, muitas vezes os economistas falam como se houvesse uma única taxa representativa. Podemos utilizar essa abstração para termos alguma percepção sobre a determinação da taxa real de juros, se considerarmos essas curvas de oferta e demanda de fundos.

A Figura 12.3 mostra uma curva de demanda com inclinação descendente e uma curva de oferta com inclinação ascendente. No eixo horizontal, medimos a quantidade de fundos e, no eixo vertical, a taxa real de juros.

A curva de oferta inclina-se para cima, da esquerda para a direita, porque quanto maior a taxa real de juros, maior a oferta de poupança doméstica. Supõe-se que, com taxas reais de juros mais altas, as famílias decidirão adiar um pouco do consumo atual e economizar ou investir uma maior parte de sua renda disponível para uso futuro.

A curva de demanda inclina-se para baixo, da esquerda para a direita, porque quanto menor a taxa real de juros, mais as empresas desejarão investir em capital físico. Supondo que as empresas classifiquem os projetos com base no retorno esperado real sobre o capital investido, elas assumirão mais projetos quanto menor for a taxa real de juros sobre o fundo necessário para financiá-los.

O equilíbrio encontra-se no ponto de interseção das curvas de oferta e demanda, o ponto E na Figura 12.3.

O governo e o Banco Central (nos Estados Unidos, o Federal Reserve) podem deslocar essas curvas de oferta e demanda para a direita ou para a esquerda por meio de políticas fiscais e monetárias. Por exemplo, pense no aumento do déficit orçamentário do governo. Isso aumento a demanda de empréstimo por parte do governo e desloca a curva da demanda para a direita, fazendo a taxa real de juros subir para o ponto E'. Ou seja, uma previsão que indica um nível de empréstimo por parte do governo mais alto do que anteriormente esperado aumenta as expectativas com relação a taxas de juros futuras. O Fed ou Banco Central pode compensar esse au-

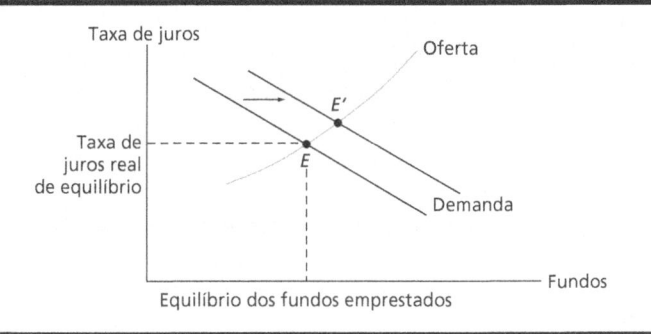

FIGURA 12.3
Determinação da taxa de juros real de equilíbrio.

mento elevando a oferta de moeda, o que aumentará a oferta de fundos de empréstimo e deslocará a curva de oferta para a direita.

Desse modo, embora os determinantes fundamentais da taxa real de juros sejam a propensão dos domicílios a economizar e a produtividade esperada (ou, poderíamos dizer, a lucratividade) dos investimentos de uma empresa em capital físico, a taxa real pode ser afetada também por políticas fiscais e monetárias do governo.

A estrutura de oferta e demanda mostrada na Figura 11.3 é uma primeira aproximação razoável da determinação da taxa real de juros. Para obter a taxa *nominal* de juros, é necessário acrescentar a taxa de inflação esperada à taxa real de equilíbrio. Tal como analisamos na Seção 5.4, o prêmio de inflação é necessário para que os investidores mantenham determinada taxa de retorno real em seus investimentos.

Embora a política monetária obviamente possa afetar as taxas nominais de juros, há grande controvérsia com relação à sua capacidade de afetar as taxas reais. Existe um amplo consenso de que, a longo prazo, o impacto final de um aumento na oferta de moeda é um aumento nos preços sem, no entanto, nenhum impacto permanente sobre a atividade econômica real. Portanto, em última análise, uma taxa de crescimento acelerada na oferta de moeda resultaria em uma taxa de inflação e em uma taxa nominal de juros correspondentemente alta, mas não teria nenhum impacto constante sobre a taxa real de juros. Entretanto, a curto prazo, as mudanças na oferta de moeda podem muito ter um efeito sobre a taxa real de juros.

12.4. CHOQUES DE DEMANDA E OFERTA

choque de demanda
Evento que afeta a demanda por produtos e serviços na economia.

choque de oferta
Evento que influencia a capacidade e os custos de produção na economia.

Um método prático para organizar sua análise sobre os fatores que podem influenciar a macroeconomia é classificar qualquer impacto como um choque de oferta ou de demanda. Um **choque de demanda** é um evento que afeta a demanda por produtos e serviços na economia. Exemplos de choques de demanda positivos são a redução das alíquotas de imposto, aumento na oferta de moeda, aumento no gasto governamental ou aumento na demanda de exportação para o exterior. Um **choque de oferta** é um evento que influencia a capacidade e os custos de produção. Exemplos de choques de oferta são mudanças no preço do petróleo importado, geadas, enchentes ou secas que podem destruir grandes quantidades da safra agrícola; mudanças no nível educacional da mão de obra de uma economia; ou mudanças nos índices salariais pelos quais os trabalhadores estão dispostos a trabalhar.

Os choques de demanda geralmente caracterizam-se por um deslocamento da produção agregada na mesma direção das taxas de juros e da inflação. Por exemplo, um grande aumento nos gastos do governo tenderá a estimular a economia e a aumentar o PIB. Isso também pode elevar as taxas de juros ao aumentar a demanda por empréstimo de fundos por parte do governo e igualmente por empresas que desejam contrair empréstimos para financiar novos empreendimentos. Por fim, pode aumentar a taxa de inflação se a demanda por produtos e serviços aumentar para um nível ou acima do nível de capacidade produtiva total da economia.

Normalmente, os choques de demanda caracterizam-se por um deslocamento da produção agregada na direção oposta das taxas de juros e inflação. Por exemplo, um grande aumento no preço do petróleo importado será inflacionário porque os custos de produção aumentarão, o que, com o tempo, provocará um aumento nos preços dos produtos acabados. O aumento das taxas de inflação no decorrer de um curto espaço de tempo pode elevar as taxas nominais de juros. Nesse contexto, a produção agregada cairá. Com a elevação do preço das matérias-primas, a capacidade produtiva da economia diminuirá, assim como o poder das pessoas para comprar produtos que agora custam mais caro. Desse modo, o PIB tende a cair.

Como podemos relacionar essa situação com a análise de investimento? Você deseja identificar os setores que se beneficiarão mais ou serão mais prejudicados em qualquer cenário macroeconômico que você prever. Por exemplo, se você prever um estreitamento na oferta de moeda, desejará evitar setores como o de fabricação de veículos que podem ser prejudicados com um provável aumento nas taxas de juros. Alertamos mais uma vez que não é fácil fazer essas previsões. As previsões macroeconômicas são notoriamente suspeitas. Além disso, mais uma vez ressaltamos que certamente sua previsão será realizada apenas com informações já disponíveis ao público. Qualquer vantagem de investimento que você tiver resultará unicamente de uma análise melhor, e não de informações melhores.

12.5. POLÍTICAS DO GOVERNO FEDERAL

Como a seção anterior prenunciou, o governo tem duas classes de ferramentas macroeconômicas: aquelas que afetam a demanda por produtos e serviços e aquelas que afetam a respectiva oferta. Durante grande parte da história pós-guerra, o interesse pelas políticas de demanda tem sido primordial. O foco tem recaído sobre os gastos do governo, os níveis tributários e a política monetária. Entretanto, desde a década de 1980, uma atenção crescente tem sido dada à economia da oferta. Interpretados em linhas gerais, as considerações com relação à oferta estão relacionadas com o aumento da capacidade produtiva da economia, e não com o aumento da demanda por produtos e serviços que a economia é capaz de produzir. Na prática, os economistas da oferta têm se concentrado na adequação dos incentivos para trabalhar, inovar e assumir riscos que resultam de nosso sistema tributário. No entanto, questões como as políticas nacionais de educação, infraestrutura (como sistemas de comunicação e transporte) e pesquisa e desenvolvimento também são vistas como parte de uma política macroeconômica voltada para a oferta.

Política fiscal

Política fiscal refere-se a ações do governo com relação a gastos e à tributação e faz parte da "administração voltada para a demanda". Provavelmente, a política fiscal é a forma mais direta de estimular ou desacelerar a economia. A diminuição dos gastos do governo reduz diretamente a demanda por produtos e serviços. De forma semelhante, o aumento das alíquotas de imposto drena imediatamente a renda dos consumidores e provoca quedas razoavelmente rápidas no consumo.

> **política fiscal**
> Utilização do gasto e da tributação por parte do governo com o objetivo específico de estabilizar a economia.

Paradoxalmente, apesar de a política fiscal ter o impacto mais imediato sobre a economia, o processo de formulação e implementação dessa política em geral é exageradamente lento e complexo. Isso se deve ao fato de a política fiscal exigir inúmeros acordos entre o Poder Executivo e o Legislativo. As políticas tributárias e de gastos devem ser criadas e votadas pelo Congresso, o que requer importantes negociações políticas, e qualquer legislação aprovada deve ser assinada pelo presidente, o que exige mais negociações. Portanto, embora o impacto das políticas fiscais seja relativamente imediato, na prática sua formulação é tão difícil, que ela não pode ser utilizada para fazer um ajuste fino na economia.

Além disso, os gastos do governo, como assistência de saúde aos idosos ou previdência social, são, em grande parte, não discricionários, o que significa que são determinados por meio de uma fórmula, e não de políticas, e não podem ser alterados em virtude da conjuntura econômica. Isso aumenta ainda mais o rigor da formulação de políticas fiscais.

Uma forma comum de resumir o impacto final da política fiscal do governo é observar o déficit ou superávit orçamentário do governo, que simplesmente é a diferença entre receitas e despesas. Um déficit alto significa que o governo está gastando consideravelmente mais do que está arrecadando em impostos. O efeito final é aumentar mais a demanda por produtos (por meio do gasto) do que a diminuir (por meio de impostos), estimulando, desse modo, a economia.

Política monetária

A **política monetária**, que é a principal ramificação da política de demanda, refere-se à manipulação da oferta de moeda para que afete a macroeconomia. Ela funciona em grande medida por meio de seu impacto sobre as taxas de juros. O aumento da oferta de moeda diminui as taxas de juros de curto prazo, por fim estimulando a demanda por investimentos e consumo. Contudo, com respeito a períodos mais longos, a maioria dos economistas acredita que uma maior oferta de moeda na verdade só eleva o nível dos preços e não tem um efeito permanente sobre a atividade econômica. Por isso, o jogo de malabarismo enfrentado pelas autoridades monetárias é um difícil. Uma política monetária expansionista provavelmente diminuirá as taxas de juros e, dessa forma, estimulará a demanda por investimentos e por consumo a curto prazo, mas no final essas circunstâncias não farão outra coisa senão elevar os preços. O equilíbrio entre estímulo/inflação está implícito em todos os debates sobre políticas monetárias adequadas.

> **política monetária**
> Medidas do Conselho de Governadores do Federal Reserve System (nos Estados Unidos) ou do banco central do país que influenciam a oferta de moeda ou as taxas de juros.

A política fiscal é difícil de implementar, mas tem um impacto razoavelmente direto sobre a economia, enquanto a política monetária é fácil de formular e implementar, mas seu impacto imediato é menor. Nos Estados Unidos, a política monetária é determinada pelo Conselho de Governadores do Federal Reserve System. Os membros do conselho são nomeados pelo presidente para mandatos de 14 anos e estão razoavelmente isolados de pressões políticas. Como o

Na frente de batalha do **MERCADO**

AS ANTIGAS IDEIAS DE J. M. KEYNES ESTÃO DE VOLTA

Os Estados Unidos e dezenas de outras nações estão recorrendo novamente a gastos governamentais maciços para combater a recessão. Ao redor do mundo, as taxas de juros foram reduzidas drasticamente e trilhões de dólares foram destinados a resgates financeiros. Mas mesmo assim a recessão global está se intensificando. Por isso, os formuladores de políticas estão invocando as ideias do economista britânico John Maynard Keynes (pronuncia-se "queines", e não "quines"), que defendeu na década de 1930 que os governos deveriam combater a Grande Depressão com gastos pesados. Como os gastos de consumo e empresariais estavam muito fracos, defendeu ele, os governos tinham de fomentar diretamente a demanda.

As políticas keynesianas caíram em descrédito na década de 1970, tendo em vista a acusação de que os gastos governamentais estavam ajudando a estimular a inflação ao redor do mundo. Porém, como o distúrbio econômico global estava sendo comparado ao da década de 1930, os gastos governamentais novamente estão na moda.

Os críticos defendem que os déficits governamentais elevam as taxas de juros e diminuem os investimentos no setor privado, o que segundo eles é mais eficiente para a distribuição de capital. Todavia, como a economia dos Estados Unidos está diante de ameaças do tipo das que foram enfrentadas na década de 1930, a administração Obama está buscando orientações na Grande Depressão. A Administração de Progresso de Obras (Works Progress Administration – WPA) do presidente Franklin Roosevelt ofereceu emprego a milhões de americanos.

O estímulo fiscal keynesiano manteve globalmente sua popularidade na década de 1960, em especial para reconstruir a Europa e o Japão após a guerra. Mas os limites do crescimento inspirado por Keynes foram atingidos nas décadas subsequentes. Muitos países calcularam mal o momento de realizar gastos, injetando dinheiro na economia e provocando um superaquecimento econômico. Muitas nações também desperdiçaram seu dinheiro: o Japão ficou famoso por investir em aeroportos pouco utilizados e em pontes para ilhas escassamente populadas. Com a ascensão de Ronald Reagan e de Margaret Thatcher na Grã-Bretanha, os críticos da política de estímulo tomaram a dianteira. O objetivo passou a ser encolher o governo.

A política monetária também começou a desempenhar um papel maior, visto que os bancos centrais elevaram as taxas de juros para diminuir a inflação. As recessões pareciam cada vez mais distantes e menos árduas. A era do início da década de 1980 e a crise recente ficou conhecida como "a Grande Moderação", período em que a atividade econômica e a inflação tornaram-se menos voláteis. Porém, durante o último período de distúrbio financeiro, a política monetária foi inadequada. Nos Estados Unidos, o Federal Reserve diminuiu a taxa de juros pretendida a quase zero [no último mês], mas a economia continuou em uma espiral descendente.

Por isso, as nações uma vez mais estão se voltando para os gastos de estímulo governamentais para tentar colocar a economia novamente nos trilhos. Os economistas afirmam que, se os governos conseguirem injetar dinheiro rapidamente na economia, alvejando projetos que terão o mais amplo feito, e garantir que os gastos serão temporários, eles poderão evitar a inflação e gastos desnecessários.

Para assegurar que o dinheiro seja gasto, os Estados Unidos e outras nações estão se concentrando nos investimentos em infraestrutura para criar empregos. O presidente eleito Barack Obama pretende utilizar fundos de estímulo para reformar escolas, ampliar o acesso à internet de banda larga e instalar tecnologias eficientes em energia em prédios públicos.

A preocupação com a inflação desapareceu rapidamente ao redor do mundo. É provável que ela volte assim que o crescimento recuperar a energia, impondo um grande desafio para o estímulo fiscal: assim que a economia se restabelece, adverte Keynes, é necessário reverter os gastos e cortar o déficit. Isso é algo que as nações tiveram grande dificuldade em fazer.

Fonte: Extraído de Sudeep Reddy, "The New Old Big Thing in Economics: J. M. Keynes", *The Wall Street Journal*, 8 de janeiro de 2009. Dados reimpressos com permissão do *The Wall Street Journal*, Copyright © 2009 Dow Jones & Company, Inc. Todos os direitos reservados mundialmente.

---

conselho é pequeno o suficiente e com frequência controlado competentemente pelo presidente, as políticas podem ser formuladas e ajustadas de uma maneira relativamente fácil.

A implementação de uma política monetária é bastante direta. A ferramenta mais utilizada é a operação de mercado aberto, na qual o Fed compra ou vende obrigações do Tesouro por conta própria. Quando o Fed compra títulos, ele simplesmente está preenchendo um cheque, o que aumenta a oferta de moeda. (Ao contrário de nós, o Fed pode pagar os títulos sem retirar nenhum recurso de sua conta bancária.) Entretanto, quando o Fed vende um título, o dinheiro pago é retirado da oferta de moeda. As operações de mercado aberto ocorrem diariamente e isso possibilita que o Fed ajuste sua política monetária.

Outras ferramentas à disposição do Fed são a *taxa de desconto*, que é a taxa de juros que ele cobra dos bancos sobre empréstimos de curto prazo, e a *exigência de reserva*, que é uma fração dos depósitos que os bancos devem manter como dinheiro vivo ou como depósitos no Fed. Reduções na taxa de desconto indicam uma política monetária mais expansionista. A diminuição das exigências de reserva permite que os bancos façam mais empréstimos com cada dólar de depósito e estimula a economia por aumentar a oferta de moeda.

Embora a taxa de desconto seja controlada diretamente pelo Fed, não é alterada com muita frequência. A *taxa de fundos federais* é de longe a melhor orientação para a política do Federal Reserve. Essa taxa é a taxa de juros com a qual os bancos fazem empréstimos de curto prazo entre si, geralmente à noite. Esses empréstimos ocorrem porque alguns bancos precisam contrair empréstimos para cumprir exigências de reserva, ao passo que outros bancos têm fundos em excesso. Ao contrário da taxa de desconto, a taxa de fundos federais é uma taxa de mercado, ou seja, ela é determinada pela oferta e demanda, e não definida administrativamente. Não obstante, o Conselho do Federal Reserve mira a taxa de fundos federais, ampliando ou contraindo a oferta de moeda por meio de operações de mercado aberto à medida que força os fundos federais para o valor pretendido. Essa é a taxa de juros de curto prazo de referência dos Estados Unidos e, como tal, tem considerável influência sobre outras taxas de juros desse país e do restante do mundo.

A política monetária afeta a economia de forma mais indireta do que a política fiscal. Enquanto a política fiscal estimula ou refreia diretamente a economia, a política monetária funciona predominantemente por seu impacto sobre as taxas de juros. O aumento da oferta de moeda diminui as taxas de juros de curto prazo, o que estimula a demanda por investimentos. Quando a quantidade de dinheiro na economia aumentar, os investidores constatarão que suas carteiras de ativos têm dinheiro demais. Eles reequilibrarão suas carteiras com títulos como obrigações, forçando a subida dos preços das obrigações e a queda das taxas de juros. A mais longo prazo, as pessoas podem aumentar seus investimentos também em ações e, por fim, comprar ativos reais, o que estimula a demanda de consumo diretamente. Contudo, o efeito final da política monetária sobre a demanda de investimentos e consumo é menos imediato do que o da política fiscal.

O quadro anterior evidencia as escolhas enfrentadas pelos formuladores de políticas econômicas que tentaram atenuar uma recessão emergente durante a crise financeira de 2008 a 2009. Ele aborda vários temas de política econômica, ressaltando que, por exemplo, com as taxas de juros próximas de zero, a política monetária há havia atingido seus limites, forçando os governos a se voltar para a política fiscal. Esse artigo evidencia o risco de os imensos déficits federais resultantes poderem aumentar as taxas de juros e sufocar o investimento privado e que, quando a economia se recupera, esses déficits precisam ser rapidamente aparados para evitar o risco de reacender a inflação. Aliás, tal como o último parágrafo desse quadro indica, conter os déficits revelou-se um desafio difícil e controverso.

Suponhamos que o governo queira estimular a economia sem aumentar as taxas de juros. Que combinação de política fiscal e política monetária pode alcançar esse objetivo?

Revisão de **CONCEITOS** **12.2**

Políticas de oferta

As políticas fiscal e monetária são ferramentas orientadas para a demanda que afetam a economia ao estimular a demanda total por produtos e serviços. A crença implícita é de que a economia por si só não atingirá o equilíbrio de pleno emprego e a política macroeconômica pode impelir a economia para esse objetivo. Em contraposição, as políticas da oferta voltam-se para a questão da capacidade produtiva da economia. A meta é criar um ambiente em que trabalhadores e detentores de capital tenham o máximo de incentivo e capacidade para produzir e desenvolver produtos.

Os economistas da oferta também prestam considerável atenção à política tributária. Enquanto os economista da demanda observam o efeito dos impostos sobre a demanda de consumo, os economistas da oferta concentram-se nos incentivos e nas alíquotas marginais de imposto. Eles defendem que a diminuição das taxas de impostos traz à tona mais investimentos e melhora o incentivo ao trabalho, aumentando, desse modo, o crescimento econômico. Alguns chegam a ponto de afirmar que a diminuição das alíquotas de imposto pode aumentar a receita tributária porque com alíquotas mais baixas a economia e a base tributária da receita crescerão mais do que a alíquota de imposto será reduzida.

Após grandes cortes de impostos em 2001, o PIB cresceu de uma maneira relativamente rápida. Em que sentido os economistas da demanda e os da oferta diferem em suas interpretações sobre esse fenômeno?

Revisão de **CONCEITOS** **12.3**

12.6. CICLOS ECONÔMICOS

Já examinamos as ferramentas que o governo utiliza para ajustar a economia, tentando manter um baixo nível de desemprego e inflação. Apesar desses esforços, as economias sempre parecem experimentar tempos bons e ruins. Um dos determinantes da decisão de vários analistas quanto à alocação ampla de ativos é a previsão sobre se a macroeconomia está melhorando ou piorando. Uma previsão que difere do consenso do mercado pode ter um impacto importante sobre a estratégia de investimento.

O ciclo econômico

ciclos econômicos
Ciclos recorrentes de recessão e recuperação.

A economia periodicamente experimenta períodos de expansão e retração, embora a duração e a profundidade desses ciclos possam ser irregulares. Esses padrões recorrentes de recessão e recuperação são chamados de **ciclos econômicos**. A Figura 12.4 apresenta gráficos de várias medidas de produção e rendimento. Todas as séries de produção mostram uma variação em torno de uma tendência normalmente ascendente. O gráfico inferior, de utilização de capacidade, também evidencia um padrão claramente cíclico (apesar de irregular).

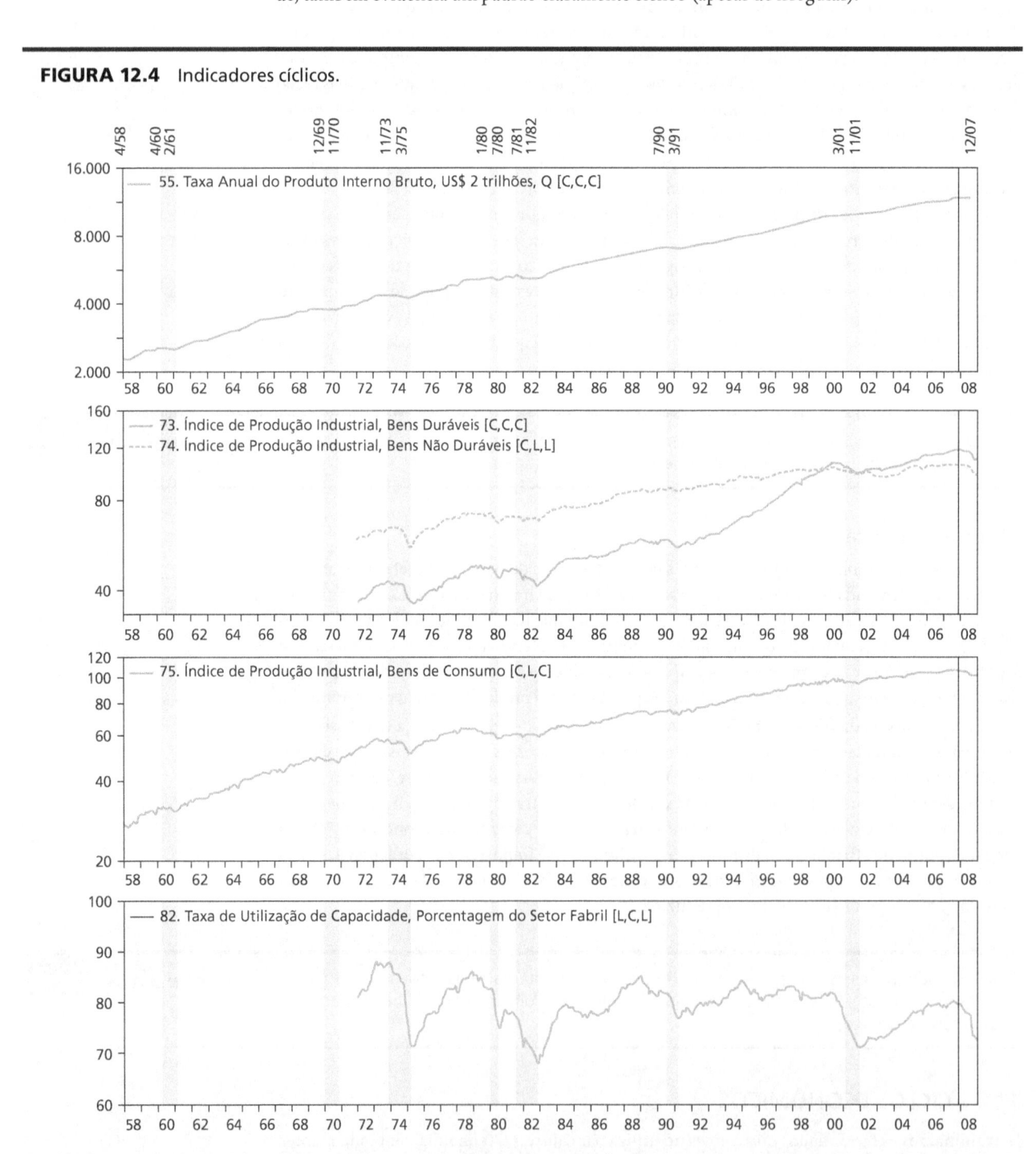

FIGURA 12.4 Indicadores cíclicos.

Fonte: The Conference Board, *Business Cycle Indicators*, dezembro de 2008. Dados utilizados com permissão da The Conference Board, Inc.

Os pontos de transição entre os ciclos são chamados de picos e vales, que são identificados pelos limites das áreas sombreadas do gráfico. **Pico** é a transição entre o final de uma expansão e o início de uma retração. O **vale** ocorre quando uma recessão atinge seu ponto mais profundo, exatamente quando a economia começa a se recuperar. As áreas sombreadas na Figura 12.4 todas representam períodos de recessão.

À medida que a economia passa por diferentes estágios do ciclo econômico, prevê-se que a lucratividade relativa de diferentes grupos setoriais varie. Por exemplo, em um vale, um pouco antes de a economia começar a se recuperar de uma recessão, espera-se que os **setores cíclicos**, aqueles com sensibilidade acima da média à conjuntura econômica, tendam a ter melhor desempenho do que outros setores. Exemplos de setores cíclicos são produtores de bens duráveis, como automóveis e máquinas de lavar. Como a compra desses produtos pode ser adiada durante uma recessão, as vendas são particularmente sensíveis a condições macroeconômicas. Outros exemplos de setor cíclico são aqueles os produtores de bens de capital, isto é, bens utilizados por outras empresas para produzir seus próprios produtos. Quando há uma queda na demanda, poucas empresas expandem e compram bens de capital. Desse modo, o setor de bens de capital é o que mais sofre com um desaquecimento, mas se sai bem em uma expansão.

Diferentemente das empresas cíclicas, os **setores defensivos** têm pouca sensibilidade ao ciclo econômico. São setores que produzem bens cujas vendas e lucros são menos sensíveis à conjuntura econômica. Os setores defensivos abrangem produtores e processadores de alimentos, empresas farmacêuticas e serviços de utilidade pública. Esses setores superarão o desempenho de outros quando a economia entrar em recessão.

A classificação cíclica/defensiva é bastante análoga à ideia de risco sistemático ou de mercado apresentada em nossa discussão sobre a teoria de carteiras. Quando as percepções sobre a saúde da economia ficam mais otimistas, por exemplo, os preços da maioria das ações aumentam à medida que as previsões de lucratividade aumentam. Como as empresas cíclicas são mais sensíveis a esses acontecimentos, o preço de suas ações subirão mais. Portanto, as empresas dos setores cíclicos tenderão a ter ações com beta alto. Desse modo, em geral as ações das empresas cíclicas apresentarão os melhores resultados quando as notícias sobre a economia forem positivas, mas também apresentarão os piores resultados quando as notícias forem ruins. Em contraposição, as empresas defensivas terão um beta baixo e um desempenho comparativamente insensível às condições do mercado em geral.

Se suas avaliações sobre a condição do ciclo econômico fossem confiavelmente mais precisas do que as de outros investidores, escolher entre setores cíclicos e defensivos seria fácil. Você escolheria os setores cíclicos quando estivesse relativamente mais otimista com relação à economia e escolheria as empresas defensivas quando estivesse relativamente mais pessimista. Entretanto, como vimos em nossa discussão sobre mercados eficientes, as opções de investimento atraentes raramente são óbvias. Normalmente só se percebe que uma recessão ou expansão iniciou ou terminou vários meses após o fato. *A posteriori*, as transições de uma expansão para uma recessão e vice-versa podem ser óbvias, mas com frequência é muito difícil afirmar se a economia está se aquecendo ou desacelerando em um momento presente.

Indicadores econômicos

Em vista da natureza cíclica da economia, é compreensível que até certo ponto o ciclo possa ser previsto. A Conference Board publica um conjunto de indicadores cíclicos para ajudar a prever, medir e interpretar flutuações de curto prazo na atividade econômica. Os **indicadores econômicos antecedentes** são as séries econômicas que tendem a subir ou cair antes do restante da economia. Os indicadores coincidentes ou defasados, tal como o nome indica, movem-se junto com a economia em geral ou com alguma defasagem.

Dez séries são agrupadas em um índice composto amplamente adotado de indicadores econômicos antecedentes. De modo semelhante, quatro indicadores coincidentes e sete defasados formam índices separados. A composição desses índices é mostrada na Tabela 12.2.

A Figura 12.5 apresenta um gráfico dessas três séries. As datas na parte superior dos gráficos correspondem aos pontos de virada entre as expansões e retrações. Embora o índice de indicadores antecedentes mude de forma consistente antes do restante da economia, o período de antecedência é um tanto instável. Além disso, o prazo até os picos é consistentemente maior do que para os vales.

---

pico
Transição entre o final de uma expansão e o início de uma retração.

vale
Ponto de transição entre a recessão e a recuperação.

setores cíclicos
Setores com sensibilidade acima da média à conjuntura econômica.

setores defensivos
Setores com sensibilidade abaixo da média à conjuntura econômica.

indicadores econômicos antecedentes
Série econômica que tende a aumentar ou diminuir de forma antecipada em relação ao restante da economia.

TABELA 12.2 Índices de indicadores econômicos

A. Indicadores antecedentes

1. Média de horas semanais dos operários de produção (manufatura)
2. Pedidos iniciais de seguro-desemprego
3. Pedidos novos de fabricantes (setores de bens de consumo e matéria-prima).
4. Fração de empresas que estão divulgando entregas mais lentas
5. Novos pedidos de bens de capital não defensivos
6. Novas unidades habitacionais particulares autorizadas por alvará de construção local.
7. Curva de rendimento: *spread* entre o rendimento de obrigações de dez anos do Tesouro e a taxa dos fundos federais
8. Preços das ações, 500 ações ordinárias
9. Taxa de crescimento da oferta de moeda (M2)
10. Índice de expectativas do consumidor

B. Indicadores coincidentes

1. Empregados em folhas de pagamento não agrícolas
2. Renda pessoal menos pagamentos de transferência
3. Produção industrial
4. Vendas fabris e comerciais

C. Indicadores defasados

1. Duração média do desemprego
2. Razão estoque/vendas.
3. Mudança no índice de custo de mão de obra por unidade de produção
4. Taxa preferencial de juros média cobrada pelos bancos
5. Empréstimos comerciais e industriais em circulação
6. Razão entre crédito ao consumidor não liquidado e renda pessoal
7. Mudança no índice de preço ao consumidor para serviços

Fonte: The Conference Board, *Business Cycle Indicators*, dezembro de 2012.

FIGURA 12.5 Índices dos indicadores antecedentes, coincidentes e defasados.

Fonte: The Conference Board, *Business Cycle Indicators*, dezembro de 2008. Dados utilizados com permissão da The Conference Board, Inc.

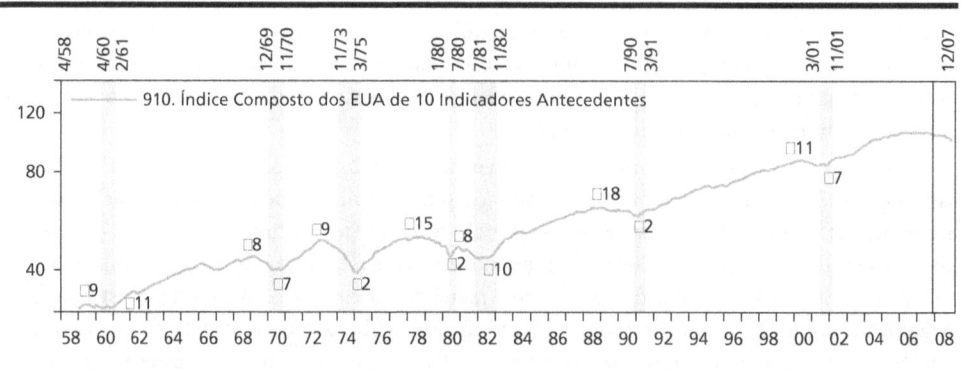

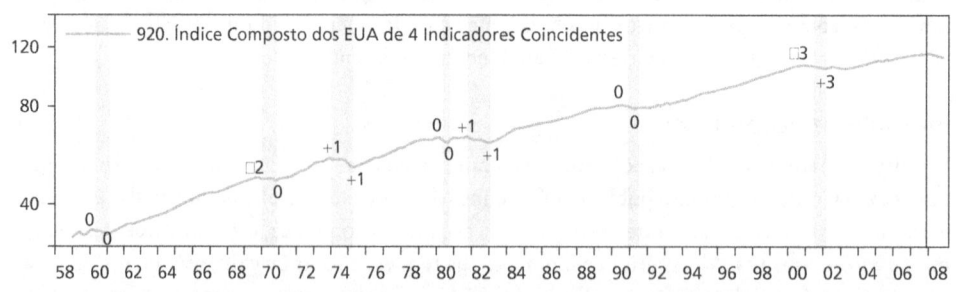

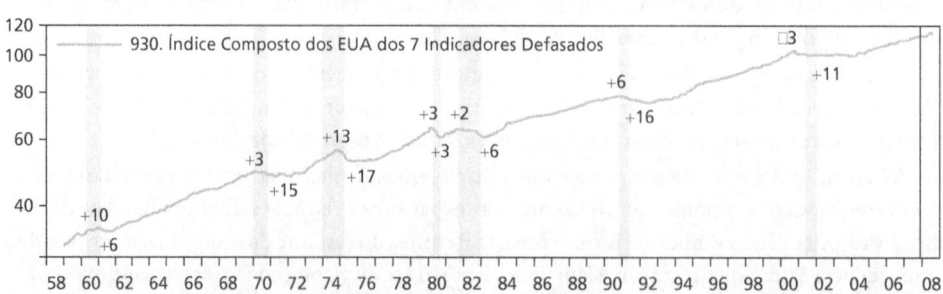

O índice de preços do mercado acionário é um indicador antecedente. É isso o que ele deve ser, porque os preços são indicadores prospectivos da lucratividade futura. Infelizmente, isso torna a série de indicadores antecedentes muito menos útil para as políticas de investimento – quando a série prevê uma virada para melhor, o mercado já reagiu. Embora o ciclo econômico possa ser até certo ponto previsível, o mercado acionário talvez não seja. Essa é apenas mais uma manifestação da hipótese de mercado eficiente.

A oferta de moeda é outro indicador antecedente. Isso faz sentido em vista de nossa discussão anterior a respeito das defasagens em torno dos efeitos da política monetária sobre a economia. Uma política monetária expansionista pode ser observada de uma maneira razoavelmente rápida, mas ela talvez não afete a economia durante vários meses. Portanto, a política monetária do presente pode muito bem prever a atividade econômica do futuro.

Outros indicadores antecedentes concentram-se diretamente nas decisões tomadas no presente que afetarão a produção no futuro próximo. Por exemplo, novos pedidos de produtos por parte de fabricantes, contratos e pedidos de fábrica e equipamentos e novas casas em construção indicam uma futura expansão na economia.

Uma série de indicadores econômicos é divulgada ao público em um "calendário econômico" regular. A Tabela 12.3 apresenta uma lista de datas e fontes para cerca de 20 estatísticas de interesse. Esses anúncios são informados na imprensa financeira – por exemplo, no *The Wall Street Journal* – assim que são divulgados. Além disso, podem ser encontrados em vários *sites* – por exemplo, no *site* do Yahoo!. A Figura 12.6 apresenta um fragmento recente da página de calendário econômico do Yahoo!. Essa página oferece uma lista dos anúncios divulgados durante a semana de 3 de janeiro de 2012. Observe que as previsões recentes de cada variável são apresentadas com o valor real de cada estatística. Isso é útil porque, em um mercado eficiente, os preços dos títulos já refletem as expectativas do mercado. As *novas* informações no anúncio determinarão a resposta do mercado.

TABELA 12.3 Calendário econômico

Estatística	Data de divulgação*	Fonte	*Site* (www.)
Vendas de automóveis e caminhões	2º dia do mês	Departamento de Comércio	commerce.gov
Inventários de negócios	15º dia do mês	Departamento de Comércio	commerce.gov
Gastos com construção	1º dia útil do mês	Departamento de Comércio	commerce.gov
Confiança do consumidor	Última terça-feira do mês	Conference Board	conference-board.org
Crédito ao consumidor	5º dia útil do mês	Conselho do Federal Reserve	federalreserve.gov
Índice de preço ao consumidor (IPC)	13º dia do mês	Departamento de Estatísticas do Trabalho	bls.gov
Pedidos de bens duráveis	26º dia do mês	Departamento de Comércio	commerce.gov
Índice de custo de emprego	Final do 1º mês do trimestre	Departamento de Estatísticas do Trabalho	bls.gov
Histórico de emprego (desemprego, semana de trabalho média, folhas de pagamento não rurais)	1ª sexta-feira do mês	Departamento de Estatísticas do Trabalho	bls.gov
Vendas de imóveis existentes	25º dia do mês	Associação Nacional de Corretores de Imóveis	realtor.org
Pedidos de fábrica	1º dia útil do mês	Departamento de Comércio	commerce.gov
Produto interno bruto	3ª-4ª semana do mês	Departamento de Comércio	commerce.gov
Construção habitacional	16º dia do mês	Departamento de Comércio	commerce.gov
Produção industrial	15º dia do mês	Conselho do Federal Reserve	federalreserve.gov
Pedidos iniciais de benefícios para desempregados	Quintas-feiras	Departamento de Trabalho	dol.gov
Balança comercial internacional	20º dia do mês	Departamento de Comércio	commerce.gov
Índice dos indicadores econômicos antecedentes	Início do mês	Conference Board	conference-board.org
Oferta de moeda	Quintas-feiras	Conselho do Federal Reserve	federalreserve.gov
Vendas de imóveis novos	Último dia útil do mês	Departamento de Comércio	commerce.gov
Índice de preço ao produtor	11º dia do mês	Departamento de Estatísticas do Trabalho	bls.gov
Produtividade e custos	2º mês do trimestre (aproximadamente 7º dia do mês)	Departamento de Estatísticas do Trabalho	bls.gov
Vendas a varejo	13º dia do mês	Departamento de Comércio	commerce.gov
Levantamento entre gerentes de compras	1º dia útil do mês	Instituto de Gestão de Oferta	ism.ws

*Muitas dessas datas de divulgação são aproximadas.

FIGURA 12.6 Calendário econômico do Yahoo! para a semana de 3 de janeiro de 2012.

Última Semana								Próxima Semana
Data	Hora (Leste)	Estatística	Para	Real	Previsão da Briefing	Expectativas do mercado	Anterior	Revisto de
3 jan.	10h00	Gastos com construção	Nov.	1,2%	0,2%	0,5%	−0,2%	0,8%
4 jan.	7h00	Índice de Hipotecas MBA	31/12	−3,7%	N/A	N/A	−2,6%	–
4 jan.	10h00	Pedidos de fábrica	Nov.	1,8%	2,6%	2,1%	−0,2%	−0,4%
5 jan.	8h15	Mudança de Emprego ADP	Dez.	325.000	200.000	180.000	204.000	206.000
5 jan.	8h30	Pedidos iniciais	31/12	372.000	375.000	375.000	387.000	381.000
5 jan.	10h00	Serviços ISM	Dez.	52,6	53	53	52	–
6 jan.	8h30	Folhas de pagamento não rurais	Dez.	211.000	200.000	170.000	120.000	140.000
6 jan.	8h30	Taxa de desemprego	Dez.	8,5%	8,7%	8,7%	8,7%	8,6%
6 jan.	8h30	Ganhos por hora	Dez.	0,2%	0,1%	0,2%	0%	−0,1%

Fonte: Yahoo! Briefing Economic Calendar, <biz.yahoo.com/c/e.html>, acesso em 10 de janeiro de 2012. Yahoo! Finance, <finance.yahoo.com>.

Outros indicadores

Além dos componentes oficiais do calendário econômico ou dos componentes dos indicadores do ciclo econômico, você pode encontrar muitas informações importantes sobre a situação da economia em outras fontes. A Tabela 12.4, criada com base em algumas sugestões da revista *Inc.*, contém algumas.[1]

TABELA 12.4 Indicadores econômicos úteis

Pesquisas de opinião junto a diretores executivos <http://businessroundtable.org>	Essa organização faz pesquisas junto a diretores executivos sobre gastos planejados, uma boa medida do otimismo desses profissionais com relação à economia.
Trabalhos temporários: Procure "Temporary Help Services" em <www.bls.gov>	Um indicador antecedente conveniente. Muitas vezes as empresas contratam trabalhadores temporários quando a economia começa a se recuperar, até o momento em que fica claro que haverá uma virada sustentável. Essa série está disponível no *site* do Departamento de Estatísticas do Trabalho.
Vendas do Walmart <www.walmartstores.com>	As vendas do Walmart são um bom indicador do setor de varejo. A empresa publica semanalmente as estatísticas "vendas na mesma loja".
Empréstimos comerciais e industriais <www.federalreserve.gov>	Esses empréstimos são utilizados por empresas de porte pequeno e médio. As informações são publicadas semanalmente pelo Federal Reserve.
Semicondutores <www.semi.org>	O índice de pedidos em carteira/pedidos efetivamente faturados (isto é, novas vendas *versus* remessas reais) indica se a demanda no setor de tecnologia está em alta (ratio > 1) ou em queda. Esse índice é publicado pela Semiconductor Equipment and Materials International.
Estruturas comerciais <www.bea.gov>	O investimento em estruturas é um indicador das previsões das empresas quanto à demanda por seus produtos no futuro próximo. Essa é uma das séries compiladas pelo Escritório de Análise Econômica como parte de sua série de PIB.

12.7. ANÁLISE SETORIAL

A análise setorial é importante pelo mesmo motivo que a análise macroeconômica: bem como é difícil um setor ter bom desempenho quando a macroeconomia não está bem, é raro uma empresa ter bom desempenho em um setor conturbado. Da mesma maneira, assim como vimos que o desempenho econômico pode variar amplamente de um país para outro, o desempenho também pode variar amplamente de um setor para outro. A Figura 12.7 mostra a dispersão do desempenho setorial, bem como o retorno sobre o patrimônio (*return on equity* – ROE) de vários grupos setoriais importantes em 2011. O ROE variou de 6,7%, referente a bancos de centro financeiro, a 36,4%, relativo a sistemas de computador.

Tendo em vista essa ampla variação na lucratividade, não é de surpreender que os grupos setoriais exibam uma dispersão considerável em seu desempenho no mercado acionário. A Figura 12.8 apresenta o desempenho no mercado acionário de 2011 dos mesmos setores incluídos na Figura 12.7. A diferença de desempenho entre os setores é notável, variando de um ganho de 27,8% no setor de restaurantes a uma perda de 33,2% nas ações de fabricantes de automóveis.

---

[1] Gene Sperling e ilustrações de Thomas Fuchs, "The Insider's Guide to Economic Forecasting", *Inc.*, agosto de 2003, p. 96.

FIGURA 12.7 Retorno sobre o patrimônio, 2011.

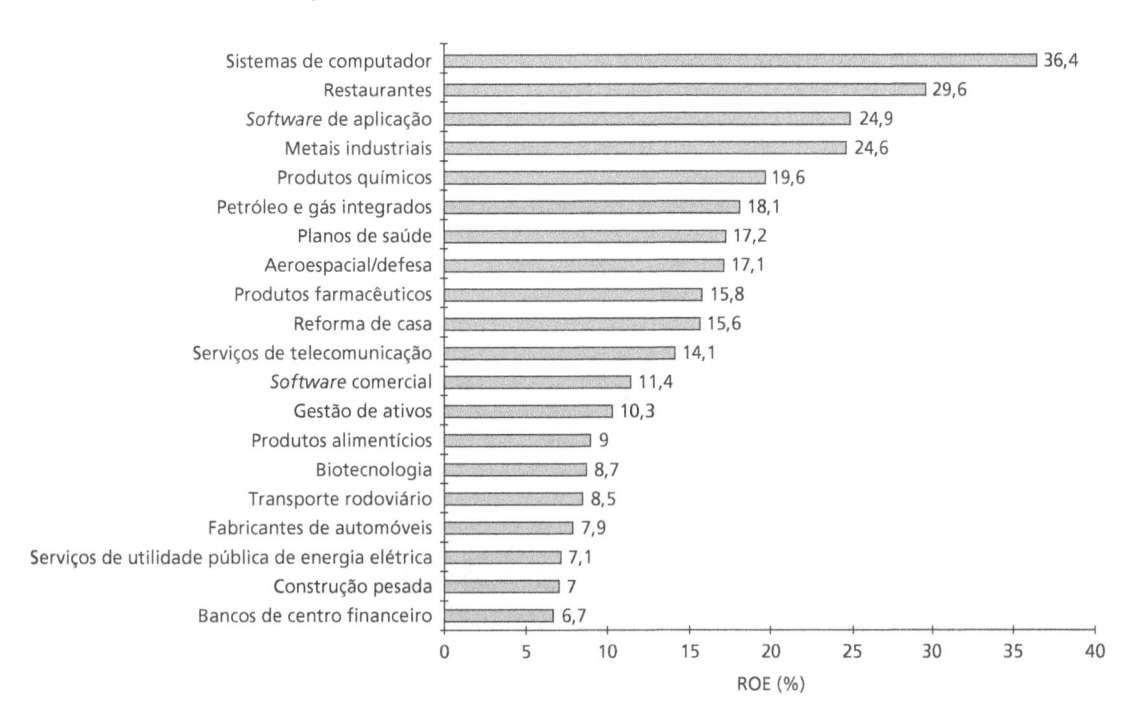

Setor	ROE (%)
Sistemas de computador	36,4
Restaurantes	29,6
Software de aplicação	24,9
Metais industriais	24,6
Produtos químicos	19,6
Petróleo e gás integrados	18,1
Planos de saúde	17,2
Aeroespacial/defesa	17,1
Produtos farmacêuticos	15,8
Reforma de casa	15,6
Serviços de telecomunicação	14,1
Software comercial	11,4
Gestão de ativos	10,3
Produtos alimentícios	9
Biotecnologia	8,7
Transporte rodoviário	8,5
Fabricantes de automóveis	7,9
Serviços de utilidade pública de energia elétrica	7,1
Construção pesada	7
Bancos de centro financeiro	6,7

Fonte: Yahoo! Finance, <finance.yahoo.com>, 11 de janeiro de 2012.

FIGURA 12.8 Desempenho de preço das ações por setor, 2011.

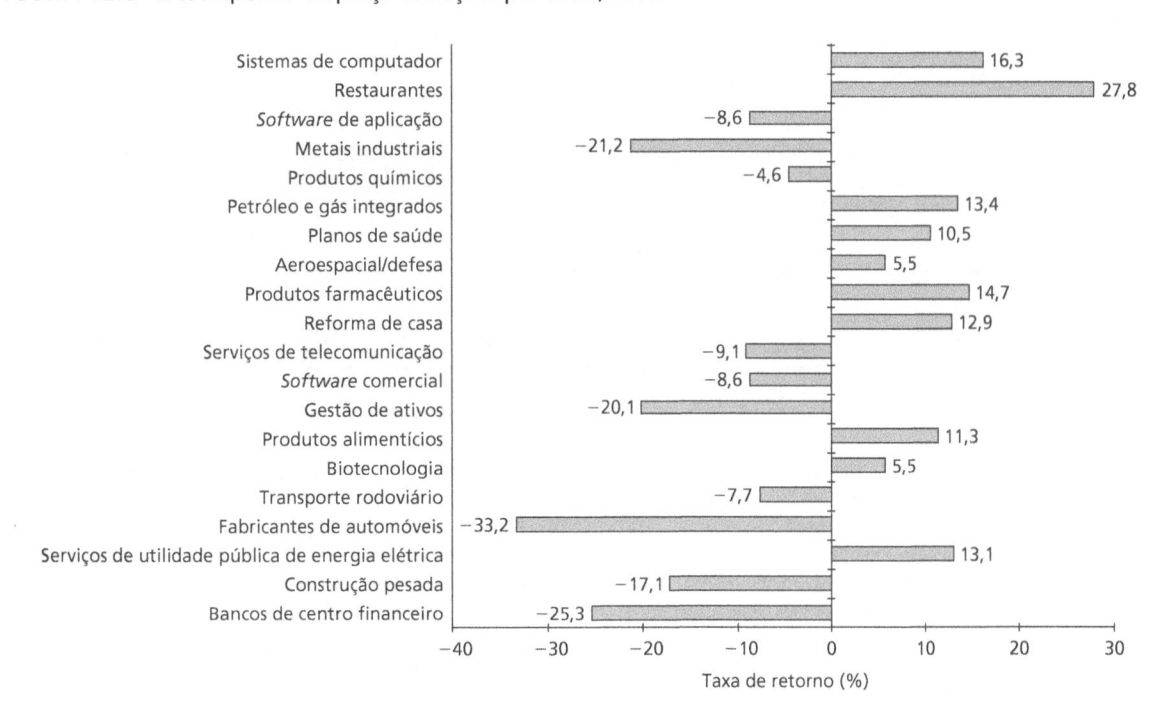

Setor	Taxa de retorno (%)
Sistemas de computador	16,3
Restaurantes	27,8
Software de aplicação	−8,6
Metais industriais	−21,2
Produtos químicos	−4,6
Petróleo e gás integrados	13,4
Planos de saúde	10,5
Aeroespacial/defesa	5,5
Produtos farmacêuticos	14,7
Reforma de casa	12,9
Serviços de telecomunicação	−9,1
Software comercial	−8,6
Gestão de ativos	−20,1
Produtos alimentícios	11,3
Biotecnologia	5,5
Transporte rodoviário	−7,7
Fabricantes de automóveis	−33,2
Serviços de utilidade pública de energia elétrica	13,1
Construção pesada	−17,1
Bancos de centro financeiro	−25,3

Fonte: *The Wall Street Journal*, 3 de janeiro de 2012.

Essa gama de desempenho estava ao alcance de praticamente todos os investidores em 2011. Lembre-se de que o iShares é um fundo negociado em bolsa (consulte o Capítulo 4, disponível no *site* <www.grupoa.com.br>) do mesmo modo que as ações e, portanto, permite que até mesmo os pequenos investidores assumam uma posição em cada setor negociado. Alternativamente, é possível investir em fundos mútuos voltados para um setor. Por exemplo, a Fidelity oferece mais de 40 fundos setoriais, cada um com um foco setorial específico.

Definindo um setor

Embora saibamos o que queremos dizer com setor, na prática talvez seja difícil estabelecer limites entre um setor e outro. Pense, por exemplo, em um dos setores retratados na Figura 12.7 – o de empresas de *software* de aplicação. Até mesmo nesse setor existe uma variação enorme em termos de foco e linha de produtos. As diferenças podem gerar uma dispersão considerável no desempenho financeiro. A Figura 12.9 mostra o ROE de 2012 de uma amostra das empresas incluídas nesse setor, e o desempenho de fato variou amplamente: de 15,2% para a Adobe a 44,2% para a Microsoft.

Um método conveniente para definir os grupos setoriais na prática é oferecido pelo Sistema Norte-Americano de Classificação de Setores (North American Industry Classification System) ou **códigos NAICS**.[2] Esses códigos são atribuídos a grupos de empresas para análise estatística. Os dois primeiros dígitos dos códigos NAICS designam uma classificação setorial bastante ampla. Por exemplo, a Tabela 12.5 mostra que os códigos para todas as empresas de construção começam com 23. Os dígitos subsequentes definem o grupo setorial de uma forma mais estreita. Por exemplo, os códigos que começam com 236 referem-se à construção de *prédios*, 2361 à construção *residencial* e 236115 à construção para uma *única família*. As empresas com os mesmos códigos NAICS de quatro dígitos normalmente são consideradas do mesmo setor.

As classificações setoriais nunca são perfeitas. Por exemplo, tanto a PCPenney quanto a Neiman Marcus podem ser classificadas como lojas de departamentos. Contudo, a primeira é uma

códigos NAICS
Classificação de empresas em grupos utilizando códigos numéricos para identificar os setores.

FIGURA 12.9
ROE de empresas de *software* de aplicação, 2012.

Fonte: Yahoo! Finance, finance.yahoo.com, 11 de janeiro de 2012.

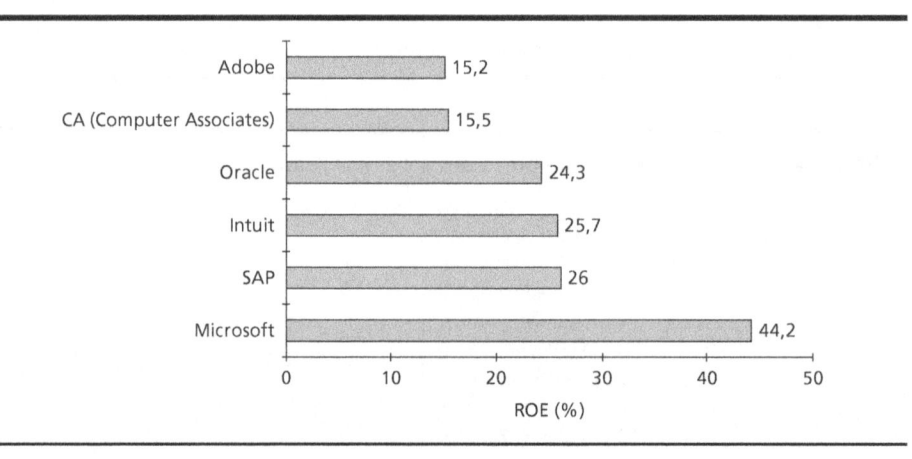

Empresa	ROE (%)
Adobe	15,2
CA (Computer Associates)	15,5
Oracle	24,3
Intuit	25,7
SAP	26
Microsoft	44,2

TABELA 12.5 Exemplos de códigos de classificação de setores (NAICS)

Códigos NAICS	Título NAICS
23	Construção
236	Construção de Prédios
2361	Construção de Prédios Residenciais
23611	Construção de Prédios Residenciais
236115	Construção de Residências Novas para uma Única Família
236116	Construção de Residências Novas para Várias Famílias
236117	Empreiteiros de Residências Novas
236118	Reformadores Residenciais
2362	Construção de Prédios Não Residenciais
23621	Construção de Prédios Industriais
236210	Construção de Prédios Industriais
23622	Construção de Prédios Comerciais e Institucionais
236220	Construção de Prédios Comerciais e Institucionais

---

[2] Esses códigos são utilizados para empresas que atuam na região do Acordo Norte-Americano de Livre-Comércio (North American Free Trade Agreement – Nafta), que abrange Estados Unidos, México e Canadá. Os códigos NAICS substituíram os códigos SIC (Standard Industry Classification) utilizados anteriormente nos Estados Unidos.

loja de "pechinchas" com alto volume de vendas, enquanto a segunda é um varejista de elite com alta margem de lucro. Será que elas estão de fato no mesmo setor? Mesmo assim, essas classificações ajudam muito na realização de análises setoriais porque com elas é possível focalizar grupos de empresas com uma definição ampla ou com uma definição razoavelmente estreita.

Várias outras classificações setoriais são fornecidas por outros analistas; por exemplo, os relatórios da Standard & Poor's sobre o desempenho de cerca de 100 grupos setoriais. A S&P calcula índices de preços de ações para cada grupo, o que é muito útil para a avaliação do desempenho de investimentos passados. O *Value Line Investment Survey* divulga as condições e perspectivas de aproximadamente 1.700 empresas, agrupadas em cerca de 90 setores. Os analistas da Value Line preparam previsões sobre o desempenho de grupos setoriais e também de cada empresa.

Sensibilidade ao ciclo econômico

Assim que o analista faz uma previsão da situação macroeconômica, é necessário determinar a consequência dessa previsão para setores específicos. Nem todos os setores são igualmente sensíveis ao ciclo econômico. Por exemplo, a Figura 12.10 apresenta um gráfico das mudanças ocorridas nas vendas a varejo (ano sobre ano) em dois setores: joalherias e mercearias. Obviamente, as vendas de joias, produtos de luxo, flutuam mais do que as das mercearias. As vendas de joias aumentaram em 1999 no auge do *boom* das ponto-com, mas tiveram uma queda acentuada nas recessões de 2001 e 2008 a 2009. Em contraposição, o crescimento das vendas do setor de gêneros alimentícios é relativamente estável. Em nenhum ano, as vendas apresentam um declínio significativo. Esses padrões são um reflexo do fato de as joias serem um produto opcional, ao passo que os produtos alimentícios são, em sua maioria, gêneros de primeira necessidade cuja demanda não cairá de forma significativa nem mesmo em tempos difíceis.

Três fatores determinarão a sensibilidade dos lucros de uma empresa ao ciclo econômico. O primeiro é a sensibilidade das vendas. Os produtos de primeira necessidade demonstrarão pouca sensibilidade às condições econômicas. Exemplos desse tipo de setor são o de alimentos, medicamentos e serviços médicos. Outros setores com pouca sensibilidade são aqueles para os quais a renda não é um fator determinante fundamental da demanda. Produtos do tabaco são exemplos desse tipo de setor. Outro setor nesse grupo é o de cinemas, pois os consumidores tendem a substituir outros tipos de entretenimento mais caros pelo cinema quando o nível de renda é baixo. Em contraposição, empresas de setores como o de máquinas operatrizes, aço, automóveis e transportes são muito sensíveis à conjuntura econômica.

O segundo fator determinante da sensibilidade ao ciclo econômico é a alavancagem operacional, que se refere a divisão entre custos fixos e variáveis. (Os custos fixos são aqueles que a

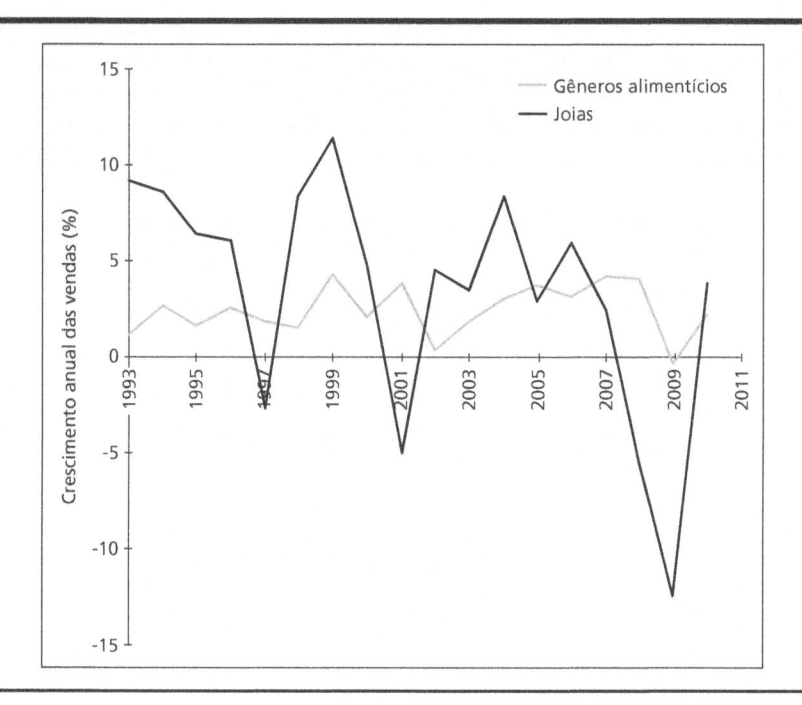

FIGURA 12.10
Ciclicidade setorial. Crescimento em vendas, ano sobre ano, em dois setores.

empresa contrai independentemente de seu nível de produção. Os custos variáveis são aqueles que aumentam ou diminuem conforme a empresa produz mais ou menos produtos.) As empresas cujos custos variáveis são superiores aos custos fixos serão menos sensíveis às condições econômicas. Isso porque, durante uma crise econômica, essas empresas podem diminuir os custos à medida que a produção cai em resposta à queda nas vendas. Os lucros das empresas com custos fixos altos oscilarão mais amplamente com as vendas porque esses custos não mudam para compensar a variabilidade na receita. Diz-se que as empresas com custos fixos altos têm alta alavancagem operacional, porque pequenas oscilações nas condições econômicas podem ter grande impacto na lucratividade.

O terceiro fator que influencia a sensibilidade ao ciclo econômico é a alavancagem financeira, que é a utilização de empréstimos. Os pagamentos de juros sobre uma dívida devem ser pagos independentemente das vendas. São custos fixos que também aumentam a sensibilidade dos lucros às condições econômicas. Teremos mais a dizer sobre alavancagem financeira no Capítulo 14.

Os investidores nem sempre preferirão os setores com menor sensibilidade ao ciclo econômico. As empresas dos setores sensíveis terão ações com beta alto e serão mais arriscadas. Porém, embora elas se abatam mais nas crises econômicas, elas se erguem mais nas retomadas econômicas. Como sempre, a questão que você deve abordar é se o retorno esperado sobre os investimentos compensa satisfatoriamente os riscos assumidos.

Rotatividade setorial

rotatividade setorial
Estratégia de investimento que envolve a mudança de uma carteira para setores em que se espera um desempenho melhor do que em outros, com base em previsões macroeconômicas.

O conceito de **rotatividade setorial** é um dos fatores utilizados por vários analistas para pensar sobre a relação entre análise setorial e ciclo econômico. A ideia é mudar mais significativamente a carteira para um setor ou grupos setoriais que, de acordo com previsões baseadas na avaliação da situação do ciclo econômico, terão melhor desempenho.

A Figura 12.11 é uma representação artificial do ciclo econômico. Próximo ao pico, a economia pode estar superaquecida, com alta inflação e altas taxas de juros e pressões de preço sobre artigos de primeira necessidade. Esse pode ser um bom momento para investir em empresas de extração e processamento de recursos naturais como minério ou petróleo.

Após um pico, quando a economia entra em retração ou recessão, espera-se que os setores defensivos menos sensíveis às condições econômicas – por exemplo, o farmacêutico, de alimentos e de outros produtos de primeira necessidade – tenham o melhor desempenho. No auge de uma retração, as empresas financeiras serão mais afetadas por uma queda no volume de empréstimos e por maiores índices de inadimplência. Entretanto, próximo ao final de uma recessão, as retrações fazem a taxa de inflação e de juros cair, favorecendo as empresas financeiras.

No vale da recessão, a economia está pronta para uma recuperação e uma expansão subsequente. Desse modo, as empresas precisam comprar novos equipamentos a fim de se preparar para saltos na demanda. Esse seria então um bom período para investir em setores de bens de capital, como equipamentos, transporte ou construção.

Por fim, em uma expansão, a economia cresce com rapidez. Setores cíclicos como o de bens de consumo duráveis e produtos de luxo terão maior lucro nesse estágio do ciclo. Os bancos

FIGURA 12.11
Uma representação artificial do ciclo econômico.

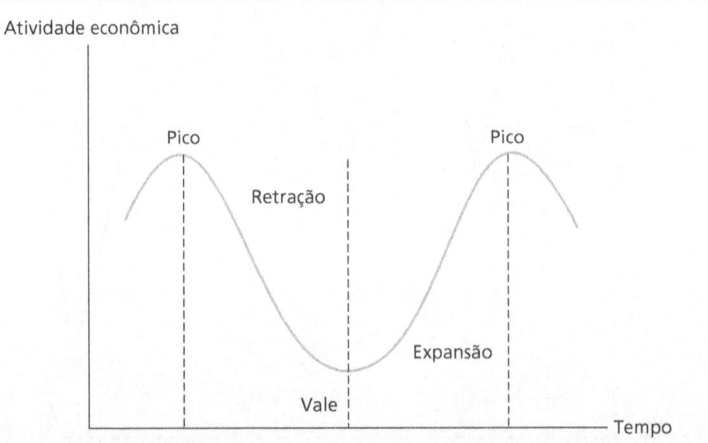

também prosperam nas expansões, visto que o volume de empréstimos será alto e o risco de inadimplência será baixo quando a economia estiver crescendo rapidamente.

A Figura 12.12 mostra a rotatividade setorial. Quando os investidores estiverem relativamente pessimistas com relação à economia, eles mudarão para setores não cíclicos, como o de produtos de consumo de primeira necessidade ou de saúde. Quando previrem uma expansão, terão preferência por setores mais cíclicos como o de matéria-prima e tecnologia.

Devemos enfatizar mais uma vez que a rotatividade setorial, tal como qualquer outra forma de cronometrar o mercado, produzirá resultados apenas se um investidor prever o estágio subsequente do ciclo econômico melhor do que os outros investidores. O ciclo econômico retratado na Figura 12.11 é extremamente artificial. Na vida real, não se sabe com tanta certeza quanto tempo cada fase do ciclo durará nem qual será seu grau de dificuldade. É com essas previsões que os analistas ganham a vida.

Revisão de CONCEITOS 12.4

Em que fase do ciclo econômico você esperaria que os setores a seguir apresentassem o melhor desempenho?
(a) Jornais   (b) Máquinas operatrizes   (c) Bebidas   (d) Madeira

---

Ciclo de vida dos setores

Examine o setor de biotecnologia e você observará muitas empresas com altas taxas de investimento, altas taxas de retorno sobre o investimento e dividendos extremamente baixos como porcentagem dos lucros. Faça o mesmo com o setor de serviços de utilidade pública de energia elétrica e você observará taxas de retorno mais baixas, taxas de investimento menores e taxas de pagamento de dividendos mais altas. Qual seria o motivo?

O setor de biotecnologia ainda é novo. As tecnologias disponibilizadas recentemente criaram oportunidades para um investimento de recursos altamente lucrativo. Os novos produtos são protegidos por patentes e as margens de lucro são altas. Com essas oportunidades de investimento lucrativo, as empresas acham favorável reinvestir todos os lucros na empresa. Em média, as empresas crescem rapidamente.

Entretanto, com o tempo, o crescimento precisa desacelerar. A alta taxa de lucratividade induzirá novas empresas a entrarem no setor. A concorrência crescente refreará os preços e as margens de lucro. Novas tecnologias são testadas e comprovadas e se tornam mais previsíveis; os níveis de risco diminuem e a entrada no mercado fica cada vez mais fácil. Quando as oportunidades de investimento se tornam menos atraentes, uma fração menor dos lucros é reinvestida na empresa. Os dividendos em dinheiro aumentam.

Por fim, em um setor maduro, observamos as *cash cows* ou vacas-leiteiras – empresas com dividendos e fluxos de caixa estáveis e pouco risco. As taxas de crescimento dessas empresas podem ser semelhantes as da economia em geral. Os setores nos estágios iniciais do ciclo de vida oferecem investimentos de alto risco e possibilidade de alto retorno. Os setores maduros oferecem menor risco/menor retorno.

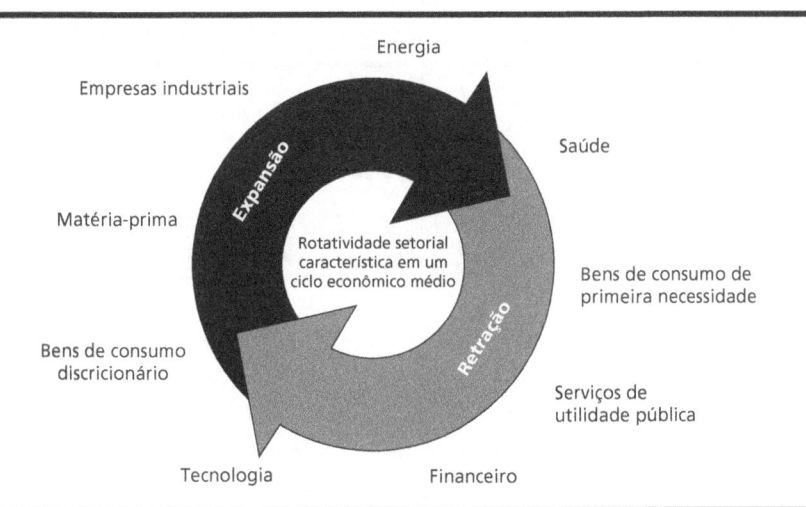

FIGURA 12.12 Rotatividade setorial.

ciclo de vida setorial
Estágios que as empresas normalmente atravessam à medida que amadurecem.

Essa análise indica um **ciclo de vida setorial** usual pode ser representado por quatro estágios: um estágio inicial, caracterizado por um crescimento extremamente rápido; um estágio de consolidação, caracterizado por um crescimento menos rápido, mas ainda assim mais rápido do que o da economia em geral; um estágio de maturidade, caracterizado por um crescimento não mais rápido do que o da economia em geral; e um estágio de declínio relativo, em que o setor cresce menos rapidamente do que o restante da economia ou na verdade encolhe. O ciclo de vida setorial é mostrado na Figura 12.13. Analisemos mais detalhadamente cada um desses estágios.

Estágio inicial Os primeiros estágios de um setor com frequência são caracterizados por uma nova tecnologia ou produto, como os computadores pessoais de mesa na década de 1980, os celulares na década de 1990 ou a nova geração de *smartphones* 4G que está sendo lançada atualmente. Nesse estágio, é difícil prever quais empresas serão as mais avançadas do setor. Algumas terão sucesso desenfreado, outras fracassarão totalmente. Portanto, escolher determinada empresa dentro do setor envolve um risco considerável. Por exemplo, no setor de *smartphones*, ainda existe uma disputa entre tecnologias concorrentes, como os telefones Android, do Google, *versus* o iPhone, da Apple, e continua sendo difícil prever a participação de mercado final.

Entretanto, em nível de setor, não há dúvida de que as vendas e os lucros crescerão a um ritmo acelerado, visto que o novo produto ainda não ficou saturado no mercado. Por exemplo, em 2000, poucos domicílios tinham *smartphones*. Portanto, o mercado em potencial para esse produto era imenso. Em contraposição, considere o mercado para um produto maduro – por exemplo, as geladeiras. Nos Estados Unidos, praticamente todos os domicílios têm geladeira. Por isso, o mercado para esse produto é composto principalmente de domicílios que estão substituindo as geladeiras antigas. Obviamente, na próxima década a taxa de crescimento nesse mercado será bem inferior à dos *smartphones*.

Estágio de consolidação Depois que um produto se torna consagrado, começam a surgir líderes do setor. As empresas que sobreviveram ao estágio inicial são mais estáveis e sua participação de mercado é mais fácil de prever. Desse modo, o desempenho das empresas sobreviventes acompanhará mais de perto o desempenho do setor como um todo. O setor continua crescendo mais rápido do que o restante da economia quando o produto penetra o mercado e passa a ser comumente usado.

Estágio de maturidade Nesse ponto, o produto já atingiu seu potencial de uso entre os consumidores. Qualquer crescimento complementar provavelmente se limitará a acompanhar o crescimento da economia em geral. O produto já se tornou bastante convencional, e os fabricantes são obrigados a concorrer cada vez mais em termos de preço. Isso estreita as margens de lucro e pressiona mais os lucros. As empresas que se encontram nesse estágio são conhecidas como "*cash cows*", isto é, elas oferecem fluxos de caixa razoavelmente estáveis, mas poucas oportunidades para uma expansão lucrativa. Nesse caso, é melhor "extrair" o fluxo de caixa do que reinvesti-lo na empresa.

Classificamos os computadores pessoais de mesa como um setor recém-criado na década de 1980. Em meados da década de 1990, já era um setor maduro, com alta penetração de mercado, considerável concorrência de preços, pequenas margens de lucro e vendas mais lentas. Nes-

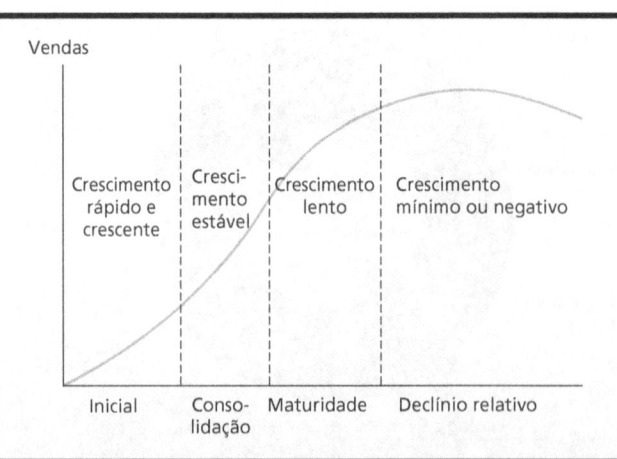

FIGURA 12.13
Ciclo de vida setorial.

sa década, os computadores de mesa cederam progressivamente seu lugar aos *notebooks*, que se encontravam em seu estágio inicial. No espaço de 12 anos, os *notebooks* entraram em seu estágio de maturidade, tornaram-se convencionais, ganharam uma considerável penetração de mercado e enfrentaram uma drástica concorrência de preço. Hoje, os computadores *tablet* é que se encontram em seu estágio inicial.

Declínio relativo Nesse estágio, o setor pode crescer a um ritmo mais lento do que o da economia em geral ou pode até encolher. Isso pode ocorre em virtude da obsolescência do produto, da concorrência de novos produtos ou da concorrência de novos fornecedores de baixo custo; pense, por exemplo, na substituição contínua dos computadores de mesa pelos *notebooks*.

Em que estágio do ciclo de vida os investimentos em um setor são mais atraentes? O conhecimento convencional diz que os investidores devem procurar empresas em setores de alto crescimento. Entretanto, essa receita para o sucesso é simplista. Se os preços dos títulos já refletirem a probabilidade de alto crescimento, isso significa que já é tarde demais para ganhar dinheiro com essa informação. Além disso, o alto crescimento e os lucros gordos estimulam a concorrência de outros produtores. A exploração de oportunidades de lucro cria novas fontes de oferta que com o tempo diminuem os preços, os lucros, os retornos sobre o investimento e, por fim, o crescimento. Essa é a dinâmica por trás da progressão de um estágio para outro do ciclo de vida setorial. O famoso gestor de carteira Peter Lynch defende essa ideia em *One Up on Wall Street* (*O Jeito de Peter Lynch de Investir*). Ele afirma:

> Muitas pessoas preferem investir em um setor de alto crescimento onde há muito barulho e frenesi. Eu não. Prefiro investir em um setor de baixo crescimento [...]. Nesse tipo de setor, especialmente em um setor desinteressante ou que perturba as pessoas [como as funerárias ou a recuperação de tambores de petróleo], não há nenhum problema com a concorrência. Não precisamos proteger nossos flancos contra possíveis concorrentes [...] e isso oferece [a uma empresa individual] liberdade de movimento para continuar a crescer. [página 131]

Na verdade, Lynch utiliza um sistema de classificação de setores muito parecido com a abordagem de ciclo de vida que descrevemos. Ele enquadra as empresas nos seis grupos a seguir:

1. *Empresas de crescimento lento.* Empresas grandes e já antigas que crescerão apenas um pouco mais rápido do que a economia em geral. Essas empresas chegaram ao ápice de sua fase de crescimento rápido anterior. Normalmente, elas têm fluxos de caixa contínuos e pagam dividendos generosos, o que indica que elas estão gerando mais dinheiro do que pode ser reinvestido lucrativamente na empresa.

2. *Empresas robustas.* Empresas grandes e famosas, como a Coca-Cola ou Colgate-Palmolive. Elas crescem mais rapidamente do que as de crescimento lento, mas não estão no estágio inicial de crescimento extremamente rápido. Essas empresas também tendem a estar em setores não cíclicos relativamente insensíveis a recessões.

3. *Empresas de rápido crescimento.* Novas empresas pequenas e agressivas, com taxas de crescimento anuais de 20 a 25%. O crescimento da empresa pode decorrer do crescimento do setor como um todo ou de uma maior participação de mercado em um setor mais maduro.

4. *Empresas cíclicas.* São empresas com vendas e lucros que regularmente se ampliam e contraem conforme o ciclo econômico. São exemplos as empresas de automóveis, as siderúrgicas ou o setor de construção.

5. *Empresas que dão a volta por cima.* São empresas que estão em processo de falência ou em breve entrarão nesse processo. Se elas conseguem se recuperar do que parece ser um desastre iminente, podem oferecer retornos significativos sobre o investimento. Um bom exemplo desse tipo de empresa é a Chrysler, que, em 1982, solicitou uma garantia do governo sobre sua dívida para evitar a falência. O preço de suas ações subiu 15 vezes nos cinco anos seguintes.

6. *Empresas que operam com ativos.* Essas empresas possuem ativos valiosos que atualmente não se refletem no preço de suas ações. Por exemplo, uma empresa pode ser dona ou estar localizada em um imóvel importante cujo valor é igual ou superior ao dos empreendimentos dessa empresa. Algumas vezes, o ativo oculto pode ser uma compensação de prejuízo fiscal com período-base subsequente. Outras vezes o ativo pode ser intangível. Por exemplo, uma empresa de TV a cabo pode ter uma lista valiosa de assinantes. Esses ativos não geram fluxo de caixa imediatamente e, por isso, podem ser mais facilmente ignorados por outros analistas que estão tentando avaliar a empresa.

Estrutura e desempenho setorial

O amadurecimento de um setor compreende mudanças regulares no ambiente competitivo das empresas. Examinaremos como tema final a relação entre estrutura, estratégia competitiva e lucratividade setorial. Michael Porter (1980, 1985) evidenciou essas cinco forças determinantes da concorrência: ameaça de novos concorrentes, rivalidade entre concorrentes existentes, pressão de preço de produtos substitutos, poder de barganha dos clientes e poder de barganha dos fornecedores.

Ameaça de novos concorrentes Os novos concorrentes de um setor pressionam os preços e os lucros. Mesmo que uma empresa ainda não tenha entrado em um setor, a possibilidade de que entre já pressiona os preços, visto que preços altos e margens de lucro altas estimulam a entrada de novos concorrentes. Desse modo, as barreiras à entrada podem ser um determinante fundamental de lucratividade do setor. Essas barreiras podem assumir várias formas. Por exemplo, as empresas existentes talvez já tenham canais de distribuição seguros para seus produtos em vista de relacionamentos duradouros com clientes ou fornecedores, relacionamentos esses que poderiam ser caros para um novo concorrente reproduzir. A lealdade à marca também dificulta a entrada de novos concorrentes no mercado e oferece às empresas maior liberdade para determinar os preços. O conhecimento patenteado ou protegido por patente também pode oferecer vantagens às empresas no atendimento a um mercado. Por fim, a experiência de uma empresa em determinado mercado pode lhe oferecer vantagens de custo em virtude da aprendizagem ela obtém com o passar do tempo.

Rivalidade entre concorrentes existentes Quando existem vários concorrentes em determinado setor, geralmente a concorrência de preço aumenta e as margens de lucro diminuem à medida que os concorrentes procuram aumentar sua participação de mercado. O crescimento lento do setor contribui para essa concorrência, já que a expansão deve ocorrer à custa da participação de mercado de um concorrente. Os custos fixos altos também pressionam a redução de preços porque os custos fixos pressionam mais as empresas a operar quase em plena capacidade. Os setores que produzem bens relativamente homogêneos também estão sujeitos a uma concorrência de preço considerável porque as empresas não conseguem concorrer em termos de diferenciação de produto.

Pressão de produtos substitutos Isso significa que o setor enfrenta concorrência de empresas em setores análogos. Por exemplo, os produtores de açúcar concorrem com os de xarope de milho. Os produtores de lã concorrem com os de fibra sintética. A disponibilidade de produtos substitutos restringe os preços que podem ser cobrados dos clientes.

Poder de barganha dos clientes Se um cliente comprar uma grande fração da produção de um setor, ele terá um poder de barganha considerável e poderá exigir concessões de preço. Por exemplo, os fabricantes de automóveis podem pressionar os fornecedores de peças de automóveis. Isso diminui a lucratividade do setor de peças de automóveis.

Poder de barganha dos fornecedores Se o fornecedor de um insumo fundamental tiver um controle monopolizador sobre o produto, ele poderá exigir preços mais altos pelo produto e comprimir os lucros do setor. Um exemplo especial dessa questão é a mão de obra organizada, que fornece um insumo fundamental ao processo de produção. Os sindicatos trabalhistas participam de negociações coletivas para aumentar o salário pago aos trabalhadores. Quando o mercado de mão de obra é amplamente sindicalizado, uma parcela significativa do potencial de lucro do setor pode ser capturada pela força de trabalho.

O principal fator que determina o poder de barganha dos fornecedores é a disponibilidade de produtos substitutos. Se houver produtos substitutos, o fornecedor terá pouco respaldo e influência e não conseguirá obter preços mais altos.

RESUMO

- A política macroeconômica tem por objetivo manter a economia próxima do pleno emprego sem agravar as pressões inflacionárias. O equilíbrio apropriado entre esses dois objetivos é tema de constante debate.
- As ferramentas tradicionais da macropolítica são os gastos e a arrecadação de impostos por parte do governo, que fazem parte da política fiscal, e o controle da oferta de moeda

por meio da política monetária. A política fiscal expansionista pode estimular a economia e aumentar o PIB, mas tende a elevar as taxas de juros. Ela funciona quando abaixa as taxas de juros.

- Ciclo econômico é o padrão recorrente de expansões e recessões. Os indicadores econômicos antecedentes podem ser utilizados para prever a evolução do ciclo econômico porque seus valores tendem a mudar antes do valores de outras variáveis econômicas fundamentais.
- Os setores diferem em relação à sensibilidade ao ciclo econômico. Os setores mais sensíveis tendem a ser aqueles que produzem bens duráveis de preço alto, em relação aos quais o consumidor tem grande liberdade com respeito ao momento da compra. São exemplos os automóveis e os bens duráveis de consumo. Outros setores sensíveis são aqueles que produzem bens de capital para outras empresas. A alavancagem operacional e a alavancagem financeira aumentam a sensibilidade ao ciclo econômico.

Básicos

1. Quais as diferenças entre os métodos ascendentes e descendentes de avaliação de títulos? Quais são as vantagens do método descendente? (OA 12.1)
2. Por que intuitivamente faz sentido considerar a inclinação da curva de rendimento um indicador econômico antecedente? (OA 12.2)
3. Qual das empresas a seguir teria uma sensibilidade abaixo da média à conjuntura econômica? (OA 12.3)
    a. Uma empresa que opera com ativos.
    b. Uma empresa cíclica.
    c. Uma empresa defensiva.
    d. Uma empresa robusta.
4. O preço do petróleo importado caiu sensivelmente no final de 2008. Que tipo de choque macroeconômico esse acontecimento seria considerado? (OA 12.1)
5. Em que sentido cada um dos itens a seguir afeta a sensibilidade dos lucros ao ciclo econômico? (OA 12.3)
    a. Alavancagem financeira.
    b. Alavancagem operacional.
6. O valor presente dos fluxos de caixa projetados de uma empresa corresponde a US$ 15 milhões. O valor de liquidação forçada da empresa, se você tivesse de vender os ativos e as divisões principais separadamente, corresponderia a US$ 20 milhões. Esse é um exemplo do que Peter Lynch chamaria de: (OA 12.4)
    a. Empresa robusta.
    b. Empresa de crescimento lento.
    c. Empresa que dá a volta por cima.
    d. Empresa que opera com ativos.
7. Defina cada um dos itens a seguir no contexto de ciclo econômico. (OA 12.2)
    a. Pico.
    b. Retração.
    c. Vale.
    d. Expansão.
8. Qual dos itens a seguir é coerente com uma curva de rendimento acentuadamente inclinada para cima? (OA 12.2)
    a. Política monetária expansionista e política fiscal expansionista.
    b. Política monetária expansionista e política fiscal restritiva.
    c. Política monetária restritiva e política fiscal restritiva.
9. Qual dos itens a seguir *não* é uma política estrutural governamental que os economistas da oferta acreditam que promova um crescimento duradouro na economia? (OA 12.1)

CONJUNTO DE PROBLEMAS

Acesse o *site* do Grupo A e consulte os Suplementos deste capítulo

a. Sistema fiscal redistributivo.
b. Promoção da concorrência.
c. Interferência mínima do governo na economia.

10. O que costuma ser verdadeiro com relação às taxas corporativas de pagamento de dividendos nos estágios iniciais do ciclo de vida de um setor? Por que isso faz sentido para você? (OA 12.4)

11. Se a taxa nominal de juros é 5% e a taxa de inflação é 3%, qual a taxa real de juros? (OA 12.1)

12. A FinanceCorp tem custos fixos de US$ 7 milhões e lucro de US$ 4 milhões. Qual é o grau de alavancagem operacional (GAO) dessa empresa? (OA 12.3)

Intermediários

13. Escolha um setor e identifique os fatores que determinarão seu desempenho nos próximos três anos. Qual sua previsão para esse período? (OA 12.3)

14. Quais políticas monetárias e fiscais poderiam ser prescritas para uma economia em profunda recessão? (OA 12.1)

15. Se você acreditar que o dólar americano está para sofrer uma desvalorização muito maior do que os outros investidores acreditam, qual será sua posição quanto a investimentos em montadoras de automóveis dos Estados Unidos? (OA 12.1)

16. Diferentemente de outros investidores, você acredita que o Banco Central afrouxará consideravelmente a política monetária. Qual seria sua recomendação quanto aos investimentos nos setores a seguir? (OA 12.1)
    a. Mineração de ouro.
    b. Construção.

17. Pense em duas empresas que produzem *smartphones*. Uma utiliza um processo robótico altamente automatizado, enquanto a outra emprega trabalhadores em uma linha de produção e paga hora extra quando há alta demanda de produção. (OA 12.3)
    a. Qual empresa terá maior lucratividade em uma recessão? E em um *boom*?
    b. Qual das empresas terá ações com um beta mais alto?

18. De acordo com os economistas da oferta, qual será o impacto de longo prazo sobre os preços de uma redução nas taxas de imposto de renda? (OA 12.1)

19. A seguir temos quatro setores e quatro previsões para a macroeconomia. Escolha o setor que você espera que tenha o melhor desempenho em cada cenário. (OA 12.3)
    Setores: construção civil, saúde, mineração de ouro, produção de aço.
    Previsões econômicas:
    Recessão profunda: inflação decrescente, taxas de juros decrescentes e PIB decrescente.
    Economia superaquecida: rápido crescimento do PIB, inflação crescente e taxas de juros crescentes.
    Expansão saudável: PIB crescente, inflação moderada, baixo desemprego.
    Estagflação: PIB decrescente, inflação alta.

20. Para cada par de empresas, escolha aquele que você acha que seria mais sensível ao ciclo econômico. (OA 12.3)
    a. Automóveis Gerais ou Farmacêutica Geral.
    b. Companhia Aérea Amizade ou Cinemas Felizes.

21. Em qual estágio do ciclo de vida setorial você colocaria os seguintes setores? (*Atenção:* Existem muitas possibilidades de discordância com relação às respostas "corretas" para essa pergunta.) (OA 12.4)
    a. Equipamento de poço de petróleo.
    b. *Hardware* de computador.
    c. *Software* de computador.
    d. Engenharia genética.
    e. Ferrovias.

22. Por que você acha que o índice de expectativas do consumidor é um indicador antecedente útil para a macroeconomia? (Consulte a Tabela 12.2.) (OA 12.2)
23. Por que você acha que a mudança no índice de custo de mão de obra por unidade de produção é um indicador defasado útil para a macroeconomia? (Consulte a Tabela 12.2.) (OA 12.2)
24. Você tem US$ 5 mil para investir ao longo do próximo ano e está pensando em três alternativas:
    a. Um fundo do mercado monetário com vencimento médio de 30 dias rendimento atual de 6% ao ano.
    b. Uma poupança bancária de um ano que oferece uma taxa de juros de 4,5%.
    c. Uma obrigação de 20 anos do Tesouro dos Estados Unidos com rendimento até o vencimento de 6% ao ano.

    Qual papel sua previsão sobre as taxas de juros futuras exerce em sua decisão? (OA 12.1)
25. A General Weedkillers domina o mercado de controle químico de ervas daninhas com seu produto patenteado Weed-ex. Contudo, sua patente está para expirar. Quais são suas previsões de mudança no setor? Especificamente, o que acontecerá com os preços do setor, as vendas, as perspectivas de lucro da General Weedkillers e as perspectivas de lucro de seus concorrentes? Que estágio do ciclo de vida setorial você acha relevante para a análise desse mercado? (OA 12.4)

Utilize o caso a seguir para responder os Problemas 26 a 28: A Institutional Advisors for All Inc., ou IAAI, é uma empresa de consultoria que oferece serviços principalmente para instituições, como fundações, fundos de dotações, planos de pensão e seguradoras. Além disso, a IAAI presta consultoria a determinado grupo de investidores individuais que possuem grandes carteiras. Uma das declarações que a empresa faz em suas propagandas é que a IAAI investe recursos consideráveis para prever determinar tendências de longo prazo; por isso, ela utiliza modelos de investimento comumente aceitos para identificar em que sentido esses fundos podem afetar o desempenho dos vários investimentos. Recentemente, os membros do departamento de pesquisa da IAAI chegaram a algumas conclusões a respeito de determinadas tendências macroeconômicas importantes. Por exemplo, eles observaram uma tendência ascendente na criação de empregos e na confiança dos consumidores e previram que essa tendência continuará durante alguns anos. Outros indicadores antecedentes domésticos que o departamento de pesquisa da IAAI deseja considerar são produção industrial, média de horas semanais no setor fabril, preços das ações do S&P 500, oferta de moeda M2 e índice de expectativas do consumidor.

Com base nas previsões de criação de empregos e confiança dos consumidores, os consultores de investimentos da IAAI desejam fazer algumas recomendações a seus clientes. Eles utilizam teorias consagradas que relacionam a criação de empregos e a confiança dos consumidores com a inflação e as taxas de juros e depois incorporam as mudanças de previsão de inflação e taxas de juros em modelos estabelecidos para explicar os preços dos ativos. A principal preocupação é prever como as tendências na criação de empregos e na confiança dos consumidores afetarão os preços das obrigações e como essas tendências afetarão os preços das ações.

Os membros do departamento de pesquisa da IAAI também observaram que as ações subiram no ano anterior, e essa informação é inserida nas previsões sobre a economia geral que eles oferecem. Os pesquisadores consideram a tendência de crescimento do mercado acionário em si um indicador econômico positivo; porém, eles discordam quanto ao motivo disso.

26. Os pesquisadores da IAAI previram tendências positivas tanto para a criação de empregos quanto para a confiança dos consumidores. Qual dessas tendências, se alguma, terá um efeito positivo sobre os preços das ações? (OA 12.1)
27. Os preços das ações são um indicador antecedente útil. Para explicar esse fenômeno, qual das afirmações a seguir é *mais* precisa? Os preços das ações (OA 12.2)
    a. predizem as taxas de juros futuras e refletem as tendências em outros indicadores.
    b. não predizem as taxas de juros futuras, nem estão correlacionadas com outros indicadores antecedentes; a utilidade dos preços das ações como indicador antecedente é um mistério.

c. refletem apenas as tendências em outros indicadores antecedentes e não têm um poder preditivo próprio.

28. Qual das séries domésticas que o departamento de pesquisa da IAAI relacionou para utilização como indicador antecedente é a *menos* apropriada? (OA 12.2)
    a. Produção industrial.
    b. Média de horas semanais do setor fabril.
    c. Oferta de moeda M2.

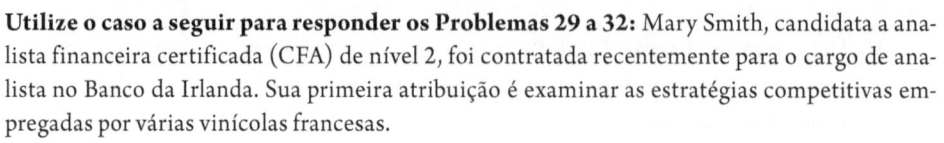

Utilize o caso a seguir para responder os Problemas 29 a 32: Mary Smith, candidata a analista financeira certificada (CFA) de nível 2, foi contratada recentemente para o cargo de analista no Banco da Irlanda. Sua primeira atribuição é examinar as estratégias competitivas empregadas por várias vinícolas francesas.

O relatório de Mary Smith identifica quatro vinícolas que são os principais concorrentes no setor de vinhos da França. As principais características de cada uma são citadas na Tabela 12.6. No corpo do relatório de Mary, elas inclui uma análise sobre a estrutura competitiva do setor francês de vinhos. Elas ressalta que ao longo dos últimos anos, o setor de vinhos da França não respondeu à variedade de paladar dos consumidores. As margens de lucro diminuiu gradualmente e o número de empresas que representam o setor caiu de dez para quatro. Parece que os participantes do setor de vinhos da França precisam se fundir para sobreviver.

TABELA 12.6 Características de quatro importantes vinícolas francesas

	Vinícola do Sul	Vinícola do Norte	Vinícola do Leste	Vinícola do Oeste
Data de Fundação	1750	1903	1812	1947
Estratégia competitiva genérica	?	Liderança em custo	Liderança em custo	Liderança em custo
Principal mercado de clientes (concentração acima de 80%)	França	França	Inglaterra	Estados Unidos
Local de produção	França	França	França	França

O relatório de Mary ressalta que os consumidores franceses têm um forte poder de barganha sobre o setor. Ela respalda essa conclusão com cinco pontos fundamentais, que ela chama de "Poder de Barganha dos Consumidores".

- Muitos consumidores estão tomando mais cerveja do que vinho durante as refeições e em ocasiões especiais.
- As vendas crescentes por meio da internet possibilitam que os consumidores pesquisem melhor os vinhos, leiam as opiniões de outros clientes e identifiquem quais produtores têm os melhores preços.
- O setor francês de vinhos está passando por um processo de fusão e compreende atualmente apenas quatro vinícolas, em comparação a dez há cinco anos.
- Mais de 65% dos negócios do setor de vinhos da França correspondem a compras realizadas por restaurantes. Normalmente, os restaurantes compram grandes volumes, como de quatro a cinco caixas de vinho por vez.
- As terras em que o solo é suficientemente fértil para a plantação das uvas necessárias para o processo de produção de vinho estão escassas na França.

Depois de concluir o primeiro esboço de seu relatório, Mary o leva a seu chefe, Ron VanDriesen, para que ele o revise. VanDriesen lhe diz que ele é um conhecedor de vinhos e que compra com frequência da Vinícola do Sul. Mary diz a VanDriesen: "No meu relatório eu classifico a Vinícola do Sul como uma empresa prensada no meio. Ela tenta ter liderança em custo vendendo os vinhos por um preço um pouco abaixo do de outras empresas, mas tenta também se diferenciar dos concorrentes produzindo vinhos em garrafa com colarinho curvo, o que aumenta sua estrutura de custos. O resultado é que a margem de lucro da Vinícola do Sul é prensada por ambos os lados". VanDriesen responde: "Conheci alguns membros da equipe executiva da Vinícola do Sul em algumas das convenções de vinho das quais participei. Acredito que a Vinícola do Sul poderia se dar bem se adotasse a estratégia de liderança em custo e de diferenciação se suas operações fossem separadas em unidades operacionais distintas, em que cada uma adotasse uma estratégia competitiva diferente". Mary toma nota para pesquisar mais sobre estratégias competitivas genéricas a fim de confirmar as afirmações de VanDriesen antes de publicar a versão final de seu relatório.

29. Se a moeda francesa estivesse para sofrer uma valorização considerável em comparação com a moeda inglesa, qual seria o provável impacto da posição competitiva da Vinícola do Leste? (OA 12.1)

    a. Tornar a empresa menos competitiva no mercado inglês.

    b. Nenhum impacto, visto que o principal mercado da Vinícola do Leste é a Inglaterra, e não a França.

    c. Tornar a empresa mais competitiva no mercado inglês.

30. Qual dos pontos defendidos por Mary respalda eficazmente a conclusão de que os consumidores franceses têm um forte poder de barganha sobre o setor. (OA 12.4)

31. May ressalta em seu relatório que a Vinícola do Oeste poderia diferenciar seus vinhos com atributos que os consumidores consideram importantes. Qual dos atributos a seguir seria a área de focalização *mais provável* para a Vinícola do Oeste criar um produto diferenciado? (OA 12.4)

    a. Método de entrega do produto.

    b. O preço do produto.

    c. Foco sobre clientes com 30 a 45 anos.

32. Mary sabe que a estratégia genérica de uma empresa deve ser o ponto central de seu plano estratégico. Com base em uma compilação de pesquisas e documentos, Mary faz três observações sobre a Vinícola do Norte e seu processo de planejamento estratégico:

    i. As previsões de preço e custo da Vinícola do Norte levam em conta mudanças futuras na estrutura do setor de vinhos da França.

    ii. A Vinícola do Norte enquadra cada uma de suas unidades de negócios em três categorias: construir, manter ou colher.

    iii. A Vinícola do Norte utiliza a participação de mercado como uma medida fundamental de sua posição competitiva.

    Qual dessas observações *menos* respalda a conclusão de que o processo de planejamento estratégico da Vinícola do Norte é orientado e fundamentado por sua estratégia competitiva genérica? (OA 12.4)

Difícil

33. A OceanGate vende discos rígidos externos por US$ 200 cada. O total de custo fixo é US$ 30 milhões e o custo variável por unidade é US$ 140. A taxa de juros corporativa é 30%. Se a economia estiver firme, a empresa venderá dois milhões de unidades. Porém, se houver recessão, ela venderá metade dessa quantidade. Qual é o grau de alavancagem operacional da empresa? Se a economia entrar em recessão, qual será o lucro da empresa após os impostos? (OA 12.3)

Questões CFA

1. Como analista de títulos, você foi incumbido de rever a avaliação de uma empresa de capital fechado, a Wigwam Autoparts Heaven Inc. (WAH), que foi preparada pelo Red Rocks Group (RRG). Você deve dar sua opinião e respaldá-la analisando todas as partes da avaliação. A única atividade da WAH é a venda a varejo de peças automotivas. A avaliação do RRG contém uma seção denominada "Análise do Setor Varejista de Peças Automotivas", completamente fundamentada nos dados da Tabela 12.7 e nas informações complementares a seguir:

    - A WAH e cada um de seus principais concorrentes operaram mais de 150 lojas no final do ano fiscal de 2010.

    - O número médio de lojas por empresa no setor varejista de peças automotivas é 5,3.

TABELA 12.7 Dados selecionados do setor de varejo de peças de automóveis

	2010	2009	2008	2007	2006	2005	2004	2003	2002	2001
População 18-29 anos de idade (mudança percentual)	–1,8%	–2%	–2,1%	–1,4%	–0,8%	–0,9%	–1,1%	–0,9%	–0,7%	–0,3%
Número de domicílios com renda superior a US$ 40.000 (mudança percentual)	6%	4%	8%	4,5%	2,7%	3,1%	1,6%	3,6%	4,2%	2,2%
Número de domicílios com renda inferior a US$ 40.000 (mudança percentual)	3%	–1%	4,9%	2,3%	–1,4%	2,5%	1,4%	–1,3%	0,6%	0,1%
Número de carros com 5 a 15 anos de uso (mudança percentual)	0,9%	–1,3%	–6%	1,9%	3,3%	2,4%	–2,3%	–2,2%	–8%	1,6%
Vendas de varejo do setor automotivo de reposição (mudança percentual)	5,7%	1,9%	3,1%	3,7%	4,3%	2,6%	1,3%	0,2%	3,7%	2,4%
Despesas do consumidor com peças e acessórios automotivos (mudança percentual)	2,4%	1,8%	2,1%	6,5%	3,6%	9,2%	1,3%	6,2%	6,7%	6,5%
Crescimento de vendas de empresas varejistas de peças de automóveis com 100 ou mais lojas	17%	16%	16,5%	14%	15,5%	16,8%	12%	15,7%	19%	16%
Participação de mercado de empresas varejistas de peças de automóveis com 100 ou mais lojas	19%	18,5%	18,3%	18,1%	17%	17,2%	17%	16,9%	15%	14%
Margem operacional média de empresas varejistas de peças de automóveis com 100 ou mais lojas	12%	11,8%	11,2%	11,5%	10,6%	10,6%	10%	10,4%	9,8%	9%
Margem operacional média de todas as empresas varejistas de peças de automóveis	5,5%	5,7%	5,6%	5,8%	6%	6,5%	7%	7,2%	7,1%	7,2%

- A principal base de clientes de peças automotivas vendidas no varejo compreende proprietários jovens de veículos antigos. Os próprios proprietários fazem a manutenção do veículo por motivo de economia. (OA 12.1)

    a. Uma das conclusões do RRG é que o setor varejista de peças automotivas como um todo está no estágio de maturidade do ciclo de vida do setor. Discuta sobre três dados relevantes da Tabela 12.7 que respaldam essa conclusão.

    b. Outra conclusão do RRG é que WAH e seus principais concorrentes estão no estágio de consolidação do ciclo de vida. Cite três itens da Tabela 12.7 que sugerem essa conclusão. Como a WAH pode estar em um estágio de consolidação e seu setor estar um estágio de maturidade?

2. A Universal Auto é uma grande empresa multinacional com sede nos Estados Unidos. Por motivo de divulgação de segmentos, a empresa está envolvida em dois negócios: produção de veículos motorizados e serviços de processamento de informações.

    O negócio de veículos é de longe o maior dos segmentos da Universal. Ele compreende principalmente a produção interna de veículos de passageiros nos Estados Unidos, mas abrange também operações de produção de pequenos caminhões nos Estados Unidos e a produção de veículos de passageiros em outros países. Esse segmento da Universal havia apresentado resultados operacionais fracos nos últimos anos, incluindo uma grande perda em 2012. Embora a empresa não revele os resultados operacionais de seus segmentos domésticos de veículos de passageiros, de modo geral se acredita que essa parte dos negócios da Universal seja o principal responsável pelo baixo desempenho de seu segmento de veículos a motor.

    A Idata, segmento de serviços de processamento de informações da Universal, foi criada há cerca de 15 anos. Essa atividade tem demonstrado um crescimento constante e intenso e totalmente interno: não ocorreu nenhuma aquisição.

    Um trecho do relatório de pesquisa da Universal, preparado por Paul Adams, candidato a CFA, afirma: "Com base em nossa suposição de que a Universal conseguirá aumentar significativamente os preços dos veículos de passageiros nos Estados Unidos em 2013, prevemos um aumento de lucratividade de vários bilhões de dólares...". (OA 12.4)

    a. Discuta o conceito de ciclo de vida setorial descrevendo cada uma de suas quatro fases.

    b. Identifique em que ponto cada um dos principais negócios da Universal – veículos de passageiros e processamento de informações – se encontra nesse ciclo.

    c. Analise como a determinação de preço dos produtos deve se diferenciar nos dois negócios da Universal com base na posição de cada um no ciclo de vida setorial.

3. O relatório de pesquisa de Adams (consulte o problema anterior) prossegue da seguinte forma: "Com a expansão de mercado já encaminhada, esse salto de lucratividade esperado

deve aumentar consideravelmente o preço das ações da Universal Auto. Recomendamos enfaticamente a compra". (OA 12.3)

    a. Discutir a abordagem de ciclo econômico em relação ao *timing* de investimento. (Sua resposta deve descrever as medidas a serem tomadas quanto às ações e obrigações em diferentes momentos ao longo de um ciclo econômico usual.)

    b. Supondo que a declaração de Adams esteja correta (de que já existe uma expansão de mercado em andamento), avalie a oportunidade de sua recomendação de comprar ações da Universal Auto, uma ação cíclica, com base na abordagem de ciclo econômico quanto ao *timing* de investimento.

4. Janet Ludlow está preparando um relatório sobre fabricantes do setor de escovas de dente elétricas com estabelecidos nos Estados Unidos e reuniu as informações apresentadas nas Tabelas 12.8 e 12.9. O relatório de Janet conclui que o setor de escovas de dente elétricas encontra-se na fase de maturidade (ou seja, tardia) do ciclo de vida setorial. (OA 12.4)

    a. Escolha e justifique três fatores da Tabela 12.8 que respaldam a conclusão de Janet.

    b. Escolha e justifique três fatores da Tabela 12.9 que refutam a conclusão de Janet.

5. As perguntas a seguir constaram em exames do CFA. (OA 12.1)

    a. Qual das afirmações a seguir expressa *melhor* a ideia central da política fiscal anticíclica?

        (1) Os déficits planejados do governo são apropriados durante *booms* econômicos e os superávits planejados são apropriados durante recessões econômicas.

        (2) A abordagem de orçamento equilibrado é o critério adequado para determinar a política orçamentária anual.

        (3) Os déficits reais devem ser iguais aos superávits reais durante um período de deflação.

        (4) Os déficits do governo são planejados durante recessões econômicas e os superávits são usados para conter *booms* inflacionários.

TABELA 12.8 Coeficientes para o índice do setor de escovas de dente elétricas e o índice do mercado acionário em geral

Ano	2005	2006	2007	2008	2009	2010
Retorno sobre o patrimônio						
Índice do setor de escovas elétricas	12,5%	12%	15,4%	19,6%	21,6%	21,6%
Índice do mercado	10,2	12,4	14,6	19,9	20,4	21,2
P/E médio						
Índice do setor de escovas elétricas	28,5 ×	23,2 ×	19,6 ×	18,7 ×	18,5 ×	16,2 ×
Índice do mercado	10,2	12,4	14,6	19,9	18,1	19,1
Índice de pagamento de dividendos						
Índice do setor de escovas elétricas	8,8%	8%	12,1%	12,1%	14,3%	17,1%
Índice do mercado	39,2	40,1	38,6	43,7	41,8	39,1
Rendimento médio de dividendos						
Índice do setor de escovas elétricas	0,3%	0,3%	0,6%	0,7%	0,8%	1%
Índice do mercado	3,8	3,2	2,6	2,2	2,3	2,1

TABELA 12.9 Características do setor de fabricação de escovas de dente elétricas

- **Crescimento de vendas do setor** – As vendas do setor cresceram 15-20% por ano nos últimos anos e, de acordo com as expectativas, crescerão 10-15% por ano nos próximos três anos.
- **Mercados fora dos EUA** – Alguns produtores americanos estão tentando entrar em mercados externos em rápido crescimento e que ainda permanecem em grande medida inexplorados.
- **Vendas pelo correio** – Alguns produtores criam um novo nicho no setor vendendo escovas de dente elétricas diretamente aos clientes pelo correio. As vendas nesse segmento do setor estão crescendo 40% ao ano.
- **Penetração no mercado americano** – A taxa atual de penetração nos Estados Unidos é 60% dos domicílios e será difícil esse número aumentar.
- **Concorrência de preço** – Os produtores competem agressivamente em termos de preço, e as guerras de preço no setor são comuns.
- **Mercados de nicho** – Alguns fabricantes conseguem desenvolver mercados de nicho novos e inexplorados nos Estados Unidos com base na reputação, na qualidade e no atendimento oferecido pela empresa.
- **Consolidação do setor** – Recentemente, houve várias fusões nesse setor e a expectativa é de que o processo de consolidação do setor aumente.
- **Novos concorrentes** – Novos produtores continuam a entrar no mercado.

b. *Qual* das seguintes proposições um forte proponente da economia da oferta seria *mais* propenso a enfatizar?

(1) As taxas de impostos marginais mais altas provocarão uma redução no déficit orçamentário e nas taxas de juros porque ampliam a receita do governo.

(2) As taxas de impostos marginais mais altas promovem a ineficiência econômica e, portanto, retardam a produção agregada porque estimulam os investidores a assumir projetos de baixa produtividade com benefícios consideráveis de proteção fiscal.

(3) Os pagamentos de redistribuição de renda terão pouco impacto sobre a oferta agregada real porque não consomem recursos diretamente.

(4) A redução nos impostos aumentará a renda disponível das famílias. Desse modo, o principal impacto de redução de impostos sobre a oferta agregada virá da influência da mudança fiscal no tamanho do déficit ou superávit orçamentário.

WEB *master*

1. Utilize dados do <finance.yahoo.com> para responder as perguntas a seguir.

    a. Entre na guia *Investing* (Investir) e clique em *Industries* (Setores). Entre os índices de preço/valor contábil da Medical Instruments & Supplies e Electric Utilities. As diferenças fazem sentido para você em vista de seus diferentes estágios no ciclo de vida setorial?

    b. Examine agora cada índice de preço/lucro rendimento de dividendos do setor. Repetindo, as diferenças fazem sentido para você em vista de seus diferentes estágios no ciclo de vida setorial?

2. Este exercício lhe oferecerá a oportunidade de examinar determinados dados sobre alguns indicadores econômicos antecedentes.

    a. Baixe os dados sobre as novas unidades habitacionais particulares que receberam alvará de construção, em <www.census.gov/construction/bps>. Escolha os dados ajustados sazonalmente para os Estados Unidos no formato Excel. Represente graficamente a série "Total".

    b. Baixe dados dos últimos cinco anos referentes a novos pedidos de bens de capital não defensivos, por parte de fabricantes, no *site do* Federal Reserve de St. Louis, em <research.stlouisfed.org/fred2/series/NEWORDER>. Represente graficamente esses dados.

    c. Localize dados sobre a média de horas semanais dos trabalhadores de produção no setor fabril, disponíveis em <www.bls.gov/lpc/lpcover.htm#Data>. Clique no *link* da série histórica e escolha os dados de *Index* (Índice). Escolha *Manufacturing* (Industrial) como setor e *Average Weekly Hours* (Média de Horas Semanais) como medida. Obtenha o relatório referente aos últimos cinco anos. Crie um gráfico dos dados que mostram a tendência trimestral ao longo dos últimos cinco anos.

    d. Todas as séries de dados que você obteve são indicadores econômicos antecedentes. Com base nas tabelas e em seus gráficos, qual sua opinião sobre o rumo que a economia tomará em um futuro próximo?

Soluções para as
Revisões de **CONCEITOS**

12.1 A retração no setor automobilístico diminuirá a demanda por produtos nessa economia. Pelo menos a curto prazo haverá recessão. Isso indica que:

a. O PIB diminuirá.

b. A taxa de desemprego subirá.

c. O déficit governamental aumentará. O recebimento de imposto de renda diminuirá e os gastos do governo com programas de bem-estar social provavelmente aumentarão.

d. As taxas de juros cairão. A retração da economia reduzirá a demanda por crédito. Além disso, com a redução da taxa de inflação, as taxas de juros nominais diminuirão.

12.2 Uma política fiscal expansionista combinada com uma política monetária expansionista estimularão a economia, enquanto a política monetária flexível manterá a taxa de juro baixa.

12.3 Uma interpretação tradicional da demanda sobre os cortes fiscais é que o aumento resultante na renda após os impostos aumenta a demanda por consumo e estimula a economia. Uma interpretação da oferta é que a redução das taxas de impostos marginais tornam os investimentos mais atraentes para as empresas e o trabalho mais atraente para os indivíduos, aumentando, assim, a produção econômica.

12.4 a. Os jornais se sairão melhor em uma expansão quando o volume de propagandas estiver aumentando.

b. As máquinas operatrizes são um bom investimento no vale de uma recessão, justamente quando a economia está começando a entrar em expansão e as empresas precisam aumentar sua capacidade.

c. As bebidas são investimentos defensivos e sua demanda é relativamente insensível ao ciclo econômico. Portanto, são bons investimentos se houver previsão de recessão.

d. A madeira é um bom investimento em períodos de pico, quando os preços dos recursos naturais estão altos e a economia está operando em plena capacidade.

Capítulo 13

Avaliação patrimonial

Objetivos de aprendizagem:

OA13.1 Utilizar demonstrações financeiras e comparáveis de mercado para avaliar o valor da empresa.

OA13.2 Calcular o valor intrínseco de uma empresa utilizando um modelo de crescimento constante ou de desconto de dividendos em vários estágios.

OA13.3 Avaliar as perspectivas de crescimento de uma empresa e relacionar as oportunidades de crescimento com o índice de P/E.

OA13.4 Avaliar uma empresa utilizando modelos de fluxo de caixa livre.

Você viu em nossa discussão sobre eficiência de mercado que é muito fácil encontrar títulos subvalorizados. No entanto, como existe um número suficiente de falhas na hipótese de mercado eficiente, a procura por esses títulos não deve ser descartada definitivamente. Além disso, é a procura constante de títulos com erro de apreçamento que mantém um mercado quase eficiente. Mesmo um erro de apreçamento insignificante possibilitaria que um analista do mercado acionário obtivesse um ganho.

Este capítulo descreve como os analistas do mercado acionário descobrem títulos com preço incorreto. Os modelos apresentados são utilizados por *analistas fundamentalistas*, aqueles que usam informações relacionadas com a lucratividade atual e possível de uma empresa para avaliar seu valor de mercado justo. Os analistas fundamentalistas são diferentes dos *analistas técnicos*, que utilizam predominantemente a análise de tendências para descobrir oportunidades de negócio.

Começaremos com uma discussão sobre as medidas de valor alternativas de uma empresa. Com base nisso, passaremos para as ferramentas quantitativas denominadas *modelos de desconto de dividendos* que os analistas de títulos normalmente empregam para avaliar uma empresa em funcionamento. Em seguida, analisaremos os índices de preço/lucro (*price-earnings* – P/E), explicando por que eles atraem tanto o interesse dos analistas e também evidenciando algumas de suas deficiências. Explicamos como os índices de P/E estão associados aos modelos de avaliação de dividendos e, de forma mais geral, às perspectivas de crescimento da empresa.

Fechamos este capítulo com uma discussão e um exemplo abrangente dos modelos de fluxo de caixa livre utilizados pelos analistas com base em previsões dos fluxos de caixa que serão gerados pelos empreendimentos da empresa. Empregamos as várias ferramentas de avaliação abordadas neste capítulo em uma empresa real. Veremos que existe certa disparidade em suas conclusões – um enigma que qualquer analista de títulos enfrentará – e consideraremos os motivos dessas discrepâncias.

13.1. AVALIAÇÃO POR COMPARÁVEIS

O objetivo da análise fundamentalista é identificar ações que possam estar com o preço incorreto em relação a alguma medida de valor "real" que possa ser deduzida de dados financeiros observáveis. É claro que esse valor real só pode ser estimado. Na prática, os analistas de ações utilizam modelos para estimar o valor fundamental das ações de uma empresa com base nos dados observáveis do mercado e em demonstrações financeiras da empresa e de seus concorrentes. Esses modelos de avaliação diferem com relação aos dados específicos que utilizam e ao nível de sua complexidade teórica. Contudo, em essência, a maioria deles utiliza o conceito de avaliação por comparáveis: eles observam a relação entre o preço e os vários determinantes de valor de empresas semelhantes e em seguida extrapolam essa relação para a empresa em questão.

Com a internet fica muito fácil obter dados relevantes. Para empresas dos Estados Unidos, a Comissão de Valores Mobiliários (Securities and Exchange Commission – SEC) oferece informações disponíveis ao público em seu *site* EDGAR, <www.sec.gov/edgar.shtml>. A SEC exige que todas as empresas públicas (com exceção das empresas estrangeiras e daquelas com menos de US$ 10 milhões em ativos e 500 acionistas) enviem eletronicamente declarações de registro, relatórios periódicos e outros formulários por meio do EDGAR. Muito *sites*, como o <finance.yahoo.com, money.msn.com> e <finance.google.com>, também oferecem aos analistas dados extraídos dos relatórios do EDGAR.

A Tabela 13.1 mostra alguns destaques financeiros para a Microsoft e também alguns dados comparáveis para outras empresas do setor de *software* de aplicação. O preço por ação das ações ordinárias da Microsoft é US$ 28,25 e o valor de mercado total ou de capitalização dessas ações (denominado resumidamente *cap. de mercado*) é US$ 237,6 bilhões. A linha denominada "Avaliação", na Tabela 13.1, mostra o índice de preço das ações da Microsoft em relação a cinco referências. Esse preço é 10,3 vezes seu lucro (por ação) nos 12 meses mais recentes, quatro vezes seu valor contábil recente, 3,3 vezes suas vendas e 13,9 vezes seu fluxo de caixa. O último índice de avaliação, preço/lucro/crescimento (*price to earnings to growth* – PEG) é o índice de P/E dividido pela taxa de crescimento dos lucros. Nossa expectativa é de que as empresas de crescimento mais rápido sejam vendidas por múltiplos mais altos dos lucros *atuais* (falaremos mais sobre isso a seguir), de modo que o PEG normalize o índice de P/E por meio da taxa de crescimento.

Esses índices de avaliação são comumente utilizados para avaliar a valorização de uma empresa em comparação com outras do mesmo setor. Portanto, consideraremos todos eles. A coluna da direita apresenta índices comparáveis de outras empresas no setor de *software* de aplicação. Por exemplo, um analista poderia observar que o índice de preço/lucro e o índice de preço/fluxo de caixa da Microsoft estão consideravelmente abaixo da média do setor. De modo semelhante, o índice de valor de mercado/**valor contábil** da Microsoft, que é o patrimônio líquido da empresa de acordo com o balanço patrimonial, também está consideravelmente abaixo das normas do setor, 4 *versus* 10,5. Esses índices podem indicar que o preço de suas ações está abaixo do normal. Entretanto, a Microsoft é uma empresa mais madura do que várias no setor e talvez essas discrepância reflita uma taxa esperada mais baixa de crescimento futuro das vendas. Na verdade, o índice PEG é comparável com o de outras empresas no setor. Obviamente, serão necessários modelos de avaliação rigorosos para examinar esses sinais de valor algumas vezes conflitantes.

valor contábil
Valor patrimonial das ações ordinárias de acordo com o balanço patrimonial de uma empresa.

Limitações do valor contábil

Os acionistas de uma empresa às vezes são chamados de "requerentes residuais", o que significa que o valor de sua participação é o que sobra quando os passivos da empresa são subtraídos de seus ativos. O patrimônio dos acionistas é esse patrimônio líquido. Entretanto, os valores dos ativos e dos passivos reconhecidos nas demonstrações financeiras baseiam-se em valores históricos, e não atuais. Por exemplo, o valor contábil de um ativo é igual ao custo de aquisição *original* menos algum ajuste de depreciação, mesmo que o preço de mercado desse ativo tenha mudado ao longo do tempo. Além disso, os abatimentos de dívida são utilizados para alocar o custo original do ativo ao longo de vários anos, mas não refletem perda de valor real.

Enquanto o valor contábil baseia-se no custo original, o valor de mercado mede os valores *atuais* dos ativos e passivos. O valor de mercado do investimento do patrimônio dos acionistas é igual à diferença entre os valores atuais de todos os ativos e passivos. Enfatizamos que os valores atuais geralmente não corresponderão aos históricos. Igualmente ou mais importante do que isso, muitos ativos – por exemplo, o valor de um bom nome de marca ou de conhecimentos especializados que foram obtidos durante vários anos – talvez nem sejam incluídos nas de-

TABELA 13.1 Destaques financeiros da Microsoft, janeiro de 2012

Preço por ação	US$ 28,25	
Ações ordinárias em circulação (bilhões)	8,41	
Capitalização de mercado (bilhões de US$)	237,6	
Últimos 12 meses		
Vendas (bilhões de US$)	71,12	
Ebitda (bilhões de US$)	30,15	
Lucro líquido (bilhões de US$)	23,48	
Lucro por ação	US$ 2,75	
Avaliação	Microsoft	Média do setor
Índice de P/E	10,3	17,5
Preço/valor contábil (equivalentemente, valor de mercado/valor contábil)	4	10,5
Preço/vendas	3,3	2,7
Preço/fluxo de caixa	13,9	20,5
PEG	1,1	1,2
Lucratividade		
ROE (%)	44,16	24,9
ROA (%)	17,33	
Margem de lucro operacional (%)	38,78	8,58
Margem de lucro líquido (%)	33,01	23,2

Fonte: Compilação de dados disponíveis em <finance.yahoo.com>, 16 de janeiro de 2012.

monstrações financeiras, mas certamente influenciam no preço de mercado. Os preços de mercado refletem o valor da empresa em funcionamento (ativa).

O valor contábil pode representar um "piso" para o preço das ações abaixo do qual o preço de mercado não pode cair? Embora o valor contábil por ação da Microsoft seja consideravelmente inferior ao seu preço de mercado, outras evidências refutam essa ideia. Apesar de não ser comum, algumas empresas sempre são vendidas por um preço de mercado abaixo do valor contábil. No início de 2012, por exemplo, empresas como Sprint/Nextel, Citigroup, Mitsubishi e AOL encontravam-se nesse grupo de empresas em dificuldade.

valor de liquidação
Quantia líquida que pode ser obtida com a venda de ativos de uma empresa e o pagamento da dívida.

Uma medida melhor de piso para o preço de uma ação é o **valor de liquidação** por ação de uma empresa. Ele representa a quantia que poderia ser obtida com o desmembramento de uma empresa, a venda de seus ativos, o pagamento de sua dívida e a distribuição do restante aos acionistas. Se o preço de mercado da ação cair abaixo do valor de liquidação da empresa, ela se torna um alvo atraente de tomada de controle acionário. Um especulador corporativo acharia lucrativo comprar um número suficiente de ações para obter controle e depois liquidar tudo de fato, já que o valor de liquidação superaria o valor da empresa em funcionamento.

custo de reposição
Custo para substituir os ativos de uma empresa.

Outra medida do valor de uma empresa é o **custo de reposição** dos ativos menos passivos. Para alguns analistas o valor de mercado de uma empresa não pode ficar muito acima de seu custo de reposição porque, se isso ocorresse, novos concorrentes entrariam no mercado. A pressão competitiva diminuiria o valor de mercado de todas as empresas até o momento em que atingisse o custo de reposição.

q de Tobin
Índice do valor de mercado da empresa em relação a seu custo de reposição.

Essa ideia é popular entre os economistas e o índice de preço de mercado/custo de reposição é conhecido como **q de Tobin**, em homenagem ao economista Jamis Tobin, ganhador do Prêmio Nobel. A longo prazo, de acordo com essa visão, o índice de preço de mercado/custo de reposição tenderá a 1, mas evidências indicam que esse índice pode ser significativamente diferente de 1 durante períodos muito longos.

Embora o enfoque sobre o balanço patrimonial possa nos dar algumas informações úteis a respeito do valor de liquidação ou do custo de reposição de uma empresa, o analista geralmente deve observar os fluxos de caixa futuros esperados para obter uma estimativa melhor do valor de uma empresa em funcionamento. Por esse motivo, voltamo-nos para os modelos quantitativos que os analistas utilizam para avaliar as ações ordinárias com base em previsões de lucros e dividendos futuros.

13.2. VALOR INTRÍNSECO *VERSUS* PREÇO DE MERCADO

O modelo mais comum para avaliar uma empresa em funcionamento parte da observação de que o retorno sobre um investimento em ações inclui dividendos em dinheiro e ganhos ou perdas de capital. Começamos com um horizonte de investimento de um ano e a suposição de que as ações da ABC têm um dividendo por ação esperado, $E(D_1)$, de US$ 4; que o preço atual de uma ação, P_0, é US$ 48; e que o preço esperado ao final de um ano, $E(P_1)$, é US$ 52. Por enquanto, não se preocupe em saber deduzir a previsão do preço do ano seguinte. A essa altura você pergunta apenas se a ação parece ter um preço atrativo *hoje*, tendo em visa sua previsão de preço para o *ano seguinte*.

O retorno do horizonte de investimento esperado é $E(D_1)$ mais a valorização de preço esperada, $E(P_1) - P_0$, dividido pelo preço atual P_0.

$$\text{HPR esperado} = E(r) = \frac{E(D_1) + [E(P_1) - P_0]}{P_0}$$

$$= \frac{4 + (52 - 48)}{48} = 0{,}167 = 16{,}7\%$$

Observe que $E( )$ indica um valor futuro esperado. Portanto, $E(P_1)$ representa a expectativa que se tem hoje do preço da ação dali a um ano. $E(r)$ é chamado de retorno do horizonte de investimento esperado da ação. É a soma do rendimento de dividendos esperado, $E(D_1)/P_0$, e a taxa esperada da valorização de preço, o rendimento de ganhos de capital, $[E(P_1) - P_0]/P_0$.

Mas qual é a taxa de retorno exigida para as ações da ABC? O modelo de precificação de ativos financeiros (*capital asset pricing model* – CAPM) postula que, quando os preços do mercado acionário estão em equilíbrio, a taxa de retorno que os investidores podem esperar obter sobre um título é $r_f + \beta[E(r_M) - r_f]$. Desse modo, pode-se considerar que o CAPM oferece uma estimativa da taxa de retorno que um investidor pode esperar obter sobre um título com base no risco medido pelo beta. Esse é o retorno que os investidores exigirão de qualquer outro investimento com risco equivalente. Chamaremos essa taxa de retorno exigida de k. Se uma ação for precificada "corretamente", ela oferecerá aos investidores um retorno "justo", isto é, seu retorno *esperado* será igual ao seu retorno *exigido*. Obviamente, o objetivo de um analista de títulos é encontrar ações com erro de apreçamento. Por exemplo, uma ação subvalorizada oferecerá um retorno esperado superior ao retorno exigido.

Suponhamos que $r_f = 6\%$, $E(r_M) - r_f = 5\%$ e que o beta da ABC seja 1,2. Desse modo, o valor de k é

$$k = 6\% + 1{,}2 \times 5\% = 12\%$$

A taxa de retorno que o investidor espera supera a taxa exigida com base no risco da ABC em uma margem de 4,7%. Naturalmente, o investidor desejará incluir mais ações da ABC na carteira do que uma estratégia passiva recomendaria.

Outra forma de ver isso é comparar o valor intrínseco de uma ação com seu preço de mercado. O **valor intrínseco** das ações de uma empresa, indicado por V_0, é definido como o valor presente de todos os pagamentos em dinheiro feitos à pessoa que investiu nas ações, incluindo dividendos e também os lucros da venda final das ações, descontado a uma taxa de juros ajustada ao risco apropriada, k. Quando o valor intrínseco ou a estimativa que o próprio investidor faz do valor real da ação supera o preço de mercado, a ação é considerada subvalorizada e é um bom investimento. Para a ABC, utilizando um horizonte de investimento de um ano e uma previsão de que a ação pode ser vendida no final do ano pelo preço de $P_1 = $ US$ 52, o valor intrínseco é

valor intrínseco
Valor presente dos futuros fluxos de caixa líquidos esperados de uma empresa descontado pela taxa de retorno exigida.

$$V_0 = \frac{E(D_1) + E(P_1)}{1 + k} = \frac{\text{US\$ } 4 + \text{US\$ } 52}{1{,}12} = \text{US\$ } 50$$

Equivalentemente, pelo preço de US$ 50, o investidor obteria uma taxa de retorno de 12% – exatamente igual à taxa de retorno exigida – sobre um investimento nessa ação. Entretanto, pelo preço atual de US$ 48, a ação está abaixo do preço em comparação com o valor intrínseco. Por esse preço, ela oferece uma taxa de retorno mais do que justa em relação a seu risco. Empregando a terminologia do CAPM, essa é uma ação de alfa positivo, e os investidores desejarão comprar mais dessa ação do que se estivessem adotando uma estratégia passiva.

Em contraposição, se o valor intrínseco se revelar inferior ao preço de mercado atual, os investidores provavelmente comprarão menos dessa ação do que se estivessem adotando a estratégia passiva. Pode até valer a pena manter poucas ações da ABC, avaliado no Capítulo 3 (disponível no *site* <www.grupoa.com.br>).

taxa de capitalização de mercado
Estimativa de consenso do mercado da taxa de desconto apropriada para os fluxos de caixa de uma empresa.

Quando o mercado está em equilíbrio, o preço de mercado atual refletirá as estimativas de valor intrínseco de todos os participantes do mercado. Isso significa que o investidor individual cuja estimativa de $V0$ difere do preço de mercado, P_0, em vigor deve discordar de algumas ou de todas as estimativas de consenso do mercado de $E(D_1)$, $E(P_1)$ ou k. Um termo comum para o valor de consenso do mercado da taxa de retorno exigida, k,, é a **taxa de capitalização de mercado**, que empregamos em todo este capítulo.

13.1 *Revisão de* **CONCEITOS**

Você espera que em um ano o preço das ações da IBX seja de US$ 59,77 cada. O preço de mercado atual é US$ 50 e você espera pagar dividendos por ação de US$ 2,15 no prazo de um ano.
a. Qual o rendimento de dividendos esperado da ação, a taxa de valorização de preço e o retorno do horizonte de investimento esperado?
b. Se as ações tiverem um beta de 1,15, a taxa isenta de risco for 6% ao ano e a taxa de retorno esperada sobre a carteira de mercado for 14% ao ano, qual será a taxa de retorno exigida sobre as ações da IBX?
c. Qual o valor intrínseco das ações da IBX e quanto elas esse se compraram com o preço de mercado atual?

13.3. MODELOS DE DESCONTO DE DIVIDENDOS

Considere um investidor que compra ações da Steady State Electronics e pretende mantê-las por um ano. O valor intrínseco da ação é o valor presente dos dividendos a serem recebidos no final do primeiro ano, D_1, e o preço de vendas esperado, P_1. Daqui em diante, utilizaremos a notação mais simples $P1$, em vez de $E(P_1)$, para evitar confusão. Contudo, lembre-se de que os preços e os dividendos futuros são desconhecidos e que estamos lidando com valores esperados, e não com valores verdadeiros. Já estabelecemos que

$$V_0 = \frac{D_1 + P_1}{1 + k} \tag{13.1}$$

Embora os dividendos deste ano sejam razoavelmente previsíveis, em vista do histórico da empresa, você pode perguntar como é possível estimar P_1, o preço de fim de ano. De acordo com a Equação 13.1, V_1 (o valor de fim de ano) será

$$V_1 = \frac{D_2 + P_2}{1 + k}$$

Se admitirmos que as ações serão vendidas pelo seu valor intrínseco no ano seguinte, $V_1 = P_1$, e podemos substituir esse valor por P_1 na Equação 13.1 para encontrar

$$V_0 = \frac{D_1}{1 + k} = \frac{D_2 + P_2}{(1 + k)^2}$$

Essa equação pode ser interpretada como o valor presente dos dividendos mais o preço de venda para um horizonte de investimento de dois anos. É evidente que agora precisamos propor uma previsão para P_2. Continuando na mesma direção, podemos substituir P_2 por $(D_3 + P_3)/(1 + k)$, que relaciona P_0 com o valor dos dividendos pagos mais o preço de venda esperado para um horizonte de investimento de três anos.

Em termos mais gerais, para um horizonte de investimento de H anos, podemos expressar o valor das ações como o valor presente dos dividendos ao longo de H anos, mais o preço de venda final, P_H.

$$V_0 = \frac{D_1}{1 + k} + \frac{D_2}{(1 + k)^2} + \ldots + \frac{D_H + P_H}{(1 + k)^H} \tag{13.2}$$

Observe a semelhança entre essa fórmula e a fórmula de avaliação de obrigações desenvolvida no Capítulo 10. Cada uma relaciona o preço com o valor presente de um fluxo de pagamentos (cupons, no caso de obrigações, e dividendos, no caso de ações) e um pagamento final (o valor de face da obrigação ou o preço de venda da ação). As diferenças fundamentais no caso das ações são a incerteza quanto aos dividendos, a falta de uma data de vencimento fixa e o preço de venda desconhecido na data de horizonte. Aliás, podemos continuar substituindo o preço indefinidamente para concluir

$$V_0 = \frac{D_1}{1+k} + \frac{D_2}{(1+k)^2} + \frac{D_3}{(1+k)^3} + \cdots \quad (13.3)$$

A Equação 13.3 expressa que o preço das ações deve ser igual ao valor presente de todos os dividendos futuros esperados em perpetuidade. Essa fórmula é chamada de **modelo de desconto de dividendos (*dividend discount models* – DDM)** do preço das ações.

É tentador, mas incorreto, concluir, com base na Equação 13.3, que o DDM concentra-se exclusivamente nos dividendos e ignora os ganhos de capital como motivo para investir em ações. Na verdade, admitimos explicitamente na Equação 13.1 que os ganhos de capital (de acordo com o preço de venda esperado, P_1) fazem parte do valor da ação. Ao mesmo tempo, o preço pelo qual você pode vender a ação no futuro dependerá das previsões de dividendos nesse momento.

O fato de apenas os dividendos aparecerem na Equação 13.3 não quer dizer que os investidores ignoram os ganhos de capital. Significa na realidade que esses ganhos de capital serão determinados pelas previsões de dividendos no momento em que a ação for vendida. É por isso que na Equação 13.2 podemos expressar o preço da ação como o valor presente dos dividendos mais o preço de venda para *qualquer* horizonte. P_H é o valor presente no tempo H de todos os dividendos previstos para serem pagos após a data de horizonte. Esse valor é em seguida descontado de volta para hoje, tempo 0. O DDM postula que os preços das ações são em última análise determinados pelos fluxos de caixa para os acionistas, e esses fluxos são dividendos.

modelo de desconto de dividendos (DDM)
Fórmula para o valor intrínseco de uma empresa igual ao valor presente de todos os dividendos futuros esperados.

DDM de crescimento constante

A Equação 13.3, como se encontra, ainda não é muito útil para avaliar uma ação porque exige previsões de dividendos para cada ano ao longo de um futuro indefinido. Para tornar o DDM prático, é necessário introduzir algumas suposições simplificadoras. Um primeiro passo útil e comum em relação a esse problema é admitir que os dividendos estão tendendo para cima de acordo com uma taxa de crescimento estável que chamaremos de g. Por exemplo, se $g = 0,05$ e o último dividendo pago tiver sido $D_0 = 3,81$, os dividendos futuros esperados serão

$$D_1 = D_0(1+g) = 3{,}81 \times 1{,}05 = 4{,}00$$
$$D_2 = D_0(1+g)^2 = 3{,}81 \times (1{,}05)^2 = 4{,}20$$
$$D_3 = D_0(1+g)^3 = 3{,}81 \times (1{,}05)^3 = 4{,}41 \text{ etc.}$$

Utilizando essas previsões de dividendos na Equação 13.3, encontramos o valor intrínseco

$$V_0 = \frac{D_0(1+g)}{1+k} + \frac{D_0(1+g)^2}{(1+k)^2} + \frac{D_0(1+g)^3}{(1+k)^3} + \cdots$$

Essa equação pode ser simplificada para

$$V_0 = \frac{D_0(1+g)}{k-g} = \frac{D_1}{k-g} \quad (13.4)$$

Observe que na Equação 13.4 dividimos D_1 (e não D_0) por $k - g$ para calcular o valor intrínseco. Se a taxa de capitalização de mercado da Steady State for 12%, podemos utilizar a Equação 13.4 para mostrar que o valor intrínseco de uma ação da Steady State é

$$\frac{US\$\,4{,}00}{0{,}12 - 0{,}05} = US\$\,57{,}14$$

A Equação 13.4 é chamada de **DDM de crescimento constante** ou modelo de Gordon, em homenagem a Myron J. Gordon, que popularizou esse modelo. Isso talvez o faça se lembrar da fórmula do valor atual de uma perpetuidade. Se houvesse uma previsão de que os dividendos não aumentarão, o fluxo de dividendos seria apenas uma perpetuidade e a fórmula de avaliação para ação sem crescimento seria $P_0 = D_1/k$.[1] A Equação 13.4 é uma generalização da fórmula de perpetuidade para abranger o caso de uma perpetuidade *crescente*. À medida que g aumenta, o preço das ações também aumenta.

DDM de crescimento constante
Forma do modelo de desconto de dividendos que pressupõe que os dividendos aumentarão a uma taxa constante.

---

[1] Lembre-se de que, segundo os princípios básicos de finanças, o valor presente de uma perpetuidade de US$ 1 por ano é $1/k$. Por exemplo, se $k = 10\%$, o valor da perpetuidade será US$ 1/0,10 = US$ 10. Observe que, se $g = 0$ na Equação 13.4, a fórmula de DDM de crescimento constante será igual à fórmula de perpetuidade.

EXEMPLO 13.1
Ações preferenciais e o DDM

Ações preferenciais que pagam um dividendos fixos podem ser avaliadas por meio do modelo de desconto de dividendos de crescimento constante. A taxa de crescimento constante dos dividendos é absolutamente zero. Por exemplo, para avaliar uma ação preferencial que paga dividendos fixos de US$ 2 por ação, quando a taxa de desconto é 8%, calculamos

$$V_0 = \frac{US\$\ 2}{0{,}08 - 0} = US\$\ 25$$

EXEMPLO 13.2
O DDM de crescimento constante

A High Flyer Industries acaba de pagar dividendos anuais de US$ 3 por ação. Espera-se que os dividendos aumentem segundo uma taxa constante de 8%, indefinidamente. O beta das ações da High Flyer é 1, a taxa isenta de risco é 6% e o prêmio de risco do mercado é 8%. Qual o valor intrínseco da ação? Qual seria sua estimativa de valor intrínseco se acreditasse que a ação fosse mais arriscada, com um beta de 1,25?

Como um dividendo de US$ 3 acabou de ser pago e a taxa de crescimento de dividendos é 8%, a previsão dos dividendos de fim de ano é US$ 3 × 1,08 = US$ 3,24. A taxa de capitalização de mercado é 6% + 1 × 8% = 14%. Desse modo, o valor da ação é

$$V_0 = \frac{D_1}{k - g} = \frac{US\$\ 3{,}24}{0{,}14 - 0{,}08} = US\$\ 54$$

Se a ação for considerada como mais arriscada, o valor deve ser inferior. Com um beta mais alto, a taxa de capitalização de mercado será 6% + 1,25 × 8% = 16% e a ação valerá apenas

$$\frac{US\$\ 3{,}24}{0{,}16 - 0{,}08} = US\$\ 40{,}50$$

O DDM de crescimento constante é válido somente quando g é inferior a k. Se houvesse uma expectativa de que os dividendos aumentariam indefinidamente a uma taxa mais rápida do que k, o valor da ação seria infinito. Se um analista deduzir uma estimativa de g superior a k, essa taxa de crescimento será insustentável a longo prazo. O modelo de avaliação adequado nesse caso é um DDM de vários estágios, como aqueles que abordaremos a seguir.

O DDM de crescimento constante é tão amplamente empregado pelos analistas do acionário, que vale a pena explorar algumas de suas implicações e limitações. O DDM de taxa de crescimento constante implica que o valor de uma ação será maior:

1. quanto maiores forem os dividendos esperados por ação;
2. quanto mais baixa for a taxa de capitalização de mercado, k.;
3. quanto mais alta for a taxa de crescimento esperado dos dividendos.

Outra implicação do modelo de crescimento constante é que se prevê que o preço da ação aumentará à mesma taxa que os dividendos. Para observar isso, suponha que as ações da Steady State estejam sendo vendidas por seu valor intrínseco de US$ 57,14, de modo que $V_0 = P_0$. Então,

$$P_0 = \frac{D_1}{k - g}$$

Observe que o preço é proporcional aos dividendos. Portanto, no ano seguinte, quando se espera que os dividendos pagos aos acionistas da Steady State sejam superiores a g = 5%, é provável que o preço também aumente 5%. Para confirmar isso, observe

$$D_2 = US\$\ 4(1{,}05) = US\$\ 4{,}20$$
$$P_1 = D_2/(k - g) = US\$\ 4{,}20/(0{,}12 - 0{,}05) = US\$\ 60{,}00$$

que é 5% mais alto do que o preço atual de US$ 57,14. Para generalizar

$$P_1 = \frac{D_2}{k - g} = \frac{D_1(1 + g)}{k - g} = \frac{D_1}{k - g}(1 + g) = P_0(1 + g)$$

Desse modo, o DDM indica que, no caso de crescimento esperado constante dos dividendos, a taxa esperada de valorização de preço em qualquer ano será igual à taxa de crescimento constante, g. Para uma ação cujo preço de mercado é igual ao seu valor intrínseco ($V_0 = P_0$), o retorno do horizonte de investimento será

$$E(r) = \text{Rendimento de dividendos} + \text{Rendimento de ganhos de capital}$$

$$= \frac{D_1}{P_0} + \frac{P_1 - P_0}{P_0} = \frac{D_1}{P_0} + g \qquad (13.5)$$

Essa fórmula oferece um meio para deduzir a taxa de capitalização de mercado de uma ação, porque, se a ação estiver sendo vendida por seu valor intrínseco, então $E(r) = k$, o que significa que $k = D_1/P_0 + g$. Observando o rendimento de dividendos, D_1/P_0, e estimando a taxa de crescimento de dividendos, podemos calcular k. Essa equação é também conhecida como *fórmula de fluxo de caixa descontado (discounted cash flow – DCF)*.

Esse método é empregado com frequência em audiências sobre taxas de serviços de utilidade pública regulamentados. A agência reguladora responsável pela aprovação de decisões de determinação de preço de serviços de utilidade pública é obrigada a permitir que as empresas cobrem o suficiente para cobrir os custos e obter um lucro "justo", ou seja, algo que permita um retorno competitivo sobre o investimento que a empresa fez em sua capacidade produtiva. Por sua vez, esse retorno é considerado o retorno esperado que os investidores exigem sobre as ações da empresa. A fórmula $D_1/P_0 + g$ oferece um meio para deduzir essa taxa exigida.

EXEMPLO 13.3
Modelo de crescimento constante

Suponhamos que a Steady State Electronics feche um contrato importante para seu *chip* de computador revolucionário. Esse contrato extremamente lucrativo possibilitará que a empresa aumente a taxa de crescimento de dividendos de 5% para 6%, sem reduzir o valor previsto dos dividendos atuais de US$ 4,00 por ação. O que ocorrerá com o preço da ação? O que ocorrerá com as taxas esperadas futuras do retorno sobre as ações?

O preço da ação deve aumentar em resposta à boa notícia sobre o contrato, e de fato é isso o que ocorre. O preço das ações salta de seu valor original de US$ 57,14 para o um preço pós-divulgação de

$$\frac{D_1}{k - g} = \frac{\text{US\$ 4}}{0,12 - 0,06} = \text{US\$ 66,67}$$

Os investidores que tiverem ações no momento da divulgação dessa boa notícia sobre o contrato receberão um valor substancial inesperado.

Entretanto, com o novo preço, a taxa de retorno esperada sobre as ações será 12%, exatamente igual à taxa anterior à divulgação do novo contrato.

$$E(r) = \frac{D_1}{P_0} + g = \frac{\text{US\$ 4}}{\text{US\$ 66,67}} + 0,06 = 0,12 \text{ ou } 12\%$$

Esse resultado faz sentido, evidentemente. Quando a notícia sobre o contrato refletir-se no preço da ação, a taxa de retorno esperada será coerente com o risco da ação. Como o risco da ação não mudou, é provável que o risco da taxa de retorno esperada também não mude.

Revisão de CONCEITOS 13.2

a. A IBX deverá pagar dividendos de ações de US$ 2,15 no final do ano, cujo crescimento esperado é 11,2% ao ano, indefinidamente. Se a taxa de retorno exigida sobre as ações da IBX for 15,2% ao ano, qual seu valor intrínseco?
b. Se o preço de mercado atual da IBX for igual ao seu valor intrínseco, qual será o preço esperado do ano seguinte?
c. Se um investidor fosse comprar ações da IBX agora e as vendesse depois de receber dividendos de US$ 2,15 em um ano, qual seria o ganho de capital esperado (isto é, a valorização de preço) em termos percentuais? Qual o rendimento de dividendos e qual seria o retorno do horizonte de investimento?

Preço das ações e oportunidades de investimento

Considere duas empresas, a Cash Cow Inc. e a Growth Prospects, ambas com lucros esperados de US$ 5 por ação para o próximo ano. Em princípio, as duas empresas poderiam pagar esses lucros como dividendos, mantendo um fluxo de dividendos perpétuo de US$ 5 por ação. Se a taxa de capitalização de mercado fosse $k = 12,5\%$, ambas as empresas seriam então avaliadas a $D_1/k = \text{US\$ } 5/0,125 = \text{US\$ } 40$ por ação. Nenhuma das empresas aumentaria de valor porque, com todos os ganhos pagos como dividendos e nenhum ganho reinvestido na empresa, as ações representativas do capital das duas empresas e sua capacidade de lucro permaneceriam invariáveis ao longo do tempo; os lucros[2] e os dividendos não aumentariam.

Suponhamos agora que uma das empresas, a Gowth Prospects, encarregue-se de projetos que geram um retorno sobre o investimento de 15%, que é superior à taxa de retorno exigida, k = 12,5%. Seria uma tolice essa empresa pagar todos os seus lucros como dividendos. Se a Growth Prospects mantiver ou reinvestir alguns de seus lucros em seus projetos extremamente lucrativos, poderá obter uma taxa de retorno de 15% para seus acionistas. Se, entretanto, ela pagar os todos seus lucros como dividendos, terá de abrir mão dos projetos e deixar os acionistas investirem os dividendos em outras oportunidades por uma taxa de mercado justa de apenas 12,5%. Desse modo, suponhamos que a Growth Prospects escolha um **índice de pagamento de dividendos** (a fração dos lucros pagos como dividendos) mais baixo, diminuindo o pagamento de 100% para 40% e mantendo uma **taxa de reinvestimento** (a fração dos lucros reinvestidos na empresa) de 60%. A taxa de reinvestimento também é chamada de **índice de retenção de lucros**.

índice de pagamento de dividendos
Porcentagem dos lucros paga como dividendos.

taxa de reinvestimento ou índice de retenção de lucros
Proporção dos lucros da empresa que é reinvestida no negócio (e não paga como dividendos).

Portanto, o dividendo da empresa será de US$ 2 (40% dos lucros de US$ 5), em vez de US$ 5. O preço da ação cairá? Não, ele subirá! Apesar de inicialmente os dividendos caírem, quando empregada a política de reinvestimento dos lucros, o crescimento subsequente dos ativos da empresa decorrente desse reinvestimento gerará um aumento nos dividendos futuros, que se refletirá no preço atual da ação.

A Figura 13.1 mostra os fluxos de dividendos gerados pela Growth Prospects sob duas políticas de dividendos. Um plano com um taxa de reinvestimento baixa permite que a empresa pague dividendos iniciais mais altos, mas resulta em uma taxa de crescimento de dividendos mais baixa. Com o tempo, um plano com uma taxa de reinvestimento alta fornecerá dividendos mais altos. Se o crescimento de dividendos gerado pelos lucros reinvestidos for alto o suficiente, as ações valerão mais sob a estratégia de reinvestimento alto.

Quanto crescimento será gerado? Suponhamos que a Growth Prospects comece com uma fábrica e equipamentos no valor de US$ 100 milhões e seja totalmente financiada pelo patrimônio líquido. Com um retorno sobre o investimento ou o patrimônio (*returno on equity* – ROE) de 15%, os o total de lucros é ROE × US$ 100 milhões = 0,15 × US$ 100 milhões = US$ 15 milhões. Há 3 milhões de ações em circulação. Portanto, o lucro por ação é US$ 5, tal como suposto acima. Se 60% dos US$ 15 milhões dos lucros deste ano forem reinvestidos, o valor das ações representativas do capital da empresa aumentará 0,60 × US$ 15 milhões = US$ 9 milhões ou 9%. O aumento percentual nas ações representativas do capital corresponde à taxa pela qual a renda foi gerada (ROE) vezes a taxa de reinvestimento (a fração dos lucros reinvestidos em mais capital), que indicaremos como b.

FIGURA 13.1
Crescimento dos dividendos de acordo com duas políticas de reinvestimento dos lucros.

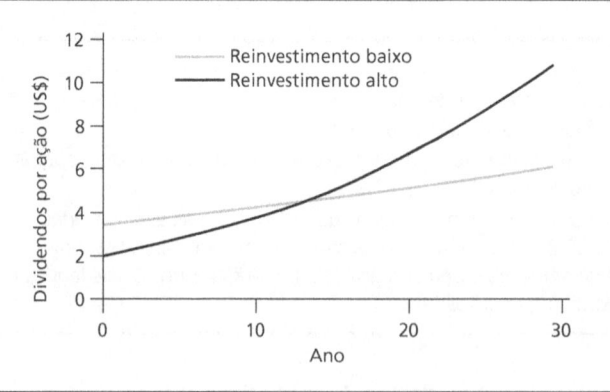

[2] Na verdade, estamos falando aqui dos lucros líquidos dos fundos necessários para manter a produtividade do capital da empresa, isto é, os lucros líquidos da "depreciação econômica". Em outras palavras, a importância de lucro deve ser interpretada como a quantia máxima que a empresa poderia pagar todo ano em perpetuidades sem esgotar sua capacidade produtiva. Por esse motivo, o total de lucros líquidos pode ser bem diferente do total de lucros contábeis que a empresa divulga em suas demonstrações financeiras. Analisaremos isso mais detalhadamente no Capítulo 14.

Agora dotada com 9% a mais de capital, a empresa tem uma renda 9% superior e paga dividendos 9% mais altos. Desse modo, a taxa de crescimento de dividendos é[3]

$$g = ROE \times b = 15\% \times 0{,}60 = 9\%$$

Se o preço da ação for igual ao seu valor intrínseco, e essa taxa de crescimento puder ser mantida (isto é, se os índices de ROE e de pagamento forem consistentes com as capacidades de longo prazo da empresa), as ações deverão ser vendidas por

$$P_0 = \frac{D_1}{k - g} = \frac{RS\$\ 2}{0{,}125 - 0{,}09} = RS\$\ 57{,}14$$

Quando a Growth Prospects adotou uma política de não crescimento e pagou todos os lucros como dividendos, o preço da ação era apenas US$ 40. Desse modo, podemos pensar em US$ 40 como o valor por ação dos ativos que a empresa já tem.

Quando a Growth Prospects decidiu reduzir os dividendos atuais e reinvestir um pouco de seus lucros em novos investimentos, o preço de suas ações subiu. Esse aumento no preço das ações decorre do fato de os investimentos planejados oferecerem uma taxa de retorno esperada superior à taxa exigida. Em outras palavras, as oportunidades de investimento têm um valor presente líquido (*net present value* – NPV) positivo. O valor da empresa aumenta com o NPV dessas oportunidades de investimento. Esse valor presente líquido é também chamado de **valor presente das oportunidades de crescimento** ou **PVGO** (*present value of growth opportunities*).

Portanto, podemos pensar no valor da empresa como a soma do valor dos ativos já existentes, ou o valor de não crescimento da empresa, mais o valor presente líquido dos investimentos futuros que a empresa fará, que é o PVGO. Para a Growth Prospects, PVGO = US$ 17,14 por ação:

valor presente das oportunidades de crescimento (PVGO)
Valor presente líquido dos investimentos futuros de uma empresa.

$$\text{Preço} = \text{Valor de não crescimento por ação} + \text{PVGO}$$

$$P_0 = \frac{E_1}{k} + \text{PVGO}$$

$$\text{US\$ } 57{,}14 = \text{US\$ } 40 + \text{US\$ } 17{,}14 \tag{13.6}$$

Sabemos que na realidade os cortes nos dividendos quase sempre são acompanhados de quedas pronunciadas nos preços das ações. Será que isso contradiz nossa análise? Não necessariamente: os cortes nos dividendos geralmente são considerados uma má notícia sobre as perspectivas futuras da empresa, e é essa *nova informação* sobre a empresa – e não o menor rendimento de dividendos em si – que é responsável pela queda no preço da ação.

Por exemplo, quando a J. P. Morgan cortou seus dividendos trimestrais de 38 centavos de dólar para 5 centavos de dólar por ação em 2009, o preço de suas ações na verdade aumentou em torno de 5%: a empresa foi capaz de convencer os investidores de que o corte manteria o caixa e prepararia a empresa para enfrentar uma recessão severa. Quando os investidores convenceram-se de que o corte de dividendos fazia sentido, o preço das ações na verdade aumentou. De modo semelhante, quando a BP anunciou, logo após o volumoso derramamento de petróleo no Golfo do México em 2010, que suspenderia os dividendos no restante do ano, o preço de suas ações não saiu do lugar. O corte já havia sido amplamente previsto e, portanto, não era uma informação nova. Esses exemplos mostram que as quedas de preço das ações em resposta a cortes nos dividendos na verdade são uma reação às informações transmitidas pelo corte.

É importante reconhecer que não é o crescimento por si só que os investidores desejam. O crescimento aumenta o valor da empresa somente se ele for alcançado por meio do investimento em projetos com oportunidades de lucro atraentes(isto é, com ROE > k). Para entender o motivo, consideremos agora a irmã desafortunada da Growth Prospects, a Cash Cow. O ROE da Cash Cow é apenas 12,5%, exatamente igual à taxa de retorno exigida, k. Portanto, o NPV de suas oportunidades de investimento é zero. Vimos que, com a adoção de uma estratégia de

---

[3] Podemos deduzir essa relação de forma mais geral observando que, com um ROE fixo, os lucros (que são iguais ao ROE × Valor contábil) crescerão à mesma taxa do valor contábil da empresa. Abstraindo do novo capital líquido levantado pela empresa, a taxa de crescimento do valor contábil seria igual a lucros reinvestidos/valor contábil. Portanto,

$$g = \frac{\text{Lucros reinvestidos}}{\text{Valor contábil}} = \frac{\text{Lucros reinvestidos}}{\text{Lucros totais}} \times \frac{\text{Lucros totais}}{\text{Valor contábil}} = b \times ROE$$

crescimento zero, com $b = 0$ e $g = 0$, o valor da Cash Cow será E_1/k = US$ 5/0,125 = US$ 40 por ação. Suponhamos agora que a Cash Cow escolha uma taxa de reinvestimento de $b = 0,60$, a mesma taxa da Growth Prospects. Desse modo, g seria

$$g = ROE \times b = 0,125 \times 0,60 = 0,075$$

mas o preço das ações continuaria sendo

$$P_0 = \frac{D_1}{k - g} = \frac{R\$\ 2}{0,125 - 0,075} = R\$\ 40$$

que em nada difere da estratégia de não crescimento.

No caso da Cash Cow, a redução de dividendos que libera fundos para o reinvestimento na empresa gera apenas o suficiente em termos de crescimento para manter o preço das ações no nível atual. É assim que deve ser: se os projetos da empresa renderem apenas o que os investidores podem obter por si mesmos, então o NPV será zero, e os acionistas não ficarão em melhor situação com uma política de taxa de reinvestimento alta. Isso demonstra que "crescimento" não é a mesma coisa que oportunidade de crescimento. Para justificar o reinvestimento, a empresa deve se encarregar de projetos com retornos futuros melhores do que aqueles que os acionistas podem encontrar em outro lugar. Observe também que o PVGO da Cash Cow é zero: PVGO = $P_0 - E_1/k$ = 40 – 40 = 0. Com o ROE = k, não há nenhuma vantagem em reinvestir os fundos na empresa; isso aparece como um PVGO de zero. Na verdade, é por isso que as empresas com um fluxo de caixa considerável, mas poucas perspectivas de investimento, são chamadas de "*cash cows*" ("vacas-leiteiras"). Nesse caso, é melhor que o caixa gerado por essas empresas seja removido ou "ordenhado" da empresa.

EXEMPLO 13.4
Oportunidades de crescimento

A Takeover Target tem uma administração arraigada que insiste em reinvestir 60% de seus lucros em projetos que oferecem um ROE de 10%, apesar de a taxa de capitalização da empresa ser k = 15%. O dividendo de fim de ano da empresa será US$ 2 por ação, pago sobre um lucro de US$ 5 por ação. A que preço a ação será vendida? Qual o valor presente das oportunidades de crescimento? Por que essa empresa seria alvo de tomada de controle acionário por parte de outra empresa?

Em vista da política de investimento da administração atual, a taxa de crescimento de dividendos será

$$g = ROE \times b = 10\% \times 0,6 = 6\%$$

e preço das ações deve ser:

$$P_0 = \frac{US\$\ 2}{0,15 - 0,06} = US\$\ 22,22$$

O valor presente das oportunidades de crescimento é

PVGO = Preço por ação – Valor de não crescimento por ação
= US$ 22,22 – E_1/k = US$ 22,22 – US$ 5/0,15 = –US$ 11,11

O PVGO é *negativo*. Isso ocorre porque o valor presente líquido dos projetos da empresa é negativo: a taxa de retorno desses ativos é inferior ao custo de oportunidade do capital.

Essa empresa estaria sujeita a uma tomada de controle acionário porque outra empresa poderia comprá-la pelo preço de mercado de US$ 22,22 por ação e aumentar o valor da empresa mudando sua política de investimento. Por exemplo, se a nova administração simplesmente pagasse todos os lucros como dividendos, o valor da empresa aumentaria para seu valor de não crescimento, E_1/k = US$ 5/0,15 = US$ 33,33.

13.3 Revisão de **CONCEITOS**

a. Calcule o preço de uma empresa com taxa de reinvestimento de 0,60, considerando um ROE de 20%. Os lucros atuais, E_1, serão US$ 5 por ação e k = 12,5%.
b. E se o ROE for 10%, que inferior à taxa de capitalização de mercado? Compare o preço da empresa nesse caso com o preço de uma empresa com o mesmo ROE e o mesmo E_1, mas uma taxa de reinvestimento de b = 0.

Ciclos de vida e modelos de crescimento de vários estágios

Por mais útil que seja a fórmula de DDM de crescimento constante, você deve se lembrar de que ela se baseia em uma suposição simplificadora, a saber: a taxa de crescimento de dividendos será constante, indefinidamente. Na verdade, normalmente as empresas passam por ciclos de vida com perfis de dividendos muito diferentes em fases diferentes. Nos primeiros anos, existem amplas oportunidades para reinvestimentos lucrativos na empresa. Os índices de pagamento são baixos, e o crescimento é correspondentemente rápido. Após alguns anos, a empresa entra em um estágio de maturidade, a capacidade de produção é suficiente para atender à demanda do mercado, novos concorrentes entram no mercado e oportunidades atraentes de reinvestimento podem se tornar mais difíceis de encontrar. Nessa fase de maturidade, a empresa pode optar por aumentar o índice de pagamento de dividendos, em vez de reter os lucros. O nível de dividendos aumenta, mas depois disso cresce a um ritmo mais lento porque a empresa tem menos oportunidades de crescimento.

A Tabela 13.2 mostra esse perfil. Ela apresenta previsões da Value Line sobre o retorno sobre o capital, o índice de pagamento de dividendos e a taxa de crescimento de três anos prevista no lucro por ação de empresas incluídas no setor de *software* de computador e serviços *versus* empresas de serviços de utilidade pública de energia elétrica da Costa Leste dos Estados Unidos. (Comparamos os retornos sobre os ativos, e não os retornos sobre o patrimônio líquido, pois esse último é afetado pela alavancagem, que tende a ser maior no setor de serviços de utilidade pública de energia elétrica do que no setor de *software*. O retorno sobre os ativos mede o lucro operacional por unidade monetária do financiamento total de longo prazo de, independentemente de a fonte de capital fornecido ser uma dívida ou o patrimônio líquido. Voltaremos a esse assunto no Capítulo 14.)

De modo geral, as empresas de *software* são oportunidades de investimento atraentes. Prevê-se que o retorno médio sobre o capital dessas empresas seja 18,5%, e as empresas reagiram com taxas de reinvestimento bastante altas. A maioria dessas empresas não paga nenhum dividendo. Os altos retornos sobre o capital e as altas taxas de reinvestimento geram um crescimento rápido. Prevê-se que a taxa de crescimento média do lucro por ação nesse grupo seja 13,36%.

TABELA 13.2 Índices financeiros de dois setores

	Retorno sobre o capital (%)	Índice de pagamento (%)	Taxa de crescimento 2012-2015 (%)
Software de computador			
Adobe Systems	13	0	15,4
Cognizant	19	0	21
Compuware	16,5	0	18,6
Intuit	21	21	13,3
Microsoft	31,5	30	10,2
Oracle	20	14	10,3
Red Hat	14	0	17,9
Parametric Tech	15,5	0	9,6
SAP	18,5	28	6,7
Média	18,5	0	13,3
Serviços de utilidade pública de energia elétrica			
Central Hudson G&E	6	67	2,6
Central Vermont	6	54	1,9
Consolidated Edison	6	63	2,7
Duke Energy	5,5	65	4,4
Northeast Utilities	6,5	47	6,3
NStar	9	60	8,4
Pennsylvania Power (PPL Corp.)	7	55	3,6
Public Services Enter.	6,5	45	8,4
United Illuminating	5	73	2,2
Média	6	60	3,6

Fonte: De *Value Line Investment Survey*, novembro e dezembro de 2011. Dados reimpressos com permissão da Value Line Investment Survey © 2012 Value Line Publishing, Inc. Todos os direitos reservados mundialmente. "Value Line" é uma marca registrada da Value Line Inc.

Em contraposição, os serviços de utilidade pública de energia elétrica são mais representativos das empresas maduras. Seu retorno médio sobre o capital é mais baixo, 6%; o índice de pagamento de dividendos é mais alto, 60%; e a taxa de crescimento média é mais baixa, 3,6%. Concluímos que o pagamento mais alto dos serviços de energia elétrica seja um reflexo do fato de suas oportunidades de reinvestir os lucros com taxas de retorno atraentes serem mais limitadas.

Para avaliar empresas com crescimento alto temporário, os analistas utilizam uma versão de vários estágios do modelo de desconto de dividendos. Os dividendos do primeiro período de alto crescimento são previstos e seu valor presente conjunto é calculado. Depois, assim que se prevê que a empresa se estabilizará em uma fase de crescimento uniforme, o DDM de crescimento constante é aplicado para avaliar o fluxo restante de dividendos.

DDM de dois estágios
Modelo de desconto de dividendos no qual se supõe que o crescimento dos dividendos só se estabilizará em alguma data futura.

Podemos mostrar isso com um exemplo do mundo real utilizando um **DDM de dois estágios**. A Figura 13.2 apresenta o relatório *Value Line Investment Survey* sobre a Honda Motor Company. Algumas informações relevantes da Honda, referentes ao final de 2011, são destacadas.

O beta da Honda aparece no círculo A, o preço recente de suas ações no B, os pagamentos de dividendos por ação no C, o ROE (referido como "retorno sobre o patrimônio") no D e o índice de pagamento de dividendos (referido como "dividendos/lucro líquido") no E.[4] As linhas que terminam em C, D e E são séries temporais históricas. As entradas em itálico e negrito, em 2012, são estimativas do respectivo ano. De modo semelhante, as entradas na coluna da extrema direita (indicada como 14-16) são previsões para algum período entre 2014 e 2016, que consideraremos que será 2015.

A Value Line oferece previsões explícitas sobre os dividendos no decorrer do período de curto prazo concernente, os quais aumentam de US$ 0,72 em 2012 para US$ 1 em 2015. Podemos obter dados sobre os dividendos desse período inicial utilizando as previsões explícitas de 2012-2015 e interpolação linear para os anos entre:

2012	US$ 0,72
2013	US$ 0,81
2014	US$ 0,90
2015	US$ 1,00

Suponhamos agora que a taxa de crescimento de dividendos será constante após 2015. Que palpite seria razoável para essa taxa de crescimento estável? A Value Line prevê um índice de pagamento de dividendos de 0,25 e um ROE de 10%, o que significa que o crescimento de longo prazo será

$$g = \text{ROE} \times b = 10\% \times (1 - 0{,}25) = 7{,}5\%$$

Portanto, nossa estimativa do valor intrínseco da Honda utilizando o horizonte de investimento de 2015 é obtida da Equação 13.2, que reformulamos aqui:

$$V_{2011} = \frac{D_{2012}}{(1+k)} + \frac{D_{2013}}{(1+k)^2} + \frac{D_{2014}}{(1+k)^3} + \frac{D_{2015} + P_{2015}}{(1+k)^4}$$

$$= \frac{0{,}72}{(1+k)} + \frac{0{,}81}{(1+k)^2} + \frac{0{,}90}{(1+k)^3} + \frac{1{,}00 + P_{2015}}{(1+k)^4}$$

Aqui, P_{2015} representa o preço previsto pelo qual podemos vender nossas ações da Honda no final de 2015, quando os dividendos entram em sua fase de crescimento constante. Esse preço, de acordo com o DDM de crescimento constante, deve ser

$$P_{2015} = \frac{D_{2016}}{k-g} = \frac{D_{2015}(1+g)}{k-g} = \frac{1{,}00 \times 1{,}075}{k - 0{,}075}$$

---

[4] Como a Honda é uma empresa japonesa, os americanos manteriam suas ações por meio de recibos de depósito americanos (American Depository Receipts – ADRs). Os ADRs não são ações da empresa, mas *direitos* às ações da empresa estrangeira subjacente que são então negociados nos mercados de títulos dos Estados Unidos. A Value Line ressalta que cada ADR da Honda dá direito a uma ação ordinária. Contudo, em outros casos, cada ADR pode representar o direito a várias ações ou mesmo a ações fracionárias.

FIGURA 13.2 Relatório *Value Line Investment Survey* sobre a Honda Motor Co.

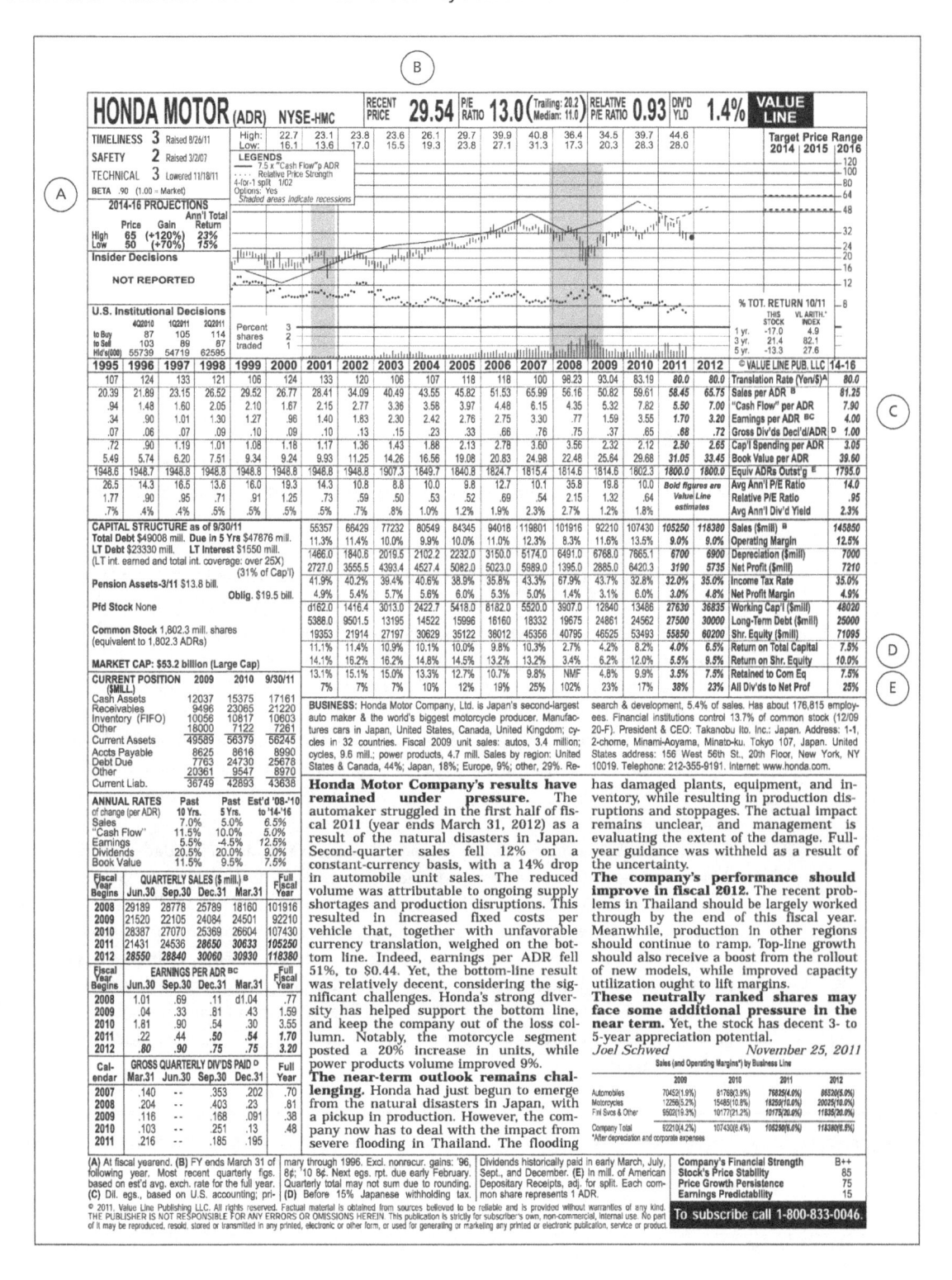

Fonte: De *Value Line Investment Survey*, 25 de novembro de 2011. © 2011 Value Line, Inc. Todos os direitos reservados mundialmente. "Value Line" é uma marca registrada da Value Line Inc.

A única variável que ainda precisa ser determinada para calcular o valor intrínseco é a taxa de capitalização de mercado, *k*.

Uma das formas de obter *k* é por meio do CAPM. Observe nos dados da Value Line que o beta da Honda é 0,90. A taxa isenta de risco sobre obrigações de longo prazo do Tesouro no final de 2011 era 2,9%.[5] Suponhamos que o prêmio de risco do mercado fosse previsto como 8%, mais ou menos de acordo com a média histórica. Isso indicaria que a previsão do retorno de mercado era

Taxa isenta de risco + Prêmio de risco do mercado = 2,9% + 8% = 10,9%

Portanto, podemos expressar a taxa de capitalização de mercado da Honda como

$$k = r_f + \beta[E(r_M) - r_f]$$
$$= 2{,}9\% + 0{,}90(10{,}9 - 2{,}9) = 10{,}1\%$$

Desse modo, nossa previsão para o preço da ação em 2015 é

$$P_{2015} = \frac{US\$\ 1{,}00 \times 1{,}075}{0{,}101 - 0{,}075} = US\$\ 41{,}35$$

e a estimativa do valor intrínseco do presente é

$$V_{2011} = \frac{0{,}72}{1{,}101} + \frac{0{,}81}{(1{,}101)^2} + \frac{0{,}90}{(1{,}101)^3} + \frac{1{,}00 + 41{,}35}{(1{,}101)^4} = US\$\ 30{,}81$$

Com base no relatório da Value Line, sabemos que o preço real da Honda era US$ 29,54 (no círculo B). Nossa análise de valor intrínseco indica que a Honda estava com um preço 4,1% abaixo do normal. Devemos aumentar nossos investimentos nas ações da Honda?

Talvez. Porém, antes de colocar tudo à venda, pare para considerar o quanto você deve confiar nessa estimativa. Tivemos de fazer uma estimativa dos dividendos do futuro imediato, da taxa de crescimento final desses dividendos e da taxa de desconto apropriada. Além disso, admitimos que a Honda seguirá um processo de crescimento de dois estágios relativamente simples. Na prática, o crescimento dos dividendos pode seguir padrões mais complicados. Até mesmo pequenos erros nessas estimativas podem interferir na conclusão.

Por exemplo, vimos no Capítulo 7 que os betas normalmente são estimados com grande imprecisão. Suponhamos que o beta da Honda seja na verdade 1, e não 0,9. Nesse caso, seu prêmio de risco será maior e a taxa de capitalização de mercado será de 10,9%. Com essa taxa de capitalização mais alta, o valor intrínseco da empresa com base no modelo de dois estágios diminui para US$ 23,53, que é *inferior* ao preço recente de suas ações. Nossa conclusão sobre erro de apreçamento inverte-se.

Esse exercício evidencia a importância de você avaliar a sensibilidade de sua análise a mudanças nas suposições subjacentes quando estiver tentando avaliar ações. Suas estimativas sobre o valor das ações não são melhores do que suas suposições. A análise de sensibilidade evidenciará os dados que precisam ser examinados com maior cuidado. Por exemplo, acabamos de descobrir que até mesmo pequenas mudanças no prêmio de risco estimado das ações podem provocar grandes mudanças no valor intrínseco. De forma semelhante, pequenas mudanças na taxa de crescimento presumida mudam consideravelmente o valor intrínseco. Entretanto, mudanças moderadas na previsão de dividendos entre 2012 e 2015 têm pouco impacto sobre o valor intrínseco.

13.4 Revisão de CONCEITOS

Confirme se o valor intrínseco da Honda será US$ 23,53 se você utilizar os mesmos dados de nosso exemplo, mas supuser que o beta é 1. (*Dica:* Primeiro calcule a taxa de desconto e o preço da ação em 2015. Em seguida calcule o valor presente de todos os dividendos intermediários mais o valor presente do preço de venda de 2015.)

Modelos de crescimento de vários estágios

O modelo de crescimento de dois estágios que acabamos de considerar para a Honda é um bom começo em direção a um cenário realista, mas é evidente que poderíamos melhorar se nosso modelo de avaliação possibilitasse padrões de crescimento mais flexíveis. Os modelos de crescimento de vários estágios permitem que os dividendos por ação cresçam de acordo com várias

---

[5] Ao avaliar ativos de longo prazo – por exemplo, ações –, é comum tratar as obrigações de longo prazo do Tesouro, e não as letras de curto prazo do Tesouro, como o ativo isento de risco.

PLANILHA 13.1 Modelo de crescimento de três estágios para a Honda

Acesse grupoa.com.br

	A	B	C	D	E	F	G	H	I
1	Dados de entrada			Ano	Dividendos	Crescimento dos dividendos	Valor no período	CF dos investidores	
2	beta	0,9		2012	0,72			0,72	
3	prêmio_mercado	0,08		2013	0,81			0,81	
4	taxa isenta de risco	0,029		2014	0,91			0,91	
5	k_patrimônio	0,1010		2015	1			1	
6	reinvestimento	0,75		2016	1,12	0,1157		1,12	
7	roe	0,1		2017	1,24	0,1116		1,24	
8	crescimento_período	0,075		2018	1,37	0,1076		1,37	
9				2019	1,52	0,1035		1,52	
10				2020	1,67	0,0994		1,67	
11				2021	1,83	0,0954		1,83	
12	Value Line			2022	1,99	0,0913		1,99	
13	previsão de dividendos anuais			2023	2,17	0,0872		2,17	
14				2024	2,35	0,0831		2,35	
15				2025	2,53	0,0791		2,53	
16				2026	2,72	0,0750		2,72	
17	Período de transição com crescimento lento dos dividendos			2027	2,93	0,0750	120,96	123,89	
18									
19								36,79	= PV do FC
20			Início do período de crescimento constante		E17*(1+F17)/(B5–F17)				
21								NPV(B5,H2:H17)	

taxas diferentes à medida que a empresa amadurece. Muitos analistas utilizam modelos de crescimento de três estágios. Eles podem considerar previsões de dividendos anuais de curto prazo, um período final de crescimento sustentável e um período de transição intermediário durante o qual as taxas de crescimento de dividendos diminuem gradualmente da taxa inicial para a taxa sustentável final. Em comparação com o modelo de dois estágios, esses modelos não são conceitualmente mais difíceis de trabalhar, mas exigem muito mais cálculos e podem ser cansativos se processados manualmente. No entanto, é fácil criar uma planilha Excel para esse modelo.

A Planilha 13.1 é um exemplo desse tipo de modelo. A coluna B contém os dados que utilizamos até aqui para a Honda. A coluna E contém as previsões de dividendos. Apresentamos nas células E2 a E5 as estimativas da Value Line para os próximos quatro anos. O crescimento de dividendos nesse período é 11,57%, anualmente. Em vez de pressupor uma transição repentina para um crescimento de dividendos constante a partir de 2015, supomos que a taxa de crescimento de dividendos em 2015 é 20% e que ela cairá linearmente até 2026 (consulte a coluna F) e finalmente atingirá a taxa de crescimento terminal constante de 7,5% em 2026. Cada dividendo no período de transição é o dividendo do ano anterior vezes a taxa de crescimento daquele ano. O valor terminal no momento em que a empresa entra em um estágio de crescimento constante (célula G17) é calculado com o DDM de crescimento constante. Por fim, o fluxo de caixa do investidor em cada período (coluna H) é igual aos dividendos de cada ano mais o valor terminal em 2027. O valor presente desses fluxos de caixa é calculado na célula H19 como US$ 36,79, em torno de 20% superior ao valor que encontramos no modelo de dois estágios. Obtemos um valor intrínseco maior nesse caso porque supomos que o crescimento de dividendos, que pela taxa atual de 11,57% é extremamente rápido, cairá apenas gradualmente até seu valor de estabilidade.

13.4. ÍNDICE DE PREÇO/LUCRO

Índice de preço/lucro e oportunidades de crescimento

Muitas das discussões sobre as avaliações do mercado acionário no mundo real giram em torno do **múltiplo de preço/lucro** de uma empresa, o índice de preço por ação em relação ao lucro por ação, comumente chamado de índice de P/E (*price/earnings ratio*). Na verdade, na avaliação de uma empresa costuma-se utilizar um multiplicador de lucros. Para obter o valor da ação, multiplica-se o lucro por ação projetado pela previsão do índice de P/E. Esse procedimento parece

múltiplo de preço/lucro
Índice do preço de uma ação em relação a seu lucro por ação.

simples, mas essa suposta simplicidade é ilusória. Primeiro, é difícil prever os lucros. Como vimos no Capítulo 12, os lucros dependerão de fatores internacionais, macroeconômicos, setoriais setor e específicos da empresa, muitos deles extremamente imprevisíveis. Segundo, a previsão do múltiplo de P/E é mais difícil ainda. Os índices de P/E variam de um setor para outro e ao longo do tempo. No entanto, nossa discussão a respeito da avaliação de ações oferece algumas constatações sobre esses fatores que devem determinar o índice de P/E de uma empresa.

Lembre-se de nossa discussão sobre oportunidades de crescimento, em que comparamos duas empresas, a Growth Prospects e a Cash Cow, ambas com lucro por ação de US$ 5. A Growth Prospects reinvestiu 60% de seus lucros com a perspectiva de um ROE de 15%, enquanto a Cash Cow pagou todos os seus lucros como dividendos. A Cash Cow tinha um preço de US$ 40 por ação, o que lhe oferecia um múltiplo de P/E de 40/5 = 8, enquanto as ações da Growth Prospects eram vendidas por US$ 57,14 cada, oferecendo-lhe um múltiplo de 57,14/5 = 11,4. Essa observação indica que o índice de P/E pode ser um indicador útil das expectativas de oportunidades de crescimento. Podemos ver isso explicitamente reajustando a Equação 13.6 para

$$\frac{P_0}{E_1} = \frac{1}{k}\left[1 + \frac{PVGO}{E_1/k}\right] \quad (13.7)$$

Quando PVGO = 0, a Equação 13.7 mostra que $P_0 = E_1/k$. A ação é avaliada como se fosse uma perpetuidade sem crescimento de EPS_1. O índice de P/E é apenas $1/k$. Entretanto, à medida que PVGO torna-se cada vez mais um colaborador predominante para o preço, o índice de P/E pode aumentar de forma considerável.

O índice de PVGO em relação a E/k tem uma interpretação simples. É o índice do componente do valor da empresa que reflete oportunidades de crescimento em relação ao componente de valor que reflete os ativos já existentes (isto é, o valor de não crescimento da empresa, E/k). Quando as oportunidades futuras de crescimento dominarem a estimativa de valor total, a empresa estabelecerá um preço alto em relação aos lucros atuais. Desse modo, um múltiplo de P/E alto parece indicar que a empresa tem amplas oportunidades de crescimento.

EXEMPLO 13.5
Índice de P/E e oportunidades de crescimento

Retorne à Takeover Target, a empresa que vimos pela primeira vez no Exemplo 13.4. O lucro por ação é US$ 5 e a taxa de capitalização é 15%, o que significa que o valor de não crescimento da empresa é E_1/k = US$ 5/0,15 = US$ 33,33. Atualmente, o preço da ação é US$ 22,22, o que indica que o valor presente das oportunidades de crescimento é igual a –US$ 11,11. Isso significa que o índice de P/E deve ser

$$\frac{P_0}{E_1} = \frac{1}{k}\left[1 + \frac{PVGO}{E/k}\right] = \frac{1}{0,15}\left[1 + \frac{-R\$\ 11,11}{R\$\ 33,3}\right] = 4,44$$

Na verdade, o preço da ação é US$ 22,22 e o lucro é US$ 5 por ação. Portanto, o índice de P/E é US$ 22,22/US$ 5 = 4,44.

Vejamos se os múltiplos de P/E de fato variam com as perspectivas de crescimento. Entre 1995 e 2011, por exemplo, o índice de P/E médio da Intel foi 24,3 e o da Consolidated Edison foi apenas 13,3. Esses números não indicam necessariamente que a Intel estava supervalorizada em comparação com a Consolidated Edison. Se os investidores acreditassem que a Intel cresceria mais rapidamente do que a Con Ed, o preço mais alto por dólar justificaria. Ou seja, os investidores podem muito bem pagar um preço mais alto por dólar de *lucros atuais* quando esperam que o fluxo de lucros crescerá mais rapidamente. Na verdade, a taxa de crescimento da Intel tem sido coerente com seu múltiplo de P/E mais alto. Nesse período, seu lucro por ação cresceu quase cinco vezes, enquanto os lucros da Con Ed cresceram apenas 20%. A Figura 13.4 (na página 426) mostra o histórico de lucro por ação de duas empresas.

Obviamente, as diferenças nas oportunidades de crescimento esperadas justificam as diferenças no índice de P/E das empresas. O índice de P/E é predominantemente um reflexo do otimismo do mercado quanto às perspectivas de crescimento da empresa. Quando os analistas utilizam o índice de P/E, eles precisam determinar se estão mais ou se estão menos otimistas do que o mercado. Se eles estiverem mais otimistas, recomendarão a compra da ação.

Existe uma forma de tornar essas percepções mais precisas. Examine novamente a fórmula de DDM de crescimento constante, $P_0 = D_1/(k - g)$. Lembre-se agora de que os dividendos são iguais aos lucros que *não* são reinvestidos na empresa: $D_1 = E_1(1-b)$. Lembre-se também de que $g = \text{ROE} \times b$. Por esse motivo, substituindo D_1 e g, descobrimos que

$$P_0 = \frac{E_1(1-b)}{k - (\text{ROE} \times b)}$$

o que significa que o índice de P/E de uma empresa que cresce a longo prazo em um ritmo sustentável é

$$\frac{P_0}{E_1} = \frac{1-b}{k - (\text{ROE} \times b)} \tag{13.8}$$

É fácil verificar que o índice de P/E aumenta com o ROE. Isso faz sentido, pois os projetos com ROE alto oferecem à empresa boas oportunidades de crescimento.[6] Podemos verificar igualmente que o índice de P/E aumenta para um reinvestimento de lucros mais alto, *b*, desde que o ROE ultrapasse *k*. Isso também faz sentido. Quando uma empresa tem boas oportunidades de investimento, o mercado a recompensará com um múltiplo de P/E mais alto se ela explorar essas oportunidades de forma mais agressiva reinvestindo mais de seus lucros nessas oportunidades.

Lembre-se, no entanto, de que o crescimento não é desejável por si só. Examine a Tabela 13.3, na qual utilizamos a Equação 13.8 para calcular as taxas de crescimento e os índices P/E para diferentes combinações de ROE e *b*. Embora o crescimento sempre aumente com a taxa de reinvestimento (mova-se entre as linhas no Painel A da Tabela 13.3), o índice de P/E não aumenta (mova-se entre as linhas no Painel B). Na linha de cima da Tabela 13.3B, o P/E cai à medida que a taxa de reinvestimento aumenta. Na linha do meio, ele não é afetado pelo reinvestimento. Na terceira linha, ele aumenta.

A interpretação desse padrão é simples. Quando o ROE esperado é inferior ao retorno exigido, *k*, os investidores preferem que a empresa pague os lucros como dividendos, em lugar de reinvestir os lucros na empresa por uma taxa de retorno inadequada. Ou seja, para um ROE inferior a *k*, o valor da empresa cai à medida que o reinvestimento aumenta. Em contraposição, quando o ROE é superior a *k*, a empresa oferece melhores oportunidades de investimento, de modo que o valor da empresa aumenta à medida que essas oportunidades são exploradas de maneira mais efetiva por meio da elevação da taxa de reinvestimento.

Por fim, quando o ROE é igual a *k*, a empresa oferece oportunidades de investimento "equilibradas" com uma taxa de retorno justa. Nesse caso, os investidores são indiferentes quanto ao reinvestir os lucros na empresa ou em outro lugar qualquer pela taxa de capitalização de mercado, porque a taxa de retorno em ambos os casos é 12%. Portanto, o preço da ação não é afetado pela taxa de reinvestimento.

Concluímos que, quanto mais alta a taxa de reinvestimento, mais alta a taxa de crescimento, mas uma taxa de reinvestimento mais alta não significa necessariamente um índice de P/E mais

TABELA 13.3 Efeito do ROE e do reinvestimento sobre o crescimento e o índice de P/E

	Taxa de reinvestimento (*b*)			
	0	0,25	0,50	0,75
A. Taxa de crescimento, *g*				
ROE				
10%	0%	2,5%	5%	7,5%
12	0	3	6	9
14	0	3	7	10,5
B. Índice de P/E				
ROE				
10%	8,33	7,89	7,14	5,56
12	8,33	8,33	8,33	8,33
14	8,33	8,82	10	16,67

Nota: Suposição: *k* = 12% por ano.

---

[6] Observe que a Equação 13.8 é um simples rearranjo da fórmula de DDM, com $\text{ROE} \times b = g$. Como essa fórmula exige que $g < k$, a Equação 13.8 é válida somente quando $\text{ROE} \times b < k$.

alto. A taxa de reinvestimento mais alta aumentará o P/E somente se os investimentos assumidos pela empresa oferecerem uma taxa de retorno esperada superior à taxa de capitalização de mercado. Do contrário, uma taxa de reinvestimento crescente prejudicará os investidores porque mais dinheiro é investido em projetos com taxas de retorno inadequadas.

Não obstante esses detalhes, o índice de P/E normalmente é utilizado como substituto do crescimento esperado em dividendos ou lucros. Na verdade, de acordo com uma regra prática bastante comum em Wall Street, a taxa de crescimento deve ser quase igual ao índice de P/E. Em outras palavras, o índice de P/E em relação a g, com frequência chamado de **índice PEG**, deve ser em torno de 1. O famoso gestor de carteira Peter Lynch afirma o seguinte em seu livro *One Up on Wall Street* (*O Jeito de Peter Lynch Investir*):

> O índice de P/E de qualquer empresa que tenha um preço justo será igual à sua taxa de crescimento. Refiro-me aqui à taxa de crescimento dos lucros [...]. Se o índice de P/E da Coca-Cola for 15, a expectativa é de que a empresa cresça em torno de 15% ao ano etc. Porém, se o índice de P/E for inferior à taxa de crescimento, você pode ter encontrado uma pechincha.

Vamos experimentar essa regra prática.

índice PEG
Índice do múltiplo de P/E em relação à taxa de crescimento dos lucros.

EXEMPLO 13.6
Índice de P/E *versus* taxa de crescimento

Suponha:

r_f = 8% (aproximadamente o valor de quando Peter Lynch estava escrevendo)
$r_M - r_f$ = 8% (aproximadamente o prêmio de risco médio histórico do mercado)
b = 0,4 (um valor normal para a taxa de reinvestimento nos Estados Unidos)

Portanto, $r_M = r_f$ + Prêmio de risco do mercado = 8% + 8% = 16% e k = 16% para uma empresa média (β = 1). Se também admitirmos que um ROE = 16% é razoável (o mesmo valor do retorno esperado sobre a ação), concluímos que

$$g = ROE \times b = 16\% \times 0{,}4 = 6{,}4\%$$

e

$$P/E = \frac{1 - 0{,}4}{0{,}16 - 0{,}064} = 6{,}26$$

Portanto, o índice de P/E e g são aproximadamente iguais com base nessas suposições, o que é coerente com a regra prática.

Entretanto, observe que essa regra prática, tal como quase todas as outras, não funcionará em todas as circunstâncias. Por exemplo, é mais provável que o rendimento atual sobre obrigações de longo prazo do Tesouro seja 3%. Portanto, uma previsão atual comparável de r_M seria

r_f + Prêmio de risco do mercado = 3% + 8% = 11%

Se continuarmos focalizando uma empresa com β = 1, e com um ROE mais ou menos igual a k, então

$$g = 11\% \times 0{,}4 = 4{,}4\%$$

enquanto

$$P/E = \frac{1 - 0{,}4}{0{,}11 - 0{,}044} = 9{,}1$$

Agora, o índice de P/E e g divergem e o índice PEG é 9,1/4,4 = 2,1. No entanto, os índices PEG abaixo da média ainda são amplamente considerados como um possível sinal de preço inferior ao normal.

Independentemente de suas deficiências, o índice PEG é muito adotado. O índice PEG da S&P ao longo dos últimos 20 anos normalmente girou em torno de 1 e 1,5.

13.5 *Revisão de* **CONCEITOS**

As ações da ABC têm um ROE esperado de 12% por ano, lucro por ação esperado de US$ 2 e dividendos esperados de US$ 1,50 por ação. A taxa de capitalização do mercado é 10% ao ano.
a. Qual a taxa de crescimento esperada, o preço e o índice de P/E da empresa?
b. Se a taxa de reinvestimento fosse 0,4, qual seria o dividendo por ação esperado, a taxa de crescimento, o preço, o P/E e o índice PEG da empresa?

Na frente de batalha do **MERCADO**

A PERGUNTA DE US$ 100 BILHÕES
QUANTO VALE O FACEBOOK?

Quando os investidores examinaram as demonstrações financeiras recém-divulgadas da empresa na quarta-feira, os analistas e os investidores começaram a circular uma série de valores – de um mínimo de US$ 50 bilhões a um máximo de US$ 125 bilhões – para o *site* da rede social.

Passarão meses até que o mercado defina o preço final, mas a questão da avaliação já se transformou em uma disputa acirrada sobre dois pontos essenciais: Com que rapidez a empresa consegue continuar crescendo? E ela conseguirá extrair valor da propaganda da forma como planeja?

A receita do Facebook cresceu 88% em 2011 e o lucro líquido cresceu 65%. O crescimento do Facebook já desacelerou de 154% de 2009 para 2010, e para 88% em 2011.

Francis Gaskins, presidente do IPOdesktop.com, que analisa ofertas públicas iniciais (*initial public offering* – IPO) para os investidores, afirma que ele não acredita que o Facebook valha mais de US$ 50 bilhões – 50 vezes o lucro de US$ 1 bilhão divulgado pela empresa em 2011 ou mais de três vezes o índice de P/E médio do mercado. O lucro da empresa Google Inc. é dez vezes superior ao do Facebook, mas seu valor no mercado acionário é US$ 190 bilhões, observa Gaskins.

Uma avaliação de US$ 100 bilhões "nos faria acreditar que o Facebook vale 53% do Google, ainda que as vendas e os lucros do Google sejam dez vezes superiores aos do Facebook", afirma ele.

Martin Pyykkonen, analista da *boutique* bancária Wedge Partners, em Denver, é mais otimista e diz que o valor poderia atingir US$ 100 bilhões. Ele afirma que o Facebook poderia ser negociado por 15 a 18 vezes o lucro esperado antes de juros, impostos e determinadas despesas não monetárias, uma medida de fluxo de caixa conhecida como Ebitda (*earnings before interest, tax, depreciation and amortization*). Comparativamente, diz ele, as empresas maduras são negociadas por oito a dez vezes o Ebitda. A Microsoft Corporation é negociada por sete vezes e o Google por dez vezes.

Embora essa matemática justifique uma avaliação de somente US$ 81 bilhões, ele diz que o Facebook pode conseguir destravar um crescimento mais rápido em gastos com propaganda e atingir US$ 5,5 bilhões em Ebitda, o que justificaria um múltiplo mais alto de 20 vezes e implicaria uma avaliação de US$ 110 bilhões.

Fonte: Extraído de Randall Smith, "Facebook's $100 Billion Question", *The Wall Street Journal*, 3 de fevereiro de 2012. Informações reimpressas com permissão do *The Wall Street Journal*. Copyright © 2012 Dow Jones & Company, Inc. Todos os direitos reservados mundialmente.

A importância das oportunidades de crescimento é mais evidente nas avaliações de empresas *start-up* – por exemplo, no *boom* da internet no final da década de 1990. Muitas empresas que ainda não haviam apresentado lucro foram avaliadas em bilhões de dólares pelo mercado. O valor dessas empresas compunha-se *exclusivamente* de oportunidades de crescimento. Por exemplo, a empresa de leilões *on-line* eBay tinha um lucro de US$ 2,4 milhões em 1998, bem inferior ao lucro de US$ 45 milhões da tradicional leiloeira Sotheby's; contudo, o valor de mercado da eBay era mais de dez vezes superior: US$ 22 bilhões *versus* US$ 1,9 bilhão. Ao que se revela, o mercado teve toda razão em avaliar a eBay bem mais agressivamente do que a Sotheby's. Seu lucro líquido em 2010 foi US$ 1,8 bilhão, mais de 11 vezes o da Sotheby's.

É claro que, quando a avaliação da empresa é determinada principalmente pelas oportunidades de crescimento, esses valores podem ser muito sensíveis a reavaliações dessas perspectivas. Quando o mercado ficou mais cético quanto às perspectivas de negócio da maioria dos varejistas de internet no fim da década de 1990, isto é, quando as estimativas de oportunidades de crescimento foram revisadas para baixo, os preços das ações despencaram.

À medida que as perspectivas futuras aumentam e diminuem, o preço das ações pode oscilar desenfreadamente. As perspectivas de crescimento são intrinsecamente difíceis de restringir; entretanto, com o tempo essas perspectivas determinam o valor da maioria das empresas dinâmicas na economia.

O quadro anterior é um exemplo de análise de avaliação simples. Quando o Facebook se aproximava de sua tão esperada IPO em 2012, havia muita especulação sobre o preço pelo qual a empresa seria avaliada no mercado acionário. Observe que a discussão nesse artigo concentra-se em dois pontos fundamentais. Primeiro, qual a projeção razoável da taxa de crescimento dos lucros do Facebook? Segundo, que múltiplo de lucro é apropriado para traduzir uma previsão de lucro em uma previsão de preço? Essas são precisamente as questões abordadas por nossos modelos de avaliação de ações.

Índice de P/E e risco das ações

Uma implicação importante de qualquer modelo de avaliação de ações é que as ações de maior risco (mantendo-se inalterados todos demais fatores) terão múltiplos de P/E mais baixos. Podemos observar isso muito bem no contexto do modelo de crescimento constante examinando a fórmula do índice de P/E (Equação 13.8):

$$\frac{P}{E} = \frac{1-b}{k-g}$$

As empresas mais arriscadas terão taxas de retorno exigidas mais altas (isto é, valores de k mais altos). Portanto, seus múltiplos de P/E serão menores. Isso é verdade mesmo fora do contexto do modelo de crescimento constante. Para *qualquer* fluxo esperado de lucros e dividendos, o valor presente desses fluxos de caixa será menor quando o fluxo for considerado mais arriscado. Por esse motivo, o preço das ações e o índice de P/E serão menores.

É óbvio que o múltiplo de P/E de várias empresas *start-up* pequenas e arriscadas é bastante alto. Isso não contradiz nossa afirmação de que os múltiplos de P/E devem diminuir com o risco: na verdade, é uma evidência das expectativas do mercado de taxas de crescimento altas para essas empresas. É por isso que dissemos que as empresas de alto risco terão um índice de P/E mais baixo *se todos os demais fatores permanecerem iguais*. Em vista da projeção de crescimento, o múltiplo de P/E será inferior quando o risco for considerado mais alto.

Armadilhas na análise de P/E

Nenhuma descrição sobre a análise de P/E será completa se não forem mencionadas algumas de suas armadilhas. Em primeiro lugar, observe que o denominador no índice de P/E é o lucro contábil, que é influenciado por regras contábeis até certo ponto arbitrárias, como a utilização do custo histórico na avaliação de depreciação e estoque. Em épocas de alta inflação, a depreciação de custo e os custos de estoque históricos tendem a representar mal os valores econômicos reais porque o custo de reposição, tanto dos produtos quanto dos equipamentos de capital, aumenta com o nível geral de preços. Tal como a Figura 13.3 demonstra, os índices P/E caíram sensivelmente na década de 1970 quando a inflação disparou. Isso refletiu a avaliação do mercado de que os lucros nesses períodos são de "menor qualidade", são artificialmente distorcidos pela inflação e merecem índices P/E menores.

gerenciamento de resultados
Método de utilizar flexibilidade nas regras contábeis para manipular a lucratividade aparente da empresa.

Gerenciamento de resultados é o método de utilizar flexibilidade nas regras contábeis para manipular a lucratividade aparente da empresa. Teremos mais a dizer sobre esse assunto no Capítulo 14, a respeito da interpretação de demonstrações financeiras. Uma versão do gerenciamento de resultados que se tornou comum recentemente foi a divulgação de medidas de "lucro *pro forma*". Essas medidas algumas vezes são chamadas de *lucro operacional*, termo que não tem uma definição precisa geralmente aceita.

Para calcular os lucros *pro forma*, ignoram-se determinadas despesas – por exemplo, despesas de reestruturação, despesas com opções de compra de ações ou redução do valor contábil dos ativos em virtude de operações contínuas. As empresas defendem que ignorar essas despesas oferece uma visão mais nítida da lucratividade subjacente da empresa.

FIGURA 13.3
Índice de P/E do índice S&P 500 e inflação.

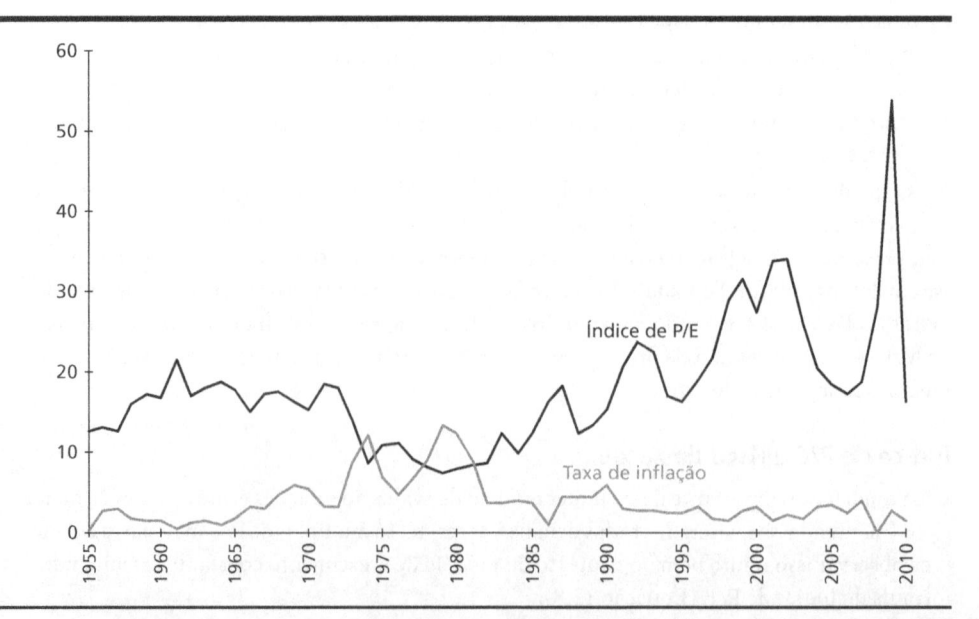

Porém, quando há muita liberdade de movimento para escolher o que será excluído, os investidores ou analistas têm dificuldade para interpretar os números ou compará-los entre as empresas. A falta de critério oferece às empresas uma liberdade de movimento considerável para gerenciar os lucros.

Até mesmo os princípios contábeis geralmente aceitos (*general accepted accounting principles* – GAAP) permitem que as empresas tenham grande liberdade de ação para gerenciar os lucros. Por exemplo, no final da década de 1990, a Kellog utilizou as despesas de reestruturação, que supostamente são um acontecimento único, nove trimestres seguidos. Será que eram de fato um acontecimento único ou deveriam ser tratadas mais apropriadamente como despesas comuns? Em vista da liberdade de movimento aplicável ao gerenciamento de resultados, fica difícil medir o múltiplo de P/E justificável.

Outro fator de confusão na utilização de índices P/E está relacionado ao ciclo econômico. Tivemos o cuidado de deduzir o DDM para definir o lucro como o valor líquido após a dedução da depreciação *econômica*, isto é, o fluxo máximo de renda que a empresa poderia pagar sem exaurir sua capacidade produtiva. E os lucros divulgados, como mencionamos anteriormente, são calculados de acordo com os princípios contábeis geralmente aceitos e não precisam corresponder aos lucros econômicos. Entretanto, além disso, os conceitos de índice de P/E normal ou justificável, como na Equação 13.7 ou 13.8, pressupõem implicitamente que os lucros sobem a uma taxa constante ou, dito de outra forma, segundo uma linha de tendência regular. Em contraposição, os lucros divulgados podem flutuar acentuadamente em torno de uma linha de tendência, no decorrer do ciclo econômico.

Outra forma de defender essas ideia é observar que o índice de P/E "normal" previsto pela Equação 13.8 é o índice do preço atual em relação ao valor de tendência dos lucros futuros, E_1. Em contraposição, o índice de P/E divulgado nas páginas financeiras dos jornais é o índice de preço em relação aos lucros contábeis *passados* mais recentes. Os lucros contábeis atuais podem ser consideravelmente diferentes dos lucros econômicos futuros. Como a posse de ações expressa o direito a lucros futuros e também a lucros atuais, o índice de preço em relação aos lucros mais recentes pode variar de modo significativo ao longo dos ciclos econômicos, conforme os lucros contábeis e o valor de tendência dos lucros econômicos divergirem em maior ou menor grau.

Como exemplo, a Figura 13.4 apresenta um gráfico dos lucros por ação da Intel e da Consolidated Edison desde 1988. Observe que o lucro por ação da Intel gira em torno de sua linha de tendência mais do que o da Con Ed. Como o mercado valoriza o fluxo completo de dividendos futuros gerados pela empresa, quando os lucros diminuem temporariamente, o índice de P/E provavelmente tende a ser alto – ou seja, o denominador do índice reage de forma mais sensível ao ciclo econômico do que o numerador. Esse padrão já está bem confirmado.

A Figura 13.5 apresenta o índice de P/E das duas empresas. A Intel tem maior volatilidade nos lucros e maior variabilidade no índice de P/E. Sua taxa de crescimento média evidentemente mais alta evidencia-se em seu índice de P/E geralmente mais alto. O único período em que o índice da Con Ed ultrapassou o da Intel foi em 2010-2011, um período em que os lucros da Intel aumentaram bem mais rapidamente do que sua tendência subjacente. O mercado parece ter reconhecido que esse desempenho de lucro não tendia a ser sustentável e o preço da Intel não reagiu acentuadamente a essa flutuação nos lucros. Consequentemente, o índice de P/E diminuiu.

Esse exemplo mostra por que os analistas devem ter cuidado ao utilizar o índice de P/E. Não há como afirmar se um índice de P/E está alto demais ou baixo demais sem consultar as perspectivas de crescimento de longo prazo da empresa, bem como os lucros atuais por ação em relação à linha de tendência de longo prazo.

No entanto, as Figuras 13.4 e 13.5 demonstram que existe uma clara relação entre o índice de P/E e o crescimento. Não obstante essas flutuações de curto prazo, o lucro por ação da Intel evidenciou uma tendência ascendente nesse período. Sua taxa de crescimento composta no período de 1995-2011 foi 10,3%. Os lucros da Con Edison cresceram muito menos rapidamente, com uma taxa composta de crescimento composta de 1,2%. As perspectivas de crescimento da Intel estão refletidas em seu múltiplo de P/E consistentemente mais elevado.

Essa análise indica que os índices P/E devem variar entre os setores, e eles de fato variam. A Figura 13.6 mostra o índice de P/E para uma amostra de setores. Observe que os setores com os dois múltiplos mais altos – biotecnologia e *software* comercial – têm oportunidades de investimento atraentes, ao passo que aqueles com o múltiplo mais baixo – defesa, petróleo e gás e ser-

FIGURA 13.4
Crescimento dos lucros de duas empresas.

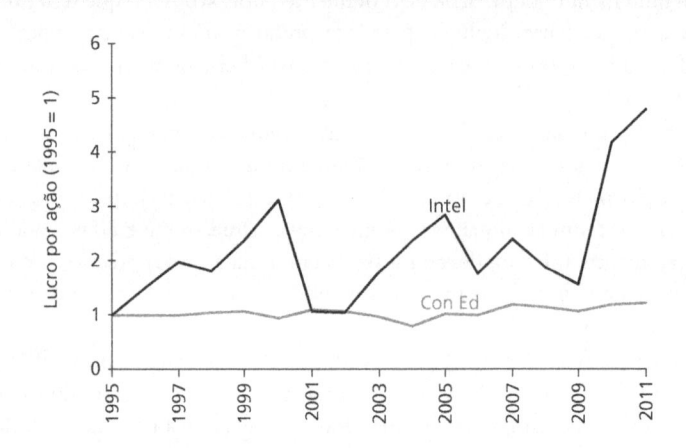

FIGURA 13.5
Índices de preço/lucro.

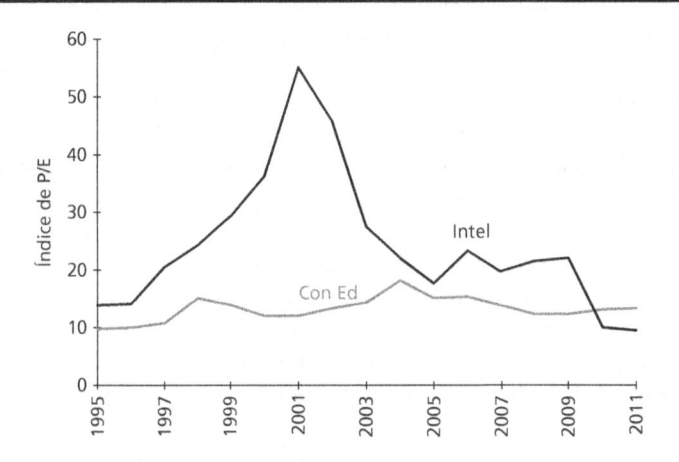

FIGURA 13.6
Índices P/E.

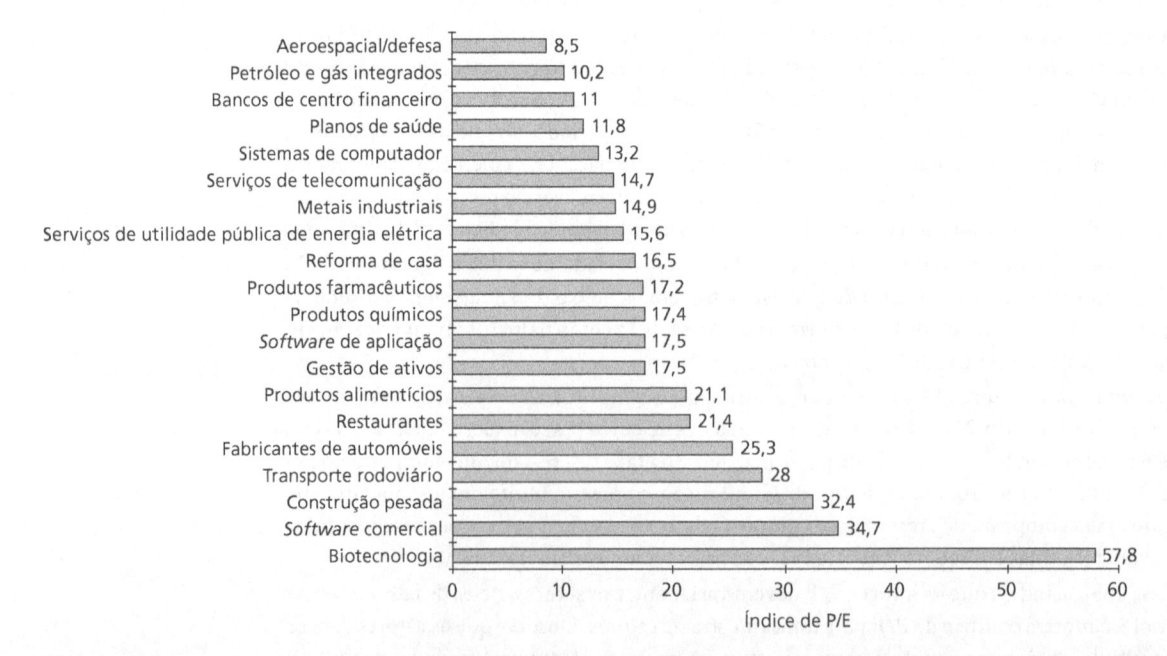

Setor	Índice de P/E
Aeroespacial/defesa	8,5
Petróleo e gás integrados	10,2
Bancos de centro financeiro	11
Planos de saúde	11,8
Sistemas de computador	13,2
Serviços de telecomunicação	14,7
Metais industriais	14,9
Serviços de utilidade pública de energia elétrica	15,6
Reforma de casa	16,5
Produtos farmacêuticos	17,2
Produtos químicos	17,4
Software de aplicação	17,5
Gestão de ativos	17,5
Produtos alimentícios	21,1
Restaurantes	21,4
Fabricantes de automóveis	25,3
Transporte rodoviário	28
Construção pesada	32,4
Software comercial	34,7
Biotecnologia	57,8

Fonte: Yahoo! Finance, <finance.yahoo.com>, 24 de janeiro de 2012.

viços de utilidade pública de energia elétrica – encontram-se em áreas mais maduras com poucas perspectivas de crescimento. A relação entre o índice de P/E e o crescimento não é perfeita, o que não é de surpreender, tendo em vista as armadilhas discutidas nesta seção, mas fica claro que, em geral, o múltiplo de P/E acompanha as oportunidades de crescimento.

Associando a análise de P/E e o DDM

Alguns analistas utilizam índices P/E em conjunto com as previsões de lucros para calcular o preço das ações na data de horizonte do investidor. A análise da Honda, na Figura 13.2, mostra que a Value Line previu um índice de P/E de 14 para 2015. O lucro por ação de 2015 foi previsto como US$ 4, o que indica um preço em 2015 de 14 × US$ 4 = US$ 56. Em vista da estimativa de US$ 56 para o preço de venda de 2015, calcularíamos o valor intrínseco da Honda como

$$V_{2011} = \frac{0,72}{(1,101)} + \frac{0,81}{(1,101)^2} + \frac{0,90}{(1,101)^3} + \frac{1,00 + US\$\ 56}{(1,101)^4} = US\$\ 40,79$$

Outros índices de avaliação comparativa

O índice de preço/lucro é um exemplo de índice de avaliação comparativa. Esses de índices são utilizados para avaliar uma empresa em relação a outra, com base em um indicador fundamental como o lucro. Por exemplo, um analista pode comparar o índice de P/E de duas empresas do mesmo setor para testar se o mercado está avaliando uma empresa "mais agressivamente" do que outra. Outros índices comparativos desse tipo são habitualmente utilizados.

Índice de preço/valor contábil Esse é o índice de preço por ação dividido pelo valor contábil por ação. Como já mencionamos neste capítulo, alguns analistas consideram o valor contábil uma medida útil de valor fundamental e, portanto, tratam o índice de preço/valor contábil como um indicador de quão acentuadamente o mercado avalia a empresa.

Índice de preço/fluxo de caixa Os lucros, da forma como são divulgados na demonstração de resultados, podem ser afetados pelas práticas contábeis escolhidas pela empresa e, portanto, normalmente são considerados passíveis de alguma imprecisão e até de manipulação. Em contraposição, o fluxo de caixa – que acompanha o dinheiro que de fato entra e sai da empresa – é menos afetado pelas decisões contábeis. Por esse motivo, alguns analistas preferem utilizar o índice de preço/fluxo de caixa por ação, e não o índice de preço/lucro por ação. Alguns analistas utilizam o fluxo de caixa operacional ao calcular esse índice; outros preferem o fluxo de caixa livre, isto é, o fluxo de caixa operacional líquido de novos investimentos.

Índice de preço/vendas Muitas empresas *start-up* não têm nenhum lucro. Por esse motivo, o índice de P/E dessas empresas é insignificante. O índice de preço/vendas (o índice entre o preço da ação e as vendas anuais por ação) algumas vezes é considerado como referência de avaliação para essas empresas. É óbvio que os índice de preço/vendas podem variam de maneira marcante entre os setores, visto que as margens de lucro variam amplamente.

Seja criativo Pode ser que algumas vezes simplesmente não haja um índice de avaliação padrão e você tenha de criar um. Na década de 1990, alguns analistas avaliavam empresas de varejo da internet com base no número de *hits* (visitas) que o respectivo *site* recebia. Em retrospecto, eles avaliavam essas empresas utilizando índices de "preço/*hits*" generosos demais. No entanto, nesse novo ambiente de investimentos, esses analistas utilizaram as informações disponíveis para descobrir as melhores ferramentas de avaliação que pudessem.

A Figura 13.7 apresenta o comportamento dessas medidas de avaliação para o S&P 500. Embora os níveis desses índices difiram consideravelmente, na maior parte das vezes eles se acompanham bem de perto, com elevações e declínios simultâneos.

13.5. ABORDAGENS DE AVALIAÇÃO DE FLUXO DE CAIXA LIVRE

Um método alternativo para o modelo de desconto de dividendos avalia a empresa utilizando o fluxo de caixa livre, isto é, o fluxo de caixa disponível para a empresa ou para os acionistas líquido de dispêndios de capital. Esse método é particularmente útil para empresas que não pagam dividendos, caso em que seria difícil implementar o modelo de desconto de dividendos. Porém, os modelos de fluxo de caixa livre são válidos para qualquer empresa e podem oferecer percepções úteis sobre o valor de uma empresa que vão além do DDM.

FIGURA 13.7 Índices de avaliação do S&P 500.

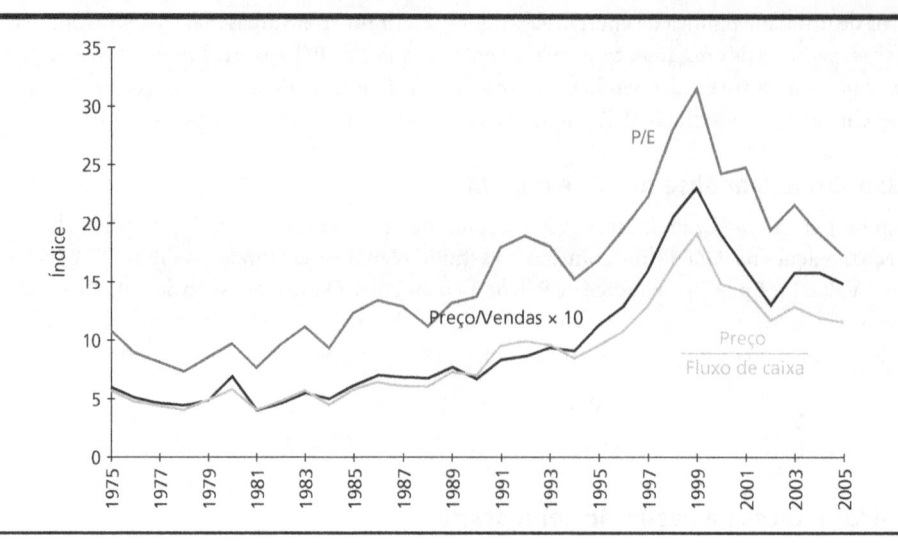

Uma das alternativas é descontar o *fluxo de caixa livre* para a *empresa* (*free cash flow for the firm* – FCFF) pelo custo médio ponderado do capital para obter o valor da empresa e depois subtrair o valor da dívida então existente para encontrar o valor do patrimônio líquido. Outra possibilidade é focalizar desde o início o fluxo de caixa livre para os *acionistas* (*free cash flow to equity holders* – FCFE), descontando-o diretamente pelo custo do capital próprio para obter o valor do patrimônio líquido.

O fluxo de caixa livre para a empresa é dado da seguinte forma:

$$\text{FCFF} = \text{Ebit}(1 - t_c) + \text{Depreciação} - \text{Dispêndios de capital} - \text{Aumento no NWC} \quad (13.9)$$

onde

Ebit = lucros antes de juros e impostos
t_c = alíquota de imposto corporativo
NWC = capital de giro líquido (*net working capital*)

Esse é o fluxo de caixa que provém das operações da empresa, líquido de investimentos em capital e de capital de giro líquido. Ele inclui os fluxos de caixa disponíveis tanto para os obrigacionistas quanto para os acionistas.[7]

Alternativamente, podemos focar o fluxo de caixa disponível para os acionistas. Ele será diferente do fluxo de caixa livre para a empresa em relação à despesa de juros pós-impostos e também ao fluxo de caixa associado com a emissão líquida ou recompra de dívida (isto é, repagamentos do principal menos o lucro da emissão de novas dívidas).

$$\text{FCFE} = \text{FCFF} - \text{Despesa de juros} \times (1 - t_c) + \text{Aumento na dívida líquida} \quad (13.10)$$

O método de fluxo de caixa livre para a empresa desconta fluxos de caixa anuais mais alguma estimativa de valor terminal, P_T. Na Equação 13.11, utilizamos o modelo de crescimento constante para estimar o valor terminal. A taxa de desconto apropriada é o custo médio ponderado do capital (*weighted-average cost of capital* – WACC).

$$\text{Valor da empresa} = \sum_{t=1}^{T} \frac{1 + \text{FCFF}_t}{(1 + \text{WACC})^t} + \frac{P_T}{(1 + \text{WACC})^T} \quad (13.11)$$

onde

$$P_T = \frac{\text{FCFF}_{T+1}}{\text{WACC} - g}$$

Para descobrir o valor patrimonial, subtraímos o valor de mercado da dívida existente do valor deduzido da empresa.

---

[7] Esse é o fluxo de caixa da empresa pressupondo um financiamento total do patrimônio líquido. Qualquer vantagem tributária para o financiamento de dívidas é reconhecida utilizando um custo de dívida pós-imposto no cálculo do custo médio ponderado do capital. Esse assunto é discutido em qualquer texto introdutório sobre finanças corporativas.

Alternativamente, podemos descontar fluxos de caixa livres para os *acionistas* (FCFE) pelo custo de *capital próprio*, k_E,

$$\text{Valor de mercado do patrimônio} = \sum_{t=1}^{T} \frac{\text{FCFE}_t}{(1+k_E)^t} + \frac{P_T}{(1+k_E)^T} \qquad (13.12)$$

onde

$$P_T = \frac{\text{FCFE}_{T+1}}{k_E - g}$$

Como no modelo de desconto de dividendos, os modelos de fluxo de caixa livre utilizam um valor terminal para evitar a inclusão de valores presentes de uma soma infinita de fluxos de caixa. Esse valor terminal pode ser simplesmente o valor presente de uma perpetuidade de crescimento constante (como nas fórmulas anteriores) ou pode se basear em um múltiplo do Ebit, do valor contábil, dos lucros ou do fluxo de caixa livre. Em geral, as estimativas do valor intrínseco dependem fundamentalmente do valor terminal.

A Planilha 13.2 apresenta uma avaliação de fluxo de caixa livre da Honda utilizando os dados fornecidos pela Value Line na Figura 13.2. Começamos com o método de fluxo de caixa livre para a empresa expresso na Equação 13.9. O Painel A da planilha apresenta os valores fornecidos pela Value Line. (As entradas referentes aos anos intermediários estão interpoladas pelos valores iniciais e finais.) O Painel B calcula o fluxo de caixa livre. A soma dos lucros pós-impostos na linha 11 mais os pagamentos de juros pós-impostos na linha 12 [isto é, despesa de juros × $(1 - t_c)$] é igual a Ebit$(1 - t_c)$. Na linha 13, subtraímos a mudança no capital de giro líquido, na linha 14 acrescentamos novamente a depreciação e na linha 15 subtraímos os dispêndios de capital. O resultado na linha 17 é o fluxo de caixa livre para a empresa (FCFF), para cada ano entre 2012 e 2015.

Para encontrar o valor presente desses fluxos de caixa, descontaremos pelo WACC, que está calculado no Painel C. O WACC é a média ponderada do custo da dívida pós-impostos e o custo de capital próprio em cada ano. No cálculo do WACC, devemos levar em conta a mudança na previsão de alavancagem pela Value Line. Para calcular o custo de capital próprio, utilizamos o CAPM, tal como no nosso exercício de avaliação anterior (modelo de desconto de dividendos), mas consideramos o fato de que o beta da ação diminuirá a cada ano à medida que a empresa diminuir a alavancagem.[8]

Uma estimativa razoável do custo da dívida da Honda, que foi classificada como A+ em 2012, é o rendimento até o vencimento em dívidas de longo prazo de classificação comparável, aproximadamente 4,2% (célula B25). O índice de dívida/valor da Honda (supondo que sua dívida esteja sendo vendida por um valor próximo ao valor nominal) é calculado na linha 29. Em 2011, o índice foi 0,32. Com base na previsão da Value Line, ele cairá para 0,20 em 2015. Interpolamos o índice de dívida/valor para os anos intermediários. O WACC é calculado na linha 32. O WACC aumenta um pouco com o tempo, na medida em que o índice de dívida/valor cai gradativamente entre 2012 e 2015. O fator do valor presente para os fluxos de caixa acumulados a cada ano é o fator do ano anterior dividido por (1 + WACC) para aquele ano. O valor presente de cada fluxo de caixa (linha 37) é o fluxo de caixa livre vezes o fator de desconto cumulativo.

O valor terminal da empresa (célula H17) é calculado com o modelo de crescimento constante como $\text{FCFF}_{2015} \times (1+g)/(\text{WACC}_{2015} - g)$, onde g (célula B23) é o suposto valor da taxa de

---

[8] Chame β_L o beta da ação da empresa no nível inicial de alavancagem oferecido pela Value Line. O beta das ações reflete tanto o risco empresarial quanto o risco financeiro. Quando uma empresa muda sua estrutura de capital (uma combinação de dívida/patrimônio líquido), ela muda também seu risco financeiro e, portanto, o beta da ação muda. Como devemos reconhecer a mudança no risco financeiro? Como provavelmente você se lembra de suas aulas introdutórias sobre finanças corporativas, primeiramente você deve desalavancar o beta. Desse modo, ficamos com um beta que reflete apenas o risco empresarial. Utilizamos a fórmula a seguir para encontrar o beta não alavancado, β_U, (onde D/E é o índice de dívida/patrimônio – *debt/equity* – da empresa):

$$\beta_U = \frac{\beta_L}{1 + (D/E)(1 - t_c)}$$

Em seguida, realavancamos o beta em qualquer ano específico utilizando a estrutura de capital prevista (que reintroduz o risco financeiro associado com a estrutura de capital daquele ano):

$$\beta_L = \beta_U [1 + (D/E)(1 - t_c)]$$

PLANILHA 13.2 Avaliação do fluxo de caixa livre da Honda Motor

	A	B	C	D	E	F	G	H	I	J	K	L	M
1			2011	2012	2013	2014	2015						
2	A. Dados de entrada		18	14,50	14,33	14,17	14						
3	P/E		2,50	2,65	2,78	2,92	3,05						
4	Gastos de capitalização/ações		27.500	30.000	28.333	26.667	25.000						
5	Dívida de longo prazo		1.800	1.800	1.798	1.797	1.795						
6	Ações		1,70	3,20	3,47	3,73	4						
7	EPS		27.630	36.835	40.563	44.292	48.020						
8	Capital de giro												
9													
10	B. Cálculos de fluxo de caixa												
11	Lucros (após impostos)		3.190	5.735	6.226,7	6.718,3	7.210						
12	Juros (após impostos)		750,8	819	773,5	728	682,5			=(1-alíquota_imposto) × r_dívida × Dívida LP			
13	Mudança no capital de giro			9.205	3.728,3	3.728,3	3.728,3						
14	Depreciação			6.900	6.933	6.967	7.000						
15	Gastos de capitalização			4.770	5.004,9	5.239,8	5.474,8						
16								Valor terminal					
17	FCFF			−521	5.200,3	5.444,8	5.689,4	106.504,6					
18	FCFE			1.160	2.760,1	3.050,2	3.340,3	85.210,4		presumir índice de dívida fixo após 2015			
18													
20	C. Cálculos de taxa de desconto												
21	Beta atual	0,9								da Value Line			
22	Beta não alavancado	0,686								beta atual/[1+(1-imposto)*dívida/patrimônio)]			
23	Crescimento terminal	0,025											
24	Alíquota_imposto	0,35								da Value Line			
25	r_dívida	0,042								YTM em 2012 em A + Dívida LP tributada			
26	Taxa isenta de risco	0,029											
27	Prêmio isento de risco	0,08											
28	Valor de mercado do patrimônio		57.420				100.940			Linha 3 × Linha 11			
29	Dívida/Valor		0,32	0,29	0,26	0,23	0,20			tendência linear do valor inicial ao valor final			
30	Beta alavancado		0,900	0,871	0,844	0,819	0,797			beta não alavancado × [1+(1-imposto)*dívida/patrimônio]			
31	k_patrimônio		0,101	0,099	0,097	0,095	0,093	0,093		do CAPM e beta alavancado			
32	WACC		0,77	0,078	0,078	0,079	0,080	0,080		(1-t)*r_dívida*D/V + k_patrimônio*(1-D/V)			
33	fator PV para FCFF		1,000	0,928	0,860	0,797	0,738	0,738		Descontar todo ano pelo WACC			
34	Fator PV pelo FCFE		1,000	0,910	0,830	0,758	0,694	0,694		Descontar todo ano por k_patrimônio			
35													
36	D. Valores presentes									Valor intrínseco	Valor do patrimônio	Intrínseco/ação	
37	PV(FCFF)			−483	4.474	4.341	4.201	78.641		91.174	63.674	35,37	
38	PV(FCFE)			1.056	2.291	2.313	2.318	59.136		67.114	67.114	37,29	

eXcel
Acesse grupoa.com.br

crescimento constante.[9] Na planilha, pressupomos que $g = 0,025$, aproximadamente a taxa de crescimento de longo prazo da economia em geral.[10] O valor terminal também é descontado retroativamente em 2011 (célula H37) e, portanto, o valor intrínseco da empresa é encontrado como a soma dos fluxos de caixa livres descontados entre 2012 e 2015 mais o valor terminal

---

[9] Com respeito ao período de 2011-2015, a Value Line prevê que a Honda liquidará uma fração considerável de sua dívida em circulação. A recompra de dívida subentendida é uma forma de uso de caixa e diminui o fluxo de caixa disponível para os acionistas. Entretanto, essas recompras não podem ser mantidas indefinidamente porque a dívida em circulação em pouco tempo se reduziria a zero. Portanto, em nossa estimativa do valor terminal, calculamos o fluxo de caixa final supondo que em 2015 a Honda começará a *emitir* dívidas o suficiente para manter seu índice de dívida/valor inalterado. Esse método é coerente com a suposição de crescimento constante e taxas de desconto constantes após 2015.

[10] A longo prazo, a empresa não conseguirá mais crescer a um ritmo superior ao da economia agregada. Desse modo, no momento em que reconhecermos que o crescimento atingiu um estágio de estabilidade, parece razoável que a taxa de crescimento não seja significativamente superior à da economia em geral (embora ela possa ser menor se a empresa estiver em um setor em decadência).

descontado. Por fim, o valor da dívida em 2011 é subtraído do valor da empresa para chegar ao valor intrínseco da ação em 2011 (célula K37) e o valor por ação é calculado na célula L37 como valor patrimonial dividido pelo número de ações em 2011.

O método do fluxo de caixa livre gera um valor intrínseco semelhante para as ações. O FCFE (linha 18) é obtido do FCFF subtraindo a despesa de juros pós-impostos e as recompras de dívida líquida. Os fluxos de caixa são então descontados à taxa da ação. Como o WACC, o custo do capital próprio muda a cada período à medida que a alavancagem muda. O fator de valor presente para os fluxos de caixa dos acionistas está na linha 34. O valor patrimonial é informado na célula J38 e mostrado por ação na célula L38.

A Planilha 13.2 está disponível no Material Online, no *site* <www.grupoa.com.br>.

Comparação dos modelos de avaliação

Em princípio, o método de fluxo de caixa livre é plenamente coerente com o modelo de desconto de dividendos e deve fornecer a mesma estimativa de valor intrínseco se for possível fazer a extrapolação para um período em que a empresa começa a pagar dividendos de crescimento constante. Isso foi demonstrado em dois trabalhos conhecidos de Modigliani e Miller (1958, 1961). Contudo, na prática, você verá que algumas vezes os valores desses modelos podem diferir consideravelmente. Isso ocorre porque, na prática, geralmente os analistas são forçados a fazer suposições simplificadoras. Por exemplo, quanto tempo levará para uma empresa entrar em um estágio de crescimento constante? Qual a melhor forma de lidar com a depreciação? Qual a melhor estimativa de ROE? As respostas para essas perguntas podem ter um enorme impacto no valor, e nem sempre é fácil manter suposições coerentes de um modelo para outro.

Agora, já avaliamos a Honda utilizando vários métodos, com as seguintes estimativas de valor intrínseco:

Modelo	Valor intrínseco (US$)
Modelos de desconto de dividendos de dois estágios	30,81
DDM com valor terminal oferecido pelo múltiplo de lucro	40,79
DDM de três estágios	36,79
Fluxo de caixa livre para a empresa	35,37
Fluxo de caixa livre para os acionistas	37,29
Preço de mercado em 2011	29,54

O que devemos fazer em relação a essas diferenças? Das estimativas, o modelo de desconto de dividendos de dois estágios é a mais conservadora, provavelmente porque pressupõe que a taxa de crescimento da Honda cairá para seu valor terminal após apenas três anos. Em contraposição, o DDM de três estágios possibilita que o crescimento diminua gradualmente durante um período mais longo e a estimativa do valor intrínseco desse modelo é extremamente semelhante às estimativas dos modelos de fluxo de caixa livre. O DDM com valor terminal oferecido pelo múltiplo de lucro gera uma estimativa mais alta do valor intrínseco. Todos esses modelos geram valores intrínsecos mais altos do que o preço de mercado da Honda. Talvez a suposta taxa de crescimento terminal do nosso exercício de avaliação seja exageradamente alta ou talvez a ação de fato esteja subvalorizada em comparação com o valor intrínseco.

Esse exercício de avaliação demonstra que encontrar pechinchas não é tão fácil quanto parece. Embora esses modelos sejam fáceis de utilizar, determinar os dados apropriados é mais desafiador. Isso é compreensível. Mesmo em um mercado moderadamente eficiente, encontrar oportunidades de lucro exigirá mais do que apenas uma análise de dados da Value Line durante algumas horas. Entretanto, os modelos são extremamente úteis para os analistas. Eles oferecerem boas estimativas do valor intrínseco. Mais do que isso, eles exigem uma reflexão rigorosa sobre as suposições subjacentes e ressaltam as variáveis que afetam mais o valor e oferecem o maior benefício para análises futuras.

O problema dos modelos de DCF

Nossas estimativas do valor intrínseco da Honda baseiam-se em modelos de fluxo de caixa descontado (*discounted cash flow* – DCF), nos quais calculamos o valor presente dos fluxos de caixa previstos e um preço de venda terminal em alguma data futura. Com base nesses cálculos para a

Honda, fica evidente que a parte mais importante é o valor terminal e que esse valor pode ser extremamente sensível até mesmo a pequenas mudanças em alguns valores de entrada (consulte, por exemplo, "Revisão de Conceitos 13.4"). Desse modo, você deve reconhecer que as estimativas de avaliação do fluxo de caixa descontado serão quase sempre imprecisas. As oportunidades de crescimento e as taxas de crescimento futuras são particularmente difíceis de especificar.

Por esse motivo, muitos investidores em valor empregam uma hierarquia de avaliação. Eles consideram os componentes de valor mais confiáveis como os itens do balanço patrimonial que possibilitam uma estimativa razoável do preço de mercado. Imóveis, fábrica e equipamentos se enquadrariam nessa categoria.

Um componente de valor um pouco menos confiável é o lucro econômico dos ativos já existentes. Por exemplo, uma empresa como a Intel obtém um ROE bem mais alto em seus investimentos em instalações de fabricação de *chips* do que em seu custo de capital. O valor presente desses "lucros econômicos" ou valor econômico adicionado[11] é um componente importante do valor de mercado da Intel. Contudo, esse componente de valor é menos garantido do que os ativos do balanço patrimonial, porque sempre existe a preocupação de que novos concorrentes entrem no mercado, forcem os preços e as margens de lucro para baixo e diminuam o retorno sobre os investimentos da Intel. Portanto, é necessário avaliar com cuidado as barreiras de entrada que protegem a demarcação de preço e as margens de lucro da Intel. Mencionamos algumas dessas barreiras no Capítulo 12, no qual examinamos a função da análise setorial, a estrutura do mercado e a posição competitiva (consulte a Seção 12.7).

Por fim, os componentes de valor menos confiáveis são as oportunidades de crescimento, a suposta capacidade de empresas como a Intel de investir em empreendimentos com NPV positivo que contribuam para altas avaliações de mercado no presente. Os investidores em valor não negam que essas oportunidades existem, mas são céticos quanto à possibilidade de lhes atribuir valores precisos e, portanto, tendem a ser menos propensos a tomar decisões de investimento que girem em torno do valor dessas oportunidades.

13.6. MERCADO DE AÇÕES AGREGADO

O método mais popular para prever o mercado de ações em geral é o do multiplicador de lucros aplicado em nível agregado. O primeiro passo é prever os lucros corporativos do período seguinte. Depois, obtemos uma estimativa do multiplicador de lucros, do índice de P/E agregado, com base em uma previsão das taxas de juros de longo prazo. O produto das duas previsões é a estimativa do nível de final de período do mercado.

A previsão do índice de P/E do mercado algumas vezes é obtida de um gráfico semelhante ao da Figura 13.8, que apresenta os *ganhos de rendimento* (lucro por ação dividido pelo preço por ação, o inverso do índice de P/E) do S&P 500 e o rendimento até o vencimento de obrigações de dez anos do Tesouro. Sem dúvida as duas séries movem-se simultaneamente ao longo do tempo e levam a crer que é possível utilizar essa relação e o rendimento atual sobre obrigações de dez anos do Tesouro para prever os ganhos de rendimento do S&P 500. Em vista desses ganhos de rendimento, uma previsão de lucros poderia ser utilizada para prever o nível do S&P em algum período futuro. Vejamos um exemplo simples desse procedimento.

EXEMPLO 13.7
Previsão do mercado de ações agregado

No início de 2012, o S&P 500 alcançou 1.350 pontos. A previsão de lucro por ação para um período de 12 meses para a carteira do S&P 500 era US$ 93. O rendimento longo prazo de obrigações do Tesouro nessa época era 3,1%. Em uma primeira tentativa, poderíamos pressupor que a diferença entre os ganhos de rendimento e o rendimento do Tesouro, que girava em torno de 2,9% no início de 2012, permanecerá nesse nível por volta do final do ano. Tendo em vista o rendimento de 3,1% do Tesouro, isso significaria ganhos de rendimento de 6% para o S&P e um índice de P/E de 1/0,06 = 16,67. Nossa previsão do nível do índice S&P seria então 16,67 × 93 = 1.550. Isso indicaria um ganho de capital de um ano sobre o índice de 200/1.350 = 14,8%.[12]

---

[11] Examinaremos mais detalhadamente o valor econômico adicionado no Capítulo 14.

[12] Um ganho de capital dessa magnitude é bastante alto para os padrões históricos e indica que a previsão de lucros ou do múltiplo de P/E de fim de ano é demasiadamente otimista. Talvez o valor atual do índice tenha sido forçado para baixo pela crise do euro e pelos temores de que a recessão na Europa pudesse diminuir a lucratividade das empresas nos Estados Unidos. Nesse caso, poderíamos querer incorporar um desconto comparável nas previsões do múltiplo de P/E de fim de ano. Moral da história: esses modelos são uma boa alternativa para organizar suas análise, explicitar suas suposições e encontrar dicas sobre possíveis oportunidades de investimento, mas eles não podem ser utilizados mecanicamente.

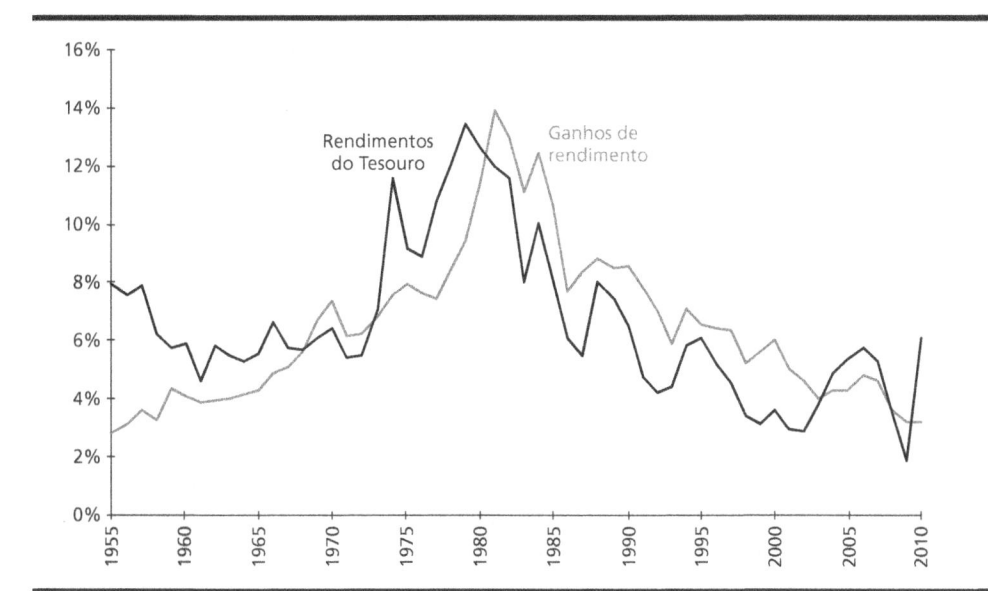

FIGURA 13.8
Ganhos de rendimento do S&P 500 *versus* rendimento de obrigações de dez anos do Tesouro.

> É evidente que existe incerteza quanto aos três dados dessa análise: o lucro real sobre as ações do S&P 500, o nível dos rendimentos do Tesouro no final do ano, a diferença entre o rendimento do Tesouro e os ganhos de rendimento. Seria desejável fazer uma análise de sensibilidade ou de cenário para examinar o impacto das mudanças sobre todas essas variáveis. Para mostrar isso, observe a Tabela 13.4, que apresenta uma análise de cenário simples dos possíveis efeitos da variação sobre o rendimento das obrigações do Tesouro. A análise de cenário mostra que o nível de previsão do mercado de ações varia inversamente e com uma expressiva sensibilidade a mudanças nas taxas de juros.

Alguns analistas utilizam uma versão agregada do modelo de desconto de dividendos em vez de um método de multiplicador de lucros. Contudo, todos esses modelos dependem em grande medida da previsão de variáveis macroeconômicas como PIB, taxas de juros e taxa de inflação, difíceis de prever com precisão.

Como os preços das ações refletem expectativas de dividendos futuros, o que está atrelado à prosperidade econômica das empresas, é compreensível que o desempenho de um índice amplo de ações como o S&P 500 seja considerado um indicador econômico antecedente, isto é, um previsor do desempenho da economia agregada. Considera-se que os preços das ações incorporam as previsões consensuais da atividade econômica e mudam para cima ou para baixo em virtude de movimentos na economia. O índice do governo de indicadores econômicos antecedentes, que é considerado uma previsão do andamento do ciclo econômico, é constituído em parte pelo desempenho recente do mercado acionário. Entretanto, o valor preditivo do mercado está longe de ser perfeito. Uma piada muito conhecida, com frequência atribuída a Paul Samuelson, é que o mercado já previu oito das últimas cinco recessões.

TABELA 13.4 Previsões do índice S&P 500 em vários cenários

	Cenário pessimista	Cenário mais provável	Cenário otimista
Rendimento de obrigações do Tesouro	3,6%	3,1%	2,6%
Ganhos de rendimento	6,5%	6%	5,5%
Índice de P/E resultante	15,4	16,7	18,2
Previsão de EPS	93	93	93
Previsão para o S&P 500	1.431	1.550	1.691

Nota: A previsão de ganhos de rendimento do S&P 500 é igual ao rendimento das obrigações do Tesouro mais 2,9%. O índice de P/E é inversamente proporcional aos ganhos de rendimento previstos.

RESUMO

- Uma forma de avaliar uma empresa é focalizar seu valor contábil, do modo como ele aparece no balanço patrimonial ou ajustado para refletir o custo atual de reposição dos ativos ou o valor de liquidação. Outra forma é focalizar o valor presente dos futuros dividendos esperados.
- O modelo de desconto de dividendos defende que o preço de uma ação deve ser igual ao valor presente de todos os dividendos futuros por ação, descontado a uma taxa de juros proporcional ao risco da ação.
- A versão de crescimento constante do DDM defende que, se houver a expectativa de que os dividendos cresçam continuamente a uma taxa constante, o valor intrínseco da ação será determinado pela fórmula

$$V_0 = \frac{D_1}{k - g}$$

- Essa versão do DDM é simplista com relação à sua suposição de um valor constante de *g*. Existem versões de vários estágios mais sofisticadas desse modelo para ambientes mais complexos. Entretanto, quando a suposição de crescimento constante é razoavelmente satisfeita, a fórmula pode ser invertida para deduzir a taxa de capitalização de mercado para a ação:

$$k = \frac{D_1}{P_0} + g$$

- Os analistas do mercado acionário dedicam muita atenção ao índice de preço/lucro de uma empresa. Esse índice é uma medida útil da avaliação do mercado sobre as oportunidades de crescimento da empresa. As empresas que não têm nenhuma oportunidade de crescimento devem ter um índice de P/E ao menos inversamente proporcional à taxa capitalização, *k*. À medida que as oportunidades de crescimento tornam-se um componente cada vez mais importante do valor total de uma empresa, o P/E aumenta.
- Muitos analistas formam suas estimativas do valor das ações de uma empresa multiplicando suas previsões do EPS do ano seguinte por um múltiplo de P/E previsto Alguns associam o método de P/E com o modelo de desconto de dividendos. Eles utilizam o multiplicador de lucros para prever o valor terminal das ações em uma data futura e somam o valor presente desse valor terminal com o valor presente de todos os pagamentos de dividendos intermediários.
- O método de fluxo de caixa livre é o mais utilizado em finanças corporativas. Primeiramente o analista estima o valor da empresa como o valor presente dos futuros fluxos de caixa livres esperados de toda a empresa e depois subtrai o valor de todos os outros direitos além da participação dos acionistas. De outro modo, pode-se utilizar uma taxa de desconto apropriada ao risco das ações para descontar os fluxos de caixa livres dos acionistas.
- Os modelos apresentados neste capítulo podem ser utilizados para explicar or prever o comportamento do mercado de ações agregado. As principais variáveis macroeconômicas que determinam o nível de preço das ações no mercado agregado são as taxas de juros e os lucros corporativos.

FÓRMULAS BÁSICAS

Valor intrínseco: $V_0 = \frac{D_1}{1+k} + \frac{D_2}{(1+k)^2} + \cdots + \frac{D_H + P_H}{(1+k)^H}$

DDM de crescimento constante: $V_0 = \frac{D_1}{k - g}$

Oportunidades de crescimento: Preço $= \frac{E_1}{k} + \text{PVGO}$

Determinante do índice de P/E: $\frac{P_0}{E_1} = \frac{1}{k}\left(1 + \frac{\text{PVGO}}{E_1 / k}\right)$

Fluxo de caixa livre para a empresa:

FCFF = Ebit $(1 - t_c)$ + Depreciação − Dispêndios de capital − Aumentos no capital de giro líquido

Fluxo de caixa livre para os acionistas:

$$\text{FCFE} = \text{FCFF} - \text{Despesa de juros} \times (1 - t_c) + \text{Aumento na dívida líquida}$$

Básicos

1. Em quais circunstâncias você optaria por utilizar um modelo de desconto de dividendos em vez de o modelo de fluxo de caixa livre para avaliar uma empresa? (OA 13.4)
2. Em quais circunstâncias é mais importante utilizar modelos de desconto de dividendos de vários estágios em vez de modelos de crescimento constante? (OA 13.2)
3. Se um título estiver subvalorizado (isto é, valor intrínseco > preço), qual será a relação entre as respectivas taxa de capitalização de mercado e taxa de retorno esperada? (OA 13.2)
4. A Deployment Specialists atualmente paga dividendos (anuais) de US$ 1 e espera crescer 20% durante dois anos e posteriormente 4%. Se o retorno exigido da Deployment Specialists for 8,5%, qual o valor intrínseco de suas ações? (OA 13.2)
5. A Jand Inc. atualmente paga dividendos de US$ 1,22 e espera crescer 5% indefinidamente. Se o valor atual das ações da Jand, com base no modelo de desconto de dividendos de crescimento constante for US$ 32,03, qual será a taxa de retorno exigida? (OA 13.2)
6. Uma empresa atualmente paga dividendos de US$ 1 e espera crescer 5% indefinidamente. Se o valor atual das ações da empresa for US$ 35, qual será o retorno exigido, aplicável ao investimento de acordo com o modelo de desconto de dividendos de crescimento constante? (OA 13.2)
7. A Tri-coat Paints tem um valor de mercado atual de US$ 41 por ação e lucro de US$ 3,64. Qual o valor presente de suas oportunidades de crescimento (PVGO) se o retorno exigido for 9%? (OA 13.2)
8. Uma empresa tem ativos circulantes que poderiam ser vendidos por seu valor contábil de US$ 10 milhões. O valor contábil de seus ativos fixos é US$ 60 milhões, mas eles poderiam ser vendidos atualmente por US$ 90 milhões. A empresa tem uma dívida total cujo valor contábil é US$ 40 milhões, mas as quedas na taxa de juros aumentaram o valor de mercado da dívida para US$ 50 milhões. Qual é o índice de valor de mercado/valor contábil dessa empresa? (OA 13.1)
9. A taxa de capitalização de mercado da Admiral Motors Company é 8%. Seu ROE esperado é 10% e seu EPS esperado é US$ 5. Se a taxa de reinvestimento for 60%, qual será seu índice de P/E? (OA 13.2)
10. A Miltmar Corporation pagará dividendos de final de ano de US$ 4 e, posteriormente, espera que os dividendos aumentem a uma taxa constante de 4% ao ano. A taxa isenta de risco é 4% e o retorno esperado sobre a carteira de mercado é 12%. A ação tem um beta de 0,75. Qual o valor intrínseco da ação? (OA 13.2)
11. A Sisters Corp espera obter US$ 6 por ação no próximo ano. O ROE da empresa é 15% e sua taxa de reinvestimento é 60%. Se a taxa de capitalização de mercado da empresa for 10%, qual será o valor presente de suas oportunidades de crescimento? (OA 13.3)
12. A Eagle Products tem Ebit de US$ 300, alíquota de imposto de 35%, depreciação de US$ 20, dispêndios de capital de US$ 60 e o aumento esperado no capital de giro líquido é US$ 30. Qual o fluxo de caixa livre da empresa? (OA 13.4)

Intermediários

13. O fluxo de caixa livre para a empresa divulgado pela FinCorp é US$ 205 milhões. A despesa de juros da empresa é US$ 22 milhões. Suponhamos que a alíquota de imposto seja 35% e que a dívida líquida da empresa aumente US$ 3 milhões. Qual será o valor de mercado do patrimônio líquido se o FCFE estiver previsto para crescer a 3% indefinidamente e o custo do capital próprio for 12%? (OA 13.4)

14. Uma ação ordinária paga dividendos anuais por ação de US$ 2,10. A taxa isenta de risco é 7% e o prêmio de risco para essa ação é 4%. Se for previsto que os dividendos anuais permanecerão em US$ 2,10, qual será o valor da ação? (OA 13.2)

15. A taxa de retorno isenta de risco é 5%, a taxa de retorno exigido no mercado é de 10% e as ações da High-Flyer têm um coeficiente beta de 1,5. Se o dividendo esperado por ação durante o próximo ano, D_1, for US$ 2,50 e $g = 4\%$, a que preço uma ação deverá ser vendida? (OA 13.2)

16. Explique por que as afirmações a seguir são verdadeiras/falsas/incertas. (OA 13.3)
    a. Se todos os demais fatores mantiverem-se constantes, uma empresa terá um P/E superior se seu beta for superior.
    b. O P/E tenderá a ser mais elevado quando o ROE for mais elevado (supondo que o reinvestimento seja positivo).
    c. O P/E tenderá a ser mais elevado quando a taxa de reinvestimento for mais alta.

17. a. As ações do setor de computadores atualmente oferecem uma taxa de retorno esperada de 16%. A MBI, uma grande empresa de computadores, pagará dividendos de fim de ano de US$ 2 por ação. Considerando que as ações estejam sendo vendidas por US$ 50 cada, qual deve ser a expectativa de crescimento do mercado quanto à taxa de crescimento de dividendos da MBI?
    b. Se as previsões de crescimento dos dividendos da MBI forem revisadas para baixo, para 5% ao ano, o que ocorrerá com o preço das ações dessa empresa? O que ocorrerá (qualitativamente) com o índice de preço/lucro da empresa? (OA 13.3)

18. A Even Better Products lançou um produto novo e aprimorado. Por esse motivo, a empresa prevê um ROE de 20% e manterá uma taxa de reinvestimento de 0,30. Seus lucros este ano serão de US$ 2 por ação. Os investidores esperam uma taxa de retorno de 12% sobre as ações. (OA 13.3)
    a. A que preço e índice de P/E você esperaria que a empresa vendesse suas ações?
    b. Qual o valor presente das oportunidades de crescimento?
    c. Qual seria o índice de P/E e o valor presente das oportunidades de crescimento se a empresa pretendesse reinvestir apenas 20% dos lucros?

19. a. O ROE e a taxa de reinvestimento da MF Corp. são respectivamente 16% e 50%. Se a previsão for de que os lucros do ano seguinte serão US$ 2 por ação, a que preço serão vendidas as ações? A taxa de capitalização do mercado é 12%.
    b. A que preço você espera que as ações da MF sejam vendidas em três anos? (OA 13.2)

20. O consenso do mercado é de que o ROE e o beta da Analog Electronic Corporation são, respectivamente, 9% e 1,25. A empresa pretende manter indefinidamente sua taxa de reinvestimento tradicional de 2/3. Os lucros deste ano foram US$ 3 por ação. Os dividendos anuais acabaram de ser pagos. A estimativa consensual quanto ao retorno de mercado do ano seguinte é 14%, e as letras do Tesouro oferecem atualmente um retorno de 6%. (OA 13.3)
    a. Encontre o preço pelo qual as ações da Analog devem ser vendidas.
    b. Calcule o índice de P/E.
    c. Calcule o valor presente das oportunidades de crescimento.
    d. Suponhamos que suas pesquisas o convençam de que no momento a Analog anunciará que diminuirá imediatamente sua taxa de reinvestimento para 1/3. Encontre o valor intrínseco das ações. O mercado ainda não está ciente dessa decisão. Explique por que V_0 não é mais igual a P_0 e por que V_0 é superior ou inferior a P_0.

21. A previsão é de que os dividendos por ação da FI Corporation crescerão 5% ao ano, indefinidamente. (OA 13.3)
    a. Se o dividendo pago no final deste ano for US$ 8 e a taxa de capitalização de mercado for 10% ao ano, qual deverá ser o preço atual da ação de acordo com o DDM?
    b. Se o lucro por ação esperado for US$ 12, qual o valor implícito do ROE sobre as oportunidades de investimento futuras?
    c. Quanto o mercado está pagando por ação para as oportunidades de crescimento (isto é, para um ROE sobre investimentos futuros que supera a taxa de capitalização de mercado)?

22. As ações da Nogro Corporation estão sendo vendidas atualmente por US$ 10 cada. A expectativa é que o lucro por ação do ano seguinte seja US$ 2. A política da empresa é pagar 50% dos lucros ao ano em dividendos. O restante é retido e investido em projetos que obtêm uma taxa de retorno de 20% ao ano. A expectativa é de que essa situação continue indefinidamente. (OA 13.3)
    a. Pressupondo que o preço de mercado atual da ação reflita seu valor intrínseco, calculado de acordo com o DDM de crescimento constante, que taxa de retorno os investidores da Nogro podem exigir?
    b. Em quanto seu valor excede o valor de fato se todos os lucros fossem pagos como dividendos e nada fosse reinvestido?
    c. Se a Nogro cortasse seu índice de pagamento de dividendos para 25%, o que ocorreria com o preço de suas ações? E se a Nogro eliminasse os dividendos?

23. A taxa de retorno isenta de risco é 8%, a taxa de retorno esperada sobre a carteira de mercado é 15% e as ações da Xyrong Corporation tem um coeficiente beta de 1,2. A Xyrong paga 40% de seus lucros em dividendos e os últimos lucros anunciados foram 10% por ação. Os dividendos foram pagos recentemente e prevê-se que serão pagos anualmente. Você espera que a Xyrong obtenha indefinidamente um ROE de 20% ao ano sobre todos os lucros reinvestidos. (OA 13.2)
    a. Qual o valor intrínseco de uma ação da Xyrong?
    b. Se o preço de mercado atual de uma ação for US$ 100 e você espera que o preço de mercado seja igual ao valor intrínseco daqui a um ano, qual será o retorno esperado do horizonte de investimento de um ano das ações da Xyrong?

24. O fluxo de caixa operacional da MoMi Corporation antes dos juros e impostos foi de US$ 2 milhões no ano que acabou de terminar e a expectativa é de que crescerá 5% ao ano indefinidamente. Para que isso ocorra, a empresa terá de investir ao ano um valor igual a 20% do fluxo de caixa antes dos impostos. A alíquota de imposto é 35%. A depreciação foi de US$ 200 mil no ano que acabou de terminar e a previsão é de que ela aumente proporcionalmente ao fluxo de caixa operacional. A taxa de capitalização de mercado apropriada para o fluxo de caixa não alavancado é 12% ao ano e a atualmente a empresa tem uma dívida em circulação de US$ 4 milhões. Utilize o fluxo de caixa livre a avaliar o patrimônio da empresa. (OA 13.4)

25. Recalcule o valor intrínseco da Honda utilizando o modelo de crescimento de três estágios da Planilha 13.1 (disponível em <www.grupoa.com.br>; procure o *link* para o conteúdo to Capítulo 13). Aborde cada um dos cenários independentemente: (OA 13.2)
    a. O ROE no período de crescimento constante será 9%.
    b. O beta atual da Honda é 0,95.
    c. O prêmio de risco do mercado é 8,5%.

26. Recalcule o valor intrínseco das ações da Honda utilizando o modelo de fluxo de caixa livre da Planilha 13.2 (disponível em <www.grupoa.com.br>; procure o *link* para o conteúdo to Capítulo 13). Aborde cada cenário de forma independente. (OA 13.4)
    a. O índice de P/E da Honda, a partir de 2015, será 13,5.
    b. O beta não alavancado da Honda é 0,7.
    c. O prêmio de risco do mercado é 8,5%.

Difícil

27. A Chiptech Inc. é uma empresa de *chips* de computador estabelecida que tem vários produtos lucrativos e também novos produtos promissores em desenvolvimento. A empresa obteve US$ 1 por ação no último ano e acabou de pagar dividendos de US$ 0,50 por ação. Os investidores acreditam que a empresa pretende manter seu índice de pagamento de dividendos em 50%. O ROE é 20%. No mercado, todos esperam que essa situação persista indefinidamente. (OA 13.2)
    a. Qual o preço de mercado da ação da Chiptech? O retorno exigido para o setor de *chips* de computador é 15% e a empresa acabou de entrar em ex-dividendos (isto é, os próximos dividendos serão pagos daqui a um ano, em $t = 1$).
    b. Suponhamos que você descubra que o concorrente da Chiptech desenvolveu um novo *chip* que eliminará a vantagem tecnológica que a Chiptech tem nesse mercado no momento. Esse novo produto, que estará pronto para entrar no mercado em dois anos,

forçará a Chiptech a diminuir os preços de seus *chips* para se manter competitiva. Isso diminuirá o ROE para 15% e, em virtude da demanda decrescente por seu produto, a Chiptech diminuirá a taxa de reinvestimento para 0,40. A taxa de reinvestimento será diminuída no final do segundo ano, em $t = 2$: o dividendo anual de fim de ano para o segundo ano (pago em $t = 2$) será 60% dos lucros desse ano. Qual sua estimativa de valor intrínseco por ação para a Chiptech? (*Dica:* Prepare cuidadosamente uma tabela dos lucros e dividendos da Chiptech para cada um dos três anos seguintes. Preste muita atenção à mudança no índice de pagamento em $t = 2$.)

c. Ninguém mais no mercado percebe essa ameaça ao mercado da Chiptech. Na verdade, você tem convicção de que ninguém mais ficará sabendo da mudança na posição competitiva da Chiptech até o momento em que a empresa concorrente anuncie publicamente sua descoberta, no final do segundo ano. Qual será a taxa de retorno das ações da Chiptech no ano seguinte (isto é, entre $t = 0$ e $t = 1$)? No segundo ano (entre $t = 1$ e $t = 2$)? No terceiro ano (entre $t = 2$ e $t = 3$)? (*Dica:* Preste atenção ao momento em que o *mercado* percebe a nova situação. Uma tabela de dividendos e preços de mercado ao longo do tempo pode ajudar.)

Questões CFA

1. Na Litchfield Chemical Corp. (LCC), um dos diretores da empresa disse que a utilização de modelos de desconto de dividendos pelos investidores é uma "prova" de que quanto mais altos os dividendos, maior o preço das ações. (OA 13.2)

   a. Utilizando um modelo de desconto de dividendos de crescimento constante como referência, avalie a afirmação desse diretor.

   b. Explique como um aumento no pagamento de dividendos afetaria cada um dos elementos a seguir (mantendo todos os outros fatores constantes):

      i. Taxa de crescimento sustentável.

      ii. Aumento do valor contábil.

2. O clube de investimentos da Phoebe Black deseja comprar as ações da NewSoft Inc. ou da Capital Corp. Para isso, a Black preparou a tabela a seguir. Você foi solicitado a ajudar a Black a interpretar os dados com base em sua previsão de uma economia saudável e um mercado acionário forte nos próximos 12 meses. (OA 13.2)

	NewSoft Inc.	Capital Corp.	Índice S&P 500
Preço atual	US$ 30	US$ 32	
Setor	*Software* de computador	Bens de capital	
Índice de P/E (atual)	25	14	16
Índice de P/E (média de 5 anos)	27	16	16
Índice de preço/valor contábil (atual)	10	3	3
Índice de preço/valor contábil (média de 5 anos)	12	4	2
Beta	1,5	1,1	1
Rendimento de dividendos	0,3%	2,7%	2,8%

   a. O índice de preço/lucro e o índice de preço/valor contábil das ações da Newsoft são superiores aos das ações da Capital Corp. (O índice de preço/valor contábil é o índice entre o valor de mercado e o valor contábil.) Analise brevemente por que a disparidade entre os índices talvez não indique que as ações da NewSoft estão supervalorizadas em relação às da Capital Corp. Responda essa pergunta em relação aos dois índices e suponha que nenhum acontecimento extraordinário tenha afetado as duas empresas.

   b. Utilizando um modelo de desconto de dividendos de crescimento constante, a Black estimou que o valor das ações de NewSoft é US$ 28 cada e que o valor da Capital Corp é US$ 34 por ação. Analise brevemente as falhas desse modelo de desconto de dividendos e explique por que esse modelo pode ser menos adequado para avaliar a NewSoft do que para avaliar a Capital Corp.

   c. Recomende e justifique um modelo de desconto de dividendos mais adequado para avaliar as ações ordinárias da NewSoft.

3. A Peninsular Research está começando a cobrir um setor de produção que se encontra em seu estágio de maturidade. John Jones, CFA, chefe do departamento de pesquisa, obteve os seguintes dados fundamentais sobre o setor e o mercado para ajudá-lo nessa análise: (OA 13.3)

Taxa de retenção de lucros prevista do setor	40%
Retorno sobre o patrimônio previsto do setor	25%
Beta do setor	1,2
Rendimento de obrigações do governo	6%
Prêmio de risco das ações	5%

a. Calcule o índice de preço/lucro (P_0/E_1) do setor com base nesses dados fundamentais.

b. Jones quer analisar o quanto os índices P/E fundamentais podem diferir entre os países. Ele coletou os seguintes dados econômicos e de mercado:

Fatores fundamentais	País A	País B
Crescimento previsto do PIB real	5%	2%
Rendimento de obrigações do governo	10%	6%
Prêmio de risco das ações	5%	4%

Determine se cada um desses fatores fundamentais faria o índice de P/E ficar normalmente mais elevado para o País A ou mais elevado para o País B.

4. A empresa de Janet Ludlow exige que todos os analistas utilizem um DDM de dois estágios e o CAPM para avaliar as ações. Utilizando essas medidas, preço avaliado por Ludlow para a QuickBrush Company foi US$ 63 por ação. Agora ela precisa avaliar o preço das ações da SmileWhite Corporation. (OA 13.2)

a. Calcule a taxa de retorno exigida para a SmileWhite utilizando as informações da tabela a seguir:

	Dezembro de 2010	
	QuickBrush	SmileWhite
Beta	1,35	1,15
Preço de mercado	US$ 45,00	US$ 30,00
Valor intrínseco	US$ 63,00	?

Nota: Taxa isenta de risco = 4,5%; retorno de mercado esperado = 14,5%.

b. Ludlow estima as seguintes taxas de lucro por ação e crescimento de dividendos para a SmileWhite:

Primeiros três anos:	12% ao ano
Anos subsequentes:	9% ao ano

Estime o valor intrínseco da SmileWhite utilizando a tabela anterior e o DDM de dois estágios. Em 2010, o dividendo por ação foi US$ 1,72.

c. Recomende as ações da QuickBrush ou da SmileWhite para compra comparando o valor intrínseco de cada empresa com seu preço de mercado atual.

d. Descreva *um* ponto forte do DDM de dois estágios em comparação com o DDM de crescimento constante. Descreva *um* ponto fraco inerente a todos os DDMs.

5. A Rio National Corp., maior concorrente em seu setor, é uma empresa estabelecida nos Estados Unidos. As Tabelas 13.5 a 13.8 apresentam as demonstrações financeiras e outras informações pertinentes sobre essa empresa. A Tabela 13.9 apresenta dados relevantes sobre o setor e o mercado.

O gestor de carteira de um fundo mútuo importante faz o seguinte comentário para uma analista do fundo, Katrina Shaar: "Estamos pensando em comprar ações da Rio National Corp. Por isso, gostaria que você analisasse o valor da empresa. Para começar, com base no desempenho passado da Rio National, é possível supor que a empresa terá a mesma taxa de crescimento do setor". (OA 13.2)

a. Calcule o valor de uma ação da Rio National em 31 de dezembro de 2012 utilizando o modelo de crescimento constante e o modelo de precificação de ativos financeiros.
b. Calcule a taxa de crescimento sustentável da Rio National em 31 de dezembro de 2012. Utilize os valores do balanço patrimonial do início de 2012.

TABELA 13.5 Resumo dos balanços patrimoniais de fim de ano da Rio National Corp. (em milhões de US$)

	2012	2011
Caixa	13,00	5,87
Contas a receber	30,00	27,00
Estoque	209,06	189,06
Ativos circulantes	252,06	221,93
Ativos fixos brutos	474,47	409,47
Depreciação acumulada	(154,17)	(90,00)
Ativos fixos líquidos	320,30	319,47
Total de ativos	572,36	541,40
Contas a pagar	25,05	26,05
Notas a pagar	0	0
Porção atual de dívida a longo prazo	0	0
Passivos circulantes	25,05	26,05
Dívida de longo prazo	240,00	245,00
Total de passivos	265,05	271,05
Ações ordinárias	160,00	150,00
Lucros retidos	147,31	120,35
Total de patrimônio líquido do acionista	307,31	270,35
Total de passivos e de patrimônio líquido dos acionistas	572,36	541,40

TABELA 13.6 Resumo da demonstração de resultado da Rio National Corp. para o ano finalizado em 31 de dezembro de 2012 (em milhões de US$)

Receita	300,80
Total de despesas operacionais	(173,74)
Lucro operacional	127,06
Ganho com venda	4,00
Lucros antes de juros, impostos, depreciação e amortização (Ebitda)	131,06
Depreciação e amortização	(71,17)
Lucros antes de juros e impostos (Ebit)	59,89
Juros	(16,80)
Despesa de imposto de renda	(12,93)
Renda líquida	30,16

TABELA 13.7 Observações complementares de 2012 da Rio National Corp.

Obs. 1: A Rio National teve um dispêndio de capital de US$ 75 milhões durante o ano.

Obs. 2: Um equipamento que havia sido originalmente adquirido por US$ 10 milhões foi vendido por US$ 7 milhões no fim do ano, quando seu valor contábil líquido era US$ 3 milhões. As vendas de equipamento são raras na Rio National.

Obs. 3: A diminuição da dívida de longo prazo representa um pagamento não programado do principal. Não houve nenhum novo empréstimo durante o ano.

Obs. 4: Em 1º de janeiro de 2012, a empresa recebeu dinheiro da emissão de 400 mil ações ordinárias pelo preço de US$ 25,00 cada.

Obs. 5: Uma nova avaliação realizada durante o ano elevou em US$ 2 milhões o valor de mercado estimado de propriedades mantidas para investimento, o que não foi reconhecido no resultado de 2012.

TABELA 13.8 Dados de 2012 sobre ações ordinárias da Rio National Corp.

Dividendos pagos (em milhões de US$)	US$ 3,20
Média ponderada de ações em circulação durante 2012	16.000.000
Dividendos por ação	US$ 0,20
Lucro por ação	US$ 1,89
Beta	1,80

Nota: Espera-se que o índice de pagamento de dividendos seja constante.

TABELA 13.9 Dados sobre o setor e o mercado em 31 de dezembro de 2012

Taxa de retorno isenta de risco	4 %
Taxa de retorno esperada sobre o índice de mercado	9%
Índice de preço/lucro (P/E) médio do setor	19,90
Taxa de crescimento esperada dos lucros do setor	12%

6. Com relação à avaliação das ações da Rio National Corp. (da questão anterior), Katrina Shaar pensa em utilizar o fluxo de caixa livre para a empresa (FCFF) ou o fluxo de caixa livre para os acionistas (FCFE) no processo de avaliação. (OA 13.4)

    a. Cite dois ajustes que Shaar deve realizar no FCFF para obter o fluxo de caixa livre para os acionistas.

    b. Shaar resolveu calcular o FCFE da Rio National referente ao ano de 2012 começando com a renda líquida. Determine, para cada uma das observações complementares apresentadas na Tabela 13.7, se deve ser feito um ajuste na renda líquida para calcular o fluxo de caixa livre para os acionistas da Rio National referente ao ano de 2012 e a quantia em dólares de qualquer ajuste.

    c. Calcule o fluxo de caixa livre para os acionistas da Rio National referente a 2012.

7. Shaar (da questão anterior) alterou um pouco sua estimativa da taxa de crescimento dos lucros da Rio National e, utilizando o EPS normalizado (tendência subjacente), que é ajustado a impactos temporários sobre os lucros, agora ela quer comparar o valor atual do patrimônio da Rio National com o valor do setor, ajustado ao crescimento. Algumas informações especiais sobre a Rio National e o setor são apresentadas na Tabela 13.10.

TABELA 13.10 Rio National Corp. *versus* setor

Rio National	
Taxa de crescimento estimada dos lucros do setor	11%
Preço atual das ações	US$ 25,00
EPS normalizado (tendência subjacente) de 2012	US$ 1,71
Média ponderada de ações em circulação durante 2012	16.000.000
Setor	
Taxa de crescimento estimada dos lucros	12%
Índice de preço/lucro (P/E) médio	19,90

Em comparação com o setor e utilizando um lucro por ação normalizado (subjacente), o patrimônio da Rio National está supervalorizado ou subvalorizado com base no preço/lucro/crescimento (PEG)? Suponha que o risco da Rio National seja semelhante ao risco do setor. (OA 13.3)

8. Helen Morgan, CFA, foi solicitada a utilizar o DDM para avaliar a Sundanci Inc. Ela prevê que os lucros e dividendos da Sundanci crescerão 32% durante dois anos e, posteriormente, 13%.

    Calcule o valor atual de uma ação da Sundanci utilizando um modelo de desconto de dividendos de dois estágios e os dados das Tabelas 13.11 e 13.12. (OA 13.2)

TABELA 13.11 Demonstrações financeiras da Sundanci de 2012 (reais) e 2013 (previstas) correspondentes ao ano fiscal finalizado em 31 de maio (em milhões de US$, exceto para os dados por ação)

Demonstração de resultados	2012	2013
Receita	474	598
Depreciação	20	23
Outros custos operacionais	368	460
Renda antes dos impostos	86	115
Impostos	26	35
Renda líquida	60	80
Dividendos	18	24
Lucro por ação	0,714	0,952
Dividendos por ação	0,214	0,286
Ações ordinárias em circulação (milhões)	84	84
Balanço Patrimonial	**2012**	**2013**
Ativos circulantes	201	326
Propriedade, fábrica e equipamentos líquidos	474	489
Total de ativos	675	815
Passivos circulantes	57	141
Dívida de longo prazo	0	0
Total de passivos	57	141
Patrimônio líquido dos acionistas	618	674
Total de passivos e de patrimônio líquido	675	815
Dispêndios de capital	34	38

TABELA 13.12 Informações financeiras selecionadas

Taxa de retorno exigida sobre o patrimônio	14%
Taxa de crescimento do setor	13%
Índice de P/E do setor	26

9. Dando sequência à questão da Sundanci, Abbey Naylor, CFA, foi orientada a determinar o valor das ações dessa empresa utilizando o modelo de fluxo de caixa livre para os acionistas (FCFE). Naylor acredita que o FCFE da Sundanci crescerá 27% durante dois anos e, posteriormente, 13%. A expectativa é que os dispêndios de capital, a depreciação e o capital de giro aumentem proporcionalmente com o FCFE. (OA 13.4)
    a. Calcule o valor de FCFE por ação referente a 2013 utilizando os dados da Tabela 13.11.
    b. Calcule o valor atual de uma ação da Sundanci com base no modelo de FCFE de dois estágios.
    c. i. Descreva uma limitação do DDM de dois estágios quando se utiliza o FCFE de dois estágios.
       ii. Descreva uma limitação do DDM de dois estágios que *não* é abordada por meio do modelo de FCFE de dois estágios.
10. Christie Johnson, CFA, foi incumbida de analisar a Sundanci utilizando o modelo de índice de preço/lucro (P/E) de crescimento constante de dividendos. Johnson pressupõe que os lucros e dividendos da Sundanci crescerão a uma taxa constante de 13%. (OA 13.2)
    a. Calcule o índice de P/E com base nas informações das Tabelas 13.11 e 13.12 e nas suposições de Johnson para a Sundanci.
    b. Identifique, no contexto do modelo de crescimento constante de dividendos, em que sentido cada um dos fatores afetaria o índice de P/E.
       - Risco (beta) da Sundanci.
       - Taxa de crescimento esperada dos lucros e dividendos.
       - Prêmio de risco do mercado.

WEB master

1. Escolha dez empresas de sua preferência e baixe as respectivas demonstrações financeiras em dos seguintes *sites*: <finance.yahoo.com>, <finance.google.com> ou <money.msn.com>.

a. Para cada empresa, encontre o retorno sobre o patrimônio (ROE), a quantidade de ações em circulação, os dividendos por ação e o lucro líquido. Registre esses dados em uma planilha.
b. Calcule o valor total de dividendos pagos (dividendos por ação × quantidade de ações em circulação), o índice de pagamento de dividendos (total de dividendos pagos/lucro líquido) e a taxa de reinvestimento (1 – índice de pagamento de dividendos).
c. Calcule a taxa de crescimento sustentável, $g = b \times \text{ROE}$, onde b é igual à taxa de reinvestimento.
d. Compare as taxas de crescimento (g) com o índice de P/E das empresas representando os P/Es em um diagrama de dispersão em relação às taxas de crescimento. Existe alguma relação entre ambos?
e. Descubra os índices de preço/valor contábil, preço/vendas e preço/fluxo de caixa para sua amostra de empresas. Utilize o gráfico de linhas para representar os três índices no mesmo conjunto de eixos. Que relações você observa entre as três séries?
f. Para cada empresa, compare a taxa de crescimento de três anos do lucro por ação com a taxa de crescimento que você calculou acima. A taxa real de crescimento dos lucros está correlacionada com a taxa de crescimento sustentável que você calculou?

2. Calcule agora o valor intrínseco de três das empresas que você escolheu na questão anterior. Dê uma opinião sensata sobre o prêmio de risco do mercado e a taxa isenta de risco ou encontre as estimativas na internet.
   a. Qual a taxa de retorno exigida de cada empresa com base no CAPM?
   b. Tente utilizar o modelo de crescimento de dois estágios e levante suposições sensatas sobre o quanto as taxas de crescimento futuras diferirão das taxas de crescimento atuais. Compare os valores intrínsecos deduzidos do modelo de dois estágios com os valores intrínsecos que você encontrou supondo uma taxa de crescimento constante. Qual estimativa parece mais sensata para cada empresa?

3. Escolha agora uma das empresas de sua amostra e procure outras empresas no mesmo setor. Utilize a "avaliação por comparáveis" para fazer uma análise, observando os índices de preço/lucro, preço/valor contábil, preço/vendas e preço/fluxo de caixa dessas empresas em relação uma a outra e em relação à média do setor. Quais das empresas parecem supervalorizadas? Quais parecem subvalorizadas? Você consegue imaginar algum motivo para esse aparente erro de apreçamento?

4. O verdadeiro retorno esperado de uma ação, com base em estimativas dos dividendos futuros e do preço futuro, pode ser comparado com o retorno "exigido" ou de equilíbrio em vista do respectivo risco. Se o retorno esperado for superior ao retorno exigido, a ação talvez seja um investimento atraente.
   a. Calcule primeiro o retorno do horizonte de investimento (HPR) esperado sobre as ações da Alvo Corporation com base em seu preço atual, no preço esperado e nos dividendos esperados.
      i. Entre em <moneycentral.msn.com/investor/home.asp> e procure o *link* para *Stock Research Wizard* (Assistente de Pesquisa de Ações). Insira "TGT" para encontrar informações sobre a Target Corporation. Encontra o preço-alvo médio estimado referente ao ano fiscal seguinte.
      ii. Clique no *link Company Report* (Relatório da Empresa) e colete informações sobre o preço e a taxa de dividendos do dia. Calcule os dividendos esperados em dólares da empresa referentes ao ano fiscal seguinte.
      iii. Utilize esses dados para calcular o HPR esperado da Target para o ano seguinte.
   b. Calcule o retorno exigido com base no modelo de precificação de ativos financeiros (CAPM).
      i. Utilize uma taxa isenta de risco oferecida em <moneycentral.msn.com/investor/market/treasuries.aspx>.
      ii. Utilize o coeficiente beta mostrado no relatório empresarial da Target.
      iii. Calcule o retorno histórico sobre um índice amplo de mercado de sua escolha. Você pode utilizar qualquer espaço de tempo que julgar apropriado. Seu objetivo é deduzir uma estimativa do retorno esperado sobre o índice de mercado do ano seguinte.

iv. Utilize os dados que você coletou como base para o CAPM para encontrar a taxa de retorno exigida da Target Corporation.

c. Compare o HPR esperado que você calculou na parte (*a*) com o retorno exigido do CAPM que você calculou na parte (*b*). Qual é sua melhor avaliação sobre a atual posição das ações – você acha que elas estão sendo vendidas por um preço apropriado?

Soluções para as Revisões de **CONCEITOS**

13.1 *a.* Rendimento de dividendos = US$ 2,15/US$ 50 = 4,3%
Rendimento de ganhos de capital = (59,77 – 50)/50 = 19,54%
Retorno total = 4,3% + 19,54% = 23,84%
b. $k = 6\% + 1{,}15(14\% - 6\%) = 15{,}2\%$
c. $V_0 = $ (US$ 2,15 + US$ 59,77)/1,152 = US$ 53,75, o que é superior ao preço de mercado. Isso indicaria uma oportunidade de "compra".

13.2 *a.* $D_1/(k-g) = $ US$ 2,15/(0,152 – 0,112) = US$ 53,75
b. $P_1 = P_0(1+g) = $ US$ 53,75(1,112) = US$ 59,77
c. O ganho de capital esperado é igual a US$ 59,77 – US$ 53,75 = US$ 6,02, para um ganho percentual de 11,2%. O rendimento de dividendos pe $D_1/P_0 = 2{,}15/53{,}75 = 4\%$, para um retorno de horizonte de investimento de 4% + 11,2% = 15,2%.

13.3 *a.* $g = \text{ROE} \times b = 0{,}20 \times 0{,}60 = 0{,}12$
$P_0 = 2/(0{,}125 - 0{,}12) = 400$
b. Quando a empresa investe em projetos com ROE inferior a *k*, o preço de suas ações cai. Se $b = 0{,}60$, então $g = 10\% \times 0{,}60 = 6\%$ e $P_0 = $ US$ 2/(0,125 – 0,06) = US$ 30,77. Em contraposição, se $b = 0$, $P_0 = $ US$ 5/0,125 = US$ 40.

13.4 Como $\beta = 1$, $k = 2{,}9\% + 1 \times 8\% = 10{,}9\%$.

$$V_{2011} = \frac{0{,}72}{1{,}109} + \frac{0{,}81}{(1{,}109)^2} + \frac{0{,}90}{(1{,}109)^3} + \frac{1{,}00 + P_{2015}}{(1{,}109)^4}$$

Calcule agora o preço de venda em 2015 utilizando o modelo de desconto de dividendos de crescimento constante.

$$P_{2015} = \frac{1{,}00 \times (1+g)}{k-g} = \frac{1{,}00 \times 1{,}075}{0{,}109 - 0{,}075} = \text{R\$ } 31{,}62$$

Portanto, $V_{2011} = $ US$ 23,53.

13.5 *a.* ROE = 12%
$b = $ US$ 0,50/US$ 2,00 = 0,25
$g = \text{ROE} \times b = 12\% \times 0{,}25 = 3\%$
$P_0 = D_1/(k-g) = $ US$ 1,50/(0,10 – 0,03) = US$ 21,43
$P_0/E_1 = 21{,}43/\text{US\$ } 2 = 10{,}71$
b. Se $b = 0{,}4$, então $0{,}4 \times $ US$ 2 = US$ 0,80 seriam reinvestidos e o restante do lucro, ou US$ 1,20, seria pago como dividendos.
$g = 12\% \times 0{,}4 = 4{,}8\%$
$P_0 = D_1/(k-g) = $ US$ 1,20/(0,10 – 0,048) = US$ 23,08
$P_0/E_1 = $ US$ 23,08/US$ 2,00 = 11,54
PEG = 11,54/4,8 = 2,4

Capítulo 14

Análise de demonstrações financeiras

Objetivos de aprendizagem:

OA14.1 Interpretar a demonstração de resultados, o balanço patrimonial e a demonstração de fluxos de caixa de uma empresa e calcular as medidas padrão de eficiência operacional, alavancagem e liquidez de uma empresa.

OA14.2 Calcular e interpretar medidas de desempenho como valor econômico adicionado e taxas de retorno sobre os ativos, o capital e o patrimônio.

OA14.3 Utilizar a análise de decomposição de índice para mostrar como a lucratividade depende da utilização eficaz dos ativos, da margem de lucro e da alavancagem.

OA14.4 Identificar possíveis fontes de distorção nos dados contábeis convencionais.

No Capítulo 13, analisamos as técnicas de avaliação patrimonial. Essas técnicas utilizam como base os dividendos e as perspectivas de lucro da empresa. Embora o analista de avaliação esteja interessado nos fluxos de lucro econômico da empresa, ele só tem acesso imediato aos dados de contabilidade financeira. O que podemos extrair dos dados contábeis de uma empresa que possa nos ajudar a estimar o valor intrínseco das ações ordinárias?

Neste capítulo, mostramos como os investidores podem utilizar os dados financeiros como base na análise de valor das ações. Começamos com uma revisão das fontes básicas de dados desse tipo: a demonstração de resultados, o balanço patrimonial e a demonstração de fluxos de caixa. Em seguida, enfatizamos a diferença entre lucro econômico e lucro contábil. Embora o lucro econômico seja mais importante para a finalidade de avaliação, ele só pode ser estimado. Portanto, na prática, os analistas sempre iniciam a avaliação da empresa utilizando dados contábeis. Em seguida, mostramos como os analistas utilizam os índices financeiros para investigar as fontes de lucratividade de uma empresa e avaliar sistematicamente a "qualidade" de seus lucros. Examinamos também o impacto da política de dívida sobre vários índices financeiros.

Por fim, apresentamos uma discussão sobre as dificuldades que você encontrará ao utilizar a análise de demonstrações financeiras como ferramenta para encontrar títulos com erro de apreçamento. Alguns desses problemas são provocados por diferenças nos procedimentos contábeis das empresas. Outros se devem a distorções que a inflação provoca nos dados contábeis.

14.1. PRINCIPAIS DEMONSTRAÇÕES FINANCEIRAS

Demonstração de resultados

A **demonstração de resultados** é um resumo da lucratividade da empresa ao longo de um período – por exemplo, um ano. Ela apresenta as receitas geradas durante o período operacional, as despesas incorridas durante esse mesmo período e as receitas ou lucros líquidos da empresa, que são simplesmente a diferença entre receitas e despesas.

demonstração de resultados
Demonstração financeira que mostra as receitas e as despesas de uma empresa durante um período específico.

É favorável distinguir quatro classes gerais de despesas: custo das mercadorias vendidas, que é o custo direto atribuível à fabricação do produto vendido pela empresa; despesas gerais e administrativas, que correspondem a despesas indiretas, salários, propaganda e outros custos operacionais da empresa que não são diretamente atribuíveis à produção; despesa de juros sobre a dívida da empresa; e impostos sobre lucros devidos aos governos federal e estadual.

A Tabela 14.1 apresenta a demonstração de resultados da Home Depot (HD). Na parte superior, encontram-se as receitas da empresa. Em seguida, vêm as despesas operacionais, os custos incorridos ao longo do período em que essas despesas foram geradas, incluindo um abatimento de dívida. A diferença entre receitas operacionais e custos operacionais é denominada *lucro operacional*. Os lucros (ou despesas) gerados por outras fontes, principalmente não recorrentes, são somados para obter o lucro antes de juros e impostos (*earnings before interest and taxes* – Ebit), que é o que a empresa teria obtido se não fossem as obrigações com seus credores e com as autoridades fiscais. O Ebit é uma medida da lucratividade das operações da empresa abstraída de qualquer carga de juros atribuível ao financiamento da dívida. Portanto, a demonstração de resultados subtrai a despesa de juros do Ebit para encontrar o lucro tributável. Por fim, o imposto de renda devido ao governo é subtraído para encontrar o lucro líquido, o "resultado final" da demonstração de resultados.

Além disso, os analistas normalmente preparam uma *demonstração de resultados de tamanho comum*, na qual todos os itens da demonstração de resultados são expressos como uma fração da receita total. Isso facilita a comparação entre empresas de diferentes portes. A coluna da direita da Tabela 14.1 é uma demonstração de resultados de tamanho comum.

No Capítulo 13, vimos que os modelos de avaliação de ações exigem uma medida dos **lucros econômicos** – o fluxo de caixa sustentável que pode ser pago aos acionistas sem prejudicar a capacidade produtiva da empresa. Em contraposição, os **lucros contábeis** são afetados por várias convenções relacionadas à avaliação de ativos, como os estoques (por exemplo, método LIFO *versus* FIFO), e pela forma como algumas despesas, como os investimentos de capital são reconhecidos ao longo do tempo (como despesas de depreciação). Ainda neste capítulo, analisaremos mais detalhadamente os problemas com algumas dessas convenções contábeis. Além desses problemas contábeis, à medida que a empresa passa pelo ciclo econômico, seu lucro ficará acima ou abaixo da linha de tendência que pode refletir de maneira mais precisa lucros econômicos sustentáveis. Isso gera uma complexidade ainda maior na interpretação dos dados numéricos do lucro líquido. Podemos nos perguntar o quanto os lucros contábeis aproximam-se dos lucros econômicos e, de forma correspondente, que utilidade os dados contábeis podem ter para os investidores que estão tentando avaliar uma empresa.

Na realidade, os dados sobre lucro líquido na demonstração de resultados da empresa transmitem informações consideráveis a respeito de seus produtos. Observamos isso no fato de os preços das ações tenderem a aumentar quando a empresa divulga lucros superiores aos que a análise de mercado ou os investidores haviam previsto.

lucros econômicos
Fluxo de caixa real que uma empresa poderia pagar sem prejudicar sua capacidade produtiva.

lucros contábeis
Lucros de uma empresa divulgados na demonstração de resultados.

TABELA 14.1 Demonstração de resultados da Home Depot

	Milhões de US$	Porcentagem da receita
Receitas operacionais		
Vendas líquidas	67.997	100
Despesas operacionais		
Custo das mercadorias vendidas	42.975	63,2
Despesas de vendas, gerais e administrativas	15.849	23,3
Outras	1.652	2,4
Depreciação	1.718	2,5
Lucro antes de juros e impostos	5.803	8,5
Despesa de juros	530	0,8
Lucro tributável	5.273	7,8
Impostos	1.935	2,8
Lucro líquido	3.338	4,9
Alocação do lucro líquido		
Dividendos	1.569	2,3
Acréscimo aos lucros retidos	1.769	2,6

Nota: A soma das colunas está sujeita a erros de arredondamento.
Fonte: Relatório Anual da Home Depot, ano terminado em janeiro de 2011.

Balanço patrimonial

Enquanto a demonstração de resultados oferece uma medida de lucratividade ao longo de um período, o **balanço patrimonial** oferece uma medida "instantânea" da situação financeira da empresa em determinado momento. O balanço patrimonial é uma relação dos ativos e dos passivos da empresa naquele momento. A diferença entre ativos e passivos é o patrimônio líquido da empresa, também chamado de *patrimônio líquido dos acionistas* (*stockholders' equity*) ou, equivalentemente, *shareholders' equity*. Assim como as demonstrações de resultados, os balanços patrimoniais têm uma apresentação razoavelmente padronizada. A Tabela 14.2 apresenta o balanço patrimonial da HD de 2011.

balanço patrimonial
Demonstração contábil da posição financeira de uma empresa em determinado momento.

A primeira seção do balanço patrimonial exibe uma lista dos ativos da empresa. Os ativos circulantes são apresentados primeiro. Eles correspondem ao caixa disponível e a outros itens, como contas a receber ou estoques, que serão convertidos em caixa no prazo de um ano. Em seguida são listados os ativos de longo prazo ou "fixos". Os *ativos fixos tangíveis* são itens como prédios, equipamentos ou veículos. A HD também tem vários ativos intangíveis, como um nome respeitável e conhecimentos especializados. Contudo, em geral os contadores relutam em incluir esses ativos no balanço patrimonial, porque eles são muito difíceis de avaliar. Entretanto, quando uma empresa compra outra por um prêmio sobre seu valor contábil, essa diferença é chamada de *goodwill* e relacionada no balanço patrimonial como *ativo fixo intangível*. A HD divulga um *goodwill* de US$ 1.187 milhões.[1]

TABELA 14.2 Balanço patrimonial da Home Depot

Ativos	Milhões de US$	Percentual dos ativos totais
Ativos circulantes		
Caixa e valores mobiliários negociáveis	545	1,4
Contas a receber	1.085	2,7
Estoques	10.625	26,5
Outros ativos circulantes	1.224	3,1
Total de ativos circulantes	13.479	33,6
Ativos fixos		
Ativos fixos tangíveis		
Propriedade, fábrica e equipamentos	25.060	62,5
Investimentos de longo prazo	139	0,3
Total de ativos fixos tangíveis	25.199	62,8
Ativos fixos intangíveis		
Goodwill	1.187	3
Total de ativos fixos	26.386	65,8
Outros ativos	260	0,6
Total de ativos	40.125	100
Passivos e patrimônio líquido dos acionistas	**Milhões de US$**	**Percentual dos ativos totais**
Passivos circulantes		
Dívida para repagamento	1.042	2,6
Contas a pagar	7.903	19,7
Outros passivos circulantes	1.177	2,9
Total de passivos circulantes	10.122	25,2
Dívida de longo prazo	8.707	21,7
Outros passivos de longo prazo	2.407	6
Total de passivos	21.236	52,9
Patrimônio líquido dos acionistas		
Ações ordinárias e outro capital integralizado	3.894	9,7
Lucros retidos	14.995	37,4
Total de patrimônio líquido dos acionistas	18.889	47,1
Total de passivos e de patrimônio líquido dos acionistas	40.125	100

Nota: A soma das colunas está sujeita a erros de arredondamento.
Fonte: Relatório Anual da Home Depot, ano terminado em janeiro de 2011.

---

[1] Todos os anos, as empresas são obrigadas a examinar se seus ativos intangíveis sofreram alguma "deterioração" (não recuperação econômica dos ativos). Se ficar evidente que o valor da empresa adquirida é inferior ao seu preço de compra, esse valor deve ser lançado como despesa. A AOL Time Warner marcou um recorde quando reconheceu uma deterioração de US$ 99 bilhões em 2002 após a fusão em janeiro de 2001 da Time Warner com a AOL.

A seção de passivos e patrimônio líquido dos acionistas é organizada de modo semelhante. Primeiro são listados os passivos de curto prazo ou "circulantes", como as contas a pagar, os impostos provisionados e as dívidas que vencerão em um ano. Em seguida encontram-se a dívida de longo prazo e outros passivos com prazo de vencimento superior a um ano. A diferença entre o total de ativos e o total de passivos é o patrimônio líquido dos acionistas. Trata-se do patrimônio líquido ou do valor contábil da empresa. O patrimônio líquido dos acionistas é dividido em valor nominal das ações, superávit de capital (capital integralizado adicional) e lucros retidos, embora geralmente essa divisão não seja importante. Resumidamente, o valor nominal mais o superávit de capital representa os lucros realizados com a venda das ações ao público, enquanto os lucros retidos representam o acúmulo de patrimônio líquido obtido com o reinvestimento dos lucros na empresa. Mesmo se a empresa não emitir novas ações, o valor contábil normalmente aumentará a cada ano em virtude dos lucros reinvestidos.

Os itens da primeira coluna do balanço patrimonial na Tabela 14.2 apresentam o valor em dólares de cada ativo. Para facilitar a comparação entre empresas de diferentes portes, os analistas com frequência apresentam cada item do balanço patrimonial como porcentagem do total de ativos. Isso é chamado de *balanço de tamanho comum* e é apresentado na segunda coluna.

Demonstração de fluxos de caixa

A demonstração de resultados e o balanço patrimonial baseiam-se em métodos contábeis provisionais, ou seja, as receitas e as despesas são reconhecidas no momento da venda, ainda que não se tenha recebido nenhum dinheiro em troca. Em contraposição, a **demonstração de fluxos de caixa** reconhece apenas as transações nas quais o dinheiro é trocado de mãos. Por exemplo, se as mercadorias forem vendidas hoje, com pagamento em 60 dias, a demonstração de resultados tratará a receita como se ela tivesse sido gerada no momento da venda e o balanço patrimonial será imediatamente aumentado pelas contas a receber, mas a demonstração dos fluxos de caixa só reconhecerá a transação quando a fatura for paga e o dinheiro estiver em mãos.

demonstração de fluxos de caixa
Demonstração financeira que mostra os recebimentos e os pagamentos à vista de uma empresa durante um período específico.

A Tabela 14.3 apresenta a demonstração dos fluxos de caixa da HD. A primeira entrada listada sob "Caixa proveniente de atividades operacionais" é lucro líquido. As entradas subsequentes mudam esse número para os componentes de lucro que foram reconhecidos, mas para os quais o dinheiro ainda não foi trocado de mãos. Por exemplo, as contas a receber da HD aumentaram US$ 102 milhões. Essa parcela de seu lucro foi divulgada na demonstração de resul-

TABELA 14.3 Demonstração de fluxos de caixa da Home Depot

	Milhões de US$
Caixa proveniente de atividades operacionais	
Lucro líquido	3.338
Ajuste ao lucro líquido	
Depreciação	1.718
Mudanças no capital de giro	
Redução (aumento) em contas a receber	(102)
Redução (aumento) em estoques	(355)
Aumento (redução) em outros passivos circulantes	(269)
Mudanças decorrentes de outras atividades operacionais	255
Total de ajustes	1.247
Caixa proveniente de atividades operacionais	4.585
Fluxos de caixa de investimentos	
Investimento bruto em ativos fixos tangíveis	(1.096)
Investimentos em outros ativos	84
Caixa proveniente de (usado por) investimentos	(1.012)
Caixa proveniente de (usado por) atividades de financiamento	
Aumento (redução) da dívida de longo prazo	(31)
Emissões líquidas (recompras) de ações	(2.504)
Dividendos	(1.569)
Outros	(347)
Caixa proveniente de (usado por) atividades de financiamento	(4.451)
Aumento líquido de caixa	(878)

Fonte: Relatório Anual da Home Depot, ano terminado em janeiro de 2011.

tados, mas o dinheiro ainda não havia sido recebido. Os aumentos nas contas a receber são em vigor um investimento em capital de giro e, portanto, diminuem os fluxos de caixa provenientes de atividades operacionais. De modo semelhante, aumentos nas contas a pagar significam que as despesas foram reconhecidas, mas o dinheiro ainda não saiu da empresa. Qualquer atraso no pagamento aumenta o fluxo de caixa líquido da empresa nesse período.

Outra grande diferença entre a demonstração de resultados e a demonstração de fluxos de caixa refere-se à depreciação, responsável por um acréscimo considerável na seção de ajuste da demonstração de fluxos de caixa na Tabela 14.3. A demonstração de resultados tenta "uniformizar" os grandes dispêndios de capital ao longo do tempo. A despesa de depreciação é uma maneira de fazer isso na demonstração de resultados, quando se reconhecem os dispêndios de capital durante um período de vários anos, e não no período específico da compra. Em contraposição, a demonstração de fluxos de caixa reconhece a dedução de caixa de um dispêndio de capital no momento em que ele ocorre. Portanto, ela reconsidera a "despesa" de depreciação que foi utilizada para calcular o lucro líquido e reconhece um dispêndio de capital quando ele é pago. Para isso, os fluxos de caixas são divulgados separadamente de operações, investimentos e atividades de financiamento. Desta forma, qualquer fluxo de caixa grande, como os utilizados para investimentos importantes, pode ser reconhecido sem afetar a medida do fluxo de caixa gerado pelas atividades operacionais.

A segunda seção da demonstração relaciona os fluxos de caixa das atividades de investimento. Por exemplo, a HD empregou US$ 1.096 milhão do caixa investindo em ativos fixos intangíveis. Essas entradas são investimentos nos ativos necessários para que a empresa mantenha ou aumente sua capacidade produtiva.

Por fim, a última seção da demonstração relaciona os fluxos de caixa obtidos das atividades de financiamento. A emissão de títulos contribui para fluxos de caixa positivos, enquanto o resgate de títulos em circulação utiliza caixa. Por exemplo, a HD gastou US$ 31 milhões em recompra de ações, o que é considerado uso de caixa. Os pagamentos de dividendos, US$ 1.569 milhão, também usaram caixa. No total, as atividades de financiamento da HD absorveram US$ 4.451 milhões de caixa.

Em suma, as operações da HD geraram um fluxo de caixa de US$ 4.585 milhões. A empresa desembolsou US$ 1.012 milhões para pagar novos investimentos e as atividades de financiamento utilizaram mais US$ 4.451 milhões. Desse modo, o efetivo em caixa da HD mudou US$ 4.585 – US$ 1.012 – US$ 4.451 = –US$ 878 milhões. Isso é divulgado na última linha da Tabela 14.3.

A demonstração de fluxos de caixa fornece evidências importantes sobre o bem-estar de uma empresa. Se uma empresa não conseguir pagar seus dividendos e manter a produtividade de suas ações representativas de capital fora do fluxo de caixa operacional, por exemplo, e tiver de recorrer a empréstimos para atender a essas necessidades, isso é um sério sinal de que a longo prazo ela não conseguirá manter o nível de pagamento atual. A demonstração de fluxos de caixa revelará a evolução desse problema quando mostrar que o fluxo de caixa operacional não é adequado e que estão sendo utilizados empréstimos para manter o pagamento de dividendos em níveis insustentáveis.

14.2. MEDIÇÃO DO DESEMPENHO DA EMPRESA

No Capítulo 1, ressaltamos que um dos objetivos naturais de uma empresa é maximizar o valor, mas que vários problemas de agência ou conflitos de interesses podem impedir sua concretização. Como podemos medir o desempenho de fato da empresa? Os analistas financeiros criaram uma lista maçante de índices financeiros que medem vários aspectos do desempenho de uma empresa. Entretanto, antes de nos prendermos às particularidades e perdermos a visão do todo, façamos primeiro uma pausa para considerar que tipo de índice pode estar relacionado com o objetivo máximo de agregar valor.

Duas amplas atividades são responsabilidade dos gestores financeiros de uma empresa: decisões sobre investimento e decisões sobre financiamento. As decisões sobre investimento ou orçamento de capital dizem respeito ao *uso* de capital da empresa: as atividades econômicas nas quais ela está envolvida. Aqui, as perguntas que desejamos responder dizem respeito à lucratividade desses projetos. Como a lucratividade deve ser medida? Até que ponto o nível de lucratividade aceitável depende do risco e do custo de oportunidade dos fundos usados para pagar os vários projetos da empresa? Em contraposição, as decisões financeiras dizem respeito às *fontes*

FIGURA 14.1
Perguntas financeiras importantes e alguns índices que ajudam a respondê-las.

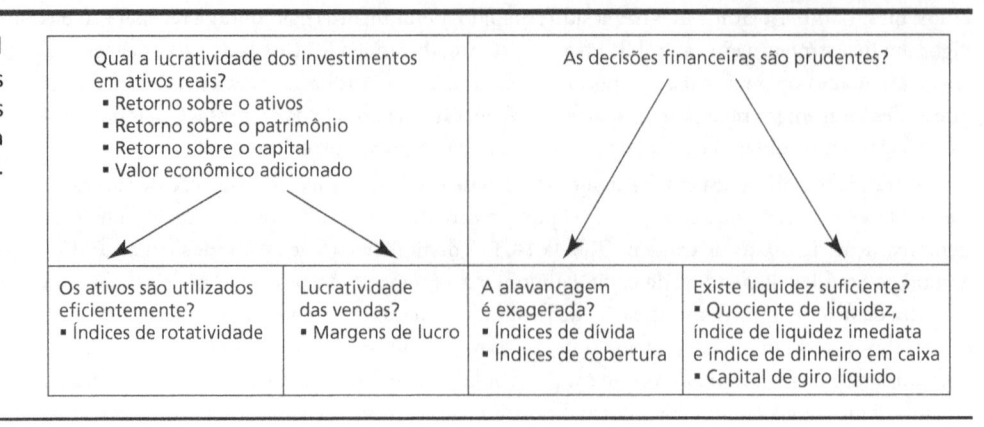

Qual a lucratividade dos investimentos em ativos reais? • Retorno sobre o ativos • Retorno sobre o patrimônio • Retorno sobre o capital • Valor econômico adicionado	As decisões financeiras são prudentes?
Os ativos são utilizados eficientemente? • Índices de rotatividade / **Lucratividade das vendas?** • Margens de lucro	**A alavancagem é exagerada?** • Índices de dívida • Índices de cobertura / **Existe liquidez suficiente?** • Quociente de liquidez, índice de liquidez imediata e índice de dinheiro em caixa • Capital de giro líquido

de capital da empresa. Existe oferta suficiente de financiamento para atender às necessidades previstas de crescimento? O plano de financiamento depende demasiadamente da contração de empréstimos? Existe liquidez suficiente para lidar com necessidades de caixa inesperadas?

Essas perguntas indicam que devemos organizar os índices que escolhemos construir de acordo com os moldes da Figura 14.1. Essa figura mostra que, ao avaliarmos as atividades de investimento e uma empresa, faremos duas perguntas: Com que eficiência a empresa aplica seus ativos e qual a lucratividade de suas vendas? Por sua vez, os aspectos de eficiência e lucratividade podem ser avaliados com vários índices: Normalmente, a eficiência é avaliada por meio de diversos índices de rotatividade, ao passo que a lucratividade das vendas em geral é avaliada com várias margens de lucro. De modo semelhante, ao avaliar decisões financeiras, examinamos a alavancagem e a liquidez, e veremos que determinados aspectos desses dois conceitos também podem ser medidos com um conjunto de estatísticas.

A seção subsequente mostra como alguns desses índices financeiros fundamentais são calculados e interpretados e em que sentido vários deles estão relacionados.

14.3. MEDIDAS DE LUCRATIVIDADE

Obviamente, as grandes empresas são mais lucrativas do que as menores. Portanto, a maioria das medidas de lucratividade focalizam o lucro por unidade monetária empregada. As medidas mais comuns são o retorno sobre os ativos (*return on assets* – ROA), o retorno sobre o capital (*return on capital* – ROC) e o retorno sobre o patrimônio (*return on equity* – ROE).

Retorno sobre os ativos

retorno sobre os ativos (ROA)
Lucros antes de juros e impostos divididos pelo total de ativos.

O **retorno sobre os ativos (ROA)** é igual ao Ebit como fração do total de ativos da empresa.[2]

$$\text{ROA} = \frac{\text{Ebit}}{\text{Total de ativos}}$$

O numerador desse índice pode ser visto como lucro operacional total da empresa. Portanto, o ROA nos indica qual foi o lucro obtido por unidade monetária empregada na empresa.

Retorno sobre o capital

O retorno sobre o capital (ROC) expressa o Ebit enquanto fração do capital de longo prazo, o patrimônio dos acionistas mais a dívida de longo prazo. Portanto, ele nos indica qual foi o lucro obtido por unidade monetária do capital de longo prazo investido na empresa.

$$\text{ROC} = \frac{\text{Ebit}}{\text{Capital de longo prazo}}$$

---

[2] O ROA algumas vezes é calculado utilizando Ebit × (1 – Alíquota de imposto) no numerador. Em outras, é calculado utilizando o lucro operacional pós-impostos, isto é: Lucro líquido + Juros × (1 – Alíquota de imposto). Algumas vezes, é até calculado utilizando apenas o lucro líquido no numerador, embora essa definição ignore todo o lucro que a empresa gerou para os investidores de dívida. Infelizmente, a definição de vários índices financeiros importantes não está totalmente padronizada.

Retorno sobre o patrimônio

Enquanto o ROA e ROC medem a lucratividade em relação aos fundos levantados pelo financiamento via empréstimos quanto pelo financiamento por emissão de ações, o **retorno sobre o patrimônio (ROE)** concentra-se apenas na lucratividade dos investimentos acionários. Isso é igual ao lucro líquido realizado pelos acionistas por unidade monetária que eles investiram na empresa.

retorno sobre o patrimônio (ROE)
Índice de lucro líquido em relação a ações ordinárias.

$$\text{ROE} = \frac{\text{Lucro líquido}}{\text{Patrimônio líquido dos acionistas}}$$

Observamos no Capítulo 13 que o retorno sobre o patrimônio (ROE) é um dos dois fatores básicos na determinação da taxa de crescimento dos lucros de uma empresa. Algumas vezes, é razoável supor que o ROE futuro se aproximará do seu valor passado, mas um ROE alto no passado não significa necessariamente que o ROE futuro de uma empresa será alto. Entretanto, um ROE decrescente evidencia que os novos investimentos da empresa ofereceram um ROE mais baixo do que seus investimentos passados. A questão vital para um analista é não aceitar valores históricos como indicadores de valores futuros. Os dados de um passado recente podem fornecer informações sobre o desempenho futuro, mas o analista deve sempre ficar atento ao futuro. As expectativas de dividendos e lucros *futuros* determinam o valor intrínseco das ações da empresa.

Como era de esperar, o ROA e o ROE estão vinculados. Porém, como veremos a seguir, a relação entre eles é influenciada pelas políticas financeiras da empresa.

Alavancagem financeira e ROE

O analista que estiver interpretando o comportamento passado do ROE de uma empresa ou prevendo seu valor futuro deve prestar muita atenção à combinação de dívida/patrimônio líquido e à taxa de juros sobre sua dívida. Um exemplo mostrará o motivo. Suponhamos que a Nodett seja uma empresa totalmente financiada pelo patrimônio líquido e tenha um total de ativos de US$100 milhões. Presumiremos que ela paga uma taxa de impostos corporativos de 40% sobre os lucros tributáveis.

A Tabela 14.4 mostra o comportamento das vendas, do lucro antes de juros e impostos e do lucro líquido sob três cenários que representam fases do ciclo econômico. Ela mostra também o comportamento de duas das medidas de lucratividade mais utilizadas: ROA operacional, que equivale a Ebit/total de ativos, e ROE, que equivale a lucro líquido/patrimônio líquido.

Em outros aspectos, a Somdett é uma empresa igual à Nodett, mas US$ 40 milhões de seus US$ 100 milhões de ativos são financiados com uma dívida com taxa de juros de 8%. Ela paga uma despesa de juros anual de US$ 3,2 milhões. A Tabela 14.5 mostra o quanto o ROE da Somdett é diferente do ROE da Nodett.

TABELA 14.4 Lucratividade da Nodett durante o ciclo econômico

Cenário	Vendas (milhões de US$)	Ebit (milhões de US$)	ROA (% por ano)	Lucro líquido (milhões de US$)	ROE (% por ano)
Ano ruim	80	5	5	3	3
Ano normal	100	10	10	6	6
Ano bom	120	15	15	9	9

TABELA 14.5 Impacto da alavancagem financeira sobre o ROE

		Nodett		Somdett	
Cenário	Ebit (milhões de US$)	Lucro líquido (milhões de US$)	ROE (%)	Lucro líquido* (milhões de US$)	ROE** (%)
Ano ruim	5	3	3	1,08	1,8
Ano normal	10	6	6	4,08	6,8
Ano bom	15	9	9	7,08	11,8

*O lucro pós-impostos da Somdett é igual a 0,6 (Ebit − US$ 3,2 milhões).
**O patrimônio líquido da Somdett é US$ 60 milhões, apenas.

Observe que as vendas anuais, o Ebit e portanto o ROA de ambas as empresas são os mesmos em cada um dos três cenários, ou seja, o risco empresarial das duas empresas é idêntico. É o risco financeiro que é diferente. Apesar de a Nodett e a Somdett terem o mesmo ROA em cada cenário, o ROE da Somdett é superior ao da Nodett em anos normais e bons e inferior em anos ruins.

Podemos resumir a relação exata entre ROE, ROA e alavancagem na seguinte equação:[3]

$$\text{ROE} = (1 - \text{Alíquota de imposto})\left[\text{ROA} + (\text{ROA} - \text{Taxa de juros})\frac{\text{Dívida}}{\text{Patrimônio líquido}}\right] \quad (14.1)$$

Essa relação tem as implicações a seguir. Se não houver dívida ou se o ROA da empresa for igual à taxa de juros sobre sua dívida, seu ROE simplesmente será igual a (1 – alíquota de imposto) vezes o ROA. Se o ROA ultrapassar a taxa de juros, então seu ROE ultrapassará (1 – alíquota de imposto) vezes o ROA em um valor que cresce à medida que o índice de dívida/patrimônio líquido aumenta.

Esse resultado faz sentido. Se o ROA ultrapassar a taxa de empréstimo, a empresa ganhará mais sobre seu dinheiro do que pagará aos credores. Os lucros excedentes são disponibilizados aos proprietários da empresa, os acionistas, o que aumenta o ROE. Se, entretanto, o ROA for inferior à taxa de juros paga sobre a dívida, o ROE diminuirá de acordo com um valor que depende do índice de dívida/patrimônio líquido.

EXEMPLO 14.1
Alavancagem e ROE

> Para mostrar como a Equação 14.1 é empregada, podemos utilizar o exemplo numérico na Tabela 14.5. Em um ano normal, a Nodett tem um ROE de 6%, que é (1 – alíquota de imposto) ou 0,6 vezes seu ROA de 10%. Entretanto, a Somdett, que contrai empréstimos por uma taxa de juros de 8% e mantém um índice de dívida/patrimônio líquido de 2/3, tem um ROE de 6,8%. O cálculo por meio da Equação 14.1 é
>
> $$\text{ROE} = 0{,}6[10\% + (10\% - 8\%)^{2/3}]$$
> $$= 0{,}6(10\% + 4/3\%) = 6{,}8\%$$
>
> A questão fundamental é que a dívida maior contribuirá positivamente para o ROE de uma empresa somente se o ROA dessa empresa for superior à taxa de juros sobre a dívida.

Observe que a alavancagem financeira aumenta o risco do retorno dos acionistas. A Tabela 14.5 mostra que o ROE da Somdett é pior do que o da Nodett nos anos ruins. Em contraposição, nos anos bons a Somdett tem um desempenho melhor do que a Nodett porque o excedente do ROA sobre o ROE oferece fundos adicionais para os acionistas. A existência de dívida faz o ROE da Somdett ser mais sensível ao ciclo econômico do que o da Nodett. Ainda que as duas empresas tenham o mesmo risco empresarial (refletido em seu Ebit idêntico nos três cenários), os acionistas da Somdett arcam com um risco financeiro mais alto do que os da Nodett porque todo o risco empresarial da empresa é absorvido por uma base menor de investidores acionários.

Mesmo que a alavancagem financeira aumente o ROE esperado da Somdett, em relação ao da Nodett (tal como parece na Tabela 14.5), isso não significa que o preço das ações da Somdett será mais alto. A alavancagem financeira aumenta o risco patrimonial da empresa com a mesma certeza que aumenta o ROE esperado, e uma taxa de desconto mais alta contrabalançará os lucros esperados mais altos.

---

[3] A derivação da Equação 14.1 é a seguinte:

$$\text{ROE} = \frac{\text{Lucro líquido}}{\text{Patrimônio líquido}} = \frac{\text{Ebit} - \text{Juros} - \text{Impostos}}{\text{Patrimônio líquido}} = \frac{(1 - \text{Alíquota de imposto})(\text{Ebit} - \text{Juros})}{\text{Patrimônio líquido}}$$

$$= (1 - \text{Alíquota de imposto})\frac{(\text{ROA} \times \text{Ativos} - \text{Taxa de juros} \times \text{Dívida})}{\text{Patrimônio líquido}}$$

$$= (1 - \text{Alíquota de imposto})\left[\text{ROA} \times \frac{(\text{Patrimônio líquido} + \text{Dívida})}{\text{Patrimônio líquido}} - \text{Taxa de juros} \times \frac{\text{Dívida}}{\text{Patrimônio líquido}}\right]$$

$$= (1 - \text{Alíquota de imposto})\left[\text{ROA} + (\text{ROA} - \text{Taxa de juros})\frac{\text{Dívida}}{\text{Patrimônio líquido}}\right]$$

> **Revisão de CONCEITOS 14.1**
>
> A Mordett possui os mesmos ativos que a Nodett e a Somdett, mas seu índice de dívida/patrimônio líquido é 1 e sua taxa de juros é 9%. Qual seria seu lucro líquido e seu ROE em um ano ruim, um ano normal e um ano bom?

Valor econômico adicionado

Embora seja comum utilizar medidas de lucratividade como ROA, ROC ou ROE para avaliar o desempenho, na verdade a lucratividade não é suficiente. Uma empresa deve ser considerada bem-sucedida somente se o retorno sobre seus projetos for melhor do que a taxa que os investidores poderiam esperar obter para si mesmos (de uma maneira ajustada ao risco) no mercado de capitais. O reinvestimento de fundos na empresa aumentará o valor das ações somente se a empresa obtiver uma taxa de retorno mais alta sobre os fundos reinvestidos do que o custo de oportunidade do capital, isto é, a taxa de capitalização de mercado. Para considerar esse custo de oportunidade, poderíamos avaliar o sucesso da empresa utilizando a *diferença* entre o retorno sobre os ativos, ROA, e o custo de oportunidade do capital. O **valor econômico adicionado** (*economic value added* – EVA) é a diferença entre o ROA e o custo de capital multiplicado pelo capital investido na empresa. Por isso, ele mede o valor monetário do retorno da empresa que excede seu custo de oportunidade. Outro termo para o EVA (termo este cunhado pela Stern Stewart, empresa de consultoria que promoveu esse conceito) é **lucro residual**.

valor econômico adicionado ou lucro residual
Medida do valor em dinheiro do retorno em excesso do custo de oportunidade de uma empresa.

> **EXEMPLO 14.2**
> Valor econômico adicionado
>
> Em 2011, o Walmart tinha um custo de capital médio ponderado de 5,5% (com base no custo da dívida, em sua estrutura de capital, no beta de suas ações e em estimativas do método de precificação de ativos financeiros – CAPM – sobre o custo do capital próprio). O retorno sobre os ativos do Walmart foi 8,6%, 3,1% superior ao custo de oportunidade do capital sobre seus investimentos em instalações, equipamentos e *know-how*. Em outras palavras, cada dólar investido pelo Walmart gerou em torno de 3,1 centavos a mais do que o lucro que os investidores poderiam ter previsto ao investir em ações com risco equivalente. O Walmart obteve essa taxa de retorno superior sobre uma base de capital de US$ 125,8 bilhões. Portanto, seu valor econômico adicionado, isto é, o retorno que excede o custo de oportunidade, foi (0,086 − 0,055) × US$ 125,8 = US$ 3,87 bilhões.

A Tabela 14.6 mostra o EVA de uma pequena amostra de empresas.[4] O EVA principal nessa amostra foi o da ExxonMobil. Observe que o EVA da ExxonMobil foi superior ao da GlaxoSmithKline, apesar de uma margem consideravelmente menor entre ROA e o custo de capital. Isso porque a ExxonMobil aplicou sua margem em uma base de capital bem maior. No outro extremo, a Honda obteve menos do que seu custo de oportunidade em uma base de capital bastante grande, o que gerou um grande EVA negativo.

Observe que mesmo as empresas com EVA "perdedor" na Tabela 14.6 tiveram lucros positivos. Por exemplo, de acordo com os padrões convencionais, a AT&T era solidamente lucrativa

TABELA 14.6 Valor econômico adicionado, 2011

	EVA (bilhões de US$)	Capital (bilhões de US$)	ROA (%)	Custo de capital (%)
ExxonMobil	6,90	171,31	10,8	6,8
Intel	4,29	52,87	16,1	8
Walmart	3,87	125,80	8,6	5,5
GlaxoSmithKline	3,02	34,75	15,3	6,6
Google	2,60	61,38	12	7,7
Hewlett Packard	−0,91	68,86	5,9	7,2
AT&T	−1,60	183,99	4,6	5,5
Honda	−3,63	105,20	1,7	5,1

Fonte: Cálculo do autores utilizando dados de <finance.yahoo.com>.

---
[4] As estimativas reais do EVA divulgadas pela Stern Stewart são diferentes dos valores apresentados na Tabela 14.6 em virtude de ajustes nos dados contábeis que envolvem questões como tratamento de despesas com pesquisa e desenvolvimento, impostos, despesas de propaganda e depreciação. O objetivo das estimativas da Tabela 14.6 é mostrar a lógica por trás do EVA, mas elas devem ser consideradas imprecisas.

em 2011, com um ROA de 4,6%. Mas seu custo de capital era mais alto, 5,5%. Segundo esse padrão, a AT&T não cobriu o custo de oportunidade do capital e seu EVA em 2011 foi negativo. O EVA trata o custo de oportunidade do capital como um custo real que, como os outros custos, deve ser deduzido das receitas para obter um "resultado final" mais significativo. Uma empresa que está tendo lucro mas não está cobrindo seu custo de oportunidade deve ser capaz de realocar seu capital em aplicações mais adequadas. Por esse motivo, agora um número crescente de empresas calcula o EVA e atrelam a remuneração dos gestores a ele.[5]

14.4. ANÁLISE POR ÍNDICE

Decomposição do ROE

Para compreender os fatores que afetam o ROE de uma empresa, incluindo suas tendências com o passar do tempo e seu desempenho em relação aos concorrentes, os analistas com frequência o "decompõem" em uma série de índices. Cada índice componente é por si só significativo, e o processo serve para concentrar a atenção do analista nos fatores distintos que influenciam o desempenho. Esse tipo de decomposição do ROE muitas vezes é chamado de **sistema DuPont**.

sistema DuPont
Decomposição de medidas de lucratividade em índices componentes.

Uma decomposição útil do ROE é

$$\text{ROE} = \frac{\text{Lucro líquido}}{\text{Patrimônio líquido}}$$

$$= \underbrace{\frac{\text{Lucro líquido}}{\text{Lucro pré-impostos}}}_{(1)} \times \underbrace{\frac{\text{Lucro pré-impostos}}{\text{Ebit}}}_{(2)} \times \underbrace{\frac{\text{Ebit}}{\text{Vendas}}}_{(3)} \times \underbrace{\frac{\text{Vendas}}{\text{Ativos}}}_{(4)} \times \underbrace{\frac{\text{Ativos}}{\text{Patrimônio líquido}}}_{(5)}$$

(14.2)

margem de lucro ou retorno sobre as vendas
Índice de lucros operacionais por unidade monetária de vendas (Ebit dividido pelas vendas).

A Tabela 14.7 mostra todos esses índices para a Nodett e a Somdett sob três cenários econômicos diferentes. Enfatizaremos primeiramente o terceiro e o quarto fator. Observe que o produto desses fatores nos oferece o ROA da empresa como = Ebit/Ativos.

O terceiro fator é conhecido como a **margem de lucro** operacional da empresa ou o **retorno sobre as vendas**, que é igual ao lucro operacional por unidade monetária de vendas. Em um ano médio, a margem da Nodett é 0,10, ou 10%; em um ano ruim, é 0,0625 ou 6,25%, e em um ano bom, 0,125 ou 12,5%.

rotatividade dos ativos totais (ATO)
Vendas anuais geradas por cada unidade monetária de ativos (vendas/ativos).

O quarto fator, o índice de vendas/ativos totais, é conhecido como **rotatividade dos ativos totais (ATO)**. Ele indica com que eficiência a empresa usa seus ativos, no sentido de que ele mede as vendas anuais geradas por cada unidade monetária de ativos. Em um ano normal, a ATO da Nodett é 1 por ano, o que significa que foi gerada uma venda de US$ 1 por ano por

TABELA 14.7 Análise de decomposição de índice para a Nodett e Somdett

		(1)	(2)	(3)	(4)	(5)	(6)
	ROE	Lucro líquido / lucro pré-impostos	Lucro pré-impostos / Ebit	Ebit / vendas (margem)	Vendas / ativos (rotatividade)	Ativos / patrimônio líquido	Fator de alavancagem composto (2) × (5)
Ano ruim							
Nodett	0,030	0,6	1,000	0,0625	0,800	1,000	1,000
Somdett	0,018	0,6	0,360	0,0625	0,800	1,667	0,600
Ano normal							
Nodett	0,060	0,6	1,000	0,100	1,000	1,000	1,000
Somdett	0,068	0,6	0,680	0,100	1,000	1,667	1,134
Ano bom							
Nodett	0,090	0,6	1,000	0,125	1,200	1,000	1,000
Somdett	0,118	0,6	0,787	0,125	1,200	1,667	1,311

---

[5] Pelo fato de levar o custo de oportunidade do capital em conta, o EVA é uma medida mais adequada de lucratividade do que o lucro, e isso explica por que as empresas podem preferi-lo quando estão avaliando o desempenho de seus gestores. No entanto, como medida de desempenho, até mesmo o EVA pode ser distorcido por fatores que estão além do controle da administração. Por exemplo, boa parte do péssimo EVA da Honda em 2011 deveu-se aos efeitos do *tsunami* que atingiu o Japão em março daquele ano – o que está longe de ser uma falha da administração da Honda.

dólar de ativos. Em um ano ruim, esse índice cai para 0,8 por ano e, em um ano bom, ele aumenta para 1,2 por ano.

Comparando a Nodett e a Somdett, observamos que o terceiro e o quarto fator não dependem da alavancagem financeira da empresa. Os índices das empresas são iguais nos três cenários.

De de modo semelhante, o primeiro fator, o índice de lucro líquido após os impostos em relação ao lucro pré-imposto, é o mesmo para ambas as empresas. Chamamos esse índice de carga tributária. Seu valor reflete o código tributário do governo e as políticas adotadas pela empresa para tentar minimizar sua carga tributária. Em nosso exemplo, ele não muda ao longo do ciclo econômico, permanecendo em 0,6.

Embora o primeiro, o terceiro e o quarto fator não sejam afetados pela estrutura de capital de uma empresa, o segundo e o quinto são. O segundo fator é o índice de lucro pré-imposto em relação ao Ebit. Os lucros pré-impostos de uma empresa serão superiores quando não houver pagamento de juros a ser feito aos credores. Na verdade, outra maneira de expressar esse índice é

$$\frac{\text{Lucros pré-impostos}}{\text{Ebit}} = \frac{\text{Ebit} - \text{Despesa de juros}}{\text{Ebit}}$$

Chamaremos esse fator de *índice de carga de juros* (*interest-burden* – IB). Ele assume seu valor mais alto possível (1) no caso da Nodett, que não tem nenhuma alavancagem financeira. Quanto mais alto o grau de alavancagem financeira, mais baixo o índice IB. O índice IB da Nodett não varia durante o ciclo econômico. Ele é fixo em 1, refletindo a ausência total de pagamento de juros. Entretanto, no caso da Somdett, como a despesa de juros é fixa em dólares, quando há variação no Ebit, o índice IB varia de um mínimo de 0,36 em um ano ruim a um máximo de 0,787 em um ano bom.

Uma estatística bastante análoga ao índice de carga de juros é o **índice de cobertura de juros** ou ***times interest earned***. Esse índice é definido como

$$\text{Cobertura de juros} = \frac{\text{Ebit}}{\text{Despesa de juros}}$$

índice de cobertura de juros ou *times interest earned*
Medida de alavancagem financeira que se obtém da divisão do lucros antes de juros e impostos pela despesa de juros.

Um índice de cobertura alto indica que a probabilidade de falência é baixa porque os lucros anuais são significativamente mais altos do que as obrigações de juros anuais. Esse índice é amplamente utilizado tanto por concessores quanto por tomadores de empréstimo para determinar a capacidade de endividamento da empresa, além de ser um determinante importante da classificação das obrigações da empresa.

O quinto fator, o índice de ativos/patrimônio líquido, é uma medida do grau de alavancagem financeira da empresa. Ele é chamado de **índice de alavancagem** e é igual a 1 mais o índice de dívida/patrimônio líquido.[6] Em nosso exemplo numérico na Tabela 14.7, o índice de alavancagem da Nodett é 1 e o da Somdett é 1,667.

índice de alavancagem
Medida da dívida em relação à capitalização total de uma empresa.

Com base em nossa discussão na Equação 14.1, sabemos que a alavancagem financeira ajuda a elevar o ROE somente se o ROA for superior à taxa de juros sobre a dívida da empresa. Como esse fato se reflete nos índices da Tabela 14.7?

A resposta é que, para avaliar o impacto total da alavancagem nessa estrutura, o analista deve considerar o produto dos índices IB e de alavancagem (ou seja, o segundo e o quinto fator na Tabela 14.7 mostrados como coluna 6). Para a Nodett, o sexto fator, que chamamos de fator de alavancagem composto, permanece constantemente em 1, em todos os três cenários. Contudo, no caso da Somdett, observamos que o fator de alavancagem composto é superior a 1 em anos normais (1,134) e em anos bons (1,311), o que indica uma contribuição positiva da alavancagem financeira para o ROE. O ROE é inferior a 1 em anos ruins, o que reflete o fato de que, quando o ROA fica abaixo da taxa de juros, o ROE diminui com o uso maior da dívida.

Podemos resumir todas essas relações da seguinte maneira:

ROE = Carga tributária × Carga de juros × Margem × Rotatividade × Alavancagem

Pelo fato de

$$\text{ROA} = \text{Margem} \times \text{Rotatividade} \qquad (14.3)$$

---

[6] $\dfrac{\text{Ativos}}{\text{Patrimônio líquido}} = \dfrac{\text{Patrimônio líquido} + \text{Dívida}}{\text{Patrimônio líquido}} = 1 + \dfrac{\text{Dívida}}{\text{Patrimônio líquido}}$

e

$$\text{Fator de alavancagem composto} = \text{Carga de juros} \times \text{Alavancagem}$$

podemos decompor o ROE de forma equivalente da seguinte maneira:

$$\text{ROE} = \text{Carga tributária} \times \text{ROA} \times \text{Fator de alavancagem composto}$$

A Equação 14.3 mostra que o ROA é *produto* da margem e da rotatividade. Os valores altos de um desses índices com frequência são acompanhados de valores baixos do outro. Por exemplo, o Walmart tem uma margem de lucro baixa, mas uma rotatividade alta, enquanto a Tiffany tem margens altas e rotatividade baixa. As empresas adorariam ter valores altos de margem e rotatividade, mas geralmente isso não é possível. Os varejistas cuja margem de lucro é alta sacrificarão o volume de vendas. Em contraposição, aqueles cuja rotatividade é baixa precisarão de uma margem alta apenas para se manterem viáveis. Portanto, comparar esses índices separadamente em geral é significativo apenas na avaliação de empresas que seguem estratégias semelhantes no mesmo setor. A comparação entre setores pode ser enganosa.

A Figura 14.2 mostra evidências do *trade-off* entre rotatividade e margem de lucro. Os setores com alta rotatividade, como o de gêneros alimentícios e varejo de roupas tendem a ter margem de lucro baixa, enquanto os setores com margem alta, como o de serviços de utilidade pública, tendem a ter baixa rotatividade. As duas linhas curvas na figura delineiam combinações de rotatividade e margem que geram um ROA de 3% ou de 6%. Você pode observar que a maioria dos setores enquadra-se nesse intervalo. Por isso, o ROA entre os setores demonstra uma variação bem menor do que a rotatividade ou a margem quando ambas são consideradas separadamente.

EXEMPLO 14.3
Margem *versus* rotatividade

Considere duas empresas com o mesmo ROA de 10% ao ano. A primeira é uma cadeia de supermercados de desconto e a segunda é uma empresa de serviços de utilidade pública de gás e energia elétrica.

FIGURA 14.2 ROA médio, margem de lucro e rotatividade dos ativos de 23 setores, 1990-2004.

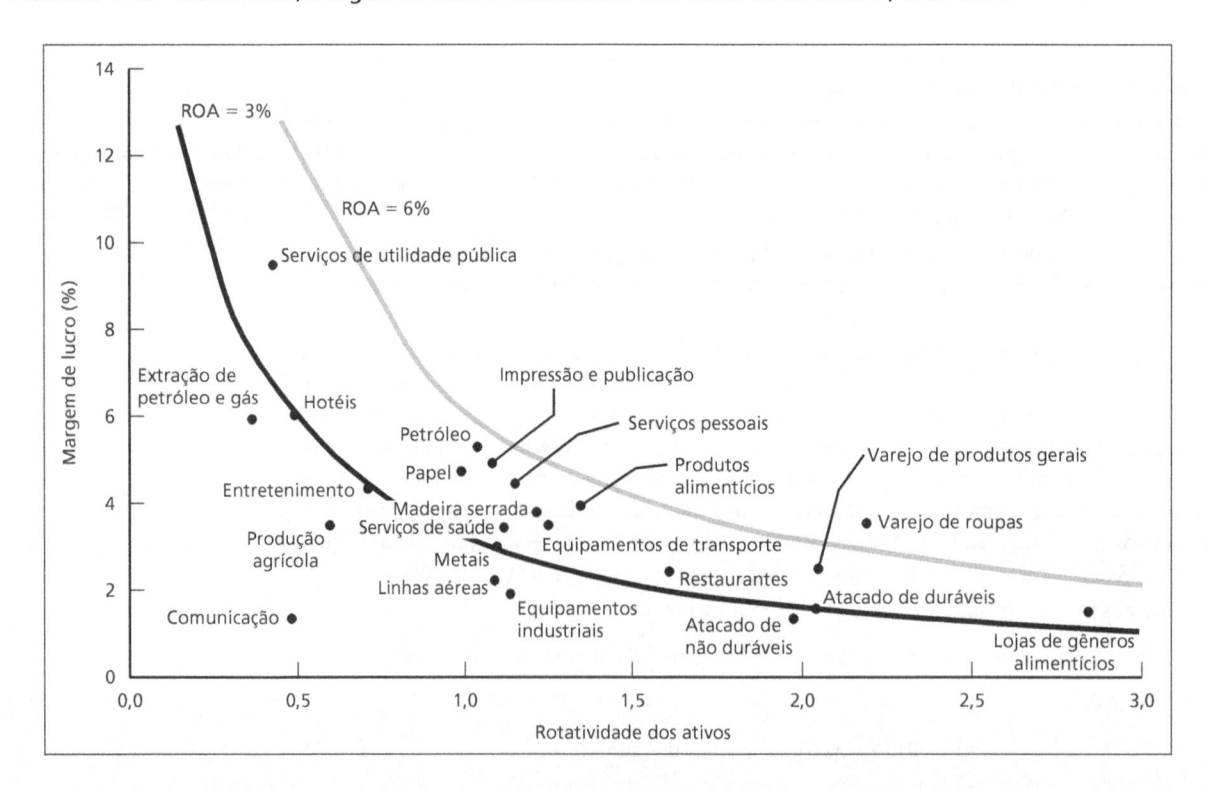

Fonte: "Figure D: ROAs of Sample Firms (1977-1986)", de Thomas I. Selling E Clyde P. Stickney, "The Effects of Business Environments and Strategy on a Firm's Rate of Return on Assets". Copyright 1989, Instituto CFA. Reproduzido e republicado de *Financial Analysts Journal*, janeiro-fevereiro de 1989, pp. 43-52, com permissão do Instituto CFA. Todos os direitos reservados. Atualizações com cortesia dos professores James Wahlen, Stephen Baginski e Mark Bradshaw.

Tal como a Tabela 14.8 mostra, a cadeia de supermercados tem uma margem de lucro "baixa" de 2% e obtém um ROA de 10% por meio da "rotatividade" de seus ativos cinco vezes ao ano. Entretanto, a empresa de serviços de utilidade pública, intensiva em capital, tem um índice de rotatividade de ativos (ATO) bastante "baixo", de 0,5 vez ao ano, e obtém um ROA de 10% por meio de sua margem de lucro mais alta – 20%. A questão aqui é que uma margem "baixa" ou um "baixo" índice de rotatividade de ativos não indica necessariamente uma empresa em dificuldades. Todo índice deve ser interpretado com base nas normas do setor.

TABELA 14.8 Diferença entre margem de lucro e rotatividade dos ativos entre setores

	Margem	x	ATO	=	ROA
Cadeia de supermercados	2%		5		10%
Serviços de utilidade pública	20%		0,5		10%

Faça uma análise de decomposição de índice para a empresa Mordett, apresentada na "Revisão de conceitos 14.1", preparando uma tabela semelhante à Tabela 14.7.

Revisão de CONCEITOS 14.2

Rotatividade e utilização de ativos

Para compreender o índice de vendas/ativos de uma empresa, muitas vezes é favorável calcular índices comparáveis de eficiência de utilização ou de rotatividade para subcategorias de ativos. Por exemplo, a rotatividade dos ativos fixos seria

$$\frac{\text{Vendas}}{\text{Ativos fixos}}$$

Esse índice mede o volume de vendas por unidade monetária do dinheiro da empresa amarrado em ativos fixos.

Para mostrar como você pode calcular esse e outros índices das demonstrações financeiras de uma empresa, tome como exemplo a Growth Industries Inc. (GI). A demonstração de resultados e os balanços de abertura e fechamento da GI referentes aos anos de 2012 a 2014 são apresentados na Tabela 14.9.

A rotatividade dos ativos totais da GI em 2014 foi 0,303, inferior à média de 0,4 do setor. Para entender melhor por que a GI teve um desempenho inferior, calculamos os índices de utilização de ativos separadamente para os ativos fixos, o estoque e as contas a receber.

As vendas da GI em 2014 foram de US$ 144 milhões. Seus únicos ativos fixos eram instalações e equipamentos, que valiam US$ 216 milhões no início do ano e US$ 259,2 milhões no final desse mesmo ano. Desse modo, os ativos fixos médios do ano corresponderam a US$ 237,6 milhões [(US$ 216 milhões + US$ 259,2 milhões)/2]. A rotatividade dos ativos fixos da GI em 2014 foi US$ 144 milhões por ano/US$ 237,6 milhões = 0,606 por ano. Em outras palavras, para cada dólar de ativos fixos, houve US$ 0,606 em vendas durante 2012.

Números comparáveis do índice de rotatividade dos ativos fixos de 2012 e 2013 e da média do setor em 2014 são:

2012	2013	2014	Média do setor em 2014
0,606	0,606	0,606	0,700

A rotatividade dos ativos fixos da GI manteve-se estável ao longo do tempo e abaixo da média do setor.

Observe que, quando um índice financeiro inclui um item da demonstração de resultados, que cobre um espaço de tempo, e outro do balanço patrimonial, que é um "instantâneo" de determinado momento, a prática usual é considerar a média dos números do balanço patrimonial do início e do final do ano. Desse modo, ao calcular o índice de rotatividade dos ativos fixos, você divide as vendas (da demonstração de resultados) pelos ativos fixos médios (do balanço patrimonial).

TABELA 14.9 Demonstrações financeiras da Growth Industries (milhares de US$)

	2011	2012	2013	2014
Demonstração de resultados				
Receita de vendas		100.000	120.000	144.000
Custo das mercadorias vendidas (incluindo depreciação)		55.000	66.000	79.200
Depreciação		15.000	18.000	21.600
Despesas gerais e administrativas		15.000	18.000	21.600
Lucro operacional		30.000	36.000	43.200
Despesa de juros		10.500	19.095	34.391
Lucro tributável		19.500	16.905	8.809
Imposto de renda (alíquota de 40%)		7.800	6.762	3.524
Lucro líquido		11.700	10.143	5.285
Balanço patrimonial (final de ano)				
Caixa e valores mobiliários negociáveis	50.000	60.000	72.000	86.400
Contas a receber	25.000	30.000	36.000	43.200
Estoques	75.000	90.000	108.000	129.600
Fábrica e equipamentos líquidos	150.000	180.000	216.000	259.200
Total de ativos	300.000	360.000	432.000	518.400
Contas a pagar	30.000	36.000	43.200	51.840
Dívida de curto prazo	45.000	87.300	141.957	214.432
Dívida de longo prazo (8% das obrigações com vencimento em 2022)	75.000	75.000	75.000	75.000
Total de passivos	150.000	198.300	260.157	341.272
Patrimônio líquido dos acionistas (1 milhão de ações em circulação)	150.000	161.700	171.843	177.128
Outros dados				
Preço de mercado por ação ordinária no final do ano		93,60	61	21

índice de rotatividade de estoque
Custo das mercadorias vendidas dividido pela média de estoque.

Outro índice de rotatividade muito utilizado é o **índice de rotatividade de estoque**, que é o índice de custo das mercadorias vendidas por unidade monetária de estoque. Utilizamos o custo das mercadorias vendidas (e não a receita de vendas) no numerador para manter a consistência com o estoque, que é avaliado pelo custo. Esse índice mede a velocidade do giro de estoque.

Em 2012, o custo das mercadorias vendidas (menos depreciação) da GI foi US$ 40 milhões e seu estoque médio foi US$ 82,5 milhões [(US$ 75 milhões + US$ 90 milhões)/2]. A rotatividade de estoque foi 0,485 por ano (US$ 40 milhões/US$ 82,5 milhões). Em 2013 e 2014, a rotatividade de estoque permaneceu a mesma e continuou abaixo da média de 0,5 ao ano do setor. Em outras palavras, a GI estava sobrecarregada com um nível mais alto de estoque por unidade monetária de vendas do que seus concorrentes. Por sua vez, esse investimento mais alto em capital de giro resultou em um nível de ativos por unidade monetária de vendas ou de lucro mais alto e em um ROA mais baixo do que os de seus concorrentes.

Outro aspecto da eficiência gira em torno da gestão de contas a receber, que frequentemente é medido por **dias de vendas em contas a receber**, isto é, o nível médio de contas a receber expresso como múltiplo das vendas diárias. Ele é calculado como a média de contas a receber/vendas × 365 e pode ser interpretado como o equivalente em dias para as vendas relacionadas às contas a receber. Você pode pensar nesse número também como a defasagem média entre a data da venda e a data em que o pagamento é recebido e, por isso, ele é igualmente chamado de **período de cobrança médio**.

dias de vendas em contas a receber ou período de cobrança médio
Contas a receber por unidade monetária de vendas diárias.

Para a GI, em 2014, esse número foi 100,4 dias:

$$\frac{(US\$ \ 36 \ \text{milhões} + US\$ \ 43,2 \ \text{milhões})/2}{US\$ \ 144 \ \text{milhões}} \times 365 = 100,4 \ \text{dias}$$

A média do setor era 60 dias. Essa estatística nos diz que a média de contas a receber por unidade monetária de venda da GI é superior à de seus concorrentes. Novamente, isso indica um investimento essencial mais alto em capital de giro e, por fim, um ROA mais baixo.

Em resumo, a utilização desses índices permite-nos ver que a baixíssima rotatividade dos ativos totais da GI em relação ao setor é provocada em parte pela rotatividade de ativos fixos e rotatividade de estoque abaixo da média e por um número de dias a receber acima da média. Isso leva a crer que a GI pode estar tendo problemas com o excesso de capacidade de fábrica e com procedimentos ineficientes de gestão de estoque e contas a receber.

Índices de liquidez

A alavancagem é uma medida de segurança da dívida de uma empresa. Os índices de dívida comparam o endividamento da empresa com medidas gerais de seus ativos e os índices de cobertura comparam diversas medidas de capacidade de gerar receita com o fluxo de caixa necessário para satisfazer as obrigações de dívida. Mas a alavancagem não é o único determinante de cautela financeira. Também desejamos saber se uma empresa consegue obter dinheiro para pagar as dívidas previstas ou arcar com as dívidas imprevistas. **Liquidez** é a capacidade de converter ativos em dinheiro de uma hora para outra. A liquidez normalmente é medida por meio do quociente de liquidez, do índice de liquidez imediata e do índice de dinheiro em caixa.

liquidez
Capacidade de converter ativos em dinheiro de uma hora para outra.

1. **Quociente de liquidez:** ativos circulantes/passivos circulantes. Esse índice mede a capacidade de uma empresa de pagar seus ativos em circulação liquidando seus ativos em circulação (isto é, transformando-os em dinheiro). Ele indica sua capacidade de evitar uma insolvência a curto prazo. O quociente de liquidez da GI em 2012, por exemplo, era $(60 + 30 + 90)/(36 + 87,3) = 1,46$. Em outros anos, o quociente foi:

quociente de liquidez
Ativos circulantes/passivos circulantes.

2012	2013	2014	Média do setor em 2014
1,46	1,17	0,97	2

Isso representa uma tendência temporal desfavorável e uma posição deficiente em relação ao setor. Esse padrão importuno é compreensível em vista da carga de capital de giro resultante do desempenho abaixo da média da GI em gestão de contas a receber e estoque.

2. **Índice de liquidez imediata:** (caixa + valores mobiliários negociáveis + contas a receber)/passivos circulantes. Esse índice também é chamado de **índice de liquidez seca**. Ele tem o mesmo denominador que o quociente de liquidez, mas seu numerador inclui apenas o caixa, equivalentes de caixa como os valores mobiliários negociáveis e as contas a receber. O índice de liquidez imediata é uma medida de liquidez mais adequada do que o quociente liquidez para empresas cujos estoques não podem ser convertidos imediatamente em dinheiro. O índice de liquidez imediata da GI mostra as mesmas tendências inoportunas de seu quociente de liquidez:

índice de liquidez imediata ou índice de liquidez seca
Medida de liquidez semelhante ao índice de liquidez imediata, exceto pela exclusão dos estoques.

2012	2013	2014	Média do setor em 2014
0,73	0,58	0,49	1

3. **Índice de dinheiro em caixa.** As contas a receber de uma empresa têm menor liquidez do que seus haveres em caixa e em valores mobiliários negociáveis. Portanto, além do índice de liquidez imediata, os analistas também devem calcular o índice de dinheiro em caixa de uma empresa, definido como

Índice de dinheiro em caixa
Outra medida de liquidez. Índice de dinheiro em caixa e dos valores mobiliários negociáveis em relação aos passivos circulantes.

$$\text{Índice de dinheiro em caixa} = \frac{\text{Caixa} + \text{Valores mobiliários negociáveis}}{\text{Passivos circulantes}}$$

Os índices de dinheiro em caixa da GI são:

2012	2013	2014	Média do setor em 2014
0,487	0,389	0,324	0,70

Os índices de liquidez da GI caíram consideravelmente ao longo de um período de três anos e, em 2014, ficaram bem abaixo da média do setor. A queda nos índices de liquidez, associada com a queda no índice de cobertura (você pode verificar que o índice de cobertura de juros também caiu nesse período), indica que sua classificação de crédito tem igualmente caído e que sem dúvida a GI é considerada um risco de crédito relativamente inadequado em 2014.

Índices de preço de mercado

O **índice de preço de mercado/valor contábil** (*price/book-value* – P/B) é igual ao preço de mercado por ação ordinária da empresa dividido por seu *valor contábil*, isto é, patrimônio dos acionistas por ação. Alguns analistas consideram a ação de uma empresa com baixo preço de mercado/valor contábil um investimento "mais seguro" e veem o valor contábil como uma "base" que

índice de preço de mercado/valor contábil
Preço de mercado por ação dividido por seu valor contábil.

sustenta o preço de mercado. Presumivelmente, esses analistas consideram o valor contábil como um nível abaixo do qual o preço de mercado não cairá porque a empresa sempre tem a opção de liquidar ou vender seus ativos pelo respectivo valor contábil. Entretanto, essa visão é questionável. Na verdade, algumas empresas às vezes vendem seus ativos por um valor abaixo do valor contábil. Por exemplo, no início de 2012, as ações do Bank of America e do Citigroup foram vendidas por menos de 50% do valor contábil por ação. No entanto, alguns consideram o índice de valor de mercado/valor contábil uma "margem de segurança" e, por isso, alguns analistas poderão filtrar ou rejeitar as empresas com P/B alto no momento em que estiverem escolhendo ações.

Na verdade, uma interpretação mais adequada do índice de preço de mercado/valor contábil é aquela que o considera uma medida de oportunidades de crescimento. Lembre-se de que no Capítulo 13 vimos que a empresa pode ser dois componentes de valor: ativos existentes e oportunidades de crescimento. Como o exemplo a seguir mostra, as empresas com maiores oportunidades de crescimento tendem a exibir múltiplos mais altos de preço de mercado/valor contábil.

EXEMPLO 14.4
Índice de preço de mercado/valor contábil e oportunidades de crescimento

Considere duas empresas, ambas com valor contábil por ação de US$ 10, taxa de capitalização de mercado de 15% e taxa de reinvestimento de 0,60.

A Bright Prospects tem um ROE de 20%, que está bem acima da taxa de capitalização de mercado; esse ROE indica que a empresa tem amplas oportunidades de crescimento. Com ROE = 0,20, a Bright Prospects obterá 0,20 × 10 = US$ 2 por ação este ano. Com uma taxa de reinvestimento de 0,60, a empresa paga dividendos de D_1 = (1 − 0,6) × US$ 2 = US$ 0,80, tem uma taxa de crescimento de $g = b \times$ ROE = 0,60 × 0,20 = 0,12 e o preço de suas ações é $D_1/(k − g)$ = US$ 80/(0,15 − 0,12) = US$ 26,67. Seu índice de preço de mercado/valor contábil é 26,67/10 = 2,667.

Em contraposição, a Past Glory tem um ROE de apenas 15%, exatamente igual à taxa de capitalização de mercado. Desse modo, ela obterá 0,15 × 10 = US$ 1,50 por ação este e pagará dividendos de D_1 = 0,4 × US$ 1,50 = US$ 0,60. Sua taxa de crescimento é $g = b \times$ ROE = 0,60 × 0,15 = 0,09 e o preço de suas ações é $D_1/(k − g)$ = US$ 60/(0,15 − 0,09) = US$ 10. Seu índice de preço de mercado/valor contábil é US$ 10/US$ 10 = 1. Como é de esperar, uma empresa que obtém exatamente a taxa de retorno exigida sobre seus investimentos será vendida pelo valor contábil, e nada mais.

Concluímos que o índice de preço de mercado/valor contábil é determinado em grande parte pelas perspectivas de crescimento.

índice de preço/lucro (P/E)
Índice do preço de uma ação em relação a seu lucro por ação. Também conhecido como múltiplo de P/E.

Outra medida utilizada para posicionar as empresas ao longo de um espectro de crescimento *versus* valor é o **índice de preço/lucro (*price-earnings* – P/E)**. Na verdade, vimos no Capítulo 13 que o índice de valor presente das oportunidades de crescimento em relação ao valor dos ativos existentes determina em grande medida o múltiplo de P/E. Embora as ações com baixo P/E lhe possibilitem pagar menos por unidade monetária de lucro *atual*, as ações com P/E alto ainda podem ser um melhor negócio se houver a expectativa de que os lucros crescerão rápido o suficiente.[7]

No entanto, muitos analistas acreditam que as ações com P/E baixo são mais atraentes do que as com P/E alto. E, na realidade, as ações com P/E baixo costumam ser investimentos com alfa positivo que utilizam o CAPM como referência de retorno. Porém, um adepto do mercado eficiente não levaria esse histórico em conta, defendendo que uma regra tão simplista na verdade não poderia gerar retornos anormais e que, nesse caso, talvez o CAPM não seja uma boa referência para retornos.

Seja como for, o que é importante lembrar é que a posse de ações indica o direito a lucros futuros e igualmente a lucros atuais e que, portanto, um índice de P/E alto pode muito bem ser interpretado como um sinal de que o mercado acredita que a empresa tem oportunidades de crescimento atraentes.

Antes de deixarmos os índices de P/B e P/E, vale a pena evidenciar uma relação importante entre eles.

$$\text{ROE} = \frac{\text{Lucro}}{\text{Valor contábil}} = \frac{\text{Preço de mercado}}{\text{Valor contábil}} \div \frac{\text{Preço de mercado}}{\text{Lucro}} \qquad (14.4)$$

$$= \text{Índice P/B} \div \text{índice de P/E}$$

---

[7] Contudo, lembre-se de que os índices de divulgados nos jornais financeiros baseiam-se em lucros *passados*, ao passo que o preço é determinado pelas perspectivas de lucro *futuro* da empresa. Portanto, os índices de P/E divulgados podem refletir uma variação dos lucros atuais em torno de uma linha de tendência.

Reorganizando os termos, encontramos que o índice de P/E de uma empresa é igual ao seu índice de preço de mercado/valor contábil dividido pelo ROE:

$$\frac{P}{E} = \frac{P/B}{ROE}$$

Portanto, uma empresa com um ROE alto pode ter ganhos de rendimento relativamente baixos porque seu P/B é alto.

Wall Street com frequência distingue entre "boas empresas" e "bons investimentos". Uma boa empresa pode ser extremamente lucrativa e ter um ROE correspondentemente alto. Porém, se o preço de suas ações elevar-se para um valor proporcional ao ROE, o índice P/B também será alto e o preço das ações pode ser um múltiplo de lucro relativamente grande, diminuindo, desse modo, sua atratividade enquanto investimento. O ROE alto de uma *empresa* não indica por si só que suas *ações* são um bom investimento. Em contraposição, as empresas com problemas e com ROE baixo podem ser bons investimentos se seu preço for baixo o suficiente.

A Tabela 14.10 resume os índices analisados nesta seção.

TABELA 14.10 Resumo dos principais índices financeiros

Índices de alavancagem:	
Carga de juros	$\dfrac{\text{Ebit} - \text{Despesa de juros}}{\text{Ebit}}$
Cobertura de juros (*times interest earned*)	$\dfrac{\text{Ebit}}{\text{despesa de juros}}$
Alavancagem	$\dfrac{\text{Ativos}}{\text{Patrimônio líquido}} = 1 + \dfrac{\text{Dívida}}{\text{Patrimônio líquido}}$
Fator de alavancagem composto	Carga de juros × Alavancagem
Utilização de ativos:	
Rotatividade dos ativos totais	$\dfrac{\text{Vendas}}{\text{Ativos totais médios}}$
Rotatividade dos ativos fixos	$\dfrac{\text{Vendas}}{\text{Ativos fixos médios}}$
Rotatividade de estoque	$\dfrac{\text{Custo das mercadorias vendidas}}{\text{Estoque médio}}$
Dias de vendas em contas a receber	$\dfrac{\text{Média de contas a receber}}{\text{Vendas anuais}} \times 365$
Liquidez:	
Quociente de liquidez	$\dfrac{\text{Ativos circulantes}}{\text{Passivos circulantes}}$
Índice de liquidez imediata	$\dfrac{\text{Caixa + Valores mobiliários negociáveis + Contas a receber}}{\text{Passivos circulantes}}$
Índice de dinheiro em caixa	$\dfrac{\text{Caixa + Valores mobiliários negociáveis}}{\text{Passivos circulantes}}$
Índices de lucratividade:	
Retorno sobre os ativos	$\dfrac{\text{Ebit}}{\text{Ativos totais médios}}$
Retorno sobre o patrimônio	$\dfrac{\text{Lucro líquido}}{\text{Patrimônio líquido médio dos acionistas}}$
Retorno sobre as vendas (Margem de lucro)	$\dfrac{\text{Ebit}}{\text{Vendas}}$
Índices de preço de mercado:	
Valor de mercado/Valor contábil	$\dfrac{\text{Preço por ação}}{\text{Valor contábil por ação}}$
Índice de preço/lucro.	$\dfrac{\text{Preço por ação}}{\text{Lucro por ação}}$
Ganhos de rendimento	$\dfrac{\text{Lucro por ação}}{\text{Preço por ação}}$

14.3 Revisão de CONCEITOS

Quais foram os índices de ROE, P/E e preço de mercado/valor contábil da GI em 2005? Até que ponto eles se comparam a estes índices médios do setor: ROE = 8,64%, P/E = 8 e preço de mercado/valor contábil = 0,69? Até que ponto os ganhos de rendimento da GI em 2014 se comparam com a média do setor?

Escolhendo um padrão de referência

Já analisamos de que forma os principais índices financeiros são calculados. Entretanto, para avaliar o desempenho de determinada empresa, você precisa de uma referência comparativa para os seus índices. Uma referência óbvia é o índice da própria empresa em anos anteriores. Por exemplo, a Figura 14.3 mostra o retorno sobre os ativos, a margem de lucro e o índice de rotatividade de ativos dos últimos anos da Home Depot. Você pode ver nessa figura que a maior parte da variação no retorno sobre os ativos da HD foi motivada pela variação em sua margem de lucro. Em contraposição, seu índice de rotatividade foi praticamente constante entre 2001 e 2005.

É também favorável comparar os índices financeiros com os de outras empresas no mesmo setor. Os índices financeiros setoriais são publicados pelo Departamento de Comércio dos Estados Unidos, pela Dun & Bradstreet, pela Associação de Gestão de Riscos e por outras entidades e vários índices estão disponíveis na internet – por exemplo, no *site* Yahoo! Finance.

A Tabela 14.11 apresenta índices para uma amostra dos principais grupos setoriais para que você perceba algumas das diferenças existentes entre os setores. Alguns índices, como o índice de rotatividade de ativos ou o índice de dívida total, são relativamente estáveis. Por exemplo, a rotatividade de ativos de empresas de desenvolvimento e produção de medicamentos será consistentemente mais baixo do que o dos setores de veículo a motor ou vestuário. Entretanto, ou-

FIGURA 14.3 Decomposição DuPont para a Home Depot.

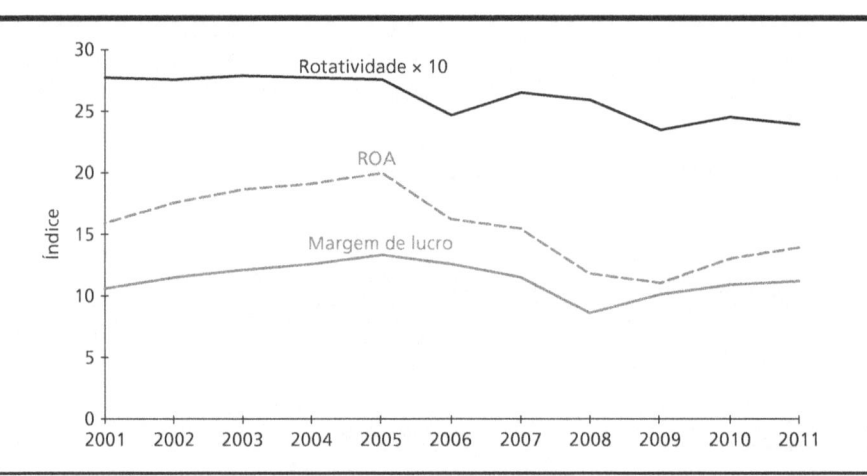

TABELA 14.11 Índices financeiros dos principais grupos setoriais

	Dívida LP Ativos	Cobertura de juros	Quociente de liquidez	Índice de liquidez imediata	Rotatividade dos ativos	Margem de lucro (%)	Retorno sobre os ativos (%)	Retorno sobre o patrimônio (%)	Índice de pagamento
Todos os manufaturados	0,21	5,01	1,42	0,98	0,84	8,03	6,78	17,12	0,27
Produtos alimentícios	0,29	3,83	1,28	0,76	1,15	5,95	6,87	5,59	0,87
Vestuário	0,19	7,02	2,32	1,31	1,28	9,29	11,91	22,03	0,21
Impressão/publicação	0,40	3,04	1,52	1,19	1,32	7,40	9,75	25,69	0,23
Produtos químicos	0,26	4,41	1,28	0,94	0,51	14,08	7,14	17,38	0,30
Medicamentos	0,25	4,47	1,28	1	0,35	20,44	7,08	16,26	0,28
Maquinaria	0,17	5,18	1,39	0,92	0,83	8,78	7,25	16,27	0,19
Energia elétrica	0,12	4,37	1,17	0,75	0,51	7,06	3,63	11,47	0,59
Veículos a motor	0,14	4,28	1,29	0,99	1,17	4,15	4,86	22,58	0,19
Computadores e eletrônicos	0,15	5,12	1,62	1,33	0,55	7,42	4,11	15,23	0,18

Fonte: Departamento de Comércio dos Estados Unidos, *Quarterly Financial Report for Manufacturing, Mining and Trade Corporations*, terceiro trimestre de 2011. Disponível em <www2.census.gov/econ/qfr/current/qfr_pub.pdf>.

tros índices – por exemplo, retorno sobre os ativos ou o patrimônio – são suscetíveis às condições econômicas do momento. Não se pode presumir que o valor em determinado ano reflita diferenças fundamentais.

14.5. EXEMPLO DE ANÁLISE DE DEMONSTRAÇÃO FINANCEIRA

No relatório anual para os acionistas, de 2014, a presidente da Growth Industries Inc. escreveu: "2014 foi outro ano de sucesso para a Growth Industries. Como em 2013, as vendas, os ativos e o lucro operacional continuaram apresentando uma taxa de crescimento de 20%".

Ela está correta?

Podemos avaliar essa afirmação por meio de uma análise de índice completa da Growth Industries. Nosso objetivo é medir o desempenho da GI nos últimos anos, a fim de avaliar suas perspectivas futuras e determinar se seu preço de mercado reflete seu valor intrínseco.

A Tabela 14.12 mostra alguns índices financeiros básicos que podemos calcular com base nas demonstrações financeiras da GI. A presidente certamente está correta quanto ao crescimento das vendas, dos ativos e do lucro operacional. Entretanto, a inspeção dos índices financeiros básicos da GI contradiz sua primeira afirmação: 2014 foi outro ano de sucesso para a Growth Industries. Ao que parece, foi outro ano desprezível.

O ROE caiu regularmente de 7,51% em 2012 para 3,03% em 2014. Uma comparação do ROE de 2014 da GI com a média do de 8,64% do setor torna a tendência temporal de depreciação particularmente alarmante. O índice de valor de mercado/valor contábil baixo e decrescente e o índice de preço/lucro decrescente indicam que os investidores estão cada vez menos otimistas com relação à lucratividade futura da empresa.

Contudo, o fato de o ROA não estar caindo nos indica que a tendência temporal de declínio no ROE da GI provavelmente se deve à alavancagem financeira. E, na verdade, o índice de alavancagem da GI aumentou de 2,117 em 2012 para 2,723 em 2014, seu índice de carga de juros piorou, passando de 0,650 para 0,204, e o resultado final foi uma queda no fator de alavancagem composto de 1,376 para 0,556.

O rápido crescimento na dívida de curto prazo de ano para ano e o aumento simultâneo da despesa de juros evidenciam que, para financiar o crescimento de 20% das vendas, a GI contraiu uma dívida de curto prazo relativamente grande por uma alta taxa de juros. A empresa está pagando taxas de juros mais altas do que o ROA que está obtendo no investimento financiado com o novo empréstimo. À medida que a empresa se ampliou, sua situação tornou-se mais precária.

Em 2014, por exemplo, a taxa de juros média sobre dívidas de curto prazo era 20% *versus* um ROA de 9,09%. (Veja como você pode calcular a taxa de juros sobre a dívida de curto prazo da GI utilizando os dados da Tabela 14.9: O balanço patrimonial mostra que a taxa de cupom sobre sua dívida de longo prazo era 8% e seu valor nominal era US$ 75 milhões. Portanto, os juros pagos sobre a dívida de longo prazo foi 0,08 × US$ 75 milhões = US$ 6 milhões. O total de juros pagos em 2013 foi US$ 34.391.000. Desse modo, os juros pagos sobre a dívida de curto prazo deve ter sido US$ 34.391.000 – US$ 6.000.000 = US$ 28.391.000. Isso representa 20% da dívida de curto prazo da GI no início do ano.)

Os problemas da GI tornam-se evidentes quando examinamos sua demonstração de fluxos de caixa na Tabela 14.13. Essa demonstração é deduzida dos dados da demonstração de resultados e do balanço patrimonial apresentados na Tabela 14.9. O fluxo de caixa operacional da GI exibe uma queda constante, de US$ 12.700.000 em 2012 para US$ 6.725.000 em 2014. Em contraposição, o investimento da empresa em instalações e equipamentos aumentou consideravel-

TABELA 14.12 Índices financeiros básicos da Growth Industries Inc.

Ano	ROE	(1) Lucro líquido lucro pré-impostos	(2) Lucro pré-impostos Ebit	(3) Ebit vendas (margem)	(4) Vendas ativos (rotatividade)	(5) Ativos patrimônio líquido	(6) Fator de alavancagem composto (2) × (5)	(7) ROA (3) × (4)	P/E	P/B
2012	7,51%	0,6	0,650	30%	0,303	2,117	1,376	9,09%	8	0,58
2013	6,08	0,6	0,470	30	0,303	2,375	1,116	9,09	6	0,35
2014	3,03	0,6	0,204	30	0,303	2,723	0,556	9,09	4	0,12
Média do setor	8,64	0,6	0,800	30	0,400	1,500	1,200	12	8	0,69

TABELA 14.13 Demonstração de fluxos de caixa da Growth Industries (milhares de US$)

	2012	2013	2014
Fluxo de caixa de atividades operacionais			
Lucro líquido	11.700	10.143	5.285
+ Depreciação	15.000	18.000	21.600
+ Redução (aumento) em contas a receber	(5.000)	(6.000)	(7.200)
+ Redução (aumento) em estoques	(15.000)	(18.000)	(21.600)
+ Redução (aumento) em contas a pagar	6.000	7.200	8.640
Caixa proveniente de atividades operacionais	12.700	11.343	6.725
Fluxos de caixa de atividades de investimento			
Investimento em fábrica e equipamentos*	(45.000)	(54.000)	(64.800)
Fluxo de caixa de atividades de financiamento			
Dividendos pagos**	0	0	0
Dívida de curto prazo emitida	42.300	54.657	72.475
Mudança em caixa e valores mobiliários negociáveis***	10.000	12.000	14.400

*O investimento bruto é igual ao aumento em fábrica e equipamentos líquidos mais depreciação.

**Podemos concluir que nenhum dividendo é pago porque o patrimônio líquido dos acionistas aumenta a cada ano de acordo com o montante total de lucro líquido, o que significa uma taxa de reinvestimento de 1.

***Igual ao fluxo de caixa de atividades operacionais mais o fluxo de caixa de atividades de investimento mais o fluxo de caixa de atividades de financiamento. Observe que isso é igual à mudança anual em caixa e valores mobiliários negociáveis no balanço patrimonial.

mente. O valor líquido de instalações e equipamentos (isto é, líquido de depreciação) aumentou de US$ 150.000.000 em 2011 para US$ 259.200.000 em 2014. Essa quase duplicação dos ativos financeiros tornou a diminuição do fluxo de caixa operacional ainda mais problemático.

O motivo da dificuldade é o enorme valor do empréstimo de curto prazo contraído pela GI. De certo modo, a empresa está sendo administrada como um esquema piramidal. Ela contrai cada vez mais empréstimos a cada ano para manter sua taxa de crescimento de 20% em ativos e lucro. Entretanto, os novos ativos não estão gerando fluxo de caixa suficiente para sustentar a carga de juros extra da dívida, tal como o fluxo de caixa operacional decrescente indica. Com o tempo, quando a empresa perder sua capacidade de contrair outros empréstimos, seu crescimento chegará ao fim.

A essa altura, as ações da GI podem ser um investimento atraente. Seu preço de mercado corresponde a apenas 12% de seu valor contábil e, com um índice de P/E de 4, os ganhos de rendimento equivalem a 25% ao ano. A GI é uma provável candidata à tomada de controle por outra empresa que possa substituir sua administração e construir um valor para os acionistas por meio de uma mudança radical de política.

14.4 Revisão de CONCEITOS

Você tem as seguintes informações sobre a IBX Corporation, relativas a 2012 e 2015 (todos os valores em milhões de US$):

	2015	2012
Lucro líquido	253,7	239
Lucro pré-impostos	411,9	375,6
Ebit	517,6	403,1
Ativos médios	4.857,9	3.459,7
Vendas	6.679,3	4.537
Patrimônio líquido dos acionistas	2.233,3	2.347,3

Qual a tendência no ROE da IBX e de que forma você pode explicá-lo em termos de carga de juros, margem, rotatividade e alavancagem financeira?

14.6. PROBLEMAS DE COMPARABILIDADE

A análise de demonstrações financeiras oferece-nos uma boa munição para avaliarmos o desempenho e as perspectivas futuras de uma empresa. Porém, comparar os resultados financeiros de diferentes empresas não é tão simples. Existe mais de um método aceitável para representar diversos itens de receita e despesa, de acordo com os princípios contábeis geralmente aceitos (*generally accepted accounting principles* – GAAP). Isso significa que as duas empresas podem ter exatamente o mesmo lucro econômico, mas um lucro contábil bastante diferente.

Além disso, interpretar o desempenho de uma única empresa ao longo do tempo é complexo quando a inflação distorce o instrumento de avaliação da moeda. Os problemas de comparabilidade são particularmente graves nesse caso porque o impacto da inflação sobre os resultados divulgados com frequência depende do método específico que a empresa adota para contabilizar estoque e depreciação. O analista de títulos deve ajustar os valores dos índices de lucro e financeiros para um padrão uniforme antes de tentar comparar os resultados financeiros entre empresas e ao longo do tempo.

Os problemas de comparabilidade podem surgir da flexibilidade das normas dos princípios contábeis geralmente aceitos quanto à contabilização de estoque e depreciação e aos ajustes contra os efeitos da inflação. Outras fontes possíveis e importantes de não comparabilidade são a capitalização de arrendamentos e de outras despesas, o tratamento dos custos de aposentadoria e pensão e provisões.

Avaliação de estoque

Duas formas de avaliação de estoque são comumente utilizadas: **LIFO** (*last-in, first-out*) e **FIFO** (*first-in, first-out*). Podemos explicar a diferença utilizando um exemplo numérico.

Suponhamos que Generic Products Inc. (GPI) tenha um estoque constante de 1 milhão de unidades de produtos genéricos. O estoque gira uma vez por ano, o que significa que o índice de custo das mercadorias vendidas/estoque é 1.

Como o sistema LIFO exige a avaliação de todas as unidades consumidas (1 milhão) durante o ano pelo custo atual de produção, os últimos produtos fabricados são considerados os primeiros a serem vendidos. Eles são avaliados pelo custo de hoje. O sistema FIFO presume que as unidades consumidas ou vendidas são aquelas que foram acrescentadas ao estoque primeiro e que as mercadorias vendidas devem ser avaliadas pelo custo original.

Se o preço dos produtos genéricos fosse constante – digamos, de US$ 1 –, o valor contábil do estoque e o custo das mercadorias vendidas seriam iguais, US$ 1 milhão em ambos os sistemas. Mas suponhamos que o preço dos produtos genéricos suba 10 centavos por unidade durante o ano em virtude da inflação.

No método contábil LIFO, o custo das mercadorias vendidas seria US$ 1,1 milhão, mas no balanço patrimonial de fim de ano o valor de 1 milhão das unidades em estoque continuaria sendo US$ 1 milhão. No balanço patrimonial, o valor do estoque é dado como o custo das mercadorias ainda em estoque. No LIFO, presume-se que os últimos produtos fabricados são vendidos pelo custo atual de US$ 1,10; os produtos remanescentes são as mercadorias produzidas anteriormente, pelo custo de apenas US$ 1. Você pode ver que, embora o método contábil LIFO avalie com precisão o custo das mercadorias vendidas hoje, ele subestima o valor atual do estoque remanescente em um ambiente inflacionário.

Em contraposição, no método contábil FIFO, o custo das mercadorias vendidas seria US$ 1 milhão e o valor do estoque no balanço patrimonial de fim de ano seria US$ 1,1 milhão. O resultado é que, na empresa que utiliza o LIFO, tanto o lucro divulgado quanto o valor do estoque no balanço patrimonial são inferiores aos da empresa que utiliza o FIFO.

O LIFO é preferível ao FIFO no cálculo de lucro econômico (isto é, fluxo de caixa sustentável real) porque ele utiliza preços atualizados para avaliar o custo das mercadorias vendidas. Entretanto, o método contábil LIFO provoca distorções no balanço patrimonial quando avalia o investimento em estoque pelo custo original. Esse procedimento gera uma distorção ascendente no ROE porque a base de investimento sobre qual se obtém o retorno é subestimada.

Depreciação

Outra fonte de problemas é a avaliação da depreciação, um fator fundamental no cálculo dos lucros reais. As medidas contábil e econômica de depreciação podem diferir consideravelmente. De acordo com a definição *econômica*, depreciação é o valor do fluxo de caixa operacional de uma empresa que deve ser reinvestido na empresa para manter seu fluxo de caixa real de acordo com o nível atual.

A avaliação *contábil* é bem diferente. A depreciação contábil é o valor do custo de aquisição original de um ativo que é alocado a cada período contábil, ao longo de um tempo de vida especificado arbitrariamente para o ativo. Esse é o número divulgado nas demonstrações financeiras.

LIFO
Método contábil de avaliação de estoque que considera o último a entrar e o primeiro a sair.

FIFO
Método contábil de avaliação de estoque que considera o primeiro a entrar e o primeiro a sair.

Suponhamos, por exemplo, que uma empresa compre máquinas com uma vida econômica útil de 20 anos, pelo preço de US$ 100 mil cada. Entretanto, em suas demonstrações financeiras, a empresa pode depreciar as máquinas ao longo de dez anos, por meio do método linear, lançando US$ 10.000 ao ano de depreciação para cada uma. Desse modo, após dez anos, a máquina estará totalmente depreciada nos livros contábeis, embora continue sendo um ativo produtivo que não precisará ser substituído durante os dez anos seguintes.

No cálculo de lucros contábeis, essa empresa superestimará a depreciação nos primeiros dez anos da vida econômica da máquina e a subestimará nos últimos dez anos. Isso fará os lucros divulgados serem subestimados em comparação com os lucros econômicos nos primeiros dez anos e superestimado nos últimos dez anos.

Os problemas de comparabilidade da depreciação apresentam outra peculiaridade. A empresa pode utilizar diferentes métodos de depreciação por motivos tributários do que pelo motivo da divulgação em si. A maioria das empresas utiliza métodos de depreciação acelerada para finalidades tributárias e de depreciação linear nas demonstrações financeiras publicadas. Existem também diferenças entre as empresas nas estimativas de depreciação do tempo de vida de fábricas, equipamentos e outros ativos depreciáveis.

Outra complicação surge com a inflação. Como a depreciação convencional baseia-se nos custos históricos, e não no custo de reposição atual dos ativos, a depreciação avaliada em períodos de inflação é subestimada em relação ao custo de reposição e o lucro econômico *real* (fluxo de caixa sustentável) é, correspondentemente, superestimado.

Por exemplo, suponhamos que a Generic Products Inc. tenha uma máquina com três anos de vida útil que custa originalmente US$ 3 milhões. A depreciação linear anual será US$ 1 milhão, independentemente do que ocorrer com o custo de reposição da máquina. Suponhamos que a inflação no primeiro ano seja de 10%. Desse modo, a despesa de depreciação anual real será US$ 1,1 milhão em termos atuais, enquanto a depreciação avaliada de forma convencional se manterá fixa em US$ 1 milhão por ano. Portanto, o lucro contábil superestima o lucro econômico *real*.

Inflação e despesa de juros

Embora a inflação possa provocar distorções na avaliação de custos de estoque e depreciação de uma empresa, é provável que ela tenha um efeito ainda maior sobre as despesas de juros *reais*. As taxas de juros nominais incluem o prêmio de inflação que compensa o concessor de empréstimos pela erosão provocada pela inflação no valor real do principal. Dessa forma, da perspectiva tanto do concessor quanto do tomador de empréstimos, parte do que é convencionalmente avaliado como despesa de juros deve ser tratada mais apropriadamente como reembolso do principal.

EXEMPLO 14.5
Inflação e lucro real

> Suponhamos que a Generic Products tenha uma dívida em circulação com valor nominal de US$ 10 milhões e taxa de juros de 10% ao ano. A despesa de juros avaliada convencionalmente é US$ 1 milhão por ano. Entretanto, suponhamos que a inflação durante o ano seja 6%. Desse modo, a taxa de juros será de aproximadamente 4%. Portanto, US$ 0,6 milhão do que aparece como despesa de juros na demonstração de resultados na verdade é um prêmio de inflação ou uma compensação pela redução prevista no valor real de US$ 10 milhões do principal; apenas US$ 0,4 milhão corresponde a despesas de juros *reais*. A redução de US$ 0,6 milhão no poder aquisitivo do principal em circulação pode ser considerada reembolso do principal, e não despesa de juros. Portanto, o lucro real da empresa é subestimado em US$ 0,6 milhão.

A avaliação incorreta dos juros reais significa que a inflação faz o lucro real ser subestimado. Os efeitos da inflação sobre os valores divulgados de estoque e depreciação a respeito dos quais discutimos atuam na direção oposta.

14.5 *Revisão de* **CONCEITOS**

Em um período de inflação rápida, as empresas ABC e XYZ *divulgam* o mesmo lucro. A ABC utiliza a contabilidade de estoque LIFO, possui uma quantidade relativamente menor de ativos depreciáveis e tem uma dívida superior à da XYZ. A XYZ utiliza a contabilidade de estoque FIFO. Qual empresa tem o lucro *real* mais alto e por quê?

Contabilidade de valor justo

Muitos ativos e passivos importantes não são negociados nos mercados financeiros e seu valor não é facilmente observável. Por exemplo, não podemos simplesmente consultar os valores das opções de compra de ações dos funcionários, dos benefícios de assistência médica aos funcionários aposentados ou de prédios e outros imóveis. Embora o verdadeiro *status* financeiro de uma empresa possa depender fundamentalmente desses valores, que podem oscilar de maneira significativa ao longo do tempo, a prática usual é simplesmente avaliá-los com base no custo histórico. Os proponentes da **contabilidade de valor justo**, também conhecida como **contabilidade de marcação a mercado**, defendem que as demonstrações financeiras poderiam oferecer um quadro mais real da empresa se elas refletissem melhor os valores de mercado atuais de todos os ativos e passivos.

contabilidade de valor justo ou de marcação a mercado
Utilização de valores de mercado atuais, e não do custo histórico, nas demonstrações financeiras da empresa.

A Declaração 157 do Conselho de Normas Contábeis e Financeiras sobre a contabilidade de valor justo coloca os ativos em um de três "cestos". Os ativos do nível 1 são negociados em mercados ativos e, portanto, devem ser avaliados pelo preço de mercado. Os ativos do nível 2 não negociados ativamente, mas seu valor ainda assim pode ser estimado com base em dados observáveis do mercado sobre ativos semelhantes. Esses ativos podem ser "marcados por uma matriz" de títulos comparáveis. Os ativos do nível 3 são difíceis de avaliar. Nesse caso é difícil até mesmo identificar outros ativos suficientemente semelhantes para servir de referência de valor de mercado; é necessário recorrer a modelos de determinação de preço para estimar o valor intrínseco desses ativos. Em vez de marcados a mercado, esses valores com frequência são chamados de "marcados a modelo", embora eles sejam depreciativamente conhecidos como *mark-to-make-believe* ("marcados a faz-de-conta"), visto que as estimativas são propensas a ser manipuladas por meio da utilização criativa de *inputs* para o modelo.

Os críticos da contabilidade de valor justo defendem que ela se baseia demasiadamente em estimativas. Essas estimativas provavelmente poluem de maneira considerável as prestações de contas das empresas e podem provocar grande volatilidade nos lucros quando se reconhecem flutuações na avaliação dos ativos. Pior ainda, as avaliações subjetivas podem oferecer à administração um artefato tentador para manipular os lucros ou a condição financeira aparente da empresa em momentos oportunos. A título de exemplo, Bergstresser, Desai e Rauh (2006) constataram que as empresas fazem suposições mais agressivas sobre o retorno dos planos de pensão com benefícios definidos (o que diminui o valor presente calculado das obrigações previdenciárias) durante períodos em que os executivos estão exercendo ativamente suas opções de compra de ações.

Um debate acalorado sobre a aplicação da contabilidade de valor justo a instituições financeiras problemáticas surgiu em 2008, quando até mesmo os valores de títulos financeiros como os *pools* de hipotecas *subprime* e os contratos de derivativos garantidos por esses *pools* começaram a ser questionados no momento em que a negociação desses instrumentos secou. Sem mercados em bom funcionamento, estimar (muito menos observar) era, na melhor das hipóteses, uma prática duvidosa.

Alguns achavam que a contabilidade marcada a mercado exacerbava o colapso financeiro ao forçar os bancos a depreciar exageradamente o valor dos ativos; outros acreditavam que não marcar seria equivalente a ignorar intencionalmente a realidade e abdicar da responsabilidade de reparar os problemas nos bancos à beira da insolvência ou já insolventes. O quadro mais adiante fala sobre esse debate.

Qualidade dos lucros e práticas contábeis

Muitas empresas fazem opções contábeis que apresentam suas demonstrações financeiras da melhor maneira possível. As diferentes opções que as empresas fazem geram os problemas de comparabilidade sobre os quais discutimos. Em consequência disso, as demonstrações de lucro de diferentes empresas podem ser apresentações mais ou menos promissoras de "lucros econômicos" reais – fluxo de caixa sustentável que pode ser pago aos acionistas sem prejudicar a capacidade produtiva da empresa. Normalmente, os analistas avaliam a **qualidade dos lucros** divulgados pela empresa. Esse conceito refere-se à veracidade ou ao conservadorismo dos valores apresentados; em outras palavras, a até que ponto poderíamos supor que o nível de lucro divulgado é sustentável.

qualidade dos lucros
Realismo e sustentabilidade dos lucros divulgados.

Veja alguns exemplos de opções contábeis que influenciam a qualidade dos lucros:

- *Provisões para dívidas irrecuperáveis.* A maioria das empresas vende produtos utilizando crédito comercial e precisam fazer provisões para dívidas irrecuperáveis. Uma provisão

Na frente de batalha do MERCADO

CONTABILIDADE DE MARCAÇÃO A MERCADO: CURA OU DOENÇA?

Quando os bancos e outras instituições que mantinham títulos garantidos por hipotecas reavaliaram suas carteiras ao longo de 2008, seu patrimônio líquido caiu simultaneamente com valor desses títulos. Os prejuízos sobre esses títulos foram suficientemente árduos, mas, além disso, eles geraram efeitos indiretos que não fizeram outra coisa senão aumentar a aflição dos bancos. Por exemplo, os bancos são obrigados a manter níveis adequados de capital em relação aos ativos. Se as reservas de capital diminuírem, um banco pode ser forçado a retrair até que seu capital remanescente torne-se novamente adequado em relação à sua base de ativos. Porém, essa contração pode exigir que o banco diminua a concessão de empréstimos, restringindo o acesso a crédito para seus clientes. Além disso, o banco pode ser obrigado a vender alguns de seus ativos. E se vários bancos tentarem diminuir suas carteiras de uma só vez, ondas de vendas forçadas podem pressionar ainda mais os preços, provocando depreciações e reduções adicionais no capital, em um ciclo que se autoalimenta. Por esse motivo, a conclusão dos críticos da contabilidade marcada a mercado é de que ela exacerba os problemas de uma economia já cambaleante.

Entretanto, os defensores argumentam que os críticos confundem a mensagem com o mensageiro. A contabilidade marcada a mercado torna transparentes os prejuízos que já ocorreram, mas não os provoca. Mas os críticos retrucam que, quando os mercados estão instáveis, os preços de mercado podem ser duvidosos. Se a atividade de negociação entrar em dissolução, e os ativos só puderem ser vendidos por preços de liquidação, esses preços podem deixar de ser indicativos de um valor fundamental. Os mercados não podem ser eficientes se não estiverem nem mesmo funcionando. Na confusão em torno das hipotecas inadimplentes que vergaram as carteiras bancárias, uma das primeiras propostas de Henry Paulson, então secretário do Tesouro dos Estados Unidos, foi de que o governo comprasse os ativos ruins por preços de "manutenção até o vencimento" com base em estimativas do valor intrínseco em um mercado de funcionamento normal. Com esse mesmo espírito, em abril de 2009 o Conselho de Normas Contábeis e Financeiras concedeu às empresas financeiras maior liberdade de movimento para proteler depreciações nos ativos considerados apenas "temporariamente deteriorados".

As exigências para evitar a depreciação podem ser vistas mais apropriadamente como uma indulgência regulamentar sutilmente velada. Os reguladores sabem que houve prejuízos e que o capital enfraqueceu. Contudo, ao permitir que as empresas registrem os ativos em seus livros contábeis por preços de modelo, e não por preços de mercado, as desagradáveis consequências desse fato para a adequação de capital podem ser educadamente ignoradas durante certo tempo. Todavia, se o objetivo é evitar vendas forçadas em um mercado aflito, a transparência pode ser a melhor política. É melhor reconhecer os prejuízos e mudar explicitamente as regulamentações de capital para ajudar as instituições a recuperar sua posição segura em uma economia difícil do que lidar com isso ignorando os prejuízos. Afinal de contas, por que ter o trabalho de preparar demonstrações financeiras se elas têm permissão para encobrir a verdadeira condição da empresa?

Antes de abandonar a contabilidade de valor justo, seria prudente considerar a alternativa. A tradicional contabilidade de custos históricos, que autorizaria as empresas a registrar os ativos nos livros contábeis pelo preço de compra original, tem menos motivo ainda para recomendar isso. Isso deixaria os investidores sem uma percepção precisa sobre a condição de instituições instáveis e, ao mesmo tempo, atenuaria a pressão sobre essas empresas para que deixem a casa em ordem. Para lidar com os prejuízos, com certeza é necessário primeiro reconhecê-los.

---

impraticavelmente baixa diminui a qualidade dos lucros divulgados. Como evidência de possíveis problemas com cobranças futuras, procure identificar um período de cobrança médio crescente.

- *Itens não recorrentes.* Alguns itens que afetam os lucros não devem ser considerados recorrentes. Esses itens incluem venda de ativos, efeitos de mudanças contábeis, efeitos de oscilações na taxa de câmbio ou lucro proveniente de investimentos incomuns. Por exemplo, em anos de grande retorno sobre o patrimônio, algumas empresas desfrutam de excelentes ganhos de capital sobre os títulos mantidos. Isso contribui para os lucros do respectivo ano, mas não devemos supor que isso se repetirá regularmente. Esses ganhos devem ser considerados um componente de lucro de "baixa qualidade". De modo semelhante, os ganhos obtidos em planos de pensão corporativos podem gerar contribuições significativas mas ocasionais para os lucros divulgados.

- *Nivelamento de resultados.* Em 2003, a Freddie Mac foi alvo de um importante escândalo contábil em que se revelou que ela havia reclassificado indevidamente as hipotecas mantidas em sua carteira a fim de *reduzir* os lucros atuais. Por que ela teria tomado essas medidas? Porque posteriormente, se os lucros diminuíssem, a Freddie poderia "liberar" esses lucros por meio da reversão dessas transações e, portanto, criar a aparência de crescimento invariável nos lucros. De modo semelhante, em 2011 dez dos maiores bancos dos Estados Unidos "liberaram" US$ 26,7 bilhões em reservas, o que reforçou os lucros divulgados em um ano de desempenho desalentador. Mais da metade dos lucros do Citigroup nesse ano deveu-se à liberação de reservas.[8] Esses "lucros" também devem ser considerados de baixa qualidade.

---

[8] Michael Rapoport, "Banks Depleting Earnings Backstop", *The Wall Street Journal*, 3 de fevereiro de 2012.

- *Reconhecimento de receita.* De acordo com os princípios contábeis geralmente aceitos, uma empresa tem permissão pra reconhecer uma venda antes de ela ser paga. É por isso que as empresas têm contas a receber. Porém, às vezes pode ser difícil saber quando se deve reconhecer uma venda. Por exemplo, suponhamos que uma empresa de computadores assine um contrato para fornecer produtos e serviços ao longo de um período de cinco anos. A receita deve ser lançada imediatamente ou distribuída ao longo de cinco anos? Uma versão mais radical desse problema é chamada de *"channel stuffing"* ("saturação de canal"), em que as empresas "vendem" grande quantidade de produtos aos clientes, mas lhes concedem o direito de posteriormente recusar a entrega ou devolver o produto. A receita da "venda" é lançada imediatamente, mas as prováveis devoluções só são reconhecidas quando ocorrem (em um período contábil futuro). Se você perceber que as contas a receber estão crescendo bem mais rapidamente do que as vendas ou se tornando uma porcentagem maior dos ativos totais, tome cuidado com esses procedimentos. Em vista da ampla margem de manobra que as empresas têm para reconhecer receitas, muitos analistas preferem, em vez disso, concentrar-se no fluxo de caixa, que é bem mais difícil de ser manipulado por uma empresa.
- *Ativos e passivos fora do balanço patrimonial.* Suponhamos que uma empresa afiance a dívida em circulação de outra empresa, talvez uma empresa na qual ela tenha participação no capital. Essa obrigação deve ser divulgada como um *passivo contingente*, visto que ela pode exigir pagamentos mais adiante. Contudo, essas obrigações talvez não sejam divulgadas como parte da dívida em circulação da empresa. De modo semelhante, pode-se utilizar o *leasing* para gerenciar os ativos e passivos fora do balanço patrimonial. As companhias aéreas, por exemplo, talvez não tenham nenhuma aeronave em seu balanço patrimonial, mas podem ter *leasing* de longo prazo praticamente equivalente à propriedade financiada por dívida. Porém, se o *leasing* for considerado operacional, e não de capital, pode parecer apenas como nota de rodapé nas demonstrações financeiras.

Convenções contábeis internacionais

Os exemplos anteriores mostram alguns dos problemas com os quais os analistas se deparam quando estão tentando interpretar dados financeiros. Problemas ainda maiores surgem na interpretação da demonstração financeira de empresas estrangeiras. Isso porque essas empresas não seguem as normas dos princípios contábeis geralmente aceitos. As práticas contábeis de vários países diferem em maior ou menor grau das normas contábeis dos Estados Unidos. Veja algumas das principais questões que você deve observar ao utilizar demonstrações financeiras de empresas estrangeiras.

Práticas de provisionamento Muitos países concedem às empresas uma liberdade de ação consideravelmente maior em relação a provisões para futuras eventualidades, em comparação ao que é usual nos Estados Unidos. Como o aumento de provisões gera encargos sobre o lucro, os lucros divulgados estão bem mais sujeitos a critérios gerenciais do que nos Estados Unidos.

Depreciação Nos Estados Unidos, normalmente as empresas mantêm contas distintas para finalidades tributárias e de divulgação. Por exemplo, a depreciação acelerada é utilizada para finalidades fiscais, enquanto a depreciação linear é utilizada para finalidades de divulgação. Em contraposição, a maioria dos outros países não permite duas contas e a maior parte das empresas utiliza a depreciação acelerada para minimizar os impostos, ainda que ela diminua os lucros divulgados. Desse modo, os lucros divulgados pelas empresas estrangeiras são menores do que seriam se as empresas pudessem adotar o procedimento utilizado nos Estados Unidos.

Intangíveis O tratamento dos intangíveis pode varia amplamente. Eles são amortizados ou considerados uma despesa? Se amortizados, o são ao longo de quanto tempo? Essas questões podem ter grande impacto sobre os lucros divulgados.

O efeito dos diferentes procedimentos dos países pode ser considerável. A Figura 14.4 compara os índices de P/E médios de vários países que foram divulgados e ajustados de acordo com princípios comuns. Embora os múltiplos de P/E tenham mudado consideravelmente desde a época em que esse estudo foi publicado, esses resultados mostram o grande impacto que as diferenças nas regras contábeis podem ter sobre esses índices.

Algumas das diferenças entre as normas contábeis dos Estados Unidos e da Europa surgem de diferentes filosofias relacionadas à regulamentação da prática contábil. Nos Estados Unidos,

FIGURA 14.4 Índices de preço/lucro ajustados *versus* divulgados.

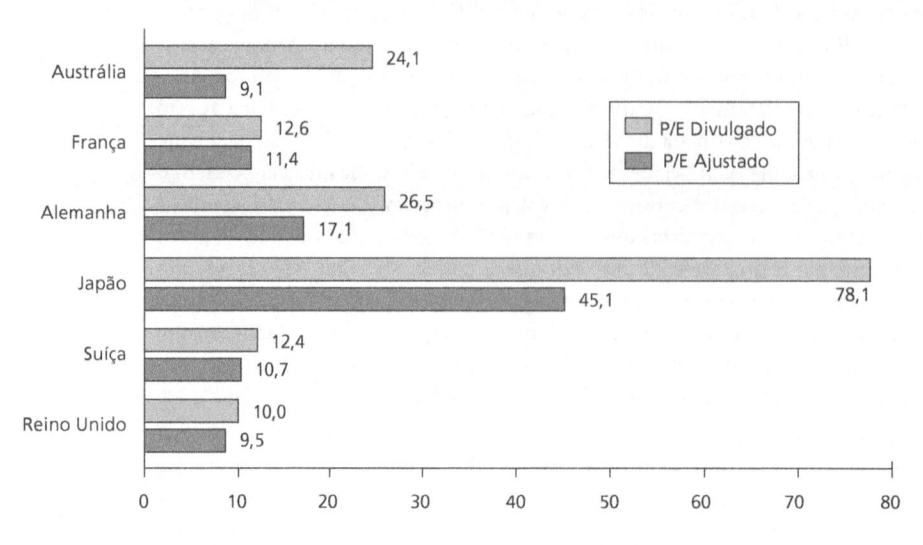

País	P/E Divulgado	P/E Ajustado
Austrália	24,1	9,1
França	12,6	11,4
Alemanha	26,5	17,1
Japão	78,1	45,1
Suíça	12,4	10,7
Reino Unido	10,0	9,5

Fonte: Figura J: "Adjusted *versus* Reported Price/Earnings Ration", em Lawrence S. Speidell e Vinod Bavishi, "GAAP Arbitrage: Valuation Opportunities in International Accounting Standards", *Financial Analysts Journal*, novembro-dezembro de 1992, pp. 58-66. Copyright 1992, Instituto CFA. Reproduzido e republicado de *Financial Analysts Journal* com permissão do Instituto CFA. Todos os direitos reservados.

normas internacionais de relatório financeiro
Regras contábeis baseadas em princípios adotadas por cerca de 100 países ao redor do mundo, inclusive pela União Europeia.

a contabilidade GAAP "baseia-se em regras" detalhadas, explícitas e amplas que regulamentam praticamente qualquer circunstância que pode ser prevista. Em contraposição, as **normas internacionais de relatório financeiro** (*international financial reporting standards* – IFRS), utilizadas na União Europeia (UE), "baseiam-se em princípios" e especificam posturas para a preparação das demonstrações financeiras. Embora as regras da UE sejam mais flexíveis, as empresas devem estar preparadas para demonstrar que suas opções contábeis são coerentes com os princípios IFRS.

Os princípios IFRS parecem estar prestes a se tornar padrões globais, mesmo fora da UE. Em 2008, mais de 100 países adotaram esses princípios, os quais estão avançando até mesmo nos Estados Unidos. Em novembro de 2007, a SEC passou a permitir que as empresas estrangeiras emitam títulos nos Estados Unidos se suas demonstrações financeiras forem preparadas de acordo com os princípios IFRS. Em 2008, a SEC foi ainda mais longe ao propor que as empresas multinacionais nos Estados Unidos tivessem permissão para utilizar os princípios IFRS em vez da contabilidade GAAP a partir de 2010 e que todas as empresas do país os adotassem a partir de 2014. O objetivo dessas inovações regulamentares é tornar as demonstrações financeiras transnacionais mais coerentes e comparáveis, melhorando, desse modo, a qualidade das informações disponíveis aos investidores.

14.7. INVESTIMENTO EM VALOR: TÉCNICA DE GRAHAM

Nenhuma apresentação de uma análise fundamentalista de títulos seria completa sem uma discussão sobre as ideias de Benjamin Graham, o mais importante dos "gurus" do investimento. Até o desenvolvimento da teoria moderna de carteiras na última metade do século XX, Graham era o mais importante pensador, escritor e professor na área de análise de investimentos. Sua influência sobre os profissionais de investimento continua extremamente forte.

A obra-prima de Graham é *Security Analysis* (Análise de Títulos), escrito com o professor de Columbia David Dodd em 1934. Sua mensagem é semelhante às ideias apresentadas neste capítulo. Graham acreditava que a análise cuidadosa das demonstrações financeiras de uma empresa permitiria encontrar ações com preços vantajosos. Ao longo dos anos, ele desenvolveu diversas regras diferentes para determinar os índices financeiros mais importantes e os valores fundamentais para avaliar se uma ação está subvalorizada. Em suas várias edições, seu livro exerceu profunda influência nos profissionais de investimento. Sua influência e sucesso são tais, que na verdade a ampla adoção das técnicas de Graham acabou eliminando as próprias barganhas que elas buscam identificar.

Em um seminário realizado em 1976, Graham afirmou[9]

> Não sou mais um defensor de técnicas elaboradas de análise de títulos para encontrar melhores oportunidades de valor. Pode-se dizer que essa atividade era gratificante há quarenta anos, quando nosso livro "Graham e Dodd" foi publicado pela primeira vez; mas essa situação mudou muito de lá para cá. Antigamente, qualquer analista de títulos com uma boa formação conseguia realizar um bom trabalho profissional no sentido de escolher emissões subvalorizadas por meio de estudos detalhados; porém, em vista da enorme quantidade de pesquisas hoje em andamento, duvido que na maioria dos casos essas iniciativas tão amplas possam gerar opções suficientemente superiores para justificar seu custo. Apenas por isso estou do lado da escola de pensamento do "mercado eficiente" hoje geralmente aceita pelos professores.

No entanto, nesse mesmo seminário, Graham propôs um método para identificar ações com preços vantajosos:

> Minha primeira técnica, mais limitada, restringe-se à compra de ações ordinárias com um preço inferior ao seu valor de capital de giro ou ao valor líquido do ativo circulante, sem considerar de forma alguma as instalações e outros ativos fixos e deduzindo completamente os passivos dos ativos circulantes. Empregamos esse método extensivamente na gestão de fundos de investimentos e durante um período de trinta e poucos anos é provável que tenhamos tido um lucro médio de 20% ao ano com isso. Entretanto, durante algum tempo, após meados da década de 1950, esse tipo de oportunidade de compra tornou-se bastante raro em virtude do superaquecimento generalizado do mercado. Mas isso voltou a ocorrer em quantidade desde a queda de 1973-1974. Em janeiro de 1976, contamos mais de 100 emissões desse tipo no *Stock Guide* da Standard & Poor's – em torno de 10% do total. Considero-o um método infalível de investimento sistemático – mais uma vez, não com base em resultados individuais, mas em termos de resultados esperados por um grupo.

Existem duas fontes de informação convenientes para quem tem interesse em experimentar a técnica de Graham. Tanto o *Outlook*, da Standard & Poor's, quanto o *The Value Line Investment Survey* divulgam uma listagem de ações que estão sendo vendidas abaixo do valor do capital de giro líquido.

RESUMO

- O principal foco do analista de títulos deveria ser os lucros econômicos reais da empresa, e não os lucros divulgados. Os lucros contábeis divulgados nas demonstrações financeiras podem ser uma estimativa distorcida dos lucros econômicos reais, embora estudos empíricos revelem que os lucros divulgados transmitem informações consideráveis sobre as perspectivas de uma empresa.
- O ROE de uma empresa é o principal determinante da taxa de crescimento de seus lucros. Ele é profundamente afetado pelo grau de alavancagem financeira da empresa. Um aumento no índice de dívida/patrimônio líquido de uma empresa aumentará seu ROE e, consequentemente, sua taxa de crescimento, somente se a taxa de juros sobre a dívida for inferior ao retorno sobre os ativos da empresa.
- Com frequência é favorável os analistas decomporem o índice de ROE de uma empresa em vários índices contábeis e analisarem o comportamento de cada um de uma empresa para outra dentro de um mesmo setor. Uma decomposição prática é:

$$ROE = \frac{\text{Lucros líquidos}}{\text{Lucros pré-impostos}} \times \frac{\text{Lucros pré-impostos}}{\text{Ebit}} \times \frac{\text{Ebit}}{\text{Vendas}} \times \frac{\text{Vendas}}{\text{Ativos}} \times \frac{\text{Ativos}}{\text{Patrimônio líquido}}$$

- Outros índices contábeis que têm influência sobre a lucratividade e/ou risco de uma empresa são rotatividade dos ativos fixos, rotatividade de estoque, dias de vendas em contas a receber, quociente de liquidez, índice de liquidez imediata e índice de cobertura de juros.
- Dois índices que utilizam o preço de mercado das ações ordinárias de uma empresa, além de suas demonstrações financeiras, são os de preço de mercado/valor contábil e de preço/lucro. Quando os valores desses índices são baixos, às vezes os analistas os consideram como margem de segurança ou um indício de que a ação é uma barganha.
- Um problema importante na utilização de dados obtidos nas demonstrações financeiras de uma empresa é a comparabilidade. As empresas têm grande margem de manobra com relação às opções para calcular vários itens de receita e despesa. Portanto, o analista de títulos precisa ajustar os lucros contábeis e os índices financeiros de acordo um padrão uniforme antes de tentar comparar os resultados financeiros das empresas.

---

[9] A entrevista completa com Graham é reproduzida em *Financial Analysts Journal*, vol. 32, n. 5, setembro-outubro de 1976, pp. 20-23.

- Os problemas de comparabilidade podem ser críticos em um período de inflação. A inflação pode criar distorções na contabilidade de estoque, depreciação e despesa com juros.
- A contabilidade de valor justo ou de marcação a mercado exige que a maioria dos ativos seja avaliada pelo valor de mercado atual, e não pelo custo histórico. Essa política revelou-se controversa porque em várias circunstâncias é difícil determinar o verdadeiro valor de mercado, e os críticos sustentam que isso torna as demonstrações financeiras indevidamente voláteis. Há quem defenda que as demonstrações financeiras devem refletir a melhor estimativa do valor atual dos ativos.
- Padrões internacionais de relatório financeiro foram progressivamente adotados no mundo inteiro, inclusive nos Estados Unidos. Eles são diferentes dos tradicionais procedimentos de GAAP dos Estados Unidos porque se baseiam em princípios, e não em regras.

FÓRMULAS BÁSICAS

ROE e alavancagem:

$$ROE = (1 - \text{Alíquota de imposto})\left[ROA + (ROA - \text{Taxa de juros})\frac{\text{Dívida}}{\text{Patrimônio líquido}}\right]$$

Fórmula DuPont:

$$ROE = \frac{\text{Lucros líquidos}}{\text{Lucros pré-impostos}} \times \frac{\text{Lucros pré-impostos}}{\text{Ebit}} \times \frac{\text{Ebit}}{\text{Vendas}} \times \frac{\text{Vendas}}{\text{Ativos}} \times \frac{\text{Ativos}}{\text{Patrimônio líquido}}$$

Outra fórmula DuPont: $ROA = \text{Margem} \times \text{Rotatividade}$

CONJUNTO DE PROBLEMAS

⌖ Cadastre-se no *site* do Grupo A e procure pela página deste livro para consultar os Suplementos do capítulo.

Básicos

1. Utilize as demonstrações financeiras da Heifer Sports Inc., apresentadas na Tabela 14.14, para encontrar: (OA 14.1)
   a. Índice de rotatividade de estoque em 2012.
   b. Índice de dívida/patrimônio líquido em 2012.
   c. Fluxo de caixa de atividades operacionais em 2012.
   d. Período de cobrança médio.
   e. Índice de rotatividade dos ativos.
   f. Índice de cobertura de juros.
   g. Margem de lucro operacional.
   h. Retorno sobre o patrimônio.
   i. Índice de P/E.
   j. Índice de alavancagem composto.
   k. Caixa líquido proveniente de atividades operacionais.
2. Utilize os dados de fluxo de caixa a seguir, da Rocket Transport, para encontrar: (OA 14.1)
   a. Caixa líquido proveniente de atividades de investimento.
   b. Caixa líquido proveniente ou usado por atividades de financiamento.
   c. Diminuição ou aumento líquido de caixa no ano.

Dividendos em dinheiro	US$ 80.000
Compra de ônibus	US$ 33.000
Juros pagos sobre a dívida	US$ 25.000
Venda de equipamentos antigos	US$ 72.000
Recompra de ações	US$ 55.000
Pagamento à vista aos fornecedores	US$ 95.000
Cobrança à vista dos clientes	US$ 300.000

3. A Crusty Pie Co., especializada em tortas de maçã, tem um retorno sobre as vendas superior à média do setor, embora seu ROA seja igual ao da média do setor. Como você explicaria isso? (OA 14.3)

4. A ABC Corporation tem uma margem de lucro sobre as vendas abaixo da média do setor, embora seu has ROA seja superior ao da média do setor. O que isso diz sobre a rotatividade dos ativos da empresa? (OA 14.3)
5. O quociente de liquidez de uma empresa é 2. Se a empresa utilizasse o caixa para liquidar notas com vencimento em um ano, essa transação aumentaria ou diminuiria o quociente de liquidez? E quanto ao índice de rotatividade dos ativos? (OA 14.1)

TABELA 14.14 Demonstrações financeiras da Heifer Sports (US$)

Demonstração de Resultados	2012	
Vendas	5.500.000	
Custo das mercadorias vendidas	2.850.000	
Depreciação	280.000	
Despesas de vendas e administrativas	1.500.000	
Ebit	870.000	
Despesa de juros	130.000	
Lucro tributável	740.000	
Impostos	330.000	
Lucro líquido	410.000	
Balanço patrimonial, final do ano	**2012**	**2011**
Ativos		
Caixa	50.000	40.000
Contas a receber	660.000	690.000
Estoque	490.000	480.000
Total de ativos circulantes	1.200.000	1.210.000
Ativos fixos	3.100.000	2.800.000
Total de ativos	4.300.000	4.010.000
Passivos e patrimônio líquido dos acionistas		
Contas a pagar	340.000	450.000
Dívida de curto prazo	480.000	550.000
Total de passivos circulantes	820.000	1.000.000
Obrigações de longo prazo	2.520.000	2.200.000
Total de passivos	3.340.000	3.200.000
Ações ordinárias	310.000	310.000
Lucros retidos	650.000	500.000
Total de patrimônio líquido dos acionistas	960.000	810.000
Total de passivos e de patrimônio líquido dos acionistas	4.300.000	4.010.000

6. O fluxo de caixa de atividades de investimento *exclui*: (OA 14.1)
    a. Dinheiro pago em aquisições.
    b. Dinheiro recebido da venda de ativos fixos.
    c. Aumento de estoque em virtude de uma nova linha de produtos (desenvolvida internamente).
    d. Todas as alternativas acima.
7. O fluxo de caixa de atividades operacionais *inclui*: (OA 14.1)
    a. Aumento de estoque decorrente de aquisições.
    b. Mudanças no estoque decorrentes de mudanças nas taxas de câmbio.
    c. Juros pagos obrigacionistas.
    d. Dividendos pagos aos acionistas.

Intermediários

8. Recentemente, a Galaxy Corporation diminuiu sua provisão para devedores duvidosos reduzindo a despesa de dívidas incobráveis de 2% das vendas para 1% das vendas. Ignorando os impostos, quais são os efeitos imediatos sobre (*a*) o lucro operacional e sobre o (*b*) fluxo de caixa operacional? (OA 14.1)

Utilize o caso a seguir para responder os Problemas 9-11: A Hatfield Industries é um grande conglomerado de empresas fabris com sede nos Estados Unidos, com vendas anuais de mais de US$ 300 milhões. Atualmente, a Hatfield está sendo investigada pela Comissão de Valores Mobiliários (SEC) por irregularidades contábeis e possíveis transgressões legais na apresentação das demonstrações financeiras da empresa. Uma equipe de auditoria legal e financeira da SEC foi enviada à matriz da Hatfield na Filadélfia para realizar uma auditoria completa e, desse modo, avaliar melhor a situação.

Várias circunstâncias específicas são descobertas na Harfield pela equipe de auditoria legal e financeira da SEC durante a investigação:

- A administração envolveu-se em negociações com o sindicato trabalhista local, do qual aproximadamente 40% de seus funcionários de tempo integral fazem parte. As autoridades do sindicato estão buscando salários mais altos e benefícios previdenciários, o que a administração da Hatfield afirma ser impossível nesse momento em virtude da lucratividade decrescente e do fluxo de caixa apertado. As autoridades do sindicato acusaram a administração da Hatfield de manipular as demonstrações financeiras da empresa para justificar o fato de não fazer nenhuma concessão durante as negociações.

- Todos os novos equipamentos obtidos ao longos dos últimos anos foram registrados nos livros contábeis da Hatfield como arrendamentos operacionais, embora aquisições anteriores de equipamentos semelhantes tenham sido quase sempre classificadas como arrendamento de bens do imobilizado. As demonstrações financeiras de outras empresas do setor indicam que a norma para esse tipo de equipamento é arrendamento de bens do imobilizado. A SEC quer que a administração da Hatfield ofereça uma justificativa para esse aparente desvio em relação às práticas contábeis "normais".

- De acordo com os livros contábeis da Hatfield, os estoques vêm crescendo de forma constante nos últimos anos em comparação com o crescimento das vendas. Segundo a administração, o fator que contribuiu para o incremento em sua produção em geral foi a melhoria de eficiência operacional obtida em seus métodos de produção. A SEC está procurando evidências de que a Hatfield tenha manipulado de alguma forma suas contas de estoque.

A equipe de auditoria legal e financeira da SEC não está necessariamente procurando evidências de fraude, mas de uma possível manipulação de normas contábeis com o objetivo de iludir os acionistas e outras partes interessadas. As análises iniciais das demonstrações financeiras da Hatfield indicam que no mínimo algumas práticas geraram lucros de baixa qualidade.

9. As autoridades do sindicato acreditam que a administração da Hatfield está tentando atenuar seu lucro líquido para evitar qualquer concessão nas negociações trabalhistas. Quais das seguintes medidas da administração tem *maior probabilidade* de gerar lucros de baixa qualidade? (OA 14.4)
   a. Estender a vida de um ativo depreciável a fim de diminuir a despesa de depreciação.
   b. Diminuir a taxa de desconto utilizada na avaliação da obrigações previdenciárias da empresa.
   c. Reconhecimento da receita no momento da entrega, e não quando o pagamento é feito.

10. A Hatfield começou a registrar todos os novos arrendamentos de equipamento em seus livros contábeis como arrendamento operacional, uma mudança em relação à utilização regular no passado de arrendamento de bens do imobilizado, caso em que o valor presente dos pagamentos de arrendamento é classificado como obrigação de dívida. Qual a motivação *mais provável* por trás da mudança da Hatfield em sua metodologia contábil? A Hatfield está tentando: (OA 14.4)
    a. Melhorar seus índices de alavancagem e diminuir a alavancagem percebida.
    b. Diminuir o custo das mercadorias vendidas e aumentar sua lucratividade.
    c. Aumentar sua margem operacional em relação a outras empresas do setor.

11. A equipe de auditoria legal e financeira da SEC está procurando o motivo por trás do aumento de estoque da Hatfield em relação ao crescimento das vendas. Uma das formas de identificar uma manipulação deliberada da Hatfield sem seus resultados financeiros é procurar: (OA 14.4)
    a. Uma diminuição na rotatividade de estoque.
    b. Crescimento mais rápido das contas a receber do que das vendas.
    c. Atraso no reconhecimento das despesas.

12. Utilize o sistema DuPont e os dados a seguir para encontrar o retorno sobre o patrimônio. (OA 14.3)

- Índice de alavancagem 2,2
- Rotatividade dos ativos totais 2
- Margem de lucro líquido 5,5%
- Índice de pagamento de dividendos 31,8%

13. Uma empresa tem ROE de 3%, índice de dívida/patrimônio líquido de 0,5 e alíquota de imposto de 35% e paga uma taxa de juros de 6% sobre sua dívida. Qual é seu ROA operacional? (OA 14.2)

14. Uma empresa tem índice de carga tributária de 0,75, índice de alavancagem de 1,25, carga de juros de 0,6 e retorno sobre as vendas de 10%. Ela gera US$ 2,40 em vendas por dólar de ativos. Qual é o ROE da empresa? (OA 14.3)

15. Um analista coleta as seguintes informações sobre a Meyer Inc.:
    - A Meyer tem mil ações com 8% de ações preferenciais cumulativas em circulação, valor nominal de US$ 100 e valor de liquidação de US$ 110.
    - A Meyer tem 20 mil ações ordinárias em circulação, com valor nominal de US$ 20.
    - A Meyer tinha US$ 5 milhões de lucro retido no início do ano.
    - O lucro líquido do ano foi US$ 70 mil.
    - Este ano, pela primeira vez na história, a Meyer não pagou dividendos sobre as ações preferenciais nem sobre as ações ordinárias.

    Qual é o valor contábil por ação das ações ordinárias da Meyer? (OA 14.1)

16. Seguem alguns dados sobre duas empresas: (OA 14.2)

	Patrimônio líquido (milhões de US$)	Dívida (milhões de US$)	ROC (%)	Custo de capital (%)
Acme	100	50	17	9
Apex	450	150	15	10

a. Qual empresa tem o valor econômico adicionado mais alto?

b. Qual tem o valor econômico adicionado mais alto por unidade de capital investido?

Questões CFA

1. O retorno sobre o patrimônio (ROE) após os impostos do Jones Group tem sido estável, não obstante seu lucro operacional decrescente. Explique como ele poderia manter o ROE pós-impostos estável. (OA 14.3)

2. Qual das seguintes opções explica *mais adequadamente* um índice de "vendas líquidas/ativos fixos líquidos médios" *superior* à média do setor? (OA 14.3)
   a. A empresa fez ampliações em sua fábrica e equipamentos nos últimos anos.
   b. A empresa utiliza seus ativos de uma maneira menos eficiente do que as outras empresas.
   c. A empresa possui muitas instalações e equipamentos antigos.
   d. A empresa utiliza depreciação linear.

3. As informações apresentadas na tabela a seguir foram extraídas das demonstrações financeiras de 2010 da QuickBrush Company e da SmileWhite Corporation:

Observações sobre as demonstrações financeiras de 2010		
	QuickBrush	SmileWhite
Intangível (goodwill)	A empresa amortiza o goodwill ao longo de 20 anos.	A empresa amortiza o goodwill ao longo de 5 anos.
Propriedade, fábrica e equipamentos	A empresa aplica um método de depreciação linear à vida econômica dos ativos, com variação de 5 a 20 anos para prédios.	A empresa aplica um método de depreciação acelerada à vida econômica dos ativos, com variação de 5 a 20 anos para prédios.
Contas a receber	A empresa utiliza uma provisão para devedores duvidosos de 2% das contas a receber.	A empresa utiliza uma provisão para devedores duvidosos de 5% das contas a receber.

Determine qual empresa tem a maior qualidade de lucros discutindo *cada* uma das *três* observações. (OA 14.4)

4. As demonstrações financeiras da Chicago Refrigerator Inc. (consulte as Tabelas 14.15 e 14.16) devem ser utilizadas para calcular os índices de *a* a *h* para 2013. (OA 14.2)
   a. Índice de liquidez imediata.
   b. Retorno sobre os ativos.
   c. Retorno sobre o patrimônio líquido dos acionistas ordinários.
   d. Lucro por ação ordinária.
   e. Margem de lucro.

TABELA 14.15 Balanço patrimonial da Chicago Refrigerator Inc. de 31 de dezembro (milhares de US$)

	2012	2013
Ativos		
Ativos circulantes		
Caixa	683	325
Contas a receber	1.490	3.599
Estoques	1.415	2.423
Despesas pré-pagas	15	13
Total de ativos circulantes	3.603	6.360
Propriedade, fábrica e equipamentos (líquidos)	1.066	1.541
Outros	123	157
Total de ativos	4.792	8.058
Passivos		
Passivos circulantes		
Notas a pagar ao banco	—	875
Porção atual de dívida de longo prazo	38	115
Contas a pagar	485	933
Imposto de renda previsto	588	472
Despesas acumuladas	576	586
Pagamento adiantado do cliente	34	963
Total de passivos circulantes	1.721	3.945
Dívida de longo prazo	122	179
Outros passivos	81	131
Total de passivos	1.924	4.255
Patrimônio líquido dos acionistas		
Ações ordinárias, 1 milhão de ações autorizadas pelo valor nominal de US$ 1; 550 mil e 829 mil em circulação, respectivamente	550	829
Ações preferenciais, Série A 10%; valor nominal de US$ 25,00; 25 mil autorizadas; 20 mil e 18 mil em circulação, respectivamente	500	450
Capital integralizado adicional	450	575
Lucros retidos	1.368	1.949
Total de patrimônio líquido dos acionistas	2.868	3.803
Total de passivos e de patrimônio líquido dos acionistas	4.792	8.058

TABELA 14.16 Demonstração de resultados da Chicago Refrigerator Inc., ano finalizado em 31 de dezembro (milhares de US$)

	2012	2013
Vendas líquidas	7.570	12.065
Outros lucros (líquidos)	261	345
Total de receitas	7.831	12.410
Custo das mercadorias vendidas	4.850	8.048
Despesas administrativas e de marketing	1.531	2.025
Despesa de juros	22	78
Total de custos e despesas	6.403	10.151
Lucro líquido pré-impostos	1.428	2.259
Imposto de renda	628	994
Lucro líquido	800	1.265

f. Índice de cobertura de juros.
g. Rotatividade de estoque/inventário.
h. Índice de alavancagem.

5. A analista Janet Ludlow foi recentemente contratada. Depois de descrever o setor de escovas de dente elétricas, seu primeiro relatório concentrou-se em duas empresas, a QuickBrush Company e a SmileWhite Corporation, concluindo que:

> A QuickBrush é uma empresa mais lucrativa do que a SmileWhite, tal como indicado por um crescimento de 40% nas vendas e por margens consideravelmente mais altas no decorrer dos últimos anos. A taxa de crescimento das vendas e dos lucros da SmileWhite é de 10% e suas margens são muito mais baixas. Não acreditamos que a SmileWhite seja capaz de ter uma taxa de crescimento muito superior à taxa anual de crescimento de 10%, ao passo que a QuickBrush pode manter uma taxa de crescimento de 30% a longo prazo. (OA 14.3)

a. Comente a análise de Ludlow e a conclusão de que, com base no retorno sobre o patrimônio (ROE), a QuickBrush é mais lucrativa do que a SmileWhite e de que ela tem uma taxa de crescimento sustentável mais alta. Utilize apenas as informações fornecidas nas Tabelas 14.17 e 14.18. Respalde seus comentários calculando e analisando:

- Os cinco componentes que determinam o ROE.
- Os dois índices que determinam o crescimento sustentável: ROE e taxa de reinvestimento.

b. Explique como a QuickBrush gerou um lucro por ação (*earnings per share* – EPS) anual médio de 40% nos últimos dois anos com um ROE em declínio. Utilize apenas as informações fornecidas na Tabelas 14.17.

TABELA 14.17 Demonstrações financeiras da Quickbrush Company: dados anuais (milhares de US$, exceto nos dados por ação)

Demonstração de resultados	Dezembro de 2011	Dezembro de 2012	Dezembro de 2013	
Receita	3.480	5.400	7.760	
Custo das mercadorias vendidas	2.700	4.270	6.050	
Despesas de venda, gerais e administrativas	500	690	1.000	
Depreciação e amortização	30	40	50	
Lucro operacional (Ebit)	250	400	660	
Despesa de juros	0	0	0	
Lucro antes dos impostos	250	400	660	
Imposto de renda	60	110	215	
Lucro após os impostos	190	290	445	
EPS diluído	0,60	0,84	1,18	
Média de ações em circulação (milhares)	317	346	376	
Estatísticas financeiras	**Dezembro de 2011**	**Dezembro de 2012**	**Dezembro de 2013**	**Média de 3 anos**
Custo das mercadorias vendidas como % das vendas	77,59	79,07	77,96	78,24
Despesas gerais e administrativas como % das vendas	14,37	12,78	12,89	13,16
Margem operacional (%)	7,18	7,41	8,51	
Lucro pré-impostos/Ebit (%)	100	100	100	
Alíquota de imposto (%)	24	27,50	32,58	
Balanço patrimonial	**Dezembro de 2011**	**Dezembro de 2012**	**Dezembro de 2013**	
Caixa e investimentos de alta liquidez	460	50	480	
Contas a receber	540	720	950	
Estoques	300	430	590	
Propriedade, fábrica e equipamentos líquidos	760	1.830	3.450	
Total de ativos	2.060	3.030	5.470	
Passivos circulantes	860	1.110	1.750	
Total de passivos	860	1.110	1.750	
Patrimônio líquido dos acionistas	1.200	1.920	3.720	
Total de passivos e de patrimônio líquido	2.060	3.030	5.470	
Preço de mercado por ação	21	30	45	
Valor contábil por ação	3,79	5,55	9,89	
Dividendos anuais por ação	0	0	0	

TABELA 14.18 Demonstrações financeiras da Smilewhite Corporation: dados anuais (milhares de US$, exceto nos dados por ação)

Demonstração de resultados	Dezembro de 2011	Dezembro de 2012	Dezembro de 2013	
Receita	104.000	110.400	119.200	
Custo das mercadorias vendidas	72.800	75.100	79.300	
Despesas de venda, gerais e administrativas	20.300	22.800	23.900	
Depreciação e amortização	4.200	5.600	8.300	
Lucro operacional (Ebit)	6.700	6.900	7.700	
Despesa de juros	600	350	350	
Lucro antes dos impostos	6.100	6.550	7.350	
Imposto de renda	2.100	2.200	2.500	
Lucro após os impostos	4.000	4.350	4.850	
EPS diluído	2,16	2,35	2,62	
Média de ações em circulação (milhares)	1.850	1.850	1.850	
Estatísticas financeiras	Dezembro de 2011	Dezembro de 2012	Dezembro de 2013	Média de 3 anos
Custo das mercadorias vendidas como % das vendas	70	68	66,53	68,10
Despesas gerais e administrativas como % das vendas	19,52	20,64	20,05	20,08
Margem operacional (%)	6,44	6,25	6,46	
Lucro pré-impostos/Ebit (%)	91,04	94,93	95,45	
Alíquota de imposto (%)	34,43	33,59	34,01	
Balanço Patrimonial	Dezembro de 2011	Dezembro de 2012	Dezembro de 2013	
Caixa e investimentos de alta liquidez	7.900	3.300	1.700	
Contas a receber	7.500	8.000	9.000	
Estoques	6.300	6.300	5.900	
Propriedade, fábrica e equipamentos líquidos	12.000	14.500	17.000	
Total de ativos	33.700	32.100	33.600	
Passivos circulantes	6.200	7.800	6.600	
Dívida de longo prazo	9.000	4.300	4.300	
Total de passivos	15.200	12.100	10.900	
Patrimônio líquido dos acionistas	18.500	20.000	22.700	
Total de passivos e de patrimônio líquido	33.700	32.100	33.600	
Preço de mercado por ação	23	26	30	
Valor contábil por ação	10	10,81	12,27	
Dividendos anuais por ação	1,42	1,53	1,72	

6. Scott Kelly está revisando as demonstrações financeiras da MasterToy para estimar sua taxa de crescimento sustentável. Utilizando as informações apresentadas na Tabela 14.19: (OA 14.3)

    a. Identifique e calcule os componentes da fórmula DuPont.
    b. Calcule o ROE de 2013 utilizando os componentes da fórmula DuPont.
    c. Calcule a taxa de crescimento sustentável de 2013 com base no ROE e nas taxas de reinvestimento da empresa.

7. A fórmula DuPont define o retorno sobre o patrimônio líquido dos acionistas como função dos seguintes componentes: (OA 14.3)

    - Margem operacional.
    - Rotatividade dos ativos.
    - Carga de juros.
    - Alavancagem financeira.
    - Alíquota de imposto de renda.

    Utilizando *apenas* os dados da Tabela 14.20:

    a. Calcule cada um dos cinco componentes relacionados anteriormente para 2010 e 2013 e calcule o retorno sobre o patrimônio (ROE) de 2010 e 2013 utilizando todos os cinco componentes.
    b. Discuta brevemente o impacto das mudanças na rotatividade dos ativos e na alavancagem financeira sobre a mudança no ROE de 2010 e 2013.

TABELA 14.19 Mastertoy Inc.: demonstração financeira real de 2012 e prevista de 2013 para o ano fiscal finalizado em 31 de dezembro (milhões de US$, exceto para dados por ação)

	2012	2013
Demonstração de Resultados		
Receita	4.750	5.140
Custo das mercadorias vendidas	2.400	2.540
Despesas de vendas, gerais e administrativas	1.400	1.550
Depreciação	180	210
Amortização de intangível (goodwill)	10	10
Lucro operacional	760	830
Despesa de juros	20	25
Lucro antes dos impostos	740	805
Imposto de renda	265	295
Lucro líquido	475	510
Lucro por ação	1,79	1,96
Média de ações em circulação (milhares)	265	260
Balanço Patrimonial		
Caixa	400	400
Contas a receber	680	700
Estoques	570	600
Propriedade, fábrica e equipamentos líquidos	800	870
Intangíveis, 471	500	530
Total de ativos	2.950	3.100
Passivos circulantes	550	600
Dívida de longo prazo	300	300
Total de passivos	850	900
Patrimônio líquido dos acionistas	2.100	2.200
Total de passivos e de patrimônio líquido	2.950	3.100
Valor contábil por ação	7,92	8,46
Dividendos anuais por ação	0,55	0,60

TABELA 14.20 Demonstração de resultados e balanço patrimonial

	2010	2013
Dados de demonstração de resultados		
Receitas	542	979
Lucro operacional	38	76
Depreciação e amortização	3	9
Despesa de juros	3	0
Lucro pré-impostos	32	67
Imposto de renda	13	37
Lucro líquido após os impostos	19	30
Dados de balanço patrimonial		
Ativos fixos	41	70
Total de ativos	245	291
Capital de giro	123	157
Total de dívida	16	0
Total de patrimônio líquido dos acionistas	159	220

1. Entre em <finance.yahoo.com> para procurar informações sobre a Vulcan Materials Company (VMC), Southwest Airlines (LUV), Honda Motor Company (HMC), Nordstrom Inc. (JWN) e Abbott Laboratories (ABT). Baixe a demonstração de resultados e o balanço patrimonial mais recentes de cada empresa.

WEB *master*

a. Calcule a margem de lucro operacional (lucro operacional/vendas) e a rotatividade dos ativos (vendas/ativos) de cada empresa.

b. Calcule o retorno sobre os ativos diretamente (ROA = Lucro operacional/Total de ativos) e em seguida o confirme calculando o ROA = Margem operacional× Rotatividade dos ativos.

c. Em quais setores essas empresas operam? Os índices fazem sentido quando você leva em conta o tipo de setor?

d. Para as empresas que tiveram um ROA relativamente baixo a fonte do problema parece ser a margem de lucro operacional, a rotatividade dos ativos ou ou ambas?

e. Calcule o retorno sobre o patrimônio (ROE = Lucro líquido/Patrimônio líquido) de cada empresa. Para as duas empresas com o ROE mais baixo, faça a análise de DuPont para distinguir a origem do problema.

2. Na guia *Investing* (Investir), escolha *Industries* (Setores) e, em seguida, Toys & Games (Brinquedos & Jogos). Escolha duas empresas da lista e faça o seguinte para cada uma delas:

   a. Acesse o último balanço patrimonial anual de cada uma. Calcule as porcentagens de balanço de tamanho comum na nova coluna.

   b. Compare os investimentos da empresa em contas a receber, em estoque e em fábrica, propriedade e equipamentos líquidos. Qual empresa investiu mais nesses itens em termos percentuais?

   c. Compare os investimentos da empresa em passivos em circulação e em passivos de longo prazo. Alguma delas tem uma carga significativamente maior em uma dessas áreas?

   d. Analise a estrutura de capital da empresa examinando os índices de dívida e as porcentagens de ações preferenciais e ordinárias. Quanto a estrutura de capital das empresas é diferente?

3. Escolha uma empresa de seu interesse e procure o *link* relativo a sua demonstração de fluxo de caixa anual, na guia *Financial* (Finanças) da empresa. Responda as perguntas a seguir sobre as atividades de fluxo de caixa da empresa.

   a. A empresa teve um fluxo de caixa positivo ou negativo em suas operações?

   b. A empresa investiu ou liquidou seus investimentos de longo prazo?

   c. Quais foram as maiores fontes de financiamento para a empresa?

   d. Qual foi a mudança líquida no caixa disponível?

   e. A taxa de câmbio teve algum efeito sobre o fluxo de caixa da empresa?

   Responda agora estas perguntas:

   f. Qual o grau de liquidez da empresa?

   g. Até que ponto a empresa está utilizando bem seus ativos?

   h. Com que eficiência a empresa está utilizando a alavancagem?

   i. A empresa é lucrativa?

Soluções para as Revisões de CONCEITOS

14.1 O índice de dívida/patrimônio líquido de 1 indica que a Mordett terá US$ 50 milhões de dívida e US$ 50 milhões de patrimônio. A despesa de juros será 0,09 × US$ 50 milhões ou US$ 4,5 milhões por ano. Portanto, o lucro líquido e o ROE da Mordett ao longo do ciclo econômico será

Cenário	Ebit	Nodett		Mordett	
		Lucro líquido	ROE	Lucro líquido*	ROE**
Ano ruim	US$ 5 M	US$ 3 M	3%	US$ 0,3 M	0,6%
Ano normal	10	6	6	3,3	6,6
Ano bom	15	9	9	6,3	12,6%

*Os lucros após os impostos da Mordett são dados por: 0,6(Ebit − US$ 4,5 milhões).

**O patrimônio líquido da Mordett é apenas US$ 50 milhões.

14.2 Análise da decomposição de índice para a Mordett Corporation:

Ano	ROE	(1) Lucro líquido / lucro pré-impostos	(2) Lucro pré-impostos / Ebit	(3) Ebit / vendas (margem)	(4) Vendas / ativos (rotatividade)	(5) Ativos / patrimônio líquido	(6) Fator de alavancagem composto (2) × (5)
a. Ano ruim							
Nodett	0,030	0,6	1,000	0,0625	0,800	1,000	1,000
Somdett	0,018	0,6	0,360	0,0625	0,800	1,667	0,600
Mordett	0,006	0,6	0,100	0,0625	0,800	2,000	0,200
b. Ano normal							
Nodett	0,060	0,6	1,000	0,100	1,000	1,000	1,000
Somdett	0,068	0,6	0,680	0,100	1,000	1,667	1,134
Mordett	0,066	0,6	0,550	0,100	1,000	2,000	1,100
c. Ano bom							
Nodett	0,090	0,6	1,000	0,125	1,200	1,000	1,000
Somdett	0,118	0,6	0,787	0,125	1,200	1,667	1,311
Mordett	0,126	0,6	0,700	0,125	1,200	2,000	1,400

14.3 O ROE da GI em 2014 foi 3,03%, calculado da seguinte forma:

$$\text{ROE} = \frac{\text{US\$ } 5.285}{0,5(\text{US\$ } 171.843 + \text{US\$ } 177.128)} = 0,0303 \text{ ou } 3,03\%$$

Seu índice de P/E foi US\$ 21/US\$ 5,285 = 4 e seu índice de preço de mercado/valor contábil foi US\$ 21/US\$ 177 = 0,12. Seus ganhos de rendimento foram de 25% em comparação com a média de 12,5 do setor.

Observe que em nossos cálculos o P/E não é igual a (preço de mercado/valor contábil)/ROE porque (seguindo a prática usual) calculamos o ROE com o patrimônio *médio* dos acionistas no denominador e o preço de mercado/valor contábil com o patrimônio de *fim* de ano dos acionistas no denominador.

14.4 Análise de índice da IBX:

O ROE aumentou apesar de uma queda na margem operacional e no índice de carga tributária ocasionada por uma maior alavancagem e uma maior rotatividade. Observe que o ROA caiu de 11,65% em 2012 para 10,65% em 2015.

Ano	ROE	(1) Lucro líquido / lucro pré-impostos	(2) Lucro pré-impostos / Ebit	(3) Ebit / vendas (margem)	(4) Vendas / ativos (rotatividade)	(5) Ativos / patrimônio líquido	(6) Fator de alavancagem composto (2) × (5)	(7) ROA (3) × (4)
2015	11,4%	0,616	0,796	7,75%	1,375	2,175	1,731	10,65%
2012	10,2	0,636	0,932	8,88	1,311	1,474	1,374	11,65

14.5 Na contabilidade LIFO, os lucros divulgados são mais baixos do que na FIFO. Quando a quantidade de ativos para depreciação é menor, os lucros divulgados são mais baixos porque existe uma distorção menor na utilização do custo histórico. Quando há mais dívidas, os lucros divulgados são mais baixos porque o prêmio da inflação na taxa de juros é tratado como parte dos juros.

PARTE 5

Mercados de derivativos

Capítulos desta parte:

15 Mercados de opções
16 Avaliação de opções
17 Mercados de futuros e gestão de riscos

Histórias terríveis sobre grandes prejuízos provocados por investidores ambiciosos nos mercados de derivativos, como o de futuros e o de opções, com frequência são o alimento básico dos noticiários noturnos. Aliás, houve alguns prejuízos impressionantes na última década: várias perdas que somaram centenas de milhões de dólares e algumas que chegaram a mais de um bilhão de dólares. Entre as mais notórias, estão o prejuízo de US$ 7,2 bilhões em contratos de futuros de ações pela Société Générale em janeiro de 2008 e o prejuízo de mais de US$ 100 bilhões em posições de derivativos de crédito pelo American International Group, responsável pelo enorme resgate financeiro concedido pelo governo dos Estados Unidos em setembro de 2008. Na esteira dessas derrocadas, algumas instituições respeitáveis fracassaram, entre as quais o Barings Bank, que uma vez ajudou os Estados Unidos a financiar a compra de Louisiana e o Império Britânico, as Guerras Napoleônicas.

Essas histórias, embora importantes, fascinantes e às vezes até ultrajantes, geralmente não compreendem o ponto essencial. Quando mal utilizados, os derivativos podem de fato ser uma via expressa para a insolvência. Entretanto, quando utilizados apropriadamente, são instrumentos eficazes para a gestão e o controle de riscos. Na verdade, você verá nos capítulos desta parte que uma empresa foi processada por *não* utilizar derivativos para se proteger contra o risco de preço. Um artigo no *The Wall Street Journal* sobre aplicações de *hedge* que utilizavam derivativos foi intitulado "Index Options Touted as Providing Peace of Mind" ("Opções de Índice São Aclamadas como Fornecedoras de Paz de Espírito"). Dificilmente, um conteúdo para o tribunal de falências ou o *National Enquirer*.

Do ponto de vista qualitativo, os derivativos são um instrumento de controle de riscos diferente das técnicas tradicionalmente consideradas na teoria de carteiras. Diferentemente da análise de média-variância, discutida nas Partes Dois e Três, os derivativos permitem que os investidores mudem o *formato* da distribuição de probabilidades dos retornos dos investimentos. Um método totalmente novo de gestão de riscos provém dessa percepção.

Os capítulos a seguir examinarão de que forma os derivativos podem ser utilizados como parte de uma estratégia de carteira bem projetada. Analisaremos algumas estratégias de carteira já difundidas que utilizam esses títulos e veremos brevemente como os derivativos são avaliados.

Capítulo 15

Mercados de opções

Objetivos de aprendizagem:

OA15.1 Calcular o lucro de várias posições de opção como função dos preços máximos dos títulos.

OA15.2 Formular estratégias de opção para mudar as características de risco e retorno das carteiras.

OA15.3 Identificar as opções incorporadas em vários títulos e determinar como as características das opções afetam os preços desses títulos.

Os títulos derivativos ou simplesmente *derivativos* desempenham um papel amplo e cada vez mais importante nos mercados financeiros. Esses são os títulos cujos preços são determinados pelo ou "derivam do" preço de outros títulos.

Tanto os contratos de opções quanto os de futuros são títulos derivativos. Seu *payoff* depende do valor de outros títulos. Os contratos de *swap*, sobre o qual falaremos no Capítulo 17, também são derivativos. Como o valor dos derivativos depende do valor de outros títulos, eles podem ser instrumentos extremamente eficazes tanto para *hedging* (cobertura ou proteção) quanto para especulação. Investigaremos essas aplicações nos Capítulos 16, 17 e 18 (o último disponível no *site* <www.grupoa.com.br>), começando, neste capítulo, com as opções.

A negociação de opções padronizadas em bolsa nacional teve início em 1973 quando a Bolsa de Opções de Chicago começou a listar opções de compra. Esses contratos tiveram um sucesso quase imediato, sobrepujando o mercado de opções de balcão previamente existente.

Hoje, os contratos de opções são negociados em várias bolsas. Eles são lançados sobre ações ordinárias, índices de ações, mercados de câmbio exterior, *commodities* agrícolas, metais preciosos e taxas de juros. Além disso, o mercado de balcão também experimentou um extraordinário ressurgimento nos últimos anos, em virtude da explosão na negociação de opções personalizadas. Populares e eficazes para mudar as características de carteiras, as opções têm se tornado um instrumento essencial sobre o qual todo gestor de carteira deve ter conhecimento.

Este capítulo é uma introdução aos mercados de opções. Ele explica como as opções de venda e de compra funcionam e examina suas características enquanto investimento. Em seguida, consideramos as estratégias de opção mais conhecidas. Por último, examinaremos uma variedade de títulos com opções incorporadas, como as obrigações resgatáveis ou conversíveis.

opção de compra
Direito de comprar um ativo por um preço de exercício discriminado em uma data de vencimento específica ou antes dessa data.

preço de exercício ou *strike*
Preço estabelecido para a compra ou venda de um ativo.

15.1. CONTRATO DE OPÇÃO

A **opção de compra** dá ao detentor o direito de comprar um ativo por um preço discriminado, denominado **preço de exercício** ou ***strike***, na data de vencimento especificada ou antes dessa data. Por exemplo, uma opção de compra de ações da IBM com vencimento em setembro e preço de exercício de US$ 170 permite que o detentor compre ações da IBM pelo preço de US$ 170 em qualquer momento até a data de vencimento em setembro, inclusive. O detentor da opção de compra não é obrigado a exercê-la. Ele optará por exercê-la somente se o valor de mercado do ativo for superior ao preço de exercício. Nesse caso, o detentor da opção pode "resgatar" o ativo pelo preço de exercício. Do contrário, a opção talvez não seja exercida. Se a opção de compra não for exercida antes da data de vencimento do contrato, ela simplesmente vencerá e perderá o valor. Portanto, se o preço da ação for superior ao preço de exercício na data de vencimento, o valor da opção de compra será igual à diferença entre o preço da ação e o preço de exercício; contudo, se o preço da ação for inferior ao preço de exercício, a opção de compra não terá valor. O *lucro líquido* sobre a opção é o valor da opção menos o preço pago originalmente para comprá-la.

O preço de compra da opção é chamado de **prêmio**. Ele representa a compensação que o comprador da opção de compra deve pagar pelo direito de exercê-la, se isso for lucrativo. Os vendedores de opções de compra, chamados de *lançadores*, recebem uma receita de prêmio imediata como pagamento contra a possibilidade de que sejam obrigados a entregar o ativo em uma data posterior por um preço de exercício inferior ao valor de mercado do ativo. Se a opção vencer sem valor, o lançador da opção de compra obterá um lucro igual à receita de prêmio obtida na venda inicial da opção. Porém, se a opção for exercida, o lucro para o respectivo lançador será a receita de prêmio *menos* a diferença entre o valor da ação que deve ser entregue e o preço de exercício pago por essas ações. Se essa diferença for superior ao o prêmio inicial, o lançador terá prejuízo.

prêmio
Preço de compra de uma opção.

EXEMPLO 15.1
Lucros e prejuízos sobre uma opção de compra

Considere uma opção de compra com vencimento em setembro de 2011 sobre uma ação da IBM com preço de exercício de US$ 170, vendida em 25 de agosto de 2011 por US$ 3. As opções negociadas em bolsa vencem na terceira sexta-feira do mês de vencimento, que para essa opção foi 16 de setembro. Até a data de vencimento, o detentor da opção de compra pode comprar ações da IBM por US$ 170. No dia 25 de agosto, a IBM a vende por US$ 166,76. Como atualmente o preço da ação é inferior US$ 170 cada, é evidente que não faria sentido exercer a opção nesse momento para comprar por US$ 170. Aliás, se as ações da IBM permanecerem abaixo de US$ 170 até a data de vencimento, a opção de compra não será exercida e vencerá sem valor. Entretanto, se as ações da IBM estiverem sendo vendidas por mais de US$ 170 no vencimento, o detentor da opção de compra achará extremamente favorável exercê-la. Por exemplo, se as ações da IBM forem vendidas por US$ 172 em 16 de setembro, a opção será exercida, visto que ela oferece ao detentor o direito de pagar US$ 170 por uma ação que vale US$ 172. O valor de cada opção na data de vencimento seria então

Valor no vencimento = Preço da ação − Preço de exercício = US$ 172 − $ 170 = US$ 2

Não obstante o *payoff* de US$ 2 no vencimento, o detentor da opção de compra ainda assim terá um prejuízo de US$ 1 sobre o investimento porque o preço de compra inicial era US$ 3:

Lucro = Valor final − Investimento original = US$ 2 − US$ 3 = −US$ 1

No entanto, o exercício da opção de compra será favorável no vencimento se o preço da ação superar o preço de exercício porque os rendimentos do exercício compensarão pelo menos parte do preço de compra. O comprador da opção de compra obterá lucro líquido se as ações da IBM estiverem sendo vendidas acima de US$ 173 na data de vencimento. Com a ação nesse preço, os rendimentos do exercício apenas cobrirão o custo original da opção de compra.

A **opção de venda** dá ao detentor o direito de *vender* um ativo por um preço de exercício ou *strike* na data de vencimento ou antes dessa data. Uma opção de venda sobre a IBM com preço de exercício de US$ 170 dá ao detentor o direito de vender ações da IBM ao lançador da opção de venda pelo preço de US$ 170 em qualquer momento antes do vencimento em setembro, mesmo se o preço de mercado da IBM for inferior a US$ 170. Enquanto os lucros sobre as opções de compra aumentam quando o preço do ativo aumenta, os lucros sobre as opções de venda aumentam quando o preço do ativo cai. Uma opção de venda somente será exercida se o preço de exercício for superior ao preço do ativo subjacente, isto é, apenas se o detentor conseguir entregar um ativo com valor de mercado inferior ao preço de exercício. (Não é necessário possuir ações da IBM para exercer a opção de venda da IBM. Ao exercê-la, o corretor do investidor compra as ações necessárias da IBM pelo preço de mercado e imediatamente entrega ou "vende" essas ações ao lançador da opção pelo preço de exercício. O detentor da opção de venda lucra com a diferença entre o preço de exercício e o preço de mercado.)

opção de venda
Direito de vender um ativo por um preço de exercício discriminado em uma data de vencimento específica ou antes dessa data.

EXEMPLO 15.2
Lucros e prejuízos sobre uma opção de venda

Considere agora uma opção de venda com vencimento em setembro de 2011 sobre uma ação da IBM com preço de exercício de US$ 170, vendida em 25 de agosto de 25 por US$ 6,20. Essa opção dá ao detentor o direito de vender uma ação da IBM por US$ 170 em qualquer momento até 16 de setembro. Se o detentor da opção de venda comprar uma ação da IBM e exercer

> imediatamente o direito de vendê-la por US$ 170, os rendimentos líquidos serão US$ 170 – US$ 166,76 = US$ 324. É óbvio que o investidor que pagar US$ 6,20 pela opção de venda não terá intenção de exercê-la imediatamente. Contudo, se a ação da IBM estivesse sendo vendida por US$ 162 no vencimento, a opção venda seria um investimento lucrativo. Seu valor no vencimento seria
>
> Valor no vencimento = Preço de exercício – Preço da ação = US$ 170 – US$ 162 = US$ 8
>
> e o lucro do investidor seria US$ 8 – US$ 6,20 = US$ 1,80. Isso equivale a um retorno de período de manutenção de US$ 1,80/US$ 6,20 = 0,29, ou 29% – no decorrer de apenas 22 dias! Obviamente, no dia 25 de agosto os vendedores da opção de venda (que estão no outro lado da negociação) não consideraram esse resultado muito provável.

dentro do preço
Opção cujo exercício geraria um fluxo de caixa positivo.

fora do preço
Opção cujo exercício geraria um fluxo de caixa negativo. Por esse motivo, as opções fora do preço nunca são exercidas.

no preço
Opção cujo preço de exercício é igual ao preço do ativo.

Diz-se que uma opção está **dentro do preço** (*in the money* – ITM) quando seu exercício promete gerar um fluxo de caixa positivo. Portanto, uma opção de compra está dentro do preço quando o preço do ativo é superior ao preço de exercício e uma opção de venda está dentro do preço quando o preço do ativo é inferior ao preço de exercício. Em contraposição, uma opção de compra está **fora do preço** (*out of the money* – OTM) quando o preço de exercício é superior ao valor do ativo; ninguém exerceria o direito de comprar um ativo pelo preço de exercício se o valor desse ativo fosse inferior a esse preço. Uma opção de venda está fora do preço quando o preço de exercício é inferior ao preço do ativo. As opções estão **no preço** quando o preço de exercício e o preço do ativo são iguais.

Negociação de opções

Algumas opções são negociadas em mercados de balcão (*over-the-counter* – OTC). O mercado de balcão oferece a vantagem de que os termos do contrato da opção – o preço de exercício, a data de vencimento e o número de ações comprometidas – podem ser ajustados às necessidades dos negociadores. Entretanto, os custos para firmar um contrato de opção de balcão são relativamente altos. Hoje, a maior parte das negociações de opções ocorre em bolsas organizadas.

Os contratos de opções negociados em bolsa são padronizados de acordo com as datas de vencimento e os preços de exercício permitidos para cada opção listada. Todo contrato de opção de ações oferece o direito de compra ou venda de 100 ações (exceto quando ocorrem divisões de ações depois que o contrato é listado e o contrato é então adaptado aos termos da divisão).

A padronização dos termos dos contratos de opção que são listados visa estabelecer que todos os participantes do mercado negociem um conjunto restrito e uniforme de títulos. Isso aumenta a profundidade da negociação em qualquer opção específica, diminuindo os custos de negociação e promovendo um mercado mais competitivo. Portanto, as bolsas oferecem dois benefícios importantes: facilidade de negociação, que flui de um mercado central no qual os compradores e vendedores ou seus representantes se reúnem, e um mercado secundário líquido no qual os compradores e vendedores de opções podem negociar facilmente e por um baixo custo.

Até recentemente a maioria das negociações de opções nos Estados Unidos ocorria na Bolsa de Opções de Chicago (Chicago Board Options Exchange – CBOE). Porém, em 2003, a International Securities Exchange (ISE), bolsa eletrônica de Nova York, tomou o lugar da CBOE de maior mercado de opções. A negociação de opções na Europa é realizada regularmente em bolsas eletrônicas.

A Figura 15.1 reproduz uma listagem de cotação de opções de ações da IBM do *The Wall Street Journal Online*. O último preço registrado na Bolsa de Valores de Nova York (New York Stock Exchange – NYSE) para as ações da IBM foi US$ 166,76 por ação.[1] A Figura 15.1 inclui opções com preços de exercício de US$ 160 a US$ 170, em incrementos de US$ 5. Esses valores também são chamados de *strike*.

Os preços de exercício ou *strike* delimitam o preço da ação. Embora os preços de exercício geralmente sejam estabelecidos em intervalos de cinco pontos para ações, intervalos maiores

---

[1] Às vezes esse preço pode não corresponder ao preço de fechamento listado para a ação na página da bolsa de valores. Isso ocorre porque algumas ações da NYSE também são negociadas em bolsas que fecham após a NYSE e as páginas das ações podem refletir o preço de fechamento mais recente. Entretanto, as bolsas de opções fecham com a NYSE. Desse modo, o preço de fechamento da ação da NYSE é apropriado para comparações com o preço de fechamento da opção.

FIGURA 15.1
Opções da IBM, 24 de agosto de 2011.

Fonte: *The Wall Street Journal Online*, 25 de agosto de 2011. Dados reimpressos com permissão do *The Wall Street Journal*, Copyright © 2011 Dow Jones & Company, Inc. Todos os direitos reservados mundialmente.

IBM (IBM)		Preço da ação subjacente: 166,76					
Vencimento	Strike	Opção de compra			Opção de venda		
		Última	Volume	Em aberto	Última	Volume	Em aberto
Set. 2011	160	9,15	796	1.835	2,62	1.271	4.298
Out. 2011	160	11,95	301	2.369	5,35	296	7.443
Jan. 2012	160	15	101	7.890	9,40	102	4.920
Abr. 2012	160	17,35	111	122	13,30	4	71
Set. 2011	165	5,80	1.805	3.542	4,10	1.711	5.085
Out. 2011	165	8,70	329	3.866	7	131	2.651
Jan. 2012	165	11,70	93	4.045	10,85	303	4.466
Abr. 2012	165	14,30	58	781	—	—	54
Set. 2011	170	3	3.053	7.959	6,20	2.744	12.436
Out. 2011	170	5,86	457	7.506	9,25	148	4.584
Jan. 2012	170	8,93	73	6.876	13	58	2.929
Abr. 2012	170	11,32	36	58	—	—	52

podem ser fixados para ações vendidas acima de US$ 100 e intervalos de US$ 2,50 podem ser utilizados para ações vendidas por preços baixos.[2] Se o preço da ação fugir da faixa dos preços de exercício do conjunto de opções existente, novas opções com preço de exercício apropriado podem ser oferecidas. Portanto, em qualquer momento, tanto as opções dentro do preço quanto fora do preço serão listadas, como nesse exemplo.

A Figura 15.1 mostra tanto opções de compra quanto de venda listadas para cada preço de exercício e data de vencimento. Os três conjuntos de colunas para cada opção divulgam o preço de fechamento, o volume de negociações em contratos (cada contrato compreende 100 ações) e posições em aberto (número de contratos em circulação).

Quando comparamos os preços das opções de compra da Figura 15.1 que têm a mesma data de vencimento mas preços de exercício diferentes, observamos que o valor da opção de compra é inferior quando o preço de exercício é mais alto. Isso faz sentido porque o direito de comprar uma ação por determinado preço de exercício não tem tanto valor quando o preço de compra é mais alto. Dessa maneira, a opção de compra da IBM com vencimento em setembro e preço de exercício de US$ 160 é vendida por US$ 9,15, enquanto a opção de compra de US$ 170 com o mesmo vencimento é vendida por apenas US$ 3. Em contraposição, as opções de venda valem *mais* quando o preço de exercício é mais alto: prefeririamos vender as ações da IBM por US$ 170, e não por US$ 160, e isso se reflete nos preços das opções de venda. A opção de venda com vencimento em setembro e preço de exercício de opção de US$ 170 é vendida por US$ 6,20, enquanto a opção de venda com vencimento em setembro e preço de exercício de US$ 160 é vendida por apenas US$ 2,62.

Não é raro algumas opções passarem o dia todo sem serem negociadas. A falta de negociação é indicada por um travessão nas colunas de volume e preço na Figura 15.1. Como a negociação é pouco frequente, não é incomum encontrar preços de opção que parecem desalinhados em relação a outros preços. Por exemplo, você pode ver duas opções de compra com preço de exercício diferente que parecem ser vendidas pelo mesmo preço. Essa discrepância surge porque as últimas negociações dessas opções podem ter ocorrido em diferentes momentos durante o dia. Em qualquer momento a opção de compra com o preço de exercício menor pode valer mais, e a opção de venda menos, do que outra opção de compra ou venda idêntica com um preço de exercício mais alto.

Os vencimentos da maioria das opções negociadas em bolsa tendem a ser relativamente curtos, estendendo-se a apenas alguns meses. Contudo, no caso de empresas maiores e vários índices de ações, as opções de mais longo prazo são negociadas com vencimentos de até três anos. Essas opções são chamadas de títulos de antecipação do patrimônio a longo prazo (*long-term equity anticipation securities* – LEAPS).

---

[2] Se uma ação for dividida, os termos da opção – como o preço de exercício – serão ajustados para compensar o impacto da divisão. Desse modo, as divisões de ações também produzirão preços de exercício que não são múltiplos de US$ 5.

15.1 Revisão de CONCEITOS

a. Quais serão os rendimentos e os lucros líquidos para um investidor que comprar opções de compra da IBM com vencimento em outubro de 2011 e preço de exercício de US$ 165, se o preço da ação no vencimento for US$ 155? E se o preço da ação no vencimento for US$ 175?

b. Responda agora a parte (a) para um investidor que compra uma opção de venda da IBM com vencimento em outubro e preço de exercício de US$ 165.

Opções americanas e europeias

opção americana
Opção que pode ser exercida no vencimento ou antes dessa data.

opção europeia
Opção que pode ser exercida apenas no vencimento.

Uma **opção americana** permite que o detentor exerça o direito de comprar (no caso de uma opção de compra) ou vender (no caso de uma opção de venda) uma tivo subjacente na da de vencimento ou *antes* dessa data. As **opções europeias** permitem o exercício da opção apenas na data de vencimento. As opções do estilo americano, pelo fato de oferecerem maior liberdade de movimento do que as europeias, geralmente têm valor mais alto. As opções negociadas nos Estados Unidos são em sua maioria americanas. Todavia, as opções em moeda estrangeira e algumas opções de índice de ações são exceções notáveis a essa regra.

Option Clearing Corporation

A Option Clearing Corporation (OCC), câmara de compensação para a negociação de opções, é de propriedade conjunta das bolsas nas quais as opções de ações são negociadas. A OCC posiciona-se entre os negociadores de opções, tornando-se o comprador efetivo da opção do lançador e o lançador efetivo da opção para o comprador. Desse modo, todos os indivíduos envolvidos negociam apenas com a OCC, o que efetivamente garante o cumprimento do contrato.

Quando um detentor exerce uma opção, a OCC faz acordos para que uma empresa membro com clientes que lançaram aquela opção cumpra com o obrigação da opção. Para cumprir o contrato, a empresa membro escolhe os clientes que lançaram a opção. O cliente escolhido deve entregar 100 ações por um preço igual ao preço de exercício para cada contrato de opção de compra lançado ou deve comprar 100 ações pelo preço de exercício para cada contrato de opção de venda lançado.

Como a OCC garante o cumprimento do contrato, os lançadores de opções devem divulgar uma margem para garantir que conseguirão cumprir as obrigações do contrato. A margem exigida é determinada em parte pela quantia segundo a qual a opção está dentro do preço, porque o valor é um indicador da possível obrigação do lançador da opção no respectivo exercício. Quando a margem exigida for superior à margem divulgada, o lançador receberá uma cobertura de margem. O *detentor* da opção não precisa divulgar a margem porque ele exercerá a opção somente se isso for lucrativo. Após a compra da opção, não haverá mais nenhum dinheiro em risco.

As exigências de margem também dependem de o ativo subjacente ser mantido em uma carteira. Por exemplo, um lançador de opção de compra que possui a ação em relação à qual a opção é lançada pode satisfazer a exigência de margem simplesmente permitindo que um corretor mantenha a ação na conta de corretagem. Desse modo, garante-se que a ação estará disponível para entrega se a opção de compra for exercida. No entanto, se o título subjacente não tiver titular, a exigência de margem será determinada pelo valor do título subjacente, bem como pela quantia segundo a qual a opção está dentro ou fora do preço. As opções fora do preço exigem uma margem menor do lançador porque os pagamentos esperados são mais baixos.

Outras opções listadas

As opções sobre outros ativos além das ações também são amplamente negociadas. Elas abrangem opções sobre índices de mercado e índices de setor, moeda estrangeira e até mesmo preços de futuros de produtos agrícolas, ouro, prata, títulos de renda fixa e índices de ações. Analisaremos cada uma delas separadamente.

Opções de índice de ações Uma opção de índice é uma opção de compra ou venda baseada em algum índice do mercado acionário, como o S&P 500. Essas opções são negociadas em vários índices abrangentes e em vários índices específicos de setor. Discutimos vários desses índices no Capítulo 2.

A construção dos índices pode variar entre um contrato e outro ou entre as bolsas. Por exemplo, o índice S&P 100 é uma média ponderada pelo valor das 100 ações do grupo de ações do Standard & Poor's 100. Os pesos são proporcionais ao valor de mercado das ações em circulação para cada ação. Em contraposição, o índice Dow Jones é uma média ponderada pelo preço de 30 ações.

São também negociados contratos de opções sobre vários índices de ações estrangeiros. Por exemplo, as opções do índice de ações japonês Nikkei são negociadas em Cingapura e também na Bolsa Mercantil de Chicago. As opções sobre índices europeus, como o índice Financial Times (Financial Times Stock Exchange – FTSE 100), são negociadas na NYSE Euronext. A CBOE também lista opções sobre índices setoriais, como o de petróleo e alta tecnologia.

Diferentemente das opções de ações, as opções de índice não exigem que o lançador de opção de compra de fato "entregue o índice" no momento do exercício nem que o lançador de opção de venda "compre o índice". Em vez disso, utiliza-se um procedimento de pagamento em dinheiro. O *payoff* resultante do exercício da opção é calculado, e o lançador da opção simplesmente paga esse valor ao detentor da opção. O *payoff* é igual à diferença entre o preço de exercício da opção e o valor do índice. Por exemplo, se o índice S&P estiver em 1.280 quando uma opção de compra sobre o índice com preço de exercício de 1.270 for exercido, o detentor da opção de compra receberá um pagamento em dinheiro igual à diferença, 1.280 – 1.270, vezes o multiplicador do contrato de US$ 100, ou US$ 1.000 por contrato.

As opções sobre os índices mais importantes, isto é, o contrato S&P 100, com frequência chamado de OEX em virtude de seu símbolo de cotação, o índice S&P 500 (SPX) e o Dow Jones Industrials (DJX), são de longe os contratos mais negociados na CBOE. Juntos, esses contratos dominam o volume de negociações da CBOE.

Opções de futuros As opções de futuros dão aos detentores o direito de comprar ou vender um contrato de futuros específico utilizando como preço futuro o preço de exercício da opção. Apesar do processo de entrega ser um pouco complicado, os termos dos contratos de opções de futuros na realidade servem para que a opção seja lançada no próprio preço dos futuros. O detentor de opções recebe no exercício um rendimento líquido igual à diferença entre o preço atual do futuro sobre o ativo especificado e o preço de exercício da opção. Desse modo, se o preço do futuro for, digamos, US$ 37 e o preço de exercício da opção de compra for US$ 35, o detentor que exercer a opção de compra sobre o futuro obterá um *payoff* de US$ 2.

Opções em moeda estrangeira Uma opção em moeda oferece o direito de compra ou venda de uma quantidade de moeda estrangeira por uma quantia específica de moeda doméstica. Os contratos de opção em moeda exigem a compra ou venda da moeda em troca de uma quantia específica em dólares americanos, no caso dos Estados Unidos. Os contratos são cotados em centavos ou frações de centavo por unidade da moeda estrangeira.

Existe uma diferença importante entre opções em moeda e opções de *futuros*. As primeiras oferecem *payoffs* que dependem da diferença entre o preço de exercício e a taxa de câmbio no vencimento. As últimas são opções de futuros de câmbio exterior que oferecem *payoffs* que dependem da diferença entre o preço de exercício e o *preço de futuros* de taxa de câmbio no vencimento. Como as taxas de câmbio e os preços de futuros de taxa de câmbio geralmente não são iguais, os contratos de opções e de opções de futuros terão valores diferentes, mesmo com datas de vencimento e preços de exercício idênticos. Hoje, o volume de negociações em opções de futuros de moeda domina de longe a negociação de opções em moeda.

Opções de taxa de juros As opções são negociadas também em notas e obrigações do Tesouro, em letras do Tesouro e em obrigações do governo de outras economias importantes como o Reino Unido ou o Japão. São também negociadas opções sobre várias taxas de juros. Entre elas, temos os contratos sobre obrigações do Tesouro, notas do Tesouro, fundos federais, Libor, eurodólar e rendimentos denominados em libras e euros.

15.2. VALOR DAS OPÇÕES NO VENCIMENTO

Opções de compra

Lembre-se de que uma opção de compra permite que se compre um título pelo preço de exercício. Se você tiver uma opção de compra sobre ações da Fin Corp. com preço de exercício de US$ 80 e as ações dessa empresa estiverem sendo vendidas por US$ 90, você poder exercer a opção para comprar ações por US$ 80 e simultaneamente as vender pelo preço de mercado de US$ 90, obtendo um lucro de US$ 10 por ação. No entanto, se as ações forem vendidas por menos de

US$ 80, você poderá segurar a opção e não fazer nada, não promovendo, nesse caso, nenhum ganho nem perda adicional. O valor da opção de compra no vencimento é igual

$$\text{Payoff do detentor da opção de compra no vencimento} = S_T - X \text{ se } S_T > X$$
$$0 \text{ se } S_T \leq X$$

onde S_T é o valor da ação na data de vencimento e X é o preço de exercício. Essa fórmula enfatiza a propriedade da opção porque o *payoff* não pode ser negativo. A opção é exercida somente se S_T for superior a X. Se S_T for inferior a X, a opção vence com valor zero. A perda para detentor da opção nesse caso é igual ao preço pago originalmente. Em linhas mais gerais, o *lucro* para o detentor da opção é o *payoff* da opção menos o preço de compra original.

O valor no vencimento da opção de compra com preço de exercício de US$ 80 é dado pela seguinte programação:

Preço da ação	US$ 60	US$ 70	US$ 80	US$ 90	US$ 100
Valor da opção	0	0	0	10	20

Para preços de ação de US$ 80 ou abaixo desse valor, a opção vence sem valor. Acima de US$ 80, a opção valerá o excedente do preço de US$ 80. O valor da opção aumenta em um dólar para cada aumento de um dólar no preço da ação. Essa relação pode ser representada graficamente, tal como na Figura 15.2.

A linha sólida na Figura 15.2 representa o valor da opção de compra no vencimento. O *lucro* líquido para o detentor da opção é igual ao *payoff* bruto menos o investimento inicial na opção de compra. Suponhamos que a opção de compra custe US$ 14. O lucro do detentor dessa opção seria como o apresentado na linha tracejada (na parte inferior) da Figura 15.2. No vencimento da opção, o investidor sofreria um prejuízo de US$ 14 se o preço da ação fosse menor ou igual a US$ 80.

Os lucros só serão positivos se o preço no vencimento for superior a US$ 94. O ponto de equilíbrio é US$ 94, porque a esse preço o *payoff* da opção de compra, $S_T - X$ = US$ 94 − US$ 80 = $14, é igual ao custo pago para adquiri-la. Desse modo, o detentor da opção de compra terá lucro somente se o preço da ação for superior.

Em contraposição, o lançador da opção de compra terá prejuízo se o preço da ação for alto. Nesse cenário, o lançador receberá uma opção de compra e será obrigado a entregar ações no valor de ST por apenas X dólares.

$$\text{Payoff do lançador da opção de compra} = -(S_T - X) \text{ se } S_T > X$$
$$0 \text{ se } S_T \leq X$$

O lançador da opção de compra, que corre o risco de ter prejuízo se o preço da ação aumentar, está disposto a arcar com o risco em troca do prêmio da opção.

A Figura 15.3 apresenta um gráfico de *payoff* e lucro para os lançadores de opção de compra. Esse gráfico é uma imagem espelhada do gráfico correspondente dos detentores de opção de compra. O ponto de equilíbrio para o lançador de opção também é US$ 94. O *payoff* (negativo) nesse ponto apenas compensa o prêmio originalmente recebido no momento em que a opção foi lançada.

FIGURA 15.2
Payoff e lucro da opção de compra no vencimento.

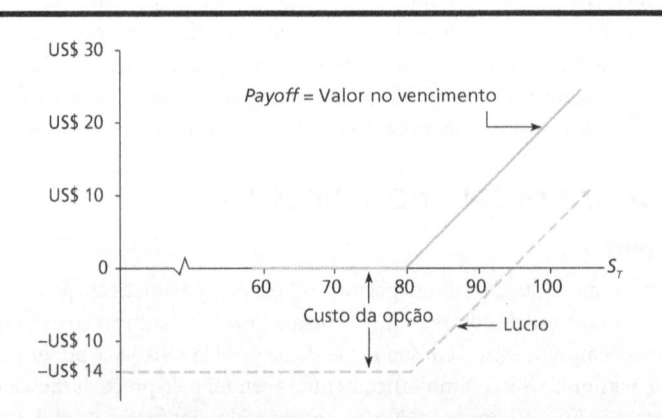

FIGURA 15.3
Payoff e lucro dos lançadores de opção de compra no vencimento.

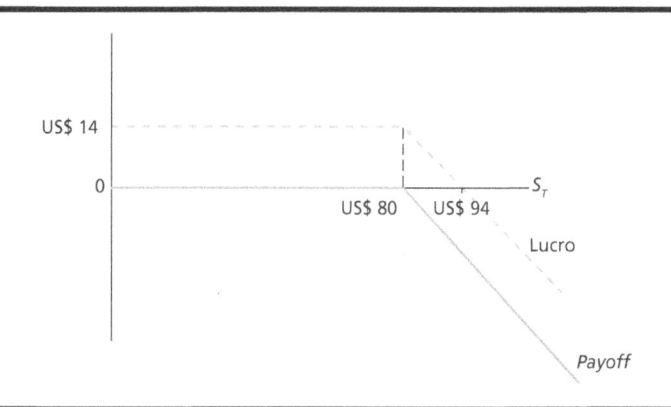

Opções de venda

Uma opção de venda concede ao detentor o direito de vender um ativo pelo preço de exercício. Nesse caso, o detentor só a exercerá se o preço do ativo for *inferior* ao preço de exercício. Por exemplo, se as ações da Fin Corp. caíssem para US$ 70, uma opção de venda com preço de exercício de US$ 80 poderia ser exercida para oferecer um *payoff* de US$ 10. O detentor compraria uma ação por US$ 70 e simultaneamente a entregaria ao lançador da opção de venda pelo preço de exercício de US$ 80.

O valor da opção de venda no vencimento é

$$\text{Payoff do detentor de opção de venda} = 0 \quad \text{se } S_T \geq X$$
$$X - S_T \text{ se } S_T < X$$

A linha sólida na Figura 15.4 mostra o *payoff* no vencimento para o detentor de uma opção de venda sobre ações da Fin Corp. com preço de exercício de US$ 80. Se o preço da ação no vencimento da opção for superior a US80, a opção de venda não terá valor, já que o direito de vender as ações por US$ 80 não seria exercido. Abaixo do preço de US$ 80, o valor da opção de venda no vencimento aumenta US$ 1 para cada dólar a menos no preço da ação. A linha tracejada na Figura 15.4 é um gráfico do lucro do detentor da opção de venda no vencimento, após a dedução do custo inicial dessa opção.

No lançamento de opções de venda *a descoberto* (isto é, no lançamento de uma opção de venda sem uma posição a descoberto compensadora na ação, a fim de obter proteção), o lançador corre o risco de ter prejuízo se o mercado cair. O lançamento de opões de venda a descoberto fora do preço uma vez foi considerado um método atraente para gerar lucro porque se acreditava que, contanto que o mercado não caísse abruptamente antes do vencimento da opção, o prêmio da opção poderia ser recolhido sem que o detentor da opção de venda tivesse de exercê-la contra o lançador. Como apenas as quedas acentuadas no mercado podiam provocar prejuízos para o lançador da opção de venda, essa estratégia não era considerada demasiadamente arriscada. Entretanto, o quadro a seguir evidencia que, na quebra da bolsa de valores em outu-

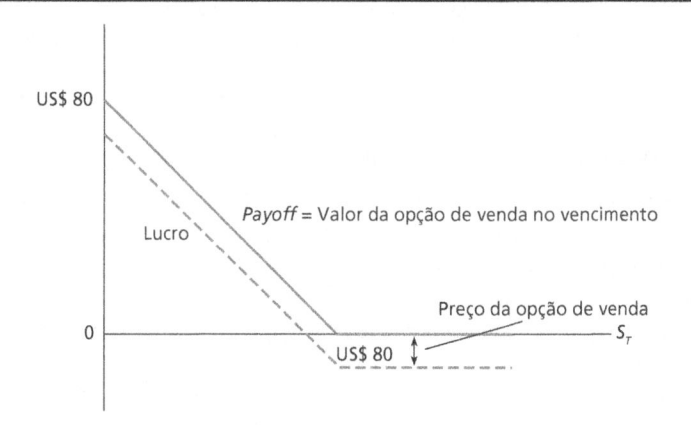

FIGURA 15.4
Payoff e lucro da opção de venda no vencimento.

Na frente de batalha do **MERCADO**

O BURACO NEGRO: OPÇÕES DE VENDA E A QUEBRA DA BOLSA DE VALORES

AS VENDAS DE "OPÇÕES DE VENDA A DESCOBERTO" ENTRAM RAPIDAMENTE EM COLAPSO E COMEÇAM OS PROCESSOS POR PERDAS E DANOS

Quando Robert O'Connor envolveu-se com opções de índice de ações, ele esperava que os lucros obtidos com a negociação pudessem ajudá-lo a pagar a faculdade dos filhos. Seu corretor, explica O'Connor, "disse que ganharíamos em torno de US$ 1.000 por mês e que se nossos prejuízos chegassem a US$ 2.000 ou US$ 3.000 ele fecharia a conta".

Em vez disso, O'Connor foi pego em um dos piores estouros de vendas da história para os investidores. Em poucos minutos, no dia 19 de outubro, ele perdeu tudo em sua conta e *mais* US$ 91.000 – uma perda total de 175% de seu investimento original.

A CENA DO DESASTRE

Para O'Connor e centenas de outros investidores, um cantinho desconhecido da Bolsa de Opções de Chicago foi o "buraco negro" da quebra da bolsa naquela segunda-feira cinzenta. Em uma estratégia promovida por corretores de todo o país como segura, esses clientes perderam centenas de milhões de dólares em "opções de venda a descoberto" – apostas altamente alavancadas e sem proteção de que o mercado acionário não corria nenhum perigo de afundar. A maior parte dessas opções de venda a descoberto parece ter sido opções sobre o índice Standard & Poor's 100, cujas ações são negociadas na CBOE. Quando as ações entraram em colapso, muitos investidores com posições sem proteção receberam chamadas de cobertura de margem várias vezes acima de seu investimento inicial.

ESTRATÉGIA DE "OPÇÃO DE VENDA"

As perdas foram particularmente acentuadas nas "opções de venda a descoberto fora do preço". Um vendedor de opções de venda concorda em comprar ações ou contratos de índice de ações por um preço específico antes do vencimento da opção. Esses contratos normalmente são vendidos "fora do preço" – têm um preço abaixo do preço de mercado atual que torna o exercício da opção desvantajosa se o mercado ficar aquecido ou permanecer estável. O vendedor embolsa uma pequena quantia por contrato.

Contudo, se o mercado afundar, como ocorreu em 19 de outubro, a opção move-se para a posição "dentro do preço". Em vigor, o vendedor tem de pagar o preço da ação antes da quebra para honrar seu contrato – e assume um enorme prejuízo.

"É necessário reconhecer que existe uma probabilidade ilimitada de revés" na venda de opções a descoberto, afirma Peter Thayer, vice-presidente executivo da Gateway Investment Advisors Inc. Em setembro de 1987, a Gateway comprou opções de venda fora do preço sobre o índice de ações S&P 500 na CBOE de US$ 2 a US$ 3 por contrato como "seguro" contra uma possível queda da bolsa. Por volta de 20 de outubro, um dia após a quebra, o valor desses contratos havia decolado para US$ 130. Embora a Gateway tenha tido um lucro considerável, as outras partes da negociação foram fustigadas.

EMPRESA PROCESSADA

Os corretores que estavam promovendo as opções a descoberto presumiram que a bolsa não mergulharia em território desconhecido. Frank VanderHoff, um dos principais corretores que levaram de 50 a 70 clientes da H. B. Shaine para as opções de índice de ações, afirma ter dito aos clientes que o risco dessa estratégia era "moderado, exceto em caso de ataque nuclear ou de uma quebra como a de 1929". Não era especulativa. O mercado poderia entrar em alta ou em queda, mas não de forma *acentuada*. Se a quebra tivesse sido apenas tão grave quanto a de 1929, acrescenta ele, "teríamos tido sucesso".

Fonte: Informações condensadas de *The Wall Street Journal*, 2 de dezembro de 1987. Dados reimpressos com permissão do *The Wall Street Journal*, Copyright © 1987 Dow Jones & Company, Inc. Todos os direitos reservados mundialmente.

---

bro de 1987, esses lançadores de opções de venda sofreram imensos prejuízos. Agora os participantes percebem um risco bem maior nessa estratégia.

15.2 Revisão de CONCEITOS

Considere estas quatro estratégias de opção: (i) comprar uma opção de compra; (ii) lançar uma opção de compra; (iii) comprar uma opção de venda; (iv) lançar uma opção de venda.
a. Para cada estratégia, trace o gráfico de payoff e de lucro como função do preço final da ação.
b. Por que caracterizaríamos tanto a compra de opções de compra quanto o lançamento de opções de venda como estratégias "altistas"? Qual a diferença entre elas?
c. Por que caracterizaríamos tanto a compra de opções de venda quanto o lançamento de opções de compra como estratégias "baixistas"? Qual a diferença entre elas?

Opções *versus* investimento em ações

A compra de opções de compra é uma estratégia altista (*bullish*), isto é, as opções de compra oferecem lucro quando os preços das ações aumentam. A compra de opções de venda, em contraposição, é uma estratégia baixista (*bearish*). Proporcionalmente, o lançamento de opções de compra é uma estratégia baixista, enquanto o de opções de venda é uma estratégia altista. Como os valores das opções dependem do preço da ação subjacente, a compra de opções pode ser vista como um substituto para a compra ou venda direta de uma ação. Por que uma estratégia de opção pode ser preferível nas negociações diretas de ações? Podemos começar a responder essa pergunta comparando os valores das posições de opções *versus* ações na Fin Corp.

Suponhamos que você acredite que o preço atual das ações, o qual admitimos como US$ 90, aumentará. Entretanto, você sabe que sua análise poderia estar incorreta e que o preço da ação também poderia cair. Suponhamos que uma opção de compra com vencimento em seis meses e preço de exercício de US$ 90 seja vendida por US$ 10 e que a taxa de juros semestral seja 2%. Considere as três estratégias a seguir para investir um total de US$ 9.000. Admitiremos que a empresa não pagará dividendos antes do vencimento das opções.

Estratégia A: Investir inteiramente em ações. Comprar 100 ações, pelo preço unitário de U$ 90.

Estratégia B: Investir inteiramente em opções de compra no preço. Comprar 900 opções de compra pelo preço unitário de US$ 10. (Isso exigiria nove contratos, cada um para 100 ações.)

Estratégia C: Comprar 100 opções de compra por US$ 1.000. Investir os US$ 8.000 restantes em letras de seis meses do Tesouro, para ganhar 2% de juros.

Vamos delinear os possíveis valores dessas três carteiras quando as opções vencerem em seis meses como função do preço da ação nesse dado momento.

Carteira	Preço da ação					
	US$ 85	US$ 90	US$ 95	US$ 100	US$ 105	US$ 110
A: 100 ações	US$ 8.500	US$ 9.000	US$ 9.500	US$ 10.000	US$ 10.500	US$ 11.000
B: 900 opções de compra	0	0	4.500	9.000	13.500	18.000
C: 100 opções de compra mais US$ 8.000 em letras do Tesouro	8.160	8.160	8.660	9.160	9.660	10.160

A carteira A valerá 100 vezes o preço da ação. A carteira B não terá valor, a menos que as ações sejam vendidas por um valor superior ao preço de exercício da opção de compra. Quando se atingir esse ponto, a carteira valerá 900 vezes o excedente do preço da ação em relação ao preço de exercício. Concluindo, a carteira C valerá US$ 8.160 no investimento em letras do Tesouro (US$ 8.000 × 1,02 = US$ 8.160) mais qualquer lucro proveniente das 100 opções de compra. Lembre-se de todas essas carteiras têm o mesmo investimento inicial de US$ 9.000. As taxas de retorno sobre essas três carteiras são as seguintes:

Carteira	Preço da ação					
	US$ 85	US$ 90	US$ 95	US$ 100	US$ 105	US$ 110
A: 100 ações	−5,56%	0%	5,56%	11,11%	16,67%	22,22%
B: 900 opções de compra	−100	−100	−50	0	50	100
C: 100 opções de compra mais US$ 8.000 em letras do Tesouro	−9,33	−9,33	−3,78	1,78	7,33	12,89

Essas taxas de retorno estão no gráfico da Figura 15.5.

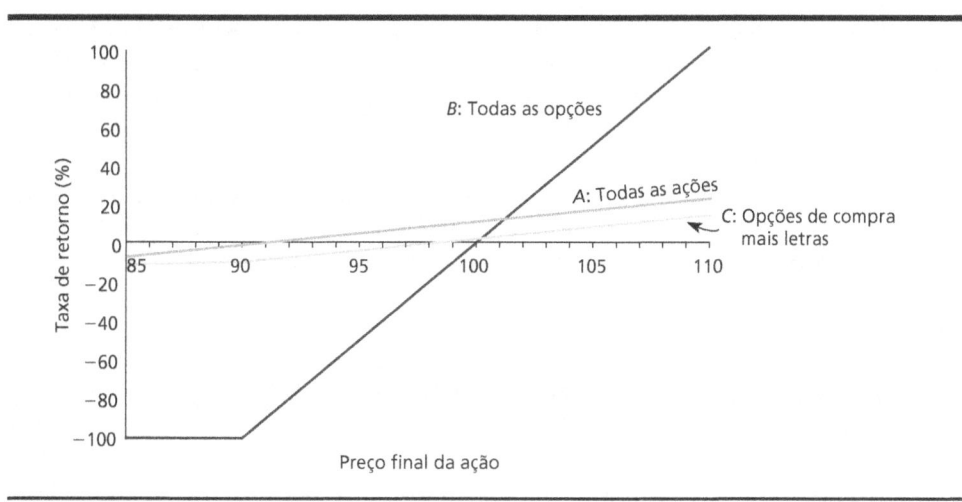

FIGURA 15.5
Taxa de retorno das três estratégias.

APLICAÇÕES EXCEL / Opções, ações e concessão de empréstimos

Um modelo Excel baseado no exemplo da Fin Corp. discutido no texto é apresentado a seguir. Ele permite que você utilize qualquer variedade de opções, ações e concessão e contração de empréstimos com uma quantidade estabelecida de investimentos e demonstra a flexibilidade das opções.

Acesse grupoa.com.br

	A	B	C	D	E	F	G	H
1	Preço atual da ação	90						
2	Preço de exercício	90						
3	Taxa de juros	0,02						
4	Orçamento do investimento	9.000						
5	Preço da opção de compra	10						
6								
7			Valor monetário da carteira como função do preço da Fin Corp.					
8	Carteira		US$ 85	US$ 90	US$ 95	US$ 100	US$ 105	US$ 110
9	Carteira A: Todas as ações		US$ 8.500	US$ 9.000	US$ 9.500	US$ 10.000	US$ 10.500	US$ 11.000
10	Carteira B: Todas as opções de compra		0	0	4.500	9.000	13.500	18.000
11	Carteira C: Opções de compra mais letras		8.160	8.160	8.660	9.160	9.660	10.160
12								
13								
14			Taxa de retorno como função do preço da Fin Corp.					
15	Carteira		US$ 85	US$ 90	US$ 95	US$ 100	US$ 105	US$ 110
16	Carteira A: Todas as ações		−5,6%	0%	5,6%	11,1%	16,7%	22,2%
17	Carteira B: Todas as opções de compra		−100%	−100%	−50%	0%	50%	100%
18	Carteira C: Opções de compra mais letras		−9,33%	−9,33%	−3,78%	1,78%	7,33%	12,89%

Questões Excel

1. Faça um gráfico da taxa de retorno para a estratégia de opção de compra mais letras utilizando uma representação semelhante à da Figura 15.5, mas dessa vez suponha que o investidor use uma opção de compra dentro do preço com preço de exercício de US$ 80. Presuma que as opções de compra serão vendidas por US$ 15. O custo mais alto dessas opções de compra, em comparação com as opções de compra no preço, fará menos dinheiro ser aplicado nas letras do Tesouro, visto que o orçamento do investimento continua sendo US$ 9.000.

2. Compare os gráficos de taxa de retorno das estratégias utilizando opções de compra no preço (como na Figura 15.5) e a solução que você encontrou na primeira questão. Qual estratégia é mais arriscada?

Comparando os retornos das carteiras B e C com os do investimento simples em ações representado pela carteira A, observamos que as opções oferecem dois atributos interessantes. Em primeiro lugar, uma opção oferece alavancagem. Compare os retornos das carteiras B e A. Quando as ações se saem mal, com um preço final abaixo de US$ 90, o valor da carteira B cai abruptamente para zero –Compare os retornos das carteiras B e A. Quando as ações da IBM vão mal, terminando com um preço abaixo de $90, o valor da carteira B cai vertiginosamente para zero – uma taxa de retorno negativa de 100%. Em contraposição, aumentos modestos na taxa de retorno sobre as ações geram aumentos desproporcionais na taxa de retorno da opção. Por exemplo, um aumento de 4,8% no preço da ação, de US$ 105 para US$ 110, aumentaria a taxa de retorno sobre a opção de compra de 50% para 100%. Nesse sentido, as opções de compra são um investimento alavancado sobre as ações. Os valores reagem mais do que proporcionalmente às mudanças no valor das ações.

A Figura 15.5 mostra nitidamente essa questão. Com relação aos preços de ação acima de US$ 90, a inclinação da carteira só de opções é muito mais acentuada do que a inclinação da carteira só de ações, o que reflete sua suscetibilidade proporcionalmente maior ao valor do título subjacente. O fator de alavancagem é o que leva os investidores que exploram informações privilegiadas (ilegalmente) a escolher as opções como veículo de investimento.

O provável valor de seguro das opções é a segunda característica interessante, como mostra a carteira C. A carteira de letras do Tesouro mais opções não pode valer menos de US$ 8.160 após seis meses, visto que a opção sempre corre o risco de não ser exercida e vencer sem valor. A pior taxa de retorno possível sobre a carteira C é −9,33%, em comparação com a pior taxa de retorno (teoricamente) possível de −100% sobre a ação, se a empresa fosse à falência. Obviamente, o seguro tem um preço: Quando o preço das ações aumenta, a carteira C não tem um desempenho tão bom quanto a carteira A, que só contém ações. Com relação a preços de ação acima de US$ 90, a carteira C tem um desempenho 9,33 pontos percentuais inferior ao da carteira A.

Esse exemplo simples mostra uma questão fundamental. Embora as opções possam ser utilizadas por especuladores como posições efetivamente alavancadas em ações, como na carteira B, elas podem ser utilizadas também por investidores que desejam personalizar seu grau de risco de uma maneira criativa, como na carteira C. Por exemplo, a estratégia de opções de compra mais letras do Tesouro da carteira C oferece um perfil de taxa de retorno bastante diverso do perfil da carteira que contém apenas ações. A restrição absoluta ao risco de perda é uma característica nova e atraente dessa estratégia. Na seção subsequentes analisaremos várias estratégias de opção que oferecem outros novos perfis de risco que podem ser atraentes tanto para quem busca proteção (*hedger*) quanto para outros investidores.

Estratégias de opção

Uma variedade ilimitada de padrões de *payoff* pode ser obtida com a combinação de opções de venda e de compra com vários preços de exercício. Explicamos a seguir a motivação e a estrutura de algumas das combinações mais comuns.

Opção de venda protetora Imagine que você quisesse investir em uma ação, mas não estivesse disposto a arcar com prejuízos prováveis acima de determinado patamar. Investir apenas em ações parece arriscado para você porque, em princípio, você poderia perder todo o dinheiro investido. Você poderia pensar na possibilidade de investir em ações e comprar uma opção de venda sobre a ação.

A Tabela 15.1 mostra o valor total de sua carteira no vencimento da opção. Independentemente do que ocorrer com o preço da ação, você tem um *payoff* garantido que é igual ao preço de exercício da opção de venda porque essa opção lhe dá o direito de vender a ação pelo preço de exercício mesmo que o preço da ação seja inferior a esse valor.

A Figura 15.6 mostra o *payoff* e o lucro dessa estratégia de **opção de venda protetora**. A linha sólida na Figura 15.6C representa o *payoff* total. A linha tracejada é deslocada para baixo pelo custo de estabelecimento da posição, $S_0 + P$. Observe que as perdas prováveis são poucas.

opção de venda protetora
Ativo associado com uma opção de venda que garante um rendimento mínimo igual ao preço de exercício da opção de venda.

EXEMPLO 15.3
Opção de venda protetora

> Suponhamos que o preço de exercício seja X = US$ 90 e a ação seja vendida por US$ 87 no vencimento da opção. Desse modo, o valor total da carteira é US$ 90: A ação vale US$ 87 e o valor da opção de venda no vencimento é
>
> $$X - S_T = US\$\ 90 - US\$\ 87 = US\$\ 3$$
>
> Outra maneira de olhar para isso é ver que você está mantendo a ação e um contrato de opção de venda que lhe dá o direito de vendê-la por US$ 90. Mesmo que S < US$ 90, ainda assim você poderá vender a ação por US$ 90 ao exercer a opção de venda. Entretanto, se o preço da ação estiver acima de US$ 90, digamos US$ 94, o direito de vender uma ação por US$ 90 não terá valor. Você permite que a opção de venda vença sem ser exercida e acaba ficando com uma ação que vale S_T = US$ 94.

É esclarecedor comparar o lucro da estratégia de opção de venda protetora com o do investimento em ações. A título de simplificação, considere uma opção de venda protetora no preço, de modo que $X = S_0$. A Figura 15.7 compara o lucro das duas estratégias. O lucro sobre a ação será zero se o preço da ação permanecer inalterado e $S_T = S_0$. Ele aumentará ou diminuirá US$ 1 para cada oscilação de dólar no preço final da ação. O lucro sobre a opção de compra protetora será negativo e igual ao custo da opção de venda se S_T for inferior a S_0. O lucro sobre a opção

TABELA 15.1 *Payoff* de uma estratégia de opção de venda protetora

	$S_T \leq X$	$S_T > X$
Ação	S_T	S_T
Opção de Venda	$X - S_T$	0
Total	X	S_T

FIGURA 15.6 Valor de uma posição de opção de venda protetora no vencimento.

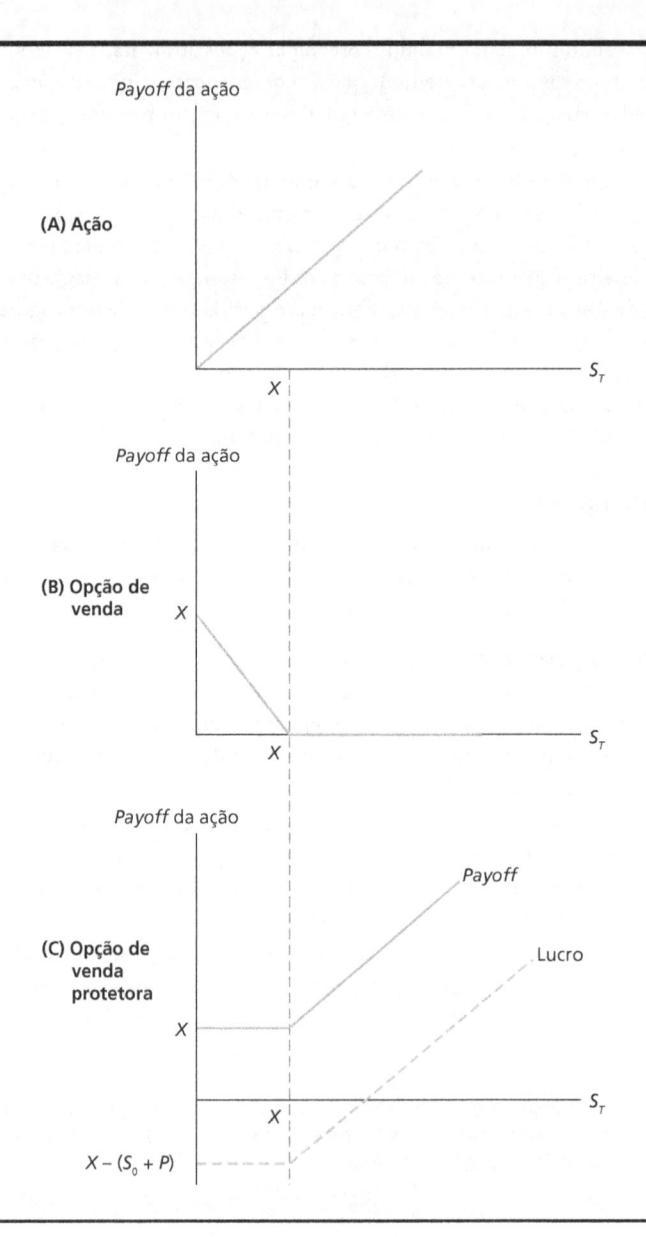

(A) Ação

(B) Opção de venda

(C) Opção de venda protetora

$X - (S_0 + P)$

FIGURA 15.7 Opção de venda protetora *versus* investimentos em ações (opção de venda no preço).

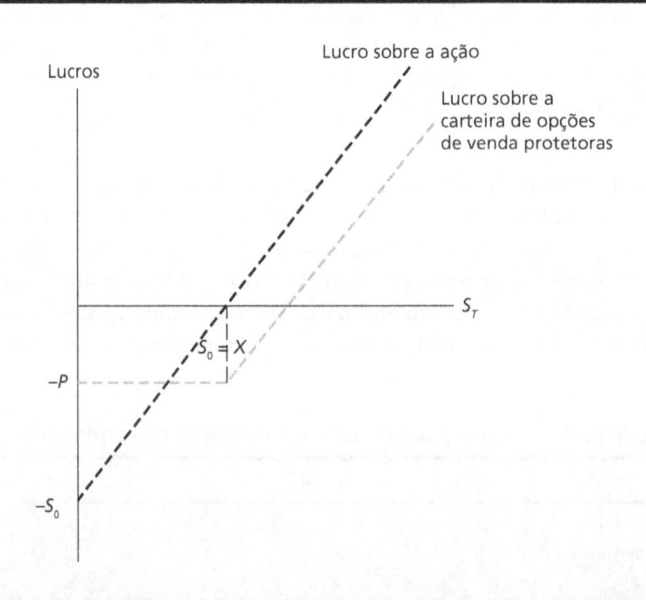

Na frente de batalha do **MERCADO**

ARGUMENTO A FAVOR DOS DERIVATIVOS

Eles receberam o apelido de armas financeiras de destruição em massa, foram criticados por provocar a turbulência financeira que varreu a nação e foram identificados como a criptonita que demoliu a economia global. Contudo, poucos cidadãos comuns de fato sabem o que são [derivativos] – isto é, contratos financeiros entre um comprador e um vendedor que deriva valor de um ativo subjacente, como uma hipoteca ou uma ação. Parece haver quase um consenso de que os derivativos constituíram uma fonte de risco imoderado.

E então entra em cena Robert Schiller. O economista de Yale simplesmente acredita que a recíproca é verdadeira. Um defensor da inovação financeira e especialista em gestão de riscos, Shiller argumenta que os derivativos estão longe de ser um problema e que, na verdade, são a solução. Os derivativos, afirma Shiller, são meramente um dispositivo de gestão de riscos, da mesma forma que o seguro. "Você paga um prêmio e, se algo ocorrer, você obtém uma recompensa." Esse instrumento pode ser bem utilizado ou, como ocorreu recentemente, mal empregado. Shiller adverte que banir esse dispositivo não nos leva a lugar nenhum.

Para todos os trilhões em negociação de derivativos, há muito poucos negociadores. Quase todas as hipotecas *subprime* que foram reunidas e transformadas em derivativos foram vendidas por algumas poucas instituições de Wall Street, em conjunto com um pequeno número de compradores institucionais de grande porte. Tratava-se de uma mercado imenso, mas ilíquido e obscuro.

Entretanto, esse sistema baseou-se em uma miríade de decisões de proprietários de imóveis residenciais e credores do mundo inteiro. Nenhum deles, contudo, puderam proteger suas apostas tal como as grandes instituições. As pessoas que compravam um apartamento em Miami não tinham nenhuma forma de se proteger se o mercado naufragasse.

Os derivativos, de acordo com Shiller, poderiam ser utilizados pelos proprietários de imóveis residenciais – e, por extensão, pelos concessores de empréstimos – como seguro contra a queda dos preços. No cenário descrito por Shiller, você poderia procurar seu corretor e comprar um novo tipo de instrumento financeiro, talvez um derivativo inversamente associado com um índice regional de preço de imóveis residenciais. Se o valor dos imóveis residenciais em seu bairro caísse, esse instrumento financeiro aumentaria de valor, compensando o prejuízo. Os concessores de empréstimos poderiam fazer a mesma coisa, o que os ajudaria a se proteger contra execuções de hipoteca. A ideia é tornar o mercado habitacional mais líquido. Um número maior de compradores e vendedores significa mercados líquidos e funcionais mesmo em tempos difíceis.

Alguns críticos negam a premissa básica de Shiller de que mais derivativos tornariam o mercado habitacional mais líquido e mais estável. Eles ressaltam que os contratos de futuros não tornaram os mercados de ações ou os mercados de *commodities* imunes a grandes oscilações de elevação e queda. E acrescentam que a atividade crescente de derivativos de imóveis residenciais não ofereceria um seguro para os proprietários de imóveis: isso criaria um novo parque de diversões para os especuladores.

Em essência, Shiller está assentando a base intelectual para a próxima revolução financeira. Neste momento estamos enfrentando a primeira grande crise da economia da era da informação. As respostas de Shiller podem ser absurdas, mas não mais do que as dos médicos e cientistas que há alguns séculos reconheceram que a cura para as doenças infecciosas não era a fuga nem a quarentena, mas infectar intencionalmente mais pessoas por meio da vacinação. "Sofremos um sério acidente nos derivativos e na securitização", afirma Shiller. "O Titanic naufragou há um século, mas não paramos de navegar pelo Atlântico."

Obviamente, as pessoas pensavam duas vezes antes entrar em um navio, pelo menos por algum tempo. Porém, se dermos ouvidos apenas aos nossos medos, perdemos o próprio dinamismo que nos impulsionou até aqui. Esse é o cerne do apelo de Shiller por mais derivativos e maior inovação. Esse apelo é difícil de ser promovido em uma época em que os derivativos provocaram tanta devastação. Mas ele nos lembra de que os instrumentos que nos trouxeram até aqui não devem ser responsabilizados; eles podem ser mal utilizados e bem utilizados. E tentar deter a corrente inefável de criatividade humana é uma tarefa inútil.

Fonte: Extraído de Zachary Karabell, "The Case for Derivatives", *Newsweek*, 2 de fevereiro de 2009. © 2009 The Newsweek/Daily Beast Company LLC. Todos os direitos reservados. Dados utilizados com permissão.

---

de venda protetora aumentará páreo a páreo com o preço da ação quando o preço da ação for superior a X.

A Figura 15.7 evidencia que a opção de venda protetora oferece alguma segurança contra quedas no preço das ações porque ela restringe os prejuízos. Como veremos no Capítulo 16, as estratégias de opção de venda protetora são a base conceitual do setor de seguros de carteira. O custo da proteção é aquele que, em caso de elevação do preço das ações, corresponde a uma redução no lucro equivalente ao custo da opção de venda, que acabou se revelando desnecessária.

Esse exemplo também mostra que, não obstante a percepção comum de que "derivativo significa risco", os títulos derivativos podem ser utilizados eficazmente para **gestão de riscos**. Na verdade, a gestão de riscos está sendo reconhecida como parte da responsabilidade fiduciária dos gestores financeiros. Aliás, em um processo judicial bastante citado, *Brane versus Roth*, o conselho de administração de uma empresa foi processada por não utilizar derivativos para se proteger contra o risco de preço dos grãos mantidos em armazenagem. Essa proteção poderia ter sido obtida com opções de venda protetoras. Alguns observadores acreditam que esse caso acabará fazendo a utilização de derivativos e de outras técnicas de gestão de riscos tornar-se uma obrigação legal para as empresas em geral.

A afirmação de que os derivativos podem ser considerados mais apropriadamente instrumentos de gestão de riscos pode parecer surpreendente em virtude da crise de crédito dos últi-

gestão de riscos
Estratégias para restringir o risco de uma carteira.

APLICAÇÕES EXCEL

Straddles e spreads

eXcel
Acesse grupoa.com.br

Utilizar planilhas para analisar combinações de opções é muito útil. Quando os modelos básicos são desenvolvidos, é fácil estender a análise para diferentes pacotes de opções. O modelo Excel de "Spreads e Straddles" mostrado a seguir pode ser utilizado para avaliar a lucratividade de diferentes estratégias.

	A	B	C	D	E	F	G	H	I	J	K	L
1						Spreads e straddles						
2												
3	Preços das ações											
4	Preço de mercado inicial	116,5										
5	Preço de mercado final	130							X 110 straddle			X 120 straddle
6							Preço final da ação	Lucros		Preço final da ação	Lucros	
7	Opções de compra:							−15,40			−24	
8	Strike de opções de compra	Preço	Payoff	Lucro	Retorno (%)		50	24,60		50	36	
9	110	22,80	20	−2,80	−12,28		60	14,60		60	26	
10	120	16,80	10	−6,80	−40,48		70	4,60		70	16	
11	130	13,60	0	−13,60	−100		80	−5,40		80	6	
12	140	10,30	0	−10,30	−100		90	−15,40		90	−4	
13							100	−25,40		100	−14	
14	Strike de opções de venda	Preço	Payoff	Lucro	Retorno (%)		110	−35,40		110	−24	
15	110	12,60	0	−12,60	−100		120	−25,40		120	−34	
16	120	17,20	0	−17,20	−100		130	−15,40		130	−24	
17	130	23,60	0	−23,60	−100		140	−5,40		140	−14	
18	140	30,50	10	−20,50	−67,21		150	4,60		150	−4	
19							160	14,60		160	6	
20	Straddle	Preço	Payoff	Lucro	Retorno (%)		170	24,60		170	16	
21	110	35,40	20	−15,40	−43,50		180	34,60		180	26	
22	120	34	10	−24	−70,59		190	44,60		190	36	
23	130	37,20	0	−37,20	−100		200	54,60		200	46	
24	140	40,80	10	−30,80	−75,49		210	64,60		210	56	
25												

Questão Excel

1. Utilize os dados desta planilha para criar um gráfico dos lucros em um *spread* altista (consulte a Figura 15.10) com $X_1 = 120$ e $X_2 = 130$.

---

mos anos. Essa crise foi imediatamente precipitada quando as posições altamente arriscadas que várias instituições financeiras haviam estabelecido em derivativos de crédito explodiriam em 2007 a 2008, provocando grandes prejuízos e resgates financeiros por parte do governo. Contudo, as mesmas características que tornam os derivativos instrumentos eficazes para aumentar o risco também os tornam altamente eficazes para gerenciar riscos, pelo menos quando utilizados de maneira apropriada. Os derivativos foram adequadamente comparados com instrumentos de poder: eles são extremamente úteis em mãos habilidosas, mas também muito perigosos quando não são manipulados com cuidado. O quadro a seguir defende que os derivativos são fundamentais para a gestão de riscos.

opção de compra coberta
Lançamento de uma opção de compra sobre um ativo e compra simultânea do ativo.

Opções de compra cobertas Uma posição de **opção de compra coberta** refere-se à compra de uma ação e à venda simultânea de uma opção de compra sobre essa ação. A opção lançada é "coberta" porque a possível obrigação de entregar a ação pode ser cumprida utilizando-do a ação mantida na carteira. O lançamento de uma opção sem uma posição de compensação em ações é chamada, em contraposição, de *lançamento de opção a descoberto*. O *payoff* de uma opção de compra coberta, apresentado na Tabela 15.2, é igual ao valor da ação menos o *payoff* da opção de compra. O *payoff* da opção de compra é subtraído porque a posição da opção de compra coberta exige a emissão de uma opção de compra para outro investidor que possa decidir exercê-la a fim de lucrar à sua custa.

A linha sólida na Figura 15.8C mostra o padrão de *payoff*. Você pode ver que a posição total vale S_T quando o preço da ação no tempo T é inferior a X e sobe para um máximo de X quando S_T ultrapassa X. Em essência, a venda da opção de compra significa que o lançador dessa opção

TABELA 15.2 *Payoff* de uma opção de compra coberta

	$S_T \leq X$	$S_T > X$
Payoff da ação	S_T	S_T
− *Payoff* da opção de compra	−0	−$(S_T − X)$
Total	S_T	X

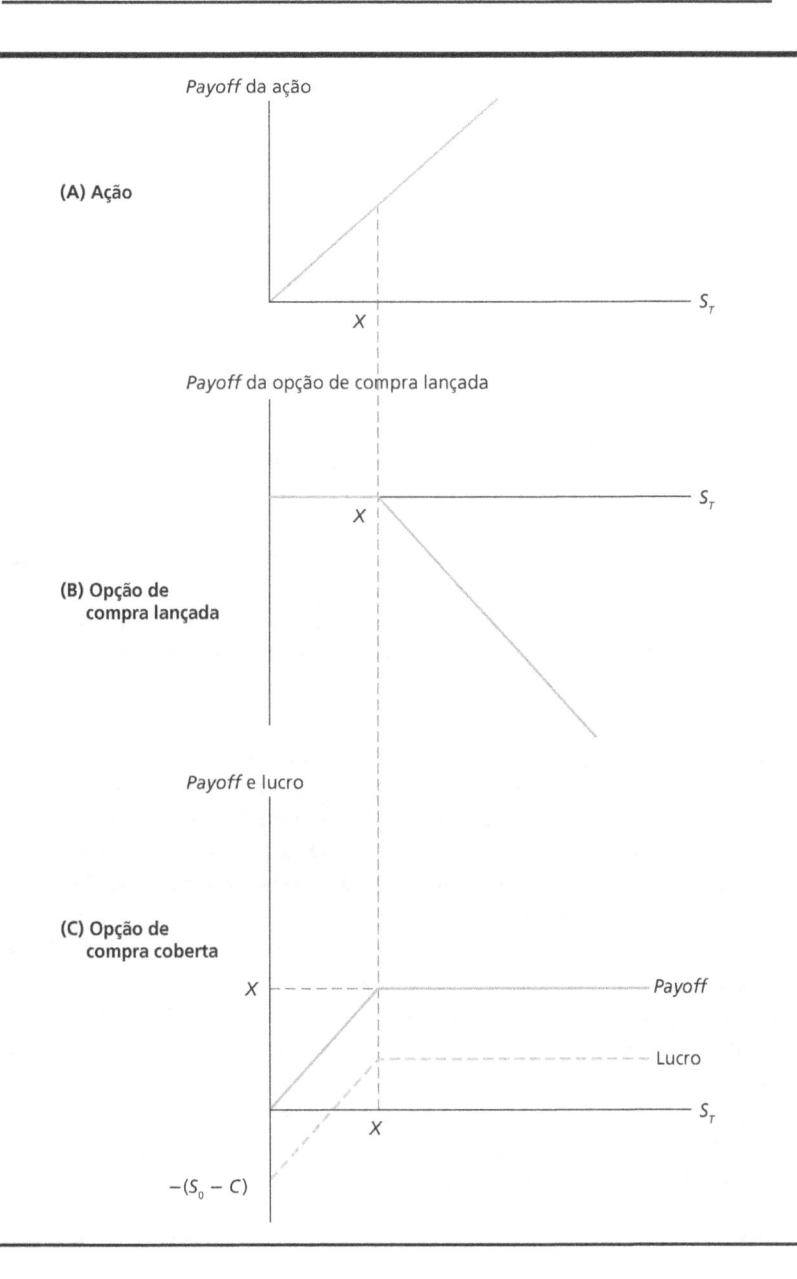

FIGURA 15.8
Valor de uma posição de opção de compra coberta no vencimento.

(A) Ação — *Payoff* da ação

(B) Opção de compra lançada — *Payoff* da opção de compra lançada

(C) Opção de compra coberta — *Payoff* e lucro; −$(S_0 − C)$

vendeu o direito a qualquer valor de ação acima de X em troca de um prêmio inicial (o preço de resgate). Portanto, no vencimento, a posição vale no máximo X. A linha tracejada na Figura 15.8C representa o lucro líquido da opção de compra coberta.

O lançamento de opções de compra cobertas tornou-se uma estratégia de investimento comum entre os investidores institucionais. Pense nos gestores de um fundo que investiram amplamente em ações. Eles podem achar interessante lançar opções de compra sobre algumas ou todas as ações para aumentar a receita dos prêmios arrecadados. Ainda que por isso eles percam o direito a possíveis ganhos de capital, caso o preço das ações fique acima do preço de exercício, se eles virem X como o preço pelo qual eles pretendem vender a ação em qualquer caso, então a opção de compra pode ser vista como a imposição de um tipo de "disciplina de venda". A opção de compra lançada garante que a venda da ação ocorra de acordo com o planejado.

EXEMPLO 15.4
Opção de compra coberta

> Suponhamos que um fundo de pensão tenha mil ações da GXX, com preço atual de US$ 130 cada ação. Digamos que o gestor da carteira pretenda vender todas as mil ações se o preço chegar a US$ 140 e que uma opção de compra com vencimento em 90 dias e preço de exercício de US$ 140 está sendo vendida atualmente por US$ 5. Ao lançar dez contratos de opção de compra da GXX (de 100 ações cada), o fundo pode obter US$ 5.000 de lucro extra. O fundo perderia sua parcela de lucro com qualquer oscilação nas ações da GXX acima do preço unitário de US$ 140. Contudo, como o fundo teria vendido suas ações por US$ 140, de qualquer forma ele não obteria esse lucro.

straddle
Combinação de uma opção de compra e uma opção de venda, ambas com o mesmo preço de exercício e data e vencimento.

Straddle Um *straddle* comprado é estabelecido com a compra de um opção de compra e uma opção de venda sobre uma ação, ambas com o mesmo preço de exercício, X, e a mesma data de vencimento, T. Os *straddles* são estratégias úteis para os investidores que acreditam que o preço de uma ação mudará muito, mas não têm certeza sobre a direção dessa mudança. Por exemplo, suponhamos que você acredite que um processo judicial importante e decisivo para o destino de uma empresa está prestes a ser decidido e que o mercado ainda não está ciente da situação. As ações dobrarão de valor se a decisão for favorável ou cairão pela metade se a decisão for contra a empresa. A posição *straddle* terá sucesso independentemente do resultado porque seu valor será máximo quando o preço da ação apresentar oscilações extremas acima ou baixo de X.

O pior cenário para um *straddle* é não haver oscilação no preço das ações. Se S_T for igual a X, tanto a opção de compra quanto a opção de venda vencerão sem valor e o valor desembolsado pelo investidor na compra de ambas as opções será perdido. As posições *straddle* são basicamente apostas na volatilidade. O investidor que estabelece um *straddle* deve pensar que a ação é mais volátil do que o mercado pensa. Em contraposição, os investidores que *lançam straddles* – vendendo uma opção de compra e uma opção de venda – devem acreditar que o mercado é menos volátil. Eles aceitam os prêmios de opção no presente com a expectativa de que o preço da ação não mudará muito antes do vencimento da opção.

O *payoff* de um *straddle* é apresentado na Tabela 15.3. A linha sólida na Figura 15.9C mostra esse *payoff*. Observe que o *payoff* da carteira é sempre positivo, exceto em um ponto em que a carteira tem valor zero, $S_T = X$. Você pode se perguntar por que todos os investidores não adotam então essa estratégia de perda zero. Para entender o motivo, lembre-se de que o *straddle* exige a compra tanto da opção de venda quanto da opção de compra. O valor da carteira no vencimento, embora nunca negativo, mesmo assim deve ser superior ao desembolso inicial para que o investidor em *straddles* tenha lucro.

A linha tracejada na Figura 15.9C representa o lucro de um *straddle*. A linha de lucro ficará abaixo da linha de *payoff* de acordo com o custo da compra do *straddle*, $P + C$. Com base no gráfico, fica claro que a posição *straddle* gerará uma perda se o preço da ação não se desviar consideravelmente de X. Para que o comprador do *straddle* tenha lucro, o preço da ação deve desviar-se de X segundo o valor total desembolsado para comprar a opção de compra e a opção venda.

Os *strips* e *straps* são variações de *straddles*. Um *strip* são duas opções de venda e uma opção de compra sobre um título com o mesmo preço de exercício e a mesma data de vencimento. Um *strap* são duas opções de compra e uma de venda.

15.3 Revisão de **CONCEITOS** Desenhe os gráficos de lucro e *payoff* de *strips* e *straps*.

spread
Combinação de duas ou mais opções de compra ou opção de venda sobre o mesmo ativo com preço de exercício ou prazo de vencimento diferente.

Spreads *Spread* é a junção de duas ou mais opções de compra (ou duas ou mais opções de venda) sobre a mesma ação com preço de exercício ou prazo de vencimento diferente. Algumas opções são compradas, enquanto outras são vendidas ou lançadas. O *money spread* (spread vertical) é a compra de uma opção e a venda simultânea de outra com um preço de exercício diferente. O *time spread* (*spread* pelo tempo) é a venda e compra de opções com data de vencimento diferente.

Considere um *money spread* em que uma opção de compra é comprada pelo preço de exercício X_1, enquanto outra opção de compra com data de vencimento idêntica mas preço de exercício mais alto, X_2, é lançada. O *payoff* dessa posição será a diferença no valor da opção de compra mantida e o valor da opção de compra lançada, como na Tabela 15.4.

TABELA 15.3 Payoff de um straddle

	$S_T \leq X$	$S_T > X$
Payoff da opção de compra	0	$S_T - X$
+ Payoff da opção de venda	$+ (X - S_T)$	$+ 0$
Total	$X - S_T$	$S_T - X$

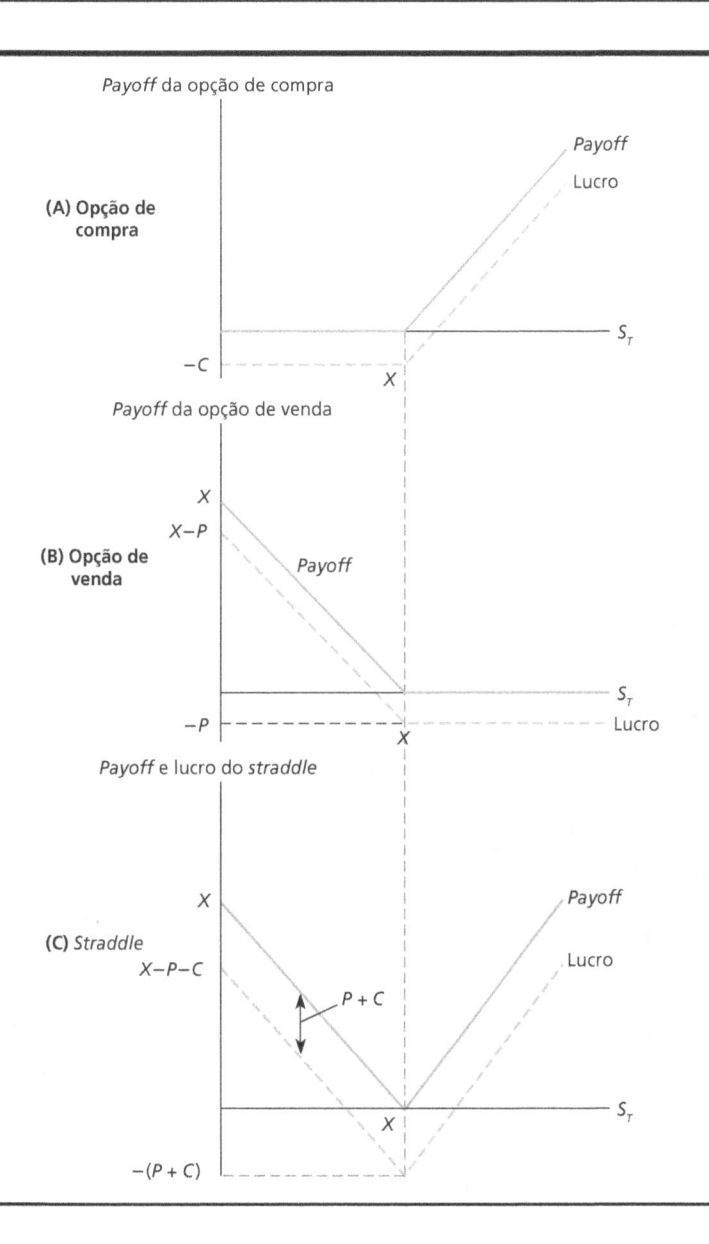

FIGURA 15.9
Payoff e lucro de um straddle no vencimento.

(A) Opção de compra

(B) Opção de venda

(C) Straddle

Agora há três, e não dois, resultados a distinguir: a área de preço mais baixo, onde S_T está abaixo dos dois preços de exercício; uma área intermediária, onde S_T encontra-se entre os dois preços de exercício; e a área de preço alto, onde S_T ultrapassa os dois preços de exercício. A Figura 15.10 mostra o *payoff* e o lucro dessa estratégia, que é chamada de *spread altista* porque o *payoff* aumenta ou não é alterado pela elevação do preço das ações. Os detentores de *spreads* altistas beneficiam-se com o aumento de preço das ações.

Um dos incentivos para um *spread* altista é o investidor pensar que uma opção está muito acima do preço em relação a outra. Por exemplo, o investidor que acredita que uma opção de compra com X = US$ 50 está barata em relação a uma opção com X = US$ 55 pode estabelecer o *spread*, mesmo que não tenha um forte desejo de assumir uma posição altista sobre a ação.

Collars *Collar* é uma estratégia de opção que enquadra o valor de uma carteira entre dois limites. Suponhamos que atualmente um investidor esteja mantendo uma grande posição na

collar
Estratégia de opção que enquadra o valor de uma carteira entre dois limites.

TABELA 15.4 Payoff de um spread altista

	$S_T \leq X_1$	$X_1 < S_T \leq X_2$	$S_T > X_2$
Payoff da primeira opção de venda, preço de exercício = X_1	0	$S_T - X_1$	$S_T - X_1$
− Payoff da segunda opção de compra, preço de exercício = X_2	− 0	− 0	− $(S_T - X_2)$
Total	0	$S_T - X_1$	$X_2 - X_1$

FIGURA 15.10 Valor de uma posição de spread altista no vencimento.

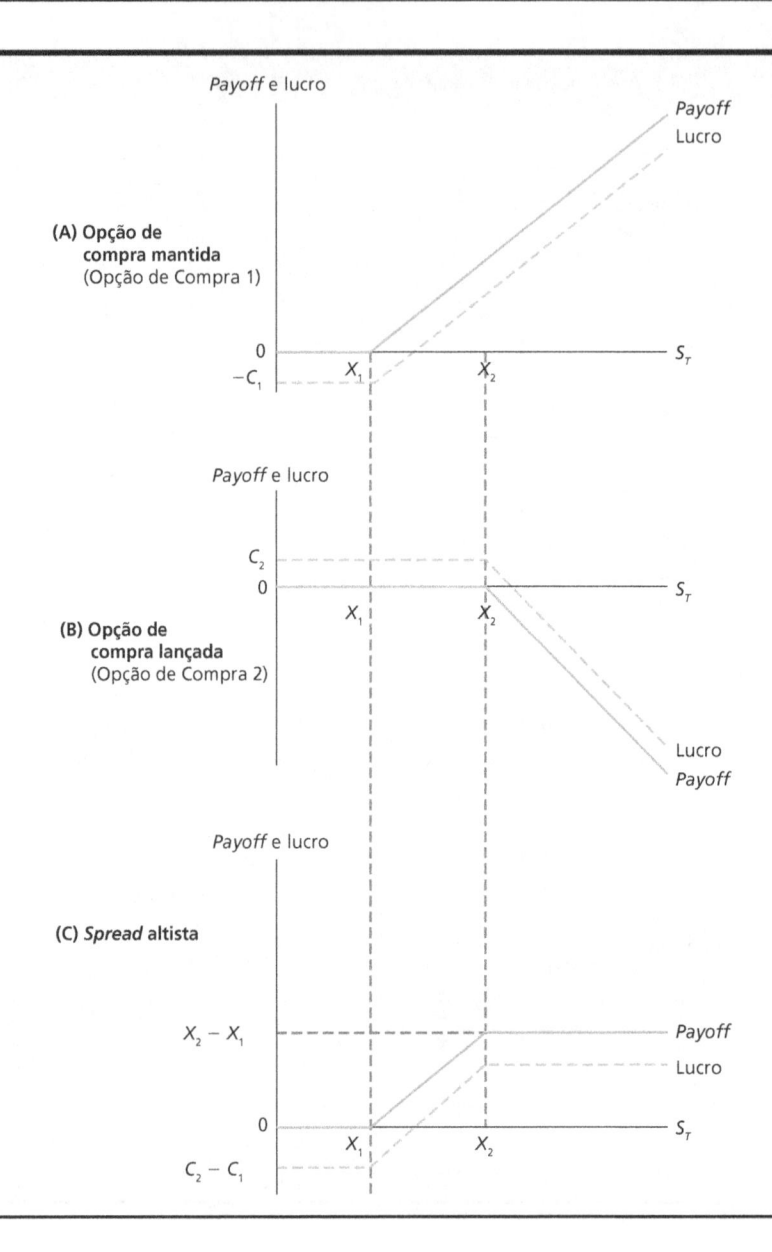

(A) Opção de compra mantida (Opção de Compra 1)

(B) Opção de compra lançada (Opção de Compra 2)

(C) Spread altista

Fin Corp., cujas ações estão sendo vendidas no momento por US$ 70 cada. Um limite inferior de US$ 60 pode ser atribuído ao valor da carteira com a compra de uma opção de compra protetora com preço de exercício de US$ 60. Contudo, essa proteção exige que o investidor pague o prêmio da opção de venda. Para levantar o dinheiro para pagar a opção de venda, o investidor pode lançar uma opção de compra com um preço de exercício de US$ 80, por exemplo. A opção de compra pode ser vendida por aproximadamente o mesmo preço que a opção de venda, o que significa que a despesa líquida das duas posições de opção é em torno de zero. Lançar a opção de compra restringe o potencial de ganho da carteira. Mesmo que o preço da carteira ultrapasse US$ 80, o investidor não conseguirá mais que US$ 80 porque, se o preço for superior, a ação será resgatada. Portanto, o investidor obtém a proteção contra perda representada pelo preço de exercício da opção de venda ao vender seu direito a qualquer potencial de ganho além do preço de exercício da opção de compra.

> **EXEMPLO 15.5**
> *Collars*
>
> Um *collar* seria adequado para um investidor que tem uma meta de lucro em mente mas que não está disposto a correr o risco de sofrer prejuízos além de determinado limite. Suponhamos que você esteja pensando em comprar uma casa por US$ 160.000, por exemplo. Você poderia fixar esse valor como sua meta. Seu patrimônio atual talvez corresponda a US$ 140.000 e você não está disposto arriscar uma perda superior a US$ 20.000. Um *collar* estabelecido pela (1) compra de 2 mil ações vendidas atualmente por US$ 70 cada, pela (2) compra de 2 mil opções de venda (20 contratos de opção) com preço de exercício de US$ 60 e pelo (3) lançamento de 2 mil opções de compra com preço de exercício de US$ 80 lhe ofereceria uma boa probabilidade de obter US$ 20.000 em ganho de capital sem o risco de perder mais de US$ 20.000.

Revisão de CONCEITOS 15.4

Represente graficamente o *payoff* do *collar* descrito no Exemplo 15.5.

15.3. TÍTULOS SEMELHANTES A OPÇÕES

Digamos que você nunca pretenda negociar uma opção diretamente. Por que precisaria avaliar as características das opções ao formular um plano de investimento? Muitos instrumentos e acordos financeiros têm características que transmitem opções implícitas ou explícitas a uma ou mais partes. Para avaliar a utilização desses títulos corretamente, você deve compreender os atributos de opção que eles incorporam.

Obrigações resgatáveis

Você já viu no Capítulo 10 que muitas obrigações corporativas são emitidas com provisões de resgate que dão ao emissor o direito de comprar as obrigações de volta dos obrigacionistas em algum momento futuro, em uma data de resgate estipulada. A provisão de resgate transmite uma opção de compra ao emissor na qual o preço de exercício é igual ao preço pelo qual a obrigação pode ser readquirida. Um acordo de obrigação resgatável é basicamente a venda de uma *obrigação não conversível* (uma obrigação que não tem nenhum atributo de opção, como resgatabilidade ou conversibilidade) para o investidor e a venda simultânea de uma opção de compra pelo investidor para a empresa que está emitindo a obrigação.

Os investidores devem receber alguma recompensa por oferecer essa opção de compra implícita. Se a obrigação resgatável fosse emitida com a mesma taxa de cupom de uma obrigação não conversível, esperaríamos que ela fosse vendida com um desconto em relação à obrigação não conversível igual ao valor da opção de compra. Para vender obrigações resgatáveis pelo valor nominal, as empresas devem emiti-las com taxas de cupom superiores aos cupons sobre dívidas e obrigações não conversíveis. Os cupons mais elevados são a compensação do investidor pela opção de compra retida pelo emissor. As taxas de cupom geralmente são escolhidas para que a obrigação recém-emitida seja vendida pelo valor nominal.

A Figura 15.11 mostra essa característica de semelhança com uma opção. O eixo horizontal representa o valor de uma obrigação não conversível com termos que em outros sentidos são idênticos aos da obrigação resgatável. A linha tracejada de 45 graus representa o valor de uma

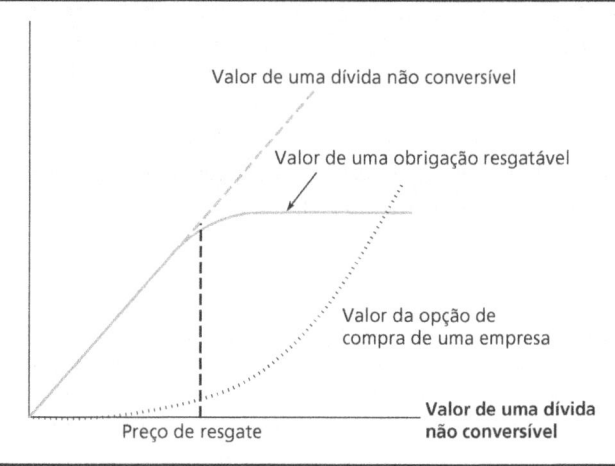

FIGURA 15.11
Valores de uma obrigação resgatável em comparação com uma obrigação não conversível.

dívida não conversível. A linha sólida é o valor da obrigação resgatável e a linha tracejada é o valor da opção de compra mantida pela empresa. O potencial de ganho de capital da obrigação resgatável é restringido pela opção da empresa de recomprar pelo preço de resgate.

> **15.5 Revisão de CONCEITOS** — Até que ponto uma obrigação resgatável é semelhante a uma estratégia de opção de compra coberta sobre uma obrigação não conversível?

A opção inerente nas obrigações resgatáveis na verdade é mais complexa do que um opção de compra comum porque normalmente ela só pode ser exercida após algum período inicial de proteção contra resgate. Além disso, o preço pelo qual a obrigação é resgatável pode mudar com o tempo. Ao contrário das opções listadas em bolsa, essas características são definidas nos contratos de obrigação iniciais e dependerão das necessidades da empresa emissora e de sua percepção sobre as preferências do mercado.

> **15.6 Revisão de CONCEITOS** — Suponhamos que o período da proteção contra resgate seja ampliado. Como isso afetará a taxa de cupom que a empresa necessita oferecer para que possa vender as obrigações pelo valor nominal?

Títulos conversíveis

As obrigações conversíveis e as ações preferenciais conversíveis transmitem opções ao detentor do título, e não à empresa emissora. Normalmente um título conversível concede ao detentor o direito de trocar cada obrigação ou ação preferencial por um número fixo de ações ordinárias, independentemente do preço de mercado dos títulos na época.

> **15.7 Revisão de CONCEITOS** — Uma obrigação conversível emitida pelo valor nominal deve ter uma taxa de cupom mais alta ou mais baixa do que uma obrigação não conversível emitida pelo valor nominal?

Por exemplo, uma obrigação com índice de conversão 10 permite que o detentor converta uma obrigação com valor nominal de US$ 1.000 em 10 ações ordinárias. Alternativamente, dizemos que o preço de conversão nesse caso é US$ 100: para receber 10 ações, o investidor sacrifica obrigações com valor de face de US$ 1.000 ou US$ 100 de valor de face por ação. Se o valor presente dos pagamentos programados da obrigação for menos de 10 vezes o valor de uma ação, talvez valha a pena converter; ou seja, a opção de conversão está dentro do preço. Uma obrigação que vale US$ 950 e tem índice de conversão 10 poderia ser convertida com lucro se a ação estivesse sendo vendida acima de US$ 95, já que o valor das 10 ações recebidas por cada obrigação entregue seria superior a US$ 950. Na maioria das vezes, as obrigações conversíveis são emitidas "bem além do preço". Isto é, o emissor estabelece o índice de conversão para que a conversão só seja lucrativa se houver um aumento considerável no preço das ações e/ou uma queda no preço das obrigações desde o momento da emissão.

O valor de conversão de uma obrigação é igual ao valor que ela teria se você a convertesse em ações imediatamente. É óbvio que uma obrigação deve ser vendida no mínimo por seu valor de conversão. Se não, você poderia comprá-la, convertê-la imediatamente e obter lucro sem nenhum risco. Essa condição nunca poderia persistir, porque todos os investidores adotariam essa estratégia e rapidamente elevariam o preço da obrigação.

O valor da obrigação não conversível ou "piso da obrigação" é o valor que a obrigação teria se não fosse conversível em ações. A obrigação deve ser vendida por um valor superior ao seu valor de obrigação não conversível porque uma obrigação conversível tem maior valor. Na verdade, ela é uma obrigação não conversível mais uma opção de compra valiosa. Portanto, a obrigação conversível tem dois limites sobre seu preço de mercado: o valor de conversão e o valor de obrigação não conversível.

A Figura 15.12 mostra as características de semelhança da obrigação conversível com as opções. A Figura 15.12A mostra o valor da dívida não conversível como função do preço da ação da empresa emissora. Para empresas saudáveis, o valor da dívida não conversível é quase independente do valor da ação porque o risco de inadimplência é pequeno. Entretanto, se a empresa estiver à beira da falência (os preços das ações estiverem baixos), o risco de inadimplência aumentará

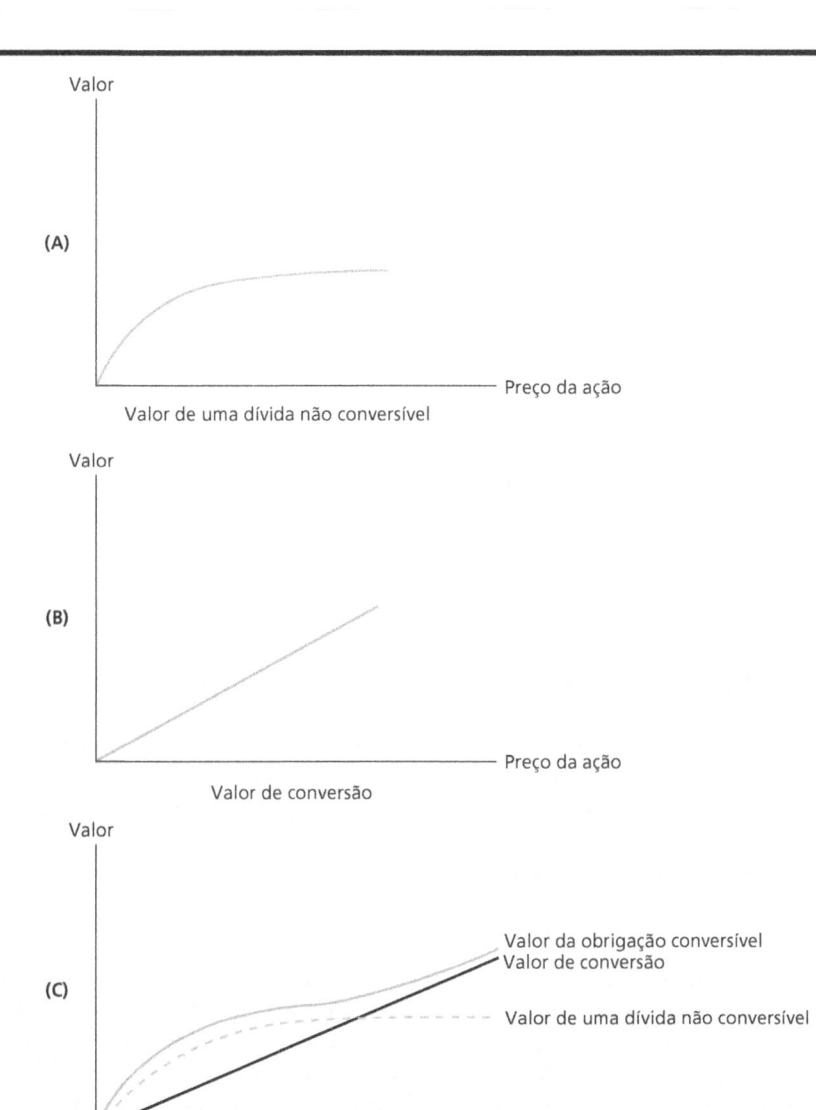

FIGURA 15.12
Valor de uma obrigação conversível como função do preço da ação.

e o valor da obrigação não conversível diminuirá. O Painel B mostra o valor de conversão da obrigação. O Painel C compara o valor da obrigação conversível com esses dois limites inferiores.

Quando o preço das ações está baixo, o valor da obrigação não conversível é o limite inferior real, e a opção de conversão é praticamente irrelevante. A obrigação conversível será negociada como uma dívida não conversível. Quando os preços das ações estão altos, o preço da obrigação é determinado por seu valor de conversão. Com a conversão quase garantida, a obrigação é em essência uma ação disfarçada.

Podemos mostrar isso com dois exemplos.

	Obrigação A	Obrigação B
Cupom anual	US$ 80	US$ 80
Data de vencimento	10 anos	10 anos
Classificação de qualidade	Baa	Baa
Índice de conversão	20	25
Preço da ação	US$ 30	US$ 50
Valor de conversão	US$ 600	US$ 1.250
Rendimento de mercado em obrigações Baa de 10 anos	8,5%	8,5%
Valor como dívida não conversível	US$ 967	US$ 967
Preço da obrigação real	US$ 972	US$ 1.255
Rendimento até o vencimento divulgado	8,42%	4,76%

A obrigação A tem um valor de conversão de apenas US$ 600. Entretanto, seu valor como dívida não conversível é US$ 967. Esse é o valor presente dos pagamentos de cupom e principal de uma dívida não conversível de 8,5%, aplicando-se uma taxa de mercado. O preço da obrigação é US$ 972. Portanto, o prêmio sobre o valor da obrigação não conversível é apenas US$ 5, o que reflete a baixa probabilidade de conversão. O rendimento até o vencimento divulgado, com base nos pagamentos de cupom programados e no preço de mercado de US$ 972, é 8,42%, próximo ao de uma dívida não conversível.

A opção de conversão sobre a obrigação B está dentro do preço. O valor da conversão é US$ 1.250 e o preço da obrigação, US$ 1.255, reflete seu valor como patrimônio (mais US$ 5 pela proteção que a obrigação oferece contra a queda no preço da ação). O rendimento divulgado da obrigação é 4,76%, bem abaixo do rendimento comparável sobre a dívida não conversível. Esse grande prejuízo no rendimento pode ser atribuído ao valor bem mais alto da opção de conversão.

Em teoria, poderíamos avaliar as obrigações conversíveis tratando-as como dívida não conversível mais opção de compra. Entretanto, na prática, essa abordagem muitas vezes é impraticável por vários motivos:

1. preço de conversão com frequência aumenta com o tempo, o que quer dizer que o preço de exercício da opção muda.
2. As ações podem pagar vários dividendos durante a vida de uma obrigação, o que complica ainda mais a análise do valor da opção.
3. A maioria das obrigações conversíveis também pode ser resgatada a critério da empresa. Em essência, tanto o investidor quanto o emissor mantêm opções um sobre o outro. Quando o emissor exerce sua opção de compra para recomprar a obrigação, os obrigacionistas normalmente têm um mês durante o qual ainda podem realizar a conversão. Quando os emissores utilizam uma opção de compra, sabendo que os obrigacionistas optarão por converter, diz-se que o emissor *forçou a conversão*. Essas condições juntas significam que o vencimento real da obrigação é indeterminado.

Warrants

warrant
Opção emitida pela empresa para comprar ações da própria empresa.

Basicamente, os **warrants** são opções de compra emitidas por uma empresa. Uma diferença importante entre as opções de compra e os *warrants* é que o exercício de um *warrant* exige que a empresa emita uma nova cota de ações para satisfazer sua dívida – o número total de ações em circulação aumenta. O exercício de uma opção de compra exige apenas que o lançador da opção entregue uma ação já emitida para satisfazer essa dívida. Nesse caso, o número de ações em circulação permanece estável. Além disso, diferentemente das opções de compra, os *warrants* geram fluxo de caixa para a empresa quando seu detentor paga o preço de exercício. Essas diferenças significam que os valores dos *warrants* serão um pouco diferentes dos valores das opções de compra com termos idênticos.

Como a dívida conversível, os termos do *warrant* podem ser ajustados para atender às necessidades da empresa. Além disso, tal como a dívida conversível, geralmente os *warrants* são protegidos contra divisão de ações e dividendos porque o preço de exercício e o número de *warrants* mantidos são ajustados para compensar os efeitos da divisão.

Com frequência, os *warrants* são emitidos com outro título. Por exemplo, as obrigações podem ser oferecidas com o "incentivo" de um *warrant*, com frequência um *warrant* que pode ser vendido separadamente. Ele é chamado de *warrant destacável*.

As emissões de *warrants* e títulos conversíveis criam a possibilidade de o número de ações em circulação aumentar em caso de exercício. Obviamente, o exercício afetaria as estatísticas financeiras que são calculadas por ação, o que obrigaria os relatórios anuais a fornecer os valores de lucro por ação supondo que todos os títulos conversíveis e *warrants* conversíveis são exercidos. Esses números são chamados de *lucros por ação totalmente diluídos*.[3]

Empréstimos com garantia

Muitos acordos de empréstimo exigem que o tomador providencie uma caução para garantir que o empréstimo será ressarcido. Em caso de inadimplência, o credor toma posse da garantia.

---

[3] Devemos observar que o exercício de uma obrigação conversível não precisa reduzir o lucro por ação (EPS). O EPS diluído será inferior ao EPS não diluído somente se os juros economizados (por ação) sobre as obrigações convertidas forem inferiores ao EPS anterior.

Um *empréstimo sem recurso* não oferece nenhum recurso ao credor além do direito à garantia. Ou seja, o credor não pode processar o tomador para obter pagamento adicional se por acaso a garantia se revelar insuficiente para ressarcir o empréstimo.[4]

Esse esquema oferece ao tomador de empréstimo uma opção de compra implícita. Suponhamos que o tomador seja obrigado a ressarcir L dólares no vencimento do empréstimo. A garantia valerá S_T dólares no vencimento. (Seu valor hoje é S_0.) O tomador tem a opção de aguardar até o vencimento do empréstimo e ressarci-lo somente se a garantia valer mais do que os L dólares necessários para satisfazer o empréstimo. Se o valor da garantia for inferior a L, o tomador pode deixar de pagar o empréstimo e, para cumprir sua obrigação, abrir mão da garantia, que vale apenas S_T.

Poderíamos descrever esse tipo de empréstimo de outra forma: o tomador transfere a garantia ao concessor, mas mantém o direito de reivindicá-la ao liquidar o empréstimo. A transferência de garantia com o direito de reivindicá-la é equivalente ao pagamento de S_0 dólares menos a recuperação simultânea de uma soma semelhante a uma opção de compra com preço de exercício L. Em vigor, o tomador transfere a garantia, mas mantém a opção de "recomprá-la" por L dólares no vencimento do empréstimo se L se revelar inferior a S_T. Trata-se de uma opção de compra.

Uma terceira forma de ver um empréstimo com garantia é supor que o tomador com certeza ressarcirá os L dólares, mas manterá a opção de vender a garantia ao concessor por L dólares, mesmo se S_T for inferior a L. Nesse caso, a venda da garantia geraria o caixa necessário para satisfazer o empréstimo. A possibilidade de "vender" a garantia por um preço de L dólares representa uma opção de venda, que assegura que o tomador pode levantar dinheiro suficiente para satisfazer o empréstimo simplesmente transferindo a garantia.

A Figura 15.13 mostra essas interpretações. A Figura 15.13A é o valor do pagamento a ser recebido pelo concessor, que é igual ao mínimo de S_T ou L. O Painel B mostra que esse valor pode ser expresso como S_T menos o *payoff* da opção de compra implicitamente lançada pelo concessor e mantida pelo tomador. O Painel C mostra que isso pode ser visto também como um recibo de L dólares menos o rendimento de uma opção de venda.

Ações alavancadas e dívida de risco

Os investidores que mantêm ações em empresas incorporadas são protegidos por responsabilidade limitada. Isso significa que, se a empresa não conseguir pagar suas dívidas, os credores da empresa podem prender apenas os ativos da empresa e não podem processar os acionistas para obter pagamento adicional. Em vigor, em qualquer momento em que a empresa contrair um empréstimo, a garantia máxima possível para o empréstimo será o total de ativos da empresa. Se a empresa declarar falência, podemos interpretar isso como um reconhecimento de que os ativos da empresa não são suficientes para atender às reivindicações contra ela. A empresa poderá cumprir suas obrigações transferindo a propriedade dos ativos da empresa aos credores.

Da mesma forma que para os empréstimos com garantia sem recurso, o pagamento exigido aos credores representa o preço de exercício da opção implícita, enquanto o valor da empresa é o ativo subjacente. Os acionistas têm uma opção de venda para transferir seu direito de propriedade sobre a empresa aos credores em troca do valor de face da dívida da empresa.

Alternativamente, os acionistas poderiam manter a opção de compra. Em vigor, eles já transferiram seu direito de propriedade sobre a empresa aos credores, mas mantiveram o direito de readquirir o direito de propriedade ao pagar o empréstimo. Assim sendo, os acionistas têm a opção de "readquirir" a empresa por um preço especificado ou têm uma opção de compra.

Essa observação é importante porque os analistas podem avaliar as obrigações corporativas utilizando técnicas de precificação de opções. Em princípio, o prêmio de inadimplência exigido de dívidas de risco pode ser estimado por meio de modelos de avaliação de opções. Examinaremos alguns desses modelos no Capítulo 16.

---

[4] Obviamente, na vida real ficar inadimplente não é tão simples assim. Além da perda de reputação, há fatores relacionados ao comportamento ético. Essa descrição diz respeito a um empréstimo sem recurso autêntico em que ambas as partes concordam desde o princípio que apenas a caução respaldará o empréstimo e que a inadimplência não será considerada um sinal de má-fé se a garantia for insuficiente para ressarcir o empréstimo.

FIGURA 15.13
Empréstimo com garantia:
A: *Payoff* do empréstimo com garantia.
B: O concessor de empréstimos pode ser visto como a parte que recebe a garantia do tomador, mas emite uma opção para o tomador para que resgate a garantia pelo valor nominal do empréstimo.
C: O concessor de empréstimos pode ser visto como a parte que recebe a garantia do tomador, mas emite uma opção para o tomador para que resgate a garantia pelo valor nominal do empréstimo.

(A) *Payoff* do concessor de empréstimos

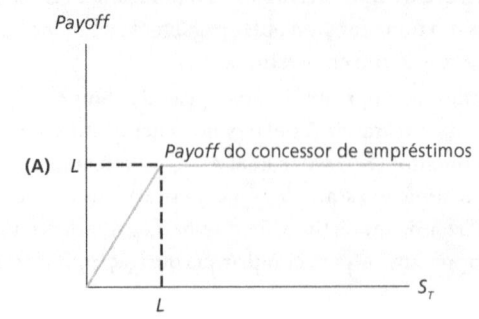

Quando S_T ultrapassa L, o empréstimo é ressarcido e a garantia é resgatada. Do contrário, a garantia é confiscada e o *payoff* total do empréstimo vale passa a valer apenas S_T.

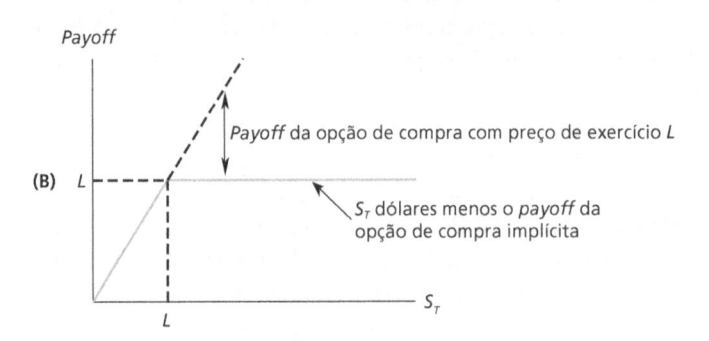

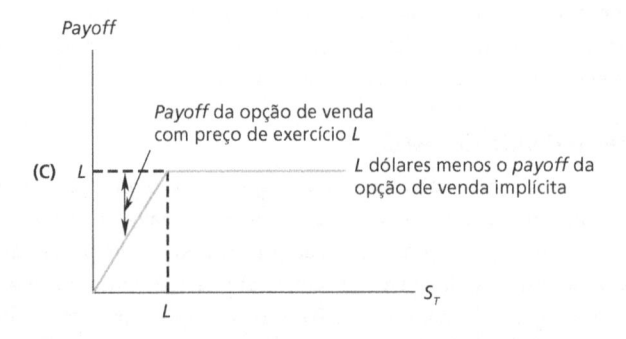

(B) *Payoff* da opção de compra com preço de exercício L

S_T dólares menos o *payoff* da opção de compra implícita

(C) *Payoff* da opção de venda com preço de exercício L

L dólares menos o *payoff* da opção de venda implícita

15.4. OPÇÕES EXÓTICAS

Os investidores certamente valorizam as estratégias de carteira possibilitadas pela negociação de opções. Isso pode ser comprovado pelo grande volume de negociações que ocorrem nesses mercados e por seu enorme sucesso. O sucesso enseja a imitação e nos últimos anos assistimos a uma imensa inovação na variedade de instrumentos de opção que os investidores têm à sua disposição. Parte dessa inovação ocorreu no mercado de opções personalizadas, que agora são negociadas em mercados de balcão ativos. Muitas dessas opções têm termos contratuais que mesmo há alguns anos seriam extremamente incomuns; por isso, elas são chamadas de *opções exóticas*. Nesta seção, analisaremos algumas das variantes mais interessantes desses novos instrumentos.

Opções asiáticas

Você já foi apresentado às opções americanas e europeias. As *opções asiáticas* são opções cujo *payoff* depende do preço médio (e não final) do ativo subjacente pelo menos durante parte da vida da opção. Por exemplo, uma opção de compra asiática pode ter um *payoff* igual ao preço médio da ação ao longo dos últimos três meses menos o preço de exercício, se esse valor for positivo ou zero. Essas opções podem ser interessantes para empresas que desejam proteger um fluxo de lucros que depende do preço médio de uma *commodity* durante um espaço de tempo.

Opções com conversão em moeda

Nas *opções com conversão em moeda*, o preço do ativo ou o preço de exercício é denominado em moeda estrangeira. Um bom exemplo desse tipo de opção é o *quanto*, que permite que o investidor fixe com antecedência a taxa de câmbio pela qual um investimento em moeda estrangeira pode ser reconvertido em dólares, por exemplo. O direito de converter uma quantia fixa de moeda estrangeira em dólares, utilizando determinada taxa de câmbio, é uma opção de câmbio exterior simples. Entretanto, os *quantos* são mais interessantes porque o valor em moeda que será convertido em dólares depende do desempenho do investimento do título estrangeiro. Desse modo, o *quanto* na verdade oferece um *número aleatório* de opções.

Opções digitais

As *opções digitais*, também chamadas de opções *binárias* ou "*bet*" ("aposta"), têm um *payoff* fixo que depende de o preço do ativo subjacente satisfazer determinada condição. Por exemplo, uma opção de compra binária pode pagar uma quantia fixa de US$ 100 se o preço da ação no vencimento superar o preço de exercício. A Bolsa de Opções de Chicago lista opções binárias sobre o S&P 500, mas até o momento o volume de negociações tem sido pequeno.

RESUMO

- Uma opção de compra é o direito de comprar um ativo por um preço de exercício combinado. Uma opção de venda é o direito de vender um ativo por determinado preço de exercício.
- As opções americanas permitem o exercício na data de exercício ou antes dela. As opções europeias permitem o exercício apenas na data de vencimento. As opções negociadas são em sua maioria do tipo americano.
- As opções são negociadas em ações, índices de ações, moedas estrangeiras, títulos de renda fixa e vários contratos de futuros.
- As opções podem ser utilizadas para alavancar o risco de um investidor em relação ao preço de um ativo ou para oferecer um seguro contra a volatilidade dos preços dos ativos. As estratégias de opção mais conhecidas são as opções de compra cobertas, as opções de venda protetoras, os *straddles* e os *spreads*.
- Muitos dos títulos comumente negociados têm as características de uma opção. Exemplos desse tipo de título são as obrigações resgatáveis, as conversíveis e os *warrants*. Outros esquemas, como os empréstimos com garantia e a contração de empréstimo com responsabilidade limitada, podem ser analisados como se transmitissem opções implícitas a uma ou mais partes.

FÓRMULAS BÁSICAS

$$\text{Payoff da opção de compra} = \begin{cases} S - X & \text{se } S > X \\ 0 & \text{se } S \leq X \end{cases}$$

$$\text{Payoff do detentor de opção de venda} = \begin{cases} 0 & \text{se } S_T > X \\ X - S_T & \text{se } S_T \leq X \end{cases}$$

CONJUNTO DE PROBLEMAS

Básicos

1. Afirmamos que as opções podem ser utilizadas para aumentar ou diminuir o risco da carteira geral. Cite alguns exemplos de estratégias de opção para aumentar e para diminuir o risco. Explique cada uma delas. (OA 15.2)
2. Por que você acha que as opções negociadas mais ativamente tendem a ser as opções próximas do preço? (OA 15.1)
3. As cotações de preço a seguir são para opções listadas em bolsa de ações ordinárias da Primo Corporation.

Empresa	Strike	Vencimento	Opção de compra	Opção de venda
Primo 61,12	55	Fev.	7,25	0,48

Cadastre-se no *site* do Grupo A e procure pela página deste livro para consultar os Suplementos do capítulo.

Ignorando os custos de transação, quanto um comprador teria de pagar por um contrato de opção de compra? (OA 15.1)

4. Volte à Figura 15.1, que relaciona os preços de várias opções da IBM. Utilize os dados dessa figura para calcular o *payoff* e os lucros do investimento em cada uma das opções a seguir, com vencimento em janeiro de 2012, presumindo que o preço da ação na data de vencimento é US$ 165. (OA 15.1)
    a. Opção de compra, $X = 160$
    b. Opção de venda, $X = 160$
    c. Opção de compra, $X = 165$
    d. Opção de venda, $X = 165$
    e. Opção de compra, $X = 170$
    f. Opção de venda, $X = 170$

5. Você compra um contrato de opção de venda da IBM com preço de exercício de 160 e vencimento em setembro por um prêmio de US$ 2,62. Qual será seu maior lucro possível? (Consulte a Figura 15.1.) (OA 15.1)

6. Um investidor compra uma opção de compra por US$ 4,50, com um preço de exercício of US$ 40. A que preço de ação o investidor não obterá lucro nem sofrerá prejuízo na compra da opção de compra? (OA 15.1)

7. Você estabelece um *straddle* sobre o Walmart utilizando opções de compra e de venda com vencimento em setembro e preço de exercício de US$50. O prêmio da opção de compra é US$ 4,25 e o prêmio da opção de venda é US$ 5. (OA 15.2)
    a. Qual o máximo que você pode perder nessa posição?
    b. Qual será seu lucro ou prejuízo se as ações do Walmart em setembro estiverem sendo vendidas por US$ 58?
    c. A que preço de ação você não obterá lucro nem sofrerá prejuízo com o *straddle*?

8. O diagrama a seguir mostra o valor de uma opção de venda no vencimento:

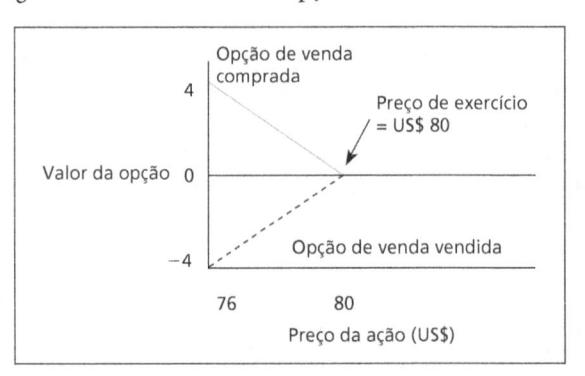

Ignorando os custos de transação, quais das afirmações a seguir sobre o valor de uma opção de venda no vencimento é *verdadeira*? (OA 15.1)
    a. O valor no vencimento da posição vendida a descoberto na opção de venda será US$ 4 se o preço da ação for US$ 76.
    b. O valor no vencimento da posição comprada na opção de venda será –US$ 4 se o preço da ação for US$ 76.
    c. A opção de venda comprada terá um valor positivo no vencimento quando o preço da ação for inferior a US$ 80.
    d. O valor da posição vendida na opção de venda será zero se o preço da ação for igual ou superior a US$ 76.

Intermediários

9. Você é um gestor de carteira que utiliza posições de opção para personalizar o perfil de risco de seus clientes. Em cada caso, qual estratégia é melhor, tendo em vista o objetivo de seu cliente? (OA 15.2)
    a. • Desempenho até o momento: No máximo 16%.
       • Objetivo do cliente: Obter no mínimo 15%.

- Seu cenário: Boa probabilidade de ganhos importantes no preço das ações ou de perdas importantes entre o momento atual e o fim do ano.
    i. *Straddle* comprado (*long*).
    ii. *Spread* comprado (*long*) altista.
    iii. *Straddle* vendido (*short*).
b.
- Desempenho até o momento: No máximo 16%.
- Objetivo do cliente: Obter no mínimo 15%.
- Seu cenário: Boa probabilidade de perdas importantes no preço das ações entre o momento atual e o fim do ano.
    i. Opções de venda compradas.
    ii. Opções de compra vendidas.
    iii. Opções de compra compradas.

10. Um investidor compra uma ação por US$ 38 e uma opção de venda por US$ 0,50, com preço de exercício de US$ 35. O investidor vende uma opção de compra por US$ 0,50 com preço de exercício de US$ 40. Qual o lucro máximo e o prejuízo máximo dessa posição? Desenhe o diagrama de lucro e prejuízo para essa estratégia como função preço da ação no vencimento. (OA 15.1)

11. Imagine que você esteja mantendo 5 mil ações que, no momento, estão sendo vendidas pelo preço unitário de US$ 40. Você está preparado para vendê-las, mas preferiria adiar a venda até o próximo ano, por motivo tributário. Entretanto, se as mantiver até janeiro, correrá o risco de as ações perderem valor antes do final do ano. Você decide utilizar um *collar* para diminuir o risco de perda sem desembolsar um valor muito alto de fundos adicionais. As opções de compra de janeiro, com preço de exercício de US$ 45, estão sendo vendidas por US$ 2 e as opções de venda de janeiro, com preço de exercício de US$ 35, estão sendo vendidas por US$ 3. Qual será o valor de sua carteira em janeiro (após a dedução dos rendimentos das opções) se o preço da ação acabar sendo (*a*) US$ 30? (*b*) US$ 40? (*c*) US$ 50? Compare esses rendimentos com aquele que você obteria se simplesmente mantivesse as ações. (OA 15.2)

12. Suponhamos que você avalie que as ações da FedEx valorizarão consideravelmente no ano que vem. Digamos que o preço atual da ação, S_0, seja US$ 100 e que a opção de compra que vencerá em um ano tenha um preço de exercício, X, de US$ 100 e esteja sendo vendida por um preço, C, de US$ 10. Com US$ 10.000 para investir, você está pensando em três alternativas:
    a. Investir o total de US$ 10.000 na FedEx, comprando cem ações.
    b. Investir o total de US$ 10.000 em mil opções (10 contratos).
    c. Comprar 100 opções (um contrato) por US$ 1.000 e investir os US$ 9.000 restantes em um fundo de mercado monetário que esteja pagando 4% de juros anualmente.

    Considerando os quatro preços da ação, qual será sua taxa de retorno em cada alternativa? Resuma seus resultados na tabela e no gráfico a seguir. (OA 15.1)

Taxa de retorno sobre o investimento

	Preço da ação daqui a 1 ano			
	US$ 80	US$ 100	US$ 110	US$ 120
a. Todas as ações (100 ações)				
b. Todas as opções (1.000 ações)				
c. Letras + 100 opções				

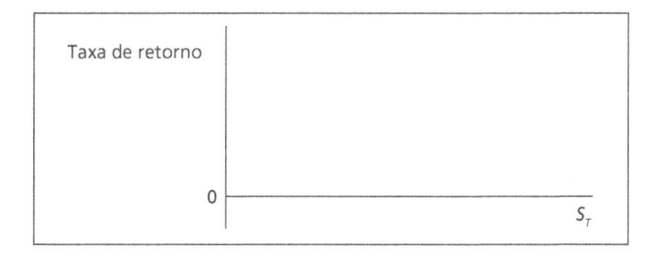

13. As ações ordinárias da P.U.T.T. Corporation foram negociadas em uma faixa de preço apertada no mês anterior e você está convencido de que elas fugirão muito dessa faixa nos próximos três meses. No entanto, você não sabe se elas terão alta ou queda. O preço unitário atual da ação é US$ 100, o preço de uma opção de compra de três meses com preço de exercício de US$ 100 é US$ 10 e uma opção de venda com a mesma data de vencimento e o mesmo preço de exercício custa US$ 7. (OA 15.2)
    a. Qual seria uma estratégia de opção básica para explorar sua convicção quanto aos movimentos futuros do preço da ação?
    b. Quanto o preço precisaria mudar em ambas as direções para você obter lucro em seu investimento inicial?

14. As ações ordinárias da C.A.L.L. Corporation foram negociadas durante meses em uma faixa de preço apertada, em torno de US$ 50 por ação, e você acredita que o preço se manterá nessa faixa nos próximos três meses. O preço de uma opção de venda de três meses com preço de exercício de US$ 50 é US$ 4 e uma opção de compra com a mesma data de vencimento e o mesmo preço de exercício está sendo vendida por US$ 7. (OA 15.2)
    a. Qual seria uma estratégia de opção básica, utilizando uma opção de venda e uma de compra, para explorar sua convicção quanto aos movimentos futuros do preço da ação?
    b. Que lucro máximo você pode obter nessa posição? Até quanto o preço da ação pode chegar em ambas as direções antes que você comece a perder dinheiro?
    c. Como você pode criar uma posição que inclua uma opção de venda, uma opção de compra e um empréstimo sem risco que teria a mesma estrutura de *payoff* que a ação no vencimento? As ações não pagarão dividendos nos próximos três meses. Qual o custo líquido para estabelecer essa posição agora?

15. Joseph Jones, gerente na Computer Science Inc. (CSI), recebeu 10 mil ações como parte de seu pacote de remuneração. Atualmente, as ações são vendidas por US$ 40 cada. Joseph gostaria de adiar a venda das ações até o próximo ano fiscal. Entretanto, em janeiro, ele precisará vender suas ações para dar entrada em sua nova casa. Joseph está preocupado com o risco de preço de manter suas ações. Pelo preço atual, ele receberia US$ 40.000 pelas ações. Se o valor de suas ações ficar abaixo de US$ 35.000, sua capacidade para levantar o valor necessário da entrada pode ser comprometida. Contudo, se o valor das ações aumentasse para US$ 45.000, ele poderia manter uma pequena reserva em dinheiro após a entrada. Joseph considera três estratégias de investimento:
    a. A estratégia A é lançar opções de compra de janeiro sobre as ações da CSI com preço de exercício de US$ 45. Essas opções de compra estão sendo vendidas atualmente por US$ 3 cada.
    b. A estratégia B é comprar opções de venda de janeiro sobre as ações da CSI com preço de exercício de US$ 35. Essas opções também são vendidas por US$ 3 cada.
    c. A estratégia C é estabelecer um *collar* de custo zero lançando as opções de compra de janeiro e comprando as opções de venda de janeiro.

    Avalie cada uma dessas estratégias com relação às metas de investimento de Joseph. Quais são as vantagens e desvantagens de cada uma? Qual você recomendaria? (OA 15.2)

16. a. *Spread* borboleta refere-se à compra de uma opção de compra com preço de exercício X_1, à venda de duas opções de compra pelo preço de exercício X_2 e à compra de uma opção de compra pelo preço de exercício X_3. X_1 é inferior a X_2 e X_2 é inferior a X_3 em valores iguais e as opções de compra têm a mesma data de vencimento. Represente graficamente o *payoff* dessa estratégia.
    b. Uma combinação vertical é a compra de uma opção de compra com preço de exercício X_2 e uma opção de venda com preço de exercício X_1, em que X_2 é superior a X_1. Represente graficamente o *payoff* dessa estratégia. (OA 15.2)

17. *Spread* em baixa é a compra de uma opção de compra com preço de exercício X_2 e a venda de uma opção de compra com preço de exercício X_1, em que X_2 é superior a X_1. Represente graficamente o *payoff* dessa estratégia e compare-o com a Figura 15.10. (OA 15.2)

18. Você está tentando formular uma estratégia de investimento. Por um lado, você acha que há grande probabilidade de alta no mercado de ações e gostaria de tomar parte desse movimento ascendente se ele se materializasse. Por outro, você não pode arcar com prejuízos consideráveis no mercado de ações e, por isso, não pode correr o risco de uma queda na bolsa, o que você também acha que é possível. Seu consultor de investimentos propõe uma

posição de opção de venda protetora: Comprar ações em um fundo de ações de índice de mercado *e* opções de venda sobre essas ações com três meses até o vencimento e preço de exercício de US$ 1.040. Atualmente o índice de ações é US$ 1.200. Entretanto, seu tio sugere que você compre uma opção de compra de três meses no fundo de índice com preço de exercício de US$ 1.120 e compre letras de três meses do Tesouro com valor de face de US$ 1.120. (OA 15.2)

   a. No mesmo gráfico, trace os *payoffs* de cada uma dessas estratégias como função do valor do fundo de ações em três meses. (*Dica*: Pense nas opções como uma "ação" do fundo de índice de ações cujo preço unitário atual é igual a US$ 1.200.)
   b. Qual carteira deve exigir uma despesa inicial maior para ser estabelecida? (*Dica*: Alguma dessas carteiras oferece sempre um *payoff* final pelo menos tão bom quanto o *payoff* da outra carteira?)
   c. Suponhamos que os preços de mercado sejam os seguintes:

Fundo de ações	US$ 1.200
Letras do Tesouro (valor de face US$ 1.120)	1.080
Opção de compra (preço de exercício US$ 1.120)	160
Opção de venda (preço de exercício US$ 1.040)	8

   Crie uma tabela de lucros realizados para cada carteira considerando os seguintes valores de preço de ação em três meses: S_T = US$ 0, US$ 1.040, US$ 1.120, US$ 1.200 e US$ 1.280. Faça um único gráfico dos lucros de cada carteira como função de S_T.
   d. Qual estratégia é mais arriscada? Qual deve ter um beta mais alto?

19. Utilize as planilhas dos quadros "Aplicações Excel" sobre *spreads* e *straddles* (disponíveis em <www.grupoa.com.br>; procure o *link* para o conteúdo do Capítulo 15) para resolver estas questões. (OA 15.1)
    a. Desenhe os diagramas de *payoff* e lucro de uma posição *straddle* com preço de exercício (*strike*) de US$ 130. Presuma que as opções estão precificadas tal como na "Aplicação Excel".
    b. Desenhe os diagramas de *payoff* e lucro de uma posição *spread* com preço de exercício (*strike*) de US$ 120 e US$ 130. Presuma que as opções estão precificadas tal como na "Aplicação Excel".

20. Em que sentido possuir uma obrigação corporativa é semelhante a lançar uma opção de venda? E uma opção de compra? (OA 15.3)

21. Um esquema de remuneração para executivos pode oferecer a um diretor uma bonificação de US$ 1.000 para cada dólar em que as ações da empresa ultrapassar determinado nível de corte. Em que sentido esse esquema se assemelha à emissão de opções de compra executivas sobre as ações da empresa? (OA 15.3)

22. Considere as seguintes carteiras de opções: Você lança uma opção de compra sobre ações da IBM com vencimento em janeiro de 2012 e preço de exercício de US$ 170. Você lança também uma opção de venda sobre ações da IBM com vencimento em janeiro e preço de exercício de US$ 165. (OA 15.2)
    a. Represente graficamente o *payoff* dessa carteira no vencimento da opção como função do preço das ações da IBM naquele momento.
    b. Qual será o lucro/prejuízo dessa posição se as ações da IBM estiverem sendo vendidas por US$ 167 na data de vencimento da opção? E se as ações estiverem sendo vendidas por US$ 175? Utilize a lista do *The Wall Street Journal* da Figura 15.1 para responder essa pergunta.
    c. Cite dois preços de ação com os quais você não terá lucro nem prejuízo em seu investimento.
    d. Que tipo de "aposta" esse investidor está fazendo? Isto é, em que esse investidor deve acreditar com relação às ações da IBM para justificar essa posição?

23. Considere a carteira a seguir. Você *lança* uma opção de venda com preço de exercício de US$ 90 e *compra* a uma opção de venda com o a mesma data de vencimento e com preço de exercício de US$ 95. (OA 15.2)
    a. Represente graficamente o valor da carteira na data de vencimento das opções.
    b. Nesse mesmo gráfico, represente o lucro da carteira. Qual opção deve custar mais?

24. Uma opção de venda com preço de exercício de US$ 60 e negociada na bolsa de opções Acme está sendo vendida por US$ 2. Para a sua surpresa, uma opção de venda da empresa que está sendo vendida na bolsa de opções Apex com o mesmo vencimento mas com preço de exercício de US$ 62 também é vendida por US$ 2. Se você pretender manter a posição de opção até o vencimento, crie uma estratégia de arbitragem de investimento líquido zero para explorar a anomalia de preço. Desenhe um gráfico dos lucros no vencimento para a sua posição. (OA 15.1)

25. Você compra uma ação, lança uma opção de compra de um ano com X = US$ 10 e compra uma opção de venda de um ano com X = US$ 10. Sua despesa líquida para estabelecer toda a carteira é US$ 9,50. Qual deve ser a taxa de juros isenta de risco? As ações não pagam dividendos. (OA 15.1)

26. Joe Finance acabou de comprar um fundo de índice em que atualmente cada ação está sendo vendida por US$ 1.200. Para se proteger contra prejuízos, Joe também comprou uma opção de venda europeia no preço sobre o fundo por US$ 60, com preço de exercício de US$ 1.200 e prazo de vencimento de três meses. Sally Calm, consultora financeira de Joe, ressalta que Joe está gastando muito dinheiro na opção de venda. Ela enfatiza que as opções de venda de três meses com preço de exercício de US$ 1.170 custam apenas US$ 45 e propõe que Joe use a opção de venda mais barata. (OA 15.2)
    a. Analise as estratégias de Joe e Sally desenhando os gráficos de *lucro* para posições de ações mais opção de venda, com base nos vários valores do fundo de ações em três meses.
    b. Em que momento a estratégia de Sally se sai melhor? Quando se sai pior?
    c. Qual das estratégias envolve maior risco sistemático?

27. Você lança uma opção de compra com X = US$ 50 e compra uma opção de compra com X = US$ 60. As opções são da mesma ação e têm a mesma data de vencimento. Uma das opções de compra é vendida por US$ 3; a outra é vendida por US$ 9. (OA 15.2)
    a. Desenhe o gráfico de *payoff* dessa estratégia na data de vencimento da opção.
    b. Desenhe o gráfico de *lucro* dessa estratégia.
    c. Qual é o ponto de equilíbrio dessa estratégia? O investidor está otimista ou pessimista altista ou baixista quanto às ações?

28. Crie uma carteira usando apenas opções de compra e ações com o seguinte valor (de *payoff*) na data de vencimento da opção. Se atualmente o preço da ação é US$ 53, que tipo de aposta o investidor está fazendo? (OA 15.2)

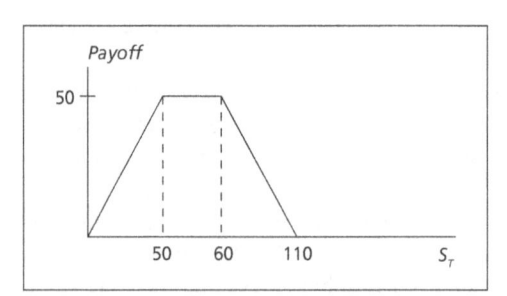

Difícil

29. O sistema de apoio aos preços agrícolas garante um preço mínimo para a produção dos agricultores. Descreva as provisões do programa como uma opção. Qual é o ativo? E o preço de exercício? (OA 15.3)

Questões CFA

1. Qual das afirmações a seguir sobre o valor de uma opção de compra no vencimento é *falsa*? (OA 15.1)
    a. Uma posição vendida em uma opção de compra gerará prejuízo se o preço da ação ultrapassar o preço de exercício.
    b. O valor de uma posição comprada é igual a zero ou ao preço da ação menos o preço de exercício, o que estiver mais alto.
    c. O valor de uma posição comprada é igual a zero ou ao preço de exercício menos o preço da ação, o que estiver mais alto.

d. Uma posição vendida em uma opção de compra tem valor zero para todos os preços de ação iguais ou inferiores ao preço de exercício.

2. Donna Donie, CFA, tem um cliente que acredita que o preço das ações ordinárias da TRT Materials (atualmente a US$ 58 cada) poderia oscilar consideravelmente em ambas as direções em resposta a uma decisão judicial esperada envolvendo a empresa. Atualmente esse cliente não possui nenhuma ação da TRT, mas pede o conselho de Donie sobre a implementação da estratégia de estrangulamento (*strangle*) para aproveitar a possível oscilação de preço das ações. Estrangulamento refere-se a uma carteira com uma opção de venda e uma opção de compra com preço de exercício diferente, mas a mesma data de vencimento. Donie reúne os seguintes dados sobre o preço de opções da TRT: (OA 15.2)

Característica	Opções de compra	Opções de venda
Preço	US$ 5	US$ 4
Preço de exercício	US$ 60	US$ 55
Prazo até o vencimento	Em 90 dias	Em 90 dias

a. Recomende se Donie deve escolher uma estratégia de estrangulamento comprada ou uma estratégia de estrangulamento vendida para atingir o objetivo do cliente.
b. Calcule os seguintes itens no vencimento para a estratégia de estrangulamento apropriada na parte (*a*):
  i. Máxima perda possível por ação.
  ii. Máximo ganho possível por ação.
  iii. Preço(s) de ação equilibrado(s).

3. Um dos membros de um comitê de investimento, interessado em obter mais informações sobre os procedimentos de investimento de renda fixa, lembra-se de que um gestor de renda fixa afirmou recentemente que seria possível utilizar instrumentos derivativos para controlar a duração das carteiras, dizendo que "uma posição semelhante à de futuros pode ser criada em uma carteira por meio de opções de venda e opções de compra sobre obrigações do Tesouro". (OA 15.3)
a. Identifique o risco ou os riscos do mercado de opções que criam uma "posição semelhante à de futuros" sobre obrigações compradas do Tesouro. Explique por que a posição que você criou é semelhante à de futuros de obrigações compradas do Tesouro.
b. Explique em que direção e por que o risco ou os riscos que você identificou na parte (*a*) afetariam a duração da carteira.
c. Suponha que a política de investimento de um plano de pensão exija que o gestor de renda fixa mantenha a duração da carteira dentro de um pequeno intervalo. Identifique e explique brevemente as circunstâncias ou as transações em que o uso de futuros de obrigações do Tesouro seriam úteis na gestão de uma carteira de renda fixa quando a duração é limitada.

4. Suresh Singh, CFA, está analisando uma obrigação conversível. As características da obrigação e das ações ordinárias subjacentes são apresentadas no quadro a seguir:

Características da obrigação conversível	
Valor nominal	US$ 1.000
Taxa de cupom anual (pagamento anual)	6,5%
Índice de conversão	22
Preço de mercado	105% do valor nominal
Valor não conversível	99% do valor nominal
Características da ação subjacente	
Preço de mercado atual	US$ 40 por ação
Dividendos anuais em dinheiro	US$ 1,20 por ação

Calcule: (OA 15.3)
a. Valor de conversão da obrigação.
b. Preço de conversão de mercado da obrigação.

5. Rich McDonald, CFA, está avaliando suas alternativas de investimento na Ytel Incorporated, isto é, obrigações conversíveis e ações ordinárias dessa empresa. As características dos dois títulos são apresentadas no quadro a seguir: (OA 15.3)

Características	Obrigações conversíveis	Ações ordinárias
Valor nominal	US$ 1.000	–
Cupom (pagamento anual)	4%	–
Preço de mercado atual	US$ 980	US$ 35 por ação
Valor da obrigação não conversível	US$ 925	–
Índice de conversão	25	–
Opção de conversão	Em qualquer momento	–
Dividendos	–	US$ 0
Preço de mercado esperado em 1 ano	US$ 1.125	US$ 45 por ação

a. Com base nesse quadro, calcule:
   i. O preço atual de conversão de mercado das obrigações conversíveis da Ytel.
   ii. A taxa de retorno esperada de um ano das obrigações conversíveis da Ytel.
   iii. A taxa de retorno esperada de um ano das ações ordinárias da Ytel.

Um ano se passou e o preço das ações ordinárias da Ytel aumentou para US$ 51 por ação. Além disso, durante o ano, o rendimento até o vencimento sobre obrigações não conversíveis da Ytel com o mesmo vencimento aumentou, ao passo que os *spreads* de crédito permaneceram iguais.

b. Denomine os dois componentes do valor das obrigações conversíveis. Indique se o valor de cada componente deve diminuir, permanecer igual ou aumentar em resposta ao:
   i. Aumento no preço das ações ordinárias da Ytel.
   ii. Aumento no rendimento das obrigações.

WEB *master*

1. Utilize dados do finance.yahoo.com para responder as perguntas a seguir. Na caixa *Get Quotes* (Obter Cotações), insira o símbolo de ação "GE" para General Electric. Entre na seção de relatórios de ações da S&P (S&P Stock Reports) referente à GE.
   a. Localize o intervalo de 52 semanas para a GE.
   b. A que preço as ações da GE foram negociadas pela última vez?
   c. Clique no *link* para *Options* (Opções) do lado esquerdo da tela do Yahoo! Finance. Escolha uma data de vencimento de três meses, a contar da data atual, e em seguida um preço de exercício de uma das opções de compra listadas. Qual o último preço (prêmio) mostrado para a opção de compra?
   d. A opção de compra está dentro do preço?
   e. Desenhe um gráfico que mostre o *payoff* e o lucro do detentor dessa opção de compra considerando uma variedade de preços, inclusive os preços que você encontrou no intervalo de 52 semanas do Relatório de Ações da S&P.
   f. Repita esses passos para uma opção de venda sobre a GE com a mesma data de vencimento e o mesmo preço de exercício.

2. Entre em <www.nasdaq.com> e escolha *IBM* na seção de cotação. Assim que obtiver as informações de cotação, solicite informações sobre as opções. Você poderá acessar os preços das opções de compra e de venda mais próximos do preço de mercado do título. Por exemplo, se o preço da IBM for US$ 96,72, você usará as opções com o preço de exercício de US$ 95. Utilize opções com prazos semelhantes. Por exemplo, em fevereiro, você escolheria vencimentos em abril e julho.
   a. Quais são os preços para as opções de venda e de compra com a data de vencimento mais próxima?
   b. Qual seria o custo de um *straddle* utilizando essas opções?
   c. No vencimento, quais seriam os preços de equilíbrio da ação para o *straddle*?
   d. Qual seria aumento percentual ou a diminuição percentual no preço da ação para torná-lo equilibrado?

e. Quais seriam os preços de uma opção de venda e de compra com data de vencimento posterior?

f. Qual seria o custo de um *straddle* utilizando a data de vencimento posterior? No vencimento, quais seriam os preços de equilíbrio da ação para o *straddle*?

g. Qual seria aumento percentual ou a diminuição percentual no preço da ação para atingir o ponto de equilíbrio?

Soluções para as *Revisões de* **CONCEITOS**

15.1 a. Rendimentos = $S_T - X = S_T -$ US$ 165, se o valor for positivo; do contrário, a opção de compra vence sem nenhum valor. Lucro = Rendimentos – Preço da opção de compra = Rendimentos – US$ 8,70.

	$S_T =$ US$ 155	$S_T =$ US$ 175
Rendimentos	US$ 0	US$ 10
Lucros	–8,70	1,30

b. Rendimentos = $X - S_T =$ US$ 165 – S_T, se o valor for positivo; do contrário, a opção de venda vende sem nenhum valor. Lucro = Rendimentos – Preço da opção de venda = Rendimentos – US$7.

	$S_T =$ US$ 155	$S_T =$ US$ 175
Rendimentos	US$ 10	US$ 0
Lucros	3	–7

15.2 a.

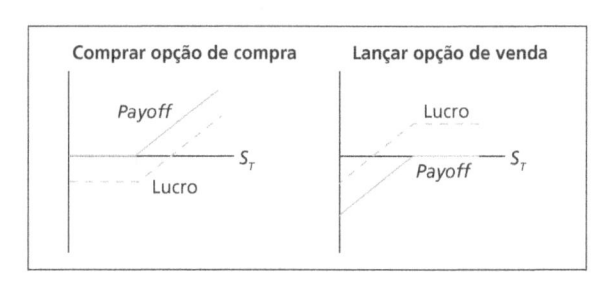

[Gráficos: Comprar opção de compra; Lançar opção de venda; Lançar opção de compra; Comprar opção de venda — mostrando Payoff e Lucro versus S_T]

b. O *payoff* e os lucros tanto de comprar opções de compra quanto de lançar opções de venda geralmente são mais altos quando o preço da ação está mais alto. Nesse sentido, as duas posições são altistas. Ambas envolvem a possibilidade de aceitação de entrega das ações. Entretanto, o detentor da opção de compra *optará* por aceitar a entrega quando o preço da ação estiver alto, enquanto o lançador da opção de venda *será obrigado* a aceitar a entrega quando o preço da ação estiver baixo.

c. O *payoff* e os lucros do lançamento de opções de compra e da venda de opções de venda geralmente são mais altos quando o preço das ações está mais baixo. Nesse sentido, as duas posições são baixistas. Ambas envolvem a possibilidade de entregar as ações. No entanto, o detentor da opção de venda *optará* por entregá-las quando o preço estiver baixo, ao passo que o lançador da opção de compra *será obrigado* a entregá-las quando o preço estiver alto.

15.3

Payoff de um strip

	$S_T \leq X$	$S_T > X$
Duas opções de venda	$2(X - S_T)$	0
Uma opção de compra	0	$S_T - X$

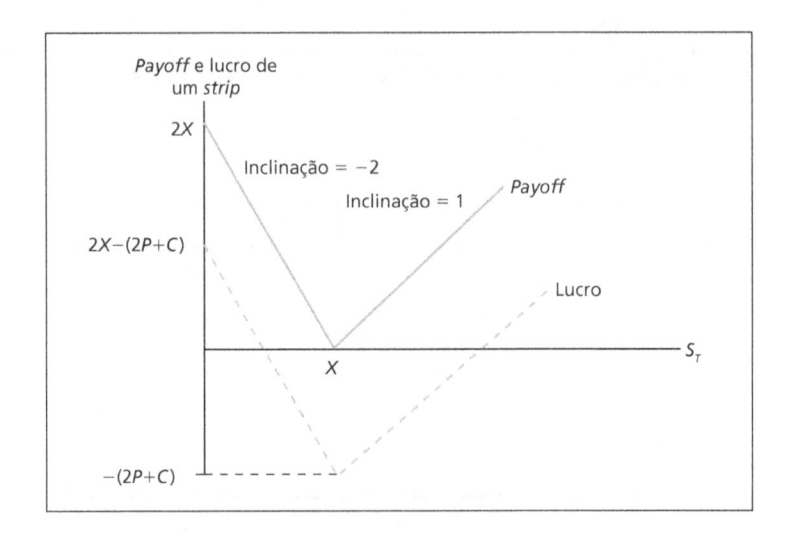

Payoff e lucro de um strip

Gráfico com eixos: no eixo vertical, $2X$, $2X-(2P+C)$, $-(2P+C)$; no eixo horizontal S_T com ponto X. Inclinação = -2 (lado esquerdo), Inclinação = 1 (lado direito). Linhas: Payoff (sólida) e Lucro (tracejada).

Payoff de um strap

	$S_T \leq X$	$S_T > X$
Uma opção de venda	$X - S_T$	0
Duas opções de compra	0	$2(S_T - X)$

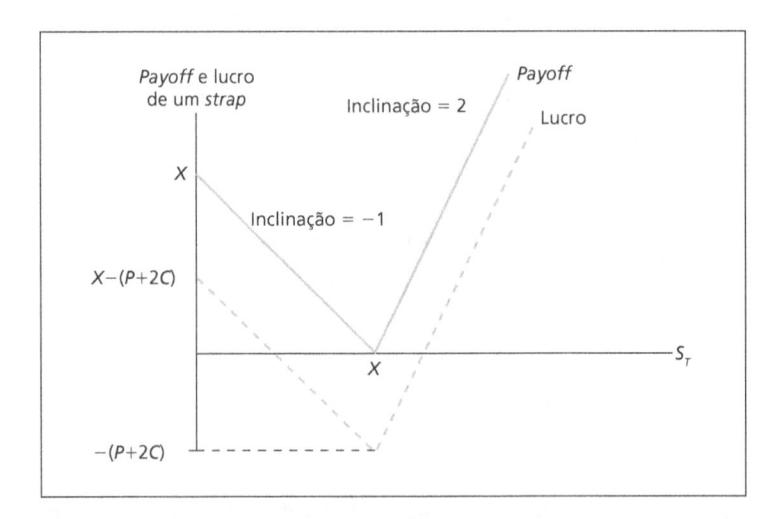

Payoff e lucro de um strap

Gráfico com eixos: no eixo vertical, X, $X-(P+2C)$, $-(P+2C)$; no eixo horizontal S_T com ponto X. Inclinação = -1 (lado esquerdo), Inclinação = 2 (lado direito). Linhas: Payoff (sólida) e Lucro (tracejada).

15.4 A tabela de *payoff* por ação é a seguinte:

	$S_T < 60$	$60 < S_T < 80$	$S_T > 80$
Comprar opção de venda ($X = 60$)	$60 - S_T$	0	0
Ações	S_T	S_T	S_T
Lançar opção de compra ($X = 80$)	0	0	$-(S_T - 80)$
Total	60	S_T	80

O gráfico de *payoff* é o seguinte. Se você multiplicar os valores por ação por 2.000, verá que o *collar* oferece um *payoff* mínimo de US$ 120.000 (representando uma perda máxima de US$ 20.000) e um *payoff* máximo de US$ 160.000 (que é o custo da casa).

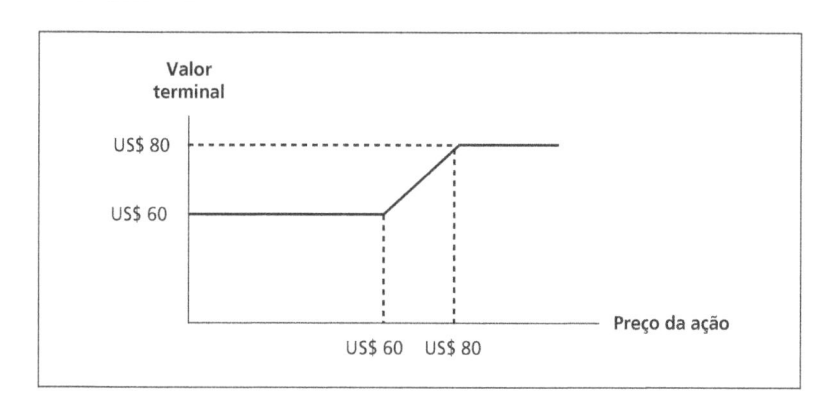

[Gráfico: Valor terminal vs Preço da ação, com patamar em US$ 60 até o preço US$ 60, subindo linearmente até US$ 80 quando o preço é US$ 80, e mantendo-se em US$ 80 a partir daí.]

15.5 A estratégia de opção de compra coberta compreenderia uma obrigação não conversível com uma opção de compra lançada sobre a obrigação. O valor do *payoff* da posição da opção coberta no vencimento da opção como função do valor da obrigação não conversível é apresentado na figura a seguir, e é praticamente idêntico ao valor da obrigação resgatável na Figura 15.11.

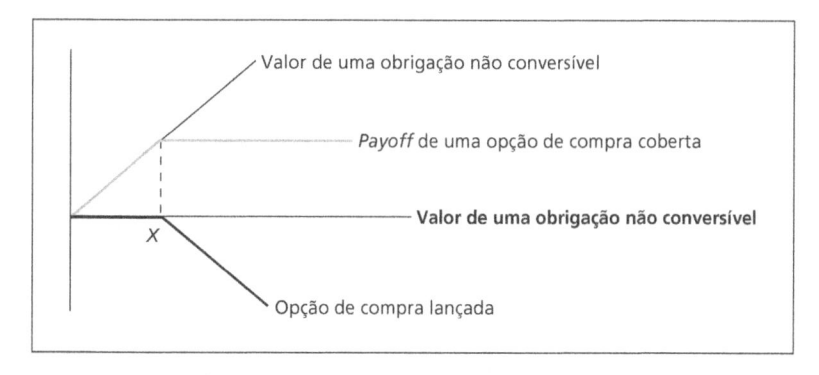

[Gráfico mostrando: Valor de uma obrigação não conversível (linha crescente), Payoff de uma opção de compra coberta (linha que cresce e depois fica constante a partir do ponto X), Valor de uma obrigação não conversível (linha horizontal) e Opção de compra lançada (linha decrescente a partir de X).]

15.6 A opção de compra perde valor à medida que a proteção contra resgate se amplia. Portanto, a taxa de cupom não precisa ser tão alta.

15.7 Mais baixa. Os investidores aceitarão uma taxa de cupom menor em troca de uma opção de conversão.

Capítulo 16

Avaliação de opções

Objetivos de aprendizagem:

OA16.1 Identificar as características de uma opção que afetam seu valor de mercado.

OA16.2 Calcular o valor de uma opção utilizando os modelos econômicos de dois cenários e binomial.

OA16.3 Calcular o valor e a volatilidade implícita de uma opção por meio da fórmula de Black-Scholes.

OA16.4 Calcular a relação apropriada entre os preços de opção de compra e de venda.

OA16.5 Calcular o índice de *hedge* de uma opção e utilizar esse índice para gerenciar riscos.

No Capítulo 15, examinamos os mercados e as estratégias das opções. Concluímos com a observação de que muitos títulos trazem opções incorporadas que afetam tanto seu valor quanto suas características de risco e retorno. Neste capítulo, voltaremos nossa atenção para as questões relacionadas à avaliação de opções. A maioria desses modelos exige conhecimentos matemáticos e estatísticos consideráveis para serem compreendidos. Contudo, como muitas das ideias e percepções que oferecem podem ser demonstradas em exemplos simples, vamos nos concentrar nesses exemplos.

Começaremos com uma discussão sobre os fatores que podem afetar os preços das opções. Após essa discussão qualitativa, apresentamos um modelo de avaliação de opções quantitativo de "dois estados" e mostramos como podemos generalizá-lo para que se torne uma ferramenta de determinação de preço útil e precisa. Em seguida, abordamos uma fórmula de avaliação de opção específica, o famoso modelo de Black-Scholes. Os modelos de determinação de preço de opções nos permitem "deduzir" as estimativas de mercado de volatilidade dos preços das ações. Portanto, examinaremos essas estimativas de volatilidade implícita.

Examinaremos então algumas das aplicações mais importantes da teoria de determinação de preço de opções na gestão de riscos. Por último, analisaremos brevemente as evidências empíricas sobre precificação de opções e as implicações dessas evidências no que tange às limitações do modelo de Black-Scholes.

16.1. AVALIAÇÃO DE OPÇÕES: introdução

Valores intrínsecos e temporais

Considere uma opção de compra que no momento está fora do preço, com o preço da ação abaixo do preço de exercício. Isso não significa que a opção não tenha valor. Embora o exercício imediato não seja lucrativo, a opção de compra mantém um valor positivo porque sempre existe a possibilidade de o preço da ação aumentar suficientemente na data de vencimento para que assim o exercício seja lucrativo. Se isso não ocorrer, o pior que pode acontecer é a opção vencer sem valor.

O valor $S_0 - X$ algumas vezes é chamado de **valor intrínseco** de uma opção de compra no preço porque ele oferece o *payoff* que poderia ser obtido pelo exercício imediato. O valor intrínseco é definido como igual a zero para opções fora do preço ou no preço. A diferença entre o preço da opção de compra real e o valor intrínseco normalmente é chamado de **valor tempo** da opção.

Valor tempo é uma escolha terminológica inadequada porque pode provocar confusão entre o valor tempo da opção e o valor do dinheiro no tempo. No contexto de opções, o valor tempo simplesmente se refere à diferença entre o preço da opção e o valor que ela teria se fosse vencer imediatamente. Ele é a parte do valor da opção que quer dizer que a opção ainda tem tempo positivo até o vencimento.

Boa parte do valor tempo de uma opção normalmente é um tipo de "valor de volatilidade". Na medida em que o detentor pode optar por não exercer a opção, o *payoff* não pode ser pior do que zero. Mesmo que uma opção de compra esteja fora do preço no momento, ainda assim ela será vendida por um preço positivo porque oferece a possibilidade de lucro se o preço da ação aumentar, não apresentando nenhum risco de prejuízo adicional se o preço da ação cair. O valor de volatilidade reside no direito de *não* exercer a opção se isso não se revelar lucrativo. A opção de exercer, diferentemente da obrigação de exercer, oferece um seguro contra a possibilidade de a ação ter um preço ruim.

Quando o preço da ação aumenta consideravelmente, a probabilidade de a opção de compra ser exercida no vencimento é maior. Nesse caso, com o exercício quase assegurado, o valor de volatilidade torna-se mínimo. À medida que o preço da ação aumenta, o valor da opção aproxima-se do valor intrínseco "ajustado" – o preço da ação menos o valor presente do preço de exercício, $S_0 - \text{PV}(X)$.

Qual seria o motivo? Se você *sabe* que a opção será exercida e que a ação será comprada por X dólares, é como se já possuísse a ação. O certificado da ação simplesmente já poderia estar guardado em local seguro, já que em apenas alguns meses isso se tornará uma realidade. Você somente não pagou por ela ainda. O valor presente de sua obrigação é o valor presente de X. Desse modo, o valor presente do *payoff* líquido da opção de compra é $S_0 - \text{PV}(X)$.[1]

A Figura 16.1 mostra a função de avaliação de opções de compra. A curva de valor mostra que, quando o preço da ação está baixo, a opção quase não tem valor porque praticamente não há nenhuma chance de que ela seja exercida. Quando o preço da ação está muito alto, o valor da opção aproxima-se do valor intrínseco ajustado. No caso intermediário, em que a opção está aproximadamente no preço, a curva da opção desvia-se das linhas retas que correspondem ao valor intrínseco ajustado. Isso ocorre porque, embora o *payoff* do exercício no momento seja insignificante (ou negativo), o valor de volatilidade da opção é bastante alto nessa área.

valor intrínseco
Preço da ação menos preço de exercício ou o lucro que poderia ser obtido pelo exercício imediato de uma opção de compra dentro do preço (*in the money* – ITM).

valor tempo
Diferença entre o preço de uma opção e seu valor intrínseco.

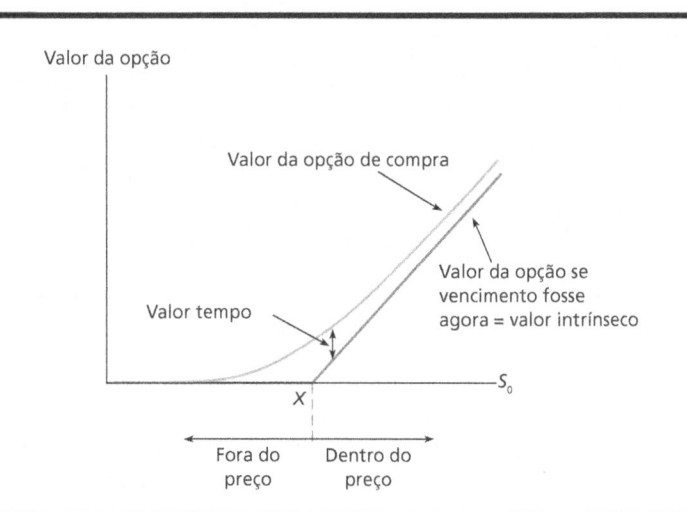

FIGURA 16.1
Valor da opção de compra antes do vencimento.

---

[1] Essa discussão pressupõe que as ações não pagam dividendos antes do vencimento das opções. Se as ações pagarem dividendos antes do vencimento, *haverá* um motivo para você querer receber as ações agora, e não no vencimento – receber agora lhe daria direito aos pagamentos de dividendos intermediários. Nesse caso, o valor intrínseco ajustado da opção deve subtrair o valor dos dividendos que as ações pagarão antes de o resgate ser exercido. O valor intrínseco ajustado seria definido de forma mais genérica como $S_0 - \text{PV}(X) - \text{PV}(D)$, onde D representa os dividendos pagos antes do vencimento da opção.

O valor da opção de compra sempre aumenta com o preço da ação. Entretanto, a inclinação será mais acentuada quando a opção estiver dentro do preço. Nesse caso, o exercício está praticamente assegurado, e a opção aumentará de preço de igual para igual com o preço da ação.

Determinantes do valor das opções

Podemos identificar pelo menos seis fatores que podem afetar o valor de uma opção de compra: o preço das ações, o preço de exercício, a volatilidade do preço das ações, o prazo até o vencimento, a taxa de juros e a taxa de dividendos das ações. O valor da opção de compra deve aumentar com o preço das ações e diminuir com o preço de exercício por o *payoff* de uma opção de compra, quando exercida, é igual a $S_T - X$. A magnitude do *payoff* esperado da opção de compra aumenta com a diferença $S_0 - X$.

O valor da opção de compra também aumenta com a volatilidade do preço da ação subjacente. Para entender o motivo, considere uma circunstância em que o preço das ações no vencimento varie de US$ 10 a US$ 50, em comparação com uma situação em que varie apenas de US$ 20 para US$ 40. Em ambos os casos, o preço esperado ou médio da ação será US$ 30. Suponhamos que o preço de exercício de uma opção de compra também seja US$ 30. Quais são os *payoffs* da opção?

Cenário de alta volatilidade					
Preço da ação	US$ 10	US$ 20	US$ 30	US$ 40	US$ 50
Payoff da opção	0	0	0	10	20
Cenário de baixa volatilidade					
Preço da ação	US$ 20	US$ 25	US$ 30	US$ 35	US$ 40
Payoff da opção	0	0	0	5	10

Se todo resultado for igualmente provável, com uma probabilidade de 0,2, o *payoff* esperado da opção sob condições de alta volatilidade será US$ 6, mas sob condições de baixa volatilidade o *payoff* esperado da opção de compra será metade desse valor, isto é, apenas US$ 3.

Apesar do fato de o preço médio da ação em cada cenário ser US$ 30, o *payoff* médio da opção é maior no cenário de alta volatilidade. O motivo desse valor a mais é a pequena perda que o detentor da opção sofre ou o valor de volatilidade da opção de compra. Não importa o quanto o preço da ação ficar abaixo de US$ 30, o detentor da opção obterá zero. Obviamente, um desempenho extremamente ruim no preço das ações não é pior para o detentor da opção do que um desempenho mais ou menos ruim.

Entretanto, caso a ação tenha um bom desempenho, a opção de compra vencerá dentro do preço e será mais lucrativa quanto mais alto for o preço da ação. Desse modo, quando os resultados da ação são excelentes, isso pode melhorar infinitamente o *payoff* da opção. Contudo, no caso de resultados extremamente ruins, não é possível gerar um *payoff* pior do que zero. Essa assimetria significa que a volatilidade no preço da ação subjacente aumenta o *payoff* esperado da opção, melhorando, desse modo, seu valor.[2]

16.1 Revisão de CONCEITOS

Uma opção de venda deve aumentar de valor com a volatilidade das ações?

De modo semelhante, um prazo maior até o vencimento aumenta o valor da opção de compra. Para datas de vencimento mais distantes, há mais tempo para que futuros acontecimentos imprevisíveis afetem os preços, e a variação nos preços prováveis das ações aumenta. Isso pode

---

[2] Você deve ter cuidado para interpretar a relação entre volatilidade e valor da opção. Nem o foco dessa análise sobre a volatilidade total (em contraposição à sistemática) nem a conclusão de que os compradores de opção parecem gostar de volatilidade contradizem a teoria moderna de carteiras. Na análise convencional de fluxo de caixa descontado, encontramos a taxa de desconto apropriada para *determinada* distribuição de fluxos de caixa futuros. Um risco maior significa uma taxa de desconto mais alta e um valor presente mais baixo. Entretanto, nesse caso, o fluxo de caixa da *opção* depende da volatilidade da *ação*. O valor da opção aumenta não pelo fato de os investidores gostarem de risco, mas porque o fluxo de caixa esperado para o detentor da opção aumenta com a volatilidade do ativo subjacente.

TABELA 16.1 Determinantes do valor das opções

Se esta variável aumentar	O valor da opção de compra
Preço da ação, S	Aumentará
Preço de exercício, X	Diminuirá
Volatilidade, σ	Aumentará
Prazo até o vencimento, T	Aumentará
Taxa de juros, r_f	Aumentará
Pagamento de dividendos	Diminuirá

ter um efeito semelhante ao de uma maior volatilidade. Além disso, à medida que o prazo até o vencimento aumenta, o valor presente do preço de exercício cai, beneficiando, desse modo, o detentor da opção de compra e aumentando o valor da opção. Em consequência disso, os valores das opções de compra são mais altos quando as taxas de juros aumentam (mantendo o preço da ação constante), porque as taxas de juros mais altas também diminuem o valor presente do preço de exercício.

Finalmente, a política de pagamento de dividendos da empresa afeta os valores das opções. Uma política de pagamento de dividendos altos cria um empecilho para a taxa de crescimento do preço das ações. Para qualquer taxa de retorno total esperada sobre as ações, um rendimento de dividendos mais alto deve gerar uma taxa esperada mais baixa de ganhos de capital. Esse empecilho à valorização das ações diminui possível *payoff* da opção de compra, reduzindo, portanto, o valor dessa opção. A Tabela 16.1 apresenta um resumo dessas relações.

Revisão de CONCEITOS 16.2

Prepare uma tabela como a 16.1 referente aos determinantes de valor de uma opção de venda. De que forma os valores da opção de venda devem reagir a aumentos em S, X, T, σ, r_f e ao pagamento de dividendos?

16.2. DETERMINAÇÃO DE PREÇO DE OPÇÕES BINOMIAL

Determinação de preço de opções de dois estados

É difícil compreender por completo as fórmulas de avaliação de opções normalmente utilizadas sem uma base considerável de conhecimentos matemáticos. No entanto, podemos obter percepções valiosas sobre a avaliação de opções utilizando um caso especial simples. Suponhamos que o preço das ações possa assumir apenas dois valores possíveis no vencimento da opção: a ação atingirá determinado preço mais alto ou determinado preço mais baixo. Embora isso possa parecer uma simplificação extrema, ela nos permite entender melhor os modelos mais complexos e realistas. Além disso, podemos ampliar essa abordagem para descrever especificações bem mais sensatas sobre o comportamento do preço das ações. Na verdade, várias empresas financeiras importantes utilizam variações desse modelo simples para avaliar opções e títulos com características de opção.

Suponhamos que agora a ação seja vendida por US$ 100 e que o preço aumentará segundo um fator de u = 1,2 para US$ 120 (*u* designa "*up*", para cima) ou diminuirá segundo um fator de d = 0,9 para US$ 90 (*d* designa "*down*", para baixo) até o final do ano. Uma opção de compra sobre as ações pode especificar um preço de exercício de US$ 110 e prazo de vencimento de um ano. A taxa de juros é 10%. No final do ano, o *payoff* do detentor da opção de compra será zero, se preço da ação cair, ou US$ 10, se o preço da ação subir para US$ 120.

Essas possibilidades são mostradas nas seguintes "árvores de valor":

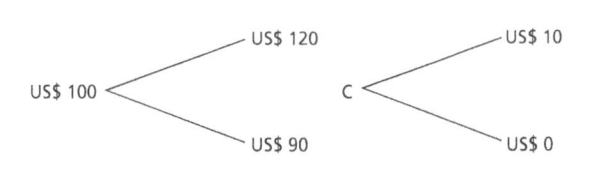

```
           US$ 120              US$ 10
          /                    /
US$ 100 <              C <
          \                    \
           US$ 90               US$ 0

Preço da ação         Valor da opção de compra
```

Compare esse *payoff* com o de uma carteira constituída de uma ação e de um empréstimo de US$ 81,82 pela taxa de juros de 10%. O *payoff* dessa carteira também depende do preço da ação no fim do ano.

Valor da ação no final do ano	US$ 90	US$ 120
− Reembolso do empréstimo com juros	−90	−90
Total	US$ 0	US$ 30

Sabemos que o desembolso para criar a carteira é US$ 18,18: US$ 100 da ação menos o rendimento de US$ 81,82 proveniente do empréstimo. Portanto, a árvore de valor da carteira é

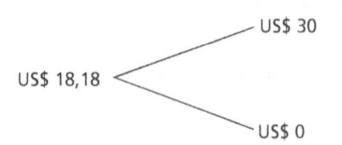

$$US\$\ 18{,}18 \diagup^{US\$\ 30}_{US\$\ 0}$$

O *payoff* dessa carteira é exatamente duas vezes o da opção de compra para qualquer um dos valores do preço da ação. Em outras palavras, três opções de compra reproduzirão exatamente o *payoff* da carteira. Segue-se a isso que três opções de compra devem ter o mesmo preço que o custo para criar a carteira. Portanto, as três opções devem ser vendidas pelo mesmo preço que a "carteira replicante". Portanto,

$$3C = US\$\ 18{,}18$$

ou cada opção deve ser vendida por C = US$ 6,06. Desse modo, com o preço da ação, o preço de exercício, a taxa de juros e a volatilidade do preço da ação (representada pela magnitude dos movimentos para cima ou para baixo), podemos deduzir o valor justo da opção de compra.

Esse método de avaliação fundamenta-se em grande medida na ideia de *reprodução* ou *replicação*. Com apenas dois valores possíveis para as ações no final do ano, os *payoffs* da carteira alavancada em ações reproduzirão os *payoffs* de três opções de compra e, portanto, devem merecer o mesmo preço de mercado. Essa ideia de reprodução ou replicação está por trás da maioria das fórmulas de precificação de opções. Para distribuições de preço de ação mais complexas, a técnica de replicação é correspondentemente mais complexa, mas os princípios permanecem os mesmos.

Uma das formas de ver o papel da replicação é observar que, utilizando os números admitidos nesse exemplo, uma carteira formada por uma ação e três opções de compra lançadas está perfeitamente protegida. Seu valor no final do ano é independente do preço final da ação:

Valor da ação	US$ 90	US$ 120
− Obrigações de três opções de compra lançadas	−0	−30
Payoff líquido	US$ 90	US$ 90

O investidor formou uma carteira sem risco com pagamento de US$ 90. Seu valor deve ser o valor presente de US$ 90 ou US$ 90/1,10 = US$ 81,82. O valor da carteira, que é igual a US$ 100 da ação mantida a longo prazo menos 3C das três opções de compra lançadas, deve ser igual a US$ 81,82. Portanto, US$ 100 − 3C = US$ 81,82 ou C = US$ 6,06.

A possibilidade de criar um *hedge* perfeito é o segredo desse argumento. O *hedge* fixa o pagamento do final do ano, o qual, portanto, pode ser descontado utilizando a taxa de juros *isenta de risco*. Para encontrar o valor da opção em relação ao valor da ação, não é necessário conhecer o beta da opção ou da ação nem a taxa de retorno esperada. A abordagem de *hedge* perfeito ou de replicação nos permite expressar o valor da opção em relação ao valor atual da ação sem essa informação. Com uma posição protegida, o preço final da ação não afeta o *payoff* d do investidor. Desse modo, os parâmetros de risco e o retorno da ação não têm nenhuma influência.

O índice de *hedge* desse exemplo é de uma ação para três opções de compra ou um terço. Para cada opção de compra lançada, um terço da ação deve ser mantido na carteira para cobrir o risco.

Esse índice tem uma fácil interpretação nesse contexto: é o índice de variação entre os valores da opção e os valores da ação em dois resultados possíveis. A ação, que é vendida originalmente por S_0 = US$ 100, valerá $d \times$ US$ 100 = US$ 90 ou $u \times$ US$ 100 = US$ 120, para uma variação de US$ 30. Se o preço da ação aumentar, a opção de compra valerá C_u = US$ 10, ao passo que, se o preço da ação cair, a opção de compra valerá C_d = 0, para uma variação de US$ 10. O índice de variações, US$ 10/US$ 30, é um terço, que é ó índice de *hedge* que estabelecemos.

O índice de *hedge* é igual ao índice de variação porque a opção e a ação estão perfeitamente correlacionadas nesse exemplo de dois estados. Pelo fato de estarem perfeitamente correlacionadas, um *hedge* perfeito exige que a opção e a ação sejam mantidas em uma fração determinada apenas pela volatilidade relativa.

Podemos generalizar o índice de *hedge* para outros problemas de opção de dois estados, como

$$H = \frac{C_u - C_d}{uS_0 - dS_0}$$

onde C_u ou C_d refere-se ao valor da opção de compra quando a ação sobre ou desce, respectivamente, e uS_0 e dS_0 são os preços da ação nos dois estados. O índice de *hedge*, H, é o índice de oscilações nos possíveis valores de final de período da opção e da ação. Se o investidor lançar uma opção e mantiver H ações, o valor da carteira não será afetado pelo preço da ação. Nesse caso, a determinação do preço da opção é fácil: simplesmente se estabelece o valor da carteira coberta como igual ao valor presente do *payoff* conhecido.

Utilizando nosso exemplo, a técnica de precificação de opções seria assim:

1. Considerando os possíveis preços das ações do final do ano, uS_0 = US$ 120 e dS_0 = US$ 90, e o preço de exercício de US$ 110, calcule que C_u = US$ 10 e C_d = US$ 0. A variação no preço das ações é $ 30, enquanto a variação no preço das opções é US$ 10.
2. Descubra que o índice de *hedge* é US$ 10/US$ 30 = 1/3.
3. Descubra que uma carteira composta de um terço de ação com uma opção lançada certamente teria um valor no final de ano de US$ 30.
4. Mostre que o valor presente de US$ 30 com uma taxa de juros de um ano de 10% é US$ 27,27.
5. Defina que o valor da posição protegida é igual ao valor presente do *payoff* garantido:

$$1/3 S_0 - C_0 = US\$ 27{,}27$$
$$US\$ 33{,}33 - C_0 = US\$ 27{,}27$$

6. Encontre o valor da opção de compra, C_0 = US$ 6,06.

O que aconteceria se a opção estivesse sendo vendida acima do preço, talvez por US$ 6,50? Nesse caso seria possível obter lucro por arbitragem. Veja como:

	Fluxo de caixa inicial	Fluxo de caixa no Ano 1 para cada preço de ação possível	
		S_1 = US$ 90	S_1 = US$ 120
1. Lançar três opções	US$ 9,50	US$ 0	US$ –30
2. Comprar uma ação	–100	90	120
3. Contrair empréstimo de US$ 80,50 a uma taxa de juros de 10%; reembolsar em um ano	80,50	–88,55	–88,55
Total	US$ 0	US$ 1,45	US$ 1,45

Embora o investimento líquido inicial seja zero, o pagamento em um ano é positivo e isento de risco. Se a opção estivesse abaixo do preço, bastaria simplesmente inverter essa estratégia de arbitragem: compre a opção e venda a ação a descoberto para eliminar o risco de preço. A propósito, observe que o valor presente do lucro na estratégia de arbitragem acima é igual a três vezes o valor segundo o qual a opção está acima do preço. O valor presente do lucro isento de risco é US$ 1,45, por uma taxa de juros de US$1,32. Com três opções lançadas na estratégia acima, isso se traduz em um lucro de US$ 0,44 por opção, exatamente o valor segundo o qual a opção estava acima do preço: US$ 6,50 *versus* o "valor justo" de US$ 6,06.

16.3 Revisão de CONCEITOS

Suponhamos que o preço da opção de compra estivesse abaixo do normal, sendo vendida por US$ 5,50. Formule a estratégia de arbitragem para explorar o erro de apreçamento e mostrar que em um ano ela oferece um fluxo de caixa isento de risco de US$ 0,6167 por opção comprada. Compare o valor presente desse fluxo de caixa com a opção cujo preço está incorreto.

Generalização da abordagem de dois estados

Embora o modelo de determinação de preço de ações de dois estados pareça simplista, podemos generalizá-lo para que incorpore suposições mais realistas. Para começar, suponhamos que fôssemos dividir o ano em dois segmentos de seis meses e então afirmássemos que durante cada segmento de meio ano o preço da ação poderia assumir dois valores. Nesse exemplo, afirmaremos que ele pode aumentar 10% (isto é, $u = 1,10$) ou diminuir 5% (isto é, $d = 0,95$). Uma ação a princípio vendida por US$ 100 poderia seguir estes caminhos ao longo do ano:

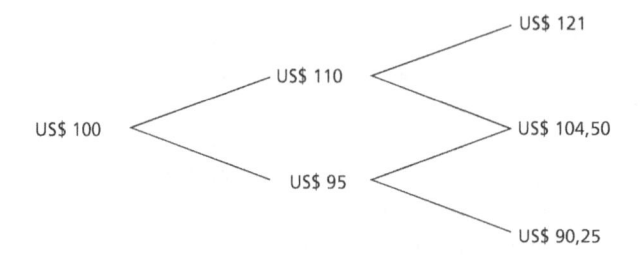

```
                    US$ 121
          US$ 110
US$ 100             US$ 104,50
          US$ 95
                    US$ 90,25
```

O valor intermediário de US$ 104,50 pode ser alcançado de duas formas: de um aumento de 10% seguido de uma redução de 5% ou de uma redução de 5% seguida de um aumento de 10%.

Agora, existem três possíveis valores de fim de ano para a ação e três para a opção:

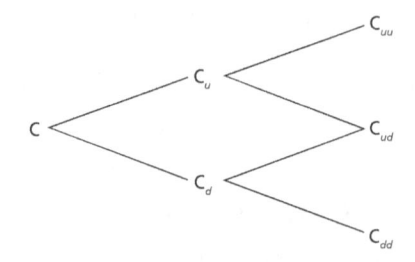

```
                $C_{uu}$
        $C_u$
$C$             $C_{ud}$
        $C_d$
                $C_{dd}$
```

Utilizando métodos semelhantes aos que empregamos acima, poderíamos avaliar C_u com base no conhecimento de C_{uu} e C_{ud}, depois avaliar C_d com base no conhecimento de C_{du} e C_{dd} e finalmente avaliar C com base no conhecimento de C_u e C_d. E não há nenhum motivo para pararmos nos intervalos de seis meses. Poderíamos em seguida dividir o ano em 4 unidades de 3 meses ou 12 unidades de 1 mês ou 365 unidades de 1 dia, cada uma contendo um processo de dois estados. Embora a quantidade de cálculos aumente de forma considerável e se tornem correspondentemente tediosos, eles são fáceis de programar em um computador, e esses programas de computador são muito utilizados pelas pessoas que atuam do mercado de opções.

EXEMPLO 16.1
Determinação de preço de opções binomial

Suponhamos que a taxa de juros isenta de risco seja de 5%, em um período de seis meses e que desejamos avaliar uma opção de compra com preço de exercício de US$ 110 nas ações que acabamos de descrever na árvore de preços de dois períodos. Primeiro encontramos o valor de C_u. A partir daí, a opção de compra pode aumentar para um valor na data de vencimento de C_{uu} = US$ 11 (visto que nesse ponto o preço da ação é $u \times u \times S_0$ = US$ 121) ou diminuir para um valor final de C_{ud} = 0 (visto que nesse ponto o preço da ação é $u \times d \times S_0$ = US$ 104,50, que é inferior ao preço de exercício de US$ 110). Portanto, o índice de *hedge* nesse ponto é

$$H = \frac{C_{uu} - C_{ud}}{uuS_0 - udS_0} = \frac{US\$\ 11 - 0}{US\$\ 121 - US\$\ 104,5} = \frac{2}{3}$$

Desse modo, a carteira a seguir valerá US$ 209 no vencimento da opção, independentemente do preço final da ação:

	udS_0 = US$ 104,50	uuS_0 = US$ 121
Comprar duas ações pelo preço de uS_0 = US$ 110	US$ 209	US$ 242
Lançar três opções de compra pelo preço de C_u	0	−33
Total	US$ 209	US$ 209

A carteira deve ter um valor atual de mercado igual ao valor presente de US$ 209:

$$2 \times US\$\ 110 - 3C_u = US\$\ 209/1{,}05 = US\$\ 199{,}047$$

Resolva para encontrar que C_u = US$ 6,984.

Em seguida, encontramos o valor de C_d. É fácil ver que esse valor deve ser zero. Se chegarmos a esse ponto (que corresponde a um preço de ação de US$ 95), o preço da ação no vencimento da opção será US$ 104,50 ou US$ 90,25; em ambos os casos, a opção vencerá fora do preço. (Mais precisamente, poderíamos observar que, com $C_{ud} = C_{dd} = 0$, o índice de *hedge* é zero e uma carteira com *zero* ação reproduzirá o *payoff* da opção de compra!)

Por fim, encontramos C utilizando os valores de C_u e C_d. A "Revisão de Conceitos 16.4" pode orientá-lo nos cálculos que mostram que o valor da opção é US$ 4,434.

Revisão de CONCEITOS 16.4

Demonstre que o valor inicial da opção de compra no Exemplo 16.1 é US$ 4,434.
a. Confirme se o *spread* nos valores das opções é $C_u - C_d$ = US$ 6,984.
b. Confirme se o *spread* nos valores das ações é $uS_0 - dS_0$ = US$ 15.
c. Confirme se o índice de *hedge* é 0,4656 ações compradas para cada opção de compra lançada.
d. Demonstre se o valor em um período de uma carteira de 0,4656 ações e uma opção de compra lançada é isento de risco.
e. Calcule o valor presente desse *payoff*.
f. Encontre o valor da opção.

Tornando o modelo de avaliação prático

Quando dividimos progressivamente o ano em subintervalos menores, a variedade dos preços de ação possíveis no final do ano amplia-se. Por exemplo, quando aumentamos o número de subperíodos para três, o número de preços de ação possíveis aumenta para quatro, tal como demonstrado na seguinte árvore de preços de ação:

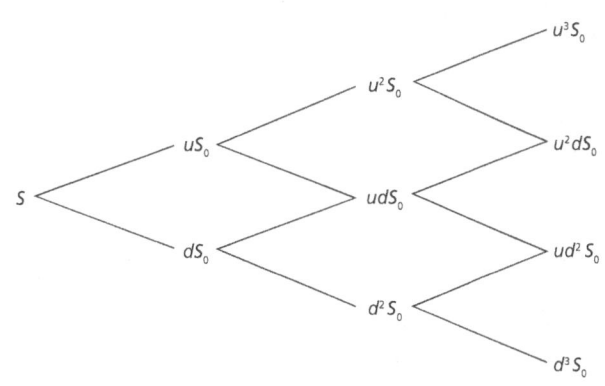

```
                                    u³S₀
                          u²S₀
                                    u²dS₀
              uS₀
                          udS₀
      S
                                    ud²S₀
              dS₀
                          d²S₀
                                    d³S₀
```

Desse modo, levando em conta um número cada vez maior de subperíodos, podemos superar uma das limitações aparentes do modelo de avaliação: de que o número de preços de ação possíveis no final do período é pequeno.

Observe que resultados extremos u^3S_0 ou d^3S_0 serão relativamente raros, visto que eles exigem três aumentos consecutivos ou três reduções consecutivas nos três subintervalos. Resultados mais moderados ou intermediários, como u^2dS_0, podem ser alcançados por meio de mais de um caminho; qualquer combinação de dois aumentos de preços e uma redução resultará em um preço de ação u^2dS_0. Existem três caminhos: *uud, udu, duu*. Em contraposição, apenas um caminho, *uuu*, resulta em um preço de ação de u^3S_0. Desse modo, os valores intermediários são mais prováveis. A probabilidade de cada resultado pode ser descrita pela distri-

modelo binomial
Modelo de avaliação de opções baseado na suposição de que os preços das ações podem mudar para apenas dois valores ao longo de um curto espaço de tempo.

buição binomial, e esse método de determinação de preço de opções de vários períodos é chamado de **modelo binomial**.

Para tornar esse modelo mais realista, podemos dividir o vencimento da opção em um número crescente de subperíodos. Nesse processo, a distribuição de probabilidades do preço final da ação se parecerá cada vez mais com a conhecida curva em forma de sino, com resultados extremos altamente improváveis e resultados intermediários bem mais prováveis.

Contudo, ainda precisamos responder uma pergunta prática importante. Para que o modelo possa ser utilizado para avaliar opções reais, precisamos de um meio para escolher valores razoáveis para u e d. O *spread* entre os movimentos para cima e para baixo no preço das ações reflete a volatilidade de sua taxa de retorno. Desse modo, a escolha de u e d deve depender da volatilidade. Chame σ a estimativa de desvio padrão da taxa de retorno anual composta continuamente da ação e Δt a extensão de cada subperíodo. Para que o desvio padrão da ação no modelo binomial corresponda à sua estimativa de σ, você pode definir $u = \exp(\sigma\sqrt{\Delta t})$ e $d = \exp(-\sigma\sqrt{\Delta t})$.[3] Você pode ver que a diferença desproporcional entre u e d aumenta com a volatilidade anualizada, bem como com a duração do subperíodo. Isso faz sentido, visto que um σ superior e períodos de manutenção mais extensos tornam os preços futuros das ações incertos. O exemplo a seguir mostra como se utiliza essa calibração.

EXEMPLO 16.2
Calibrando u e d para a volatilidade da ação

Suponhamos que você esteja utilizando um modelo de três períodos para avaliar uma opção de um ano obre uma ação com volatilidade (isto é, desvio padrão anualizado) de $\sigma = 0{,}30$. Com um prazo até o vencimento de $T = 1$ ano e três subperíodos, você calcularia $\Delta t = T/n = 1/3$, $u = \exp(\sigma\sqrt{\Delta t}) = \exp(0{,}30\sqrt{1/3}) = 1{,}189$ e $d = \exp(-\sigma\sqrt{\Delta t}) = \exp(-0{,}30\sqrt{1/3}) = 0{,}841$. Em vista da probabilidade de um movimento para cima, você poderia calcular a probabilidade de qualquer preço de ação final. Por exemplo, suponhamos que a probabilidade de o preço da ação subir é 0,554 e a probabilidade de cair é 0,446.[4] Desse modo, a probabilidade dos preços das ações no final do ano seria como se segue:

Evento	Caminhos possíveis	Probabilidade	Preço final da ação
Três movimentos para baixo	ddd	$0{,}446^3 = 0{,}089$	$59{,}48 = 100 \times 0{,}841^3$
Dois para baixo e um para cima	ddu, dud, udd	$3 \times 0{,}446^2 \times 0{,}554 = 0{,}330$	$84{,}10 = 100 \times 1{,}189 \times 0{,}841^2$
Um para baixo e dois para cima	uud, udu, duu	$3 \times 0{,}446 \times 0{,}554^2 = 0{,}411$	$118{,}89 = 100 \times 1{,}189^2 \times 0{,}841$
Três movimentos para cima	uuu	$0{,}554^3 = 0{,}170$	$168{,}09 = 100 \times 1{,}189^3$

Representamos graficamente essa distribuição de probabilidades na Figura 16.2, Painel A. Observe que os dois preços de ação intermediários no final do período na verdade são mais prováveis do que ambos os extremos.

Agora, podemos ampliar o Exemplo 16.2 dividindo o vencimento da opção em subintervalos ainda mais curtos. Nesse processo, a distribuição de preços da ação torna-se cada vez mais plausível, tal como demonstramos no Exemplo 16.3.

EXEMPLO 16.3
Aumentando o número de subperíodos

No Exemplo 16.2, dividimos o ano em três subperíodos. Examinemos também os exemplos de seis e vinte subperíodos.

Subperíodos, n	$\Delta t = T/n$	$u = \exp(\sigma\sqrt{\Delta t})$	$d = \exp(-\sigma\sqrt{\Delta t})$
3	0,333	$\exp(0{,}173) = 1{,}189$	$\exp(-0{,}173) = 0{,}841$
6	0,167	$\exp(0{,}123) = 1{,}130$	$\exp(-0{,}095) = 0{,}885$
20	0,015	$\exp(0{,}067) = 1{,}069$	$\exp(-0{,}067) = 0{,}935$

---

[3] Observe que $d = 1/u$. Essa é a mais comum, mas não a única forma de calibrar o modelo de volatilidade empírica. Para obter outros métodos, consulte Robert L. McDonald, *Derivatives Markets*, 2ª ed. (Boston: Pearson/Addison-Wesley, 2006), Capítulo 8, Seção 8.3.

[4] Utilizando essa probabilidade, a taxa de retorno composta continuamente esperada sobre a ação é 0,10. Em geral, a fórmula que relaciona o movimento para cima com a taxa de retorno anual esperada, r, é $p = \dfrac{\exp(r\Delta t) - d}{u - d}$.

A: Três subintervalos. Em cada subintervalo, a ação pode aumentar 18,9% ou diminuir 15,9%.

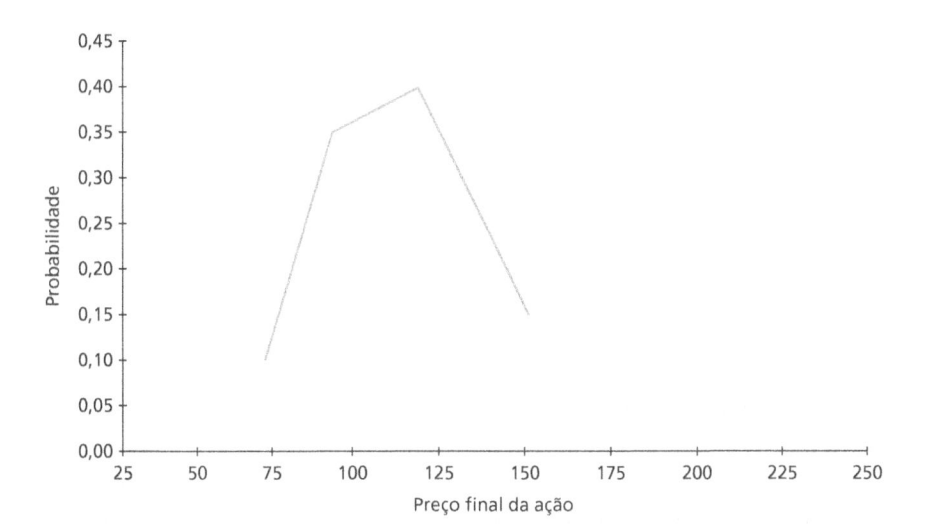

FIGURA 16.2
Distribuição de probabilidades do preço final da ação: resultados possíveis e probabilidades correspondentes. Em cada painel, a taxa de retorno esperada da ação, composta continuamente e anualizada, é 10% e seu desvio padrão é 30%.

B: Seis subintervalos. Em cada subintervalo, a ação pode aumentar 13% ou diminuir 11,5%.

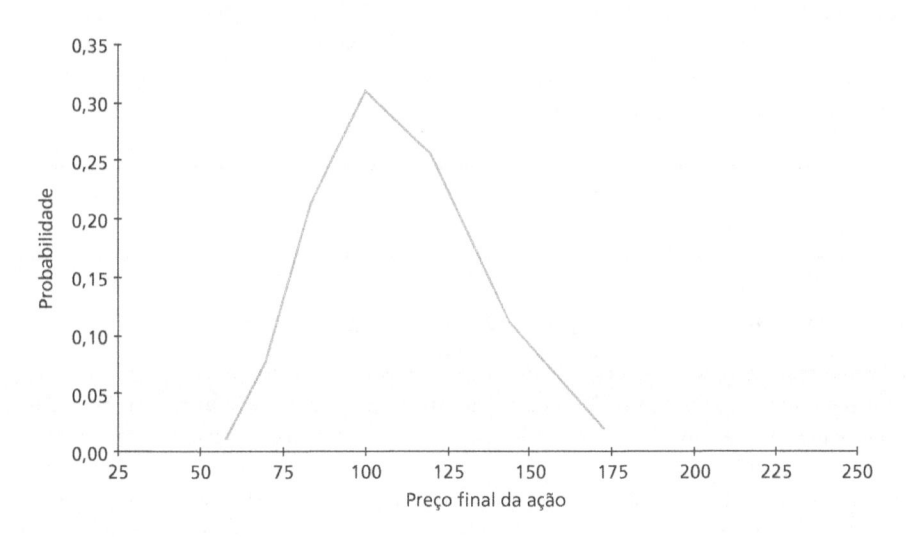

C: Vinte subintervalos. Em cada subintervalo, a ação pode aumentar 6,9% ou diminuir 6,5%.

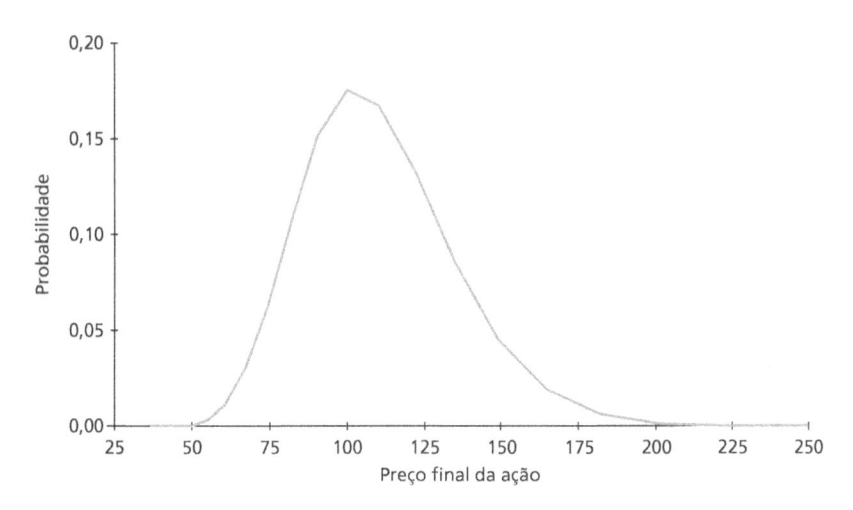

> Representamos graficamente o cálculo das distribuições de probabilidades no Painel B e no Painel C da Figura 16.2.[5]
>
> Observe que a cauda direita da distribuição no Painel C é notavelmente mais longa do que a cauda esquerda. Na verdade, à medida que o número de intervalos aumenta, a distribuição aproxima-se progressivamente da distribuição lognormal assimétrica (e não da normal simétrica). Mesmo se o preço da ação diminuísse em *cada* subintervalo, ele nunca conseguiria ficar abaixo de zero. Mas não existe nenhum limite superior com relação ao seu desempenho possível. Essa assimetria é responsável pela assimetria da distribuição.

Em algum momento, à medida que dividirmos o vencimento da opção em um número cada vez maior de subintervalos, cada nó da árvore de eventos corresponderá a um intervalo de tempo infinitamente pequeno. O movimento provável no preço das ações nesse intervalo de tempo será correspondentemente pequeno. À medida que esses vários intervalos passarem, o preço da ação no final do período será cada vez mais semelhante a uma distribuição lognormal.[6] Desse modo, a aparente supersimplificação do modelo de dois estados pode ser superada subdividindo progressivamente qualquer período em vários subperíodos.

Em qualquer nó, ainda poderíamos estabelecer uma carteira que estaria perfeitamente protegida durante o próximo intervalo de tempo. Desse modo, no final do intervalo, ao atingir o próximo nó, um novo índice de *hedge* poderia ser calculado e a composição da carteira poderia ser revista para se manter protegida durante o pequeno intervalo subsequente. Com a revisão contínua da posição de *hedge*, a carteira ficaria protegida e obteria uma taxa de retorno isenta de risco durante cada intervalo. Esse processo é chamado de *hedging dinâmico*, a atualização contínua do índice de *hedge* à medida que o tempo passa. Conforme o *hedge* dinâmico se torna mais aprimorado, o procedimento resultante de avaliação de opções torna-se mais preciso. O quadro a seguir apresenta outros aprimoramentos na utilização do modelo binomial.

16.5 Revisão de CONCEITOS   Em sua opinião, quando a opção de compra está mais dentro do preço, o índice de *hedge* fica mais alto ou mais baixo?

16.3. AVALIAÇÃO DE OPÇÕES DE BLACK-SCHOLES

Embora o modelo binomial que acabamos de descrever seja extremamente flexível, para que seja útil em uma negociação real, é necessário um computador. Seria bem mais fácil utilizar uma *fórmula* de determinação de preço de opções do que os tediosos cálculos algorítmicos exigidos no modelo binomial. Acontece que esse tipo de fórmula pode ser deduzido se estivermos dispostos a fazer mais duas suposições: que a taxa de juros isenta de risco e a volatilidade do preço das ações são constantes ao longo da existência da opção. Nesse caso, como o prazo até o vencimento é dividido em um número cada vez maior de subperíodos, a distribuição de preços das ações no vencimento aproxima-se progressivamente da distribuição lognormal, tal como indicado na Figura 16.2. Quando a distribuição de preços das ações é de fato lognormal, podemos deduzir uma fórmula exata de determinação de preço de opções.

Fórmula de Black-Scholes

Durante anos os economistas financeiros procuraram um modelo de determinação de preço de opções viável, antes que Black e Scholes (1973) e Merton (1973) deduzissem uma fórmula para

---

[5] Ajustamos as probabilidades de movimentos para cima *versus* para baixo utilizando a fórmula apresentada na nota de rodapé 4 para que as distribuições na Figura 16.2 tornem-se comparáveis. Em cada painel, *p* é escolhido para que a taxa de retorno anual esperada composta continuamente seja 10%.

[6] Na verdade, nesse caso existem fatores mais complexos. O limite desse processo é lognormal apenas se admitirmos também que os preços das ações movimentam-se continuamente, o que quer dizer que ao longo de pequenos intervalos de tempo apenas pequenos movimentos de preços podem ocorrer. Isso exclui eventos raros, como mudanças extremas e rápidas de preço em resposta a informações excepcionais (como tentativas de tomada de controle acionário). Para examinar uma abordagem sobre esse tipo de "processo de salto", consulte John C. Cox e Stephen A. Ross, "The Valuation of Options for Alternative Stochastic Processes", *Journal of Financial Economics*, 3, janeiro-março de 1976, pp. 145-166; ou Robert C. Merton, "Option Pricing When Underlying Stock Returns Are Discontinuous", *Journal of Financial Economics*, 3, janeiro-março de 1976, pp. 125-144.

Na frente de batalha do **MERCADO**

UM ATALHO NEUTRO AO RISCO

Ressaltamos anteriormente neste capítulo que o método de avaliação do modelo binomial baseia-se em arbitragem. Podemos avaliar a opção reproduzindo-a com ações mais empréstimo. A possibilidade de reproduzir a opção significa que seu preço em relação à ação e à taxa de juros deve basear-se somente na técnica de replicação, e *não* nas preferências de risco. Ele não pode depender de aversão ao risco nem do modelo de precificação de ativos financeiros nem de nenhum outro modelo de relação risco/retorno de equilíbrio.

Essa constatação – de que o modelo de determinação de preço deve ser independente da aversão ao risco – abre um atalho bastante útil para a avaliação de opções. Imagine uma *economia neutra ao risco*, isto é, uma economia em que todos os investidores são neutros ao risco. Essa economia hipotética precisa avaliar as opções da mesma forma que nossa economia real, porque a aversão ao risco não pode afetar a fórmula de avaliação.

Em uma economia neutra ao risco, o investidor não exigiria prêmios de risco e, portanto, avaliaria todos os ativos descontando os *payoffs* esperados pela taxa de juros isenta de risco. Portanto, para avaliar um título como uma opção de compra, o fluxo de caixa esperado seria descontado segundo a taxa isenta de risco: $C = \frac{"E"(CF)}{1 + r_f}$. Colocamos o operador entre aspas para indicar que essa não é a expectativa real, mas a expectativa que prevaleceria na economia hipotética neutra ao risco. Para sermos coerentes, devemos calcular esse fluxo de caixa esperado utilizando a taxa de retorno que a ação *teria* na economia neutra ao risco como um de nossos *inputs*, e *não* utilizando a taxa de retorno esperada real. Porém, se conseguirmos manter a coerência, o valor deduzido para a economia hipotética deve corresponder ao de nossa economia.

Como calculamos o fluxo de caixa esperado da opção na economia neutra ao risco? Como não existe nenhum prêmio de risco, a taxa de retorno esperada da ação deve ser igual à taxa isenta de risco. Chame *p* de probabilidade de aumento no preço da ação. Então *p* deve ser escolhido para equiparar a taxa esperada de aumento no preço da ação com a taxa isenta de risco (ignoramos aqui os dividendos):

$$"E"(S_1) = p(uS) + (1 - p)\,dS = (1 + r_f)S$$

Isso significa que $p = \frac{1 + r_f - d}{u - d}$. Designamos *p* como uma *probabilidade neutra ao risco* para distingui-la da probabilidade real ou "objetiva". Para mostrar, em nosso exemplo de dois estados, no início da Seção 16.2, tínhamos $u = 1{,}2$, $d = 0{,}9$ e $r_f = 0{,}10$. Em vista desses valores, $p = \frac{1 + 0{,}10 - 0{,}9}{1{,}2 - 0{,}9} = \frac{2}{3}$.

Vejamos agora o que acontecerá se utilizarmos a fórmula de fluxo de caixa descontado para avaliar a opção na economia neutra ao risco. Continuamos a utilizar o exemplo de dois estados da Seção 16.2. Encontramos o valor presente do *payoff* da opção utilizando a probabilidade neutra ao risco e o desconto pela taxa de juros isenta de risco:

$$C = \frac{"E"(CF)}{1 + r_f} = \frac{p\,C_u + (1 - p)\,C_d}{1 + r_f}$$

$$= \frac{2/3 \times 10 + 1/3 \times 0}{1{,}10} = 6{,}06$$

Essa resposta corresponde exatamente ao valor encontrado quando utilizamos nosso método sem arbitragem!

Repetimos: esse não é verdadeiramente um valor descontado esperado.

- O *numerador* não é o verdadeiro fluxo de caixa esperado da opção porque utilizamos a probabilidade neutra ao risco, *p*, e não a probabilidade real.
- O *denominador* não é a taxa de desconto apropriada para fluxos de caixa de opções porque não levamos o risco em conta.
- De certo modo, esses dois "erros" se anulam. Mas não se trata apenas de sorte: Temos a *garantia* de obter o resultado correto porque o método sem arbitragem implica que as preferências de risco não podem afetar o valor da opção. Portanto, o valor calculado para a economia neutra ao risco *precisa* ser igual ao valor que obtemos em nossa economia.

Quando passamos para o modelo mais realista de vários períodos, os cálculos são bem mais trabalhosos, mas a ideia é a mesma. A nota de rodapé 4 mostra como *p* é relacionado com qualquer taxa de retorno esperada e estimativa de volatilidade. Para encontrar o valor da opção, basta definir a taxa de retorno esperada sobre a ação como igual à taxa isenta de risco, utilizar a probabilidade resultante para calcular o *payoff* esperado da opção e descontar a taxa isenta de risco. Esses cálculos na verdade são razoavelmente fáceis de programar no Excel.

---

avaliar opções de compra. Hoje amplamente empregada pelos participantes do mercado de opções, a **fórmula de determinação de preço de Black-Scholes** para uma opção de compra do tipo europeia é

$$C_0 = S_0 e^{-\delta T} N(d_1) - X e^{-rT} N(d_2) \qquad (16.1)$$

onde

$$d_1 = \frac{\ln(S_0 / X) + (r - \delta + \sigma^2 / 2)T}{\sigma\sqrt{T}}$$

$$d_2 = d_1 - \sigma\sqrt{T}$$

e onde

C_0 = Valor atual da opção de compra.

S_0 = Preço atual da ação.

fórmula de determinação de preço de Black-Scholes
Fórmula para avaliar uma opção que utiliza o preço da ação, a taxa de juros isenta de risco, o prazo até o vencimento e o desvio padrão do retorno da ação.

$N(d)$ = Probabilidade de um sorteio aleatório de uma distribuição normal padrão ser inferior a d. Isso igual à área sob a curva normal até d, como na área sombreada da Figura 16.3. No Excel, essa função é chamada de DIST.NORM( ).

X = Preço de exercício.

e = Base da função log natural, aproximadamente 2,71828. No Excel, pode-se avaliar e^x utilizando a função EXP(x).

δ = Rendimento de dividendos anuais da ação subjacente. (Para simplificar, presumimos que a ação oferece um fluxo de renda contínuo, e não faz pagamentos periódicos separados, como dividendos trimestrais.)

r = Taxa isenta de risco, expressa em decimal (a taxa composta continuamente anualizada[7] sobre um ativo seguro com o mesmo vencimento da opção, que deve ser diferenciada de r_f, a taxa de juros de período de tempo discreto).

T = Tempo remanescente até o vencimento da opção (em anos).

ln = Função de logaritmo natural. No Excel, pode-se calcular $\ln(x)$ como LN(x).

σ = Desvio padrão da taxa de retorno composta continuamente anualizada da ação, expressa como decimal, e não em porcentagem.

Observe um atributo surpreendente da Equação 16.1: O valor opção não depende da taxa de retorno esperada sobre a ação. De certo modo, essa informação já está incorporada na fórmula com a inclusão do preço da ação, que em si depende das características de risco e retorno da ação. Essa versão da fórmula de Black-Scholes baseia-se na suposição de que o ativo subjacente tem um rendimento de dividendos (ou lucro) constante.

Ainda que você possa achar a fórmula de Black-Scholes intimidadora, podemos explicá-la de uma maneira até certo ponto instintiva. Considere uma ação que não paga dividendos, para a qual $\delta = 0$. Então, $S_0 e^{-\delta T} = S_0$.

O segredo é ver os termos $N(d)$ (imprecisamente) como uma probabilidade ajustada ao risco de que a opção de compra vencerá dentro do preço. Primeiro, examine a Equação 16.1, supondo que os termos $N(d)$ estão próximos de 1, isto é, que existe uma probabilidade bastante grande de que a opção será exercida. Desse modo, a o valor da opção de compra é igual a $S_0 - Xe^{-rT}$, que é o que chamamos anteriormente de valor intrínseco ajustado, $S_0 - PV(X)$. Isso faz sentido; se o exercício for garantido, teremos direito sobre a ação com o valor atual de $S0$ e uma obrigação com o valor presente $PV(X)$ ou, com a composição contínua, Xe^{-rT}.

Examine agora a Equação 16.1, supondo que os termos $N(d)$ estão próximos de zero, o que significa que é quase certo que a opção não será exercida. Em seguida a equação confirma que a opção de compra não está valendo nada. Para valores intermediários de $N(d)$, entre 0 e 1, a Equação 16.1 nos indica que o valor da opção de compra pode ser visto como o valor presente do possível *payoff* da opção de compra ajustado à probabilidade de vencimento dentro do preço.

FIGURA 16.3
Uma função de probabilidade normal padrão.

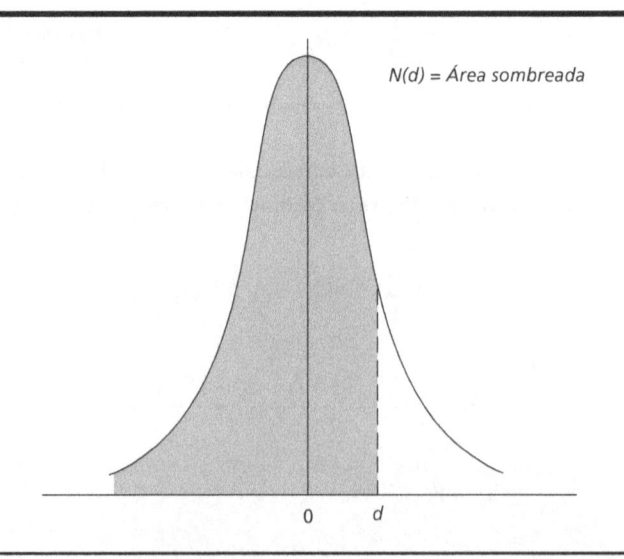

$N(d)$ = Área sombreada

---

[7] Consulte o Capítulo 5, Seção 5.1, para rever a composição contínua.

De que forma os termos $N(d)$ funcionam como probabilidades ajustadas ao risco? Essa pergunta nos conduz imediatamente para estatística avançada. Entretanto, observe que d_1 e d_2 aumentam à medida que o preço da ação aumenta. Desse modo, $N(d_1)$ e $N(d_2)$ também aumentam com preços de ação mais altos. Essa é a característica que desejaríamos em nossas "probabilidades". No caso de um preço de ação mais alto em relação ao preço de exercício, o exercício futuro é mais provável.

EXEMPLO 16.4
Avaliação de opções de compra com a fórmula de Black-Scholes

A fórmula de Black-Scholes pode ser utilizada de uma maneira razoavelmente fácil. Suponhamos que você deseje avaliar uma opção de compra nas seguintes circunstâncias:

Preço da ação	$S_0 = 100$
Preço de exercício	$X = 95$
Taxa de juros	$r = 0{,}10$
Rendimento de dividendos	$\delta = 0$
Prazo até o vencimento	$T = 0{,}25$ (um trimestre)
Desvio padrão	$\sigma = 0{,}50$

Primeiro calcule:

$$d_1 = \frac{\ln(100/95) + (0{,}10 - 0 + 0{,}5^2/2)\,0{,}25}{0{,}5\sqrt{0{,}25}} = 0{,}43$$

$$d_2 = 0{,}43 - 0{,}5\sqrt{0{,}25} = 0{,}18$$

Em seguida, encontre $N(d_1)$ e $N(d_2)$. A função de distribuição normal é tabulada e pode ser encontrada em vários livros de estatística. Uma tabela de $N(d)$ é exibida na Tabela 16.2. A função de distribuição normal $N(d)$ também é oferecida em qualquer programa de planilha eletrônica. No Microsoft Excel, por exemplo, o nome da função é DIST.NORM. Utilizando o Excel ou a Tabela 16.2 (e a interpolação para 0,43), encontramos que

$$N(0{,}43) = 0{,}6664$$
$$N(0{,}18) = 0{,}5714$$

Finalmente, lembre-se de que $\delta = 0$, $S_0 e^{-\delta T} = S_0$. Portanto, o valor da opção de compra é

$$C = 100 \times 0{,}6664 - 95 e^{-0{,}10 \times 0{,}25} \times 0{,}5714$$
$$= 66{,}64 - 52{,}94 = US\$\ 13{,}70$$

Revisão de CONCEITOS 16.6

Calcule o valor de uma opção de compra considerando um desvio padrão de 0,6 para a ação, em vez de 0,5. Confirme se a opção valerá mais se essa volatilidade mais alta for utilizada.

E se o preço da opção no Exemplo 16.4 fosse US$ 15, em vez de US$ 13,70? A opção está com o preço incorreto? Talvez, mas antes de apostar sua carreira nisso, é aconselhável reconsiderar a análise de avaliação. Primeiro, como todos os modelos, a fórmula de Black-Scholes baseia-se em algumas abstrações simplificadoras que tornam a fórmula apenas aproximadamente válida.

Algumas das suposições importantes subjacentes à fórmula são:

1. A ação pagará um rendimento de dividendos constante e contínuo até a data de vencimento da opção.
2. Tanto a taxa de juros, r, quanto a taxa de variância da ação, σ^2, são constantes (ou, em versões um pouco mais genéricas da fórmula, ambas são funções de tempo *conhecidas* – qualquer mudança é perfeitamente previsível).
3. Os preços das ações são contínuos, o que significa que saltos repentinos extremos, como aqueles que ocorrem logo após a divulgação de uma tentativa de tomada de controle acionário, são descartados.

Variações da fórmula de Black-Scholes foram desenvolvidas para lidar com várias dessas limitações.

Segundo, mesmo no contexto do modelo de Black-Scholes, você deve ter certeza da precisão dos parâmetros utilizados na fórmula. Quatro deles – S_0, X, T e r – são óbvios. O preço da ação, o preço de exercício e o prazo até o vencimento são determinados imediatamente. A taxa

TABELA 16.2 Distribuição normal cumulativa

d	N(d)	d	N(d)	d	N(d)	d	N(d)	d	N(d)	d	N(d)
−3,00	0,0013	−1,58	0,0571	−0,76	0,2236	0,06	0,5239	0,88	0,8106	1,70	0,9554
−2,95	0,0016	−1,56	0,0594	−0,74	0,2297	0,08	0,5319	0,90	0,8159	1,72	0,9573
−2,90	0,0019	−1,54	0,0618	−0,72	0,2358	0,10	0,5398	0,92	0,8212	1,74	0,9591
−2,85	0,0022	−1,52	0,0643	−0,70	0,2420	0,12	0,5478	0,94	0,8264	1,76	0,9608
−2,80	0,0026	−1,50	0,0668	−0,68	0,2483	0,14	0,5557	0,96	0,8315	1,78	0,9625
−2,75	0,0030	−1,48	0,0694	−0,66	0,2546	0,16	0,5636	0,98	0,8365	1,80	0,9641
−2,70	0,0035	−1,46	0,0721	−0,64	0,2611	0,18	0,5714	1,00	0,8414	1,82	0,9656
−2,65	0,0040	−1,44	0,0749	−0,62	0,2676	0,20	0,5793	1,02	0,8461	1,84	0,9671
−2,60	0,0047	−1,42	0,0778	−0,60	0,2743	0,22	0,5871	1,04	0,8508	1,86	0,9686
−2,55	0,0054	−1,40	0,0808	−0,58	0,2810	0,24	0,5948	1,06	0,8554	1,88	0,9699
−2,50	0,0062	−1,38	0,0838	−0,56	0,2877	0,26	0,6026	1,08	0,8599	1,90	0,9713
−2,45	0,0071	−1,36	0,0869	−0,54	0,2946	0,28	0,6103	1,10	0,8643	1,92	0,9726
−2,40	0,0082	−1,34	0,0901	−0,52	0,3015	0,30	0,6179	1,12	0,8686	1,94	0,9738
−2,35	0,0094	−1,32	0,0934	−0,50	0,3085	0,32	0,6255	1,14	0,8729	1,96	0,9750
−2,30	0,0107	−1,30	0,0968	−0,48	0,3156	0,34	0,6331	1,16	0,8770	1,98	0,9761
−2,25	0,0122	−1,28	0,1003	−0,46	0,3228	0,36	0,6406	1,18	0,8810	2,00	0,9772
−2,20	0,0139	−1,26	0,1038	−0,44	0,3300	0,38	0,6480	1,20	0,8849	2,05	0,9798
−2,15	0,0158	−1,24	0,1075	−0,42	0,3373	0,40	0,6554	1,22	0,8888	2,10	0,9821
−2,10	0,0179	−1,22	0,1112	−0,40	0,3446	0,42	0,6628	1,24	0,8925	2,15	0,9842
−2,05	0,0202	−1,20	0,1151	−0,38	0,3520	0,44	0,6700	1,26	0,8962	2,20	0,9861
−2,00	0,0228	−1,18	0,1190	−0,36	0,3594	0,46	0,6773	1,28	0,8997	2,25	0,9878
−1,98	0,0239	−1,16	0,1230	−0,34	0,3669	0,48	0,6844	1,30	0,9032	2,30	0,9893
−1,96	0,0250	−1,14	0,1271	−0,32	0,3745	0,50	0,6915	1,32	0,9066	2,35	0,9906
−1,94	0,0262	−1,12	0,1314	−0,30	0,3821	0,52	0,6985	1,34	0,9099	2,40	0,9918
−1,92	0,0274	−1,10	0,1357	−0,28	0,3897	0,54	0,7054	1,36	0,9131	2,45	0,9929
−1,90	0,0287	−1,08	0,1401	−0,26	0,3974	0,56	0,7123	1,38	0,9162	2,50	0,9938
−1,88	0,0301	−1,06	0,1446	−0,24	0,4052	0,58	0,7191	1,40	0,9192	2,55	0,9946
−1,86	0,0314	−1,04	0,1492	−0,22	0,4129	0,60	0,7258	1,42	0,9222	2,60	0,9953
−1,84	0,0329	−1,02	0,1539	−0,20	0,4207	0,62	0,7324	1,44	0,9251	2,65	0,9960
−1,82	0,0344	−1,00	0,1587	−0,18	0,4286	0,64	0,7389	1,46	0,9279	2,70	0,9965
−1,80	0,0359	−0,98	0,1635	−0,16	0,4365	0,66	0,7454	1,48	0,9306	2,75	0,9970
−1,78	0,0375	−0,96	0,1685	−0,14	0,4443	0,68	0,7518	1,50	0,9332	2,80	0,9974
−1,76	0,0392	−0,94	0,1736	−0,12	0,4523	0,70	0,7580	1,52	0,9357	2,85	0,9978
−1,74	0,0409	−0,92	0,1788	−0,10	0,4602	0,72	0,7642	1,54	0,9382	2,90	0,9981
−1,72	0,0427	−0,90	0,1841	−0,08	0,4681	0,74	0,7704	1,56	0,9406	2,95	0,9984
−1,70	0,0446	−0,88	0,1894	−0,06	0,4761	0,76	0,7764	1,58	0,9429	3,00	0,9986
−1,68	0,0465	−0,86	0,1949	−0,04	0,4841	0,78	0,7823	1,60	0,9452	3,05	0,9989
−1,66	0,0485	−0,84	0,2005	−0,02	0,4920	0,80	0,7882	1,62	0,9474		
−1,64	0,0505	−0,82	0,2061	0,00	0,5000	0,82	0,7939	1,64	0,9495		
−1,62	0,0526	−0,80	0,2119	0,02	0,5080	0,84	0,7996	1,66	0,9515		
−1,60	0,0548	−0,78	0,2177	0,04	0,5160	0,86	0,8051	1,68	0,9535		

de juros utilizada é a taxa do mercado monetário para um vencimento igual ao da opção e o rendimento de dividendos em geral é razoavelmente estável, pelo menos em curtos horizontes.

Entretanto, o último dado, o desvio padrão do retorno da ação, não é diretamente observável. Ele deve ser calculado com base em dados históricos, em análise de cenário ou nos preços de outras opções, tal como descreveremos em breve. Como é necessário estimar o desvio padrão, é sempre possível que as discrepâncias entre o preço de uma opção e o valor de Black-Scholes sejam simplesmente produtos de erro na estimativa da volatilidade da ação.

Na verdade, os participantes do mercado com frequência oferecem um contorno diferente ao problema de avaliação de opções. Em vez de calcular um valor de opção de Black-Scholes para determinado desvio padrão, eles perguntam: Qual desvio padrão seria necessário para o preço da opção que eu de fato observar que é coerente com a fórmula de Black-Scholes? Isso é chamado de **volatilidade implícita** da opção, o nível de volatilidade da ação indicado pelo preço da opção. Os investidores podem então avaliar se eles acreditam que o desvio padrão real da ação é maior do que a volatilidade implícita. Se sim, a opção é considerada uma boa compra; se a volatilidade real parecer maior do que a volatilidade implícita, o preço justo da opção pode ultrapassar o preço observado.

volatilidade implícita
Desvio padrão do retorno de uma ação que está de acordo com o valor de mercado de uma opção.

Outra variação é comparar duas opções sobre a mesma ação com datas de vencimento iguais, mas preços de exercício diferentes. A opção com a volatilidade implícita mais alta seria considerada relativamente cara porque é necessário um desvio padrão mais alto para justificar seu preço. O analista pode considerar a possibilidade de comprar a opção com a volatilidade implícita mais baixa e lançar a opção com a volatilidade implícita mais alta.

A fórmula de avaliação de opções de compra de Black-Scholes, bem como as volatilidades implícitas, é fácil de calcular em uma planilha Excel, tal como na Planilha 16.1. Os dados de entrada do modelo são fornecidos na coluna B e os dados de saída na coluna E. As fórmulas para d_1 e d_2 são apresentadas na planilha, e a fórmula Excel DIST.NORM(d_1) é utilizada para calcular $N(d_1)$. A célula E6 contém a fórmula de opção de compra de Black-Scholes.

Para calcular a volatilidade implícita, podemos utilizar a opção Atingir meta de Teste de Hipóteses (que se encontra no menu Dados) no Excel. (Consulte a Figura 16.4.) O Atingir meta nos pede para mudar o valor de uma célula para tornar o valor de outra célula (chamada de *célula de destino*) igual a um valor específico. Por exemplo, se observarmos uma opção de compra vendida por US$ 7 com outros dados de entrada iguais aos apresentados na planilha, podemos utilizar Atingir meta para mudar o valor na célula B2 (o desvio padrão da ação) e definir o valor da opção na célula E6 igual a US$ 7. A célula de destino, E6, é o preço da opção de compra, e a planilha manipula a célula B2. Quando você clicar em *OK*, a planilha verificará que um desvio padrão igual a 0,2783 é coerente com a opção de compra de US$ 7; desse modo, 27,83% seria a volatilidade implícita da opção de compra se ela estivesse sendo vendida por US$ 7.

PLANILHA 16.1 Planilha para calcular valores de opções de compra de Black-Scholes

	A	B	C	D	E	F	G H I J
1	DADOS DE ENTRADA			DADOS DE SAÍDA			FÓRMULA PARA DADOS DE SAÍDA NA COLUNA E
2	Desvio padrão (anual)	0,2783		d1	0,0029		(LN(B5/B6)+(B4−B7+.5*B2^2)*B3)/(B2*SQRT(B3))
3	Vencimento (em anos)	0,5		d2	−0,1929		E2−B2*sSQRT(B3)
4	Taxa isenta de risco (anual)	0,06		N(d1)	0,5012		DIST.NORM(E2)
5	Preço da ação	100		N(d2)	0,4231		DIST.NORM(E3)
6	Preço de exercício	105		Valor da opção de compra B/S	7,0000		B5*EXP(−B7*B3)*E4−B6*EXP(−B4*B3)*E5
7	Rendimento de dividendos (anual)	0		Valor da opção de venda B/S	8,8967		B6*EXP(−B4*B3)*(1−E5)−B5*EXP(−B7*B3)*(1−E4)

eXcel
Acesse grupoa.com.br

FIGURA 16.4 Utilizar o Atingir meta para encontrar a volatilidade implícita.

	A	B	C	D	E	F	G H I J	K
1	DADOS DE ENTRADA			DADOS DE SAÍDA			FÓRMULA PARA DADOS DE SAÍDA NA COLUNA E	
2	Desvio padrão (anual)	0,2783		d1	0,0029		(LN(B5/B6)+(B4−B7+.5*B2^2)*B3)/(B2*SQRT(B3))	
3	Vencimento (em anos)	0,5		d2	−0,1929		E2−B2*sSQRT(B3)	
4	Taxa isenta de risco (anual)	0,06		N(d1)	0,5012		DIST.NORM(E2)	
5	Preço da ação	100		N(d2)	0,4231		DIST.NORM(E3)	
6	Preço de exercício	105		Valor da opção de compra B/S	7,0000		B5*EXP(−B7*B3)*E4−B6*EXP(−B4*B3)*E5	
7	Rendimento de dividendos (anual)	0		Valor da opção de venda B/S	8,8967		B6*EXP(−B4*B3)*(1−E5)−B5*EXP(−B7*B3)*(1−E4)	

Goal Seek
Set cell: $E$6
To value: 7
By changing cell: $B$2

16.7 Revisão de CONCEITOS

Considere a opção de compra do Exemplo 16.4. Se for vendida por US$ 15 e não pelo valor de US$ 13,70 encontrado no exemplo, sua volatilidade implícita será maior ou menor do que 0,5? Utilize a Planilha 16.1 (disponível no Material Online) para calcular a volatilidade implícita por esse preço.

A Bolsa de Opções de Chicago calcula regularmente a volatilidade implícita dos índices de ações mais importantes. A Figura 16.5 apresenta um gráfico da volatilidade implícita (30 dias) do S&P 500. Durante períodos de turbulência, a volatilidade implícita pode aumentar rapidamente. Observe os picos em janeiro de 1991 (Guerra do Golfo), em agosto de 1998 (o colapso da Long Term Capital Management), em 11 de setembro de 2001, em 2002 (preparativos para a invasão do Iraque) e, mais acentuadamente, durante a crise de crédito de 2008. Como a volatilidade implícita está correlacionada com a crise, às vezes ela é chamada de "medida de medo do investidor". Tal como o quadro a seguir evidencia, os observadores utilizam-na para obter a avaliação do mercado sobre possíveis oscilações nos preços das ações nos meses subsequentes. Nesse caso, a iminente decisão da Agência de Controle de Alimentos e Medicamentos (Food and Drug Administration – FDA) sobre a viabilidade de um medicamento importante desenvolvido pela Dendreon Corporation criou uma imensa incerteza quanto ao preço futuro de suas ações e um salto proporcional na volatilidade implícita das respectivas opções.

Em março de 2004, um contrato de futuros sobre a volatilidade implícita de 30 dias do S&P 500 começou a ser negociado na CBOE. O *payoff* do contrato depende da volatilidade implícita do mercado no vencimento do contrato. O símbolo de cotação do contrato é VIX.

A Figura 16.5 também revela um fato empírico embaraçoso. Embora a fórmula de Black-Scholes seja deduzida com base na suposição de que a volatilidade é constante, a série temporal das volatilidades implícitas coerente com essa fórmula na verdade está longe de ser constante. Essa contradição nos faz lembrar que o modelo de Black-Scholes (como todos os modelos) é uma simplificação que não capta todos os aspectos dos mercados reais. Nesse contexto específico, extensões do modelo de determinação de preço que permitam que a volatilidade evolua aleatoriamente com o passar do tempo seriam desejáveis e na verdade já foram propostas várias extensões desse modelo de acordo com esses moldes.[8]

O fato de a volatilidade mudar imprevisivelmente significa que pode ser difícil escolher o *input* de volatilidade apropriado para utilizar em qualquer modelo de determinação de preço de opções. Uma quantidade considerável de pesquisas recentes tem sido dedicada à investigação de técnicas para prever mudanças na volatilidade. Essas técnicas, conhecidas como *ARCH* (*autoregressive conditional heteroskedasticity* ou heterocedasticidade condicional autorregressiva) e *modelos de volatilidade estocásticos*, postulam que as mudanças na volatilidade são parcialmente

FIGURA 16.5
Volatilidade implícita do S&P 500 (índice VIX), expressa como desvio padrão anualizado.

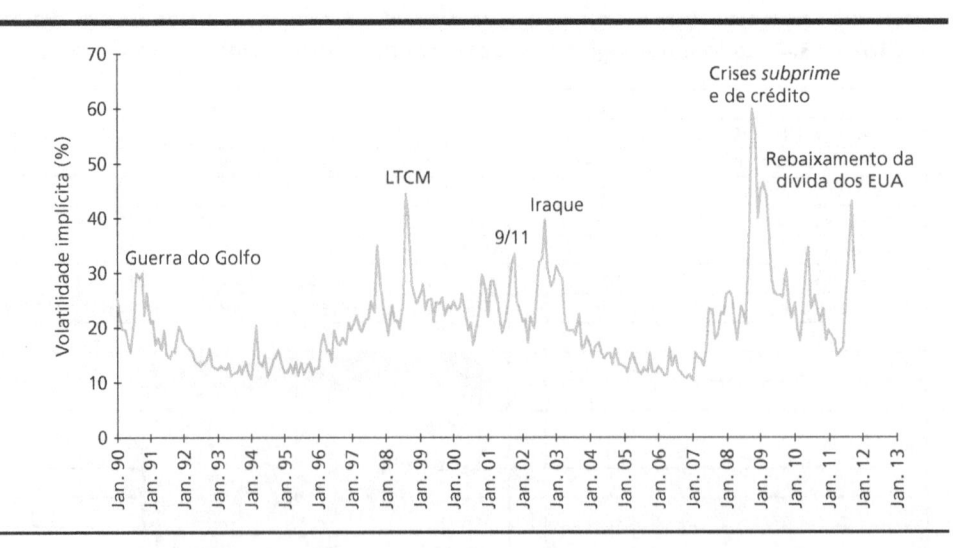

Fonte: Bolsa de Opções de Chicago. Os dados do Volatility Index® (VIX®) da CBOE são fornecidos pela Chicago Board Options Exchange, Incorporated (CBOE), e a CBOE não oferece nenhum tipo de garantia com respeito a esses dados. Dados utilizados com permissão.

[8] Artigos influentes sobre esse assunto são Hull e White (1987), Wiggins (1987) e Heston (1993). Para uma análise mais recente, consulte Ghysels, Harvey e Renault (1996).

Na frente de batalha do **MERCADO**

A VOLATILIDADE IMPLÍCITA AUMENTA NA DENDREON CORP. ANTES DA APROVAÇÃO DO PROVENGE PELA FDA

A Dendreon Corporation (DNDN), o assunto do momento em biotecnologia, está prestes a realizar um avanço fundamental – a Agência de Controle de Alimentos e Medicamentos (FDA) dos Estados Unidos está programada para divulgar seu veredicto sobre a vacina contra câncer de próstata da Dendreon no dia 1º de maio. Por esse motivo, a volatilidade implícita das opções da DNDN está muito fora do normal.

Confira: a opção de compra maio-40 da DNDN, no preço, está precificada com base em uma volatilidade implícita de 155%, ao passo que a opção de venda maio-40 tem volatilidade implícita de 157% (a partir do fechamento de terça-feira). Em contraposição, a volatilidade histórica de um mês da ação é 28%. Parece inevitável que a DNDN produza algum tipo de mudança importante nos gráficos após a decisão regulamentar.

De modo geral, os especuladores estão se sentindo impacientes diante da decisão da FDA sobre o Provenge. O índice de volume de opções de venda/opções de compra de dez dias da International Securities Exchange (ISE), de 0,81, elevou-se em mais de 92% em relação a outras leituras realizadas ao longo do último ano, indicando que os investidores que estão procurando proteção contra perda raramente preferiram comprar opções de venda a opções de compra em um ritmo tão acelerado.

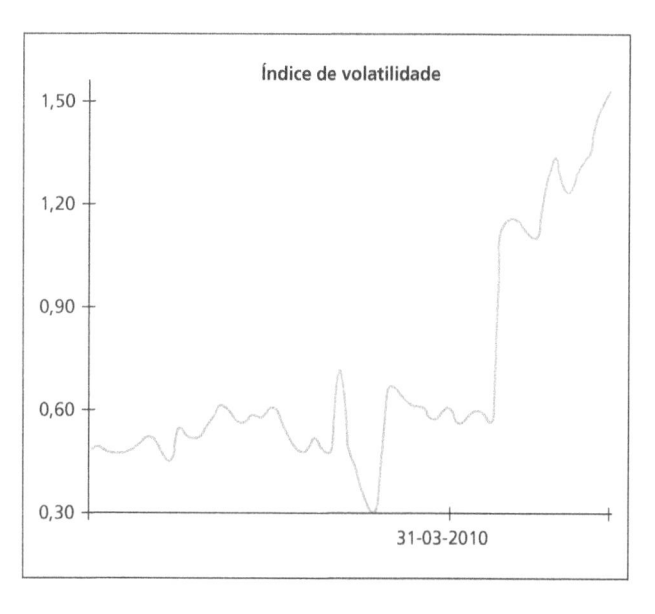

O Schaeffer's Volatility Index (SVI) da DNDN está quilômetros de distância à frente do veredicto da FDA.

Fonte: Elizabeth Harrow, "Implied Volatility Spikes on Dendreon Corp. Ahead of FDA's Provenge Ruling", Schaeffer's Investment Research, <www.schaeffersresearch.com>, 28 de abril de 2010. Dados utilizados com permissão.

---

previsíveis e que, analisando níveis e tendências recentes na volatilidade, é possível melhorar as previsões sobre a volatilidade futura.[9]

Relação de paridade entre opção de venda e opção de compra

Até agora, nos concentramos na determinação de preço das opções de compra. Em muitos casos importantes, os preços das opções de venda podem ser deduzidos simplesmente dos preços das opções de compra. Isso porque os preços das opções de venda e de compra europeias estão vinculados em uma equação conhecida como relação de paridade entre opção de venda e opção de compra. Desse modo, assim que você conhece o valor de uma opção de compra, fica fácil encontrar o valor de uma opção de venda.

Para deduzir a relação de paridade, suponhamos que você compra uma opção de compra e lance uma opção de venda, ambas com o mesmo preço de exercício, X, e a mesma data de vencimento, T. No vencimento, o *payoff* sobre seu investimento será igual ao *payoff* da opção de compra menos o *payoff* que deve ser feito sobre a opção de venda. O *payoff* de cada opção depende de o preço final da ação, S_T, ser superior ao preço de exercício no vencimento do contrato.

	$S_T \leq X$	$S_T > X$
Payoff da opção de compra mantida	0	$S_T - X$
− *Payoff* da opção de venda lançada	$-(X - S_T)$	0
Total	$S_T - X$	$S_T - X$

A Figura 16.6 mostra esse padrão de *payoff*. Compare esse *payoff* com o de uma carteira composta de ações mais uma posição em empréstimo, no qual o dinheiro a ser reembolsado aumentará com os juros para X dólares no vencimento do empréstimo. Essa posição é uma posição *alavancada* em ações na qual $PV(X) = Xe^{-rT}$ dólares são tomados emprestados no momento (de modo que X será reembolsado no vencimento) e S_0 dólares são investidos em ações. O *payoff* total da posição alavancada em ações é $S_T - X$, o mesmo da estratégia de opção. Desse modo, a po-

---

[9] Para examinar uma introdução a esses modelos, consulte Alexander (2001).

FIGURA 16.6
Padrão de *payoff* de uma posição comprada em opção de compra/vendida em opção de venda.

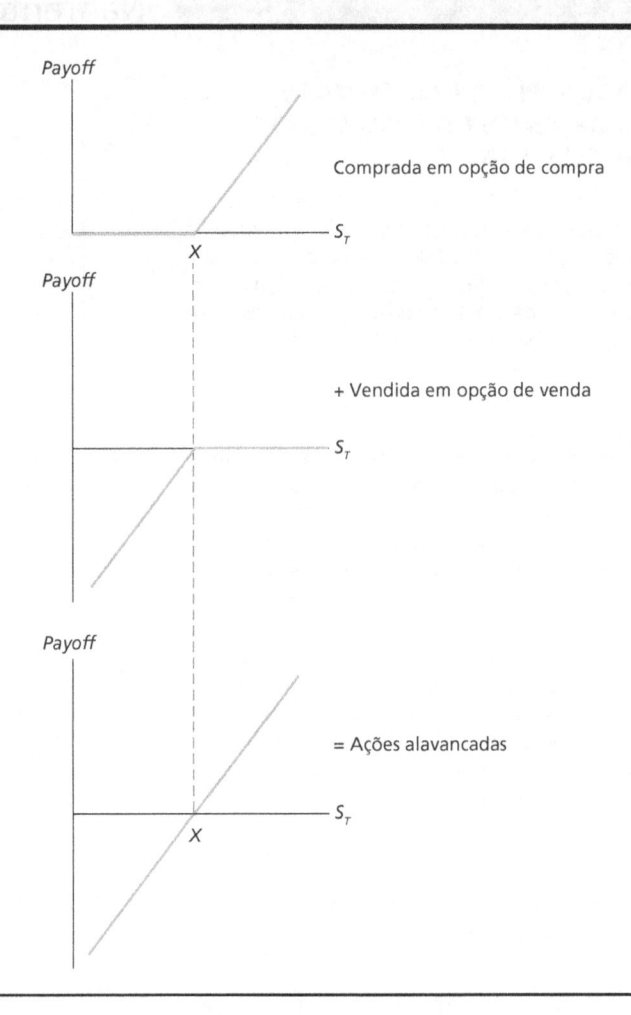

sição em opção de compra comprada/opção de venda lançada reproduz a posição alavancada em ações. Uma vez mais observamos que a negociação de opções oferece alavancagem.

Como a carteira de opções tem um *payoff* idêntico ao da posição alavancada em ações, o custo para estabelecê-las deve ser igual. O desembolso líquido necessário para estabelecer a posição em opções é $C - P$: A opção de compra é comprada por C, enquanto a opção de venda lançada gerada um lucro de P. De modo semelhante, a posição alavancada em ações exige um desembolso líquido de $S_0 - Xe^{-rT}$, o custo da ação menos os rendimentos provenientes do empréstimo. Equiparando esses custos, concluímos

$$C - P = S_0 - Xe^{-rT} \qquad (16.2)$$

relação de paridade entre opção de venda e opção de compra
Equação que representa a relação apropriada entre os preços de opções de venda e opções de compra.

A Equação 16.2 é chamada de **relação de paridade entre opção de venda e opção de compra** porque ela representa a relação apropriada entre os preços de opção de venda e de compra. Se a relação de paridade for violada em algum momento, haverá oportunidade de arbitragem.

EXEMPLO 16.5
Paridade entre opção de venda e opção de compra

Suponhamos que você observe os seguintes dados sobre determinada ação.

Preço da ação	US$ 110
Preço da opção de compra (vencimento em seis meses, X = US$ 105)	14
Preço da opção de venda (vencimento em seis meses, X = US$ 105)	5
Taxa de juros isenta de risco	Taxa composta continuamente de 5%

Usamos esses dados na relação de paridade entre opção de venda e opção de compra para verificar se a paridade foi violada.

$$C - P \stackrel{?}{=} S_0 - Xe^{-rT}$$
$$14 - 5 \stackrel{?}{=} 110 - 105e^{-0,05 \times 5}$$
$$9 \stackrel{?}{=} 7,59$$

Esse resultado, uma violação da paridade (9 não é igual a 7,59), indica erro de apreçamento e gera oportunidade de arbitragem. Você pode comprar a carteira relativamente barata (a posição em ações mais empréstimo representada no lado direito da Equação 16.2) e vender a relativamente cara (a posição comprada em opção de compra/vendida em opção de venda correspondente no lado esquerdo, isto é, lançar uma opção de compra e comprar uma opção de venda).

Examinemos o *payoff* dessa estratégia. Em seis meses, a ação valerá S_T. Você tomou emprestado o valor presente do preço de exercício, US$ 105, e deve reembolsar o empréstimo com juros, o que resulta em um fluxo de caixa de US$ 105. A opção de compra lançada gerará uma saída de caixa de S_T – US$ 105 se S_T ultrapassar US$ 105. A opção de venda comprada oferecerá um *payoff* de US$ 105 – S_T, se o preço da ação ficar abaixo de US$ 105.

A Tabela 16.3 resume o resultado. A entrada de caixa imediata é US$ 1,41, exatamente igual ao erro de apreçamento da opção. Em seis meses, as várias posições oferecerão fluxos de caixa exatamente contrabalançantes: a entrada de caixa de US$ 1,41 é realizada sem risco e sem nenhuma saída de caixa contrabalançante. Essa é uma oportunidade de arbitragem que os investidores perseguirão em larga escala até que a pressão de compra e venda restabeleça a condição de paridade expressa na Equação 16.2.

TABELA 16.3 Estratégia de arbitragem

Posição	Fluxo de caixa imediato	Fluxo de caixa em seis meses	
		$S_T < 105$	$S_T \geq 105$
Comprar ação	–110	S_T	S_T
Contrair empréstimo de Xe^{-rT} = US$ 102,41	+102,41	–105	–105
Vender opção de compra	+14	0	–(S_T – 105)
Comprar opção de venda	–5	105 – S_T	0
Total	1,41	0	0

A Equação 16.2 na verdade aplica-se apenas a opções sobre ações que não pagam dividendos antes da data de vencimento da opção. Além disso, aplica-se apenas a opções europeias, já que os fluxos de caixa provenientes das duas carteiras representadas pelos dois lados da Equação 16.2 só serão compatíveis se ambas as posições forem mantidas até o vencimento. Se uma opção de compra e uma opção de venda puder ser exercida de maneira ideal em diferentes momentos antes de sua data de vencimento usual, a igualdade dos *payoffs* não poderá ser garantida nem mesmo esperada, e as carteiras terão diferentes valores.

Entretanto, a ampliação da condição de paridade para opções de compra europeias sobre ações que pagam dividendos é direta. O Problema 32 no final deste capítulo apresenta uma situação em que se estende a relação de paridade. A fórmula mais genérica da condição de paridade entre opção de venda e opção de compra é

$$P = C - S_0 + PV(X) + PV(\text{dividendos}) \quad (16.3)$$

em que PV (dividendos) é o valor presente dos dividendos que serão pagos pela ação durante a existência da opção. Se a ação não pagar dividendos, a Equação 16.3 ficará idêntica à Equação 16.2.

Observe que essa generalização se aplicaria também às opções europeias sobre ativos que não sejam ações. Em vez de usar o lucro de dividendos na Equação 16.3, deixaríamos que qualquer rendimento pago pelo ativo subjacente desempenhasse o papel dos dividendos da ação. Por exemplo, as opções de compra e opções de venda europeias sobre obrigações satisfariam essa mesma relação de paridade, exceto que o rendimento do cupom da obrigação substituiria os pagamentos de dividendos da ação na fórmula de paridade.

Vejamos como a paridade funciona utilizando dados reais das opções da IBM na Figura 15.1, no capítulo anterior. A opção de compra com vencimento em setembro e preço de exercício de US$ 170 e prazo até o vencimento de 22 dias custa US$ 3, enquanto a opção de venda correspondente custa US$ 6,20. A IBM estava vendendo suas ações por US$ 166,76, e a taxa de juros de curto prazo anualizada (mercado monetário) nessa data era 0,8%. Não serão pagos dividendos entre a data da listagem e a data de vencimento da opção. De acordo com a relação de paridade, devemos descobrir que

$$P = C + PV(X) - S_0 + PV(\text{Dividendos})$$

$$6{,}20 = 3{,}00 + \frac{170}{(1{,}0008)^{22/365}} - 166{,}76 + 0$$

$$6{,}20 = 3{,}00 + 169{,}99 - 166{,}76$$

$$6{,}20 = 6{,}23$$

Assim, a paridade é violada em cerca de US$ 0,03 por ação. Essa é uma diferença suficientemente grande para ser explorada? É quase certeza que não. Você deve comparar o potencial de lucro com os custos de negociação da opção de compra, da opção de venda e das ações. Mais importante do que isso, como as ações podem ser negociadas com uma frequência relativamente pequena, esse desvio em relação à paridade talvez não seja "real", mas pode ser atribuído a cotações "defasadas" (isto é, desatualizadas) pelas quais na verdade você não conseguiria negociar.

Avaliação de opções de venda

Como vimos na Equação 16.3, podemos utilizar a relação de paridade entre opção de venda e opção de compra para avaliar opções de venda assim que soubermos o valor da opção de compra. Contudo, algumas vezes é mais fácil trabalhar diretamente com uma fórmula de avaliação de opção de venda. A fórmula de Black-Scholes para o valor de uma opção de venda europeia é[10]

$$P = Xe^{-rT}[1 - N(d_2)] - S_0 e^{-\delta T}[1 - N(d_1)] \tag{16.4}$$

EXEMPLO 16.6
Avaliação de opções de venda de Black-Scholes

Utilizando dados da opção de compra de Black-Scholes no Exemplo 16.4, verificamos que uma opção de venda europeia sobre essa ação com preço de exercício e prazo até o vencimento idênticos vale

US$ $95e^{-0,10 \times 0,25}(1 - 0{,}5714) - $ US$ $100(1 - 0{,}6664) = $ US$ $6{,}35$

Observe que esse valor é coerente com a paridade de opção de venda e opção de compra:

$P = C + PV(X) - S_0 + PV(\text{Div.}) = 13{,}70 + 95e^{-0,10 \times 0,25} - 100 + 0 = 6{,}35$

Como já vimos que os investidores podem fazê-lo, devemos então comparar o valor dessa fórmula com o preço real da opção de venda como um passo na formulação de uma estratégia de negociação.

A Equação 16.4 é válida para opções de venda europeias. Entretanto, as opções de venda listadas são em sua maioria americanas e oferecem a oportunidade de serem exercidas logo no início. Como uma opção americana permite que o detentor a exerça em qualquer momento antes da data de vencimento, ela deve valer pelo menos tanto quanto a opção europeia correspondente. Contudo, embora a Equação 16.4 descreva somente o limite inferior do valor real da opção de venda americana, em muitas aplicações a aproximação é extremamente precisa.

16.4. UTILIZAÇÃO DA FÓRMULA DE BLACK-SCHOLES

Índice de *hedge* e a fórmula de Black-Scholes

No Capítulo 15, consideramos dois investimentos em ações da Fin Corp.: 100 ações ou 900 opções de compra. Vimos que a posição em opção de compra era mais sensível a oscilações no preço das ações da IBM do que a posição apenas em ações. No entanto, para analisar de forma mais precisa o risco geral ao preço das ações, é necessário quantificar essas sensibilidades rela-

---

[10] Essa fórmula é coerente com a relação de paridade de opção de venda e opção de compra e na verdade pode ser deduzida dessa relação. Se você quiser tentar, lembre-se de obter os valores presentes utilizando a composição contínua e observe que, quando uma ação paga um fluxo de rendimento contínuo, em forma de rendimento constante de dividendos, δ, o valor presente desse fluxo de dividendos é $S_0(1 - e^{-\delta T})$. (Observe que $e^{-\delta T}$ é quase igual a $1 - \delta T$, de modo que o valor do fluxo de dividendos é aproximadamente $\delta T S_0$.)

tivas. Um instrumento que nos permite resumir o risco geral das carteiras de opções com vários preços de exercício e prazos até o vencimento é o índice de *hedge*. O **índice de *hedge*** de uma opção é a mudança no preço de uma opção em relação ao aumento de US$ 1 no preço da ação. Desse modo, uma opção de compra tem um índice de *hedge* positivo e uma opção de venda tem um índice de *hedge* negativo. O índice de *hedge* normalmente é chamado de **delta** da opção.

índice de *hedge* ou delta
Número de ações necessárias para diminuir o risco de preço de se manter uma opção.

Se você fizesse um gráfico do valor da opção como função do valor da ação, como fizemos para a opção de compra da Figura 16.7, o índice de *hedge* seria simplesmente a inclinação da função de valor avaliada pelo preço atual da ação. Por exemplo, suponhamos que a inclinação da curva em S_0 = US$ 120 seja igual a 0,60. À medida que o valor da ação aumenta US$ 1, o valor da opção aumenta aproximadamente US$ 0,60, tal como a figura mostra.

Para cada opção de compra lançada, seria necessária uma cota de ação de 0,60 para proteger a carteira do investidor. Por exemplo, se alguém lançar 10 opções e mantiver seis ações, de acordo com o índice de *hedge* de 0,6, um aumento de US$ 1 no preço da ação gerará um ganho de US$ 6 no investimento em ações, enquanto a perda sobre 10 opções será 10 × US$ 0,60, equivalente a US$ 6. O movimento no preço da ação não interfere na riqueza total, que é exatamente a função de uma posição protegida. O investidor que mantém tanto ações quanto opções em proporções ditadas por seus movimentos relativos protege a carteira.

Os índices de *hedge* de Black-Scholes são particularmente fáceis de calcular. O índice de *hedge* de uma opção de compra é $N(d_1)$, enquanto o índice de *hedge* de uma opção de venda é $N(d_1) - 1$. Definimos $N(d_1)$ como parte da fórmula de Black-Scholes na Equação 16.1. Lembre-se de que $N(d)$ corresponde à área sob a curva normal padrão até d. Portanto, o índice de *hedge* da opção de compra deve ser positivo e inferior a 1, enquanto o índice de *hedge* da opção de venda é negativa e tem um valor absoluto inferior a 1.

A Figura 16.7 confirma a ideia de que a inclinação da função de avaliação da opção de compra é inferior a 1 e que se aproxima de 1 somente quando o preço da ação fica extremamente alto. Isso nos indica que os valores das opções não mudam em pé de igualdade com as mudanças nos preços das ações. Qual seria o motivo? Suponhamos que uma opção esteja tão dentro do preço, que você tem absoluta certeza de que ela será exercida. Nesse caso, cada US$ 1 de aumento no preço da ação aumentaria US$ 1 no valor da opção. No entanto, se houver uma possibilidade razoável de a opção de compra vencer fora do preço, mesmo depois de um ganho moderado no preço da ação, US$ 1 de aumento no preço da ação não necessariamente aumentará o *payoff* final da opção de compra; portanto, o preço da opção de compra não responderá com US$ 1 completo.

O fato de os índices de *hedge* serem inferiores a 1 não contradiz nossa observação anterior de que as opções oferecem alavancagem e são sensíveis aos movimentos de preço das ações. Embora os movimentos em *dólar* nos preços da opção sejam mais leves do que os movimentos em dólar no preço da ação, a volatilidade da *taxa de retorno* das opções permanece superior à volatilidade do retorno da ação porque as opções são vendidas por preços mais baixos. Em nosso exemplo, com a venda de ações pelo preço de US$ 120 e um índice de *hedge* de 0,6, uma opção com preço de exercício de US$ 120 pode ser vendida por US$ 5. Se o preço da ação aumentar para US$ 121, a expectativa é de que o preço da opção de compra aumente apenas US$ 0,60,

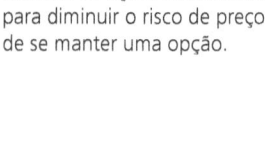

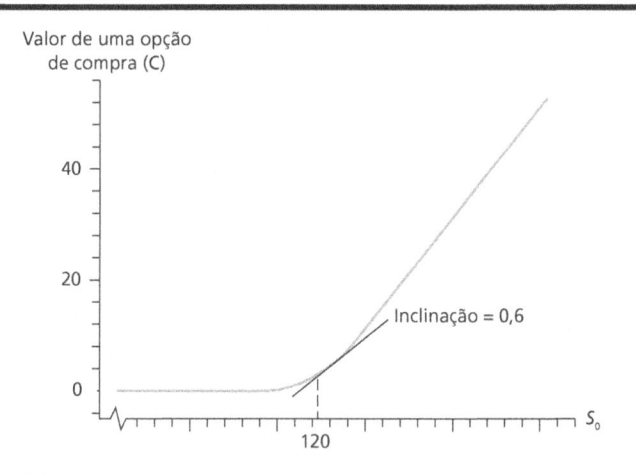

FIGURA 16.7
Valor da opção de compra e índice de *hedge*.

elasticidade da opção
Aumento percentual no valor de uma opção em vista do aumento de 1% no valor do título subjacente.

ou seja, para US$ 5,60. Entretanto, o aumento percentual no valor da opção é US$ 0,60/US$5,00 = 12%, enquanto o aumento percentual no preço da ação é apenas US$ 1/US$120 = 0,83%. A razão das mudanças percentuais é 12%/0,83% = 14,4. Para cada aumento de 1% no preço da ação, o preço da opção aumenta 14,4%. A razão da mudança percentual no preço da opção pela mudança percentual no preço da ação é chamada de **elasticidade da opção**.

O índice de *hedge* é um instrumento essencial para a gestão e o controle de carteiras. Um exemplo mostrará o motivo.

EXEMPLO 16.7
Índices de *hedge* de carteira

> Considere duas carteiras, uma contendo 750 opções de compra e 200 ações da Fin Corp. e outra contendo 800 ações da Fin Corp. Qual carteira corre maior risco em dólares em relação aos movimentos de preço nas ações da Fin Corp.? Você pode responder essa pergunta utilizando o índice de *hedge*.
>
> O valor de cada opção muda *H* dólares para cada mudança em dólar no preço da ação, onde *H* designa o índice de *hedge*. Portanto, se *H* for igual a 0,6, as 750 opções serão equivalentes a 450 ações (= 0,6 ×750) em termos mercado de reação de seu valor de mercado aos movimentos de preço nas ações da Fin Corp. A primeira carteira tem menor sensibilidade em dólar à mudança no preço das ações porque o total de 450 ações equivalentes das opções mais as 200 ações realmente mantidas é inferior ao total de 800 ações mantidas na segunda carteira.
>
> Contudo, isso não quer dizer que a primeira carteira é menos sensível à taxa de retorno da ação. Como já observamos na discussão sobre a elasticidade das opções, a primeira carteira pode ter um valor total inferior ao da segunda. Desse modo, apesar de sua menor sensibilidade com relação ao valor total de mercado, ela pode ter maior sensibilidade à taxa de retorno. Como o valor de mercado de uma opção de compra é inferior ao de uma ação, seu preço muda mais do que proporcionalmente com as mudanças no preço da ação, mesmo que seu índice de *hedge* seja inferior a 1.

16.8 Revisão de CONCEITOS
Qual a elasticidade de uma opção de venda vendida atualmente por US$ 4, com preço de exercício de US$ 120 e índice de *hedge* de –0,4, se o preço atual da ação for US$ 122?

Seguro de carteira

No Capítulo 15, mostramos que estratégias de opções de venda protetoras oferecem um tipo de apólice de seguros sobre um ativo. A opção de venda protetora tem-se mostrado extremamente popular entre os investidores. Mesmo que o preço do ativo caia, a opção de venda concede ao detentor o direito de vender o ativo pelo preço de exercício, que é uma forma de fixar um valor mínimo para a carteira. Com uma opção de venda no preço $(X = S_0)$, o prejuízo máximo que pode ocorrer corresponde ao custo da opção de venda. O ativo pode ser vendido por *X*, que é igual ao seu preço original. Desse modo, mesmo se o preço do ativo cair, o prejuízo líquido do investidor ao longo do período corresponde apenas aos custo da opção de venda. Entretanto, se o valor do ativo aumentar, o potencial de ganho é ilimitado. A Figura 16.8 apresenta em um

FIGURA 16.8
Lucro de uma estratégia de opção de venda protetora.

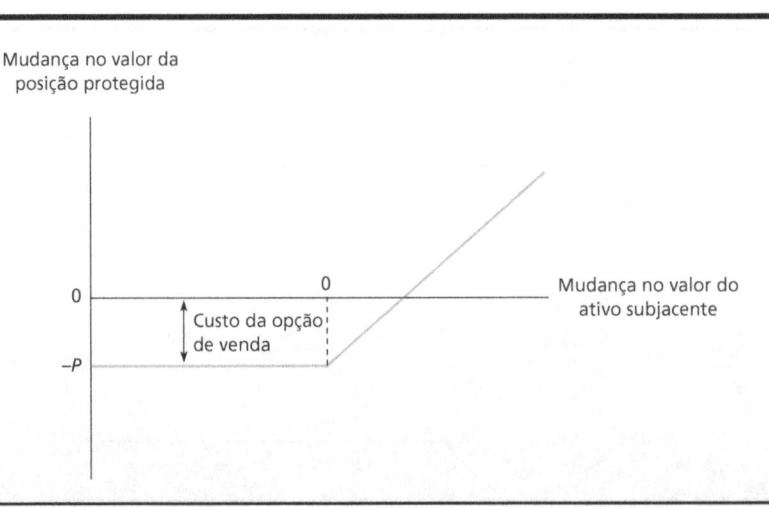

gráfico de lucro ou prejuízo sobre uma posição em opção de venda protetora como função da mudança no valor do ativo subjacente.

Embora a opção de venda protetora seja um meio simples e conveniente de obter um **seguro de carteira**, isto é, de restringir a taxa de retorno de carteira do pior cenário, existem dificuldades práticas para tentar assegurar uma carteira de ações. Em primeiro lugar, a não ser que a carteira do investidor corresponda a um índice de mercado padrão em relação ao qual as opções de venda são negociadas, não haverá para compra uma opção de venda sobre a carteira. E, se as opções de venda de índice forem utilizadas para proteger uma carteira não indexada, podem ocorrer erros de *tracking*. Por exemplo, se o valor da carteira cair e o valor do índice de mercado aumentar, a opção de venda não conseguirá oferecer a proteção pretendida. Além disso, os vencimentos das opções negociadas talvez não correspondam ao horizonte do investidor. Portanto, em vez de utilizar estratégias de opção, os investidores podem utilizar estratégias de negociação que imitem o *payoff* de uma opção de venda protetora.

A ideia geral é a seguinte. Mesmo que uma opção de venda sobre a carteira desejada, com a data de vencimento desejada, não exista, um modelo teórico de determinação de preço de opções (como o de Black-Scholes) pode ser utilizado para determinar como o preço da opção *reagiria* ao valor da carteira se a opção fosse de fato negociada. Por exemplo, se os preços das ações caíssem, a opção de venda aumentaria de valor. O modelo de opção poderia quantificar essa relação. O risco líquido da carteira de opção de venda protetora (hipotética) a oscilações nos preços das ações é a soma dos riscos dos dois componentes da carteira: a ação e a opção de venda. O risco líquido da carteira é igual ao risco da ação menos o risco da opção de venda (compensadora).

Podemos criar posições em opções de venda protetoras "sintéticas" mantendo uma quantidade de ações com o mesmo risco líquido às oscilações do mercado da posição hipotética em opção de venda protetora. O segredo dessa estratégia é o delta da opção ou o índice de *hedge*, isto é, a mudança no preço da opção de venda protetora por mudança no valor da carteira da ação subjacente.

seguro de carteira
Estratégias de carteira que restringem as perdas de investimento e, ao mesmo tempo, mantêm um potencial de ganho.

EXEMPLO 16.8
Opções de venda protetoras sintéticas

Suponhamos que uma carteira esteja avaliada atualmente em US$ 100 milhões. Uma opção de venda no preço sobre a carteira pode ter um índice de *hedge* ou delta de −0,6, o que significa que o valor da opção oscila US$ 0,60 para cada mudança em dólar no valor da carteira, mas na direção oposta. Suponhamos que o valor da carteira de ações caia 2%. O lucro sobre uma posição em opção de venda protetora hipotética (se a opção existisse) seria assim (em milhões de dólares):

Prejuízo sobre as ações:	2% de US$ 100 =	US$ 2,00
+ Ganho sobre a opção de venda:	0,6 × US$ 2,00 =	1,20
Prejuízo líquido		US$ 0,80

Criamos a posição em opção sintética vendendo uma proporção de ações igual ao delta da opção de venda (isto é, vendendo 60% das ações) e aplicando os rendimentos em letras do Tesouro isentas de risco. A lógica é que a opção de venda hipotética teria compensado 60% de qualquer mudança no valor da carteira de ações. Desse modo, devemos reduzir diretamente o risco da carteira vendendo 60% das ações e aplicando os rendimentos em um ativo isento de risco. O retorno total sobre uma posição em opção de venda protetora com US$ 60 milhões em investimentos isentos de risco, como as letras do Tesouro, e US$ 40 milhões em ações é:

Prejuízo sobre as ações:	2% de US$ 40 =	US$ 0,80
+ Prejuízo sobre letras:		0
Prejuízo líquido		US$ 80

As posições de opção de venda protetoras sintéticas e reais têm retornos iguais. Concluímos que, se você vender uma proporção de ações igual ao delta da opção de venda e aplicar os rendimentos em equivalentes de caixa, seu risco em relação ao mercado de ações será igual ao risco em relação à posição na opção de venda protetora desejada.

A dificuldade com as posições sintéticas é que o delta muda constantemente. A Figura 16.9 mostra que, à medida que o preço da ação cai, o valor absoluto do índice de *hedge* apropriado aumenta. Portanto, as quedas do mercado exigem uma proteção a mais, ou seja, a conversão adicional de ações em dinheiro. Essa atualização constante do índice de *hedge* é chamado de

FIGURA 16.9
Índices de *hedge* na medida em que o preço das ações flutua.

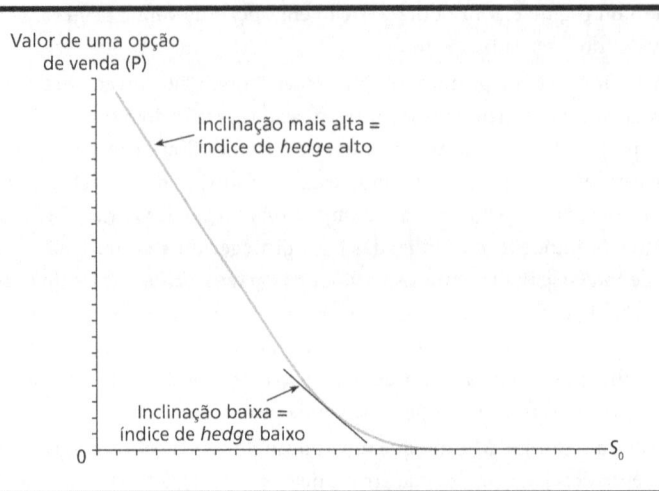

Valor de uma opção de venda (P)

Inclinação mais alta = índice de *hedge* alto

Inclinação baixa = índice de *hedge* baixo

S_0

---

hedging dinâmico
Atualização constante das posições de *hedge* à medida que as condições do mercado mudam.

hedging dinâmico, tal como analisado na Seção 16.2. Outro termo para esse tipo de proteção é delta-*hedging*, porque o delta da opção é utilizado para determinar o número de ações que precisam ser compradas ou vendidas.

O *hedging* dinâmico é um dos motivos pelos quais se diz que o seguro de carteira contribui para a volatilidade do mercado. As quedas do mercado desencadeiam vendas adicionais de ações à medida que seguradoras de carteira tentam aumentar sua proteção. Admite-se que essas vendas adicionais reforçam ou exacerbam as retrações do mercado.

Na prática, as seguradoras de carteira na verdade não compram nem vendem ações diretamente quando atualizam suas posições de *hedge*. Em vez disso, minimizam os custos de negociação comprando ou vendendo futuros indexados por ações como substitutos para a venda das ações em si. Como você verá no Capítulo 17, os preços das ações e os preços dos futuros indexados em geral estão estreitamente ligados por arbitradores entre mercados para que a negociação de futuros seja um substituto confiável da negociação de ações. Em vez de vender ações com base no delta da opção de venda, as seguradoras venderão um número equivalente de contratos de futuros.[11]

Várias seguradoras de carteira sofreram grandes reveses durante a "quebra" de mercado de 19 de outubro de 1987, quando o índice Dow Jones Industrial caiu mais de 20%. Um relato sobre o que ocorreu naquela época poder ajudá-lo a avaliar como é complexa a aplicação de um conceito de *hedge* aparentemente objetivo.

1. A volatilidade do mercado durante esse colapso foi muito maior do que qualquer outra já vista. Os deltas das opções de venda calculados com base na experiência histórica eram muito baixos; as seguradoras ficavam desprotegidas, mantinham ações em demasia e sofriam prejuízos enormes.

2. Os preços mudavam com tanta rapidez, que as seguradoras não conseguiam acompanhar com o reequilíbrio necessário. Elas estavam "caçando os deltas" que insistiam em fugir. O mercado de futuros viu uma disparidade se evidenciando, em que o preço de abertura era quase 10% inferior ao preço de fechamento do dia anterior. O preço caiu antes que as seguradoras conseguissem atualizar seus índices de *hedge*.

3. Os problemas de execução eram graves. Em primeiro lugar, não se tinha acesso aos preços atuais de mercado, visto que a execução de negociações e o sistema de cotação sofriam várias horas de atraso, impossibilitando o cálculo dos índices de *hedge* corretos. Além disso, a negociação em ações e futuros de ações foi interrompida durante alguns períodos. A capacidade de reequilíbrio contínuo, essencial para um programa de seguro viável, desapareceu durante o colapso precipitado do mercado.

4. Os preços dos futuros eram negociados com descontos exagerados sobre seus níveis apropriados, em comparação com os preços divulgados das ações, fazendo a venda de futuros (enquanto substituto da venda de ações), para aumentar a proteção, parecer cara. Embora

---

[11] Entretanto, observe que a utilização de futuros indexados reintroduz o problema de erro de *tracking* entre a carteira e o índice de mercado.

Na frente de batalha do MERCADO

J. P. MORGAN APOSTA NAS OPÇÕES DA MICROSOFT

A Microsoft, em uma mudança que poderia ser copiada por todo o setor de tecnologia, disse ontem que pretende parar de emitir opções em ações para seus funcionários e que, em vez disso, lhes fornecerá ações restritas.

Essa transação poderia anunciar uma mudanças sísmica para os concorrentes da Microsoft no Vale do Silício e poderia também ter efeitos sobre Wall Street. Embora os detalhes do plano ainda não tenham sido esclarecidos, o J. P. Morgan efetivamente pretende comprar as opções dos funcionários da Microsoft que optarem por ações restritas. As opções de ações para os funcionários são garantidas como forma de compensação e concedem aos funcionários o direito de trocar as opções por ações da empresa.

O preço oferecido aos funcionários pelas opções será presumivelmente inferior ao valor atual, oferecendo ao J. P. Morgan a oportunidade de extrair lucro dessa transação. Em vez de manter as opções e desse modo apostar na elevação do preço das ações da Microsoft, pessoas que conhecem bem a estratégia do banco dizem que o J. P. Morgan provavelmente combinará cada opção que comprar dos funcionários da empresa com uma transação distinta no mercado de ações que proteja a aposta e ao mesmo tempo lhe ofereça uma margem de lucro.

Para os chamados gênios de Wall Street, que realizam transações financeiras complexas como essa, a estratégia por trás do acordo da J. P. Morgan com a Microsoft não é particularmente excepcional nem sofisticada. Eles afirmam ainda que o banco pode lidar de várias formas com os milhões de opções da Microsoft que possam chegar às suas mãos.

Por exemplo, ele poderia proteger as opções vendendo a descoberto ou apostando contra as ações da Microsoft. A Microsoft tem a maior capitalização de mercado em comparação a qualquer empresa do mercado e suas ações estão entre as mais líquidas, o que significa que seria fácil oferecer cobertura para o risco de manter essas opções.

O J. P. Morgan também poderia vender as opções aos investidores, do mesmo modo que faria com um empréstimo consorciado (*syndicated loan*), distribuindo assim o risco. Durante uma teleconferência com os investidores, [o diretor executivo da Microsoft Steve] Ballmer afirmou que os funcionários poderiam vender suas opções a "uma entidade externa ou um grupo de entidades externas", acrescentando que a empresa ainda estava acertando os detalhes com o J. P. Morgan e a SEC.

Fonte: Trecho extraído do *The Wall Street Journal*, 9 de julho de 2003. Reimpresso com permissão do *The Wall Street Journal*, Copyright © 2003 Dow Jones & Company Inc. Todos os direitos reservados mundialmente.

---

você verá no Capítulo 17 que os preços dos futuros indexados por ações normalmente ultrapassem o índice de ações, em 19 de outubro os futuros foram vendidos bem abaixo do nível do índice de ações. Quando algumas seguradoras apostaram que o preço de futuros voltaria ao seu prêmio usual sobre o índice de ações e decidiram adiar a venda, elas ficaram desprotegidas. Quando o mercado afundou ainda mais, suas carteiras sofreram prejuízos consideráveis.

Embora a maioria dos observadores acredite que o setor de seguros de carteira nunca se restabelecerá dessa quebra de mercado, os *hedges* dinâmicos ainda são amplamente utilizados pelas grandes empresas como proteção contra possíveis prejuízos das posições em opções. Por exemplo, o quadro anterior ressaltou que, quando a Microsoft acabou com seu programa de opções de ações para os funcionários e o J. P. Morgan comprou várias opções já emitidas dos funcionários da Microsoft, muitos esperavam que o Morgan protegesse sua posição em opções vendendo ações da Microsoft de acordo com uma estratégia de delta-*hedging*.

Determinação de preço de opções e a crise de 2008-2009

Merton[12] mostra que os modelos de determinação de preço de opções podem oferecer constatações sobre a crise financeira de 2008-2009. O segredo para compreender o argumento de Merton é reconhecer que, quando os bancos concedem empréstimos ou compram dívidas das empresas com responsabilidade limitada, lançam implicitamente uma opção de venda para o tomador. Para ver o motivo, considere o *payoff* do credor quando o empréstimo reembolso do empréstimo vence. Se o tomador tiver ativos suficientes para liquidar o empréstimo, ele o fará e o credor será totalmente reembolsado. Contudo, se o tomador não tiver ativos suficientes, ele pode declarar falência e honrar suas obrigações transferindo a propriedade da empresa para seus credores. A capacidade do tomador para satisfazer um empréstimo transferindo a propriedade é equivalente ao direito de "se vender" ao credor pelo valor de face do empréstimo. Portanto, esse acordo é exatamente como uma opção de venda sobre a empresa com preço de exercício igual ao reembolso estipulado do empréstimo.

A Figura 16.10 mostra o *payoff* do credor no vencimento do empréstimo (tempo T) como função do valor da empresa tomadora do empréstimo, V_T, quando o empréstimo, com valor de

---

[12] Esse conteúdo baseia-se em uma palestra dada por Robert Merton no MIT em março de 2009. Você pode acessar esse conteúdo *on-line* em <http://mitworld.mit.edu/video/659>.

FIGURA 16.10 Um empréstimo arriscado. O *payoff* do credor pode ser considerado como US$ L, o valor de face do empréstimo, menos os rendimentos de uma opção de venda sobre o valor da empresa com preço de exercício L.

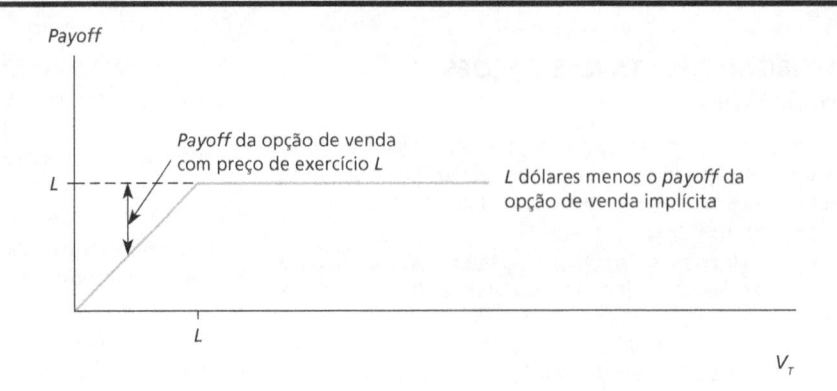

face L, vence. Se $V_T \geq L$, o credor receberá o pagamento integral. Contudo, se $V_T < L$, o credor fica com a empresa, cujo valor é inferior ao pagamento L prometido.

Podemos expressar o *payoff* de maneira que enfatize a opção de venda implícita:

$$Payoff = \begin{cases} L \\ V_T \end{cases} = L - \begin{cases} 0 & \text{se } V_T \geq L \\ L - V_T & \text{se } V_T < L \end{cases} \quad (16.5)$$

A Equação 16.5 mostra que o *payoff* sobre o empréstimo é igual a L (quando a empresa tem ativos suficientes para liquidar a dívida) *menos* o *payoff* de uma opção de venda sobre o valor da empresa (V_T) com preço de exercício L. Portanto, podemos considerar o empréstimo arriscado como uma combinação de empréstimo seguro, que oferece um *payoff* garantido de L, com uma posição vendida em uma opção de venda sobre o tomador.

Quando as empresas vendem *swaps* de risco de não cumprimento(*credit default swap* – CDS) (consulte o Capítulo 10), a opção de venda implícita é ainda mais clara. Aqui, o vendedor de CDS concorda em compensar qualquer prejuízo decorrente da insolvência de um emissor de obrigações. Se o emissor de obrigações for à falência, deixando ativos de somente V_T para os credores, o vendedor de CDS será obrigado a compensar a diferença, $L - V_T$. Essa é a essência de uma opção de venda pura.

Pense agora na exposição desses lançadores de opções de venda implícitas a mudanças na saúde financeira da empresa subjacente. O valor de uma opção de venda sobre V_T é expresso na Figura 16.11. Quando uma empresa é financeiramente sólida (isto é, V é bem superior a L), a inclinação da curva é praticamente zero, indicando que o lançador de opções de venda implícitas (tanto o banco quanto o lançador de CDS) corre pouco risco em relação ao valor da empresa que está contraindo o empréstimo. Por exemplo, quando o valor da empresa é 1,75 vez o valor da dívida, a linha mais clara, tangente à curva de valor da opção de venda, tem uma inclinação de apenas –0,040. Entretanto, se houver um grande choque na economia e o valor da empresa

FIGURA 16.11 Valor da opção de venda implícita sobre um empréstimo garantido como porcentagem do valor de face da dívida (vencimento da dívida = 1 ano, desvio padrão do valor da empresa = 40%, taxa isenta de risco = 6%).

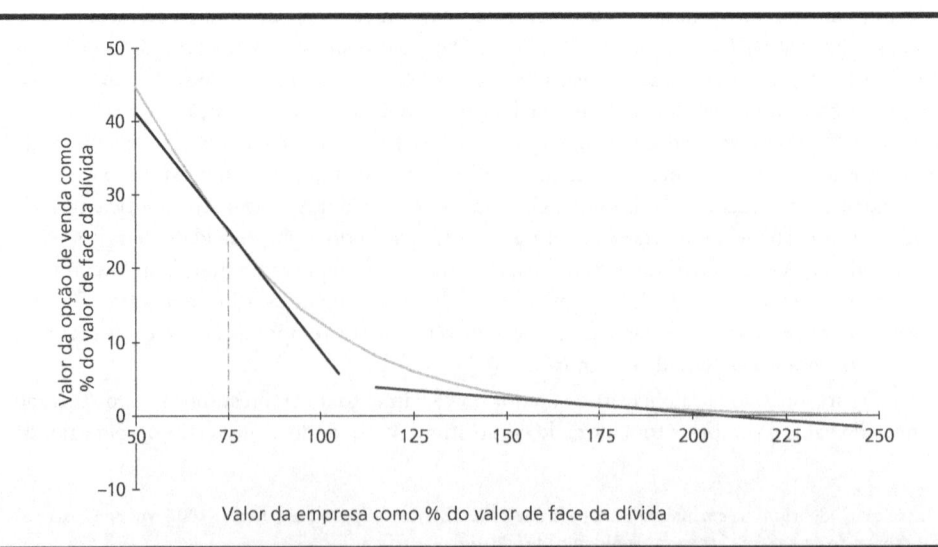

cair, o valor da opção de venda implícita não somente subirá, mas sua inclinação será mais acentuada, indicando que a exposição a outros choque agora é maior. Quando o valor da empresa é apenas 75% do valor do empréstimo, a inclinação da linha tangente ao valor da opção de venda torna-se ainda mais acentuada (−0,644). Você pode ver que, quanto mais à beira do precipício, mais fácil se torna escorregar.

Com frequência, ouvimos as pessoas dizerem que o choque sobre os valores dos ativos da magnitude da crise financeira foi um acontecimento de 10 sigmas. Com isso, querem dizer que esse evento foi tão extremo que estaria 10 desvios padrão distante de um resultado esperado, tornando-o praticamente inconcebível. Mas essa análise mostra que o desvio padrão pode ser um alvo móvel que aumenta sensivelmente à medida que a empresa enfraquece. Quando a economia vacila e as opções de venda ficam mais dentro do preço, sua sensibilidade a outros choques aumenta, elevando o risco de haver prejuízos iminentes ainda piores. A instabilidade inerente de uma exposição ao risco transforma um cenário como o da crise mais plausível e provavelmente nos dá uma pausa quando consideramos um cenário extremo como "praticamente impossível".

16.5. EVIDÊNCIAS EMPÍRICAS

O modelo de determinação de preço de opções de Black-Scholes tem passado por uma imensa quantidade de testes empíricos. Na maioria dos caos, os resultados dos estudos têm sido positivos, visto que o modelo de Black-Scholes gera valores de opções muito próximos dos preços reais pelos quais essas opções são negociadas. Ao mesmo tempo, foram observadas nesse modelo algumas falhas empíricas menores, mas regulares.

Whaley (1982) examinou o desempenho da fórmula de Black-Scholes em relação ao de fórmulas de opção mais complexas que permitem o exercício antecipado. Suas constatações indicam que as fórmulas que levam em conta a possibilidade de exercício antecipado se saem melhor na determinação de preço do que a fórmula de Black-Scholes. A fórmula de Black-Scholes parece ter um desempenho inferior no caso de opções em ações em que o pagamento de dividendos é alto. Entretanto, a verdadeira fórmula de opções de compra americanas parece se sair igualmente bem na previsão de preços de opções sobre ações com pagamento de dividendos alto ou baixo.

Rubinstein (1994) ressaltou um problema mais sério no modelo de Black-Scholes. Se esse modelo fosse preciso, a volatilidade implícita de todas as opções sobre uma ação específica que tivessem data de vencimento idêntica seria igual – afinal de contas, o ativo subjacente e a data de vencimento são os mesmos para todas as opções e, por isso, a volatilidade deduzida de cada uma também deveria ser a mesma. Porém, na verdade, quando traçamos a volatilidade implícita como função do preço de exercício, os resultados usuais são semelhantes aos da Figura 16.12, que considera as opções do índice S&P 500 o ativo subjacente. A volatilidade implícita cai constantemente à medida que o preço de exercício aumenta. É óbvio que o modelo de Black-Scholes está deixando passar algo.

Rubinstein propõe que o problema com esse modelo tem a ver com temores de uma quebra de mercado como a de outubro de 1987. A ideia é que as opções de venda muito fora do preço

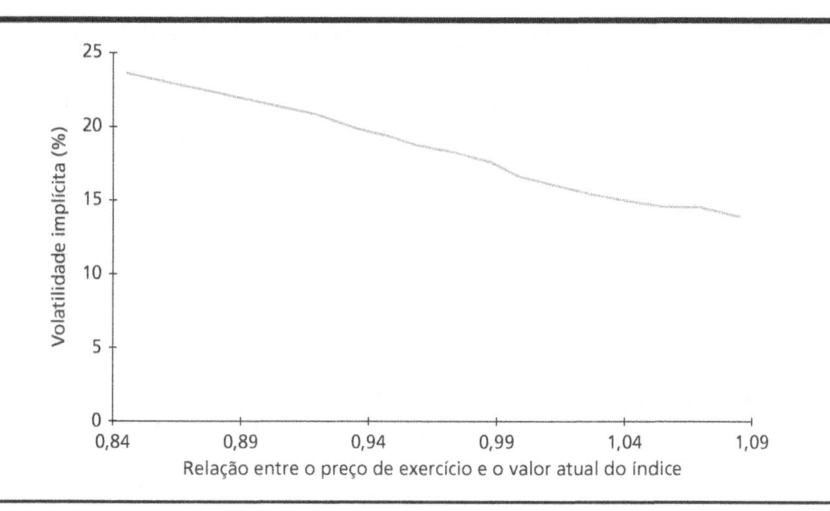

FIGURA 16.12
Volatilidade implícita como função do preço de exercício.

Fonte: Mark Rubinstein, "Implied Binomial Trees", *Journal of Finance*, 49, julho de 1994), pp. 771-818, Figura 2. Informações utilizadas com permissão da John Wiley & Sons por intermédio do Centro de Autorização de Direitos Autorais.

não teriam praticamente nenhum valor se os preços das ações mudassem equilibradamente, visto que a probabilidade de o preço cair de forma considerável (e, desse modo, a opção de venda ficar dentro do preço) em um curto período seria muito pequena. Contudo, a possibilidade de uma queda grande e repentina capaz de fazer as opções de venda ficarem dentro do preço, como em uma queda de mercado, concederia um valor maior a essas opções. Por esse motivo, o mercado pode determinar o preço dessas opções como se houvesse maior probabilidade de uma queda sensível no preço das ações do que seria indicado pelas suposições de Black-Scholes. O resultado de um preço de opção mais alto é uma volatilidade implícita mais alta deduzida do modelo de Black-Scholes.

Curiosamente, Rubinstein ressalta que, antes da quebra de mercado de 1987, os gráficos de volatilidade implícita como o da Figura 16.12 eram relativamente nivelados, o que é coerente com a ideia de que na época o mercado estava menos afinado com os temores de um colapso. Entretanto, os gráficos pós-quebra apresentaram consistentemente uma inclinação descendente, exibindo um formato com frequência chamado de *sorriso afetado da opção*. Quando utilizamos modelos de determinação de preço de opções que levam em conta distribuições de preço de ação mais gerais, como saltos e mudanças aleatórias na volatilidade, eles geram curvas de volatilidade implícita com inclinação descendente semelhantes à observada na Figura 16.12.[13]

---

[13] Para examinar uma discussão abrangente sobre esses modelos mais gerais, consulte R. L. McDonald, *Derivatives Markets*, 2ª ed. (Boston: Pearson Education, Addison-Wesley, 2006).

RESUMO

- Os valores das opções podem ser vistos como a soma do valor intrínseco mais o valor tempo ou de "volatilidade". O valor de volatilidade é o direito de optar por não exercer se o preço da ação mudar e for desfavorável para o detentor. Desse modo, os detentores de opções não podem perder mais do que o custo da opção, independentemente do desempenho do preço das ações.

- As opções de compra têm um valor mais alto quando o preço de exercício é mais baixo, quando o preço das ações é mais alto, quando a taxa de juros é mais alta, quando o prazo até o vencimento é maior, quando a volatilidade das ações é maior e quando os dividendos são mais baixos.

- O preço das opções pode ser estabelecido em relação ao preço da ação subjacente por meio de um modelo de determinação de preço simples de dois períodos e dois estados. À medida que o número de períodos aumenta, o modelo pode se aproximar de distribuições de preço de ações mais realistas. A fórmula de Black-Scholes pode ser considerada um caso-limite do modelo de opção binomial, visto que o período de manutenção é dividido em subperíodos progressivamente menores.

- O teorema de paridade entre opção de venda e opção de compra relaciona os preços das opções de venda e de compra. Se essa relação for violada, podem surgir oportunidades de arbitragem. Especificamente, a relação que deve ser satisfeita é

$$P = C - S_0 + PV(X) + PV(\text{dividendos})$$

onde X é o preço de exercício tanto da opção de compra quanto da opção de venda e $PV(X)$ é o valor presente do direito a X dólares a serem pagos na data de vencimento das opções.

- A volatilidade implícita de uma opção é o desvio padrão dos retornos da ação de acordo com o preço de mercado de uma opção. Ela pode ser deduzida de um modelo de precificação de opções encontrando a volatilidade da ação que torna o valor da opção igual ao preço observado.

- O índice de *hedge* é o número de ações necessárias para diminuir o risco de preço inerente ao lançamento de uma opção. Os índices de *hedge* aproximam-se de 0 no caso de opções de compra muito fora do preço e de 1 de opções de compra muito dentro do preço.

- Embora os índices de *hedge* sejam inferiores a 1, as opções compra têm elasticidade superior a 1. A taxa de retorno sobre uma opção de compra (ao contrário do retorno em dólar) reage mais do que páreo a páreo com os movimentos no preço das ações.

- É possível obter um seguro de carteira comprando uma opção de venda protetora sobre uma posição em ações. Quando a opção de venda apropriada não é negociada, o seguro de carteira requer uma estratégia de *hedge* dinâmico em que se vende uma fração da carteira de

ações igual ao delta da opção de venda desejada aplicam-se os rendimentos em títulos isentos de risco.
- Empiricamente, as volatilidades implícitas deduzidas com a fórmula de Black-Scholes tendem a ser menores sobre opções com preço de exercício mais alto. Isso pode ser uma evidência de que os preços das opções refletem a possibilidade de uma grande queda repentina nos preços das ações. Essas "quedas" não são coerentes com as suposições de Black-Scholes.

FÓRMULAS BÁSICAS

Modelo binomial: $u = \exp(\sigma\sqrt{\Delta t})$; $d = \exp(-\sigma\sqrt{\Delta t})$; $p = \dfrac{\exp(r\Delta t) - d}{u - d}$

Paridade entre opção de venda e opção de compra: $P = C + PV(X) - S_0 + PV(\text{Dividendos})$

Fórmula de Black-Scholes: $C_0 = S_0 e^{-\delta T} N(d_1) - X e^{-rT} N(d_2)$

$$d_1 = \frac{\ln(S_0/X) + (r - \delta + \sigma^2/2)T}{\sigma\sqrt{T}}$$

$$d_2 = d_1 - \sigma\sqrt{T}$$

CONJUNTO DE PROBLEMAS

Básicos

1. Uma opção de compra com preço de exercício de US$ 50 sobre uma ação vendida por US$ 55 custa US$ 6,50. Quais são os valores intrínseco e tempo da opção de compra? (OA 16.1)

2. Uma opção de venda sobre uma ação com preço atual de US$ 33 tem preço de exercício de US$ 35. O preço da opção de compra correspondente é US$ 2,25. De acordo com a paridade entre opção de venda e opção de compra, se a taxa de juros efetiva anual isenta de risco for 4% e houver três meses até o vencimento, qual deve ser o valor da opção de venda? (OA 16.4)

3. Uma opção de compra sobre as ações da Jupiter Motors com preço de exercício de US$ 75 e vencimento em um ano está sendo vendida por US$ 3. Uma opção de venda sobre as ações da Jupiter com preço de exercício de US$ 75 e vencimento em um ano está sendo vendida por US$ 2,50. Se a taxa isenta de risco for 8% e a Jupiter não pagar dividendos, qual deve ser o preço da ação? (OA 16.4)

4. Mostramos no corpo do texto que o valor de uma opção de compra aumenta com a volatilidade das ações. Isso também se aplica aos valores das opções de venda? Utilize a relação de paridade entre opção de venda e opção de compra e também um exemplo numérico para provar sua resposta. (OA 16.4)

Intermediários

5. Em todas as questões a seguir você é solicitado a comparar duas opções com os parâmetros oferecidos. Deve-se pressupor que a taxa de juros isenta de risco referente a *todos* os casos é 6%. Suponha que as opções sobre as quais essas opções foram lançadas não paguem dividendos. (OA 16.1)

    a.

Opção de venda	T	X	σ	Preço da opção de venda
A	0,5	50	0,20	10
B	0,5	50	0,25	10

    Qual opção de venda é lançada sobre a ação com o preço mais baixo?
    (1) A
    (2) B
    (3) Não há informações suficientes

    b.

Opção de venda	T	X	σ	Preço da opção de venda
A	0,5	50	0,2	10
B	0,5	50	0,2	12

Qual opção de venda deve ser lançada sobre a ação com preço mais baixo?
(1) A
(2) B
(3) Não há informações suficientes

c.

Opção de compra	S	X	σ	Preço da opção de venda
A	50	50	0,20	12
B	55	50	0,20	10

Qual opção de compra deve ter o menor prazo até o vencimento?
(1) A
(2) B
(3) Não há informações suficientes

d.

Opção de compra	T	X	S	Preço da opção de venda
A	0,5	50	55	10
B	0,5	50	55	12

Qual opção de compra é lançada sobre a ação com volatilidade mais alta?
(1) A
(2) B
(3) Não há informações suficientes

e.

Opção de compra	T	X	S	Preço da opção de venda
A	0,5	50	55	10
B	0,5	55	55	7

Qual opção de compra é lançada sobre a ação com volatilidade mais alta?
(1) A
(2) B
(3) Não há informações suficientes

6. Reflita novamente sobre a determinação do índice de *hedge* no modelo de dois estados (Seção 16.2), em que mostramos que um terço de uma ação protegeria uma opção. Qual deveria ser o índice de *hedge* de cada um dos preços de exercício a seguir: US$ 120, US$ 110, US$ 100, US$ 90? O que você conclui sobre o índice de *hedge* à medida que a opção fica cada vez mais dentro do preço? (OA 16.5)

7. Demonstre que os índices de *hedge* de opções de compra de Black-Scholes aumentam à medida que o preço da ação aumenta. Considere uma opção de um ano com preço de exercício de US$ 50 sobre uma ação com desvio padrão anual de 20%. A taxa das letras do Tesouro é 3% ao ano. Encontre $N(d_1)$ para os preços de ação US$ 45, US$ 50 e US$ 55. (OA 16.3)

8. Neste problema deduziremos o valor de uma opção de venda de dois estados. Dados: S_0 = 100; X = 110; 1 + r = 1,10. As duas possibilidades para S_T são 130 e 80. (OA 16.2)
    a. Mostre que o limite de S é 50 enquanto o de P é 30 entre os dois estados. Qual o índice de *hedge* da opção de venda?
    b. Crie uma carteira de três ações e cinco opções de venda. Qual o *payoff* (não aleatório) dessa carteira? Qual o valor presente da carteira?
    c. Como ação está sendo vendida atualmente por 100, mostre que o valor da opção de venda deve ser 10,91.

9. Calcule o valor de uma opção de *compra* sobre a ação do problema anterior, considerando um preço de exercício de 110. Verifique se a relação de paridade entre opção de venda e opção de compra é satisfeita por suas respostas aos Problemas 8 e 9. (Não utilize a composição contínua para calcular o valor presente de X nesse exemplo porque a taxa de juros é cotada como uma taxa efetiva por período.) (OA 16.2)

Utilize o caso a seguir para responder os Problemas 10 a 15: Mark Washington, CFA, é analista da BIC. Há um ano, os analistas da BIC previram que o mercado de ações dos Estados Unidos provavelmente experimentaria um leve declínio e sugeriram a utilização de delta-*hedging* na carteira da BIC. Tal como previsto, os mercados acionários dos Estados Unidos de fato experimentaram uma queda de aproximadamente 4% ao longo de um período de 12 meses. Entretanto, o desempenho da carteira da BIC foi desalentador, apresentando uma defasagem de 10% em relação a um grupo comparável. Washington foi aconselhado a rever as estratégias de opção para determinar por que a carteira com *hedge* não apresentou o desempenho esperado.

10. Qual das opções a seguir explicam *melhor* a carteira neutra ao delta? Uma carteira neutra ao delta está perfeitamente protegida contra: (OA 16.5)
    a. Pequenas mudanças de preço no ativo subjacente.
    b. Pequenas quedas de preço no ativo subjacente.
    c. Todas as mudanças de preço no ativo subjacente.

11. Depois de discutir o conceito de carteira neutra ao delta, Washington conclui que precisa explicar melhor o conceito de delta. Ele representa graficamente o valor de uma opção como função do preço da ação subjacente. Desenhe esse gráfico e indique como o delta é interpretado. O delta é: (OA 16.5)
    a. A inclinação no gráfico de preço da opção.
    b. A curvatura no gráfico de preço da opção.
    c. O nivelamento no gráfico de preço da opção.

12. Washington considera uma opção de venda com delta de –0,65. Se o preço do ativo subjacente diminuir US$ 6, qual será a melhor estimativa de mudança no preço da opção? (OA 16.5)

13. A BIC tem 51.750 ações da Smith & Oates. O preço atual das ações é US$ 69. Uma opção de compra sobre as ações da Smith & Oates com preço de exercício de US$ 70 está sendo vendida por US$ 3,50 e seu delta é 0,69. Qual é o número de opções de compra necessário para criar um *hedge* neutro ao delta? (OA 16.5)

14. Retorne ao problema anterior. O número de opções de compra lançadas para o *hedge* neutro ao delta aumentará ou diminuirá se o preço da ação cair? (OA 16.5)

15. Qual das seguintes afirmações sobre a meta de uma carteira neutra ao delta é *mais* precisa? Um exemplo de carteira neutra ao delta é associar: (OA 16.5)
    a. Uma posição comprada em uma ação com uma posição vendida em opções de compra para que o valor da carteira não mude com mudanças no valor da ação.
    b. Uma posição comprada em uma ação com uma posição vendida em uma opção de compra para que o valor da carteira mude com mudanças no valor da ação.
    c. Uma posição comprada em uma ação com uma posição comprada em opções de compra para que o valor da carteira não mude com mudanças no valor da ação.

16. Utilize a fórmula de Black-Scholes para encontrar o valor de uma opção de compra sobre a ação a seguir:

    Prazo até o vencimento = 6 meses
    Desvio padrão = 50% ao ano
    Preço de exercício = US$ 50
    Preço da ação = US$ 50
    Taxa de juros = 3%
    (OA 16.3)

17. Encontre o valor de Black-Scholes de uma opção de venda sobre a ação do problema anterior, com o mesmo preço de exercício e vencimento da opção de compra. (OA 16.3)

18. Recalcule o valor da opção no Problema 16, substituindo sucessivamente cada uma das mudanças a seguir, mas mantendo os outros parâmetros do Problema 16:
    a. Prazo até o vencimento = 3 meses
    b. Desvio padrão = 25% ao ano
    c. Preço de exercício = US$ 55

d. Preço da ação = US$ 55

e. Taxa de juros = 5%

Analise cada cenário independentemente. Confirme se o valor da opção muda de acordo com a previsão expressa na Tabela 16.1. (OA 16.3)

19. Qual seria a fórmula Excel na Planilha 16.1 para o valor de Black-Scholes de uma posição *straddle*? (OA 16.3)

20. Em sua opinião, um aumento de US$ 1 no preço de exercício de uma opção de compra provocaria uma queda no valor dessa opção superior ou inferior a US$ 1? (OA 16.1)

21. Mantendo todo o restante igual, uma opção de venda sobre uma ação com beta alto vale mais do que uma em uma ação com beta baixo? As empresas têm risco específico idêntico. (OA 16.1)

22. Mantendo todo o restante igual, uma opção de compra sobre a ação de uma empresa com alto risco específico vale mais do que uma opção sobre a ação de uma empresa com pouco risco específico? Os betas das ações são iguais. (OA 16.1)

23. Mantendo todo o restante igual, uma opção de compra com alto preço de exercício terá um índice de *hedge* mais alto ou mais baixo do que uma opção com baixo preço de exercício? (OA 16.5)

24. A taxa de retorno de uma opção de compra sobre uma obrigação de longo prazo do Tesouro será mais ou menos sensível do que a taxa de retorno da obrigação subjacente a mudanças nas taxas de juros? (OA 16.1)

25. Se o preço da ação cair e o preço da opção de compra subir, o que terá ocorrido com a volatilidade implícita da opção de compra? (OA 16.1)

26. Se o prazo até o vencimento diminuir e o preço da opção de venda subir, o que terá ocorrido com a volatilidade implícita da opção de venda? (OA 16.1)

27. De acordo com a fórmula de Black-Scholes, qual será o valor do índice de *hedge* de uma opção de compra à medida que o preço da ação tornar-se infinitamente maior? Explique brevemente. (OA 16.5)

28. De acordo com a fórmula de Black-Scholes, qual será o valor do índice de *hedge* de uma opção de venda para um preço de exercício extremamente pequeno? (OA 16.5)

29. O índice de *hedge* de uma opção de compra da IBM no preço é 0,4. O índice de *hedge* de uma opção de venda no preço é –0,6. Qual o índice de *hedge* da posição *straddle* da IBM no preço? (OA 16.5)

30. Considere uma opção de compra europeia com vencimento em seis meses e preço de exercício de US$ 105. A ação subjacente é vendida por US$ 100 cada e não paga dividendos. A taxa isenta de risco é de 5%. Qual a volatilidade implícita da opção supondo que ela seja vendida atualmente por US$ 8? Utilize a Planilha 16.1 (disponível em <www.grupoa.com.br>; procure o *link* para o conteúdo do Capítulo 16) para responder esta pergunta. (OA 16.3)

a. No menu *Dados* da planilha, opção Teste de Hipóteses, escolha *Atingir meta*. A caixa de diálogo que se abre pede três informações. Nessa caixa, você deve *definir a célula* E6 *no valor* 8 *alternando a célula* B2. Em outras palavras, você está pedindo para que a planilha encontre o valor de desvio padrão (que é exibido na célula B2) que força o valor da opção (na célula E6) a ser igual a US$ 8. Em seguida, clique em *OK*. Você verá que agora a opção de compra vale US$ 8 e a entrada do desvio padrão foi mudada para um nível coerente com esse valor. Esse é o desvio padrão implícito da opção de compra com um preço de US$ 8.

b. O que ocorrerá com a volatilidade implícita se a opção estiver sendo vendida por US$ 9? Por quê?

c. O que ocorrerá com a volatilidade implícita se o preço da opção continuar em US$ 8, mas o vencimento diminuir para apenas quatro meses, por exemplo? Por quê?

d. O que ocorrerá com a volatilidade implícita se o preço da opção continuar em US$ 8, mas o preço de exercício diminuir para apenas US$ 100, por exemplo? Por quê?

e. O que ocorrerá com a volatilidade implícita se o preço da opção continuar em US$ 8, mas o preço de exercício diminuir para apenas US$ 98, por exemplo? Por quê?

31. Todas estas três opções de venda são lançadas sobre a mesma ação. Uma tem delta de −0,9, outra tem delta de −0,5 e a terceira tem delta de −0,1. Atribua o delta às três opções de venda preenchendo a tabela a seguir. (OA 16.5)

Opção de venda	X	Delta
A	10	
B	20	
C	30	

32. Neste problema, deduzimos a relação de paridade entre opção de venda e opção de compra para opções europeias sobre ações que pagam dividendos antes do vencimento da opção. Para simplificar, digamos que a ação pague dividendos de US$ D por ação na data de vencimento da opção. (OA 16.4)
    a. Qual o valor da posição ação mais opção de venda na data de vencimento da opção?
    b. Considere agora uma carteira constituída de uma opção de compra e uma obrigação de cupom zero com a mesma data de vencimento da opção e valor de face $(X + D)$. Qual o valor dessa carteira na data de vencimento da opção? Você descobrirá que seu valor é igual ao valor da carteira ação mais opção de venda, independentemente do preço da ação.
    c. Qual o custo para estabelecer as duas carteiras nas partes (a) e (b)? Equipare o custo dessas carteiras para deduzir a relação de paridade entre opção de venda e opção de compra, Equação 16.3.

33. Um *collar* é estabelecido com a compra de uma ação por US$ 50, a compra de uma opção de venda de seis meses e preço de exercício de US$ 45 e o lançamento de uma opção de compra de seis meses com preço de exercício de US$ 55. Com base na volatilidade da ação, você calcula que para o preço de exercício de US$ 45 e vencimento de seis meses, $N(d_1)$ = 0,60, ao passo que, para o preço de exercício de US$ 55, $N(d_1)$ = 0,35. (OA 16.5)
    a. Qual será o ganho ou a perda sobre o *collar* se o preço da ação aumentar US$ 1?
    b. O que ocorrerá com o delta da carteira se o preço da ação ficar muito alto? E muito baixo?

34. Você está *muito* otimista (*bullish*) com relação às ações da EFG, bem mais que o restante do mercado. Em cada questão, escolha a estratégia de carteira que lhe oferecerá o maior lucro em dólares se sua previsão altista se revelar correta. Explique brevemente sua resposta. (OA 16.5)
    a. *Escolha A:* US$ 100 mil investidos em opções de compra com X = 50.
       Escolha B: US$ 100 mil investidos na ação da EFG.
    b. *Escolha A:* 10 contratos de opção de compra (para 100 ações cada), com X = 50.
       Escolha B: 1.000 ações da EFG.

35. Você está tentando avaliar uma opção de compra com preço de exercício de US$ 100 e vencimento em um ano. A ação subjacente não paga dividendos, seu preço atual é US$ 100 e você acredita que há 50% de chance de o preço aumentar para US$ 120 e 50% de chance de o preço cair para US$ 80. A taxa de juros isenta de risco é 10%. Calcule o valor da opção de compra utilizando o modelo de determinação de preço de ação de dois estados. (OA 16.2)

36. Considere um aumento na volatilidade da ação no problema anterior. Suponhamos que, se houver alta, o preço da ação subirá para US$ 130 e, se houver baixa, cairá para US$ 70. Demonstre que o valor da opção de compra é superior ao valor deduzido utilizando as suposições originais. (OA 16.2)

37. Retorne ao Exemplo 16.1. Utilize o modelo binomial para avaliar uma opção de venda europeia de um ano com preço de exercício de US$ 110 sobre a ação do exemplo. Sua solução para o preço da opção de venda satisfaz a paridade entre opção de venda e opção de compra? (OA 16.2)

Difíceis

38. Imagine que você forneça seguros de carteira. Você está criando um programa de quatro anos. A carteira que você gerencia vale atualmente US$ 100 milhões e você promete oferecer um retorno mínimo de 0%. A carteira de ações tem desvio padrão de 25% ao ano e as

letras do Tesouro pagam 5% ao ano. Para simplificar, suponha que a carteira não paga dividendos (ou que todos os dividendos são reinvestidos). (OA 16.5)

   a. Que fração da carteira deve ser investida em letras? E que fração em ações?
   b. O que o gestor deve fazer se a carteira de ações cair 3% no primeiro dia de negociação?

39. Você gostaria de manter uma posição de opção de venda protetora sobre as ações da XYZ Co. para garantir um valor mínimo de US$ 100 no final do ano. Atualmente a XYZ vende suas ações por US$ 100. Durante o ano seguinte, o preço da ação aumentará 10% ou diminuirá 10%. A taxa das letras do Tesouro é 5%. Infelizmente, nenhuma opção de venda está sendo negociada sobre ações da XYZ Co. (OA 16.5)

   a. Suponhamos que a opção de venda desejada fosse negociada. Qual seria o custo para comprá-la?
   b. Qual teria sido o custo da carteira de opção de venda protetora?
   c. Que posição de carteira em ações e letras do Tesouro lhe garante um *payoff* igual ao *payoff* que seria oferecido por uma opção de venda protetora com X = US$ 100? Mostre que o *payoff* dessa carteira e o custo para estabelecer a carteira correspondem aos da opção de venda protetora desejada.

40. Suponhamos que você esteja tentando avaliar uma opção com vencimento em um ano sobre uma ação com volatilidade (isto é, desvio padrão anualizado) de $\sigma = 0{,}40$. Quais seriam os valores apropriados de u e d se seu modelo binomial fosse definido utilizando os dados a seguir? (OA 16.2)

   a. Um período de um ano
   b. Quadro subperíodos, cada um de três meses
   c. Doze subperíodos, cada um de um mês

41. Você cria um modelo binomial com um período e declara que ao longo de um ano o preço da ação aumentará segundo um fator de 1,5 ou diminuirá segundo um fator de 2/3. Qual é sua suposição implícita sobre a volatilidade da taxa de retorno da ação ao longo do ano seguinte? (OA 16.2)

42. Utilize a relação de paridade entre opção de venda e opção de compra para demonstrar que uma opção de compra no preço sobre uma ação que não paga dividendos deve custar mais do que uma opção de venda no preço. Mostre que os preços da opção de venda e opção de compra serão iguais se $S = (1 + r)^T$. (OA 16.4)

43. Retorne ao Problema 35. Avalie a opção de compra utilizando o atalho neutro ao risco no quadro da página 553. Confirme se sua resposta corresponde ao valor que você obteve utilizando o método de dois estados. (OA 16.2)

44. Retorne ao Problema 37. Qual será o *payoff* da opção de venda, P_u, se a ação subir? Qual será o *payoff*, P_d, se a ação cair? Avalie a opção de venda utilizando o atalho neutro ao risco no quadro da página 553. Confirme se sua resposta corresponde ao valor que você obteve utilizando o método de dois estados. (OA 16.2)

Questões CFA

1. Ken Webster gerencia uma carteira de ações de US$ 200 milhões que utiliza como referência o índice S&P 500. Webster acredita que o mercado fica supervalorizado quando avaliado por vários indicadores fundamentais/econômicos tradicionais. Por isso, ele está preocupado com a possibilidade de perda, mas reconhece que, apesar disso, o índice S&P 500 poderia subir acima de seu nível atual de 883.

   Webster está pensando na seguinte estratégia de *collar de opções*:

   - É possível obter proteção para a carteira comprando uma opção de compra do índice S&P 500 com preço de exercício de US$ 880 (um pouco fora do preço).
   - A opção de venda pode ser financiada com a venda de duas opções de compra de 900 (um pouco mais fora do preço) para cada opção de venda comprada.
   - Como o delta conjunto das duas opções de compra (consulte a tabela a seguir) é inferior a 1 (isto é, 2 × 0,36 = 0,72), as opções não perderão mais do que a carteira subjacente ganhará se o mercado avançar.

As informações na tabela a seguir descrevem as duas opções utilizadas para criar o *collar*. (OA 16.5)

Características	Opção de compra de 900	Opção de venda de 880
Preço da opção	US$ 8,60	US$ 16,10
Volatilidade implícita da opção	20%	22%
Delta da opção	0,36	−0,44
Contratos necessários para o *collar*	602	301

Notas:
Ignore os custos de transação.
Volatilidade histórica de 30 dias do S&P 500 = 21%.
Prazo de 30 dias até o vencimento da opção.

 a. Descreva os possíveis retornos da carteira combinada (a carteira subjacente mais o *collar* de opções), considerando que após 30 dias o índice S&P 500:
  i. Subiu aproximadamente 5% – para 927.
  ii. Manteve-se em 883 (nenhuma mudança).
  iii. Caiu aproximadamente 5% – para 841.
  (Não é necessário realizar nenhum cálculo.)
 b. Discorra sobre o efeito do índice de *hedge* (delta) de *cada* opção à medida que o S&P 500 aproxima-se do nível de *cada* um dos possíveis resultados listados na parte (*a*).
 c. Avalie a determinação de preço de cada item a seguir em relação aos dados volatilidade fornecidos:
  i. Opção de venda
  ii. Opção de compra

2. Michael Weber, CFA, está analisando vários aspectos da avaliação de opções, como os determinantes do valor de uma opção, as características de diversos modelos utilizados para avaliar opções e a possibilidade de divergência entre os valores de opção calculados e os preços de mercado observados. (OA 16.1)
 a. Qual será o efeito esperado sobre o valor da opção de compra em ações ordinárias se (i) a volatilidade do preço da ação subjacente diminuir; (ii) o prazo até o vencimento da opção aumentar.
 b. Utilizando o modelo de determinação de preço de opções de Black-Scholes, Weber calcula o preço de uma opção de compra de três meses e observa o valor calculado da opção é diferente do preço de mercado. Com respeito à utilização do modelo de determinação de preço de opções de Black-Scholes por parte de Weber, (i) discuta por que o valor calculado de uma opção europeia fora do preço pode ser diferente de seu preço de mercado; (ii) discuta por que o valor calculado de uma opção americana pode se diferente de seu preço de mercado.

3. Atualmente um índice de ações está sendo negociado em 50. Paul Tripp, CFA, deseja avaliar as opções indexadas de dois anos utilizando o modelo binomial. Em qualquer ano, o valor da ação aumentará 20% ou cairá 20%. A taxa de juros anual isenta de risco é 6%. Não são pagos dividendos sobre nenhum dos títulos subjacentes no índice. (OA 16.2)
 a. Construa uma árvore binomial de dois períodos para o valor do índice de ações.
 b. Calcule o valor de uma opção de compra europeia sobre o índice com preço de exercício de 60.
 c. Calcule o valor de uma opção de venda europeia sobre o índice com preço de exercício de 60.
 d. Confirme se suas soluções para os valores de opção de compra e de venda satisfazem a paridade entre opção de venda e opção de compra.

WEB *master*

1. Utilize informações do <finance.yahoo.com> para responder as perguntas a seguir.
 a. Qual o preço atual da Coca?
 b. Insira agora o símbolo de cotação "KO" (de Coca-Cola) e procure a guia *Analyst Opinion* (Opinião de Analistas). Qual é o preço-alvo médio de 12 meses da Coca? Com

base nessa previsão, faria mais sentido comprar opções de compra ou opções de venda da Coca-Cola?

c. Qual o *spread* entre os preços-alvo alto e baixo das ações, expressa como porcentagem do preço atual das ações da Coca? Quanto o *spread* deve estar (qualitativamente) relacionado ao preço pelo qual as opções da Coca são negociadas?

d. Calcule a volatilidade implícita da opção de compra mais dentro do preço, com vencimento em aproximadamente três meses. Você pode utilizar a Planilha 16.1 (disponível no Material On-line, no *site* <www.grupoa.com.br>) para calcular a volatilidade implícita por meio do comando Atingir meta.

e. Repita agora esse exercício para a Pepsi (símbolo de cotação: PEP). Que relação você esperaria entre o *spread* de preço-alvo alto *versus* baixo e a volatilidade implícita das duas empresas? Suas expectativas são coerentes com os preços atuais das opções?

f. Suponhamos que você ache que a volatilidade da KO aumentará em relação aos níveis atuais previstos. As opções de compra ficariam acima ou abaixo do preço? E quanto às opção de venda?

g. Você poderia assumir posições tanto em opções de venda quanto em opções de compra da KO a fim de especular sobre sua opinião de volatilidade sem assumir uma postura sobre se o preço da ação aumentará ou diminuirá? Com relação a cada tipo de opção, você compraria ou lançaria?

h. Como suas posições relativas em opções de venda e opções de compra estariam relacionadas com o delta de cada opção?

2. Calcular a volatilidade implícita pode ser difícil se você não tiver uma planilha à mão. Felizmente, há muitas ferramentas disponíveis para realizar os cálculos; em <www.numa.com> e <www.math.columbia.edu/~smirnov/options13.html> você encontrará calculadoras de opções que também calculam a volatilidade implícita.

Utilizando dados de preço diários, calcule o desvio padrão anualizado da mudança percentual diária no preço de uma ação. Com essa mesma ação, utilize <www.numa.com> ou <www.math.columbia.edu/~smirnov/options13.html> para encontrar a volatilidade implícita. Você pode obter dados sobre preços de opções em <www.cboe.com>.

Recalcule o desvio padrão utilizando dados diários para três meses, seis meses e nove meses. Quais desses cálculos aproxima-se mais da volatilidade implícita? Que intervalo de tempo o mercado parece utilizar para avaliar a volatilidade do preço das ações?

Soluções para as *Revisões de* CONCEITOS

16.1 Sim. Considere os mesmos cenários utilizados para as opções de compra.

Preço da ação	US$ 10	US$ 20	US$ 30	US$ 40	US$ 50
Payoff da opção de venda	20	10	0	0	0
Preço da ação	20	25	30	35	40
Payoff da opção de venda	10	5	0	0	0

O cenário de baixa volatilidade gera um *payoff* esperado inferior.

16.2

Se esta variável aumentar...	O valor da opção de venda no vencimento
S	Diminuirá
X	Aumentará
σ	Aumentará
T	Aumentará/Incerto*
r_f	Diminuirá
Pagamento de dividendos	Aumentará

* No caso de opções de venda americanas, um maior prazo até o vencimento *deve* aumentar o valor. Sempre é possível optar por exercer a opção logo no início se isso for ideal; a data de vencimento mais longa amplia a variedade de alternativas abertas ao detentor, valorizando mais a opção. No caso de uma opção de venda europeia, em que o exercício logo no princípio não é permitido, um prazo maior até o vencimento pode ter um efeito indefinido. O vencimento mais longo aumenta o valor da volatilidade porque o preço final da ação é mais incerto, mas reduz o valor presente do preço de exercício que será obtido se a opção de venda for exercida. O efeito final sobre o valor da opção de venda é ambíguo.

16.3 Como a opção agora está abaixo do preço, queremos inverter nossa estratégia anterior.

	Fluxo de caixa inicial	Fluxo de caixa no Ano 1 para cada preço de ação possível	
		S = US$ 90	S = US$ 120
Comprar três opções	US$ –16,50	US$ 0	US$ 30
Vender uma ação a descoberto; reembolsar em um ano	100	–90	–120
Conceder empréstimo de US$ 83,50 por uma taxa de juros de 10%	–83,50	91,85	91,85
Total	US$ 0	US$ 1,85	US$ 1,85

O fluxo de caixa isento de risco em um ano por opção é US$ 1,85/3 = US$ 0,6167 e o valor presente é US$ 0,6167/1,10 = US$ 0,56, precisamente o valor segundo o qual a opção está abaixo do preço.

16.4 a. $C_u - C_d$ = US$ 6,984 – 0 = US$ 6,984
b. $uS_0 - dS_0$ = US$ 110 – US$ 95 = US$ 15
c. 6,984/15 = 0,4656
d.

	Valor no próximo período como função do preço da ação	
Ação hoje (tempo 0)	dS_0 = US$ 95	uS_0 = US$ 110
Comprar 0,4656 ações pelo preço S_0 = US$ 100	US$ 44,232	US$ 51,216
Lançar uma opção de compra pelo preço C_0	0	–6,984
Total	US$ 44,232	US$ 44,232

A carteira deve ter um valor atual de mercado igual ao valor presente de US$ 44,232.
e. US$ 44,232/1,05 = US$ 42,126
f. 0,4656 × US$ 100 – C_0 = US$ 42,126
   C_0 = US$ 46,56 – US$ 42,126 = US$ 4,434

16.5 Mais alto. No caso de opções muito fora do preço, mesmo com um aumento no preço da ação, a opção provavelmente não seria exercida. Seu valor aumenta apenas fracionalmente. No caso de opções muito dentro do preço, o exercício é provável e os detentores da opção obtêm um dólar para cada dólar de aumento no preço da ação, como se já possuíssem a ação.

16.6 Como $\sigma = 0,6$, $\sigma^2 = 0,36$.

$$d_1 = \frac{\ln(100/95) + (0,10 + 0,36/2)\,0,25}{0,6\sqrt{0,25}} = 0,4043$$

$$d_2 = d_1 - 0,6\sqrt{0,25} = 0,1043$$

Utilizando a Tabela 16.2 e a interpolação ou uma função de planilha,

$N(d_1) = 0,6570$
$N(d_2) = 0,5415$
$C = 100 \times 0,6570 - 95e^{-0,10 \times 0,25} \times 0,5415 = 15,53$

16.7 A volatilidade implícita é superior a 0,5. Dado um desvio padrão de 0,5, o valor da opção será US$ 13,70. Uma volatilidade maior é necessária para justificar o preço real de US$ 15. Utilizando a Planilha 16.1 e a opção Atingir meta, encontramos que a volatilidade implícita é 0,5714 ou 57,14%.

16.8 Um aumento de US$ 1 no preço da ação corresponde a um aumento percentual de 1/122 = 0,82%. A opção de compra cairá (0,4 × US$ 1) = US$ 0,40, uma queda percentual de US$ 0,40/US$ 4 = 10%. A elasticidade é –10/0,82 = –12,2.

Capítulo 17
Mercados de futuros e gestão de riscos

Objetivos de aprendizagem:

OA17.1 Calcular o lucro sobre posições em futuros como função dos preços de futuros atuais e eventuais.

OA17.2 Formular estratégias para o mercado de futuros para finalidades de proteção ou especulativas.

OA17.3 Calcular o preço adequado de futuros para determinado preço sobre o ativo subjacente.

OA17.4 Desenvolver estratégias de arbitragem para explorar erros de apreçamento no mercado de futuros.

OA17.5 Determinar como os *swaps* podem ser utilizados para atenuar o risco da taxa de juros.

Os contratos de futuros e a termo são semelhantes a opções porque especificam a compra ou a venda de algum título subjacente em alguma data futura. A principal diferença é que o detentor de uma opção de compra não é obrigado a comprar e não o fará se o negócio não for lucrativo. Entretanto, o contrato de futuros ou a termo obriga as partes a cumprirem a transação já acordada.

O contrato a termo não é um investimento no sentido estrito de que fundos são pagos por um ativo. É apenas um compromisso firmado hoje para uma transação no futuro. Contudo, os acordos a termo fazem parte de nosso estudo sobre investimentos porque são um meio eficaz para proteger outros investimentos e geralmente alterar as características de uma carteira.

Os mercados a termo para entrega futura de diversas *commodities* remontam no mínimo à Grécia antiga. No entanto, os *mercados de futuros* organizados são um fenômeno relativamente moderno e datam apenas do século XIX. Os mercados de futuros substituem os contratos a termo informais por títulos altamente padronizados negociados em bolsa.

Embora os mercados de futuros estejam enraizados em produtos e *commodities* agrícolas, hoje os mercados são dominados pela negociação de futuros financeiros, como os futuros sobre índices de ações, sobre títulos dependentes de taxas de juros como as obrigações do governo e sobre bolsas internacionais. Os mercados em si também mudaram e hoje grande parte das negociações ocorre em mercados eletrônicos.

Este capítulo descreve as operações dos mercados de futuros e a dinâmica de negociação nesses mercados. Mostramos como os contratos de futuros são instrumentos de investimento úteis tanto para *hedgers* (investidores que procuram proteção) quanto para especuladores e em que sentido o preço de futuros está relacionado com o preço à vista de um ativo. Em seguida, examinamos alguns contratos de futuros financeiros específicos – aqueles que são lançados sobre índices de ações, bolsas internacionais e títulos de renda fixa. Por último, mostramos como os contratos de *swap*, uma extensão dos contratos a termo, podem ser utilizados na gestão de carteiras.

17.1. CONTRATO DE FUTUROS

Para ver como os contratos futuros e a termo funcionam e como podem ser úteis, considere o problema de diversificação de carteira enfrentado por um agricultor que cultiva uma única cultura – por exemplo, trigo. Toda a receita do período de cultivo depende basicamente do preço altamente volátil da safra. O agricultor não consegue diversificar sua posição com facilidade porque praticamente toda a sua riqueza está amarrada à colheita.

O moageiro que precisa comprar trigo para processamento enfrenta um problema de carteira idêntico ao problema do agricultor. Ele está sujeito à incerteza dos lucros em virtude da imprevisibilidade do custo futuro do trigo.

Ambas as partes podem diminuir a origem desse risco se firmarem um **contrato de futuros** que exige que o agricultor entregue o trigo quando colhido por um preço ajustado no presente, independentemente do preço de mercado na época da colheita. Nenhum dinheiro precisa ser trocado de mãos nesse momento. Um contrato a termo nada mais é que a venda de um ativo para entrega futura que tem o preço de venda ajustado no presente. Basta que ambas as partes estejam dispostas a fixar o preço final para entrega da *commodity*. O contrato a termo protege ambas as partes contra futuras flutuações de preço.

Os mercados de futuros formalizam e padronizam os contratos a termo. Compradores e vendedores não precisam depender de uma correspondência casual entre seus interesses; eles podem negociar em um mercado centralizado. A bolsa de futuros também padroniza os tipos de contrato que podem ser negociados: ela estabelece o tamanho do contrato, a classificação aceitável da *commodity*, as datas de entrega de contrato etc. Embora a padronização elimine grande parte da flexibilidade existente nos contratos a termo informais, ela tem a vantagem contrabalançante da liquidez, porque muitos negociadores se concentrarão em um mesmo e pequeno grupo de contratos. Os contratos de futuros também diferem dos contratos porque exigem acertos diários relacionados a qualquer ganho ou perda sobre o contrato. Em contraposição, até a data de entrega nenhum dinheiro é trocado de mãos no contrato a termo.

Em um mercado centralizado, os compradores e vendedores podem realizar as transações por meio de corretores, sem precisar procurar pessoalmente parceiros de negociação. A padronização de contratos e a profundidade da negociação em cada contrato possibilitam que as posições em futuros sejam liquidadas facilmente por meio de um corretor, em vez de renegociadas pessoalmente com a outra parte do contrato. Como a bolsa garante o cumprimento de cada parte do contrato, as onerosas verificações de crédito de outros negociadores não são necessárias. Em vez disso, cada negociador simplesmente faz um depósito de boa-fé, chamado de *margem*, a fim de garantir o cumprimento do contrato.

Princípios básicos dos contratos de futuros

O contrato de futuros determina a entrega de uma *commodity* em uma data específica de entrega ou vencimento, por um preço ajustado previamente, chamado de **preço de futuros,** a ser pago no vencimento do contrato. O contrato especifica exigências precisas referentes à *commodity*. No caso de *commodities* agrícolas, a bolsa estabelece as classificações admissíveis (p. ex.: trigo n. 2 de inverno rigoroso ou trigo-vermelho n. 1 de inverno ameno). O local ou o meio de entrega da *commodity* também é especificado. A entrega de *commodities* agrícolas é feita por transferência de recibos de armazéns emitidos por armazéns autorizados. No caso de futuros financeiros, a entrega pode ser feita por transferência eletrônica. No caso de futuros indexados, a entrega pode ser feita por meio de um procedimento de pagamento em dinheiro, como aqueles utilizados para opções indexadas. (Embora tecnicamente o contrato de futuros exija a entrega de um ativo, a entrega raramente ocorre. Em vez disso, é bem mais comum as partes do contrato liquidarem suas posições antes do vencimento do contrato, aceitando possíveis ganhos ou perdas em dinheiro. Mostraremos como isso é feito ainda neste capítulo.)

Como a bolsa de futuros especifica todos os termos do contrato, os negociadores precisam chegar a um acordo apenas sobre o preço de futuros. O negociador que assume a **posição comprada** compromete-se a comprar a *commodity* na data de entrega. O negociador que assume a **posição vendida** compromete-se a entregar a *commodity* no vencimento do contrato. Diz-se que o negociador na posição comprada (*long*) "compra" o contrato e que o negociador na posição vendida (*short*) "vende" o contrato. As palavras *comprar* e *vender* são apenas figurativas, porque na verdade o contrato não é comprado nem vendido como uma ação ou obrigação; ele é firmado por acordo mútuo. No momento em que o contrato é firmado, não há transferência de dinheiro.

---

contrato de futuros
Acordo que exige a entrega futura de um ativo por um preço previamente ajustado.

preço de futuros
Preço que deverá ser pago por um contrato de futuros no vencimento.

posição comprada
Negociador de futuros que se compromete em comprar o ativo.

posição vendida
Negociador de futuros que se compromete em entregar o ativo.

A Figura 17.1 mostra preços para uma amostra de contratos de futuros do modo como eles aparecem no *The Wall Street Journal*. O título em negrito lista a *commodity* em cada caso, a bolsa em que o contrato de futuros é negociado entre parênteses, o tamanho do contrato e a unidade de preço. Por exemplo, o primeiro contrato sob "Futuros Agrícolas" é de milho, negociado na Câmara de Comércio de Chicago (CBT). Cada contrato exige a entrega de 5 mil *bushels*, e os preços na lista são cotados em centavos por *bushel*.

As colunas seguintes detalham os dados de preço para contratos que vencem em várias datas. O contrato para milho com vencimento em setembro, por exemplo, abriu durante o dia com um preço de futuros de 743,75 centavos por *bushel*. O preço de futuros mais alto durante o dia foi 749,50, o mais baixo foi 734,75 e o preço de liquidação (um preço de negociação representativo durante os últimos minutos da negociação) foi 746,75. O preço de liquidação caiu 13,50 centavos em relação ao dia de negociação anterior. Por último, os contratos em aberto ou o número de contratos em circulação foi 9.525. Informações semelhantes são oferecidas para cada data de vencimento.

O negociador na posição comprada, isto é, a pessoa que comprará o produto, lucra com as elevações de preço. Suponhamos que, quando o contrato vencer em setembro, o preço do milho seja 751,75 centavos por *bushel*. O negociador na posição comprada que fechou o contrato pelo preço de futuros de 746,75 centavos em 5 de setembro (data da listagem do *Wall Street Journal*) obtém um lucro de 5 centavos por *bushel*: O preço final é 5 centavos superior ao preço de futuros ajustado no início. Como cada contrato exige a entrega de 5 mil *bushels*, o lucro para a posição comprada é igual a 5.000 × US$ 0,05 = US$ 250 por contrato. Em contraposição, a posição vendida perde 5 centavos por *bushel*. A perda da posição vendida é igual ao ganho da posição comprada.

Resumindo, no vencimento

Lucro da posição comprada = Preço à vista no vencimento − Preço de futuros original

Lucro da posição vendida = Preço de futuros original − Preço à vista no vencimento

onde o preço à vista é o preço de mercado real da *commodity* na época da entrega.

Portanto, o contrato de futuros é um *jogo de soma zero*, em que as perdas e os ganhos de todas as posições resultam em zero. Toda posição comprada é compensada por uma posição vendida. Os lucros agregados à negociação de futuros, somando todos os investidores, também deve ser zero, tal como o risco líquido em relação a mudanças no preço da *commodity*.

A Figura 17.2, Painel A, representa os lucros realizados por um investidor que fecha uma posição comprada em um contrato de futuros como função do preço do ativo na data de vencimento. Observe que o lucro é zero quando o preço à vista final, P_T, é igual ao preço de futuros inicial, F_0. O lucro por unidade do ativo subjacente sobe ou cai páreo a páreo com as mudanças no preço à vista final. Diferentemente do *payoff* de uma opção de compra, o *payoff* da posição comprada em futuros pode ser negativo: isso ocorrerá se o preço à vista for inferior ao preço de futuros original. Diferentemente do detentor de uma opção de compra, que tem a *opção* de comprar, o negociador na posição comprada em futuros não pode simplesmente desistir do contrato. Além disso, diferentemente das opções, no caso de futuros não há necessidade de diferenciar *payoffs* brutos de lucros líquidos. Isso ocorre porque o contrato de futuros não é comprado; ele é apenas um contrato ajustado por ambas as partes. O preço de futuros ajusta-se para que o valor presente de qualquer parte do contrato seja igual a zero.

A diferença entre futuros e opções é evidenciada pela comparação do Painel A da Figura 17.2 com os gráficos de *payoff* e lucro para um investidor em uma opção de compra com preço de exercício, X, igual ao preço de futuros F_0 (consulte o Painel C). O investidor de futuros corre o risco de sofrer perdas consideráveis se o preço do ativo cair. Entretanto, o investidor na opção de compra não pode perder mais do que o custo da opção.

A Figura 17.2, Painel B, representa os lucros realizados por um investidor que ocupa a posição vendida em um contrato de futuros. É uma imagem invertida do gráfico de lucro da posição comprada.

17.1 Revisão de CONCEITOS

a. Compare o gráfico de lucro na Figura 17.2B com o gráfico de *payoff* de uma posição comprada em uma opção de venda. Suponha que o preço de exercício da opção é igual ao preço inicial de futuros.

b. Compare o gráfico de lucro na Figura 17.2B com o gráfico de *payoff* de um investidor que lança uma opção de compra.

FIGURA 17.1
Listagens de futuros de 5 de setembro de 2011.

Preços de futuros

Futuros de Metais & Petróleo

	Abertura	Alta	Baixa	Liquidação	Variação	Em Aberto
Cobre-Alta (CMX) – 25.000 lbs.; US$ por lb.						
Set.	4,0800	4,1100	4,0095	4,0395	–0,0675	4.726
Dez.	4,0530	4,1325	4,0220	4,0560	–0,0685	76.490
Ouro (CMX) – 100 onças troy; US$ por onça troy						
Set.	1.886,30	1.911,60	1.864,00	1.869,90	–3,80	524
Out.	1.855,20	1.920,70 ▲	1.842,00	1.870,60	–3,80	33.624
Dez.	1.862,20	1.923,70 ▲	1.861,80	1.873,30	–3,60	345.902
Fev. 2012	1.904,00	1.925,10 ▲	1.864,00	1.875,10	–3,50	30.932
Jun.	1.896,00	1.928,30 ▲	1.872,30	1.878,80	–3,30	17.095
Dez.	1.893,90	1.934,00	1.879,60	1.884,60	–3,20	13.901
Ouro miNY (CMX) – 50 onças troy						
Out.	1.884,75	1.921,00 ▲	1.858,75	1.870,60	–3,90	96
Dez.	1.900,25	1.926,25 ▲	1.861,50	1.873,30	–3,70	2.242
Fev. 2012	1.884,25	1.918,25 ▲	1.880,50	1.875,10	–3,40	20
Paládio (NYM) – 50 onças troy						
Set.	761,55	767,90	754,70	747,45	–33,65	474
Dez.	764,40	781,90	745,00	749,55	–33,65	20.196
Mar. 2012	776,20	776,20	765,00	750,75	–33,75	113
Jun.	773,45	773,60 ▲	763,15	752,05	–32,45	1
Platina (NYM) – 50 onças troy; US$ por onça troy						
Out.	1.893,50	1.900,00	1.851,30	1.858,20	–26,60	35.054
Jan. 2012	1.892,70	1.903,10	1.856,00	1.862,00	–26,60	5.234
Prata (CMX) – 5.000 onças troy; US$ por onça troy						
Set.	43,005	43,280	41,660	41,818	–1,202	1.128
Dez.	42,995	43,445	41,600	41,868	–1,201	78.773
Prata miNY (CMX) – 2.500 onças troy						
Dez.	42,950	43,425	41,625	41,868	–1,207	180
Jan. 2012	42,013	42,313	41,938	41,886	–1,202	1
Dez.	42,125	42,125	42,125	41,777	–1,198	18
Petróleo Cru, Light Sweet (NYM) – 1.000 barris.; US$ por barril						
Out.	86,46	86,60	83,20	86,02	–0,43	277.716
Nov.	86,80	86,86	83,47	86,31	–0,43	187.085
Dez.	87,03	87,25	83,77	86,70	–0,43	207.143
Jan. 2012	86,83	87,59	84,28	87,05	–0,41	93.401
Dez.	89,35	90,02	87,00	89,62	–0,29	158.267
Dez. 2013	89,53	90,86	88,09	90,45	0,02	85.555
Óleo de Aquecimento N. 2 (NYM) – 42.000 gal.; US$ por gal.						
Out.	3,0001	3,0263	2,9335	3,0102	0,0128	93.595
Dez.	3,0063	3,0427	2,9890	3,0283	0,0140	53.483
Gasolina-NY RBOB (NYM) – 42.000 gal.; US$ por gal.						
Out.	2,8325	2,8430	2,7702	2,8226	–0,0170	83.513
Nov.	2,7670	2,7971	2,7281	2,7788	–0,0044	44.503
Gás Natural (NYM) – 10.000 MMBtu; US$ por MMBtu						
Out.	3,882	3,950	3,851	3,938	0,066	192.051
Nov.	3,989	4,055	3,959	4,043	0,053	193.396
Dez.	4,213	4,269	4,178	4,259	0,048	79.650
Jan. 2012	4,336	4,391	4,299	4,383	0,049	156.000
Mar.	4,312	4,370	4,279	4,359	0,052	43.322
Abr.	4,310	4,350	4,260	4,344	0,059	76.241

Futuros Agrícolas

	Abertura	Alta	Baixa	Liquidação	Variação	Em Aberto
Milho (CBT) – 5.000 bu.; centavos por bu.						
Set.	743,25	749,50	734,75	746,75	–3,50	9.525
Dez.	752,00	759,00	742,75	755,75	–4,25	739.674
Etanol (CBT) – 29.000 gal.; US$ por gal.						
Set.	2,835	2,897	2,835	2,840	–0,05	85
Dez.	2,721	2,754	2,720	2,750	–0,00	1.344
Aveia (CBT) – 5.000 bu.; centavos por bu.						
Set.	365,00	369,00	362,00	362,75	–6,25	35
Dez.	364,25	369,50	363,00	367,25	–1,75	4.484
Soja (CBT) – 5.000 bu.; centavos por bu.						
Set.	1.420,25	1.426,25	1.402,25	1.413,50	–22,50	11.989
Nov.	1.428,75	1.434,50	1.408,00	1.422,50	–23,25	362.276
Farinha de Soja (CBT) – 100 t; US$ por t.						
Set.	373,00	376,60	368,20	368,30	–9,50	5.432
Dez.	381,00	382,60	375,00	375,20	–9,80	124.283
Óleo de Soja (CBT) – 60.000 lbs.; centavos por lb.						
Set.	57,42	57,60	56,85	57,56	–0,18	2.733
Dez.	57,74	58,08	57,17	58,04	–0,22	157.979
Arroz Integral (CBT) – 2.000 cwt.; US$ por cwt.						
Set.	1.774,00	1.800,00	1.767,50	1.775,50	–20,50	213
Nov.	1.785,00	1.821,00	1.785,00	1.797,50	–25,00	14.546
Trigo (CBT) – 5.000 bu.; centavos por bu.						
Set.	722,25	730,00	706,50	716,25	–13,75	1.668
Dez.	765,25	770,75	750,00	760,00	–15,50	217.126
Trigo (KC) – 5.000 bu.; centavos por bu.						
Set.	850,25	851,00	846,50	846,00	–12,00	666
Dez.	872,50	878,00	861,25	865,50	–14,50	95.723
Trigo (MPLS) – 5.000 bu.; centavos por bu.						
Set.	978,25	978,25	965,00	971,00	–13,25	497
Dez.	938,00	939,75	925,00	931,75	–11,00	21.098
Gado de Corte (CBT) – 50.000 lbs.; centavos por lb.						
Set.	132,350	133,800	132,000	133,800	1,150	5.686
Out.	132,700	134,600	132,400	134,475	1,525	13.440

	Abertura	Alta	Baixa	Liquidação	Variação	Em Aberto
Cacau (ICE-US) – 10 t métricas; US$ por t.						
Dez.	3.067	3.082	2.980	2.988	–110	68.354
Mar. 2012	3.105	3.106	3.011	3.020	–105	49.694
Café (ICE-US) – 37.500 lbs,; centavos por lb.						
Set.	280,90	283,40	278,10	282,40	–6,80	326
Dez.	283,30	283,50	276,60	280,95	–7,10	77.102
Açúcar Mundial (ICE-US) – 112.000 lbs,; centavos por lb.						
Out.	28,92	28,96	28,10	28,29	–0,89	229.953
Mar. 2012	28,00	28,11	27,25	27,57	–0,79	186.847
Açúcar Doméstico (ICE-US) – 112.000 lbs,; centavos por lb.						
Mar. 2012	40,50	40,50	40,50	40,50	–0,20	2.049
Algodão (ICE-US) – 50.000 lbs,; centavos por lb.						
Out.	105,29	106,15	104,66	106,24	–0,35	397
Dez.	105,53	106,88	103,86	106,34	0,45	91.973
Suco de Laranja (ICE-US) – 15.000 lbs,; centavos por lb.						
Set.	174,75	175,15	174,75	175,05	4,60	42
Nov.	160,40	166,20	159,05	164,90	4,15	17.944

Futuros de Taxa de Juros

	Abertura	Alta	Baixa	Liquidação	Variação	Em Aberto
Obrigações do Tesouro (CBT) – US$ 100.000; pts. 32° de 100%						
Set.	142-220	143-020	141-160	141-180	...	46.382
Dez.	141-140	141-290	140-100	140-110	...	608.206
Notas do Tesouro (CBT) – US$ 100.000; pts. 32° de 100%						
Set.	132-000	131-275	131-075	131-070	–2,5	74.026
Dez.	130-270	130-310	130-055	130-095	–2,0	1.725.046
Notas de 5 Anos do Tesouro (CBT) – US$ 100.000; pts. 32° de 100%						
Set.	123-260	124-002	123-217	123-247	–1,7	91.107
Dez.	123-012	123-037	122-237	122-280	–1,0	1.269.641
Notas de 2 Anos do Tesouro (CBT) – US$ 200.000; pts. 32° de 100%						
Set.	110-082	110-095	110-075	110-080	...	52.603
Dez.	110-082	110-085	110-065	110-072	...	717.186
Fundos Federais de 30 Dias (CBT) – US$ 5.000.000; 100 – média diária						
Set.	99,910	99,913	99,908	99,910	...	54.150
Dez.	99,925	99,925	99,915	99,920	...	66.203
Swaps de Taxas de Juros de 10 Anos (CBT) – US$ 100.000; pts. 32° de 100%						
Set.	116,313	116,516	115,891	116,078	0,188	10.798
Libor de 1 Mês (CME) – US$ 3.000.000; pts de 100%						
Set.	99,7600	99,7625	99,7600	99,7625	–0,0025	5.138
Nov.	99,6650	99,6650	99,6650	99,6725	...	6.194
Eurodólar (CME) – US$ 1.000.000; pts de 100%						
Set.	99,6125	99,6275	99,5800	99,6200	...	1.120.979
Dez.	99,3950	99,4500	99,3800	99,4450	...	1.100.511
Mar.	99,4100	99,4625	99,3950	99,4500	...	1.030.095
Jun.	99,4600	99,4850	99,4100	99,4700	–0,0050	1.194.778

Futuros de Câmbio

	Abertura	Alta	Baixa	Liquidação	Variação	Em Aberto
Iene Japonês (CME) – ¥ 12.500.000; US$ por 100 ¥						
Set.	1,3000	1,3041	1,2864	1,2882	–0,0150	127.491
Dez.	1,3000	1,3053	1,2883	1,2900	–0,0145	2.776
Dólar Canadense (CME) – CAD 100.000; US$ por CAD						
Set.	1,0096	1,0154	1,0030	1,0097	–0,0057	90.814
Dez.	1,0120	1,0137	1,0015	1,0079	–0,0055	10.635
Libra Esterlina (CME) – £ 62.500; US$ por £						
Set.	1,6105	1,6205	1,5918	1,5933	–0,0272	101.094
Dez.	1,6148	1,6192	1,5906	1,5919	–0,0270	2.776
Franco Suíço (CME) – CHF 125.000; US$ por CHF						
Set.	1,2727	1,2792	1,1595	1,1612	–0,1078	41.895
Dez.	1,2735	1,2834	1,1637	1,1654	–0,1082	2.616
Dólar Australiano (CME) – AUD 100.000; US$ por AUD						
Set.	1,0535	1,0619	1,0460	1,0471	–0,0148	123.369
Dez.	1,0419	1,0509	1,0349	1,0361	–0,0143	2.427
Peso Mexicano (CME) – MXN 500.000; US$ por 10 MXN						
Set.	0,08040	0,08050	0,07933	0,07970	–0,00060	90.504
Dez.	0,07995	0,07995	0,07885	0,07915	–0,00055	19.111
Euro (CME) – € 125.000; US$ por €						
Set.	1,4091	1,4283	1,3969	1,3986	–0,0198	177.942
Dez.	1,4087	1,4277	1,3962	1,3980	–0,0191	8.247

Futuros Indexados

	Abertura	Alta	Baixa	Liquidação	Variação	Em Aberto
DJ Industrial Average (CBT) – US$ 10 × índice						
Set.	11.147	11.181	10.923	11.128	–80	14.000
Dez.	11.085	11.085	10.860	11.055	–80	209
Mini DJ Industrial Average (CBT) – US$ 5 × índice						
Set.	11.187	11.197	10.918	11.128	–80	72.299
Dez.	11.108	11.125	10.848	11.055	–80	2.515
Índice S&P 500 (CME) – US$ 250 × índice						
Set.	1.165,60	1.166,90	1.136,30	1.164,50	–4,80	387.017
Dez.	1.132,50	1.160,00	1.132,50	1.158,80	–4,80	31.648
Mini S&P 500 (CME) – US$ 50 × índice						
Set.	1.165,00	1.166,75 ▼	1.136,00	1.164,50	–4,75	3.528.629
Dez.	1.161,00	1.161,00	1.130,50	1.158,75	–4,75	132.810
Mini S&P Midcap 400 (CME) – US$ 100 × índice						
Set.	828,70	829,00	799,40	826,00	–4,00	107.729
Dez.	799,60	824,70	794,80	822,30	–3,20	462
Nasdaq 100 (CME) – US$ 100 × índice						
Set.	2.150,00	2.170,50	2.109,25	2.165,25	0,50	27.296
Dez.	2.145,00	2.161,75	2.110,00	2.160,25	0,50	102

Fonte: De *The Wall Street Journal*, 6 de setembro de 2011. Dados reimpressos com permissão do *The Wall Street Journal*, Copyright © 2011 Dow Jones & Company Inc. Todos os direitos reservados mundialmente.

FIGURA 17.2
Lucros dos compradores e vendedores de contratos de futuros e opções. **A:** Posição comprada em futuros (comprador), **B:** Posição vendida em futuros (vendedor), **C:** Comprar opção de compra.

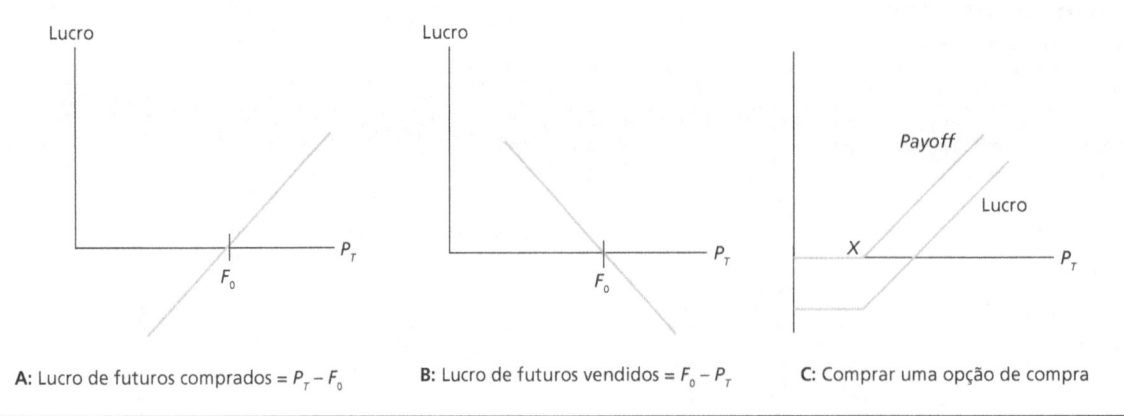

A: Lucro de futuros comprados = $P_T - F_0$ **B:** Lucro de futuros vendidos = $F_0 - P_T$ **C:** Comprar uma opção de compra

Contratos existentes

Os contratos de futuros e a termo são negociados em uma variedade de produtos em quatro amplas categorias: *commodities* agrícolas, metais e minerais (incluindo *commodities* de energia), moedas estrangeiras e futuros financeiros (títulos de renda fixa e índices do mercado de ações). Além dos índices sobre índices amplos de ações, hoje é possível negociar **futuros de ações individuais** sobre ações individuais e índices restritos. A OneChicago, *joint venture* entre a Bolsa de Opções de Chicago, o CME e o IB Exchange Group (uma empresa de corretagem de desconto *on-line*), opera um mercado totalmente eletrônico em futuros de ações individuais desde 2002. A bolsa mantém mercados de futuros em ações negociadas ativamente e de maior liquidez e também em alguns fundos negociados em bolsa (*exchange-traded fund* – ETFs) como os do S&P 500 (símbolo SPY), Nasdaq 100 (símbolo QQQ) ou Dow Jones (DJIA). Entretanto, até o momento o volume de negociações em futuros de ações tem sido desalentador.

As inovações em futuros financeiros têm sido rápidas e constantes. A Tabela 17.1 apresenta uma amostra de contratos negociados em 2011. Hoje os contratos são negociados em itens que

futuros de ações individuais
Contrato de futuros sobre as ações de uma empresa específica.

TABELA 17.1 Exemplo de contratos de futuros

Moedas estrangeiras	Produtos agrícolas	Metais e energia	Futuros de taxa de juros	Índices de ações
Libra esterlina	Milho	Cobre	Eurodólar	Índice Dow Jones
Dólar canadense	Aveia	Alumínio	Euroiene	S&P Midcap 400
Iene japonês	Soja	Ouro	Obrigação denominada em euro	Nasdaq 100
Euro	Farinha de soja	Platina	Euro-suíço	Índice NYSE
Franco suíço	Óleo de soja	Paládio	Libra esterlina	Índice Russell 2.000
Dólar australiano	Trigo	Prata	Obrigação do governo britânico	Nikkei 225 (Japonês)
Peso mexicano	Cevada	Petróleo cru	Obrigação do governo alemão	Índice FTSE (britânico)
Real brasileiro	Semente de linho	Óleo de aquecimento	Obrigação do governo italiano	Índice CAD (francês)
Dólar neozelandês	Canola	Óleo diesel	Obrigação do governo canadense	Índice DAX (alemão)
	Centeio	Gás natural	Obrigações do Tesouro	All Ordinary (australiano)
	Gado	Gasolina	Notas do Tesouro	Toronto 35 (canadense)
	Leite	Propano	Letras do Tesouro	Titans 30 (italiano)
	Suínos	Índice de *commodities*	Libor	Dow Jones Euro STOXX 50
	Barrigas de porco	Energia elétrica	Euribor	Índices setoriais, por exemplo,
	Cacau	Clima	Índice de obrigações municipais	serviços bancários
	Café		Taxa de fundos federais	recursos naturais
	Algodão		Aceite bancário	produtos químicos
	Suco de laranja		Índice S&P 500	saúde
	Açúcar		*Swaps* de taxa de juros	tecnologia
	Madeira serrada			varejo
	Arroz			serviços de utilidade pública
				telecomunicações

Na frente de batalha do MERCADO

MERCADOS DE PREVISÃO

Se você acha as escrituras de emissão de obrigações do S&P 500 ou das letras do Tesouro um pouco sem graça, talvez você possa se interessar por contratos de futuros com *payoffs* que dependem do vencedor da próxima eleição presidencial ou da gravidade da próxima estação de gripe ou a cidade anfitriã da Olimpíada de 2020. Você pode encontrar "mercados de futuros" nesses eventos e em vários outros.

Por exemplo, tanto o Intrade (<www.intrade.com>) quanto os Mercados Eletrônicos de Iowa (<www.biz.uiowa.edu/iem>) mantêm mercados de futuros presidenciais. Em março de 2012, você poderia ter comprado um contrato de Romney que pagaria US$ 1 em agosto de 2012 se Romney ganhasse a indicação republicana, mas não pagaria nada se ele perdesse. Portanto, o preço do contrato (expresso como porcentagem do valor nominal) em março pode ser visto como a probabilidade de seu sucesso eleitoral, ao menos de acordo com a visão consensual dos participantes no mercado da época. Se você acreditasse em março que Romney tinha uma probabilidade de vitória de 75%, você estaria preparado para pagar até US$ 0,75 pelo contrato. De outro modo, se você quisesse ficar contra ele, teria *vendido* o contrato. (Além disso, você poderia ter apostado em "nenhuma das alternativas acima", isto é, em uma convenção negociada em que outro candidato ainda desconhecido seria indicado, comprando o contrato RROF ou Republican Rest of Field – Resto do Campo Republicano.)

A figura anexa mostra o preço de cada candidato republicano até março de 2012. O preço acompanha nitidamente as perspectivas percebidas. Por exemplo, o preço de Perry caiu sensivelmente após seu desalentador desempenho nos debates do outono de 2011. Preço de Romney caiu em novembro quando o preço de Gingrich (e os números das pesquisas de opinião) subiu, mas esse fenômeno teve vida curta.

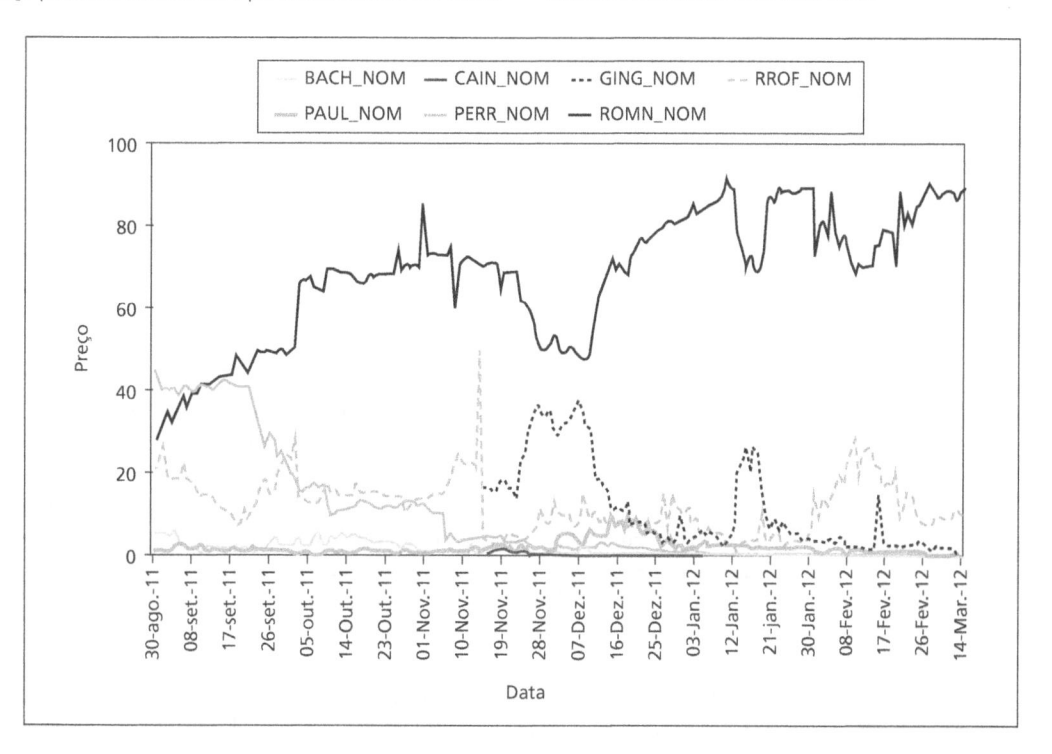

Mercados de previsão para a indicação republicana de 2012. O contrato sobre cada candidato paga US$ 1 se o candidato vencer a indicação de 2012. O preço está em centavos. (RROF refere-se ao contrato Republican Rest of Field, que paga US$ 1 se qualquer outro candidato além dos listados for indicado.)
Fonte: Mercados Eletrônicos de Iowa, 15 de março de 2012.

não teriam sido considerados plausíveis há apenas alguns anos. Por exemplo, atualmente existem contratos de futuros e opções de energia elétrica e climáticos. Os derivativos climáticos (negociados na Bolsa Mercantil de Chicago) oferecem *payoffs* que dependem de condições climáticas médias – por exemplo, o número de graus-dia em que a temperatura em uma região fica acima ou abaixo de 65 graus Fahrenheit. A possível utilização desses derivativos para controlar o risco envolvido no uso de energia elétrica ou petróleo e gás natural deve ser evidente.

Embora a Tabela 17.1 apresente vários contratos, o conjunto amplo e sempre crescente de mercados torna essa lista necessariamente incompleta. O quadro mais adiante fala sobre alguns mercados de futuros comparativamente excêntricos nos quais os *payoffs* podem estar atrelados ao ganhador das eleições presidenciais, à bilheteria de um filme específico ou a quaisquer outras coisas nas quais os participantes estiverem dispostos a assumir uma posição.

Fora dos mercados de futuros, uma rede bem desenvolvida de bancos e corretores estabeleceu um mercado a termo em câmbio exterior. Esse mercado a termo não é uma bolsa formal no sentido de que a bolsa especifica os termos do contrato negociado. Em um contrato a termo, os participantes podem negociar a entrega de qualquer quantidade de produtos a qualquer momento, enquanto nos mercados de futuros o tamanho e as datas de entrega do contrato são definidos pela bolsa. Nos acordos a termo, os bancos e os corretores simplesmente negociam os contratos em nome de seus clientes (ou para si mesmos), conforme a necessidade. O mercado é imenso: só em Londres, o maior mercado de câmbio, todos os dias são negociados em torno de US$ 2 trilhões em câmbio.

17.2. DINÂMICA DE NEGOCIAÇÃO

Câmara de compensação e os contratos não exercidos

Até cerca de dez anos atrás, a maioria das negociações de futuros nos Estados Unidos ocorria entre negociadores de pregão no "*pit* de negociação" para cada contrato. Hoje, entretanto, as negociações são conduzidas predominantemente nas redes eletrônicas, em particular para futuros financeiros.

O ímpeto para essa mudança teve origem na Europa, onde a negociação eletrônica é a norma. A Eurex, propriedade conjunta da Deutsche Börse e da bolsa suíça, está entre as maiores bolsas de derivativos do mundo. Ela opera uma plataforma de negociação e compensação totalmente eletrônica. Em 2004, ela recebeu autorização das agências regulatórias para listar contratos nos Estados Unidos. Como resposta, a Câmara de Comércio de Chicago (Chicago Board of Trade – CBOT) adotou uma plataforma eletrônica fornecida pela rival europeia da Eurex, a Euronext. liffe,[1] e grande maioria dos contratos do Tesouro da CBOT agora é negociada eletronicamente. A Bolsa Mercantil de Chicago (Chicago Mercantile Exchange – CME) mantém outro sistema de negociação eletrônica chamado de Globex. Essas bolsas eletrônicas possibilitam negociações 24 horas por dia. A CBOT e a CME fundiram-se em 2007, transformando-se no CME Group, e todas as negociações eletrônicas de ambas as bolsas foram transferidas para o Globex. Parece inevitável que a negociação eletrônica continue substituindo a negociação de pregão.

câmara de compensação
Estabelecida por bolsas para facilitar a negociação. A câmara de compensação pode se posicionar como intermediária entre dois negociadores.

Assim que uma negociação é ajustada, a **câmara de compensação** entra em cena. Em vez de os negociadores das posições compradas e vendidas firmarem contratos um com o outro, a câmara de compensação assume o papel de vendedor do contrato para a posição comprada e de comprador do contrato para a posição vendida. A câmara de compensação é obrigada a entregar a *commodity* para a posição comprada e a pagar a entrega para a posição vendida. Por esse motivo, a posição da câmara acaba sendo zerada. Esse acordo transforma a câmara de compensação em parceira de negociação de ambos os negociadores, isto é, da posição comprada e da posição vendida. Como é obrigada a cumprir ambas as partes de cada contrato, a câmara é a única parte que pode ser prejudicada quando qualquer um dos negociadores deixa de cumprir suas obrigações no contrato de futuros. Esse acordo é necessário porque o contrato de futuros exige cumprimento futuro, o que pode não ser tão facilmente garantido quanto em uma transação imediata de ações.

A Figura 17.3 retrata o papel exercido pela câmara de compensação. O Painel A mostra o que aconteceria sem a câmara de compensação. O negociador na posição comprada seria obrigado a pagar o preço de futuros ao negociador da posição vendida e o negociador da posição vendida seria obrigado a entregar a *commodity*. O Painel B mostra como a câmara de compensação assume o papel de intermediária, agindo como parceira de negociação para cada parte do contrato. A posição da câmara de compensação é neutra, já que para toda transação é necessário ter uma posição comprada e uma posição vendida.

A câmara possibilita que os negociadores liquidem facilmente sua posição. Se no momento você estiver em uma posição comprada em um contrato e desejar desfazer sua posição, você simplesmente deverá instruir seu corretor a assumir a posição vendida do contrato para liquidar sua posição. Isso é chamado de *negociação reversa*. A bolsa zera suas posições de compra e de venda, reduzindo sua posição líquida a zero. Sua posição líquida zero na câmara de compensa-

---

[1] A Euronext.liffe é o mercado internacional de derivativos da Euronext. Ela é produto da compra da Bolsa Internacional de Futuros Financeiros e Opções de Londres (London International Financial Futures and Options Exchange – LIFFE) pela Euronext e de uma fusão com a Bolsa de Lisboa em 2002. A Euronext também é produto de uma fusão ocorrida em 2000 entre as bolsas de Amsterdã, Bruxelas e Paris.

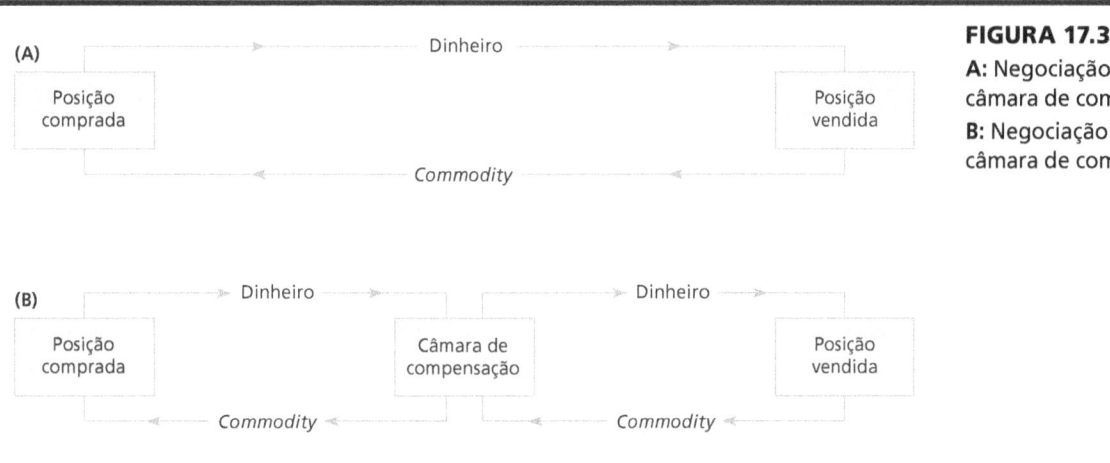

FIGURA 17.3
A: Negociação sem uma câmara de compensação.
B: Negociação com uma câmara de compensação.

ção elimina a necessidade de cumprimento tanto da posição original comprada quando da posição reversa vendida no vencimento.

Em aberto significa o número de contratos em circulação. (As posições compradas e vendidas não são contadas separadamente, o que significa que o contrato em aberto pode ser definido como o número de contratos em circulação comprados ou vendidos.) A posição da câmara de compensação é zerada e, portanto, não é contada no cálculo do contrato em aberto. Quando os contratos começam a ser negociados, os contratos com taxas em aberto encontram-se em zero. Conforme o tempo passa, os contratos em aberto aumentam à medida que mais contratos são firmados.

Existem muitas histórias duvidosas sobre negociadores de futuros que acordam e se deparam com uma pequena montanha de trigo ou milho em frente de casa. Mas a verdade é que os contratos de futuros raramente resultam na entrega real do ativo subjacente. Os negociadores estabelecem posições compradas ou vendidas nos contratos que podem se beneficiar do aumento ou da queda do preço de futuros e quase sempre liquidam suas posições antes do vencimento do contrato. Estima-se que a porcentagem de contratos que resultam na entrega real varie de menos de 1% a 3%, dependendo da *commodity* e da atividade no contrato. Na circunstância incomum de entrega real de uma *commodity*, essa entrega é feita por meio de canais de abastecimento regulares, normalmente por meio de recibos de armazém.

Você pode ver o padrão típico dos contratos em aberto na Figura 17.1. Nos futuros de ouro, por exemplo, os contratos de entrega em setembro estão próximos do vencimento e o número de contratos em aberto é pequeno. A maioria dos contratos já foi revertida. Os próximos vencimentos apresentam um número consideravelmente maior de contratos em aberto. Por fim, com relação aos contratos com vencimento mais distante, o número de contratos em aberto é menor porque eles foram disponibilizados só recentemente e poucos participantes já negociaram. No caso de outros contratos, como de futuros de petróleo cru, nos quais o vencimento mais próximo ainda está a um mês de distância, o número de contratos em aberto é mais alto no contrato mais próximo.

Marcação a mercado e a conta de margem

O lucro ou perda total de um negociador na posição comprada que compra um contrato no tempo 0 e o liquida ou reverte no tempo t é simplesmente a mudança no preço de futuros ao longo do período, $F_t - F_0$. Simetricamente, o negociador na posição vendida obtém $F_0 - F_t$.

O processo pelo qual os lucros ou as perdas são creditados para os negociadores é chamado de **marcação a mercado**. Na execução inicial da negociação, cada negociador estabelece uma conta de margem. A margem é uma conta de títulos composta de títulos em dinheiro ou de elevada liquidez, como as letras do Tesouro, que asseguram que o negociador conseguirá cumprir com as obrigações do contrato de futuros. Como as duas partes do contrato de futuros correm o risco de perda, ambas devem depositar margem. Para elucidar, volte ao primeiro contrato de milho listado na Figura 17.1. Se a margem inicial exigida sobre o milho for, por exemplo, 10%, o negociador deverá fornecer US$ 3.733,75 por contrato para a conta de margem. Isso representa 10% do valor do contrato (US$ 7,4675 por *bushel* × 5.000 *bushels* por contrato).

marcação a mercado
Liquidação diária de dívidas sobre posições em futuros.

Como a margem inicial pode ser satisfeita com títulos que rendem juros, a exigência não impõe um custo de oportunidade de fundos considerável sobre o negociador. Geralmente a margem inicial é estabelecida entre 5% e 15% do valor total do contrato. Os contratos lançados sobre ativos com preços mais voláteis exigem margens mais altas.

Em qualquer dia em que se negociam contratos de futuros, os respectivos preços podem subir ou cair. Em vez de esperar até a data de vencimento para que os negociadores obtenham ganhos ou perdas, a câmara de compensação exige que todas as posições reconheçam diariamente os lucros à medida que eles ocorrem. Se o preço de futuros de milho subir de 746,75 para 748,75 centavos por *bushel*, por exemplo, a câmara de compensação credita na conta de margem da posição comprada 5 mil *bushels* vezes 2 centavos por *bushel* ou US$ 100 por contrato. Em contraposição, para a posição vendida, a câmara de compensação retira essa quantia da conta de margem para cada contrato mantido. Portanto, à medida que os preços de futuros mudam, os rendimentos são creditados imediatamente na conta do negociador.

A marcação a mercado é a principal diferença entre os contratos de futuros e a termo, além da padronização do contrato. Os futuros adotam o método de pagamento (ou recebimento) que transcorre conforme o andar da carruagem. Os contratos a termo simplesmente são mantidos até o vencimento, e nenhum fundos é transferido até essa data, apesar de os contratos poderem ser negociados.

17.2 Revisão de CONCEITOS

Qual deve ser a entrada de caixa ou o desembolso da marcação a mercado da câmara de compensação?

---

margem de manutenção
Valor estabelecido abaixo do qual a margem de um negociador não pode cair. Quando a margem de manutenção é atingida, uma chamada de cobertura de margem é desencadeada.

Se um negociador acumular perdas constantes na marcação a mercado diária, a conta de margem pode ficar abaixo do valor crítico, que é chamado de **margem de manutenção**. Quando o valor da conta fica abaixo desse valor, o negociador recebe uma *chamada de cobertura de margem*, exigindo que a conta de margem seja reabastecida ou a posição seja reduzida a uma tamanho proporcional aos fundos remanescentes. As chamadas de cobertura de margem protegem a posição da câmara de compensação. As posições são liquidadas antes de a conta de margem exaurir – as perdas do negociador são cobertas e a câmara de compensação não é posta em risco.

EXEMPLO 17.1
Margem de manutenção

> Suponhamos que a margem de manutenção seja 5% e a margem inicial seja 10% do valor do milho, ou US$ 3.733,75. Desse modo, quando a conta de margem original diminuir para a metade ou US$ 1.867, será emitida uma chamada de cobertura de margem Cada 1 centavo a menos no preço do milho gera uma perda de US$ 50 para a posição comprada. Desse modo, o preço de futuros precisa cair apenas 38 centavos para acionar uma chamada de cobertura de margem. Ou novos fundos devem ser transferidos para a conta de margem ou o corretor liquidará o suficiente da conta do negociador para restabelecer a margem exigida para a posição.

Na data de vencimento do contrato, o preço de futuros será igual ao preço à vista da *commodity*. Como um contrato vencido exige entrega imediata, o preço de futuros nesse dia deve ser igual ao preço à vista – o custo da *commodity* das duas fontes concorrentes é equiparado em um mercado competitivo.[2] Você pode obter a entrega da *commodity* comprando-a diretamente no mercado à vista ou assumindo a posição comprada de um contrato de futuros vencido.

Uma *commodity* disponibilizada por duas fontes (mercado de futuros e mercado à vista) deve ser precificada de forma idêntica. Do contrário, os investidores correriam para comprá-la da fonte barata a fim de vendê-la no mercado com preço alto. Essa atividade de arbitragem não persistiria sem que os preços se ajustassem para eliminar a oportunidade de arbitragem. Portanto, o preço de futuros e o preço à vista devem convergir no vencimento. Isso é chamado de **propriedade de convergência**.

propriedade de convergência
Convergência de preços de futuros e preços à vista no vencimento do contrato de futuros.

Para um investidor que assume uma posição comprada em um contrato agora (tempo 0) e a mantém até o vencimento (tempo T), a soma das liquidações diárias será igual a $F_T - F_0$, onde F_T designa o preço de futuros no vencimento do contrato. Entretanto, em virtude da convergência, o preço de futuros no vencimento, F_T, é igual ao preço à vista, P_T. Desse modo, o lucro total

---

[2] Pequenas diferenças entre o preço à vista e de futuros podem persistir no vencimento em virtude dos custos de transporte, mas esse fator é insignificante.

do contrato de futuros pode ser expresso como $P_T - F_0$. Portanto, vemos que o lucro sobre um contrato de futuros mantido até o vencimento acompanham perfeitamente as mudanças no valor do ativo subjacente.

EXEMPLO 17.2
Marcação a mercado e lucro dos contratos de futuros

Suponhamos que o preço atual de um contrato de futuros de prata, para entrega em cinco dias a partir de hoje, seja US$ 31,10 a onça. Digamos que durante os cinco dias seguintes, o preço de futuros evolua da seguinte maneira:

Dia	Preço de futuros
0 (hoje)	US$ 31,10
1	31,20
2	31,25
3	31,18
4	31,18
5 (entrega)	31,21

O preço à vista da prata na data de entrega é US$ 31,21: a propriedade de convergência impõe que o preço da prata no mercado à vista seja igual ao preço de futuros no dia da entrega.

Os acertos marcados a mercado diariamente para cada contrato mantido pelas posições compradas serão como a seguir:

Dia	Lucro (prejuízo) por onça	× 5.000 onças/contrato = rendimentos diários
1	US$ 31,20 – US$ 31,10 = US$ 0,10	US$ 500
2	31,25 – 31,20 = 0,05	250
3	31,18 – 31,25 = –0,07	–350
4	31,18 – 31,18 = 0	0
5	31,21 – 31,18 = 0,03	150
		Soma = US$ 550

O lucro do dia 1 é o aumento no preço de futuros no dia anterior ou (US$ 31,20 – US$ 31,10) por onça. Como cada contrato sobre a prata na Bolsa de Commodities exige a compra e a entrega de 5 mil onças, o lucro total por contrato será 5 mil vezes US$ 0,10 ou US$ 500. No dia 3, quando o preço de futuros cair, a conta de margem da posição será debitada em US$ 350. No dia 5, a soma dos rendimentos diários será US$ 550. Isso é exatamente igual a 5 mil vezes a diferença entre o preço de futuros de US$ 31,21 e o preço de futuros original de US$ 31,10. Portanto, a soma de todos os rendimentos diários (por onça de prata mantida na posição comprada) é igual a $P_T - F_0$.

Entrega em dinheiro *versus* entrega do ativo real

A maioria dos mercados futuros exige a entrega de uma *commodity* real, como uma classificação específica de trigo ou uma quantidade específica de moeda estrangeira, se o contrato não for revertido antes do vencimento. Para commodities agrícolas, em que a qualidade do produto a ser entregue pode variar, a bolsa estabelece padrões de qualidade como parte do contrato de futuros. Em alguns casos, os contratos podem ser estabelecidos com *commodities* com classificação mais alta ou mais baixa. Nessas circunstâncias, aplica-se um prêmio ou desconto à *commodity* entregue para compensar as diferenças de qualidade.

Alguns contratos de futuros exigem **pagamento em dinheiro**. Um exemplo é um contrato de futuros indexado por ações em que o ativo subjacente é um índice como o Standard & Poor's 500. A entrega de toda ação no índice obviamente seria impraticável. Portanto, o contrato exige a "entrega" de uma quantia em dinheiro igual ao valor que o índice atinge na data de vencimento do contrato. A soma de todos os acertos diários da marcação a mercado resulta em uma posição comprada que obtém lucros ou perdas de $S_T - F_0$, onde S_T é o valor do índice de ações na data de vencimento T e F_0 é o preço de futuros original. O pagamento em dinheiro é bastante semelhante à entrega real, exceto que o valor em dinheiro do ativo, e não o ativo em si, é entregue pela posição vendida em troca do preço de futuros.

Utilizando um exemplo mais específico e concreto, o contrato do índice S&P 500 exige a entrega de US$ 250 vezes o valor do índice. No vencimento, o índice pode estar listado em 1.200, um índice ponderado pelo valor de mercado dos preços de todas as 500 ações que o índice engloba. O contrato de pagamento em dinheiro exigiria então a entrega de US$ 250 × 1.200 ou US$

pagamento em dinheiro
O valor em dinheiro do ativo subjacente (e não o próprio ativo) é entregue para cumprir o contrato.

300.000 em dinheiro, em troca de US$ 250 vezes o preço de futuros. Isso rende exatamente o mesmo lucro que seria obtido com a compra direta de 250 unidades do índice por US$ 300.000 e com a entrega subsequente dessas unidades por US$ 250 vezes o preço de futuros original.

Regulamentações

Nos Estados Unidos, os mercados de futuros são regulamentados pela Comissão de Negociação de Futuros de Commodity (Commodity Futures Trading Commission – CFTC), uma agência federal. A CFTC estabelece normas de capital para as empresas associadas às bolsas de futuros, autoriza negociações em novos contratos e controla a manutenção dos registros diários de negociação.

A bolsa de futuros pode estabelecer limites à quantia segundo a qual os preços de futuros podem mudar de um dia para outro. Por exemplo, se o limite de preço para contratos de prata for US$ 1 e os futuros de prata fecharem no dia de hoje a US$ 31,10 por onça, as negociações em prata no dia seguinte só poderão variar entre US$ 30,10 e US$ 32,10 por onça. A bolsa poderá aumentar ou reduzir esses limites de preço em resposta às mudanças percebidas na volatilidade do preço do contrato. Os limites de preço com frequência são eliminados à medida que os contratos se aproximam do vencimento, em geral no último mês de negociação.

Os limites de preço normalmente são vistos como instrumentos para restringir flutuações de preço extremas. Esse raciocínio parece dúbio. Digamos que uma crise monetária internacional repentina eleve o preço à vista da prata para US$ 45. Ninguém venderia futuros de prata por um preço de entrega futura tão baixo quanto US$ 31,10. Em vez disso, o preço de futuros subiria a cada dia de acordo com o limite de US$ 1, embora o preço cotado represente apenas uma ordem de compra não cumprida – nenhum contrato seria negociado pelo preço cotado mais baixo. Após vários dias de mudanças limitadas de US$ 1 por dia, o preço de futuros finalmente alcançaria seu nível de equilíbrio e as negociações voltariam a ocorrer. Esse processo indica que ninguém poderia se livrar de uma posição enquanto o preço não atingisse o nível de equilíbrio. Esse exemplo mostra que os limites de preço não oferecem nenhuma proteção real contra flutuações nos preços de equilíbrio.

Tributação

Em virtude do procedimento de marcação a mercado, os investidores não têm controle sobre o ano fiscal no qual realizam ganhos ou perdas. Na verdade, as mudanças de preço são realizadas gradativamente, a cada acerto diário. Desse modo, os impostos são pagos no final do ano sobre lucros ou perdas que se acumulam, independentemente de a posição ter sido ou não liquidada. Em geral, 60% dos ganhos ou perdas em futuros são tratados como de longo prazo e 40% como de curto prazo.

17.3. ESTRATÉGIAS EM MERCADOS DE FUTUROS

Hedging e especulação

Hedging e especulação são dois usos polarizados dos mercados de futuros. Um especulador utiliza um contrato de futuros para obter lucro com as flutuações nos preços de futuros; um *hedger* (investidor que busca proteção) utiliza um contrato de futuros para se proteger contra essas flutuações.

Se os especuladores acreditarem que os preços estão para subir, assumirão uma posição comprada para obter os lucros esperados. Em contraposição, eles exploram as quedas de preço esperadas assumindo uma posição vendida.

EXEMPLO 17.3
Especulação com futuros de petróleo

> Suponhamos que você acredite que haverá uma elevação nos preços do petróleo cru. Você poderia comprar futuros de petróleo cru. Cada contrato exige a entrega de mil barris de petróleo. Suponhamos que o preço atual de um contrato de futuros para entrega em março seja US$ 89,48 por barril. Para cada aumento de um dólar no preço do petróleo cru, a posição comprada ganha US$ 1.000 e a posição vendida perde a mesma quantia.
>
> Entretanto, suponhamos que você acredite que os preços estejam baixando. Portanto, se os preços do petróleo cru caírem, a posição vendida ganhará US$ 1.000 para cada dólar de queda nos preços.

Se o petróleo cru estiver sendo vendido por US$ 91,48 na data de vencimento do contrato, a posição comprada ganhará US$ 2.000 por contrato comprado. A posição vendida perderá uma quantia idêntica em cada contrato vendido. Contudo, se o preço do petróleo tiver caído para US$ 87,48, a posição comprada perderá e a posição vendida ganhará US$ 2.000 por contrato.

Por que um especulador compraria um contrato de futuros? Por que não comprar o ativo subjacente diretamente? Um dos motivos é o custo da transação, que é bem menor em mercados de futuros.

Outro motivo é a alavancagem que a negociação de futuros oferece. Lembre-se de que contratos de futuros exigem que os negociadores operem com margens que são consideravelmente inferiores ao valor do ativo subjacente do contrato. Por isso, eles permitem que os especuladores obtenham uma alavancagem bem superior à que é possível com a negociação direta de uma *commodity*.

EXEMPLO 17.4
Futuros e alavancagem

Suponhamos que a exigência de margem inicial para o contrato de petróleo seja 10%. Pelo preço de futuros atual de US$ 89,48 e um contrato de mil barris, a margem exigida seria 0,10 × 89,48 × 1.000 = US$ 8.948. Um aumento de US$ 2 no preço do petróleo representa um aumento de 2,235% e gera um ganho de US$ 2.000 sobre o contrato para a posição comprada. Isso representa um ganho percentual de 22,35% sobre os US$ 8.948 depositados como margem, precisamente dez vezes o aumento percentual no preço do petróleo. A proporção de 10 para 1 das mudanças percentuais reflete a alavancagem inerente na posição de futuros, visto que o contrato foi estabelecido com uma margem inicial de um décimo do valor do ativo subjacente.

Em contraposição, os *hedgers* utilizam futuros para se proteger contra flutuações de preço. Uma empresa que planeja vender petróleo, por exemplo, pode prever um período de volatilidade de mercado e querer proteger seus rendimentos contra flutuações de preço. Para proteger a receita total deduzida da venda, a empresa assume uma posição vendida em futuros de petróleo. Como mostra o exemplo a seguir, esse precaução fixa seus rendimentos totais (isto é, a receita proveniente da venda do petróleo mais os ganhos de rendimento de sua posição em futuros).

EXEMPLO 17.5
Hedging com futuros de petróleo

Considere um distribuidor de petróleo que planeja vender 100 mil barris de petróleo em março e deseja proteger-se contra uma possível queda de preço. Como cada contrato exige a entrega de mil barris, ele venderia 100 contratos. Desse modo, qualquer queda nos preços geraria um lucro sobre os contratos que compensaria a receita inferior proveniente das vendas de petróleo.

Para elucidar, suponhamos que os únicos três preços de petróleo possíveis em março sejam US$ 87,48, US$ 89,48 e US$ 91,48 por barril. A receita da venda de petróleo será 100 mil vezes o preço por barril. O lucro sobre cada contrato vendido será mil vezes qualquer queda no preço de futuros. No vencimento, a propriedade de convergência assegurará que o preço final de futuros seja igual ao preço à vista do petróleo. Portanto, o lucro sobre os 100 contratos vendidos será igual a 100.000 × ($F_0 - P_T$), onde P_T é o preço do petróleo na data de entrega e F_0 o preço original de futuros, US$ 89,48.

Considere agora a posição geral da empresa. A receita total em março pode ser calculada da seguinte forma:

	Preço do petróleo em março, P_T		
	US$ 87,48	US$ 89,48	US$ 91,48
Receita da venda de petróleo: 100.000 × P_T	US$ 8.748.000	US$ 8.948.000	US$ 9.148.000
+ Lucro sobre futuros: 100.000 × ($F_0 - P_T$)	200.000	0	–200.000
Total de rendimentos	US$ 8.948.000	US$ 8.948.000	US$ 8.948.000

A soma da receita proveniente da venda de petróleo e dos rendimentos dos contratos é igual ao preço de futuros atual, US$ 89,48 por barril. A variação no preço do petróleo é compensada exatamente pelos lucros ou pelas perdas sobre a posição de futuros. Por exemplo, se o preço do petróleo cair para US$ 87,48 o barril, a posição vendida em futuros gerará um lucro de US$ 200.000, o suficiente para elevar a receita total para US$ 8.948.000. O total é idêntico ao total que seria obtido se alguém se organizasse hoje para vender o petróleo em março pelo preço de futuros.

FIGURA 17.4
Protegendo receitas por meio de futuros, Exemplo 17.5 (Preço de futuros = US$ 89,48).

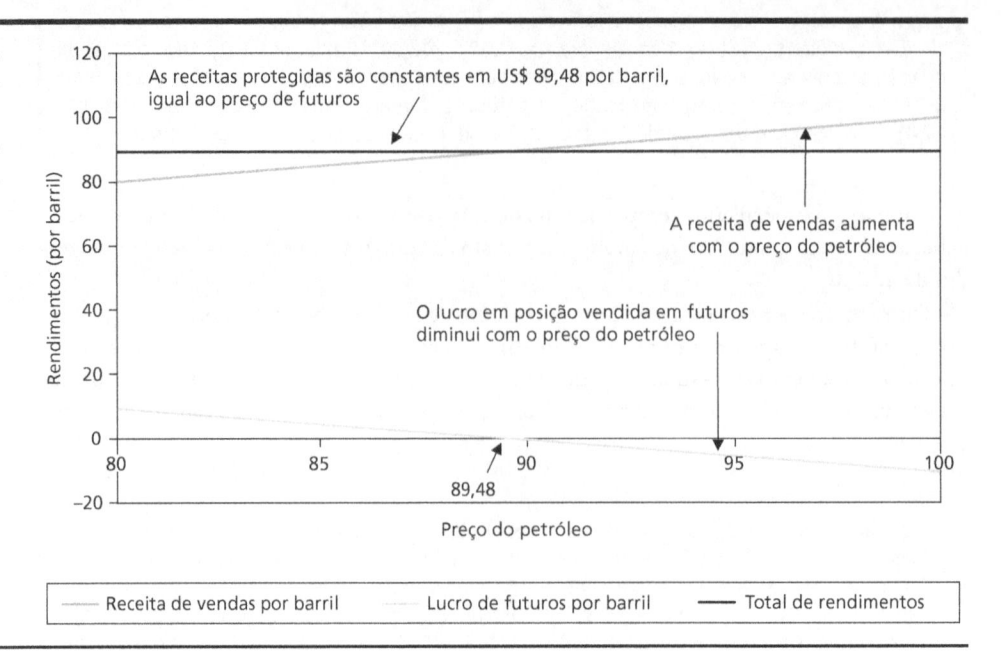

Gráfico: eixo x "Preço do petróleo" de 80 a 100, eixo y "Rendimentos (por barril)" de -20 a 120.
- As receitas protegidas são constantes em US$ 89,48 por barril, igual ao preço de futuros
- A receita de vendas aumenta com o preço do petróleo
- O lucro em posição vendida em futuros diminui com o preço do petróleo

Legenda: —— Receita de vendas por barril   —— Lucro de futuros por barril   —— Total de rendimentos

A Figura 17.4 mostra a natureza do *hedge* no Exemplo 17.5. A linha com inclinação ascendente é a receita proveniente da venda de petróleo. A linha com inclinação descendente é o lucro sobre o contrato de futuros. A linha horizontal é a soma das receitas de vendas mais os lucros de futuros. Esse linha é plana porque a posição protegida independe dos preços de petróleo.

Para generalizar o Exemplo 17.5, observe que o petróleo será vendido por P_T por barril no vencimento do contrato. O lucro por barril sobre os futuros será $F_0 - P_T$. Portanto, a receita será $P_T + (F_0 - P_T) = F_0$, que é independente do preço final do petróleo.

A utilidade nesse exemplo que aplica o *hedge vendido* é assumir uma posição vendida em futuros para compensar o risco no preço de venda de determinado ativo. O *hedge comprado* é um *hedge* análogo para alguém que deseja eliminar o risco de um preço de compra incerto. Por exemplo, suponhamos que uma empresa petroquímica que planeja comprar petróleo tema que os preços possam subir no momento da compra. Como a "Revisão de Conceitos" a seguir mostra, a empresa poderia *comprar* contratos futuros de petróleo para fixar o preço líquido de compra no momento da transação.

17.3 Revisão de CONCEITOS
Como no Exemplo 17.5, suponhamos que o petróleo seja vendido em novembro por US$ 87,48, US$ 89,48 ou US$ 91,48 por barril. Considere uma empresa que pretende comprar 100 mil barris de petróleo em março. Mostre que, se a empresa comprar 100 contratos de petróleo, suas despesas líquidas serão protegidas e serão iguais a US$ 8.948.000.

Um *hedging* exato de futuros pode ser impossível para alguns produtos porque o contrato de futuros necessário não é negociado. Por exemplo, um gestor de carteira pode querer proteger o valor de uma carteira diversificada e gerenciada ativamente durante determinado período. Entretanto, os contratos de futuros são listados apenas em carteiras indexadas. Mesmo assim, como os retornos sobre a carteira diversificada do gestor apresentará uma alta correlação com os retornos das carteiras indexadas em uma base ampla, é possível estabelecer um *hedge* eficaz vendendo contratos de futuros indexados. A proteção de uma posição utilizando futuros em outro ativo é chamada de *hedging* cruzado.

17.4 Revisão de CONCEITOS
Quais são as fontes de risco para um investidor que utiliza futuros indexados por ações para proteger uma carteira de ações gerenciada ativamente? Como você avaliaria a magnitude desse risco?

Risco de base e *hedging*

A **base** é a diferença entre o preço de futuros e o preço à vista.[3] Como evidenciamos, na data de vencimento de um contrato, a base deve ser zero: A propriedade de convergência implica que $F_T - P_T = 0$. No entanto, antes do vencimento o preço do contrato de futuros para entrega posterior pode ser consideravelmente diferente do preço à vista atual.

Por exemplo, no Exemplo 17.5, analisamos o caso de um *hedger* de posição vendida que gerencia o risco assumindo uma posição vendida para entregar petróleo no futuro. Se o ativo e o contrato de futuros forem mantidos até o vencimento, o *hedger* não arcará com nenhum risco. O risco é eliminado porque o preço de futuros e o preço à vista no vencimento do contrato devem ser iguais: os ganhos e as perdas sobre futuros e o ativo subjacente serão contrabalançadas precisamente. Entretanto, se o contrato e o ativo tiverem de ser liquidados antecipadamente, antes do vencimento do contrato, o *hedger* arcará com um **risco de base**, porque o preço de futuros e o preço à vista não precisam se mover em perfeita sincronia até a data de entrega. Nesse caso, os ganhos e as perdas sobre o contrato e o ativo talvez não se compensem de forma perfeita.

Alguns especuladores tentam obter lucro com flutuações na base. Em vez de apostar na direção dos preços de futuros ou do preços à vista propriamente ditos, eles apostam em mudanças na diferença entre os dois. Uma posição comprada/vendida em contrato a futuro lucrará quando a base diminuir.

base
Diferença entre o preço de futuros e o preço à vista.

risco de base
Risco atribuível a movimentos incertos no *spread* entre o preço de futuros e o preço à vista.

> **EXEMPLO 17.6**
> Especulando com a base
>
> Considere um investidor que mantém 100 onças de ouro na posição vendida em um contrato de futuros de ouro. Suponhamos que o ouro esteja sendo vendido hoje por US$ 1.791 a onça e que o preço do contrato de futuros para entrega em junho seja US$ 1.796 a onça. Portanto, no momento a base é US$ 5. No dia seguinte, o preço à vista pode aumentar para US$ 1.794 e o preço de futuros para US$ 1.798,50, fazendo a base diminuir para US$ 4,50. Os ganhos e as perdas do investidor serão:
>
> Ganho sobre investimentos em ouro (por onça): US$ 1.794 – US$ 1.791 = US$ 3,00
> Perda sobre a posição em futuros de outro (por onça): US$ 1.798,50 – US$ 1.796 = US$ 2,50
>
> O investidor ganha US$ 3 por onça nos investimentos em ouro, mas perde US$ 2,50 por onça na posição vendida em futuros. O ganho líquido é a diminuição na base ou US$ 0,50 por onça.

Uma estratégia análoga é a posição em **spread**, na qual o investidor assume uma posição comprada em um contrato de futuros com um vencimento e uma posição vendida em um contrato sobre a mesma *commodity*, porém com vencimento diferente. Haverá lucro se a diferença no preço de futuros entre os dois contratos mudar na direção esperada, isto é, se o preço de futuros no contrato mantido na posição comprada aumentar mais (ou diminuir menos) do que o preço de futuros no contrato mantido na posição vendida. Assim como nas estratégias de base, na posição em *spread* o objetivo é explorar flutuações em estruturas de preço relativas, e não obter lucro com flutuações no nível geral de preços.

***spread* (futuros)**
Assumir uma posição comprada em um contrato de futuros com determinado vencimento e uma posição vendida em um contrato com vencimento diferente, ambas na mesma *commodity*.

> **EXEMPLO 17.7**
> Especulando com o *spread*
>
> Considere um investidor que mantém um contrato comprado com vencimento em setembro e um contrato vendido com vencimento em junho. Se o preço de futuros de setembro aumentar 5 centavos e o de junho aumentar 4 centavos, o ganho líquido será 5 centavos – 4 centavos ou 1 centavo.

17.4. PREÇOS DE FUTUROS

Paridade entre preço à vista e de futuros

Há pelo menos duas maneiras de obter um ativo em alguma data no futuro. Uma dela é comprar o ativo agora e mantê-lo até a data pretendida. A outra é assumir uma posição comprada em futuros que exija a compra do ativo na data em questão. Como ambas as estratégias acabam produzindo um resultado equivalente, isto é, a aquisição final do ativo, você suporia que o custo determinado pelo mercado referente à adoção dessas estratégias seria igual. Deve existir uma

---

[3] O emprego da palavra *base* é até certo ponto impreciso. Às vezes ela é empregada em referência à diferença entre o preço de futuros e o preço à vista, $F - P$, e outras vezes em referência à diferença entre o preço à vista e de futuros, $P - F$. Consideraremos sistematicamente a base como $F - P$.

relação previsível entre o preço atual do ativo, incluindo os custos de manutenção e armazenamento, e o preço de futuros.

Para tornar essa discussão mais concreta, considere um contrato de futuros de ouro. Este é um exemplo particularmente simples: os custos explícitos de armazenamento de ouro são mínimos, o ouro não oferece nenhum fluxo de renda aos proprietários (em comparação com ações ou obrigações que rendem dividendos ou pagamentos de cupom) e o ouro não está sujeito aos padrões de preço sazonais que caracterizam a maioria das *commodities* agrícolas. Em vez disso, em uma situação de equilíbrio de mercado, o preço do ouro estará em um nível tal que a taxa esperada de ganhos de capital será igual à taxa de retorno justa esperada tendo em vista o risco do investimento em ouro. Duas estratégias que garantirão a posse de ouro em alguma data futura T são:

Estratégia A: Comprar ouro agora, pagando o preço "à vista" atual, S_0, e mantê-lo até o tempo T, quando seu preço à vista será S_T.

Estratégia B: Assumir uma posição comprada em futuros e investir dinheiro suficiente agora a fim de pagar o preço de futuros quando o contrato vencer.

A estratégia B exigirá o investimento imediato do *valor presente* do preço de futuros em um título isento de risco como as letras do Tesouro, isto é, um investimento de $F_0/(1 + r_f)^T$ dólares, onde r_f é a taxa de juros sobre a as letras do Tesouro. Examine os fluxos caixa das estratégias a seguir.[4]

	Ação	Fluxo de caixa inicial	Fluxo de caixa no tempo T
Estratégia A:	Comprar ouro	$-S_0$	S_T
Estratégia B:	Assumir posição comprada	0	$S_T - F_0$
	Investir $F_0/(1 + r_f)^T$ em letras	$-F_0/(1 + r_f)^T$	F_0
	Total da estratégia B	$-F_0/(1 + r_f)^T$	S_T

O fluxo de caixa inicial da estratégia A será negativo, refletindo a saída de caixa necessária para comprar o ouro pelo preço à vista atual, S_0. No tempo T, o ouro valerá S_T.

A estratégia B exige um investimento inicial igual ao valor presente do preço de futuros que será pago no vencimento do contrato de futuros. Por volta do tempo T, o investimento aumentará para F_0. Além disso, os lucros sobre a posição comprada no tempo T será $S_T - F_0$. A soma dos dois componentes da estratégia B será S_T dólares, exatamente o suficiente para comprar o ouro no tempo T, seja qual for seu preço nesse momento.

Ambas as estratégias produzem um valor idêntico de S_T dólares em T. Portanto, o custo ou a saída de caixa inicial que essas estratégias exigem também deve ser igual. Segue-se a isso que

$$F_0/(1 + r_f)^T = S_0$$

ou

$$F_0 = S_0(1 + r_f)^T \qquad (17.1)$$

Isso nos apresenta uma relação entre o preço atual e o preço de futuros de ouro. A taxa de juros nesse caso pode ser vista como o "custo de manter" o ouro do presente ao tempo T. Nesse caso, o custo representa o custo de oportunidade do valor do dinheiro no tempo – em vez de investir em ouro, você poderia ter investido sem risco em letras do Tesouro para obter renda de juros.

EXEMPLO 17.8
Determinação de preço de futuros

Suponhamos que o ouro seja vendido atualmente por US$ 1.700 a onça. Se a taxa de juros isenta de risco for 0,1% por mês, o preço de futuros de um contrato com vencimento em seis meses deve ser

$$F_0 = S_0(1 + r_f)^T = US\$\ 1.700(1{,}001)^6 = US\$\ 1.710{,}23$$

Se o vencimento do contrato for em 12 meses, o preço de futuros deve ser

$$F_0 = US\$\ 1.700(1{,}001)^{12} = US\$\ 1.720{,}51$$

---

[4] Ignoramos a margem exigida sobre o contrato de futuros e consideramos o fluxo de caixa necessário para assumir a posição em futuros como zero pelos dois motivos já mencionados: Primeiro, a margem é pequena em relação à quantidade de ouro controlada por um contrato; segundo e mais importante, a margem exigida pode ser satisfeita com títulos com incidência de juros. Por exemplo, o investidor precisa apenas transferir as letras do Tesouro já detidas para a conta de corretagem. Não há nenhum custo de valor de dinheiro no tempo.

Se a Equação 17.1 não se aplicar, os investidores poderão obter lucros de arbitragem. Por exemplo, suponhamos que o preço de futuros com vencimento em seis meses no Exemplo 17.8 fosse US$ 1.712, e não o valor "apropriado" de US$ 1.710,23 que acabamos de deduzir. Um investidor poderia realizar lucros de arbitragem adotando uma estratégia que envolvesse uma posição comprada na estratégia A (comprar ouro) e uma posição vendida na estratégia B (comprar o contrato de futuros e contrair um empréstimo suficiente para pagar a compra de ouro).

Ação	Fluxo de caixa inicial	Fluxo de caixa no tempo T (6 meses)
Contrair empréstimo de US$ 1.700, saldar os juros no tempo T	+US$ 1.700	−US$ 1.700(1,001)^6 = −US$ 1.710,23
Comprar ouro por US$ 1.700	−1.700	S_T
Assumir posição vendida em futuros (F_0 = US$ 1.712)	0	1.712 − S_T
Total	US$ 0	US$ 1,77

O investimento líquido inicial dessa estratégia é zero. Além disso, seu fluxo de caixa no tempo T é positivo e não oferece risco: O *payoff* total no tempo T será US$ 1,77 independentemente do preço do ouro. O lucro é precisamente igual ao erro de apreçamento do contrato de futuros, US$ 1.712, e não US$ 1.710,23. O risco foi eliminado porque os lucros e as perdas sobre as posições em futuros e ouro se compensam exatamente. A carteira está perfeitamente protegida.

Tal estratégia gera um lucro de arbitragem – um lucro sem risco que não requer nenhum investimento líquido inicial. Se tal oportunidade existisse, todos os participantes do mercado correriam para tirar vantagem disso. As consequências? O preço do ouro teria uma alta e/ou o preço de futuros oferecido cairia, até que a Equação 17.1 fosse satisfeita. Uma análise semelhante aplica-se à possibilidade de F_0 ser inferior a US$ 1.710,23. Nesse caso, você simplesmente reverte a estratégia acima para obter lucro sem risco. Portanto, concluímos que em um mercado em bom funcionamento, em que as oportunidades de arbitragem são eliminadas, $F_0 = S_0(1 + r_f)^T$.

Revisão de CONCEITOS 17.5

Retorne à estratégia de arbitragem que acabamos de expor. Quais seriam os três passos da estratégia se F_0 fosse muito baixo – por exemplo, US$ 1.709? Calcule os fluxos de caixa da estratégia no presente e no tempo T em uma tabela como a apresentada anteriormente. Confirme se seus lucros equivalem ao erro de apreçamento do contrato.

A estratégia de arbitragem pode ser representada de forma mais genérica da seguinte forma:

Ação	Fluxo de caixa inicial	Fluxo de caixa no tempo T
1. Contrair empréstimo de S_0	+S_0	−$S_0(1 + r_f)^T$
2. Comprar ouro por S_0	−S_0	S_T
3. Posição vendida em futuros	0	$F_0 − S_T$
Total	0	$F_0 − S_0(1 + r_f)^T$

O fluxo de caixa inicial é intencionalmente zero: o dinheiro necessário para comprar ouro no segundo passo é tomado emprestado no primeiro passo e a posição em futuros no terceiro passo, que é utilizada para proteger o valor do ouro, não exige nenhuma despesa inicial. Além disso, o fluxo de caixa total no tempo T não oferece risco porque exige apenas termos que já são conhecidos quando o contrato é firmado. A situação não poderia persistir, visto que os investidores tentariam tirar vantagem da oportunidade de arbitragem. Por fim os preços mudariam até que o fluxo de caixa do tempo T reduzisse a zero, ponto em que F_0 seria igual a $S_0(1 + r_f)^T$. Esse resultado é chamado de **teorema de paridade entre preço à vista e de futuros** ou **relação de custo de manutenção**; ele apresenta a relação normal ou teoricamente correta entre os preços à vista e de futuros.

Podemos estender facilmente o teorema de paridade para o caso em que o ativo subjacente oferece um fluxo de rendimentos ao detentor. Por exemplo, considere um contrato de futuros sobre um índice de ações como o S&P 500. Nesse caso, o ativo subjacente (isto é, a carteira de

teorema de paridade entre preço à vista e de futuros ou relação de custo de manutenção
Descreve a relação teoricamente correta entre o preço à vista e o de futuros. A violação da relação de paridade gera oportunidades de arbitragem.

APLICAÇÕES EXCEL

Paridade entre preço à vista e de futuros

eXcel
Acesse grupoa.com.br

A planilha de paridade entre preço à vista e de futuros permite que você calcule os preços de futuros correspondentes ao preço à vista para diferentes vencimentos, taxas de juros e rendimentos de lucro. Você pode utilizar a planilha para observar como os preços dos contratos mais distantes flutuarão com os preços à vista e o custo de manutenção.

Você pode obter mais informações sobre essa planilha utilizando a versão disponível em nosso *site*, em <www.grupoa.com.br>.

	A	B	C	D	E
1					
2	Paridade entre preço à vista e de futuros e *time spreads*				
3					
4	Preço à vista	100			
5	Ganhos de rendimento (%)	2		Preços de futuros *versus* vencimento	
6	Taxa de juros (%)	4,5			
7	Data de hoje	14/5/09		Preço à vista	100,00
8	Data de vencimento 1	17/11/09		Futuros 1	101,26
9	Data de vencimento 2	2/1/10		Futuros 2	101,58
10	Data de vencimento 3	7/6/10		Futuros 3	102,66
11					
12	Prazo até o vencimento 1	0,51			
13	Prazo até o vencimento 2	0,63			
14	Prazo até o vencimento 3	1,06			

Questões Excel

1. Experimente diferentes valores de ganhos de rendimento e taxa de juros. O que ocorrerá com a dimensão do *time spread* (a diferença nos preços de futuros dos contratos com vencimento a longo e a curto prazo) se a taxa de juros aumentar 2%?
2. O que ocorrerá com o *time spread* se os ganhos de rendimento aumentarem 2%?
3. O que ocorrerá com o *time spread* se os ganhos de rendimento forem iguais à taxa de juros?

---

ações indexada no S&P 500) paga um rendimento de dividendos ao investidor. Se denotarmos o rendimento de dividendos como d, o custo de manutenção líquido será apenas $r_f - d$; os rendimentos de juros renunciados sobre a riqueza atrelada às ações são compensados pelo fluxo de dividendos das ações. O custo de oportunidade líquido de manter as ações são os juros renunciados menos os dividendos recebidos. Portanto, no caso de pagamento de dividendos, a relação de paridade entre preço à vista e de futuros é[5]

$$F_0 = S_0(1 + r_f - d)^T \qquad (17.2)$$

onde d é o rendimento de dividendos sobre a ação. O Problema 10 no final deste capítulo apresenta uma situação em que se deduz esse resultado.

Observe que, quando o rendimento de dividendos é inferior à taxa isenta de risco, a Equação 17.2 indica que os preços de futuros serão bem superiores aos preços à vista para períodos mais longos até o vencimento do contrato. Porém, quando $d < r_f$, tal como ocorre hoje, os ganhos de rendimento sobre as ações na verdade superarão os juros (isentos de risco) renunciados que poderiam ter sido obtidos sobre o dinheiro investido; nessa circunstância, o preço de futuros será também bem inferior ao preço atual das ações para períodos de vencimento mais longos. Você pode confirmar a veracidade disso examinando qualquer listagem de futuros indexados por ações na Figura 17.1.

Embora os dividendos de títulos individuais possam flutuar de maneira imprevisível, o rendimento de dividendos anualizado de um índice amplo como o S&P 500 é razoavelmente estável, tendo ficado nos últimos tempos um pouco acima de 2% ao ano. Porém, esse rendimento é sazonal, com picos e vales regulares, e por esse motivo se deve utilizar o rendimento de dividendos relativo aos meses em questão. A Figura 17.5 mostra o padrão de rendimentos do S&P 500.

---

[5] Essa relação é apenas aproximada no sentido de que os dividendos são pagos um pouco antes do vencimento do contrato.

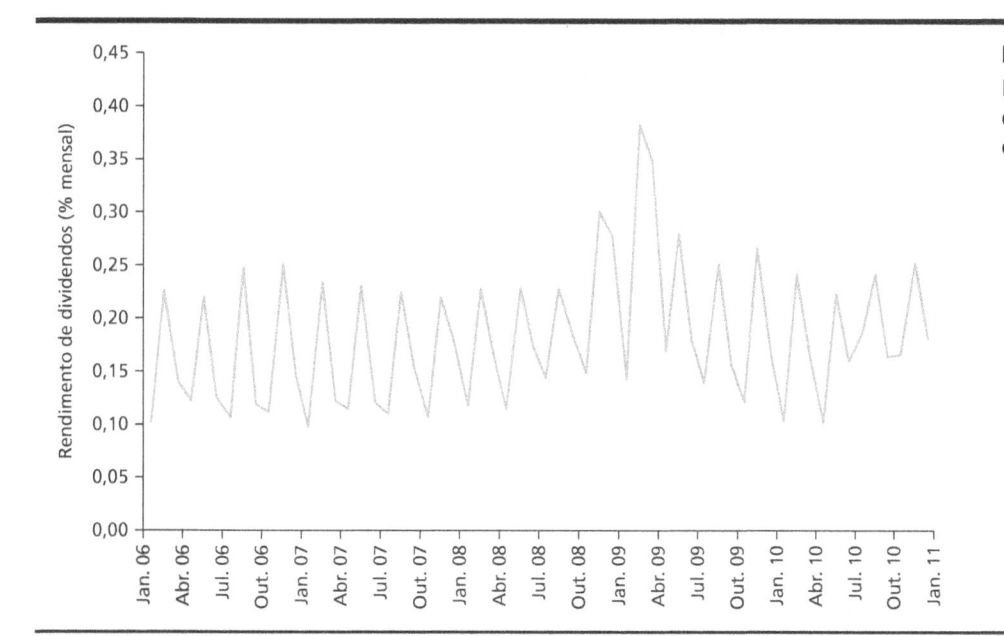

FIGURA 17.5 Rendimento de dividendos mensal do S&P 500.

Alguns meses, como janeiro ou abril, apresentam rendimentos consistentemente baixos, enquanto outros, como maio, apresentam rendimentos consistentemente altos.

A estratégia de arbitragem descrita acima deve convencê-lo de que essas relações de paridade são mais do que apenas resultados teóricos. Qualquer violação da relação de paridade dá origem a oportunidades de arbitragem que podem oferecer lucros consideráveis aos negociadores. Veremos em breve que a arbitragem de índice no mercado de ações é uma ferramenta utilizada para tirar proveito de violações da relação de paridade em contratos de futuros indexados por ações.

EXEMPLO 17.9
Determinação de preço de futuros indexados por ações

Suponhamos que a taxa de juros isenta de risco seja 0,1% ao mês, o rendimento de dividendos sobre os índices de ações seja 0,2% ao mês e que atualmente o índice de ações seja 1.200. Portanto, o custo de manutenção líquido será negativo, 0,1% − 0,2% = −0,1% ao mês. Em vista disso, o preço de futuros de um contrato de três meses deve ser $1.200(1 − 0,001)^3 = 1.196,40$, ao passo que o preço de futuros de uma contrato de seis meses deve ser $1.200(1 − 0,001)^6 = 1.192,82$. Se o índice subir para 1.210, os dois preços de futuros subirão proporcionalmente: o preço de futuros de três meses subirá para $1.210(1 − 0,001)^3 = 1.206,32$, enquanto o preço de futuros de seis meses subirá para $1.200(1 − 0,001)^6 = 1.202,76$.

Spreads

Assim como podemos prever a relação entre preços à vista e de futuros, existem métodos semelhantes para determinar as relações adequadas entre os preços de futuros para contratos com diferentes datas de vencimento. A Equação 17.2 mostra que o preço de futuros é parcialmente determinado pelo prazo até o vencimento. Se $r_f < d$, tal como ocorreu com os futuros indexados por ações do S&P 500 em 2011, o preço de futuros será inferior em contratos com vencimento mais longo. Você confirmar isso facilmente examinando a Figura 17.1, que apresenta listagens do *Wall Street Journal* para vários contratos de futuros indexados por ações. Para futuros sobre ativos como o ouro, que não paga "rendimento de dividendos", podemos definir $d = 0$ e concluir que F deve aumentar à medida que o prazo até o vencimento aumenta.

A Equação 17.2 mostra que todos os preços de futuros devem se mover sincronizadamente. Não é de surpreender que os preços de futuros para diferentes datas de vencimento movam-se em uníssono, porque todos estão vinculados ao mesmo preço à vista por meio da relação de paridade. A Figura 17.6 retrata os preços de futuros em ouro referentes a três datas de vencimento. É evidente que os preços movem-se quase em sincronia e que as datas de entrega mais distantes auferem preços de futuros mais altos, tal como a Equação 17.2 prevê que assim deveria ser no caso do ouro, para o qual $d = 0$.

FIGURA 17.6
Preços de futuros de outro para contratos com vencimento em setembro de 2011, junho de 2012 e dezembro de 2012.

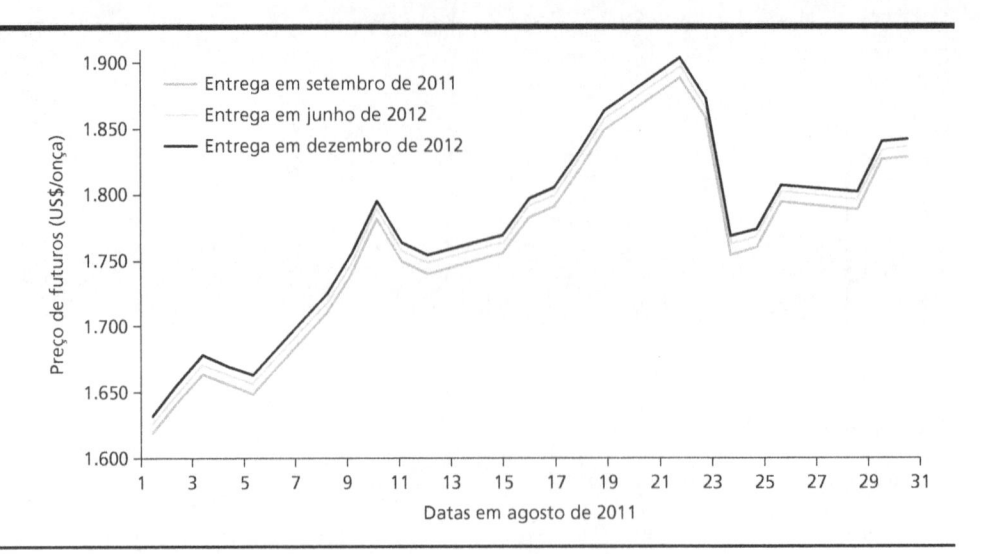

17.5. FUTUROS FINANCEIROS

Embora os mercados de futuros tenham se originado com *commodities* agrícolas, no mercado atual, os contratos sobre ativos financeiros predominam. Nesta seção, examinamos os mais importantes desses contratos: os contratos indexados por ações, os contratos de câmbio exterior e os contratos de taxa de juros.

Futuros indexados por ações

Os futuros são negociados ativamente em índices de mercado de ações como o Standard & Poor's 500. Ao contrário da maioria dos contratos de futuros, em que se exige a entrega de um ativo específico, esses contratos são estabelecidos por um valor em dinheiro igual ao valor do índice de ações em questão na data de vencimento do contrato, vezes um multiplicador que amplia o tamanho do contrato. Esse pagamento em dinheiro duplica os lucros que resultariam com a entrega de fato.

Atualmente são negociados vários contratos de futuros indexados por ações. A Tabela 17.2 relaciona alguns contratos de índice importantes, mostrando na coluna "Tamanho do Contrato" o multiplicador utilizado para calcular os pagamentos do contrato. Um contrato do S&P 500 com um preço de futuros inicial de 1.200 e um valor de índice final de 1.210, por exemplo, geraria um lucro para a posição comprada de US$ 250 × (1.210 – 1.200) = US$ 2.500. O contrato do S&P domina de longe o mercado de futuros indexados por ações.[6]

Existe uma alta correlação entre todos os índices amplos do mercado de ações dos Estados Unidos. A Tabela 17.3 apresenta uma matriz de correlação para cinco índices dos Estados Unidos. Observe que as correlações entre o índice Dow Jones, o índice da Bolsa de Valores de Nova York e o S&P 500 estão bem acima de 0,97. O índice composto Nasdaq, que abrange predominantemente empresas de tecnologia, e o índice Russell 2.000, de empresas de capitalização mais baixa, têm menor correlação com os índices de alta capitalização e entre si, mas mesmo nesses casos a correlação é superior a 0,85.

Criando posições sintéticas em ações

Um dos motivos de os futuros indexados por ações serem tão populares é que eles podem substituir os investimentos nas ações subjacentes propriamente ditas. Os futuros de índice possibilitam que os investidores participem de movimentos amplos de mercado sem de fato comprar ou vender um grande número de ações.

Por isso, dizemos que os futuros representam posses "sintéticas" da posição de mercado. Em vez de assumir uma posição no mercado diretamente, o investidor assume uma posição com-

---

[6] Devemos ressaltar que, embora os multiplicadores sobre esses contratos possam tornar as posições resultantes muito grandes para vários investidores pequenos, existem efetivamente contratos de futuros equivalentes com multiplicadores menores, *Minis*. Esses contratos são negociados em vários índices de ações bem como em moeda estrangeira.

TABELA 17.2 Exemplo de contratos de futuros indexados por ações

Contrato	Índice de mercado subjacente	Tamanho do contrato	Bolsa
S&P 500	Índice Standard & Poor's 500, uma média aritmética ponderada pelo valor de 500 ações	US$ 250 vezes o índice S&P 500	Bolsa Mercantil de Chicago
Índice Dow Jones (DJIA)	Média aritmética ponderada pelo preço de 30 ações *blue chip*	US$ 10 vezes o índice Dow Jones	Câmara de Comércio de Chicago
Nasdaq 100	Média aritmética ponderada pelo valor das 100 maiores ações de balcão	US$ 100 vezes o índice de balcão	Bolsa Mercantil de Chicago
Russell 2.000	Índice de 2.000 empresas menores	US$ 500 vezes o índice	Intercontinental Exchange, ICE
Nikkei 225	Média de ações Nikkei 225	US$ 5 vezes o índice Nikkei	Bolsa Mercantil de Chicago
FTSE 100	Índice Financial Times/Bolsa de Valores de 100 empresas britânicas	£ 10 vezes o índice FTSE	Bolsa de Futuros Financeiros Internacionais de Londres (Euronext)
CAC 40	Índice das 40 maiores empresas francesas	10 euros vezes o índice	Euronext Paris
DAX 30	Índice das 30 maiores empresas alemãs	25 euros vezes o índice	Eurex
Hang Seng	Índice ponderado pelo valor das maiores empresas de Hong Kong	50 dólares de Hong Kong vezes o índice	Bolsa de Valores de Hong Kong

TABELA 17.3 Correlações entre os principais índices de mercado de ações dos Estados Unidos, 2006-2011

	DJIA	NYSE	Nasdaq	S&P 500	Russell 2.000
DJIA	1,000				
NYSE	0,977	1,000			
Nasdaq	0,861	0,859	1,000		
S&P 500	0,977	0,978	0,918	1,000	
Russell 2.000	0,863	0,890	0,921	0,931	1,000

Fonte: Cálculos dos autores.

prada em futuros no índice. Essa estratégia é atraente porque os custos de transação necessários para estabelecer e liquidar as posições de futuros são bem menores do que os custos que seriam necessários para assumir posições à vista reais. Os investidores que desejam comprar e vender posições de mercado com frequência descobrem que é bem mais barato e mais fácil atuar no mercado de futuros. Os *timers* de mercado que especulam com amplas movimentações de mercado em vez de títulos individuais são por esse motivo participantes importantes do mercado de futuros indexados por ações.

Uma forma de lucrar com o *timing* do mercado é alternar entre letras do Tesouro e investimentos em um amplo mercado de ações. Os *timers* tentam alternar entre letras e o mercado antes das altas e retornar para as letras a fim de evitar as retrações, lucrando dessa forma com amplas movimentações de mercado. No entanto, esse tipo de *market timing* pode gerar enormes custos de negociação e compras e vendas frequentes de várias ações. Uma alternativa atraente é investir em letras do Tesouro e manter quantidades variadas de contratos de futuros de índice de mercado.

A estratégia funciona da seguinte maneira: quando os *timers* ficarem otimistas, assumirão inúmeras posições compradas em futuros que eles podem liquidar com rapidez e de forma barata em caso de expectativas pessimistas. Em vez de ficar de um lado para outro entre letras do Tesouro e ações, os negociadores compram e vendem letras do Tesouro e ajustam apenas a posição de futuros. (Lembre-se das estratégias A e B da seção anterior em que mostramos que uma letra do Tesouro mais uma posição em futuros resultou em um pagamento igual ao preço das ações.) Essa estratégia minimiza os custos de transação. Uma vantagem dessa técnica de *timing* é que os investidores podem comprar ou vender implícita e totalmente o índice de mercado, enquanto o *market timing* no mercado à vista exigiria a compra ou venda simultânea de todas as ações no índice. Do ponto de vista técnico, isso é difícil de coordenar e pode provocar deslizes na execução da estratégia de *timing*.

O quadro logo a seguir mostra que agora é comum os gestores financeiros utilizarem contratos de futuros para criar posições sintéticas em ações nos mercados acionários. As posições de futuros podem ser particularmente úteis para estabelecer posições sintéticas em ações estrangeiras, caso em que os custos de negociação tendem a ser maiores e os mercados tendem a ser menos líquidos.

Arbitragem de índice

arbitragem de índice
Estratégia que explora as divergências entre os preços de futuros reais e seus valores de paridade teoricamente corretos para obter lucro sem riscos.

Sempre que o preço de futuros real diferir de seu valor de paridade, haverá oportunidade de lucro. É por esse motivo que as relações de paridade são tão importantes. **Arbitragem de índice** é uma estratégia de investimento que explora divergências entre o preço de futuros real em um índice de mercado de ações e seu valor de paridade teoricamente correto.

Em princípio, a arbitragem de índice é simples. Se o preço de futuros estiver muito alto, assuma uma posição vendida em futuros e compre as ações do índice. Se estiver muito baixo, assuma uma posição comprada em futuros e uma posição vendida em ações. Você pode proteger sua posição perfeitamente e deve obter lucros de arbitragem equivalentes ao erro de apreçamento do contrato.

No entanto, na prática, a arbitragem de índice pode ser difícil de implementar. O problema é comprar as ações no índice. Vender ou comprar ações em todas as 500 empresas do S&P 500 é difícil por dois motivos. O primeiro é o custo de transação, que pode ser superior a qualquer lucro obtido da arbitragem. Segundo, a arbitragem de índice exige a compra ou venda simultânea de ações de 500 empresas diferentes – e qualquer atraso na execução dessa estratégia pode destruir a eficácia do plano de tirar vantagem de discrepâncias de preço efêmeras.

negociação programada
Ordens de compra e ordens de venda coordenadas de carteiras completas, geralmente para atingir objetivos de arbitragem de índice.

Os arbitradores precisam negociar uma carteira inteira de ações rápida e simultaneamente se quiserem explorar disparidades temporárias entre o preço de futuros e seu índice de ações correspondente. Por isso, eles precisam de um programa de negociação coordenado; daí o termo **negociação programada**, que se refere a compras ou vendas coordenadas de carteiras inteiras de ações. Essas estratégias podem ser executadas por meio de negociações eletrônicas, que possibilitam que os negociadores enviem programas de venda ou compra por computador ao pregão da bolsa de valores. (Consulte o Capítulo 3, disponível no *site* <www.grupoa.com.br>, para uma discussão sobre negociações eletrônicas.)

Futuros de câmbio exterior

As taxas de câmbio entre moedas variam constantemente e, muitas vezes, de maneira considerável. Essa variabilidade pode ser motivo de preocupação para qualquer pessoa envolvida com negócios internacionais. Um exportador americano que vende produtos na Inglaterra, por exemplo, será pago em libras esterlinas e o valor em dólar dessas libras dependerá da taxa de câmbio no momento do pagamento. Até essa data, o exportador americano estará exposto ao risco da taxa de câmbio exterior. Esse risco pode ser protegido por meio de futuros de moeda ou mercados a termo. Por exemplo, se você souber que receberá £ 100.000 em 60 dias, poderá vender essas libras a termo hoje no mercado a termo e fixar uma taxa de câmbio igual ao preço a termo de hoje.

O mercado a termo de câmbio exterior é relativamente informal. É simplesmente uma rede de bancos e corretores que permite que os clientes firmem contratos a termo para negociar moedas no futuro por uma taxa de câmbio ajustada no presente. O mercado bancário de câmbio está entre os maiores do mundo e a maioria dos grandes negociadores com capacidade creditícia suficiente executam seus negócios nesse mercado, e não nos mercados de futuros. Os contratos nesses mercados não são padronizados de acordo com uma configuração de mercado formal. Na verdade, cada contrato é negociado separadamente. Além disso, não existe marcação a mercado como nos mercados de futuros. Os contratos a termo exigem execução apenas na data de vencimento.

Entretanto, para os futuros de moeda, existem mercados formais estabelecidos pela Bolsa Mercantil de Chicago (Mercado Monetário Internacional), pela Bolsa de Futuros Financeiros Internacionais de Londres e por outras bolsas. Nesse caso, os contratos são padronizados por tamanho e observa-se que a marcação a mercado ocorre diariamente. Além disso, existem acordos de compensação padronizados que permitem que os negociadores assumam ou revertam posições com facilidade.

A Figura 17.7 reproduz uma listagem do *Wall Street Journal* de taxas de câmbio à vista e a termo. Essa listagem mostra a quantidade de dólares americanos necessária para comprar uma unidade de moeda estrangeira e a quantia em moeda estrangeira necessária para comprar US$ 1.

As cotações a termo na Figura 17.7 sempre se aplicam a ordens de entrega flexível em 30, 90 ou 180 dias. Desse modo, as listagens de contratos a termo do dia seguinte aplicam-se a uma data de vencimento um dia posterior ao da listagem de hoje. Em contraposição, os contratos de futuros de câmbio exterior vencem somente em quatro datas específicas de qualquer ano: em março, junho, setembro e dezembro (consulte a Figura 17.1).

Na frente de batalha do **MERCADO**

ESTÁ COM UMA BOLADA PARA INVESTIR RAPIDAMENTE? PENSE EM FUTUROS INDEXADOS

Como os investidores estão cada vez mais globais e a turbulência no mercado está crescendo, os futuros indexados por ações estão se tornando o método favorito para os gestores financeiros hábeis distribuírem seus fundos.

Qual é o grande apelo por trás disso? Velocidade, facilidade e custos baixos. Para a maioria dos mercados importantes, os futuros de ações não apenas ostentam maior liquidez, mas oferecem custos de transação mais baixos do que os oferecidos pelos métodos de negociação tradicionais.

"Quando decido que é hora de entrar na França, na Alemanha ou na Inglaterra, não necessariamente desejo ficar aguardando até encontrar exatamente as ações corretas", diz Fabrizio Pierallini, gestor do Euro Pacific Fund da Vontobel Ltd., com sede em Nova York.

Pierallini afirma que posteriormente ele ajusta melhor suas escolhas no mercado mudando gradativamente dos contratos de futuros para as ações favoritas. Desde que as ações de Pierallini superem o desempenho do mercado, os futuros são uma forma de preservar esses ganhos, mesmo quando existe proteção contra quedas no mercado.

Por exemplo, ao vender futuros com valor igual ao da carteira subjacente, um gestor pode proteger uma carteira quase que completamente contra as oscilações do mercado. Digamos que um gestor consiga superar o desempenho do mercado, mas mesmo assim perca 3%, enquanto o mercado em geral apresenta uma queda de 10%. O *hedging* com futuros capturaria essa margem de desempenho superior, transformando a perda em um lucro de aproximadamente 7%. A demanda por esse tipo de proteção ajudou a explicar a repentina popularidade dos futuros de ações em mercados difíceis no último ano, afirmou Goldman em seu relatório.

Entre as estratégias intensivas em futuros, encontra-se a "alocação de ativos de tática global", que envolve a negociação de mercados inteiros no mundo todo da mesma forma que os gestores tradicionais negociariam ações. A popularidade crescente dessas estratégias de alocação de ativos tem impulsionado de maneira considerável os futuros nos últimos anos.

Quando a questão é investir no exterior, em geral os futuros são o único instrumento que faz sentido do ponto de vista de custo. No exterior, os custos de transação e as comissões altíssimas podem abocanhar mais de 1% do dinheiro aplicado em cada negociação. Em contraposição, uma negociação comparável em futuros custa apenas 0,05%.

Fonte: Extraído de Suzanne McGee, *The Wall Street Journal*, 21 de fevereiro de 1995. Dados reimpressos com permissão do *The Wall Street Journal*, Copyright © 1995 Dow Jones & Company Inc. Todos os direitos reservados mundialmente.

FIGURA 17.7 Preços à vista e a termo em câmbio exterior.

Moedas
Taxas de câmbio para o dólar americano em *late trading* em Nova York

País/moeda	Quarta-feira em US$	Quarta-feira por US$	US$ versus var. YTD (%)	País/moeda	Quarta-feira em US$	Quarta-feira por US$	US$ versus var. YTD (%)
Américas				**Europa**			
Argentina peso*	0,2298	4,3515	1	Dinamarca coroa	0,1753	5,7049	−0,6
Brasil real	0,5544	1,8039	−3,3	Hungria forinte	0,004448	224,84	−7,5
Canadá dólar	1,0073	0,9927	−2,8	Noruega coroa	0,1717	5,8226	−2,6
Chile peso	0,002051	487,46	−6,2	Polônia zloty	0,3135	3,1903	−7,4
Colômbia peso	0,0005669	1.764,00	−9,1	Reino Unido libra esterlina	1,5676	0,6379	−0,9
Equador dólar americano	1	1	inalterado	Taxa a termo de 1 mês	1,5673	0,6380	−0,9
México peso*	0,0786	12,7229	−8,8	Taxa a termo de 3 meses	1,5666	0,6383	−0,9
Peru novo sol	0,3747	2,669	−1	Taxa a termo de 6 meses	1,5655	0,6388	−0,9
Uruguai peso**	0,05089	19,6520	−0,8	República Tcheca coroa	0,05287	18,913	−4,2
Venezuela bolívar forte	0,229885	4,3500	inalterado	Rússia rublo***	0,03382	29,568	−8
				Suécia coroa	0,1460	6,8510	−0,4
Ásia-Pacífico				Suíça franco	0,1745	0,9307	−0,7
Austrália dólar	1,0453	0,0566	−2,3	Taxa a termo de 1 mês	1,0748	0,9304	−0,7
Taxa a termo de 1 mês	1,0416	0,9601	−2,4	Taxa a termo de 3 meses	1,0756	0,9297	−0,6
Taxa a termo de 3 meses	1,0343	0,9668	−2,3	Taxa a termo de 6 meses	1,0771	0,9284	−0,5
Taxa a termo de 6 meses	0,9912	1,0088	1,1	Turquia lira****	0,5528	1,8088	−5,6
Cingapura dólar	0,7885	1,2682	−2,2	Zona do euro euro	1,3033	0,7673	−0,6
China iuane	0,1579	6,3348	0,3				
Coreia do Sul won	0,0008825	1.133,15	−2,4	**Oriente Médio/África**			
Filipinas peso	0,0233	42,981	−2	África do Sul rand	0,1299	7,6993	−4,8
Hong Kong dólar	0,1288	7,7612	−0,1	Arábia Saudita rial	0,2666	3,7505	inalterado
Índia rupia	0,01925	51,960	−2	Bahrain dinar	2,6526	0,377	inalterado
Indonésia rupia	0,0001085	9.215	2	Egito libra*	0,1659	6,0280	−0,4
Japão iene	0,011944	83,73	8,9	Emirados Árabes Unidos dirham	0,2723	3,6730	inalterado
Taxa a termo de 1 mês	0,011947	83,71	8,2	Israel shekel	0,2640	3,7880	−0,6
Taxa a termo de 3 meses	0,011954	83,65	8,2	Jordânia dinar	1,4115	0,7085	−0,1
Taxa a termo de 6 meses	0,011967	83,56	8,3	Kuwait dinar	3,5907	0,2785	0,1
Malásia ringgit	0,3277	3,0517	−4	Líbano libra	0,0006645	1.504,95	inalterado
Nova Zelândia dólar	0,8093	1,2356	−3,9				
Paquistão rupia	0,01103	90,695	0,9				
Taiwan dólar	0,03382	29,570	−2,3				
Tailândia baht	0,03251	30,761	−2,7				
Vietnã dong	0,00004800	20.835	−1				

* Taxa flutuante
** Financeiro
*** Taxa do Banco Central da Rússia
**** Taxa comercial
Fonte: CAP plc.

Fonte: De *The Wall Street Journal*, 15 de março de 2012. Dados reimpressos com permissão do *The Wall Street Journal*, Copyright © 2012 Dow Jones & Company Inc. Todos os direitos reservados mundialmente.

Futuros de taxa de juros

Os principais contratos de taxas de juros americanos negociados atualmente são em eurodólares, letras do Tesouro, notas do Tesouro e obrigações do Tesouro. A variedade desses títulos oferece uma oportunidade para o investidor se proteger contra o risco da taxa de juros em um amplo espectro de vencimentos, desde prazos muito curtos (letras do Tesouro) a prazos longos (obrigações do Tesouro). Além disso, os contratos de futuros estão vinculados a taxas de juros na Europa, no Japão, no Reino Unido e em vários outros países negociados ativamente. A Figura 17.1 apresenta a listagem de alguns desses contratos.

Os contratos do Tesouro exigem a entrega de uma obrigação, letra ou nota do Tesouro. Se as taxas de juros subirem, o valor de mercado do título no momento da entrega será inferior ao preço de futuros original e o entregador terá lucro. Por esse motivo, a posição vendida no contrato de futuros de taxa de juros ganha quando as taxas de juros sobem e o preço das obrigações cai.

De modo semelhante, os futuros de obrigações do Tesouro podem ser instrumentos de proteção úteis para distribuidores ou subscritores de obrigações. Considere, por exemplo, os seguintes problemas:

1. Um gestor de renda fixa mantém uma carteira de obrigações sobre a qual foram obtidos ganhos de capital consideráveis. Ele prevê um aumento nas taxas de juros, mas reluta em vender sua carteira e substituí-la por uma combinação de obrigações de menor duração porque esse rebalanceamento resultaria em grandes custos de negociação, bem como na obtenção de ganhos de capital para fins tributários. Contudo, ele gostaria de se proteger contra um possível aumento na taxa de juros.

2. Uma empresa planeja emitir obrigações ao público, mas não pode emiti-las para mais três meses em virtude dos atrasos inerentes no registro da SEC. Essa empresa gostaria de se proteger contra a incerteza em torno do rendimento pelo qual finalmente conseguirá vender as obrigações.

3. Um fundo de pensão receberá um fluxo de caixa considerável no próximo mês e pretende investi-lo em obrigações de longo prazo. Existe a preocupação de que as taxas de juros caiam no momento em que o fundo poderá realizar o investimento. Por isso, o fundo gostaria de garantir o rendimento disponível atualmente sobre as emissões de longo prazo.

Em todos esses casos, o gestor de investimento deseja se proteger contra mudanças nas taxas de juros. Para mostrar os procedimentos que poderiam ser adotados, vamos nos concentrar no primeiro exemplo e supor que o gestor tem uma carteira de obrigações de US$ 10 milhões com uma duração modificada de nove anos.[7] Se, tal como se teme, as taxas de juros de mercado aumentarem e o rendimento da carteira de obrigações aumentar 10 pontos-base (0,10%), por exemplo, o fundo perderá capital. Com base no Capítulo 11, lembre-se de que a perda de capital em termos percentuais será um produto da duração modificada, D^*, e da mudança no rendimento da carteira. Portanto, o prejuízo será

$$D^* \times \Delta y = 9 \times 0,10\% = 0,9\%$$

valor de preço de um ponto-base
Mudança no valor de um ativo em virtude da mudança de 1 ponto-base em seu rendimento até o vencimento.

ou US$ 90.000. Isso comprova que a sensibilidade do valor da carteira desprotegida a mudanças nos rendimentos de mercado é US$ 9.000 por mudança de 1 ponto-base no rendimento. Os profissionais do mercado chamam esse índice de **valor de preço de um ponto-base** (*price value of a basis point* – PVBP). O PVBP representa a sensibilidade do valor em dólar da carteira a mudanças nas taxas de juros. Aqui, mostramos que

$$\text{PVBP} = \frac{\text{Mudança no valor da carteira}}{\text{Mudança prevista no rendimento}} = \frac{\text{US\$ 90.000}}{10 \text{ pontos-base}} = \text{US\$ 9.000 por ponto-base}$$

Uma forma de oferecer proteção contra esse risco é assumir uma posição contrabalançante em um contrato a futuro de taxa de juros – por exemplo, uma escritura de emissão de obrigações do Tesouro. Nominalmente, a obrigação exige a entrega de obrigações do Tesouro no valor

---

[7] Lembre-se de que a duração modificada, D^*, está relacionada com a duração, D, pela fórmula $D^* = D/(1+y)$, onde y é o rendimento até o vencimento da obrigação. Se a obrigação pagar cupons semestralmente, y deverá ser calculado como rendimento semestral. Por questão de simplicidade, admitiremos pagamentos de cupom anuais e trataremos y como rendimento anual até o vencimento efetivo.

nominal de US$ 100.000, com cupons de 6% e vencimento em 20 anos. Na prática, os termos de entrega do contrato são relativamente complicados porque muitas obrigações com taxas de cupom e vencimentos diferentes podem ser substituídas para firmar o contrato. Porém, admitiremos que a obrigação a ser entregue no contrato já é conhecida e tem uma duração modificada de dez anos. Finalmente, suponha que o preço de futuros seja atualmente US$ 90 por valor nominal de US$ 100. Como o contrato exige a entrega de obrigações no valor nominal de US$ 100.000, o multiplicador do contrato será US$ 1.000.

Com esses dados, podemos calcular o PVBP do contrato de futuros. Se o rendimento sobre a obrigação de entrega aumentar 10 pontos, o valor da obrigação cairá $D^* \times 0,1\% = 10 \times 0,1\%$ =1%. O preço de futuros também diminuirá 1%, de 90 para 89,10.[8] Pelo fato de o multiplicador do contrato ser US$ 1.000, o ganho em cada contrato vendido será US$ $1.000 \times 0,90$ = US$ 900. Portanto, o PVBP de um contrato futuro será US$ 900/mudança de 10 pontos-base ou US$ 90 para uma mudança de 1 ponto-base no rendimento.

Agora podemos calcular facilmente o índice de *hedge* da seguinte maneira:

$$H = \frac{\text{PVBP da carteira}}{\text{PVBP do instrumento de } hedge} = \frac{\text{US\$ 90.000}}{\text{US\$ 90 por contrato}} = 100 \text{ contratos}$$

Portanto, 100 contratos de futuros de obrigações do Tesouro servirão para compensar a exposição da carteira a flutuações nas taxas de juros.

> **Revisão de CONCEITOS 17.6**
> Suponhamos que a carteira de obrigações seja duas vezes maior, US$ 20 milhões, mas que sua duração modificada seja apenas de 4,5 anos. Mostre que a posição de *hedge* adequada é a mesma que o valor recém-calculado, 100 contratos.

Embora seja fácil calcular o índice de *hedge*, o problema de proteção é mais difícil na prática. Por exemplo, admitimos em nosso exemplo que os rendimentos sobre a escritura de emissão de obrigações do Tesouro e a carteira de obrigações mudariam perfeitamente em sincronia. Apesar de as taxas de juros sobre vários instrumentos de renda fixa tenderem a variar em sincronia, existem lapsos consideráveis em setores do mercado de renda fixa.

Esse problema evidencia o fato de boa parte das atividade de *hedging* ser na realidade **hedging cruzado**, o que significa que o instrumento de *hedge* é um ativo diferente daquele que está sendo protegido. Desde que haja lapsos entre os preços ou rendimentos dos dois ativos, o *hedge* não será perfeito. No entanto, mesmo os *hedges* cruzados podem eliminar grande parte do risco total da carteira desprotegida.

hedging cruzado
Proteção de uma posição em um ativo por meio do estabelecimento de uma posição contrabalançante em um ativo análogo, porém diferente.

17.6. *SWAPS*

Os *swaps* são ampliações de vários períodos dos contratos a termo. Por exemplo, em vez de concordar em trocar libras esterlinas por dólares americanos por um preço a termo ajustado em uma única data, um **swap de câmbio** exigiria a troca de moeda em várias datas futuras. Ou seja, as partes poderiam trocar US$ 1,6 milhão por £ 1 milhão anualmente durante um período de cinco anos. De modo semelhante, os **swaps de taxa de juros** exigem a troca de uma série de fluxos de caixa proporcionais a uma taxa de juros específica por uma série correspondente de fluxos de caixa proporcionais a uma taxa de juros flutuante.[9] Por exemplo, uma parte poderia trocar anualmente um fluxo de caixa variável igual a US$ 1 milhão vezes uma taxa de juros de curto prazo por US$ 1 milhão vezes uma taxa de juros fixa de 6% durante o período de sete anos.

O mercado de *swaps* é um imenso componente desse mercado de derivativos, com bem mais de US$ 400 trilhões em acordos de *swap* em circulação. Mostraremos como esses contratos funcionam utilizando um *swap* de taxa de juros simples como exemplo.

swap de câmbio
Acordo para trocar uma sequência de pagamentos denominados em uma moeda por pagamentos em outra moeda por uma taxa de câmbio definida consensualmente hoje.

swaps de taxa de juros
Contratos entre duas partes para negociar fluxos de caixa correspondentes a diferentes taxas de juros.

---

[8] Nesse caso, pressupõe-se que o preço de futuros será exatamente proporcional ao preço da obrigação, o que parece ser aproximadamente verdadeiro.

[9] Os *swaps* de taxa de juros não têm nada a ver com a taxonomia de *swap* de obrigações de Homer-Liebowitz descrita no Capítulo 11.

EXEMPLO 17.10
Swap de taxa de juros

principal nocional
Principal montante utilizado para calcular os pagamentos de *swap*.

Considere o gestor de uma grande carteira que atualmente contém obrigações de longo prazo no valor nominal de US$ 100 milhões e taxa de cupom média de 7%. O gestor acredita que as taxas de juros estão prestes a subir. Por esse motivo, ele gostaria de vender as obrigações e substituí-las por emissões com taxa de curto prazo ou taxa flutuante. Contudo, em termos de custos de transação, seria extremamente caro substituir a carteira toda vez que a previsão de taxas de juros fosse atualizada. Um método mais barato e mais flexível de os gestores modificarem a carteira é "trocar" (*swap*) os US$ 7 milhões anuais em renda de juros gerados atualmente pela carteira por um valor em dinheiro que esteja vinculado à taxa de juros de curto prazo. Dessa forma, se as taxas de fato subirem, a renda de juros da carteira também subirá.

Um negociador de *swaps* pode anunciar sua disposição em trocar (ou "fazer *swap*") um fluxo de caixa com base na taxa Libor de seis meses por um fluxo com base em uma taxa fixa de 7%. (A Libor, ou London InterBank Offered Rate, é a taxa de juros pela qual os bancos tomam dinheiro emprestado uns dos outros no mercado de eurodólar. É a taxa de juros de curto prazo mais utilizada no mercado de *swaps*.) O gestor de carteira firmaria um acordo de *swap* com o distribuidor para *pagar* 7% sobre **principal nocional** de US$ 100 milhões e *receber* o pagamento da taxa Libor sobre o valor do principal nocional.[10] Em outras palavras, o gestor troca um pagamento de 0,07 × US$ 100 milhões por um pagamento de Libor × US$ 100 milhões. Portanto, o fluxo de caixa *líquido* do gestor proveniente do acordo de *swap* é (Libor – 0,07) × US$ 100 milhões. Observe que o acordo de *swap* não envolve um empréstimo. Os participantes concordam apenas em trocar um fluxo de caixa fixo por um fluxo de caixa variável.

Consideremos agora o fluxo de caixa líquido da carteira do gestor em três cenários de taxa de juros:

	Taxa Libor		
	6,5%	7%	7,5%
Renda de juros da carteira de obrigações (= 7% de uma carteira de obrigações de US$ 100 milhões)	US$ 7.000.000	US$ 7.000.000	US$ 7.000.000
Fluxos de caixa do *swap* [= (Libor – 7%) × principal nocional de US$ 100 milhões]	(500.000)	0	500.000
Total (= Libor × US$ 100 milhões)	US$ 6.500.000	US$ 7.000.000	US$ 7.500.000

Observe que agora a renda total sobre a posição geral – obrigações mais acordo de *swap* – é igual à taxa Libor em cada cenário vezes US$ 100 milhões. Em vigor, o gestor converteu uma carteira de obrigações de renda fixa em uma carteira de taxa flutuante sintética.

Swaps e reestruturação de balanço patrimonial

O Exemplo 17.10 mostra por que os *swaps* têm um imenso apelo junto aos gestores de renda fixa. Esses contratos oferecem uma alternativa para reestruturar o balanço patrimonial de forma rápida, barata e anônima. Suponhamos que uma empresa que emitiu uma dívida de taxa fixa acredite que provavelmente as taxas de juros cairão. Talvez ela preferisse ter emitido dívidas de taxa flutuante. Em princípio, ela poderia emitir dívidas de taxa flutuante e usar os rendimentos para comprar novamente a dívida de taxa fixa em circulação. É mais rápido e mais fácil converter a dívida de taxa fixa em circulação em dívida de taxa flutuante sintética firmando um acordo de *swap* para receber uma taxa de juros fixa (e compensar a obrigação de cupom de taxa fixa) e pagar uma taxa flutuante.

Em contraposição, um banco que paga taxas de juros de mercado atuais aos depositantes, e por esse motivo está exposto a aumentos nas taxas, talvez prefira converter parte de seu financiamento com base em uma taxa fixa. Ele firmaria um *swap* para receber uma taxa flutuante e pagar uma taxa fixa sobre algum valor do principal nocional. Essa posição de *swap*, somada a seu passivo de depósito de taxa flutuante, resultaria em um passivo líquido de fluxo de caixa fixo. O banco poderia então investir em empréstimos de longo prazo de taxa fixa sem se expor ao risco da taxa de juros.

---

[10] Os participantes de um acordo de *swap* não fazem empréstimo um para o outro. Eles concordam apenas em trocar um fluxo de caixa fixo por um fluxo de caixa variável que depende de uma taxa de juros de curto prazo. É por isso que o principal é descrito como *nocional*. O principal nocional é apenas uma forma de descrever o tamanho do acordo de *swap*. Nesse exemplo, as partes do acordo de *swap* trocam uma taxa fixa de 7% pela taxa Libor; a diferença entre a Libor e 7% é multiplicada pelo principal nocional para determinar o fluxo de caixa trocado pelas partes.

A título de exemplo final, pense em um gestor de carteiras de renda fixa. Os *swaps* permitem que o gestor alterne de maneira rápida e barata entre um perfil de taxa fixa e um perfil de taxa flutuante à medida que a previsão de taxas de juros muda. O gestor que mantém uma carteira de taxa fixa pode transformá-la em uma carteira de taxa flutuante sintética firmando um acordo de *swap* de pagamento fixo e recebimento flutuante e posteriormente revertê-lo assumindo o lado oposto de um *swap* semelhante.

Distribuidores de *swaps*

E quanto aos distribuidores de *swaps*? Por que o distribuidor, que é basicamente um intermediário financeiro como um banco, dispõe-se a assumir o lado oposto dos *swaps* desejados pelos participantes desses *swaps* hipotéticos?

Considere um distribuidor que assume um lado do *swap*, pagando a Libor e recebendo uma taxa fixa, por exemplo. Ele procurará outro negociador no mercado de *swaps* que deseja receber uma taxa fixa e pagar a Libor. Por exemplo, a empresa A pode ter emitido uma obrigação de taxa fixa com cupom de 7% que ela deseja converter em dívida de taxa flutuante sintética, enquanto a empresa B pode ter emitido uma obrigação de taxa flutuante vinculada à Libor que ela deseja converter em dívida de taxa fixa sintética. O distribuidor firmará um acordo de *swap* com a empresa A, no qual pagará uma taxa fixa e receberá a Libor, e firmará outro acordo de *swap* com a empresa B, no qual pagará a Libor e receberá uma taxa fixa. Quando os dois *swaps* são combinados, em vigor a posição do distribuidor é neutra com relação às taxas de juros: ele paga a Libor em um *swap* e a recebe em outro. De modo semelhante, o distribuidor paga uma taxa fixa em um *swap* e a recebe em outro. O distribuidor torna-se algo mais que um intermediário, canalizando os pagamentos de uma parte para a outra.[11] Ele considera essa atividade lucrativa porque cobrará um *spread* entre a oferta de compra e de venda sobre a transação.

Esse rearranjo é mostrado na Figura 17.8. A empresa A emitiu uma dívida de taxa fixa de 7% (a seta na extrema esquerda da figura), mas firma um *swap* para pagar a Libor ao distribuidor e receber uma taxa fixa de 6,95%. Portanto, seu pagamento líquido será 7% + (Libor − 6,95%) = Libor + 0,05%. Dessa forma, ela transformou sua dívida de taxa fixa em uma dívida de taxa flutuante sintética. Em contraposição, a empresa B emitiu uma dívida de taxa flutuante pagando a Libor (a seta na extrema direita), mas firma um *swap* para pagar uma taxa fixa de 7,05% em troca da Libor. Portanto, seu pagamento líquido será Libor + (7,05% −Libor) = 7,05%. Dessa forma, ela transformou sua dívida de taxa flutuante em uma dívida de taxa fixa sintética. O *spread* entre oferta de compra e de venda, a fonte de lucro do distribuidor, no exemplo mostrado na Figura 17.8, é 0,10% do principal nocional a cada ano.

FIGURA 17.8 *Swap* de taxa de juros. A Empresa A emitiu uma obrigação com cupom de taxa fixa de 7%. Ela assume um *swap* para pagar a Libor e receber 6,95%. A Empresa B emitiu uma obrigação de taxa flutuante que paga a taxa Libor. Ela assume um *swap* para pagar a Libor e receber 7,05%.

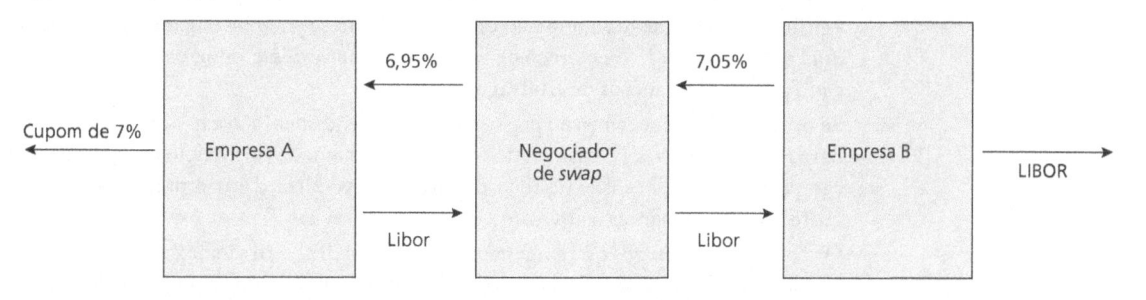

A Empresa B paga uma taxa fixa de 7,05% ao negociador de *swap* em troca da Libor. A Empresa A recebe 6,95% do negociador em troca da Libor. O negociador do *swap* realiza um fluxo de caixa a cada período igual a 0,1% do principal nocional.

---

[11] Na realidade, as coisas são um pouco mais complexas. O distribuidor é mais do que apenas um intermediário, porque arca com um risco de crédito caso uma ou outra parte envolvida no *swap* deixe de cumprir com a obrigação. Tomando como base a Figura 17.8, se a empresa A tornar-se inadimplente, por exemplo, o distribuidor de *swap* ainda assim terá de manter seu compromisso com a empresa B. Nesse sentido, o distribuidor faz mais do que simplesmente repassar fluxos de caixa aos outros participantes do *swap*.

17.7 Revisão de CONCEITOS

Um fundo de pensão mantém uma carteira de títulos do mercado monetário que o gestor acredita que esteja pagando excelentes rendimentos, em comparação com outros títulos de curto prazo de risco comparável. Entretanto, o gerente acredita que as taxas de juros estão prestes a cair. Que tipo de *swap* permitirá que o fundo continue a manter sua carteira de curto prazo e ao mesmo tempo se beneficie de uma queda nas taxas?

RESUMO

- Os contratos a termo são acordos que exigem a entrega futura de um ativo por um preço ajustado no presente. O negociador da posição comprada é obrigado a comprar o bem e o negociador da posição vendida é obrigado a entregá-lo. Se o preço no vencimento do contrato ultrapassar o preço a termo, a posição comprada beneficia-se pelo fato de adquirir o bem pelo preço do contrato.

- Um contrato de futuros é semelhante a um contrato a termo. A diferença mais importante encontra-se nos aspectos de padronização e marcação a mercado, que é o processo pelo qual os ganhos e as perdas sobre as posições dos contratos de futuros são resolvidos diariamente. Em contraposição, os contratos a termo não exigem transferências de dinheiro até o vencimento do contrato.

- Os contratos de futuros são negociados em bolsas organizadas que padronizam o tamanho do contrato, a qualidade do ativo a ser entregue e o local de entrega. Os negociadores discutem apenas o preço do contrato. Essa padronização aumenta a liquidez do mercado e implica que os compradores e vendedores podem encontrar facilmente muitos negociadores para uma compra ou venda desejada.

- A câmara de compensação funciona como um intermediário entre cada par de negociadores, atuando como posição vendida para cada posição comprada e como posição comprada para cada posição vendida. Desse modo, os negociadores não precisam se preocupar com o desempenho do negociador no lado oposto do contrato. Os negociadores são obrigados a divulgar margens a fim de garantir seu próprio desempenho nos contratos.

- O ganho ou a perda na posição comprada de um contrato de futuros mantido entre o tempo 0 e t é $F_t - F_0$. Como $F_T = P_T$ no vencimento, se o contrato for mantido até o vencimento o lucro da posição comprada será $P_T - F_0$, onde P_T é o preço à vista no tempo T e F_0 é o preço de futuros original. O ganho ou a perda na posição vendida será $F_0 - P_T$.

- Os contratos de futuros podem ser utilizados para proteção ou especulação. Os especuladores utilizam os contratos para assumir uma posição quanto ao preço final de um ativo. Os *hedgers* de posição vendida assumem posições vendidas nos contratos para compensar qualquer ganho ou perda no valor de um ativo já mantido em inventário. Os *hedgers* de posição comprada assumem posições compradas em contrato de futuros para compensar ganhos ou perdas no preço de compra de um bem.

- A relação de paridade entre preço à vista e de futuros estabelece que o preço de futuros de equilíbrio sobre um ativo que não oferece nenhum serviço ou pagamento (como dividendos) é $F_0 = P_0(1 + r_f)^T$. Se o preço de futuros desviar-se desse valor, os participantes do mercado podem obter lucros de arbitragem.

- Se o ativo oferecer serviços ou pagamentos com rendimento d, a relação de paridade se tornará $F_0 = P_0(1 + r_f - d)^T$. Esse modelo também é chamado de modelo de custo de manutenção porque estabelece que o preço de futuros deve ultrapassar o preço à vista segundo o custo líquido de manter o ativo até a data de vencimento T.

- Os contratos de futuros que exigem pagamento em dinheiro são negociados em vários índices de mercado de ações. Os contratos podem ser combinados com letras do Tesouro para criar posições artificiais em ações, o que os torna ferramentas possivelmente valiosas para *timers* de mercado. Os contratos indexados pelo mercado também são utilizados por arbitradores que tentam obter lucro das violações da relação de paridade.

- Os futuros de taxa de juros oferecem proteção contra flutuações nas taxas de juros em vários mercados diferentes. O contrato mais ativamente negociado é o de obrigações do Tesouro.

- O mercado de *swap* de taxa de juros é um componente importante do mercado de renda fixa. Nesse tipo de acordo, as partes negociam os fluxos de caixa de diferentes títulos sem de fato trocar nenhum título diretamente. Essa é uma ferramenta útil para gerenciar o risco de taxa de juros de uma carteira.

Paridade entre preço à vista e de futuros: $F_0 = (1 + r_f - d)^T$ **FÓRMULA BÁSICA**

CONJUNTO DE PROBLEMAS

Básicos

1. No dia 1º de janeiro, você vendeu um contrato de futuros do índice S&P 500 com vencimento em março, pelo preço de futuros de 1.200. Se o preço de futuros for 1.250 no dia 1º de fevereiro, qual será seu lucro? O multiplicador do contrato é US$ 250. (OA 17.1)

2. O nível atual do S&P 500 é 1.200. O rendimento de dividendos sobre o S&P 500 é 2%. A taxa de juros isenta de risco é 1%. A que preço um contrato de futuros com vencimento em um ano deve ser vendido? (OA 17.3)

3. Um contrato de futuros de ouro de um ano está sendo vendido por US$ 1.641. O preço à vista do outro é US$ 1.700 e a taxa isenta de risco de um ano é 2%. Que oportunidade de arbitragem está disponível aos investidores? Qual estratégia eles devem utilizar e qual será o lucro sobre essa estratégia? (OA 17.4)

4. Você compra um contrato de futuros de obrigações do Tesouro com uma exigência de margem inicial de 15% e preço de futuros de US$ 115.098. O contrato é negociado sobre uma obrigação subjacente de valor nominal de US$ 100.000. Se o preço de futuros cair para US$ 108.000, qual será a porcentagem de perda sobre sua posição? (OA 17.1)

5. a. Volte à Figura 17.1 e localize o contrato do índice Standard & Poor's 500. Se a exigência da margem for 10% do preço de futuros vezes o multiplicador de US$ 250, quanto você deverá confiar ao seu corretor para negociar o contrato de setembro?

   b. Se o preço de futuros de setembro fosse aumentado para 1.200, que porcentagem de retorno você obteria sobre seu investimento líquido se assumisse a posição comprada do contrato pelo preço mostrado na figura?

   c. Se o preço de futuros de setembro diminuísse 1%, qual seria a porcentagem de ganho ou perda sobre seu investimento líquido? (OA 17.1)

6. Por que as pessoas podem querer comprar contratos de futuros, e não o ativo subjacente? (OA 17.2)

7. Qual a diferença no fluxo de caixa entre vender um ativo a descoberto e assumir uma posição vendida em futuros? (OA 17.1)

Intermediários

8. Suponhamos que atualmente o valor do índice de ações S&P 500 seja US$ 1.200. Se a taxa das letras do Tesouro de um ano for 3% e o rendimento de dividendos esperado sobre o S&P 500 for 2%, qual deverá ser o preço de futuros com vencimento em um ano? E se a taxa das letras do Tesouro for inferior ao rendimento de dividendos – por exemplo, 1%? (OA 17.3)

9. Estamos em janeiro. A taxa de juros atual é 4%. O preço de futuros de ouro para junho é US$ 1.646,30, enquanto o preço de futuros para dezembro é US$ 1.651. Existe uma oportunidade de arbitragem nesse caso? Se sim, como você a exploraria? (OA 17.4)

10. Considere uma ação que pagará dividendos de D dólares em um ano, que é quando um contrato de futuros vencerá. Reflita sobre a seguinte estratégia: comprar a ação, vender a descoberto um contrato de futuros sobre a ação e contrair um empréstimo de S_0 dólares, onde S_0 é o preço atual da ação. (OA 17.3)

    a. Quais são os fluxos de caixa do presente e em um ano? (*Dica:* Lembre-se dos dividendos que a ação pagará.)

    b. Mostre que o preço de futuros de equilíbrio deve ser $F_0 = S_0(1 + r) - D$ para evitar arbitragem.

    c. Chame o rendimento de dividendos de $d = D/S_0$ e deduza que $F_0 = S_0(1 + r - d)$.

11. a. Um contrato de futuros de ações individuais com preço atual de US$ 150, de uma empresa que não paga dividendos, vencerá em um ano. Se a taxa das letras do Tesouro for 6%, qual deverá ser o preço de futuros?

    b. Qual deverá ser o preço de futuros se o contrato vencer em três anos?

    c. E se a taxa de juros for 5% e o contrato vencer em três anos? (OA 17.3)

12. O quadro Aplicações Excel deste capítulo (disponível em <www.grupoa.com.br>; *link* referente ao conteúdo do Capítulo 17) mostra como a relação de paridade entre preço à vista e de futuros pode ser utilizada para encontrar uma "estrutura a termo de preços de futuros", isto é, preços de futuros com diversas datas de vencimento. (OA 17.3)

    a. Suponhamos que hoje fosse 1º de janeiro de 2012. Admita que a taxa de juros é de 3% ao ano e que nesse momento um índice de ações de 1.200 paga um rendimento de dividendos de 2%. Encontre o preço de futuros para as datas de vencimento de contrato de 14 de fevereiro de 2012, 21 de maio de 2012 e 18 de novembro de 2012.

    b. O que ocorrerá com a estrutura a termo de preços de futuros se o rendimento de dividendos for inferior à taxa isenta de risco? Por exemplo, se a taxa de juros for 3%?

13. A One Chicago acaba de introduzir um novo contrato de futuros de ações individuais da empresa Brandex, que atualmente não paga dividendos. Cada contrato exige a entrega de mil cotas de ações em um ano. A taxa das letras do Tesouro é 6% ao ano. (OA 17.3)

    a. Se as ações da Brandex forem vendidas hoje por US$ 120 cada, qual deverá ser o preço de futuros?

    b. Se as ações da Brandex caírem 3%, qual será a mudança no preço de futuros e a mudança na conta de margem do investidor?

    c. Se a margem sobre o contrato for US$ 12.000, qual será o retorno percentual sobre a posição do investidor?

14. O multiplicador de um contrato de futuros do índice do mercado de ações é US$ 250. O contrato vence em um ano, o nível atual do índice é 800 e a taxa de juros isenta de risco é 0,5% ao mês. O rendimento de dividendo sobre o índice é 0,2% ao mês. Suponhamos que após um mês o índice das ações chegue a 810. (OA 17.1)

    a. Encontre o fluxo de caixa dos rendimentos marcados a mercado sobre o contrato. Suponha que a condição de paridade mantenha-se sempre exata.

    b. Encontre o retorno do período de manutenção de um mês considerando uma margem inicial de US$ 10.000 sobre o contrato.

15. Suponhamos que uma carteira do índice S&P 500 pague um rendimento de dividendos de 2% ao ano. Atualmente, o nível do índice é 1.200. A taxa das letras do Tesouro é 3% e o preço de futuros do S&P para entrega em um ano é US$ 1.233. Crie uma estratégia de arbitragem para explorar o erro de apreçamento e mostre que seus lucros em um ano serão equivalentes ao erro de apreçamento no mercado de futuros. (OA 17.4)

16. a. Como deve ser a condição de paridade (Equação 17.2) para que as ações sejam modificadas para contratos de futuros de obrigações do Tesouro? Que elemento toma o lugar da rentabilidade de dividendos nessa equação?

    b. Em um ambiente com uma curva de rendimento ascendente, os preços de futuros de obrigações do Tesouro em contratos mais distantes devem ser mais altos ou mais baixos do que os preços dos contratos de mais curto prazo?

    c. Confirme sua percepção examinando a Figura 17.1. (OA 17.3)

17. A Desert Trading Company emitiu obrigações de longo prazo no valor de US$ 100 milhões por uma taxa fixa de 7%. Em seguida, a empresa entra em um *swap* de taxa de juros em que ela paga a Libor e recebe 6% fixos sobre o principal nocional de US$ 100 milhões. Qual é o custo geral dos fundos da empresa? (OA 17.5)

18. Que tipo de *swap* de taxa de juros seria adequado para um especulador que acredita que as taxas de juros logo cairão? (OA 17.5)

19. A exigência de margem em um contrato de futuros do S&P 500 é 10% e o índice de ações atualmente é 1.200. O multiplicador de cada contrato é US$ 250. Que margem deve ser aplicada a cada contrato vendido? Se o preço de futuros cair 1%, para 1.188, o que ocorrerá com a conta de margem de um investidor que mantém um único contrato? Qual será o retorno percentual do investidor com base na quantia aplicada como margem? (OA 17.1)

20. O multiplicador de um contrato de futuros em determinado índice de mercado de ações é US$ 250. O contrato vence em um ano, o nível atual do índice é 1.000 e a taxa de juros isenta de risco é 0,2% por *mês*. O rendimento de dividendo sobre o índice é 0,1% ao mês. Suponhamos que *após um mês* o índice de ações chegue a 1.020. (OA 17.1)

    a. Encontre o fluxo de caixa dos rendimentos marcados a mercado sobre o contrato. Suponha que a condição de paridade mantenha-se sempre exata.

b. Encontre o retorno do período de manutenção considerando uma margem inicial de US$ 10.000 sobre o contrato.

21. Você é o tesoureiro da empresa que comprará US$ 1 milhão em obrigações para o fundo de amortização em três meses. Você acredita que as taxas cairão em breve e gostaria de comprar de volta as obrigações do fundo de amortização, que atualmente estão sendo vendidas abaixo do valor nominal, antes das exigências. Infelizmente, você precisa obter a aprovação do conselho de administração para realizar essa compra e isso pode levar até dois meses. Que medida você pode tomar no mercado de futuros para se proteger contra qualquer movimento adverso no rendimento e nos preços das obrigações até que possa de fato comprar as obrigações? Você estará na posição comprada ou vendida? Por quê? (OA 17.2)

22. Uma gestora está mantendo uma carteira de obrigações de US$ 1 milhão com duração modificada de oito anos. Ela gostaria de oferecer cobertura para o risco da carteira vendendo obrigações do Tesouro a descoberto. A duração modificada das obrigações do Tesouro é dez anos. Quantos dólares em obrigações do Tesouro ela deve vender para minimizar o risco de sua posição? (OA 17.2)

23. Uma empresa pretende emitir US$ 10 milhões em obrigações de dez anos em três meses. Os rendimentos atuais das obrigações têm duração modificada de oito anos. O contrato de futuros de notas do Tesouro está sendo vendido por $F_0 = 100$ e tem duração modificada de seis anos. Como a empresa pode utilizar esse contrato de futuros para oferecer cobertura para o risco que gira em torno do rendimento pelo qual ela conseguirá vender suas obrigações? Tanto a obrigação quanto o contrato estão em valor nominal. (OA 17.2)

Difíceis

24. O nível atual do índice S&P 500 é 1.200. Você gerencia uma carteira de ações indexada de US$ 6 milhões. O multiplicador do contrato de futuros do S&P 500 é US$ 250. (OA 17.2)
    a. Se você estivesse temporariamente pessimista em relação ao mercado de ações, quantos contratos você deveria vender para eliminar completamente seu risco nos próximos seis meses?
    b. Se as letras do Tesouro pagarem 2% por seis meses e o rendimento de dividendos semestral for 1%, qual será o valor de paridade do preço de futuros? Mostre que, se o contrato tiver um preço justo, os rendimentos totais isentos de risco sobre a estratégia protegida na parte (a) oferecerão um retorno igual à taxa das letras do Tesouro.
    c. Como sua estratégia de proteção mudaria se, em vez de manter uma carteira indexada, você mantivesse uma carteira com apenas uma ação com beta de 0,6? Quantos contratos você optaria por vender agora? Sua posição protegida seria isenta de riscos? Qual seria o beta da posição protegida?

25. Uma empresa emitiu US$ 10 milhões em obrigações de taxa flutuante sobre as quais paga uma taxa de juros de 1% acima da Libor. As obrigações estão sendo vendidas pelo valor nominal. A empresa está preocupada com a possibilidade de elevação iminente das taxas e gostaria de firmar uma taxa de juros fixa em seu empréstimo. A empresa observa que os distribuidores no mercado de *swap* estejam oferecendo *swaps* de Libor por 7%. Que acordo de *swap* converterá os empréstimos da empresa em um empréstimo sintético de taxa fixa? Que taxa de juros ela pagará no empréstimo sintético de taxa fixa? (OA 17.5)

26. O preço de futuros de um ano de uma carteira específica indexada por ações é 1,218, o índice de ações atual é 1.200, a taxa de juros isenta de risco de um ano é 3% e o dividendo de fim de ano que será pago sobre um investimento de US$ 1.200 na carteira indexada é US$ 15. (OA 17.4)
    a. O erro de apreçamento do contrato equivale a quanto?
    b. Desenvolva uma carteira de arbitragem de investimento líquido zero e mostre que você consegue fixar lucros sem risco equivalentes ao erro de apreçamento dos futuros.
    c. Suponha agora que (tal como ocorre de fato com os pequenos investidores), se você vender a descoberto as ações do índice de mercado, os rendimentos da venda a descoberto serão mantidos com o corretor e você não receberá nenhuma renda de juros sobre os fundos. Ainda existe oportunidade de arbitragem (supondo que você ainda não possua as ações no índice)? Explique.

d. Tendo em vista as regras de venda a descoberto, qual é a *faixa* de não arbitragem para a relação entre os preços de ações e de futuros? Ou seja, considerando um índice de ações de 1.200, que patamar máximo e mínimo o preço de futuros pode atingir sem que gere oportunidades de arbitragem?

Questões CFA

1. O juros abertos sobre um contrato de futuros em qualquer momento dado é o número total de _____ em circulação: (OA 17.1)
    a. contratos
    b. posições não protegidas
    c. posições de compensação
    d. posições compradas e vendidas

2. Na negociação de futuros, o nível mínimo até o qual uma posição em ações podem cair antes de exigir uma margem adicional é *mais exatamente* denominado: (OA 17.1)
    a. Margem inicial.
    b. Margem de variação.
    c. Margem de fluxo de caixa.
    d. Margem de manutenção.

3. Um contrato de futuros de prata exige que o vendedor entregue 5 mil onças *troy* de prata. Jerry Harris vende um contrato de futuros de prata para julho pelo preço de US$ 8 a onça, oferecendo uma margem inicial de US$ 6.000. Se a margem de manutenção exigida for US$ 2.500, qual será o *primeiro* preço por onça pelo qual Harris pode receber uma chamada de cobertura de margem? (OA 17.1)

4. Em cada um dos casos a seguir, discuta como você, gestor de carteira, poderia utilizar futuros financeiros para proteger uma carteira. (OA 17.2)
    a. Você possui uma grande posição em uma obrigação relativamente ilíquida que deseja vender.
    b. Você obtém um grande ganho em um de seus tesouros de posição comprada e quer vendê-lo, mas gostaria de postergar o ganho para o próximo período contábil, que se inicia em quatro semanas.
    c. Você receberá uma grande contribuição no próximo mês e espera investi-la em obrigações corporativas de longo prazo com rendimentos tão favoráveis quanto os disponíveis no momento.

5. É possível utilizar contratos de futuros e contratos de opções para modificar o risco. Identifique a distinção fundamental entre um contrato de futuros e um contrato de opções e explique brevemente a diferença na forma como os futuros e as opções modificam o risco da carteira. (OA 17.2)

6. Joan Tam, CFA, acredita que tenha identificado uma oportunidade de arbitragem para uma *commodity* tal como indicado pelas informações apresentadas na tabela a seguir. (OA 17.4)

Informações sobre preço da *commodity* e taxa de juros	
Preço à vista da *commodity*	US$ 120
Preço de futuros da *commodity* com vencimento em um ano	US$ 125
Taxa de juros de um ano	8%

    a. Descreva as transações necessárias para aproveitar essa oportunidade de arbitragem específica.
    b. Calcule o lucro de arbitragem.

7. Vários membros do comitê de investimento fizeram perguntas sobre os acordos de *swap* de taxa de juros e de que forma eles são utilizados na gestão de carteiras de renda fixa domésticas. (OA 17.5)
    a. Defina o que é *swap* de taxa de juros e descreva brevemente qual é a obrigação de cada parte envolvida.

b. Cite e explique dois exemplos sobre como os *swaps* de taxa de juros poderiam ser utilizados por um gerente de carteira de renda fixa para controlar o risco ou melhorar o retorno.

8. Janice Delsing, gestora de carteira nos Estados Unidos, administra uma carteira de US$ 800 milhões (US$ 600 milhões em ações e US$ 200 milhões em obrigações). Em resposta a acontecimentos previstos no mercado de curto prazo, Delsing deseja ajustar a alocação para 50% de ações e 50% de obrigações utilizando futuros. Sua posição será mantida somente até "o momento certo para restabelecer a alocação de ativos original". Delsing conclui que uma estratégia de alocação de ativos baseada em futuros financeiros é apropriada. O multiplicador do índice de futuros de ações é US$ 250 e a denominação do contrato de futuros de obrigações é US$ 100.000. Outras informações relevantes para uma estratégia baseada em futuros são apresentadas na tabela a seguir: (OA 17.2)

Informações sobre a estratégia baseada em futuros	
Duração modificada da carteira de obrigações	5 anos
Rendimento até o vencimento da carteira de obrigações	7%
Valor de preço de um ponto-base (PVBP) de futuros de obrigações	US$ 97,85
Preço de futuros indexados por ações	1.378
Beta da carteira de ações	1

a. Descreva a estratégia baseada em futuros financeiros necessária e explique como a estratégia permite que Delsing ajuste sua alocação. Não é necessário realizar nenhum cálculo.

b. Calcule o número necessário de cada um dos itens a seguir para implementar a estratégia de alocação de ativos de Delsing:
   i. Contratos de futuros de obrigações.
   ii. Contratos de futuros indexados por ações.

9. Maria VanHusen, CFA, propõe que os contratos a termo em títulos de renda fixa podem ser utilizados para proteger o valor da carteira de obrigações do Star Hospital Pension Plan contra a possibilidade de elevação das taxas de juros. VanHusen prepara o exemplo a seguir para mostrar de que forma essa proteção funcionaria:
   - Uma obrigação de dez anos com valor de face de US$ 1.000 é emitida hoje pelo valor nominal. Essa obrigação paga um cupom anual.
   - Um investidor pretende comprar essa obrigação hoje e vendê-la em seis meses.
   - A taxa de juros isenta de risco de seis meses é 5% (anualizada).
   - Um contrato a termo de seis meses para essa obrigação está disponível, com preço a termo de US$ 1.024,70.
   - Em seis meses, prevê-se que o preço da obrigação, incluindo os juros acumulados, caia para US$ 978,40 em consequência da elevação da taxa de juros. (OA 17.2)

a. O investidor deve comprar ou vender o contrato a termo para proteger o valor da obrigação contra a elevação da taxa de juros durante o período de manutenção?

b. Calcule o valor do contrato a termo para o investidor no vencimento desse contrato a termo considerando que a previsão de VanHusen sobre o preço da obrigação demonstrou-se correta.

c. Calcule a mudança no valor da carteira combinada (a obrigação subjacente e a posição de contrato a termo apropriada) seis meses após o início do contrato.

WEB *master*

1. Suponhamos que você deseja criar uma posição em *spread* utilizando contratos de futuros do S&P 500. Entre em <www.cmegroup.com> e sob Equity Index Products (Produtos de Índice de Ações), escolha *S&P 500*. Cliquem *Contract Specifications* (Especificações de Contrato) na parte superior da listagem de produtos. Examine as especificações do contrato. Clique no *link Product Calendar* (Calendário do Produto) para ver quais contratos estão disponíveis para negociação. Observe o código correspondente a um contrato que vence em aproximadamente três meses e o código de outro que vence em aproximadamente nove meses.

2. Suponha que você tenha comprado um contrato de três meses e tenha vendido o contrato de nove meses há dois meses. O *The Wall Street Journal* oferece uma lista abrangente dos preços atuais e históricos em <online.wsj.com/mdc/page/markets-data.html>. Especificamente, clique na guia *Commodities & Futures* (Commodites e Futuros) e, em seguida, na listagem *Complete US Index* (Índice Completo dos EUA). Assim que você localizar S&P 500 Comp, clique no ícone *Chart* (Gráfico) à esquerda do contrato contido em sua estratégia. Nesse ponto, você pode mover o *mouse* sobre qualquer dia e obter o preço de fechamento daquele dia. Escolha uma data de negociação que tenha ocorrido há dois meses e observe o preço. Encontre o preço de fechamento correspondente aos dois contratos que você escolheu.

3. Volte à listagem da CME e encontre o preço de fechamento dos dois contratos na data de hoje. Suponha que você feche suas posições em ambos os contratos.

4. Utilizando os preços de início e fim dos contratos de futuros que você comprou e vendeu, calcule o retorno que você obteve sobre a posição de *spread* durante o período de dois meses, antes das comissões.

Soluções para as Revisões de CONCEITOS

17.1 a. O *payoff* da opção de venda é semelhante ao do contrato de futuros vendido quando o preço do ativo fica abaixo de X ou F_0; porém, quando o preço do ativo fica acima de F_0, o *payoff* dos futuros torna-se negativo, embora o valor da opção de venda não possa cair abaixo de zero. A opção de venda (que deve ser comprada) lhe oferecerá um potencial de ganho se o preço do ativo cair, mas restringirá o risco de perda, ao passo que os futuros lhe oferecerão uma exposição tanto positiva quanto negativa.

b. O *payoff* da opção de compra lançada é semelhante ao do contrato de futuros vendido quando o preço do ativo ficar acima de F_0; porém, quando preço do ativo cair, o *payoff* do contrato de futuros será positivo, embora o *payoff* da opção de compra lançada nunca seja positivo. A opção de compra lançada lhe oferece uma exposição negativa, mas seu potencial de ganho limita-se ao prêmio que você receber pela opção.

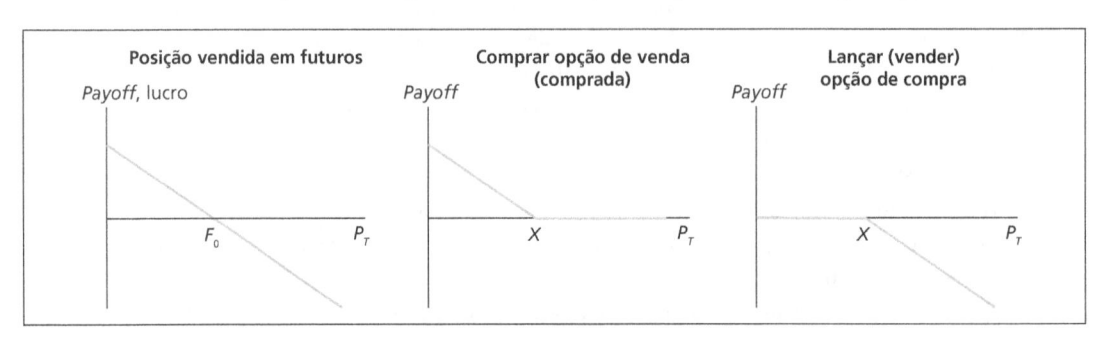

17.2 A câmara de compensação tem uma posição líquida zero em todos os contratos. Suas posições compradas e vendidas se contrabalançam. Portanto, o fluxo de caixa líquido da marcação a mercado deve ser zero.

17.3

	Preço do petróleo em março, P_T		
	US$ 87,48	US$ 89,48	US$ 91,48
Fluxo de caixa para comprar petróleo: $-100.000 \times P_T$	−US$ 8.748.000	−US$ 8.948.000	−US$ 9.148.000
+ Lucro sobre futuros comprados: $100.000 \times (P_T - F_0)$	−200.000	0	+200.000
Fluxo de caixa total	−US$ 8.948.000	−US$ 8.948.000	−US$ 8.948.000

17.4 O risco seria o índice e a carteira não se moverem perfeitamente juntos. Desse modo, o risco envolvido na diferença entre o preço de futuros e o valor da carteira poderia persistir mesmo que o preço de futuros de índice fosse perfeitamente definido em relação ao próprio índice. Você pode avaliar esse risco utilizando o modelo de índice apresentado no Capítulo 17. Se você fizer a regressão do retorno da carteira ativa sobre o retorno da carteira de índice, o R quadrado da regressão será igual à proporção de variância do retorno da carteira ativa que poderia ter sido protegida utilizando o contrato de futuros de índice. Além disso, você pode avaliar o risco da posição protegida utilizando o erro padrão da regressão, que lhe indica o desvio padrão dos resíduos no modelo de índice. Como esses são os componentes dos retornos arriscados que são independentes do índice de mercado, esse desvio padrão mede a variabilidade da porção do retorno da carteira ativa que *não pode* ser protegida utilizando o contrato de futuros de índice.

17.5 O preço de futuro, US$ 1.709, está US$ 1,23 abaixo do valor de paridade de US$ 1.710,23. O fluxo de caixa da estratégia a seguir não oferece risco e é equivalente ao seu erro de apreçamento.

Ação	Fluxo de caixa inicial	Fluxo de caixa no tempo T
Conceder empréstimo de US$ 1.700	–US$ 1.700	–US$ $1.700(1,001)^6$ = –US$ 1.710,23
Vender ouro a descoberto	+1.700	$-S_T$
Futuros comprados	0	S_T – US$ 1.709
Total	US$ 0	US$ 1,23 sem risco

17.6 O valor de preço de um ponto-base ainda é US$ 9.000, visto que uma mudança de 1 ponto-base na taxa de juros diminui o valor da carteira de US$ 20 milhões em 0,01% × 4,5 = 0,045%. Portanto, o número de futuros necessários para oferecer proteção contra o risco de taxa de juros é o mesmo necessário para uma carteira com metade do tamanho e o dobro de duração modificada.

17.7 O desejo do gestor seria manter os títulos do mercado monetário pelo fato de sua precificação ser atraente em comparação com outros ativos de curto prazo. Entretanto, existe uma expectativa de que as taxas cairão. O gestor pode manter essa carteira *específica* de ativos de curto prazo e ainda assim se beneficiar da queda da taxa de juros entrando em um *swap* para pagar a taxa de juros de curto prazo e receber uma taxa de juros fixa. A carteira de taxa fixa sintética resultante aumentará de valor se as taxas de fato caírem.

Os Capítulos 18 a 22 encontram-se disponíveis para consulta e download no *site* do Grupo A. Por favor, faça seu cadastro e procure pelo Conteúdo online, na página deste livro.

Referências

Affleck-Graves, John, and Richard R. Mendenhall. "The Relation between the Value Line Enigma and Post-Earnings-Announcement Drift." *Journal of Financial Economics* 31 (February 1992), pp. 75–96.

Agarwal, Vikas; Naveen D. Daniel; and Narayan Y. Naik. "Why Is Santa So Kind to Hedge Funds? The December Return Puzzle!" March 29, 2007, http://ssrn.com/abstract=891169.

Alexander, C. *Market Models*. Chichester, England: Wiley, 2001.

Alexander, Sidney. "Price Movements in Speculative Markets: Trends or Random Walks, No. 2." In *The Random Character of Stock Market Prices,* ed. Paul Cootner. Cambridge, MA: MIT Press, 1964.

Amihud, Yakov, and Haim Mendelson. "Asset Pricing and the Bid-Ask Spread." *Journal of Financial Economics* 17 (December 1986), pp. 223–50.

———. "Liquidity, Asset Prices, and Financial Policy." *Financial Analysts Journal* 47 (November–December 1991), pp. 56–66.

Amin, G., and H. Kat. "Stocks, Bonds and Hedge Funds: Not a Free Lunch!" *Journal of Portfolio Management* 29 (Summer 2003), pp. 113–20.

Aragon, George O. "Share Restrictions and Asset Pricing: Evidence from the Hedge Fund Industry." *Journal of Financial Economics* 83 (2007), pp. 33–58.

Arbel, Avner. "Generic Stocks: An Old Product in a New Package." *Journal of Portfolio Management,* Summer 1985, pp. 4–13.

Arbel, Avner, and Paul J. Strebel. "Pay Attention to Neglected Firms." *Journal of Portfolio Management,* Winter 1983, pp. 37–42.

Arnott, Robert. "Orthodoxy Overwrought." *Institutional Investor,* December 18, 2006.

Asness, Cliff. "The Value of Fundamental Indexing." *Institutional Investor,* October 16, 2006, pp. 94–99.

Ball, R., and P. Brown. "An Empirical Evaluation of Accounting Income Numbers." *Journal of Accounting Research* 9 (1968), pp. 159–78.

Banz, Rolf. "The Relationship between Return and Market Value of Common Stocks." *Journal of Financial Economics* 9 (March 1981), pp. 3–18.

Barber, B.; R. Lehavy; M. McNichols; and B. Trueman. "Can Investors Profit from the Prophets? Security Analysts Recommendations and Stock Returns." *Journal of Finance* 56 (April 2001), pp. 531–63.

Barber, Brad, and Terrance Odean. "Trading Is Hazardous to Your Wealth: The Common Stock Investment Performance of Individual Investors." *Journal of Finance* 55 (2000), pp. 773–806.

———. "Boys Will Be Boys: Gender, Overconfidence, and Common Stock Investment." *Quarterly Journal of Economics* 16 (2001), pp. 262–92.

Barberis, Nicholas, and Richard Thaler. "A Survey of Behavioral Finance." In *The Handbook of the Economics of Finance,* ed. G. M. Constantinides, M. Harris, and R. Stulz. Amsterdam: Elsevier, 2003.

Basu, Sanjoy. "The Investment Performance of Common Stocks in Relation to Their Price-Earnings Ratios: A Test of the Efficient Market Hypothesis." *Journal of Finance* 32 (June 1977), pp. 663–82.

———. "The Relationship between Earnings Yield, Market Value, and Return for NYSE Common Stocks: Further Evidence." *Journal of Financial Economics* 12 (June 1983), pp. 129–56.

Battalio, R. H., and R. Mendenhall. "Earnings Expectation, Investor Trade Size, and Anomalous Returns around Earnings Announcements." *Journal of Financial Economics* 77 (2005), pp. 289–319.

Benveniste, Lawrence, and William Wilhelm. "Initial Public Offerings: Going by the Book." *Journal of Applied Corporate Finance* 10 (March 1997), pp. 98–108.

Bergstresser, D.; M. Desai; and J. Rauh. "Earnings Manipulation, Pension Assumptions, and Managerial Investment Decisions." *Quarterly Journal of Economics* 121 (2006), pp. 157–95.

Berk, J. B., and R. C. Green. "Mutual Fund Flows and Performance in Rational Markets." *Journal of Political Economy* 112 (2004), pp. 1269–95.

Bernard, Victor L., and Jacob K. Thomas. "Post-Earnings-Announcement Drift: Delayed Price Response or Risk Premium?" *Journal of Accounting Research* 27 (1989), pp. 1–36.

Bernard, V., and J. Thomas. "Evidence That Stock Prices Do Not Fully Reflect the Implications of Current Earnings for Future Earnings." *Journal of Accounting and Economics* 13 (1990), pp. 305–40.

Bernhard, Arnold. *Value Line Methods of Evaluating Common Stocks*. New York: Arnold Bernhard, 1979.

Black, Fischer. "Yes, Virginia, There Is Hope: Tests of the Value Line Ranking System." Graduate School of Business, University of Chicago, 1971.

Black, Fischer; Michael C. Jensen; and Myron Scholes. "The Capital Asset Pricing Model: Some Empirical Tests." In *Studies in the Theory of Capital Markets,* ed. Michael C. Jensen. New York: Praeger, 1972.

Black, Fischer, and Myron Scholes. "The Pricing of Options and Corporate Liabilities." *Journal of Political Economy* 81 (May–June 1973), pp. 637–59.

"From Black-Scholes to Black Holes: New Frontiers in Options." London: *Risk* Magazine, 1992.

Blake, Christopher; Edwin J. Elton; and Martin J. Gruber. "The Performance of Bond Mutual Funds." *Journal of Business* 66 (July 1993), pp. 371–404.

Blume, Marshall E., and Robert F. Stambaugh. "Biases in Computed Returns: An Application to the Size Effect." *Journal of Finance Economics,* 1983, pp. 387–404.

Bogle, John C. "Investing in the 1990s: Remembrance of Things Past, and Things Yet to Come." *Journal of Portfolio Management,* Spring 1991, pp. 5–14.

———. *Bogle on Mutual Funds*. Burr Ridge, IL: Irwin, 1994.

Bollen, Nicolas P. B., and Jeffrey A. Busse. "Short-Term Persistence in Mutual Fund Performance." *Review of Financial Studies* 19 (2004), pp. 569–97.

Brav, Alon; Christopher Geczy; and Paul A. Gompers. "Is the Abnormal Return Following Equity Issuances Anomalous?" *Journal of Financial Economics* 56 (2000), pp. 209–49.

Brennan, Michael. "Taxes, Market Valuation and Corporate Financial Policy." *National Tax Journal*, 1970.

Brinson, G.; C. R. Hood; and G. Beebower. "Determinants of Portfolio Performance." *Financial Analysts Journal*, July–August 1986.

Brinson, Gary; Brian Singer; and Gilbert Beebower. "Determinants of Portfolio Performance." *Financial Analysts Journal*, May–June 1991.

Brock, William; Josef Lakonishok; and Blake LeBaron. "Simple Technical Trading Rules and the Stochastic Properties of Stock Returns." *Journal of Finance* 47 (December 1992), pp. 1731–64.

Brown, David, and Robert H. Jennings. "On Technical Analysis." *Review of Financial Studies* 2 (1989), pp. 527–52.

Brown, Lawrence D., and Michael Rozeff. "The Superiority of Analysts' Forecasts as Measures of Expectations: Evidence from Earnings." *Journal of Finance*, March 1978.

Brown, S. J.; W. N. Goetzmann; and B. Liang. "Fees on Fees in Funds of Funds." *Journal of Investment Management* 2 (2004), pp. 39–56.

Busse, J. A., and T. C. Green. "Market Efficiency in Real Time." *Journal of Financial Economics* 65 (2002), pp. 415–37.

Campbell, John Y., and Robert Shiller. "Stock Prices, Earnings and Expected Dividends." *Journal of Finance* 43 (July 1988), pp. 661–76.

Carhart, Mark. "On Persistence in Mutual Fund Performance." *Journal of Finance* 52 (1997), pp. 57–82.

Chen, Nai-fu; Richard Roll; and Stephen Ross. "Economic Forces and the Stock Market." *Journal of Business* 59 (1986), pp. 383–403.

Chen, Y.; W. E. Ferson; and H. Peters. "Measuring the Timing Ability and Performance of Bond Mutual Funds." *Journal of Financial Economics* 98 (2010), pp. 72–89.

Chopra, Navin; Josef Lakonishok; and Jay R. Ritter. "Measuring Abnormal Performance: Do Stocks Overreact?" *Journal of Financial Economics* 31 (1992), pp. 235–68.

Clarke, Roger, and Mark P. Kritzman. *Currency Management: Concepts and Practices*. Charlottesville: Research Foundation of the Institute of Chartered Financial Analysts, 1996.

Clayman, Michelle. "In Search of Excellence: The Investor's Viewpoint." *Financial Analysts Journal*, May–June 1987.

Connolly, Robert. "An Examination of the Robustness of the Weekend Effect." *Journal of Financial and Quantitative Analysis* 24 (June 1989), pp. 133–69.

Conrad, Jennifer, and Gautam Kaul. "Time-Variation in Expected Returns." *Journal of Business* 61 (October 1988), pp. 409–25.

Copeland, Thomas E., and David Mayers. "The Value Line Enigma (1965–1978): A Case Study of Performance Evaluation Issues." *Journal of Financial Economics*, November 1982.

Coval, Joshua D., and Tyler Shumway. "Do Behavioral Biases Affect Prices?" *Journal of Finance* 60 (February 2005), pp. 1–34.

Cremers, Martijn; Antti Petajisto; and Eric Zitzewitz. "Should Benchmark Indices Have Alpha? Revisiting Performance Evaluation." 2010, available at SSRN, **http://ssrn.com/abstract=1108856.**

Davis, James L.; Eugene F. Fama; and Kenneth R. French. "Characteristics, Covariances, and Average Returns, 1929 to 1997." *Journal of Finance* 55 (2000), pp. 389–406.

De Bondt, W.F.M., and R. H. Thaler. "Does the Stock Market Overreact?" *Journal of Finance* 40 (1985), pp. 793–805.

———. "Further Evidence on Investor Overreaction and Stock Market Seasonality." *Journal of Finance* 42 (1987), pp. 557–81.

———. "Do Security Analysts Overreact?" *American Economic Review* 80 (1990), pp. 52–57.

———. "Financial Decision Making in Markets and Firms." In *Handbooks in Operations Research and Management Science, Vol. 9: Finance*, ed. R. A. Jarrow, V. Maksimovic, and W. T. Ziemba. Amsterdam: Elsevier, 1995.

DeLong, J. Bradford; Andrei Schleifer; Lawrence Summers; and Robert Waldmann. "Noise Trader Risk in Financial Markets." *Journal of Political Economy* 98 (August 1990), pp. 704–38.

DeMarzo, Peter M.; Ron Kaniel; and Ilan Kremer. "Diversification as a Public Good: Community Effects in Portfolio Choice." *Journal of Finance* 59 (August 2004), pp. 1677–1716.

de Soto, Hernando. *The Mystery of Capital: Why Capitalism Triumphs in the West and Fails Everywhere Else*. New York: Basic Books, 2000.

Dimson, E.; P. R. Marsh; and M. Staunton. *Millennium Book II: 101 Years of Investment Returns*. London: ABN-Amro and London Business School, 2001.

Douglas, George W. "Risk in Equity Markets: An Empirical Appraisal of Market Efficiency." *Yale Economic Essays* IX (Spring 1969).

Dunn, Patricia, and Rolf D. Theisen. "How Consistently Do Active Managers Win?" *Journal of Portfolio Management* 9 (Summer 1983), pp. 47–53.

Errunza, Vihang, and Etienne Losq. "International Asset Pricing under Mild Segmentation: Theory and Test." *Journal of Finance* 40 (March 1985), pp. 105–24.

Fama, Eugene. "The Behavior of Stock Market Prices." *Journal of Business* 38 (January 1965), pp. 34–105.

———. "Market Efficiencies, Long-Term Returns, and Behavioral Finance." *Journal of Financial Economics* 49 (September 1998), pp. 283–306.

Fama, Eugene, and Marshall Blume. "Filter Rules and Stock Market Trading Profits." *Journal of Business* 39 (Supplement, January 1966), pp. 226–41.

Fama, Eugene F., and Kenneth R. French. "Permanent and Temporary Components of Stock Prices." *Journal of Political Economy* 96 (1988), pp. 246–73.

———. "Dividend Yields and Expected Stock Returns." *Journal of Financial Economics* 22 (October 1988), pp. 3–25.

———. "Business Conditions and Expected Returns on Stocks and Bonds." *Journal of Financial Economics* 25 (November 1989), pp. 3–22.

———. "The Cross Section of Expected Stock Returns." *Journal of Finance* 47 (June 1992), pp. 427–65.

———. "Common Risk Factors in the Returns on Stocks and Bonds." *Journal of Financial Economics* 33 (1993), pp. 3–56.

———. "Multifactor Explanations of Asset Pricing Anomalies." *Journal of Finance* 51 (1996), pp. 55–84.

———. "The Equity Premium." *Journal of Finance* 57 (April 2002), pp. 637–60.

———. "Luck versus Skill in the Cross-Section of Mutual Fund Returns." *Journal of Finance* 65 (2010), pp. 1915–47.

Fama, Eugene, and James MacBeth. "Risk, Return and Equilibrium: Empirical Tests." *Journal of Political Economy* 81 (March 1973).

Fisher, Irving. *The Theory of Interest: As Determined by Impatience to Spend Income and Opportunity to Invest It.* New York: Augustus M. Kelley, 1965, originally published in 1930.

Flannery, Mark J., and Christopher M. James. "The Effect of Interest Rate Changes on the Common Stock Returns of Financial Institutions." *Journal of Finance* 39 (September 1984), pp. 1141–54.

Foster, George; Chris Olsen; and Terry Shevlin. "Earnings Releases, Anomalies, and the Behavior of Security Returns." *The Accounting Review* 59 (October 1984).

French, Kenneth. "Stock Returns and the Weekend Effect." *Journal of Financial Economics* 8 (March 1980), pp. 55–69.

Froot, K. A., and E. M. Dabora. "How Are Stock Prices Affected by the Location of Trade?" *Journal of Financial Economics* 53 (1999), pp. 189–216.

Fung, William, and David Hsieh. "Empirical Characteristics of Dynamic Trading Strategies: The Case of Hedge Funds." *Review of Financial Studies* 10 (1997), pp. 275–302.

———. "Performance Characteristics of Hedge Funds and CTA Funds: Natural versus Spurious Biases." *Journal of Financial and Quantitative Analysis* 35 (2000), pp. 291–307.

Gervais, S., and T. Odean. "Learning to Be Overconfident." *Review of Financial Studies* 14 (2001), pp. 1–27.

Geske, Robert, and Richard Roll. "On Valuing American Call Options with the Black-Scholes European Formula." *Journal of Finance* 39 (June 1984), pp. 443–56.

Getmansky, Mila; Andrew W. Lo; and Igor Makarov. "An Econometric Model of Serial Correlation and Illiquidity in Hedge Fund Returns." *Journal of Financial Economics* 74 (2004), pp. 529–609.

Ghysels, E.; A. Harvey; and E. Renault. "Stochastic Volatility." In *Statistical Methods in Finance,* ed. C. Rao and G. Maddala. Amsterdam: Elsevier Science, North-Holland Series in Statistics and Probability, 1996.

Gibbons, Michael, and Patrick Hess. "Day of the Week Effects and Asset Returns." *Journal of Business* 54 (October 1981), pp. 579–98.

Givoly, Dan, and Dan Palmon. "Insider Trading and Exploitation of Inside Information: Some Empirical Evidence." *Journal of Business* 58 (1985), pp. 69–87.

Goetzmann, William N., and Roger G. Ibbotson. "Do Winners Repeat?" *Journal of Portfolio Management,* Winter 1994, pp. 9–18.

Graham, J. R., and C. R. Harvey. "Grading the Performance of Market Timing Newsletters." *Financial Analysts Journal* 53 (November–December 1997), pp. 54–66.

———. "Expectations of Equity Risk Premia, Volatility and Asymmetry from a Corporate Finance Perspective." 2001, available at SSRN, **http://ssrn.com/abstract=292623.**

Grieves, Robin, and Alan J. Marcus. "Riding the Yield Curve: Reprise." *Journal of Portfolio Management,* Winter 1992.

Grinblatt, Mark, and Bing Han. "Prospect Theory, Mental Accounting, and Momentum." *Journal of Financial Economics* 78 (November 2005), pp. 311–39.

Grinblatt, Mark, and Sheridan Titman. "Mutual Fund Performance: An Analysis of Quarterly Portfolio Holdings." *Journal of Business* 62 (1989), pp. 393–416.

Grossman, Sanford J., and Joseph E. Stiglitz. "On the Impossibility of Informationally Efficient Markets." *American Economic Review* 70 (June 1980), pp. 393–408.

Hasanhodzic, Jasmina, and Andrew W. Lo. "Can Hedge Fund Returns Be Replicated? The Linear Case." *Journal of Investment Management* 5 (2007), pp. 5–45.

Haugen, Robert A. *The New Finance: The Case against Efficient Markets.* Englewood Cliffs, NJ: Prentice Hall, 1995.

Henriksson, Roy D. "Market Timing and Mutual Fund Performance: An Empirical Investigation." *Journal of Business* 57 (January 1984).

Heston, S. L. "A Closed-Form Solution for Options with Stochastic Volatility with Applications to Bonds and Currency Options." *Review of Financial Studies* 6 (1993), pp. 327–43.

Hirshleifer, David. "Investor Psychology and Asset Pricing." *Journal of Finance* 56 (August 2001), pp. 1533–97.

Homer, Sidney, and Martin L. Leibowitz. *Inside the Yield Book: New Tools for Bond Market Strategy.* Englewood Cliffs, NJ: Prentice Hall, 1972.

Hull, J. C., and A. White. "The Pricing of Options on Assets with Stochastic Volatilities." *Journal of Finance* 42 (1987), pp. 281–300.

Ibbotson, Roger G. "Price Performance of Common Stock New Issues." *Journal of Financial Economics* 2 (September 1975).

Ibbotson, Roger; Richard C. Carr; and Anthony W. Robinson. "International Equity and Bond Returns." *Financial Analysts Journal,* July–August 1982.

Ibbotson, R. G., and L. B. Siegel. "The World Market Wealth Portfolio." *Journal of Portfolio Management,* Winter 1983.

Ibbotson, R. G.; L. B. Siegel; and K. Love. "World Wealth: Market Values and Returns." *Journal of Portfolio Management,* Fall 1985.

Jacquier, Eric, and Alan Marcus. "Asset Allocation Models and Market Volatility." *Financial Analysts Journal* 57 (March–April 2001), pp. 16–30.

Jaffe, Jeffrey F. "Special Information and Insider Trading." *Journal of Business* 47 (July 1974), pp. 410–28.

———. "Gold and Gold Stocks as Investments for Institutional Portfolios." *Financial Analysts Journal* 45 (March–April 1989), pp. 53–59.

Jagannathan, R.; E. R. McGrattan; and A. Scherbina. "The Declining U.S. Equity Premium." *Federal Reserve Bank of Minneapolis Quarterly Review* 24 (Fall 2000), pp. 3–19.

Jagannathan, Ravi, and Zhenyu Wang. "The Conditional CAPM and the Cross-Section of Expected Returns." *Staff Report 208,* Federal Reserve Bank of Minneapolis, 1996.

Jegadeesh, Narasimhan. "Evidence of Predictable Behavior of Security Returns." *Journal of Finance* 45 (September 1990), pp. 881–98.

Jegadeesh, N.; J. Kim; S. D. Krische; and C. M. Lee. "Analyzing the Analysts: When Do Recommendations Add Value?" *Journal of Finance* 59 (June 2004), pp. 1083–1124.

Jegadeesh, Narasimhan, and Sheridan Titman. "Returns to Buying Winners and Selling Losers: Implications for Stock Market Efficiency." *Journal of Finance* 48 (March 1993), pp. 65–91.

Jensen, Michael C. "The Performance of Mutual Funds in the Period 1945–1964." *Journal of Finance,* May 1968.

———. "Risk, the Pricing of Capital Assets, and the Evaluation of Investment Portfolios." *Journal of Business* 42 (April 1969), pp. 167–247.

Kahneman, D., and A. Tversky. "Subjective Probability: A Judgment of Representativeness." *Cognitive Psychology* 3 (1972), pp. 430–54.

———. "On the Psychology of Prediction." *Psychology Review* 80 (1973), pp. 237–51.

Keim, Donald B. "Size Related Anomalies and Stock Return Seasonality: Further Empirical Evidence." *Journal of Financial Economics* 12 (June 1983), pp. 13–32.

Keim, Donald B., and Robert F. Stambaugh. "Predicting Returns in the Stock and Bond Markets." *Journal of Financial Economics* 17 (1986), pp. 357–90.

Kendall, Maurice. "The Analysis of Economic Time Series, Part I: Prices." *Journal of the Royal Statistical Society* 96 (1953), pp. 11–25.

Kopcke, Richard W., and Geoffrey R. H. Woglom. "Regulation Q and Savings Bank Solvency—The Connecticut Experience." In *The Regulation of Financial Institutions,* Federal Reserve Bank of Boston Conference Series, No. 21, 1979.

Kosowski, R.; A. Timmermann; R. Wermers; and H. White. "Can Mutual Fund 'Stars' Really Pick Stocks? New Evidence from a Bootstrap Analysis." *Journal of Finance* 61 (December 2006), pp. 2551–95.

Kothari, S. P.; Jay Shanken; and Richard G. Sloan. "Another Look at the Cross-Section of Expected Stock Returns." *Journal of Finance* 50 (March 1995), pp. 185–224.

Kotlikoff, Laurence J., and Avia Spivack. "The Family as an Incomplete Annuities Market." *Journal of Political Economy* 89, no. 2 (April 1981), pp. 372–91.

Kotlikoff, Laurence J., and Lawrence H. Summers. "The Role of Intergenerational Transfers in Aggregate Capital Accumulation." *Journal of Political Economy* 89, no. 4 (August 1981), pp. 706–32.

Lakonishok, Josef; Andrei Shleifer; and Robert W. Vishny. "Contrarian Investment, Extrapolation, and Risk." *Journal of Finance* 50 (1995), pp. 1541–78.

Lamont, O. A., and R. H. Thaler. "Can the Market Add and Subtract? Mispricing in Tech Carve-Outs." *Journal of Political Economy* 111 (2003), pp. 227–68.

La Porta, Raphael. "Expectations and the Cross-Section of Stock Returns." *Journal of Finance* 51 (December 1996), pp. 1715–42.

Latane, H. A., and C. P. Jones. "Standardized Unexpected Earnings—1971–1977." *Journal of Finance,* June 1979.

Lease, R.; W. Lewellen; and G. Schlarbaum. "Market Segmentation: Evidence on the Individual Investor." *Financial Analysts Journal* 32 (1976), pp. 53–60.

Lee, C. M.; A. Shleifer; and R. H. Thaler. "Investor Sentiment and the Closed-End Fund Puzzle." *Journal of Finance* 46 (March 1991), pp. 75–109.

Lehmann, Bruce. "Fads, Martingales and Market Efficiency." *Quarterly Journal of Economics* 105 (February 1990), pp. 1–28.

Levy, Robert A. "The Predictive Significance of Five-Point Chart Patterns." *Journal of Business* 44 (July 1971), pp. 316–23.

Liebowitz, Martin L., and Alfred Weinberger. "Contingent Immunization—Part I: Risk Control Procedure." *Financial Analysts Journal* 38 (November–December 1982).

Lo, Andrew W., and Craig MacKinlay. "Stock Market Prices Do Not Follow Random Walks: Evidence from a Simple Specification Test." *Review of Financial Studies* 1 (Spring 1988), pp. 41–66.

Loeb, T. F. "Trading Cost: The Critical Link between Investment Information and Results." *Financial Analysts Journal,* May–June 1983.

Longin, F., and B. Solnik. "Is the Correlation in International Equity Returns Constant: 1960–1990?" *Journal of International Money and Finance* 14 (1995), pp. 3–26.

Lynch, Peter, with John Rothchild. *One Up on Wall Street*. New York: Penguin Books, 1989.

Macaulay, Frederick. *Some Theoretical Problems Suggested by the Movements of Interest Rates, Bond Yields, and Stock Prices in the United States since 1856*. New York: National Bureau of Economic Research, 1938.

Malkiel, Burton G. "Expectations, Bond Prices, and the Term Structure of Interest Rates." *Quarterly Journal of Economics* 76 (May 1962), pp. 197–218.

———. "Returns from Investing in Equity Mutual Funds: 1971–1991." *Journal of Finance* 50 (June 1995), pp. 549–72.

Malkiel, Burton G., and Atanu Saha. "Hedge Funds: Risk and Return." *Financial Analysts Journal* 61 (2005), pp. 80–88.

Malmendier, U., and G. Tate. "Who Makes Acquisitions? CEO Overconfidence and the Market's Reaction." *Journal of Financial Economics* 89 (July 2008) pp. 20–43.

Marcus, Alan J. "The Magellan Fund and Market Efficiency." *Journal of Portfolio Management* 17 (Fall 1990), pp. 85–88.

Mayers, David. "Nonmarketable Assets and Capital Market Equilibrium under Uncertainty." In *Studies in the Theory of Capital Markets,* ed. M. C. Jensen. New York: Praeger, 1972.

McDonald, Robert L. *Derivative Markets,* 2nd ed. Boston: Addison-Wesley, 2005.

Merton, Robert C. "Theory of Rational Option Pricing." *Bell Journal of Economics and Management Science* 4 (Spring 1973), pp. 141–83.

———. "On Market Timing and Investment Performance: An Equilibrium Theory of Value for Market Forecasts." *Journal of Business* 54 (July 1981).

———. "A Simple Model of Capital Market Equilibrium with Incomplete Information." *Journal of Finance* 42 (1987), pp. 483–510.

Miller, Merton H., and Myron Scholes. "Rate of Return in Relation to Risk: A Re-examination of Some Recent Findings." In *Studies in the Theory of Capital Markets,* ed. Michael C. Jensen. New York: Praeger, 1972.

Modigliani, Franco, and M. Miller. "The Cost of Capital, Corporation Finance, and the Theory of Investment." *American Economic Review,* June 1958.

———. "Dividend Policy, Growth, and the Valuation of Shares." *Journal of Business,* October 1961.

Modigliani, Franco, and Leah Modigliani. "Risk-Adjusted Performance." *Journal of Portfolio Management,* Winter 1997, pp. 45–54.

Morrell, John A. "Introduction to International Equity Diversification." In *International Investing for U.S. Pension Funds,* Institute for Fiduciary Education, London/Venice, May 6–13, 1989.

Niederhoffer, Victor, and Patrick Regan. "Earnings Changes, Analysts' Forecasts, and Stock Prices." *Financial Analysts Journal,* May–June 1972.

Norby, W. C. "Applications of Inflation-Adjusted Accounting Data." *Financial Analysts Journal,* March–April 1983.

Odean, T. "Are Investors Reluctant to Realize Their Losses?" *Journal of Finance* 53 (1998), pp. 1775–98.

Patel, J. M., and M. A. Wolfson. "The Intraday Speed of Adjustment of Stock Prices to Earnings and Dividend Announcements." *Journal of Financial Economics* 13 (June 1984), pp. 223–52.

Perold, André. "Fundamentally Flawed Indexing." HBS mimeo, January 2007.

Perry, Kevin, and Robert A. Taggart. "The Growing Role of Junk Bonds in Corporate Finance." *Continental Bank Journal of Applied Corporate Finance* 1 (Spring 1988).

Pontiff, Jeffrey. "Closed-End Fund Premia and Returns Implications for Financial Market Equilibrium." *Journal of Financial Economics* 37 (1995), pp. 341–70.

———. "Costly Arbitrage: Evidence from Closed-End Funds." *Quarterly Journal of Economics* 111 (November 1996), pp. 1135–51.

Porter, Michael E. *Competitive Strategy: Techniques for Analyzing Industries and Competitors.* New York: Free Press, 1980.

———. *Competitive Advantage: Creating and Sustaining Superior Performance.* New York: Free Press, 1985.

Poterba, James M., and Lawrence Summers. "Mean Reversion in Stock Market Prices: Evidence and Implications." *Journal of Financial Economics* 22 (1988), pp. 27–59.

Rau, P. R.; O. Dimitrov; and M. Cooper. "A Rose.com by Any Other Name." *Journal of Finance* 56 (2001), pp. 2371–88.

Ready, Mark J. "Profits from Technical Trading Rules." *Financial Management* 31 (Autumn 2002), pp. 43–62.

Redington, F. M. "Review of the Principle of Life-Office Valuations." *Journal of the Institute of Actuaries* 78 (1952), pp. 286–340.

Reinganum, Marc R. "The Anomalous Stock Market Behavior of Small Firms in January: Empirical Tests for Tax-Loss Effects." *Journal of Financial Economics* 12 (June 1983), pp. 89–104.

———. "The Anatomy of a Stock Market Winner." *Financial Analysts Journal,* March–April 1988, pp. 272–84.

Rendleman, Richard J., Jr.; Charles P. Jones; and Henry A. Latané. "Empirical Anomalies Based on Unexpected Earnings and the Importance of Risk Adjustments." *Journal of Financial Economics* 10 (November 1982), pp. 269–87.

Ritter, Jay R. "The Buying and Selling Behavior of Individual Investors at the Turn of the Year." *Journal of Finance* 43 (July 1988), pp. 701–17.

Roberts, Harry. "Stock Market 'Patterns' and Financial Analysis: Methodological Suggestions." *Journal of Finance* 14 (March 1959), pp. 11–25.

Roll, Richard. "A Critique of the Capital Asset Theory Tests: Part I: On Past and Potential Testability of the Theory." *Journal of Financial Economics* 4 (1977).

———. "The International Crash of October 1987." *Financial Analysts Journal,* September–October 1988.

Ross, Stephen A. "Return, Risk and Arbitrage." In *Risk and Return in Finance,* ed. I. Friend and J. Bicksler. Cambridge, MA: Ballinger, 1976.

———. "Neoclassical Finance, Alternative Finance and the Closed End Fund Puzzle." *European Financial Management* 8 (2002), pp. 129–37, **ssrn.com/abstract=313444.**

Rubinstein, Mark. "Implied Binomial Trees." *Journal of Finance* 49 (July 1994), pp. 771–818.

Sadka, Ronnie. "Liquidity Risk and the Cross-Section of Hedge-Fund Returns." *Journal of Financial Economics* 98 (October 2010), pp. 54–71.

Samuelson, Paul. "The Judgment of Economic Science on Rational Portfolio Management." *Journal of Portfolio Management* 16 (Fall 1989), pp. 4–12.

Schleifer, Andrei. *Inefficient Markets.* New York: Oxford University Press, 2000.

Schleifer, Andrei, and Robert Vishny. "Equilibrium Short Horizons of Investors and Firms." *American Economic Review* 80 (May 1990), pp. 148–53.

———. "The Limits of Arbitrage." *Journal of Finance* 52 (March 1997), pp. 35–55.

Seyhun, H. Nejat. "Insiders' Profits, Costs of Trading and Market Efficiency." *Journal of Financial Economics* 16 (1986), pp. 189–212.

Sharpe, William F. "A Simplified Model for Portfolio Analysis." *Management Science* IX (January 1963), pp. 277–93.

———. "Mutual Fund Performance." *Journal of Business* 39 (January 1966).

———. "Asset Allocation: Management Style and Performance Evaluation." *Journal of Portfolio Management,* Winter 1992, pp. 7–19.

Shefrin, Hersh. *Beyond Greed and Fear.* Boston: Harvard Business School Press, 2002.

Shefrin, Hersh, and Meir Statman. "The Disposition to Sell Winners Too Early and Ride Losers Too Long: Theory and Evidence." *Journal of Finance* 40 (July 1985), pp. 777–90.

Shiller, Robert. "Do Stock Prices Move Too Much to Be Justified by Subsequent Changes in Dividends?" *American Economic Review* 71 (June 1981).

Solnik, B. *International Investing,* 4th ed. Reading, MA: Addison-Wesley, 1999.

Solnik, Bruno, and A. De Freitas. "International Factors of Stock Price Behavior." CESA Working Paper, February 1986 (cited in Bruno Solnik, *International Investments.* Reading, MA: Addison-Wesley, 1988).

Speidell, Lawrence S., and Vinod Bavishi. "GAAP Arbitrage: Valuation Opportunities in International Accounting Standards." *Financial Analysts Journal,* November–December 1992, pp. 58–66.

Statman, Meir. "Behavioral Finance." *Contemporary Finance Digest* 1 (Winter 1997), pp. 5–22.

Stickel, Scott E. "The Effect of Value Line Investment Survey Rank Changes on Common Stock Prices." *Journal of Financial Economics* 14 (1986), pp. 121–44.

Taleb, Nassim N. *Fooled by Randomness: The Hidden Role of Chance in Life and in the Markets.* New York: TEXERE (Thomson), 2004.

———. *The Black Swan: The Impact of the Highly Improbable.* New York: Random House, 2007.

Thaler, Richard H. *The Winner's Curse.* Princeton, NJ: Princeton University Press, 1992.

———. *Advances in Behavioral Finance.* New York: Russell Sage Foundation, 1993.

Tobin, James. "Liquidity Preference as Behavior toward Risk." *Review of Economic Studies* XXVI (February 1958), pp. 65–86.

Treynor, Jack L. "How to Rate Management Investment Funds." *Harvard Business Review* 43 (January–February 1965).

Treynor, Jack, and Fischer Black. "How to Use Security Analysis to Improve Portfolio Selection." *Journal of Business* 46 (January 1973).

Treynor, Jack L., and Kay Mazuy. "Can Mutual Funds Outguess the Market?" *Harvard Business Review* 43 (July–August 1966).

Trippi, Robert R., and Duane Desieno. "Trading Equity Index Futures with Neural Networks." *Journal of Portfolio Management* 19 (Fall 1992).

Trippi, Robert R.; Duane Desieno; and Efraim Turban, eds. *Neural Networks in Finance and Investing*. Chicago: Probus, 1993.

Wallace, A. "Is Beta Dead?" *Institutional Investor* 14 (July 1980), pp. 22–30.

Wermers, R. R. "Mutual Fund Performance: An Empirical Decomposition into Stock-Picking Talent, Style, Transaction Costs, and Expenses." *Journal of Finance* 55 (2000), pp. 1655–1703.

Whaley, Robert E. "Valuation of American Call Options on Dividend-Paying Stocks: Empirical Tests." *Journal of Financial Economics* 10 (1982), pp. 29–58.

Wiggins, J. B. "Option Values under Stochastic Volatilities." *Journal of Financial Economics* 19 (1987), pp. 351–72.

Womack, K. L. "Do Brokerage Analysts' Recommendations Have Investment Value?" *Journal of Finance* 51 (March 1996), pp. 137–67.

Referências para as questões CFA

As questões CFA reproduzidas no final dos capítulos são reimpressas com a permissão do Instituto CFA Institute, Charlottesville, Virgínia.[1] A seguir, apresentamos uma lista das questões presentes no conteúdo de final de capítulo com o respectivo guia de exame/estudo do qual foram extraídas e atualizadas.

Capítulo 2
CFA 1.   1986 Level II CFA Study Guide, © 1986.

Capítulo 3 (disponível no site <www.grupoa.com.br>)
CFA 1 a 2.   1986 Level I CFA Study Guide, © 1986.

Capítulo 5
CFA 1 a 3.   1998 Level I CFA Study Guide, © 1998.
CFA 4 a 6.   1991 Level I CFA Study Guide, © 1991.
CFA 7 a 11. 1993 Level I CFA Study Guide, © 1993.

Capítulo 6
CFA 1.   1998 Level I CFA Study Guide, © 1998.
CFA 2.   2001 Level III CFA Study Guide, © 2001.
CFA 3.   2001 Level II CFA Study Guide, © 2001.
CFA 4 a 6.   1982 Level III CFA Study Guide, © 1982.
CFA 7.   2000 Level II CFA Study Guide, © 2000.

Capítulo 7
CFA 1.   1998 Level I CFA Study Guide, © 1998.
CFA 2.   2000 Level II CFA Study Guide, © 2000.
CFA 3.   2002 Level II CFA Study Guide, © 2002.
CFA 4.   2001 Level II CFA Study Guide, © 2001.
CFA 5 a 14.   Vários exames CFA.

Capítulo 8
CFA 1 a 5.   1993 Level I CFA Study Guide, © 1993.
CFA 6.   1998 Level I CFA Study Guide, © 1998.
CFA 7.   1981 Level I CFA Study Guide, © 1981.
CFA 8.   1989 Level III CFA Study Guide, © 1989.
CFA 9.   1996 Level III CFA Study Guide, © 1996.
CFA 10. 1996 Level III CFA Study Guide, © 1996.
CFA 11. 1996 Level III CFA Study Guide, © 1996.

Capítulo 9 (disponível no site <www.grupoa.com.br>)
CFA 1.   2000 Level III CFA Study Guide, © 2000.
CFA 2.   2001 Level III CFA Study Guide, © 2001.
CFA 3.   2004 Level III CFA Study Guide, © 2004.
CFA 4.   2003 Level III CFA Study Guide, © 2003.
CFA 5.   2002 Level III CFA Study Guide, © 2002.

Capítulo 10
CFA 1.   Vários exames CFA.
CFA 2.   1999 Level II CFA Study Guide, © 1999.
CFA 3.   1992 Level II CFA Study Guide, © 1992.
CFA 4.   1993 Level I CFA Study Guide, © 1993.
CFA 5.   1994 Level I CFA Study Guide, © 1994.

Capítulo 11
CFA 1.   1985 Level I CFA Study Guide, © 1985.
CFA 2.   1985 Level I CFA Study Guide, © 1985.
CFA 3.   1992 Level II CFA Study Guide, © 1992.
CFA 4.   1983 Level III CFA Study Guide, © 1983.
CFA 5.   2001 Level II CFA Study Guide, © 2001.
CFA 6.   2003 Level II CFA Study Guide, © 2003.
CFA 7.   2004 Level II CFA Study Guide, © 2004.
CFA 8 a 9.   1983 Level III CFA Study Guide, © 1983.
CFA 10. Vários exames CFA.
CFA 11 a 12.   1983 Level III CFA Study Guide, © 1983.

Capítulo 12
CFA 1.   1995 Level II CFA Study Guide, © 1995.
CFA 2.   1993 Level II CFA Study Guide, © 1993.
CFA 3.   1993 Level II CFA Study Guide, © 1993.
CFA 4.   1998 Level II CFA Study Guide, © 1998.
CFA 5.   Vários exames CFA.

Capítulo 13
CFA 1.   1995 Level II CFA Study Guide, © 1995.
CFA 2.   1987 Level I CFA Study Guide, © 1987.
CFA 3.   2001 Level II CFA Study Guide, © 2001.
CFA 4.   1994 Level II CFA Study Guide, © 1994.
CFA 5.   2003 Level I CFA Study Guide, © 2003.
CFA 6.   2003 Level I CFA Study Guide, © 2003.
CFA 7.   2003 Level II CFA Study Guide, © 2003.
CFA 8.   2001 Level II CFA Study Guide, © 2001.
CFA 9.   2001 Level II CFA Study Guide, © 2001.
CFA 10. 2001 Level II CFA Study Guide, © 2001.

Capítulo 14
CFA 1.   2002 Level II CFA Study Guide, © 2002.
CFA 2.   1988 Level I CFA Study Guide, © 1988.
CFA 3.   1998 Level II CFA Study Guide, © 1998.
CFA 4.   1987 Level I CFA Study Guide, © 1987.
CFA 5.   1998 Level II CFA Study Guide, © 1998.
CFA 6.   1999 Level II CFA Study Guide, © 1999.
CFA 7.   1998 Level II CFA Study Guide, © 1998.

---

[1] O Instituto CFA não endossa, promove, revisa e garante a exatidão dos produtos ou serviços oferecidos pela The McGraw-Hill Companies.

Capítulo 15
CFA 1.　　　1984 Level III CFA Study Guide, © 1984.
CFA 2.　　　2000 Level II CFA Study Guide, © 2000.
CFA 3.　　　1984 Level III CFA Study Guide, © 1984.
CFA 4.　　　2001 Level II CFA Study Guide, © 2001.
CFA 5.　　　2002 Level II CFA Study Guide, © 2002.

Capítulo 16
CFA 1.　　　2000 Level I CFA Study Guide, © 2000.
CFA 2.　　　2000 Level I CFA Study Guide, © 2000.
CFA 3.　　　2000 Level II CFA Study Guide, © 2000.

Capítulo 17
CFA 1 a 3.　　1998 Level I CFA Study Guide, © 1998.
CFA 4.　　　1982 Level III CFA Study Guide, © 1982.
CFA 5.　　　1986 Level III CFA Study Guide, © 1986.
CFA 6.　　　2000 Level II CFA Study Guide, © 2000.
CFA 7.　　　1993 Level I CFA Study Guide, © 1993.
CFA 8.　　　2000 Level III Study Guide, © 2000.
CFA 9.　　　2004 Level II CFA Study Guide, © 2004.

Capítulo 18 (disponível no *site* <www.grupoa.com.br>)
CFA 1.　　　Vários exames CFA.
CFA 2.　　　1981 Level I Study Guide, © 1981.
CFA 3.　　　1981 Level I Study Guide, © 1981.
CFA 4.　　　2000 Level I Study Guide, © 2000.

Capítulo 19 (disponível no *site* <www.grupoa.com.br>)
CFA 1.　　　1986 Level III Study Guide, © 1986.
CFA 2.　　　1986 Level III Study Guide, © 1986.
CFA 3.　　　1991 Level II Study Guide, © 1991.
CFA 4.　　　1998 Level II Study Guide, © 1998.

Capítulo 22 (disponível no *site* <www.grupoa.com.br>)
CFA 1.　　　1988 Level I CFA Study Guide, © 1988.
CFA 2.　　　1988 Level I CFA Study Guide, © 1988.
CFA 3.　　　Vários exames CFA.
CFA 4.　　　Vários exames CFA.
CFA 5.　　　1981 Level II CFA Study Guide, © 1981.
CFA 6.　　　1985 Level III CFA Study Guide, © 1985.
CFA 7.　　　1988 Level I CFA Study Guide, © 1988.
CFA 8.　　　1982 Level III CFA Study Guide, © 1982.
CFA 9 a 10.　Vários exames CFA.

Índice

Nota: Os verbetes em negrito indicam palavras-chave e a respectiva página em que se encontram. Os números de página seguidos por *n* indicam notas; *f*, figuras; *t*, tabelas.

3Com, 272-274
70% de exclusão, 39-40

A

Abordagens de avaliação do fluxo de caixa livre
   custo de capital médio ponderado, 428-429
   para a empresa, 428
   para os acionistas, 428-429, 429-431
   planilha, 428-431
   valor terminal, 428-429
Accenture, 68
Access International Advisors, 678
Aceite bancário, 29
Acionistas, 38-39
   disputa por procurações, 7-8
   e separação de propriedade e controle, 6-8
   requerentes residuais, 405-406
Ações, 2-3; *consulte também* Avaliação de ações
   ações de crescimento, 104-105
   ações de valor, 104-15
   alfa, 170-171
   alfa positivo ou negativo, 194
   barganha, 469-471
   beta, 169-171
   cíclicas, 170-171
   comprando na margem, 70-74
   custo de oportunidade da posição, 573-575
   defensivas, 170-171
   desempenho após a crise de 2008, 139-140
   efeito de impulso, 244-245
   em planos de aposentadoria, 699-700t
   e obrigações conversíveis, 36-37
   juros de curto prazo, 280-281
   maior capitalização, 218-219t
   na construção de carteiras, 8-10
   opções de compra de corretores, 29
   oportunidades de lucro, 265-266
   pagamento de dividendos, 294-295n
   retorno do período de carregamento, 112-113
   retornos históricos, 127-131
   valor intrínseco, 406-408
   valor líquido dos ativos, 86-87
   versus opções como investimento, 492-497

Ações cíclicas, 170-171, 207-208
Ações com alfa negativo, 194
Ações com beta negativo, 600-601n
Ações de alfa positivo, 194
Ações de crescimento, 104-105, 252-253
Ações defensivas, 170-171
Ações de valor, 104-105, 211-212, 214-215, 252-253
Ações ordinárias, 38-40
   direitos de votação, 37-38n
   e problemas de agenciamento, 38-39
   listagens do mercado acionário, 38-40
   responsabilidade limitada, 38-39
Ações preferenciais, 39-41
   comparadas com obrigações, 295-297
   conversíveis, 504-507
   de taxa flutuante, 295-296
Ações preferenciais com taxa flutuante, 295-296
Ações preferenciais conversíveis, 504-507
Ações preferenciais de taxa ajustável, 40-41
Ações preferenciais resgatáveis, 40-41
Acordo de recompra a prazo, 29
Acordo de recompra reversa, 29
Acordos de recompra (*repos*), 29
Adobe, 387-389
Agência de Controle de Alimentos e Medicamentos (FDA), 535-536, 536-537
Agências de classificação de crédito, 18-19, 21-22, 294-295, 314-316
Agências de classificação de obrigações, 294-295, 314-316
Ágio (*goodwill*), 446-448
Agitação, 70-71
Alavancagem, de opções, 494-495
Alavancagem financeira, 389-390, 455-456
   e retorno sobre o patrimônio, 450-453
Alavancagem operacional, 389-390
Alexander, C., 537-538n
Alfa, 170-171, 199-200
   and ETFs, 202-203
   e avaliação de desempenho, 606-607
   e desempenho, 253-255
   e medidas de desempenho, 600-602
   portátil, 665-670
   positivo ou negativo, 194
Alfa negativo, 600-601
Alfa portátil, 665-666
Alíquota média de imposto, 691-692
Alíquotas de imposto, 691-692
Allen, F., 274-275n
Alocação de ativos, 8-10, 133-135
   categorias, 722-723
   com ativos isentos de risco, 134-135, 160-164
   com dois ativos de risco

   covariância e correlação, 150-154
   critério de média-variância, 157-161
   trade-off risco-retorno, 156-158
   três regras para, 155-157
   utilização de dados históricos, 153-156
   decisões sobre, 612, 613
   e alocação de capital, 134-135
   e aversão ao risco, 137-138
   e tolerância ao risco, 137-138
   mudanças ao longo do tempo, 725-726
   para investidores institucionais, 723-724f
   variabilidade dos retornos, 605-607
Alocação de capital, 5-6, 134-135
   e aversão ao risco, 137-138
   investimentos de longo prazo, 179-181
Alocação de recursos
   e EMH, 242-244
   pelo preço, 265-266
   por mercados financeiros, 5-6
Alocação de renda, 2-3
Alocação setorial, 612-614
Ambiente de investimento, 1
Ameaça de entrada, 393-394
Ameaça de tomada de controle, 7-8
American International Group, 19-20, 21, 320-322, 483
America Online, 405-406, 446-448n
Ameritrade, 70-71
Amihaud, Yakov, 211-212, 247-249
Amin, G., 673-675n
Amplitude, 279
Análise de atribuição; *consulte* Atribuição de desempenho
Análise de cenário, 116-117
   coberturas fiscais, 698-699
   de risco de carteira, 150-154
   de risco de país, 637-639
Análise de demonstração financeira, 445-472
   análise de índice
      decomposição do ROE, 453-457
      índice de preço de mercado, 459-462
      índices de liquidez, 458-460
      opção de padrão de referência (*benchmark*), 460-462
      resumo da, 461-46
      rotatividade e utilização de ativos, 456-459
   declaração de renda, 445-448, 447-449
   demonstração de fluxo de caixas, 446-449
   exemplo de, 462-464
   investimento em valor (*value investing*), 469-472
   lucros econômicos *versus* contábeis, 445-448

739

balanço patrimonial, 446-448
medidas de lucratividade
  alavancagem financeira e ROE, 450-453
  retorno sobre o capital, 450-451
  retorno sobre o patrimônio, 450-451
  retorno sobre os ativos, 450-451
  valor econômico agregado, 452-454
medindo o desempenho da empresa, 449-450
problemas de comparabilidade
  avaliação de estoque, 465
  contabilidade de valor justo, 465-468
  convenções contábeis internacionais, 469-471
  depreciação, 465-467
  inflação e despesas de juros, 465-467
  qualidade dos lucros e práticas contábeis, 467-470
Análise de estilo
  fundos de *hedge*, 663-664t, 668-670
  na avaliação de desempenho, 605-607
Análise de índice
  decomposição do ROE, 453-456
  em dois setores, 414-415t
  escolha de um padrão de referência, 460-463
  índice de carga de juros, 454-455
  índice de carga tributária, 454-455
  índice de fluxo de caixa/dívida, 316-317
  índice de preço de mercado, 459-462
  índice de rotatividade de estoque, 458-459
  índice preço/lucro, 460-462
  índices de alavancagem, 315-316
  índices de cobertura, 314-316
  índices de liquidez, 315-316, 458-460
  índices de lucratividade, 315-317
  para avaliação, 423-427
  principais grupos setoriais, 462-463 t
  resumo da, 461-462
  rotatividade e utilização de ativos, 456-459
  vendas do dia em contas a receber, 458-459
Análise de média-variância, 126
Análise de oferta e demanda de taxas de juros, 376-378
Análise de regressão
  modelo de índice único, 203-209
  modelo de três fatores de Fama-French, 213-217
Análise de títulos, 9-10; *consulte também*
  Avaliação de ações; Análise de demonstração financeira; Análise setorial; Análise macroeconômica
  e escândalos corporativos, 8-9
  habilidades necessárias para, 371
  modelo de ação de índice único, 175-177
Análise de variância, 206
Análise fundamentalista, 238-240, 372
  amplitude das informações da, 245-247
  objetivo da, 404-405

Análise-horizonte, 308-310, 358-359
Análise macroeconômica, 372-386; *consulte também* Análise setorial
  choques de demanda ou oferta, 377-379
  ciclos econômicos, 381-386
  economia global, 372-375
  macroeconomia doméstica, 374-377
  política do governo federal, 378-383
  taxas de juros, 376-378
Análise setorial, 372; *consulte também* Análise macroeconômica
  ciclo de vida do setor, 390-394
  classificação de Lynch
    empresas cíclicas, 392-393
    empresas de crescimento lento, 392-393
    empresas de crescimento rápido, 392-393
    empresas que dão a volta por cima, 393-394
    empresas que jogam com ativos, 393-394
    empresas robustas, 392-393
  definição de setor, 387-380
  desempenho do preço das ações em 2011, 386-387
  determinantes da concorrência, 393-395
  efeito dos ciclos econômicos, 381-384
  estrutura e desempenho
    ameaça de entrada, 393-394
    poder de barganha dos compradores, 393-394
    poder de barganha dos fornecedores, 393-395
    produtos substitutos, 393-394
    rivalidade, 393-394
  retorno sobre o patrimônio em 2011, 386-387
  rotatividade setorial, 389-391
  setores cíclicos ou defensivos, 381-384
  suscetibilidade aos ciclos econômicos, 388-390
Análise técnica, 237-238
  alerta dos padrões de preço das ações, 280-283
  abordagem de força relativa, 237-238
  e finança comportamental, 275-283
  implicações do EMH, 237-239
  indicadores de sentimento, 279-281
  níveis de resistência, 237-238
  níveis de suporte, 237-238
  tendências e correções
    amplitude, 279-280
    força relativa, 279-280
    gráficos de ponto e figura, 278-279
    impulso e médias móveis, 276-277
Analista financeiro juramentado, 77-78, 712-713, 715
Analistas, 237-238
Analistas do mercado acionário, 252-254
  e escândalos corporativos, 8-9
Angel, James J., 65-66
Anomalias, 246-247

descontos em fundos fechados, 273-274
interpretando, 250-253
tipos de, 245-251
Anomalias de mercado; *consulte* Anomalias
Anuidade de aposentadoria, 685-688
Anuidades, 685-687
  efeito da inflação, 687-689
  e seleção adversa, 706-707
  objetivo de segurança em primeiro lugar, 688-689
  planos de benefícios definidos, 695-696
  vitalícias, 706-707
Apólice de seguro de vida universal, 718-720
Apólice de seguro de vida variável, 718-719
Apostas puras, 664-665
  exemplo, 666-670
Apple Inc., 46-47, 55, 56, 68-69, 218-219t, 391-392
APT; *consulte* Teoria de precificação por arbitragem
Aragon, George O, 670-671
Arbel, Avner, 246-247, 248
Arbitragem, 217-218
  e relação de paridade, 538-539
  entre mercados, 67-68
  estatística, 665-666
  estratégia de mercado de futuros, 572-574
  índice, 577-578
  juros cobertos, 633-635
  limites à, 272-274
    custos de implementação, 271
    lei de preço único, 271-274
    risco de modelo, 271
    risco fundamental, 268-270
  obrigações conversíveis, 664-665
  propriedade de convergência, 566-567
  renda fixa, 663-664
Arbitragem conversível, 663-664
Arbitragem de índice, 577-578
Arbitragem de obrigações conversíveis, 664-665
Arbitragem de renda fixa, 663-664
Arbitragem entre mercados, 67-68
Arbitragem estatística, 665-666
Archipelago Exchange, 64-65, 66-67, 69-70
ARCH (modelo autorregressivo de heterocedasticidade condicional), 209-211, 537-538
Área de congestionamento, 278-279
Arthur Andersen, 8-9
Ascot Partners, 677-678
Assimetria, 122-123
Associação Americana de Finanças, 209-211
Associação de Gestão de Riscos, 461-462
Associação Hipotecária Federal, 32-33, 296-297
  títulos garantidos por hipotecas, 16-18, 36-38
Associação Nacional de Intermediários de Valores, 44-45, 62, 64-65
  autorregulamentação pela, 76-77
Associação Nacional Hipotecária do Governo, 32-34, 296-297

Associações de poupança e empréstimo, 718-719
Ativos circulantes, 446-448
Ativos; *consulte também* Ativos ou carteiras de risco
  disponíveis para investidores, 112
  fixos, 446-448
  fora do balanço, 468-470
  reais *versus* financeiros, 242-243
  seguros, 111
  sem liquidez, 19-20n
Ativos derivativos, 46
Ativos financeiros, 3-5, 242-243
  participação acionária, 3-5
  títulos de renda fixa (dívida), 3-5
  títulos derivativos, 3-6
  títulos garantidos por hipotecas, 16-19
  versus ativos reais, 3-5
Ativos fixos, 446-448
Ativos fixos intangíveis, 446-448
Ativos fixos tangíveis, 456-457
Ativos or carteiras de risco, 111; *consulte também* Carteira de mercado
  alocação de ativos, 156-161
  com ativos isentos de risco, 150-164
  como cobertura fiscal, 698-699
  diversificação eficiente com, 163-170
  em investimentos internacionais, 639-640
  investimentos de longo prazo, 178-181
  ótimo, 161-164, 166-170
Ativos ou carteiras isentas de risco
  alocação de ativos, 133-138
  carteiro de risco ótimo com, 160-164
  prêmio de risco, 126
Ativos ou passivos fora do balanço patrimonial, 468-470
Ativos reais, 2-5, 242-243
Atlantic Richfield, 278-279
Atribuição de desempenho
  decisões quanto à escolha de setor/título, 612-614
  decisões sobre alocação de ativos, 612
  investimento internacional
    escolha de ações, 655-656
    escolha de dinheiro/obrigação, 655-656
    escolha de moeda, 654-656
    escolha de país, 655-656
    exemplo, 655-656
    padrão de referência, 654-655
  padrão de referência, 609-612
  resumo, 614
AT&T, 453-454t
Auditores, 8-9
Autoridade de Serviços Financeiros (Reino Unido), 76-77
Autoridade Regulatória do Setor Financeiro, 77-78
Autorregulamentação, 77-78, 79
Avaliação de ações, 405-433
  abordagens de fluxo de caixa livre, 427-431

Facebook, 423-424
comparação de modelos, 431-432
e reposição do custo dos ativos, 405-406
e valor de liquidação, 405-406
fontes de dados na internet, 404-405
índice de preço/fluxo de caixa, 427
índice de preço/valor contábil, 427
índice preço/lucro
  armadilhas da análise, 424-427
  associado ao MDD, 427
  oportunidades de crescimento, 418-424
  risco acionário, 423-424
índice preço/vendas, 427
limitações do valor contábil, 404-406
mercado acionário agregado, 432-433
Microsoft, 405-406t
modelos de desconto de dividendos
  ciclos de vida e modelos de crescimento de vários estágios, 414-418
  crescimento constante, 408-412
  modelos de crescimento de vários estágios, 428-429
  preço das ações e oportunidades de investimento, 411-415
  visão geral, 407-409
multiplicador de preço-lucro, 418-420
por comparáveis, 404-406
problema com o MDD, 431-433
Q de Tobin, 405-406
valor de mercado, 3-4n
valor intrínseco *versus* valor de mercado, 406-407
Avaliação de desempenho da carteira
  ajustes à mudança de composição, 607-612
  análise de estilo, 605-607
  após a crise de 2008, 139-140
  atribuição de desempenho
    decisões sobre alocação de ativos, 612
    escolha de setor e título, 612-613
    padrão de referência, 609-612
    resumo, 614
  captação de alfa e transporte de alfa, 601-603
  carteiras de risco mundiais e americanas, 127-131
  classificação ajustada ao risco da Morningstar, 606-608
  classificações da Morningstar, 102-105
  de fundo de fundos, 599-600
  e índices das bolsas de valores, 44-45
  estatísticas básicas, 595-597
  fundos de *hedge*, 669-677
  fundos mútuos, 99-103
  gestão ativa, 10-11
  gestão ativa *versus* passiva, 581-582, 594-595
  gestão passiva, 10-11
  índice de informação, 599-600
  índice de Sharpe e M quadrado, 596-598
  manipulação de desempenho, 608-612

medida de Jensen, 600-602
medida de Treynor, 599-600
modelo multi-índice, 602-605
relação de alfa com, 600-602
testes de forma forte, 251-252
testes de forma fraca, 244-246
testes de forma semiforte, 245-251
timing do mercado, 615-619
  avaliação do, 618-619
  importância como opção de compra, 616-617
  importância como previsão imperfeita, 617-618
universo de comparação, 594-596
viés de escolha, 608-609
viés de sobrevivência, 608-609
Avaliação de estoque, 465
Avaliação de fábricas e equipamentos, 3-4n
Avaliação de opções, 520-548
  determinantes, 520-523
  e reprodução, 524
  e volatilidade, 524 n
  modelo de Black-Scholes
    avaliação de opção de venda, 539-541
    evidências empíricas, 546-548
    fórmula e visão geral, 528-538
    hedging dinâmico, 543-544
    índices de *hedge*, 540-542
    na crise financeira de 2008, 545-547
    planilha para, 533-536
    precisão dos parâmetros, 533-535
    relação de paridade entre opção de venda e opção de compra, 537-540
    seguro de carteira, 542-547
    suposições subjacentes, 533-535
    volatilidade implícita, 533-538
  modelo de determinação de preço binomial
    abordagem de generalização de dois estados, 525-527
    determinação de preço de dois estados, 522-523
    tornando o modelo prático, 526-530
  no vencimento
    opções de compra, 489-490
    opções de venda, 490-492
  valor intrínseco, 520-522
  valor temporal, 522-523
Avaliação de preços de obrigações, 292-294
Avaliação do Facebook, 423-424
Aversão ao risco, 111, **123-126**, 162-163, 713-715
  e alocação de capital, 137-138
  e teoria da perspectiva (prospecção), 268-270
  quantificando, 124-126
Aversão a perdas, 268-270

B

***Backfill bias*, 672-675**
Baker, Craig, 202-203
Balanço patrimonial, 446-448
  bancos comerciais, 13t

corporações não financeiras, 1313t
familiar, 2-4
General Electric, 6-7
Balanço patrimonial familiar, 3-4
Ballmer, Steve, 545-546
Ball, R., 248-249
Banco Federal de Hipotecas Residenciais, 32-33
Banco Mundial, 627-629
Bancos
crédito de risco, 16-17
depósitos no Federal Reserve, 29-30
diretrizes de capital com base no risco, 346-347
incompatibilidade entre vencimentos-passivos, 345-348
Lei de Reforma Dodd-Frank, 20-21
na crise financeira de 2008, 20-21
objetivos de investimento, 718-719
universais, 13-14
Banco Santander, 677-678
Bancos comerciais
balanço patrimonial, 13t
índice de alavancagem, 13-14n
Bancos de investimento, 13-15
compromisso firme, 56
e anulação de Lei Glass-Steagall, 13-14
ofertas públicas iniciais, 57-58
subscritores, 56
Bancos universais, 13-14
Bank of America, 13-14, 20-21, 69-70, 459-460
Banz, Rolf, 246-247
Barber, Brad, 252-253, 254, 266-267
Barberis, Nicholas, 265-266n
Barclays, 45
Barclay's Global Investors, 97-99
Barings Bank, 483
Barreiras à entrada, 393-394
Barron's, 280-281
Base, 570-571
Basu, Sanjoy, 246-247
BATS, 65-66, 67
Battalio, R. H., 248-249n
Bear Stearns, 76-77, 291
Bergstresser, D., 467-468
Berkshire Hathaway, 256-257
Bernard L. Madoff Investment Securities, 678-679
Bernard, V., 248-249n
Beta, 169-170
ações *versus* ativos, 208n
da moeda americana e de moedas locais, 646-649
e fundos de *hedge*, 668-670
em comparação com alfa, 202-203
e modelo de precificação de ativos financeiros, 194
e modelos de índice, 209-212
e risco sistêmico, 171-175
medida de risco, 199, 246-247
negativo, 172-175
prevendo, 209-211

Beta de ações, 208n
Beta de ativo, 208n
Black, Fischer, 175-176, 209-211, 530-531
Blackrock iShares, 97-99
Blake, Christopher, 256-257
Block houses, 68-69
Blue Cross, 706-707
Blume, Marshall E., 246-247
***Bogey*, 609-612**
Bogle, John C., 133-135
Boletins de mercado, 243-244
Bolha das ponto-com, 5-6, 242-243, 269-270
Bolhas; *consulte* Bolhas especulativas
Bolhas especulativas, 249-251
e economia comportamental, 273-275
Bolha South Sea, 249-250
Bollen, Nicolas P. B., 254-256
Bolsa de Opções de Chicago, 484, 485-486, 488-489, 492-493, 509, 535-536, 560-563
Bolsa de Valores Americana, 66-67, 69-70, 127, 640-642
Bolsa de Valores de Boston, 69-70
Bolsa de Valores de Londres, 8-9, 64-65
Bolsa de Valores de Nova York (NYSE), 1, 55-56, 62, 127, 279-280, 317-319
Archipelago Exchange, 64-65
autorregulamentação pela, 76-77
como mercado de leilão, 59-60
Designated Order Turnaround (DOT), 66-67
eliminação de comissões fixas, 63-64
especialistas, 63-64
fusão com a Euronext, 66-67
fusões e aquisições, 69-70
índices, 44-45
listagens de ações, 38-40
na quebra-relâmpago de 2010, 68-69
negociação de obrigações, 68-70
negociação eletrônica, 63-65
operações, 66-67
participação de mercado das ações negociadas, 65-66
Sistema Super DOT, 66-67
Bolsa de Valores de Tóquio, 64-65
Bolsa de Valores do Financial Times, 488-489, 639-640
Bolsa Financeira Internacional de Futuros e Opções de Londres (LIFFE), 577-580
Bolsa Mercantil de Chicago, 69-70, 488-489, 560-563, 562-564, 577-580
Bolsa Mercantil de Nova York, 5-6
Bolsas de valores, 66-67
capitalização de mercado, 70-71
Estados Unidos, 65-67
globalização das, 69-70
Boom das ponto-com, 249-250n, 250-251, 274-275
Borsa Italiana, 64-65
BP (British Petroleum), 413-414
Bradshaw, Mark, 456-457
Brane v. Roth,
Brealey, R. A., 274-275n

Brennan, Michael, 197-198
Brinson, Gray, 605
Brown, Alan, 202-203
Brown, P., 248-249
Brown, S. J., 677-678
Buffett, Warren, 256-257
Busse, Jeffrey A., 236, 254-256

C

Calculadoras financeiras, 300-301
Calendário econômico, 384-386
Câmara de Comércio de Chicago, 5-6, 47-48, 69-70, 559-560, 562-564
Câmara de compensação, 562-566
Caminhos aleatório, 233-234
Campbell, John, 211-212, 245-246
Capital
contratação e concessão de empréstimo do governo, 12
demandantes de, 10-11
fornecedores de, 10-11
Capital de risco, 14-15
Capital humano, 713-715
Capitalização de mercado
das bolsas de valores
em mercados emergentes, 629
em países desenvolvidos, 627-629, 628
das principais bolsas de valores, 70-71
e PIB, 629-630
CAPM; *consulte* Modelo de precificação de ativos financeiros
Captação de alfa, 601-602
Carência, 89-90
Carhart, Mark M., 254-255, 256
Carregamento, 78-80
final, 93-94
inicial, 93-94
versus taxas 12b-1, 94-95
Carregamento de saída, 93-94
Carregamento inicial, 93-94
Carteira ativa, 176-177
Carteira bem diversificada, 217-221
Carteira completa, 123-126, **134-135,** 162-163
alocação de capital, 134-135
desvio padrão, 135-137
preferida, 166-167
prêmio de risco, 135-137
Carteira de arbitragem, 219-220
carteira bem diversificada convertida em, 217-218t
construindo, 222
investimento zero, 219-220
risco periférico, 220-221
Carteira de estilo comparável, 57-58
Carteira de índices do país, 640-642t, 641t
Carteira de mercado, 194-195
e modelos de índice, 201-202
motivos para manter, 194-196
prêmio de risco, 194-195, 196-199
Carteira de referência, 598t
Carteira de risco ótimo, 161-163, 604-605
com ativos isentos de risco, 160-163

construindo, 166-170
escolhendo, 166-167
motivos de variação, 166-167
Carteira de variação mínima, 157-159, 160-161, 167-169
Carteira de variação mínima global, 167-169
Carteira ineficiente em termos fiscais, 96-97
Carteira mundial de ações, 127-131
Carteira mundial de obrigações, 127-131
Carteiras, 159
  ativos disponíveis para, 112
  classes de ativos para, 26
  de estilo comparável, 57-58
  de risco e sem risco, 133-138
  diversificação, 10-11
  índice de país, 641 t, 650-651t
  índice regional, 640-642t
  monitorando e revendo, 725-726
  mudanças de composição, 607-612
  perdedoras ou vencedoras, 245-246
  prêmio de risco, 124-126
  rebalanceando, 8-9
  rotatividade, 96-97
  valor líquido dos ativos, 86-87
  variação mínima, 150-151
Carteiras de ativos duplamente arriscadas
  covariância e correlação, 150-154
  critério de média-variância, 157-161
  pesos ótimos de carteira, 161-162
  trade-off risco-retorno, 156-158
  três regras para, 155-157
  uso de dados históricos, 153-156
Carteiras de fator, 221-222
Carteiras de índice regionais, 640-642t
Casamento, 707-708
Casa própria *versus* aluguel, 705-707
Caução, 317-319
CDA/Wiesenberger, 92-93
Célula de destino, 535-536
Certificados de depósito, 3-5, 28
  em eurodólar, 29
Certificados de fundos fiduciários resgatáveis, 87-88
Charles Schwab, 70-71
Chase Manhattan Bank, 13-14
Chen, Nai-fu, 256-257
China, 372-373
Chopra, Navin, 267-268
Choque de demanda, 377-379
Choque de oferta, 377-379
Chordia, Tarun, 64-65
Chrysler Corporation, 392-393
Churchill, Winston, 5-6
Ciclo de vida setorial, 390-394, 391-392
  características, 391-392
  declínio relativo, 393-395
  estágio de consolidação, 392-393
  estágio inicial, 391-392
  estágio maturidade, 392-393
Ciclo econômico, 381-383
  e lucros, 446-448
  e rotatividade setorial, 389-391
  e setores cíclicos, 381-384

e setores defensivos, 381-384
estágios, 381-383
indicadores econômicos, 383-386
sensibilidade do setor ao, 388-390
Citigroup, 13-14, 45, 69-70, 319-320, 405-406, 459-460, 468-469
Classes de ativos e instrumentos financeiros
  avitos de investimento, 8-10
  ativos financeiros, 2-4
  ativos reais, 2-4
  construção de carteira, 26
  fundos mútuos, 90-93
  fundos negociados em bolsa, 95-100
  índices
    igualmente ponderados, 44-45
    indicadores do mercado de obrigações, 45-46
    Índice industrial Dow Jones, 40-43
    internacionais, 45
    mercado de ações, 40-41
    Standard & Poor's, 42-45
    valor de mercado, 44-45
  mercado de derivativos, 46-48
  mercado de obrigações, 31-38
  mercado monetário, 26-31
  títulos de ações, 37-41
  títulos garantidos por hipotecas, 16-19
Classificação Ajustada ao Risco (Morningstar), 606-608
Classificação de desvio padrão, 118-119
Classificações de obrigações, 315-316
Cláusulas de recuperação, 21-22
Cláusulas de subordinação, 317-319
Clements, Jonathan, 150-151, 271
CME Group, 562-564
Cobertura de juros, 454-456
Cobertura de margem, 29, 71-72, 565-566
Cobertura fiscal de referência, 692-694
Coberturas fiscais, 691-693
  ativos de risco e ganhos de capital, 698-699
  contas de aposentadoria individuais, 696-698
  economia dos, 691-694
  padrão de referência, 692-694
  plano 529 de educação superior, 705-706
  planos de benefícios definidos, 695-696
  planos de contribuição definidos, 695-696
  versus poupanças sem cobertura, 698-702
Cobrindo a posição a descoberto, 72-74
Coca-Cola Company, 392-393, 431-432
Código de Ética e Normas de Conduta Profissional (Instituto CFA), 713-715
Códigos da Classificação Padrão de Setor, 387-389n
Códigos NAICS, 387-389
Coeficiente beta, 194-195
Coeficiente de correlação, 153-154, 172-175, 244-245
Coeficiente de regressão, 171-172
Colgate-Palmolive, 392-393

Collars, 500-504
Colocação de títulos privados, 55-56
Combinação de duração, 348-351
Comissão de Negociação de Futuros de Commodities, 76-77, 567-568
Comissão de Valores Mobiliários (SEC), 21-22, 64-66
  como fonte de dados sobre patrimônio, 404-405
  criação da, 76-77
  e quebra-relâmpago de 2010, 68-69
  novas ofertas de títulos, 55, 56
  novas regras de processamento de ordens, 64-65
  Official Summary of Securities Transactions and Holdings, 78-80, 250-251
  proibição às vendas a descoberto, 76-77
  registro de corretores, 62
  registro de obrigações estrangeiras, 296-297
  Regra 10b-5, 236-237
  Regra 144A, 55-56
  Regra 425, 56
  regulamentação baseada em regras, 78-80
  regulamentação de fundos mútuos, 93-94, 95, 97, 102-103
  regulamentação de negociações, 250-251
  Regulamento ATS, 64-65
  Regulamento NMS, 64-66, 67
  Sistema Nacional de Mercado, 63-64
  sobre informações privilegiadas, 236-237
  sobre negociação com informações privilegiadas, 78-80
  sobre títulos estrangeiros nos Estados Unidos, 469-471
Comitê de investimento, 722-724
***Commercial paper*, 20-21, 28-29**
Commercial paper garantido por ativos, 28-29
Commodities agrícolas, 558-559, 567-568
Commodities, entrega real de, 567-568
Comparação de agências reguladoras, 21-22
Comparáveis, avaliação por, 404-406
Compartilhamento de localização, 67-69
Compartilhamento de receita, 92-93
Composição, 139-140
Composição contínua, 115-116, 120-121
Compradores, poder de barganha, 393-394
Comprando na margem, 70-74
Compromisso firme, 56
Computer Associates, 387-389
Concorrência
  determinantes da, 393-395
  e eficiência do mercado, 235-236
Condições econômicas, 29-31; *consulte também* Ciclos econômicos; Crise financeira de 2008; Recessão
  bolhas especulativas, 249-251
  covariância e correlação, 150-154

e diversificação internacional, 650-651
efeito sobre as obrigações com taxa flutuante, 295-296
e *timing* do mercado, 615
fonte de incerteza, 148-149
mercados em baixa, 651-654
ondas Kondratieff, 276-277
teoria de onda de Elliot, 276-277
Conference Board, 383-384
Congelamento dos mercados de crédito, 20-21
Conhecimento patenteado, 393-394
Conjunto de oportunidade de risco-retorno, 164-165
Conjunto de oportunidades de investimento, 156-158
investimentos de longo prazo, 178-179
vários ativos de risco, 163-167
Conrad, Jennifer, 244-245
Conselho de Normas Contábeis e Financeiras,
Conselho de Supervisão Contábil de Empresas de Capital Aberto, 77-78,
Conselho do Banco Federal de Hipotecas Residenciais, 296-297
Conselhos de administração, 7-8, 38-39
Consolidated Edison, 420, 424-427
Constantinides, G. M., 265-266n
Construção de carteiras, 8-10
carteira de arbitragem, 222
carteira de risco ótimo, 166-170
e separação de propriedade, 166-167
necessidades de alocação de ativos, 150-151
técnica de otimização computadorizada, 166-167
Construção de carteiras de baixo para cima, 9-10
Construção descendente de carteiras, 9-10
Consumo real, 687-688
Contabilidade baseada em princípios, 469-471
Contabilidade baseada em regras, 469-471
Contabilidade de marcação a mercado, 467-468
problemas com, 468-469
Contabilidade de valor justo, 465-468, 469
Contabilidade mental, 267-268
Conta de aposentadoria tradicional, 696-698
Conta de margem, 19-20
para contratos de futuros, 565-566
Conta discricionária, 70-71
Conta Roth, 696-698
investida em ações e obrigações, 699-700t
Contas de aposentadoria individuais, 692-694
origem das, 696-698
Roth, 696-698
tradicionais, 696-698

Contas de aposentadoria individuais tradicionais em ações e obrigações, 699-700t
Contrato a termo, 558-559, 560-563;
consulte também Contratos de futuros; Mercados de futuros
comparado com contratos de futuros, 558-559
comparado com opções, 558
de câmbio, 633-634
marcado a mercado, 565-566
tipos de, 560-564
Contrato de investimento garantido, 347-350
Contrato de obrigações, 292-293
Contrato de opções, 47, 583-585
ativos subjacentes, 484
padronizado, 485-486
Contrato em aberto, 562-566
Contratos de futuros, 3-5, 47-48
comparados com contratos a termo, 558-559
comparados com opções, 558, 559-560, 560-563
em aberto, 564-566
futuros de ações individuais, 560-563
jogo de soma zero, 559-560
liquidação, 567-568
mínis, 575-576n
preço de futuros, 558-563
princípios dos, 558-563
tipos existentes, 560-564
Contratos de obrigações, 316-317
fundos de amortização, 316-319
garantia, 317-319
opção de duplicação, 317-319
restrição de dividendos, 317-319
subordinação de dívida adicional, 317-319
Convenções contábeis internacionais
depreciação, 469-470
diferenças em relação aos Estados Unidos, 469-471
intangíveis, 469-470
prática de reserva, 469-470
Convexidade, 301-302, **354-355**
e duração, 353-355
e investidores, 355-357
Cooperativas de crédito, 12
Cooper, M., 274-275
Copernicus, N., 209-211, 212
Corporação de Garantia de Benefícios de Pensão (PBGC), 695-696
Corporação de Proteção do Investidor em Títulos, 76-77
Corporação Federal de Hipotecas Residenciais, 33-34, 296-297
escândalo na, 468-469
títulos garantidos por hipotecas, 16-18, 36-38
Corporação Federal de Seguro de Depósito, 28, 31, 76-77
Corporações
balanço patrimonial, 13t
conselhos de administração, 38-39

de capital aberto, 55-56
de capital fechado, 38-39, 55-56
e *commercial paper*, 28-29
no índice industrial Dow Jones, 43
problemas de agenciamento, 7-8
separação de propriedade e controle, 6-8
Correlação, 153-154
negativa, 159-160
perfeita, 172-175
positiva perfeita, 159
Correlação negativa, 159-160
Correlação perfeita, 172-175
Correlação positiva, 159
Correlação seriada, 671-672
Correlação seriada positiva, 671-672
Corretores
custos de negociação, 69-71
registro na SEC, 62
venda de fundos mútuos, 92-93
Corretores de desconto, 70-71
Corretores de serviço completo, 70-71
Cotações de preço divulgadas, 59-60
Cotações diretas de taxa de câmbio, 634-636
Cotações indiretas de taxa de câmbio, 634-636
Cotações internas, 61
Coval, Joshua D., 268-270
Covariância, 150-154
cálculo de, 152-153
estimativa, 153-155
Cox, John C., 528-530n
Craigslist, 58-59
Crédito de risco, 16-17
Credit Suisse First Boston, 13-14, 654-655
Credores, 507-508
Cremers, Martijn, 604-605
Crescimento dos dividendos, 418-420
Crise de crédito, 320-322
Crise do euro, 134-135n
Crise financeira de 2008, 33-34
antecedentes, 14-17
ascensão do risco sistêmico, 19-20
congelamento dos mercados de crédito, 20-21
contabilidade de marcação a mercado, 468-469
crise das hipotecas *subprime*, 19-21, 36-38
derivativos hipotecários, 18-19
e carteiras bancárias, 122-123n
e contabilidade de valor justo, 467-468
efeito sobre o mercado monetário, 20-21
efeito sobre os bancos de investimento, 13-14
e fundos do mercado monetário, 31
e Lei Dodd-Frank de Reforma, 20-22
e modelos de preço de opção, 545-547
e risco sistêmico, 14-15
falência de empresas de investimento, 20-21
financiamento habitacional, 16-19
impacto sobre o Lehman Brothers, 241-242

impacto sobre o mercado de obrigações, 291
impacto sobre os países desenvolvidos, 627-629
obrigações de segunda linha (alto risco) na, 314-316
swaps de risco de não cumprimento, 19-20
Critério de média-variância, 157-161, 194-195
Curtose, 122-123
Curva de rendimento, 322-323
   decrescente, 322-323
   e taxa a termo, 324-325, 326
   exemplos, 325-328
   teoria da preferência por liquidez, 324-326
   teoria das expectativas, 322-324
   Tesouro, 322-323
Custo de oportunidade do capital, 452-453
Custo de reposição, 3-4n, **405-406**
Custos
   das estratégias passivas, 139-140
   das estratégias ativas, 139-141
   do investimento em fundos mútuos
      carregamento final, 93-94
      carregamento inicial, 93-94
      de comissão, 95-96
      despesas 12b-1, 93-95
      despesas operacionais, 93-94
      e retornos, 94-96
   fixos, 389-390
   variáveis, 389-390
Custos das mercadorias vendidas, 445-446
Custos de dividendos, 412-413
Custos de implementação, 271
Custos de negociação, 69-71
Custos de transação, 86-87
Custos do sistema de saúde, 706-707
Custos fixos, 389-390, 393-394
Custos universitários, 704-705
Custos variáveis, 389-390

D

Dabora, E. M., 272-273n
Daniel, Naveen D., 672-673
Dark pools, 67-68, **69**
Das, S., 253-254n
Data de liquidação programada, 720-721
Data limite, fundos de aposentadoria, 707-708 n
Datas de cupom, preço das obrigações entre, 301-304
Debênture, 36-37, **317-319**
Debêntures subordinadas, 36-37
De Bondt, W. F. M., 245-246, 266-267
Decisão entre alugar e comprar, 705-707
Decisão financeira, 449-450
Decisões de investidor individual, 713-717
Decisões de investimento, 449-450
Decisões sobre orçamento de capital, 199-200
Declaração 156-157, 467-468
   sobre reduções no valor contábil dos ativos, 468-469

Declaração de política de investimento, 713-714t, 722-723
Declaração de registro, 56
Declaração de renda, 445-446
   tamanho comum, 445-446
Decomposição do ROE, 453-456
Dedicated short bias, 663-664
Deep out of the money, 504-505
Déficit orçamentário, 375-377, 379-381,
Definição econômica de depreciação, 465-467
Deflacionar, 687-688
Dell Inc., 148-149, 170-172, 176-177, 197-198
De Long, J. B., 268-270n
Delta, 540-541, 540-541
Demonstração de fluxos de caixa, 446-450, **447-449**, 464t
Demonstração de resultados de tamanho comum, 445-446
Dendreon Corporation, 535-536, 536-537
Departamento de Comércio, 461-462
Depósitos a prazo, 28
Depreciação
   definição econômica, 465-467
   práticas contábeis, 465-467
Depreciação econômica, 375-376
Depreciação em linha reta, 465-467
Derivativos de condições climáticas, 560-563
Derivativos hipotecários, 18-19
Desai, M., 467-468
Desempenho do gestor monetário, 611
Designated Order Turnaround (Rotatividade da Ordem Designada), 66-67
Desmembramentos acionários, 272-274
Despesa de depreciação, 448-449, 465-467
Despesas, classes de, 445-446
Despesas de juros, 445-446, 465-467
Despesas gerais e administrativas, 445-446
Despesas operacionais, 445-446
   fundos mútuos, 92-94
Desvio padrão, 117-118
   anual, 219-220t
   carteira, 159
   carteira de arbitragem, 219-221
   carteiras de ações e obrigações, 127-131
   de carteira completa, 135-137
   de carteira diversificada, 152-153
   de retornos em excesso, 646-647 f
   e distribuição normal, 117-120
   e índice de Sharpe, 124-126
   e médias históricas, 123-124
   e risco de carteira, 199
   e série temporal de retornos, 122-123
   investimentos de longo prazo, 180-181
   residual, 203
   retornos em excesso, 641-643 f
   valor em risco e, 119-120
Desvio padrão da carteira, 159
Desvio padrão residual, 203, 219-220
Desvio quadrado em relação à média, 117-118
Determinação de preço de opções de dois estágios, 522-527

Deutsche Bank, 13-14
Deutsche Börse, 64-65, 562-564
Dia ex-dividendo, 394-295n
Diagrama de Scatter, 170-172, 173-174
Diamantes (DIA), 96-97
Dimitrov, O., 274-275
Dimson, Elroy, 139-140
Dinheiro, 594-595
Direct +, 66-67
Direct Edge, 65-66, 67
Directory of Mutual Funds (ICI),102-103
Direito residual, 38-39
Diretrizes de capital baseadas em risco, 346-347
Disneylândia de Tóquio, 298-299
Disputa por procurações, 7-8
Distribuição conjunta normal, 169-170n
Distribuição de probabilidades, 116-117
Distribuição normal, 117-123
   ao longo do tempo, 120-121
   características da, 118-120
   classificação de desvio padrão, 118-119
   desvio em relação à, 120-123
   e assimetria, 122-123
   e curtose, 122-123
   e valor em risco, 119-120
Distribuição normal cumulativa, 534
Divergência de preço de título, 593
Divergências de preço, identificação de, 356-357
Diversificação, 10-11, 148-182
   abordagem neutra, 138-139
   alocação de ativos com dois ativos de risco
      covariância e correlação, 150-154
      critério de média-variância, 157-161
      trade-off risco-retorno, 156-158
      três regras da, 155-157
      utilização de dados históricos, 153-156
   carteira de risco ótimo com um ativo isento de risco, 160-162
   com vários ativos de risco
      carteira completa preferida, 166-167
      construindo uma carteira de risco ótimo, 166-170
      escolhendo a carteira de risco ótimo, 166-167
      fronteira eficiente, 163-167
      propriedade de separação, 166-167
   e contratos de futuros, 558-559
   e mercados eficientes, 241-242
   e risco da taxa de câmbio, 632-633
   e risco de carteira, 148-150
   estratégia de diversificação de tempo, 178-181
   e teoria de precificação por arbitragem, 217-221
   internacional, 166-170
   investimentos internacionais, 637-655
      benefícios, 648-650
      correção com retornos dos Estados Unidos, 649-650f
      desvio padrão de carteira, 649-650f

em mercados em baixa, 651-654
estatísticas de riscos e retornos, 639-643
expectativas realistas, 650-652
gestão ativa, 652-654
opções de carteira, 639-640
representação errônea, 649-651
retornos médios em mercados emergentes, 643-646
ricos em mercados emergentes, 641-644
risco da taxa de câmbio, 644-650
mercado acionário de índice único
  alfa, 170-171
  beta, 169-171
  construção de uma carteira de risco ótimo, 177-178t
  linha característica de títulos, 171-175
  modelo de índices, 169-170
  na prática, 172-176
  representação estatística e gráfica, 170-175
  retorno em excesso, 169-170
  risco específico à empresa/residual, 170-171
  utilização da análise de títulos, 175-177
para diminuir riscos não sistemáticos, 197-198
por empresas de investimento, 86-87
riscos de investimentos de longo prazo, 178-181
Diversificação eficiente; *consulte* Diversificação
Diversificação internacional, 166-170
Dívida com taxa flutuante, 582-584
Dívida de agência federal, 32-34
Dívida de risco, 507-508
Dívida, de risco, 507-508
Dívida de taxa fixa, 582-584
Dívida em circulação isenta de impostos, 34-35
Dívida governamental, 134-135n
Dívida governamental/pública, 320-322
Dividendos, 3-5
  ações ordinárias, 39-40
  ações preferenciais, 39-40, 295-297
  expectativas de, 432-433
Dividendos acumulados, 294-295n
Dividendos cumulativos, 39-40
Divisibilidade, 86-87
Divulgação de lucros, 248-250
DJIA; *consulte* Índice industrial Dow Jones
Dodd, David, 469-471
Dow Jones, 655-656
Drexel Burnham Lambert, 314-316
Dreyfus, 89-90
Dreyfus Equity Growth Fund, 93-94
Dun & Bradstreet, 461-462
Duração, 338-340
  de Macaulay, 340-343
  de perpetuidade, 343-345
  e convexidade, 251-355

e mudanças nas taxas de juros, 343-344
e sensibilidade à taxa de juros, 343-344
modificada, 342-345
motivos para utilizar, 342-343
planilha para, 341-343
regras determinantes, 344-347
Duração de Macaulay, 340-342
Duração modificada, 342-345

E

EAFE; *consulte* Índice Europa, Austrália e Extremo Oriente (EAFE)
eBay, 423-424
Economia
  da oferta, 380-383
  keynesiana, 380-381
Economia global
  impacto sobre as empresas, 372-373
  riscos políticos, 373-374
  taxas de câmbio, 373-375
  variações de desempenho, 372-374
Economia grega, 372-373
Efeito da empresa negligenciada, 246-248
Efeito da pequena empresa, 246-247
Efeito da pequena empresa em janeiro, 246-247
Efeito de disposição, 275-276
Efeito de impulso, 244-245
Efeito de liquidez, 246-248
Efeito P/E, 246-247
Efeito reverso, 245-246
Efeito valor contábil-mercado, 247-249
Eficiência da média-variância, 201-202
Eficiência informacional, desvios em relação à, 242-243
Eficiência tributária, 104-105
Elasticidade da opção, 541-542
Elton, E. J., 253-254n, 256-257
EMH de forma forte, 236-237
EMH de forma fraca, 236-237
EMH de forma semiforte, 236-237
Emissão de obrigações seriadas, 317-319
Emissão e negociação de títulos
  colocação de títulos privados, 55-56
  comprando na margem, 70-72
  custos de, 69-71
  em mercados de futuros, 562-568
  e negociação com informações privilegiadas, 78-80
  fundos mútuos, 92-93
  fundos negociados em bolsa, 99-100
  latência, 66-67
  mecanismos de negociação
    eletrônica, 63-64
    mercados de especialistas, 63-66
    mercados de intermediários, 62-64
  negociação de pares, 665-666
  negociação de programa, 577-578
  novas estratégias
    dark pools, 67-68, 69
    negociação algorítmica, 66-67, 68
    negociação de alta frequência, 66-67, 68-69

  negociação de obrigações, 68-70
  ofertas públicas iniciais, 57-58
  por bolsas de valores, 55-56
  registro de prateleira, 56
  Registro na Comissão de Valores Mobiliários, 250-251
  tipos de mercado, 58-60
  tipos de ordem, 59-62
  vendas a descoberto, 73-76, 77, 78
Emissores de marca privada, 36-37
Emprego, 375-376
Empresas
  avaliando o desempenho, 449-450
  classes de despesas, 445-446
  custos de reposição, 405-406
  impacto da economia global, 372-373
  valor de liquidação, 405-406
Empresas com marca registrada, 247-248
Empresas com P/E alto, 266-267
Empresas de capital aberto, 55-56
Empresas de capital fechado, 38-39
Empresas de capital fechado, 55-56
Empresas de capital público, 55-56
Empresas de crescimento, 214-215
Empresas de crescimento lento, 392-393
Empresas de investimento, 12-14, 86-87
  ativos das, 98-99
  empresas abertas, 87-88
  fundos de investimentos em cotas, 87-88
  gerenciadas, 87-89, 89-91
Empresas de investimento gerenciadas, 87-89, 90-91
Empresas de rede de especialistas, 235-236, 237
Empresas de seguro de imóveis e acidentes, 718-719, 721-722
Empresas de seguro de vida
  regulamentação das, 721-722
  tipos de apólice, 717-719
Empresas gêmeas siamesas, 272-273
Empresas listadas publicamente, 55-56
Empresas negociadas publicamente, 55, 56
Empresas que crescem rapidamente, 392-393
Empresas que não são de seguro de vida, 719-720
Empresas robustas, 392-393
Empresas *start-up*, 427
  capital de risco para, 14-15
Empréstimos
  de mentirosos, 18-19
  garantidos, 506-507
  hipotecas *subprime*, 19-21, 36-38
  nenhuma documentação, 17-18
  obrigações de dívida garantidas, 18-20
  para empresas, 718-719
  pelo sistema de equivalência, 506-507
  pouca documentação, 17-18
Empréstimos comerciais, 718-719
Empréstimos de mentirosos, 18-19
empréstimos de resgate do corretor, 70-71
Empréstimos garantidos, 506-507
Empréstimos pelo sistema de equivalência, 506-507

Empréstimos sem nenhuma
  documentação, 17-18, 19
Empréstimos *subprime* fora de
  conformidade, 17-19
Engel, Robert F., 211-212
Enquadramento, 267-268
Enron Corporation, 8-9, 76-77, 706-707
Equação de Fisher, 131-134
Equação de regressão, 170-172, 203,
  207-208t
Equação média-beta, 201-203
Equação padrão residual, 205-206
Equiparação de fluxo de caixa, 351-354
Equivalentes de caixa, 26
Era da informação, 236-237
Erro médio de negociação, 606-607
Erro padrão da regressão, 206, 219-220
Erros de processamento de informações
  conservadorismo, 266-267
  em previsões, 266-267
  excesso de confiança, 266-267
  negligência e representativa do
    tamanho da amostra, 266-268
Escândalos corporativos, 8-9, 76-77
  e Lei Sarbanes-Oxley, 77-80
  Freddie Mac, 468-469
Escola de Negócios de Londres, 606-607
Escolha de ações, 655-656
Escolha de estilo, 253-254
Escolha de modelo, 654-656
Escolha de títulos, 8-10, 612-614
Escolha dinheiro/obrigação, 655-656
Escolha do país, 655-656
Escritório de Classificação de Crédito, 21-22
Especialistas, 63-64, 66-67
Especulação
  em mercados de futuros, 568571
  para definir risco, 123-126
Esquema de boletim, 243-244
Esquema Ponzi, 677-678, 679
Esquemas de ponderação
  para países EAFE, 654-655
Esquemas de ponderação de capitalização
  de mercado, 654-655
Estados Unidos
  contabilidade baseada em regras, 469-471
  inflação e taxas de juros nos, 132-134
  mercado de obrigações, 46
  mercados de ações, 65-67
  regulamentação baseada em regras, 78-80
  retornos médios das ofertas públicas
    iniciais, 58-59
Estagflação, 127
Estágio de consolidação do ciclo de vida
  setorial, 392-393
Estágio de declínio do ciclo de vida
  setorial, 392-394
Estágio de maturidade do ciclo de vida do
  setor, 392-393
Estágio inicial, 391-392
Estatísticas de avaliação de desempenho
  statistics, 595-597
Estatísticas de regressão, 215-216t

índice Standard & Poor's 500
  carteira, 219-220t
Estatística t, 206-208
Estatística *trin*, 279-280
Estilo flutuante, 662-663
Estimativa de risco, 594-595
Estratégia de dedicação, 352-353
Estratégia de diversificação de tempo,
  178-181
Estratégia direcional, 663-665
Estratégia não direcional, 663-665
Estratégia neutra de mercado, 601-602,
  664-665, 666, 667-670
Estratégia neutra de mercado de ações,
  663-664
Estratégias de *hedging*
  com derivativos, 3-6
  e determinação de preço de opção
    binomial, 526-530
Estratégias de investimento, 111, 615-616;
  consulte também Planos de poupança e
  aposentadoria
Estratégias de opção
  collars, 501-504
  opções de compra cobertas, 498-500
  opções de venda a descoberto, 491-493
  opções de venda protetivas, 495-497
  spreads, 500-501
  straddle, 500-501
Estratégias passivas, 111, **138-139**,
  239-240, 338
  custos e benefícios, 139-141
  eficiência das, 195-197
  e linha do mercado de capitais, 138-140
  em investimentos internacionais, 627-629
  gestão de obrigações
    equiparação de fluxo de caixa,
      351-354
    estratégia de dedicação, 351-354
    imunização, 346-352
  versus estratégias ativas, 239-242
**Estrutura de prazo das taxas de juros,
  322-323**
ETF; *consulte* Fundos negociados em bolsa
Ética corporativa, 7-9
E*Trade, 70-71
Eurex, 562-564
Euro, 33-34
Eurodólar, 29
Euronext, 69-70, 562-564
Euro-obrigações, 33-34, 296-297
European Interbank Offered Rate, 29-30
Evans, Richard, 254-255
Eventos de cauda, 675-677
Evento três sigma, 117-118
Excesso de confiança, 266-267
Execução na gestão de investimentos,
  712-715
Exigências de reserve, 379-381
Expectativas homogêneas, 194-195
Exuberância irracional, 248-249n, 274-275
ExxonMobil, 149, 218t, 455t, 723-725, 726

F
Facebook, 55-56, 423-424
Fairfield Greenwich Advisors, 677-678
Falência
  e escândalos corporativos, 8-9
  efeito sobre os fundos de pensão, 706-708
  Lehman Brothers, 20-21, 31, 320-322
Fama, Eugene, 139-140, 209-211, 212,
  213-214, 244-245, 246, 247-248,
  251-252, 253-255, 275-276
Famílias
  decisões de investimento, 712
  fornecedores de capital, 10-12
  objetivos de renda e poupança, 685-686
  patrimônio das, 2-4
Fannie Mae; *consulte* Associação
  Hipotecária Federal
Farm Credit, agências de crédito agrícola,
  296-297
Fator de anuidade, 298-301
Fatores de risco de preço, 213-214
Fatores de risco macroeconômicos, 213-215
Federação de Analistas Financeiros, 713-715
Federal Express, 59-60
Federal Reserve System, 29, 76-77
  Conselho de Governadores, 71-72
  instrumentos monetários, 379-381
  política monetária, 379-381
  previsão de taxas de juros, 376-377
  reduções nas taxas de juros, 14-17
Feedback na gestão de investimentos, 712-715
Feiras itinerantes (*road shows*), 57-58
Fideicomissário, 715-717
Fideicomisso pessoal, 715-717
Fideicomissos não gerenciados, 87-88
Fidelity Management and Research Group,
  87-88, 89-90, 91, 387-389, 639-640,
  695-696
Finanças comportamentais, 265-266
  avaliação da crítica da HME, 274-276
  crítica da HME, 265-275
    bolhas especulativas, 273-275
    erros de processamento de
      informações, 266-268
    lei de preço único e limites à
      arbitragem, 268-270
    vieses comportamentais, 267-270
  e análise técnica, 275-283
    advertência aos padrões de preço das
      ações, 280-283
    indicadores de sentimento, 279-281
    tendências e correções, 276-280
  efeito de disposição, 275-276
  e mercados eficientes, 265-266
Fisher, Irving, 131-132
Fitch Investors Service, 18-19, 294-295,
  314-316
Flutuação livre, 43n
Flutuações na taxa de câmbio, 37t,
  373-375, 577-578
Flutuantes reversas, 296-297
Fluxo de caixa, 427
  de financiamento, 448-449

de investimento, 448-449
de obrigações, 298-299
operacional, 448-449
Fluxo de caixa livre para a empresa, 428, 429-431
Fluxo de caixa livre para os acionistas, 428-429, 429-431
Fora do dinheiro, 485-486, 491-492, 493, 520-522
Força relativa, 237-238, **279-280**
Ford Motor Company, 318-319
Formadores de mercado, 67-68
Fórmula de fluxo de caixa descontado, 410-411
Fórmula de precificação de Black-Scholes, 520-522, 617
Fornecedores, poder de barganha, 393-395
Freddie Mac, 21; *consulte* Corporação Federal de Hipotecas Residenciais
French, Kenneth R., 132-134, 139-140, 209-211, 212, 213-214, 244-245, 246, 247-248, 249, 251-252, 253-255
Fronteira eficiente, 164-165, 650-651
ativos de risco, 163-167
de carteira de mercado, 194-195
de carteiras de país, 652-654
para diversificação internacional, 168t
Fronteira eficiente *ex-post* (*a posteriori*), 650-651, 651-652
Froot, K. A., 272-273n
FTSE International, 655-656
Fuchs, Thomas, 385-386n
Fuga do arrependimento, 268-270
Fundo de amortização, 316-319
Fundo de capital fechado, 87-89
limites à arbitragem, 273-274
Fundo de índice de mercado, 195-196
Fundo fechado, 87-89
Fundo Fidelity Magellan, 256-257, 605-607, 611
Fundo indexado, 44-45, 91-92, **239-240**
estrangeiro, 640-642
Fundos alimentadores, 677-678
Fundos balanceados, 90-92
Fundos com carregamento baixo, 93-94
Fundos de ações
em períodos de recessão, 152-153
tipos de, 90-91
Fundos de ações, 90-91, 92
retornos médios, 101-102
Fundos de alocação de ativos, 91-92
Fundos de ciclo de vida, 90-91
Fundos de crescimento, 90-91
Fundos de dotação, 718-719
Fundo(s) de fundos, 91-92, 202-203, **599-600**, 663-664, **667-678**
para distribuição de riscos, 679-680
Fundos de *hedge*, 13-14, **89-90**, 139-140, 202-203, 662680, **662-663**
análise de estilo, 663-664t, 668-670
alfa portátil (*portable alpha*), 665-670
avaliação de desempenho, 669-677

carregamentos de fator variáveis, 673-676
eventos de cauda, 675-677
liquidez, 670-673
retornos, 669-671
viés de sobrevivência, 672-675
como sociedades privadas, 662
comportamento de busca de alfa, 662
crescimento de 1997-2012, 662taxas de incentivo, 662
escândalo Madoff, 678-679, 679-680
estratégias
arbitragem estatística, 665-666
direcionais ou não direcionais, 663-665
estrutura de taxas, 676-680
fundo de fundos, 599-600, 677-680
modelo de desempenho de sete setores, 606-607
na crise financeira de 2008, 291
regressões do modelo de índices, 670-671
taxas de atrito, 673-675
versus fundos mútuos, 662-664
versus retornos do Standard & Poor's 500, 675-676f
Fundos de investimentos em cotas, 87-88
Fundos de investimentos em cotas , 89-90
Fundos de mercados emergentes, 90-91
Fundos de obrigações, 89-90, 91, 92
durante recessões, 152-153
Fundos de pensão
e equiparação de fluxo de caixa, 352-354
e falências corporativas, 706-707
estratégias passivas, 346-347
patrocinadores, 717-718
perda de terreno, 347-348
planos de benefícios definidos, 695-696, 716-718
planos de contribuição definidos, 695-696, 716-717
suscetibilidade à taxa de juros, 346-348
taxas de retorno, 717-718
Fundos de renda, 90-91
Fundos de vencimento pretendido, 90-91
Fundos do mercado monetário, 89-90, 91, 92
Fundos federais, 29-30
Fundos flexíveis, 91-92
Fundos globais, 90-91
Fundos híbridos, 91-92
Fundos hipotecários, 89-90
Fundos internacionais, 90-91
Fundos mistos, 88-90
Fundos mútuos, 12-14, **715**-717; *consulte também* Fundos negociados em bolsa
abertos, 87-88
baixo carregamento, 93-94
carregamento, 88-89
classes de, 93-94
classificação ajustada ao risco, 606-608
custos de investimento nos, 92-96
desconto, 88-89
desempenho, 99-103
desempenho do gestor monetário, 611

eficiência fiscal, 104-105
em comparação com os fundos de *hedge*, 89-90
empresas abertas, 87-88
erro de negociação médio, 606-607
evitando a oscilação de estilo, 662-663
fechados, 87-89
fontes de informação, 92-93, 102-105
fundo de fundos, 599-600
fundos de fundos, 91-92
fundos de índice, 44-45
fundos do mercado monetário, 31, 134-135
fundos negociados em bolsa, 44-45
histórico de investimento, 99-101
indexados, 239-240
leis que regulamentam, 641-643
métodos de vendas, 92-93
número de,102-103
para investimentos internacionais, 639-640
políticas de investimento, 89-93
por classificação de investimento, 91-92t
prêmio, 88-89
referencial de desempenho, 253-256
retornos ponderados pelo tempo, 113-115
sem carregamento, 93-94
tamanho dos ativos, 89-90
tipos de, 90-93
tributação de, 95-97
variação nos retornos, 605
versus fundos de *hedge*
estratégias de investimento, 641-643
estrutura livre, 663-664
investidores, 641-643
liquidez, 641-643
transparência, 641-643
viés de escolha, 608-609
viés de sobrevivência, 608-609
Fundos mútuos do mercado monetário, 134-135
Fundos negociados diretamente, 92-93
Fundos negociados em bolsa, 44-45, **96-97**, 202-203, 560-563
ativos em, 98-99
como índices de mercado, 239-242
na quebra-relâmpago de 2010, 68-69
para investimentos internacionais, 639-640
patrocinadores e produtos, 97-99t
visão geral, 96-100
Fundos regionais, 90-91
Fundos sem carregamento, 93-94
Fundos sem carregamento e sem taxas, 94-95
Fundos setoriais, 90-91
Fung, William, 606-607, 673-675n
Fusões e aquisições, nas bolsas de valores, 69-70
Futuros de ação única, 560-563
Futuros de câmbio, 563-564, 577-580, 579-580f, 633-634
Futuros de *commodities*, 558-559
Futuros de índice de ações, 575-577

Futuros de moeda, 577-580
Futuros de obrigações do Tesouro, 579-580
Futuros de taxas de juros, 578-581
Futuros financeiros, 558-559
    arbitragem de índice, 577-578
    futuros de câmbio, 577-580
    futuros de índice de ações, 575-577
    futuros de taxas de juros, 578-581
    inovação em, 560-563
    liquidação, 567-568
    posições de ações sintéticas, 576-578
Futuros gerenciados, 663-664
Futuros indexados, 558-559

G

Gabelli, Mario, 256-257
Galleon Group, 235-236
Gallup Organization, 271
GAMCO, 256-257
Ganhos atuais, 420, 459-460
Ganhos contábeis, 424, **445**, 465, 466
Ganhos de capital, 39-40, 90-91
    como cobertura fiscal, 698-699
Garantia, 506-507
Garantia destacável, 606-607
Garber, Peter, 250-251n
Garwal, Vikas, 672-673
Gaskins, Francis, 423-424
Gastos governamentais, 378-381
Gateway Investment Advisors, 492-493
General Electric, 6-7, 38-40, 723-724
Gerenciamento de demanda, 378-381
Gerson Lehman Group, 236-237
Gervais, S., 275-276
Gestão ativa, 10-11, 111, **594-595**; *consulte também* Fundos de *hedge*; Investimento internacional; Investidores; Avaliação de desempenho de carteiras; Planos de poupança e aposentadoria
    carteira de obrigações
        análise-horizonte, 358-359
        exemplo, 358-360
        fontes potenciais de lucro, 356-358
        taxonomia da, 357-358
    como política de investimento, 724-726
    custos da, 139-141
    e diversificação internacional, 652-653
    em investimentos internacionais, 627-629
    ferramentas de, 265-266
    homens *versus* mulheres, 266-267
    versus estratégias passivas, 239-242
    versus gestão passiva, 593, 594-595
Gestão de carteiras; *consulte também* Gestão de carteira de obrigações
    alocação de ativos, 133-138
    análise regressiva para, 208-209
    ativa *versus* passiva, 239-242
    determinação de políticas, 713-714 t
    e mercados eficientes, 241-242
    empresas de investimento gerenciadas, 87-89
    erros mentais, 250-251
    fundos de investimentos em cotas, 87-88
    índices de *hedge* para, 540-542
    investimentos de longo prazo, 178-181
    modelo de três fatores de Fama-French, 213-217
    opções *versus* ações, 491-497
    por negociação de programa, 577-578
    técnica de Graham, 469-471
Gestão de carteiras de obrigações
    convexidade, 353-357
    estratégias ativas
        análise-horizonte, 357-358
        exemplo, 358-360
        fontes de lucro em potencial, 356-358
    estratégias passivas
        equiparação de fluxo de caixa, 351-354
        estratégia de dedicação, 351-354
        imunização, 346-352
    retornos históricos, 127-131
    risco da taxa de juros
        determinantes de duração, 344-347
        duração, 340-345
        sensibilidade à taxa de juros, 338-341
Gestão de investimentos; *consulte* Gestão ativa; *verbetes* Alfa; Gestão passiva; Planos de poupança e aposentadoria
Gestão de lucros, 424
Gestão de riscos, 5-6, **495-498**
    com derivativos, 483
    derivativos para, 496-497
Gestão passiva, 10-11, 593, **594-595**
    como política de investimento, 724-726
    versus gestão ativa, 593, 594-595
Gestão profissional, 86-87
Gestores de fundos de ações, 253-257
Gestores de fundos de obrigações, 256-257
Gestores de fundos mútuos, 253-257
Getmansky, Mila, 671-672
Ghysels, E., 536-537n
Gingrich, Newt, 563-564
Givaly, Dan, 250-251
GlaxoSmithKline, 453-452t
Global Crossing, 8-9
Globex, 562-564
Goetzmann, W., 677-678
Goldgar, Anne, 250-251n
Goldman Sachs, 13-14, 15, 69-70, 654-655
Google Inc., 175-177, 195-196, 203-209, 215-217, 391-392, 423-424, 453-454t
Gordon, Myron J., 409-410
Governança corporativa, 7-9
Gráficos de ponto e figura, 278-279
Graham, Benjamin, 469-471
Graham, J. R., 139-140, 598n
Grande Depressão, 615
Graus de liberdade, 206
Greenspan, Alan, 274-275
Green, T. C., 234-235
Grinblatt, Mark, 275-276
Grossman, Sanford J., 235-236
Groupon, 57-58
Gruber, M. J., 253-254n, 256-257
Guerra do Golfo, 535-536

H

Han, Bing, 275-276
Harris, Lawrence E., 65-66
Harris, M., 216-217n
Harrow, Elizabeth, 535-536
Harvey, A., 536-537n
Harvey, Campbell R., 139-140, 598n, 649-650
Hasanhodzic, Jasmine, 671-672, 673
H. B. Shaine, 492-493
HealthSouth, 8-9
Hedge curto, 569-570
Hedge de patrimônio longo-curto (comprado-vendido), 663-664
Hedge do Texas, 707-708
Hedge longo, 569-570
Hedging
    com futuros de câmbio, 577-578
    em mercados de futuros
        problemas de especulação, 568-571
        risco de base, 570-571
    hedge curto, 569-570
    hedge longo, 569-570
    hedging cruzado, 570-571, 580-581
    mudanças na taxa de câmbio, 579-581
    renda trabalhista, 706-708
    risco de moeda, 650-561
    risco de taxa de câmbio, 633-634
    taxas de câmbio imperfeitas, 635-636
Hedging de taxa de juros imperfeito, 635-636
***Hedging* dinâmico**, 528-530, **543-544**
Henderson Global Investors, 202-203
Henriksson, Roy D., 619
Heranças, 707-708
Heston, S. L., 536-537n
Hewlett-Packard, 68-69, 453-454t
Hipoecas, 36-38
    com taxa ajustável, 17-19
    de longo prazo, 718-719
    em conformidade, 17-18, 19
    subprime, 17-19, 36-38
Hipoteca de longo prazo de taxa fixa, 718-719
Hipotecas de taxa ajustável, 17-19
Hipotecas em conformidade, 17-18, 19, 36-37
Hipotecas submersas, 17-18
Hipotecas *subprime*, 17-19, 28-29, 36-38
Hipótese de expectativas, 322-325, **323-324**
Hipótese de mercado eficiente, 233-258, **233-234**, 639-640
    alocação de recursos, 241-243
    caminhos aleatórios, 233-236
    conclusões sobre, 256-257
    crítica comportamental, 265-276
    desempenho dos fundos mútuos e analistas
        analistas do mercado de ações, 252-254
        gestores de fundos mútuos, 253-257
    e concorrência, 235-236
    e informações privilegiadas, 230-231
    forma forte, 236-238

forma fraca, 236-238
forma semiforte, 236-238
função da gestão de carteiras, 241-242
implicações
    análise fundamentalista, 238-240
    análise técnica, 237-239
    estratégias ativas *versus* passivas, 239-242
interpretando anomalias
    mineração de dados, 252-253
    prêmio de risco como ineficiência, 250-252
previsores de retorno de mercados gerais, 245-246
problemas de previsão, 265
questões
    evento de sorte, 243-244
    magnitude, 242-243
    viés de escolha, 242-244
teste em conjunto, 246-247
testes de forma forte, 250-251
testes de forma fraca
    retornos em curtos horizontes, 244-245
    retornos em longos horizontes, 244-246
testes semifortes, 245-251
    anomalias, 246-247
    bolhas especulativas, 249-251
    efeito da pequena empresa em janeiro, 246-247
    efeito de P/E, 246-247
    efeitos da empresa negligenciada/liquidez, 246-248
    índices de valor contábil/mercado, 247-249
    mudança de preço pós-divulgação de lucros, 248-250
Hipótese de modismos, 244-245
Hlavka, M., 253-254n
HME; *consulte* Hipótese de mercado eficiente
Holdings bancárias, 13-14
Home Depot, 445-446, 447-449, 448, 460-462, 462-463
Homer, Sidney, 339-340, 351-352, 357-358
Honda Motors, 2-3, 357-358, 373-375, 417-420, 428-432, 453-454t
Horizonte de investimento, 308-310, **720-721**
    motivos para escolher, 178-179n
Horizonte de tempo, 179-181, 194-196
HSBC, 13-14
Hsieh, David, 673-675n
Hull, J. C., 536-537n

I

IBExchange Group, 560-563
IBM, 72-73, 268-270, 484-485, 539-540, 723-724
Icahn, Carl, 7-8
Imposto progressivo, 693-695
    e contas Roth, 696-698

tradicional *versus* nos planos Roth, 697-698t
Impostos
    como despesas, 445-446
    dividendos de ações preferenciais, 296-297
    e ações preferenciais, 39-41
    e decisões sobre investimento, 720-721
    e depreciação, 465-467
    e fundos negociados em bolsa, 99-100
    e mercados de futuros, 567-568
    e política de investimento, 241-242
    e políticas voltadas para a oferta, 381-383
    imposto progressivo, 693-695
    imposto uniforme, 689-690
    incentivo fiscal para hipotecas, 705-706
    letras do Tesouro, 26-27
    obrigações para desenvolvimento industrial, 33-34n
    planos de benefícios definidos, 695-696
    planos de contribuição definidos, 695-696
    sobre contas de aposentadoria individuais, 696-698
    sobre fundos mútuos, 95-97
    sobre ganhos de capital, 698-699
    sobre planos de poupança, 689-692, 693-695
    sobre renda de aposentadoria, 689-690
Impostos sobre ganhos de capital, 96-97, 99-100, 698-699
Impulso, e médias variáveis móveis, 276-277
Imunização, 346-347
    combinação de duração, 348-351
    conceito, 346-348
    reequilíbrio, 350-352
    risco de taxa de juros, 348-349
    valores presentes *versus* futuros, 349-351
Incentivo fiscal para hipotecas, 705-706
Incerteza, fontes de, 148-149
Inc., revista, 385-386
Indexação, 138, 593
Indicadores atrasados, 383-385
Indicadores coincidentes, 383-385
Indicadores de sentimento
    estatística *trin*, 279-281
    índice de confiança, 280-281
    índice de opção de venda/opção de compra, 280-281
    juros de curto prazo, 280-281
Indicadores do mercado de obrigações, 45-46
Indicadores econômicos
    coincidentes, 383-385
    defasados, 383-385
    índice de, 383-384
    principais, 383-386
    úteis, 386
Índice Barclays de Obrigações Agregadas, 358-359
Índice Barclays de Obrigações Agregadas ao Capital, 724-725
Índice Barclays de Obrigações Agregadas ao Capital dos Estados Unidos, 239-240

Índice Barclays de Obrigações de Longo Prazo do Tesouro, 127
Índice cobertura de juros, 454-456
Índice composto Dow Jones, 42-43
Índice composto Nasdaq, 576-577
Índice confiança, 280-281
Índice da Bolsa de Valores de Nova York, 576-577
Índice da TSX (Bolsa de Valores de Toronto), 45
Índice DAX, 45
Índice de ações Nikkei, 45, 488-489, 639-640
Índice de alavancagem, 13-14n, 315-316, **455-456**
Índice de carga de juros, 456-457
Índice de carga tributária, 454-455
Índice de Case-Shiller de preços habitacionais, 16-17, 705-706n
Índice de cobertura de juros, 314-316
Índice de cobertura de taxa fixa, 314-316
Índice de conversão, 40-41, 295-296, 504-505
Índice de desembolso de dividendos, 411-412, 415-416
Índice de dinheiro em caixa, 459-460
Índice de informação, 175-177, 599-600
    mercados desenvolvidos e emergentes, 646-647f
Índice de liquidez imediata, 315-316, **458-460**
Índice de liquidez seca; *consulte* Índice de liquidez imediata
Índice de mercado/valor contábil, 459-460
Índice de opção de venda/opção de compra, 280-281
Índice de preço ao consumidor, 32-33, 131
Índice de preço/fluxo de caixa, 427
Índice de preço/lucro, 39-40, 404-405, **460-462**
    ajustado *versus* divulgado, 469-470 t
    armadilhas da análise, 424-427
    associado com o MDD, 424-427
    comparações setoriais, 424
    e risco das ações, 423-424
    oportunidades de crescimento, 418-424
    previsão, 432-433
Índice de preço/valor contábil, 427
Índice de recompensa/volatilidade; *consulte* Índice de Sharpe (recompensa/volatilidade)
Índice de rendimento, 35-36
Índice de retenção de lucro, 411-412
Índice de retenção de lucros, 411-413, 420-421
Índice de rotatividade de estoque, 458-459
Índice de serviços de utilidade pública da Standard & Poor's, 44-45
Índice de transporte da Standard & Poor's, 44-45
Índice de valor contábil/mercado, 213-214, 247-249, 251-252
Índice dívida-patrimônio líquido, 315-316

Índice Dow Jones de serviços de utilidade pública, 42-43
Índice Dow Jones de transporte, 42-43
Índice d Sharpe (recompensa/ volatilidade), 124-126, **126**, 131, 136-137, 138-139, 160-162, 165-166, 167-169, 178-179, 178-180, 201-202, **596-598**, 599-600, 602, 609-612, 648-650
    para avaliação de desempenho, 596-599
Índice Europa, Austrália e Extremo Oriente (EAFE), 654-655
Índice financeiro da Standard & Poor's, 44-45
Índice fluxo de caixa-dívida, 316-317
Índice FTSE (Bolsa de Valores do Financial Times), 45, 639-640
Índice Hang Seng, 45
Índice igualmente ponderado, 44-45
Índice industrial da Standard & Poor's, 44-45
Índice industrial Dow Jones, 96-97, 281-283, 488-489, 560-563, 576-577
    empresas incluídas no período de 1928-2011, 43
    médias móveis, 277
    na quebra da bolsa em 1987, 545-546
    na quebra-relâmpago de 2010, 67-68, 69, 99-100
Índice MSCI (Morgan Stanley Capital International), 239-240
Índice Nasdaq, 44-45, 269-270, 273-275
Índice Nasdaq, 101-102, 96-97, 560-563
Índice PEG, 404-405, **421-422**
Índice ponderado pelo valor, 100-101
Índice ponderado pelo valor de mercado, 42-45
Índice preço/vendas, 427
Índice Russell 1000, 103-104
Índice Russell 2000, 59-60, 61, 576-577
Índice salarial médio, 702-703
Índices de avaliação, 404-405
    índice de preço/fluxo de caixa, 427
    índice de preço/lucro, 418-427
    índice de preço/valor contábil, 427
    índice de preço/vendas, 427
Índices de bolsas de valores internacionais, 45
Índices de cobertura, 314-316
Índices de *hedge*, 522-525, **540**-542, 543-544, 580-581
Índices de liquidez, 315-316, 458-460
Índices de lucratividade, 315-317
Índices do mercado acionário
    Bolsa de Valores de Nova York, 44-45
    coordenação entre, 576-577
    Dow Jones, 40-43
    e modelos de índices, 201-202
    e quebra de 1987, 653f
    igualmente ponderados, 44-45
    indicadores do mercado de obrigações, 45-46
    índice de ações Nikkei, 488-489
    internacionais, 45

    média ponderada pelo preço, 40-43
    Nasdaq, 44-45
    opções indexadas, 488-490
    ponderados pelo valor de mercado, 42-45
    Standard & Poor's, 42-45
    Wilshire 5000, 44-45, 100-101
Índices internacionais de capital, 654-655
Índices, resumo dos, 26-27
Índice Standard & Poor's 101-102, 488-489
Índice Standard & Poor's 498-499, 9-10, 42-45, 59-60, 61, 91-92, 103-105, 124-126, 196-197, 239-240, 241-242, 374-376, 488-489, 509, 560-563, 567-568, 595-596, 724-725
    ações de maior capitalização, 218-219t
    e modelos de índices, 201-202
    estatísticas de retorno mensais, 204-205t, 206
    limitações, 627
    previsões, 432-433t
    retornos cumulativos de 1980-2012, 15-16
    volatilidade implícita, 536-537
Índice volatilidade, 536-537
Índice volatilidade de Schaeffder, 536-537
Índice Wilshire 5000, 44-45, 100-101, 239-240, 241-242, 253-254
INET, 69-70
Inflação, 375-376
    definição de plano de benefícios indexado para, 695-696
    e depreciação, 465-467
    e despesas de juros, 465-467
    efeito dos choques de demanda ou oferta, 378-379
    efeito sobre os planos de poupança, 686-690
    equilíbrio, 132-133
    e taxas de retorno reais, 131-134
    na história dos Estados Unidos, 132-134
Inflação implícita, 132-134
Informações
    e versões de EMH, 238-239236-238
    importância para os investidores, 233-235
Informações privilegiadas, 78-80, 235-236, 237, 250-251
Instinet, 64-65, 69-70
Instituto CFA, 77-78, 79, 685-686, 712-713, 713-715, 722-723
Instituto de Analistas Financeiros Juramentos (CFA), 713-715
Instituto de Empresas de Investimento, 102-103
Instrumentos do mercado de obrigações, 2-3
    com garantias, 506-507
    comparados com ações preferenciais, 39-40, 295-297
    dívida de agência federal, 32-34
    emissão de obrigações em série, 317-319
    em planos de aposentadoria, 699-700t
    flutuantes reversas, 296-297
    hipotecas, 36-38
    livres de inadimplência, 134-135

    na construção de carteiras, 8-10
    obrigações catastróficas, 298-299
    obrigações com garantia, 317-319
    obrigações com garantia em equipamento, 317-319
    obrigações com grau de investimento, 314-316
    obrigações com opção de venda, 295-296
    obrigações com pagamento em espécie (*pay-in-kind*), 298-299
    obrigações com taxa flutuante, 295-296
    obrigações conversíveis, 36-37, 295-296, 504-507
    obrigações corporativas, 36-37, 294-296
    obrigações de cupom zero, 292-293
    obrigações de desconto, 306-307
    obrigações de grau especulativo, 314-316
    obrigações de prêmio, 306-307
    obrigações e notas do Tesouro, 31-33, 292-295
    obrigações garantidas por ativos, 296-299
    obrigações garantidas *versus* não garantidas, 36-37
    obrigações indexadas, 298-299
    obrigações internacionais, 33-34, 296-297
    obrigações municipais, 33-36, 296-297
    obrigações resgatáveis, 36-37, 294-295, 306-308, 502-505
    pagamentos de cupom, 31-33
    resumo dos, 26-27
    risco de inadimplência, 3-5
    spread de rendimento, 245-246
    taxa de cupom, 292-293
    taxa flutuante, 3-5
    títulos do Tesouro protegidos contra a inflação, 32-33
    títulos garantidos por ativos em circulação, 37-38
    títulos garantidos por hipotecas, 36-38
    títulos hipotecários, 317-319
    tributáveis *versus* isentos de impostos, 33-36
    valor nominal, 292-293
    valor nominal, 292-293
Instrumentos do mercado monetário, 3-5, 26
    aceites bancários, 29
    acordos de recompra, 29
    certificados de depósito, 28
    commercial papers, 28-29
    eurodólar, 29
    fundos federais, 29-30
    mercado Libor, 29-30
    na crise financeira de 2008, 31
    notas do Tesouro, 26-28
    opções de compra de corretores, 29
    rendimentos nos, 29-31
Intel Corporation, 3-5, 59-60, 61, 420, 424-427, 432-433, 453-454t
Intermediário de *swaps*, 582-584
Intermediários financeiros, 12-14
    fundos de *hedge*, 89-90
    fundos de investimento imobiliário, 89-90
    fundos mistos, 88-90

International Basel, acordo, 122-123n
International Country Risk Guide (PRS), 636-639
International Securities Exchange (ISE), 69-70, 485-486, 536-537
Internet, fonte e dados para avaliação, 404-405
Intrade, 563-564
Intuit, 387-389
Investidores
　ativos disponíveis aos, 112
　avessos ao risco, 123-126, 162-163, 268-270
　comprando na margem, 72-73
　concorrência entre, 594-595
　construção de carteiras, 8-10
　custos dos fundos mútuos, 92-96
　e convexidade, 355-357
　efeito de disposição, 275-276
　e funções das empresas de investimento, 86-87
　em finança comportamental, 265-266
　em fundos de *hedge*, 89-90, 662-663
　escolha de títulos, 8-10
　estratégias ativas *versus* passivas, 239-242
　expectativas homogêneas, 194-195
　gestão ativa, 10-11
　gestão de carteiras, 241-242
　gestão passiva, 10-11, 593
　horizonte de tempo, 178-181
　importância das informações, 233-237
　investidores-anjo, 14-15
　irracionais, 265-266
　monitorando e revendo carteiras, 725-726
　negociação com informações privilegiadas, 78-80
　objetivos
　　bancos, 718-719
　　empresas de seguro de vida, 717-719
　　empresas que não são de seguro de vida, 718-719
　　fundos de dotação, 718-719
　　individuais, 713-715
　　investidores profissionais, 715-718
　　matriz de, 719-720t
　　na avaliação de desempenho, 594-595
　políticas de investimento
　　ativo *versus* passivo, 724-726
　　categorias de alocação de ativos, 722-723
　　políticas descendentes (de cima para baixo), 722-725
　processo de gestão de investimentos, 712-715
　proteção de responsabilidade limitada, 507-508
　que mantêm carteiras de mercado, 194-196
　questões peculiares aos, 712
　restrição de 499, 55-56
　restrições sobre
　　circunstâncias, 719-720
　　fatores tributários, 720-721

　horizonte de investimento, 720-721
　liquidez, 719-721
　matriz de, 721-722t
　necessidades exclusivas, 720-722
　regulamentações, 720-721
　retornos esperados, 9-11
　retornos sobre fundos mútuos, 94-96
　risco de taxa de juros, 346-347
　semelhança entre, 194-195
　serviços analíticos disponíveis aos, 13-14
　teorema de fundo mútuo, 195-197
　teoria da preferência por liquidez, 324-326
　teoria das expectativas, 322-325
　timing do mercado, 615-619
　tolerância ao risco, 137-138
　trade-off risco-retorno, 9-11
　valor em risco, 119-120, 121-122
　vieses comportamentais, 267-270
Investidores-anjo, 14-15
Investidores institucionais, 13-14, 712
　e posições vendidas (a descoberto), 167-169
　estratégias de opção, 498-499
　gestão ativa, 594-595
　gestão ativa *versus* passiva, 724-726
　políticas descendentes (de cima para baixo), 722-725
　regulamentação dos, 720-721
Investidores profissionais
　objetivos
　　fideicomisso pessoal, 715-717
　　fundos de pensão, 716-718
　　fundos mútuos, 715-719
　regulamentação dos, 720-721
Investimento, 2-3
Investimento de ativos alternativos, 202-203
Investimento de valor, 469-472
Investimento internacional
　atribuição de desempenho, 654-656
　benefícios da diversificação, 637-653
　características, 627
　diversificação
　　estatísticas de risco e retorno, 639-643
　　expectativas realistas, 639-642
　　fundos mútuos, 639-640
　　fundos negociados em bolsa, 639-640
　　gestão ativa, 652-654
　　mercados em baixa, 651-654
　　mercados emergentes, 641-644
　　recibos de depósito americanos, 639-640
　　representação enganosa, 649-651
　　resumo de benefícios, 648-650
　　retornos médios em mercados emergentes, 643-646
　　risco de taxa de juros, 644-650
　em mercados emergentes
　　capitalização de mercado das bolsas, 629-631
　　estratégia ativa *versus* passiva, 627-629
　　níveis de risco, 630-639, 641-644

　　porcentagem do PIB mundial, 627-629
　　retornos médios, 643-646
　　viés de país de origem, 630-631
　em países desenvolvidos, 627-628
　fatores de risco
　　risco de taxa de juros, 630-636, 644-650
　　risco específico ao país, 635-639
　fundos de índice estrangeiros, 542-543
Investimentos de longo prazo
　confusão sobre, 180-181
　estratégia de diversificação de tempo, 178-181
　risco e retorno, 178-181
IPOdesktop.com, 423-424
iShares, 386-389
iShares Russell 1000 Value Fund, 68-69
Itens extraordinários, 467-468

J

Jacquier, Eric, 560-563
Jaffe, Jeffrey F., 78-80, 250-251, 315-316
Jagadeesh, N., 244-245, 252-253
Jagannathan, Ravi, 139-140, 211-212
Japão, keynesianismo no, 380-381
JCPenney, 387-389
Jensen, Michael, 209-211, 600-601
Jiau, Winifred, 236-237
Jogo com ativos, 393-394
Jogo de soma zero, 559-560
Johnson & Johnson, 218-219t
Jones, C. P., 76-77n, 248-249, 250
Joseph II, 606-607
Journal of Finance, 209-211
J. P. Morgan, 13-14, 412-413, 545-546, 547
JPMorgan Chase, 13-14
Juros acumulados, 292-294, 303-304
Juros, acumulados, 293-295, 303-304
Juros de curto prazo, 280-281

K

Kahneman, Daniel, 266-267, 268-270n
Karebell, Zachary, 496-497
Kat, H., 673-675n
Kaul, Gautam, 244-245
Keim, Donald B., 245-246, 247
Kellogg Company, 424-427
Kendall, Maurice, 233-234
Keown, Arthur, 234-235
Keynes, John Maynard, 269-270, 380-381
Kim, J., 252-253
Kitts, Amo, 202-203
Kosouska, R., 256-257
Kothari, S. P., 247-248n
Kotlikoff, Lawrence J., 707-708
Krushe. S. D., 252-253

L

Lakonishok, Josef, 245-246, 251-252, 267-268
Lamont, O. A., 75n, 272-273
Lançamento de opção *naked*, 498-499

Landus Growth Investors, 102-105
La Porta, Raphael, 251-252
Latané, H. A., 248-249, 250
Latência, 66, 67-78
Lealdade à marca, 393-394
LEAPS; *consulte* Títulos de longo prazo de antecipação de patrimônio líquido
Lee, C. M., 252-253, 273-274
Lehavy, R., 252-253, 254
Lehman Brothers, 8-9, 13-14, 14-15, 20-21, 31, 45, 76-77, 90-91n, 127, 241-242, 320-322, 707-708
Lehmann, B., 244-245n
Lei antitruste
   e Nasdaq, 64-65
   na União Europeia, 69-70
Lei de Empresas de Investimento de 1940, 87-88, 662-663
Lei de preço único
   definição, 271
   limites à arbitragem
      desmembramentos acionários, 272-274
      empresas gêmeas siameses, 272-273
      fundos fechados, 273-274
Lei de Proteção da Renda de Aposentadoria dos Assalariados, 695-696, 721-722
Lei de Proteção dos Investidor em Títulos de 1976, 76-77
Lei de Títulos de 1933, 75-77, 662-663
Lei de Valores Mobiliários de 1934, 63-64, 75-77, 236-237
Lei Dodd-Frank de Reforma de Wall Street e de Proteção ao Consumidor de 2010, 20-22, 320-322
Lei dos números grandes, 148-149
Lei Glass-Steagall de 1933, 13-14
Lei Sarbanes-Oxley, 8-9
   cláusulas, 77-80
Leis *blue sky* (leis estaduais de títulos), 76-77
Lei Uniforme de Títulos de 1955, 76-77
Letras do Tesouro, 3-5, **26-28**
   estatísticas mensais de retorno, 204-206t, 206
   livres de inadimplência, 29-30
   retornos médios, 9-10
   taxas de retorno de 1926-2010, 133-134
Liang, B., 677-678
Libor; *consulte* London Interbank Offered Rate
Liebowitz, Martin L., 351-352, 357-358
Liev, J., 251-252
LIFFE (Bolsa Financeira Internacional de Futuros e Opções de Londres), 69-70, 562-564n
Linha característica de títulos, 171-172, 204-206
   para Google Inc., 207-208t
Linha de alocação de capital, 136-137, 166-167, 168t, 194-195
   para ativos isentos de risco, 160-163

Linha de mercado de título multifator, 212-214
Linha de mercado de títulos, 199-200
   multifator, 212-214
Linha do mercado de capitais, 138-139, 194-195, 196
   e linha de mercado de títulos, 199
   estratégias passivas, 138-141
   evidências histórias sobre, 138-140
Liquidação de caixa, 567-568
Liquidez, 19-20n, 55-56, **458-459**, **719**-721
   aumento esperado na, 703-704
   como fator de risco, 211-212
   e desempenho dos fundos de *hedge*, 670-673
   incerta, 706-708
   período de carência, 662-663
Listagens de bolsas de valores, 38-40
Listagens de letras do tesouro, 28
Livro de ofertas/*bookbuilding*, 57-58
Livro de ordens de limite, 59-60, 61
Lloyd's, 58-59
Lo, Andrew, 244-245, 671-672, 672-673
London Interbank Offered Rate, 29-30, 582-584, 632-634
   e *spread* TED, 16-17
   queda em 2001-2004, 15-16
Longevidade, 702-705
Longin, F., 560-563
Long Term Capital Management, 31, 291, 535-536, 676-677
Lucro econômico, 432-433
Lucro líquido
   opções de compra, 490-491
   sobre opções de compra, 484-485
Lucro por ação, totalmente diluídos, 506-507
Lucros, 238-240
   atuais, 420, 459-460
   com carregamento final, 697-698
   contabilidade, 424, 427
   operacionais, 424
   pro forma, 424-427
   qualidade dos, 467-470
Lucros antes de juros e impostos, 428-429, 445-446, 450-451, 454-455
Lucros econômicos, 445-446, 468-469
Lucros operacionais, 424
Lucros por ação totalmente diluídos, 506-507
Lucros *pro forma*, 424-427
Lynch, Peter, 256-257, 392-394, 421-422

M

Macaulay, Frederick, 340-341
MacBeth, James, 209-211
MacKinley, Craig, 244-245
Macroeconomia doméstica
   déficits orçamentários, 375-377
   desempenho dos investimentos, 374-376
   emprego, 375-376
   inflação, 375-376
   produto interno bruto, 375-376

   sentimento do consumidor e do produtor, 376-377
   taxas de juros, 375-376
Macro global, 663-664
Madoff, Bernard L., 677-678, 679
Maginn, John L., 713-714
Makarov, Igor, 671-672
Malkiel, Burton G., 100-101, 102, 339-340, 341, 344-345, 346, 353-354, 673-675
Mania de tulipas, 249-250
Manipulação de desempenho, 608-612
Marcação a mercado, 565-566
Marca d'água elevada, 677-678
Marcus, Alan J., 560-563, 611
Margem, 70-74
   na negociação de opções, 488-489
Margem de lucro, 454-455
Margem de manutenção, 71-73, 565-566
Markowill Group, 595-596
Markowitz, Harry, 148, 164-165, 176-177
Marsh, Paul, 139-140
Marvell Technologies, 236-237
Matriz de correlação, 168t
Mayers, David, 197-198
Mazuy, Kay, 619
McDonald, Robert L., 527-528n
McGee, Suzanne, 578-580
McGrattan, E. R., 139-140
McLeavey, Dennis W., 713-714
McNichols, M., 252-253, 254
MDD; *consulte* Modelos de desconto de dividendos
MDD de dois estágios, 415-418, 431-432
MDD de três estágios, 431-432
Mecanismos de negociação, 62-64
Média aritmética, 113-114
Média da distribuição, 117-118
Média geométrica, 113-115
Média móveis, 276-277
Média ponderada de betas, 172-175 n
Média ponderada pelo preço, 40-43, 44-45
Medicare, 378-381
Medida de Jensen, 600-601
Medida de Treynor, 599-600, 601
Medidas de lucratividade
   alavancagem financeira e ROE, 450-453
   na declaração de renda, 445-448
   no balanço patrimonial, 446-448
   retorno sobre o capital, 450-451
   retorno sobre o patrimônio, 450-451
   retorno sobre os ativos, 450-451
   valor econômico agregado, 452-454
Mendelson, Haim, 211-212, 247-248
Mendenhall, R., 248-249n
Mercado a termo
   de câmbio, 563-564
   de câmbio a termo, 578-580
   moderno, 558
Mercado bancário em moedas, 278-258
Mercado de ações
   agregado, 432-433
   alocação de capital pelo, 5-6
   aumento de valor em 1933, 9-10

Bolsa de Valores de Nova York, 55-56
comparações nacionais, 372-373t
na recessão de 2000-2002, 15-16
Nasdaq, 55-56
perda de valor em 1931, 9-10
quebra de 1987, 31, 492-493, 544-549, 547-548, 651-654, 653f, 675-676, 676-677
quebra de 2008, 652-654
Mercado de ações, 26-27
Mercado de ações agregado, 432-433
Mercado de ações da Orla do Pacífico, 239-240
Mercado de ações de índice único
alfa, 170-171
análise de títulos com, 175-177
beta, 169-171
construção de uma carteira de risco ótimo, 177-178t
diversificação em, 172-176
linha característica de títulos, 171-172
modelo de índices, 169-170
representação estatística e gráfica, 170-175
retorno em excesso, 169-170
risco específico à empresa/residual, 170-171
Mercado de Ações Nasdaq, 1, 55-56, 62, **63-64**, 64-65, 69-70, 127
escândalo na, 63-65
na quebra-relâmpago de 2010, 68-69
negociação eletrônica, 63-66
operações, 65-67
Mercado de balcão (OTC), 59-60, **62**
na crise financeira de 2008, 19-20
negociação de obrigações, 69-70, 294-295
Mercado de câmbio, 5-6
Mercado de capitais de renda fixa, 3-5, 31
Mercado de capitais internacional, 33-34
Mercado de *commodities*, 5-6
Mercado de derivativos, 20-21
contratos de futuros, 47-48
desastres no, 483
função nos mercados financeiros, 484
inovações no, 508-509
opções, 46-47
para gestão de riscos, 495-497
resumo sobre, 26-27
Mercado de eurodólar, 296-297
Mercado de futuros presidenciais, 563-564
Mercado de hipotecas *subprime*, 320-322
Mercado de leilões, 59-60
Mercado de obrigações, 31
Estados Unidos, 46
índice de confiança, 280-281
inovação no, 296-299
mercado de eurodólar, 296-297
na crise financeira de 2008, 291
risco de liquidez, 69-70
Mercado eletrônico de futuros, 560-563
Mercado Híbrido da Bolsa de Valores de Nova York, 66-67
Mercado lento, 65-66

Mercado Libor, 29-30
Mercado monetário europeu, 29-30, 239-240
Mercado Monetário Internacional, 577-580
Mercado primário, 14-15, 55-56, 58-59
Mercados de busca direta, 58-59
Mercados de capitais, 3-5
e APT, 217-218
eficiência dos, 5-6
ineficiência, 242-243
internacionais, 33-34
segmentos de, 26
Mercados de corretagem, 58-59
Mercados de especialistas, 63-64
Mercados de futuros
contratos, 47-48, 558-564
estratégias
hedging versus especulação, 568-571
risco de base e *hedging*, 570-571
futuros financeiros, 575-581
mercado de previsão, 563-564
negociação
câmara de compensação e contrato em aberto, 562-566
conta de margem, 565-567
de marcação a mercado, 565-567
em redes eletrônicas, 562-564
entrega em dinheiro *versus* entrega real, 567-568
negociação reversa, 564-565
operação dos, 559-560
origens dos, 558
padronização da contratação a termo, 558-559
preços
paridade entre preço à vista-futuro, 571-575
spreads, 575-576
problemas tributários, 567-568
regulamentação dos, 567-568
swaps, 580-584
Mercados de negociadores, 58-61, 62-64
Mercados de títulos, 55-81, 64f-66f
Bolsa de Valores de Nova York (NYSE), 66-67
colocação de títulos privados, 55-56
comprando na margem, 70-74
concorrência nos, 1
custos de negociação, 69-71
eficientes, 10-11
empresas de capital aberto, 56
formadores de mercado, 67-68
globalização e consolidação, 69-70
mecanismos de negociação
mercados de distribuidores, 62-64
mercados de especialistas, 63-64
redes de comunicação eletrônica, 63-64, 66-67
mercados de balcão, 62-64
Nasdaq, 63-65
negociação *on-line*, 1
novas estratégias de negociação
dark pools, 67-68, 69
negociação algorítmica, 66-67, 68

negociação de alta frequência, 66-67, 68-69
negociação de obrigações, 68-70
ofertas públicas iniciais, 57-58
ordens condicionadas pelo preço, 59-62
ordens de mercado, 59-60
perfeitamente competitivos, 194-195
primários, 14-15, 55-56
registro de prateleira, 56
regulamentação
autorregulamentação, 77-78
da negociação com informações privilegiadas, 78-80
legislação de 1933-1970, 75-77
Lei Sarbanes-Oxley, 77-80
pela SEC, 64-66
secundários, 14-15, 55-56
Sistema Nacional de Mercado, 63-64
tipos de mercado
mercados de corretagem, 58-59
mercados de distribuidores, 58-60
mercados de leilão, 59-60
mercados de procura direta, 58-59
títulos garantidos por hipotecas, 16-18
vendas a descoberto, 73-76, 77, 78
Mercado secundário, 14-15, 55-56
Mercados eficientes, 10-11, 265-266
Mercados Eletrônicos de Iowa, 563-564
Mercados em baixa, 650-651, 652
Mercados emergentes, 235-236, 637-639
capitalização de mercado das bolsas, 629
fundos de *hedge*, 663-664
investimento internacional em, 627-631
níveis de risco, 641-644
PIB, 627-629, 629
PIB *per capita*, 629
retorno médio, 641-643
Mercados financeiros; *consulte também* Instrumento do mercado de obrigações; Mercados de capitais; Mercados de títulos; Mercado de ações
alocação de risco, 6-7
bancos de investimento, 13-15
capital de risco, 14-15
concorrência nos, 9-11
eficientes, 10-11
e governança corporativa, 7-9
empresas de investimento, 12-14
e separação entre propriedade e controle, 6-8
excesso de confiança nos, 266-267
função informativa, 5-6
ideia de derivativos, 484
intermediários financeiros, 12-14
Lei Dodd-Frank de Reforma, 20-22
momento de consumo, 6-7
na crise financeira de 2008, 14-22
principais participantes, 10-12
private equity (participações privadas), 14-15
segmentação dos, 25-26, 27
transparência, 7-8
Mercados monetários, 26-31

na crise financeira de 2008, 20-21
Merck & Company, 9-10
Merrill Lynch, 13-14, 15, 20-21, 45, 69-70, 97-99t, 715-717
Merton, Robert C., 212-213, 216-217, 528-530n, 545-546, 616
Método de desconto bancário, 26-28
Método primeiro a entrar, primeiro a sair, 463-464
Método primeiro a entrar, primeiro a sair, 463-464
Microsoft Corporation, 7-8, 218-219t, 387-389, 404-405, 406t, 423-424, 725-726
Milken, Michael, 314-316
Miller, Merton, 431-432
Mineração de dados, 216-217n, 252-253, **665-666**
Mínis, 575-576n
Minsky, Hyman, 249-250
Mitsubishi, 405-406
Mobil Corporation, 317-319
Modelo autorregressivo de heterocedasticidade condicional; *consulte* ARCH
Modelo binomial, 527-528
  generalizando a abordagem de dois estados, 525-527
  precificação de dois estados, 522-526
  tornando-o prático, 525-530
Modelo central e satélite, 202-203
Modelo de crescimento de três estágios, 418-420
Modelo de crescimento de vários estágios
  ciclos de vida e, 414-420
  modelo de dois estágios, 415-418
  modelo de três estágios, 418-420
Modelo de desconto de dividendos de crescimento constante, 408-410, 408-412, **409-410**
  suposição simplificadora, 414-415
Modelo de dois fatores, 212-214
Modelo de Gordon, 409-410
Modelo de índice único, 209-211
Modelo de precificação de ativos financeiros, 111, **194-195**, 406-407, 417-418, 428-429, 460-462
  ajuste ao risco, 246-247
  aplicações, 199-202
  carteira de mercado, 194-197
  crítica ao, 209-212
  e avaliação de desempenho, 595-597
  e investimento internacional, 651-652
  estimativa
    coleta e processamento de dados, 203-205
    conclusões, 207-209
    resultados, 204-208
  estratégias passivas e, 195-197
  evidências do mundo real, 209-212
  generalização multifatorial, 221-222
  limitações, 201-202
  linha característica de títulos, 204-208

linha de mercado de títulos, 199-200
  modelos multifatoriais e, 211-218
  objetivo, 193
  origem e desenvolvimento, 194
  pressuposições e implicações, 194-195
  prevendo betas, 209-211
  relação média-beta, 197-198
  relação retornos esperados -beta, 197-199
  retornos esperados sobre títulos individuais, 196-198
  retornos realizados e equação média-beta, 201-203
  teorema de fundo mútuo, 195-196
  teoria de precificação por arbitragem e, 217-222
  validade do, 216-218
Modelo de precificação de opções de Black-Scholes
  avaliação de opções de venda, 539-541
  distribuição normal cumulativa, 534
  elasticidade das opções, 541-542
  evidências empíricas, 546-548
  fórmula e visão geral, 528-538
  hedging dinâmico, 543-544
  na crise financeira de 2008, 545-547
  na queda do mercado acionário de 1987, 544-545
  planilha para, 533-536
  precisão dos parâmetros, 533-535
  quociente de proteção (*hedge ratio*), 540-542
  relação de paridade entrre opção de venda e opção de compra, 537-540
  seguro de carteira, 542-546
  suposições básicas, 533-535
  volatilidade implícita, 533-538
Modelo de quatro fatores, 254-255
Modelo de sete fatores, 606-607
Modelo de três fatores de Fama-French, 602-603
  coleta e processamento de dados, 214-216
  conclusões, 216-217
  definição, 213-215
  em anomalias, 251-252
  resultados estimados, 215-217
Modelo de Treynor-Black, 175-177, 194, 208, 604-605
Modelos de avaliação; *consulte também* Avaliação de ações; Avaliação de opções
  comparação entre os, 431-432
Modelos de ciclos de vida e de crescimento em vários estágios, 414-420
Modelos de desconto de dividendos, 408-409
  associados com a análise de P/E, 427
  ciclos de vida e modelos de crescimento de vários estágios, 414-420
  crescimento constante, 408-412
  dois estágios, 415-416
  modelos de crescimento de vários estágios, 418-420
  preço das ações e oportunidades de investimento, 411-415

três estágios, 418-420
  versão agregada, 432-433
  visão geral, 407-409
Modelos de índice, 169-170; *consulte também* Modelo de precificação de ativos financeiros
  análise de títulos com, 175-177
  e avaliação de desempenho, 595-597
  e modelos multifatores, 211-213
  equação média-beta, 201-203
  estimativa
    coleta e processamento de dados, 203-205
    conclusões, 207-209
    equações, 203
    resultados, 204-208
  modelo de quatro fatores, 254-255
  Modelo de três fatores de Fama-French, 213-217, 602-603
  modelo multifator, 602-605
  prevendo betas, 209-211
  relação entre retorno esperado-beta, 197-198
  retornos realizados e, 201-203
  sete fatores, 606-607
  único, 209-211
  utilizando na construção de carteiras ideais, 177-178t
  vantagens, 201-202
Modelos de volatilidade estocásticos, 537-538
Modelos multifatores, 193-194, **212-213**, 602-605; *consulte também* Modelo de três fatores de Fama-French
  fatores de risco macroeconômicos, 213-215
  generalização da APT e do modelo de precificação de ativos financeiros, 221-222
  modelo de dois fatores, 212-214
  validade do modelo de precificação de ativos financeiros, 216-218
Modigliani, Franco, 431-432, 598
Modigliani, Leah, 598
Momento de consumo, 6-7
Moody's Industrial Manual, 317-319
Moody's Investor Services, 18-19, 294-295, 314-316
  classificação de obrigações, 315-316
Morgan Stanley, 13-14, 654-655
Morgan Stanley Capital International, 640-642, 655-656; *consulte* MSCI
Morgan Stanley Capital Market, índices, 45
Morningstar, Inc., 92-93, 102-105, 606-608
Mozart, W. A., 606-607
M quadrado (M2), 598-600, 599
Mudança de preço pós-divulgação de lucros, 248-250
Mudanças de preço, 233-234
Multiplicador de lucros, 375-376, 432-433
Multiplicador de preço/lucro, 423-424
Múltiplo de preço/lucro, 418-420

Mutual Fund Sourcebook (Morningstar), 92-93, 102-105
Myers, S. C., 274-275n

N

Naik, Narayan, 606-607, 672-673
Naked short selling, 73-74n
Napoleão, 76-77
Nasdaq Market Center, 65-66
Nasdaq OMX Group, 65-66, 69-70
National Enquirer, 483
Necessidades exclusivas dos investidores, 720-722
Negociação algorítmica, 66-67, **68**
   na quebra-relâmpago de 2010, 68-69
Negociação com informações
   privilegiadas, 78-80, 235-236
   definição, 237-238
   exemplo, 236-237
Negociação de alta frequência, 66-67, **68-69**
Negociação de obrigações, 68-70
Negociação de opções
   Bolsa de Opções de Chicago (CBOE), 485-486
   e preço das ações, 485-488
   falta de frequência da, 487-488
   International Securities Exchange, 485-486
   lançamento de margem, 488-489
   mercados de balcão, 485-486
   origem da, 484
Negociação de pares, 67-68, **665-666**
Negociação de programa, 577-578
Negociação eletrônica, 1, 63-66
Negociação eletrônica *on-line*, 1
Negociação reversa, 564-565
Neiman Marcus, 387-389
New York Stock Exchange Amex, 66-67
New York Stock Exchange Arca, 61, 63-64, 65-66, 66-67
New York Stock Exchange Euronext, 69-70, 488-489
New York Stock Exchange Group, 64-65, 66-67
Níveis de preço, 233-234
   e inflação, 687-688
Níveis de resistência, 237-238
Níveis de suporte, 237-238
Nivelamento de resultados, 468-469
Nivelamento do consumo, 685-686
No dinheiro, 485-486
No dinheiro, 485-486, 520-522
Nofsinger, John, 271
Normas internacionais de divulgação financeira, 569-471
Notas de antecipação de impostos, 33-34
Notas do Tesouro, 31-33; *consulte também* Obrigações do Tesouro
Novos concorrentes, 393-394
Número CUSIP, 312-313
Nvidia, 236-237

O

Obama, Barack, 380-381
Obrigação com garantia em equipamento, 317-319
Obrigações, 292-293
Obrigações buldogue, 296-297
Obrigações catastróficas, 298-299
Obrigações com pagamento em espécie, 298-299
Obrigações com taxa flutuante, 3-5, **295-296**
Obrigações conversíveis, 36-37, **295-296**, 504-507
Obrigações corporativas, 3-5, **36-37**
   com opção de venda, 295-296
   conversíveis, 295-296
   emitidas ao valor nominal, 301-302
   listagens, 294-295
   prêmios de resgate, 394-395
   resgatáveis, 502-505
   risco de inadimplência, 314-323
   taxa flutuante, 295-296
Obrigações David Bowie, 296-299
Obrigações de alto rendimento, 314-316
Obrigações de cupom anuais, 340-341t
Obrigações de cupom zero, 292-293
   duração, 342-343
   equiparação de fluxo de caixa, 351-352
   rendimento até o vencimento, 340-341t
   visão geral, 312-313
Obrigações de desconto, 306-307
Obrigações de desconto de emissão original, 312-313
Obrigações de dívida garantidas, 18-20
Obrigações de dívida geral, 33-34
Obrigações de grau de investimento, 314-316
Obrigações de grau especulativo, 314-315
Obrigações de opção de venda, 295-296
Obrigações de prêmio, 306-307
   resgatáveis, 307-308
Obrigações de receita, 33-34
Obrigações de segunda linhas, 3-5, **314-316**
Obrigações do Tesouro, 3-5, **31-33**
   emissão, 292-293
   juros acumulados, 293-295
   preços cotados, 293-295
   preços e rendimentos, 293-294
Obrigações em eurodólar, 33-34
Obrigações em euroiene, 33-34, 296-297
Obrigações estrangeiras, 296-297
Obrigações euroesterlinas, 296-297
Obrigações extensíveis, 295-296
Obrigações garantidas, 36-37
Obrigações garantidas, 317-319
Obrigações garantidas por ativos, 296-299
Obrigações hipotecárias, 317-319
Obrigações ianques, 33-34, 296-297
Obrigações indexadas, 298-299
Obrigações internacionais, 33-34, 296-297
Obrigações isentas de impostos, 33-36
Obrigações livres de inadimplência, 134-135
Obrigações municipais, 33-36, 296-297
Obrigações não conversíveis, 502-504
Obrigações não garantidas, 36-37
Obrigações para desenvolvimento industrial, 33-34
Obrigações resgatáveis, 36-37, **294-295**, 306-308, 502-505
Obrigações resgatáveis adiadas, 294-295
Obrigações samurai, 33-34, 296-297
O'Connor, Robert, 491-492
Odean, Terrance, 266-267, 268, 271, 281-283, 282-283
Oferta de dinheiro, 377-378, 379-381, 384-385
Oferta pública subsequente, 56
Ofertas públicas iniciais, 56
   custo das, 57-58
   determinação de preço, 57-58
   Facebook em 2012, 55-56, 423-424
   feiras itinerantes (*road shows*), 57-58
   formação do livro de ofertas (*bookbuilding*), 57-58
   retornos médios, 58-59
   subvalorização, 57-58
Official Summary of Securities Transactions and Holdings (SEC), 250-251
OMX, 65-66
Ondas de Kondratieff, 276-277
OneChicago, 560-563
One Up on Wall Street (Lynch), 392-393, 421-422
Opção de compra coberta, 498-500
Opção de duplicação, 316-317
Opção de venda protetiva, 495-497, 498-499, 542-544
Opções, 3-5, 484-509
   alavancagem de, 494-495
   americanas, 488-489
   delta das, 540-542
   em comparação com contratos de futuros, 559-560, 560-563
   europeias, 488-489
   exóticas
      opções asiáticas, 508-509
      opções convertidas em moeda, 508-509
      opções digitais, 509
      quantos, 508-509
   fora do dinheiro, 485-486
   futuros, 489-490
   IBM, 487-488
   índice, 488-490
   Microsoft, 546-547
   moeda estrangeira, 489-490
   no dinheiro, 485-486
   opções de compra, 46-47, 484-485
   opções de venda, 46-47, 484-486
   pelo dinheiro, 485-486
   preço de exercício, 46-47
   preço de exercício/*strike*, 485-486
   prêmio, 48, 485-486
   taxa de juros, 489-490

títulos de longo prazo de antecipação de patrimônio líquido, 487-488
valor de seguro, 494-495
valor no vencimento, 489-492
versus ações como investimento, 492-497
Opções americanas, 488-489
Opções asiáticas, 508-509
Opções binárias, 509
Opções com conversão em moeda, 508-509
Opções da Microsoft, 546-547
Opções de compra, 3-5n, **46-47**, 280-281, **484-485**
cobertas, 498-500
determinantes de valor, 520-523
e garantias, 606-607
estratégia altista, 492-493
implícitas, 502-504
necessidade de comprar, 48
origem das, 484
timing do mercado como, 616-617
valor intrínseco, 520-522
valor no vencimento, 489-491
valor temporal, 520-523
Opções de futuros, 489-490
Opções de taxas de juros, 489-490
Opções de venda, 46-47, 280-281, **484-486**
avaliação das, 539-541
comparadas com posição de futuros, 48
estratégia baixista, 492-493
na quebra da bolsa de valores de 1987, 492-493
valor no vencimento, 490-492
Opções de venda *deep not-in-the-money*, 547-548
Opções de venda protetivas sintéticas, 542-544
Opções digitais, 509
Opções em moeda, 489-490
Opções em moeda estrangeira, 489-490
Opções europeias, 488-489, 539-541
fórmula de Black-Scholes, 530-532
Opções exóticas, 509-510
Opções indexadas, 488-490
e quebra da bolsa de valores de 1987, 492-493
Opções *naked* (a descoberto), 491-492, 492-493
Oportunidades de crescimento, 420, 432-433
Oportunidades de investimento preço das ações e, 411-415
Oportunidades de investimento equilibradas, 420-421
Oportunidades de lucro, 265-266
Option Clearing Corporation, 488-489
Option smirk, 547-548
Oracle Corporation, 387-389
Ordem de limite de compra (venda), 59-61
Ordem *stop*, 61
Ordens condicionadas pelo preço, 59-62
Ordens de mercado, 59-60
Ordens *stop* de compra, 61
Ordens *stop* de perda, 61

Organização dos Países Exportadores de Petróleo, 31
Oriental Land Company, 298-299
Outlook (Standard & Poor's), 471-472

P

Padrão de preço autodestrutivo, 238-239
Padrão de referência (*benchmark*)
atribuição de desempenho, 609-612
desempenho dos fundos mútuos, 253-256
e gestores de investimentos, 611
para análise por índice, 460-463
para investimentos internacionais, 654-655
Padrão de referência de desempenho, 253-255
Pagamentos de cupom, 31-33, 292-293
Países BRIC, 373-374, 627-629
Países desenvolvidos
capitalização dos mercados de câmbio, 628
investimento internacional em, 627-629
Palm, 272-273
Palmon, Dan, 250-251
Paridade, 537-540
Paridade entre preço à vista-futuro, 571-575
Parmalat, 8-9
Partes interessadas, 712
Participação acionária, 3-5
alavancada, 507-508
nivelada, 537-539
sedução, 211-212
Passivo contingente, 468-469
Passivos, 2-4
de bancos, 718-719
fora do balanço patrimonial, 468-470
Passivos circulantes, 446-448
Pass-throughs de marca privada, 17-18
Pass-throughs, marca privada, 17-18
Patel, Jayenda M., 234-235
Patrimônio alavancado, 507-508
Patrimônio alavancado, 537-539
Patrimônio dos acionistas, 405-406, 446-448
Paulson, John, 320-322
Penn Square Bank, 31
Perda do grau de liberdade, 154-155
Perfil de risco, 673-675
Período de carência, 662-663, 670-671
Período de coleta média, 458-459
Período de exercício, 357-358
Perpetuidade, duração da, 343-345
Pesos de carteira, 164-166
Pesos quadrados, 174-176
Petajisto, Antti, 604-605
Pfizer, Inc., 9-10
Pico, 381-383
Pierallni, Fabrizio, 578-580
Pinkerton, John, 234-235
Pinto, Jerald E., 713-714
Piso da obrigação, 504-505
Planejamento financeiro; *consulte* Plano de poupança e aposentadoria

Planejamento financeiro de ciclo de vida, 713-715
Planejamento na gestão de investimentos, 712-715
Planilha Excel
atribuição de desempenho, 614
cálculo de duração, 343-345
cálculos de Black-Scholes, 533-536
carteira internacional, 686-687
financiamento da educação dos filhos, 705-706
funções de determinação de preço de obrigações, 303-305
medidas de desempenho, 604-605
plano de aposentadoria real, 687-688
plano de poupança, 685-687
plano de poupança real com carregamento final, 688-689
plano Roth, 697-698
poupança com ações sem dividendos, 699-700
poupança e impostos, 691-692, 693, 694, 695
Planilhas rosa, 62
plano 529 de educação superior, 705-706
Plano de poupança real, 687-689
Plano de saúde (*health maintenance organizations*), 706-707
Planos 401k, 695-696, 696-698
Planos 403b, 695-696
Planos de aposentadoria, *consulte também* Fundos de pensão; Planos de poupança e aposentadoria
anuidades, 685-687
contas de aposentadoria individuais, 696-698
e previdência social, 701-705
fundos de aposentadoria com data definida, 707-708 n
planos de benefícios definidos, 695-696
planos de contribuição definidos, 695-696
Planos de benefícios definidos, 695-696, 716-718
Planos de contribuição definidos, 695-696, 716-717
Planos de educação para os filhos, 704-705
Planos de poupança e aposentadoria
casamento, 707-708
coberturas fiscais
ativos de risco ou ganhos de capital, 698-699
contas de aposentadoria individuais, 696-698
economia das, 691-693
padrão de referência, 691-693
planos de benefícios, 695-696
planos de contribuição definidos, 695-696
versus poupanças sem cobertura, 698-702
decisão entre alugar e comprar, 705-707
de longo prazo, 685-687

educação dos filhos, 704-706
efeito dos impostos, 689-692
efeitos da inflação, 686-690
heranças e transferências entre gerações, 707-708
liquidez incerta, 706-708
objetivos principais, 685
previdência social, 701-705
sentido global, 685-686
sentido local, 685-686
Poder aquisitivo, 373-375
Poder de barganha
dos compradores, 393-394
dos fornecedores, 393-395
Política de estímulo fiscal, 380-381
Política do governo federal
déficits orçamentários, 375-377
efeito de Keynes sobre, 380-381
gestão voltada para a demanda, 378-381
política fiscal, 378-381
política monetária, 377-378, 379-381
políticas voltadas para a oferta, 380-383
Política fiscal, 378-381
Política governamental; *consulte* Política do governo federal
Political Risk Services Group, 635-636
Política monetária, 377-378, 379-381
Política monetária expansionista, 379-381, 384-385
Políticas de investimento
ativo *versus* passivo, 724-726
categorias de alocação de ativos, 722-723
descendentes (de cima para baixo), 722-725
Políticas de investimento descendentes (de cima para baixo), 722-725
Políticas voltadas para a oferta, 380-381
Ponderação de capitalização, 654-655
Pontiff, Jeffery, 88-89, 273-274
Ponzi, Charles, 678-679
Portadores de dívida júnior, 317-319
Porter, Michael E., 393-394
Posição comprada (a descoberto), 48, 559-560, 571-572
negociação reversa, 564-565
posições de ações sintéticas, 576-578
propriedade de convergência, 566-567
Posição vendida, 48, 167-169, 559-560
Posições compradas-vendidas, 664-665
Posições de ações sintéticas, 576-578
Potencial de lucro, 356-358
Poterba, James M., 244-245
Práticas contábeis
avaliação de estoque, 465
contabilidade de marcação a mercado, 467-468, 469
de valor justo, 465-468
e escândalos corporativos, 8-9
inflação e despesa de juros, 465-467
internacionais, 469-471
para depreciação, 465-466
para planos de poupança impostos, 689-692

inflação, 686-690
para qualidade dos lucros, 467-470
reconhecimento de renda, 468-469
União Europeia *versus*, 469-471
Preço das ações
análise fundamentalista, 238-240
análise técnica, 237-239
após a divulgação de lucros, 248-250
comparações setoriais, 386-387
de evolução aleatória, 233-234
discernindo tendências no, 244-245
e analistas do mercado acionário, 252-254
e contabilidade mental, 267-268
e estratégias de opções, 495-499
e expectativa de dividendos, 432-433
e índices de *hedge*, 540-542, 543-544
em finança comportamental, 265-266
e modelo de determinação de preço de opção binomial, 522-530
e negociação com informações privilegiadas, 78-80
e opções, 46-47
e oportunidades de investimento, 411-415
e preços de exercício, 485-488
e prêmio de risco, 244-246
e retorno esperado, 199
e títulos conversíveis, 504-507
e valor das opções, 520-522,
falta de padrões previsíveis, 233-234
função da informação, 233-236
função dos, 5-6
histórico dos, 278-279t
médias móveis, 276-277
padrões autodestrutivos, 238-239
pregão, 405-406
previsão, 233-234
procura de padrões, 280-283
sinais de venda, 278-279
Preço das obrigações
ao longo do tempo
obrigações de cupom zero, 312-313
rendimento até o vencimento *versus* retornos de período de carregamento, 311-313
retornos após impostos, 312-314
strips do Tesouro, 312-313
taxa de cupom *versus* taxa de juros, 310-312
cálculo de valor presente, 298-301
cálculo do valor futuro, 300-302
com diferentes taxas de juros, 301-302
convexidade, 301-302
cotado, 292-294
e curva de rendimento, 322-328
e índices financeiros, 314-317
e juros acumulados, 293-295
entre datas de cupom, 301-304
e risco de inadimplência, 314-317
agências de classificação, 314-316
caução, 317-319
contratos, 316-319
determinantes de segurança, 314-317

fundos de amortização, 316-319
obrigações de segunda linha, 314-316
rendimento até o vencimento e, 317-320
restrições de dividendos, 317-319
subordinação a dívidas adicionais, 313-314
swaps de risco de não cumprimento, 319-323
e valor do dinheiro no tempo, 300-301
flutuação da taxa de juros e, 301-302
obrigações corporativas, 301-302
obrigações e notas do Tesouro, 293-294
planilha para, 303-305
preço de fatura, 303-304
preços únicos, 303-304
relação de rentabilidade, 301-303
sensibilidade à taxa de juros, 332-341
taxa de desconto, 298-301
Preço de compra, 26-27, 28, 59-60
Preço de exercício, 46-47, 484-485
Preço de exercício/*strike*, 46, 484-485, 486-488
Preço de fatura, 303-304
Preço de mercado
de risco, 124-126
versus valor intrínseco, 406-408
Preço de oferta de venda, 26-27, 59-60
Preço de referência, 68-69
Preço de resgate, 691-692
Preço de risco, 124-126, 137-138
Preço/lucro, índice de, 375-376
Preços
para alocação de recursos, 265-266
revelando tendências nos, 276-280
teoria de precificação por arbitragem, 194
Preços a termo, no câmbio, 579-580
Preços à vista, 565-567
no câmbio internacional, 579-580
Preços de futuros, 47, 489-490, 558-563, 560-563
limites sobre, 567-568
na data de vencimento, 565-567
posição comprada, 559-560
posição vendida, 559-560
Preços habitacionais; *consulte também* Crise financeira de 2008
e baixas taxas de juros, 16-17
índice de Case-Shiller, 16-17
mudanças no financiamento, 16-19
Preços únicos, 303-304
Preferência revelada, 124-126
Prêmio, 48, 484-485
Prêmio de conversão, 295-296
Prêmio de inadimplência, 319-320
Prêmio de liquidez, 325-326
Prêmio de risco, 123-124, 130
ativos isentos de risco, 126
carteira completa, 135-137
carteira de mercado, 194-195
carteira de risco ótimo, 161-162
durante bolhas especulativas, 249-250

e anomalias, 250-252
e gestão de carteiras, 241-242
e preço das ações, 244-246
investimentos de longo prazo, 180-181
patrimônio, 138-140
relação com o risco sistêmico, 197-198
retorno esperado e, 164-166
Prêmio de risco de ações, 138-140
Prêmio de risco de equilíbrio, 196-197
Prêmio de valor, 214-215
Previdência social, 378-381, **701-702**
  alocação de benefícios, 701-702
  ameaça de solvência, 703-705
  cálculo de benefícios, 701-702
  lucros médios indexados mensalmente, 702-703
  série de fatores de indexação, 701-703
  sugestão de privatização, 704-705
  taxa de reposição de renda, 702-703
  valor do seguro primário, 702-705
Previsão de taxa de juros, 356-358
Previsões, 594-595
  erros nas, 266-267
  imperfeitas, 617-618
  mercado acionário, 432-433
Primary Global Research, 236-237
Primary Insurance Amount, 701-702, 702-705
Principais indicadores econômicos, 383-386, 432-433
Princípio de seguro, 148-149
Princípio nocional, 58-59
Princípios contábeis geralmente aceitos, 424-427, 465, 468-469
  versus práticas contábeis internacionais, 469-471
Private equity **(participações privadas), 14-15**
Problema de magnitude do EMH, 242-243
Problema de viés de escolha do EMH, 242-244
Problema do evento de sorte no EMH, 243-244
Problemas de agenciamento, 7-8, 38-39
  na crise financeira de 2008, 18-19
Problemas de comparabilidade das demonstrações financeiras, 466-465
  avaliação de estoque, 465
  contabilidade de valor justo, 465-468
  convenções contábeis internacionais, 467-471
  depreciação, 465-467
  inflação e despesa de juros, 465-467
  qualidade dos lucros e práticas contábeis, 467-470
Processamento de informações, 5-6
Processo de investimento
  alocação de ativos, 8-10
  análise de títulos, 9-10
  e mercados eficientes, 10-11
  escolha de títulos, 8-10
  fundos mútuos, 89-93
  modelo de precificação de ativos financeiros no, 199-200
participantes
  bancos de investimento, 13-15
  capital de risco, 14-15
  famílias e empresas, 10-12
  intermediários financeiros, 12-14
  private equity (participações privadas), 14-15
  private equity (participações privadas), 14-15
  trade-off risco-retorno, 9-11
Processo dinâmico, 725-726
Procter & Gamble, 218-219t
Produção industrial, 375-376
Produto interno bruto, 375-376
  e capitalização de mercado, 629-631
  mercados emergentes, 627-629, 629
  países desenvolvidos, 627-629, 628
  versus ponderação de capitalização, 654-655
Produto interno bruto *per capita*
  e capitalização de mercado, 629-630
  mercados emergentes, 629
  países desenvolvidos, 628
Produtos substitutos, 393-394, 395
Propriedade de convergência, 566-567
Propriedade de separação, 166-167, 195-196
Prospecto, 56, 102-103
Proteção contra resgate, 294-295, 307-308
Proteção cruzada (*cross-hedging*), 570-571, **580-581**
Proteção de patentes, 393-394
Publicações sobre anomalias, 265-266, 275-276
Putnam, 89-90
Putnam Prime Money Market Fund, 31
Pyykkonen, Martin, 423-424

Q

Q de Tobin, 405-406
Qualidade do lucro, 467-468
  práticas contábeis, 467-470
Quantos, 508-509
Qubes, 96-97
Quebra-relâmpago de maio de 2010, 67-68, 69
  efeitos sobre os ETFs, 99-100
Questionário sobre risco, 715-717
Quociente de liquidez, 315-316, **458-459**
Qwest Communications, 8-9

R

Rajanatman, Raj, 235-236
Rapoport, Michael, 469-471n
Rauh, J., 467-468
Rau, P. R., 274-275
Reagan, Ronald W., 380-381
Real Estate Investment Trusts, 89-90, 705-706
Rebaixamento da dívida do Tesouro, 291
Rebalanceamento, 8-9, **350-352**, 357-358
Recessão de 2000-2002, 14-16
Recessão de 2008, 19-21; *consulte também* Crise financeira de 2008
Recessões, 111, 615
Recibo americano de depósito, 40-41, 415-416n, 639-640, 640-642
Recibos de depósito da Standard & Poor's, 96-97
Reconhecimento de receita, 468-469
Reddy, Sudeep, 380-381
Redes comunicação eletrônica, 63-64, 65-66, 66-67, 68
Redington, F. M., 347-348
Redução do valor contábil dos ativos, 468-469
Reestruturação do balanço patrimonial, 585-584
Refinanciamento, 394-395
Registro de prateleira, 56
Regra do investidor prudente, 715-717, **720-721**
Regra "nada é de graça", 9-10, 11
Regra Volcker, 20-21
Regressão linear, 207-208t
Regulamentação bancária, 122-123n
Regulamentação baseada em princípios, 78-80
Regulamentação baseada em regras, 78-80
Regulamentação; *consulte também* Comissão de Valores Mobiliários (SEC)
  baseada em princípios, 78-80
  baseada em regras, 78-80
  como restrição ao investidor, 720-721
  de mercados de futuros, 567-568
  do mercado de títulos
    autorregulamentação, 77-78
    legislação de 1933-1970, 75-77
    Lei Sarbanes-Oxley, 77-80
    leis *blue sky*, 76-77
    na negociação com informações privilegiadas, 78-80
Regulamentações autoimpostas, 720-721
Reinganum, Marc R., 246-247
Reino Unido
  Autoridade de Serviços Financeiros, 76-77
  proibição às vendas a descoberto, 76-77
  regulamentação baseada em princípios, 78-80
REIT; *consulte* Real Estate Investment Trusts
Relação de arbitragem de juros coberta, 633-635
Relação de custo de carregamento, 573-575
Relação de paridade da taxa de juros, 633-635
Relação de paridade entre opção de venda e opção compra, 537-540, **538-539**
Relação entre retorno esperado-beta, 199
Relação média-beta, 199-200
Relações de paridade, 574-576, 577-578
Remuneração dos diretores executivos, 7-8
  cláusulas de recuperação, 21-22
Renault, E., 536-537 n

Renda operacional, 445-446
Renda residual, 452-453
Renda vitalícia, 706-707
Rendimento, 293-294
    anual efetivo, 305-306
    atual, 305-306
    CDs em eurodólar, 29
    declarado, 317-319
    e preço das obrigações, 338-340
    equivalente ao das obrigações, 28
    e retornos após os impostos, 312-313
    instrumentos do mercado monetário, 29-31
    isentos de impostos, 34-35
    letras do Tesouro, 312-313
    lucros, 432-433
    obrigações de cupom zero, 312-313
    obrigações isentas de impostos *versus* tributáveis, 35-36
    pagamentos de cupom, 292-293
    relação com o preço das obrigações, 301-303
    tributável equivalente, 35-36
Rendimento até o primeiro resgate, 307-308
Rendimento até o resgate, 306-309
Rendimento até o vencimento, 304-307
    calculando, 305-306
    e risco de inadimplência, 317-319
    e suscetibilidade à taxa de juros, 338-341
    fundos mútuos do mercado monetário, 134-135
    notas ou obrigações do Tesouro, 32-33
    obrigações de cupom anual, 340-341t
    obrigações de cupom zero, 340-341t
    obrigações e notas do Tesouro, 293-294
    versus rendimento atual, 305-307
    versus retorno composto realizado, 308-310
    versus retorno do período de carregamento, 311-313
Rendimento atual, 305-306
Rendimento de dividendos, 39-40, 112-113, 165-166, 245-246, 574-575, 698-699
Rendimento de dividendos das carteiras, 165-166
Rendimento dos lucros, 432-433
Rendimento equivalente ao das obrigações, 28, 305-306
Rendimento percentual anual, 115-116
Rendimentos do Tesouro, 432-433
Rendimentos médios mensais indexados, 701-702, 703
Rendimento tributável equivalente, 34-35
Rendleman, P. J., 248-249, 249-250
Rentabilidade anual efetiva, 305-306
Reprodução, 524
Requerentes residuais, 405-406
Reserva para uma dívida incobrável, 467-468
Reserve Primary Fund, 31, 90-91n
Responsabilidade limitada, 38-39, 507-508
Restrição às vendas a descoberto, 164-166
Restrição de 499 investidores, 55-56

Restrição de viabilidade, 165-166
Restrições aos investidores, 719-721
Retorno composto realizado, 308-310
Retorno de carteira *ex-post*, 600-601
Retorno do período de carregamento, 112-113, 201-202, 203, 406-407
    análise de cenário, 116-118
    desvio da normalidade, 120-121
    distribuição de probabilidades, 116-117
    média da distribuição, 116-117
    versus rendimento até o vencimento, 311-313
Retorno em excesso, 123-124, 168t, **169-170**
    índice Standard & Poor's 500 (S&P), 138-139
    variação do, 170-171
Retorno esperado, 116-117, 594-595, 639-640
    e análise de cenário, 151-152
    e o CAPM, 196-199, 406-407
    e preço das ações, 199
    e risco de carteira, 134-137
    prêmio de risco, 164-166
    trade-off risco-retorno, 9-11
Retorno esperado (relação retorno médio-beta), 197-198
Retorno médio, 117-118
Retorno ponderado pelo dólar, 114-115
Retorno realizado, 201-203
Retorno requerido, 406-407
Retornos ajustados ao risco, 246-247, 253-254
    alfa e, 600-602
    captação de alfa e transporte de alfa, 601-603
    classificações da Morningstar, 606-608
    e composição variável de carteira, 607-612
    estatísticas básicas, 595-597
    gestão ativa *versus* passiva, 594-595
    índice de informação, 599-600
    índice de Sharpe, 596-598
    medida de Jensen, 600-602
    medida de Treynor, 599-600
    modelo multi-índice, 602-605
    M quadrado (M2), 598-599
    universo de comparação, 594-596
Retornos após impostos, 96-97, 312-313
Retornos; *consulte também* Retorno real; Retorno em excesso; Retorno esperado; Taxas de retorno
    abordagem baseada em teoria, 213-214
    ajustados ao risco, 246-247, 253-254
    ao longo de vários períodos
        média aritmética, 113-114
        média geométrica, 113-115
        ponderados pelo dólar, 114-115
    após os impostos, 96-97
    convenções para análise, 114-116
    correlação seriada, 244-245, 671-672
    definição, 112-113

    de negociações com informações privilegiadas, 78-80
    distribuídos normalmente, 118-119
    DJIA como medida de, 40-41
    em curtos horizontes, 244-245
    em longos horizontes, 244-246
    em mercado ilíquidos, 672-673
    em ofertas públicas iniciais, 58-59
    esperados, 9-11
    esperados *versus* requeridos, 406-407
    fundos de *hedge versus* Standard & Poor's, 675-676f
    índice S&P 500, 15-16
    período de carregamento, 112-113
    previsão, 245-246
    realizados, 201-203
    sobre fundos de *hedge*, 669-671
    sobre fundos mútuos, 94-96
Retornos de correlação seriada, 244-245
Retornos médios, 594-595
    em mercados emergentes, 641-643
    fundos de *hedge*, 671-672f
    inesperados, 650-651
    ponderados pelo dólar, 114-115
    ponderados pelo tempo, 113-115
    sobre fundos de ações, 101-102
Retornos médios ponderados pelo dólar, 113-114, 115
Retornos médios ponderados pelo tempo, 113-115
Retorno sobre as vendas, 454-455
Retorno sobre o capital, 414-416, 450-451
Retorno sobre o investimento, 199
Retorno sobre o patrimônio, 412-413, 415-416, 420-421, 432-433, **450-451**, 460-462
    comparações setoriais, 386-387
    decomposição do, 453-456
    empresas de *software*, 387-389
Retorno sobre os ativos, 315-316, 450-451, 452-453
    comparações setoriais, 456-457
Retornos por construção, 281-283
Retornos reais, 171-172
Revelação de preço, 76-77
Reviravoltas, 393-394
Riqueza nacional, 2-4
Risco
    a longo prazo, 178-181
    alocação de, 6-7
    de comprar na margem, 72-73
    definido por especulação, 123-126
    em investimentos internacionais
        riscos específicos ao país, 635-639
        taxas de câmbio, 630-636
    específico à empresa/residual, 170-171
    fundos do mercado monetário, 31
    no mercado de obrigações, 291
    princípio de seguro, 148-149
    quantificando, 116-118
    tipos de, 148-150
Risco da taxa de câmbio, 631-632

comparação nacional de retornos acionários, 631-632
cotações diretas ou indiretas, 634-636
diversificável, 632-633
e *hedging* imperfeito, 635-636
e relação de paridade da taxa de juros, 633-635
exemplo de, 632-634
taxas de câmbio nas principais moedas, 632-633
Risco de ações, 423-424
Risco de ativo individual, 199-200
Risco de ativos, 199-200
Risco de base, 570-571
Risco de carteira, 10-11; *consulte também* Diversificação
ajustando ao, 246-247
alocação de ativos, 133-138
análise de cenário sobre, 150-154
avaliando, 100-101
completo, 124-126
e alocação de ativos, 133-138
e CAPM, 197-199, 596-597
e desvio padrão, 199
e diversificação, 148-150
e retorno esperado, 134-137
gestão de obrigações, 346-347
índice de Sharpe e, 124-126
Risco de carteira completa, 124-126
Risco de cauda, 122-123
Risco de cauda gorda, 122-123
Risco de contraparte, 320-322
Risco de inadimplência
contratos de obrigações, 316-319
determinantes de segurança das obrigações, 314-316
e preço das obrigações, 314-323
obrigações corporativas, 36-37
obrigações de dívida garantida, 18-20
obrigações de segunda linha, 314-316
para obrigações, 3-5
rendimento até o vencimento e, 317-320
swaps de risco de não cumprimento, 319-323
títulos garantidos por hipotecas, 17-18
Risco de inflação, 32-33
Risco de investimento, fontes de, 116-117
Risco de liquidez, 59-70
Risco de mercado, 148-149, 173-174
Risco de modelo, 271
Risco de preço, 348-349
Risco de taxa de juros, 346-347
determinantes de duração, 344-347
duração, 340-345
e imunização, 346-352
suscetibilidade à taxa de juros, 338-341
tipos de, 348-349
Risco de taxa de reinvestimento, 308-310, 348-349
Risco diversificável, 148-149
Risco do país
classificações, 636-637t, 641t
previsões compostas, 638-639t

Risco econômico, 212-213
Risco e retorno, 112-141
estatística de investimentos internacionais, 640-642 t, 641-643t
alocação de ativos
ativos isentos de risco, 134-135
aversão ao risco e alocação de capital, 137-138
linha de alocação de capital, 136-138
retorno e risco esperados da carteira, 134-137
estatísticas de taxas anuais de retorno de 1926-2010, 125t-126t
estratégia passiva e linha do mercado de capitais
custos e benefícios, 139-141
evidências históricas, 138-140
inflação e taxas de retorno reais
na história dos Estados Unidos, 132-134
taxa de juros normal de equilíbrio, 131-134
investimentos de longo prazo, 178-181
médias e desvios padrão históricos, 123-124
modelos multifatores, 193-194
registro histórico, 127-131
relação entre, 111
risco de carteira, 133-138
risco e prêmio de risco
análise de cenário e distribuição de probabilidades, 116-118
aversão ao risco e, 123-126
desvio da normalidade e valor em risco, 120-123
distribuição normal, 117-120
índice de Sharpe, 124-126
normalidade ao longo do tempo, 120-121
série temporal de retornos, 122-123
taxas de retorno, 112-116
Risco específico à empresa, 148-149, 170-171, 172-175, 174-176
Risco específico ao país, 635-639
Risco exclusivo, 148-149
Risco fundamentalista, 268-270, 273-274
Risco moral, 707-708
Risco não diversificável, 148-149
Risco não sistêmico, 148-149
diminuindo, 197-198
Risco político, 373-374, 635637, 638-639t
Risco residual, 170-171, 596-597, 599-600
índice SP 500, 219-220
Riscos empresariais, 5-6
Risco sistêmico, 14-15, **19-20, 148-149**, 596-597, 599-600
ascensão do, 19-20
e *swaps* de risco de não cumprimento, 320-322
mercado de ações de índice único, 169-177
Rite Aid, 8-9

Ritter, Jay, 57-58, 59, 245-246, 267-268
Rivalidade entre concorrentes, 393-394
ROE; *consulte* Retorno sobre o patrimônio
Roll, Richard, 64-65, 209-211, 651-654, 653
Romney, Mitt, 563-564
Roosevelt, Franklin D., 380-381
Ross, Stephen A., 217-218, 273-274, 315-316, 528-530n
Rotatividade, 96-97, 455-456
e utilização de ativos, 456-459
Rotatividade setorial, 389-391
Rotatividade total dos ativos, 454-455
Royal Dutch Petroleum, 272-273
R quadrado ajustado, 206
Rubinstein, Mark, 547-548

S

SAC Capital Advisors, 236-237
Sadka, Ronnie, 670-672
Saha, Atanu, 673-675
Salomon Brothers, 654-655
Salomon Smith Barney, 13-14, 45, 69-70
Samuelson, Paul, 256-257, 432-433
Sanford Bernstein & Company, 358-359
SAP, 387-389
Scherbina, A., 139-140
Schleifer, Andrei, 251-252, 268-270n, 273-274
Scholes, Myron, 209-211, 530-531
Scudder Kemper Investment, Inc., 715-717
Securitização, 17-18, 37-38
Security Analysis (Graham & Dodd), 469-471
Seguradoras, 12, 347-348
Segurança das obrigações, 314-317
Seguro a prazo fixo, 717-718
Seguro de carteira, 542-546
Seguro de vida total, 717-718
Seguro-salário, 707-708
Seguro-salário de ciclo de vida, 703-704
Seleção adversa, 706-707
Separação de propriedade e controle, 6-8, 38-39
Série de fatores de indexação, 701-703
Série temporal de retornos, 122-123
Serviço da Receita Federal (IRS), 312-313
Setores cíclicos, 381-383, 381-384, 388-389, 390-391, 392-393
Setores defensivos, 381-384
Seyham, H. Nejati, 250-251
Shanken, Jay, 247-248n
Sharpe, William F., 136-137, 169-170, 193, 194, 209-211, 605-607
Shell Oil, 272-273
Shiller, Robert, 245-245, 495-498, 496-497
Shumway, Tyler, 268-270
Sinais de venda, 278-279
Sindicatos trabalhistas, 394-395
Sistema de Aposentadoria dos Funcionários Públicos da Califórnia, 599-600
Sistema DuPont, 453-455, 462-463t
Sistema Nacional de Mercado, 63-64, 65-66

Sistema Norte-Americano de Classificação de Setores, 387-389
Sistemas de Negociação Alternativos, 64-65
Sistema Super DOT, 66-67
Sloan, Richard G., 247-248n
Smith, Randall, 423-424
Sobrecarga de canal, 468-469
Société Générale, 483
Socorro financeiro do governo à AIG, 483
Soft dollars, 95-96
Solnik, Bruno H., 649-650, 651-652
Sotheby's, 423-424
Southwest Airlines, 195-196
Spatt, Chester, 65-66
SPDR (Standard & Poor's Depository Receipts), 96-97
Sperling, Gene, 385-386n
Spivack, Avia, 707-708
Spread, 500-501
 taxas de CDs *versus* letras do Tesouro, 29-30
Spread altista, 500-501
Spread de rendimento, 245-246
Spread de taxa de juros, 718-719
Spread de tempo, 500-501
Spread efetivo, 61, 64-65
Spread entre compra e venda, 26-27, **59-60**, 62, 63-65, 67-68, 70-71
Spread entre oferta de compra e venda do negociador, 70-71
Spread (futuros), 570-571, 575-576
Spread monetário, 500-501
Spread TED (Treasury-Eurodollar), 16-17, 20-21, 31
Sprint/Nextel, 405-406
Stambaugh, Robert F., 245-246, 247
Standard & Poor's, 18-19, 28, 127, 294-295, 314-316, 316-317, 387-389, 655-656
 classificação de obrigações, 315-316
 índices compilados pela, 316-317
 Outlook, 471-472
 rebaixamento da dívida do Tesouro, 291
 Stock Guide, 469-471
State Street/Merrill Lynch, 97-99
Statman, Meir, 149-150, 267-268, 250-251
Status de *pass-through*, 95-97
Staunton, Mike, 139-140
Stern Stevens, 452-453
Stiglitz, Joseph E., 235-236
Stock Guide (Standard & Poor's), 469-471
Straddle, 500-501
Straddle longo, 500-501
Straps, 500-501
Strebel, Paul J., 246-247
Strips do Tesouro, 312-313
Strips (opções), 500-501
Stulz, R., 265-266n
Subramanyam, Avanidhar, 64-65
Subscritores, 14-15, **56**
 de obrigações corporativas, 301-302
Subvalorização, 57-58
Summers, Lawrence, 244-245, 268-270n, 707-708

Superávit orçamentário, 379-381
Supermercados financeiros, 70-71, 92-93
Suscetibilidade à taxa de juros, 332-341
 e duração, 342-344
Suscetibilidade das vendas, 389-390
***Swap* de antecipação de taxa, 357-358**
Swap de retorno total, 98-99
***Swap* de *spread* entre mercados, 357-358**
***Swap* de substituição, 357-358**
***Swap* do mercado cambial, 580-581**
***Swap* puro de obtenção de rendimentos, 357-358**
Swaps
 câmbio internacional, 580-581
 e reestruturação do balanço patrimonial, 581-584
 obrigações, 357-358
 quantidade em circulação, 581-582
 taxas de juros, 581-582
Swaps de obrigações, 357-358
***Swaps* de risco de não cumprimento,** 19-20, **19-20**, 319-323
 na crise financeira de 2008, 320-323
 preços de, 320-321
***Swaps* de taxa de juros, 581-582**
***Swap* tributária, 357-358**

T

Taleb, Nassim, 675-677
Tamanho de *tick*, 32-33, 63-64
Taxa anual efetiva, 115-116
 versus taxa composta continuamente, 120-121
Taxa a termo, 324-325, 326
Taxa de câmbio, 373-374
Taxa de câmbio real, 374-375
Taxa de capitalização de mercado, 407-408, 417-418
Taxa de cupom, 292-293, 339-340
 obrigações corporativas, 301-302
 superior ao rendimento atual, 306-307
Taxa de desconto, 379-381
 na precificação de obrigações, 300-302
Taxa de desemprego, 375-376
Taxa de Hurdle, 199-200
Taxa de imposto uniforme, 689-690, 693-694
Taxa de incentivo, 663-664, **676-678**
 de fundos de fundos, 678-679
Taxa de inflação, 131-132
 variabilidade, 132-134
Taxa de juros marginal, 691-692
Taxa de juros nominal, 131-132, 377-378, 465-467
 e inflação, 686-688
 equilíbrio, 131-134
Taxa de juros nominal isenta de risco, 298-299
Taxa de juros real, 131-132, 376-378, 465-467
 e inflação, 686-688
 na história dos Estados Unidos, 132-134
 registro histórico, 132-134

Taxa de juros real de equilíbrio, 377-378
Taxa de reestruturação, 424-427
Taxa de reinvestimento, 308-310, 411-413
Taxa de reposição de renda, 702-703
Taxa de retorno de referência, 193
Taxa de retorno interna, 114, 199-200
Taxa dos fundos federais, 29-30, 379-381
Taxa isenta de risco, 112, **123-124**, 298-299, 524, 639-640
Taxas 12b-1, 93-94
Taxas de câmbio ajustadas à inflação, 374-375
Taxas de fertilidade, 703-704n
Taxas de juros
 análise macroeconômica
  análise de oferta e demanda, 376-378
  dificuldade de previsão, 376-377
  efeito do governo sobre, 377-378
  real, 376-377
 e apólices de seguro, 717-719
 efeito sobre os choques de demanda ou oferta, 378-379
 e formulação de estratégias, 338-340
 e inflação na história dos Estados Unidos, 132-134
 fator de anuidade, 298-301
 flutuação, 301-303
 isentas de risco, 298-299, 524
 na macroeconomia doméstica, 375-376
 na política monetária, 379-381
 nominais, 131-132, 377-378
 nos bancos, 12
 reais, 131-132, 376-378
 reduzidas pelo Fed, 14-17
 sobre obrigações, 3-5
 taxa anual efetiva, 115-116
 taxa a termo, 324-325, 326
 taxa dos fundos federais, 29-30
 taxa nominal de equilíbrio, 131-134
 taxa percentual anual, 114-116
 teaser (tentadoras), 17-19
 tributável equivalente, 35-36
Taxas de juros *teaser,* 17-19
Taxas de retorno, 386-387
 anuais, 131
 ao longo de vários períodos, 112-115
 carteiras de ativos duplamente arriscadas, 155-157
 com *timing* de mercado perfeito, 617 f
 comuns, 233-234
 convenções para anualização, 114-116
 distribuídas normalmente em conjunto, 169-170n
 e análise de cenário, 151-153
 efeito dos erros de processamento de informações, 266-268
 estatísticas mensais, 214-215t
 fundos de pensão, 717-718
 internas, 114-115
 opções *versus* ações, 494-495
 padrão de referência, 193
 previsão, 594-595

retornos de período de carregamento, 112-113
sobre letras do Tesouro de 1926-2010, 133-134
variação total, 170-171
Taxas de retorno reais, 130-134
Taxas, fundos de *hedge*, 663-664, 676-680
Taxonomia de *swap* de obrigações Homer-Liebowitz, **581-582n**
Técnica de Graham, 469-472
Templeton Funds, 256-257
Templeton, John, 256-257
Tendências e correções
na análise técnica, 276-280
na crise financeira de 2008, 14-21
Teorema de fundos mútuos, 195-197
Teorema de paridade entre preço à vista-futuro, 573-575
Teoria da perspectiva (prospecção), 267-268, 268-270
Teoria da preferência por liquidez, 325-327
Teoria de mercado de capitais, 193-194
Teoria de onda de Elliott, 276-277
Teoria de precificação por arbitragem, 111, 193-194, 217-218
carteira de arbitragem, 218-219
e carteira bem diversificada, 217-221
e modelo de precificação de ativos financeiros, 220-221
equações, 220-221
generalização multifatorial da, 221-222
Teoria moderna de gestão de carteiras, 111
Teoria moderna de gestão de carteiras; *consulte* Teoria de precificação por arbitragem; Finança comportamental; Modelo de precificação de ativos financeiros; Diversificação; Hipótese de mercado eficiente; Risco e retorno; Análise técnica
Testes conjuntos, 246-247
Testes de forma forte, 250-251
Testes de forma fraca
efeito de reversão, 245-246
retornos em curtos horizontes, 244-245
retornos em longos horizontes, 244-246
Testes semifortes, 245-251
bolhas e eficiência do mercado, 249-251
efeito da pequena empresa em janeiro, 246-247
efeito P/E, 246-247
efeitos da empresa negligenciada e liquidez, 246-248
índices de valor contábil/mercado, 247-249
mudança de preço pós-divulgação dos lucros, 248-250
Thaler, Richard H., 216-217n, 245-246, 266-267, 268-270, 272-273, 274
Thatcher, Margaret, 380-381
Thayer, Peter, 492-493
Thomas, J., 248-249 n
Tiffany & Company, 455-456

Time Warner, 456-457 n
Timing **do mercado, 390-391, 577-578, 615**
avaliação de desempenho, 618-619
avaliando, como opção, 616-617
condições econômicas e, 615-616
importância da previsão imperfeita, 617-618
Timmerman, A., 256-257
TIPS; *consulte* Títulos do Tesouro protegidos contra a inflação
Titman, Sheridan, 244-245
Títulos de ações
ações ordinárias, 37-39
ações preferenciais, 39-41
listagens do mercado acionário, 38-40
oferta pública subsequente, 56
recibos de depósito americanos, 40-41
Títulos de dívida (renda fixa); *consulte* Títulos de renda fixa (dívida)
Títulos de longo prazo de antecipação de patrimônio líquido, 487-488
Títulos de renda fixa (dívida), 3-5; *consulte também* os *verbetes* Obrigações; Instrumentos do mercado monetário
ações preferenciais como, 295-297
características e tipos, 292-296
dívida de agência federal, 32-34
na crise financeira de 2008, 291
Títulos derivativos, 3-6; *consulte também* Contratos de futuros; Opções
derivativos climáticos (meteorológicos), 560-563
hipotecas, 18-19
Títulos do Tesouro protegidos contra a inflação, 32-33, 132-134, 135, 298-299t
Títulos garantidos por hipotecas, 16-18, 36-38, 468-469
Títulos hipotecários *pass-through*, 17-18
Títulos *pass-through*, 36-38
Títulos semelhantes a opções
ações preferenciais conversíveis, 504-507
empréstimos garantidos, 506-507
garantias, 506-507
obrigações conversíveis, 504-507
obrigações resgatáveis, 502-505
patrimônio alavancado e dívida de risco, 507-508
Tobin, James, 166-167, 405-406
Tolerância ao risco, 137-138, 713-715
Toyota Motor Corporation, 2-4, 6-7, 241-242, 279-280, 357-358
Trade-off **risco-retorno, 9-11**
ativos/carteiras duplamente arriscados, 156-158
e diversificação de tempo, 180-181
Trade-off rotatividade-margem de lucro, 455-456
Trainer, Francis, 249-251
Train, John, 469-471
Tranches (fatias), 18-19
Transações em bloco, 68-69
Transferência de alfa, 601-603, 665-666
Transferências intergeracionais, 707-708

Transporte de alfa, 601-603
Tremont Group Holdings, 677-678
Treynor, Jack, 176, 194, 599-600, 619
Tributação dupla, 689-692
Triumph of the Optimists (Dimson, Marsh & Staunton), 139-140
T. Rowe Price Associates, 715-717
Trueman, B., 252-253, 254
Tuttle, Donald L., 713-714
Tversky, Amos, 266-267, 268-270n
Tyco International, 76-77

U

UBS, 13-14, 250-251
União Europeia
contabilidade baseada em princípios, 469-471
crise do euro, 134-135n
lei antitruste, 69-70
problemas econômicos, 372-374
retornos médios das ofertas públicas iniciais, 58-59
Universo de ativos, 723-724
Universo de comparação, 594-596
Updegrave, Walter, 152-153
Utilidade, 268-270
Utilização de ativos, 456-459
Utilização de capacidade, 375-376

V

Vacas-leiteiras, 391-392, 392-393, 413-414
Vale, 381-383
Valor contábil, 404-405, 459-460
limitações ao, 404-406
Valor das obrigações não conversíveis, 504-505
Valor de conversão de mercado, 295-296
Valor de futuro
e imunização, 349-351
esperado, 406-407
na determinação de preço da obrigação, 298-301
Valor de liquidação, 405-406
Valor de mercado, 3-4n, 405-406
de flutuação livre, 43n
Valor de preço de um ponto de base, 580-581
Valor de volatilidade, 520-522
Valor do dinheiro no tempo, 693-694
Valor econômico agregado, 452-453
comparações, 453-454t
Valor em risco, 119-120
desvio do, 120-123
Valor intrínseco, 406-407, 431-432, 520-522
versus preço de mercado, 406-408
Valor líquido dos ativos, 86-87, 89, 90-91n, 94-95, 99-100, 273-274
divergência de preço em relação ao, 88-89
Valor nominal, 292-293
Valor nominal, 292-293
obrigações corporativas, 301-302
Valor no vencimento, 500-501, 502

opção de compra coberta, 499-500
opção de venda protegida, 495-498
opções de compra, 489-491
opções de venda, 492-492
spread em alta, 502
straddle, 501
Valor presente
 de pagamento de obrigações, 504-505
 do lucro econômico, 432-433
 e imunização, 349-351
 na determinação de preço das obrigações, 298-301
Valor presente da oportunidade de crescimento, 412-414, 420
Valor presente líquido, 412-413
Valor *stub*, 272-273
Valor temporal, 520-522
Valor terminal, 418-420, 428-429, 429-431
Value Line, 414-418, 428-429, 431-432
Value Line Investment Survey, 387-389, 415-416, 417, 471-472
VanderHoff, Frank, 492-493
Vanguard 500 Index Fund, 91-92, 239-240
Vanguard GNMA Fund, 91-92
Vanguard Group, 86-87, 88, 89-90, 97-99, 100, 133-135, 639-640, 695-696, 715-717
Vanguard High-Yield Corporate Bond Fund, 91-92
Vanguard Municipal Intermediate Fund, 91-92
Vanguard Total Stock Market ETF, 99-100
Vanguard Total Stock Market Index Fund, 100-101
Vanguard Wellington Fund, 92-93
Vanguard Windsor Fund, 92-93
Variação mínima global, 164-165
Variância, 117-118, 122-123
 de retornos em excesso, 170-171
 de taxas de retorno, 155-157
 estimativa de, 153-155

Variáveis de risco financeiro, 637-639
Variáveis de risco político, 637-639
Variáveis do risco econômico, 637-639
Vassalou, M., 251-252
Vencimentos; *consulte também* Duração; Rendimento até o vencimento
 contratos de futuros, 46-47
 de *commercial papers*, 28
 de fundos do mercado monetário, 90-91
 e flutuações de preço, 301-303
 fundos de obrigações, 90-91
 fundos do mercado monetário, 31
 letras do Tesouro, 26-27
 notas ou obrigações do Tesouro, 31-33
 obrigações e notas do Tesouro, 292-293
Vendas a descoberto, 61, **73-76**, 168t, 280-281, 600-601
 e revelação de preço, 76-77
 resistência às, 76-77
Vendas do dia em títulos a receber, 458-459
Verizon Communications, 295-296
Viés comportamental, 267-270, 275-276
Viés de conservadorismo, 266-267
Viés de escolha, 608-609, 611
Viés de memória, 266-267
Viés de país de origem, 630-631
Viés de representatividade, 266-268
Viés de sobrevivência, 608-609, 672-675, 673-675
Vieses comportamentais
 contabilidade mental, 267-268
 enquadramento, 267-268
 fuga do remorso, 267-268
 teoria da perspectiva, 268-270
Vishny, Robert, 251-252, 268-270n
Volatilidade da taxa de juros, 291
Volatilidade implícita, 533-538, 547-548
Volcker, Paul, 20-21
Vontobel Ltd. Euro Pacific Fund, 578-580
Voto por procuração, 38-39
Vuolteenaho, Tuomo, 211-212

W

Waddell & Reed Financial, 68-69
Wahlen, James, 456-457
Waldmann, R., 268-270n
Wallace, A., 209-211n
Wall Street Journal, 1, 44-45, 46-47, 241-242, 243-244, 279, 304-305, 322-323, 384-385, 483, 559-560, 575-576, 578-580
Wall Street Journal Online, 26-27, 88-89, 279-280, 292-294, 485-486
Walmart, 452-453, 453-454t, 455-456
Walt Disney Company, 296-297
Wang, Zhenyu, 211-212
Watson Wyatt, 202-203
WEBS; *consulte* World Equity Benchmark Shares
Wellington Fund, 87-88
Wellington Management, 87-88
Wermers, R., 254-255, 256-257
Westerfield, Randolph A., 315-316
Whaley, Robert J., 546-547
White, A., 536-537 n
White, H., 256-257
Wiggins, J. B., 536-537n
Winterthur, 298-299
Wolfson, M. A., 234-235
Womack, K. L., 252-253
WorldCom, 8-9, 76-77
World Equity Benchmark Shares, 96-97, 640-642

Y

Yahoo!, 7-8, 102-103, 385-386
Yahoo! Finance, 322-323, 461-462
Yang, Jerry, 7-8

Z

Zilzewitz, Eric, 604-605
Zurich Group, 715-717